Jürgen Sieben

Oracle APEX

Das umfassende Handbuch

Liebe Leserin, lieber Leser,

Oracle Application Express (Oracle APEX) ist eine mächtige Entwicklungsumgebung: Mithilfe des Low-Code-Ansatzes können Sie unkompliziert unternehmensfähige, sichere und skalierbare Webanwendungen für Ihre Oracle-Datenbanken entwickeln. Doch die Software ist komplex und es führen immer mehrere Wege zum Ziel. In diesem Buch lernen Sie daher nicht nur die Funktionen von Oracle APEX kennen, sondern erfahren auch, wie Sie Ihr Projekt sinnvoll strukturieren, welche Vorgehensweisen sinnvoll sind – und welche nicht.

Jürgen Sieben zeigt Ihnen in diesem Buch fachlich sicher und didaktisch routiniert, worauf es bei der APEX-Entwicklung ankommt. Als Einsteiger werden Sie vor allem den ersten Teil, »No Code«, zu schätzen wissen, als Profi den dritten Teil zu fortgeschrittenen Themen. Nach der Lektüre sind Sie in der Lage, von allen verfügbaren Lösungen stets die beste für Ihr Projekt auszuwählen und umzusetzen.

Ich bin überzeugt, dass Sie mit diesem Buch alles in der Hand haben, um Ihr APEX-Projekt zum Erfolg zu führen. Das Buch wurde mit großer Sorgfalt lektoriert und produziert. Sollten Sie dennoch Fehler finden oder inhaltliche Anregungen haben, scheuen Sie sich nicht, Kontakt mit uns aufzunehmen. Ihre Fragen und Änderungswünsche sind jederzeit willkommen.

Viel Vergnügen beim Lesen!

Ihre Simone Bechtold
Lektorat Rheinwerk Computing

simone.bechtold@rheinwerk-verlag.de
www.rheinwerk-verlag.de
Rheinwerk Verlag · Rheinwerkallee 4 · 53227 Bonn

Auf einen Blick

Wir hoffen, dass Sie Freude an diesem Buch haben und sich Ihre Erwartungen erfüllen. Ihre Anregungen und Kommentare sind uns jederzeit willkommen. Bitte bewerten Sie doch das Buch auf unserer Website unter **www.rheinwerk-verlag.de/feedback**.

An diesem Buch haben viele mitgewirkt, insbesondere:

Lektorat Stephan Mattescheck, Simone Bechtold
Korrektorat Isolde Kommer, Großerlach
Herstellung Denis Schaal
Typografie und Layout Vera Brauner
Einbandgestaltung Mai Loan Nguyen Duy
Coverbilder iStock: 506516258 © PeopleImages; Fotolia: 36037113 © xiaoliangge
Satz Typographie & Computer, Krefeld
Druck Beltz Grafische Betriebe, Bad Langensalza

Dieses Buch wurde gesetzt aus der TheAntiquaB (9,35/13,7 pt) in FrameMaker.

Gedruckt wurde es mit mineralölfreien Farben auf chlorfrei gebleichtem, FSC®-zertifiziertem Offsetpapier (90 g/m²).

Hergestellt in Deutschland.

Bibliografische Information der Deutschen Nationalbibliothek:
Die Deutsche Nationalbibliothek verzeichnet diese Publikation in der Deutschen Nationalbibliografie; detaillierte bibliografische Daten sind im Internet über *http://dnb.dnb.de* abrufbar.

ISBN 978-3-8362-8993-1

2., aktualisierte und erweiterte Auflage 2023

Informationen zu unserem Verlag und Kontaktmöglichkeiten finden Sie auf unserer Verlagswebsite **www.rheinwerk-verlag.de**. Dort können Sie sich auch umfassend über unser aktuelles Programm informieren und unsere Bücher und E-Books bestellen.

Inhalt

12 Kalender-Regionen 367

13 Maps 379

14 Dynamische Aktionen 411

TEIL II Low Code APEX

17 Technische Grundlagen 481

18 Integration serverseitigen Codes 501

23 Plugins 691

Materialien zum Buch

Auf der Webseite zu diesem Buch stehen folgende Materialien für Sie zum Download bereit:

- alle Beispielanwendungen und Worspaces als SQL-Skripte

Gehen Sie auf *www.rheinwerk-verlag.de/5523*. Klicken Sie auf den Reiter **Materialien**. Sie sehen die herunterladbaren Dateien samt einer Kurzbeschreibung des Dateiinhalts. Klicken Sie auf den Button **Herunterladen**, um den Download zu starten. Je nach Größe der Datei (und Ihrer Internetverbindung) kann es einige Zeit dauern, bis der Download abgeschlossen ist.

Kapitel 1
Einführung

Application Express (APEX) ist die ideale Entwicklungsumgebung für datenzentrierte Webanwendungen im Umfeld von Oracle-Datenbanken. Dieses Buch führt Sie in den Gebrauch von APEX ein und schlägt einen Weg durch das Dickicht der verschiedenen Optionen, damit Sie in der Lage sind, professionell Anwendungen auf dieser Basis zu entwickeln.

Schon seit vielen Jahren ist *Application Express* (APEX) als die neue Strategie zur Erstellung webbasierter, datenzentrierter Anwendungen von Oracle gesetzt. Es steht einerseits in der Nachfolge des nicht mehr allzu aktiv weiterentwickelten *Oracle Forms* und andererseits neben dem mächtigeren, aber auch ungleich komplexeren *Application Development Framework* (ADF). Oracle selbst empfiehlt APEX für kleinere bis mittlere Projekte, wobei man bei Oracle immer fragen muss, was hier denn unter klein bis mittelgroß verstanden wird. Wenn APEX in der Lage ist, *asktom.oracle.com* zu betreiben (und das mit enttäuschend »kleiner« Hardware!), dann ist mit klein wohl eher nicht die Anzahl der Seitenaufrufe oder die Anzahl gleichzeitig arbeitender Anwender gemeint. Insofern ist APEX auch dann einen Blick wert, wenn es um große Datenmengen und viele Benutzer geht. Vielleicht ist die Grenze eher dort zu ziehen, wo die Geschäftsregeln extrem komplex werden, viele externe Datenquellen integriert oder aber komplexe Architekturen wie Enterprise Service Busses etc. umgesetzt werden müssen. Alle anderen Anwendungen können mit APEX mit guten Erfolgsaussichten umgesetzt werden.

Ein großer Pluspunkt ist für viele, dass APEX komplett in PL/SQL programmiert wird. Dies erleichtert die Migration von Oracle-Forms-Anwendungen und bewahrt das von den Entwicklern über Jahrzehnte erworbene Fachwissen, zum großen Teil auch die dort bereits programmierte fachliche Logik. Doch auch Umsteiger von Anwendungsplattformen wie Java Server Faces, PHP-basierten Webanwendungen, Microsoft Access und anderen finden in APEX eine leistungsstarke Plattform für die Entwicklung ihrer Anwendungen: Auf Basis eines stabil laufenden und hochskalierbaren Kernels, nämlich der Oracle-Datenbank, werden datenzentrierte Anwendungen in einer einfach zu wartenden Umgebung erstellt, installiert und betrieben. Der Code bleibt binärkompatibel zwischen den Datenbankeditionen und -versionen, egal, ob Sie eine Oracle Express Edition oder eine Enterprise Edition einsetzen, egal, ob die Datenbank auf Windows, Unix, Solaris oder einem der anderen unterstützten Betriebssysteme eingesetzt wird, (weitgehend) egal, ob Sie die Datenbank in Version 12, 19 oder später einsetzen, sodass Sie flexibel auf wechselnde Anforderungen an Ihre Anwendungen reagieren können. Zudem profitieren Sie von leistungsfähigen Backup-and-Recovery-Konzepten, die Ihnen mit der Datenbank ohnehin mitgeliefert werden.

APEX hat sich nicht nur für die professionelle Entwicklung von Software einen Namen gemacht, sondern wird auch intensiv für eigene Entwicklungen in der jeweiligen Fachabteilung genutzt. Das APEX-Entwicklerteam spricht in diesem Fall von »Citizen Developers« und meint damit Entwickler, die sich nicht hauptberuflich mit der Erstellung von Software befassen, sondern APEX als Ersatz für eigene Excel- oder Access-basierte Lösungen verwenden. Auch hier spielt die Oracle-Datenbank als Fundament für APEX seine Stärken aus, denn im Gegensatz zu den reinen Clientlösungen auf Excel- oder Access-Basis sind APEX-Anwendungen auf dem zentralen Datenbankserver vor dem Totalverlust durch versagende Festplatten oder den Austausch eines Rechners geschützt. Zudem sind die in der Anwendung gesammelten Informationen auch für andere Verwendungen verfügbar, sodass einem reinen Inselwissen entgegengewirkt wird.

Innerhalb der Firma Oracle arbeiten über 3.500 Citizen Developers an APEX-Lösungen für ihre jeweiligen Fachdomänen, und ich gehe davon aus, dass auch unter den Leserinnen und Lesern n dieses Buches eine nicht unerhebliche Anzahl ebenfalls keine hauptamtlichen Software-Entwickler sind. Dies hat Auswirkungen auf die Struktur dieses Buches, denn ich werde nacheinander die Perspektive eines Citizen Developers, dann eines fortgeschrittenen APEX-Entwicklers mit dem Wunsch nach Erweiterung durch eigene Programmierung und schließlich den Blickwinkel des professionellen APEX-Anwendungsentwicklers einnehmen.

Daher ist dieses Buch in drei große Teile gegliedert, die sich von der Benennung an Termini anlehnen, die auch von Oracle selbst im Zusammenhang mit APEX verwendet werden.

Der erste Teil, »No Code«, stellt die in APEX vorhandenen Werkzeuge vor und folgt einer Vorgehensweise, die ohne weitere Programmierung auskommt. Es ist erstaunlich, wie viel Funktionalität bereits mit diesem Ansatz erzeugt werden kann! Dieser Teil wendet sich aber nicht nur an den nun ausreichend häufig zitierten Citizen Developer, sondern auch an diejenigen, die sich in die Materie APEX als Softwareentwickler einarbeiten möchten. Der Grund: Nur wenn die mitgelieferten Werkzeuge bekannt sind, ist es möglich, effizient und strukturiert mit APEX zu arbeiten. Zudem nutze ich den ersten Teil, um die Architektur und Strategie von APEX zu erläutern. Dieses Wissen hilft, eigenständig neue Funktionalität von APEX zu erkunden und für das eigene Projekt verfügbar zu machen. Denn vor einem Problem muss ich in diesem Buch kapitulieren: vor dem Wunsch, alle Optionen und Funktionen von APEX erschöpfend darzustellen. In der ersten Auflage dieses Buches habe ich das noch –

blauäugig – versucht, doch steigt die Funktionalität mit jedem neuen Release so schnell an, dass ich es aufgeben muss, hiermit Schritt halten zu wollen. Es ist auch deshalb nicht sinnvoll, weil dadurch der Wert dieses Buches zu stark auf die besprochene APEX-Version abgestellt wird. Ich werde daher versuchen, die Prinzipien darzustellen und Sie zu ermuntern, auf eigene Faust neue Möglichkeiten kennenzulernen.

Der zweite Teil dieses Buches, »Low Code«, ist dann insofern technischer, als ich die Erweiterung und Ergänzung der mitgelieferten Funktionalität durch eigene Programmierung in PL/SQL und JavaScript erläutern werde. Es handelt sich hierbei um eine faszinierende Möglichkeit von APEX, eben nicht auf den mitgelieferten Funktionsumfang festgelegt zu sein, sondern flexibel auf weitere Anforderungen reagieren oder auch APEX an vorhandene Infrastrukturen anpassen zu können. Dass dies möglich ist, macht APEX zu einem unerhört effizienten und leistungsfähigen Werkzeug. Die erhöhte Komplexität benötigt aber auch eine aufmerksamere Strukturierung, damit die Anwendung nicht chaotisch wird.

APEX bietet, zum Teil aus historischen Gründen, zum Teil einfach, weil es dies kann, eine ganze Reihe verschiedener Wege an, zum erklärten Ziel zu gelangen. Einige dieser Wege sollten Sie beschreiten, andere nicht. Diese Unterscheidung werde ich im gesamten Buch treffen. Zunächst werde ich diese Entscheidungen für Sie treffen, ohne immer alles im Einzelnen zu begründen. Doch im weiteren Verlauf des Buches und mit zunehmendem Wissen werden wir immer wieder an Stellen gelangen, an denen ich begründen werde, warum ich diese Wege für richtig erachte und andere nicht.

Im letzten Teil, »Professional Use«, wird APEX vor allem aus dem Blickwinkel eines Software-Entwicklungsteams betrachtet, für das APEX nur *ein* Werkzeug in einer Sammlung weiterer Werkzeuge ist, um leistungsfähige Anwendungen erstellen, pflegen und ausliefern zu können. In diesem Zusammenhang stellen sich weitere Fragen, die über die reine Realisierung einer Anwendungsfunktionalität in APEX hinausgehen, etwa die Teamfähigkeit der Entwicklung (wie gut kann parallel in einem Team an einer Anwendung gearbeitet werden), architektonische Fragen wie etwa die Aufteilung des Codes auf mehrere Layer und die Erweiterung des Werkzeugkastens durch spezialisierte Plugins für APEX. Naturgemäß steigen die Komplexität des Stoffes, aber auch die Anforderungen an die Art, wie mit APEX gearbeitet wird. Diesem Thema stellen wir uns mit der Diskussion zum Thema »Clean APEX«.

Inhaltlich ist dieses Buch als Band 3 einer losen Reihe von Oracle-Büchern gedacht: basierend auf meinem Buch »Oracle SQL – das umfassende Handbuch« und dem daran anschließenden Band »Oracle PL/SQL – das umfassende Handbuch«, beide im Rheinwerk Verlag erschienen. Benötigen Sie Informationen zu SQL oder PL/SQL, möchte ich Ihnen diese beiden Bücher unbedingt – und uneigennützig ;-) – empfehlen. Für die JavaScript/jQuery-Seite empfehle ich Ihnen überdies noch den Band »jQuery« von Maximilian Vollendorf und Frank Bongers sowie die JavaScript-Bücher von Philip Ackermann, ebenfalls aus dem Rheinwerk Verlag.

Bitte lassen Sie sich von niemandem etwas anderes einreden: Die Entwicklung komplexer, leistungsstarker Anwendungen ist auch mit APEX gebunden an – Kenntnis. Kenntnis der eingesetzten Technologien, der eingesetzten Datenbank insbesondere. Wie tiefgreifend diese Kenntnis sein muss, korreliert direkt mit der Komplexität der Anwendung, die Sie schaffen möchten. Im einfachsten Fall haben Sie vielleicht jemanden aus dem Datenbankteam, der Ihnen die Abfragen für ihre Anwendung erstellt und als View zur Verfügung stellt. Wenn Sie sich dann auf die mitgelieferte Funktionalität und die Assistenten von APEX verlassen, benötigen Sie nur die Kenntnis der APEX-Entwicklungsumgebung und der Denkweise des APEX-Entwicklerteams, um gut aussehende und funktionale Anwendungen zu erstellen.

Möchten Sie über diesen Level hinaus, benötigen Sie profunde SQL- und PL/SQL-Kenntnisse, wenn die Anwendung nicht nur laufen, sondern schnell laufen und gut skalieren können soll. Im Umfeld von APEX ist diese Forderung wichtiger – oder sagen wir besser und richtiger: unmittelbarer spürbar – als in anderen Programmiersprachen und Entwicklungsumgebungen, weil der gesamte Code in PL/SQL innerhalb der Datenbank läuft und nicht in Java oder JavaScript außerhalb der Datenbank. Auch wenn Sie mit diesen Sprachen entwickeln, sollten Sie wissen, wie Ihre Datenbank funktioniert, und idealerweise auch flüssig PL/SQL sprechen können, doch im Umfeld von APEX kommen Sie ohne PL/SQL überhaupt nicht aus.

1.1 Für wen ist dieses Buch geschrieben?

Ich muss entsprechend meiner Einführung einige Ansprüche an Sie als Leser dieses Buches stellen. Wenn Sie bislang weder programmiert noch jemals mit Datenbanken zu tun hatten, können Sie dennoch den ersten Teil des Buches nachvollziehen und bereits erste APEX-Anwendungen erstellen. Möchten Sie über diese Möglichkeiten hinaus, empfehle ich Ihnen dringend, sich zunächst mit SQL und PL/SQL zu beschäftigen, da APEX komplett innerhalb einer Oracle-Datenbank »lebt« und dort ausschließlich diese beiden Sprachen gesprochen werden. Dieses Wissen kann ich in diesem Buch nicht vermitteln, das muss ich einfach weitgehend voraussetzen.

Mein Schwerpunkt ist darüber hinaus die Programmierung von Anwendungen, nicht die Gestaltung von Oberflächen – ich würde diesbezüglich, wenn nicht wie der Blinde von der Farbe, so doch wie der Programmierer von CSS reden. ;-) In den Projekten, in denen ich tätig war, ist aber glücklicherweise die Anforderung, CSS zu adaptieren, nie so grundsätzlich gewesen, dass ich eine komplette Neugestaltung hätte durchführen müssen, und wenn doch, habe ich das an gute Kollegen delegieren können. Hier kann ich demzufolge auch nicht recht weiterhelfen, sondern empfehle stattdessen ein CSS-Buch oder jemanden, der sich mit so etwas auskennt. Aus diesem Grund richtet sich dieses Buch also auch an Programmierer, weniger an Oberflächengestalter.

Etwas anders sieht es bei der Kenntnis bezüglich Webanwendungen aus. Ich nehme an, dass einige, vielleicht sogar viele meiner Leserinnen und Leser schon praktische Programmiererfahrung mit Oracle PL/SQL haben, vielleicht als Oracle-Forms-Entwickler, vielleicht als Anwendungsentwickler, die bereits gegen Oracle-Datenbanken entwickelt haben und nun APEX als Frontend wählen möchten. Es mag auch viele Entwickler von Webanwendungen geben, die sich für dieses Buch interessieren. Doch möchte ich nicht voraussetzen, dass alle Leser sicher wissen, wie eine HTTP-Session sich von einer Datenbanksession unterscheidet und welche Strategien bezüglich des Sessionmanagements eingesetzt werden (zumal dies bei Oracle APEX auch anders gehandhabt wird als in vielen anderen Entwicklungsumgebungen). Daher wird der zweite Teil dieses Buches mit einer Einführung der in Webanwendungen existierenden Herausforderungen beginnen. Ich stelle die Lösungsansätze, die typischerweise im Umfeld von Webanwendungen verwendet werden, vor und zeige, wie die entsprechende Funktion bei APEX umgesetzt ist.

1.2 Der Aufbau des Buches

Ich hatte den groben Aufbau des Buches bereits skizziert: Das Buch ist in mehrere Teile gegliedert, die im Idealfall chronologisch durchgearbeitet werden sollten.

1.2.1 Teil I: No Code

Teil I beschäftigt sich mit dem Überblick über APEX und die in dessen Umfeld verwendeten Technologien. Ziel dieses Teils ist es, Ihnen ein Verständnis für die mitunter etwas ungewöhnlichen Wege zu vermitteln, die APEX geht.

Kapitel 2: Grundlagen von APEX

Ich gebe Ihnen zunächst einen Überblick über die Architektur von Webanwendungen und werde die dort verwendeten Bestandteile in APEX vorstellen. Anschließend erweitere ich Ihr Wissen über APEX durch weitere Konzepte und Fachbegriffe, die innerhalb von APEX von Bedeutung sind. Das Ziel dieses Kapitels ist, Ihnen eine grobe Vorstellung davon zu verschaffen, was APEX eigentlich ist und wie eine APEX-Anwendung funktioniert.

Kapitel 3: Überblick über die Entwicklungsumgebung

Wir werfen in diesem Kapitel einen ersten Blick auf die Entwicklungsumgebung von APEX. Dieser erste Blick ist auch deshalb wichtig, weil APEX-Anwendungen in ihren zentralen Teilen ausschließlich über dieses Programm entwickelt werden können. Interessant ist, dass auch die Entwicklungsumgebung selbst eine APEX-Anwendung ist (oder besser: mehrere APEX-Anwendungen unter einem Dach). Das APEX-Entwicklerteam arbeitet also mit dem gleichen Werkzeug wie Sie.

Kapitel 4: Eine einfache APEX-Anwendung

Um den Überblick über APEX zu vertiefen, sehen wir uns hier eine kleine Beispielanwendung, die von APEX mitgeliefert wird, etwas genauer an. Ich werde Ihnen anhand ausgewählter Seiten dieser Anwendung und weiterer Hilfsmittel zeigen, wie APEX eine Seite erstellt, woher die Daten kommen und so weiter. Ein wichtiger Aspekt dieses Kapitels wird auch die Darstellung des Anwendungsflusses sein, wenn wir Daten in der Anwendung ändern, löschen oder neu anlegen. Was genau tut APEX dann? Wie wird eine Transaktion innerhalb der Datenbank gesteuert? Die Kenntnis dieser Dinge ist erfahrungsgemäß eine erhebliche Lernkurve für Einsteiger in die APEX-Programmierung.

Kapitel 5: Eine einfache Datenbankanwendung erstellen

Hier erstellen wir eine eigene Datenbankanwendung. Ich werde die Dinge zu Beginn einfach halten und Ihnen ein Datenmodell als Skript mitliefern, das Sie dann nur auszuführen brauchen, denn die Diskussion um Datenmodellierung, SQL-Anweisungen zum Erstellen von Tabellen etc. führt uns zu weit weg von der eigentlichen APEX-Programmierung. Damit wir uns nicht übermäßig mit den fachlichen Problemen auseinandersetzen müssen, werden wir die Daten des Benutzers `HR` verwalten. Ziel ist eine Anwendung, um Mitarbeiter, deren Zugehörigkeit zu einer Abteilung und die Niederlassungen des Unternehmens zu verwalten. Diese Anwendung werden wir zudem in den weiteren Kapiteln Zug um Zug erweitern, um speziellere Konzepte zu zeigen.

Kapitel 6: Grundlegende APEX-Konzepte

Ein Bestreben des APEX-Entwicklerteams besteht in der Standardisierung von Prozessen. Ein Beispiel wäre die Datengewinnung, die nicht nur für Berichte, sondern auch für Formulare und unzählige weitere APEX-Elemente benötigt wird. Da auf der anderen Seite sehr viele unterschiedliche Datenquellen, von lokalen Tabellen über `select`-Anweisungen bis zu Webservices, verwendet werden können, bietet es sich an, ein standardisiertes Verfahren hierfür zu etablieren, das anschließend für alle Elemente, die dies benötigen, genutzt werden kann. Diese Dinge werden in diesem Kapitel besprochen, damit Sie sie wiedererkennen und ich mir die immer gleichen Erläuterungen hierzu bei der Besprechung der Elemente ersparen kann.

Kapitel 7: Features und Anwendungsseiten

Beginnend mit diesem Kapitel sehen wir uns die einzelnen Komponenten, die in APEX zur Erstellung von Anwendungen genutzt werden, näher an. Wir starten auf der obersten Ebene, den Anwendungen sowie den Anwendungsseiten, die in diesen Anwendungen angelegt werden.

Kapitel 8: Berichte

Die Visualisierung von Daten in unterschiedlichsten Formen stellt eine Kernfunktionalität von APEX-Anwendungen dar. Dieses Kapitel stellt die unterschiedlichen Möglichkeiten der (textuellen) Darstellung von Daten vor und bespricht Unterschiede und Einsatzbereiche der verschiedenen Technologien.

Kapitel 9: Facet-Suche, intelligente Filter und Karten

Um mit Berichten und den in ihnen dargestellten Daten arbeiten zu können, benötigen Sie mächtige Such- und Filterfunktionen. Diese stehen mehreren Berichtstypen zur Verfügung und werden in diesem Kapitel eingehender beleuchtet. Zudem stelle ich hier die Karten vor, einen Berichtstyp mit besonderer grafischer Flexibilität, mit dessen Hilfe Sie extrem flexibel Daten visualisieren können.

Kapitel 10: Formulare

Der zweite, grundlegende Einsatzbereich von APEX-Anwendungen besteht in der Bearbeitung existierender oder der Erfassung neuer Daten. Hierfür werden APEX-Formulare eingesetzt, die auf einfachste Weise diese Aufgabe übernehmen. Das Kapitel beleuchtet nicht nur die Erstellung von Formularen, sondern auch die Prozesse, die der Validierung und Verarbeitung der Daten dienen.

Kapitel 11: Diagramme

Diagramme visualisieren Daten grafisch und stellen so eine Ergänzung der Berichte dar. APEX verfügt über mächtige Fähigkeiten in diesem Bereich, die ich unmöglich in Gänze besprechen kann. Zum Glück ist aber die Verwendung der unterschiedlichen Diagrammtypen recht ähnlich, sodass Sie sich leicht in unterschiedliche Visualisierungsformen einarbeiten können, nachdem Sie die Grundlagen verstanden haben, die ich in diesem Kapitel erläutere.

Kapitel 12: Kalender-Regionen

Eine weitere, relativ spezielle Form der Darstellung und Bearbeitung von Daten stellen Kalender dar. Diese Form der Visualisierung von Daten wird von APEX durch ein funktionsreiches Control unterstützt, mit dessen Hilfe gut aussehende und funktionale Kalenderanwendungen möglich sind. Dieses Kapitel bespricht die Arbeitsweise und die grundlegende Verwendung, soweit dies deklarativ möglich ist.

Kapitel 13: Maps

Maps stellen eine weitere spezielle Visualisierungsform für Daten dar. Im Gegensatz zu Karten, die bei APEX im Sinne von Karteikarte oder Spielkarte verstanden werden, stellen Maps geografische Kartendarstellungen dar, auf denen Ihre Sonderziele oder statistischen Auswertungen visualisiert werden können. APEX bietet eine direkte Anbindung an Oracle-Kartenservices, sodass eine gut aussehende, leistungsstarke Visualisierung dieser Daten möglich ist. Zudem ist es möglich, über eine Adresseingabe Orte auf der Weltkarte zu identifizieren und darzustellen. Was alles möglich ist, bespreche ich in diesem Kapitel.

Kapitel 14: Dynamische Aktionen

Dieses Kapitel beschäftigt sich mit den *dynamischen Aktionen*, also mit Elementen, die auf der Clientseite (im Browser) Änderungen bewirken oder Funktionen ausführen. Ich werde mich bei der Besprechung auf diejenigen dynamischen Aktionen beschränken, die APEX mitliefert und die ohne weitere Programmierung in PL/SQL oder (vor allem) JavaScript auskommen. Doch auch mit dieser Einschränkung bleibt immer noch eine ganze Reihe Funktionen, die APEX-Anwendungen verbessern.

Kapitel 15: APEX auf mobilen Endgeräten

Auf diesen Bereich hat APEX schon seit vielen Versionen ein besonderes Augenmerk: Mittlerweile werden Webseiten häufiger über mobile Endgeräte als über stationäre Rechner aufgerufen. Auch wenn APEX-Anwendungen häufig in einem lokalen Netzwerk und auf stationären Rechnern ausgeführt werden, wird dieser Bereich immer wichtiger. Dieses Kapitel erläutert die Anstrengungen, die APEX unternimmt, um Anwendungen sowohl auf stationären als auch auf mobilen Endgeräten gleich gut aussehen zu lassen.

Kapitel 16: Weitere Funktionsbereiche

In diesem Kapitel werde ich Möglichkeiten von APEX besprechen, die nicht so umfangreich sind, dass sie ein eigenes Kapitel rechtfertigen würden. Diese Möglichkeiten sind inhaltlich zudem bereits »kurz vor« Low Code, sodass sie am Ende des ersten Teils Sinn ergeben. Bis hierhin haben Sie sich hoffnungsfroherweise genug Überblick über APEX verschafft, um auch die fortgeschrittenen Konfigurationstechniken anwenden zu können, die ich in diesem Kapitel vorstellen werde.

1.2.2 Teil II: Low Code

Dieser Teil beschäftigt sich mit der Erweiterung von APEX über eigene Programmierung. Dabei werden wir das Thema langsam angehen und zunächst nur ein »begleitetes Programmieren« anwenden, das mitgelieferte Packages verwendet. Ziel ist nicht, die Programmierung im Detail zu besprechen, sondern zu erläutern, an welchen Stellen eine Erweiterung von APEX durch eigene Programmierung erforderlich oder sinnvoll ist.

Kapitel 17: Technische Grundlagen

Ich beginne diesen Teil mit einer detaillierteren Besprechung der technischen Abläufe, die in einer APEX-Anwendung ausgeführt werden, damit Sie verstehen, an welchen Punkten und zu welchem Zeitpunkt im Lebenszyklus einer APEX-Anwendungsseite wir durch Programmierung eingreifen. Ohne diesen technischen Hintergrund werden Fehlermeldungen durch APEX nicht verständlich, zudem verhindert dieses Wissen, dass Sie frustrierende Fehlersuchen durchführen müssen.

Kapitel 18: Integration serverseitigen Codes

In APEX werden die beiden großen Bereiche »serverseitige Programmierung« in PL/SQL und »clientseitige Programmierung« in JavaScript stets gemeinsam gedacht. Dieses Kapitel konzentriert sich zunächst auf die Programmierung innerhalb der Datenbank mittels PL/SQL, zum Beispiel zur Verarbeitung von Benutzereingaben oder zur Erstellung komplexerer Validierungslogik. Zudem biete ich einen Überblick über die Packages, die mit APEX geliefert werden.

Kapitel 19: Daten laden, exportieren und drucken

Ein Anwendungsbereich, der durch Programmierung optimiert werden kann, ist das Laden, Exportieren und Drucken von Daten. Dieses Kapitel geht auf diese Bereiche aus Programmierersicht ein und erweitert so die deklarativen Möglichkeiten, die als Teil der Berichtsbesprechung bereits vorgestellt wurden. Teilweise werden hier auch die Grundlagen für die Aufbereitung von Daten außerhalb von APEX, zum Beispiel zur Verwendung in Webservices, gelegt.

Kapitel 20: Integration von JavaScript

Wenn es eine serverseitige Programmierung gibt, muss auch die clientseitige Programmierung besprochen werden. Hier ist die Sprache JavaScript gefordert, da der Code im Browser ausgeführt wird. Dieses Kapitel legt einerseits die Grundlage von JavaScript auf allgemeiner Ebene, bespricht aber auch die Möglichkeiten der Integration von JavaScript in die APEX-Anwendung und zeigt hierzu übliche Best Practices auf. Der Fokus ist allerdings nicht eine umfängliche Besprechung, dazu ist dieser Bereich viel zu funktionsreich. Allerdings gebe ich durch einen Überblick der mitgelieferten JavaScript-Funktionalität Anregungen zur weiteren Beschäftigung mit diesem Thema.

Kapitel 21: Fehlerbehandlung, Code-Review und Debugging

Den Abschluss dieses Teils bildet dieses Kapitel, das die Möglichkeiten von APEX bezüglich der Fehlerbehandlung von Code, des Debuggings und der Codeanalyse beschreibt. Mithilfe dieser Möglichkeiten haben Sie die Werkzeuge in der Hand, eigene Programmierung zu monitoren und Fehler schnell und komfortabel zu entdecken. Auch in diesem Kapitel müssen wir serverseitige und clientseitige Programmierung unterscheiden, da sie über unterschiedliche Strategien zur Codenachverfolgung verfügen. Ich bespreche außerdem, auf welche Weise eigener Code in diese Monitoring-Möglichkeiten integriert werden kann und welche API von APEX mitgeliefert wird.

1.2.3 Teil III: Professional Use

In diesem Teil ist nicht die letzte undokumentierte Superfunktion Thema, sondern im Gegenteil die Betrachtung von APEX als Werkzeug zur Erstellung von Anwendungen im Team und im unternehmenskritischen Umfeld. In diesem Umfeld gelten einige Einschränkungen, denen ein Citizen Developer nicht unterliegt, daher ist es sinnvoll, sich über einen sachgerechten Einsatz von APEX in diesem Umfeld zu unterhalten.

Kapitel 22: APEX als Softwareentwicklungswerkzeug

Den Einstieg mache ich über eine Darstellung der Anforderungen und Unterschiede, die ich für die Entwicklung von Anwendungen im Team und im Gegensatz zum Citizen Developer für relevant halte. Ich zeige, wie APEX im Umfeld von CI/CD, Barrierefreiheit, Internationalisierung, Teamentwicklung und weiteren Anforderungen positioniert werden kann. Da der Fokus auch auf die Ersetzbarkeit von APEX durch neue Technologien gelegt werden muss, ist die Abgrenzung der Zuständigkeit von APEX erforderlich. All dies werde ich in diesem Kapitel besprechen.

Kapitel 23: Plugins

Die Erstellung von Plugins nutzt eine Erweiterungsschnittstelle von APEX, um eigene Elementtypen in APEX so zu integrieren, dass sie durch die APEX-IDE verwendet werden können wie integrierte Elementtypen. Ich zeige, in welchen Bereichen Plugins verwendet werden können, und die Strategien, wie sie entwickelt werden. Da die Entwicklung eines Plugins einen deutlich höheren Entwicklungsaufwand nach sich zieht, betrachte ich kritisch, wann die Erstellung eines Plugins in Betracht gezogen werden sollte und wann nicht. Zudem sehen wir uns die Entwicklung zweier Plugins im Detail an.

Kapitel 24: Kontrolle komplexer Anwendungen

Aufbauend auf Kapitel 23, »Plugins«, stelle ich in diesem Kapitel zwei größere Plugins vor, die dem Ziel dienen, komplexe Anwendungen in APEX zu realisieren. Zum einen geht es um »Flows for APEX«, mit dem Workflows auf Basis von BPMN zur Kontrolle von APEX-Anwendungen verwendet werden, zum anderen um mein Plugin »APEX Dynamic Controller«, das dynamische Anwendungsseiten auf einfach zu verwaltende Weise ermöglicht.

Kapitel 25: Webservices

Über die deklarativen Möglichkeiten hinaus existiert eine API, um Webservices nicht nur auf Basis von REST, sondern auch auf Basis von SOAP zu konsumieren. Zudem zeige ich, wie Webservices angeboten werden können, die durch andere Anwendungen konsumiert werden können, und zeige die dahinterliegende API.

Kapitel 26: Authentifizierung und Autorisierung

Es folgt ein Kapitel über die Themengebiete *Authentifizierung* und *Autorisierung*. In den bisherigen Kapiteln habe ich mich auf eine basale Benutzer- und Rechteverwaltung auf Basis der in APEX integrierten Rechteverwaltung beschränkt, doch ist diese im Regelfall für produktive Anwendungen nicht ausreichend. Daher erweitern wir in diesem Kapitel den Blickwinkel, betrachten die Authentifizierung gegen LDAP bzw. Active Directory und stellen Überlegungen zur Sicherheit dieser Verfahren in APEX an. Ein weiteres Thema des Kapitels ist die Integration von APEX-Anwendungen in *Single-Sign-On*-Umgebungen.

Kapitel 27: APEX-Administration

Die Administration von APEX stellt keine auch nur annähernd so großen Anforderungen wie die Administration einer Oracle-Datenbank, daher sollten nicht nur Administratoren, sondern auch Entwickler wissen, was getan werden muss, um APEX zu administrieren. Die Kenntnis der Prozesse und Gedanken, die hier angestellt wurden, hilft, Anwendungen zu erstellen, die nicht nur sicher, sondern auch performant arbeiten können.

Kapitel 28: Sicherheit

Basierend auf den Informationen der Vorkapitel werden wir uns hier auch um die Sicherheit von APEX-Anwendungen generell kümmern und Fragen wie *SQL-Injection*, *Cross-Site-Scripting*-Angriffe und Ähnliches ansehen. Die Einstellungen sind nicht nur dem Administrator von APEX oder dem Workspace-Administrator vorbehalten, sondern das Gros der Entscheidungen wird auf Entwicklerebene getroffen. Daher ist eine Kenntnis dieser Punkte für Entwickler unentbehrlich.

Kapitel 29: Internationalisierung

Einer der großen Vorteile ist, dass APEX von Grund auf dafür gebaut wurde, internationalisierbare Anwendungen zu erstellen, die nebenbei auch möglichst barrierefrei sind. Daher befassen wir uns in diesem Kapitel mit der Übersetzung und der Adaptierung von APEX-Anwendungen auf verschiedene Kulturgebiete. Neben der Grundstrategie, die von APEX für die Übersetzung von Anwendungen vorgehalten wird, werden auch Fragen wie die Verwaltung von Nachrichten Ihrer Anwendung eine Rolle spielen.

1.2.4 Anhang

Den Abschluss des Buches bildet ein Anhang, in den ich Problemstellungen ausgegliedert habe, die ich mit Rücksicht auf den Lesefluss nicht in die normalen Kapitel integrieren wollte.

Anhang A: Installation von APEX

Die Installation von APEX beschreibe ich einerseits als möglichst einfache Variante, durch die Nutzung eines online von APEX zur Verfügung gestellten Workspaces, und andererseits als Minimalinstallation auf Basis einer Express-Edition der Oracle-Datenbank, von Tomcat und ORDS. Die Installation kann nicht in allen Details und Schattierungen besprochen werden; der Fokus richtet sich darauf, eine funktionsfähige Umgebung zu schaffen, um APEX ausführen zu können.

Anhang B: Liste der Navigationskürzel

Hier finden Sie eine Liste aller Treffpunkte sowie eine Beschreibung, wie Sie jeweils dorthin kommen. Siehe auch Abschnitt 1.2.5 zur Begründung für die Verwendung dieser Treffpunkte.

Anhang C: Glossar

Zum ersten Mal habe ich in diesem Buch auch ein Glossar angefügt. Mir erschien die Anzahl der Buzzwords, die im Umfeld von Webanwendungen gebraucht werden, so inflationär, dass ich es für sinnvoll erachte, die wichtigsten von ihnen einmal zusammenzustellen. Vielen Begriffen habe ich zudem Verweise beigefügt, die zu einer intensiveren Beschäftigung einladen.

1.2.5 Anmerkung zur Verwendung

Ich empfehle Ihnen, bei der Arbeit mit dem Buch mindestens zwei Lesezeichen zu verwenden. Der Grund liegt darin, dass ich ein Problem lösen musste, das sich immer stellt, wenn eine Software beschrieben wird, die ein umfangreiches User Interface besitzt. Das Problem ist, nachvollziehbar zu beschreiben, auf welcher Bildschirmseite ich mich befinde, wie man dort hinkommt und welche Optionen bedient werden sollen. Mein Lösungsvorschlag besteht darin, Ihnen fixe Punkte anzubieten, von denen aus ich meine Navigation starte. Im Anhang B des Buches sind die vorhandenen Startpunkte aufgeführt, verbunden mit einer Beschreibung, auf welchen Wegen man zu diesen Startpunkten kommt. Zu Beginn mag es also eine gute Idee sein, sich das zweite Lesezeichen in diesen Anhang B zu legen, damit man im Zweifel schnell zu der Liste der Startpunkte kommt. Diese Startpunkte sind in spitzen Klammern (<NAME DES STARTPUNKTS>) geschrieben, sodass Sie auch am Layout erkennen, dass es für diese Punkte eine Beschreibung im Anhang gibt. Im Laufe der Lektüre werden Sie sich dann immer besser in der Navigation von APEX zurechtfinden, sodass Sie das Lesezeichen auch für andere Zwecke verwenden können.

Ich habe mich bemüht, auch typografisch eine Konvention einzuhalten, die Ihnen die Zuordnung erleichtern soll:

- Wenn ich mich auf ein Bedienelement der Oberfläche beziehe (egal, ob eine APEX-Anwendung oder die APEX-Entwicklungsumgebung), mache ich das dadurch kenntlich, dass die Oberflächenelemente in KAPITÄLCHEN gesetzt werden.
- Im Gegensatz dazu verwende ich eine `Monospace-Schrift`, wenn ich Eingaben oder Auswahlmöglichkeiten der Oberfläche referenziere. Das wäre zum Beispiel der Fall, wenn in einer Auswahlliste mehrere Optionen vorhanden sind und ich mich auf eine dieser Optionen beziehen möchte, oder aber, wenn Sie einen Wert in ein Attribut eintragen.
- Menüeinträge oder geschachtelte Attributwerte gebe ich aus dem Zusammenhang heraus in der Form MENÜ • UNTERMENÜ • OPTION an. Dabei kann es sein, dass sich die Formatierungen mischen, wenn ich einen Attributwert referenziere, der sich in einer Hierarchie befindet, wie zum Beispiel QUELLE • SQL-ABFRAGE • `select sysdate from dual`.
- Treffpunkte sind durch <ECKIGE KLAMMERN> markiert und in Kapitälchen gesetzt. Im Regelfall werden sie als Startpunkt einer hierarchischen Orientierung genutzt, davon kann es im Sonderfall aber auch Ausnahmen geben.
- Ich verwende Standardanwendungen, die von APEX mitgeliefert werden, als Anschauungsobjekte für bestimmte Funktionen, einfach deshalb, weil sich dadurch das Buch sozusagen ausweitet, ohne an Umfang zuzunehmen. Ich empfehle, diese Beispielanwendungen im jeweiligen Kapitel stets auch zu installieren, sie stellen eine wesentliche Quelle für Programmieranregungen und ein lebendes Nachschlagewerk dar. Für alle Beispielanwendungen vereinbare ich einen Treffpunkt, zum Beispiel <UI-CHARTS> • SEITE 3. Dieser Treffpunkt zeigt dann auf die laufende Beispielanwendung, Anwendungsseite 3.

- Alle übrigen Code-Elemente, Anweisungen, Variablennamen etc. werden in `Monospace-Schrift` gesetzt. Wie in SQL und PL/SQL üblich, unterscheiden wir nicht zwischen Groß- und Kleinschreibung der Codefragmente. Ich habe mich bemüht, eine konsistente Schreibweise durchzuhalten, bitte Sie aber, Großmut walten zu lassen, wenn ich dieser Vorgabe nicht komplett nachkomme. Im Regelfall werden Tabellen, Spaltenbezeichner und PL/SQL-Packages von mir großgeschrieben, mein PL/SQL- und SQL-Code ist jedoch immer und ausnahmslos kleingeschrieben.
- Begriffe werden bei ihrer ersten Verwendung *kursiv* gesetzt. Viele dieser Begriffe finden sich auch im Glossar, sodass Sie eine Zusammenstellung der meisten Begriffe einsehen können. Nach ihrer Einführung zeichne ich die Begriffe dann aber nicht mehr aus, um den Lesefluss möglichst wenig zu stören.

1.3 Vorwort zur zweiten Auflage

Dieses Buch ist nicht einfach eine Überarbeitung, sondern eine vollständige Neufassung des Buches in der ersten Auflage. Ich habe mich entschlossen, das Buch vollständig neu zu schreiben, weil die Komplexität, die durch neue Funktionen und vor allem durch die Ausweitung des Funktionsumfangs seit der letzten besprochenen Version 5.1 dermaßen zugenommen hat, dass ich mich außerstande sah, dies im Rahmen des letzten Konzepts darzustellen.

Es kommt hinzu, dass der Lesefluss der ersten Auflage durch Details auf unterschiedlichen Komplexitätsleveln in jedem Abschnitt sehr gestört wurde. So musste ich bei der Vorstellung eines Regionstyps stets auch fortgeschrittene Anwendungsmöglichkeiten integrieren, die auf einen Leser, der sich initial mit APEX befasst, eher verstörend als hilfreich wirken.

Daher habe ich mich entschieden, in diesem Buch eine andere Herangehensweise zu wählen, die vom Einstieg über die fortgeschrittene Verwendung bis hin zur professionellen Anwendung eine stetige Steigerung der Komplexität über die verschiedenen Kapitel erfährt. Parallel nimmt die Visualisierung durch Screenshots im Laufe des Buches kontinuierlich ab, um den »Informationsgehalt pro Seite« proportional zu erhöhen. Ich hoffe, Sie können mit dieser Umstrukturierung leben, auch wenn das im Einzelfall erfordert, Informationen über einen Regionstyp an zwei Stellen zusammenzutragen.

Ein weiterer wichtiger Grund für die Umstrukturierung besteht darin, dass mir vorab nicht klar war, wie viele Entwickler aus Fachbereichen mit APEX arbeiten. Meine etwas naive Auffassung, wo eine Oracle-Datenbank lizenziert würde, wären auch hauptsächlich professionelle IT-Teams mit der Erstellung von Anwendungen befasst, erwies sich als nicht haltbar. Daher verzichte ich im ersten Teil des Buches auf Programmierung und stelle die Möglichkeiten von APEX für diese Leserschaft dar. Ich hoffe, dadurch den Einstieg in die Entwicklung von APEX-Anwendungen erleichtern zu können.

Ich biete auch in diesem Buch einen umfangreichen Beispielcode, dessen Installation ich im Anhang A beschreibe. Der Zweck dieses Codes besteht darin, Sie nicht durch eigene Programmierung vom Fortschritt beim Verstehen von APEX zu bremsen. Sehen Sie sich den entstandenen Code gern kritisch an, und optimieren Sie, falls Sie Potenzial sehen. Ich habe mich bemüht, den Code auf mehreren Umgebungen zu installieren, sodass ich hoffe, dass Sie keine größeren Probleme damit haben werden.

1.4 Danksagung

Dieses Buch lebt stärker noch als die vorhergehenden Bücher von der aktiven Community und den Publikationen vieler Autoren zum Thema APEX. Daher möchte ich damit beginnen, diesen Autoren für ihre Beiträge und Anregungen zu danken, auch wenn diese nicht explizit an mich gerichtet waren. Zu diesen »Anregern« zähle ich aus dem deutschen Umfeld in erster Linie die Mitarbeiter des APEX-Entwicklerteams (wer von denen, die bislang Blogs über APEX geschrieben hat, arbeitet mittlerweile eigentlich nicht dort?). Das APEX-Team hat sich meiner Beobachtung nach stark vergrößert, was eine gute Nachricht für die Zukunft von APEX ist. Die Blogs und Videos dieser (neuen) Kollegen sind extrem informativ und hilfreich.

Mittlerweile unternimmt Oracle mit einer ausführlichen YouTube-Videoreihe erhebliche Anstrengungen, auch fortgeschrittene Konzepte von APEX vorzustellen. Diese Office Hours (siehe *https://tinyurl.com/apexOfficeHours*) stellen eine umfangreiche Quelle für Anregungen dar. Ich denke, dass sie auch denjenigen, die des Englischen nicht so mächtig sind, interessante Anregungen geben können, weil es stets Hands-on-Dokumentationen sind, die auch dadurch nachvollziehbar bleiben, dass man die Ausführung der einzelnen Schritte im Video sieht.

Ich muss gestehen, dass es mir zeitlich schwerfiel, den Aufwand einer kompletten Neufassung neben dem Projektgeschäft und den Schulungen, mit denen ich mein Geld verdiene, unterzubringen. Daher habe ich wieder einmal reichlich Gebrauch von der Geduld meiner Frau gemacht. Daher gilt ihr mein besonderer Dank. Ich verspreche (erneut), dass dies nun wirklich mein letztes neues Buch war ...

TEIL I

No Code

Kapitel 2
Grundlagen von APEX

Bevor wir uns mit APEX direkt beschäftigen, möchte ich gern den Hintergrund und die technische Umgebung soweit klären, dass Sie ein Gefühl für den Ansatz von APEX bekommen.

APEX erstellt Anwendungen, die über einen Browser aufgerufen und ausgeführt werden können. Sie erfordern daher keine Installation spezieller Software beim Benutzer der Anwendung. Diese Eigenschaft teilt APEX mit einer ganzen Reihe anderer Technologien, es scheint, als müssten Anwendungen als Browser-basierte Anwendungen implementiert werden. Natürlich ist dies nicht so, doch erleichtert diese Strategie die Verteilung der Software erheblich.

Im Gegensatz zu vielen anderen Ansätzen wird bei APEX kaum programmiert, um eine Anwendung zu erstellen. Stattdessen werden vorgefertigte Funktionsblöcke parametriert und zu Anwendungen zusammengestellt. Dies hat viele Vorteile, insbesondere ist die Einstiegshürde in diese Technologie dadurch niedrig.

2.1 Was APEX anders macht

APEX-Anwendungen werden selbst in einer Webanwendung erstellt. Verwirrend mag es auf den ersten Blick sein, dass auch diese Webanwendung in APEX erstellt wurde, doch ergibt dies Sinn: Die Entwickler von APEX setzen die gleichen Werkzeuge ein, die auch uns zur Erstellung einer APEX-Anwendung zur Verfügung stehen.

Im Vergleich zu anderen Entwicklungswerkzeugen ist die Grundidee allerdings eine vollständig andere. In den meisten Entwicklungswerkzeugen für Webanwendungen steht der HTML-Code, aus dem die Anwendungsseite später in der Hauptsache besteht, im Vordergrund. In dem HTML-Code werden, basierend auf einer speziellen Syntax, Daten dynamisch eingesetzt, und so wird eine Webanwendung erzeugt, die die gewünschten Daten anzeigt. Dies ist bei APEX nicht so, hier stehen die Daten eindeutig im Vordergrund. Das mag auch nicht sehr überraschen, schließlich liegt einer APEX-Anwendung eine Datenbank zugrunde. Die Idee besteht darin, dass die Daten durch die Datenbank mit HTML-Code »dekoriert« werden und dadurch letztlich die HTML-Seite auf Basis der Daten entsteht.

Das mag zunächst nicht nach einer großen Sache klingen, eher nach einer Marginalie, doch bietet dieser Ansatz enorme Möglichkeiten. Datenbanken sind darauf optimiert, schnell aus einer großen Datenmenge die Daten herauszusuchen, die für eine konkrete Verwendung benötigt werden. Eine Anwendungsseite in APEX stellt eine dieser Verwendungen von Daten dar, das heißt, die Datenbank ist vor allem damit beschäftigt, die Daten, die benötigt werden, auszuwählen und bereitzustellen. APEX umgibt diese Daten mit hinterlegtem HTML-Code, der für die Darstellung in einem Browser verwendet wird, und liefert die Seite aus.

Der Clou besteht nun darin, dass die Daten selbst steuern, welche Dekoration sie benötigen. Man könnte den Unterschied zwischen den verschiedenen Technologien zur Erstellung von Webanwendungen und APEX vielleicht so formulieren: In APEX sind die konkreten Webseiten die Konsequenz der anzuzeigenden Daten, während in anderen Technologien die Daten in vordefinierte Platzhalter auf der Seite eingefügt werden. APEX kann daher einfach durch Auswahl der anzuzeigenden Daten das Aussehen der entstehenden Seite vollständig kontrollieren. Seitenelemente, für die keine Daten vorliegen oder die für die angemeldete Benutzerin nicht verfügbar sein sollen, werden daher nicht Teil der entstehenden Webseite sein, einfach, weil die hierfür nötigen Daten nicht ermittelt werden.

Dies hat eine andere, wichtige Konsequenz: In APEX entsteht kein Quellcode, der in einem Dateisystem hinterlegt würde. Im Gegenteil besteht eine APEX-Anwendung nur aus (Meta-)Daten, die in Datenbanktabellen der Datenbank hinterlegt werden. Basierend auf diesen Daten werden die Webseiten dynamisch berechnet. Und das ist im Vergleich schon sehr ungewöhnlich.

Nun bestehen Webanwendungen häufig nicht nur aus einer einzigen Webseite, sondern aus einer Folge mehrerer Anwendungsseiten. Dies muss nicht so sein, es gibt auch sogenannte Single-Page-Applications, die nur eine einzige Webseite umfassen, auf der dann alle Bedienelemente und die Daten dynamisch ausgetauscht werden. APEX ist jedoch keine dieser Entwicklungsumgebungen. Stattdessen werden Webanwendungen als Fluss mehrerer einzelner Webseiten verstanden, zwischen denen mit den »üblichen« Navigationsmitteln (Links oder Schaltflächen) navigiert werden kann.

Da Webanwendungen aus mehreren Seiten bestehen, ergibt sich ein Problem, das in der verwendeten Technologie begründet ist. Eine Webseite wird über das Protokoll http(s) aufgerufen. Dieses Protokoll ist allerdings darauf ausgelegt, dass jede Anfrage eines Clients für sich bearbeitet wird. Es existiert in diesem Protokoll kein Mechanismus, der mehrere Anfragen des gleichen Clients wiedererkennen könnte. Webanwendungen benötigen aber diese Fähigkeit, zum Beispiel, um sich merken zu können, dass ein Benutzer mehrere Objekte in einen Warenkorb gelegt hat, denn diese Objekte könnte der Benutzer durch den Aufruf mehrerer Webseiten gesammelt haben.

APEX löst dieses Problem durch eine Session. Eine Session in APEX bezieht sich nicht auf die Verbindung zur Datenbank, sondern fasst mehrere Seitenaufrufe eines Benutzers zu einer logischen Einheit zusammen, für die ein Status gespeichert werden kann, etwa ein Warenkorb. Auch diese Daten werden in der Datenbank gespeichert, sodass außer den Metadaten in der Datenbank keinerlei weiterer Code durch den Entwickler einer APEX-Anwendung erstellt oder gepflegt werden muss. Dies ist einer der Hauptgründe für die einfache Bedienung und Grundlage für diesen Teil des Buches, denn außer den mehrfach angesprochenen Metadaten werden wir in diesem Teil keine weiteren Technologien benötigen. Sehen wir uns also einmal um.

2.2 Überblick über APEX

Vielleicht sollte ich damit beginnen zu erklären, wie APEX installiert oder aktualisiert wird. Doch führt uns dies im Moment recht weit vom Überblick weg, daher habe ich die Beschreibung der Installation bzw. Aktualisierung von APEX in den Anhang A dieses Buches verlegt. Sollten Sie noch keine funktionsfähige APEX-Installation haben, haben Sie die Wahl: Entweder installieren Sie APEX nun, indem Sie die Anweisungen hierzu im Anhang befolgen, oder aber Sie lesen sich zunächst einmal theoretisch in die Denkweise von APEX ein, um dann mit diesem Wissen die Installation oder Aktualisierung später nachzuholen.

2.2.1 Allgemeiner Überblick

Dass APEX unter einer Webanwendung eine Folge von Anwendungsseiten versteht, die innerhalb der Datenbank gespeichert sind, hatte ich bereits erläutert. Damit jedoch APEX eine solche Anwendung erstellen kann, sind einige Voraussetzungen erforderlich. So müssen Tabellen existieren, die speichern können, welche Webanwendungen existieren, welche Seiten, Seitenelemente etc. in ihr enthalten sind und wie diese Anwendungen ausgeführt werden sollen. Diese Tabellen werden in einem Datenbankschema gespeichert, das auch die gesamte Logik enthält, damit aus diesen Daten eine Webanwendung berechnet werden kann.

[!]

Merke

Als *Datenbankschema* (oder einfach *Schema*) wird innerhalb einer Oracle-Datenbank die Gesamtheit der Objekte bezeichnet, die einem Benutzer gehören. Das Schema hat den Namen `APEX_<Version>`, aktuell `APEX_220200`. Nennen wir dieses Schema der Einfachheit halber das *APEX-Schema*.

Das APEX-Schema enthält die Tabellen und Logik, um eine Webanwendung aus der Datenbank heraus zu betreiben. In diesem Schema liegen daher auch die Tabellen, die die Metadaten unserer Webanwendung speichern, doch es enthält nicht die Daten, die durch die Anwendung dargestellt werden sollen, also zum Beispiel die Kundenadressen. In diesem Licht können Sie die Tabellen des APEX-Schemas mit dem Data

Dictionary der Datenbank vergleichen, das ja auch die Metadaten der Benutzer, Tabellen, PL/SQL-Programme etc. der Datenbank enthält, nicht jedoch die tatsächlichen Tabellendaten der einzelnen Datenbankbenutzer. Lassen Sie uns hier vom *APEX Data Dictionary* sprechen.

Die Anwendungsdaten, die von einer APEX-Anwendung benötigt werden, können in einem oder mehreren Schemata der Datenbank (potenziell auch in mehreren Datenbanken) gespeichert werden, wichtig ist nur, dass APEX auf irgendeine Weise Zugriff auf diese Daten erhält, damit sie entsprechend genutzt werden können. Um dies sicherzustellen, hat das APEX-Schema das Recht, sämtliche Daten der Datenbank, in der APEX installiert ist, zu lesen und zu benutzen. Dies ist natürlich ein sehr mächtiges Recht, das in jedem Fall kanalisiert werden muss. Wie dies geschieht, beschreibe ich im nächsten Abschnitt 2.2.2, »Workspaces«.

Wird an die Datenbank nun die Anweisung gegeben, eine Anwendungsseite auszuführen, lädt APEX die Metadaten dieser Seite und prüft anschließend, ob für diese Seite eine Anmeldung des Endanwenders bei APEX erforderlich ist. Ist dies so, muss eine gültige Session vorhanden sein, ansonsten wird der Benutzer an eine Anmeldeseite weitergeleitet, die bei erfolgreicher Anmeldung diese Session erzeugt. Anschließend werden die hinterlegten `select`-Anweisungen zur Ermittlung der darzustellenden Informationen dieser Seite ausgeführt, die Daten mit HTML umgeben, zu einer HTML-Seite verbunden und ausgeliefert.

Abbildung 2.1 zeigt diesen Fluss im oberen Teil der Abbildung (*Show Processing*). Die Datenbank hat dabei die Möglichkeit, die Darstellung jedes Seitenelements (und auch der gesamten Seite) an ein Rollenkonzept zu binden und damit von den Benutzerrechten des angemeldeten Benutzers abhängig zu machen. Ist ein Seitenelement für diesen Benutzer nicht freigegeben, wird es gar nicht erst berechnet und fehlt auf der Seite damit komplett.

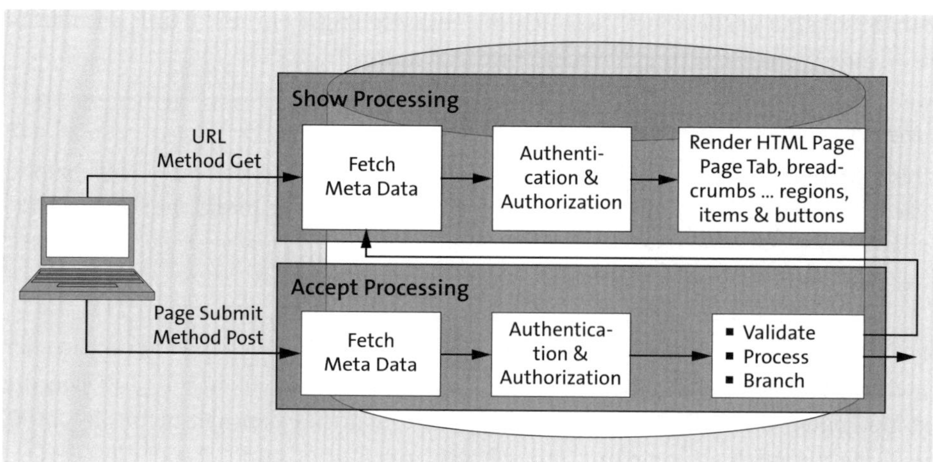

Abbildung 2.1 Bearbeitung einer APEX-Seite (Quelle: Oracle)

Sendet der Benutzer eine Seite mit Eingaben in Formularfeldern an die Datenbank zurück (*Accept Processing* in Abbildung 2.1), werden die eingefügten Daten zunächst in den Session Status kopiert (der durch eine Tabelle innerhalb des APEX-Schemas implementiert wird). Die Seite wird anschließend daraufhin geprüft, ob weitergehende Aktivitäten innerhalb der Datenbank durchgeführt werden müssen, wie zum Beispiel die eingegebenen Informationen in Datenbanktabellen der Anwendung zu speichern. Anschließend analysiert APEX, welche Anwendungsseite als Nächstes berechnet werden soll, erstellt diese analog zum schon besprochenen Show Processing und schickt diese an den Client. Diese Seite kann zum Beispiel eine Bestätigungs- oder Fehlerseite oder einfach die nächste Seite im vorgesehenen Workflow der Anwendung sein. Alle Details, wie die Verwaltung einer Transaktion, das Reagieren auf Datenbankfehler, die Ausführung von Validierungslogik etc., sind dabei weitestgehend vor dem Anwendungsentwickler verborgen, solange die vorgefertigten Anwendungselemente verwendet werden.

2.2.2 Workspaces

Wie wir gesehen haben, benötigt eine APEX-Installation Zugriff auf die Daten, die innerhalb einer APEX-Anwendung angezeigt werden sollen, aber in anderen Schemata gespeichert werden. Das ist normalerweise nicht möglich, da ein Datenbankbenutzer nur dann die Daten anderer Schemata sehen darf, wenn diese ihm dies gestatten oder wenn der Benutzer administrative Rechte besitzt. Um APEX die Möglichkeit zu geben, die erforderlichen Daten zu sehen, ohne ihn gleich zum Datenbankadministrator zu machen, wird ihm das Recht eingeräumt, jede beliebige SQL-Anweisung in allen Datenbankschemata auszuführen. Vergleichen Sie dies vielleicht mit dem Unix-Kommando `sudo`. Dies ist ein mächtiges Recht, das nach Kanalisierung verlangt.

Diese Kanalisierung wird durch sogenannte *Workspaces* gewährleistet. Ein Workspace ist ein logisches Konstrukt innerhalb von APEX, das für sich genommen »nur« ein Eintrag im APEX Data Dictionary darstellt und nicht etwa ein Datenbankobjekt, das außerhalb von APEX bekannt wäre. Für die Entwicklung von APEX-Anwendungen ist ein Workspace unbedingte Voraussetzung, denn in ihm wird festgelegt, auf welchen Datenbankbenutzer der Workspace Zugriff erhalten soll, die Oracle-Datenbank besteht für Benutzer, die sich an diesem Workspace anmelden, also ausschließlich aus den Daten, die dem zugeordneten Schema gehören oder die diesem Schema zugänglich gemacht worden sind. Wenn Sie sich mit APEX verbinden, bedeutet dies stets, sich an einem Workspace anzumelden. Innerhalb dieses Workspaces existieren APEX-Benutzer, denen für den Workspace unterschiedliche Berechtigungen zugewiesen werden. Um Webanwendungen erstellen oder verändern zu dürfen, müssen Sie sich am Workspace als ein Benutzer anmelden, dem Entwicklungsrechte zugestanden wurden. Daneben existiert noch ein Workspace-Administrator, der innerhalb des Workspaces Benutzer anlegen und berechtigen darf, sowie ein reiner Anwendungsnutzer, der nicht entwickeln, sondern nur die bereitgestellten APEX-Anwendungen ausführen darf.

Innerhalb eines solchen Workspaces kann nun der Anwendungsentwickler beliebig viele APEX-Anwendungen anlegen und entwickeln. Für alle diese Anwendungen gilt, dass sie vom gleichen Entwicklerteam entwickelt und vom gleichen Workspace-Administrator verwaltet werden und sich auf die gleichen Daten der Datenbank beziehen. Die Workspace-Benutzer schließlich haben nur Zugriff auf die Funktionen, die in der Anwendung für sie freigeschaltet wurden.

Abbildung 2.2 zeigt das Verhältnis von Workspaces (*Workspace 1–3*) zu Datenbankschemata (*Schema 1–4*) einerseits und zu APEX-Anwendungen (*Department 1–3*) andererseits. Für Anwendung 1 besteht die Datenmenge, die innerhalb der Datenbank benutzt werden kann, lediglich aus den Daten aus Schema 1, zuständig für Entwicklung und Administration der Anwendung ist der Workspace-Administrator bzw. -Entwickler aus Workspace 1. Im Gegensatz dazu hat Anwendung 2 Zugriff auf die Daten der Schemata 2 und 3.

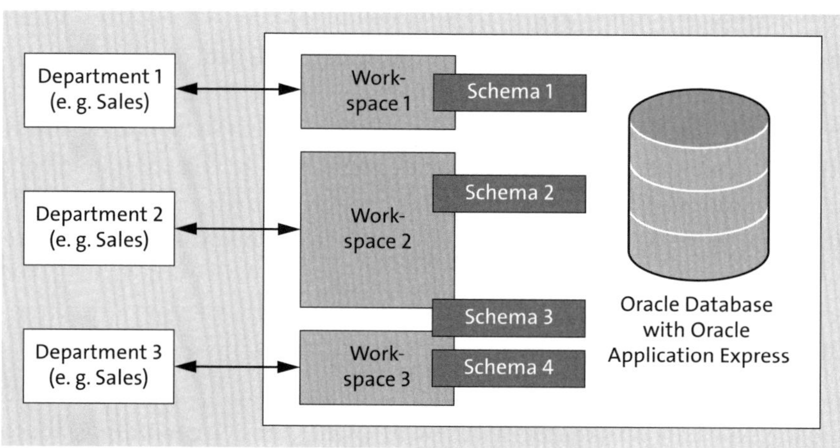

Abbildung 2.2 Übersicht über Workspaces (Quelle: Oracle)

Zusätzlich können in einem Workspace durch den Workspace-Administrator noch sogenannte *Gruppen* angelegt und einzelnen APEX-Benutzern zugeordnet werden. Mithilfe dieser Gruppen kann innerhalb einer APEX-Anwendung ein Rollenkonzept realisiert werden, das einzelne Seiten oder Seitenelemente aus- oder einblendet, je nachdem, ob dem angemeldeten Benutzer eine Workspace-Gruppe zugeordnet wurde oder nicht.

Lehnen wir uns einmal kurz zurück, und sehen wir uns an, was wir bislang haben:

- APEX besteht im Wesentlichen aus einem Datenbank-Schema, in dem Tabellen für das APEX Data Dictionary und Logik für die Ausführung von APEX-Anwendungen vorgehalten werden.

- Innerhalb von APEX wird ein Workspace angelegt, sagen wir, mit dem Namen BUCH_NO_CODE. Bei der Anlage wird diesem Workspace der APEX-Benutzer, zum Beispiel BUCH_ADMIN, als Administrator zugeordnet.
- Ebenfalls haben wir festgelegt, dass der Workspace Zugriff auf das Schema BUCH_NO_CODE erhalten soll.
- Der Workspace-Administrator BUCH_ADMIN meldet sich bei APEX beim Workspace BUCH_NO_CODE an und erstellt den (APEX-)Benutzer BUCH_ENTWICKLER, dem er Entwicklungsrechte zugesteht. Nun kann sich der Benutzer BUCH_ENTWICKLER am Workspace BUCH_NO_CODE anmelden und beginnen, eine APEX-Anwendung zu erstellen.
- Dazu stehen ihm die APEX-Entwicklungsumgebung und alle Tabellendaten des Benutzers BUCH_NO_CODE zur Verfügung. Welche Daten BUCH_NO_CODE jedoch sehen darf, kann dadurch begrenzt sein, welche Tabellen dieser Benutzer anlegt und welche Daten er einfügt, alternativ aber auch dadurch, welche Rechte diesem Benutzer wiederum durch andere Schemata erteilt wurden. So können zu den eigenen Daten eventuell auch einzelne Tabellen aus anderen Schemata oder auch anderen Datenbanken hinzukommen.
- Nachdem die APEX-Anwendung erstellt wurde, kann diese gestartet und durch die beiden Benutzer BUCH_ADMIN und BUCH_ENTWICKLER verwendet werden.
- Der Workspace-Administrator kann nun weitere Workspace-Benutzer erstellen, die anschließend die erzeugte Anwendung verwenden können. Sind im Workspace zudem Gruppen angelegt worden, könnten diese einzelnen Workspace-Benutzern zugeordnet worden sein oder nicht und damit steuern, dass bestimmte Funktionalitäten der Anwendung für diesen Benutzer verfügbar sind oder nicht.

Exkurs: Eine Analogie zum Verständnis von Workspaces

Einen Workspace können Sie sich analog zu einem virtuellen Rechner vorstellen. Bei der Virtualisierung von Rechnern wird auf einem physikalisch vorhandenen Rechner eine Software installiert, mit deren Hilfe es möglich ist, virtuelle Rechner zu erstellen und zu verwalten. Beispiele für solche Software sind VMware, Citrix, VirtualBox und andere.

Auf Ebene des physikalisch vorhandenen Rechners existieren Benutzer, die als Administratoren diesen Rechner verwalten dürfen. In dieser Analogie wären diese Administratoren die »üblichen« Administratoren der Oracle-Datenbank. Der Virtualisierungssoftware, die nun als Rahmen um die virtuellen Rechner ausgeführt wird, entspricht in unserer Analogie die APEX-Software des APEX-Schemas. Demjenigen, der die Virtualisierungssoftware bedient und neue virtuelle Maschinen anlegen darf, entspricht der APEX-Administrator.

Wird ein virtueller Rechner aufgesetzt, enthält dieser ein eigenes Betriebssystem und eigene Administratoren. Natürlich sind diese Administratoren mit weitreichenden Rechten bezüglich der virtuellen Maschinen ausgestattet, jedoch haben sie keinerlei

Administrationsrecht zum Beispiel auf den physikalischen Rechner, sie können auch keine weiteren virtuellen Maschinen anlegen und wissen sogar nicht einmal davon, dass es weitere virtuelle Maschinen gibt (philosophisch wird es, wenn wir uns klarmachen, dass sie nicht einmal wissen, dass sie selbst nur virtuell sind ...). Das ist bei APEX genauso, eine virtuelle Maschine (ein Workspace) hat einen Workspace-Administrator, dessen Rechte aber auf administrative Arbeiten innerhalb dieses Workspaces beschränkt sind.

Nun wird es etwas schräg: Die Daten, auf die ein Workspace zugreifen darf, können wir uns als Netzwerklaufwerke vorstellen, die der virtuellen Maschine zugeteilt wurden. Auf diesen Netzwerklaufwerken finden wir Dateien mit Daten, die wir verarbeiten dürfen. Welche Netzwerklaufwerke wir lesen oder sogar beschreiben dürfen, regeln nicht wir, sondern der APEX-Administrator beim Einrichten des Workspaces, indem er diesem Workspace den Zugriff auf verschiedene Schemata der Datenbank gestattet. Dort finden sich die Daten für die Anwendungen, die innerhalb unseres Workspaces erstellt werden, und dorthin speichern diese Anwendungen auch die Daten.

Wie Sie das alles konkret machen, besprechen wir, wenn wir eine eigene Anwendung erstellen. Hier soll es zunächst einmal ums große Ganze gehen.

2.2.3 APEX-Anwendung

Eine *APEX-Anwendung* (ich werde im weiteren Verlauf nur noch von *Anwendung* sprechen) existiert also innerhalb eines Workspaces, der den Zugriff auf die Daten der Datenbank kanalisiert und eine eigene Benutzerverwaltung implementiert. Eine solche Anwendung besteht, wie bereits beschrieben, aus mehreren Anwendungsseiten, auf denen die verschiedenen Funktionen der Anwendung implementiert werden. Eine Anwendung ist in APEX ein Organisationsmittel, um fachlich zusammengehörige Seiten zusammenzufassen. Dabei kann Ihre komplette Anwendung aus mehreren Teilanwendungen aufgebaut werden. Wie wir später sehen werden, ist dies in der Entwicklungsumgebung von APEX, die ja selbst auch eine APEX-Anwendung ist, geschehen, denn die Verwaltung des Workspaces erfolgt über eine andere Anwendung als die Erstellung einer Anwendung oder das Ausführen einer SQL-Anweisung. Dennoch bemerken Sie von all dem normalerweise nichts, die Anwendungen integrieren sich nahtlos.

Einige Einstellungen werden für die gesamte Anwendung festgelegt, unter anderem, welche optische Form die Anwendung hat. Diese optische Form wird als Sammlung von HTML-Templates und zugehörigen CSS-Klassen in einem sogenannten *Theme* organisiert, das einer Anwendung zugeordnet werden kann. Ein Theme bestimmt also zentral das Erscheinungsbild unserer Anwendung. APEX liefert ein extrem vielseitiges Theme mit, das wir in diesem Buch als einziges verwenden werden. Zu den besonderen Eigenschaften dieses Themes gehört es, dass damit Anwendungen geschaffen werden, die gleichzeitig auf einem Desktop-Rechner und einem mobilen Gerät, etwa einem Smartphone, ausgeführt werden können. Zudem sind APEX-Anwendungen, die auf diesem Theme basieren und keine eigenen Anwendungskomponenten verwenden, barrierefrei.

Zusätzlich zur Zuweisung eines Themes werden in einer Anwendung weitere generelle Einstellungen festgelegt, wie zum Beispiel den Namen der Anwendung, das zu verwendende Datumsformat und weitere Details.

2.2.4 Seiten

Auf der nächsten Gliederungsebene finden sich unterhalb der Anwendung die *Anwendungsseiten*. Auch eine Anwendungsseite (oder einfach eine Seite) ist lediglich eine Zeile innerhalb des APEX Data Dictionary. Auf einer Seite platzieren Sie weitere Seitengliederungselemente, insbesondere Regionen, die ich im nächsten Abschnitt besprechen werde, um das Aussehen der Seite zu gestalten und die Auswahl der anzuzeigenden Daten zu steuern.

Eine Seite ist eine wichtige Organisationsebene Ihres Anwendungscodes, denn auf ihr wird definiert, welche Seitenelemente angezeigt werden sollen, welche Aktivitäten zur Datengewinnung sowie -bearbeitung ausgeführt werden sollen und aufgrund welcher Logik die nächste darzustellende Seite ermittelt werden soll.

2.2.5 Regionen, Seitenelemente und Schaltflächen

Gehen wir eine Stufe weiter, treffen wir auf einer Seite auf die Regionen. Eine Region ist optisch als umrahmter, grob rechteckiger Bereich auf einer Seite erkennbar, obwohl das nicht immer so sein muss. Die verschiedenen Regionen konnen unterschiedliche Typen besitzen. So könnte eine Region zum Beispiel ein Menü, aber auch ein SQL-Bericht in Form einer Tabelle oder ein Formular sein. APEX liefert eine große Anzahl vorbereiteter Regionstypen mit, die zudem noch mit unzähligen Parametern auf Ihre konkreten Bedürfnisse hin angepasst werden können. Einige Regionen werden durch spezielle Seitentypen direkt angelegt und werden dann durch Seitenprozesse flankiert, die bereits so eingestellt sind, dass zum Beispiel die Verarbeitung von Benutzereingaben automatisiert in der Datenbank gespeichert werden können und vieles mehr.

Abbildung 2.3 zeigt eine Seite einer Anwendung. Auf dieser Seite sehen Sie, durch Rahmen kenntlich gemacht, einige der angesprochenen Regionstypen in Aktion.

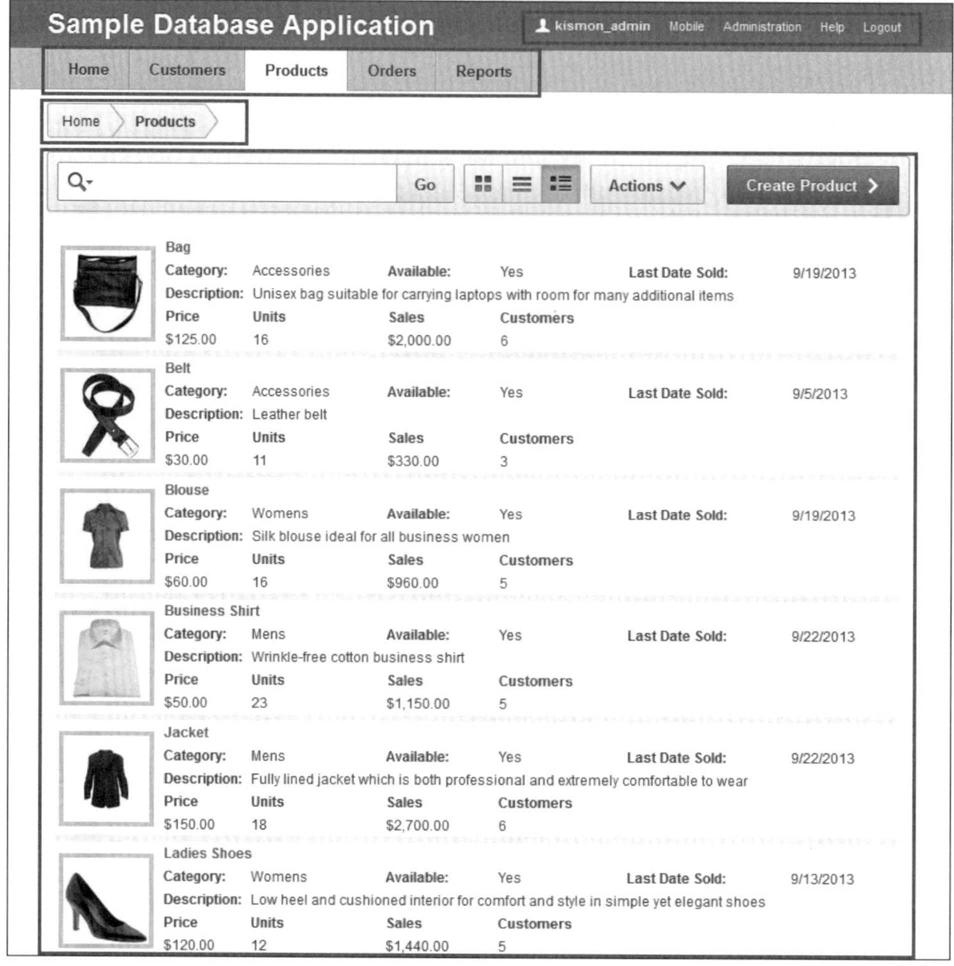

Abbildung 2.3 Eine Seite einer Beispielanwendung mit Regionen

Viele Regionen werden durch Assistenten in der APEX-Entwicklungsumgebung angelegt und benötigen lediglich eine Parametrierung, wie etwa die, auf welche Tabelle sie sich beziehen sollen oder auf welche Weise neue Primärschlüsselinformationen generiert werden sollen. Nachdem Sie einen solchen Assistenten ausgeführt haben, werden alle benötigten Seitenelemente auf der Seite angelegt. Konkret könnten Sie eine Region vom Typ `Formular` benötigen, um Tabellendaten in der Webanwendung zu bearbeiten. In einem Assistenten könnten Sie dann definieren, aus welcher Tabelle die Daten stammen, welche Spalten Sie in das Formular aufnehmen möchten, welche Aktivitäten erlaubt werden sollen (löschen, ändern, neu anlegen) und so weiter. Das Ergebnis ist eine Region vom Typ `Formular`, die bereits eine Reihe sogenannter *Seitenelemente* enthält, also Formularfelder für jede ausgewählte Spalte Ihres Formulars. Abbildung 2.4 zeigt Ihnen ein Beispiel für ein solches Formular.

Abbildung 2.4 Beispiel eines Formulars

Beachten Sie in der Abbildung oben, dass die verschiedenen Datentypen der Spalten bereits berücksichtigt wurden, als das Formular angelegt wurde: Ein Datumsfeld hat einen Datepicker als Eingabefeld erhalten, eine `BLOB`-Spalte (siehe Feld `Product Image`) hat ein Dateiupload-Control erhalten und so weiter. Mit einfachen Mitteln sind auch dynamische Einblendmenüs möglich (wie im Beispiel das Feld `Category`, es reicht im Regelfall, eine entsprechende SQL-Anweisung zu hinterlegen oder die Werte händisch einzutragen) und vieles mehr. Optional können Sie zu den Eingabefeldern Hilfstexte hinterlegen, kenntlich machen, ob die Eingabe in ein Feld verpflichtend ist oder nicht (was, wenn die Spalte einen `not null`-Constraint enthält, auch automatisch geschieht), weitere Validierungen festlegen etc.

Zudem hat der Assistent für Sie die benötigten Schaltflächen angelegt. Wichtiger noch: Alle Schaltflächen sind bereits aktiv, das heißt, es wurden dafür vorbereitete Programmteile hinterlegt, die beim Klick darauf aufgerufen werden und dafür sorgen, dass die Daten korrekt in der Datenbank verarbeitet werden. Der Assistent legt in der Regel auch fest, auf welche Seite als Nächstes, im Fall der erfolgreichen (oder auch der nicht erfolgreichen) Abarbeitung, verzweigt werden soll. Die Erstellung einer solchen Formularseite nimmt im Regelfall weniger als 20 Minuten in Anspruch (wovon zwei oder drei auf die eigentliche Erstellung des Formulars gehen und die restliche Zeit auf das Feintuning), so denn keine ungewöhnlichen Validierungen oder Datenbankaktivitäten vorgenommen werden müssen.

Jede Region, jedes Seitenelement und jede Schaltfläche ist wiederum mit HTML-Templates verbunden, die steuern, wie die jeweilige Darstellung erfolgen soll. Jedem Element liegt dabei eine Auswahl verschiedener Templates zugrunde, aus denen Sie die Darstellung wählen können. Ebenfalls können Sie jedem Element einen Verweis auf eine benötigte Autorisierungsprüfung geben, die zum Beispiel kontrolliert, ob dem angemeldeten Benutzer das Recht, dieses Element zu nutzen, zugeordnet wurde oder nicht. Im Beispiel oben könnte ein Benutzer eventuell das Recht zugestanden bekommen, den Preis eines Produktes zu editieren, während dies anderen Benutzern nicht möglich ist. In Abhängigkeit hiervon würde dann das Feld `List Price` entweder in die Seite aufgenommen oder auch nicht. APEX sorgt dafür, dass nur autorisierte Benutzer diese Elemente sehen können. Dies alles erfolgt einfach durch Auswahl von Parametern und nur minimaler, zentral hinterlegter Programmierung.

2.2.6 Zusammenfassung

APEX entlastet Sie als Entwickler also von den grundlegenden Problemen der HTTP- und Datenbanksession-Verwaltung, organisiert die Transaktionen in der Datenbank, die Benutzerauthentifizierung und -autorisierung, kümmert sich um die unterschiedlichen Browserimplementierungen und automatisiert die Erstellung weitverbreiteter Anwendungselemente.

Anwendungen in APEX sind in Workspaces organisiert und erlauben einen feingranularen Zugriff auf Daten der Datenbank. Durch die Workspaces entsteht zudem die Möglichkeit, in einer Datenbank viele logisch unabhängige APEX-Anwendungen zu verwalten. Eine Anwendung ist zudem, aufgrund der Gestaltung der Templates und Themes, internationalisierbar und barrierefrei und kommt mit minimaler Programmierung aus. So weit, so gut, möchte man sagen, zumal sich auch das Look-and-feel angenehm und modern präsentiert.

Dass weitergehende Wünsche offenbleiben, liegt in der Natur der Sache. APEX ist aber durch eigene Programmierung auch beinahe beliebig erweiterbar. Allerdings steigt mit diesen Möglichkeiten auch der Aufwand. Aus diesem Grund beschäftigt sich der erste Teil dieses Buches zunächst mit dem, was ohne Programmieraufwand machbar ist. Und das ist, wie wir sehen werden, bereits eine ganze Menge!

Kapitel 3
Überblick über die Entwicklungsumgebung

Die grafische Entwicklungsumgebung von APEX ist selbst eine APEX-Anwendung. Gut für Sie, denn dadurch erfahren Sie in diesem Kapitel nicht nur, wie diese Anwendung aufgebaut ist, sondern sehen auch direkt, was mit APEX in Ihren Anwendungen möglich ist.

Die Entwicklung einer APEX-Anwendung wird durch eine grafische Entwicklungsumgebung, die selbst eine APEX-Anwendung ist, durchgeführt. Diese grafische Entwicklungsumgebung wird normalerweise als *Integrated Development Environment* (IDE) bezeichnet. Mit dieser Anwendung werden die Metadaten, aber normalerweise weniger die »klassische« Entwicklung von `select`-Anweisungen oder PL/SQL Packages definiert. Diese Bestandteile werden normalerweise außerhalb dieser ID durch den SQL Developer (oder mit einem anderen Werkzeug Ihrer Wahl) erstellt, der gut in den Entwicklungsprozess einer APEX-Anwendung integriert ist. Dieses Kapitel legt allerdings den Schwerpunkt auf die IDE, die für die Gestaltung einer APEX-Anwendung erforderlich ist.

Dieses Kapitel hat aber noch einen anderen Zweck. Ich möchte mit dem Rundgang durch die Entwicklungsumgebung die Grundlage dafür schaffen, dass Sie dem weiteren Verlauf des Buches auch dann folgen können, wenn ich Ihnen nicht Schritt für Schritt erläutere, wo eine Funktion zu finden ist. Um dies zu erreichen, werde ich einige *Treffpunkte* mit Ihnen vereinbaren, von denen aus ich anschließend auf die weiteren Ziele navigieren kann. Ein solcher Treffpunkt wird dann in spitzen Klammern genannt, zum Beispiel <APPLICATION BUILDER>. Die Idee dahinter ist, dass Sie wissen, wie Sie zu der Seite kommen, die wir unter diesem Treffpunkt verstehen, und von dort aus weiter zu der besprochenen Funktion. Alle Treffpunkte finden Sie zum Nachschlagen im Anhang.

Ein weiteres Problem, das sich für mich stellt, ist die Frage, in welcher Spracheinstellung APEX vorgestellt werden soll. Beim Anmelden am Workspace haben Sie die Möglichkeit, die Sprachversion zu wählen. Ich gehe standardmäßig von einer deutschen Benutzerführung aus. Dies hat seinen Grund nicht nur darin, dass dies ein deutschsprachiges Buch ist, sondern auch darin, dass APEX alle Standardfehlermeldungen, Schaltflächenbeschriftungen etc. in Ihren Anwendungen in dieser Einstellung ebenfalls in Deutsch anlegt, was einiges an Nacharbeit erspart. Leider ist die Übersetzung der Anwendung nicht in allen Fällen gut geglückt, aber dieser Nachteil wiegt angesichts der sonstigen Vorteile nicht schwer. Unser erster Treffpunkt, <App Builder>, ist hierfür ein beredtes Beispiel.

3.1 Einstiegsseite

Sie starten die IDE, indem Sie den URL *<IhrServer>:<IhrPort>/ords/apex* eingeben, also zum Beispiel *localhost/ords/apex*, falls Sie, wie empfohlen, Port 80 verwendet haben, oder aber *my_pc:8080/ords/apex*, falls Sie Port 8080 verwenden. Sie werden gebeten, sich zu authentifizieren. Wenn Sie das mitgelieferte Skript zur Erstellung der Testumgebung ausgeführt haben, können Sie sich direkt am Workspace `buch_no_code_` als Benutzer `buch_admin` mit dem Passwort `Start!1234` verbinden. Falls nicht, müssen Sie bitte die Beschreibung zur *Anlage eines Workspaces* in Anhang B durchführen, damit Sie einen Workspace für Ihre Übungen erhalten. Haben Sie sich am Workspace angemeldet, erwartet Sie eine Einstiegsseite, wie sie in Abbildung 3.1 zu sehen ist.

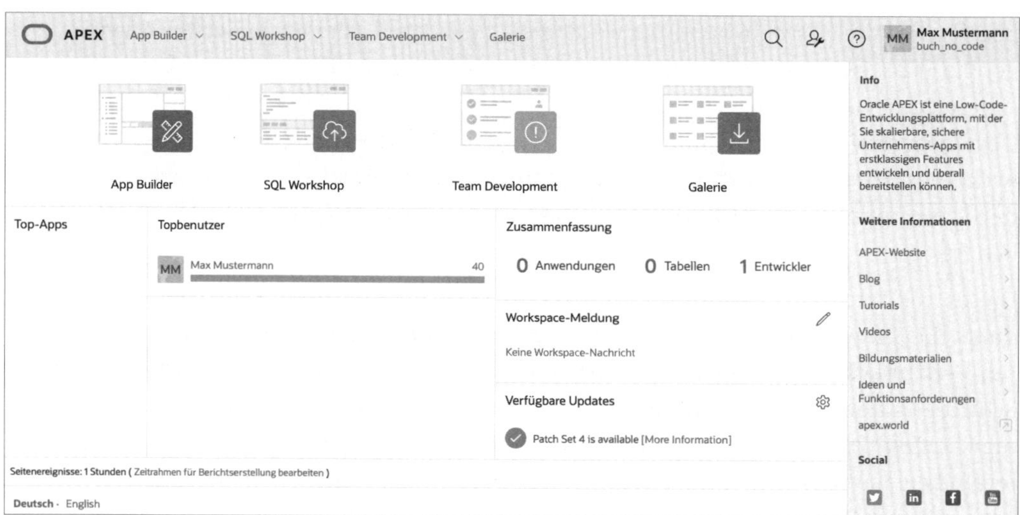

Abbildung 3.1 Einstiegsseite der Entwicklungsumgebung

Der Begriff *Dashboard* wird gern für solche Seiten verwendet, was angesichts der Information, die hier zu sehen ist, möglicherweise eher ein Euphemismus ist. Doch sehen wir vier Programmteile:

- App Builder
  Hier wird die eigentliche APEX-Anwendung erstellt. Wir werden hauptsächlich mit diesem Teil der Anwendung zu tun haben.

- SQL WORKSHOP
  Dieses Programm bietet die Möglichkeit, `select`-Anweisungen und PL/SQL-Programme zu erstellen, ist aber von den Möglichkeiten her weit vom SQL Developer (oder von einem anderen Editor Ihrer Wahl) entfernt. Daher ist es an sich gängige Praxis, diesen Bestandteil zugunsten der externen Editoren nicht zu verwenden. Einige Details sind aber ganz nett, diese zeige ich dann auch noch im weiteren Verlauf.
- TEAM DEVELOPMENT
  Dieser Abschnitt befasst sich mit übergreifenden Funktionen, um die Entwicklung im Team zu organisieren. Zwar keine komplette Projektsteuerungssoftware, aber ein Werkzeug mit vielen angenehmen Eigenschaften. Wenn Sie im Team arbeiten, können Sie diesen Bereich gut für die interne Organisation der Entwicklung nutzen. Schön ist auch die zentralisierte Anlaufstelle für Feedback der Fachseite.
- GALERIE
  In diesem Bereich können Beispielanwendungen geladen werden oder aber auch Erweiterungen zu APEX, sogenannte Plugins. Zudem bietet Oracle einige Anwendungen als Produktivanwendungen an. Diese Anwendungen werden aber nicht lokal mitgeliefert, sondern können über GitHub nachgeladen werden.

Informationen über lieferbare Updates finden sich in der rechten Spalte, ebenso wie weitergehende Statistiken über den fleißigsten Benutzer, die meistgenutzte Anwendung und vieles mehr. Betrachten Sie die Seite einmal aus Entwicklerperspektive: Sie sehen mehrere Regionen auf einer Seite. Ganz oben ein Anwendungsmenü mit ausklappbaren Unterpunkten (hier ist JavaScript im Einsatz, damit sich auf Ihrer Seite etwas bewegt), darunter findet sich eine *Listenregion* mit vier grafischen Schaltflächen, die uns zu den einzelnen Anwendungsbestandteilen bringen. Dann drei Regionen nebeneinander für die einzelnen Statistiken. Rechts auf der Seite eine sogenannte *Seitenbereich*-Region, in der sich die Regionen INFO, WEITERE INFORMATIONEN und SOCIAL befinden.

Ich möchte Sie einladen, stets auch mit der Entwicklerbrille auf die IDE zu schauen, denn es handelt sich ja um eine APEX-Anwendung, und zwar die Anwendung `4500`, wie Sie in dem URL erkennen können. Nutzen Sie die Anwendung gern als Ideenreservoir für eigene Anwendungen. Klicken Sie nun bitte auf die Schaltfläche APP BUILDER, um sich das eigentliche Entwicklungswerkzeug anzuschauen.

3.2 Application Builder

Natürlich existiert hier noch keine Anwendung, daher wird uns angeboten, dies nun zu tun. Wir werden damit starten, die Beispielanwendung »Sample Master Detail« zu importieren, die vom APEX-Entwicklerteam bereitgestellt wird. Diese Anwendung können wir auf der Galerie auswählen und direkt herunterladen.

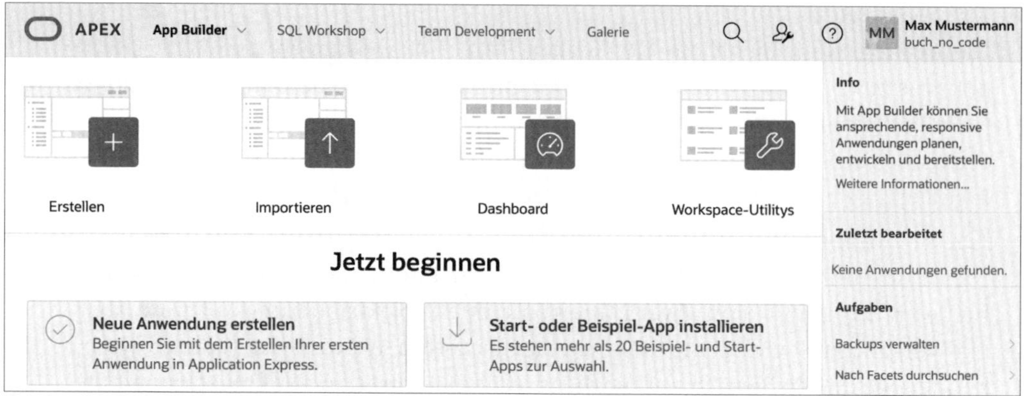

Abbildung 3.2 Application Builder ohne Anwendungen

Klicken Sie also bitte auf die Karte START- ODER BEISPIEL-APP INSTALLIEREN, um die Galerie zu öffnen.

Abbildung 3.3 Die Galerie mit Beispielanwendungen

Klicken Sie nun auf den Bereich BEISPIELE, und laden Sie die Anwendung »Sample Master Detail« durch Klick auf die DOWNLOAD-Schaltfläche herunter:

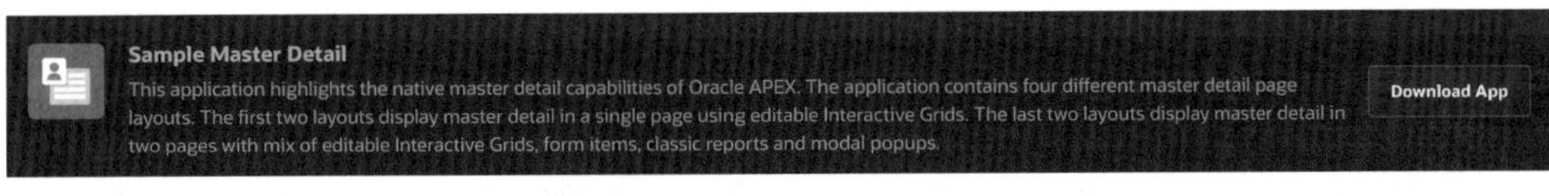

Abbildung 3.4 Beispieldatei »Sample Master Detail«

[!]

Merke

Arbeiten Sie mit APEX ab Version 22.1, ist das folgende Prozedere nicht mehr erforderlich, da die Beispielanwendungen nun direkt über die Oberfläche geladen werden können. Klicken Sie einfach auf die Schaltfläche INSTALLIEREN neben der Beispielanwendung, die Sie installieren möchten.

Die Anwendung wird heruntergeladen. Es handelt sich um eine ZIP-Datei, die Sie nicht auspacken müssen.

Als Nächstes importieren wir nun diese Anwendung in den Workspace. Hierfür klicken Sie erneut auf den Reiter APP BUILDER im oberen Bereich der Anwendungsseite und anschließend auf die Schaltfläche IMPORTIEREN in der oberen Region des Application Builders. Was sich nun öffnet, wird in APEX ein *Assistent* genannt: eine Folge mehrerer Anwendungsseiten, die durch den Importvorgang führt. Auf der ersten Seite dieses Assistenten sehen wir einen Bereich, auf den wir die ZIP-Datei der Anwendung ziehen können, um sie in APEX zu laden:

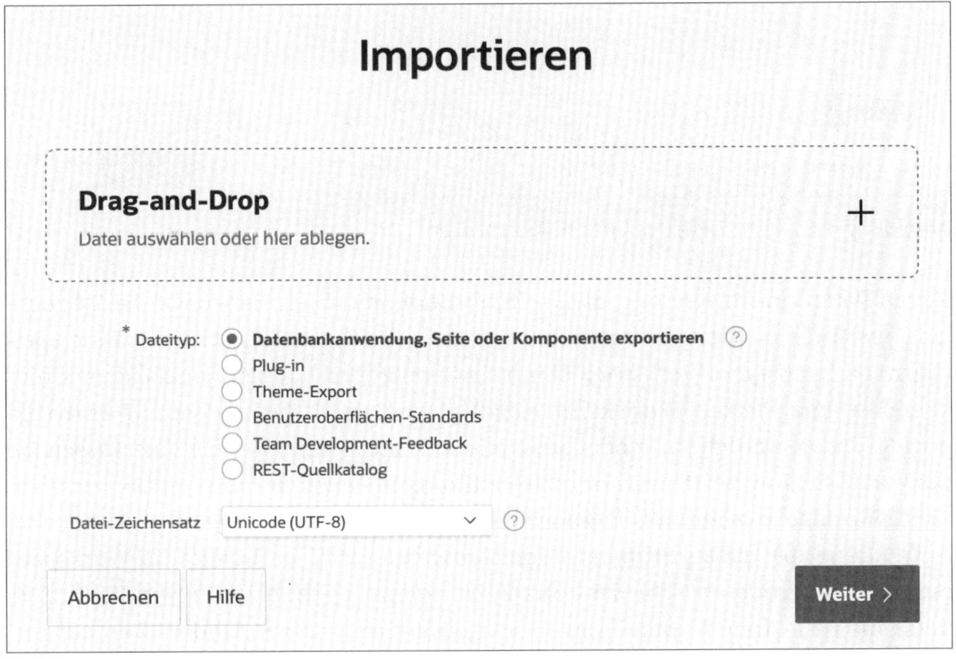

Abbildung 3.5 Erste Seite des Import-Assistenten

Ziehen Sie also die ZIP-Datei auf den Bereich, und lassen Sie sie dort fallen. Der voreingestellte Dateityp »Datenbankanwendung, Seite oder Komponente exportieren« ist zwar etwas missverständlich auf einer Importseite, aber für unsere Zwecke korrekt. Auch der Datei-Zeichensatz »UTF-8« stimmt, Sie können also auf die Schaltfläche WEITER klicken. Nachfolgend erscheint ein Bestätigungsbildschirm, der keine weitere Eingabemöglichkeit bietet und daher auch mit WEITER bestätigt werden kann. Die anschließende Seite bietet einige neue Optionen, die wir kurz besprechen:

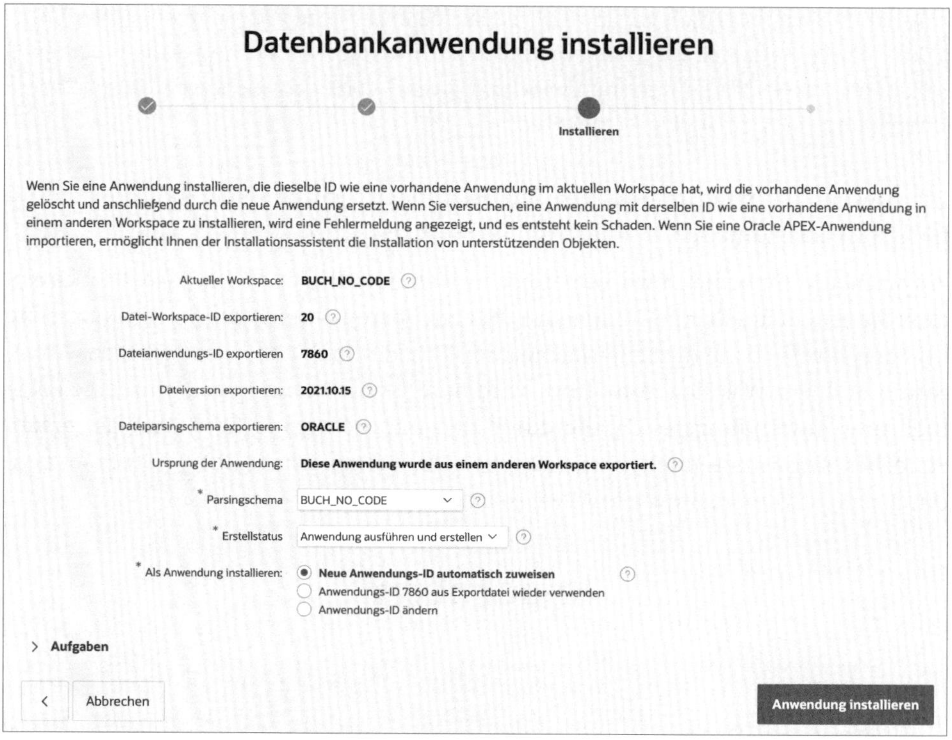

Datenbankanwendung installieren

Installieren

Wenn Sie eine Anwendung installieren, die dieselbe ID wie eine vorhandene Anwendung im aktuellen Workspace hat, wird die vorhandene Anwendung gelöscht und anschließend durch die neue Anwendung ersetzt. Wenn Sie versuchen, eine Anwendung mit derselben ID wie eine vorhandene Anwendung in einem anderen Workspace zu installieren, wird eine Fehlermeldung angezeigt, und es entsteht kein Schaden. Wenn Sie eine Oracle APEX-Anwendung importieren, ermöglicht Ihnen der Installationsassistent die Installation von unterstützenden Objekten.

Aktueller Workspace: BUCH_NO_CODE
Datei-Workspace-ID exportieren: 20
Dateianwendungs-ID exportieren 7860
Dateiversion exportieren: 2021.10.15
Dateiparsingschema exportieren: ORACLE
Ursprung der Anwendung: Diese Anwendung wurde aus einem anderen Workspace exportiert.
* Parsingschema BUCH_NO_CODE
* Erstellstatus Anwendung ausführen und erstellen
* Als Anwendung installieren: Neue Anwendungs-ID automatisch zuweisen
Anwendungs-ID 7860 aus Exportdatei wieder verwenden
Anwendungs-ID ändern

> Aufgaben

< Abbrechen Anwendung installieren

Abbildung 3.6 Dritte Seite des Import-Assistenten

Neben Daten zur Anwendung, die Sie importieren möchten, haben wir die Möglichkeit, auszuwählen, welcher Datenbankbenutzer die Daten dieser Anwendung speichern soll. In unserem Workspace ist nur ein Benutzer vorhanden, daher existiert hier keine Wahlmöglichkeit. Dann kann festgelegt werden, ob die Anwendung durch Sie noch geändert werden kann oder ausschließlich ausgeführt werden darf. Lassen Sie die Voreinstellung bestehen. Als letzte Option können wir der Anwendung automatisch eine neue Anwendungs-ID zuordnen lassen. Jede Anwendung verfügt über eine Anwendungs-ID, die als Primärschlüssel verwendet wird und daher im Workspace eindeutig sein muss. Welche das konkret ist, ist egal, daher belassen wir die Option, dass eine neue, freie Anwendungs-ID ausgewählt werden soll, und klicken auf ANWENDUNG INSTALLIEREN.

Bei dieser Anwendung handelt es sich um eine Anwendung, der noch weitere SQL-Skripte zur Installation von Datenbanktabellen etc. beigefügt sind. Diese Datenbankobjekte werden als »unterstützende Objekte« bezeichnet, und der Import-Assistent bietet Ihnen an, diese nun zu installieren.

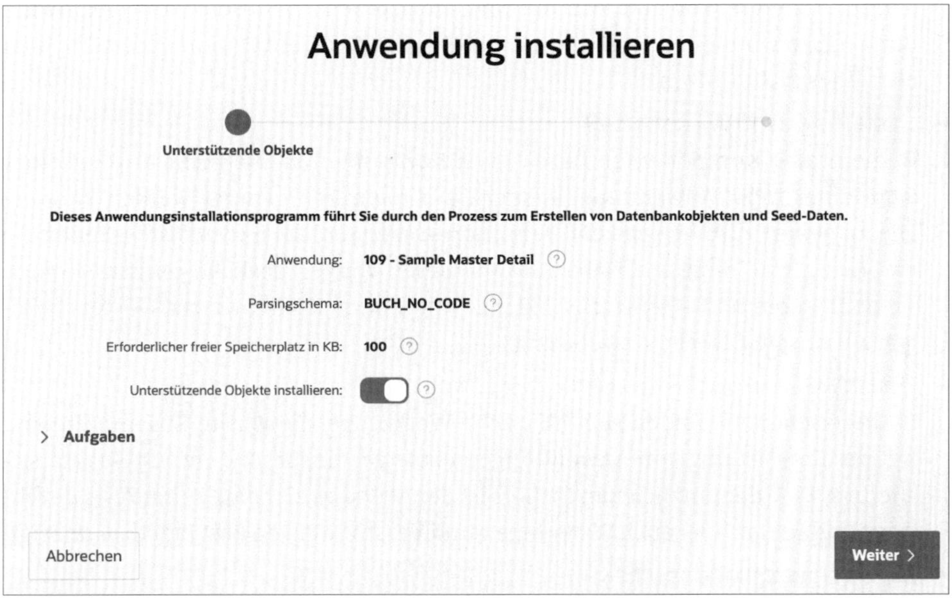

Abbildung 3.7 Seite zur Installation der unterstützenden Objekte

Stellen Sie sicher, dass der Schalter UNTERSTÜTZENDE OBJEKTE INSTALLIEREN angeschaltet ist, und klicken Sie auf WEITER. Nun folgt eine Bestätigungsseite, die Sie ebenfalls mit Klick auf die Schaltfläche INSTALLIEREN bestätigen.

Damit ist die Installation der Anwendung abgeschlossen, und Sie können sie mit einem Klick auf die Schaltfläche ANWENDUNG AUSFÜHREN direkt starten. Der Anmeldedialog erwartet die gleichen Benutzerangaben wie zum Einwählen in den APEX-Workspace. Nun können wir uns in der Anwendung umsehen, interessanter ist allerdings die Entwicklungsumgebung. Gehen Sie daher auf den Tabulator mit der Entwicklungsumgebung zurück, und klicken Sie auf die Schaltfläche ANWENDUNG BEARBEITEN. Sollten wir uns hier verloren haben, navigieren Sie zum Application Builder zurück und klicken auf das Icon der Anwendung »Sample Master Detail«.

Die Seite, die sich nun geöffnet hat, ist unser erster Treffpunkt. Wenn Sie den Treffpunkt <APPLICATION BUILDER> sehen, meine ich die Startseite des Application Builders der Anwendung, an der wir gerade arbeiten. Hier sehen Sie alle Seiten unserer Beispielanwendung. Im oberen Teil wird wiederum eine Listenregion mit Verzweigungszielen zu verschiedenen Anwendungsbereichen gezeigt. Die angezeigten Verzweigungsziele haben folgende Bedeutung:

- ANWENDUNG AUSFÜHREN
  Das bekommen Sie auch ohne mich heraus ...
- UNTERSTÜTZENDE OBJEKTE
  Dieser Bereich ermöglicht Ihnen, für die Installation Ihrer Anwendung benötigte Skripts, Datenbankobjekte etc. zusammenzustellen. In unserer Beispielanwendung haben wir dies im Einsatz gesehen. Wir werden diese Option in diesem Buch allerdings nicht nutzen.
- GEMEINSAME KOMPONENTEN
  Gemeinsame Komponenten bezeichnen Komponenten, die nicht nur auf einer Seite einer APEX-Anwendung, sondern auf mehreren genutzt werden können. Hierzu gehört zum Beispiel die Definition von Listen, auch *Wertelisten*. Sehen Sie sich hier gern einmal um. Haben Sie auf diesen Verweis geklickt, kennen Sie auch schon unseren nächsten Treffpunkt: <GEMEINSAME KOMPONENTEN>, stets bezogen auf unsere aktuelle Anwendung.
- UTILITYS
  In diesem Bereich finden sich hilfreiche Werkzeuge, die wir im Zusammenhang mit der Entwicklung von Anwendungen einsetzen, insbesondere zur Qualitätssicherung. Eine der nützlichsten Utilitys ist der ADVISOR, der eine Reihe Tests durchführt und Fehler, aber auch Warnungen und Verstöße gegen Best Practices anzeigt.
- EXPORTIEREN/IMPORTIEREN
  Diesen Bereich benötigen Sie, wenn Sie irgendetwas aus APEX im- oder exportieren möchten. Dies kann alles Mögliche sein: Workspaces, Anwendungen, Themes, Plugins ...

Auf der rechten Bildschirmseite befindet sich wiederum ein Seitenbereich mit weitergehenden Tasks. Bitte achten Sie auf diese Seitenbereiche, die es auf beinahe allen Seiten gibt, in ihnen sind viele praktische Aufgaben für die entsprechenden Bereiche enthalten: DIESE ANWENDUNG LÖSCHEN zum Beispiel ...

3.3 Seitendesigner

Klicken Sie im <APPLICATION BUILDER> auf das Icon der Anwendungsseite SEITE 1, und Sie sehen das Herzstück der APEX-Entwicklung: den *Seitendesigner (Page Designer)*.

Lassen Sie mich hierfür gleich den nächsten Treffpunkt vereinbaren: <ANWENDUNGSSEITE 1>. Dieser Treffpunkt bezieht sich immer auf die Anwendungsseite, von der wir im Buch sprechen.

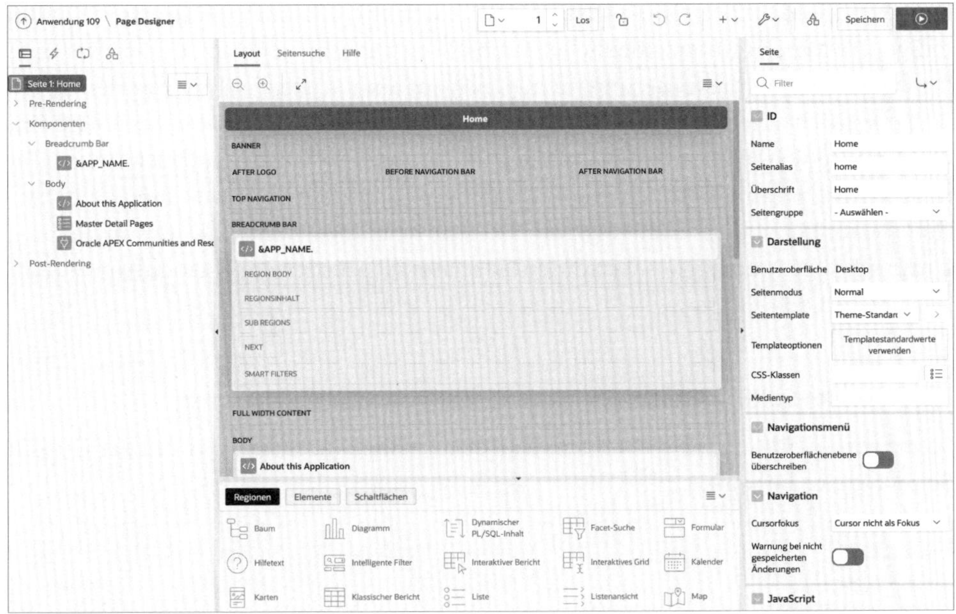

Abbildung 3.8 Der PageDesigner

3.3.1 Aufbau der Seite

Der Sinn der Seite ist es, Ihnen analog zu herkömmlichen (aber nicht webbasierten) IDEs eine Seite anzubieten, in der Sie einfach die Attribute der Seitenbestandteile bearbeiten können.

Die Seite ist in drei vertikale Spalten aufgeteilt, die mittlere dieser Spalten ist noch einmal horizontal geteilt. Es ergeben sich also vier *Seitenbereiche*, die verschiedenen Aufgaben während der Programmierung von Anwendungsseiten dienen. Der linke Seitenbereich stellt eine hierarchische Übersicht aller Bestandteile der Anwendungsseite dar, während im mittleren oberen Bereich eine stilisierte Darstellung der Anwendungsseite angeboten wird. Diese beiden Seitenbereiche werden zur Auswahl von Seitenelementen benutzt, für die Sie weitere Einstellungen vornehmen möchten. Der mittlere untere Seitenbereich stellt Ihnen eine Galerie mit Seitenelementen zur Verfügung, die Sie auf der Seite einsetzen können. Hier finden Sie Regionen, Seitenelemente und Schaltflächen in jeweils unterschiedlichen Ausprägungen. Der rechte Seitenbereich schließlich zeigt Ihnen je nach ausgewähltem Seitenelement verschiedene weitere Optionen. Die Anzahl dieser Optionen kann überwältigend groß sein, und es wird eine der zentralen Herausforderungen für mich werden, Ihnen in den nächsten Kapiteln diese Optionen näherzubringen.

Der Sinn der verschiedenen Seitenbereiche ist es, Ihnen ein Mittel an die Hand zu geben, um sich auf der Anwendungsseite, die Sie später erstellen werden, zurechtzufinden. Daher ist es von besonderer Bedeutung (auch für die weitere Lektüre dieses

Buches), sich mit dieser Denkweise vertraut zu machen. Ich habe diese ersten Kapitel einigen Testlesern unterschiedlicher Vorbildung zu lesen gegeben, und es war eine durchgehende Herausforderung für alle, sich auf dem Seitendesigner zu orientieren. Daher lege ich einen solchen Schwerpunkt darauf, Ihnen zu erklären, *was* Sie *wo* finden. Tun Sie sich selbst also den Gefallen, und lesen Sie dieses Kapitel nicht nur unter dem Aspekt »Wann kann ich endlich anfangen, eine eigene Anwendung zu entwickeln?«, sondern befassen Sie sich mit der Denkweise dieser Entwicklungsumgebung. Umso schneller und effizienter werden Sie später die Hürden der eigenen Anwendungen überwinden.

3.3.2 Linker Seitenbereich

Sehen wir uns die einzelnen Bereiche nun etwas näher an. Ich möchte mit dem linken Seitenbereich beginnen.

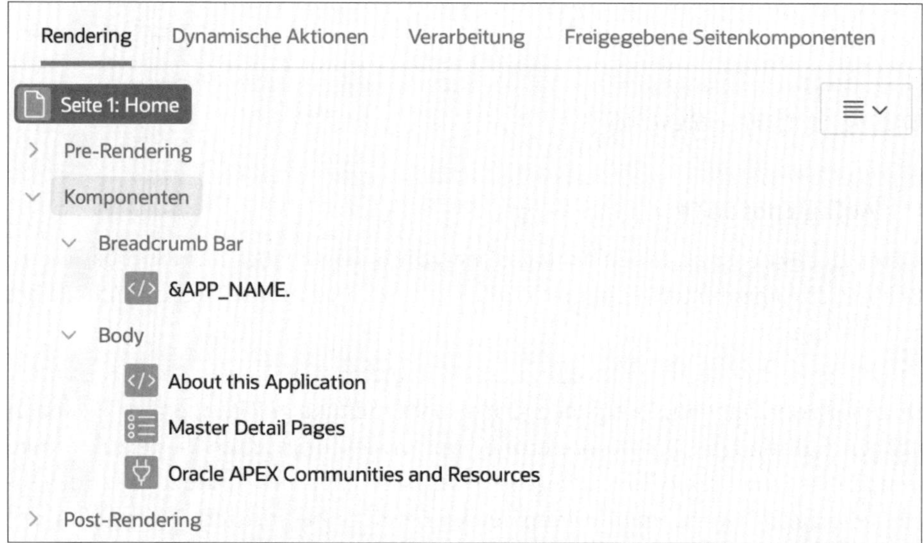

Abbildung 3.9 Der linke Seitenbereich

Die Breite dieses Bereiches können Sie am vertikalen Trennbalken einstellen. Ist der Bereich auf Ihrem Bildschirm nicht breit genug, werden die Überschriften durch Symbole ersetzt (siehe Abbildung 3.10).

Er hat ganz oben vier Tabulatoren mit den Bezeichnungen (die Sie, wenn Ihnen Symbole angezeigt werden, auch als Tooltipp beim Hovern sehen können) RENDERING, DYNAMISCHE AKTIONEN, VERARBEITUNG und FREIGEGEBENE SEITENKOMPONENTEN. Sinn dieses Seitenbereichs ist die Navigation über die vielen einzelnen Seitenkomponenten, aus denen eine APEX-Seite aufgebaut sein kann. Wenn Sie also wählen müssen, zu welchem Seitenelement Sie Änderungen durchführen möchten, finden Sie hier die Liste aller Seitenelemente. Die Anzahl dieser Seitenelemente kann sehr groß sein, daher ist es sinnvoll, die verschiedenen Komponenten zu separieren.

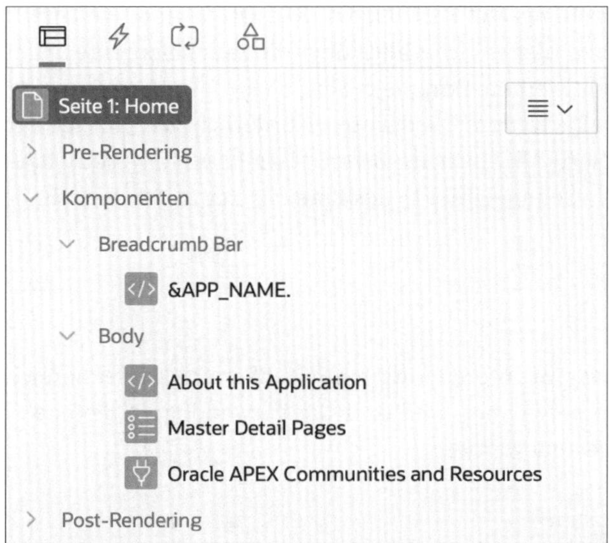

Abbildung 3.10 Linker Seitenbereich mit Symbolen

Der Bereich RENDERING zum Beispiel umfasst alle Elemente, die auf der Seite dargestellt werden können, also Textfelder, Berichte, Navigationselemente und so weiter.

Der zweite Tabulator, DYNAMISCHE AKTIONEN, umfasst Komponenten, die für die dynamische Anpassung der Seite an Benutzereingaben verwendet werden. So könnte es zum Beispiel erforderlich sein, ein Eingabefeld auf der Anwendungsseite auszublenden, wenn der Anwendungsbenutzer in einer Auswahlliste einen speziellen Wert ausgewählt hat. Eine solche Aktion muss durch JavaScript durchgeführt werden, und damit Sie so etwas nicht selbst programmieren müssen, können Sie dynamische Aktionen verwenden, die diese Programmierung für Sie übernehmen. Diese Elemente finden sich also hier.

Dann folgt der Tabulator VERARBEITUNG. In diesem Bereich sind keine Seitenelemente enthalten, die Sie auf der Seite sehen könnten, sondern Verarbeitungsprozesse innerhalb der Datenbank, die für die Validierung, Berechnung oder Speicherung von Benutzereingaben verantwortlich sind. Diese Prozesse gehören natürlich auch zu einer Seite dazu, sind aber durch diesen Reiter von den anderen Elementen separiert.

Dann folgt schließlich noch der Tabulator FREIGEGEBENE SEITENKOMPONENTEN, der Seitenelemente enthält, die auf mehr als einer Seite eingesetzt werden können. Ein Beispiel wäre eine Auswahlliste mit allen Abteilungen des Unternehmens, die auf mehreren Seiten verwendet werden kann. Diese werden in APEX an einem zentralen

Ort verwaltet, und hier werden diejenigen Elemente dieses Bereichs angezeigt, die auf der aktuellen Seite verwendet werden.

Sehen wir uns den Tabulator RENDERING etwas genauer an. Er zeigt eine hierarchische Liste mit der groben Aufteilung PRE-RENDERING, REGIONEN und POST-RENDERING. Wie gesagt, es wird Ihnen hier ein Überblick über die Seitenelemente angeboten, die auf der Seite dargestellt werden. Komplexe Seiten verfügen aber über sehr viele Seitenelemente, daher ist eine weitere Gliederung erforderlich. Die Anzeige der Seitenelemente ist zeitlich sortiert: Alles, was im Bereich PRE-RENDERING durchgeführt wird, ist erledigt, bevor die Seitenelemente des Bereichs REGIONEN berechnet werden, und so weiter.

3.3.3 Galerie

Sehen wir uns weiter um, und zwar im unteren mittigen Seitenbereich. Dieser Bereich wird normalerweise als *Galerie* bezeichnet, weil dort die verwendbaren Seitenelemente wie in einer Galerie ausgestellt werden.

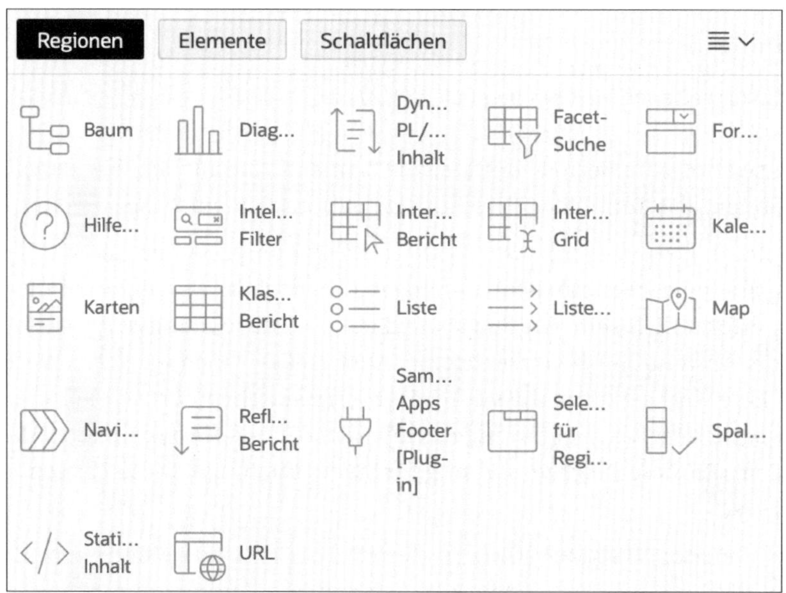

Abbildung 3.11 Der Bereich »Galerie«

Auch dort finden wir Tabulatoren. Sie unterscheiden zwischen REGIONEN, ELEMENTEN und SCHALTFLÄCHEN. Für jeden Tabulator werden verschiedene Regions-, Seitenelement- und Schaltflächentypen angeboten, unter denen Sie wählen können. Die gezeigten Regionstypen werden alle eine Region auf der Anwendungsseite anlegen, diese werden allerdings, je nach Typ, vollkommen unterschiedlich aussehen und funktionieren.

3.3.4 Canvas

Der größte Seitenbereich in der Mitte ist ein abstrahiertes Abbild der gerade bearbeiteten Seite, die normalerweise als *Canvas* (dt. *Leinwand*), bezeichnet wird.

Abbildung 3.12 Seitenbereich »Canvas«

In diesem Bereich können Sie, wie auf einer Leinwand, die Seite »malen«, was hier insbesondere heißt, dass Sie die Elemente der Galerie mit Drag-and-drop auf den Canvas ziehen und dort auch hin- und herschieben können. Klicken Sie auf einen Eintrag des Canvas, wählen Sie damit das Seitenelement aus. Dies hat zur Folge, dass für dieses Seitenelement im rechten Seitenbereich die verfügbaren Optionen zu diesem Element angezeigt werden. Aber auch im linken Seitenbereich wird der entsprechende Eintrag aktiviert. Der Canvas und der linke Seitenbereich dienen also der Auswahl (und Platzierung) von Elementen auf der Seite, während der rechte Bereich die Optionen des Seitenelements bearbeitet.

Der Canvas bietet ebenfalls Tabulatoren, die unterschiedliche Ansichten in diesem Bereich einblenden können. Der Tabulator LAYOUT stellt den Canvas dar, während die SEITENSUCHE die Möglichkeit bietet, nach beliebigen Begriffen auf der aktuellen Seite zu suchen. Dies ist ein praktisches Hilfsmittel, um sich in umfangreichen Seiten zu orientieren.

Besonders praktisch ist aber vor allem der letzte Tabulator, HILFE. Aktivieren Sie einmal diesen Tabulator, und klicken Sie auf irgendein beliebiges Attribut: Sofort wird der zugehörige Hilfetext in diesem Bereich angezeigt. Manchmal ist die Hilfe zwar etwas knapp, oft aber auch wirklich brauchbar.

3.3.5 Attributbereich

Wenn Sie entweder im linken Seitenbereich oder im Canvas ein Seitenelement ausgewählt haben, für das weitere Attribute vorhanden sind (nicht alle Einträge des hierarchischen Baums sind mit weiteren Attributen verbunden), öffnen sich diese Attribute im rechten Seitenbereich. Daher nenne ich diesen Seitenbereich einfach *Attribute*. Die Attribute werden in einer Folge von Regionen, die ein- und ausgeklappt werden können, angezeigt.

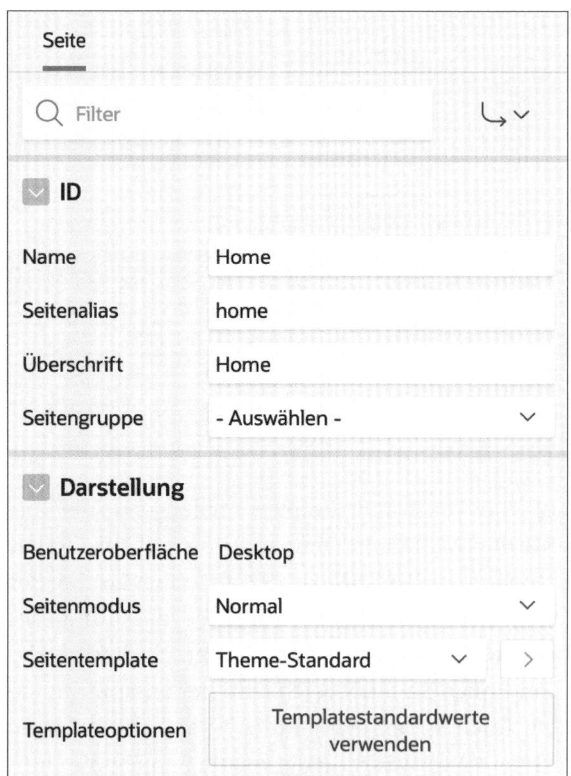

Abbildung 3.13 Seitenbereich »Attribute«

Der Tabulator über diesem Bereich ändert seinen Namen, je nachdem, welches Seitenelement Sie ausgewählt haben. Einige Seitenelemente verfügen neben den Standardattributen, die in diesem Bereich gezeigt werden, noch über spezielle Attribute für den konkreten Typ des Seitenelements. Abbildung 3.13 zeigt die Attribute, die für die gesamte Seite einstellbar sind, während Abbildung 3.14 ein Beispiel für einen Seitentyp mit zusätzlichen Attributen zeigt.

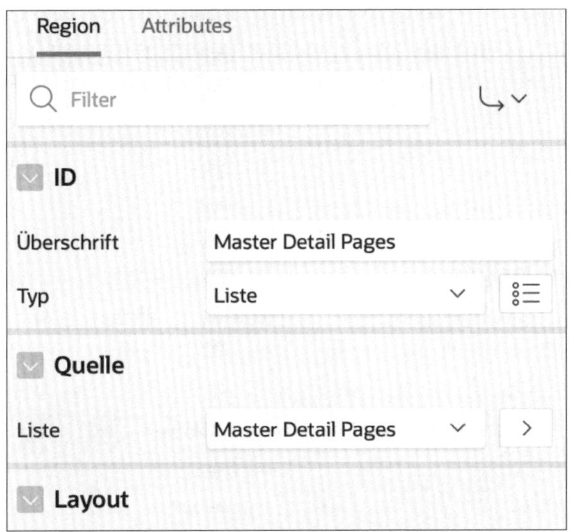

Abbildung 3.14 Spezielle Attribute für eine Region

Dieser Seitenbereich befasst sich, wie gesagt, mit den *Attributen* der Seitenelemente, die Sie aktuell ausgewählt haben. Davon gibt es eine ganze Menge, um nicht zu sagen, extrem viele. Daher ist es schwierig für mich als Autor und auch für Sie als Leser, den Überblick nicht zu verlieren. Deshalb möchte ich gern einige Konventionen mit Ihnen vereinbaren, damit wir uns nicht verlieren.

Wenn Sie im linken Seitenbereich eine Region auswählen, sagen wir, die Region <Anwendungsseite 1> • `Master Detail Pages`, dann sehen Sie im rechten Seitenbereich deren Attribute. Da sich diese Attribute auf eine Region beziehen, nenne ich sie *Regionsattribute*. Dieser Regionstyp verfügt über einen Tabulator Attribute, hinter dem sich weitere Attribute zur gleichen Region verbergen, allerdings pro Regionstyp unterschiedliche. Daher nenne ich die Attribute, die Sie sehen, wenn Sie auf die Region selbst klicken, die <allgemeinen Regionsattribute> (auch das ist dann ein Treffpunkt) und die Attribute hinter dem Tabulator Attribute einer Region die <speziellen Regionsattribute>. Analog gilt das auch für Seiten und weitere Seitenelementtypen. Das Ganze soll natürlich nicht zu einem Quiz ausarten, aber es ist nun einmal extrem schwierig, auf einer Seite mit so vielen Informationen einfach und nachvollziehbar zu erläutern, wo Sie etwas finden. Seien Sie daher bitte flexibel, ich hoffe, es reicht Ihnen, wenn ich sage: Wählen Sie auf <ANWENDUNGSSEITE 1> • `Master Detail Pages` in den <ALLGEMEINEN REGIONSATTRIBUTEN> • QUELLE • LISTE eine andere Liste.

[!]

> **Merke**
>
> Viele Entwickler, die weiter fortgeschritten sind, benötigen die zentrale Ansicht nicht so häufig, möchten aber beide Attributspalten, die allgemeinen und eventuell vorhandene spezielle Attribute gleichzeitig einsehen können. Um dies zu erreichen, können Sie den Tabulator ATTRIBUTE mit Drag-and-drop in den zentralen Seitenbereich ziehen und dort fallen lassen. Da nun nur noch der Bereich der speziellen Attribute im rechten Seitenbereich vorhanden ist, falls er überhaupt existiert, werden dessen Werte ebenfalls unmittelbar angezeigt.

3.3.6 Navigationsleiste des Page Designers

Der Page Designer enthält noch eine Reihe Schaltflächen, mit denen die Seite bearbeitet werden kann.

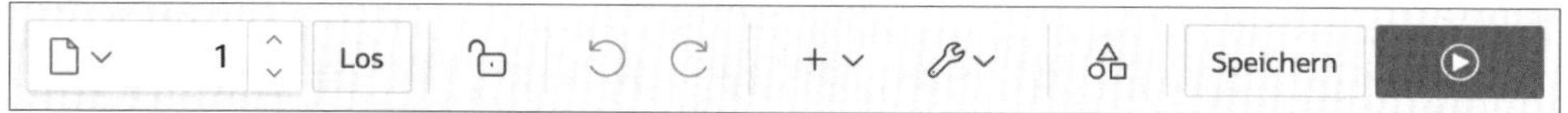

Abbildung 3.15 Zusätzliche Schaltflächenleiste im Page Designer

Einige Funktionen sind selbsterklärend, wie das Eingabefeld für die Seitenzahl, die Sie bearbeiten möchten. Durch Klick auf die Pfeilsymbole neben der Zahl können Sie zur nächsten oder vorherliegenden Seite wechseln, während die Eingabe einer Zahl (und die Betätigung mit [↵]) Sie direkt zu der genannten Seite bringt. Alternativ können Sie natürlich auch auf die Schaltfläche LOS klicken.

Das Schlosssymbol ist etwas spezieller, denn es ermöglicht Ihnen, die aktuelle Seite für die Bearbeitung durch Kollegen zu sperren. Dies ist manchmal sinnvoll, wird aber meiner Beobachtung nach recht selten gemacht. Eine Kollegin, die diese Seite bearbeiten möchten, kann dies nicht, ihr würde ein rotes Schloss angezeigt, verbunden mit einem Tooltipp, der anzeigt, wer die Seite gesperrt hat. Sollten Sie vergessen, eine gesperrte Seite wieder freizugeben, bevor Sie in Urlaub fahren, kann der Workspace-Administrator diese Sperre auch entfernen.

Sehr praktisch sind die beiden gebogenen Pfeilsymbole daneben. Der Page Designer arbeitet kommandoorientiert, was bedeutet, dass eine Liste der letzten Kommandos verwaltet wird, die auch wieder zurückgenommen werden können. Mit diesen beiden Schaltflächen können Sie also in der Kommandohistorie vor- und zurückwandern. Die Historie wird verworfen, wenn Änderungen gespeichert wurden.

Die Einblendmenüs mit dem Plussymbol und dem Maulschlüssel stellen weitere Funktionen bereit.

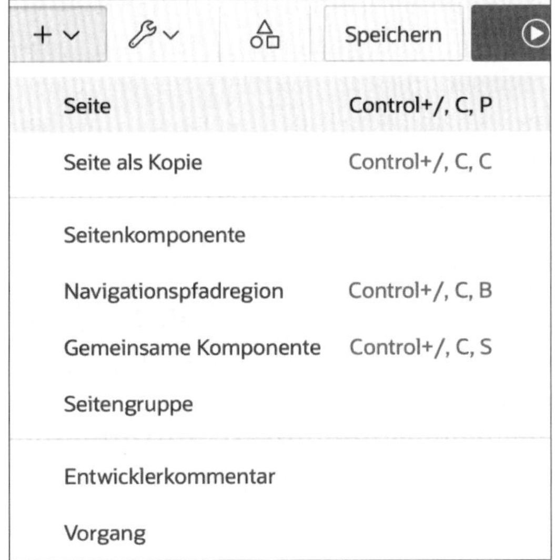

Abbildung 3.16 Einblendmenü der Plus-Symboltaste

Das Pluszeichen ist hier als »Hinzufügen« zu verstehen, und im Menü sehen Sie, was Sie alles hinzufügen können. Nicht alle Optionen ergeben jetzt schon einen Sinn, aber wir sind ja auch erst am Anfang des Buches.

Abbildung 3.17 Die Optionen des Maulschlüssel-Menüs

Die Optionen des Maulschlüssel-Menüs sind eher als »Bearbeiten« zu verstehen. Wichtig ist natürlich die Option, eine Seite löschen zu können, die anderen Optionen werden deutlich seltener benötigt.

Die Schaltfläche mit dem Dreieck, dem Kreis und dem Quadrat ist eine wichtige Schaltfläche, sie bringt uns zu den »gemeinsamen Komponenten«, die wir im nächsten Abschnitt besprechen werden. Während der Arbeit an einer Seite werden wir häufig zwischen den gemeinsamen Komponenten und dem Page Designer hin- und herschalten, daher ist es gut, sich diese Schaltfläche einzuprägen. Analog existiert auf der Seite der gemeinsamen Komponenten die Schaltfläche SEITE 1 BEARBEITEN, die Sie schnell zurück in den Page Designer der aktuell bearbeiteten Seite bringt.

Die Schaltfläche SPEICHERN speichert Ihre Änderungen an der Anwendungsseite in den Metadaten und leert den Kommandostack. Sollten Sie vergessen, Änderungen zu speichern, und möchten Sie den Page Designer verlassen, werden Sie darauf aufmerksam gemacht, dass ungesicherte Änderungen vorliegen.

3.4 Gemeinsame Komponenten

Unter *Gemeinsame Komponenten* verstehen wir innerhalb von APEX Anwendungselemente, die nicht nur für eine konkrete Seite, sondern darüber hinaus für mehrere Seiten eingerichtet und auf den Anwendungsseiten dann verwendet werden. Dies kann zum Beispiel eine Auswahlliste mit den Abteilungen unseres Unternehmens sein. Diese Liste wird einmal definiert und steht dann für alle Anwendungsseiten zur Verfügung. Andere Beispiele sind seitenübergreifende Komponenten wie ein Anwendungsmenü, das natürlich so gut wie nutzlos wäre, wenn es komplett auf jeder einzelnen Seite neu definiert werden müsste. Hier helfen die gemeinsamen Komponenten, die Anwendungsentwicklung schlank zu halten. Sie benötigen gemeinsame Komponenten daher auf allen Anwendungsseiten.

Sie erreichen die gemeinsamen Komponenten über den Treffpunkt <GEMEINSAME KOMPONENTEN>. Wenn ich annehme, dass Sie sich noch im Page Designer befinden, ist der kürzeste Weg zu den gemeinsamen Komponenten der Klick auf die Schaltfläche GEMEINSAME KOMPONENTEN oberhalb des rechten Seitenbereichs, links neben der SPEICHERN-Schaltfläche. Alternativ können Sie zum <APP BUILDER> gehen und dort auf die Schaltfläche GEMEINSAME KOMPONENTEN klicken. Die anderen Optionen habe ich im Anhang zu einem Treffpunkt zusammengefasst.

Ich skizziere Ihnen hier einmal eine kurze Zusammenfassung der Arten von gemeinsamen Komponenten, die wir verwalten können. Diese Aufzählung ist für das erste Verständnis nicht unbedingt erforderlich, aber für Sie möglicherweise interessant, wenn Sie bereits ein wenig Erfahrung mit APEX sammeln konnten und einen Überblick erhalten möchten. Die Verwendung der gemeinsamen Komponenten bespreche ich aber auch noch im Detail, wenn sie im Zusammenhang sinnvoll sind. Bei einigen Unterpunkten habe ich weitergehende Informationen optisch durch einen

Kasten hervorgehoben. Wenn Sie sich zunächst nur umsehen möchten, sind diese Zusatzinformationen für Sie eventuell noch nicht von Interesse.

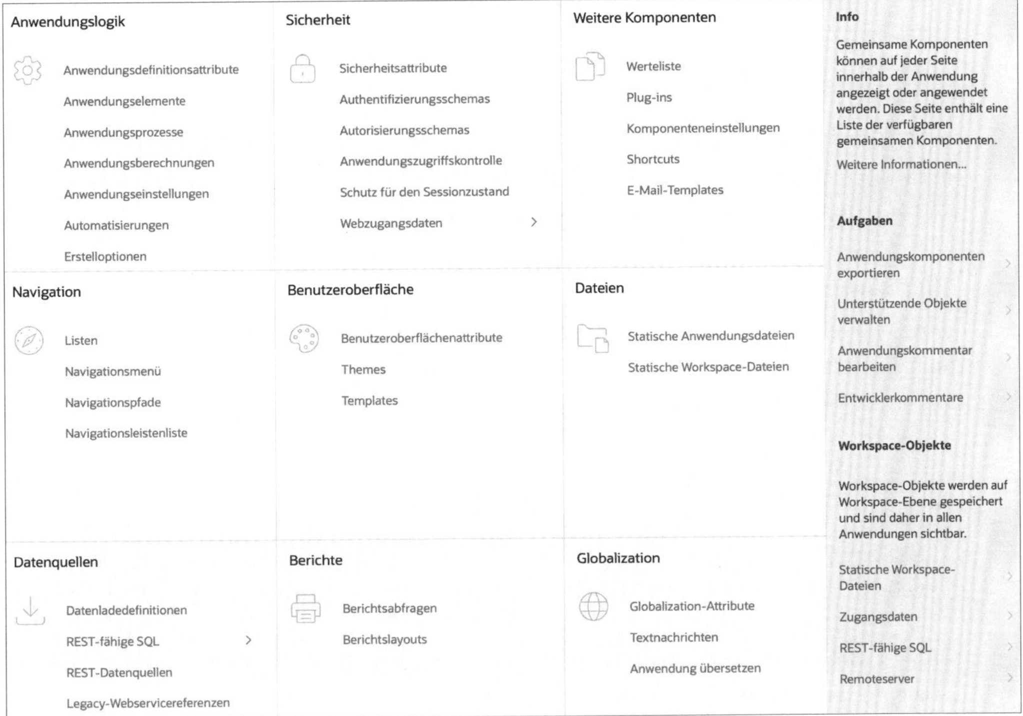

Abbildung 3.18 Übersichtsseite »Gemeinsame Komponenten«

3.4.1 Bereich »Anwendungslogik«

Beginnen wir links oben mit der Anwendungslogik. Hier werden Sie nur relativ selten tätig werden, es gibt die Möglichkeit, Elemente, Prozesse und Berechnungen zu definieren, die anschließend in der gesamten Anwendung verwendet werden können. Wichtiger sind die Anwendungsdefinitionsattribute (was für ein Wort!), die die Einstellungen zur gesamten Anwendung verwalten. Hier steht zum Beispiel der Name der Anwendung etc. Sehen Sie sich gern einmal um. Diese Seite können Sie auch aufrufen, wenn Sie im <App Builder> über den Schaltflächen der Navigationsliste auf die Schaltfläche Anwendungseigenschaften bearbeiten • Definition klicken.

3.4.2 Bereich »Sicherheit«

Dieser Bereich befasst sich mit der Verwaltung der Sicherheitseinstellungen für eine APEX-Anwendung. Da wir diesen Einstellungen ein eigenes Kapitel widmen, werde ich mich hier noch nicht auf die Funktionalität einlassen. Auch die Seite SICHERHEITSATTRIBUTE ist Teil der Seiten, die Sie in den ANWENDUNGSEIGENSCHAFTEN finden, die wir im vorigen Abschnitt besprochen haben.

3.4.3 Bereich »Weitere Komponenten«

Klingt nach einem Sammelbecken für alles andere, ist aber ein oft genutzter und sehr wichtiger Bereich. Die Eintragungen hier befassen sich mit Anwendungselementen, die auf vielen Seiten genutzt werden können.

Wertelisten

Eine Werteliste (oft engl. *List of Value*, kurz *LOV* genannt) stellt zunächst einmal lediglich eine Liste von Werten dar. Eine LOV kann bei APEX dynamisch (als Ergebnis einer `select`-Abfrage) oder statisch (als Liste von Anzeige- und Rückgabewerten) eingerichtet werden.

[!]

Merke

Natürlich werden wir, wann immer möglich, der dynamischen Liste den Vorzug geben, denn wir sind Datenbankentwickler, aber es gibt auch Gründe für statische Listen. Eine statische Liste hat den Vorteil, als Teil der normalen Übersetzung einer APEX-Anwendung mit übersetzt zu werden, was bei dynamischen Listen nur geht, wenn das Datenmodell darauf vorbereitet ist.

Oft wird eine LOV als ein Aufklappmenü mit Werten, die als Werte für ein Eingabefeld erlaubt werden, dargestellt, es sind aber auch andere Formen möglich: eine Liste von Ankreuz- oder Optionsfeldern, als separates Fenster zur Auswahl eines Wertes und einige mehr.

Plugins

Eine ganz eigene Welt sind die Plugins. Sie dienen dazu, APEX so um Zusatzfunktionen zu erweitern, als wären sie schon immer ein Teil von APEX gewesen. Plugins können für Regionen, Elemente, Dynamic Actions etc. eingerichtet werden und beschäftigen uns in Kapitel 23, »Plugins«.

Komponenteneinstellungen

Diese Einstellungen können als Standardwerte für APEX-Elemente verstanden werden. Sie können hier zentral festlegen, dass ein YES/NO-Element zum Beispiel stets die Werte `Y|N` liefert oder aber auch `J|N` oder `1|0`, je nachdem, was Ihr Datenmodell erfordert. Das ist natürlich besser, als diese Einstellung bei jeder Verwendung erneut durchführen zu müssen.

Shortcuts

Unter Shortcuts werden Bezeichner verstanden, die an verschiedenen Stellen innerhalb der APEX-Anwendung verwendet werden können, um sich die wiederholte Eingabe von Code zu ersparen.

[!]

Merke

Einige Entwickler schwören auf diesen Mechanismus, andere verwenden ihn kaum. In unserer Beispielanwendung (und auch in jeder anderen APEX-Anwendung, die wir erstellen werden), ist ein Shortcut mit dem Namen `DELETE_CONFIRM_MSG` definiert, der die Meldung enthält, die gezeigt wird, wenn Daten der Datenbank gelöscht werden. Es können aber auch PL/SQL-Codeschnipsel oder anderes definiert und über den Namen an mehreren Stellen der Anwendung referenziert werden.

E-Mail-Templates

Dieser – relativ neue – Bereich einer APEX-Anwendung gestattet es, E-Mails direkt in APEX zu generieren. Schon lange gab es die Möglichkeit, E-Mails aus APEX zu versenden, doch mit dem Template-System ist es nun auch möglich, die Mailtexte basierend auf einem mächtigen Template-Mechanismus erstellen zu lassen. E-Mail-Templates können unterschiedliche Inhalte für Text- oder HTML-Mails besitzen, Anhänge integrieren und unterschiedlichste Adressaten und Absender verwalten.

3.4.4 Bereich »Navigation«

APEX verfügt über ein leistungsfähiges Anwendungsmenü zur Benutzersteuerung. Die hierfür erforderliche Liste finden Sie in diesem Bereich, ebenso wie andere Listentypen für Breadcrumbs und Navigationsleisteneinträge. Zudem ist es möglich, generische Listen für weitere Zwecke zu erstellen.

Grundsätzlich betrachtet sind Listen Sammlungen von Verweisen, mit deren Hilfe zwischen Anwendungsseiten navigiert werden kann. Listen existieren als allgemeine Listen oder für besondere Zwecke, nämlich für das NAVIGATIONSMENÜ, den Breadcrumb (in der deutschen Übersetzung NAVIGATIONSPFADE genannt) und die NAVIGATIONSLEISTENLISTE.

Das Navigationsmenü wird als Menüsystem (entweder am oberen oder linken Bildschirmrand) eingeblendet und bringt alles benötigte JavaScript mit, um als Anwendungsmenü bedient werden zu können. Unter der Navigationsleistenliste (auch wieder so ein Wort ...) verstehen wir den Bereich in der rechten oberen Bildschirmecke, wo sich normalerweise zumindest eine Log-out- oder Log-in-Möglichkeit befindet. Was dort angezeigt wird, wird hier festgelegt.

3.4.5 Benutzeroberfläche

Ein interessanter, aber auch komplexer Bereich beschäftigt sich mit der Benutzeroberfläche. In der Übersicht über die Funktion von APEX hatte ich bereits erläutert, dass Themes die grafische Gestaltung einer APEX-Anwendung definieren und dass Templates eingesetzt werden, um die konkrete HTML-Ausgestaltung einer Seite, Region oder eines Elements festzulegen. In diesem Bereich haben Sie auf diese Dinge Zugriff, zudem auch noch auf den Bereich BENUTZEROBERFLÄCHENATTRIBUTE, in dem Sie sehr viele Einstellungen zur Darstellung der konstanten Anwendungselemente und zum Verhalten der Anwendung beim An- oder Abmelden vornehmen können und vieles mehr.

3.4.6 Bereich »Dateien«

Dateien kommen bei APEX vor allem als CSS, JavaScript oder Image-Dateien zum Einsatz. Solche Dateien können innerhalb von APEX (über die Optionen dieses Bereiches) oder aber in der Verzeichnisstruktur des Webservers abgelegt werden, um sie von dort dem Browser zur Verfügung stellen zu können.

[!]

Merke

Dateien, die innerhalb der Datenbank abgelegt sind, werden über URLs angeboten, mit denen der Webserver diese wie lokale Dateien behandeln (und insbesondere cachen) kann. Zudem können komplexe Verzeichnisstrukturen als eine ZIP-Datei direkt in APEX hinterlegt werden. Die Verzeichnisstruktur wird von APEX übernommen, alle Dateien sind unter ihren jeweiligen Pfaden zugänglich. Da Dateien, die innerhalb der Datenbank gespeichert werden, andererseits auch direkt mit im- und exportiert werden können, empfehle ich die Speicherung innerhalb der Datenbank.

Ab Version 21.1 können Sie diese Dateien direkt in der Entwicklungsumgebung editieren. Zudem wird beim Speichern aus allen Dateien direkt eine komprimierte (»minified«) und zusammengeführte Datei erstellt, die sich günstig auf die Ladezeit der Seite auswirkt.

Dieser Bereich unterscheidet zwischen Anwendungs- und Workspace-Dateien. Dies legt fest, ob eine Datei nur für eine konkrete Anwendung oder aber für alle Anwendungen eines Workspaces verwendet werden kann. Im Lichte der Änderungen in diesem Bereich könnte eine Entscheidung für den Speicherort der Dateien vielleicht so aussehen:

- Dateien, die für eine Anwendung oder für mehrere Anwendungen eines Workspaces verwendet werden, sollten bevorzugt innerhalb der Datenbank gespeichert werden.
- Dateien, die Workspace-übergreifend zur Verfügung stehen müssen, sind möglicherweise nach wie vor besser im Webserver als Datei aufgehoben, um nicht

sicherstellen zu müssen, dass mehrere Workspaces mit einer aktualisierten Version dieser Datei ausgestattet werden müssen.

3.4.7 Bereich »Datenquellen«

Externe Referenzen auf Datenquellen können in diesem Bereich verwaltet werden. APEX hat in den letzten Versionen viele Anstrengungen unternommen, um zum Beispiel Webservices als externe Datenquellen in APEX-Anwendungen zu integrieren. Auf der anderen Seite können aber auch extern vorhandene Dateien in verschiedenen Formaten durch APEX eingelesen und in Datenbanktabellen abgelegt werden. Beide Wege werden hier verwaltet.

3.4.8 Bereich »Berichte«

Dieser Bereich konzentriert sich auf druckbare Berichte, versammelt also Einstellungen, die benötigt werden, um Berichte aus APEX heraus auszudrucken.

3.4.9 Bereich »Globalization«

Zum Glück ist APEX von Grund auf dafür entwickelt worden, internationalisierbare Software zu erstellen. Selbst eine Anwendung in Rechts-links-Schreibweise stellt APEX nicht vor unlösbare Probleme. Die Einstellungen hierzu sowie Werkzeuge zum Übersetzen von Anwendungen finden sich in diesem Bereich. Über diese Optionen lesen Sie mehr in Kapitel 29, »Internationalisierung«.

3.4.10 Seitenbereich »Aufgaben«

Sehen Sie bitte abschließend auch noch auf den AUFGABEN-Seitenbereich im rechten Seitenbereich. Dort finden sich wieder allgemeine Funktionen zum Exportieren der gemeinsamen Komponenten, zur Verwaltung von Installationsskripten sowie Anwendungs- und Entwicklerkommentare. Diese Funktionen sind derzeit nicht besonders im Fokus, ich möchte Ihre Aufmerksamkeit jedoch immer einmal wieder auf diesen Bereich lenken, den man sonst einfach auch schnell einmal übersieht.

3.5 SQL Workshop

Unser Rundgang sollte uns noch kurz beim SQL WORKSHOP vorbeiführen. Auch dieses Werkzeug müssen Sie bei einem ersten Kennenlernen nicht notwendigerweise verstehen, Sie können gern auf diesen Bereich auch später noch zurückkommen.

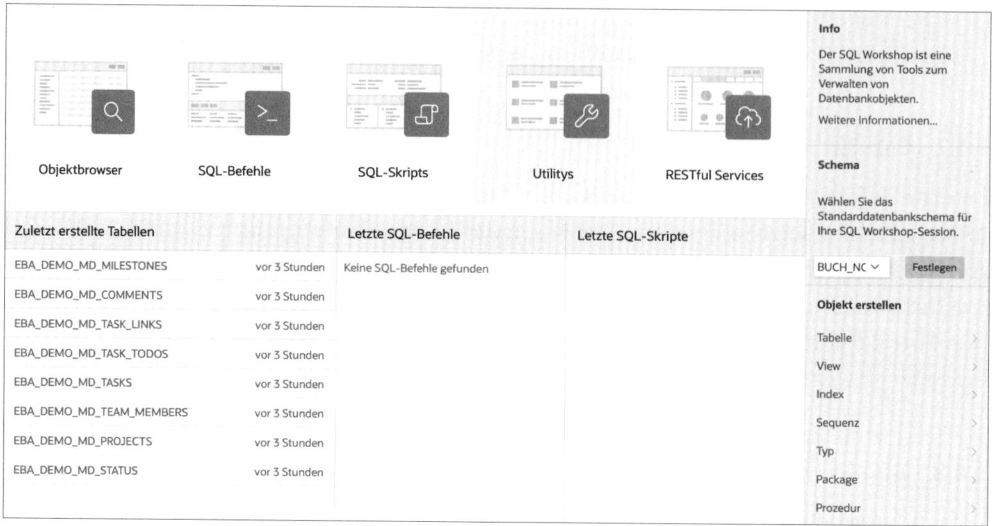

Abbildung 3.19 Der SQL Workshop

Zwar hatte ich schon beschrieben, dass ich dem SQL Developer in diesem Buch den Vorzug gebe, doch gilt das natürlich nur, wenn Sie auch die Möglichkeit haben, mit diesem Werkzeug auf die Datenbank zuzugreifen. Nutzen Sie einen Workspace auf einem Oracle-Server, ist dies nicht der Fall, dann ist der SQL Workshop Ihre einzige Möglichkeit. Auch ansonsten sind hier zwei Bereiche nützlich bzw. auch unverzichtbar: die UTILITYS und die RESTFUL SERVICES. Die restlichen Funktionen bespreche ich nicht, die können Sie auf eigene Faust erkunden, wenn Sie möchten.

3.5.1 Utilitys

Das APEX-Team hat natürlich eine nicht unerhebliche Entwicklungszeit in das Problem investiert, auf generische Weise Code erstellen zu können, der beliebige Tabellen bearbeiten kann (es müssen ja Assistenten für beliebige Tabellen der Benutzer zur Verfügung stehen und vieles mehr). Einen Teil dieser Arbeit stellt Ihnen das Team in Utilitys zur Verfügung. Das ist zunächst einmal sehr nett.

Neben Dingen, die ich persönlich nicht mal mit einer Kneifzange anpacken würde (QUERY BUILDER zum Beispiel), stehen hier sehr sinnvolle Dinge drin. Daher eine kurze Auswahl:

Data Workshop

Hier können Import- und Exportfilter für verschiedene Ausgangsformate definiert werden. Sie stellen Anwendungsbeispiele für einen Seitentyp dar, den wir ebenfalls in unseren Anwendungen integrieren können (und werden, und zwar in Kapitel 5, »Eine einfache Datenbankanwendung erstellen«).

DDL generieren

Mithilfe dieser Option können Sie DDL-Anweisungen für Tabellen, Views und andere Objekte erstellen lassen. Zwar findet sich eine ähnliche Funktion auch im SQL Developer, aber diese Funktion hat den Vorteil, leicht mehrere Tabellen auswählen zu können. Na ja, eine weitere Option eben.

Methoden auf Tabellen

Mit diesem Utility können Sie für eine oder mehrere Tabellen ein Package implementieren lassen, das Ihnen Zugriffsmethoden für `insert`-, `update`- und `delete`-Anweisungen (also eine Tabellen-API) erstellt. Die Implementierung umfasst ein Verfahren, um optimistisches Sperren durchzusetzen, und spart zumindest sehr viel Zeit. Als Startpunkt für eine entsprechende Anwendungsarchitektur sehr empfehlenswert. Und wenn nicht dafür, dann zumindest einmal, um eine Best Practice zum Editieren von Daten in Datenbanken zu sehen.

Benutzeroberflächen-Standards

Diese Defaults dienen dazu, zum Beispiel eine Spalte mit dem Namen `ID` immer gleich in ein Anwendungselement umzusetzen. Es sind sozusagen Voreinstellungen für die automatischen Assistenten, die für verschiedene Elemente des Datenmodells einstellbar sind. Wenn das Datenmodell passt, kann das die gesamte Qualität der Anwendung verbessern, wenn nicht, dann eher nicht.

Objektberichte

Diese Rubrik bietet eine Reihe vordefinierter Berichte über das Datenmodell an. Nicht einzigartig, aber hier sehr kompakt zusammengestellt.

Schemavergleich und Papierkorb

Erwähnen möchte ich diese Bereiche zumindest, da aber der SQL Developer oder gar der Data Modeler hier deutlich mehr können, empfehle ich Ihnen diese Werkzeuge. Sinnvoll ist das aber natürlich dann, wenn Sie außer diesen Werkzeugen keine Möglichkeit haben, an die Datenbank heranzukommen. Dann würde sich auch ein Blick in die weiteren Bereiche dieses Werkzeugs lohnen, etwa in den OBJEKTBROWSER, die SQL-BEFEHLE und SQL-SKRIPTS. Diese Bereiche sind andererseits aber auch keine Raketentechnik, was die Bedienung angeht, damit kommen Sie sicher zurecht.

3.5.2 RESTful Services

Ein ganzer Hype ist um diese Services entstanden. Sogar das verbindende Element zwischen dem Webserver und der Datenbank wurde von *APEX Listener* in *ORDS Liste-*

ner (*Oracle Restful Data Services*) umbenannt, um die Unabhängigkeit von APEX zu belegen. Gestartet wurde das Projekt ORDS unter dem Namen *APEX Listener* als passgenaue Schnittstelle zwischen Webserver und eben APEX, aber das Projekt hat sich weiterentwickelt.

Der Hype bezieht sich auf die Funktion der Datenbank, PL/SQL-Code eines Schemas direkt über http aufrufen zu können. Wenn man dies tut, wird die Datenbank auch für Webanwendungen zu einer direkt nutzbaren Datenquelle oder -senke.

Theoretisch könnte die gesamte Kommunikation einer Webanwendung mit der Datenbank über diese REST-Services laufen, doch ist es aus APEX-Sicht ein Zusatzthema, weil ein direkter Zugriff auf die Datenbank existiert und der Umweg über eine REST-Schnittstelle nicht recht begründbar ist. Dieser Anwendungsbereich des SQL Workshops jedenfalls befasst sich mit dem Einrichten dieser Schnittstelle zur Datenbank.

3.6 Team Development und Galerie

Dieser Bereich der IDE konzentriert sich auf die Unterstützung des Entwicklerteams bei der Entwicklung von APEX-Anwendungen. Ob dies im Einzelfall günstig einzusetzen ist oder nicht, mag dahingestellt sein. Sehr große Teams haben meist andere Werkzeuge, um Milestones und Projekte zu überwachen, und mit diesen Werkzeugen kann APEX fachlich nicht recht konkurrieren.

Kleinere Teams organisieren sich oft durch Zuruf oder »einfach so«, da mag der administrative Overhead stören. Wieder andere Teams organisieren sich technologieübergreifend mit Werkzeugen wie Jira oder Confluence. Ich denke, dass die Anstrengungen des APEX-Teams dennoch sehr sinnvoll sind, und würde gern eine Lanze für den Einsatz dieser Funktionalität in kleineren und mittleren Teams brechen. Mir gefällt, wenn sie denn im Unternehmen gelebt werden kann, insbesondere die Funktion FEEDBACK, die es dem Endanwender ermöglicht, direkt ein Feedback an die Entwickler zu geben. Das mag nervig klingen, da beim Feedback aber immer auch der Sessionstatus sowie die Aufrufumgebung protokolliert werden, ist diese Art der Kommunikation insbesondere für die Behebung von Fehlern wirklich nicht schlecht. Zudem wird direkt und konsistent dokumentiert, dass eine Frage gestellt und wie und von wem sie bearbeitet wurde.

Da wir ein ganzes Kapitel (Kapitel 21, »Fehlerbehandlung, Code Review und Debugging«) Zeit haben werden, uns mit der Funktion zu beschäftigen, möchte ich hier nur sagen, dass die Funktion von hier aus administriert und genutzt wird. Sehen Sie sich gern schon ein wenig in den Teilbereichen um, wir kommen dann später darauf zurück.

Unter dem Tabulator GALERIE finden sich die schon angesprochenen vordefinierten Anwendungen sowie Beispiele für viele Funktionen von APEX. Die Funktionalität hat sich zwischen den Versionen 21.2 und 22.1 grundlegend geändert: Während in der älteren Version vor allem ein Verweis auf GitHub und die dort installierten Anwendungen enthalten war, haben wir ab Version 22.1 die Möglichkeit, die Beispielanwendungen durch einen Klick direkt zu installieren. Technisch liegen sie zwar immer noch auf GitHub, doch ist das Herunterladen und Installieren nun deutlich benutzerfreundlicher implementiert.

Ab Version 22.1 haben Sie auch die Möglichkeit, eigene Anwendungen, die Sie den Entwicklern des Workspaces als Kopiervorlagen anbieten möchten, hier zu referenzieren. Das kann zum Beispiel eine gute Idee sein, wenn Sie für Ihr Unternehmen eine Portalanwendung anbieten, also eine Anwendung, die andere Anwendungen aufrufen kann. Die hierfür erforderlichen Vorbereitungen können Sie in einer Anwendung implementieren und diese dann als Standard anderen Teams Workspace-übergreifend zur Verfügung stellen.

3.7 Zusammenfassung

Soweit der Rundblick über die Entwicklungsumgebung. Sinn war es, Ihnen einen ersten Eindruck zu verschaffen und zudem einige Treffpunkte für das weitere Buch zu vermitteln. Oft führen mehrere Wege zu einer Funktionalität, was gut ist, weil es die Flexibilität erhöht. Auf der anderen Seite macht es für mich die Beschreibung manchmal etwas schwierig, weil es eben meist viele Ausgangspunkte und daraus sich ergebende Wege gibt.

Aus diesen Gründen muss ich Sie um Kreativität und Flexibilität beim Nachvollziehen der Schritte des Buches bitten, nicht für alles kann ich aufgrund des limitierten Platzes Screenshots anbieten (zumal sich diese von Version zu Version auch noch ändern können). Mein Augenmerk liegt darauf, Ihnen die grundsätzliche Denk- und Arbeitsweise zu erläutern, die konkrete Umsetzung müssen Sie dann etwas flexibel auf Ihre Version anpassen. Ich hoffe aber, dass uns das gemeinsam gelingen wird.

Kapitel 4
Eine einfache APEX-Anwendung

Um den Aufbau und die Arbeitsweise von APEX besser verstehen zu lernen, schauen wir uns zunächst eine Beispielanwendung an. An diesem Beispiel werden die grundlegende Arbeitsweise und die Elemente einer APEX-Anwendung klar.

Nachdem wir nun die Grundlagen von APEX dargestellt und die Entwicklungsumgebung gesehen haben, möchte ich den Einstieg in APEX fortsetzen, indem wir uns eine Beispielanwendung ansehen. Mir liegt daran, Ihnen die konkrete Arbeitsweise zu zeigen, vor allem aber auch, an einer existierenden Anwendung zu zeigen, auf welche Weise sie programmiert ist und welche Aufgaben die einzelnen Teile im Lebenszyklus einer Seite übernehmen.

4.1 Übersicht über die Anwendung

Bei der *Sample Master Details* handelt es sich um eine von APEX programmierte Beispielanwendung, die sich auf die Programmierung von Formularen mit hierarchischen Daten konzentriert. Dies klingt zwar zunächst nach einem speziellen Anwendungsfall, doch können wir uns anhand dieser Anwendung sehr gut einige optische und funktionale Lösungen ansehen.

Wir hatten die Anwendung in Kapitel 3, »Überblick über die Entwicklungsumgebung«, installiert, sehen Sie im Zweifel dort nach, wie das ging.

[!]

Merke

Das APEX-Team betrachtet die Beispielanwendungen als Dokumentation. Sie stehen für viele grundlegende Techniken zur Verfügung und sollten von Ihnen installiert werden, wenn Sie sich in einen Teilbereich einarbeiten wollen. Ich werde mich im weiteren Verlauf des Buches ebenfalls auf diese Beispielanwendungen stützen, weil sie auf engem Raum viele Möglichkeiten praktisch darstellen. Eine gute Idee wäre, einen eigenen Workspace anzulegen, in den die Beispielanwendungen installiert werden, denn die Anwendungen benötigen Tabellen, die in einem eigenen Schema besser aufgehoben sind.

Starten Sie einmal diese Anwendung, und sehen Sie sich um. Die gesamte Anwendung ist mit Standardmitteln von APEX erstellt worden, lediglich die Sammlung von Icons auf der Startseite mit den Logos von Twitter, LinkedIn und Co. ist als Erweiterung programmiert, da sie in allen Beispielanwendungen verwendet wird und so einfacher zu erstellen war.

Gern würde ich Ihnen einige Highlights von APEX vorstellen, die Ihnen immer und ohne Ihr Zutun zur Verfügung stehen. Auf der Startseite (und allen anderen Seiten auch) sehen Sie oben in der linken Fensterecke drei waagerechte Striche. Klicken Sie auf diese Striche, expandiert das Navigationsmenü, es werden nicht nur Icons, sondern auch erläuternde Titel gezeigt. Verkleinern Sie nun langsam das Browserfenster immer weiter. An einem Punkt werden Sie feststellen, dass das Navigationsmenü wieder automatisch einklappt. Falls Sie die Anwendung in einem Chrome-Browser ausführen: Blenden Sie einmal die Entwicklerwerkzeuge ein (normalerweise durch die Funktionstaste F12). Dort findet sich eine Schaltfläche, mit der Sie die Ausgabe für ein Smartphone umstellen können. Wie Sie sehen, wird auch in diesem Modus die Seite anstandslos dargestellt:

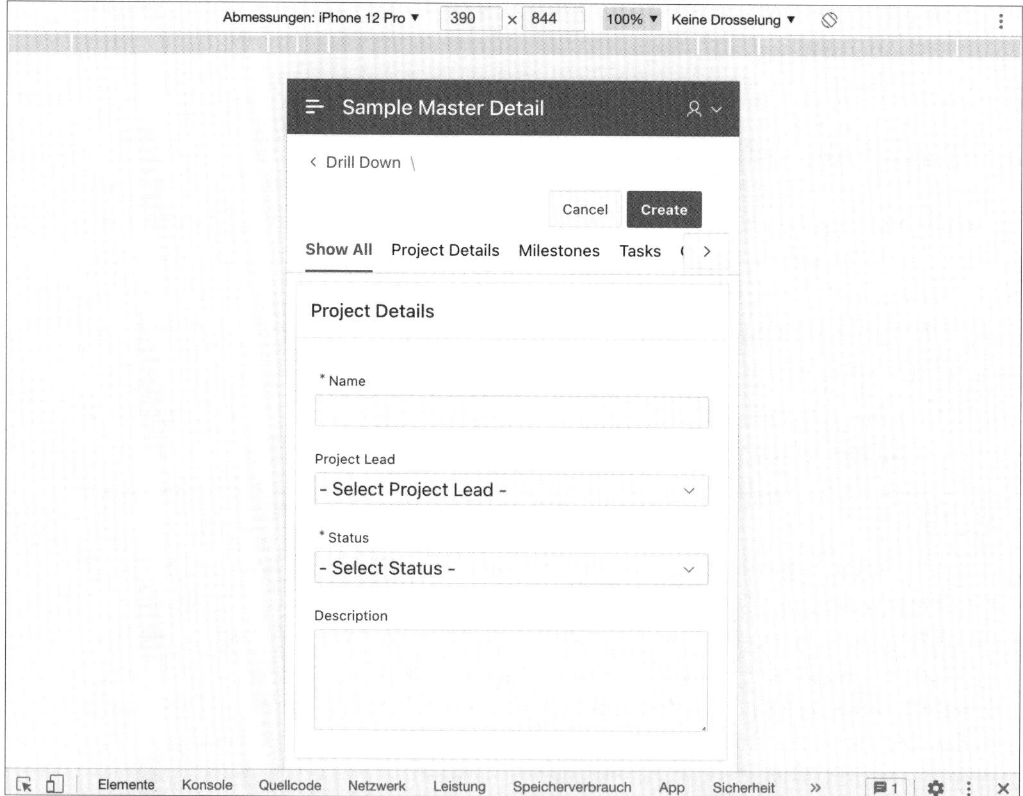

Abbildung 4.1 Darstellung der Anwendung auf einem iPhone 12 Pro

Auch hier ist es möglich, das Navigationsmenü auszuklappen, auf Grund der geringen Bildschirmgröße wird es jedoch vollständig auf die Striche reduziert. Wenn Sie die Darstellung genauer untersuchen, stellen Sie noch andere Eigenschaften fest:

- Regionen, die vorher nebeneinander angeordnet waren, werden nun untereinander dargestellt.
- Berichte, die vorher viele Spalten enthalten haben, können in dieser Darstellung weniger Informationen enthalten, ebenso existieren nun fixe Spalten, während die weiteren Spalten durch den Scrollbalken verschoben werden können.
- Die Darstellung des Breadcrumbs hat sich nicht nur in der Größe, sondern auch in der Anzahl der dargestellten Elemente geändert.
- Die Label neben den Eingabefeldern werden nun über den Eingabefeldern angezeigt.

Diese Eigenschaften werden unter dem Begriff *Responsive Design* zusammengefasst. APEX-Anwendungen sind immer in diesem Sinn responsive, und zwar ohne weiteres Zutun.

Beachten Sie die Tabellenberichte, die auf einigen Seiten angezeigt werden, etwa auf der Seite Drill Down. Bei diesen Berichten handelt es sich um ein »interaktives Grid«. Dieser Ausdruck bezeichnet einen Regionstypen. Spielen Sie ein wenig mit diesem Bericht, insbesondere mit den Optionen, die sich hinter der Schaltfläche Actions bieten. Hier können Sie (als Endanwender!) Spalten ein- und ausblenden, Filter definieren, Aggregationen oder Gruppenwechsel einrichten und vieles mehr. Kaum zu glauben, aber für diese Funktionalität müssen Sie auf der Seite lediglich angeben, dass Sie ein interaktives Grid einrichten möchten und wie die Tabelle oder View heißt, die die Daten bereitstellt. Dann passen Sie noch die Spaltenüberschriften an und sind fertig, das Ergebnis wird so dargestellt wie auf dieser Beispielseite.

Wenn Sie die Anwendung aus der Entwicklungsumgebung heraus gestartet haben, wird Ihnen im unteren Bereich eine dunkelgraue Schaltflächenleiste angezeigt.

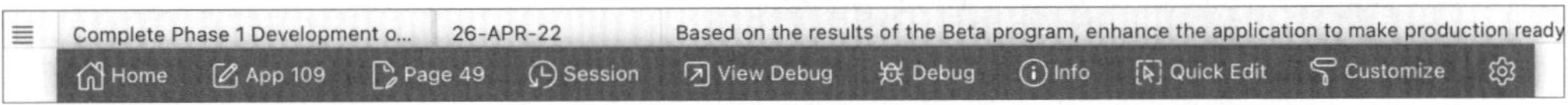

Abbildung 4.2 Entwicklerleiste

Diese Leiste, »Entwicklerleiste« oder »Developer Bar« genannt, ist praktisch, um zwischen der Anwendungsseite und der Entwicklungsumgebung hin und her zu schalten. Die Schaltflächen Home, App <...> und Page <...> dienen dazu. Die Schaltfläche Session zeigt den aktuellen Wert der Eingabeelemente und weiterer Datenstrukturen, so wie er aktuell im Session State bekannt ist. Die Schaltflächen Debug und View Debug werden hauptsächlich beim Auftreten von JavaScript-Problemen benötigt. Hinter der Schaltfläche Info verbirgt sich ein kleines Menü, mit dem Sie das Gestaltungsraster der Seite sowie die Ladezeiten der einzelnen Seitenelemente einschalten können. Die Schaltfläche QUICK EDIT erlaubt es Ihnen, gestalterische Änderungen an den Regionen direkt auf der Seite durchzuführen. Das ist sehr praktisch, weil man die Änderungen sofort optisch begutachten und bei Gefallen speichern kann. Extrem mächtig ist die nächste Schaltfläche, CUSTOMIZE, die es erlaubt, das Farbschema des Themes zu editieren, aber auch weitergehende optische Änderungen vorzunehmen. Wie drastisch diese Änderungen ausfallen können, sehen Sie, wenn Sie einmal diese Schaltfläche klicken und die Option THEME ROLLER wählen.

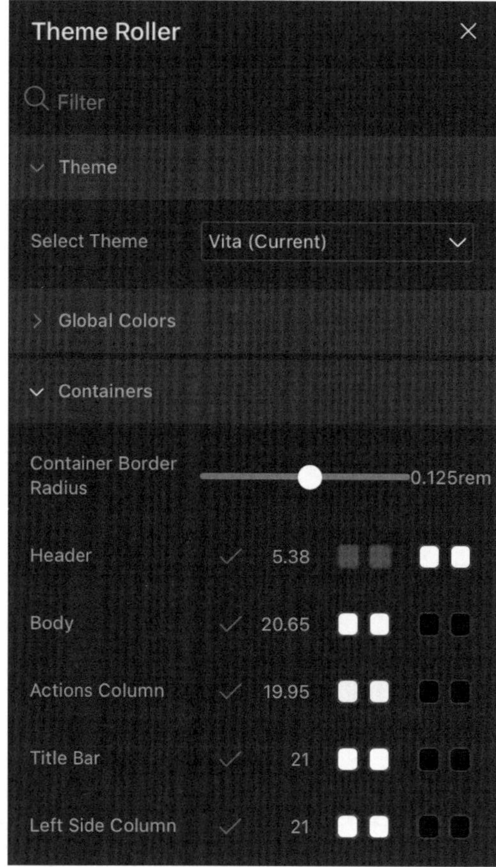

Abbildung 4.3 Der Theme Roller

Ich möchte in die Optionen nicht zu tief einführen, daher bitte ich Sie, einfach die Optionen in der Auswahlliste SELECT THEME durchzuspielen. Warten Sie nach Auswählen einer Option eine kleine Weile, dann sehen Sie die Ergebnisse.

Lassen Sie uns nun sehen, wie diese Anwendung gebaut ist. Wechseln Sie daher zum <APPLICATION BUILDER>, also zur Einstiegsseite der Anwendung, indem Sie in der Entwicklerleiste die Option APP ... wählen. Die Anwendung besteht aus insgesamt 34 Anwendungsseiten. Einige dieser Seiten wurden beim Anlegen der Anwendung durch APEX automatisch erzeugt, etwa 101 – LOGIN PAGE. Die meisten anderen Seiten wurden jedoch durch das Entwicklerteam erstellt, wenn auch jeweils basierend auf APEX-Assistenten.

Eine Anwendung wird also als eine Folge von Seiten erstellt, zwischen denen der Benutzer je nach Aktivität geführt wird. Einige Seiten dienen der Präsentation von Daten in Berichten, andere der Bearbeitung der Daten in Formularen. Dennoch gibt es einen Lebenszyklus, den alle Anwendungsseiten durchlaufen. Sehen wir uns einmal eine Beispielseite aus diesem Blickwinkel an.

4.2 Rendern einer APEX-Seite

Beginnen wir mit dem einfachsten Prozess: dem *Rendern* einer Seite. Wir gehen dafür zur <ANWENDUNGSSEITE 4>, also der `Report and Marquee - Report`-Seite, indem Sie auf den Link ❶ in Abbildung 4.4 klicken.

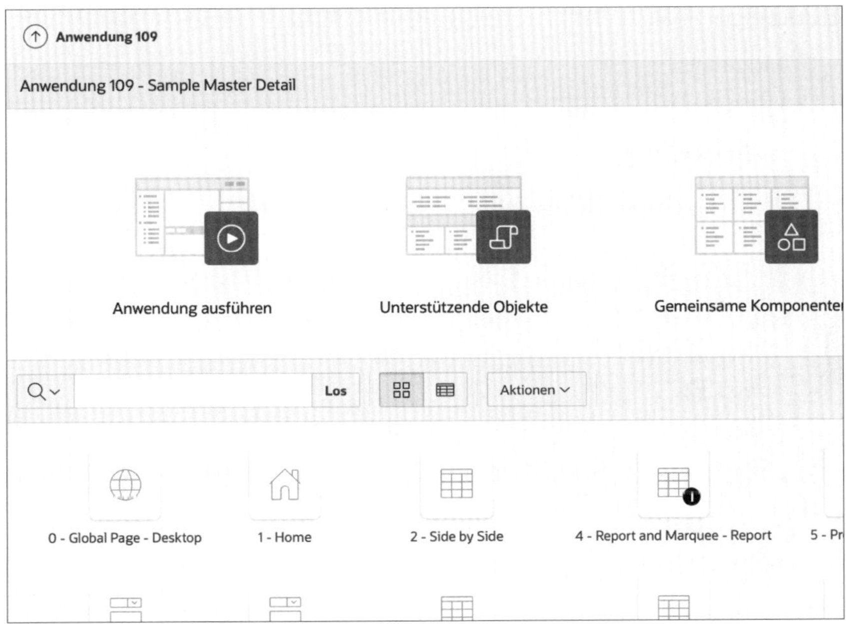

Abbildung 4.4 Auswahl der Seite 4

APEX bezeichnet den Prozess des Renderns einer Seite als den *SHOW-Prozess*. Während dieses Prozesses durchläuft die Seite eine Reihe von Schritten, die für das Rendern der Seite erforderlich sind. Wählen wir für diesen Überblick im Seitendesigner im linken Seitenbereich den Tabulator RENDERING, wie in Abbildung 4.5 gezeigt. Falls bei Ihnen die Tabulatorüberschriften nicht dargestellt, sondern Icons angeboten werden, liegt dies daran, dass der Seitenbereich zu schmal für die Textüberschriften ist. Ziehen Sie in diesem Fall einfach den vertikalen Trenner etwas breiter, bis die Überschriften eingeblendet werden. Alternativ sehen Sie die Überschriften aber auch als Tooltip beim Überfahren der Icons mit der Maus.

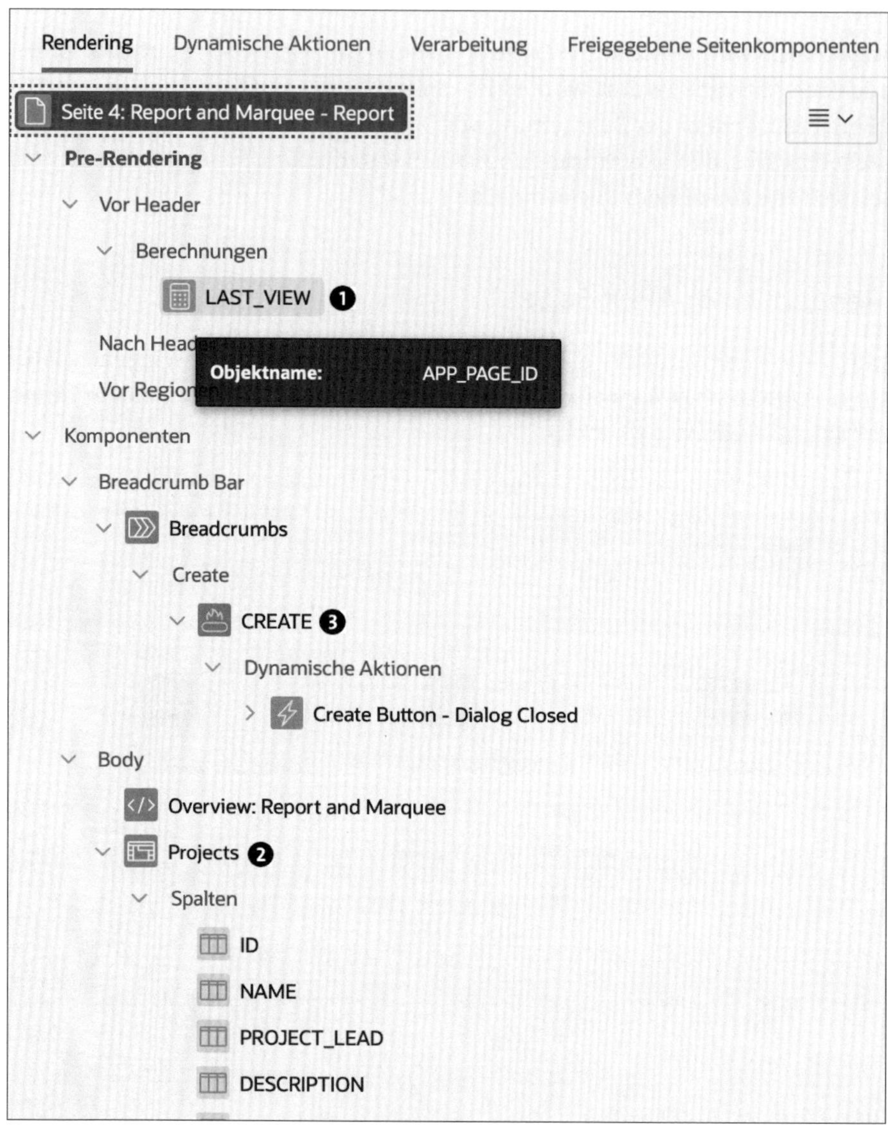

Abbildung 4.5 Übersicht über die Renderphase der Seite 4

4.2.1 Pre-Rendering – »Vor Header«

Der zeitliche Verlauf des Ladens einer Seite ist in eine Reihe von Zeitpunkten unterteilt, zu denen Aktivitäten ausgeführt werden können. Der erste Zeitpunkt, zu dem wir aktiv etwas tun können, ist die Phase PRE-RENDERING • VOR HEADER. Zu diesem Zeitpunkt ist der Header der Seite (konkret also das Element head der HTML-Seite) noch nicht erzeugt worden. Der Header umfasst die Metadaten der HTML-Seite und wird erzeugt, bevor der eigentliche Inhalt der Seite berechnet wird. Hier wird zum Beispiel festgelegt, welche CSS- oder JavaScript-Dateien in die Seite eingebunden werden sollen, wie die Seite im Titelbereich benannt wird und vieles weitere mehr. Welche der folgenden Optionen bereits angezeigt wird, hängt davon ab, ob im entsprechenden Bereich ein Objekt existiert oder nicht. Sie können sich einen Überblick über die Optionen verschaffen, indem Sie das Kontextmenü des Knotens VOR HEADER aufrufen.

Verzweigungen

Zu beinahe jedem Zeitpunkt können wir *Verzweigungen*, also Weiterleitungen auf andere APEX-Seiten oder URLs, berechnen. Eine Verzweigung, die vor der Berechnung des Headers ausgeführt wird, entspricht einem *Redirect*, die Seite wird direkt verlassen, wenn entsprechende Bedingungen erfüllt sind. *Einen* Redirect haben Sie bereits erlebt: Wenn die Seite eine aktive Session voraussetzt, also einen angemeldeten Benutzer, und dies nicht der Fall ist, wird unmittelbar ein Redirect auf die Anmeldeseite durchgeführt. Dieser Redirect muss auf den Seiten nicht angelegt werden, sondern wird durch APEX generell für alle nicht öffentlichen Seiten angelegt. Ein Redirect verhält sich dabei anders als ein *Submit* der Seite, bei der die gesamte Seite mit ihren Benutzereingaben in der Datenbank verarbeitet wird. Dies ist beim Redirect nicht der Fall.

Berechnungen

Es schließen sich *Berechnungen* an. Berechnungen können zu mehreren Zeitpunkten des Lebenszyklus einer Anwendungsseite eingerichtet werden. Sie dienen der Berechnung von Werten eines Seitenelements, bevor dieses auf der Seite dargestellt wird. Damit können also Standardwerte berechnet oder Nebenrechnungen durchgeführt werden, die für den weiteren Seitenaufbau von Bedeutung sind.

Beispiel für eine Berechnung

Eine Berechnung ist ein PL/SQL-Prozess, der den Wert eines Seitenelements berechnet und das Ergebnis in den Sessionstatus schreibt. Als Grundlage für die Berechnung können SQL-Anweisungen, PL/SQL-Ausdrücke, aber auch einfache Standardwerte etc. verwendet werden. ❶ in Abbildung 4.5 zeigt eine Berechnung `LAST_VIEW`, die Sie durch einen Klick auswählen und danach deren Einstellungen im rechten Seitenbereich einsehen können. Die Einstellungen zeigen, dass diese Berechnung auf einem *statischen Wert* basiert (Bereich BERECHNUNG • TYP), also eine Konstante verwendet wird. Diese Konstante ist allerdings eine Umgebungsvariable, nämlich `&APP_PAGE_ID.`.

Erfahrene Oracle-Anwender kennen die Notation &<Variable>., sie wird im Programm `SQL*Plus` verwendet, um Austauschvariablen zu referenzieren. Eine solche Austauschvariable wird zum Beispiel verwendet, wenn einem Skript ein Parameter über die Kommandozeile übergeben wird. Dieser Parameter ist als `&1.` in `SQL*Plus` verfügbar. Der abschließende Punkt wird dafür verwendet, das Ende des Namens der Austauschvariablen anzuzeigen. Zwar funktioniert in `SQL*Plus` auch ein Leerzeichen, in APEX ist jedoch die korrekte Schreibweise mit abschließendem Punkt erforderlich, weil je nach Zusammenhang nicht sichergestellt werden kann, dass dem Namen der Austauschvariablen ein Leerzeichen folgt.

Beim Laden der Seite wird die Austauschvariable `&APP_PAGE_ID.` durch die Seitennummer der zu erzeugenden Seite ersetzt (in unserem Fall 4). Dieser Wert wird in einem Formularelement `LAST_VIEW` gespeichert, das keiner konkreten Seite zugeordnet ist, sondern global für alle Anwendungsseiten vorgehalten wird und daher als *Anwendungselement* bezeichnet wird. Wir können im Moment nur mutmaßen, wofür diese Information verwendet wird, doch scheint plausibel, dass mit dieser Information eine Rücksprungadresse gespeichert wird, die stabiler als die Schaltfläche ZURÜCK des Browsers die Herkunft innerhalb des Anwendungsflusses speichert.

Prozesse

Als letzte Gruppe finden sich die PROZESSE. Auch Prozesse können zu mehreren Zeitpunkten des Lebenszyklus einer Anwendungsseite eingerichtet werden. Sie verarbeiten Informationen, meistens mittels PL/SQL, es steht aber auch eine Reihe vorgefertigter Prozesstypen zur Verfügung. Prozesse sind beim Rendern der Seite seltener, sondern werden vor allem zur Verarbeitung von Benutzereingaben genutzt.

4.2.2 Pre-Rendering – »Nach Header« und »Vor Regionen«

Zu diesem Zeitpunkt ist der Header der Seite erzeugt worden. Das klingt nach nicht sehr viel Aufwand, doch ist der Header eine komplexe Angelegenheit bei APEX.

[»]

Was passiert beim Rendern des Headers?

Ohne dies jetzt im Einzelnen nachzuvollziehen, können wir Folgendes sagen: APEX hat sich, basierend auf den Einstellungen der Seite, ein *Template* für die Seite geladen. In diesem Template ist festgelegt, wie der Header grundsätzlich aussehen soll. Ein Template für den Header enthält viele Ersetzungsanker (in der Form `#APEX_CSS#` zum Beispiel), die nun durch entsprechende Verweise auf CSS- oder JavaScript-Dateien und vieles andere ersetzt werden. Die zu erzeugende HTML-Seite referenziert also nach diesem Schritt das APEX CSS, die JavaScript-Dateien, die wir für die Seite benötigen, Dateien, die der Entwickler gern integriert sehen würde, und vieles mehr.

Das Template enthält bereits auch das Grundgerüst der sichtbaren Seite, insbesondere der Regionen, die das Anwendungslogo, die `Navigation Bar List` und weitere Elemente umfassen. Hinter den HTML-Anweisungen dieses Header-Templates werden die Body- und Footer-Templates angefügt, die sich ebenfalls in den Metadaten von APEX befinden. Auch sie erhalten wieder Ersetzungsanker. Zusammen legen diese drei Templates also den Aufbau der Seite fest.

Zu diesem Zeitpunkt des Lebenszyklus der Seite können nun ebenfalls Berechnungen angelegt werden. Dieser Zeitpunkt kann verwendet werden, um auf Dinge Bezug zu nehmen, die im Header hinterlegt sein müssen. Außer dem Ausführungszeitpunkt gibt es aber keine Unterschiede zu den entsprechenden Objekten, die vor dem Header angelegt wurden. NACH HEADER und VOR REGIONEN folgen zeitlich direkt aufeinander.

4.2.3 Komponenten

Der nächste große Bereich ist das Rendern der eigentlichen Seite. Im Regelfall werden auf dieser Ebene Regionen positioniert. Als Neuerung in der Version 21.1 ist es aber auch möglich, Schaltflächen oder Eingabeelemente direkt, ohne Einbettung in eine Region, auf der Seite zu platzieren, sodass die hier bislang verwendete Bezeichnung »Regionen« dem allgemeineren Begriff »Komponenten« gewichen ist. Beachten Sie, dass die Unterteilungen des Bereichs Komponenten nun nicht mehr primär zeitlich, sondern eher räumlich orientiert sind. Die Komponentengruppe BREADCRUMB BAR wird zwar berechnet, bevor die Komponentengruppe BODY erstellt wird, doch ist wichtiger, dass die Komponentengruppe BREADCRUMB BAR auf der Seite an einer spezifischen Stelle wiedergegeben wird, die durch das Template im Hintergrund bestimmt wird. Ebenso gibt das Template vor, welche weiteren Darstellungsbereiche angeboten werden.

Die Komponentengruppe BODY repräsentiert den größten Bereich der zu erstellenden Seite, hier werden nun die einzelnen Komponenten der Seite eingefügt. Um zu sehen, welche Komponenten für die aktuelle Seite definiert wurden, klappen wir den Eintrag BODY im linken Seitenbereich auf. Auf der aktuellen Seite sind zwei Komponente vom Typ `Region` definiert, Region ❷ in Abbildung 4.5 ist eine Region vom Regionstyp `Interaktives Grid`. Woran erkennen wir das?

Allen Komponenten gemein sind Attribute, die ihre Position auf der Seite steuern und für das Erscheinungsbild verantwortlich sind. Diese Parameter sehen Sie, wenn Sie auf den Namen einer Komponente klicken und sich die allgemeinen Attribute ansehen. ❷ in Abbildung 4.5 zeigt eine. Klicken Sie auf diesen Eintrag, und sehen Sie sich die <ALLGEMEINEN REGIONSATTRIBUTE> dieser Region an.

Zunächst erkennen wir das Attribut ID • TYP (❶ in Abbildung 4.6), das erklärt, woher das Wissen über den Regionstyp stammt. Vielleicht ein wenig überraschend ist, dass für diese Region ein allgemeines Attribut QUELLE (❷ in Abbildung 4.6) vorhanden ist, denn darin befindet sich eine SQL-Abfrage, die ja eigentlich nur für einen Bericht, also eine spezielle Gruppe von Regionen, einen Sinn zu ergeben scheint.

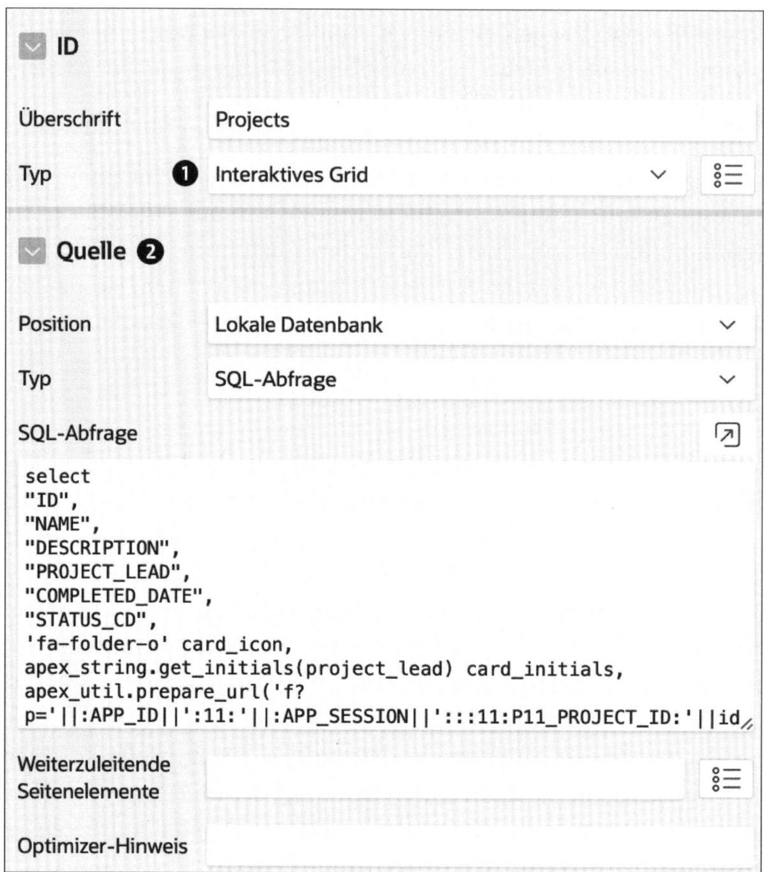

Abbildung 4.6 Regionsattribute der Region »Projects«

Sollte dieses Attribut also nicht eigentlich bei den Regionstyp-spezifischen Attributen zu finden sein? Nein, das Attribut QUELLE ist umfassender zu verstehen: Auch ein Formular würde eine Region sein, und auch dort sind Daten zu visualisieren. Die Quelle einer Region beschreibt also, woher diese Region die Daten bezieht, die sie, wie auch immer, visualisieren soll. Eventuell ist dies für einen konkreten Regionstyp nicht erforderlich, dann wird das Attribut nicht angeboten. In APEX wird die Quelle einer Region aber als grundlegend angesehen, da die meisten Regionstypen eine solche Datenquelle benötigen.

Wichtig zu verstehen ist, dass die allgemeinen Attribute unabhängig vom konkreten Typ der Region die Position und das Aussehen des Regionsrahmens steuern. Ich hatte bereits erläutert, dass jede Region für den Browser ein rechteckiger Bereich ist, für den Platz auf der Seite eingerichtet werden muss. Wie groß dieser Bereich ist und wo genau er platziert werden soll, wird hier geklärt. Auch die Frage, ob die entsprechende Region überhaupt gezeigt werden soll oder nicht, befindet sich hier.

Die näheren Eigenschaften der Region, die dann auch spezifisch sind für die verschiedenen Regionstypen, finden sich zum überwiegenden Teil unter den speziellen Regionsattributen, die wir ja durch einen Klick auf den Tabulator ATTRIBUTE im rechten Seitenbereich neben dem Eintrag der gewählten Region erreichen. Hierfür verwende ich den Treffpunkt <SPEZIELLE REGIONSATTRIBUTE>.

Abbildung 4.7 Spezielle Regionsattribute einer Berichtsregion

Hier finden sich Attribute, die sich nach Regionstyp unterscheiden und derzeit zu umfangreich sind, um sie direkt zu erläutern. Das heben wir uns für eine spätere Besprechung auf.

Wie bereits erläutert, stellen die Einträge BREADCRUMB BAR oder BODY räumliche Kriterien zur Anordnung von Komponenten dar.

Sehen Sie sich hierzu einmal den Canvas des Seitendesigners an. Unterhalb des ersten Eintrags REPORT AND MARQUEE - REPORT sehen Sie Bereiche, in denen die Regionen angelegt wurden, wieder. Jede dieser Regionen hat im Template der Seite einen Platz, an dem sie dargestellt wird, die sogenannte *Display Position* oder *Anzeigeposition*, die Sie durch das Attribut <ALLGEMEINE REGIONSATTRIBUTE> • LAYOUT • POSITION auch auswählen können.

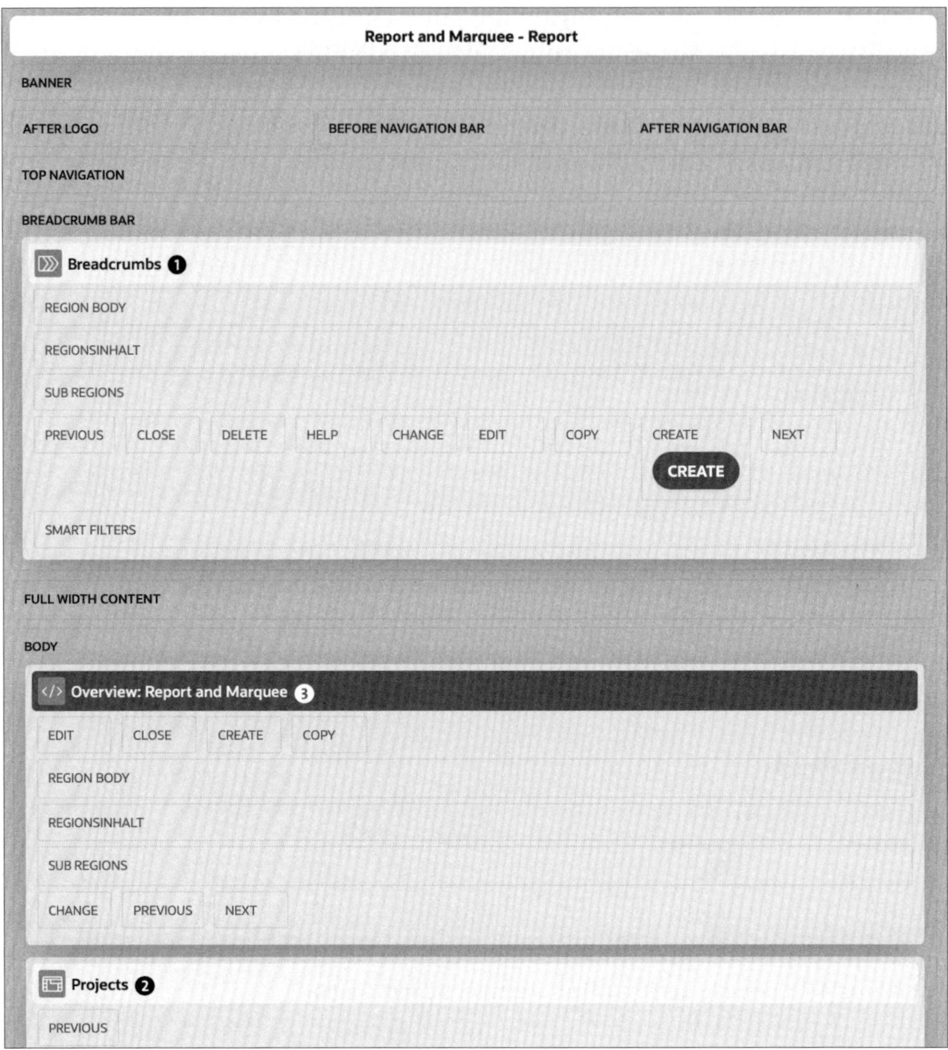

Abbildung 4.8 Seitenregionen der Seite 4

So wird die `Breadcrumbs`-Region (❶ in Abbildung 4.8) innerhalb der Darstellungsposition BREADCRUMB BAR und diese in unserem Template unterhalb der Titelleiste unserer Anwendung gezeigt. Wenn Sie Seite 4 in der Anwendung ansehen, stellen Sie fest, dass hier nur der Eintrag »Report and Marquee« gezeigt wird. Rechtsbündig wird in dieser Region noch die Schaltfläche CREATE PROJECT angezeigt. Diese Schaltfläche findet sich auch auf dem Canvas unter dem technischen Namen CREATE.

Die Berichtsregion der Seite (❷ in Abbildung 4.8) wird in der Anzeigeposition BODY gezeigt. Die jeweiligen Icons geben uns eine erste Information über den Typ der Region, Sie können sich diesen aber auch im Tooltip anzeigen lassen oder ihn in den

Attributen der Region nachschlagen. Oberhalb des Berichts sehen Sie eine weitere Region (❸ in Abbildung 4.8) vom Typ `Statischer Inhalt` und einen Text zur Erläuterung des Berichts.

Es ist nun einfach, diese Metadaten mit der Visualisierung der Anwendungsseite abzugleichen:

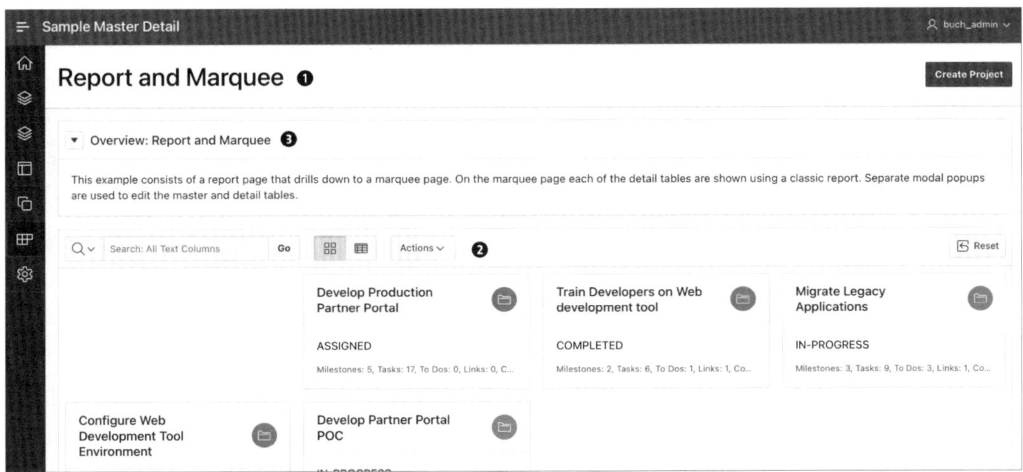

Abbildung 4.9 Visualisierung der Regionen auf der Anwendungsseite

Sie erkennen, wie die Metadaten mit den entsprechenden Visualisierungen auf der Seite zusammenhängen. Interessant sind weitere Details: So lässt sich die Region (❷ in Abbildung 4.9) ein- und ausklappen, und auch der Bericht (❸ in Abbildung 4.9) sieht optisch zunächst nicht nach einem klassischen Bericht aus. Dies lässt sich ändern, probieren Sie gern einmal die Schaltflächen links neben dem ACTIONS-Menü aus.

4.2.4 Post-Rendering

In diesem Bereich existieren drei Zeitpunkte, zu denen Berechnungen oder Prozesse angelegt werden können, analog zu den Zeitpunkten des Bereichs Pre-Rendering.

4.2.5 Zusammenfassung

Was also tut APEX beim Rendern einer Seite? In dem URL wurde festgelegt, dass Seite 4 dargestellt werden soll. Diese Anforderung wird APEX über den URL übermittelt. Als Erstes wird von APEX nun eine Reihe von Einstellungen für die aktuelle Session vorgenommen, so wird etwa die Sprache festgelegt, und es werden weitere Rahmenbedingungen geklärt. Anschließend untersucht APEX, ob für die Seite ein Redirect vorliegt (ob die Seite also gezeigt oder auf eine weitere Seite verzweigt werden soll) und ob dieser ausgeführt werden soll. Ist dem nicht so, beginnt das Zusammenstellen der

HTML-Seite. APEX verwendet Templates, die für die angeforderte Seite hinterlegt sind, und füllt Ersetzungsanker innerhalb der Templates mit Daten aus der Datenbank. Dieser Prozess wird rekursiv ausgeführt: Templates können als Text für einen Ersetzungsanker wiederum Templates mit Textankern erhalten, die dann ebenfalls durch Daten aus der Datenbank ersetzt werden. Ist die Seite fertiggestellt, wird sie über den HTTP-Stream, über den auch schon die Anfrage an die Datenbank gestellt wurde, ausgegeben und durch den Browser dargestellt.

Ich denke, Ihnen ist klar geworden, dass wir durch die Festlegung der Seitentemplates, aber auch durch das Anlegen einer Region und von Seitenelementen innerhalb dieser Regionen, beinahe beliebige Seiten zusammenstellen können. APEX unterstützt uns dabei mit vorgefertigten Anwendungsseiten, Regionen und Seitenelementen und bietet parallel die Möglichkeit, eigene Inhalte zu definieren.

4.3 Verarbeitung von Benutzereingaben

Wenn eine Seite Eingabefelder enthält, können diese zur Verarbeitung an die Datenbank geschickt werden. Sehen wir uns nun an, was APEX in diesem Fall macht. Navigieren wir in der Anwendung zunächst auf eine solche Seite. Sie können in der Anwendung mit der Seite 4, »Report and Marquee«, beginnen und im Bericht auf einen Eintrag klicken. Dies führt Sie zu Seite 11, »Develop Production Partner Portal«. Wieder sehen Sie Berichte. Klicken Sie auf das Bleistiftsymbol eines Eintrags (❶ in Abbildung 4.10).

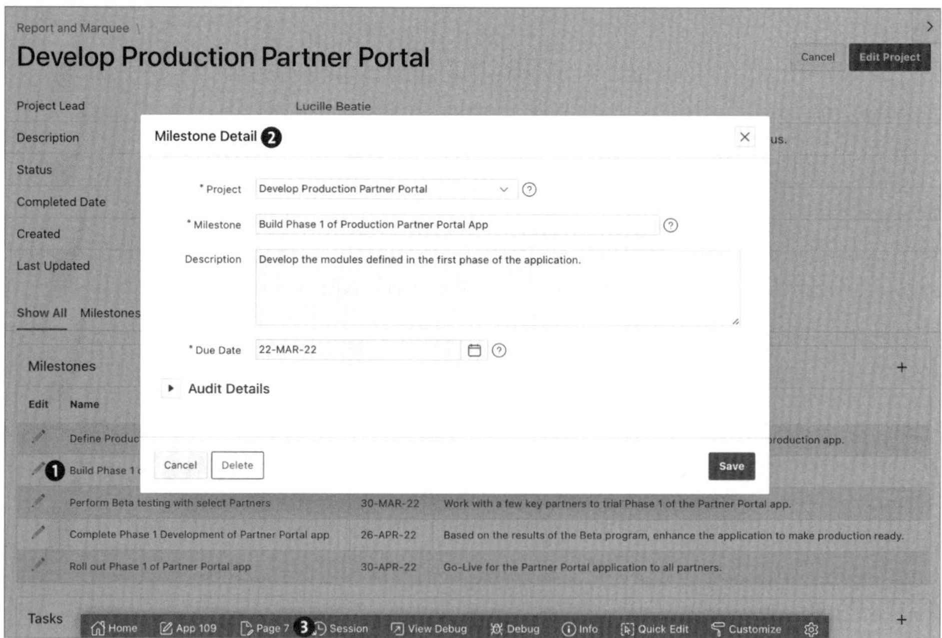

Abbildung 4.10 Modales Dialogfenster mit einem Formular

Es öffnet sich ein modales Dialogfenster (❷ in Abbildung 4.10). Wie Sie in der Entwicklerleiste erkennen können, ist dieser modale Dialog ebenfalls eine neue Seite, in unserem Fall die Seite 7 (❸ in Abbildung 4.10). Klicken Sie in der Entwicklerleiste auf den Eintrag PAGE 7, oder navigieren Sie auf anderem Weg zum Treffpunkt <ANWENDUNGSSEITE 7>.

4.3.1 Rendern einer Formularseite

Zwar funktioniert das Rendern der Anwendungsseite ebenso wie schon vorher beschrieben, doch gibt es einige neue Dinge zu entdecken. Das Formular selbst ist eine Region vom Typ `Formular` (❶ in Abbildung 4.11). Auch diese Region verfügt über eine Quelle, doch ist dies keine SQL-Abfrage wie im vorherigen Beispiel, sondern einfach der Name einer Tabelle oder einer View (❷ in Abbildung 4.11). Diese Angabe reicht APEX aus, um aus dem Data Dictionary der Datenbank zu ermitteln, welche Eingabefelder auf der Seite platziert werden müssen (❸ in Abbildung 4.11). Wenn Sie sich die Daten dieser Eingabefelder genauer ansehen, werden Sie erkennen, dass die Datentypen zu den Spalten der Tabelle passen, auf die sie sich beziehen. Hier spielt APEX aus, dass die Datenbank über diese Informationen verfügt. Dadurch müssen Sie sich als Entwickler im Regelfall nicht um diese Details kümmern.

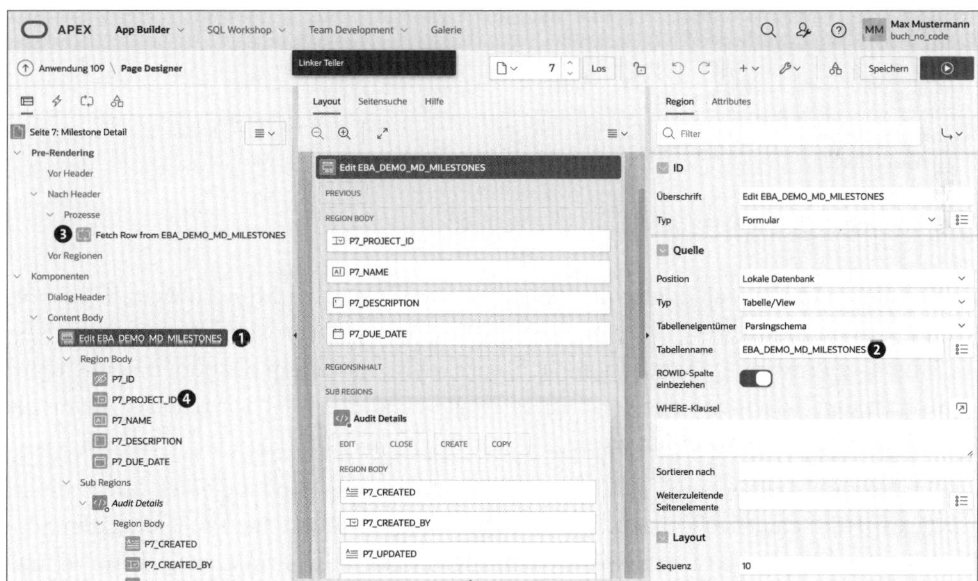

Abbildung 4.11 Übersicht über die Formularseite

4.3.2 Daten für ein Formular lesen: der Fetch-Row-Prozess

Wird die Seite geöffnet, sorgt ein Prozess, der nach Berechnung des Headers berechnet wird, dafür, dass die Daten für dieses Formular aus der Datenbank gelesen und dem Formular zur Verfügung gestellt werden (❹ in Abbildung 4.11). Die Eingabefelder, auch das können Sie bei einer Analyse leicht erkennen, verfügen ebenfalls über ein allgemeines Attribut namens QUELLE. Hier wird hinterlegt, zu welcher Formularregion das Eingabefeld gehört und welche Spalte der Tabelle oder View, die dem Formular zugrunde liegt, durch das Eingabefeld visualisiert werden soll. Außerdem können wir hier den Typ der Spalte erkennen. Eigentlich verhält sich ein Eingabefeld eines Formulars ähnlich wie eine Spalte eines Berichts, denn auch hier referenziert die Region die Tabelle, View oder SQL-Abfrage, während die Spalten dieses Berichts einzelne Spalten referenzieren. Natürlich enthält ein Formular nur jeweils eine Zeile. Wie diese Zeile gefunden wird, ist ebenfalls ganz einfach gelöst, denn eines der Eingabefelder enthält die Information, dass es sich bei diesem Spaltenwert um den Primärschlüssel handelt. Diese Informationen können Sie in Abbildung 4.12 sehen:

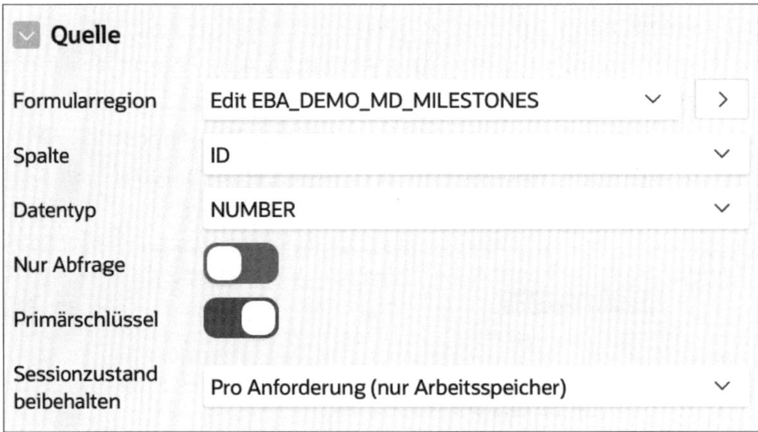

Abbildung 4.12 Quellattribute eines Eingabefeldes

Die Namen der Eingabefelder (Attribut ID • NAME), das wird für die weitere Besprechung noch interessant, werden auch als Referenz auf den aktuellen Wert im Sessionstatus verwendet. Damit meine ich, dass, wenn nach dem Absenden der Seite innerhalb der Datenbank der Wert eines Eingabefeldes erfragt wird, dieser Name als Schlüssel verwendet werden wird.

Es wäre nun naheliegend, sich die aktuellen Werte der Eingabefelder durch einen Klick auf die Schaltfläche SESSION in der Entwicklerleiste anzeigen zu lassen, denn dafür ist diese Option ja nun da. Wir erleben allerdings eine Überraschung, wenn wir das tun: APEX behauptet, die Seite beinhalte keine Elemente, was offensichtlich nicht stimmt, denn im Formular sehen wir diese Elemente, und sie sind auch alle mit Daten gefüllt. APEX hat die Werte, die auf dem Formular angezeigt werden, vorher nicht in den Sessionstatus geschrieben, sondern nur für die Ausgabe in die HTML-Seite eingefügt.

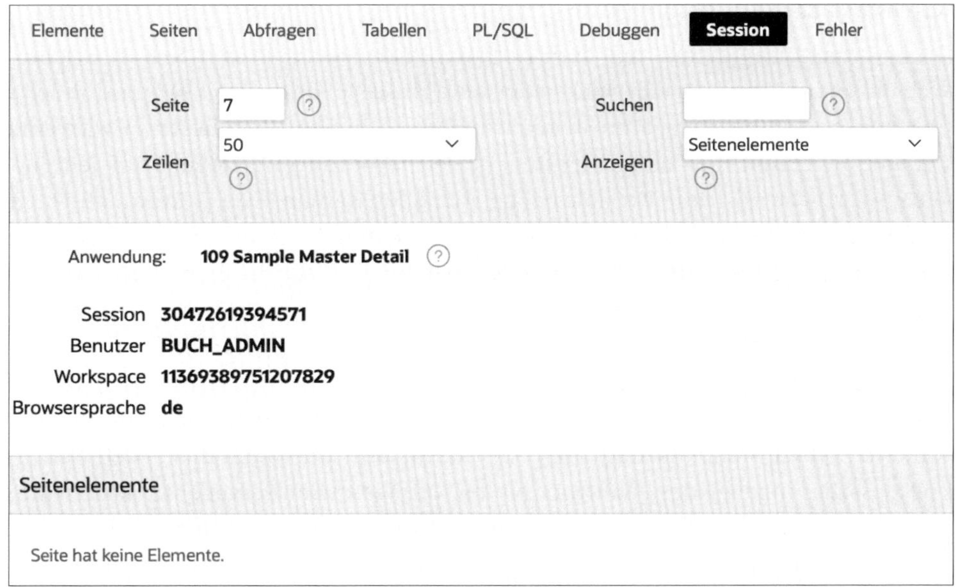

Abbildung 4.13 Sessionstatus der Seite 7

Aber warum macht APEX das? Da die Seite durch den Benutzer überarbeitet wird, die Werte also verändert oder ergänzt werden, ist es für APEX nicht sinnvoll, Daten, die sich ohnehin ändern, vorab in einer Tabelle zu hinterlegen: Beim Absenden der Seite werden die Werte aus dem Browser in den Sessionstatus übernommen und würden die dort hinterlegten Werte ohnehin überschreiben. Die zusätzliche Arbeit, die Daten vorab auch im Sessionstatus zu speichern, wäre vor diesem Hintergrund unnötig. Dass diese Entscheidung später zu großer Verwirrung bei Ihnen als Entwickler führen wird, ist ein Nachteil dieses Ansatzes.

4.3.3 Verarbeitung der Seite

Nachdem wir verstanden haben, wie die Daten der Tabelle auf die einzelnen Formularfelder verteilt wurden, sehen wir uns nun an, wie die Daten der Seite verarbeitet werden. Die Verarbeitung geschieht in mehreren Phasen. Nach jeder Phase kann, falls Fehler aufgetreten sind, die Verarbeitung abgebrochen und dem Benutzer Fehlermeldungen angezeigt werden. Die verschiedenen Phasen sind:

- Abschicken der Seite (Submit)
- Ausführung von Berechnungen nach dem Abschicken
- Ausführung von Validierungen
- Verarbeitung der eingegebenen Daten
- Verzweigung auf die neue Anwendungsseite

Abschicken der Seite (Submit)

Die Verarbeitung beginnt mit dem Abschicken der Seite an den Server. In einer Webanwendung wird das Abschicken der Seite als `SUBMIT` bezeichnet. Wenn eine Seite übertragen wird (bitte ersparen Sie mir, *submittet* schreiben zu müssen …), wird eine Variable mit einem Wert belegt, der steuert, welche Aktion anschließend auf dem Server ausgeführt wird. Diese Variable hat bei APEX den Namen `REQUEST`. Wenn nun zum Beispiel eine Schaltfläche angeklickt wird, ist eine mögliche Folge hiervon, dass ein `SUBMIT` erfolgt und der `REQUEST` auf den Namen der Schaltfläche gesetzt wird. Dieser Teil des Ausführungszyklus hat aber vorher noch eine andere Aufgabe: Die aktuellen Daten der Formularfelder auf der Anwendungsseite werden gesammelt und als Teil des Submits an den Server geschickt. Dort werden sie in den Sessionstatus in der Datenbank übernommen, denn alle weiteren Prozesse finden nicht mehr im Browser, sondern in der Datenbank statt. »In den Sessionstatus übernehmen« bedeutet konkret, dass die Eingaben des Benutzers aus der Anfrage an den Server entnommen und in eine Datenbanktabelle geschrieben werden. Dort stehen sie für die aktuelle Session und unter ihrem Elementnamen als Schlüsselwert für die weitere Verarbeitung zur Verfügung.

Bei APEX ist dieser Vorgang in zwei Teilschritte aufgeteilt. Im ersten Schritt werden die Eingaben des Benutzers gesammelt und an den Server geschickt, wie beschrieben. Es findet aber kein Submit statt, was bedeuten würde, dass der Browser die Seite entlädt und nicht mehr anzeigen würde, sondern zunächst werden die Daten zur Validierung an die Datenbank geschickt. Erst wenn die Validierung erfolgreich verlaufen ist, wird die Seite mit Submit abgesendet. Dies ist bei APEX so implementiert, damit eine eventuelle Fehlermeldung, die ja auf der Formularseite angezeigt werden müsste, nicht ein komplettes Neurendern der Formularseite erfordert. Dadurch, dass die Seite zunächst bestehen bleibt, ist »noch etwas da«, auf dem die Fehlermeldungen angezeigt werden können. Dies ist schon deshalb schön, weil dadurch die Formularseite nicht flackert und auch der Status der Seite (wo steht der Cursor, welche Zeile eines Berichts wurde ausgewählt und so weiter) erhalten bleibt. Es gibt zwar auch einen technischen Grund für dieses Verhalten, der uns aber derzeit noch egal sein kann.

Ausführen von Berechnungen nach dem Abschicken

Berechnungen stellen Arbeitsschritte dar, die bereits innerhalb der Datenbank ausgeführt werden und nicht mehr im Browser. Daher stehen Ihnen hier die beiden Sprachen SQL und PL/SQL, nicht aber JavaScript, zur Implementierung zur Verfügung, und Sie können problemlos auf alle Daten der Datenbank zugreifen.

Sinn dieser Berechnungen ist es, die Eingaben des Benutzers zu verändern, bevor die anschließenden Validierungen sie überprüfen. Diese Trennung mag zunächst etwas gewollt wirken, erscheint mir aber sinnvoll. Typische Berechnungen sind die Umwandlung von Benutzereingaben in Großbuchstaben, die Formatierung von Eingaben sowie die Ermittlung von Standardwerten für fehlende Eingaben, wie etwa eines Bearbeitungsdatums. Diese Arbeiten haben inhaltlich noch nicht so viel mit der Prüfung der Daten auf Plausibilität zu tun, sondern sind eher dem Aufbereiten und der Harmonisierung der Datenqualität gewidmet.

Für No Code-Anwendungen ist dieser Bereich seltener von Interesse, da es in der Natur einer Berechnung liegt, programmiert werden zu müssen, falls nicht einfachste Zuweisungen erfolgen sollen. Da dies jedoch ein Low-Code-Thema ist, ignorieren wir Berechnungen zunächst.

Ausführung von Validierungen

Für die Validierung der Benutzereingaben können Plausibilitätsprüfungen beliebiger Komplexität hinterlegt werden. Im einfachsten Fall möchten Sie verhindern, dass Eingabefelder leer gelassen werden. Aber auch komplexere Prüfungen, zum Beispiel auf gültige Versicherungsnummer oder Ähnliches, können ohne Weiteres durchgeführt werden. Unsere Beispielanwendung verzichtet, da sie ein anderes Problem aufzeigen möchte, auf Validierungen. Um Ihnen ein erstes Gefühl für die Vielfalt der möglichen Validierungen zu geben, können Sie sich die Liste aus Abbildung 4.14 ansehen.

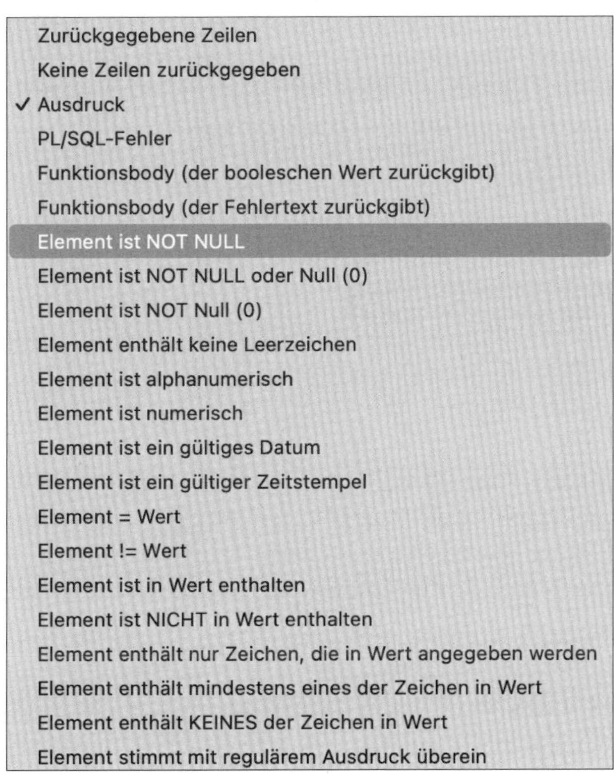

Abbildung 4.14 Mögliche Validierungsarten in APEX

Genauer werden wir auf Validierungen eingehen, wenn wir eine eigene Anwendung entwickeln. Für No-Code-Zwecke interessant sind insbesondere die Validierungsarten, die mit »Element« beginnen.

Verarbeitung der eingegebenen Daten

Die vorletzte Phase der Verarbeitung der Benutzereingaben wird als *Prozess* bezeichnet. In dieser Phase werden die vorformatierten, validierten Daten in die Zieltabelle der Datenbank übernommen, und damit wird die Verarbeitung abgeschlossen. Dies ist der Zeitpunkt, zu dem die Seite wirklich mittels Submit an den Server geschickt wird. Dies ist nun möglich, denn nun könnten Fehler nur noch durch technische Fehler beim Verarbeiten der Daten auftreten (alle anderen Fehler haben Sie ja durch Validierungen vorab geprüft ...), und solche technischen Fehler werden in der Regel ohnehin auf einer separaten Fehlerseite angezeigt, wenn sie überhaupt bis zum Benutzer der Anwendung durchgereicht werden.

Für die Verarbeitung der Daten auf <ANWENDUNGSSEITE 7> wird nur ein weiterer Prozess benötigt, er findet sich im Bereich VERARBEITUNG • PROZESSE • PROCESS ROW OF EBA_DEMO_MD_MILESTONES. Dieser Prozess ist das logische Gegenstück zum Fetch-Row-Prozess aus der Renderphase der Seite. Während der Fetch-Row-Prozess eine Zeile aus der angesprochenen Tabelle liest, speichert der Process-Row-Prozess die Daten der Formularseite in der referenzierten Tabelle. Dabei existiert immer nur dieser eine Prozess (pro Formular, es können mehrere Formulare auf einer Anwendungsseite vorhanden sein), der sich sowohl um das Erstellen, Aktualisieren als auch das Löschen von Datensätzen kümmern kann.

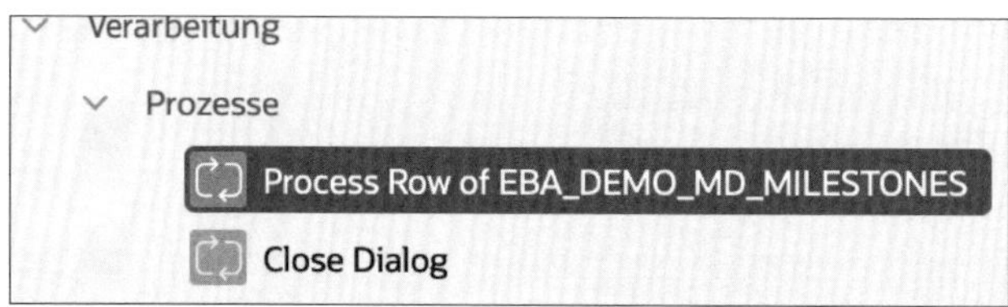

Abbildung 4.15 Verarbeitungsprozesse der Seite 7

Auf <ANWENDUNGSSEITE 7> existiert noch ein weiterer Prozess. Dieser Prozess mit dem Namen CLOSE DIALOG schließt das modale Dialogfenster und gibt die Kontrolle an die aufrufende Seite zurück. Daher benötigen wir auf dieser Seite auch keine Verzweigung, denn die Kontrolle nach dem Schließen eines modalen Fensters erhält stets die aufrufende Seite zurück.

Verzweigung auf die neue Anwendungsseite

Um eine Verzweigung zu sehen, müssen wir auf eine andere Seite gehen. Gehen Sie bitte zu <ANWENDUNGSSEITE 10> • NACH DER VERARBEITUNG • VERZWEIGUNGEN.

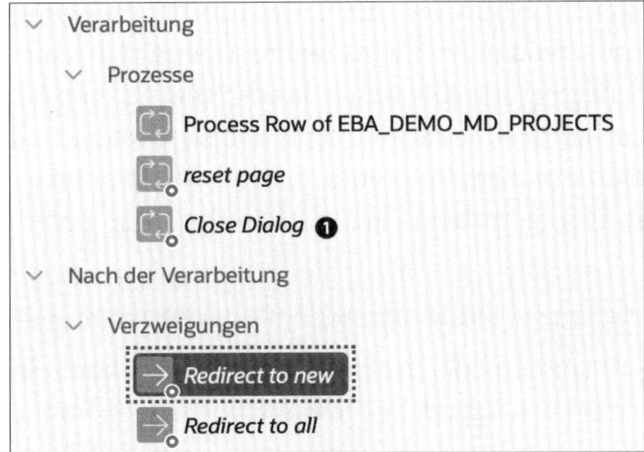

Abbildung 4.16 Verzweigungen auf Seite 10

Diese Seite ist etwas verwirrend, denn es handelt sich hier ebenfalls um einen modalen Dialog, der nach dem Schließen also die Kontrolle an die aufrufende Seite zurückgeben sollte. Tatsächlich finden wir auf dieser Seite auch den Prozess `Close Dialog` (❶ in Abbildung 4.16), daher ist nicht zu verstehen, wie es überhaupt möglich sein soll, dass die Verzweigungen aufgerufen werden, wenn doch der modale Dialog zu diesem Zeitpunkt bereits geschlossen wurde.

Es gibt zwei optische Hinweise auf den Grund, warum dies dennoch funktioniert. Der erste: Der Prozess und die Verzweigungen sind *kursiv* gesetzt und weisen außerdem einen kleinen roten Kreis auf. Diese Indizien deuten darauf hin, dass die Ausführung dieser Komponenten an eine Bedingung gebunden ist. Wie nicht anders zu erwarten, sind die Bedingungen ebenfalls in den Attributen zu den Komponenten zu finden. Sehen wir uns stellvertretend die Bedingung des Prozesses `Close Dialog` an.

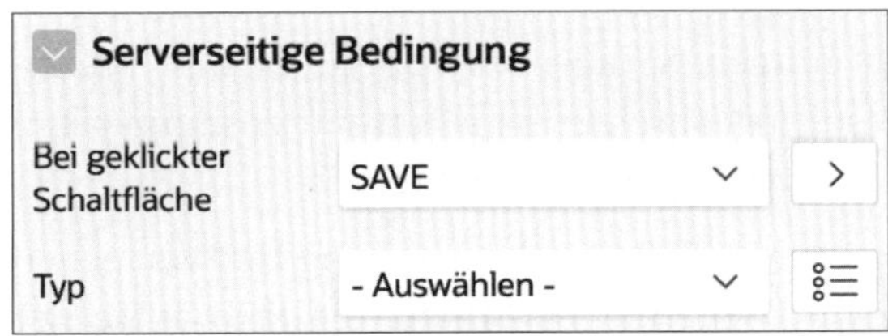

Abbildung 4.17 Serverseitige Bedingung

Wir können der Bedingung in Abbildung 4.17 entnehmen, dass der modale Dialog nur geschlossen wird, wenn die Schaltfläche `SAVE` geklickt wurde. Da noch andere Schaltflächen auf der Seite vorhanden sind, können also auch Situationen eintreten, die nicht dazu führen, dass der modale Dialog geschlossen wird. Dann wird weitergearbeitet, und die Verzweigungen werden geprüft. Auch diese sind konditional, und zwar wird die erste Verzweigung nur nach einem Klick auf Schaltfläche `CREATE` und die zweite bei Klick auf die Schaltfläche `DELETE` ausgeführt.

Nur zur Erinnerung: Warum sprechen wir hier von einer »serverseitigen Bedingung«? Der Browser hat mit diesen Entscheidungen nichts mehr zu tun. Er hat lediglich mitgeteilt, dass die Seite verarbeitet werden soll, weil eine der Schaltflächen betätigt wurde. Was nun weiter geschehen soll, wird innerhalb der Datenbank und somit serverseitig berechnet. Es gibt, das nur als Vorabinformation, Situationen, in denen auch clientseitige Entscheidungen getroffen werden, daher ist diese Unterscheidung sinnvoll.

Wichtig ist es, zu verstehen, dass diese Verzweigung nur aufgerufen wird, wenn ...

- die Verarbeitung der Seite bis hierhin ohne Fehler funktioniert hat. Fehler könnten auftauchen, wenn eine Validierung fehlschlägt oder aber, wenn der Seitenbearbeitungsprozess einen Fehler beim Einfügen der Daten in die Datenbanktabelle verursacht hat. In diesen Fällen wird APEX die aktuelle Seite mit den Fehlermeldungen anreichern und die weitere Verarbeitung stoppen.
- die Verzweigung auch ausgeführt werden soll. Gerade bei den Verzweigungen wird sehr oft mit Bedingungen gearbeitet, die steuern, ob eine Verzweigung ausgeführt werden soll oder nicht. Die Bedingungen der Verzweigungen erlauben es, nach der Verarbeitung je nach Wunsch auf eine von mehreren Seiten zu verzweigen.

4.3.4 Zusammenfassung

Das ist es, »where APEX shines«: Die komplexen Abläufe des Renderns einer Seite aus Datenbankdaten, die einfache Verarbeitung von Datenänderungen durch vorgefertigte Prozesse, die Lösung so enervierender Probleme wie Sicherheit von Webanwendungen, die Darstellung einer weitgehend barrierefreien Webseite, Internationalisierung, Orchestrierung von Datenbanktransaktionen etc. ohne eigenes Programmieren sind schon sehr, sehr angenehme Aspekte. Standardanforderungen an solche Anwendungen wurden durch bereits mitgelieferte Seitenprozesse so weit vereinfacht, dass der Entwickler im Grunde lediglich die einzelnen Elemente zusammenstecken muss, und auch dabei wird er durch Assistenten unterstützt.

Klicken Sie sich vielleicht abschließend durch die Beispielanwendung, und versuchen Sie zu verstehen, was Sie auf den einzelnen Seiten sehen. Bringen Sie das, was Sie hier sehen, in Deckung mit den Elementen, die wir besprochen haben. Einige mögen etwas anders aussehen als die Regionstypen, die wir konkret besprochen haben, doch ist es sinnvoll, sich klarzumachen, woraus eine APEX-Anwendung besteht. Sind Sie im Zweifel, öffnen Sie die Anwendungsseite und sehen Sie einfach nach, wie etwas gemacht wurde. Um Ihnen den Einstieg noch etwas zu erleichtern, werde ich Ihnen im nächsten Abschnitt kurz die wichtigsten Regionstypen beschreiben.

Besonders wichtig für Ihren Lernerfolg ist, dass Sie sich klarmachen, *wo* sie *welche* Information finden. Als Beispiel: Fragen Sie sich, wie Sie die `select`-Anweisung eines

Berichts ändern können, und navigieren Sie dorthin. Vielleicht ändern Sie anschließend die Spaltenüberschrift eines Berichts und fragen sich, wo genau Sie erkennen können, auf welche Seite eine Linkspalte des Berichts verzweigen wird. Woher bezieht ein Eingabefeld einer Seite seine Daten? Ist das plausibel? Versuchen Sie, kurz gesagt, genau zu verstehen, wie ein Effekt, den Sie bei der Ausführung der Anwendung beobachten, erzeugt wurde. Vielleicht gelingt es Ihnen nicht, jeden Effekt zu erklären, aber zwingen Sie sich, einige Zeit für die Analyse aufzubringen.

Versuchen Sie, sich darüber klar zu werden, *wann* etwas im Lebenszyklus einer Seite berechnet werden muss. Denken Sie in den Kategorien *Rendering* der Seite, *Bearbeitung* durch den Benutzer, *Absenden* der Seite an die Datenbank. Validierungen müssen nach Abschluss der Arbeiten, aber vor dem Festschreiben in der Datenbank durchgeführt werden. Die Berechnung von Feldwerten nach dem Absenden, aber vor der Validierung, Verzweigungen nach dem Versuch, die Daten in die Datenbank zu schreiben, etc.

4.4 Verschiedene Regionstypen

Lassen Sie mich Ihnen zum Abschluss dieses Kapitels eine kurze Übersicht über die Regionstypen geben, die APEX mitliefert. Diese Informationen sollen Ihnen den Einstieg in das Verständnis von APEX-Anwendungen erleichtern, nicht aber erschöpfend die Regionstypen erläutern. Dazu haben wir später noch Zeit.

4.4.1 Berichtsregionen

Berichte visualisieren Daten einer SQL-Abfrage, einer Tabelle oder einer webbasierten Datenquelle. In APEX stehen mehrere Berichtstypen zur Verfügung, die historisch aufeinander aufbauen, aber auch heute noch parallel zueinander verwendet werden, da sie unterschiedliche Stärken und Schwächen haben.

In historischer Reihenfolge sind dies:

- *Klassischer Bericht*
  Einfache Visualisierung auf Basis von HTML-Tabellen, kann aber auch völlig anders aussehen. Sehr flexibel in der Visualisierung, aber weniger clientseitige Funktionalität. Allerdings bietet der klassische Bericht derzeit als einziger die Unterstützung für Facet-Suche und intelligente Filter.
- *Interaktiver Bericht*
  Fortschrittlicher, durch JavaScript sehr vielseitig veränderbarer Bericht, der sich nur zum Visualisieren, nicht aber zum Bearbeiten von Daten in Tabellenform eignet.

- *Interaktives Grid*
  Nachfolger des interaktiven Berichts, der es auch erlaubt, Daten in einer Tabelle zu editieren. Er hat auch andere Vorteile, insbesondere in Bezug auf seine Performanz beim Rendern, aber auch ein paar Nachteile gegenüber dem interaktiven Bericht. Er wird aber über kurz oder lang den interaktiven Bericht ablösen, da bin ich mir sicher. Eine eigene Beispielanwendung *Sample Interactive Grids* verdeutlicht die Möglichkeiten.
- *Reflow- und Spaltenumschalt-Bericht*
  Diese Berichtstypen sind etwas speziell, da sie für die Verwendung auf mobilen Anzeigegeräten optimiert sind. Sie können dynamisch Spalten zu Zeilen umbauen und haben noch andere Tricks auf Lager, um auf kleinen Ausgabebildschirmen dennoch »bella figura« zu machen.

Eine allgemeine Übersicht über die Berichtstypen liefert die Beispielanwendung *Sample Reporting*.

Angesprochen habe ich im ersten Strichpunkt die Funktionalitäten »Facet-Suche« und »intelligente Filter«. Dahinter verbergen sich dynamische Filterregionen, die es ermöglichen, einen Bericht nach vielen Kriterien gleichzeitig zu filtern. Bekannt sind solche Filter vor allem aus Webshops, wo sie verwendet werden, um in einer großen Produktliste nach unterschiedlichsten Kriterien die passenden Produkte zu finden. Intelligente Filter sind dynamisch sich ändernde Filteroptionen, die je nach eingegebenen Filterworten aktualisiert werden. Ein sehr spannendes, für den Moment aber noch zu komplexes Thema.

4.4.2 Listenregionen

Ein weiterer wichtiger Regionstyp in APEX ist die Liste. Listen können in verschiedensten Formen auftreten, auch in solchen, die Sie nicht primär als Liste erkennen würden, wie zum Beispiel als Menüs, Tabs, Breadcrumbs etc.

Eine Liste ist eine Zusammenstellung von (hierarchischen) Einträgen, die der Navigation innerhalb einer APEX-Anwendung dienen. Ein typischer Anwendungsfall für Listen sehen Sie auf <ANWENDUNGSSEITE 1>, im Grunde besteht diese Seite ausschließlich aus einer Liste, denn die großen Schaltflächen, die zu den verschiedenen Beispielen der Anwendung führen, stellen eine Visualisierung einer Liste dar. In die Listenregionen spielen auch andere Regionstypen hinein, etwa die optisch flexibel anpassbaren `Karten`. Für diesen relativ neuen Regionstyp liegt auch mit der *Sample Cards* eine eigene Beispielanwendung vor.

Da Listen auch hierarchische Daten verwalten können, ist der Regionstyp `Baum` ebenfalls den Listenregionen zuzuordnen. Er gestattet es, hierarchische Daten darzustellen. Im linken Seitenbereich des Page Designers haben Sie ein ausgebautes Beispiel eines solchen Baums gesehen. Hierarchische Daten werden in der Beispielanwendung *Sample Trees* näher vorgestellt.

4.4.3 Grafikregionen

Das Thema Grafikregionen ist ein weites, und in diesem Bereich hat es, historisch gesehen, besonders viele Umbrüche innerhalb von APEX gegeben. Derzeit, und es besteht Hoffnung, dass dies auch noch für einige Zeit gelten wird, setzt APEX die Grafikmaschine von *Oracle Jet* ein. Dies ist ein Engagement von Oracle, es ist ein Open-Source-JavaScript-Framework, um Weboberflächen mit leistungsfähigen, barrierefreien Controls auszustatten und gleichzeitig eine gewisse Langlebigkeit der eingesetzten Technologien zu garantieren.

Die Vielfalt der grafischen Möglichkeiten ist enorm und teilt sich einerseits in die Balken-, Torten-, Säulen- und sonstigen Diagrammtypen auf und andererseits in die Gantt-Diagramme, mit denen Ressourcenverfügbarkeiten und hierarchische Daten visualisiert werden können. Natürlich existiert mit der Anwendung *Sample Charts* auch für diesen Bereich eine Beispielanwendung.

4.4.4 Kalenderregion

APEX bietet auch einen eigenen Regionstyp zur Unterstützung von Kalendern. Unterschätzen Sie diesen Regionstyp nicht, er ist unglaublich leistungsfähig, benötigt aber, um wirklich alle Ressourcen auszuschöpfen, einige Zuwendung in Form von JavaScript-Code. Doch auch im No Code-Umfeld können Termine optisch ansprechend dargestellt werden. Die Beispielanwendung *Sample Calendar* gibt entsprechende Eindrücke.

4.4.5 Map-Region

Eine Map-Region dient der Darstellung geografischer Informationen. Die vielen Möglichkeiten werden in der Anwendung *Sample Maps* aus der Galerie dargestellt. Für den Moment reicht es uns zu sagen, dass auch solche Anforderungen direkt in APEX umgesetzt werden können.

4.5 Zusammenfassung

Dieser Kurzüberblick über APEX und die verschiedenen Regionstypen hatte nicht den Zweck, erschöpfend die Arbeitsweise der verschiedenen Typen zu erläutern, sondern sollte helfen, Ihnen einige Varianten der Seitengestaltung zu zeigen und Sie im Umgang mit der Entwicklungsumgebung zu schulen.

Idealerweise sollten Sie nun einen ersten Eindruck gewonnen haben, auf welche Weise in APEX Anwendungen erstellt werden und wie Seiten gestaltet werden. Wir haben den Prozess des Renderns einer Seite besprochen, gesehen, wie Seiten verarbeitet werden und aus welchen grundlegenden Typen die Seiten bestehen.

Kapitel 5
Eine einfache Datenbankanwendung erstellen

Jetzt wird es ernst: Wir legen eine erste Datenbankanwendung mit APEX an. Ziel ist es, mit einer Art »Guided Tour« die Bedienung von APEX praktisch zu erlernen und gleichzeitig einige Best Practices mitzunehmen.

Es sollen Mitarbeiterdaten basierend auf dem Schsema *HR* (Human Resources), einem Beispielschema, das mit jeder Oracle-Datenbank mitgeliefert wird, durch eine APEX-Anwendung administriert und ausgewertet werden. Die Aufgabenstellung bietet die Möglichkeit für einige kleine Berichte, Formulare und Grafiken ohne ein fachlich komplexes Umfeld. Zudem werde viele Leser die Daten bereits kennen, obwohl ich bei der Übernahme einige Änderungen an den Spaltenbezeichnern vorgenommen habe. Zudem haben alle Tabellen das Präfix `HR_` erhalten, was es einfacher macht, sie von den Tabellen der Beispielanwendungen zu unterscheiden.

[!]

Merke

Dieses Buch soll kein Bilderbuch werden, sondern Informationen anbieten. Dennoch ist es gerade zu Beginn schwierig, die ganzen Einstellmöglichkeiten zu überblicken und mir zu folgen, wenn ich die Anlage von Anwendungselementen beschreibe. Als Kompromiss gehe ich wie folgt vor:

Zum einen werde ich den Zwischenstand jedes Abschnitts als Export in den Skriptdateien zum Buch hinterlegen, sodass Sie sich den jeweils aktuellen Stand importieren können. Dies geht auch parallel zu Ihrer eigenen Entwicklung, geben Sie lediglich eine andere Anwendungs-ID für die importierte oder Ihre eigene Anwendung ein.

5.1 Vorbereitung und Datenmodell

Der Benutzer `BUCH_NO_CODE` und die weiteren erforderlichen Komponenten waren ja bereits angelegt worden, falls nicht, holen Sie dies bitte jetzt nach, denn wir brauchen einen Workspace. Details dazu finden Sie in Anhang A, »Installation von APEX«. Die dort hinterlegten Skripte haben auch bereits die Daten der Mitarbeiter in Tabellen mit der Namenskonvention HR_* angelegt. Abbildung 5.1 zeigt das Datenmodell im Überblick.

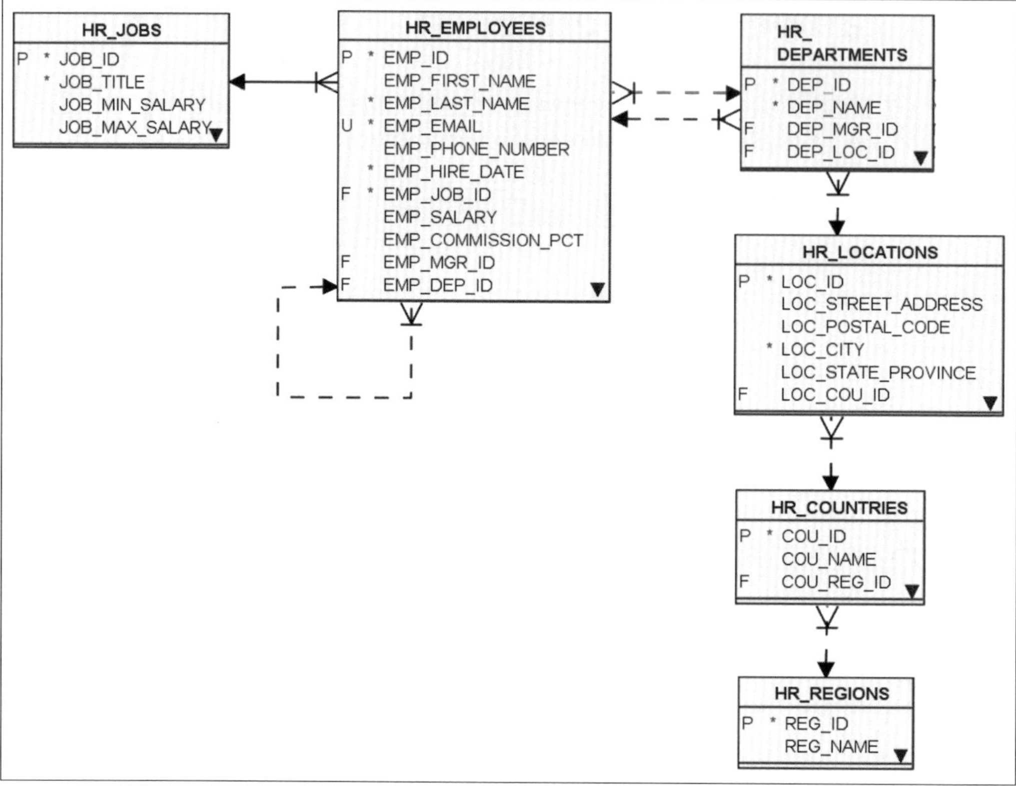

Abbildung 5.1 Datenmodell für die Beispielanwendung

Wir haben hier den einfachsten Fall vor uns: Die Tabellen liegen im Benutzer BUCH_NO_CODE, also dem Schema, das dem Workspace zugeordnet sind. Aus Sicht von APEX »gehören« uns diese Tabellen, wir haben alle Rechte darauf und können daher vollständig von den eingebauten Assistenten in APEX profitieren. Dies werden wir im weiteren Verlauf des Buches aber noch ändern.

5.2 Anlage der Anwendung

Wenn das Skript *BUCH_NO_CODE_install.sql* erfolgreich ausgeführt wurde, sind Sie bereit, die Anwendung anzulegen. Gehen Sie hierfür zum <APPLICATION BUILDER>, und wählen Sie die Schaltfläche ERSTELLEN.

Abbildung 5.2 Optionen zum Erstellen einer Anwendung

Mehrere Optionen existieren, um eine neue Anwendung zu erstellen. Mit der ersten Karte werden »vollständig eigene« Anwendungen erzeugt, also Anwendungen, für die wir das Datenmodell definieren und alle Anwendungsseiten selbst erstellen bzw. erstellen lassen. Mit der zweiten Karte gäbe es die Möglichkeit, eine Anwendung basierend auf einer CSV-, Excel-, XML- oder JSON-Datei halb automatisch erzeugen zu lassen. Das ist recht beeindruckend, denn nach Abarbeitung eines recht einfachen Assistenten entsteht eine umfangreiche Anwendung, mit der man bereits einiges anfangen kann. Dennoch steht diese Option nicht im Fokus dieses Buches, da die entstehende Anwendung sich nicht von anderen Anwendungen unterscheidet, sondern lediglich einen umfassenden Assistenten für dieses spezielle Anwendungsszenario bietet. Wenn Sie APEX verstanden haben, wird sich diese Option für Sie ohne weitere Schwierigkeiten erschließen. Die letzte Karte führt zu den bereits bekannten Optionen, eine Beispielanwendung aus der Galerie zu installieren.

Beachten Sie aber auch die Optionen in den kleinen Links unterhalb der Karten. Durch die Option Quick SQL können Sie recht schnell Anwendungen erstellen, die auf einem ad hoc erstellten Datenmodell basieren. Dieses Datenmodell wird durch *Quick SQL*, eine spezielle Syntax zum Erstellen einfacher Datenmodelle, vorgegeben und anschließend durch einen Assistenten zu einer Anwendung ausgeweitet. Praktisch für schnelles Prototyping, aber auch außerhalb des Fokus dieses Buches.

Dann existiert noch die Möglichkeit, eine bestehende Anwendung zu kopieren. Behalten Sie einfach im Hinterkopf, dass sich diese Option hier »verbirgt«, denn es gibt ansonsten keine Möglichkeit, zu dieser Funktionalität zu gelangen.

Wir verwenden die erste Möglichkeit, klicken Sie daher auf die Karte NEUE ANWENDUNG.

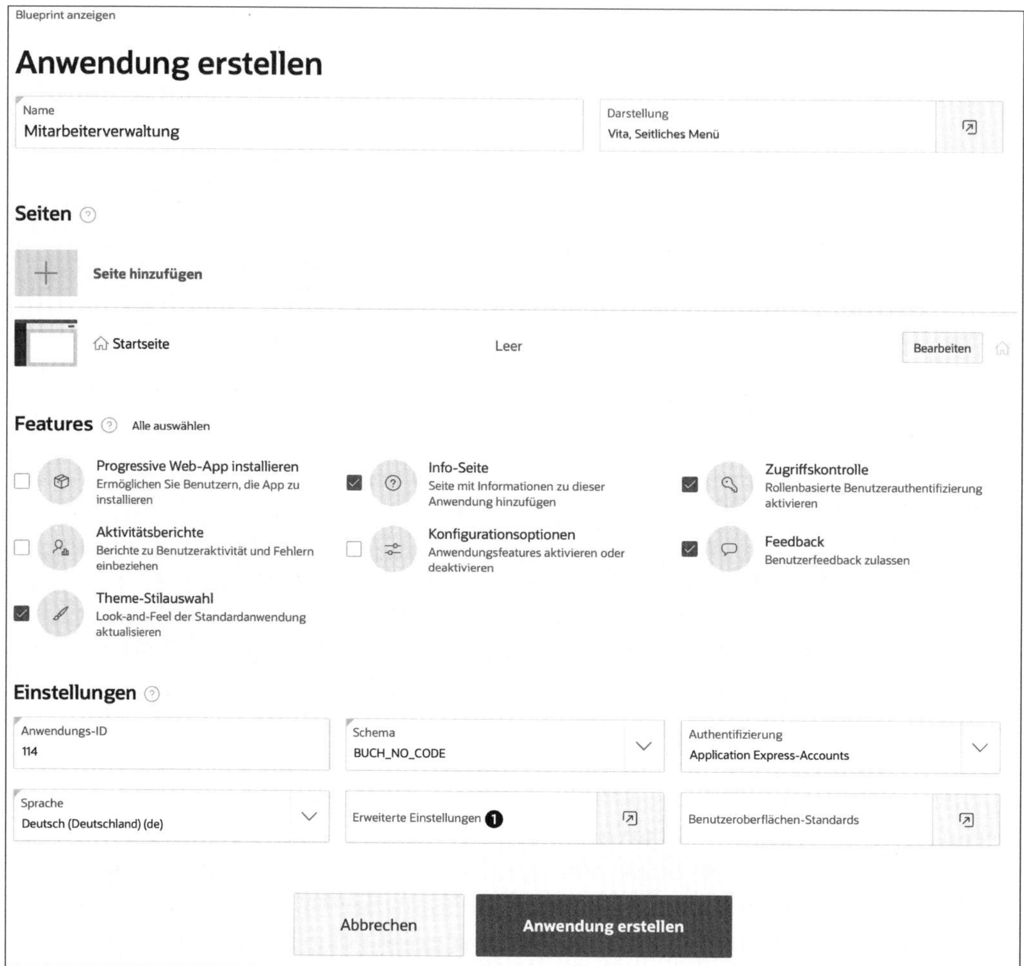

Abbildung 5.3 Optionen zur Erstellung einer Anwendung

Der Dialog, der sich nun öffnet, erscheint auf den ersten Blick verwirrend. Doch sollte Sie das nicht abschrecken. Hier können Sie auf einer Dialogseite viele Eigenschaften der zu erstellenden Anwendung definieren. Es wäre zwar möglich, diese Optionen auf mehrere Assistentenseiten zu verteilen, doch wenn Sie diesen Dialog einmal überblicken, haben Sie hier eine schnelle Konfigurationsmöglichkeit. Sehen wir uns die Optionen an.

[!]

Merke

Ab Version 22.1 hat sich dieser Dialog ein wenig erweitert, dort wird links vom Eingabefeld des Namens der Anwendung noch das Anwendungs-Icon angezeigt. Ein Klick auf dieses Icon ermöglicht Ihnen, schon bei der Anlage einer Anwendung ein Icon zu wählen (das auch eine von Ihnen geladene Bilddatei sein kann).

Zunächst können wir den Namen unserer geplanten Anwendung und das Theme definieren, das für die Darstellung verwendet werden soll. APEX setzt stets das sogenannte »Universal Theme« ein, doch kann dies, wie Sie schon gesehen haben, wenn Sie den Theme Roller verwendet haben, in unterschiedlichen Ausprägungen verwendet werden. Wir belassen es für den Moment einmal bei dem Standard `Vita, seitliches Menü`.

Dann wäre es möglich, bereits hier mehrere Anwendungsseiten zu definieren. Das werden wir nicht tun, sondern diese später anfügen. Generell muss man sagen, dass nichts, was wir hier einstellen, irgendetwas Spezielles macht, was nachträglich nicht mehr zu ändern wäre. Die Einstellungen, die wir hier vornehmen, belegen lediglich Optionen vor, die wir jederzeit ändern und anpassen können. Wahrscheinlich heißt die Startseite der Anwendung, die standardmäßig angelegt wird, bei Ihnen `Home`. Sie können das aber leicht ändern, indem Sie auf die Schaltfläche BEARBEITEN neben dieser Startseite klicken. Die wenigen Optionen, die Sie hier haben, erklären sich von selbst, uns reicht im Moment, den Namen der Seite auf `Startseite` zu ändern.

Ein relativ junges Mitglied der APEX-Familie ist das Konzept der *Features*. Darunter versteht APEX eine Zusammenstellung von Anwendungsseiten, die als Gruppe in die bestehende Anwendung integriert werden können. Ich habe einmal eine kleine Auswahl von Features vorgenommen, die Sie ebenfalls so auswählen können. Wählen Sie bitte in jedem Fall das Feature `Zugriffskontrolle` aus, da wir dies später noch benötigen. Es ist derzeit noch nicht erforderlich, alle Features und deren Verhalten zu besprechen. Falls Sie sich über die Einsatzmöglichkeiten bereits jetzt informieren möchten, können Sie aber auch auf das Fragezeichen rechts neben dem Begriff FEATURES klicken und sich den entsprechenden Hilfetext durchlesen. Features lassen sich auch nachträglich noch anlegen und können auch wieder entfernt werden. Daher ist die Entscheidung nicht ganz so dringend.

Die EINSTELLUNGEN im unteren Bereich sind ebenfalls bereits mit passenden Werten vorbelegt und müssen nicht angepasst werden. Hier werden technische Rahmenbedingungen definiert, wie die technische ID der Anwendung, die voreingestellte Sprache und die Art der Authentifizierung. Belassen wir alles bei den Voreinstellungen. Wenn soweit alles stimmt, klicken Sie anschließend auf die Schaltfläche ANWENDUNG ERSTELLEN.

Nach der Bestätigung des Assistenten werden Sie zum Application Builder der neuen Anwendung geleitet und sehen eine beeindruckende Anzahl Anwendungsseiten, die der Assistent für Sie angelegt hat.

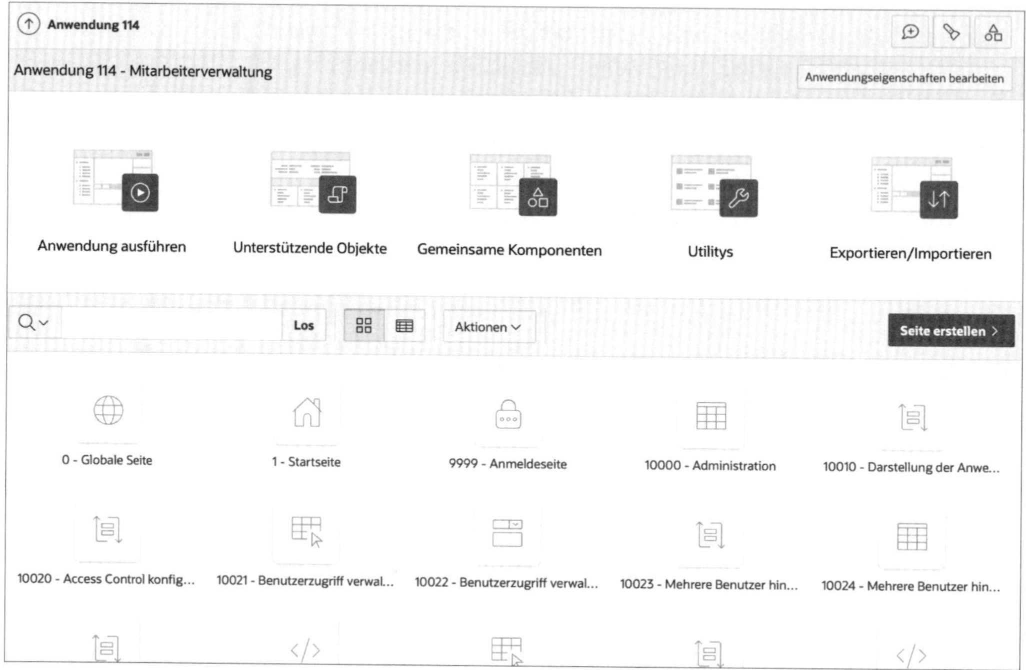

Abbildung 5.4 Die Einstiegsseite der neuen Anwendung

Seite 1 ist die Startseite, die im Dialog vorgeblendet war. Dann sehen wir mit Anwendungsseite 9.999 eine Anmeldeseite, die verwendet wird, da wir für die Authentifizierung festgelegt hatten, dass APEX-Workspace-Benutzer sich an die Anwendung anmelden können. Die Features haben zu Anwendungsseiten jenseits von 10.000 geführt. Welche davon bei Ihnen angelegt wurden, hängt natürlich mit Ihrer Auswahl der zu verwendenden Features zusammen.

Dann existiert noch eine etwas merkwürdige Seite 0 mit dem Titel `Globale Seite`. Wahrscheinlich benötigen wir diese Seite nicht, sie wird aber mittlerweile standardmäßig angelegt und dafür verwendet, Seitenelemente zu platzieren, die auf allen Anwendungsseiten eingeblendet werden sollen. Daher ist diese Seite »global«.

Bereits jetzt ist die Anwendung lauffähig. Wenn Sie die Anwendung starten, werden Sie gebeten, sich anzumelden. Mögliche Benutzer sind alle bislang angelegten Workspace-Accounts, insbesondere also auch der Administrator, mit dem Sie sich angemeldet haben. Die `Startseite` wird nach der Anmeldung angezeigt, doch so richtig beeindruckend ist die natürlich noch nicht.

Abbildung 5.5 Die Startseite der neuen Anwendung

Dennoch sollten Sie sich klarmachen, was der Assistent selbst auf dieser leeren Seite für uns angelegt hat:

- ein Anwendungsmenü (<GEMEINSAME KOMPONENTEN> • NAVIGATION • NAVIGATIONSMENÜ) mit einem Eintrag `Startseite` und zusätzlichen Eintragungen für die Anwendungs-Features (❶ in Abbildung 5.5)
- einen Navigationspfad (<GEMEINSAME KOMPONENTEN> • NAVIGATION • NAVIGATIONSPFAD), ebenfalls mit einem Eintrag `Startseite`
- eine Navigationsleiste mit überraschend vielen Einträgen. Diese Einträge erzeugen die Symbolschaltflächen (❷ in Abbildung 5.5). Welche Optionen dort genau vorhanden sind, hängt auch von den gewählten Anwendungs-Features ab.

Gehen Sie bitte zu <HOME>, und sehen sich dort um. Das Navigationsmenü finden Sie hier nicht. Das ist seltsam, denn auf der Anwendungsseite wird es angezeigt. Der Grund hierfür liegt darin, dass das Template der Seite automatisch das Navigationsmenü einblendet, dafür brauchen wir nichts zu unternehmen. Die Navigations*leiste* ist ebenfalls fester Bestandteil unseres Seitentemplates.

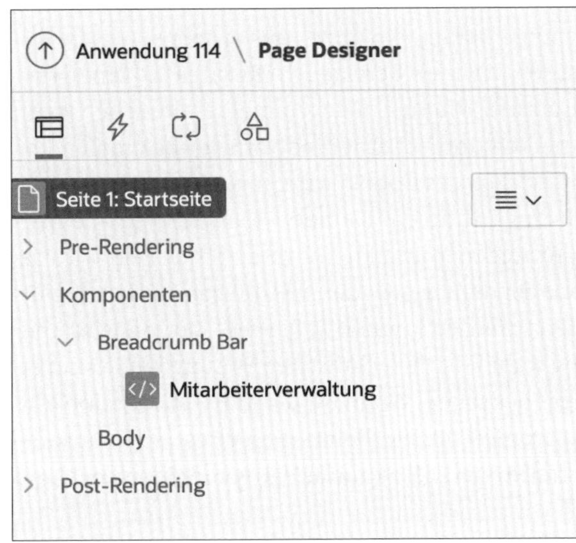

Abbildung 5.6 Elemente der Startseite

Es existiert lediglich eine Region, die dort angezeigt wird, wo normalerweise der Breadcrumb angezeigt werden würde, nämlich in der Komponentenposition BREADCRUMB BAR. Der Grund ist, dass auf diese Weise möglich ist, ein Icon für die Anwendung anzuzeigen. Ansonsten ist die Seite völlig leer, wie das ja auch zu erwarten war.

[!]

Merke

Navigationsmenü, Navigationspfad und Navigationsleiste – die Begriffe sind schon sehr ähnlich und daher verwirrend. Daher zur Klärung:

- *Navigationsmenü*
  Anwendungsmenü, wird entweder links oder oberhalb gezeigt, enthält eine hierarchische Liste aller Menüeinträge zum Navigieren in der Anwendung
- *Navigationspfad*
  oder Breadcrumb, wird auf den meisten Seiten im oberen Bereich dargestellt und zeigt den gewählten hierarchischen Pfad zur aktuellen Seite von der Startseite aus. Die einzelnen Einträge sind Verweise, mit denen hierarchisch zurücknavigiert werden kann.
- *Navigationsleiste*
  Bereich von Schaltflächen und Verweisen, typischerweise in der rechten oberen Bildschirmecke. Dient dem Abmelden, stellt einen Verweis auf eine anwendungsweite Suchfunktion oder zu Hilfeseiten bereit.

Gehen Sie bitte zu <LOGIN>. Hier ist schon mehr los: Es existiert eine `Login`-Region mit drei Seitenelementen (`P9999_USERNAME`, `P9999_PASSWORD` und `P9999_REMEMBER`) sowie einer Schaltfläche `LOGIN`. Das war zu erwarten, das sehen wir auf der Seite.

Allerdings interessieren uns noch einige Details, bevor wir uns ansehen, wie die Anmeldung ausgeführt wird. Zunächst sehen wir im Bereich PRE-RENDERING einen Prozess, der ein Benutzername-Cookie abruft. Wie Sie auf der Anmeldeseite sehen, kann der Browser den Benutzernamen merken und bei erneuter Anmeldung einblenden. Dies wird über ein Cookie realisiert, und dieses Cookie wird abgerufen, falls es existiert. Das zweite Detail betrifft die Bedingung für das Element `P9999_REMEMBER`, denn es ist ja durch einen roten Kreis gekennzeichnet und kursiv gesetzt. Das Feld wird als Kontrollkästchen dargestellt und erlaubt dem Anwender, festzulegen, ob sein Benutzername auf diesem Rechner gemerkt werden können soll. Diese Option wird aber nur angeboten, wenn die Bedingung wahr ist. Die technischen Hintergründe sind etwas verwickelt, doch kann man Folgendes sagen: Wenn für die APEX-Installation hinterlegt ist, dass Cookies gespeichert werden dürfen, liefert dieser Test wahr, ansonsten falsch. Die Einstellung wird zentral vom APEX-Administrator vorgenommen und interessiert uns hier nicht weiter.

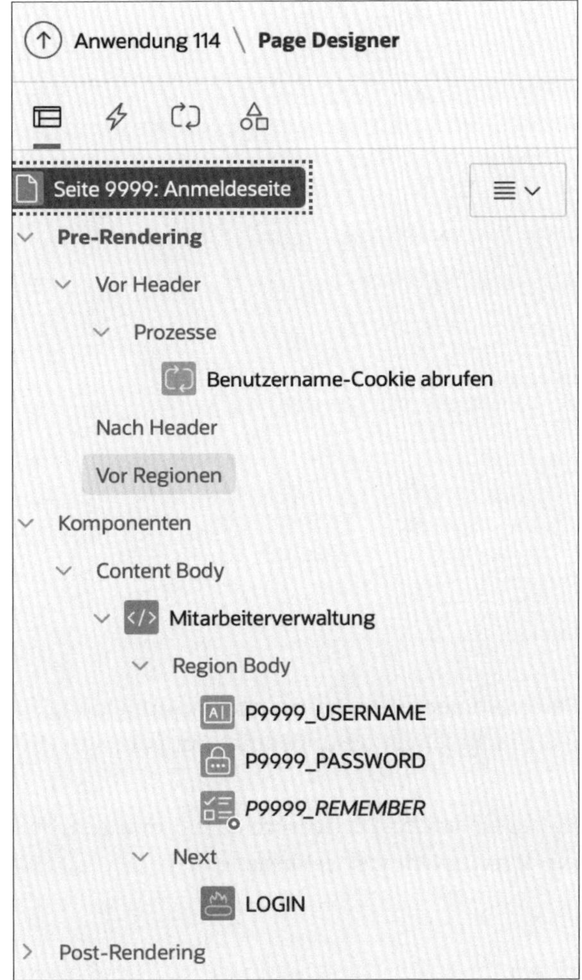

Abbildung 5.7 Die Elemente der Anmeldeseite

Da diese Seite jedoch einen Benutzer anmelden kann, muss noch mehr vorhanden sein: Die Benutzereingaben müssen verarbeitet werden. Dies wird durch zwei Seitenprozesse erledigt, die beide nach dem Abschicken der Seite ausgelöst wurden: `Benutzername-Cookie festlegen` und `Login`. Ein dritter Seitenprozess ist auch noch vorhanden: `Seitencacheinhalt löschen`.

Wenn Sie sich die Eigenschaften der beiden ersten Prozesse ansehen, stellen Sie fest, dass beide eine eingebaute Funktionalität von APEX aufrufen, mittels derer ein Benutzername-Cookie geschrieben wird und eine Log-in-Prozedur, die Benutzername und Passwort prüft und im Erfolgsfall eine Session mit eigener Session-ID erstellt.

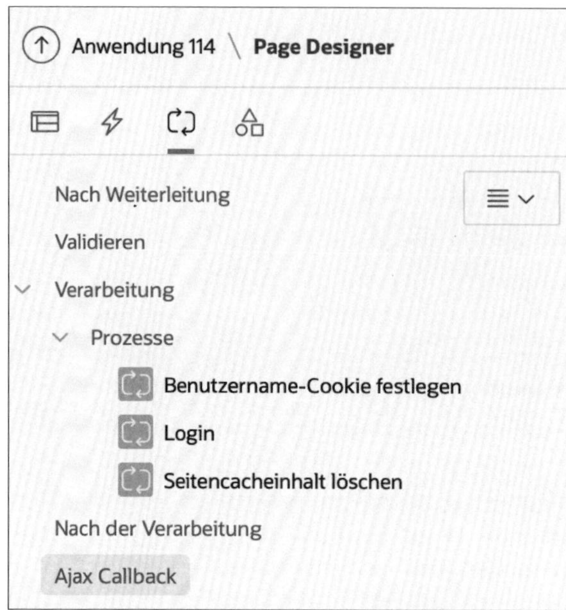

Abbildung 5.8 Seitenprozesse der Anmeldeseite

Der dritte Prozess dient dazu, die Seitenelemente der Seite nach der Anmeldung zu leeren und insbesondere das Passwort nicht länger als unbedingt nötig im Sessionstatus zu halten.

Lassen wir es für den Moment bei dieser Übersicht. Die Feature-Seiten sind zum Teil komplexer aufgebaut, das würde uns derzeit nicht viel weiterhelfen.

5.3 Anwendungseigenschaften

Sehen wir uns zunächst einen Bereich an, der zwar etwas versteckt zu erreichen, für unsere Anwendung aber wichtig ist: die Anwendungseigenschaften. Dazu navigieren wir zunächst zum <Application Builder> und klicken anschließend auf die Schaltfläche Anwendungseigenschaften bearbeiten (❶ in Abbildung 5.9).

Diese Schaltfläche bringt uns zu den Anwendungseigenschaften, die wir nicht vollständig durchsehen werden, doch werden wir eine Einstellung treffen, die für den weiteren Verlauf wichtig wird.

Hier können Sie viele der Einstellungen, die auch schon im Anlagedialog einer neuen Anwendung einstellbar sind, nachträglich festlegen oder ändern. Eine der Einstellungen, die wir beim Erstellen der Anwendung nicht festgelegt haben, holen wir nun nach: Wir überarbeiten das Anwendungs-Alias unserer Anwendung.

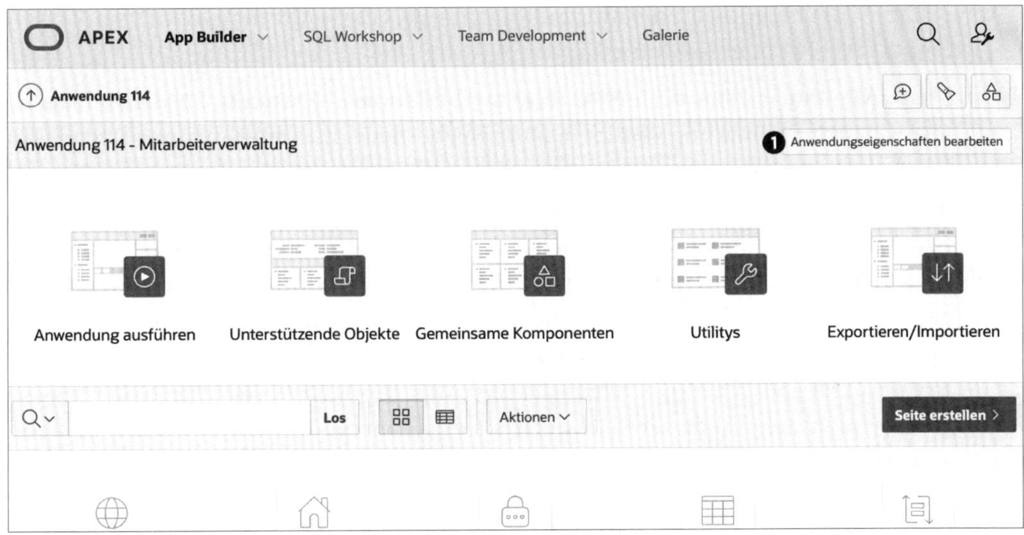

Abbildung 5.9 Anwendungseigenschaften bearbeiten

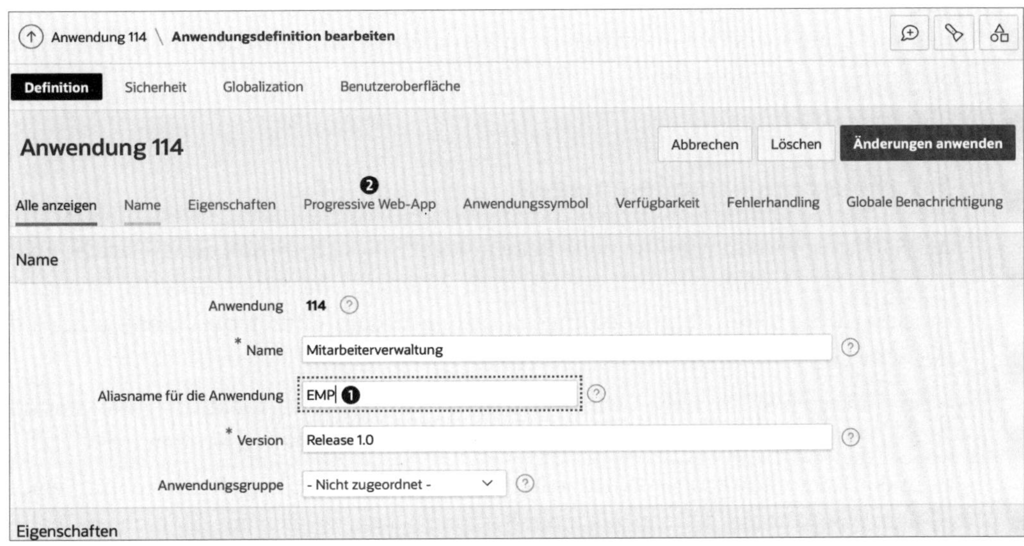

Abbildung 5.10 Bearbeitung der Anwendungseigenschaften

Ein Alias existiert in APEX sowohl für die gesamte Anwendung als auch für einzelne Anwendungsseiten. APEX vergibt automatisch ein solches Alias, weil es diese für die »freundliche URL«, wie APEX das nennt, benötigt. Ich möchte das Alias allerdings ändern, weil auch ich es anschließend verwenden möchte. Wichtig ist, dass das Anwendungs-Alias eindeutig im Workspace sein muss, weil es als Alternative zur technischen Anwendungs-ID verwendet werden kann. Ebenso muss das Anwendungsseiten-Alias eindeutig für die Anwendung sein, weil es als Alternative zur technischen Seiten-ID verwendet werden kann.

Das Anwendungs-Alias finden Sie in ❶ in Abbildung 5.10. Ändern Sie dieses bitte zu `EMP`, wie in der Abbildung zu sehen, und speichern Sie die Änderungen anschließend durch Klick auf die Schaltfläche ÄNDERUNGEN ANWENDEN. Gern können Sie sich auch in den weiteren Attributen dieser Seite umsehen. Um auf der umfangreichen Seite schneller zu finden, was Sie suchen, können Sie Gebrauch von dem sogenannten *Selektor für Regionsanzeige* machen, einem Regionstyp, den Sie in ❷ in Abbildung 5.10 sehen. Er verhält sich wie ein Tabulator und blendet alle anderen Regionen der Seite aus, um die angegebene Region zu zeigen. Im Gegensatz zu einem »echten« Tabulator existiert hier aber die Möglichkeit, alle Regionen anzeigen zu lassen. »Echte« Tabulatoren finden sich auf dieser Seite auch, sie erlauben die Navigation zu den anderen Seitenbereichen SICHERHEIT, GLOBALIZATION und BENUTZEROBERFLÄCHE, wir benötigen derzeit aber keine weiteren Änderungen.

Die Einstellung eines Alias werden wir nun analog für die Startseite wiederholen: Gehen Sie zur <HOME>, und editieren Sie das <SEITENATTRIBUT> • ID • SEITENALIAS. Verwenden Sie den Wert `home` (Speichern nicht vergessen). Bei diesem Attribut werden nur Kleinbuchstaben akzeptiert, später können wir die Seite aber in beliebiger Schreibweise referenzieren.

5.4 Eine Berichtsseite anlegen

Als Nächstes werden wir eine neue Seite anlegen. Diese Seite soll einen Bericht über alle Mitarbeiter enthalten. Da wir uns nun intensiver im Seitendesigner bewegen, möchte ich Sie bitten, folgende Dinge zu erinnern, damit Ihnen die Orientierung auf der Seite keine Probleme bereitet:

- In der linken Spalte haben wir oben die Seitenbereiche RENDERING, DYNAMISCHE AKTIONEN und SEITENPROZESSE, mit denen wir nun arbeiten werden.
- In der Darstellung RENDERING sehen wir eine Baumstruktur der Seite mit Regionen. Wenn Sie auf den Eintrag einer Region klicken, werden auf der rechten Spalte die Regionsattribute angezeigt. Diese Attribute nenne ich die <ALLGEMEINEN REGIONSATTRIBUTE>. Als zweiter Tabulator erscheint manchmal auch der Tabulator ATTRIBUTE. Klicken Sie auf diesen Eintrag, werden rechts weiterführende Attribute angezeigt. Diese Attribute nenne ich die <SPEZIELLEN REGIONSATTRIBUTE>.

Grundlage unseres Berichts ist eine `select`-Anweisung, die ein netter Kollege bereits als View `EMP_UI_REPORT_MAIN` in der Datenbank angelegt hat (siehe Listing 5.1).

```
SQL> create or replace view emp_ui_report_main as
     select emp_id,
            emp_first_name,
            emp_last_name,
            emp_email,
            emp_phone_number,
            job_title emp_job_name,
            coalesce(dep_name, 'Zusatz: Ohne Abteilung') emp_dep_name
       from hr_employees emp
       join hr_jobs job on emp_job_id = job_id
       left join hr_departments dep on emp_dep_id = dep_id;
```

Listing 5.1 »select«-Anweisung des Berichts

So weit ist an dieser `select`-Anweisung nichts bemerkenswert, außer dass die View einen seltsamen Namen hat. Dazu später mehr. Natürlich möchten wir diese Bezeichner künftig nicht auf der Oberfläche sehen, aber das ist, wie bereits beschrieben, keine Aufgabe für die `select`-Anweisung, das folgt auf der Anwendungsseite. Auf Basis dieser Anweisung werden wir nun ein interaktives Grid auf einer neuen Seite anlegen.

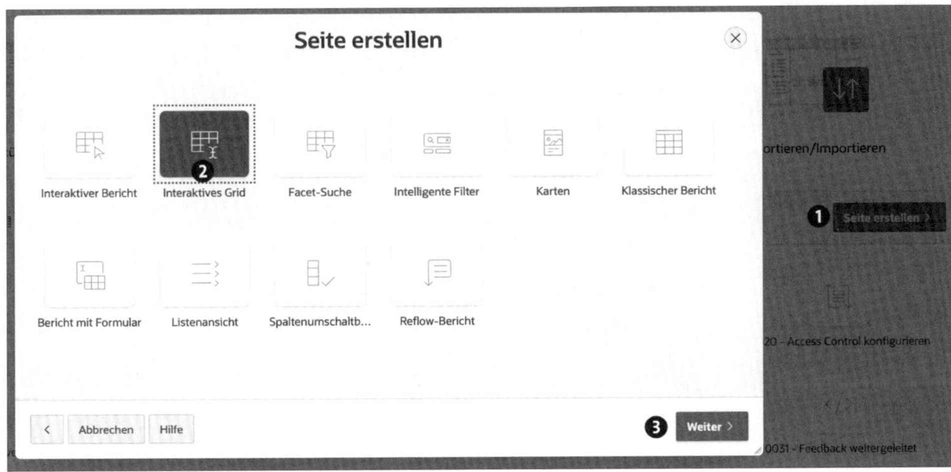

Abbildung 5.11 Neue Seite erstellen

Gehen Sie zu <Application Builder> • Seite erstellen > (❶ in Abbildung 5.11). Wählen Sie im Auswahldialog die Option Bericht und im nächsten Schritt die Option Interaktives Grid (❷ in Abbildung 5.11). Anschließend klicken Sie auf Weiter > (❸ in Abbildung 5.11).

Der nächste Schritt Seitenattribute gibt uns die Möglichkeit, die Seitennummer zu definieren und allgemeine Einstellungen zur Seite festzulegen. Wählen wir hier `Mitarbeiterbericht` für das Attribut Seitenname. Als Seitenmodus belassen wir den Standard `Normal`.

[!]

Merke

Falls Sie Version 22.1 oder später verwenden, müssen Sie sich hier etwas flexibel bewegen, denn der Dialog zur Erstellung einer Seite hat sich geändert. Es werden nun auf den ersten Blick weniger Optionen angeboten, doch ist der Dialog intelligenter geworden und bietet anschließend passgenaue Optionen zu den gewählten Seiten an. Ich werde im weiteren Verlauf dieses Kapitels auf die Unterschiede eingehen, jedoch nicht für beide Versionen Screenshots anbieten, da die Funktionalität im Grunde gleichgeblieben ist, die Optionen befinden sich nur an anderer Stelle.

Für die Anlage eines interaktiven Grids bedeutet dies: Die erste Seite, die der Auswahl des Berichts galt, existiert nun nicht mehr, das interaktive Grid kann direkt ausgewählt werden. Die folgenden Seiten, im alten Dialog noch auf drei Seiten verteilt, sind in der neuen Version sämtlich auf einer Seite zu sehen.

Wichtig ist auf dieser Assistentenseite noch, den NAVIGATIONSPFAD zu wählen, der für diese Seite eingerichtet werden soll. Im Einblendmenü wählen wir zunächst die Liste, die unsere Navigationspfade enthält. Sie haben derzeit nur die Möglichkeit, die Liste `Navigationspfad` zu wählen (aber das reicht ja auch ...). Es zeigen sich zwei weitere Optionen, in denen Sie den ÜBERGEORDNETEN EINTRAG • `Startseite (Seite1)` auswählen und den EINTRAGSNAMEN • `Mitarbeiterbericht` definieren können. Klicken Sie anschließend auf die Schaltfläche WEITER >.

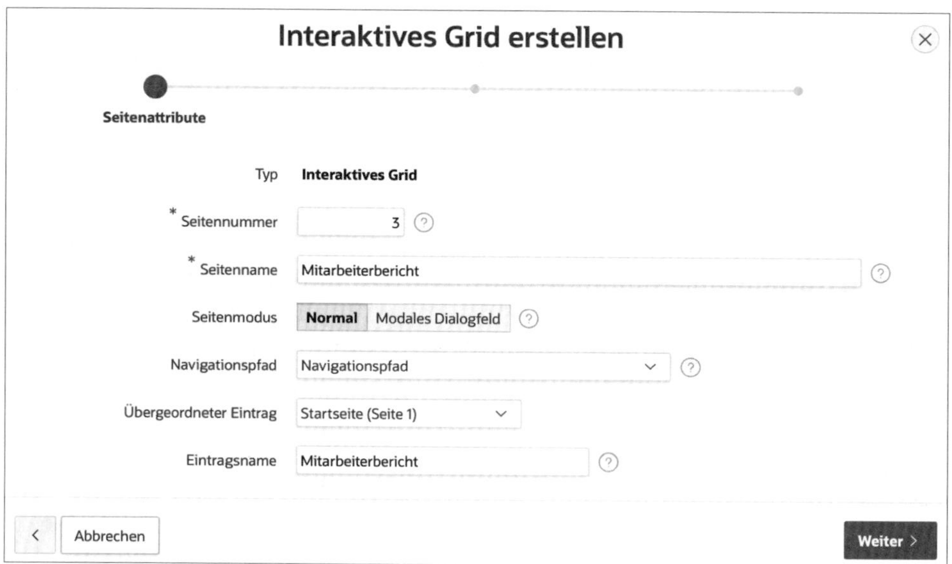

Abbildung 5.12 Die Seitenattribute der neuen Seite

Im Schritt NAVIGATIONSMENÜ werden Sie gefragt, ob für diese Seite ein Eintrag im Navigationsmenü erzeugt werden soll. Bestätigen Sie dies mit der Auswahl von

NEUEN NAVIGATIONSMENÜEINTRAG ERSTELLEN, weil zu unserer Seite noch kein Eintrag existiert. Hätten wir dies aus irgendeinem Grund bereits getan, könnten wir nun diesen Eintrag hier wählen. Auch hier legen wir fest, dass die Seite `Startseite` hierarchisch über unserer steht, und belassen bei NEUER NAVIGATIONSMENÜEINTRAG den vorgegebenen Seitentitel `Mitarbeiterbericht`. Klicken Sie anschließend auf die Schaltfläche WEITER >.

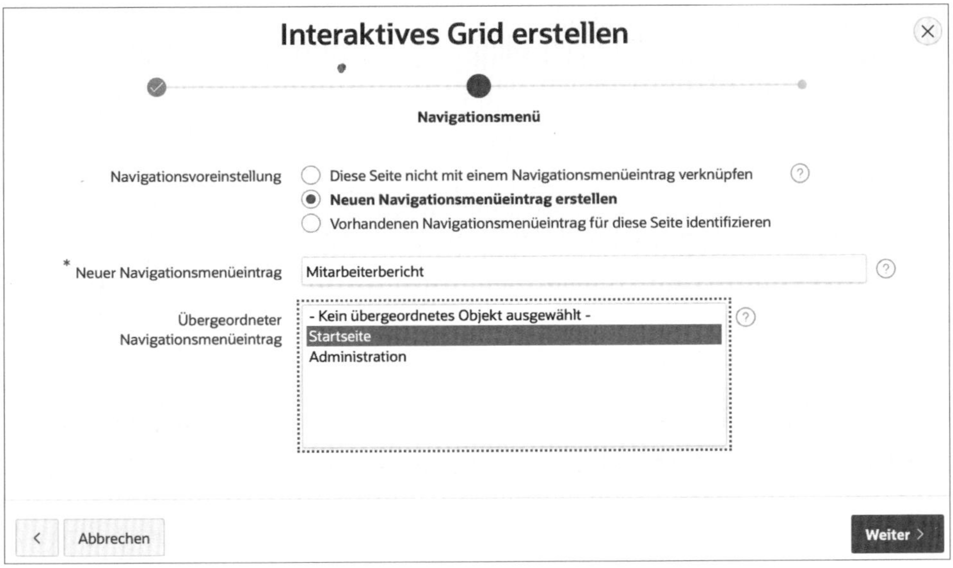

Interaktives Grid erstellen

Navigationsmenü

Navigationsvoreinstellung
Diese Seite nicht mit einem Navigationsmenüeintrag verknüpfen
Neuen Navigationsmenüeintrag erstellen
Vorhandenen Navigationsmenüeintrag für diese Seite identifizieren

* Neuer Navigationsmenüeintrag: Mitarbeiterbericht

Übergeordneter Navigationsmenüeintrag
- Kein übergeordnetes Objekt ausgewählt -
Startseite
Administration

< Abbrechen Weiter >

Abbildung 5.13 Einstellungen zum Navigationsmenü

Nun wird es interessanter. Im Schritt BERICHTSQUELLE haben Sie die Möglichkeit, entweder eine Tabelle oder View oder aber eine `select`-Anweisung anzugeben, auf der unser Bericht basieren soll. Wählen Sie hier bitte den Eintrag `EMP_UI_REPORT_MAIN (View)`, den wir vorhin erstellt haben. Alle Spalten des Berichts sollten auf der rechten Seite des Shuttle Controls erscheinen. Klicken Sie auf die Schaltfläche ERSTELLEN. Eine Zusammenfassungsseite gibt es hier nicht.

Starten Sie die Seite, und sehen Sie sich an, was für Sie angelegt wurde. Ändern Sie auch direkt das Seitenalias auf den Wert `report`.

Der Bericht findet sich als Region Mitarbeiterbericht vom Typ `Interaktives Grid` auf der Seite wieder. Dieser Regionstyp wurde heftig durch JavaScript aufgewertet. Um dies in Aktion zu sehen, führen Sie die Seite einmal aus. Sortierungen des Berichts lassen sich einfach durch Hovern der Spaltenüberschriften einstellen (wenn Sie beim Klick auf eine Sortieroption die [⇧]-Taste drücken, können Sie auch nach mehreren Spalten sortieren), ein Anfasser im linken Bereich der Spaltenüberschrift lässt es zu, dass Sie die Reihenfolge der Spalten durch Drag-and-drop ändern.

Abbildung 5.14 Auswahl der Berichtsquelle für den Bericht

Ein Klick auf die Spaltenüberschrift schließlich bringt weitere Optionen ins Spiel, wie zum Beispiel das Ausblenden von Spalten, die Suche in Spalten, Sortierungen, Aggregationen, Berechnungen und so weiter. Und dann sind da noch die globale Suche oberhalb des Berichts sowie die vielen Optionen des AKTIONEN-Menüs. Zudem ist das interaktive Grid barrierefrei, denn alles, was Sie mit der Maus machen können, funktioniert auch über Tastaturkürzel.

Gehen Sie zurück zur Seite <REPORT> und lassen Sie uns dort einige Optionen des interaktiven Grids einstellen. Die erste Aufgabe ist es, die Spaltenbezeichner zu ändern. Wählen Sie die Spalten in der hierarchischen Übersicht unter CONTENT BODY • `Mitarbeiterbericht` • SPALTEN einzeln aus, und editieren Sie die Spaltenüberschriften in den Regionsattributen unter ÜBERSCHRIFT • ÜBERSCHRIFT.

Abbildung 5.15 Editieren der Spaltenüberschriften

Die Spalte `EMP_ID` ändern Sie im Attribut ID • TYP bitte noch auf `Ausgeblendet`. Mehr als das möchte ich im ersten Schritt gar nicht tun. Speichern Sie die Änderungen, und rufen Sie die Seite erneut auf. Sie sehen den Bericht und die Schaltfläche AKTIONEN.

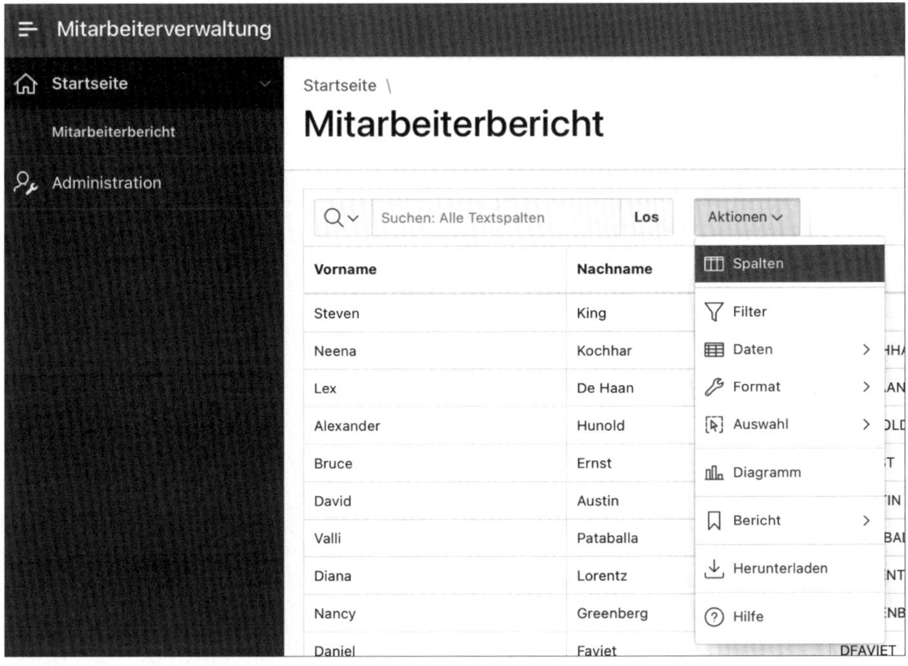

Abbildung 5.16 Aktionen eines interaktiven Grids

Wählen Sie <AKTIONEN> • FORMAT • KONTROLLGRUPPENWECHSEL und anschließend die Spalte `ABTEILUNG`.

Abbildung 5.17 Einstellung von Kontrollgruppenwechseln

Als Letztes legen wir fest, dass die Sortierung nach Abteilung und Nachname erfolgen soll, wir wählen also <AKTIONEN> • DATEN • SORTIEREN und fügen die Spalten `Abteilung` und `Nachname` durch einen Klick auf die Schaltfläche + hinzu und legen den Spaltennamen fest.

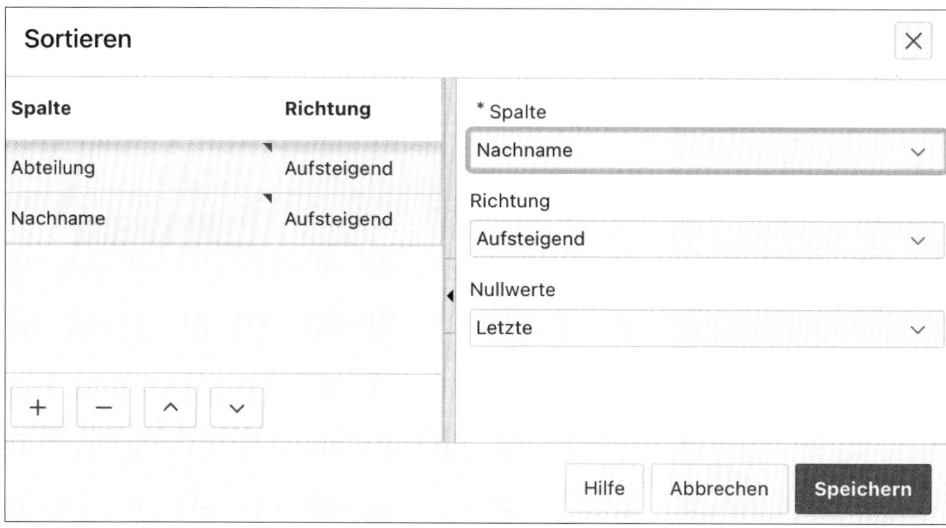

Abbildung 5.18 Voreingestellte Sortierung nach zwei Spalten

So soll der Bericht zunächst einmal bleiben, speichern Sie die Einstellungen unter <AKTIONEN> • BERICHT • SPEICHERN. Diese Option speichert die Standardeinstellungen des interaktiven Grids. Alternativ wäre es auch möglich, weitere Darstellungen unter anderen Namen zu speichern. Dies würde dann über die Option <AKTIONEN> • BERICHT • SPEICHERN UNTER erledigt.

Nun können Sie zur Startseite zurückkehren und von dort wieder zurück zu Seite 3 gehen und werden dabei feststellen, dass wir unseren Bericht nun standardmäßig so sehen, wie wir ihn formatiert haben. Wenn Sie möchten, blenden Sie das AKTIONEN-Menü im Bericht aus. Damit können die Endanwender dann keine weiteren Einstellungen vornehmen. Um dies zu erreichen, gehen wir zu den <SPEZIELLEN REGIONSATTRIBUTEN> des interaktiven Berichts und dort zum Attribut SYMBOLLEISTE • ANZEIGEN • NEIN und gehen dann zum Bericht zurück. Voilà: Das Aktionen-Menü ist weg. Scrollen Sie doch einfach einmal den Bericht nach unten, und achten Sie darauf, was der Navigationspfad und die Spaltenüberschriften machen. Das ist doch alles schon sehr nett, oder?

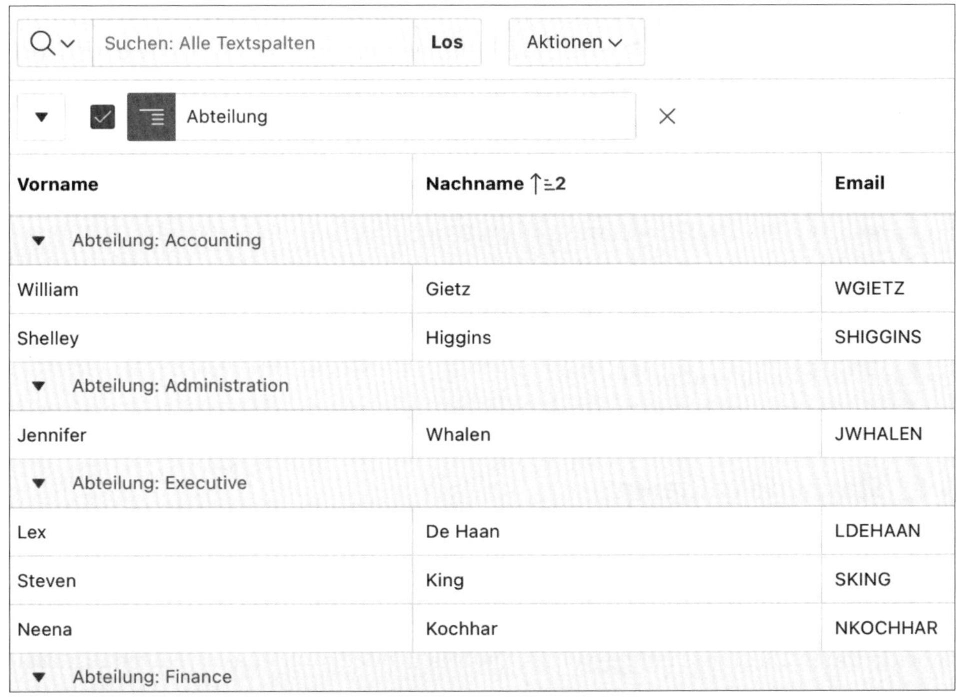

Abbildung 5.19 Bericht mit Formatierung

5.5 Die Rolle von Aliasen

Mir liegt aber noch an etwas anderem: Auf der Seite `REPORT` hatten wir eine View für den Bericht eingesetzt. Diese View hat den Namen `EMP_UI_REPORT_MAIN`. Nun verstehen Sie auch, warum: Die View hat die Aufgabe, für die Seite `REPORT` die Daten bereitzustellen. Das Präfix `EMP_` besagt, dass diese View zur Datengewinnung der Anwendung `EMP` verwendet wird, das Präfix `UI_` zeichnet diese View als eine View für die Darstellung auf der Oberfläche (*User Interface*) aus. Später, wenn viele Views dieser Art zusammenkommen, werden alle entsprechend dem Präfix zusammengehörig sortiert. Das Postfix `_MAIN` bezieht sich auf die Funktion, die diese View auf der Seite hat. Da mehrere Views pro Seite verwendet werden können, haben Sie hiermit die Möglichkeit, diese Funktion etwas genauer zu beschreiben. Dies ist zwar nur eine Konvention, der Sie folgen können oder auch nicht, doch sind Konventionen wichtig. Halten Sie sich an eine solche Konvention, kommen die Daten für Ihre Seiten immer aus einer entsprechend benannten View. Kollegen, die den Code für Ihre Seite später verstehen wollen oder müssen, haben dadurch ein einfacheres Spiel. Zudem sind Sie frei darin, diese Views zu ändern, ohne befürchten zu müssen, dass Ihre Änderungen auf anderen Seiten zu Problemen führen könnten.

Die Anwendung bis hierhin finden Sie in *Kap_05_01_Anwendung.sql*. Wenn Sie sicher sein möchten, dass alle Schritte der Anwendung so ausgeführt wurden wie beschrieben, können Sie diese Anwendung importieren. Merken Sie sich zunächst die ID Ihrer Anwendung. Gehen Sie dazu zum <Application Builder> • Import / Export • Import, laden diese Datei, und importieren Sie die Datei. APEX bietet an, eine neue ID für diese Anwendung zu vergeben. Hier haben Sie die Wahl: Entweder lassen Sie dies zu, dann haben Sie zwei Anwendungen im Workspace, oder Sie geben die ID Ihrer eigenen Anwendung an, dann wird diese (nach einer Nachfrage durch APEX) mit der neuen Version überschrieben. Zumindest meine Variante der Anwendung, die ich nun Abschnitt für Abschnitt weiterentwickeln möchte, sollten Sie immer mit der neueren Version überschreiben.

5.6 Startseite editieren

Hier soll ein kleines Dashboard mit relevanten Informationen zur Mitarbeiterverwaltung entstehen. Beginnen wir mit einer kleinen Übersicht über die Anzahl der Mitarbeiter pro Land. Grundsätzlich können Sie diesen Bericht bereits selbst erstellen, ich möchte Ihnen allerdings einige weitere Optionen zeigen und dieses Mal einen klassischen Report erstellen und zudem das Layout so steuern, dass der Bericht nur die halbe Seitenbreite einnimmt, damit rechts davon ein weiterer Bericht eingefügt werden kann. Die View, die wir hierfür verwenden, hat den Namen `EMP_UI_HOME_COUNT`.

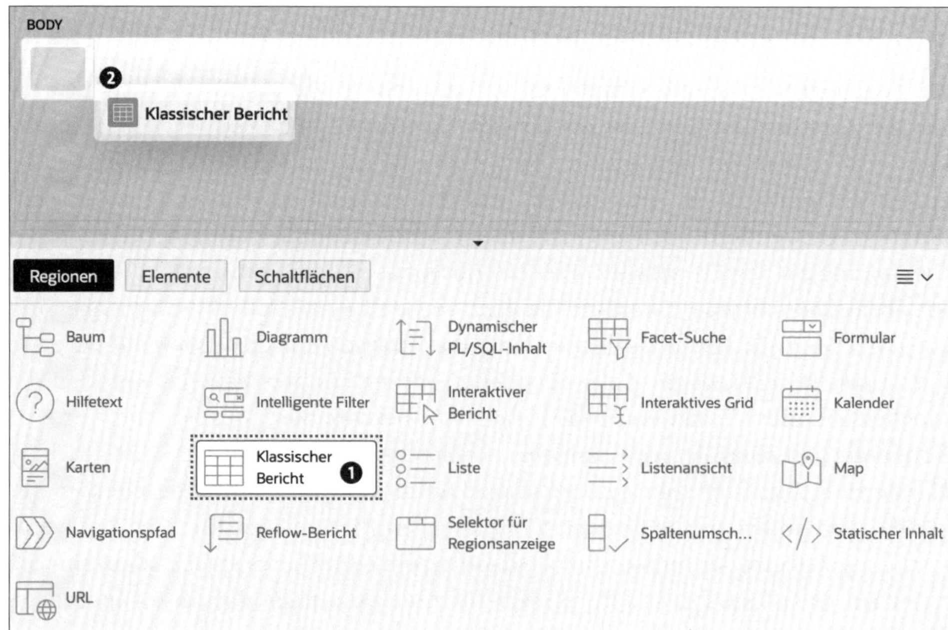

Abbildung 5.20 Erstellen eines Berichts

Wir gehen wie folgt vor: Gehen Sie zu <HOME>, und wählen Sie im mittleren unteren Seitenbereich den Reiter REGIONEN. Suchen Sie den Eintrag KLASSISCHER BERICHT, (❶ in Abbildung 5.20) und ziehen Sie diesen in den Bereich darüber. Lassen Sie die Region im Bereich CONTENT BODY fallen (❷ in Abbildung 5.20). Sie erkennen, dass Sie richtig sind, wenn ein Quadrat in dieser Region eingeblendet wird, das den zukünftigen Platz der Region anzeigt. Geht etwas schief, wählen Sie die Region aus und ziehen sie an die richtige Stelle.

Die Region wird rot markiert, weil Einstellungen fehlen, die wir noch vornehmen müssen. Welche das sind, können Sie sich anzeigen lassen, indem Sie auf das Symbolbild mit dem Ausrufezeichen und der Anzahl der Meldungen in einem roten Punk in der oberen Symbolleiste klicken.

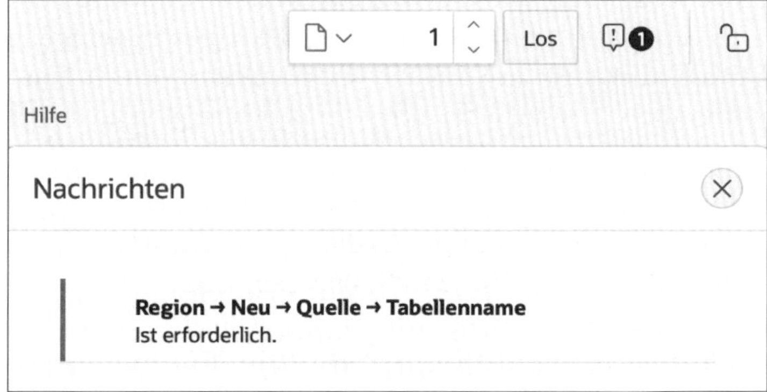

Abbildung 5.21 Im Fehlerfall angezeigte Nachrichten

Rot eingefärbt ist zudem das Regionsattribut QUELLE • TABELLENNAME. Hier tragen wir den Namen der View – wichtig – in Großbuchstaben ein, also `EMP_UI_HOME_COUNT`. Alternativ können Sie auf die Symbolschaltfläche mit den drei Strichpunkten neben dem Eingabefeld klicken und die View suchen und auswählen.

[!]

Merke

Das ist ein Punkt, der viele Entwickler zunächst verwirrt: Wann muss Großschreibung verwendet werden, wann ist es egal? Der Hintergrund ist folgender: Grundsätzlich ist es möglich, obwohl es ein Anti-Pattern ist, Spaltenbezeichner einer Tabelle oder auch Tabellennamen mit einem Namen zu belegen, der Groß- und Kleinbuchstaben unterscheidet und zudem sogar Sonder- und Leerzeichen enthalten kann. Dies ist möglich, indem der Name der Tabelle mit doppelten Anführungszeichen umgeben wird.

Da APEX sich darauf einstellen muss, dass solche Tabellenbezeichner auch in Verbindung mit APEX genutzt werden, umgibt es jeden Tabellenbezeichner im Hintergrund mit diesen Anführungszeichen. Damit nun »normal« benannte Tabellen erkannt werden, muss der Bezeichner geschrieben werden, wie er in der Datenbank hinterlegt ist, und bei Oracle ist dies in Großbuchstaben.

Nun sollte die Seite keine Fehler mehr aufweisen. Benennen Sie die Region im Attribut ID • Überschrift in `Mitarbeiter pro Land` um, und editieren Sie die Spaltenbezeichner. In klassischen Berichten ist APEX nicht bekannt, welche Datentypen die Spalten besitzen. Daher existiert auch kein Automatismus, um die Ausrichtung der Spaltenüberschrift und der Spalteninhalte zu steuern. Wenn Sie die Spaltenbezeichner editieren, kontrollieren Sie gleichzeitig die Ausrichtung, und korrigieren Sie diese nach Ihren Wünschen. Die Optionen hierfür finden sich direkt unterhalb des Spaltenbezeichners und analog auch für den Inhalt der Spalten.

Speichern Sie Ihre Änderungen, und starten Sie die Seite. Sie sehen eine Region, die die gesamte Breite des Bildschirms einnimmt, aber es befindet sich nur ein kleiner Bericht darin. Lassen Sie uns zunächst die Breite der Region reduzieren. Wie schon beschrieben teilt APEX eine Seite in zwölf Spalten auf (<Entwicklerleiste> • Informationen • Layoutspalten anzeigen). Was wir nun tun, ist, die Region in der Breite auf 6 Spalten zu beschränken. Klicken Sie also auf <Entwicklerleiste> • Seite 1, um die Seite zu bearbeiten, und klicken Sie auf den Eintrag der Berichtsregion im linken Seitenbereich oder im Canvas.

Diese Optionen finden wir in den <allgemeinen Regionsattributen> • Layout • Spaltenanzahl (❶ in Abbildung 5.22). Wählen Sie hier den Wert `6`. Lassen Sie sich die Seite anzeigen: Die Region umfasst nur noch die halbe Bildschirmbreite. Zwei Dinge stören noch: Der Bericht füllt, je nach Bildschirmauflösung, die Region nicht komplett aus, und um den Bericht herum befindet sich noch ein Rand. Lassen Sie uns beides ändern. Doch bevor ich einfach hinschreibe, wo und wie das geht, versuchen wir uns klarzumachen, wo wir die Einstellungen erwarten.

Der Rand innerhalb einer Region wird durch das Template festgelegt, dass dieser Region zugeordnet wurde. Daher erwarten wir auch hier die Möglichkeit, dies zu beeinflussen. Im Gegensatz dazu ist die Einstellung, wie breit der Bericht dargestellt wird, in dem Template zu definieren, das dem Bericht zugeordnet wurde. Das Template zu einer Region wird über die allgemeinen Regionsattribute kontrolliert, wohingegen die Einstellungen zu einem Berichtstemplate bei den speziellen Regionsattributen vorgenommen werden müssen, denn diese sind ja spezifisch für den Typ der Region.

In APEX lassen sich Regionen parametrieren und in ihrer Darstellung anpassen, allerdings versteckt der Seitendesigner die Templateoptionen etwas: Nach Auswahl der Region wird im Bereich Darstellung • Templateoptionen eine Schaltfläche angeboten, die kaum als solche erkennbar ist und die aktuellen Einstellungen zusammenfasst (❷ in Abbildung 5.22). Klicken Sie auf den hellgrau unterlegten Bereich, wird ein modaler Dialog mit den entsprechenden Optionen angezeigt. Die Berichtsoptionen sind analog in den speziellen Regionsattributen verfügbar.

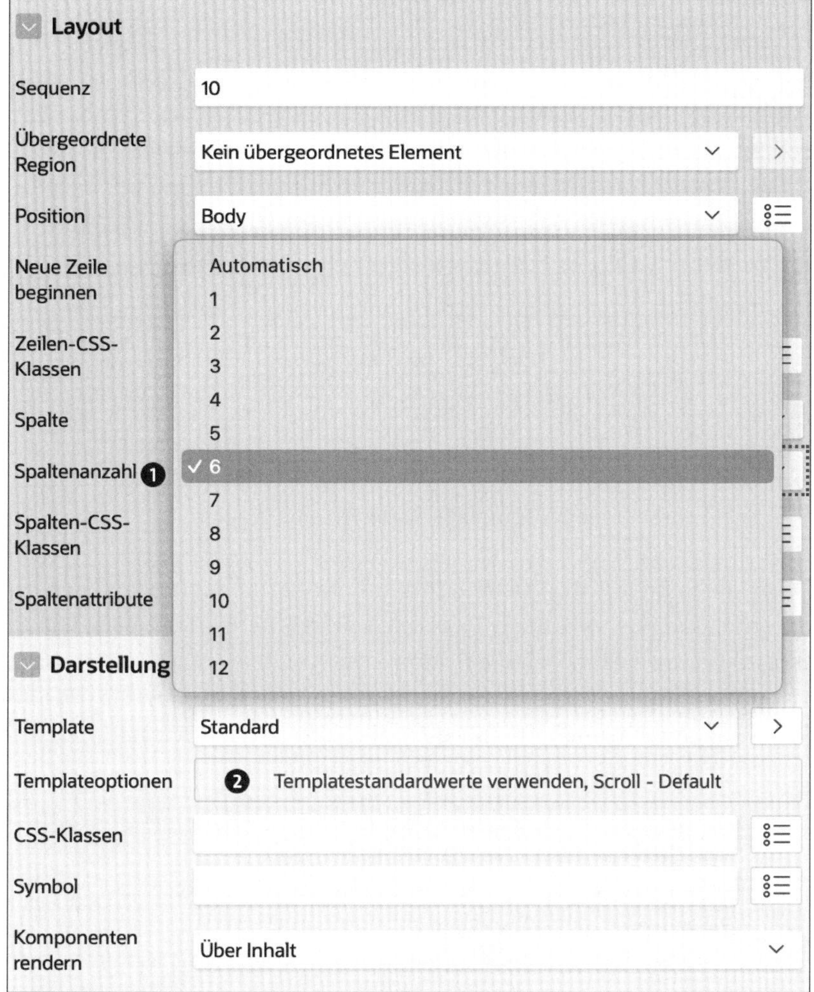

Abbildung 5.22 Breite einer Region kontrollieren

Es gibt aber auch einen anderen Weg. Starten Sie die Anwendung, und wählen Sie <ENTWICKLERLEISTE> • SCHNELLBEARBEITUNG. Die Seite wird mit einer grauen Fläche überdeckt und der Mauszeiger zum Fadenkreuz. Positionieren Sie den Cursor nun so im Bericht, dass in der rechten oberen Ecke ein schwarz unterlegtes Quadrat mit einem Schraubschlüssel eingeblendet wird, wie in Abbildung 5.23 gezeigt.

Klicken Sie auf den Schraubenschlüssel, und es erscheint der Dialog LIVE-TEMPLATEOPTIONEN. Hier können Sie direkt die verschiedenen Optionen ausprobieren und live die Auswirkungen beurteilen.

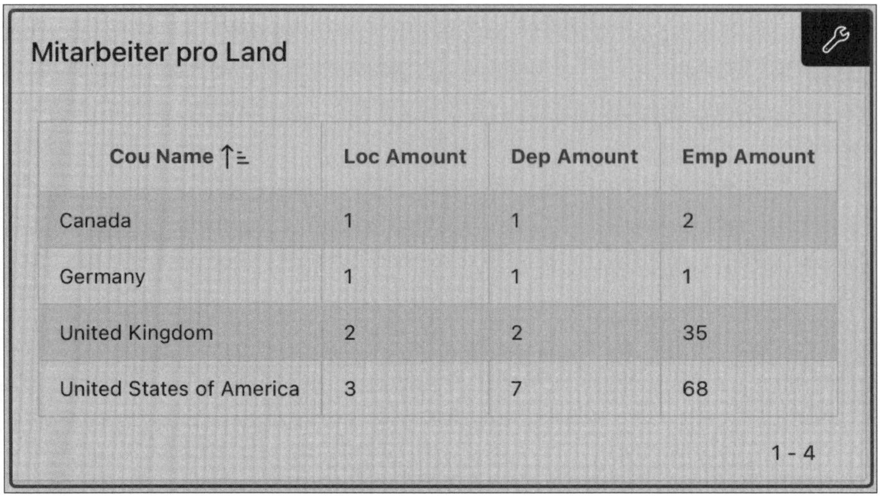

Mitarbeiter pro Land

Cou Name	Loc Amount	Dep Amount	Emp Amount
Canada	1	1	2
Germany	1	1	1
United Kingdom	2	2	35
United States of America	3	7	68

1 - 4

Abbildung 5.23 Schnellbearbeitung der Template-Optionen einer Region

Wir wählen für die Region, dass das *Padding* (der innere Abstand zum Rand der Region) entfernt werden soll (REMOVE BODY PADDING), für das Berichtstemplate (Tabulator ATTRIBUTE im Dialog) wählen wir die Option STRETCH REPORT, was dafür sorgt, dass der Bericht den gesamten verfügbaren Raum einnimmt. Speichern Sie die Einstellungen, und die entsprechenden Attribute für die Seite sind festgelegt.

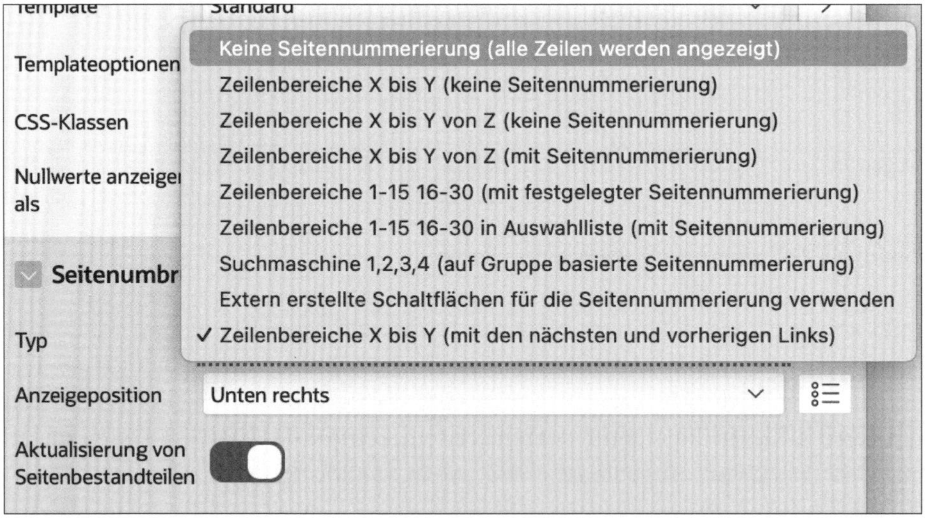

Abbildung 5.24 Steuerung der Paginierung und der Anzahl der Zeilenzahl

Unterhalb des Berichts befindet sich noch eine Angabe zur Anzahl der Zeilen. Dies ist für unseren Bericht nicht notwendig. Lassen Sie uns nachsehen, wo diese Zeile herkommt, und sie anschließend entfernen. Auch hier überlegen wir zunächst, wo wir die Information hierzu erwarten. Da diese Zeile typisch für einen Bericht ist, muss das Attribut also bei den speziellen Regionsattributen des Berichts zu finden sein. Sehen wir dort nach. Navigieren Sie also zu den <SPEZIELLEN REGIONSATTRIBUTEN> • SEITENUMBRUCH.

Wir werden die Seitennummerierung los, indem wir den ersten Eintrag der möglichen Optionen (`Keine Seitennummerierung`) wählen. Beachten Sie aber, dass damit auch eine Funktionalität verbunden ist: Die Anzahl der Zeilen des Berichts wird nun nicht mehr durch APEX limitiert oder besser paginiert, sondern es werden alle Zeilen des Berichts gezeigt. Wenn Sie absehen können, dass mehr Zeilen im Bericht auftauchen können, als Sie auf der Seite darstellen möchten, müssen Sie entweder doch eine der hier verfügbaren Optionen wählen oder mithilfe von SQL die Anzahl der anzuzeigenden Zeilen limitieren.

Die aktuelle Fassung der Anwendung finden Sie in *Kap_05_02_Anwendung.sql*.

5.7 Eine Formularseite anlegen

Lassen Sie uns nun einen Schritt weitergehen und eine eigene Formularseite anlegen. Wie Sie sehen werden, ist dies ähnlich einfach. Wir werden ein interaktives Grid anlegen, dessen Zeilen durch einen modalen Dialog editierbar sind. Ich möchte mich zunehmend aus der genauen Aufzählung der Schaltflächen, die Sie anklicken müssen, zurückziehen, denn einerseits ermüdet diese Aufzählung Sie (und mich), andererseits gewöhnen Sie sich sicher schnell an die Art der Benutzerführung, die sich doch relativ stark wiederholt. Aus gleichem Grund werde ich im Weiteren das Buch auch weniger als Bilderbuch gestalten.

Wir starten damit, eine neue Seite anzulegen, und wählen <APPLICATION BUILDER> • SEITE ERSTELLEN • FORMULAR als Seitentyp. Auch hier bietet Ihnen APEX eine Reihe verschiedener Möglichkeiten an. Die dritte Option, BERICHT MIT FORMULAR, beschreibt, dass ein Bericht und eine separate Formularseite erstellt werden, während die erste Option, FORMULAR, lediglich eine Formularseite ohne separaten Bericht erstellt. Die anderen Optionen sehen wir uns später an. Wir wählen die Option BERICHT MIT FORMULAR, um eine Berichtsseite und ein Formular zu erstellen.

Der erste Schritt, SEITENATTRIBUTE, kümmert sich zunächst um die Details zur Bericht- und Formularseite. Bestimmen Sie, dass der Bericht als interaktives Grid implementiert werden soll, und legen Sie den Berichtsseitennamen auf `Mitarbeiter verwalten` fest. Die Formularseite lassen wir auf Seite 4 und legen als Namen ebenfalls `Mitarbeiter bearbeiten` fest. Zudem bestimmen wir hier, dass die Formularseite als `Modales Dialogfeld` geöffnet werden soll. Dann definieren wir einen Navigationspfad und legen als übergeordneten Eintrag wiederum die Startseite fest. Der Dialog sieht dann aus wie in Abbildung 5.25.

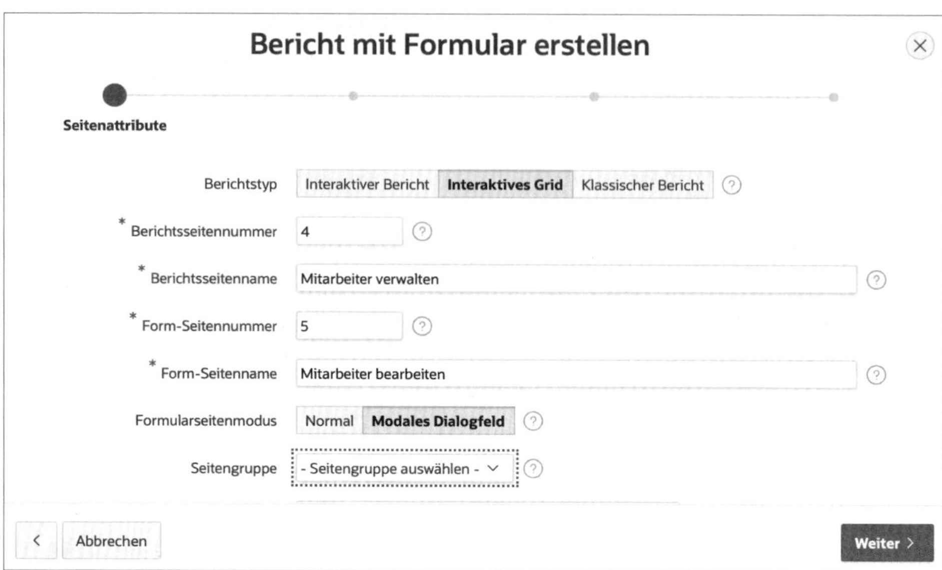

Abbildung 5.25 Formularseite zum Erstellen eines Berichts mit Formular

[!]

Merke

Version 22.1 dreht die Auswahl eines Formulars um, wir starten bei der Wahl des Berichtstyps, in unserem Beispiel also mit einem interaktiven Grid. Auf der folgenden Assistentenseite wird nun der Schalter `Formularseite einbeziehen` eingeschaltet, womit weitere Eingabefelder eingeblendet werden, die die im Folgenden angesprochenen Optionen enthalten.

Auch dieser Dialog fasst wieder mehrere Assistentenseiten in einer zusammen.

Mit dem Eintrag in das Navigationsmenü im Schritt NAVIGATIONSMENÜ verfahren wir analog zum Navigationspfad, indem wir einen neuen Eintrag erstellen, diesen unter die Startseite hängen und dann auf WEITER > klicken. Anschließend legen wir im Schritt DATENQUELLE fest, woher die Daten unseres Berichts kommen sollen. Wählen Sie hier die Tabelle `HR_EMPLOYEES`.

Nun folgt im Schritt SPALTEN UND PRIMÄRSCHLÜSSEL eine interessante Einstellung. Zunächst können wir festlegen, welche Spalten der Tabelle auf der Formularseite angezeigt werden sollen. Wir belassen es bei der Vorauswahl, alle Spalten sehen zu wollen. Unterhalb dieser Auswahl (APEX nennt dieses Control einen *Shuttle*) müssen wir den Primärschlüsseltyp für dieses Formular festlegen. Wollen wir Daten bearbeiten, muss APEX eine eindeutige Referenz auf die Zeile der Tabelle kennen, um zu wissen, welche Zeile der Datenbanktabelle editiert werden soll. Normalerweise steht hierfür ein Primärschlüssel zur Verfügung. Alternativ kann APEX aber auch eine `RowId` verwenden.

[«]

5

Was ist eine »RowId«?

Unter einer *RowId* wird bei Oracle eine Zahl verstanden, die als Zeiger auf den Speicherort der Zeile dient. Tabellen liegen bei Oracle in sogenannten *Tablespaces*, die wiederum ihre Daten in Dateien speichern. Innerhalb einer Datei werden die Zeilen in *Blöcken* zu typischerweise 8 KByte gespeichert. Ohne näher auf diese Begriffe eingehen zu wollen, verstehen Sie, dass dies die physikalische Speicherlogik von Oracle beschreibt. Eine RowId zeigt nun auf den Tablespace, die darin enthaltene Datei, den darin enthaltenen Block und die darin enthaltene Zeile. Stellen Sie sich die RowId als Speicherpfad der Zeile vor. Für Oracle ist die RowId die schnellste Möglichkeit, auf eine Zeile zuzugreifen.

Haben Sie einen Primärschlüssel in der Tabelle, könnte es sich anbieten, diesen als Identifikationskriterium zu verwenden. Allerdings muss in diesem Fall geklärt werden, auf welche Weise neue Primärschlüssel erzeugt werden, denn wenn Sie einen Primärschlüssel als Referenz auf die Zeile festlegen, kann dieser auf der Formularseite nicht editiert werden. Dieses Verfahren bietet sich also an, wenn der neue Primärschlüssel automatisiert in der Datenbank erzeugt wird. Bei der Referenz auf die Seite über eine `RowId` ist dies nicht erforderlich, Sie haben freie Hand bei der Wahl des Mechanismus, mit dem Sie neue Primärschlüssel erzeugen. Dies ist also insbesondere bei zusammengesetzten Primärschlüsseln (mit mehr als zwei Attributen) oder bei alphanumerischen Primärschlüsseln, die bei Stammdatentabellen häufiger einmal vorkommen, die einfachste Wahl. Belassen wir es für den Moment bei der Voreinstellung PRIMÄRSCHLÜSSELSPALTEN AUSWÄHLEN, und wählen wir die Spalte `EMP_ID` aus. Klicken Sie anschließend auf die Schaltfläche ERSTELLEN.

Damit haben wir diesen Assistenten abgeschlossen. Lassen Sie APEX seine Arbeit tun und die beiden Seiten anlegen. Anschließend sehen wir uns das Ergebnis an. Gehen Sie zu <EMP_ADMIN>, der Berichtsseite unseres Formulars.

Die Seite bietet wenig Neues, denn das interaktive Grid ist Ihnen bereits von Anwendungsseite 2 bekannt. Ein Detail allerdings ist anders: Im ersten interaktiven Grid auf Seite 2 hatten wir eine speziell für diese Seite erstellte View (*UI-View* nenne ich sie einmal) als Grundlage des interaktiven Berichts verwendet. Dort hatte ich das als Best Practice vorgestellt, die dazu dient, die Datengewinnung von der Darstellung auf der Seite zu trennen. Ist dies hier nicht von Belang? Doch, allerdings musste ich hier abwägen: eine Best Practice gegen die Möglichkeit, einen Assistenten zu verwenden. Wenn ein Formular mit Bericht erstellt wird, liest der Assistent aus den Metadaten der angegebenen Tabelle, welche Elemente auf der Formularseite dargestellt werden sollen. Gebe ich hier eine UI-View an, die eventuell sogar Joins auf andere Tabellen enthält, ist es dem Assistenten nicht mehr möglich, die Metadaten für die Erzeugung der Formularseite zu verwenden. Dieser Vorteil wiegt schwer, und daher habe ich für diesen Bericht eine Tabelle als Grundlage akzeptiert. Allerdings nur vorübergehend: Wir werden dies bald ändern, um beides zu erreichen: eine saubere Berichtsseite und eine durch einen Assistenten schnell und standardisiert erzeugte Formularseite.

Starten Sie die Seite, und Sie erkennen, dass sich der Bericht durch ein Editiersymbol vom reinen Bericht auf Anwendungsseite 2 unterscheidet. Wenn Sie auf eines dieser Symbole klicken, wird Ihnen eine Bearbeitungsseite für den gewählten Mitarbeiter als modales Dialogfeld angezeigt. Auf dieser Seite erkennen sie deutlich mehr Elemente, und dies ist der eigentliche Grund für die Verwendung des Assistenten. Die Elemente wurden für all die Spalten angelegt, die wir im Assistenten als editierbar ausgewählt hatten.

Wenn Sie sich diese Elemente genauer ansehen, erkennen Sie, dass bereits vielfältige Einstellungen für uns vorgenommen wurden: Eine Datumsspalte wird als *DatePicker* dargestellt, Zahlenfelder haben eine Formatierungsmaske, `BLOB`-Spalten hätten, so sie denn vorhanden wären, eine Dateiupload-Möglichkeit. Diese Funktionalität ist es, die APEX zu Recht den Ruf eingebracht hat, eine schnelle Entwicklungsumgebung zu sein, denn hierfür benötigen Sie in anderen Entwicklungsumgebungen zum Teil deutlich mehr Zeit. Der eigentliche »Trick« besteht darin, dass APEX aus einer Datenbank heraus gedacht und programmiert ist und durch die Integration des Data Dictionarys die damit verbundenen Möglichkeiten besonders effizient einsetzt.

Bevor wir die nächsten Schritte tun, möchte ich Sie bitten, <EMP_EDIT> zu überarbeiten. Belassen Sie die Berichtsseite noch, wie sie ist, darum kümmern wir uns später. Suchen Sie eine Möglichkeit, die Labels der Anwendungselemente anzupassen, und optimieren Sie, was Ihnen auf der Seite missfällt, soweit es geht. Vergeben Sie auch für die beiden Seiten Seitenaliase, und zwar `EMP_ADMIN` für die Berichtseite und `EMP_EDIT` für die Formularseite. Wenn Sie diesen Schritt überspringen möchten oder einfach nicht weitergekommen sind, können Sie den aktuellen Status der Anwendung als *Kap_05_03_Anwendung.sql* importieren.

5.8 Mit gemeinsamen Komponenten arbeiten

Der nächste Teilschritt führt uns zu den gemeinsamen Komponenten. Diese Komponenten, hatten wir gesagt, werden einmal definiert und auf mehreren Seiten eingesetzt. Ein Beispiel hierfür hatten wir schon gesehen und damit auch gearbeitet: die Navigationsleiste und das Navigationsmenü, auch die Navigationspfade waren eine Liste aus den gemeinsamen Komponenten. Nun werden wir eine Werteliste (*LOV* für *List of Value*) anlegen.

Wenn wir einen Mitarbeiter auswählen, um ihn zu bearbeiten, ist das Formular bereits weitgehend eingerichtet. Doch stört, dass wir vom Vorgesetzten nur seine Personalnummer sehen, ebenso sehen wir nur die Berufs- und Abteilungs-ID. Das ändern wir nun, aber es ist wichtig, zu verstehen, dass das Formular selbstverständlich diese Informationen als Schlüsselwerte benötigt, denn diese werden später ja in die Datenbank geschrieben. Dennoch wäre es schön, für diese Angaben Auswahllisten zu haben, die uns die Schlüsselwerte auflösen und somit eine komfortablere Eingabe der Werte ermöglichen. Hierfür werden Wertelisten verwendet. Ich benutze häufiger das englische Akronym *LOV*, weil es kurz ist und sich prima als Kürzel in Viewnamen eignet. Denn – Sie ahnen es bereits – auch hier werden wir wieder Views einsetzen.

Ich verwende das Namensschema `<Anwendungs-Alias>_UI_LOV_<Name der LOV>`, also zum Beispiel `EMP_UI_LOV_DEPARTMENTS` für die Abfrage für eine Abteilungswerteliste. Warum nun wieder eine View, die Abfragen sind doch so trivial, dass man sie direkt in APEX verwalten könnte? Nehmen wir die oben genannte Werteliste als Beispiel dafür, warum ich das nicht mache. Auf unserer Formularseite benötigen wir alle Abteilungen, die existieren, denn ein Mitarbeiter kann natürlich in jeder dieser Abteilungen eingesetzt werden. Möchten wir einen Mitarbeiterbericht auf die Abteilung einschränken, darf die LOV nur die Abteilungen anbieten, in denen tatsächlich Mitarbeiter arbeiten. Was nun? Wir können unsere Werteliste nicht mehr verwenden, denn sie zeigt alle Abteilungen, eine zweite Werteliste muss her. Damit duplizieren wir allerdings auch den SQL-Code. Hätten wir eine View, könnten wir zum Beispiel eine Spalte anbieten, das anzeigt, ob die Abteilung Mitarbeiter enthält oder nicht. Zwar benötige ich auch hier zwei LOVs in APEX, doch beziehen sich beide auf die gleiche Datenquelle, die eine filtert nach unserer Spalte, die andere nicht.

Im Regelfall enthalten die Wertelisten-Views keine Sortierung, das holen wir nach, wenn wir die Werteliste in APEX anlegen. Insgesamt benötigen wir drei LOVs: je eine für unsere Abteilungen, die Berufe und die Vorgesetzten. Die Views existieren bereits, lassen Sie uns lediglich einen kurzen Blick darauf werfen, um zu verstehen, wie sie aufgebaut sind. Es werden mindestens eine Spalte für den Anzeigewert und eine für den Rückgabewert benötigt, einige Views bieten darüber hinaus aber auch noch Kriterien an, die später zum Filtern der Wertelisten praktisch sind. So ist die View `EMP_UI_LOV_DEPARTMENTS` mit einer Spalte `DEP_HAS_EMPLOYEE` ausgestattet. Diese Spalte enthält `1` für die Abteilungen, die tatsächlich Mitarbeiter beschäftigen, und `0` für Abteilungen ohne Mitarbeiter. Und dieses Flag ist dann nun schon nicht mehr so trivial, dass es mit zwei Zeilen geschrieben wäre. Eine View ergibt also doppelt Sinn. Zudem wissen Sie oft nicht, was in der LOV alles noch so gefiltert werden muss, einen Container haben Sie dann aber schon, wenn es doch einmal komplizierter werden sollte.

Um eine Werteliste zu erzeugen, gehen Sie zu <Gemeinsame Komponenten> • Werteliste • Erstellen >. Sie belassen im Schritt Quelle die Voreinstellung `Völlig neu` und klicken auf Weiter >.

Der folgende Schritt Name und Typ benennt die LOV. Die Namenskonvention für Wertelisten innerhalb von APEX muss sich nicht mehr an Tabellennamen etc. orientieren, sondern nur innerhalb von APEX sinnvoll erscheinen. Ich verwende hier `LOV_<Name>`, also zum Beispiel `LOV_DEPARTMENTS`. Wichtig ist hier, die Option Typ • `Dynamisch` zu belassen. Dies erlaubt es, die Werte der Liste aus einer `select`-Abfrage zu generieren. Eine statische Liste würde uns erlauben, die Anzeige- und Rückgabewerte der Werteliste in Form einer kleinen Tabelle direkt einzugeben. Machen Sie von dieser Option nur im begründeten Ausnahmefall Gebrauch, zum Beispiel, wenn Sie eine Anwendung für viele Sprachen erstellen müssen und das Datenmodell Stammdaten nicht multilingual darstellen kann (obwohl Sie dann am Datenmodell arbeiten sollten).

Im nächsten Schritt WERTELISTENQUELLE treffen Sie auf die bereits bekannte Möglichkeit, eine Tabelle oder View als Datenquelle auszuwählen. Wählen Sie für die drei Wertelisten, die erstellt werden, jeweils die zugehörigen Views:

- `LOV_DEPARTMENTS => EMP_UI_LOV_DEPARTMENTS`
- `LOV_JOBS => EMP_UI_LOV_JOBS`
- `LOV_MANAGER => EMP_UI_LOV_EMPLOYEES`

Wenn Sie auf WEITER > klicken, können Sie festlegen, welche Spalten für die Anzeige und welche für die Rückgabewerte verwendet werden sollen. Hier ist die Wahl einfach, denn die Spalten haben die Bezeichner `DISPLAY_NAME` und `RETURN_VALUE`.

Nach einem Klick auf ERSTELLEN erzeugen Sie die LOV und sehen anschließend einen entsprechenden Eintrag in der Liste der Wertelisten. Erstellen Sie nun analog Wertelisten für die Berufe und Manager (hier verwenden Sie die View `EMP_UI_EMPLOYEES`, weil ja jeder Mitarbeiter ein Vorgesetzter werden kann). Ich bin sicher, Sie finden sich im Datenmodell zurecht.

Damit sind die Wertelisten in Ihrer Anwendung vorhanden. Sie liefern einen Anzeigewert und einen Rückgabewert, der anschließend in die Tabelle eingefügt wird. Allerdings haben wir für die Wertelisten noch keine Sortierung definiert, und der Assistent hat uns hierfür auch keine Möglichkeit angeboten. Daher holen wir dies zunächst nach. Klicken Sie hierzu auf einen Eintrag einer der neu erstellten Wertelisten. Der sich nun öffnende Dialog bietet eine überraschend große Anzahl an Einstellmöglichkeiten. Neben den bekannten Attributen zur Datenquelle haben wir einen Bereich für die Zuordnung von Spalten der Datenquelle zu funktionalen Bereichen des LOV.

Nicht alle Optionen interessieren uns hier, aber Sie bekommen ein Gefühl für die Mächtigkeit von APEX selbst im Detail. Hier kann die Sortierung festgelegt werden (❶ in Abbildung 5.26), aber eben noch sehr viel mehr. Interessant ist die Möglichkeit, lange Wertelisten durch Gruppierungen zu gliedern oder Icons in die Werteliste zu integrieren. Es besteht sogar die Möglichkeit, mehrspaltige Wertelisten zu definieren und darin zusätzliche Spalten anzeigen zu lassen (❷ in Abbildung 5.26). Dies ist aber im Moment noch nicht von Interesse, sondern wir legen lediglich das Sortierkriterium fest, indem wir die Spalte `DISPLAY_NAME` für diesen Zweck auswählen.

Spaltenzuordnung

* Zurück	RETURN_VALUE	
Anzeige	DISPLAY_NAME	
Standardsortierung	DISPLAY_NAME	❶
Sortierrichtung	Aufsteigend (Nullen zuletzt)	
Gruppe	- Nicht definiert -	
Gruppensortierrichtung	Aufsteigend (Nullen zuletzt)	
Symbol	- Nicht definiert -	
Oracle Text-Spalte	- Nicht definiert -	

Weitere Anzeigespalten   Spalten auswählen > ❷

Weitere Anzeigespalten können für Elementtypen definiert werden, die mehrere Anzeigespalten unterstützen, zum Beispiel die Popup-Werteliste. Bei Elementtypen, die mehrere Spalten nicht unterstützen, werden sie ignoriert. Stellen Sie beim Hinzufügen zusätzlicher Anzeigespalten sicher, dass die Rückgabespalte in der Spaltenliste enthalten ist. Für die Rückgabespalte können "Sichtbar" und "Durchsuchbar" auf "Nein" gesetzt werden, wenn sie Benutzern nicht angezeigt werden soll.

Abbildung 5.26 Spaltenzuordnung einer Werteliste

Hätten Sie aber die Anforderung, die Werte nach einem Kriterium zu sortieren, das nicht visuell sichtbar ist, können Sie dies einfach dadurch erreichen, dass Sie in der View der Werteliste eine entsprechende Spalte mit einem Sortierkriterium hinzufügen und hier auswählen.

Um diese Wertelisten nun auf der Seite zu verwenden, gehen Sie zu <EMP_EDIT>. Dort wählen Sie nacheinander die Seitenelemente `P4_EMP_JOB_ID`, `P4_EMP_DEP_ID` und `P4_EMP_EMP_ID` und ändern anschließend das Attribut ID • TYP auf `Auswahlliste`. Das Seitenelement wird rot eingefärbt, denn es fehlt die Angabe, welche Werteliste verwendet werden soll. Legen Sie die passende LOV in WERTELISTE • TYP als `Gemeinsame Komponente` und in WERTELISTE • WERTELISTE fest. Die Bindung eines Seitenelements an eine Werteliste lässt allerdings Fragen offen, denn es gibt noch einige Einstellungen in den entsprechenden Attributen. Sehen wir uns diese Optionen an.

Zunächst sehen wir das Attribut ZUSÄTZLICHE WERTE ANZEIGEN. Es kontrolliert, was passieren soll, wenn das Seitenelement einen Wert enthält, der in der Werteliste nicht vorhanden ist. Das ist im Moment nur schwer vorstellbar, doch könnte es ja sein, dass wir über ein Filterkriterium der Werteliste zum Beispiel Werte daraufhin gefiltert haben, ob sie aktuell verwendet werden sollen oder nicht. Nun jedoch sehen wir uns einen alten Datensatz mit einem Wert an, der aktuell nicht mehr genutzt werden soll. Wie soll sich nun die Werteliste verhalten? Wäre dieses Attribut gesetzt, würde in diesem Fall der alte Wert (natürlich ohne passenden Darstellungstext) dennoch gezeigt. Das benötigen wir nicht, also lassen wir das aus.

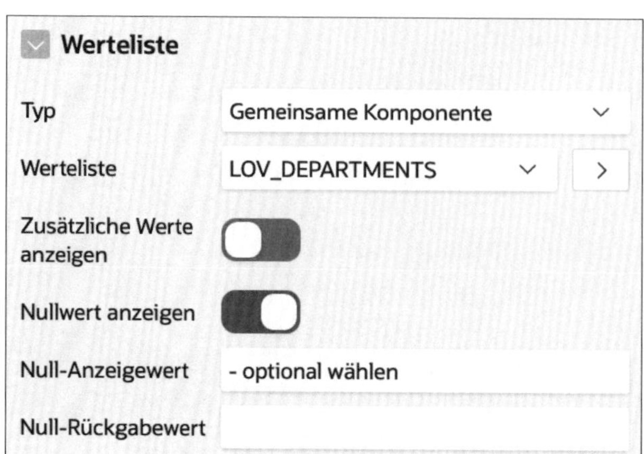

Abbildung 5.27 Attribute zum Referenzieren einer Werteliste

Allerdings kann es sein, zum Beispiel bei der Neuanlage eines Datensatzes, dass das Seitenelement überhaupt keinen Wert enthält. Dann würde die Werteliste einfach den zufällig (oder sortiert) ersten Wert der Werteliste anzeigen, ohne diesen jedoch in das Seitenelement zu kopieren. Es wirkt optisch nur so, als wäre ein Wert gewählt. Um dies zu verhindern, ist die Option, einen zusätzlichen `NULL`-Wert anzuzeigen, hier gesetzt. Für diesen fehlenden Wert kann ein Anzeigewert angegeben werden (ich verwende für optionale Felder den Eintrag `- optional wählen`, während Pflichtfelder mit `- bitte wählen` dargestellt werden). Der Rückgabewert muss im Regelfall leer bleiben. Tragen Sie hier insbesondere nicht `NULL` ein, das wäre die Zeichenkette, nicht aber ein leerer Wert. Sehen Sie sich die Seite anschließend an (denken Sie daran, dass Sie das Formular über die Berichtsseite aufrufen müssen, da sie modal ist).

Wertelisten sind sicher die am häufigsten verwendeten gemeinsamen Komponenten. Wichtig für das Verständnis ist, dass diese Komponenten einmal für die Anwendung erstellt und dann auf beliebigen Seiten der Anwendung eingesetzt werden können. Das ist einerseits sehr praktisch, birgt aber auch die Gefahr, dass Änderungen an diesen Komponenten Auswirkungen auf andere Seiten haben können, die Sie im Blick halten müssen. Eine Übersicht darüber, wo die einzelnen LOVs verwendet werden, finden Sie bei der Definition der Wertelisten. Gehen Sie zu <GEMEINSAME KOMPONENTEN> • WERTELISTE • `LOV_DEPARTMENTS`. Im rechten Seitenbereich werden nun im Bereich VERWENDUNG alle Seitenelemente aufgelistet, die diese Werteliste verwenden. Nutzen Sie diese Metadaten, um sicherzugehen, dass Ihnen keine ungewollten Änderungen am Verhalten unterlaufen.

Auch hier ist der aktuelle Stand der Anwendung in *Kap_05_04_Anwendung.sql* verfügbar.

5.9 Eine Dynamic Action einfügen

Als Nächstes möchte ich Ihnen zeigen, wie wir auf der Anwendungsseite dynamisches Verhalten integrieren können. Sagen wir, wir möchten an den Beruf des Mitarbeiters eine Funktion knüpfen, die besagt, dass nur die Berufe `SA_MAN` und `SA_REP` kommissionsberechtigt sind. Und nur wenn aktuell auf der Oberfläche ein Mitarbeiter einen dieser Berufe ausübt, soll das Feld `P5_EMP_COMMISSION_PCT` eingeblendet werden. Zudem soll, wenn der Beruf so geändert wird, dass keine Kommission mehr berechtigt ist, der Wert dieses Feldes gelöscht werden. Da sich der Beruf durch unsere Bearbeitung im Browser ändern kann, müssen wir auch dort auf diese Änderung reagieren und das Element dynamisch ein- oder ausblenden. Daher können wir diese Logik nicht innerhalb der Datenbank programmieren, sondern müssen JavaScript verwenden.

5

Allerdings müssen wir nicht programmieren, sondern nutzen eine Dynamic Action, die es uns erlaubt, deklarativ vielfältige JavaScript-Funktionen in die Anwendung zu integrieren. Um sich klarzumachen, was wir nun tun müssen, fragen Sie sich,

- wann eine Aktion ausgeführt werden soll und
- was dann passieren soll.

Wann: Unsere Aktion soll ausgeführt werden, sobald sich das Element `P5_JOB_ID` ändert, aber auch direkt nach dem Laden der Seite, denn wir möchten bei einem Mitarbeiter, der nicht einen solchen Beruf hat, das Feld ebenfalls ausblenden, auch wenn wir gar keine Änderung am Element vorgenommen haben.

Was: Abhängig von dem Test auf den Wert `SA_MAN|SA_REP` müssen wir dann das Feld ein- oder ausblenden und einen eventuellen Wert aus `P5_EMP_COMMISSION_PCT` löschen.

Gehen Sie hierfür zu <EMP_EDIT> zum Element `P5_EMP_JOB_ID` (wir reagieren auf Änderungen dieses Elements, daher »binden« wir die Dynamic Action an dieses Element), und wählen Sie im Kontextmenü den Eintrag DYNAMISCHE AKTION ERSTELLEN. Nach dem Einfügen wird ein Fehler angezeigt, aber lassen Sie uns den noch ignorieren und am Anfang beginnen. Zunächst legen wir unter ID • NAME fest, dass unsere Dynamic Action `Toggle P5_EMP_COMMISSION_PCT` heißen soll. Anschließend kontrollieren wir, dass als EREIGNIS `Ändern`, als AUSWAHLTYP `Elemente` und als ELEMENTE `P5_EMP_JOB_ID` ausgewählt ist. Warum gerade diese Einstellungen? Das Ereignis `Ändern` reagiert auf ein `Change`-Event des Browsers, das immer dann ausgelöst wird, wenn ein Elementwert geändert und das Eingabefeld verlassen wurde. Bei einer Auswahlliste ist dies direkt der Fall, nachdem Sie einen neuen Eintrag gewählt haben. Daher muss angegeben werden, dass ein `Change`-Event des Seitenelements `P5_EMP_JOB_ID` abgefangen werden soll. Als Nächstes müssen wir eine CLIENTSEITIGE BEDINGUNG formulieren, die zwischen den verschiedenen Berufen unterscheiden kann. Als Bedingung wählen wir `Element ist in Liste enthalten` und tragen als WERTE `SA_MAN`, `SA_REP` (ohne Hochkommata) ein.

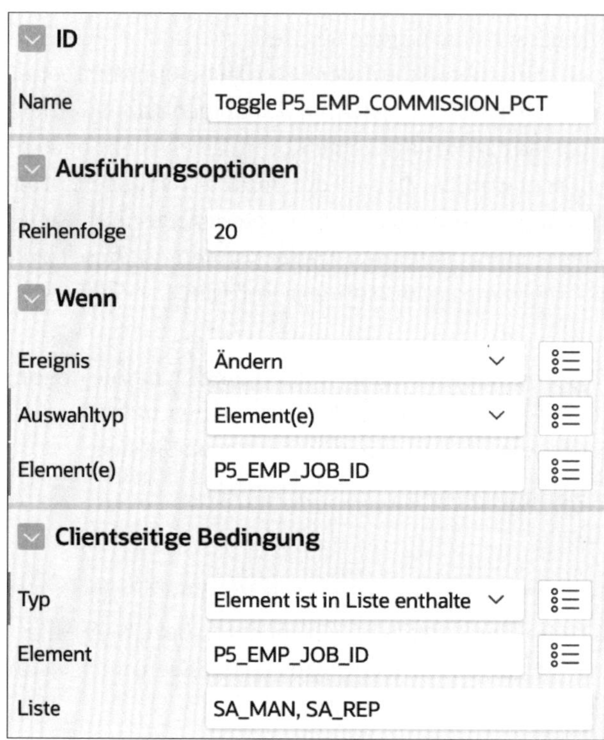

Abbildung 5.28 Optionen zur Festlegung, wann eine Dynamic Action feuert

Damit hätten wir den ersten Teil erledigt. Nun muss festgelegt werden, was passieren soll, wenn der Test erfolgreich ausgeführt wurde. Hierzu wählen wir den derzeit als Fehler markierten Eintrag ANZEIGEN unter dem Punkt TRUE unserer neu angelegten dynamischen Aktion. Der Eintrag besagt bereits, dass wir im Fall eines erfolgreichen Tests etwas anzeigen. Nur was geschehen soll, ist noch nicht definiert und führt zu einem Fehler. Wählen Sie also als ID • AKTION `Anzeigen`, als BETROFFENE ELEMENTE • AUSWAHLTYP `Elemente`, und klicken Sie dann auf das Pfeilsymbol neben BETROFFENE ELEMENTE • ELEMENTE. Es öffnet sich ein Dialogfenster mit einer Liste aller Seitenelemente. Wählen Sie das Element `P5_EMP_COMMISSION_PCT`. Nun haben wir den einen Ausgang des Tests mit einer Aktion auf der Seite verbunden.

Ist die Bedingung nicht erfüllt, möchten wir genau das Gegenteil ausführen. Der schnellste Weg hierzu besteht darin, im Kontextmenü der `True`-Aktion das Gegenteil erzeugen zu lassen.

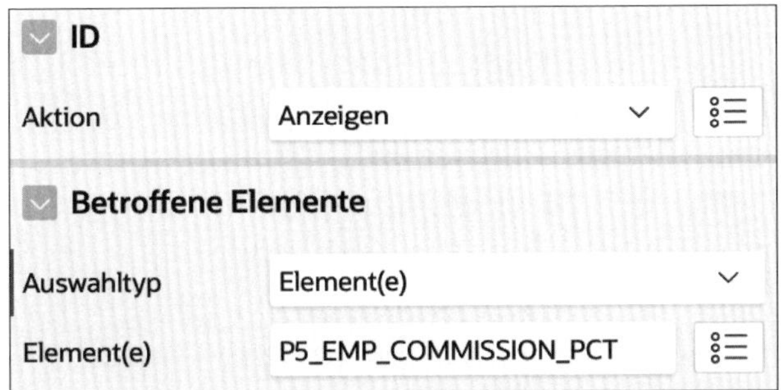

Abbildung 5.29 Was soll passieren, wenn die Bedingung erfüllt ist?

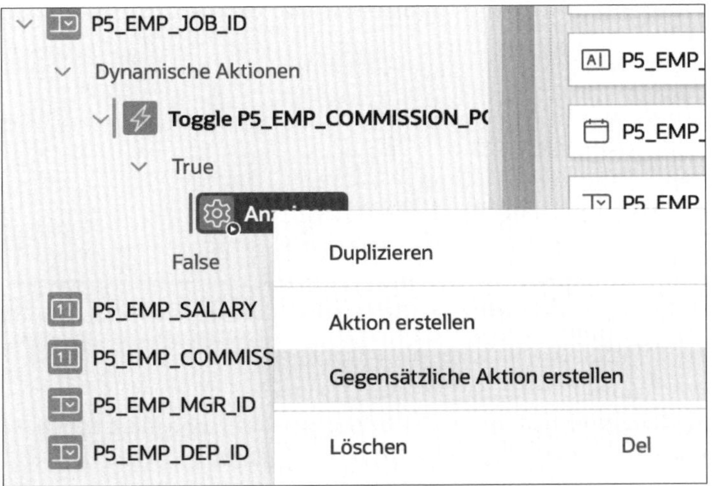

Abbildung 5.30 Erzeugen einer gegenteiligen Aktion

Nun haben wir es fast, denn wir möchten zudem noch, dass der Wert des Elements `P5_EMP_COMMISSION_PCT` geleert wird, wenn der Beruf auf einen anderen als `SA_MAN` oder `SA_REP` gestellt wird.

Die zweite Aktion erstellen wir, indem wir im Kontextmenü der dynamischen Aktion auf den Knoten `False` eine Aktion erstellen. Stellen Sie die Attribute ein wie in Abbildung 5.31 gezeigt.

Testen Sie, ob alles funktioniert wie gewünscht. Wenn Sie einem Mitarbeiter, der kommissionsberechtigt ist, einen anderen Beruf zuweisen, achten Sie bitte darauf, diesen Stand derzeit nicht zu sichern, um nicht die Daten zu verstellen. Denn: Funktionieren würde das durchaus bereits, allerdings mit einem ärgerlichen Bug, den ich im Kasten beschreiben werde.

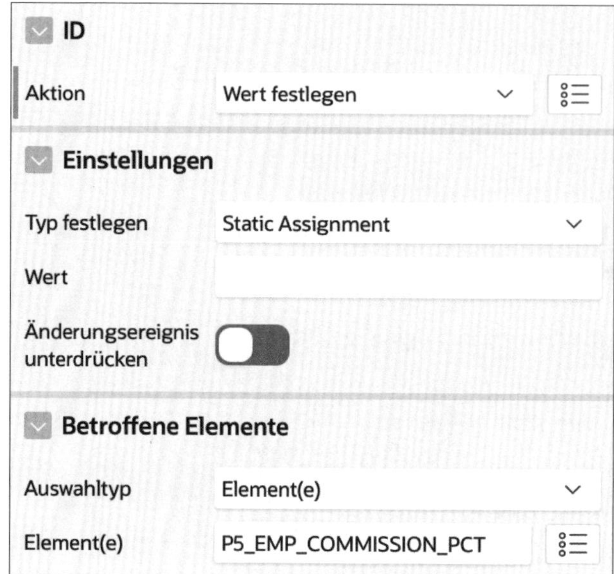

Abbildung 5.31 Feld leeren, falls die Bedingung nicht erfüllt ist

[!]

Merke

Leider haben Zahlenfelder in der aktuellen Version eine unangenehme Eigenheit: Sie lassen keine `NULL`-Werte zu, wenn sie ausgeblendet werden. Das ist ärgerlich, denn das Datenmodell erkennt, dass ein Seitenelement eine Zahl enthält, und macht daher das Eingabefeld zu einem Zahlenfeld. Obwohl das Eingabefeld optional ist, wird nun beim Absenden der Seite ein Fehler geworfen, falls das Seitenelement durch eine dynamische Aktion ausgeblendet wurde. Dies ist in der Version 21.2 noch der Fall.

Sie haben hier keine andere Möglichkeit, als entweder den Wert auf eine erlaubte Zahl zu setzen oder das Zahlenfeld zu einem Textfeld zurückzustellen. Alternativ funktioniert ein Hack, den wir in Abschnitt 5.11 »Berechnungen und Validierungen einfügen«, streifen werden. Hoffentlich wird dieser Fehler in einer zukünftigen Version behoben!

Den aktuellen Stand der Anwendung finden Sie in *Kap_05_05_Anwendungs.sql*.

5.10 Formular optisch kontrollieren

In diesem Abschnitt möchte ich mit Ihnen die Möglichkeiten besprechen, die Anordnung der Seitenelemente auf dem Formular zu kontrollieren. Ein erstes Gefühl hierfür hatten wir schon bekommen, als wir die Berichtsregion auf der Startseite auf 6 Spalten Breite reduziert hatten. Nun möchte ich die weiteren Möglichkeiten besprechen.

Wie bereits beschrieben, basiert das Konzept der Anordnung von Regionen und Elementen auf der Seite auf einem 12 Spalten umfassenden Raster. Die 12 Spalten stellen dabei die vertikale Limitierung dar, ergänzt wird dies durch Zeilen, von denen es beliebig viele geben kann. Diese beiden Bestandteile definieren ein Raster gleicher Breite und Höhe. Die Höhe kann zwar zwischen unterschiedlichen Zeilen unterschiedlich sein, aber eine Zeile hat eine konstante Höhe über die gesamte Breite aller 12 Spalten. Werden Regionen in andere Regionen eingeschachtelt, so besitzen auch diese inneren Regionen wieder 12 Spalten, allerdings sind diese weniger breit als die der umgebenden Region.

Die Seitenelemente werden nun auf den Zeilen dieses Rasters platziert. Seitenelemente nehmen dabei je nach Template Spalten für unterschiedliche Zwecke in Anspruch. Wird zum Beispiel ein Template verwendet, das die Bezeichner links neben die Eingabefelder platziert, kann festgelegt werden, wie viele Spalten für diese Bezeichner und wie viele für das eigentliche Eingabefeld verwendet werden sollen. Zudem ist es möglich, mehr als ein Eingabefeld pro Zeile zu platzieren, solange die Gesamtzahl der angeforderten Spalten in Summe 12 nicht übersteigt.

5.10.1 Wahl des Darstellungstemplates

Das Formular unserer Beispielseite verwendet für die Eingabefelder ein Template mit »floatenden« Bezeichnern, die innerhalb des Eingabefeldes dargestellt werden und sich in die linke obere Ecke zurückziehen, sobald Text in das Eingabefeld eingefügt wird. Dieses Template benötigt also keine Spalten für den Bezeichner. Da diese Art sich insbesondere auch auf mobilen Geräten oft findet, ist dies derzeit auch der Standard für Desktopanwendungen. Wir können das aber einfach ändern und haben damit den ersten Hebel, das optische Ergebnis der Seite zu beeinflussen.

Gehen Sie hierzu auf <EMP_EDIT>, und wählen Sie im linken Seitenbereich die Eingabeelemente für den Nachnamen, die E-Mail, das Einstelldatum und den Beruf aus, indem Sie während des Klickens auf diese Einträge die Kommandotaste gedrückt halten. Diese Seitenelemente sind Pflichtfelder, da die zugehörigen Spalten in der Tabelle einen `NOT NULL`-Constraint besitzen. Haben Sie diese Seitenelemente ausgewählt, ändern Sie das das Attribut DARSTELLUNG • TEMPLATE auf `Required`. Für alle anderen Seitenelemente mit Ausnahme von `P5_EMP_ID` (dieses Feld ist unsichtbar und hat deshalb kein Template) setzen Sie das Attribut DARSTELLUNG • TEMPLATE auf `Optional`. Speichern Sie die Änderung, und sehen Sie sich das Ergebnis an. Wir werden bei dieser Darstellung bleiben, da wir so besser über den Einfluss der Spalten auf das Layout sprechen können.

5.10.2 Korrektur der Darstellungsbreite

Es fällt auf, dass die Eingabefelder für einige Werte eigentlich zu breit für die paar Informationen sind, die in das Feld eingetragen werden sollen. Das gehen wir als Nächstes an. Die Breite eines Eingabefeldes kann über zwei Angaben kontrolliert werden: Das Attribut DARSTELLUNG • BREITE kontrolliert die Breite des Seitenelements auf der Seite, während das Attribut VALIDIERUNG • MAXIMALE LÄNGE die Anzahl Zeichen limitiert, die in das Eingabefeld eingetippt werden können. Die Voreinstellungen wurden durch den Assistenten ebenfalls aus den Tabellenspalten entnommen, können von uns aber jederzeit geändert werden. Es ist jedoch nicht ratsam, ein Eingabefeld bezüglich der maximalen Eingabelänge stärker zu reduzieren, als dies durch die Spalte vorgegeben ist, weil dadurch Daten, die in der Datenbank enthalten und länger als die hier angegebene Maximalbreite sind, bei der Darstellung eventuell beschnitten werden könnten.

Einige weitere Dinge fallen auf: Zahlfelder werden in der Maximaleinstellung mit 255 Zeichen angegeben. Zwar ist eine `NUMBER`-Spalte beinahe in der Lage, so große Zahlen aufzunehmen, aber offensichtlich kann APEX derzeit die Limitierungen des Datentyps (`Number(8,2)` zum Beispiel) noch nicht korrekt in eine maximale Breite umrechnen. Hier können wir manuell nachhelfen, wenn Sie mögen, auch durch eine Festlegung der Mindest- und Maximalzahl, die eingegeben werden dürfen.

Dann werden Textfelder manchmal breiter angezeigt als die maximale Länge aus der Datenbank. Dies sollten Sie in jedem Fall korrigieren. Zudem haben Wertelisten naturgemäß keine Breitenangabe, weil sich deren Breite dynamisch aus dem Inhalt errechnet.

5.10.3 Formatmasken und erlaubte Zahlbereiche

Zahl- und Datumsfelder verfügen zudem über ein optionales Attribut DARSTELLUNG • FORMATMASKE. Wenn Sie hier tätig werden, gelten die syntaktischen Regeln zu Formatierungen, wie sie auch in der Datenbank üblich sind. Zudem sind für Datumsangaben anwendungsweite Voreinstellungen getroffen, die Sie nur überschreiben, wenn es hierfür einen zwingenden Grund gibt. Achten Sie bitte auch auf eine Unart: Wird die Formatmaske `fm999G99**0**D00` für Beträge verwendet, erwartet Oracle auch stets führende Nullen vor dem Dezimaltrenner, während die nachfolgenden Stellen optional sind, aber durch die Datenbank konvertiert werden.

Eine andere Art der Formatierung kann für Textelemente eingefügt werden. So gibt es die Möglichkeit, für das E-Mail-Eingabefeld vorzugeben, dass nur Großbuchstaben erlaubt sind. Um dies umzusetzen, setzen Sie das Attribut EINSTELLUNGEN • GROSS/KLEINSCHREIBUNG FÜR TEXT auf den Wert `Upper`. Zudem können Sie führende oder nachfolgende Leerzeichen durch das Attribut EINSTELLUNGEN • LEERZEICHEN AB-

SCHNEIDEN unterdrücken. Schwer zu unterscheiden ist, dass diese Vorgaben durch JavaScript im Browser kontrolliert werden, aber keine Relevanz für die spätere Verarbeitung in der Datenbank haben. Validierungen, zu denen wir im weiteren Verlauf kommen, werden in der Datenbank verarbeitet, haben aber umgekehrt keine Relevanz für die Oberfläche im Browser.

5.10.4 Platzierung der Seitenelemente auf der Seite

Die Eingabeelemente Vor- und Nachname, Telefon und E-Mail, Gehalt und Provision sowie Abteilung und Vorgesetzter können nebeneinander platziert werden. Um dies zu erreichen, muss zunächst sichergestellt sein, dass diese Elemente im linken Seitenbereich nacheinander angeordnet sind, wobei das Seitenelement, das später weiter links stehen soll, vor den rechts stehenden Seitenelementen stehen muss.

Die Reihenfolge der Elemente können Sie sowohl im linken Seitenbereich als auch im Canvas mit Drag-and-drop einstellen. Für unsere Zwecke stimmt die Reihenfolge bereits, daher können wir nun dazu übergehen, die zusammengehörigen Seitenelemente auf eine Zeile zu stellen. Dies geht in einem Rutsch für alle Seitenelemente, die rechts neben ihren Vorgängern angeordnet werden sollen, indem Sie diese Elemente gemeinsam auswählen und das Attribut LAYOUT • NEUE ZEILE BEGINNEN ausschalten. Nach dem Speichern und dem erneuten Laden fällt auf, dass nicht nur die Seitenelemente teilweise nebeneinander angeordnet wurden, sondern auch, dass das gesamte modale Fenster weniger hoch dargestellt wird. Die Höhe wird dynamisch durch die Elemente, die im Dialog platziert werden, bestimmt. Hätten Sie das Eingabefeld `Kommission` nicht neben dem `Gehalt` platziert, würde sich die Höhe des modalen Dialogs als Ergebnis auf die dynamische Aktion auch dynamisch ändern. Die Breite bleibt allerdings immer konstant. Dieses Verhalten können Sie überschreiben. Dazu legen Sie für die gesamte modale Seite in den Attributen DIALOG • BREITE bzw. HÖHE einen Wert in Pixeln fest. Während die Breite also über das Attribut gesteuert wird und bei einem leeren Attribut eine Standardbreite angenommen wird, steuert das Attribut HÖHE die Höhe des Dialogs explizit, wenn ein Wert gesetzt ist, und überlässt die Berechnung der Automatik, falls es leer ist.

Abbildung 5.32 zeigt den Stand des Dialogs bis dato.

Alle Seitenelemente nehmen derzeit 2 Spalten für den Bezeichner und den Rest des verfügbaren Platzes für das Element selbst in Anspruch. Sind zwei Seitenelemente auf der gleichen Zeile, wird der Platz gleichmäßig in 6 zu 6 Spalten aufgeteilt, den Elementen bleiben nach Abzug des Bezeichners also jeweils 4 Spalten. Davon können Sie abweichen, indem Sie das Attribut LAYOUT • SPALTENANZAHL auf einen dedizierten Wert ändern. Ebenso können Sie im Attribut LAYOUT • ANZAHL LABELSPALTEN die Anzahl der Spalten für den Bezeichner vom Templatestandard 2 Spalten ändern.

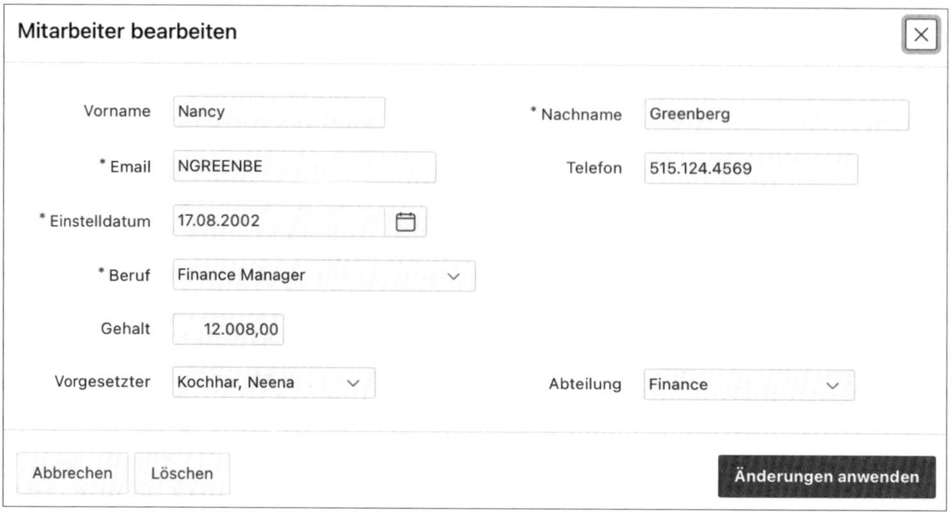

Abbildung 5.32 Zwischenstand: optische Änderungen am modalen Dialog

Die dritte Möglichkeit, die Spalten explizit einzustellen, Attribut Layout • Spalte, bezieht sich auf die Spalte, ab der das Element (inklusive Bezeichner) dargestellt werden soll. Würden Sie hier zum Beispiel 6 Spalten wählen, blieben 6 Spalten für das Element und der Bezeichner begänne ab Spalte 7. Sollten Sie sich in Summe einmal verrechnen und über 12 Spalten hinausgehen, wird APEX das Rendern der Seite mit dem Hinweis auf diesen Fakt verweigern.

5.10.5 Zusammenfassung

In Summe bieten sich für die optische Gestaltung sehr weitreichende Möglichkeiten, alle kommen ohne Programmierung aus. Hinzu kommen noch die Möglichkeiten der Templates, die wir hier nicht besprochen haben, die Sie aber gerne durch die Schnellbearbeitungswerkzeuge ausprobieren können. Dann kommen noch die Möglichkeiten durch CSS hinzu, und Sie werden verstehen, dass eine erschöpfende Darstellung in einem Buch unmöglich ist.

Gehen Sie daher gern ein wenig auf die Suche, die meisten Einstellungen werden in den Attributgruppen Layout, Darstellung und Validierung eingestellt. Weitere Anregungen gibt im Übrigen die sehr gute Beispielanwendung *Oracle APEX Universal Theme*, die Sie auch online unter *https://apex.oracle.com/pls/apex/apex_pm/r/ut/getting-started* direkt aufrufen, aber ebenso gut in ihren Workspace installieren können. Sehen Sie sich dort insbesondere in den Bereichen Components und, für einen Überblick über mitgelieferte CSS-Klassen, im Bereich Reference um.

Den aktuellen Stand finden Sie in *Kap_05_06_Anwendungs.sql*.

5.11 Berechnungen und Validierungen einfügen

Nachdem der Benutzer Daten eingefügt hat, sind eventuell noch Eingabefelder zu verändern, bevor sie an die Datenbank geschickt werden. Es stellt sich die Frage, wo genau solche Änderungen durchgeführt werden sollen. Optionen wären:

- durch JavaScript auf der Seite,
- durch PL/SQL innerhalb der Datenbank, aber vor dem Einfügen in die Tabelle oder
- durch einen DML-Trigger, der auf der Tabelle selbst angelegt ist.

Es sprechen Argumente für jede Einzelne dieser Optionen, doch eine Diskussion ist für uns noch nicht relevant. Wir gehen für die nächsten Schritte davon aus, dass wir die Daten vor dem Einfügen in die Tabelle, aber innerhalb der Datenbank überarbeiten möchten, denn dies wird durch APEX deklarativ unterstützt. Ein Verständnisproblem mag darin liegen, zu unterscheiden, wo genau Code denn nun ausgeführt wird. Die dynamischen Aktionen aus dem vorherigen Abschnitt werden im Browser ausgeführt, daher könnte man meinen, dies sei mit Berechnungen auch so, schließlich werden sie ebenfalls in der Entwicklungsumgebung definiert. Das stimmt jedoch nicht: Die Berechnungen werden nach dem Abschicken der Seite, aber vor der Übernahme der Daten (dem Submit der Seite) in die Quelltabellen durch PL/SQL innerhalb der Datenbank ausgeführt.

5.11.1 Berechnungen einfügen

Berechnungen bereiten die Eingabefelder vor der Verarbeitung auf. Sie werden genutzt, um zum Beispiel fehlende Werte durch Standardwerte zu ergänzen oder aber einfache Umwandlungen, wie zum Beispiel eine alphanumerische ID in Großbuchstaben umzuwandeln, auszuführen. Komplexere Berechnungen sind ebenfalls möglich, sollten aber in PL/SQL Packages ausgelagert und hier lediglich aufgerufen werden. Gegenüber einer JavaScript-basierten Lösung bietet eine Berechnung den Vorteil, nicht durch den Anwender manipuliert werden zu können. Werden Standardwerte auf der Oberfläche durch JavaScript eingefügt, können diese jederzeit durch den Anwender geändert oder gar gelöscht werden. Dies ist mit einer Berechnung nicht möglich, weil diese Werte innerhalb der Datenbank berechnet werden.

Lassen Sie uns eine Berechnung einfügen, die eine neue `EMP_ID` berechnet, falls ein neuer Mitarbeiter aufgenommen wird. Hierzu verwenden wir eine *Sequenz*, die in der Datenbank im Schema `BUCH_NO_CODE` definiert ist. Sie hat den Namen `EMPLOYEES_SEQ`.

Wir legen die Berechnung an, indem wir in <EMP_EDIT> in dem linken Seitenbereich den Tabulator VERARBEITUNG wählen und mit der rechten Maustaste auf den Eintrag NACH WEITERLEITUNG klicken. Wählen Sie dann die Option BERECHNUNG ERSTELLEN. Die erstellte Berechnung wird über das Attribut ID • OBJEKTNAME auf das Seitenelement P5_EMP_ID bezogen (dessen Wert wir ja berechnen möchten). Nun muss die Sequenz EMPLOYEES_SEQ angesprochen werden, um den neuen Primärschlüssel zu berechnen. Der einfachste Weg, dies zu erreichen, ist, unter Attribut BERECHNUNG • TYP die Auswahl Ausdruck zu wählen und als PL/SQL-AUSDRUCK den Wert employees_seq.nextval (ohne abschließendes Semikolon) einzutragen.

Wir möchten jedoch nicht, dass bei jedem Absenden der Seite eine neue Sequenznummer abgefragt wird, zum Beispiel, wenn die EMP_ID bereits bekannt ist. Daher wird die Ausführung dieser Berechnung an eine Bedingung geknüpft. Eine neue ID muss nur ermittelt werden, wenn das Element P5_EMP_ID leer ist. Gehen Sie hierzu zum Attribut SERVERSEITIGE BEDINGUNG • TYP, und wählen Sie den Eintrag Element ist NULL. Darunter müssen wir nun noch das Element P5_EMP_ID festlegen. Das war es: Wenn Sie einen neuen Mitarbeiter anlegen, wird diesem eine neue Mitarbeiter-ID zugeteilt. Abbildung 5.33 zeigt die Einstellungen dieser Berechnung im Überblick.

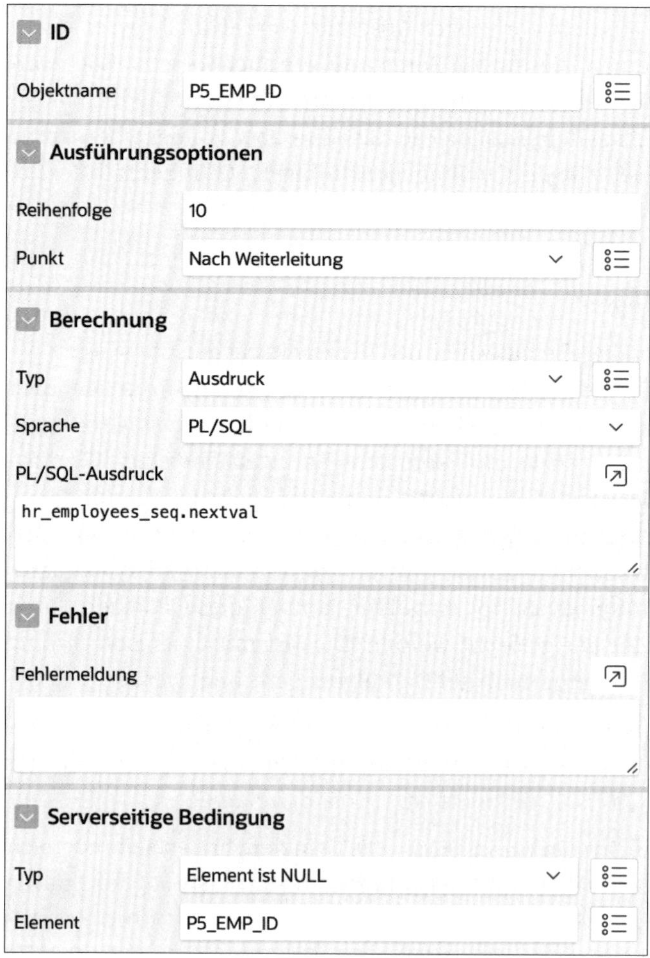

Abbildung 5.33 Überblick über die Berechnung zur EMP_ID

Im Übrigen ist in der Bedingung auch verborgen, warum diese Berechnung erst nach dem Weiterleiten der Formularseite durchgeführt wird. Zwar könnten wir mit der gleichen Bedingung auch das Element beim Aufruf der Seite ausführen, dann jedoch würden unnötige Primärschlüsselwerte verbraucht, wenn der Anwender anschließend auf die Schaltfläche ABBRECHEN klickte. Da in diesem Fall keine Daten in die Datenbank geschrieben werden, wäre die ermittelte ID verloren.

Lassen Sie uns zu Übungszwecken noch eine zweite Berechnung einfügen. Diesmal wählen wir aber einen etwas anderen Weg. Wir möchten, dass die E-Mail-Adresse stets in Großbuchstaben eingegeben wird. Gehen Sie zum Seitenelement `P5_EMP_EMAIL`, wählen Sie das Einblendmenü für diesen Eintrag und dann den Befehl `Berechnung erstellen`. Der Vorteil ist, dass APEX nun weiß, auf welches Element Sie sich beziehen möchten, der Nachteil jedoch, dass APEX nicht weiß, wann die Berechnung ausgeführt werden soll. Legen Sie also unter AUSFÜHRUNGSOPTIONEN • PUNKT den Eintrag `Nach Weiterleitung` fest, und integrieren Sie den PL/SQL-Ausdruck `upper(:P5_EMP_EMAIL)`. Diese Berechnung kann immer ausgeführt werden.

Zwar hatten wir auch beim Element `P5_EMP_EMAIL` angegeben, dass nur Großbuchstaben zulässig sein sollen, aber einerseits hält doppelt genäht besser, andererseits umgehen wir das potenzielle Problem, dass ein Anwender dennoch Kleinbuchstaben in das Feld einschleust, nachdem die Validierung durch JavaScript abgeschlossen ist. Das wäre in diesem konkreten Fall kein wesentliches Problem, es ist aber sehr gut denkbar, dass dies in anderen Fällen relevanter wäre.

[!]

Merke

Hier noch ein Nachtrag, der hoffentlich nicht mehr zum Tragen kommt, wenn Sie dieses Buch lesen. Ich hatte erläutert, dass es zu einem Fehler führt, wenn ein Zahlenfeld ausgeblendet und geleert wird. Dieser Fehler lässt sich durch eine nachfolgende Berechnung korrigieren. Hierzu erstellen Sie eine Berechnung, die sicherstellt, dass der Beruf nicht in der Liste der kommissionsberechtigten Berufe enthalten ist. Ist dies der Fall, weisen Sie dem Zahlenfeld `P5_EMP_COMMISSION_PCT` den Wert `NULL` zu.

So unschön dies ist, so illustriert dies jedoch den Nachteil clientseitiger Validierungen in JavaScript, denn die Berechnung kann diese Validierung ohne Probleme aushebeln, die nachfolgenden Validierungen innerhalb der Datenbank haben keine Kenntnis von der clientseitigen Validierung und schlagen nicht an.

5.11.2 Validierungen einfügen

Wenn Formularseiten bearbeitet werden, besteht die Notwendigkeit, die Eintragungen des Benutzers zu validieren. Wie bereits beschrieben ist das Vertrauen zwischen Client und Server nicht sonderlich stark ausgeprägt, daher wird die Datenbank stets bemüht sein, Validierungen unabhängig vom Browser noch einmal in der Datenbank durchzuführen. APEX hat es hier sehr bequem, denn da die gesamte Geschäftslogik innerhalb der Datenbank ausgeführt wird, muss die Validierung nicht an zwei Stellen, im Browser in JavaScript und in der Datenbank, implementiert werden, sondern kann deklarativ wie Berechnungen direkt in APEX angelegt und innerhalb der Datenbank geprüft werden. Das stimmt zumindest so lange, bis Sie den hierfür nötigen Roundtrip zum Datenbankserver nicht mehr hinnehmen, sondern Validierungen direkt im Browser durchführen möchten. Denn das ist der Nachteil dieses deklarativen Ansatzes: Die Datenbank kommt nur ins Spiel, wenn die Seite über ein Submit an die Datenbank geschickt wird. »Zwischendrin« hat die Anwendungsseite keine Möglichkeit, Validierungen innerhalb der Datenbank auszuführen.

Wie beschrieben, ist die Verarbeitung einer Anwendungsseite ein zweistufiger Prozess. Im ersten Schritt bleibt die Anwendungsseite im Browser bestehen, und die Berechnungen und die anschließenden Validierungen werden im Rahmen einer separaten Serveranfrage bearbeitet. Erst wenn dies keine Fehler produziert, wird die Seite abgesendet. Ich wiederhole dies hier, denn es gibt die Möglichkeit, dieses Verhalten abzuschalten. Normalerweise rate ich davon ab, dies zu tun, aber insbesondere wenn Sie Anwendungen aus älteren APEX-Versionen betreiben, ist das alte Verhalten eventuell noch eingestellt. Wenn Sie sich die Attribute einer Anwendungsseite ansehen, werden Sie ein Attribut ERWEITERT • BEI WEITERLEITUNG NEU LADEN finden, das standardmäßig auf den Wert `Nur bei Erfolg` eingestellt ist. Früher gab es dieses Attribut nicht, stand inhaltlich aber sozusagen auf der Alternative `Immer`.

In unserem Datenmodell ist die Spalte `EMP_EMAIL` mit einem `Unique`-Constraint ausgestattet und zudem `NOT NULL`. Nun könnten wir die Daten zwar gegen die Datenbank laufen lassen und darauf hoffen, dass wir wohl den Oracle-Fehler `-1`, `DUP_VAL_ON_INDEX` erhalten, doch ist das natürlich sehr unschön, schon allein deshalb, weil diese Fehlermeldung dem Anwender nichts sagen wird. Wir werden daher eine Validierung einrichten, die prüft, ob die eingegebene E-Mail-Adresse eindeutig und definiert ist, und eine entsprechende Fehlermeldung ausgeben, sollte dies nicht der Fall sein.

Das Anlegen einer Validierung funktioniert analog zur Anlage einer Berechnung, daher hier die Kurzform: Gehen Sie zu <EMP_ADMIN> • `P5_EMP_EMAIL`, Rechtsklick auf den Eintrag, dann VALIDIERUNG ERSTELLEN. Nennen Sie die Validierung in ID • NAME `P5_EMP_EMAIL is unique`, und legen Sie dann im Attribut TYP `Keine Zeilen zurückgegeben` fest (was allerdings eine eher unglückliche Übersetzung ist, denn gemeint ist eine *Exists*-Abfrage, die prüft, ob ein Wert *nicht* existiert) und als SQL-ABFRAGE die Abfrage aus Listing 5.2.

```
select null
  from hr_employees
 where emp_email = :P5_EMP_EMAIL
   and emp_id != :P5_EMP_ID
```

Listing 5.2 Abfrage zur Ermittlung, ob eine E-Mail-Adresse verwendet werden kann

Welchen Wert die Abfrage zurückgibt, ist egal (um dies zu dokumentieren, lasse ich in diesen Fällen immer `NULL` zurückgeben), wichtig ist nur, in der Abfrage zu versuchen, einen Verstoß gegen das Constraint zu erkennen. Denken Sie daran, dass, wenn Sie einen Mitarbeiter bearbeiten, dessen E-Mail-Adresse natürlich bereits in der Datenbank steht und daher erlaubt bleiben muss. Sollte diese Abfrage nun eine Zeile zurückliefern, wird eine Fehlermeldung ausgegeben, die Sie nun im Attribut FEHLER • FEHLERMELDUNG eintragen können (und müssen). Falls Sie den Sonderfall, dass `P5_EMP_ID` ja auch `NULL` sein könnte, beunruhigt: Diesen Sonderfall gibt es aufgrund der vorherigen Berechnung nicht.

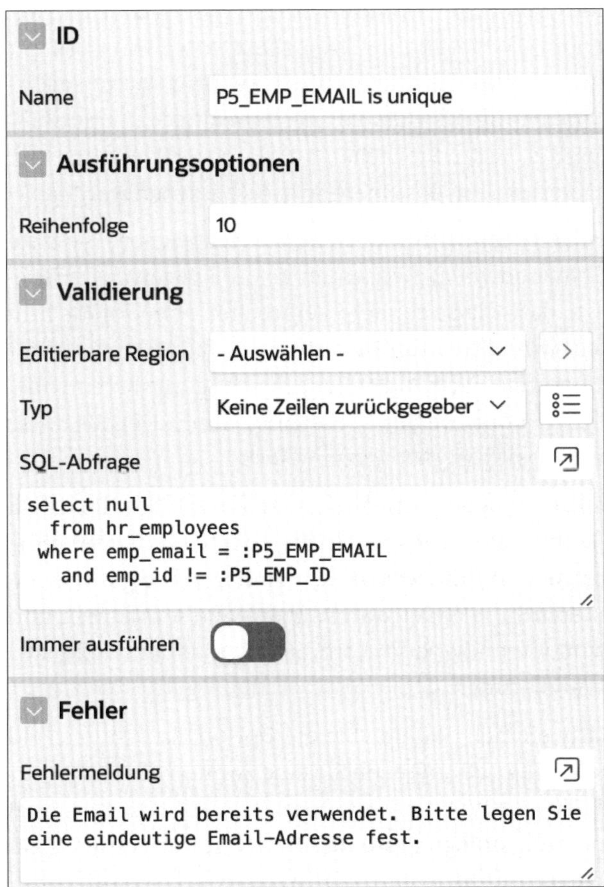

Abbildung 5.34 Einstellungen für eine Validierung

Die Validierung muss nicht immer berechnet werden, und zwar dann nicht, wenn ein Datensatz gelöscht werden soll oder wenn auf die Schaltfläche ABBRECHEN geklickt wird. Der zweite Fall muss von uns nicht bearbeitet werden, denn ein Blick auf die Schaltfläche zeigt, dass sie eine dynamische Aktion anstößt, die die Seite ohne Weiterleitung direkt schließt. Die Löschbedingung müssen wir aber noch in den Griff bekommen. Die Validierung soll beim Klick auf eine von zwei Schaltflächen berechnet werden, wir können im Attribut SERVERSEITIGE BEDINGUNG • BEI GEKLICKTER SCHALTFLÄCHE jedoch nur eine Schaltfläche auswählen. Da eine Schaltfläche ihren Namen als Request an die Datenbank schickt, prüfen wir daher, ob der Requestwert eine der beiden Schaltflächennamen entspricht. Legen Sie das Attribut SERVERSEITIGE BEDINGUNG • TYP auf den Wert `Anforderung ist in Wert enthalten` fest (*Anforderung* entspricht dem *Request*), und tragen Sie die beiden Werte `SAVE,CREATE` in das Attribut SERVERSEITIGE BEDINGUNG • WERT ein.

Wir kümmern uns derzeit noch nicht um die zweite Bedingung, dass nämlich die E-Mail-Adresse nicht leer sein darf, denn das Feld ist aufgrund der Metadaten der Datenbank bereits als verpflichtendes Feld angelegt worden. Dies erkennen Sie an zwei Punkten: Zum einen ist als Attribut `P5_EMP_EMAIL` • DARSTELLUNG • TEMPLATE der Wert `Required` eingetragen, zum anderen ist das Attribut VALIDIERUNG • WERT ERFORDERLICH auf `Ja` eingestellt. Die Einstellung des Darstellungstemplates hatte nur kosmetischen Charakter, dadurch wird das rote Sternchen auf der Oberfläche erzeugt, doch die Validierungseinstellung verhindert, dass leere Werte übergeben werden.

Ich komme auf diesen Punkt noch einmal zurück, doch zunächst speichern Sie bitte die Änderungen, validieren die Seite und versuchen, einen Verstoß gegen das `Unique`-Constraint zu erzeugen: Sie sehen, dass die Seite nicht verarbeitet, sondern die hinterlegte Fehlermeldung dargestellt wird. Beachten Sie bitte auch, dass gesteuert werden kann, wo genau der Fehler dargestellt wird: In der Benachrichtigungsbox im oberen Bildschirmrand oder beim Element oder beides. Diese Einstellung legen Sie unter dem Validierungsattribut FEHLER • POSITION DER ANZEIGE fest.

Ein Nachteil besteht noch: Die automatisierte Festlegung des Elements als Pflichtfeld ist meistens zu eng. Sie können keine eigene Fehlermeldung angeben, sondern müssen die Standardnachricht hinnehmen, zudem wird diese Validierung so gut wie immer ausgeführt, was bei komplexeren Situationen durchaus störend sein kann. Dann stört mich, dass eine Meldung von »irgendwoher« kommt und nicht entweder aus der Datenbank oder durch eine Validierung.

Doch Abhilfe zu schaffen ist relativ einfach: Wählen Sie die Option, dass dieses Feld verpflichtend ist, in VALIDIERUNG • WERT ab, erstellen Sie eine zweite Validierung für das E-Mail-Feld und legen Sie als Typ der Validierung `Element ist NOT NULL` fest. Nun können Sie eine eigene Fehlermeldung anlegen und hatten damit nur geringen zusätzlichen Aufwand. Wenn Sie mögen, können Sie diese Änderung auch für die anderen Pflichtelemente der Seite anwenden. Diese Fassung der Anwendung finden Sie in *Kap_05_07_Anwendung.sql*.

Abbildung 5.35 Weitere Einstellung zur Validierung

5.12 Einen Bericht editieren und filtern

Nachdem wir nun das Grundgerüst einer Berichts- und einer Formularseite erstellt haben, verfeinern wir jetzt das Ganze etwas, stellen die Berichtsseite auf eine View um und fügen einen Abteilungsfilter ein. Ich hatte in Abschnitt 5.7, »Eine Formularseite anlegen«, ja bereits meinen Unmut über die Tatsache geäußert, dass die Berichtsseite nun auf die Tabelle zeigt, die für die Formularseite benötigt wird, und nicht auf eine UI-View. Diesen Faden möchte ich hier noch einmal aufgreifen und eine Lösung für dieses Problem aufzeigen. Denn es handelt sich ja nicht nur um ein »kosmetisches« Problem: In dem Bericht werden lediglich die Fremdschlüsselwerte der referenzierten Tabellen gezeigt, nicht aber die Klartextwerte, was für einen Bericht deutlich besser wäre. Zwar haben wir bereits gesehen, dass wir mit gemeinsamen Komponenten, hier mit einer LOV, die Klartexte für Fremdschlüsselwerte eintragen lassen können. Doch wäre die Umsetzung mit LOV etwas unglücklich, wenn es um die Berichtsseite geht, denn hier muss der Fremdschlüsselwert selbst ja nicht bekannt sein, auf dieser Seite wird die Zeile ja nicht editiert. Schöner wäre es also, die Berichtseite auf einer eigenen View aufzubauen.

[i]

Wie hängen Bericht und Formular zusammen?

Lassen Sie mich diesen Punkt ein wenig verdeutlichen. Es mag so scheinen, als seien die Berichts- und die Formularseite unserer Anwendung auf »besondere Weise« miteinander verbunden, denn ein gemeinsamer Assistent hat sie ja erzeugt. Das ist aber nicht so, die beiden Seiten sind vollständig unabhängig voneinander und haben nur eine einzige Verbindung: Die Verweise aus den Berichtszeilen verweisen auf die Formularseite und setzen dort das Seitenelement `P5_EMP_ID`, und umgekehrt enthält die Formularseite Verweise auf die Berichtsseite, die zum Beispiel aufgerufen werden, wenn auf die Schaltfläche SPEICHERN geklickt wird. Daher »weiß« die Formularseite nicht, was auf der Berichtseite dargestellt wird (und es interessiert sie auch nicht). Daraus folgert, dass wir völlig frei in der Gestaltung der Abfrage des Berichts sind, solange wir den Verweis auf das Formular erstellen können.

Also denn. Wir möchten diese Seite so umbauen, dass sie auf einer View anstatt auf einer Tabelle beruht. Die Seite dient der Auswahl unserer Mitarbeiter und muss daher nicht alle Spalten zeigen, die Tabelle `HR_EMPLOYEES` enthält. Stattdessen möchten wir aber den Beruf und den Abteilungsnamen im Klartext sehen. View `EMP_UI_EMP_ADMIN_MAIN` enthält diese Informationen sowie die Joins auf die anderen Tabellen.

Der Umbau der Berichtsseite auf die neue Datenquelle ist ganz einfach. Gehen Sie zum Bericht, und wählen Sie als Tabelle einfach die neue View aus. Dadurch werden die Spalten aktualisiert – und das war es auch fast schon, denn wir müssen lediglich sicherstellen, dass die Spaltenbezeichner alle so sind, wie wir sie haben möchten. Da wir aber die Berichtseite bislang in Ruhe gelassen haben, ist diese Arbeit ohnehin noch offen gewesen.

Speichern Sie alles, und probieren Sie die Änderung aus. Es sollte nun alles wieder funktionieren. Mir gefällt das so deutlich besser: Wir haben wieder eine konsistente Vorgehensweise bei allen Berichtsseiten und keinen Zusatzaufwand, um die Abteilungs- und Berufsnamen anzuzeigen.

Das zweite Thema, das ich als Verbesserung einfügen möchte, ist eine Möglichkeit, den Bericht über die Abteilung zu filtern. Richtig nötig ist das vielleicht nicht, denn Sie können den Bericht über das Suchfeld filtern. Doch schwebt mir eine Auswahlliste vor, mit der ich die verfügbaren Abteilungen direkt auswählen kann.

Bei diesem Filter kommt auch eine andere Eigenschaft zum Tragen: die Wiederverwendbarkeit gemeinsamer Komponenten. Zumindest fast: Wir benötigen nun eine Auswahlliste mit allen Abteilungen. So etwas haben wir schon auf der Formularseite verwendet. Allerdings waren dort alle Abteilungen enthalten. Hier ist es vielleicht schöner, nur die Abteilungen anzubieten, die auch wirklich Mitarbeiter enthalten. Da dies mit unserer LOV nicht geht, erstellen wir eine neue, die das kann. Der kluge Mann baut vor: Die View, die der Auswahlliste zugrunde liegt, hat eine Spalte DEP_HAS_EMPLOYEE mit einem passenden Flag, das sich zur Filterung anbietet.

Gehen Sie also zu den <GEMEINSAMEN KOMPONENTEN> • WERTELISTE, und kopieren Sie die Werteliste LOV_DEPARTMENTS durch einen Klick auf die Schaltfläche KOPIEREN. Wählen Sie die Werteliste, und definieren Sie als Namen der neuen Werteliste LOV_DEPARTMENTS_WITH_EMPLOYEES. Die Werteliste wird dadurch unmittelbar kopiert. Klicken Sie auf die neu entstandene Liste. Hier müssen wir im Attribut QUELLE • WHERE-KLAUSEL lediglich eine where-Bedingung hinzufügen:

```
dep_has_employee = 1
```

Nun existiert also die LOV für unseren Filter. Als Nächstes fügen wir den Filter auf der Oberfläche ein. Mit zunehmender Erfahrung wird das nun immer einfacher: Gehen Sie zu <EMP_ADMIN>. In der Galerie wählen Sie den Reiter ELEMENTE und ziehen den Eintrag Auswahlliste so in den Bericht, dass er in den Bereich REGION BODY des Mitarbeiterberichts eingefügt wird. Das Element wird wie erwartet rot. Editieren Sie die Attribute ID • NAME zu P4_DEPARTMENT_FILTER (wir haben keinen Spaltenbezug und können daher einen eigenen Namen verwenden) und die Attribute im Bereich WERTELISTE wie folgt:

- TYP: Gemeinsame Komponente
- WERTELISTE: LOV_DEPARTMENTS_WITH_EMPLOYEES
- ZUSÄTZLICHE WERTE ANZEIGEN: Nein

Eine Entscheidung müssen wir beim Attribut NULL-WERT ANZEIGEN treffen. Lassen wir NULL-Werte zu, sollten wir einen Eintrag vornehmen wie - Alle Abteilungen. In diesem Fall muss das weitere Vorgehen so abgestimmt werden, dass der Bericht alle Mitarbeiter zeigt, wenn keine Abteilung ausgewählt ist. Lassen wir NULL-Werte nicht zu, werden nur dann Mitarbeiter gezeigt, wenn eine Abteilung ausgewählt wird, was bei potenziell großen Tabellen wohl die richtige Entscheidung wäre. Das werden wir hier machen, ich erläutere aber auch, wie wir vorgehen, um alle Mitarbeiter anzeigen zu können.

Nun ist alles vorbereitet, wir können uns die Seite schon einmal ansehen. Ob hübsch oder nicht, ist zunächst egal, wichtiger ist, dass nichts passiert, wenn Sie einen Wert der Auswahlliste auswählen. Lassen Sie uns das ändern. Dazu müssen wir den Bericht filtern, indem wir der SQL-Abfrage des Berichts eine where-Klausel hinzufügen, die das Filterelement referenziert (... where dep_id = :P4_DEPARTMENT_FILTER). Hier wäre der Punkt für den Eingriff, falls eine leere Auswahlliste alle Mitarbeiter anzeigen soll, denn hier würde in der where-Klausel or :P4_DEPARTMENT_FILTER is null ergänzt.

Speichern Sie das Ergebnis, und testen Sie das Ganze. Es tut sich immer noch nichts. Aber warum? Wenn Sie sich die Auswahlliste ansehen, erkennen Sie, warum: Im

Attribut EINSTELLUNG • SEITENAKTION • AUSWAHL steht: None. Damit sagen Sie, dass nichts passieren soll, was oftmals auch korrekt ist. Wählen wir zum Beispiel einen neuen Vorgesetzten, soll die Anwendungsseite ja auch nicht direkt abgesendet werden. Ändern Sie dies in Redirect and Set Value, speichern Sie die Änderungen, und versuchen Sie es erneut: Nun wird die Seite direkt nach der Änderung der Auswahl neu geladen und zeigt die Mitarbeiter der entsprechenden Abteilung. Einziger Schönheitsfehler: Die Seite lädt komplett neu, was sich durch ein Flackern bemerkbar macht. Das ist bei komplexen Seiten sehr unschön und sollte, wenn es ohne großen Aufwand möglich ist, vermieden werden. Nur: Wie geht das?

Um nur den Bericht zu aktualisieren, ohne die Seite neu zu laden, müssen wir einen Aufruf an die Datenbank abschicken, der den aktuellen Stand der Daten erfragt, ohne die gesamte Seite abzusenden. Dies nennen wir einen AJAX-Call. Im Prinzip nutzen wir JavaScript, um zur Datenbank zu gehen, die Daten anzufordern und diese dann in die bestehende Anwendungsseite zu integrieren. Um dies zu implementieren, stellen wir zunächst sicher, dass nach einer Änderung der Auswahlliste nicht gleich die Seite abgeschickt wird, indem wir die vorhin gemachte Einstellung bei EINSTELLUNG • SEITENAKTION BEI AUSWAHL wieder auf None einstellen. Stattdessen muss eine dynamische Aktion ausgeführt werden, denn wir reagieren auf ein Change-Event, das auf der Seite ausgelöst wird. Doch wie erklären wir APEX, dass wir einen Bericht aktualisieren möchten? Glücklicherweise gibt es auch für diesen Anwendungsfall bereits eine vorgefertigte Aktion.

Fügen Sie hierzu eine Dynamic Action durch Rechtsklick auf den Eintrag P4_DEPARTMENT_FILTER ein, denn wir reagieren auf das Change-Event dieses Seitenelements. Nennen Sie die Dynamic Action Bericht filtern, und wählen Sie unter TRUE • ID • AKTION den Eintrag Aktualisieren. Diese Aktion aktualisiert alles Mögliche: Regionen, Auswahllisten etc. Ob etwas aktualisiert werden kann, hängt von der Implementierung des Elements ab. Ein Bericht ist aktualisierbar, daher können wir im nächsten Schritt BETROFFENE ELEMENTE – AUSWAHLTYP den Wert Region und darunter die Region Mitarbeiterübersicht wählen.

Speichern Sie das Ergebnis, und probieren Sie es aus. Es ist, als hätten wir nichts getan, es ändert sich nichts am Bericht. Woran liegt das nun wieder? Einen Fingerzeig erhalten Sie, wenn Sie einmal den Netzwerkverkehr zwischen Browser und Datenbank überwachen. Wie das geht, hängt von Ihrem Browser ab, häufig verbirgt sich eine Entwicklerkonsole hinter der Funktionstaste [F12]. Genaueres finden Sie in Anhang B, »Liste der Navigationskürzel«, zum Eintrag <ENTWICKLUNGSWERKZEUGE>, denn dies merken wir uns als Treffpunkt für diese Entwicklungswerkzeuge.

Sehen Sie in den <ENTWICKLUNGSWERKZEUGEN> • NETZWERK auf den Netzwerkverkehr, und ändern Sie einen Wert in der Auswahlliste. Sie sollten erkennen, dass »irgendetwas« passiert. Die Datenbank wird kontaktiert, liefert auch etwas zurück, doch zeigt sie uns nichts. Oder doch? Das Problem ist, dass es bislang überhaupt kein Problem gibt. Alles funktioniert wie gewünscht, auch wenn wir natürlich ein anderes Ergebnis anstreben. Dass der Bericht keine Ergebnisse zeigt, liegt daran, dass der Sessionstatus des Elements `P4_DEPARTMENT_FILTER` den Wert `NULL` hat, obwohl Sie einen Wert im Browser ausgewählt haben.

Dass der Browser weiß, welche Abteilung Sie sehen möchten, hat noch nichts mit dem Sessionstatus zu tun. Wir möchten die Seite ja gerade nicht absenden, um den Bericht neu darzustellen, sondern nur den Bericht selbst aktualisieren. APEX denkt aber, wie bereits erklärt, in Request-Response-Zyklen und aktualisiert in diesem Rahmen den Sessionstatus, und diesen Zyklus verlassen wir mit der AJAX-Abfrage. Wir müssen der Abfrage zusammen mit der Aufforderung, den Bericht zu aktualisieren, auch den aktuellen Wert des Seitenelements `P4_DEPARTMENT_FILTER` mitgeben, damit dieser bei der Aktualisierung in den Sessionstatus geschrieben und so SQL zugänglich gemacht wird. Das erreichen wir zum Glück ganz einfach, indem wir beim Bericht `Mitarbeiterübersicht` im Attribut QUELLE • WEITERZULEITENDE SEITENELEMENTE den Wert `P4_DEPARTMENT_FILTER` eintragen.

Speichern und testen Sie die Änderungen: Nun wird der Bericht direkt aktualisiert, ohne die gesamte Seite neu zu laden. In den <ENTWICKLUNGSWERKZEUGEN> können Sie mit etwas Forschergeist finden, dass der aktuelle Wert der Auswahlliste als Teil der Anforderung, die über das Netzwerk an den Server geht, enthalten ist.

Eine Kleinigkeit stört noch. Wenn Sie den Bericht gefiltert haben und dann die Seite verlassen möchten, wird eine Meldung gezeigt, die vor einer geänderten, aber nicht gespeicherten Benutzereingabe warnt. Dies ist eine sehr praktische Option, doch hier benötigen wir die Eingabe nur zum Filtern, sie wird ja nicht in die Datenbank geschrieben. Daher benötigen wir diese Funktionalität auf dieser Seite nicht. Auch dieses Verhalten wird über ein Attribut gesteuert, und zwar durch das Seitenattribut NAVIGATION • WARNUNG BEI NICHT GESPEICHERTEN ÄNDERUNGEN.

Wenn Sie möchten, können Sie die Einrichtung eines Abteilungsfilters auf <REPORT> noch einmal nachvollziehen. Ideal wäre es, wenn Sie die Einrichtung »blind«, also ohne Anleitung, versuchen würden.

Den aktuellen Stand finden Sie in *Kap_05_08_Anwendung.sql*.

5.13 Eine Geschäftsgrafik einfügen

Lassen Sie uns zum Abschluss dieses geführten Rundgangs noch eine Geschäftsgrafik einfügen. Dazu gehen wir wieder zu <HOME>, denn die Grafik soll die Verteilung unserer Mitarbeiter pro Land darstellen. Die hierzu erforderliche View liegt wieder bereit: `EMP_UI_HOME_CHART` ist ihr Name. Wieder werden wir durch einen einfachen Assistenten in der Lage sein, eine Chartregion zu erstellen, und zwar so: Ziehen Sie auf <HOME> eine Region vom Typ `Diagramm` aus der Galerie an die Position rechts neben dem Bericht über die Mitarbeiter. Geben Sie folgende <ALLGEMEINE REGIONSATTRIBUTE> an:

- ID • ÜBERSCHRIFT: `Mitarbeiter pro Land`

In den <SPEZIELLEN REGIONSATTRIBUTEN> legen Sie fest:

- DIAGRAMM • TYP: `Balken`
- ÜBERSCHRIFT • ÜBERSCHRIFT: `Mitarbeiter pro Land`

Abschließend noch einige Attribute zur Datenreihe, die Sie auf der linken Seite des Bildschirms finden:

- ID • NAME: `Mitarbeiter`
- QUELLE • TYP: `Tabelle/View`
- QUELLE • TABELLENNAME: `EMP_UI_HOME_CHART`
- QUELLE • SORTIEREN NACH: `emp_amount desc`
- SPALTENZUORDNUNG • LABEL: `COU_NAME`
- SPALTENZUORDNUNG • WERT: `EMP_AMOUNT`

Das waren nun ziemlich viele Attribute, doch sind diese für alle Grafikwerkzeuge ähnlich.

Sehen Sie sich das Ergebnis an. Gern können Sie noch weiter experimentieren und sehen, welche Einstellungen Sie vornehmen können. Den abschließenden Stand unserer Anwendung finden Sie in *Kap_05_09_Anwendung.sql*.

5.14 Zusammenfassung

Ich denke, es ist klar geworden, wie einfach es ist, in APEX gut aussehende Webanwendungen zu entwickeln. Insbesondere die enge Bindung an die Datenbank führt zu überraschend einfachem Code, das meiste kann deklarativ erstellt und parametriert werden. Aufwendiger wird es, wenn wir über die Basisfunktionalität hinausgehen, und das werden wir natürlich auch tun. Doch mir liegt daran, zu zeigen, dass auch bereits mit den Basisfunktionen leistungsfähige Anwendungen, zum Beispiel zur Administration von Stammdaten, erzeugt werden können.

Das Ziel der Entwicklung von Webanwendungen mit APEX ist es, so viel wie möglich über diese Standardfunktionen zu erreichen. Eine Seite, die nur aus einem Assistenten generiert wurde und kaum von Ihnen angefasst werden musste, ist eine gute Seite. Ich muss ehrlich sagen, dass bei den Projekten, zu denen ich hinzugerufen werde, die Bestandsanwendungen vor allem daran kranken, dass einfach zu kompliziert gedacht und programmiert wurde. Es lohnt sogar ein gewisser Umweg, wenn dieser dazu führt, dass APEX aus einem Assistenten heraus bedient werden kann.

Gleichzeitig ist es einfach, den Berichtsseiten einfach eine neue Datenquelle unterzuschieben und dadurch das Prinzip, eine View pro Anwendungsseite bereitzustellen, beibehalten zu können. Durch dieses Prinzip sind die Seiteneffekte minimal, und selbst umfangreiche Anwendungen lassen sich leicht verstehen und weiterentwickeln.

Um den Lerneffekt zu erhöhen, bietet es sich an, selbst einige neue Formularseiten in die Anwendung zu integrieren. Schaffen Sie zum Beispiel zwei neue Seiten zum Editieren der Abteilungen und der Berufe. Das Vorgehen sollte analog zu den bisherigen Schritten gehalten werden, um sich zunächst einmal in die Denkweise von APEX auf diesem Niveau hineinzuversetzen. Sie werden schnell feststellen, dass Sie in der Bedienung von APEX immer flüssiger werden. Diese Gewandtheit benötigen Sie, um sich bei auftretenden Problemen eigenständig helfen zu können.

Kapitel 6
Grundlegende APEX-Konzepte

Nachdem wir eine einfache Anwendung in APEX erstellt und die grundlegende Bedienung kennengelernt haben, sehen wir uns nun weitergehende Konzepte und wiederverwendbare Komponenten im Detail an und beleuchten die Verwendungsmöglichkeiten.

In diesem Kapitel wird es nicht in erster Linie darum gehen, neue Regionstypen und deren Behandlung vorzustellen. Wichtiger erscheint mir, verschiedene Grundkonzepte näher zu erläutern und den Gedanken dahinter so zu erläutern, dass Sie diese Konzepte bei den verschiedenen Komponententypen sicher anwenden können. Kennen Sie die in diesem Kapitel besprochenen Konzepte, können sie weit über 90 % der Funktionalität von APEX verstehen und benutzen. Beginnen möchte ich mit der Frage, wie APEX an die Daten kommt, die in den Anwendungen benötigt werden.

6.1 Komponenten mit Daten versorgen

In früheren Versionen von APEX war das Verfahren, Komponenten mit Daten zu versorgen, grundsätzlich anders als in den aktuellen Versionen. Ich finde, dass das APEX-Entwicklerteam hier eine großartige Arbeit gemacht hat, denn die unterschiedlichen Arten von Datenquellen, mit denen APEX arbeiten kann, sind so gekapselt worden, dass Sie als Entwickler mit den Interna der Datengewinnung im Regelfall nicht belastet werden.

Die Idee besteht darin, dass Daten aus lokalen Tabellen oder aus entfernten Datenquellen über einen Webservice stammen könnten. Unabhängig davon, dass diese Quellen unterschiedlich angesprochen werden müssen, liefern sie doch letztlich Daten, die in Form einer (logischen) Tabelle dargestellt werden können.

Dies ist der eine Blickwinkel in Richtung »Quelle der Daten«. Blicken wir in die andere Richtung, also Richtung APEX-Anwendung und dort auf die verschiedenen Regions- und Seitenelementtypen, so stellen wir fest, dass die meisten dieser Komponenten Daten benötigen, um zu funktionieren, seien es Auswahllisten, Formulare oder Berichte. Und daher bietet es sich an, auch die Versorgung dieser Komponenten zu standardisieren. Daher haben alle diese Komponenten (mit derzeit noch ganz wenigen Ausnahmen) auch identische Attribute zur Verwaltung der Datenquellen. Dies sorgt für eine einfache und konsistente Bedienung unterschiedlichster Komponenten. Selbst wenn erfahrene APEX-Entwickler eigene, neue Komponententypen bereitstellen, kann die durch APEX entwickelte Abstraktion verwendet werden: Die neuen Komponenten verhalten sich exakt wie die mitgelieferten Komponenten von APEX.

Um APEX mitzuteilen, welche Daten verwendet werden sollen, beschreiben wir als Erstes, wo sich die Daten grundsätzlich befinden. Im zweiten Schritt wird dann die konkrete Datenquelle ausgewählt. Die Herkunft der Daten wird in einem Attribut festgelegt, das in der deutschen Version den Originalbegriff *Location* ein wenig unglücklich mit *Position* übersetzt, *Herkunft* finde ich besser. Zur Wahl stehen hier, ein wenig abhängig von der konkreten Komponente, die folgenden Optionen:

- `Lokale Datenbank`
  Dies ist der Normalfall, den wir in Kapitel 5, »Eine einfache Datenbankanwendung erstellen«, als einzige Option verwendet hatten. Wählen wir diese Quellen, haben wir die Wahl, eine Tabelle oder View auszuwählen oder eine SQL-Anweisung direkt auf die APEX-Seite zu schreiben. Als weitere, aber fortgeschrittene Option könnten wir auch eine Funktion in PL/SQL programmieren, die eine SQL-Anweisung zurückliefert, um noch mehr Flexibilität zu erhalten.
- `REST Enabled SQL`
  Wenn der Eigentümer der Daten nicht dem Workspace als Schema zugeordnet wurde, kann APEX dennoch auf diese Daten zugreifen, wenn der Eigentümer erlaubt hat, dass sich APEX über eine REST-Schnittstelle mit dem Eigentümer verbindet. In diesem Fall können dann alle SQL-Abfragen und direkten Zugriffe auf Tabellen oder Views durchgeführt werden, als wäre der Eigentümer ein Workspace-Schema. Diese Option werden wir in diesem Teil nicht näher besprechen, da hiermit lediglich ein anderer Weg angeboten wird, an Datenbankdaten heranzukommen. Die Optionen entsprechen ansonsten denen der lokalen Datenbank.
- `REST-Quelle`
  Diese Option verwendet »regulär entwickelte« Webservices als Datenquelle. Damit meine ich, dass nicht der Zugriff auf beliebige Daten eines Schemas ermöglicht werden soll, sondern dedizierte Services für spezielle Anwendungsfälle eingerichtet werden. Dies könnte zum Beispiel ein Abruf von Daten eines einzelnen Mitarbeiters sein oder ein Webservice, der dem Aktualisieren von Adressinformationen dient.
- `Regionsquelle`
  Bei Regionen war es in früheren Versionen möglich, SQL-Abfragen zur Datengewinnung als Attribut der Region einzustellen. Insbesondere selbst entwickelte Regionstypen könnten immer noch über dieses Attribut verfügen. Ebenfalls gilt dies

zum Beispiel für Auswahllisten, die mit älteren Versionen von APEX erstellt wurden. Diese können nicht automatisiert migriert werden und unterstützen daher die Vorgängerlösung noch. Für Neuanlagen von APEX-Anwendungen spielt diese Option keine Rolle mehr.

6.1.1 Lokale Datenbank

Diese Herkunft ist am wenigsten komplex. Einem Workspace, hatten wir gesagt, ist ein Datenbankschema zugeordnet (im Ausnahmefall können das auch mehrere Schemata sein). Alle Objekte, auf die dieses Schema zugreifen kann, stehen daher auch APEX zur Verfügung. Als Datenquelle interessant sind die Tabellen und Views, die dort eingerichtet sind.

Grundtechniken

Grundsätzlich können alle Tabellen und Views, die im Workspace-Schema vorhanden sind, genutzt werden. Über die Oberfläche kann gewählt werden, ob eine Tabelle oder View direkt verwendet oder ob eine SQL-Abfrage erfasst werden soll. Als weitere Option kann eine PL/SQL-Funktion angegeben werden, die eine `select`-Abfrage erzeugt. Dies ist kein Thema für den No-Code-Bereich dieses Buches, verspricht aber eine hohe Flexibilität, denn damit können basierend auf der konkreten Situation auf der Anwendungsseite unterschiedliche `select`-Abfragen erzeugt werden und grundsätzlich andere Daten im gleichen Bericht gezeigt werden.

Bitte beachten Sie, dass Sie, wenn Sie den Namen einer Tabelle oder View schreiben, diesen immer in Großbuchstaben angeben müssen.

[!]

Merke

Dass Tabellen- und Viewnamen in Großbuchstaben geschrieben werden müssen, hat seinen Grund darin, dass eine Tabelle in Oracle grundsätzlich auch mit einem Namen ausgestattet werden kann, die die konkrete Schreibweise beachten. Dies erreicht die Datenbank, indem der Tabellen- oder Viewname mit doppelten Anführungszeichen umgeben wird. Dies ist zwar ein Anti-Pattern und kommt extrem selten vor, ist aber nicht ausgeschlossen.

Daher muss APEX diese Variante in Betracht ziehen und umgibt jeden Tabellennamen mit den hierfür erforderlichen doppelten Anführungszeichen. Geben Sie nun den Namen nicht in Großbuchstaben ein, wird eine Tabelle mit genau dieser Schreibweise gesucht, und die gibt es nicht. Großbuchstaben sind andererseits der Standard in Oracle-Datenbanken, sodass in diesem Fall die Tabelle auch mit doppelten Anführungsstrichen um den Namen gefunden wird.

Besonderheiten

Das Workspace-Schema muss die Tabellen mit den Daten gar nicht unbedingt selbst besitzen, es reicht aus, dass das Workspace-Schema Zugriff auf diese Daten erhält. Damit ist gemeint, dass der Eigentümer der Tabellen dem Workspace-Schema Berechtigungen auf seine Tabellen einräumen kann, zum Beispiel das Recht, die Daten dieser Tabelle zu lesen.

Der Grund für dieses Vorgehen ist, dass dem Eigentümer einer Tabelle keine Rechte an den eigenen Tabellen entzogen werden können. Daher darf er die Tabelle zum Beispiel auch jederzeit löschen. Im Workspace-Schema darf APEX alle Aktionen auf Tabellen ausführen, inklusive des Löschens der Tabelle. Das ist auch gut so, denn nur so lassen sich die Beispielanwendungen überhaupt installieren. Diese Anwendungen legen neben der eigentlichen APEX-Anwendung auch Tabellen und andere Datenbankobjekte an. Das dürften sie nicht, wenn APEX im Workspace-Schema nicht als Eigentümer auftreten könnte.

In vielen Produktivumgebungen sind diese weitreichenden Rechte auf die Tabellen mit den Daten aber nicht durchsetzbar. Ein Grund hierfür können generelle Sicherheitsbedenken sein, ein anderer, dass die Daten, auf die die APEX-Anwendung zugreifen soll, schon für andere Anwendungen angelegt wurden und durch APEX nur mitgenutzt werden sollen.

Daher werden die Daten in Tabellen abgelegt, die einem anderen Datenbankbenutzer als dem Workspace-Schema gehören. Dieser andere Datenbankbenutzer erteilt nun zum Beispiel Leseberechtigungen an einer seiner Tabellen an das Workspace-Schema, wodurch die Daten in APEX verfügbar sind, aber eben nur lesend. So können Berechtigungen an Daten viel feiner verwaltet werden.

Eine Besonderheit ist in diesem Fall aber zu berücksichtigen: APEX kann zwar Daten dieser Tabellen lesen, nicht aber einen Assistenten auf diesen Tabellen ausführen lassen, denn APEX kann die Metadaten dieser Tabellen nur mit einem Trick lesen. Da der Assistent im Regelfall keinen Zugriff auf die Metadaten der Tabelle hat, die dem Workspace-Schema nicht gehören (welche Spalten enthält die Tabelle, welche Datentypen besitzen die Spalten und so weiter), ist ein Assistent nutzlos. Der Trick, dem Assistenten dennoch Zugriff auf diese Daten zu geben, ist simpel und entspricht zudem einer bereits bekannten Best Practice: Es wird eine View erstellt, die dem Workspace-Schema gehört. Da APEX die Metadaten der View lesen kann und diese aus der referenzierten Tabelle abgeleitet werden, funktioniert nun alles wieder problemlos.

Wenn der Eigentümer der Tabelle nicht nur Leserechte, sondern auch Schreibrechte vergibt (er kann frei wählen, ob `insert`, `update` und/oder `delete`-Rechte eingeräumt werden), kann die APEX-Anwendung Änderungen »durch die View« in die Tabelle schreiben, wenn es sich um eine »einfache« View handelt. Mit diesem Begriff bezeichnet Oracle eine View, die nicht die Daten mehrerer Tabellen darstellt (also Joins enthält) oder durch eine Gruppenfunktion Aggregationen vornimmt. Das funktioniert auch dann, wenn die View für die Spalten abweichende Bezeichner (Spaltenaliase) deklariert hat.

Wie aber kann man vorgehen, wenn keine Schreibrechte auf einer Tabelle existieren, man aber dennoch Daten in diese schreiben möchte? Das mag zunächst widersinnig klingen, doch ist dies häufig der Fall, einfach weil man nicht möchte, dass ungeprüft Daten in die Tabellen geschrieben werden können, sondern nur nachdem die Daten durch den Eigentümer auf Plausibilität geprüft wurden.

In diesem Fall wird eine Programmierung in PL/SQL erforderlich, der Eigentümer der Tabellen bietet Methoden zum Schreiben an und räumt dem Workspace-Schema das Recht ein, diese Methoden ausführen zu dürfen. Idealerweise sind dies nicht einfach Methoden zum Schreiben, Aktualisieren und Löschen von Daten, sondern fachlich geschnittene Methoden für die jeweiligen Anwendungsfälle. Eine Methode hieße also nicht `insert_employee`, sondern vielleicht `hire_employee`. Wie man solche Methoden schreibt, ist selbstverständlich außerhalb des Fokus dieses Buches und insbesondere dieses Teils, der sich ja um die No-Code-Fähigkeiten von APEX bemüht, aber eben auch nicht vollständig uninteressant, weil diese Methoden durch Kollegen bereits geschrieben worden sein können. Und in APEX ist es tatsächlich möglich, diese Methoden ohne Programmierung rein deklarativ anzusprechen und zu verwenden. Wie das geht, sehen wir uns aber erst im Teil »Low Code« an.

6.1.2 REST-Quelle

Diese Option ist der beschriebenen Option, auf lokale Datenbanken über eine Speichermethode zuzugreifen, sehr ähnlich. Der Weg, Daten über einen Webservice zugänglich zu machen, ergibt nur dann einen Sinn, wenn die Daten nicht über Tabellen oder Views des Workspace-Schemas zugänglich sind, ansonsten wäre der Zugriff über SQL der direktere und schnellere Weg. Wir haben also wieder die Situation, dass ein anderer Datenbankbenutzer oder ein anderer Server Daten bereitstellt, für die uns ein Zugriff erlaubt werden muss. Ein Webservice ist seinem Wesen nach auch eine Methode, an die Parameter übergeben werden oder die Werte zurückliefert. Daher entspricht dieser Ansatz den PL/SQL-Methoden zum Schreiben auf Daten, nur dass die Methoden nicht direkt in der Datenbank, sondern über einen URL aufgerufen werden. Es ist sehr wohl möglich, diese Methoden so zu implementieren, dass nicht plausible Daten durch den Webservice abgelehnt werden, auch insofern ist der Weg vergleichbar.

Webservices werden sowohl für den lesenden als auch für den schreibenden Zugriff bereitgestellt. In APEX können solche REST-basierten Datenquellen deklarativ erstellt werden und zum Beispiel Tabellendaten anbieten oder Datensätze erstellen. Der Vorteil eines Webservices wird von vielen Teams darin gesehen, dass zwischen der Datenquelle und der Anwendung eine standardisierte Schicht besteht, die die Koppelung zwischen den beiden Ebenen reduziert. Ob dies im Umfeld eines Oracle-basierten Webservices in der gleichen Datenbank wie die APEX-Anwendung wirklich ein Vorteil ist, würde ich gern mit den Verfechtern diskutieren. In jedem Fall ist aber die Möglichkeit, auch entfernte Datenquellen in eine APEX-Anwendung zu integrieren, ein immenser Vorteil. Ich erinnere mich zum Beispiel an eine APEX-Anwendung, in der lokale Daten mit Daten aus einem Ticketsystem und einem Versionierungssystem kombiniert wurden. Das geht auf denkbar einfache Weise.

Ein Webservice, der durch die deklarativen Möglichkeiten von APEX erstellt wurde, bietet den Vorteil, dass APEX-intern eine standardisierte Abbildung der Daten auf das JSON-Format stattfindet, sodass die Rückumwandlung der JSON-Daten in Daten für Tabellen ohne Programmierung möglich ist. Dabei enthalten die JSON-Daten nicht nur die eigentlichen Daten, sondern auch Metainformationen, zum Beispiel für die Paginierung umfangreicher Datenmengen. Es ist im Moment jedoch noch außerhalb des Fokus dieses Teils, zu erklären, wie genau eine Tabelle als Webservice bereitgestellt werden kann. Ich möchte allerdings zeigen, wie ein bestehender Webservice referenziert wird, um ihn anschließend als Datenquelle für einen Bericht zu verwenden.

In einem anderen Workspace, `BUCH_REST`, werden Daten weiterer Mitarbeiter als Webservice zur Verfügung gestellt. Da die Authentifizierung dieser Daten nicht durch die Datenbank, sondern außerhalb erfolgt und ich keinen Zugriff auf diese Ressourcen habe, nehmen wir für das Beispiel hin, dass diese Daten öffentlich zugänglich sind und keine Authentifizierung benötigen. Der Webservice wird auf dem gleichen Server veröffentlicht, auf dem auch APEX ausgeführt wird, daher können Sie sich in Ihrem Workspace eine Referenz auf diesen Webservice selbst erstellen. Gehen Sie hierfür in die <Gemeinsamen Komponenten> • Datenquellen • REST-Datenquellen, und legen Sie dort eine neue Datenquelle an. Der Assistent erinnert an den Assistenten zur Anlage einer Auswahlliste. Wählen Sie auf der ersten Seite, dass Sie eine neue Datenquelle einfügen wollen, und klicken Sie auf Weiter >. Sie kommen zum Dialog in Abbildung 6.1.

Abbildung 6.1 Referenzierung einer REST-Datenquelle

Als REST-DATENQUELLENTYP nutzen Sie den Eintrag `Oracle REST Data Services` und profitieren so von der innerhalb von APEX standardisierten Struktur der JSON-Antwort. Der erste Teil des URL-Endpunkts ist der gleiche wie in der aktuellen APEX-Adresse, bis einschließlich `/ords/`. Dann folgt `rest/hr/employees`. Achten Sie auf korrekte Schreibweise, Groß- und Kleinschreibung werden beachtet. Wenn Sie auf WEITER > klicken, wird geprüft, ob der Webservice erreicht werden kann. Ist dies erfolgreich, wird der Server für diesen Webservice vom eigentlichen Service getrennt (der URL wird entsprechend geteilt, sodass der URL bis einschließlich `/rest/` als Server und der Rest als Service identifiziert wird). Das ist so korrekt und wird dazu führen, dass wir anschließend weitere Services dieses Servers einfacher konfigurieren können. Klicken Sie daher im folgenden Dialog auf WEITER >. Im folgenden Dialog »Einstellungen« könnten wir uns um die Kontrolle der Seitennummerierung kümmern, wir nehmen aber die Standardeinstellungen, klicken auf WEITER > und ändern auch nichts am letzten Dialogfenster, in dem wir die Authentifizierung kontrollieren könnten. Stattdessen klicken wir auf ERMITTELN >.

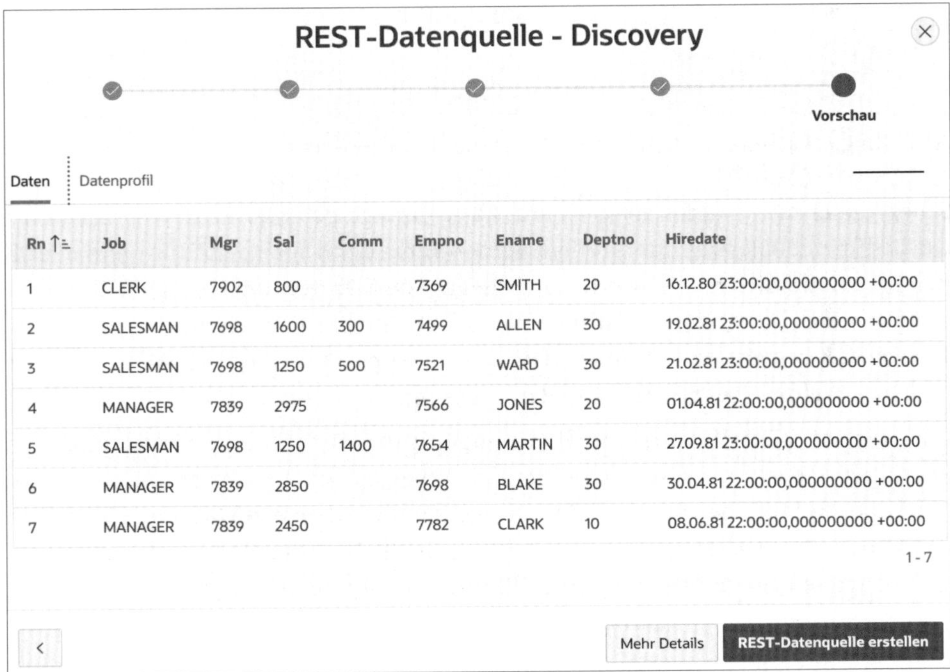

Rn	Job	Mgr	Sal	Comm	Empno	Ename	Deptno	Hiredate
1	CLERK	7902	800		7369	SMITH	20	16.12.80 23:00:00,000000000 +00:00
2	SALESMAN	7698	1600	300	7499	ALLEN	30	19.02.81 23:00:00,000000000 +00:00
3	SALESMAN	7698	1250	500	7521	WARD	30	21.02.81 23:00:00,000000000 +00:00
4	MANAGER	7839	2975		7566	JONES	20	01.04.81 22:00:00,000000000 +00:00
5	SALESMAN	7698	1250	1400	7654	MARTIN	30	27.09.81 23:00:00,000000000 +00:00
6	MANAGER	7839	2850		7698	BLAKE	30	30.04.81 22:00:00,000000000 +00:00
7	MANAGER	7839	2450		7782	CLARK	10	08.06.81 22:00:00,000000000 +00:00

Abbildung 6.2 Automatisch erkannte Spalten der Datenquelle

Nun kontaktiert APEX den Webservice und analysiert automatisch die Antwort. Sie können das Ergebnis der Analyse unmittelbar sehen und kontrollieren. Zudem können Sie im Tabulator DATENPROFIL die erkannten Spaltentypen einsehen. Es sollte alles korrekt sein, schließlich haben wir einen rein APEX-internen Webservice verwendet. Klicken Sie zur Bestätigung auf REST-DATENQUELLE ERSTELLEN.

Die Verwendung dieser REST-Datenquelle ist dann unspektakulär. Sie können zum Beispiel auf <HOME> einen Bericht hinzufügen, dessen Attribute der Quelle so eingerichtet werden wie in Abbildung 6.3 gezeigt.

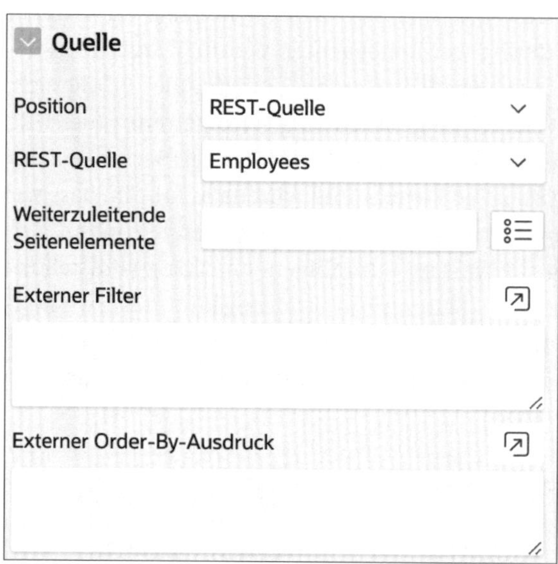

Abbildung 6.3 Referenzierung der REST-Datenquelle im Bericht

Schon die Ermittlung der Spaltenwerte hatte gezeigt, dass der REST-Webservice als Quelle für einen Bericht interpretiert werden kann, denn auch der Assistent hat ja einen Bericht mit den Spaltenwerten angezeigt. Dass dies nun auch in eigenen Anwendungen möglich ist, überrascht nicht weiter. Dennoch ist es sehr schön, dass diese Möglichkeit besteht, zumal sie nicht auf lokale Webservices beschränkt ist, sondern beliebige Webservices als Datenquellen interpretieren kann.

Das Problem dabei ist, dass keine allgemeingültigen Standards bezüglich des Formats der Antwort existiert. Es ist nicht einmal sichergestellt, dass ein Webservice JSON liefert, sondern es können beliebige Formate geliefert werden, von XML über CSV bis hin zu XLS oder PDF. Daher müssen Webservices, die APEX nicht bekannt sind, aufwendiger auf Spalten gemappt werden als APEX-interne Webservices. Hier helfen dann das Datenprofil und die in ihm möglichen Optionen.

Sehen wir uns ein nettes Beispiel hierfür an, das ich in einem Blog des Oracle-Mitarbeiters Roberto Capancioni gefunden habe (*https://tinyurl.com/yc2j2ufd*). Es nutzt den kostenlosen REST-Service *openfootball*. Sehen wir uns in einem ersten Schritt an, wie wir die Daten als REST-Datenquelle verfügbar machen können. Die Visualisierung nehmen wir dann in weiteren Abschnitten des Buches auf. Damit wir diese Funktionalität von unserer Mitarbeiterverwaltung trennen, bitte ich Sie, eine neue Anwendung `Fußball` mit dem Alias `FIFA` anzulegen. Wir benötigen hierfür keine besonderen Features, sondern kümmern uns gleich um die Anbindung an die REST-Datenquelle.

Allerdings müssen wir der Datenbank erlauben, den URL dieses Service ansprechen zu dürfen. Hierfür legen wir in der Datenbank einen *ACL*(*Access Control List*)-Eintrag an. Der folgende Code muss als Administrator der Datenbank ausgeführt werden (dieses Skript wurde bei der Installation der Datenbankobjekte bereits ausgeführt):

```
begin
  dbms_network_acl_admin.append_host_ace(
    host => 'raw.githubusercontent.com',
    lower_port => 80,
    ace => xs$ace_type(
             privilege_list => xs$name_list('http'),
             principal_name => 'BUCH_NO_CODE',
             principal_type => xs_acl.ptype_db));
end;
/
```

Listing 6.1 Befehl zum Anlegen eines ACL-Zugriffs

Ein Zugriff auf eine `https`-Ressource benötigt zudem ein Zertifikat, das in der Oracle-Datenbank in einem *Wallet* genannten Tresor verwahrt wird. Wie dieses Wallet einzurichten ist, ist außerhalb des Fokus dieses Buches und setzt in den meisten Fällen wohl auch die Mitarbeit des Datenbank-Administrators voraus. Da zudem ein sehr guter deutschsprachiger Blog zu diesem Thema existiert (siehe *https://tinyurl.com/nmkh5uvh*), verweise ich darauf und setze im Folgenden voraus, dass `https` genutzt werden kann.

Als URL für den REST-Service nutzen wir *https://raw.githubusercontent.com/openfootball/football.json/master/2020-21/de.1.json* (ich bitte Roberto um Nachsicht, dass ich hier die 1. Bundesliga verwende und nicht die Serie A). Geben Sie diesen URL im Browser ein, erhalten Sie ein JSON-Dokument mit folgendem Aufbau zurück:

```
{
  "name": "Bundesliga 2020/21",
  "matches": [
    {
      "round": "Spieltag 1",
      "date": "2020-09-18",
      "team1": "Bayern München",
      "team2": "FC Schalke 04",
      "score": {
        "ft": [
          8,
          0
        ]
```

```
      }
    },
    {
      "round": "Spieltag 1",
      "date": "2020-09-19",
      "team1": "Eintracht Frankfurt",
      "team2": "Arminia Bielefeld",
      "score": {
        "ft": [
          1,
          1
        ]
      }
    },
  ...}
```

Listing 6.2 JSON-Antwort des openfootball-Webservices

Aufbauend auf diesem URL können wir nun eine REST-Datenquelle erstellen. Gehen Sie hierfür zu <GEMEINSAME KOMPONENTEN> • DATENQUELLEN • REST DATENQUELLEN, und legen Sie eine neue Datenquelle an.

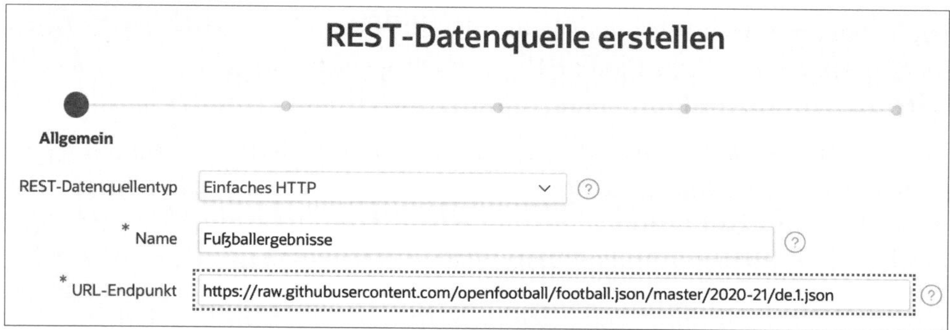

Abbildung 6.4 Anlegen der Openfootball-REST-Schnittstelle

Wir brauchen keine Authentifizierung und können daher alle anderen Assistentenseiten mit ihren Standardeinstellungen akzeptieren, bis wir zu dem Punkt kommen, den Service durch Klick auf die Schaltfläche ERMITTELN vorbereiten zu lassen.

In meiner Version von APEX hat sich dieser Prozess standhaft geweigert, das Ergebnis als JSON zu identifizieren, und schlug stattdessen CSV vor. Sollte das bei Ihnen auch passieren, akzeptieren Sie dies für den Moment, und klicken Sie auf die Schaltfläche ERSTELLEN, wir korrigieren das dann anschließend.

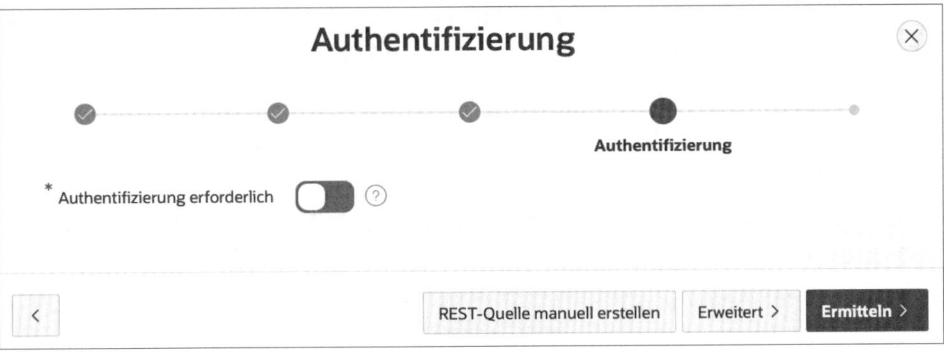

Abbildung 6.5 Automatische Analyse des REST-Services starten

Merke

Zur nachträglichen Korrektur speichern wir zunächst das JSON-Ergebnis des URL im Browser in einer lokalen Datei. Dann klicken wir zur Korrektur auf die erstellte REST-Datenquelle und bearbeiten anschließend das Datenprofil durch Klick auf die Schaltfläche DATENPROFIL BEARBEITEN.

Stellen Sie nun im Attribut DATENPROFIL • FORMATIEREN den Eintrag `JSON` ein, wie in Abbildung 6.6 gezeigt. Es erscheint das Attribut DATENPROFIL • ZEILENSELEKTOR. Ein Blick in die JSON-Datei zeigt, dass das JSON-Attribut `matches` ein Array von Spielen enthält. Daher tragen wir diesen Namen in exakt dieser Schreibweise in das Attribut ein.

Im Bereich ERNEUTE RECOVERY ziehen wir nun die gespeicherte JSON-Datei in den Dateiupload-Bereich und klicken auf die Schaltfläche DATENPROFIL ERNEUT ERKENNEN. Nun sollte es besser aussehen, und die Spalten `DATE_`, `ROUND`, `TEAM1` und `TEAM2` sollten erscheinen. Klicken Sie abschließend auf die Schaltfläche DATENPROFIL ERSETZEN, um die alten Spalten durch die neuen zu ersetzen.

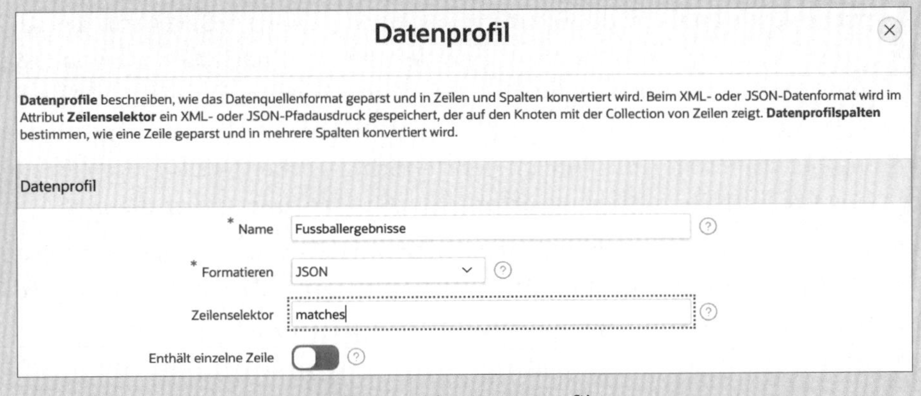

Abbildung 6.6 Korrektureinstellungen des Datenprofils

Nachdem nun die Struktur des Webservices aus der JSON-Antwort ermittelt wurde, sehen wir einige unschöne Dinge, die wir anschließend ergänzen und verbessern:

- Die Daten benötigen einen Primärschlüssel.
- Die erste Spalte hat den Namen `DATE_`, weil das JSON-Attribut einen geschützten SQL-Bezeichner als Namen trägt.
- Die Spalten `TEAM1` und `TEAM2` könnten Unterstriche zwischen dem Namen und den Ordinalzahlen vertragen.
- Die Tore fehlen!

Zur Korrektur bearbeiten wir wieder das Datenprofil und editieren die vorhandenen Spalten durch Klicks auf die Bleistiftsymbole. Dabei ist es einfach, die Spaltenbezeichner anzupassen. Bitte verwenden Sie die Spaltennamen `PLAY_DATE`, `ROUND`, `TEAM_1` und `TEAM_2`, um Probleme im weiteren Verlauf zu vermeiden. Für die Spalten `PLAY_DATE` (`DATE_`) und `TEAM_1` (`TEAM1`) legen Sie bitte noch fest, dass sie Primärschlüsselspalten sind, indem Sie das Attribut SPALTE • PRIMÄRSCHLÜSSEL anschalten.

Um die Tore hinzuzufügen, müssen wir ein wenig mehr tun.

Die Tore befinden sich im JSON in einem strukturierten Attribut namens `score`, wie in Listing 6.3 gezeigt.

```
"score": {
  "ft": [1, 1]
}
```

Listing 6.3 Ausriss aus der JSON-Datei

Um diese Informationen als Spalten abzubilden, erstellen wir im Datenprofil eine neue Spalte durch Klick auf die Schaltfläche SPALTE HINZUFÜGEN.

Der entscheidende Punkt ist der Eintrag in das Attribut QUELLE • SELEKTOR. Der Ausdruck `score.ft[0]` zeigt auf das erste Arrayelement im Kindelement `ft` von `score` (JavaScript zählt immer von 0 beginnend). Den Datentyp definieren Sie als `NUMBER`. Beachten Sie bitte auch, dass Sie die Spalte im Attribut SPALTE • SICHTBAR anschalten müssen, ansonsten wären die Tore im Bericht nicht zu sehen. Analog legen Sie nun noch eine zweite Spalte mit dem Selektor `score.ft[1]` an und nennen diese `GOALS_2`.

Damit Sie die Früchte Ihrer Arbeit ernten können, erstellen Sie nun noch schnell auf <HOME> eine neue Region vom Typ `interaktiver Bericht` und legen die Quelle auf die REST-Datenquelle fest. Das Ergebnis sehen wir in Abbildung 6.8.

Spalte

Sequenz: 14

* Name: GOALS_1

* Primärschlüssel

* Filterbar

* Sichtbar

Quelle

Spaltentyp: **Daten**

* Selektor: score.ft[0]

* Datentyp: NUMBER

Formatmaske

Abbildung 6.7 Dialog zum Hinzufügen einer Spalte

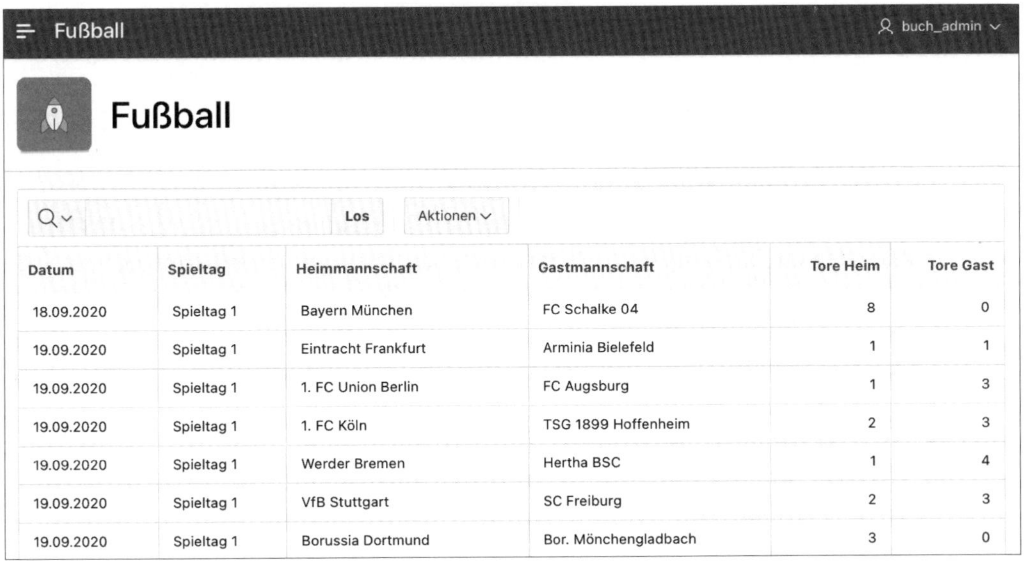

Fußball   buch_admin

Fußball

Los   Aktionen

Datum	Spieltag	Heimmannschaft	Gastmannschaft	Tore Heim	Tore Gast
18.09.2020	Spieltag 1	Bayern München	FC Schalke 04	8	0
19.09.2020	Spieltag 1	Eintracht Frankfurt	Arminia Bielefeld	1	1
19.09.2020	Spieltag 1	1. FC Union Berlin	FC Augsburg	1	3
19.09.2020	Spieltag 1	1. FC Köln	TSG 1899 Hoffenheim	2	3
19.09.2020	Spieltag 1	Werder Bremen	Hertha BSC	1	4
19.09.2020	Spieltag 1	VfB Stuttgart	SC Freiburg	2	3
19.09.2020	Spieltag 1	Borussia Dortmund	Bor. Mönchengladbach	3	0

Abbildung 6.8 Bericht über die REST-Datenquelle

Ich weiß, dass man hier noch vieles schöner machen könnte. Darauf komme ich auch noch zurück, allerdings möchte ich zunächst eine technische Verbesserung mit Ihnen besprechen.

Derzeit lesen wir die Ergebnisse direkt vom Webservice. Die Informationen, das können wir dem URL entnehmen, beziehen sich auf die Saison 2020–21 und sollten sich daher nach meiner Kenntnis des Regelwerks wohl nicht mehr ändern. Daher wäre es doch effizienter, diese Daten in einer lokalen Datenbank zu speichern und nicht jedes Mal online nachzuschlagen.

Auch das können wir deklarativ erreichen. Wir gehen dafür zu <GEMEINSAME KOMPONENTEN> • DATENQUELLEN • REST-DATENQUELLEN. Im Bericht sehen wir neben dem Namen unserer Datenquelle den Eintrag `Synchronisiert` • `Nein`. Klicken Sie auf den Link, um einen Assistenten zum Synchronisieren dieser Datenquelle zu öffnen (Abbildung 6.9).

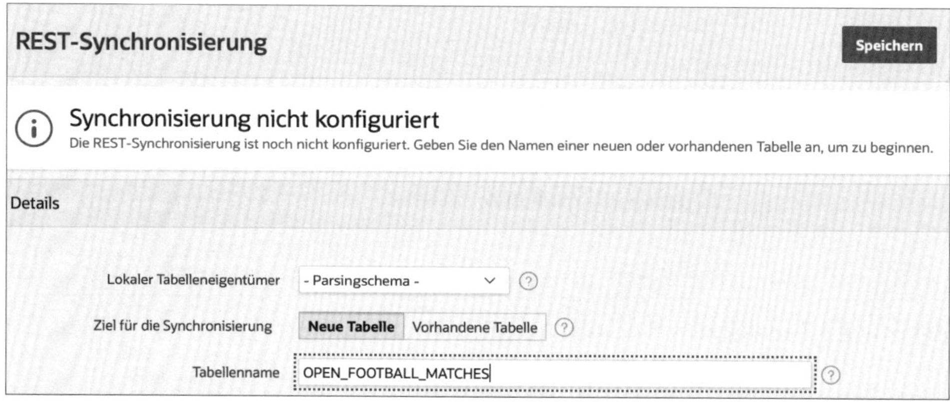

Abbildung 6.9 Synchronisierung einer REST-Datenquelle

Tragen Sie bitte den Namen der Tabelle genauso ein wie in Abbildung 6.9, weil ich für diesen Namen Views für die spätere Visualisierung vorbereitet habe. Achten Sie insbesondere auf die Großschreibung. Wenn Sie die Einstellungen speichern, werden Sie darauf hingewiesen, dass diese Tabelle noch nicht existiert. Bevor Sie sich die Tabelle erstellen lassen, können Sie die Schaltfläche SQL anzeigen klicken, um sich die SQL-Anweisung zum Erstellen der Tabelle anzeigen zu lassen. Beachten Sie, dass die Tabelle einen Primärschlüsselconstraint erhalten wird, da wir ja im Datenprofil die entsprechenden Einstellungen vorgenommen hatten (Abbildung 6.10). Klicken Sie anschließend auf die Schaltfläche TABELLE ERSTELLEN.

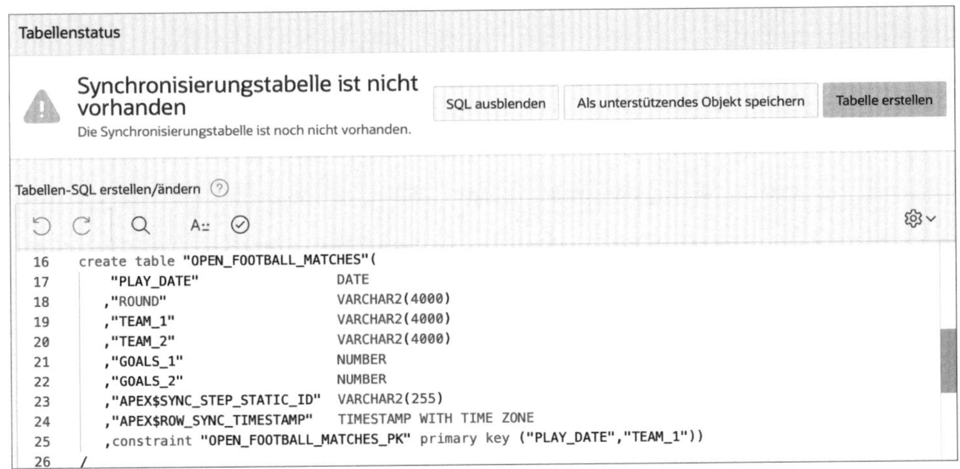

Abbildung 6.10 Erstellung einer Synchronisierungstabelle

Als Nächstes müssen wir noch festlegen, in welchen Intervallen die lokale Tabelle mit dem Webservice synchronisiert werden soll. Nun zahlt sich aus, dass wir einen Primärschlüssel angelegt hatten, denn dadurch haben wir die Option, die Daten des Webservices mit der lokalen Tabelle zusammenführen zu lassen. Klicken Sie für dieses Verfahren auf SYNCHRONISIERUNGSTYP • `Zusammenführen` (❶ in Abbildung 6.11) und anschließend auf die Symbolschaltfläche zur Erstellung eines Zeitintervalls (❷ in Abbildung 6.11), um einzustellen, in welchem Intervall die Synchronisierung erfolgen soll.

Details | Synchronisierungsverwendung
Aktuelles Synchronisierungsziel: OPEN_FOOTBALL_MATCHES
Synchronisierungstyp: Anhängen | Zusammenführen ❶ | Ersetzen
Synchronisierungsplan: FREQ=WEEKLY;INTERVAL=4;BYDAY=MON;BYHOUR=16;BYMINUTE=0;BYSECOND=0 ❷
Schritte | Schritt hinzufügen

Abbildung 6.11 Einstellungen zur Synchronisierung mit dem REST-Webservice

Die Synchronisierung erfolgt direkt durch die Datenbank über ein dort integriertes System zur Ausführung zeitgesteuerter Jobs. Daher ist es nicht erforderlich, dass die APEX-Anwendung läuft, und es gilt immer die Zeitzone des Datenbankservers. Mithilfe des Dialogs aus Abbildung 6.12 können Sie nun das Aktualisierungsintervall frei definieren.

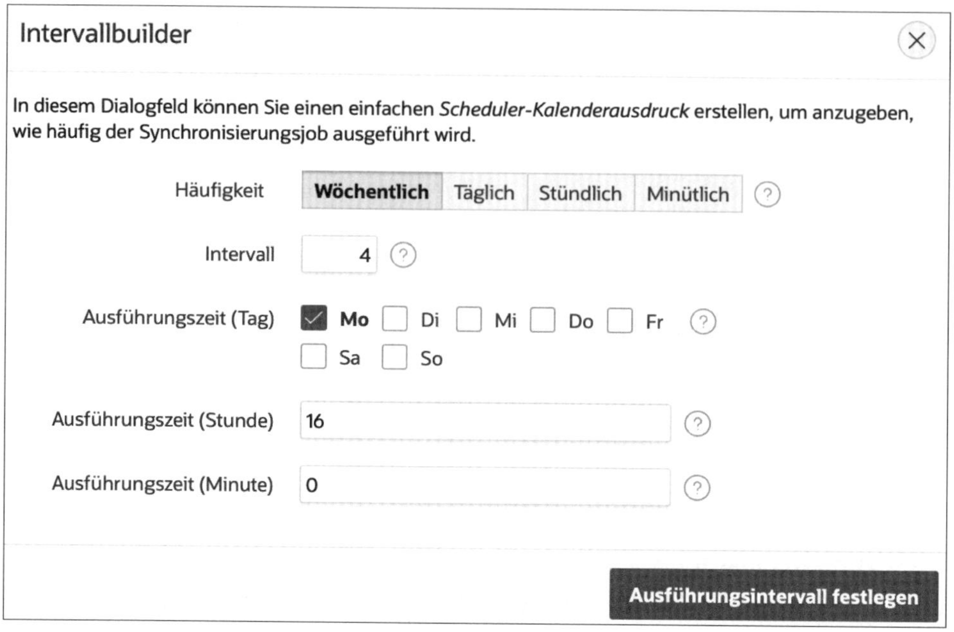

Abbildung 6.12 Dialog zur Definition von Zeitintervallen

Im Beispiel vereinbaren wir eine automatisierte Aktualisierung im Vier-Wochen-Rhythmus, jeweils um 16:00 Uhr. Bestätigen Sie Ihre Einstellungen mit der Schaltfläche SPEICHERN UND AUSFÜHREN. Sofort wird die Datenquelle synchronisiert, und die Daten werden in die Tabelle geladen. Im Dialog können Sie zudem sehen, wann das nächste Mal der REST-Service aktualisiert werden wird.

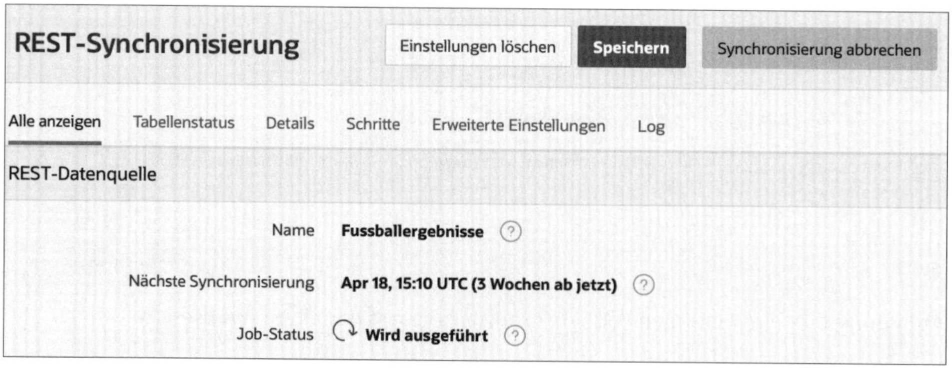

Abbildung 6.13 Synchronisierung des REST-Webservices

Eine letzte Änderung führen wir nun noch durch. Wenn wir zum Bericht auf die Seite <HOME> gehen und uns dort die <BERICHTSATTRIBUTE> • QUELLE ansehen, hat sich ein neues Attribut eingeschlichen. Sie können nun durch einfachen Klick auf den Schalter SYNCHRONISIERUNGSTABELLE VERWENDEN entscheiden, ob der Bericht die lokal zwischengespeicherten Daten oder die aktuellen Daten des Webservices verwenden soll.

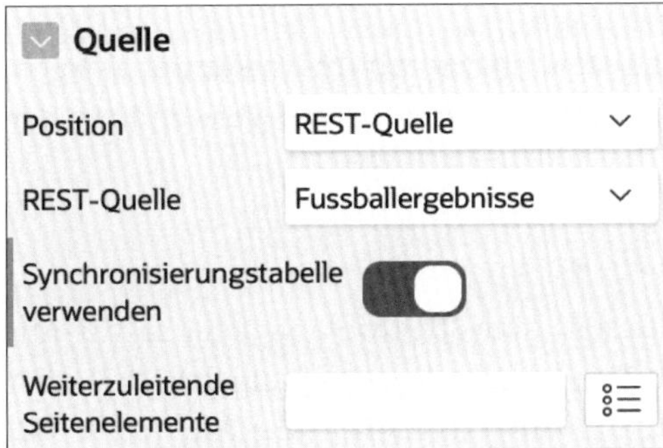

Abbildung 6.14 Verwendung der Synchronisierungstabelle

Das spart den Roundtrip zum Webservice und erhöht so die Performanz, kann aber jederzeit wieder rückgängig gemacht werden, wenn Sie aktuelle Daten benötigen.

6.1.3 Identifikation einer Zeile

Für viele Verwendungen ist es erforderlich, dass ein Schlüssel zur Identifikation einer Zeile einer Datenquelle bereitsteht. Dies gilt insbesondere für Formulare, die auf Basis dieser Informationen entscheiden, ob eine Bearbeitung bestehender Daten vorliegt (die Primärschlüsselinformation ist gefüllt) oder eine Neuanlage (die Primärschlüsselinformation ist leer).

Daher muss eine Möglichkeit existieren, APEX mitzuteilen, auf welche Art ein Datensatz eindeutig identifiziert werden kann. Dies ist je nach Datenquelle etwas unterschiedlich, doch existieren für die lokale Datenbank zwei Strategien, die ich hier vorstellen möchte.

Primärschlüsselspalte

Bei der ersten Variante wird die Primärschlüsselinformation der Tabelle verwendet. APEX unterstützt deklarativ die Verwendung von bis zu zwei Spalten für diese Information. Dieser Weg bietet sich insbesondere dann an, wenn die Primärschlüsselwerte durch eine Autowertspalte oder eine Sequenz automatisch in der Datenbank erzeugt werden. Der Grund ist, dass das Formular das Editieren dieser Spaltenwerte unterbinden wird, weil APEX davon ausgeht, dass beim Speichern ein neuer Wert gebildet wird. Zudem soll ein bestehender Wert nicht änderbar sein.

Es gibt aber Situationen, in denen dieses Verhalten nicht anwendbar ist, wie zum Beispiel bei Lookup-Tabellen, die häufig einen alphanumerischen und frei wählbaren Primärschlüsselwert besitzen. Nehmen wir als Beispiel eine Tabelle zum Nachschlagen eines Ländercodes, deren Primärschlüsselwert zum Beispiel aus einem dreistelligen Wert gemäß *ISO 3166 Alpha-3* abgeleitet wird. Hier kann die Datenbank keinen neuen Primärschlüsselwert generieren.

In diesen Fällen kann man unterschiedlich reagieren, wie wir uns in Kapitel 10, »Formulare«, ansehen werden. Eine mögliche Strategie besteht in der Verwendung der `ROWID`.

ROWID

Die `ROWID` ist eine sogenannte Pseudospalte, also eine Spalte, die in jeder `select`-Anweisung abgefragt werden kann, aber nicht Teil der Tabelle ist. Es handelt sich hierbei um die physikalische Speicheradresse der Zeile innerhalb der Oracle-Datenbank und ist grob mit dem Speicherort einer Datei im Dateisystem vergleichbar. Insbesondere teilt sie mit diesem Vergleich die Eigenschaft, die Information auf schnellstmögliche Weise zugreifbar zu machen, denn es ist egal, wie viele Dateien gespeichert sind. Wenn wir den konkreten Speicherort kennen, ist der Zugriff darauf maximal schnell.

Die `ROWID` ist kein vollwertiger Ersatz für einen Primärschlüssel, weil der Wert sich über die Zeit ändern kann, ähnlich wie sich auch der Speicherort einer Datei ändern kann. Diese Änderungen sind allerdings sehr selten und treten nur auf, wenn administrative Arbeiten an den Datenbanktabellen durchgeführt werden. Es wird daher im Regelfall toleriert, dass diese Informationen volatil sind, weil nicht davon ausgegangen wird, dass in der kurzen Zeit, die für die Bearbeitung einer Zeile aufgewendet werden muss, ein solches Ereignis eintreten wird.

Die `ROWID` kann also in diesen Grenzen als Ersatz für eine Primärschlüsselinformation verwendet werden. Auf dem Formular wird nun die »eigentliche« Primärschlüsselinformation nicht mehr geschützt und kann frei editiert werden. Soll ein Wert nicht mehr verändert werden können, nachdem der Datensatz angelegt wurde, kann dies dadurch erreicht werden, dass das Eingabefeld mit dieser Information schreibgeschützt wird, falls es nicht leer ist. Dies erreichen Sie durch das Attribut SCHREIBGESCHÜTZT • TYP • `Element ist NOT NULL` und der Angabe des Elementnamens im Attribut SCHREIBGESCHÜTZT • ELEMENT.

Neu angelegte Zeilen können dann einfach auf einen eindeutigen Wert gesetzt, nachträglich aber nicht mehr geändert werden.

6.2 Das Layout kontrollieren

Eine APEX-Anwendungsseite, das hatten wir bereits bei der Erstellung unserer eigenen Anwendung bemerkt, platziert die Regionen auf dem Bildschirm auf Basis eines Rasters aus 12 Zeilen und beliebig vielen Zeilen. Mit Version 21.2 ist eine Erweiterung hinzugekommen, die es erlaubt, von einer recht strengen Hierarchie Seite => Region

=> Eingabefeld/Schaltfläche abzuweichen. Mit dieser Version ist es möglich, alle Komponenten wahlfrei überall auf der Seite zu verteilen. Grund genug, sich einmal das Konzept anzusehen, denn es gilt für alle Komponenten.

6.2.1 Anordnung von Regionen auf der Seite

Beschäftigen wir uns zunächst mit der Platzierung von Regionen im Anzeigebereich `Body`. Dort werden oft sehr viele Regionen platziert, um zum Beispiel ein zweispaltiges Layout mit Regionen, die unabhängig voneinander neben- und untereinander dargestellt werden können, zu realisieren, oder ein statisches Layout von zum Beispiel vier Regionen, zwei nebeneinander, zwei untereinander, mit jeweils gleichen Größen. Damit Sie die Möglichkeiten in Anwendung sehen und mit den einzelnen Funktionen vertraut werden, werden wir die Startseite unserer Anwendung um zwei weitere Regionen erweitern, die wir dann auf der Seite hin- und herschieben. Um den Überblick nicht zu verlieren, nennen wir die Regionen, die derzeit auf der Seite liegen, `Region 1` (`Klassischer Bericht`) und `Region 2` (`Diagramm`). Alle weiteren Regionen, die nun nach und nach auf der Seite platziert werden, werde ich analog ansprechen.

Das Layout einer Seite basiert beim Universal Theme auf einem System aus zwölf Spalten, die die Seite in gleicher Breite unterteilen. Die Zahl 12 bietet sich an, weil sie durch 2, 3 sowie 4 teilbar ist. Dadurch entstehen viele Kombinationsmöglichkeiten.

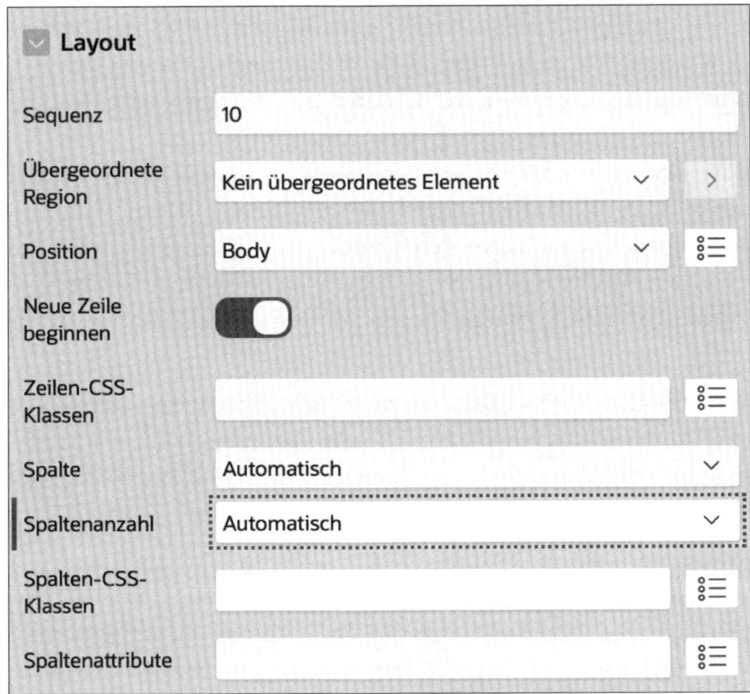

Abbildung 6.15 Layoutattribute einer Region

Derzeit liegen die beiden Regionen auf <HOME> noch nebeneinander. Lassen Sie uns das ändern, indem Sie das Attribut LAYOUT • NEUE ZEILE BEGINNEN von `Region 2` auf `Ja` stellen und das Attribut LAYOUT • SPALTENANZAHL von `Region 1` auf den Wert `Automatisch` zurückstellen. Nun sind die beiden Regionen auf der Seite in ihrer »Grundposition«. Starten Sie die Seite, und sehen Sie sich das Ergebnis an. Beide Regionen nehmen den gesamten Bereich des Anzeigepunkts `Body` ein. Mittels <ENTWICKLERLEISTE> • INFORMATIONEN • LAYOUTSPALTEN ANZEIGEN erkennen wir die zwölf Spalten, in die die Anzeigebreite unterteilt ist.

Versuchen wir als Nächstes, `Region 1` zu zentrieren. Sie erreichen dies, indem Sie das <ALLGEMEINE REGIONSATTRIBUT> • LAYOUT • SPALTE auf `3` und LAYOUT • SPALTENANZAHL auf `8` stellen. Die Seitenvorschau passt die Darstellung von `Region 1` an: Rechts und links von der Region wird nun freier Platz angezeigt. Hovern Sie einmal die Regionsüberschrift im Canvas oder dem linken Seitenbereich. Es erscheint ein Tooltipp mit den Angaben zu den Layouteinstellungen. Noch etwas: Als Sie das Attribut LAYOUT • SPALTE auf `3` geändert hatten, standen Ihnen im Attribut LAYOUT • SPALTENANZAHL nur noch die Einträge `1` bis `10` zur Verfügung. APEX kalkuliert automatisch, wie viele Spalten auf der Seite noch zur Verfügung stehen und gibt einen Fehler aus, falls die Zahl `12` überschritten würde.

Speichern Sie die Einstellungen, und sehen Sie sich das Ergebnis an: `Region 1` wird schmaler und zentriert auf der Seite dargestellt.

Stellen Sie das ursprüngliche Layout wieder her, bei dem die beiden Regionen nebeneinander dargestellt wurden. Hierzu müssen die Spaltenfestlegungen von `Region 1` wieder auf `Automatisch` zurückgenommen werden und `Region 2` nicht auf eine neue Zeile gestellt werden. Das ist das zweite Konzept des Grid Layouts: Regionen eines Bereichs werden in Zeilen organisiert. Wenn zwei Regionen untereinander angeordnet werden, befinden sich diese in unterschiedlichen Zeilen. Da die rechte Region die Einstellung erhalten hat, keine neue Zeile anzulegen, wird sie in der gleichen Zeile wie die linke Region platziert. Da beide Regionen zudem keine expliziten Einstellungen bezüglich der Spaltenanzahl machen, die sie benötigen, werden sie gleichmäßig auf der Seite verteilt.

Kombinieren wir nun die beiden Möglichkeiten, indem wir `Region 2` breiter darstellen. Ändern Sie für `Region 2` das Attribut LAYOUT • SPALTENANZAHL auf `8`, speichern Sie die Änderungen, und sehen Sie sich das Ergebnis an. `Region 2` nimmt nun zwei Drittel des verfügbaren Platzes der Seite ein.

Erstellen Sie eine dritte Region (ID • ÜBERSCHRIFT • `Region 3`) vom Typ `Statischer Inhalt`, und platzieren Sie sie so, dass sie unterhalb der beiden existierenden Regionen in einer eigenen Zeile angezeigt wird. Sehr einfach geht das Erstellen von der Hand, wenn Sie mit der rechten Maustaste auf den Eintrag `Body` der hierarchischen Seitenübersicht klicken und den Befehl REGION ERSTELLEN wählen. Speichern und betrachten Sie das Ergebnis. Region 3 nimmt nun den gesamten Platz unterhalb der beiden vorherigen Regionen ein. Das horizontale Layout wird also pro Zeile neu berechnet. Fügen Sie eine vierte Region (Region 4) rechts neben Region 3 hinzu, und legen Sie fest, dass Region 4 nur 4 Spalten breit sein soll. Es ergibt sich ein Layout mit einer 1:2-Verteilung für die obere und einer 2:1-Verteilung für die untere Zeile.

Legen Sie nun fest, dass beide Zeilen die gleiche Verteilung haben, zum Beispiel beide eine 1:2-Verteilung. Betrachten Sie die Seite. Zwei Dinge fallen auf: Zum einen sind die Regionen der oberen Zeile unterschiedlich hoch, Region 2 ist höher, weil die Grafik mehr Platz benötigt als die Berichtsregion. Zum Zweiten fällt auf, dass oberhalb von Region 3, die ja nun die gleiche Breite wie Region 2 hat, freier Raum gezeigt wird, denn Region 1 ist nicht so hoch wie Region 2. Dennoch bleibt Region 3 in den Grenzen ihrer Zeile, die durch die höhere der beiden vorangegangenen Regionen bestimmt wird. Stellen Sie sich das Layout der Seite so vor, als wäre um die Regionen einer Zeile eine weitere Region (tatsächlich ist da auch eine, die allerdings von APEX automatisiert eingefügt wird). Die Regionen können sich also nur in den Grenzen der umgebenden Region bewegen und sind innerhalb dieser Regionen am oberen Rand platziert. Sehen wir uns diese umgebende Region einmal an, indem wir uns den Quelltext der Seite darstellen lassen. Sie hat die Definition aus Listing 6.4.

```
<div class="container">
  <div class="row ">
    <div class="col col-4 apex-col-auto col-start">
      ... Region 1
    </div>
    <div class="col col-8  col-end">
      .. Region 2
    </div>
  </div>
  <div class="row ">
    <div class="col col-4 apex-col-auto col-start">
      ... Region 3
    </div>
  </div>
  <div class="col col-8  col-end">
    ... Region 4
  </div>
</div>
```

Listing 6.4 DIV-Elemente um die Regionen einer Zeile

Das ist gemeint, wenn von einem *DIV-basierten Layout* gesprochen wird: Die Anordnung der Seite geben nur div-Elemente vor, nicht aber wie früher eine große Tabelle mit Spalten und Zeilen. Dieser alte Ansatz hatte den Nachteil, dass sich die Regionen kaum umsortieren lassen, denn die Spalten und Zeilen einer Tabelle sind sehr statisch. div-Elemente sagen zwar etwas über die Struktur der Seite aus (welche Region enthält welche Subregionen etc.), nicht aber über die konkrete Darstellung auf der Seite. Wie viel Platz die Regionen erhalten und ob sie neben- oder übereinander dargestellt werden, wird ausschließlich über CSS-Klassen gesteuert. Der Code aus Listing 6.4 verdeutlicht dies: Das äußere DIV-Element hat die Klasse row, die beiden in ihm enthaltenen DIV-Elemente haben die Klassen col col-4 bzw. col col-8. Wie diese Regionen visualisiert werden, regeln die entsprechenden CSS-Klassen. Und welche Klassen wiederum zur Darstellung herangezogen werden, entscheidet die Seite über sogenannte *Media Queries*, die, basierend auf unterschiedlichen Kriterien, eine CSS-Regel anwenden oder nicht. Das folgende Listing zeigt ein Beispiel für eine von APEX verwendete Media Query:

```
@media only screen and (min-width: 641px)
```

Diese Media Query reagiert also nur, wenn die Darstellung auf einem Bildschirm erfolgt (und nicht etwa eine Sprachausgabe angefordert wurde) und dieser Bildschirm über mindestens 641 px Auflösung verfügt. Sie sehen, dass hinter der Gestaltung der CSS-Klassen für die Seitenberechnung ein erheblicher Aufwand und viel Fachwissen stecken. Seien wir (ich beziehe mich und alle, die nicht ihren Schwerpunkt auf CSS-Gestaltung haben, in dieses *wir* mit ein) froh, dass APEX dies alles für uns geklärt hat und wir die Früchte dieser Arbeit einfach nur verwenden können.

Fortgeschrittene Techniken des Regionslayouts

Lassen Sie uns die Seite noch etwas weiter verfeinern. Erstes Ziel ist es, eine gleichmäßige Verteilung der Regionen auf der Seite zu erreichen. Dazu sollen die Regionen der rechten und linken Seite die gleiche Höhe bekommen. Ein Weg, dies zu erreichen, besteht in der Verwendung von Templateoptionen.

Wählen Sie <ENTWICKLERTOOLS> • SCHNELLBEARBEITUNG, und bearbeiten Sie die Templateoptionen der Regionen 1 und 2. Beide Regionen sollen das Attribut ALLGEMEIN • BODY HEIGHT • 320px erhalten. Beide Regionen sind nun unabhängig von ihrem Inhalt genau 320 Pixel hoch. Würde der Inhalt einer Seite mehr Platz als diese 320 Pixel in Anspruch nehmen, regelte die Template-Option ERWEITERT • BODY OVERFLOW das Verhalten in diesem Fall. Standardmäßig steht dort Scroll - Default, es wird also ein Scrollbalken am rechten Regionsrand angezeigt. Optional können Sie zusätzlichen Inhalt aber auch einfach verstecken lassen. Im Ergebnis haben wir also den Platz zwischen Region 1 und Region 3 dadurch entfernt, dass wir die Regionen 1 und 2 auf gleiche Höhe gezwungen haben, eventuell zulasten des Inhalts oder eines Scrollbalkens. Was ist aber, wenn wir die Höhen der beiden Regionen erhalten, aber dennoch keinen Platz zwischen den Regionen dulden möchten, wenn also die Regionen gleicher Breite vertikal direkt aneinanderschließen sollen? Wir möchten unsere Seite also als zweispaltiges Layout darstellen.

Diese Anforderung setzen wir mit zwei zusätzlichen Regionen um, eine für die linke und eine für die rechte Spalte. Linke und rechte Spalte werden nebeneinander dargestellt und die bisherigen Regionen als Subregionen in die entsprechenden Spalten integriert. Im Einzelnen:

- Ziehen Sie zwei weitere Regionen vom Typ `Statischer Inhalt` auf die Anwendungsseite, oder erstellen Sie sie über das Kontextmenü. Platzieren Sie beide Regionen in einer Zeile über den anderen Regionen, und ordnen Sie die beiden Regionen in dieser Zeile nebeneinander an. Benennen Sie die beiden Regionen mit `Spalte links` bzw. `Spalte rechts`.
- Legen Sie für Region `Spalte links` eine Breite von `4` Spalten fest.
- Ziehen Sie anschließend `Region 1` in den Bereich `Sub Regions` der Region `Spalte links`, und lassen Sie sie dort fallen. Alternativ erreichen Sie das gleiche Ziel, indem Sie das Attribut LAYOUT • ÜBERGEORDNETE REGION auf `Spalte links` stellen.
- Stellen Sie die Spaltenzahl der Regionen 1–4 auf `Automatisch` zurück, um den gesamten Platz innerhalb der Region `Spalte links` zu nutzen, und setzen Sie das Attribut LAYOUT • NEUE ZEILE BEGINNEN • `Ja`. Setzen Sie die Templateoption ALLGEMEIN • BODY HEIGHT • `Auto - Default`.
- Ziehen Sie anschließend `Region 3` auf einen Platz unterhalb von `Region 1`. Achten Sie darauf, dass die Region in einem eigenen Kasten unterhalb der Region dargestellt wird. Alternativ legen Sie einfach in `Region 3` das Attribut LAYOUT • ÜBERGEORDNETE REGION auf `Spalte links` fest.
- Verfahren Sie mit den Regionen `Region 2` und `Region 4` analog für die rechte Spalte.
- Revidieren Sie die Templateoptionen der Regionen `1` und `2`, und stellen Sie die Höhe auf `Auto` zurück.

Speichern Sie das Ergebnis, und sehen Sie sich die Seite an. Sie sehen nun, wie Sie Subregionen nutzen können, um Regionen auf der Seite anzuordnen. Störend ist, dass dieser »Trick« auf der Anwendungsseite zu sehen ist, denn die beiden Regionen `Spalte links` und `Spalte rechts` haben eine sichtbare Überschrift und einen störenden Rand. Lassen Sie uns auch dies noch beseitigen, indem wir beide Regionen auf das Regionstemplate `Blank with Attributes` stellen. Speichern Sie die Änderungen, und begutachten Sie das Ergebnis: Der Trick ist unsichtbar, die Regionen fließen in zwei Spalten, unabhängig von den Zeilen. Natürlich existiert das Zeilenkonzept immer noch, aber jeweils innerhalb der Regionen `Spalte links` und `Spalte rechts`. Dies können Sie nutzen, um komplexe Layouts zu realisieren. Natürlich können Sie diese Technik auch auf drei Spalten ausweiten oder ein zweispaltiges Layout innerhalb einer Subregion schachteln. Beachten Sie, dass einer Subregion, zum Beispiel innerhalb von

Spalte links, wiederum zwölf Spalten zur Verfügung stehen, die nun natürlich erheblich schmaler sind als die Spalten der Seite, denn die übergeordnete Region hat ja nicht die volle Breite der Seite.

Das sind die Grundtechniken, die es Ihnen ermöglichen, beinahe beliebige Layouts auf einer Seite zu erstellen. Denken Sie nicht zu kompliziert, sondern suchen Sie die einfachste Lösung, die zum Erfolg führt. Zum Beispiel könnten Sie die Regionen `Spalte links` und `Spalte rechts` auch dadurch unsichtbar machen, dass Sie in den Templateoptionen die Überschrift ausblenden und das Body Padding entfernen. Der noch sichtbare Rand ließe sich durch den Style `Remove Borders` entfernen. Gut, das geht, aber warum? Einfacher ist es, das Template zu ändern. Natürlich nur, wenn Sie an diese Option gedacht hatten, aber diese einfachen Lösungen zu finden, sollte das Ziel der Beschäftigung mit APEX sein.

Dann ist die Benennung einer solchen Region, die auf der Seite unsichtbar sein wird, natürlich nicht unbedingt erforderlich. Aus Dokumentationsgründen ist das aber in jedem Fall empfehlenswert und noch aus einem weiteren Grund: Wählen Sie eine der Regionen, die als Subregionen nun in der linken oder rechten Spalte liegen. Klicken Sie auf das Attribut <Allgemeine Regionsattribute> • Layout • Übergeordnete Region. Alternativ zum Verfahren, Regionen per Drag-and-drop ineinander zu schachteln, könnten wir diese Einstellung ja auch hier vornehmen. Aber welche Region wählen Sie nun als übergeordnete Region, wenn fünf weitere Regionen einfach nur `Neu` heißen?

Gridlayout für Eingabefelder

Eingabefelder werden im Grunde ebenso wie Regionen kontrolliert. Das Attribut Layout • Sequenz steuert die Darstellungsreihenfolge, die Sie auch mit Drag-and-drop im Seitendesigner einstellen können. Das Attribut Layout • Region wiederum steuert die Zugehörigkeit des Seitenelements zu einer Region und kann ebenfalls durch Drag-and-drop kontrolliert werden.

Wie beschrieben, steht uns in einer Region ein Layout mit zwölf Spalten zur Verfügung, in das wir nun die Seitenelemente einfügen. Bedenken Sie, dass abhängig von der Breite der umschließenden Region die Breite der Spalten nun schmaler sein wird. Von der Regionsbreite wird zudem der innere Rand abgezogen (der über eine Template-Option der Region allerdings auch auf `0` gesetzt werden kann) und der verbleibende Platz in zwölf gleiche Spalten aufgeteilt. Eine Analogie zum Regionslayout findet sich auch in der Tatsache, dass es innerhalb der Region Zeilen gibt, die das vertikale Layout kontrollieren. Normalerweise wird ein neues Element innerhalb der Region auch in einer eigenen Zeile dargestellt, doch können Sie dies auch für ein Element durch das Attribut Layout • Neue Zeile starten • `Nein` untersagen. Diese Einstellung ist für das erste Seitenelement nicht von Interesse (diese Einstellung würde keine Änderung der Darstellung bewirken), sondern ab dem zweiten Element.

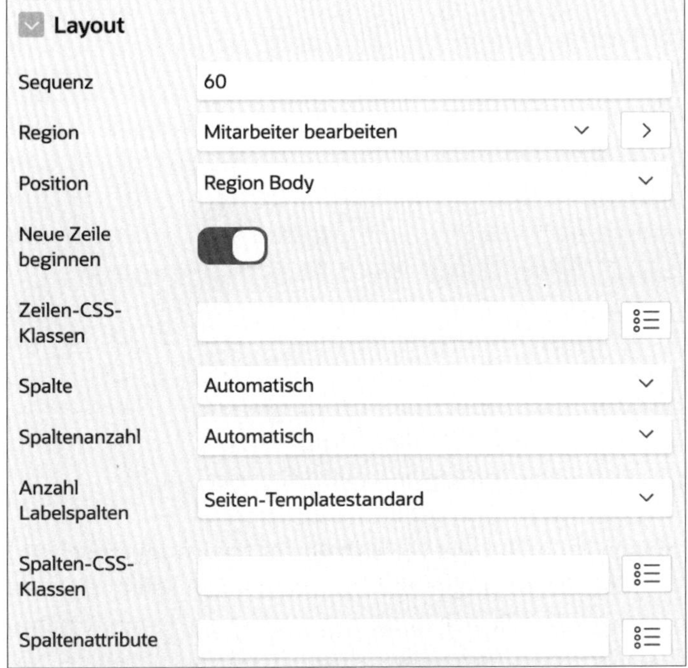

Abbildung 6.16 Layoutoptionen für Eingabefelder

Zu beachten ist aber, dass ausreichend viele Spalten zur Darstellung der Elemente nebeneinander zur Verfügung stehen müssen. Wie das berechnet wird, werden die folgenden Attribute erläutern.

Zunächst steuert das Attribut LAYOUT • SPALTE, ab welcher Spalte das Element dargestellt werden soll. Wichtig hierbei: Diese Angabe bezieht sich auf Label und Elementwert zusammen. Wenn Sie diesen Wert größer `1` einstellen, wird links vom Label Platz geschaffen und das gesamte Element nach rechts verschoben. Analog sorgt das Attribut LAYOUT • SPALTENANZAHL für eine Einrückung von rechts. Wichtig, und im Vergleich zu den Regionsoptionen neu, ist das Attribut LAYOUT • ANZAHL LABELSPALTEN, das angibt, wie viele Spalten der Region für den Elementnamen reserviert werden.

6.2.2 Freie Platzierung von Elementen auf der Seite

Neu in Version 21.2 hinzugekommen ist, dass Elemente weitgehend frei auf der Anwendungsseite platziert werden können. Zwar unterliegen sie immer noch den Vorgaben des Gridlayouts, aber Schaltflächen und Eingabefelder sind nun nicht mehr an Regionen gebunden, sondern können auch in Anzeigebereichen auf der Seite platziert werden. So ist es nun also möglich, eine Schaltfläche in den Breadcrumb-Bereich oder neben die Navigationsleiste zu stellen oder Text freistehend auf der Seite zu platzieren. Neu hinzugekommen ist auch ein Regionsanzeigebereich `Full Width Content`.

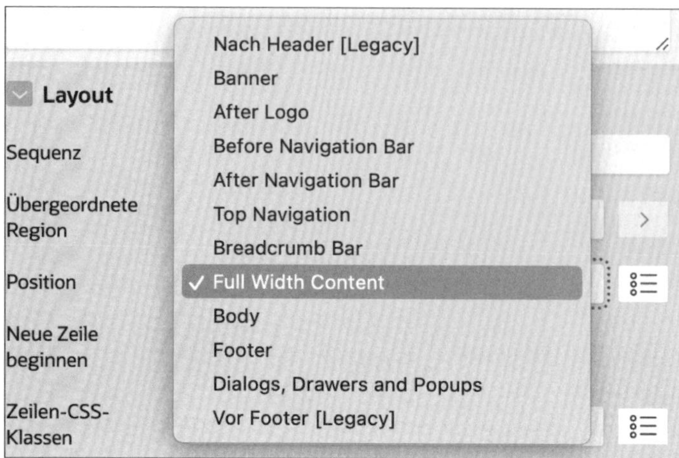

Abbildung 6.17 Steuerung der Platzierung von Regionen und Seitenelementen

Zu den neuen Anzeigeregionen gehören `Banner` (oberhalb der Navigationszeile) und der `Full Width Content`, der die gesamte Seitenbreite einnimmt und insofern nicht an das Gridlayout gebunden ist. Für Schaltflächen und Eingabefelder gibt es interessante Positionen, wie etwa rechts neben dem Anwendungslogo oder rechts neben der Navigationsleiste (wo in unserer Anwendung angezeigt wird, welcher Benutzer angemeldet ist). Abbildung 6.18 zeigt einige der neuen Positionen.

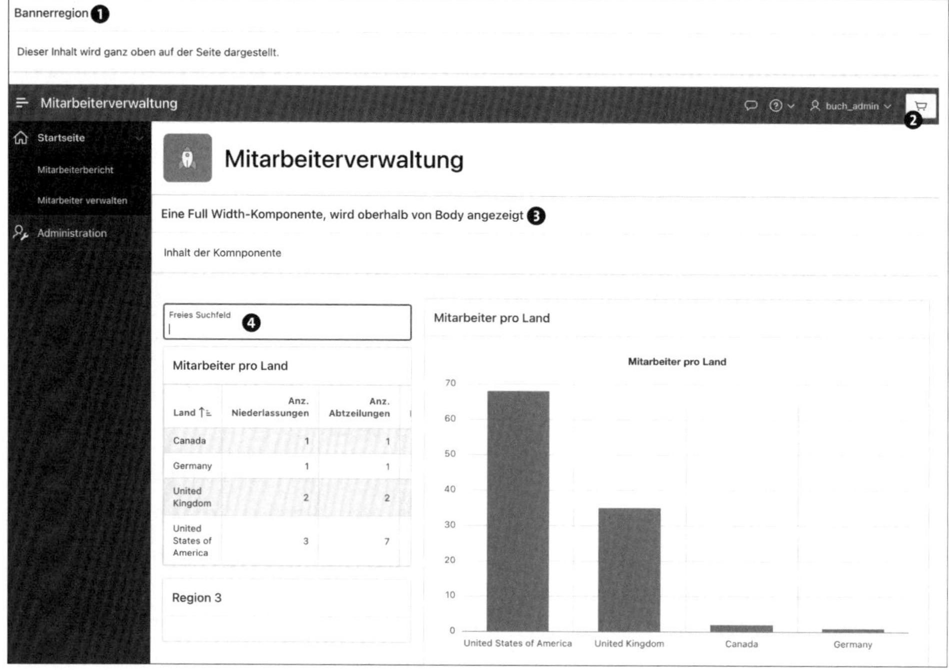

Abbildung 6.18 Einige der neuen Positionierungsoptionen

❶ Banner-Region

❷ Schaltfläche neben Navigationsleiste

❸ Komponente, die die gesamte Bildschirmbreite einnimmt

❹ Frei positioniertes Eingabefeld

Durch diese Möglichkeiten wird viel bislang erforderlicher JavaScript-Code eingespart und gleichzeitig die Visualisierungsmöglichkeit verbessert.

6.3 Darstellung der Komponenten steuern

Seiten, Regionen und Seitenelemente werden, wie wir gesehen haben, über Templates in HTML-Code »übersetzt«, der dann auf der Anwendungsseite dargestellt werden kann. Templates und ihre Optionen spielen daher eine zentrale Rolle bei der Visualisierung einer APEX-Anwendungsseite.

6.3.1 Templates

Templates in APEX dienen der Dekoration der Daten mit HTML-Elementen. Sie sind durch ein reiches CSS-Klassensystem angereichert und steuern so das optische Erscheinungsbild.

Seitentemplates

Anwendungsseiten besitzen ebenso wie alle anderen Komponenten, die eine Visualisierung im Browser benötigen, ein Template. Welches Template verwendet wird, haben wir nur mittelbar eingestellt, indem wir beim Assistenten zur Erstellung der Anwendung das grundsätzliche Layout vorgegeben hatten. Die Vorgaben könnten durch Klick auf die Optionen des Attributes DARSTELLUNG (❶ in Abbildung 6.19) eingesehen und im Bereich Navigation ❷ geändert werden.

Die Einstellungen, die hier vorgenommen wurden, setzen aber lediglich den Standardwert für neue Seiten. Jede Komponente verfügt über ein Standardtemplate, und welches das ist, können Sie sich anzeigen lassen. Navigieren Sie zu <GEMEINSAME KOMPONENTEN > • THEMES, und wählen Sie in der Liste das `Universal Theme 42` (es ist das einzige angebotene). Klicken Sie im folgenden Dialog auf den Regionselektor KOMPONENTENSTANDARDS.

Auf der Anwendungsseite finden Sie das aktuell eingestellte Template im Attribut DARSTELLUNG • SEITENTEMPLATE. Die Optionen sind an beiden Stellen gleich, doch gilt die Einstellung auf der Anwendungsseite natürlich nur für die aktuelle Seite. Ändern Sie das Standardtemplate in den Attributen des Themes, hat dies Auswirkungen auf all die Anwendungsseiten, die hier das Standardtemplate über den Eintrag `Theme-Standard` referenzieren.

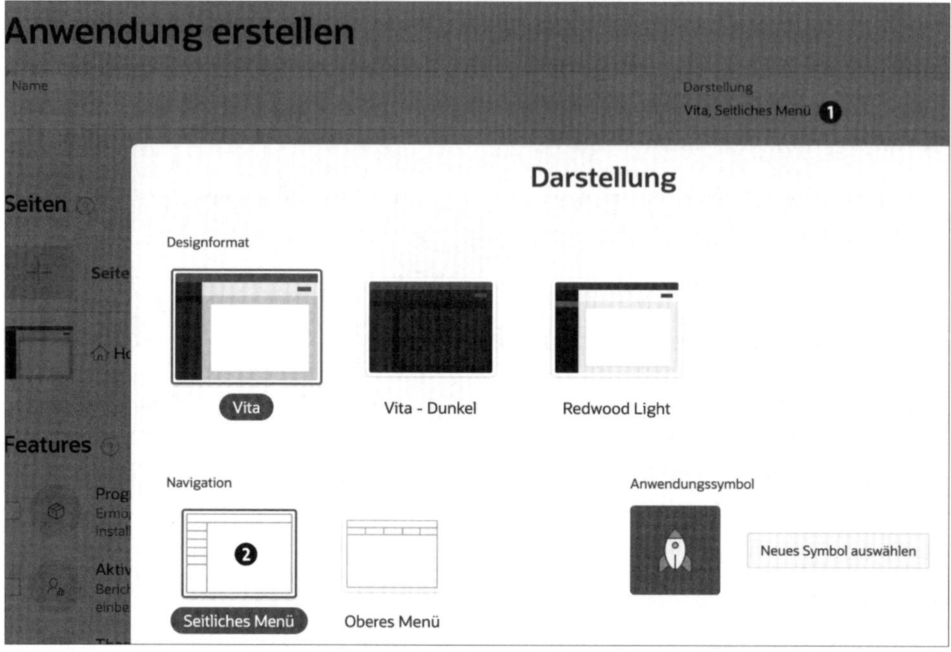

Abbildung 6.19 Indirekte Einstellung des Seitentemplates

Theme

Alle anzeigen Name Theme-Abonnement JavaScript und CSS Komponentenstandards

Komponentenstandards

Sie können Komponentenstandards pro Komponententyp angeben.

Seite: Standard

Navigationsleistenliste: Navigation Bar

Navigationsmenülistenposition: Side

Abbildung 6.20 Festlegung der Standardtemplates für Komponenten

Das Seitentemplate kontrolliert das Gesamtlayout der Seite, legt also fest, wo die Titelleiste, die Navigationsleiste, das Navigationsmenü, der Breadcrumb und so weiter angezeigt werden. Die Optionen beschäftigen sich vor allem mit den Seitenbereichen, die links, links und rechts oder nur rechts dargestellt werden können. Manchmal kann es sinnvoll sein, einen rechten Seitenbereich zusätzlich anzeigen zu lassen, um zum Beispiel allgemeine Aufgaben dort unterzubringen. Sie kennen diese Optik von der Entwicklungsumgebung, wo diese Aufteilung häufig verwendet wird.

Die verfügbaren Seitentemplates und ihr grundlegendes Aussehen können Sie in der <Universal Theme Anwendung> unter Design • Page Templates einsehen.

Unabhängig vom Seitentemplate kann eine Anwendungsseite mit dem Attribut Darstellung • Seitenmodus als »normale« Anwendungsseite oder als modales oder nicht modales Dialogfeld angezeigt werden. Der Unterschied zwischen modal und nicht modal besteht darin, dass ein modales Dialogfeld keine Interaktion mit der Seite, über der das modale Dialogfeld angezeigt wird, zulässt, das nicht modale Dialogfeld dagegen schon. Als Anwendungsfall für ein nicht modales Dialogfeld könnten Sie sich eine Seite mit Hilfstexten vorstellen, die die Verwendung der aktuellen Seite ermöglicht. Das nicht modale Dialogfeld könnte in diesem Fall hin- und hergeschoben und die darunter befindliche Seite normal bedient werden.

Bitte beachten Sie, dass die Anwendungsseite nicht direkt gestartet werden kann, wenn Sie den Seitenmodus auf ein modales oder nicht modales Dialogfeld einstellen. Der technische Grund hierfür besteht darin, dass diese Seite als Dialog von einer anderen Seite aus gestartet werden muss.

Regionstemplates

Auch Regionen verfügen über entsprechende Templates. Wichtig zu verstehen ist, dass Regionstemplates unabhängig vom konkreten Regionstyp den Bereich kontrollieren, in dem der konkrete Regionstyp seine Daten visualisiert. Damit meine ich, dass eine Region vom Typ `Interaktives Grid` das gleiche Template besitzen kann wie eine Region vom Typ `Statischer Content`, denn das Regionstemplate organisiert lediglich das Aussehen des umgebenden Rahmens der konkreten Daten der Region. Einige Regionstypen verfügen selbst über typspezifische Templates, die sich um die Visualisierung der konkreten Daten innerhalb der Region kümmern.

Das Regionstemplate kontrolliert also, ob die Region eine Überschrift anzeigen wird und wie groß der innere Abstand des Inhalts der Region vom Rand ist, ob ein Rahmen um die Region gezogen wird oder nicht. Eine wesentliche Aufgabe des Regionstemplates ist die Umsetzung des Gridlayouts, es kontrolliert, wo die Region beginnt und wie breit sie dargestellt wird. Daraus folgt, dass jede Region ein Template besitzt, selbst wenn es optisch gar nicht zu sehen ist. Es hat in diesem Fall zum Beispiel das Regionstemplate `Blank with Attributes`. Dieses Template zeigt keine Regionsüberschrift, keinen Rand und keine sichtbaren Spuren auf der Anwendungsseite, unterliegt aber den Regeln des Gridlayouts. Wir hatten dieses Template bei der Anlage eines zweispaltigen Layouts verwendet.

Die einzelnen optischen Unterschiede zwischen den Regionstemplates sind hier weniger interessant, das lässt sich leicht selbst ausprobieren. Wichtiger ist zu verstehen, dass die Regionstemplates sich nicht um die unterschiedlichen Regionstypen kümmern, sondern lediglich um den Rahmen, der die Daten der Region umgibt.

Regionstyptemplates

Da die Regionstemplates sich nicht um die Anforderungen der unterschiedlichen Regionstypen kümmern, sondern eher die Integration der Region in das Gridlayout kontrollieren, benötigen einige Regionstypen noch ein Template, um die Daten entsprechend ihrem Typ unterschiedlich darstellen zu können. Einige Regionstypen haben dabei eine große Anzahl unterschiedlicher Templates und können ihr Aussehen massiv ändern, andere besitzen überhaupt keine Regionstyptemplates.

Verfügt ein Regionstyp über eigene Templates, finden diese sich, wie zu erwarten, unter den Regionstyp-spezifischen Attributen. Ein Regionstyp, der sich chamäleonartig verändern kann, ist der klassische Bericht. Wir haben diesen Regionstypen auf <HOME> • `Region 1` eingesetzt, daher können wir die Regionstyptemplates an diesem Beispiel untersuchen.

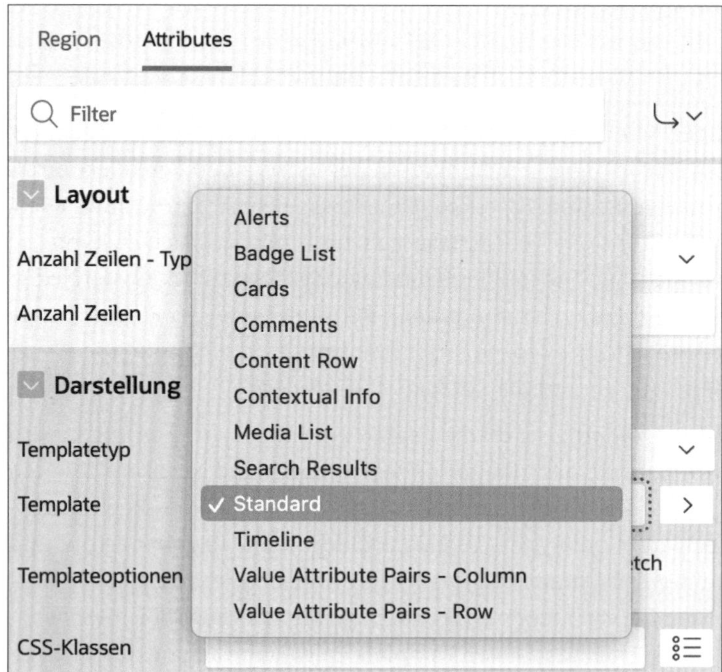

Abbildung 6.21 Die Regionstyptemplates von Region 1

Abbildung 6.21 zeigt die verfügbaren Templates für einen klassischen Bericht. Klassische Berichte sind simple Konstrukte ohne besondere JavaScript-Funktionalität. Das macht sie zunächst weniger attraktiv als die leistungsfähigeren interaktiven Berichte und Grids, doch andererseits auch optisch flexibler, da nicht auf eine entsprechende Funktionalität Rücksicht genommen werden muss. Und so können klassische Berichte sich bis zur Unkenntlichkeit verkleiden. Beispiele finden sich in der <UNIVERSAL THEME ANWENDUNG> an verschiedenen Stellen, die Sie im Menüeintrag COMPONENTS unter den Bezeichnern der Regionstyptemplates finden.

Dies sind nur Beispiele, auch andere Regionstypen haben ähnliche Funktionalität. So können zum Beispiel Listen ebenso unterschiedlich aussehen, tatsächlich zeigt die <UNIVERSAL THEME ANWENDUNG> an einigen Stellen Implementierungen entweder als klassischer Bericht oder als Liste, so zum Beispiel bei COMPONENTS • MEDIA LIST.

Seitenelementtemplates

Auch Seitenelemente wie Eingabefelder oder Schaltflächen besitzen Templates. Diese Templates steuern bei Seitenelementen vor allem die Position des Bezeichners, zum Teil aber auch das Verhalten. Dies können Sie beim Seitenelementtemplate `Optional - Floating` beobachten, das zur Folge hat, dass der Elementbezeichner in das Element integriert wird und sich dynamisch verkleinert, wenn das Element einen Wert enthält oder in das Element geschrieben wird.

Schaltflächentemplates kontrollieren vor allem, ob die Schaltfläche als Symbolschaltfläche oder mit einem Text dargestellt wird. Auch eine Kombination ist möglich.

6.3.2 Templateoptionen

Unabhängig von der Komponente, für die sie erstellt wurden, verfügen viele Templates über Optionen zur Parametrierung der optischen Darstellung. Jedes Template kann bei APEX eigene Optionen definieren. Technisch bedeutet dies, dass dem HTML-Code, der durch das Template erzeugt wird, CSS-Klassen hinzugefügt oder von diesem entfernt werden.

Sie haben mit den Templateoptionen bereits gearbeitet, als wir einen Dialog zu Kontrolle dieser Optionen mit der <ENTWICKLERLEISTE> • SCHNELLBEARBEITUNG dargestellt hatten, indem wir auf das Schraubenschlüsselsymbol der Region geklickt hatten. Alternativ finden Sie im Attribut DARSTELLUNG der Komponente eine Schaltfläche, die alle vom Standard abweichenden Optionen im Titel führt und Sie zu einem analogen Dialog in der Entwicklungsumgebung führt (❶ in Abbildung 6.22).

Da jedes Template eigene Templateoptionen definieren kann, ist es unmöglich, hier einen generellen Überblick zu geben. Diesen Überblick zu geben, ist eine der Hauptaufgaben der <UNIVERSAL THEME ANWENDUNG>, denn unterschiedliche Optionen werden dort nebeneinander dargestellt und die Einstellungen dokumentiert. Ein weiterer Grund, sich diese Anwendung zu installieren oder einen Favoriten auf die Online-Version zu legen.

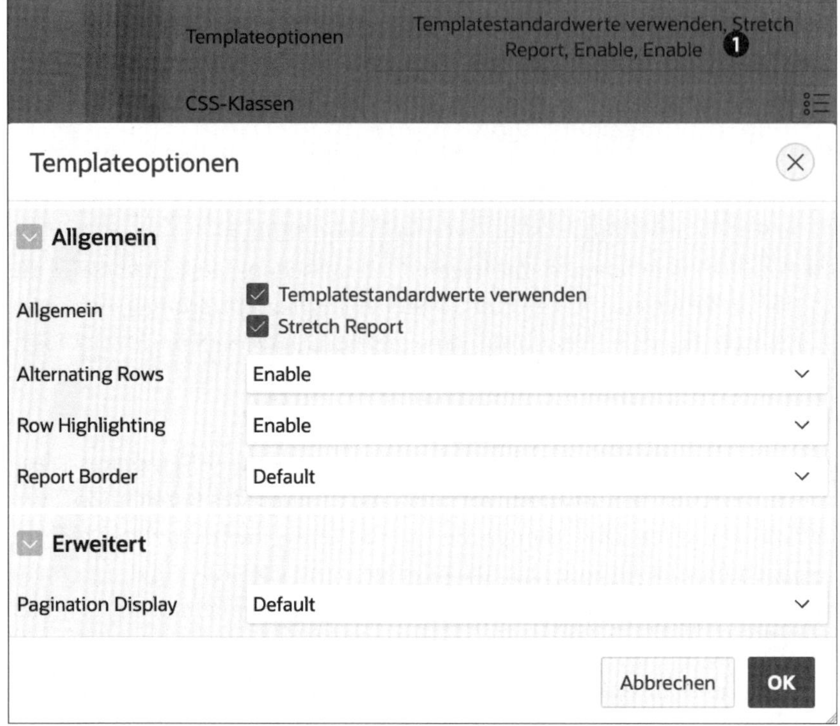

Abbildung 6.22 Optionen eines Templates

Wenn Sie mit den Mitteln der Schnellbearbeitung die Templateoptionen bearbeiten, ist die Unterteilung in Regionstemplate und Regionstyptemplate ebenfalls vorhanden. Die Templateoptionen des Regionstemplates finden Sie im Reiter REGION, während die Optionen im Reiter ATTRIBUTE sich auf die Regionstyptemplates beziehen. Allerdings ist es in diesem Dialog nicht möglich, das Regionstyptemplate selbst zu ändern, dies geht nur in der Entwicklungsumgebung.

6.3.3 Neue Entwicklungen

Das Template-Konzept ist in APEX seit den ersten Versionen implementiert und hat über die Zeit eine kontinuierliche Weiterentwicklung erfahren. Neuere Entwicklung läuten aber eventuell eine Zeitenwende ein: Die Anforderungen an die Visualisierung der Komponenten steigen, und das APEX-Entwicklerteam kommt zunehmend zu der Einsicht, dass ein dynamisch berechneter HTML-Code auf Basis von Attributen der Komponenten mehr Flexibilität schaffen könnte als das bisherige System. Vielleicht entwickelt sich APEX also mehr und mehr von diesem Mechanismus weg. Ein Beispiel für diese Tendenz sehen wir bei den sehr komplexen interaktiven Grids. Die unterschiedlichen Möglichkeiten sind dort bereits nicht durch Templates umgesetzt. Ob sich dieser Trend fortsetzen wird und welche Auswirkungen dies auf die Bedienung haben wird, ist derzeit aber noch nicht abzuschätzen.

6.3.4 Anpassung des Layouts

APEX bietet viele Möglichkeiten, das Layout der Anwendungsseite und einzelner Komponenten zu kontrollieren, ohne Sie zu handgemachtem CSS zu zwingen. Zwar ist auch das möglich, doch sollten Sie den anderen Möglichkeiten unbedingt den Vorzug geben. Grund hierfür ist, dass APEX sich darum kümmern wird, dass diese Funktionalität erhalten bleibt und auch bei neuen APEX-Versionen funktionieren wird, selbst wenn die unterliegende Technik sich ändert. Passen Sie CSS selbst auf Ihre Bedürfnisse an, ist dies nicht sichergestellt, und ein Versionswechsel in APEX kann unter Umständen erhebliche Aufwände verursachen. Und bitte glauben Sie mir: Ich weiß, wovon ich spreche, ich habe das mehrfach erlebt.

Über die Möglichkeiten der direkten Parametrierung eines Templates über die Templateoptionen hinaus stellt Ihnen APEX eine große Anzahl vordefinierter CSS-Klassen zur Verfügung, mit deren Hilfe Sie viele der üblichen Anpassungsarbeiten erledigen können.

Vorgefertigte CSS-Klassen

Wieder einmal ist eine Beispielanwendung Ihre Informationsquelle, nämlich die Anwendung *Universal Theme Reference*. Das Verständnis der Beispiele mag manchmal nicht leicht sein, das hängt mit der Flexibilität der CSS-Klassen zusammen. An einem Beispiel möchte ich verdeutlichen, wie die Dokumentation zu lesen ist. Zur Kontrolle des äußeren Abstands um ein Element finden sich unter dem Bereich Reference • Layout Modifiers • Margin einige CSS-Klassen, die nach dem System `margin` – *Richtung* – *Abstand* zusammengestellt werden können. Als Trennzeichen werden Minuszeichen verwendet. Für die beiden Optionen Richtung und Abstand sind unterschiedliche Werte möglich: `top` – `right` – `bottom` – `left` für die Richtungen und `none` – `sm` (small) – `md` (medium) – `lg` (large) und `auto` für den Abstand. Aus diesen Optionen können die CSS-Klassen nun zusammengestellt werden: `margin-top-lg` liefert also einen großen oberen Abstand.

Ähnlich funktioniert das Ganze, wenn CSS-Klassen für Prozentzahlen oder Pixelwerte definiert werden. Im Bereich Reference • Layout Modifiers • Width werden CSS-Klassen vorgestellt, die die Darstellungsbreite von zum Beispiel Schaltflächen oder Eingabefeldern kontrollieren können. Die CSS-Klassen werden dort zum Beispiel `wamount` genannt, was auf den ersten Blick verwirrt. Gemeint ist `w`(width)`<amount>`, wobei `amount` einen Wert zwischen 10 und 800 Pixel in Zehnerschritten annehmen kann, also zum Beispiel `w400`. Prozentangaben werden nach dem gleichen Prinzip, aber mit nachgestelltem p, also w40p, dargestellt. Analog funktioniert das für die übrigen CSS-Klassen mnw (minimum width) und mxw (maximum width).

Die mitgelieferten CSS-Klassen finden Sie an unterschiedlichen Stellen, zum Beispiel im Bereich DESIGN • GRID LAYOUT • VISIBILITY CLASSES. Ein weiteres Beispiel sehen Sie im Bereich REFERENCE • LAYOUT MODIFIERS. Dort können Sie den Fluss der Elemente, die Randeinstellungen außen (margin) und innen (padding) kontrollieren, sowie die Breite, Höhe und weitere Eigenschaften.

CONTENT MODIFIERS kümmern sich um Schriftformatierung, COLOR AND STATUS MODIFIERS stellen ein konsistentes Farbschema bereit. Ein weiteres, besonders mächtiges Konstrukt sind CSS VARIABLES • COMPONENT VARIABLES, mit denen Sie die Voreinstellungen für alle mitgelieferten Komponenten an Ihre Wünsche anpassen können.

Verwendung der Klassen in APEX

Die CSS-Klassen werden an unterschiedlichen Stellen hinterlegt. Welche Stelle genau für Ihren Einsatzzweck die richtige ist, ist nicht immer leicht herauszufinden. Da hilft nur, ein wenig zu experimentieren. Überall gilt, dass mehrere CSS-Klassen, getrennt durch Leerzeichen, übergeben werden können.

Hier zunächst die möglichen Attribute, die CSS-Klassen aufnehmen können:

- Auf Seitenniveau
  Für Anwendungsseiten bietet sich vor allem das Attribut DARSTELLUNG • CSS-KLASSEN an. Zwar existiert ein eigener Bereich CSS bei den Seitenattributen, dieser dient jedoch eher dazu, seitenweit gültiges CSS inline zu definieren. Das erste Attribut nimmt CSS-Klassen für die Darstellung der Seite auf.
- Auf Regionsniveau
  Eine Ebene tiefer, auf Regionsniveau, existiert ebenfalls ein Attribut DARSTELLUNG • CSS-KLASSEN, das den umgebenden Container um den Regionsinhalt beeinflusst. Abhängig vom konkreten Regionstyp können weitere CSS-Attribute vorhanden sein. Bei einer Berichtsregion vom Typ interaktives Grid zum Beispiel steht je ein Attribut LAYOUT • ZEILEN-CSS-KLASSEN bzw. LAYOUT • SPALTEN-CSS-KLASSEN zur Verfügung. Zudem kann jede Spalte mit einem eigenen Attribut DARSTELLUNG • CSS-KLASSEN ausgestattet werden.
- Auf Seitenelementniveau
  Ähnliche Attribute stehen auch für Seitenelemente zur Verfügung. Eingabefelder haben gleich zwei Möglichkeiten, einmal beim Attribut DARSTELLUNG • CSS-KLASSEN und dann noch beim Attribut ERWEITERT • CSS-KLASSEN. Der Unterschied: Das

erste Attribut bezieht sich auf den umschließenden Bereich um das gesamte Seitenelement inklusive des Labels, während das zweite Attribut CSS-Klassen für das HTML-Eingabeelement liefert.

Schaltflächen verfügen ebenfalls über ein entsprechendes Attribut Darstellung • CSS-Klassen.

CSS-Enthusiasten finden mit diesen Optionen sicherlich weitreichende Möglichkeiten, APEX optisch an ihre Bedürfnisse anzupassen. Einen kleinen Warnhinweis möchte ich allerdings auch loswerden: Verlieren Sie sich nicht in diesen Möglichkeiten, wenn Sie irgendwann noch einmal fertig werden wollen mit Ihrer Anwendung. Lassen Sie sich vor allem nicht verleiten, APEX dazu zu bringen, »auszusehen wie ...«, sondern versuchen Sie zunächst, mit den mitgelieferten Möglichkeiten zu leben. Es sei denn, das Layout Ihrer Anwendung ist von zentraler Bedeutung, und Sie haben mindestens einen Kollegen, der fließend CSS spricht und solche Arbeiten liebt.

6.3.5 Verwendung von Icons

In eine ähnliche Kerbe wie die mitgelieferten CSS-Klassen schlägt auch die Empfehlung, sich zunächst bei den mitgelieferten Icons umzuschauen. Basierend auf der Library FontAwesome hat APEX vor einigen Releases seine eigene Version FontApex erstellt. Beiden Systemen gemeinsam (und für solche Zwecke mittlerweile Standard) ist, dass es sich bei den Icons um Schriftarten handelt, ähnlich vielleicht der legendären Zapf Dingbats. Icons als Schriften zu generieren, ist deshalb sinnvoll, weil damit flexible Möglichkeiten der Änderung des Aussehens einhergehen können. Für diese Möglichkeiten bietet APEX in den neueren Versionen ab 21.1 nun eine zentrale Anlaufstelle. Diese finden Sie in <Utilitys> • Font APEX Symbole. Die Seite zeigt einen Bericht, der mittels einer Facettensuche durchstöbert werden kann. Jedes Icon kann nach Wunsch weiter editiert werden (❶ in Abbildung 6.23). Hilfreich sind hier insbesondere die Modifikationen und Status-Attribute, wie in ❷ in Abbildung 6.23 zu sehen.

Nach Auswahl aller Einstellungen können Sie im unteren Bereich sowohl die erforderlichen CSS-Klassen als auch einen beispielhaften HTML-Code auswählen, um dieses Icon auf Ihrer Seite zu platzieren. Solche Icons können Sie an sehr vielen Stellen in APEX verwenden, zum Beispiel in Berichtsspalten, Schaltflächen oder auch in Navigationslisten. Haben Sie sich einmal in die Verwendung eingearbeitet, ist es auch nicht schwer, solche CSS-Klassen dynamisch zu erzeugen und in Berichten anzeigen zu lassen. In Kapitel 8, »Berichte«, werden wir diese Möglichkeiten eingehender untersuchen.

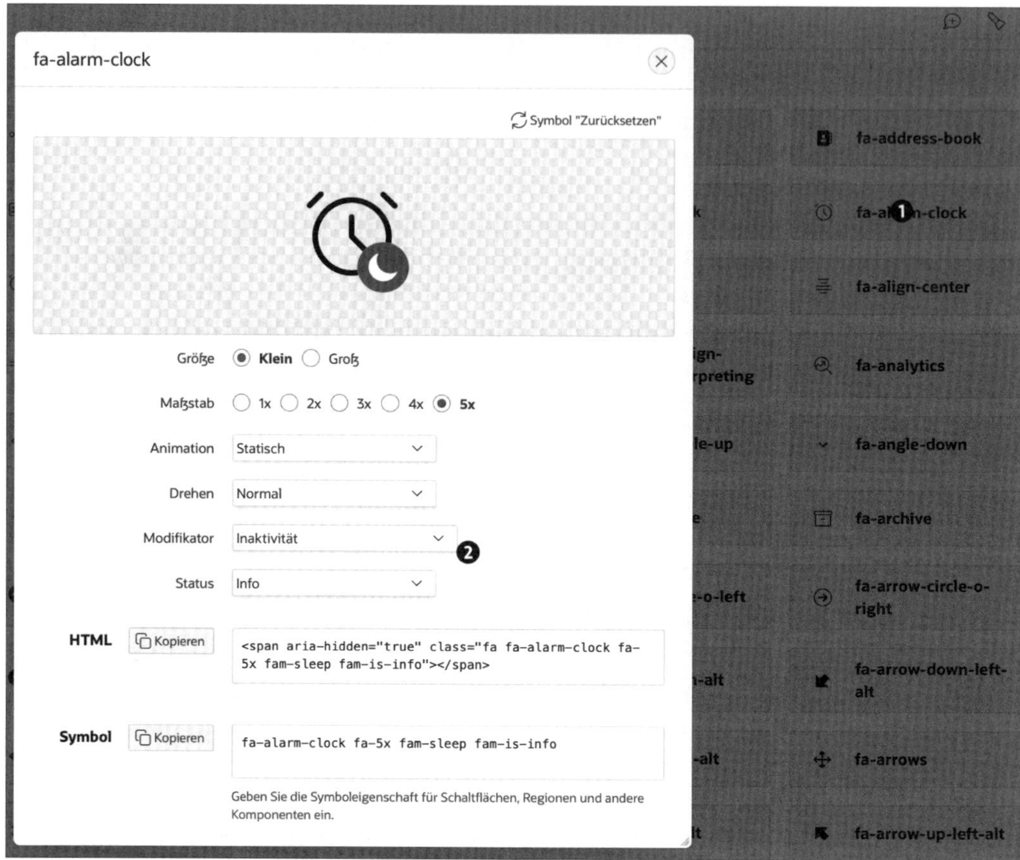

Abbildung 6.23 Einstellmöglichkeiten für Icons

6.3.6 Verwendung von Bildern

Version 22.1 von APEX erweitert die Behandlung von Icons und Bildern in APEX grundlegend. Schon früher war es möglich, einer Anwendung ein Anwendungs-Icon zuzuordnen, das war auch für Regionen möglich, doch mit dieser Version ist der Prozess vereinfacht und gleichzeitig deutlich erweitert worden.

Anwendungs-Icon

Wird eine neue Anwendung erstellt, ist die Wahl eines Icons für diese Anwendung nun direkt im Assistenten für die Anwendung möglich. APEX liefert eine große Anzahl vordefinierter Icons mit, aus denen gewählt werden kann, zudem kann jedes Icon über unterschiedliche Hintergrundfarben angepasst werden. Alternativ ist es auch möglich, eigene Icons aus dem Dateisystem hochzuladen, sogar eine Skalierung und Beschneidung des Icons für die Anwendung ist möglich.

Dieses Icon wird an unterschiedlichsten Stellen der neu erstellten Anwendung eingesetzt:

- im PageDesigner, in der Symbolansicht aller Anwendungen
- im Anmeldebildschirm der Anwendung
- als *Favicon*, also in der Adressleiste des Browsers
- im Seitentitel, also im Reiter des Browsers, der unsere Anwendung enthält
- in der Breadcrumb-Region der Anwendung

Einmal gewählte Icons können in den <Gemeinsamen Komponenten> • Benutzeroberfläche • Benutzeroberflächenattribute auch nachträglich bearbeitet und geändert werden. Es ist sogar möglich, das Anwendungs-Icon mittels der <Entwicklerleiste> • Anpassen • Anwendungssymbol bearbeiten direkt und dynamisch zu editieren.

Regions-Icon und -bilder

Zur Verwaltung von Icons und Bildern in Regionen steht seit Version 22.1 ein eigener Eintrag in den <Regionsattributen> • Bild zur Verfügung. Bislang (und auch in Version 22.1) existiert nur ein Attribut <Regionsattribute> • Darstellung • Symbol, mit dem das Symbol als CSS-Klasse definiert werden konnte. Die neue Attributgruppe ermöglicht nun, beliebige Dateien direkt hochzuladen und als Icon zu verwenden.

Noch mächtiger ist die Möglichkeit, Bilder in Regionen einzusetzen, zum Beispiel als Hintergrundbild der Anwendungsseite. Hierzu stellt APEX eine neue Darstellungsposition im <Regionsattribut> • Layout • Position zur Verfügung: `Background Image`. Diese Position nimmt dann den gesamten Hintergrund der Anwendungsseite ein. Um dort ein Bild zu platzieren, verwenden Sie als Template der Region das ebenfalls neue Template `Image`. Durch dieses Template erhalten Sie nicht nur die Möglichkeit, im Attribut <Regionsattribute> • Bild • `URL der Datei` ein beliebiges Bild als Hintergrundbild der Anwendungsseite zu laden, sondern können dessen Darstellung durch Templateoptionen noch an Ihre Wünsche anpassen. Diese Templateoptionen haben es in sich, denn Sie können nicht nur die Größe des Bildes beeinflussen, sondern zum Beispiel auch Farbbilder in Schwarz-Weiß- oder Sepia-Bilder ändern, die Form ändern und vieles mehr. Auch diese Templateoptionen lassen sich live auf der Anwendungsseite mittels der <Entwicklerleiste> • Schnellbearbeitung editieren und in ihrer optischen Auswirkung beurteilen.

Regionen vom Typ `Image` können wie alle anderen Regionen auch an beliebiger Stelle auf der Anwendungsseite positioniert werden, zum Beispiel als eingeschachtelte Region einer zweiten Region oder im Bereich des Banners der Anwendung. Die Verwaltung von Bildern zur Aufwertung von APEX-Anwendungen wird durch die neuen

Möglichkeiten deutlich einfacher und leistungsfähiger. Zudem stellen die vielen Filter und Manipulationsmöglichkeiten einen Werkzeugkasten bereit, der die Erstellung unterschiedlicher Anwendungsbilder reduziert, weil das gleiche Bild durch diese Filter im Vorder- oder Hintergrund verwendet werden kann. Während dieser Bereich in früheren Versionen von APEX noch eine Spielwiese für CSS-Profis war, ist durch die neue Funktionalität die Verwaltung von Anwendungs-Icons und Hintergrundbildern jedem Entwickler möglich, so denn entsprechende Bilder zur Verfügung stehen.

6.4 Zwischen Anwendungsseiten navigieren

Die Navigation zwischen Anwendungsseiten ist eine fundamentale Anforderung für alle APEX-Anwendungen. In APEX stehen hierfür mehrere Verfahren zur Verfügung:

- **Schaltflächen**
  Sie haben dies bereits im Einsatz gesehen, wenn zum Beispiel in einem Bericht eine Schaltfläche die Neuanlage eines Mitarbeiters ermöglicht.
- **Links**
  Häufigstes Anwendungsbeispiel ist ein Bearbeitungslink in einem Bericht.
- **Listen**
  In APEX sind Listen dynamische oder statische Linksammlungen. Sie können, ebenso wie klassische Berichte, in unterschiedlichster optischer Erscheinungsform auftreten. Listen sind die Grundlage für Breadcrumbs und das Navigationsmenü.
- **Verzweigungen**
  Verzweigungen werden zu unterschiedlichen Zeitpunkten des Lebenszyklus einer Anwendungsseite berechnet. Sie können zum Beispiel vor dem Rendern auf die Login-Seite verzweigen oder nach der Verarbeitung eines Formulars auf eine Berichtsseite.

6.4.1 Allgemeine Eigenschaften der Navigation

Egal, auf welchem Weg die Navigation ausgelöst wird, können bei der Verzweigung innerhalb einer Anwendung oder beim Navigieren zwischen unterschiedlichen Anwendungen eine Reihe von Angaben gemacht werden. Diese Angaben dienen der Konfiguration der aufgerufenen Anwendungsseite. Die verfügbaren Optionen können wir uns auf <EMP_ADMIN> • `Mitarbeiterübersicht` in dem Spaltenattribut `APEX$Link` • LINK • ZIEL ansehen, indem wir die dortige Schaltfläche klicken.

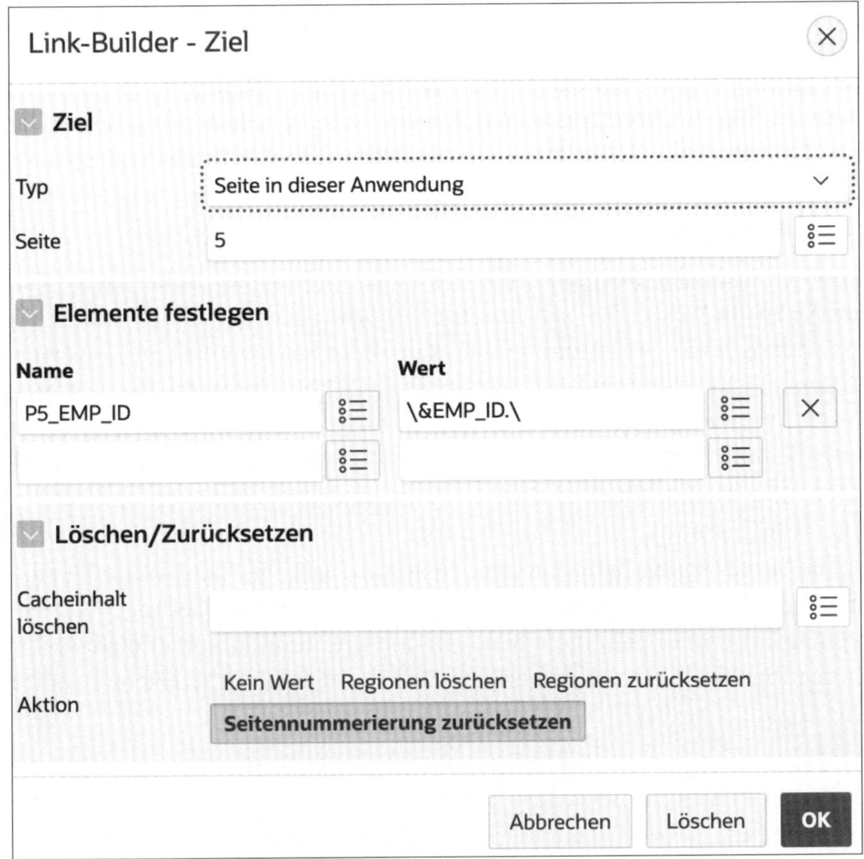

Abbildung 6.24 Attribute eines Links

Zunächst können wir im Attribut ZIEL • TYP festlegen, ob wir zu einer Anwendungsseite innerhalb der aktuellen Anwendung, einer anderen APEX-Anwendung oder zu einem sonstigen URL verzweigen möchten. Interessant ist zunächst die Möglichkeit der Verzweigung zu einer Seite in der aktuellen Anwendung. Andere APEX-Anwendungen erweitern die Attribute lediglich um die Auswahl dieser anderen Anwendung, funktionieren ansonsten aber gleich.

Das Attribut ZIEL • SEITE legt die Seite fest, zu der verzweigt werden soll. Möglich ist hier, entweder die Seiten-ID oder das Seitenalias einzugeben (was ich bevorzuge, da dadurch der URL sprechender wird). Im Bereich ELEMENTE FESTLEGEN kann dann definiert werden, dass Seitenelemente der Zielseite mit Werten belegt werden, die auf der aufrufenden Seite bekannt sind. Das können Konstanten sein, aber auch Seitenelementwerte. Wichtig zu verstehen ist, dass die Werte nur beim Rendern der Seite belegt werden und nicht dynamisch aus der aktuellen Seite übernommen werden. Dies ist oftmals kein Problem, kann aber durchaus zu schwer zu verstehendem Fehlverhalten führen. In Abbildung 6.24 wird nur ein Seitenelement der Zielseite 5 auf den aktuellen Wert der Spalte `EMP_ID` gesetzt. Die verfügbaren Spalten (wir befinden uns ja in der Spalte eines Berichts) können über die Symbolschaltfläche neben der Spalte für den Attributwert angezeigt und ausgewählt werden. Möchten Sie mehrere Seitenelementwerte der Zielseite definieren, tragen Sie alle benötigten Namen und deren Werte in der Liste ein. Neben den berechneten Werten können als Wert beliebige konstante Zeichenketten übergeben werden.

Wie funktioniert nun die Übergabe unterschiedlicher Primärschlüsselwerte? Dadurch, dass die Spalte `APEX$Link` einen Link auf die Formularseite enthält, weiß APEX, dass beim Rendern der Seite ein konkreter Link pro Zeile des Berichts berechnet werden muss. Daher kann zu diesem Zeitpunkt der aktuelle Wert der Spalte `EMP_ID` ermittelt und im URL verwendet werden. Der Grund, warum dies nur serverseitig möglich ist und nicht dynamische Eingaben des Anwenders referenziert werden können, liegt im erhöhten Sicherheitsbedürfnis von Webanwendungen, denn ein Anwender könnte einen URL manipulieren und so eventuell Mitarbeiter editieren, für die er eigentlich keine Berechtigung hätte. Um dies zu verhindern, wird der URL durch eine Checksumme geschützt, die nur von der Logik innerhalb der APEX-Umgebung berechnet werden kann. Manipuliert ein Benutzer den URL, funktioniert er nicht mehr. Eine Manipulation des Links wäre aber erforderlich, wenn die aktuellen Elementwerte der Anwendungsseite berücksichtigt werden müssten, und das wäre nicht sicher realisierbar.

Das Attribut LÖSCHEN/ZURÜCKSETZEN • CACHEINHALT LÖSCHEN ist ein wenig komplizierter zu erklären. Haben Sie ein Formular ausgefüllt und abgesendet, befinden sich diese Werte im Session Status. Öffnen Sie nun diese Seite erneut, könnte es sein, dass sich dort noch Werte aus dem letzten Aufruf der Formularseite befinden, die dann dargestellt würden. Dies wäre zum Beispiel der Fall, wenn Sie keine Primärschlüsselinformation an die Seite übergeben wie bei der Neuanlage eines Datensatzes, denn dann würde die Datenquelle des Formulars keine Daten abfragen. Wenn Sie dies sicher verhindern möchten, können Sie zwei Dinge tun: Zum einen können Sie in diesem Dialog die Seitennummer 5 eintragen, um anzufordern, dass der Cache dieser Seite bereinigt werden soll, zum anderen können Sie nach der Verarbeitung einer Formularseite den Cache dieser Seite durch einen Prozess leeren lassen. Natürlich geht auch eine Kombination beider Verfahren.

Von den restlichen Optionen, insbesondere auch denen im Bereich ERWEITERT, ist normalerweise nur die voreingestellte Option LÖSCHEN/ZURÜCKSETZEN • AKTION • SEITENNUMMERIERUNG ZURÜCKSETZEN von Interesse. Diese Option löst folgendes Problem: Wenn die Seite, auf die Sie verzweigen, einen Bericht darstellt, könnte dieser beim letzten Aufruf über mehr Zeilen verfügt haben, als auf einer Seite darstellbar ist. Der Benutzer könnte daher durch den Bericht gewandert sein und sich Folgeseiten angesehen haben. Wird die Seite nun mit Parametern aufgerufen, die nicht genügend

Zeilen ermitteln, um zum Beispiel zur dritten Folgeseite zu navigieren, ist ein Fehler die Folge. Durch diese Aktion wird der Bericht auf der Zielseite auf die erste Seite zurückgestellt und so sichergestellt, dass auch Zeilen angezeigt werden können.

6.4.2 Schaltflächen

Schaltflächen können direkt für die Navigation eingesetzt werden, etwa wenn sie einen neuen Datensatz anlegen sollen. Oftmals lösen sie aber indirekt eine Navigation aus, weil sie die Verarbeitung der Anwendungsseite anfordern und diese nach der Abarbeitung eine Verzweigung berechnet. Ich möchte hier allerdings auch diese indirekte Navigation betrachten, um nicht in einem weiteren Kapitel noch einmal auf dieses Standardverhalten von Schaltflächen zurückkommen zu müssen.

Eine Schaltfläche hat die bereits beschriebenen Standardattribute für Links, die auch alle genauso bedient werden wie in Abschnitt 6.4.1 beschrieben. Zusätzlich stehen noch die Optionen zur Verfügung, dass Schaltflächen die Anwendungsseite senden können (was einen Submit veranlasst), oder sie können die konkrete Aktivität an eine dynamische Aktion delegieren.

Da die Standardattribute keine neuen Erkenntnisse oder Funktionalität zeigen, beschäftigen wir uns mit den beiden zusätzlichen Optionen. Möchten Sie sich diese Optionen an einem Beispiel ansehen, böte sich <EMP_ADMIN> • `CREATE` an.

Seite senden

Wird die Schaltfläche genutzt, um die Seite abzusenden, stehen einige weitere Funktionen zur Verfügung, die festlegen, was in diesem Fall genau geschehen soll. Wir können uns diese Funktionalität auf <EMP_EDIT> ansehen, wo Schaltflächen für die Anlage, Aktualisierung oder das Löschen von Daten verwendet werden. Ich zeige die Optionen am Beispiel der Schaltfläche `DELETE` in Abbildung 6.25.

Die Attribute des Bereichs VERHALTEN werden immer angeboten, der Bereich BESTÄTIGUNG hingegen nur, wenn der Schalter VERHALTEN • BESTÄTIGUNG ERFORDERLICH angeschaltet wurde. Die Optionen sind (mittlerweile, früher war das anders) sehr intuitiv. Zunächst wird festgelegt, ob vor dem Absenden der Seite die Validierungen ausgeführt werden sollen, was bei `CREATE` und `SAVE` eingeschaltet ist, bei `DELETE` aber keinen Sinn ergibt (Sie könnten sonst Daten, die gegen die Validierungen verstoßen, nicht löschen). Ebenfalls wird bei `DELETE` nicht angewählt, dass eine WARNUNG BEI NICHT GESPEICHERTEN ÄNDERUNGEN ausgegeben werden soll. Dieser Mechanismus wird durch seinen Namen recht gut beschrieben und ergibt eigentlich nur bei einer `CANCEL`-Schaltfläche einen Sinn, da die anderen Schaltflächen die Daten ja verarbeiten.

Als Nächstes legt das Attribut VERHALTEN • DATENBANKAKTION fest, welche Aktivität den Daten auferlegt werden soll.

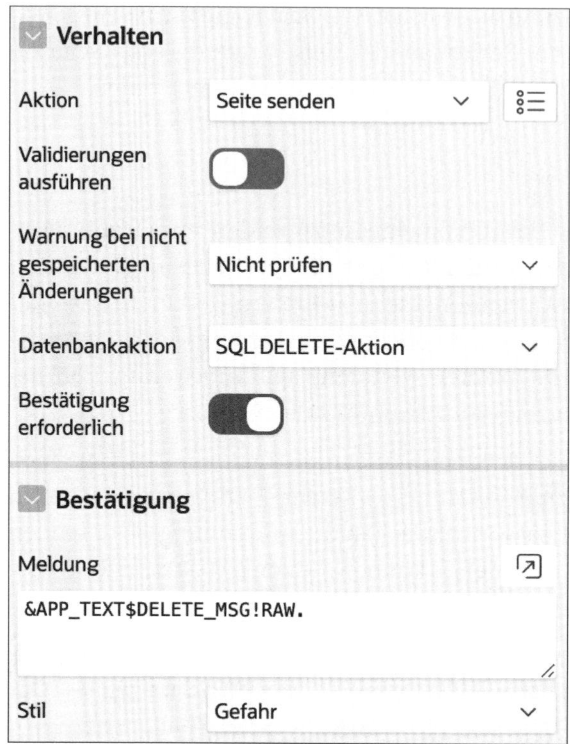

Abbildung 6.25 Attribute zum Senden der Seite

Wird schließlich der Schalter BESTÄTIGUNG ERFORDERLICH gesetzt, hat dies zur Folge, dass vor dem Absenden der Seite ein Dialog angezeigt wird, der nachfragt, ob Sie wirklich wissen, was Sie tun. Sehr verwirrend ist, welche Meldung im Beispiel ausgegeben werden soll. Was bedeutet `&APP_TEXT$DELETE_MSG!RAW.`?

Die Zeichenfolge `&` und `.` (Punkt) schließt einen Ausdruck ein, der durch APEX als Zeichenkette ersetzt wird. Der Name des Ausdrucks zeigt, dass es sich bei der Ersetzungszeichenfolge um einen Anwendungstext mit dem Namen `DELETE_MSG` handelt. Diese Meldung ist von APEX vordefiniert, kann von Ihnen aber überschrieben werden, wenn Sie eine Meldung gleichen Namens in <GEMEINSAME KOMPONENTEN> • ÜBERSETZEN • TEXTNACHRICHTEN anlegen. Dabei brauchen Sie meine Hilfe nicht, es werden nur der Meldungsname, die Sprache und der Meldungstext eingefügt. Beachten Sie lediglich, dass der Meldungsname nur `DELETE_MSG` lautet. Der abschließende Teil ist eine Syntax, um APEX mitzuteilen, ob der Text für bestimmte Zwecke formatiert werden soll, was durch die Angabe `RAW` abgeschaltet wird.

Abschließend existiert noch das Attribut BESTÄTIGUNG • STIL, in dem Sie die Darstellung der Meldung an Ihre Bedürfnisse anpassen können.

Einen anderen Weg geht die Schaltfläche `CANCEL`, denn sie sendet die Seite nicht ab, sondern delegiert die Aktion an eine dynamische Aktion. Diese wiederum ist schnell erklärt, denn sie bricht das modale Dialogfeld ohne weiteres Federlesen ab.

6.4.3 Listen

Listen sind hierarchische Linksammlungen. Als Beispiel sehen wir uns die Navigationsmenü-Liste in <Gemeinsame Komponenten> • Listen • Navigationsmenü an. Klicken Sie auf den einzigen Eintrag des Berichts, und öffnen Sie anschließend den Eintrag `Mitarbeiterbericht`. Dieser Eintrag ist insofern typisch, als er einen übergeordneten Eintrag referenziert. Im Bereich Ziel sehen wir (derzeit noch?) eine optisch andere Version der Attribute mit etwas weniger Optionen.

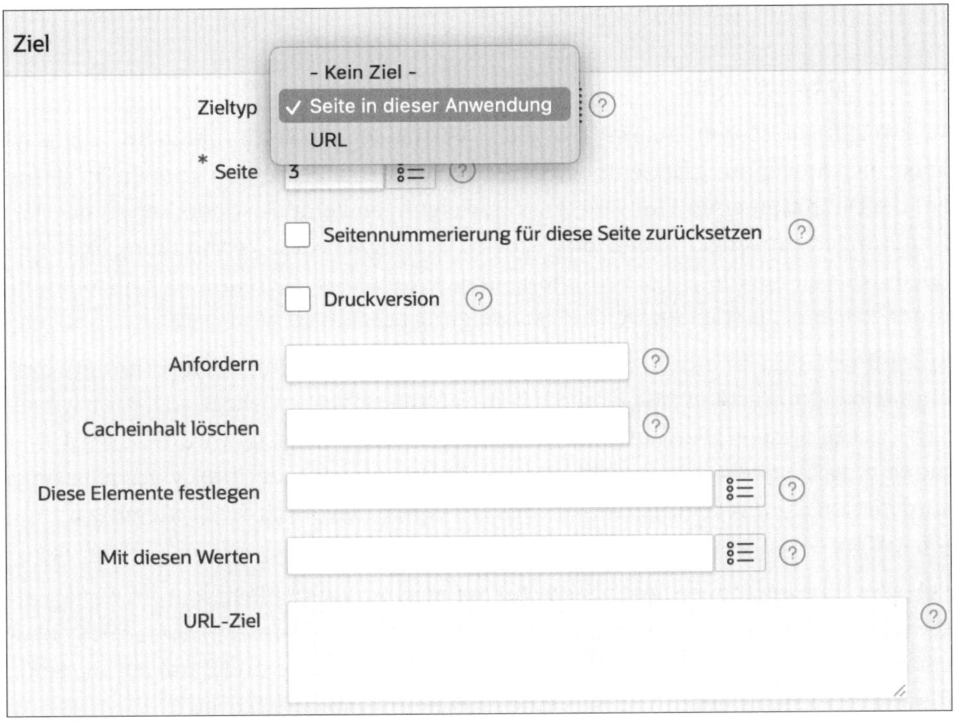

Abbildung 6.26 Verwaltung des Links in einer Liste

Wir haben, wie in Abbildung 6.26 zu sehen ist, nur die Wahl zwischen einem Ziel in der aktuellen Anwendung oder einem URL. Das ist keine wirkliche Einschränkung, sondern eher unkomfortabel, denn ein Link auf eine Seite der aktuellen Anwendung ist letztlich auch nur ein URL. Wenn Sie den Bericht des Navigationsmenüs betrachten, sehen Sie das auch, die Einträge, die hier als Verweis auf eine Seite der aktuellen Anwendung dargestellt werden, sind im Bericht ein URL der Form `f?p=&APP_ID.:3:&APP_SESSION.::&DEBUG.:::`. Es liegt ein wenig außerhalb des Fokus dieses Abschnitts, alle

Details des URL zu erläutern, wir erkennen aber, dass die Ersetzungszeichenfolge `&APP_ID.` durch die aktuelle Anwendungs-ID und der Eintrag `&APP_SESSION.` durch die aktuelle Session-ID ersetzt werden wird.

Daher könnten wir hier auch eine alternative Form wählen, etwa `f?p=EMP:REPORT:&APP_SESSION.`. Auch dieses Format würde funktionieren und zeigt uns, wie wir auch andere Anwendungen erreichen können. Aber, wie gesagt, die konkrete Ausgestaltung und die Optionen dieser Notation sind ein wenig außerhalb des Fokus dieses Abschnitts. Zu den Low-Code-Möglichkeiten von Listen zählt zudem, dass wir die Einträge der Listen nicht nur manuell, sondern auch dynamisch über eine SQL-Abfrage ermitteln können. Daher komme ich auf diese Listen noch einmal zurück.

Ich gehe davon aus, dass sich die Listen in einem bald folgenden Release bezüglich der Möglichkeiten der Definition von Links den anderen Stellen angleichen werden.

6.4.4 Verzweigungen

Verzweigungen stellen Prozesse dar, die zu verschiedenen Zeitpunkten im Lebenszyklus einer Anwendungsseite in der Datenbank berechnet werden können. In Bezug auf die Definition eines Links bieten Verzweigungen keine Besonderheiten oder Erweiterungen zum allgemeinen Link, typisch ist lediglich, dass Verzweigung im Regelfall durch eine serverseitige Bedingung eingeschränkt werden und so kontrollieren, unter welchen Umständen welche Verzweigung ausgeführt wird.

Eine Information könnte von Belang sein: Falls eine Anwendungsseite erfordert, dass eine Anmeldung erfolgt ist, und noch keine gültige Session vorliegt, so hatten wir gesagt, dass in diesen Fällen automatisch zur `Login`-Seite verzweigt wird. Dies wird zwar durch eine Verzweigung erreicht, die in der Datenbank berechnet wird, allerdings wird diese nicht direkt eingerichtet, sondern ergibt sich durch die Festlegung im Seitenattribut SICHERHEIT • AUTHENTIFIZIERUNG • `Seite benötigt Authentifizierung`.

Es stellt sich die Frage, wo der Link hierfür definiert ist. Tatsächlich ist er ein wenig versteckt, und zwar in <ANWENDUNGSEIGENSCHAFTEN> • ATTRIBUTE • `Anmelde-URL` bzw. `Home-URL`. Diese beiden URLs zeigen einmal auf die Startseite und dann auf die Seite, die angesprochen werden soll, falls eine Anmeldung erforderlich ist.

6.5 APEX-Komponenten konditional anzeigen

Anwendungsseiten bestehen aus Regionen, Seitenelementen und Schaltflächen, wie wir gesehen haben. Daher bestimmen die verfügbaren Komponenten auf der Seite die Funktionalität der Anwendungsseite. Oft ist es jedoch so, dass die Funktionalität von den Berechtigungen des angemeldeten Anwenders abhängig sein sollte. So könnte es zum Beispiel einem »normalen« Anwender untersagt sein, Adressdaten von Mitarbeitern zu ändern, während dies einem Supervisor oder Administrator möglich sein soll. Nun könnte man die Seite kopieren und alle Funktionen, die dem Bearbeiten der Adresse dienen, aus der Seite entfernen. Dann jedoch haben wir das eigentliche Problem nur verschoben, denn nun muss ja geklärt werden, warum ein Anwender die eine und eine andere Anwenderin die andere Seite aufrufen soll.

Was wir benötigen, ist ein Mechanismus, der Berechtigungen kontrollieren kann. Und dafür bietet APEX mehrere Mechanismen an:

- **Serverseitige Bedingungen**
  Wir haben diese Bedingungen bereits verwendet, und auch die Assistenten verwenden sie, zum Beispiel beim Ein- oder Ausblenden von Schaltflächen bei der Neuanlage oder dem Editieren von Daten.
- **Dynamische Aktionen**
  Mittels einer dynamischen Aktion können Seitenelemente ausgeblendet werden, wie wir das gemacht hatten, als wir das Eingabefeld für die Kommission eines Mitarbeiters von dessen Beruf abhängig gemacht haben.
- **Autorisierungsschemata**
  Dies ist ein Weg, den wir bislang noch nicht verwendet haben. Ein Autorisierungsschema zentralisiert die Prüfung, ob ein Anwender eine Berechtigung besitzt oder nicht, an einem zentralen Ort und macht sie anschließend deklarativ überall in APEX verfügbar.
- **Erstelloptionen**
  Auch die Erstelloptionen haben wir bislang nicht besprochen. Es ist ein Mechanismus, der eher grundlegend kontrolliert, ob eine Anwendungsseite zur Anwendung gehören soll oder nicht. Zweck ist die Verwaltung mehrerer Anwendungsversionen und das An- und Abschalten von Funktionalität.

Da wir serverseitige Bedingungen und dynamische Aktionen bereits kennengelernt haben, möchte ich zunächst die Autorisierungsschemata vorstellen, um anschließend zu diskutieren, wann welcher Mechanismus zum Einsatz kommen sollte.

6.5.1 Erstellung von Autorisierungsschemata

Ich halte Autorisierungsschemata für ein zentrales Feature einer APEX-Anwendung. Es ist ganz einfach zu erstellen und zu verwenden und besitzt gleichzeitig eine enorme Leistungsfähigkeit. Was also verbirgt sich hinter dem Konzept?

Ein Autorisierungsschema ist eine gemeinsame Komponente, die an einer zentralen Stelle prüft, ob der angemeldete Anwender über eine Berechtigung verfügt. Wie das Autorisierungsschema dies prüft, ist dabei völlig frei definierbar. Einige Wege sind durch APEX deklarativ unterstützt, andere benötigen weitergehende Programmierung. Da wir uns im Bereich NO_CODE befinden, sehen wir uns Möglichkeiten an, die ohne Programmierung auskommen.

Merke

Ich hatte Sie in Kapitel 5, »Eine einfache Datenbankanwendung erstellen«, gebeten, das Feature Zugriffskontrolle zu installieren. Falls Sie dies nicht gemacht hatten, können Sie sich den letzten Stand der Anwendung installieren, dort ist das Feature vorhanden. Alternativ bespreche ich in Kapitel 7, wie man Features auch nachträglich installieren kann. Was ich im Folgenden besprechen möchte, ist jedoch nicht an die Installation dieses Features gebunden, durch das Feature sind lediglich bereits Daten angelegt worden, die wir nun verwenden. Sie können die Schritte auch nachstellen, indem Sie an den entsprechenden Stellen manuell die benötigten Informationen anlegen.

Der Workspace ist von mir so angelegt worden, dass bereits drei Benutzer vorhanden sind: BUCH_ADMIN, BUCH_ENTWICKLER und BUCH_ANWENDER. Alle haben das gleiche Standardpasswort und können daher verwendet werden, um die Berechtigungen auszuprobieren. Diesen Benutzern werden wir nun Rollen zuweisen. Doch: Wo finden wir diese Rollen?

Navigieren Sie zu <Gemeinsame Komponenten> • Sicherheit • Anwendungszugriffskontrolle.

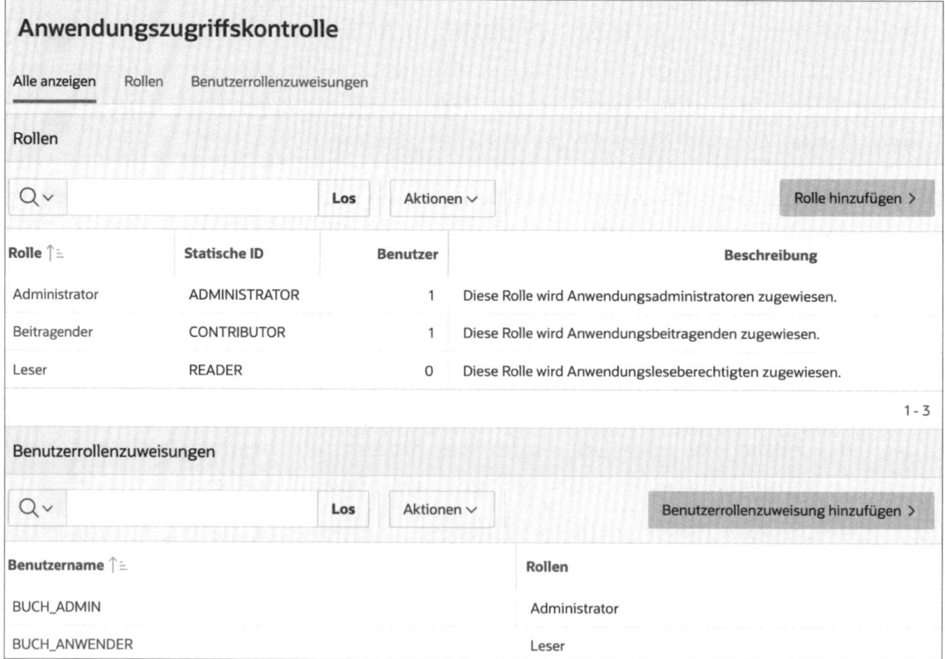

Abbildung 6.27 Anwendungsrollen des Features Zugriffskontrolle

Das Feature `Zugriffskontrolle` hat hier bereits drei Rollen angelegt. Haben Sie das Feature nicht installiert, können Sie die benötigten Rollen manuell hinzufügen. Die statische ID einer Rolle dient als technische ID und sollte daher nicht geändert werden, ansonsten sind keine weiteren Funktionen mit diesen Rollen verknüpft.

Diese Rollen müssen nun Anwendern zugeordnet werden. Dies können wir erreichen, indem wir zunächst im Regionsselektor oberhalb des Berichts alle Regionen anzeigen lassen oder direkt auf den Eintrag BENUTZERROLLENZUWEISUNG klicken. Anschließend editieren wir die Zuweisung der Rollen durch Klick auf die Schaltfläche BENUTZERROLLENZUWEISUNG HINZUFÜGEN.

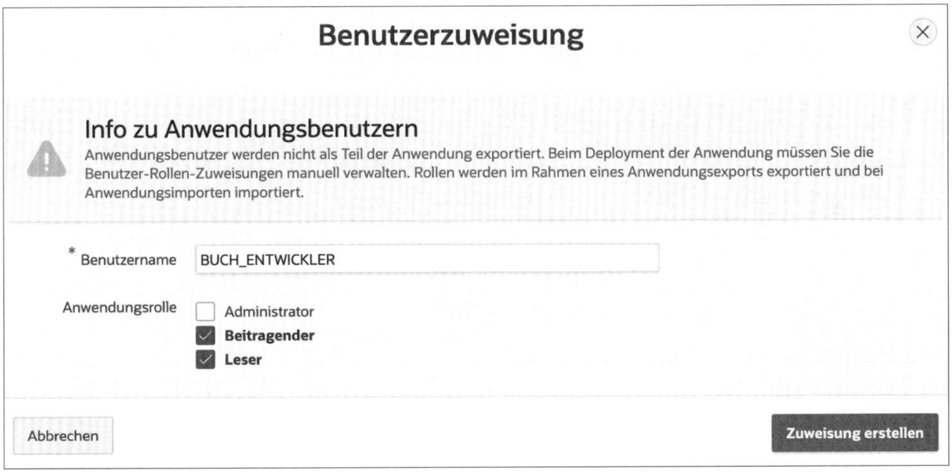

Abbildung 6.28 Zuweisung einer Rolle an einen Benutzer

Nun haben die Benutzer also unterschiedliche Berechtigungen. Bitte weisen Sie dem Benutzer `BUCH_ADMIN` die Rolle `Administrator` und dem Benutzer `BUCH_ANWENDER` die Rolle `Leser` zu. Der Benutzer `BUCH_ENTWICKLER` erhält die Rollen wie in Abbildung 6.28 gezeigt. Wie Sie dem Infotext in Abbildung 6.28 entnehmen können, werden die Zuweisungen von Rollenberechtigungen nicht exportiert, weil die Anwender nicht Teil der Anwendung, sondern des Workspaces sind. Daher kann ich diesen Teil nicht mit einem Export vorbereiten.

Wir haben also derzeit Anwendungsbenutzer, Rollen und eine Zuweisung der Rollen zu den Anwendern. Nun fehlt noch eine Komponente, die uns sagt, ob ein Anwender eine Rolle zugewiesen bekommen hat oder nicht. Dies ist das Autorisierungsschema. Das Feature Zugriffskontrolle hat auch hier bereits einige Daten angelegt, die wir ebenfalls editieren oder erweitern können. Navigieren Sie zu <GEMEINSAME KOMPONENTEN> • SICHERHEIT • AUTORISIERUNGSSCHEMAS (siehe Abbildung 6.29).

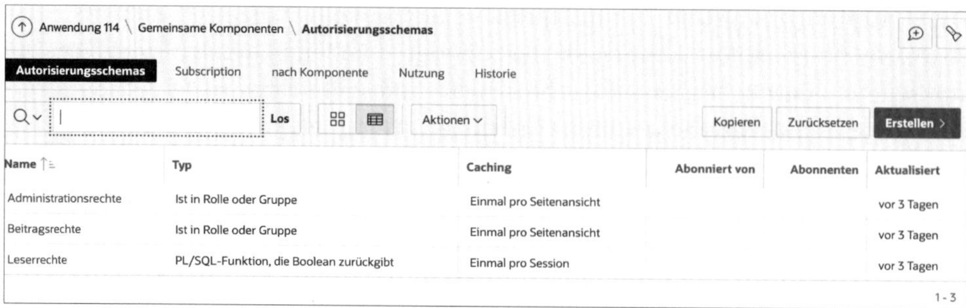

Abbildung 6.29 Autorisierungsschemata des Features Zugriffskontrolle

Durch die Vorarbeit der Rollen und die Zuweisung an Workspace-Benutzer haben wir nun einen Weg eingerichtet, um ohne Programmierung ein Autorisierungsschema zu verwenden. Sehen Sie sich ein Beispiel an. Falls Sie das Feature Zugriffskontrolle nicht installiert haben, erstellen Sie einfach ein neues Autorisierungsschema und übernehmen die Einstellungen wie in Abbildung 6.30.

Name
Anwendung: **114 Mitarbeiterverwaltung**
* Name: Administrationsrechte
Subscription
Master-Autorisierungsschema referenzieren von
Aktualisieren (Refresh)
Hierbei handelt es sich um die "Master"-Kopie dieses Autorisierungsschemas.
Keine Autorisierungsschemas abonnieren dieses Autorisierungsschema.
Autorisierungsschema
* Schematyp: Ist in Rolle oder Gruppe
Typ: Anwendungsrolle
* Name(n): Administrator
Fehlermeldung angeben, die bei einer Schemaverletzung aufgerufen wird: Keine ausreichenden Berechtigungen. Benutzer ist kein Administrator
Auswertungspunkt
Autorisierungsschema validieren:
Einmal pro Session
Einmal pro Seitenansicht
Einmal pro Komponente
Immer (Kein Caching)

Abbildung 6.30 Autorisierungsschema für die Administratorprüfung

Da die Prüfung bereits im Attribut AUTORISIERUNGSSCHEMA • SCHEMATYP • Ist in Rolle oder Gruppe vordefiniert ist, benötigen wir keine Programmierung. Zudem können wir den Eintrag AUTORISIERUNGSSCHEMA • NAME(N) über die Symbolschaltfläche rechts neben dem Eingabefeld nachschlagen.

6.5.2 Verwendung von Autorisierungsschemata

Nun haben wir ein Autorisierungsschema, nun fehlt noch die Verwendung. Wie Autorisierungsschemata verwendet werden, halte ich für eine der hervorstechenden Eigenschaften von APEX, denn es ist möglich, beinahe jede Komponente deklarativ an ein Autorisierungsschema zu binden. Sehen wir uns das zum Beispiel für eine Anwendungsseite an. Die modale Formularseite zum Bearbeiten eines Mitarbeiters soll nur Administratoren möglich sein. Um dies zu erreichen, gehen wir zu <EMP_EDIT> • SICHERHEIT • AUTORISIERUNGSSCHEMA und wählen den Eintrag Administrationsrechte.

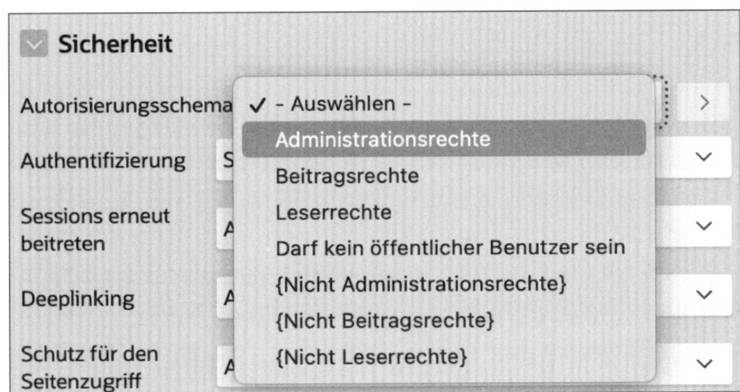

Abbildung 6.31 Schutz einer Anwendungsseite durch ein Autorisierungsschema

Wenn wir uns nun als Benutzer BUCH_ADMIN anmelden, funktioniert der Aufruf ohne Probleme. Falls wir uns jedoch ab- und als Benutzer BUCH_ENTWICKLER anmelden und auf diese Seite zugreifen möchten, geht das schief, wie Abbildung 6.32 zeigt.

Nun gilt es nicht als höflich, den Anwendern solche Fehlermeldungen zu präsentieren, doch wollte ich zeigen, dass die Bindung der Seite an ein Autorisierungsschema nun ausreicht, um einen Schutz der Seite sicherzustellen. Doch die wahre Kraft liegt darin, dass beinahe überall Autorisierungsschemata eingesetzt werden können. Das würde ich gern an einem Beispiel demonstrieren. Lassen Sie uns zunächst die Fehlermeldung aus Abbildung 6.32 vermeiden, indem wir den Bearbeitungslink des Mitarbeiterberichts nur anzeigen, wenn der angemeldete Benutzer ein Administrator ist. Gehen Sie hierfür zu <EMP_ADMIN> • MITARBEITERÜBERSICHT • SPALTEN • APEX$LINK.

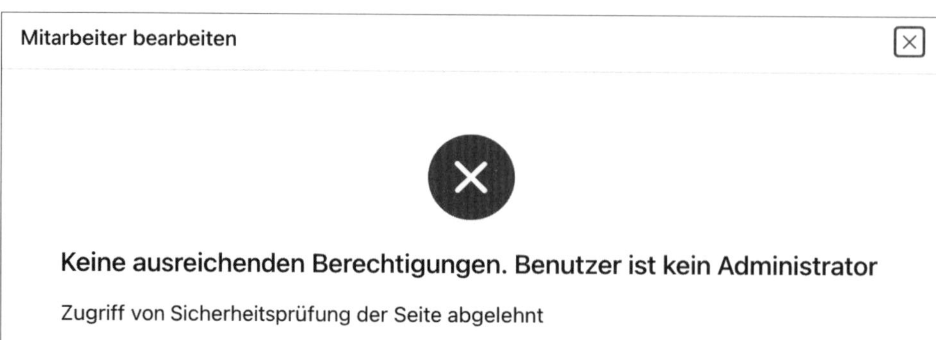

Abbildung 6.32 Fehlermeldung beim Aufruf der Seite

Diese Spalte verfügt wiederum über das Attribut SICHERHEIT • AUTORISIERUNGSSCHEMA, das Sie nun entsprechend einstellen können. Testen Sie das Ergebnis: Der Mitarbeiterbericht enthält nun keinen Link zur Bearbeitung eines Mitarbeiters mehr. Stellen Sie die gleiche Bedingung auch für die Schaltfläche `CREATE` auf derselben Seite ein und testen Sie.

Als zweites Beispiel werden wir die Berechtigung, die Seite `Mitarbeiter verwalten` aufzurufen, an die Berechtigung `Beitragsrechte` binden. Wir werden also die Seite an dieses Autorisierungsschema binden und müssen zudem den Eintrag im Navigationsmenü entsprechend schützen. Den ersten Punkt finden Sie selbst, der Eintrag im Navigationsmenü verbirgt sich in <GEMEINSAME KOMPONENTEN> • NAVIGATION • NAVIGATIONSMENÜ. Öffnen Sie die Liste und anschließend den Eintrag MITARBEITER VERWALTEN. Hier finden Sie das Autorisierungsschema im Attribut AUTORISIERUNG • AUTORISIERUNGSSCHEMA.

Wie Sie sehen, ist es sehr einfach, Anwendungselemente an ein Rollenkonzept zu binden. Die gesamte Funktionalität hat keinerlei Programmierung erfordert und erlaubt dennoch eine leistungsfähige und feingranulare Steuerung des Zugriffs.

[!]

Merke

Es scheint ausreichend, den Schutz einer Seite nur dadurch sicherzustellen, dass zum Beispiel der Bearbeitungslink und die Schaltfläche zum Erstellen eines neuen Mitarbeiters durch ein Autorisierungsschema geschützt werden. Das ist aber nicht richtig. Täten Sie nur dies, könnte ein Anwender durch eine einfache Manipulation des URL dennoch auf die Anwendungsseite verzweigen und Änderungen vornehmen. Der Link und die Schaltfläche sind ja nur Navigationshilfen, sie verhindern nicht, dass auf anderem Weg diese Seite aufgerufen werden kann.

6.5.3 Erstelloptionen

Eine Erstelloption ist lediglich ein Schalter mit einem Namen, der anzeigt, ob eine Komponente aktuell angezeigt werden soll oder nicht. Insofern ist die Erstelloption vergleichbar mit einer Autorisierungsprüfung, allerdings ist diese nicht von Anwendungslogik abhängig, sondern fest eingestellt. Diese Erstelloptionen können anschließend an beinahe beliebige Komponenten gebunden werden.

Da Sie auch eigene Erstelloptionen erstellen können, könnten Sie zum Beispiel eine Option `Katalogbestellung` erstellen und an alle Komponenten binden, die in Ihrer Anwendung für die Bestellung eines Kataloges verwendet werden. Solange Sie noch nicht fertig sind, könnten Sie die Erstelloption abschalten und somit den Aufruf der Komponenten unterbinden. Passt alles, schalten Sie die Erstellkomponente an, und alle referenzierten Komponenten werden ausgeführt.

Das APEX-Team gibt neben diesem Szenario auch noch das Gegenteil als Beispiel: Sie möchten Funktionalität entfernen. Dann können Sie diese erst einmal durch eine Erstelloption deaktivieren. Stellt sich heraus, dass wirklich niemand mehr die Funktionalität benötigt, löschen Sie die verbundenen Komponenten.

Durch eine Erstelloption werden mehrere Ziele erreicht:

- Sie können Funktionalität gruppieren und sehen, welche Komponenten dafür benötigt werden.
- Sie können Funktionalität an- und abschalten.
- Sie können Funktionalität löschen, denn es existiert eine entsprechende Option in den Erstelloptionen, um alle verbundenen Komponenten zu löschen.

Die Erstelloption binden Sie an eine Komponente, indem Sie in den Komponentenattributen im Bereich KONFIGURATION • ERSTELLOPTION die entsprechende Option auswählen. Ähnlich der Autorisierung einer Komponente ist auch dieses Attribut in beinahe allen Komponenten vorhanden.

6.5.4 Vergleich der Strategien

Nachdem wir nun die Autorisierungsschemata kennengelernt haben, stellt sich die Frage, welche Strategie verwendet werden sollte, um APEX-Anwendungen flexibel auf die Berechtigungen des Anwenders reagieren zu lassen. Die Antwort ist, dass alle drei Strategien erforderlich sind, es gibt aber eine klare Rangfolge, die Sie einhalten sollten.

Die erste Ebene stellen die Autorisierungsschemata dar. Der große Vorteil besteht in der zentralen Definition, die sie auf allen Anwendungsseiten und auch innerhalb von gemeinsamen Komponenten deklarativ nutzbar macht. Die deklarative Unterstützung ist ein weiteres großes Plus. Daher sollten Sie, wann immer möglich, dieser Strategie den Vorzug geben.

Das Problem der Autorisierungsschemata ist allerdings, dass Sie sich nicht flexibel auf die konkreten Bedingungen einer Anwendungsseite einstellen können. Sie können also zum Beispiel nicht auf den aktuellen Inhalt eines Seitenelements reagieren. Dies ist jedoch oftmals erforderlich, zum Beispiel um zu entscheiden, ob eine Schaltfläche angezeigt werden soll oder nicht. Wenn Sie sich den modalen Dialog in Erinnerung rufen, war hier eine Entscheidung erforderlich, ob die Schaltfläche `CREATE` oder die Schaltflächen `SAVE` und `DELETE` angezeigt werden sollen. Grundlage der Entscheidung war, ob das Seitenelement `P5_EMP_ID` einen Primärschlüssel enthält oder nicht. Dies könnte vielleicht sogar durch ein Autorisierungsschema geprüft werden, konterkariert aber die Idee, denn dadurch ist das Autorisierungsschema nur noch auf Seite 5 und nur für diese konkrete Prüfung einsetzbar.

Das ist nicht sinnvoll, daher werden solche Prüfungen durch die zweite Ebene, die serverseitigen Prüfungen, durchgeführt. Diese erheben nicht den Anspruch, auf allen Seiten wiederverwendbar zu sein, sondern sind für ein konkretes Element auf der Anwendungsseite zu formulieren. Diese mangelnde Wiederverwendbarkeit ist aber kein Problem, da die Bedingung ja auch konkret für die Seite geprüft werden muss. Eine große Anzahl deklarativ vorhandener Prüfungen erleichtert zudem die schnelle Erstellung und Verwendung.

Nachteil der serverseitigen Prüfung ist, dass diese nur einmal, beim Rendern der Anwendungsseite, ausgeführt wird. Im Fall der Prüfung für die Schaltflächen ist das vollständig ausreichend, denn entweder wird ein Mitarbeiter bearbeitet oder eben neu angelegt, das ist bekannt, bevor die Seite gerendert wird. Im Gegenteil ist die Tatsache, dass diese Prüfung hier innerhalb der Datenbank vorgenommen wird, ein sehr großer Vorteil, denn eine Schaltfläche, die aufgrund einer serverseitigen Bedingung nicht dargestellt werden soll, wird auf der entstehenden Seite nicht einfach ausgeblendet, sondern erst gar nicht eingefügt, es gibt diese Schaltfläche auf der Seite nicht.

Es gibt aber Situationen, in denen wir flexibel auf die Benutzereingaben reagieren möchten, wie wir das am Beispiel des Eingabefeldes `P5_EMP_COMMISSION_PCT` gesehen hatten. Dieses Feld ist gebunden an gewisse Werte der Auswahlliste `P5_EMP_JOB_ID`, und dieses Auswahlfeld kann durch den Anwender geändert werden. Daher muss das Eingabefeld `P5_EMP_COMMISSION_PCT` auf der Anwendungsseite vorhanden sein, selbst wenn der gewählte Mitarbeiter zurzeit einen Beruf ausübt, der keine Kommissionsberechtigung umfasst – denn wenn wir den Beruf entsprechend ändern, muss etwas auf der Seite vorhanden sein, was wir in diesem Fall einblenden können.

Sie könnten diese Prüfung auch serverseitig machen, dann aber zum Preis, dass die Anwendungsseite komplett neu gerendert werden muss. Die meisten Entwickler halten dies nicht für akzeptabel (auch ich gehöre dazu), sodass für diese Einsatzszenarien eine dynamische Aktion die einzig sinnvolle Alternative darstellt.

Eine eigene Rolle spielen die Erstelloptionen. Richtig genutzt, können sie ein mächtiges Mittel sein, um an einer zentralen Stelle Funktionalität an- und abschalten zu können. Ob sich dies jedoch in Ihrer konkreten Anwendung so sauber separieren lässt und ob Sie die Disziplin aufbringen, alle entsprechenden Funktionsbereiche durch Erstelloptionen abzusichern, ist für mich eine andere Frage. Sie haben ihre Bedeutung in Zusammenhang mit den Features, wo sie sehr gut passen, weil ein Feature eine abgeschottete Funktionalität für sich ist. Ob es sich auch für andere Funktionalitäten eignet, müssen Sie im Laufe der Zeit selbst erspüren.

Wichtig für die richtige Wahl der Mittel ist es, zu versuchen, mit einem Autorisierungsschema zu starten und dies nur dann durch eine serverseitige Prüfung zu ersetzen, wenn es nicht anders geht. Die serverseitige Prüfung wird wiederum nur dann durch eine dynamische Aktion ersetzt, wenn es anders nicht geht oder nicht tolerabel wäre. Die Reihenfolge der Entscheidungen ist hierbei die wichtigste Information. Versuchen Sie nicht, hier kreativ zu werden. Das Problem besteht darin, dass Kollegen (oder auch Sie selbst nach einiger Zeit) Probleme haben werden, den Fluss der Anwendung zu verstehen, wenn Entscheidungen nicht dort getroffen werden, wo man sie erwarten würde. Die vorgestellten Mittel sind für den hier beschriebenen Einsatz gedacht und angelegt und sollten daher auch so genutzt werden.

Kapitel 7

Features und Anwendungsseiten

In diesem Kapitel beginnen wir mit der eingehenderen Beschäftigung mit den Bestandteilen von APEX-Anwendungen. Wir sehen uns die Features und Anwendungsseiten als Gliederungsinstrument an und lernen die wichtigsten Einsatzbereiche kennen.

Features und Anwendungsseiten stellen die erste Unterordnung unterhalb der Anwendungen dar. Features stellen eine Gruppe von Anwendungsseiten und flankierender Funktionalität dar, die für einen speziellen Zweck vorbereitet wurden und mit einem Klick installiert werden können. Im Gegensatz dazu sind die Anwendungsseiten flexibler, aber im Regelfall auch nicht mit einer vergleichbaren Funktionalität ausgestattet wie die Features.

7.1 Features

Bei der Anlage unserer Anwendung sind wir bereits – mehr nebenbei – mit den Features in Berührung gekommen. Es handelt sich um eine Liste vorgefertigter Funktionsblöcke, die mit einem Klick in unsere Anwendungen importiert werden können. Zwischen der gesamten Anwendung auf der einen und einer Anwendungsseite auf der anderen Seite stellen die Features eine Zwischenstruktur dar. Ich bin sicher, nicht der Einzige gewesen zu sein, aber schon vor einigen Jahren habe ich in einer Diskussion mit dem APEX-Team den Wunsch geäußert, zwischen diesen beiden Extremen (Anwendung und Seite) eine weitere Gliederungsebene zu haben. Der Grund: In vielen Projekten benötigt man wiederkehrende Funktionsblöcke in unterschiedlichen Anwendungen. Ich erinnere mich an eine Funktionalität, Dokumente digital signieren zu können. Sie umfasste zwei Anwendungsseiten und einiges an flankierender Logik. So etwas hätte ich gern zu einem »Feature« zusammengefasst, um es anschließend leichter für andere Anwendungen wiederverwenden zu können.

Nun also gibt es die Features, allerdings derzeit noch nicht in einer Version für uns Anwendungsentwickler, derzeit ist die Funktionalität auf das APEX-Entwicklerteam beschränkt. Ich habe die Hoffnung, dass in einem kommenden Release diese Technik auch für normale APEX-Entwickler zur Verfügung stehen wird.

7.1.1 Ein Feature installieren

Natürlich kann ein Feature bei der Anlage der Anwendung im Assistenten ausgewählt und damit installiert werden. Sollten Sie sich erst später entschließen, ein Feature zu installieren, ist auch das möglich. Wählen Sie dazu im <APPLICATION BUILDER> die Schaltfläche SEITE ERSTELLEN. Es öffnet sich ein Dialog mit der Alternative, eine Seite oder ein Feature zu installieren. Klicken Sie auf den Tabulator FEATURE. Sie können auf jedes Feature klicken und sich eine kurze Übersicht über die jeweilige Funktionalität verschaffen.

Abbildung 7.1 Installationsseite eines Features

Die Installation eines Features gestaltet sich anschließend relativ einfach. Es wird zu dem jeweiligen Feature ein Dialog gezeigt, in dem die Seitennummer festgelegt werden kann, ab der das Feature installiert werden soll. Im Dialog der Anwendung ist diese Option nicht gegeben, hier werden die Standardwerte von APEX verwendet.

Sollten Sie ein Feature, das Sie installieren möchten, bereits installiert haben, werden Sie mit einer entsprechenden Fehlermeldung darauf hingewiesen.

Einige Features können abweichende Optionen zeigen, zum Beispiel das Feature ANMELDESEITE, das es gestattet, die Bezeichner der Eingabefelder BENUTZERNAME und PASSWORT festzulegen. Das Attribut SEITENGRUPPE werde ich erläutern, wenn wir Seiten anlegen.

Entscheidender ist das Attribut VOREINSTELLUNG DER ADMINISTRATIONSSEITE. Wird ein Feature installiert, ist immer auch eine Administrationsseite Teil der Installation.

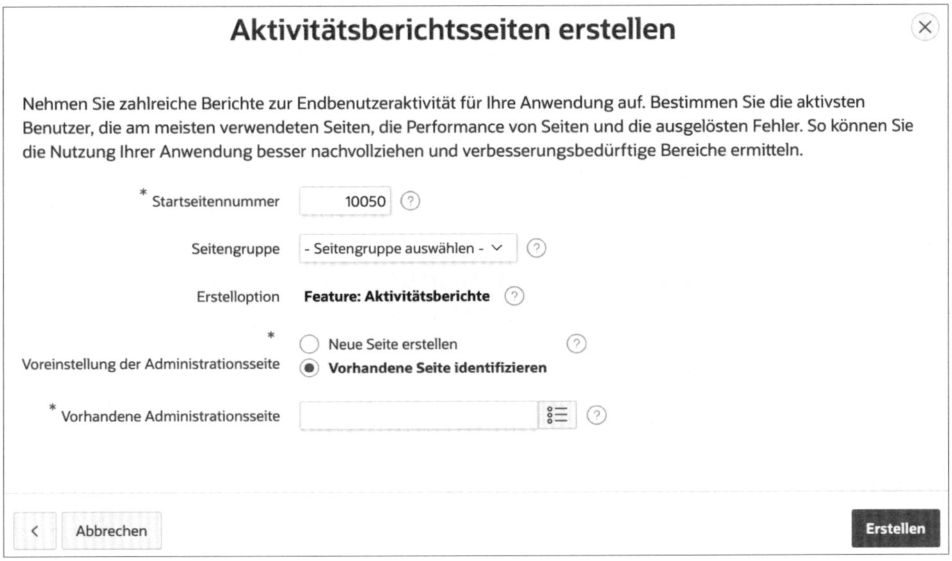

Aktivitätsberichtsseiten erstellen

Nehmen Sie zahlreiche Berichte zur Endbenutzeraktivität für Ihre Anwendung auf. Bestimmen Sie die aktivsten Benutzer, die am meisten verwendeten Seiten, die Performance von Seiten und die ausgelösten Fehler. So können Sie die Nutzung Ihrer Anwendung besser nachvollziehen und verbesserungsbedürftige Bereiche ermitteln.

* Startseitennummer 10050

Seitengruppe - Seitengruppe auswählen -

Erstelloption **Feature: Aktivitätsberichte**

* Voreinstellung der Administrationsseite ○ Neue Seite erstellen ● **Vorhandene Seite identifizieren**

* Vorhandene Administrationsseite

Abbrechen **Erstellen**

Abbildung 7.2 Installationsoptionen des Features »Aktivitätsberichte«

Nach der Installation des ersten Features sind also mindestens zwei Anwendungsseiten installiert: die Administrationsseite (wenn Sie die Standardwerte verwenden, hat sie die ID `10.000`) und eine oder mehrere Seiten des eigentlichen Features. Sinn der Administrationsseite ist es, Einstelloptionen der verschiedenen Features zu bündeln und an einer Stelle verfügbar zu machen. Installieren Sie also ein Feature nach, ist es ratsam, die durch das erste Feature installierte Administrationsseite zu referenzieren. Die weiteren Features erweitern diese Seite dann mit ihren Einstelloptionen.

Alternativ können Sie eine neue Administrationsseite erstellen lassen, die dann lediglich die Erstelloptionen für dieses Feature beinhalten wird. In diesem Fall können Sie die Seiten-ID der neuen Administrationsseite, deren Autorisierungsschema und eine Referenz auf das Navigationsmenü eintragen.

Nach Bestätigung des Dialogs wird das Feature installiert, und die zugehörigen Seiten werden angelegt.

7.1.2 Installierte Features einsehen und verwalten

Ist ein Feature installiert, ist eine gleichnamige Erstelloption im Bereich <Gemeinsame Komponenten> • Anwendungslogik • Erstelloptionen angelegt worden. Neben dieser – eher zufälligen – Darstellung gibt es keine dedizierte Anwendungsseite für Features. Eher zufällig empfinde ich diesen Ort, weil eine Erstelloption einen weiteren Einsatzbereich hat, der durch die Features nur mitgenutzt wird. Ich möchte allerdings nicht ausschließen, dass das Konzept der Erstelloption gerade mit

Blick auf die Features so aufgebohrt wurde, wie es geschehen ist, denn vor der Einführung der Features gab es ein ähnliches, aber nicht so leistungsfähiges Konstrukt.

Eigentlicher Zweck der Erstelloptionen ist es, Anwendungsbestandteile, die eine neue Funktionalität implementieren, an- und abschalten zu können. So könnte eine Anwendung ausgeliefert werden müssen, bevor eine Funktionalität zu Ende programmiert wurde. In diesem Fall würde die neue Funktionalität über die Erstelloption aus der Anwendung exkludiert. Alle Komponenten, die diese Erstelloption referenzieren, werden dann nicht ausgeführt. Ist die Programmierung beendet, kann einfach ein »Schalter umgelegt« werden, und die Funktionalität wird ausgeführt.

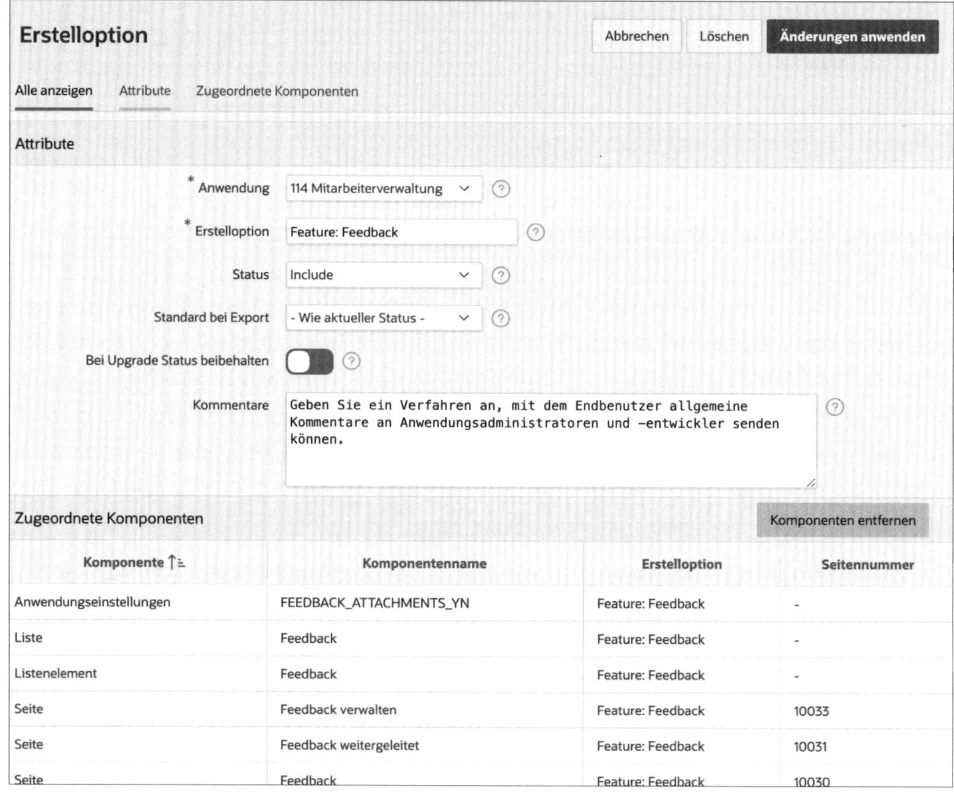

Abbildung 7.3 Erstelloptionen des Features »Feedback«

Im Grunde ist mit dem Verweis auf die Erstelloptionen auch die Verwaltung dieser Features beschrieben. Um nämlich ein installiertes Feature zu löschen, nutzen Sie die Möglichkeit, aus der Erstelloption heraus mittels der Schaltfläche KOMPONENTEN ENTFERNEN alle verbundenen Komponenten zu löschen. Anschließend können Sie auch die Erstelloption selbst löschen.

Natürlich können Sie die durch das Feature erstellten Seiten bearbeiten und an Ihre Wünsche anpassen, denn es handelt sich um normale APEX-Komponenten. Möchten

Sie ein Feature um eigene Komponenten erweitern, sollten Sie auch diese an die Erstelloption mit der Bezeichnung des Features binden, damit sie beim Löschen berücksichtigt werden.

7.1.3 Mitgelieferte Features

Hier noch eine kurze Übersicht über die Features und deren groben Einsatzzweck.

Anmeldeseite

Erstellt die Anmeldeseite einer Anwendung. Ist die Anwendung so eingestellt, dass sich ein Benutzer authentifizieren muss, wird dieses Feature automatisch installiert. Dies ist nicht immer hilfreich, manchmal, zum Beispiel im Umfeld von Single-Sign-On-Umgebungen, ist keine Anmeldeseite erforderlich. Das Feature kann aber natürlich jederzeit entfernt werden.

Aktivitätsberichte

Dieses Feature hält eine Reihe Auswertungen über die Anwendung, das Nutzerverhalten und aufgetretene Fehler bereit. Mit diesen Berichten ist es leichter möglich, die Anwendung stetig zu verbessern. Beachten Sie, dass Sie an die Daten nachträglich auch herankommen müssen; je nachdem, wie und wo Sie entwickeln, mag es nicht einfach sein, die Anwendung auf einem Produktionssystem aufzurufen. Ist auch die Datenbank für direkte Anfragen durch Sie nicht verfügbar, ist es aufwendig, an die gesammelten Daten heranzukommen.

E-Mail-Berichte

Vielleicht kann dieses Feature im vorher beschriebenen Dilemma helfen, indem Informationen auf regelmäßiger Basis als E-Mail versendet werden. Jedenfalls stellt dieses Feature Berichte zusammen, die das Versenden der in APEX erstellten und verwalteten E-Mails betreffen. Es überwacht also in erster Linie eine APEX-Funktionalität.

Feedback

Dieses Feature erzeugt Anwendungsseiten, mit deren Hilfe Sie Benutzerfeedback zu der APEX-Anwendung anfordern können. Dies klingt sinnvoll, unterliegt aber der gleichen Einschränkung wie das Feature Aktivitätsberichte. Ein großer Vorteil des Feedbacks ist, dass Informationen zum Zustand der Anwendung protokolliert werden, sodass Fehler eventuell einfacher identifiziert werden können.

Info-Seite

Diese Anwendungsseiten bieten die Möglichkeit, Hilfetexte über die Anwendung selbst und die Anwendungsseiten zusammenzufassen und darzustellen. Im Auslieferungszustand sind diese Seiten leer, sie können aber durch Eingaben entsprechender Texte in das Seitenattribut HILFE • HILFETEXT gefüllt werden. Ein Beispiel hierfür bietet die Administrationsseite `10000`. Informationen zur gesamten Anwendung werden auf der Anwendungsseite `Info-Seite` hinterlegt.

Konfigurationsoptionen

Dieses Feature installiert eine modale Anwendungsseite, die durch die Administrationsseite aufgerufen werden kann. Sie gibt die Möglichkeit, die anderen Features für eine Anwendung an- oder abzuschalten. Warum dies nicht standardmäßig Teil der Administrationsseite ist, erschließt sich mir nicht.

Theme-Stilauswahl

Ein APEX-Theme kann durch den Theme-Roller oder auch durch die mitgelieferten Theme-Varianten im Aussehen geändert werden. Mit diesem Feature erlauben Sie dem Endanwender, sich den Stil auszusuchen, der ihm genehm ist. Diese Wahl wird für den Benutzer dauerhaft gespeichert. Eine interessante Variante dieser Idee ist es, Stilalternativen für Menschen mit Behinderungen zu erstellen und diese alternativ zur Standardansicht anzubieten.

Wird dieses Feature installiert, kann auf der Administrationsseite dem Endanwender diese Auswahl gestattet werden. Anschließend findet sich in der Fußzeile der Anwendung der Link ANPASSEN, der die Auswahl ermöglicht.

Zugriffskontrolle

Dieses Feature installiert die Möglichkeit, die Zugriffskontrolle zu administrieren, die wir bereits in Kapitel 5, »Eine einfache Datenbankanwendung erstellen« kennengelernt hatten.

7.2 Anwendungsseiten

Anwendungsseiten sind, wie wir gesehen haben, die wichtigsten Gliederungselemente einer Anwendung, auf ihnen werden die Regionen und die anderen Komponenten platziert. Sie definieren das Grid, mit dem wir das Aussehen unserer Anwendung kontrollieren, und organisieren den Lebenszyklus, vom Rendern bis zur Verarbeitung eingegebener Daten.

Zwar erweckt APEX den Eindruck, über eine reiche Auswahl unterschiedlicher Seitentypen zu verfügen, doch das täuscht. Die einzigen Seitentypen, die APEX unterscheidet, sind »normale« Seiten und Dialogseiten, egal, ob modal oder nicht. Diese Festlegung entscheidet über die technische Umsetzung. Zwar kann eine Seite später noch unterschiedliche Templates erhalten, um zum Beispiel einen linken Seitenbereich abzutrennen oder nicht, aber das sind Änderungen am Seitenlayout, nicht am Seitentyp. Die meisten Anwendungsseiten einer APEX-Anwendung sind Seiten vom Typ `Normal`, Formulare werden häufig als modale Dialoge ausgeführt. Nicht modale Dialoge werden häufig für Hilfstexte verwendet, denn sie können auf dem Bildschirm hin- und hergeschoben werden, stören aber nicht die Bedienung der eigentlichen Anwendung.

Die meisten Seitentypen, die im Dialog zum Erstellen einer neuen Anwendungsseite angeboten werden, sind Assistenten, um spezifische Regionstypen auf Anwendungsseiten einzubinden. Folgerichtig werden sie im Dialog auch unter der Rubrik KOMPONENTEN zusammengefasst. Die Entscheidung, diese Regionstypen durch Assistenten für Anwendungsseiten einfügen zu lassen, besteht darin, dass die Assistenten neben den eigentlichen Regionen mit der gewünschten Funktion auch flankierende Objekte auf der Seite platzieren, um mit der Region korrekt arbeiten zu können.

Legen Sie also zum Beispiel einen Bericht mit darauf aufbauendem, modalem Dialog zur Bearbeitung der Daten an, werden zwei Seiten erstellt; auf der ersten wird eine Region vom Typ `interaktiver Report` und auf der zweiten eine Region vom Typ `Formular` angelegt. Das gleiche Ergebnis wäre also auch mit zwei leeren Seiten möglich gewesen, auf denen entsprechende Regionen platziert würden. Doch das stimmt nicht ganz: Die Berichtsregion hat durch den Assistenten auch einen Bearbeitungslink sowie eine Schaltfläche zur Neuanlage eines Datensatzes erhalten, der bereits voll funktionsfähig ist und auf die Formularseite zeigt. Auf der Formularseite ist nicht nur die Formularregion angelegt worden, sondern auch Schaltflächen zum Speichern, Anlegen oder Löschen eines Datensatzes, inklusive der serverseitigen Bedingungen zur selektiven Anzeige. Die Formularregion hat zudem bereits korrekte Einstellungen bezüglich des zu verwendenden Primärschlüssels erhalten und Prozesse zur Initialisierung und Verarbeitung.

Daher bietet es sich an, den Dialog zur Erstellung einer neuen Seite zu verwenden, wenn Standardseiten erstellt werden sollen. In diesem Teil des Buches verwenden wir diesen Ansatz, da wir möglichst wenig in die unterliegende Technik eintauchen möchten. Die Seitenassistenten sind daher eine willkommene Erleichterung zur Erstellung voll funktionsfähiger Anwendungsseiten, auch wenn die resultierenden Seiten auch manuell hätten erstellt werden können.

Modale Seiten besitzen einige Einstellungen und Besonderheiten, die ich gern vorab besprechen möchte, bevor wir uns die anderen Seitentypen ansehen. Diese Attribute finden Sie im Bereich DIALOG und natürlich nur auf einer modalen oder nicht modalen Dialogseite, wie etwa <EMP_EDIT>.

Die Attribute DIALOG • BREITE bzw. HÖHE legen die Pixelzahl fest, die verwendet werden, um den modalen Dialog in der Größe zu steuern. Es kann auch nur eines der beiden Attribute belegt werden, da die Elemente Standardwerte besitzen, die fehlende Einstellungen ergänzen.

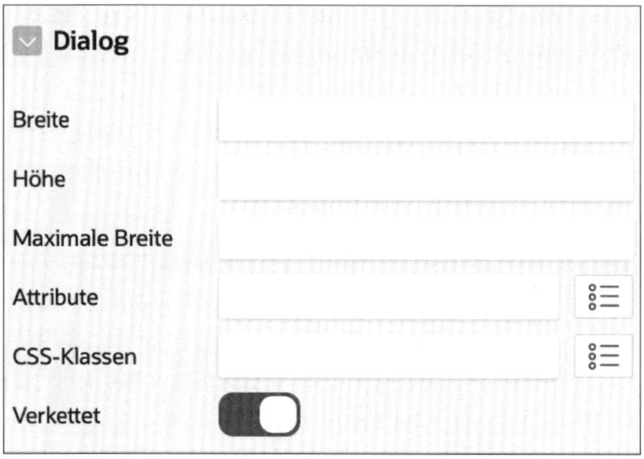

Abbildung 7.4 Attribute des Bereichs »Dialog«

Beachten Sie, dass Änderungen an einem dieser Parameter erst sichtbar werden, wenn die Seite, die den modalen Dialog aufruft, erneut geladen wird, denn diese Angaben sind Teil des URL, die auf der aufrufenden Seite enthalten ist. Das Attribut Dialog • Maximale Breite bezieht sich auf Dialoge, die in der Größe skalierbar sind.

Interessant ist das Attribut Dialog • Attribute. Es stellt eine Schnittstelle zu den Attributen dar, die das *jQuery UI Widget* `Dialog` anbietet, auf dem die modale Seite basiert, für die aber keine deklarativen Einstellmöglichkeiten vorhanden sind.

Merke

jQuery ist eine Sammlung von Browser-basierten Funktionen, geschrieben in JavaScript, das von APEX verwendet wird. Eine Erweiterung von jQuery ist *jQuery UI*, das Bedienelemente definiert. Diese Bedienelemente, zum Beispiel ein `DatePicker`, werden allgemein als *Widget* bezeichnet.

Eine modale Anwendungsseite basiert auf dem jQuery UI Widget `Dialog`. Dieses Widget kann für Meldungen, aber eben auch für modale Dialogfenster verwendet werden. Da JQuery UI als deprecated eingestuft wurde, werden wir in Zukunft neu entwickelte Komponenten sehen, die diese Technik ersetzen. Nach allem, was derzeit bekannt ist, werden das Webkomponenten sein. Ein erstes Beispiel ist der `DatePicker` ab Version 22.2.

Analog zu anderen Stellen in APEX wird hier ein JSON-Objekt übergeben, das die Optionen einstellt. Das Widget bietet eine große Bandbreite möglicher Optionen, von denen einige sinnvoll sind, andere nicht. John Snyders, einer der maßgeblichen Entwickler der JavaScript-Komponenten von APEX, hat in seinem Blog *http://tinyurl.com/ybtavnj4* eine Übersicht der sinnvollen Attribute aufgeführt. Diese sind:

- `resizable`
- `draggable`
- `maxHeight`, `minWidth`, `minHeight`
- `hide`, `show`
- `position`

Hier nun ein Beispiel für die Übergabe eines solchen Optionsobjekts, das einen modalen Dialog `resizable` und `draggable` erzeugt:

```
resizable:true, draggable:true
```

Die Verwendung des Attributs DIALOG • CSS-KLASSEN habe ich in Abschnitt 6.3, »Darstellung der Komponenten steuern«, erläutert. Interessant ist dann wieder das letzte Attribut: DIALOG • VERKETTET. Diese Option steuert ein grundsätzliches Verhalten der modalen Dialoge, wenn ein modaler Dialog einen weiteren modalen Dialog öffnet. Ist das Attribut auf `Ja` gestellt, bedeutet dies, dass der folgende Dialog den bestehenden ersetzen wird. Das ist zum Beispiel bei modalen Assistenten der Fall, die sich dadurch auszeichnen, dass auf eine Assistentenseite die nächste folgt. Anders sieht dies aus, wenn eine modale Seite eine zweite modale Seite parallel öffnen können soll. Dies könnte zum Beispiel der Fall sein, wenn auf einer Bearbeitungsseite noch weitere Detaildaten erfasst werden sollen und dies auf einer separaten Seite geschehen soll. In diesem Fall muss der zweite modale Dialog parallel zum ersten angezeigt werden. Dies erreichen Sie, indem Sie dieses Attribut auf `Nein` stellen.

7.2.1 Leere Seite

Eine leere Seite enthält keine vordefinierten Regionen, ist aber auch nicht vollständig leer, denn auf ihr werden Navigationsmenüs, Navigationspfade (Breadcrumbs) und die Navigationsleistenliste angezeigt, falls dies nicht explizit unterbunden wird. Zur Erstellung werden lediglich eine Seitennummer (APEX schlägt die erste freie Nummer vor) und ein Name für die Seite vergeben. Optional lassen sich weitere Angaben festlegen.

Der SEITENMODUS legt den Seitentyp fest.

Die Zuordnung einer Seite zu einer SEITENGRUPPE ist optional und hat keine technische Funktion. Sie dient lediglich der Gruppierung unterschiedlicher Seiten zur Filterung im Übersichtsbericht. Um diese Funktion nutzen zu können, müssen Sie vorab Seitengruppen im etwas versteckten Dialog <UTILITYS> • SEITENZPEZIFISCHE UTILITYS • SEITENGRUPPEN • ERSTELLEN einrichten. Dort werden lediglich ein Name und eine optionale Beschreibung angegeben.

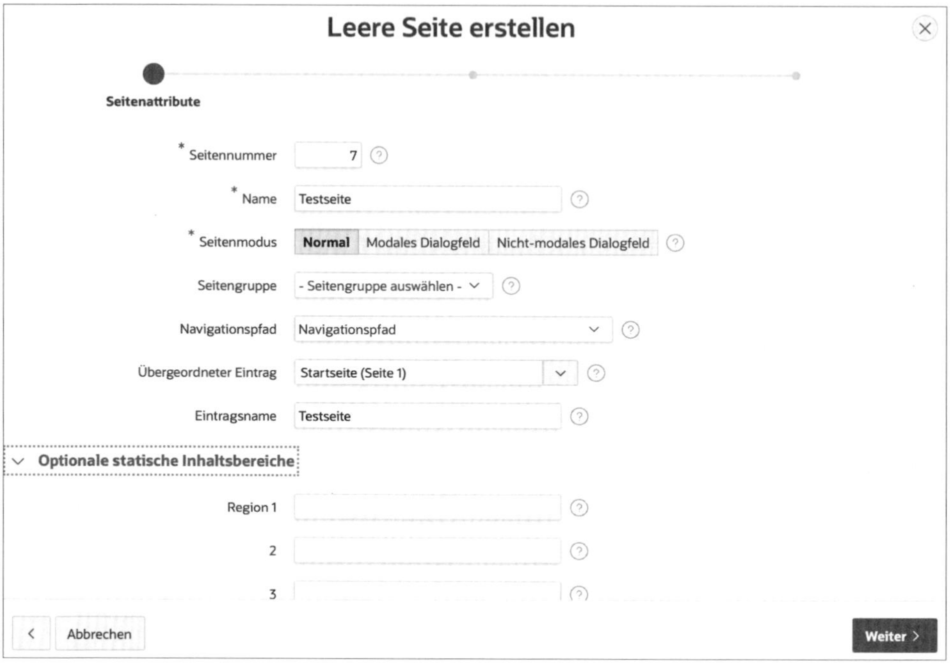

Abbildung 7.5 Dialog zur Erstellung einer leeren Seite

Im Attribut NAVIGATIONSPFAD können Sie der neuen Seite einen Eintrag im Breadcrumb zuordnen. Im Regelfall wählen Sie den vorgeblendeten Breadcrumb und legen den neuen Eintrag fest. Wählen Sie dazu den übergeordneten Eintrag, und editieren Sie den Namen des Eintrags, falls dieser vom Seitennamen abweichen soll.

Dann haben Sie noch die Möglichkeit, sich unter der Option OPTIONALE STATISCHE INHALTSBEREICHE gleich eine oder mehrere statische Regionen auf der Seite anlegen zu lassen. Von dieser Möglichkeit werden Sie wahrscheinlich selten Gebrauch machen, denn die Anlage auf der Anwendungsseite ist ebenfalls unproblematisch und schnell möglich und bietet mehr Kontrolle als diese einfache Aufzählung von Regionsnamen.

Wenn Sie die erste Dialogseite bearbeitet haben, wird Ihnen im zweiten Dialog ermöglicht, die Seite über ein Navigationsmenü anzusteuern, indem Sie einen neuen Eintrag im Navigationsmenü erstellen lassen. Etwas exotischere Fälle könnten Sie dazu bringen, bereits bestehende Navigationseinträge mit der neu zu erstellenden Seite zu verbinden. Modale Dialoge werden im Regelfall nicht mit einem Navigationsmenüeintrag verbunden, sondern aus normalen Anwendungsseiten heraus aufgerufen.

Es folgt eine Zusammenfassung der Optionen und die Option, die Seite erstellen zu lassen. Ich hoffe, hierfür benötigen Sie keinen Screenshot, diese Optionen erklären sich von selbst. Klicken Sie auf FERTIGSTELLEN, wird die Seite erstellt und kann von Ihnen weiterbearbeitet werden.

Es mag nicht sehr wahrscheinlich klingen, dass Sie leere Seiten in APEX anlegen müssen, doch das täuscht. Im Regelfall werden Sie eine speziellere Anwendungsseite durch einen der folgenden Assistenten anlegen lassen, falls dies möglich ist, oft werden aber auch zum Beispiel Dashboard-Seiten erstellt, die nur schwer durch einen vorgefertigten Assistenten abgedeckt werden können. In diesen Fällen starten Sie mit einer leeren Seite und machen den Rest dann auf der Seite. Was aber stimmt, ist, dass dieses Vorgehen mehr Erfahrung mit APEX voraussetzt und daher wohl eher später in Ihrer APEX-Karriere eingesetzt werden wird. Dennoch ist es sinnvoll, sich die Optionen dieses Seitentyps anzusehen, denn diese werden bei den anderen Seitentypen ebenfalls verwendet.

7.2.2 Bericht

Hinter dieser Option verbergen sich viele verschiedene Berichtstypen.

Abbildung 7.6 Berichtstypen

Allen gemeinsam ist, dass sie neben den Standardattributen Angaben zur Datenquelle erfragen, die für den Bericht verwendet werden soll.

Ich hatte in Abschnitt 6.1, »Komponenten mit Daten versorgen«, bereits erläutert, welche Optionen bezüglich der Datenquellen existieren. Hier wird dieses Konzept insofern erweitert, als es möglich ist, die anzuzeigenden Spalten im unteren Shuttle-Control auszuwählen (was, wie üblich, auch später auf der Seite geschehen kann) und Fremdschlüsselbeziehungen auflösen zu lassen. Diese auf den ersten Blick sehr nette Funktion führt dazu, dass auf der Anwendungsseite nicht mehr die Tabelle referenziert, sondern eine `select`-Abfrage eingefügt wird. Ob Sie das gut finden oder nicht, stelle ich Ihrer Entscheidung anheim, ich halte die Umsetzung für sehr unglücklich und würde eine dedizierte View in der Datenbank für diesen Einsatz definitiv vorziehen.

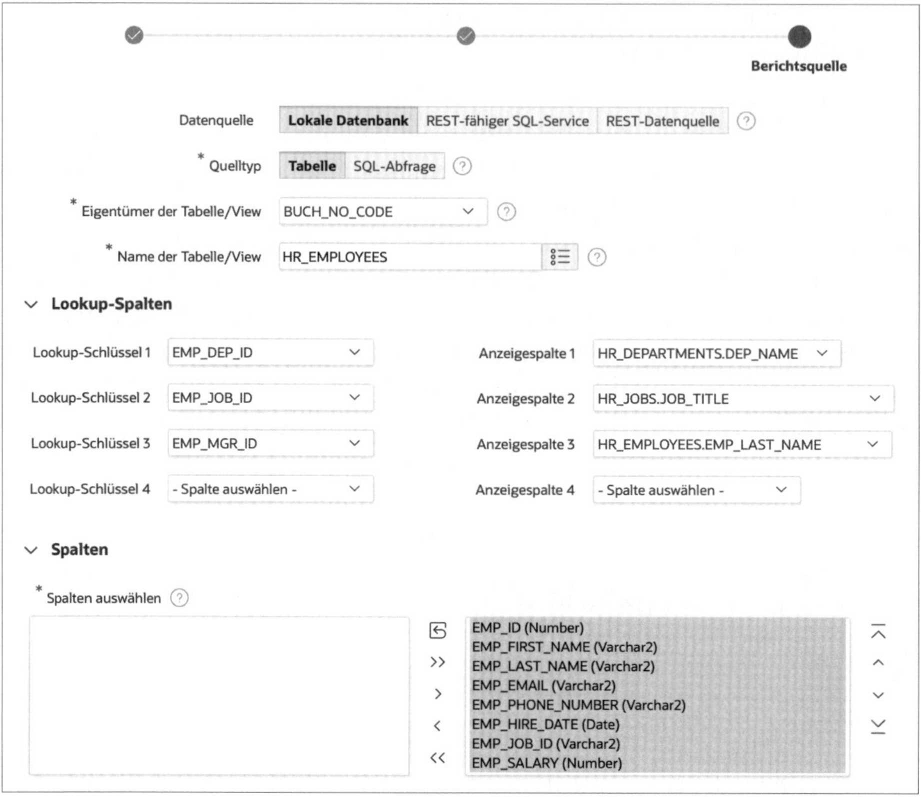

Abbildung 7.7 Definition der Berichtsquelle eines Berichts

Doch ist andererseits das Motto in diesem Teil des Buches »No Code«, also akzeptiere ich für den Moment diese Lösung. Abbildung 7.8 zeigt die entstandene `select`-Abfrage.

Codeeditor - SQL-Abfrage

```
select EMP_ID,
       EMP_FIRST_NAME,
       EMP_LAST_NAME,
       EMP_EMAIL,
       EMP_PHONE_NUMBER,
       EMP_HIRE_DATE,
       EMP_JOB_ID,
       ( select l.JOB_TITLE from HR_JOBS l where l.JOB_ID = m.EMP_JOB_ID) EMP_JOB_ID_L$1,
       EMP_SALARY,
       EMP_COMMISSION_PCT,
       EMP_MGR_ID,
       ( select l.EMP_LAST_NAME from HR_EMPLOYEES l where l.EMP_ID = m.EMP_MGR_ID) EMP_MGR_ID_L$2,
       EMP_DEP_ID,
       ( select l.DEP_NAME from HR_DEPARTMENTS l where l.DEP_ID = m.EMP_DEP_ID) EMP_DEP_ID_L$3
from HR_EMPLOYEES m
```

Abbildung 7.8 Automatisch generierte select-Abfrage

Das mag fürs Erste genügen; Kapitel 8, »Berichte«, wird sich eingehend mit den unterschiedlichen Berichtstypen beschäftigen. Falls Sie sich bereits jetzt einen optischen Überblick über die verschiedenen Möglichkeiten verschaffen möchten, wären die Beispielanwendungen *Universal Theme Reference* und *Sample Reporting* sicher eine gute Inspirationsquelle.

7.2.3 Formular und Master-Detail

Auch beim Komponententyp FORMULAR existiert eine weite Bandbreite unterschiedlicher Formulartypen.

Abbildung 7.9 Formulartypen

Einige Optionen erstellen eine, andere gleich zwei Anwendungsseiten. Dadurch werden die Assistenten unterschiedlich lang, doch wiederholen sich die Attribute sehr stark, sodass ich es hier bei einer grundsätzlichen Besprechung belassen kann. Neben den Standardattributen (Seitennummer, Breadcrumb, Navigationsmenü und so weiter) wird auch für ein Formular eine Datenquelle mit den »üblichen« Optionen erwartet. Formulare benötigen allerdings noch eine weitere Angabe, nämlich zum Primärschlüssel, denn auf Basis dieser Information wird das Formular entscheiden, ob eine Bearbeitung oder Neuanlage eines Datensatzes vorliegt.

Leider werden hier die Metadaten der Datenbank nicht optimal genutzt, denn ansonsten wäre die Primärschlüsselspalte `EMP_ID` bereits vorausgewählt. Es könnte allerdings auch erforderlich sein, keinen Primärschlüssel zu wählen und die Identifikation einer Zeile durch die Datenbank über die `ROWID` vornehmen zu lassen, wie wir das in Abschnitt 6.1.3, »Identifikation einer Zeile« besprochen hatten.

Eine eingehende Diskussion der unterschiedlichen Formulartypen findet sich in Kapitel 10, »Formulare«.

Der Seitentyp Master-Detail stellt fortgeschrittene Möglichkeiten dar, Berichte, die hierarchisch aufeinander aufbauen, zu erstellen. Teilweise werden modale Dialoge, teilweise editierbare Berichte verwendet, um diese Seiten zu erstellen. Details finden sich ebenfalls im oben angesprochenen Kapitel 10, »Formulare«.

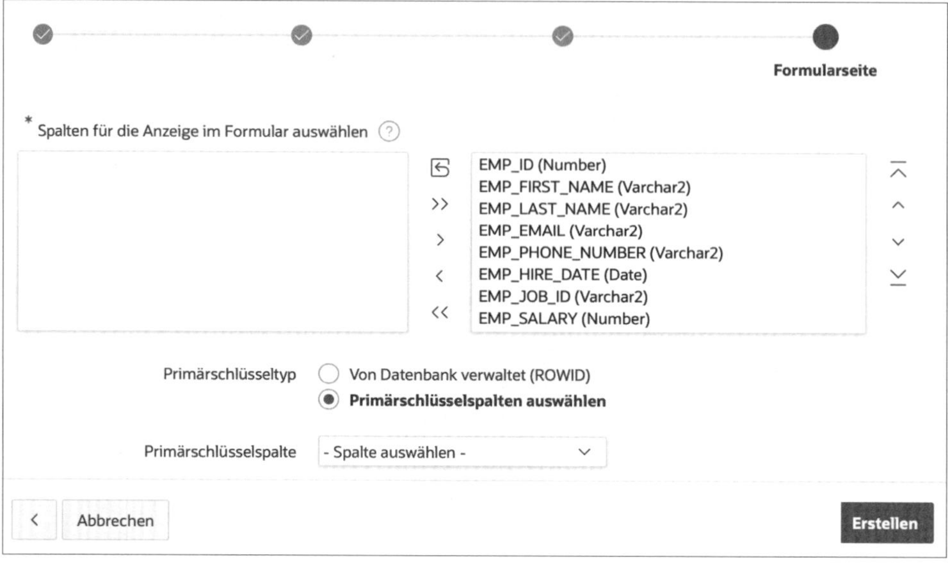

Abbildung 7.10 Auswahl der Primärschlüsselinformation

7.2.4 Plugins

Plugins sind Erweiterungen des APEX-Standardfunktionsumfangs. Es lassen sich unterschiedliche Plugins generieren, unter anderem auch für Regionstypen. Solche Plugins lassen sich dann auf einer Anwendungsseite platzieren. Das ist allerdings ein fortgeschrittenes Thema, auf das wir hier noch verzichten.

7.2.5 Diagramm und Dashboard

Ein ebenfalls weites Feld. APEX bietet umfangreiche Visualisierungsmöglichkeiten für Daten als Diagramm. Es basiert auf der Technologie *Oracle Jet*, einem Engagement von Oracle, das JavaScript-basierte Frameworks aus der Open-Source-Szene mit eigenen Entwicklungen anreichert. Oracle verspricht, die Technologie für einige Jahre stabil zu unterstützen. Da die Komponenten zudem barrierefrei, internationalisierbar und flexibel konfigurierbar sind, stellen sie eine gute Basis für APEX dar.

Wie in unserem einführenden Beispiel gezeigt, benötigen die Diagramme als Regionstyp eine Datenquelle pro Datenreihe, ansonsten verhalten sie sich sehr ähnlich einem Bericht. Ich möchte die Anlage von Diagrammen hier nicht weiter besprechen, weil sie nicht primär Seitentypen darstellen, sondern verweise auf Kapitel 11, »Diagramme«. Wieder einmal bietet sich die Installation einer Beispielanwendung an, nämlich SAMPLE CHARTS, die Sie sicher bereits durch die Vielzahl der Optionen von der Leistungsfähigkeit von APEX in diesem Bereich überzeugen wird.

Die Komponenten hinter DASHBOARD erweitern das Konzept der Diagrammseiten, indem sie ein Raster für unterschiedliche Diagramme gleich mit anlegen. Dieses Raster kann als Startpunkt für eine Anwendungsseite mit Übersichtsdiagrammen verwendet werden.

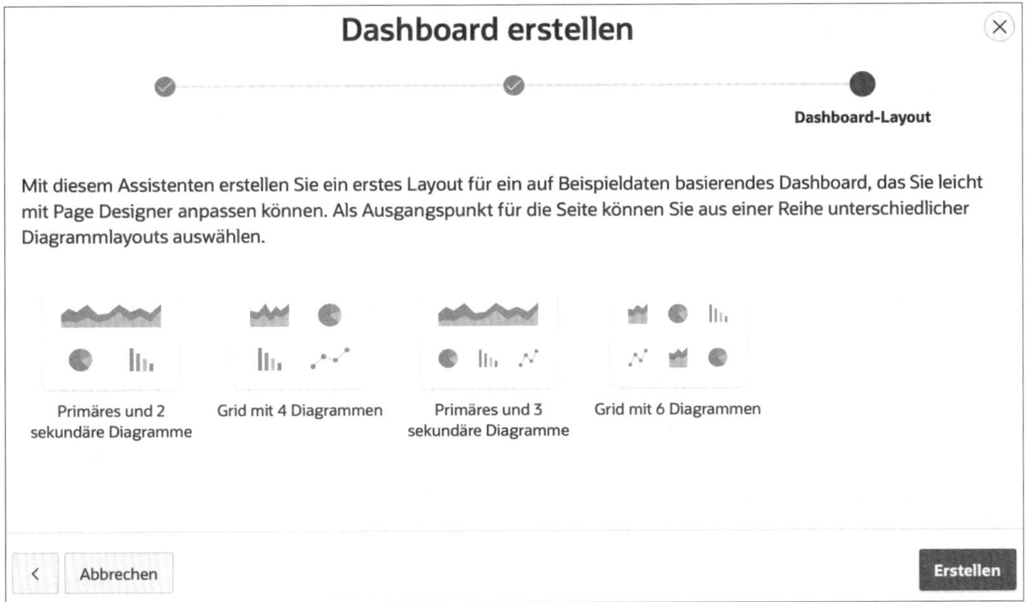

Abbildung 7.11 Option zur Erstellung unterschiedlicher Dashboards

7.2.6 Karten

Karten bezeichnen die in APEX integrierte Möglichkeit, geografische Daten zu visualisieren. Viele der Optionen, die hier verwendet werden, waren früher einer kostenpflichtigen Erweiterung von Oracle vorbehalten. Diese Optionen sind seit einigen Versionen aber Teil der normalen Datenbank geworden, sogar Bestandteil der kostenfreien Version Oracle Express Edition. Was hier möglich ist, ist schon beeindruckend, allerdings werde ich nicht sehr in die Tiefe gehen können, weil mir die Fachkenntnis hierzu fehlt. Sicher gibt die Anwendung *Sample Maps* einen guten ersten Eindruck. Leider konnte ich die angegebenen zusätzlichen Flughafendaten der Anwendung auf GitHub nicht mehr finden, vielleicht ist das aber zwischenzeitlich gelöst.

Ich muss ehrlich gestehen, bereits mit diesen Möglichkeiten ein wenig überfordert zu sein, ich habe jedenfalls auch nur den Hilfetext gelesen, der im Fragezeichen rechts oben neben den Optionen `Punkte`, `Zeilen`, `Polygone`, `Heatmap` und `Extrudierte Polygone` angezeigt wird. Ich möchte daher auch nicht auf Experte machen und verweise für weitergehende Nutzungsmöglichkeiten auf die Beispielanwendung.

Abbildung 7.12 Optionen für unterschiedliche Kartenseiten

7.2.7 Assistenten

Diese Option bietet Ihnen die Möglichkeit, eigene Assistenten zu erstellen. Das klingt zunächst sehr verlockend, birgt aber ein Problem, dem ich hier nicht Herr werden möchte: Es erfordert zwingend die Programmierung, ansonsten kann mit diesen Seitentypen nicht sinnvoll gearbeitet werden. Ich werde Assistenten daher in einem späteren Teil des Buches besprechen. Zudem glaube ich, dass Assistenten viel seltener eingesetzt werden, als es zunächst den Anschein haben mag. Bei APEX selbst sind Hunderte Assistenten im Einsatz, im täglichen Projektgeschäft begegnen mir diese Strukturen jedoch deutlich seltener. Aber das mag auch eine subjektive Wahrnehmung sein.

7.2.8 Laden von Daten

Mit einer Seite vom Typ `Laden von Daten` ist es möglich, in `CSV`, `XLSX`, `XML` oder `JSON` formatierte Daten in APEX zu laden. Die Daten können entweder als Datei oder per Kopieren und Einsetzen zur Verfügung gestellt werden. Dieser Seitentyp setzt voraus, dass zunächst die Struktur der zu ladenden Daten deklariert werden muss. In diesem Abschnitt gehen wir an einem Beispiel die nötigen Schritte durch.

Deklaration der Datenstruktur

Die Daten, die geladen werden sollen, werden in den gemeinsamen Komponenten beschrieben und als *Datenladeinformation* abgelegt. Daher legen wir eine neue Datenladeinformation unter <GEMEINSAME KOMPONENTEN> • DATENQUELLEN • DATENLADEDEFINITIONEN • ERSTELLEN an. Im Dialog legen wir zunächst fest, eine neue Ladedefinition erstellen zu wollen, und klicken auf WEITER.

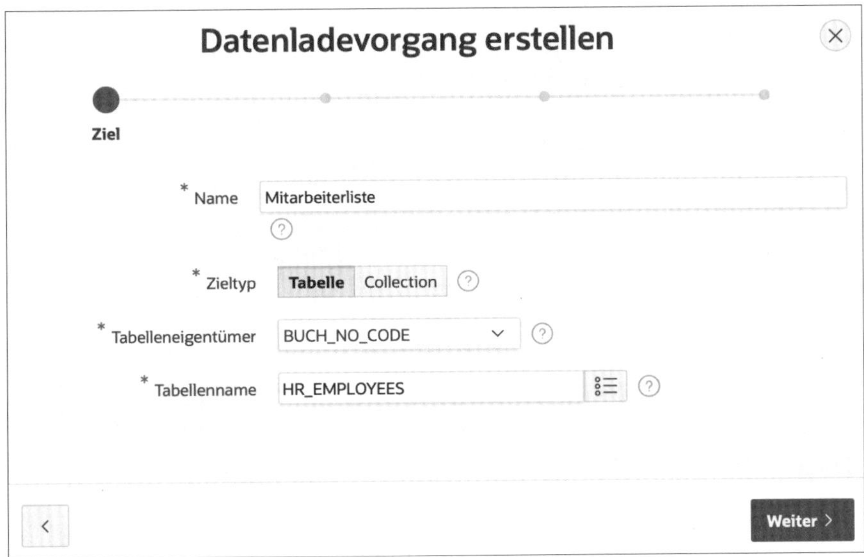

Abbildung 7.13 Definition des Ziels der geladenen Daten

Im Dialog in Abbildung 7.13 vergeben wir einen Namen und definieren, wohin die Daten nach dem Laden geschrieben werden sollen.

[!]

Merke

Das Attribut ZIELTYP mag dabei verwirren. Was bedeutet es, dass die Daten in eine `Collection` geschrieben werden? Wenn die Daten vor der Übernahme in eine Tabelle noch validiert oder auf sonstige Weise durch Programmierung manipuliert werden müssen, können die Daten vorab in einen Zwischenspeicher geladen werden. Erst nach der Überarbeitung werden sie dann in die endgültigen Speicherorte kopiert.

Wir belassen es bei der Option, direkt in eine Tabelle zu speichern, und wählen die Tabelle `HR_EMPLOYEES` als Ziel. Im nächsten Schritt stellen wir Beispieldaten zur Verfügung, aus denen die Struktur abgeleitet werden kann. Ich habe es mir hier einfach gemacht und die Tabellendaten der Tabelle `HR_EMPLOYEES` als `XLSX` exportiert und einige Testdaten eingetragen. Sie finden die Datei unter dem Namen *employee_sample.xlsx* im Download zum Buch.

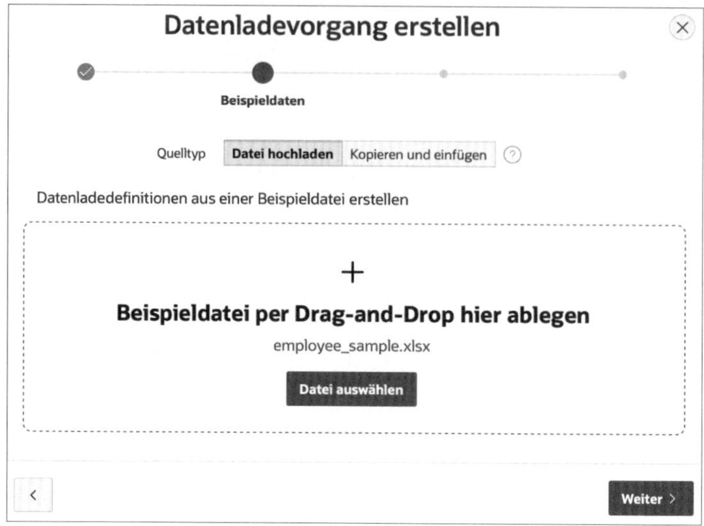

Abbildung 7.14 Dialog zum Hochladen einer Beispieldatei

Alternativ zu einer Beispieldatei hätten wir auch Daten aus einer Excel-Datei kopieren und hier einfügen können. Für den weiteren Verlauf macht dies keinen wesentlichen Unterschied. Der Assistent wird im nächsten Schritt versuchen, die Daten den Tabellenspalten zuzuordnen.

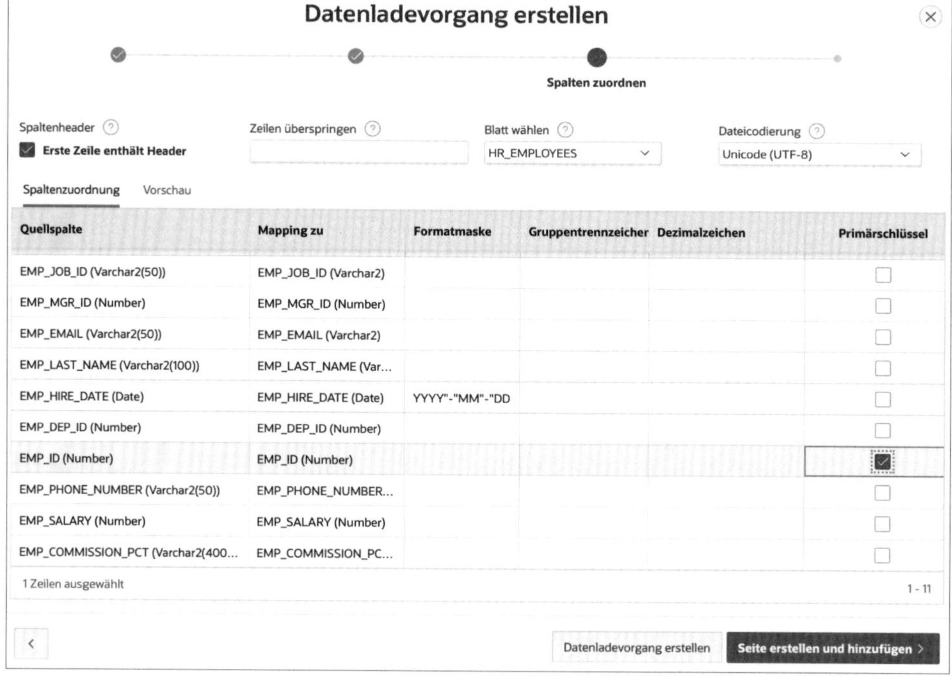

Abbildung 7.15 Zuordnung der Spalten

Beachten Sie im Dialog in Abbildung 7.15, dass abhängig vom Typ der Datenquelle andere Optionen bereitstehen können. Hier ist es zum Beispiel möglich, das Excel-Blatt zu wählen, das die Daten enthält. Wichtig ist auch die Berücksichtigung der korrekten Zeichensatzkodierung, damit keine Umlautprobleme beim Import auftreten.

Sie können sich die Beispieldaten durch einen Klick auf den Reiter VORSCHAU anzeigen lassen, um das Mapping zu kontrollieren.

Zum Abschluss dieses Assistenten könnten wir direkt auch eine Anwendungsseite erstellen lassen, das möchte ich jedoch separat tun, daher wählen wir hier DATENLADEVORGANG ERSTELLEN.

Bevor wir nun die eigentliche Seite betrachten, sehen wir uns an, was genau erstellt wurde. Klicken Sie hierzu auf die gerade erstellte Datenladedefinition `Mitarbeiterliste`.

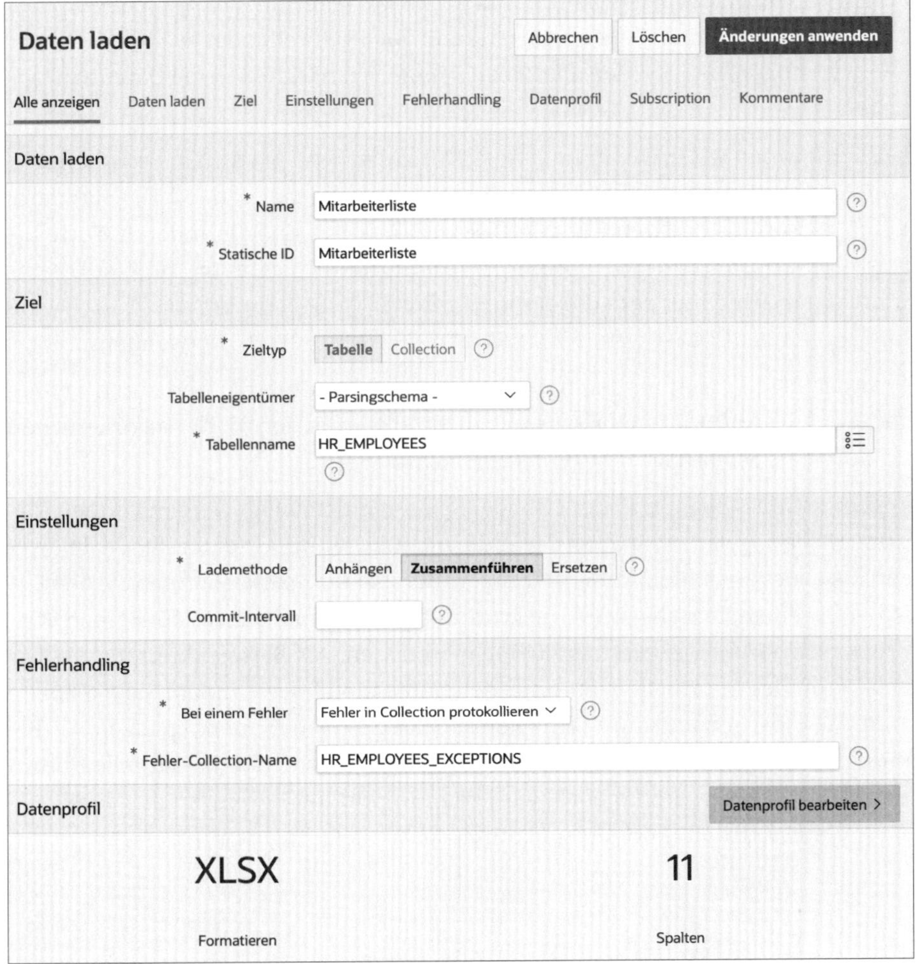

Abbildung 7.16 Die erstellte Datenladedefinition »Mitarbeiterliste«

Von besonderer Bedeutung sind hier Attribute, die wir über den Assistenten nicht einstellen konnten. So gibt es hier eine Unterscheidung zwischen dem Namen und einer statischen ID, die für die technische Identifikation innerhalb der Datenbank sorgt. Wichtiger ist das Attribut EINSTELLUNGEN • LADEMETHODE, denn dort kann eingestellt werden, wie mit bereits bekannten Daten verfahren werden soll. Standardmäßig ist die Option `Zusammenführen` ausgewählt, was bedeutet, dass bekannte Daten durch die neuen Daten aktualisiert werden. Dies ist möglich, weil wir beim Import eine Primärschlüsselspalte definiert und als Ziel eine Tabelle angegeben haben. Im gleichen Bereich können wir im Attribut COMMIT-INTERVALL einstellen, nach wie vielen Zeilen die Datenbank die eingefügten Daten festschreiben soll. Als Datenbankfachmann graust mir vor solchen Möglichkeiten, ich bin gewohnt, alle Arbeiten in einer Transaktion vornehmen zu lassen. Die Frage ist, was getan werden soll, wenn nach 15 erfolgreichen Bestätigungen der Daten plötzlich ein Fehler auftaucht? Es mag hier aber auch andere Haltungen geben, daher sollte das jeder für sich entscheiden. Der Standardwert `200`, der hier eingetragen ist, kann auch gelöscht oder geändert werden. Ist kein Wert angegeben, werden alle Zeilen in einer Transaktion in die Datenbank geschrieben.

Schließlich können wir im Attribut FEHLERBEHANDLUNG • BEI EINEM FEHLER festlegen, wie APEX im Fall eines fehlerhaften Datenbestandes reagieren soll. Der Standardwert `Stoppen` ist selbsterklärend. In der Hilfe zum Attribut sind die anderen Werte `Ignorieren`, `Fehler in Collection protokollieren` und `im Fehlerlog protokollieren` erläutert. Ich möchte hier gern die Option `Fehler in Collection protokollieren` wählen und als FEHLER-COLLECTION-NAME `HR_EMPLOYEES_EXCEPTIONS` verwenden.

Die Spalteneinstellungen für den Import sind ebenfalls editierbar und durch weitere Attribute auf die Anforderungen einstellbar. Sie erreichen den hierfür erforderlichen Dialog durch die Schaltfläche DATENPROFIL BEARBEITEN.

Interessant ist, dass Spalten zu der Liste der Spalten hinzugefügt werden können. Damit können Sie abgeleitete Spaltenwerte, die nicht in der Importdatei stehen, in Ihrer Datenbank aber verwendet werden, einfügen. Bei solchen Spalten können Sie den Datentypen frei einstellen, aber auch die Ermittlung des Spaltenwertes über einen SQL-Ausdruck oder eine `select`-Abfrage berechnen lassen. Als Beispiel könnten Sie das Einstelldatum des Mitarbeiters automatisch berechnen lassen, indem Sie die Spalte `EMP_HIRE_DATE` löschen und durch eine neue Spalte gleichen Namens ersetzen. Als Berechnung verwenden Sie den SQL-Ausdruck `trunc(sysdate)`, der das aktuelle Datum ohne die Uhrzeit liefert. Im Ergebnis wird beim Import der Datenwert aus der Excel-Datei für dieses Attribut ignoriert und durch das aktuelle Tagesdatum ersetzt.

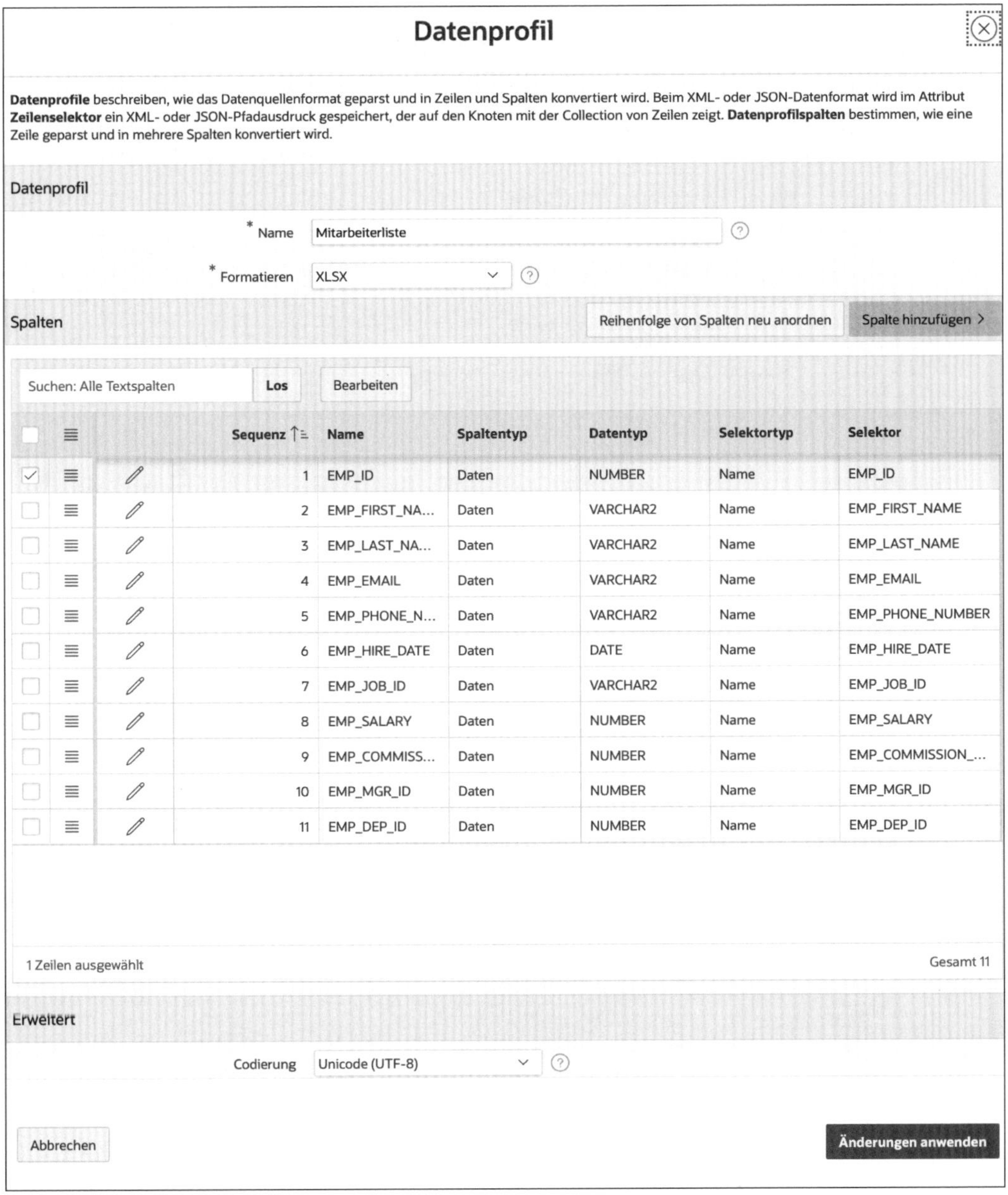

Datenprofil

Datenprofile beschreiben, wie das Datenquellenformat geparst und in Zeilen und Spalten konvertiert wird. Beim XML- oder JSON-Datenformat wird im Attribut **Zeilenselektor** ein XML- oder JSON-Pfadausdruck gespeichert, der auf den Knoten mit der Collection von Zeilen zeigt. **Datenprofilspalten** bestimmen, wie eine Zeile geparst und in mehrere Spalten konvertiert wird.

Datenprofil

* Name: Mitarbeiterliste

* Formatieren: XLSX

Spalten

Reihenfolge von Spalten neu anordnen | Spalte hinzufügen >

Suchen: Alle Textspalten | Los | Bearbeiten

Sequenz	Name	Spaltentyp	Datentyp	Selektortyp	Selektor
1	EMP_ID	Daten	NUMBER	Name	EMP_ID
2	EMP_FIRST_NA...	Daten	VARCHAR2	Name	EMP_FIRST_NAME
3	EMP_LAST_NA...	Daten	VARCHAR2	Name	EMP_LAST_NAME
4	EMP_EMAIL	Daten	VARCHAR2	Name	EMP_EMAIL
5	EMP_PHONE_N...	Daten	VARCHAR2	Name	EMP_PHONE_NUMBER
6	EMP_HIRE_DATE	Daten	DATE	Name	EMP_HIRE_DATE
7	EMP_JOB_ID	Daten	VARCHAR2	Name	EMP_JOB_ID
8	EMP_SALARY	Daten	NUMBER	Name	EMP_SALARY
9	EMP_COMMISS...	Daten	NUMBER	Name	EMP_COMMISSION_...
10	EMP_MGR_ID	Daten	NUMBER	Name	EMP_MGR_ID
11	EMP_DEP_ID	Daten	NUMBER	Name	EMP_DEP_ID

1 Zeilen ausgewählt — Gesamt 11

Erweitert

Codierung: Unicode (UTF-8)

Abbrechen | Änderungen anwenden

Abbildung 7.17 Dialog zur Bearbeitung der Spalteneinstellungen

Interessant für bestehende Spalten ist zudem die Möglichkeit, beim Import die Daten über die eingeblendeten Optionen in Abbildung 7.18 im Attribut TRANSFORMATION • REGELTYP anzupassen. So könnte zum Beispiel die Schreibweise von E-Mail-Adressen auf Großbuchstaben vereinheitlicht werden. Schade ist, dass hier nur die aufgeführten Regeltypen verwendet und keine eigenen Ausdrücke hinterlegt werden können.

Datenprofilspalte

Konfigurieren Sie Attribute einer einzelnen **Datenprofilspalte**: Spalten vom Typ **Daten** haben einen **Selektor** und enthalten Werte, die direkt aus Quelldaten extrahiert wurden. Spalten vom Typ **SQL-Ausdruck**, **SQL-Abfrage** oder **Lookup** enthalten Werte, die mithilfe von SQL-Ausdrücken, SQL-Abfragen oder Tabellen-Lookups aus Datenspalten abgeleitet wurden.

Spalte

Sequenz 2

* Name EMP_FIRST_NAME

* Primärschlüssel

* Sichtbar

Quelle

Spaltentyp **Daten**

Selektortyp **Name** Sequenz Regulärer Ausdruck

* Selektor EMP_FIRST_NAME

* Datentyp VARCHAR2

Max. Länge 80

Transformation

Regeltyp ✓ - Auswählen -
Links abschneiden
Rechts abschneiden
Abschneiden
Ersetzen
In Kleinbuchstaben
In Großbuchstaben
Null, wenn
Regulärer Ausdruck - Ersetzen
Regulärer Ausdruck - Null, wenn

Erweitert

Dezimalzeichen

Gruppenzeichen

Kommentar

Abbrechen Löschen Änderungen anwenden

Abbildung 7.18 Einstellung zu einer Datenprofilspalte

Datenladeseite erstellen

Nach diesen Vorarbeiten können wir nun eine Seite erstellen, über die wir Daten in die Datenbank laden können. Dies ist nun sehr einfach, da die Hauptarbeit über den Datenladevorgang bereits erledigt ist.

Abbildung 7.19 Dialog zur Erstellung einer Datenladeseite

In Abbildung 7.19 sehen Sie die Einstellungen für die Seite, nach Zuordnung eines Navigationseintrags können wir dann die Datenladedefinition auswählen, wie in Abbildung 7.20 gezeigt.

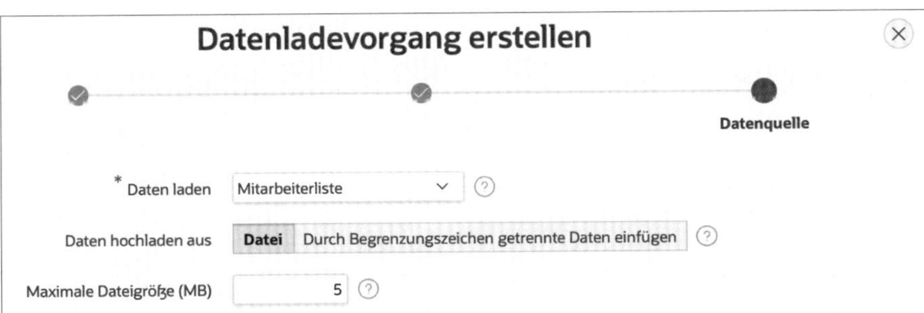

Abbildung 7.20 Datenquelle auswählen

Das war es auch schon, die Seite wird erstellt. Legen Sie zunächst das Seitenalias auf `EMP_LOAD` fest. Auf der Seite werden viele Komponenten angelegt, doch wir werden noch etwas mehr tun, denn ich möchte einen Bericht anlegen, der fehlerhafte Daten der Importdatei anzeigen kann. Sie erinnern sich, dass wir hierfür das Attribut FEH-

LERBEHANDLUNG • FEHLER-COLLECTION-NAME der Datenladedefinition auf den Wert HR_EMPLOYEES_EXCEPTIONS eingestellt hatten.

Gehen Sie also zu <EMP_LOAD>,

- fügen Sie eine neue Region vom Typ interaktiver Bericht ein.
- Nennen Sie die Region Fehlerhafte Datensätze, und
- stellen Sie das Regionstemplate auf Standard zurück.
- In den Templateattributen legen wir die beiden Optionen Remove Body Padding und ACCENT • Accent 9 fest.
- In den <SPEZIELLEN ATTRIBUTEN> • NACHRICHTEN • WENN KEINE DATEN GEFUNDEN WURDEN tragen Sie die Meldung Keine Fehler beim Laden ein.

Nun benötigt der Bericht noch eine Datenquelle. Verwenden Sie die View EMP_UI_EMP_LOAD_EXCEPTIONS, und benennen Sie die erste Spalte Zeile und die zweite Spalte Fehlermeldung.

Zum Schluss stellen Sie das Attribut SERVERSEITIGE BEDINGUNG • Typ auf AUSDRUCK, die SPRACHE auf SQL und den SQL-AUSDRUCK auf coalesce(:P2_ERROR_ROW_COUNT, '0') != '0'. Dieser Ausdruck bedeutet, dass die Berichtsregion nur gezeigt werden soll, wenn das Element P2_ERROR_ROW_COUNT einen Wert größer 0 enthält. Da der Ausdruck auch mit leeren Werten zurechtkommen muss, tragen wir in diesem Fall einen Ersatzwert 0 ein. Dies erreichen wir durch die Funktion COALESCE.

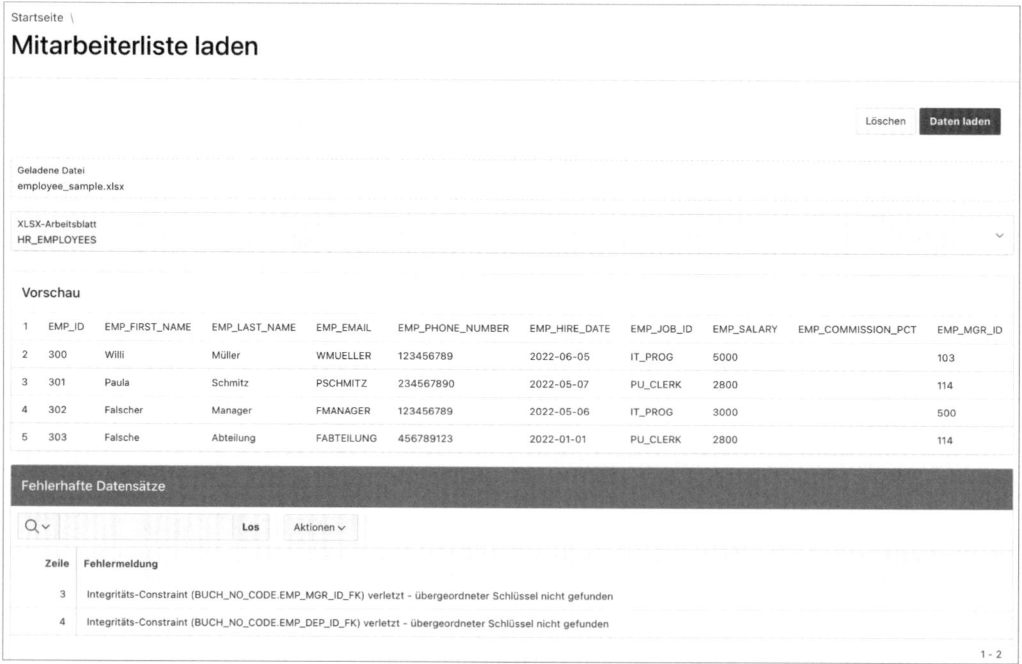

Abbildung 7.21 Ladeseite nach dem Laden von Daten mit Fehlern

Starten Sie nun die Seite. Es wird eine Region zum Laden der Excel-Datei angezeigt. Ziehen Sie die Datei *employee_sample.xlsx* in diesen Bereich.

Sofort wird die Datei geladen, und fehlerhafte Importzeilen werden angezeigt. Die beiden letzten Zeilen verstoßen gegen ein Fremdschlüsselconstraint der Datenbank. Sicher sehen Sie das Verbesserungspotenzial bei den Fehlermeldungen selbst, denn sie sind sehr technisch. Spüren Sie, wie der Appetit mit dem Essen kommt? Das können wir nämlich besser, allerdings nur mit etwas Programmierung. Daher verschiebe ich das auf einen späteren Zeitpunkt.

Sehen wir uns aber noch einmal die erstellte Seite an.

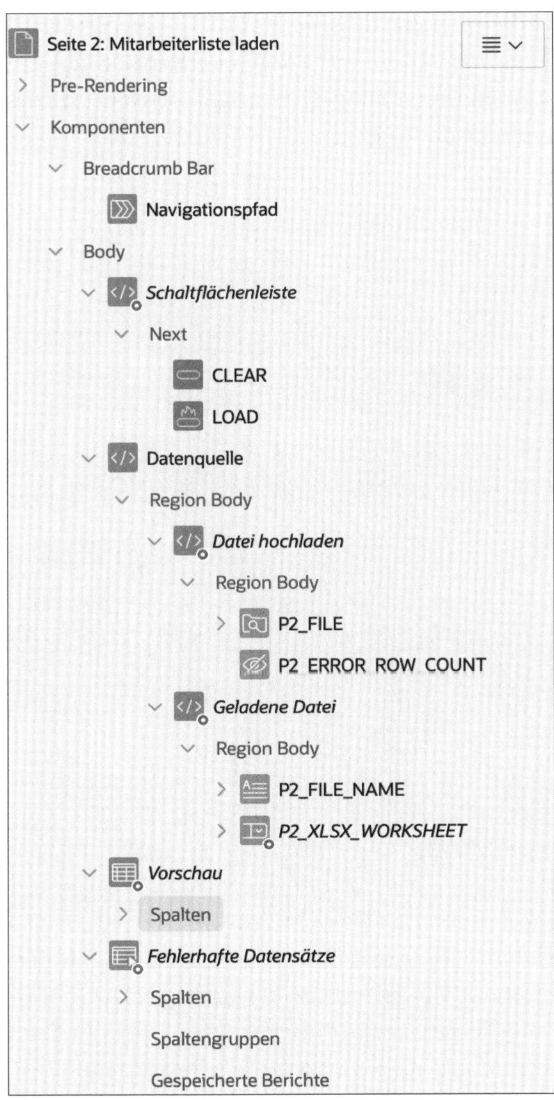

Abbildung 7.22 Aufbau der Datenladeseite

Abbildung 7.22 zeigt die Regionen der Seite. Optisch interessant ist, dass die Schaltflächen zum Laden der Seite in eine eigene Region vom Typ `Buttons Container` gewandert sind. Sie sind dadurch von der Region zum Laden der Dateien in Region `Datenquelle • Datei hochladen` getrennt. Beachten Sie, dass die Regionen `Datei hochladen` und `Geladene Datei` beide vom Typ `Blank with Attributes` sind und daher optisch nicht wahrgenommen werden. Sie dienen dem Ein- und Ausblenden der in ihnen enthaltenen Komponenten. Das erkennen Sie an den kursiv gesetzten Regionstiteln und der serverseitigen Bedingung, die die Regionen wechselseitig zeigt, in Abhängigkeit davon, ob die Komponente `P2_FILE` einen Wert enthält oder nicht. `P2_FILE` wiederum ist eine Komponente vom Typ `Datei durchsuchen...`. In den Einstellungen zu dieser Komponente (siehe Abbildung 7.23) erkennen Sie, dass sie als `Block Dropzone` dargestellt werden soll, also als großer Bereich, in den Dateien gezogen werden können. Ein Klick in den Bereich öffnet alternativ einen Dateidialog. Die übrigen Attribute dieses Typs geben Einblicke in die alternative Verwendung.

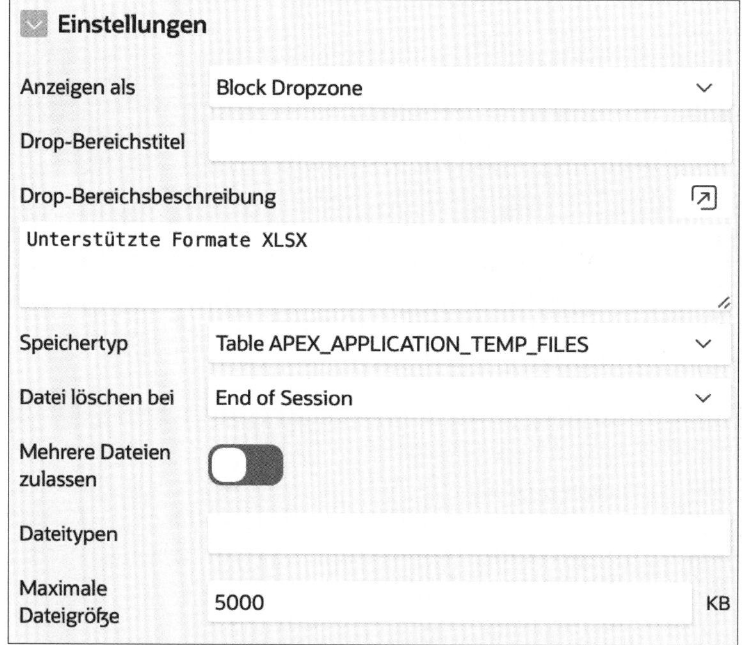

Abbildung 7.23 Optionen der Komponente P2_FILE

Interessant ist die Angabe des Speichertyps `Table APEX_APPLICATION_TEMP_FILES`. Damit ist gemeint, dass die Datei, die geladen werden soll, in einer von APEX vordefinierten Tabelle abgespeichert wird. Von dort aus wird sie untersucht, und die Daten werden extrahiert. Offensichtlich findet aber keine Überprüfung des Dateityps statt. Dass dies doch passiert, erkennen wir, wenn wir uns die Komponente näher ansehen.

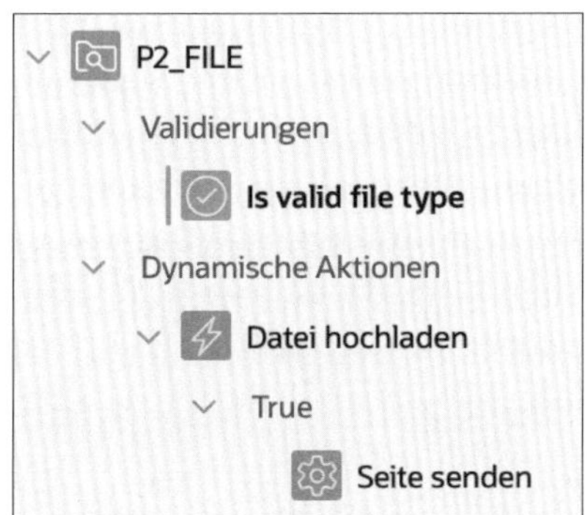

Abbildung 7.24 Auf P2_FILE eingerichtete Komponenten

Zwei weitere Komponenten sind von P2_FILE abhängig: zum einen eine Validierung, die prüft, ob ein unterstützter Dateityp übergeben wurde, zum anderen eine dynamische Aktion, die die Seite zur Verarbeitung absendet. Untersuchen Sie die beiden Komponenten. Die Validierung ruft PL/SQL-Code auf, den ich noch nicht besprechen werde, dieser Code stellt sicher, dass eine XLSX-Datei geladen wurde. Da die Seite durch einen Assistenten erstellt wurde, nehme ich dies trotz NO_CODE-Vorgabe hin. Die dynamische Aktion reagiert, sobald sich der Wert von P2_FILE ändert, und schickt sofort die Seite ohne weitere Nachfrage zur Verarbeitung ab.

Wenn Sie die Seitenprozesse untersuchen, stellen Sie fest, dass der Prozess Datenladen vom Typ Laden von Daten die eigentliche Arbeit macht. Dieser eingebaute Prozesstyp kapselt also die schwierige Arbeit und stellt die Ergebnisse anschließend zur Verfügung. Die Seite wird erneut gerendert, allerdings ist P2_FILE nun nicht leer. Dadurch wird die Seite zum Datenladen nicht mehr dargestellt, sondern die zweite Region Geladene Datei. Diese Region stellt den Namen der geladenen Datei ein sowie eine Auswahlliste mit allen Arbeitsblättern der geladenen XSLX-Datei. Sollten Sie diese Auswahl ändern, würde die Seite erneut abgesendet, und die Daten des gewählten Arbeitsblattes würden verarbeitet.

Region Vorschau ist ein klassischer Bericht mit einer komplexen select-Abfrage. Diese Abfrage zeigt die importierten Daten und greift dabei auf die Tabelle APEX_APPLICATION_TEMP_FILES und etwas anderes, das offensichtlich dem Parsen der Daten dient, zu.

Deutlich ziviler ist die von uns erstellte Region Fehlerhafte Datensätze, die einfach auf eine View in der Datenbank zugreift und die Daten darstellt.

Ein letztes interessantes Detail der Seite verbirgt sich hinter der Schaltfläche CLEAR. Zunächst schickt auch diese Schaltfläche die Seite lediglich ab, ähnlich der Schaltfläche LOAD, doch wird nicht der Prozess Daten laden angestoßen, sondern der zweite Prozess, Cacheinhalt löschen. Beachten Sie die Bedingung hierfür:

```
:REQUEST = 'CLEAR' or :P2_ERROR_ROW_COUNT = 0
```

Wenn eine Schaltfläche die Anwendungsseite abschickt, wird der Name der Schaltfläche als Requestwert verwendet. Der erste Teil der Prüfung ist also erfüllt, wenn die Schaltfläche `CLEAR` geklickt wird. Alternativ wird dieser Prozess aber auch ausgeführt, wenn der Prozess `Daten laden` keine fehlerhaften Daten gefunden hat. Was aber geschieht in diesen Fällen? Der Session Status der Seite wird zurückgesetzt. Das bedeutet, dass das Element `P2_FILE` nun wieder leer ist, ebenso wie das Feld `P2_ERROR_ROW_COUNT`, und dass beim erneuten Rendern der Seite wieder die Region `Datei hochladen` gezeigt sowie die Region `Fehlerhafte Datensätze` ausgeblendet wird: Der Prozess beginnt von Neuem.

Versuchen Sie, sich den Fluss dieser Anwendungsseite klarzumachen. Sicherlich ist der Aufbau komplexer und enthält auch deutlich mehr Code als unsere bisherigen Seiten. Für das Verständnis der Arbeitsweise ist es jedoch nicht erforderlich, den Code inhaltlich zu verstehen, es ist lediglich wichtig, dem großen Bogen der Seite folgen zu können.

Den aktuellen Stand der Anwendung finden Sie unter *Kapitel 07/Kap_07_10_Anwendung.sql*.

Ein weiterführendes Beispiel

Daten können Werte enthalten, die nicht direkt in die Zieltabelle gespeichert werden sollen. Zum Beispiel könnten die Abteilungen der Mitarbeiter als Namen übergeben werden, in der Datenbank müssen aber Schlüsselwerte der Tabelle `HR_DEPARTMENTS` gespeichert werden. Daher muss beim Import der Daten eine Abbildung der Werte auf die Schlüsselwerte der Lookup-Tabelle erfolgen. Auch dies ist mit den Datenquellen möglich.

Die notwendigen Änderungen nehmen wir nicht auf der Anwendungsseite, sondern in der Datenladedefinition vor. Unsere Strategie: Wir identifizieren die Spalte, die die Abteilungsnamen enthält, und legen eine neue Spalte an, die auf Basis dieser Information die Abteilungsnummer ermittelt. Diese Spalte übernehmen wir dann in die Zieltabelle. Wir werden für unser Beispiel keine komplett neue Datenladedefinition erstellen (Sie können das als Übung natürlich gerne tun), sondern die bestehende editieren, indem Sie auf <Gemeinsame Komponenten> • Datenquellen • Dateladedefinitionen • `Mitarbeiterliste` klicken und das Datenprofil anzeigen.

Zunächst benennen wir die Spalte `EMP_DEP_ID` in `EMP_DEP_NAME` um, ändern den Datentyp in `VARCHAR2 (100)` und legen eine neue Spalte `EMP_DEP_ID` an. Für diese Spalte definieren wir die Attribute gemäß Abbildung 7.25.

Die Idee besteht darin, in der Excel-Datei die Spalte mit dem Abteilungsnamen zu identifizieren und diesen auf die Datenbankspalte `DEP_NAME` der Tabelle `HR_DEPARTMENTS` abzubilden. Treffen wir dort einen Wert, liefern wir den Primärschlüsselwert `DEP_ID` zurück. Die Spalte wird durch den Namen `EMP_DEP_ID` anschließend auf die entsprechende Spalte der Tabelle `HR_EMPLOYEES` gemappt.

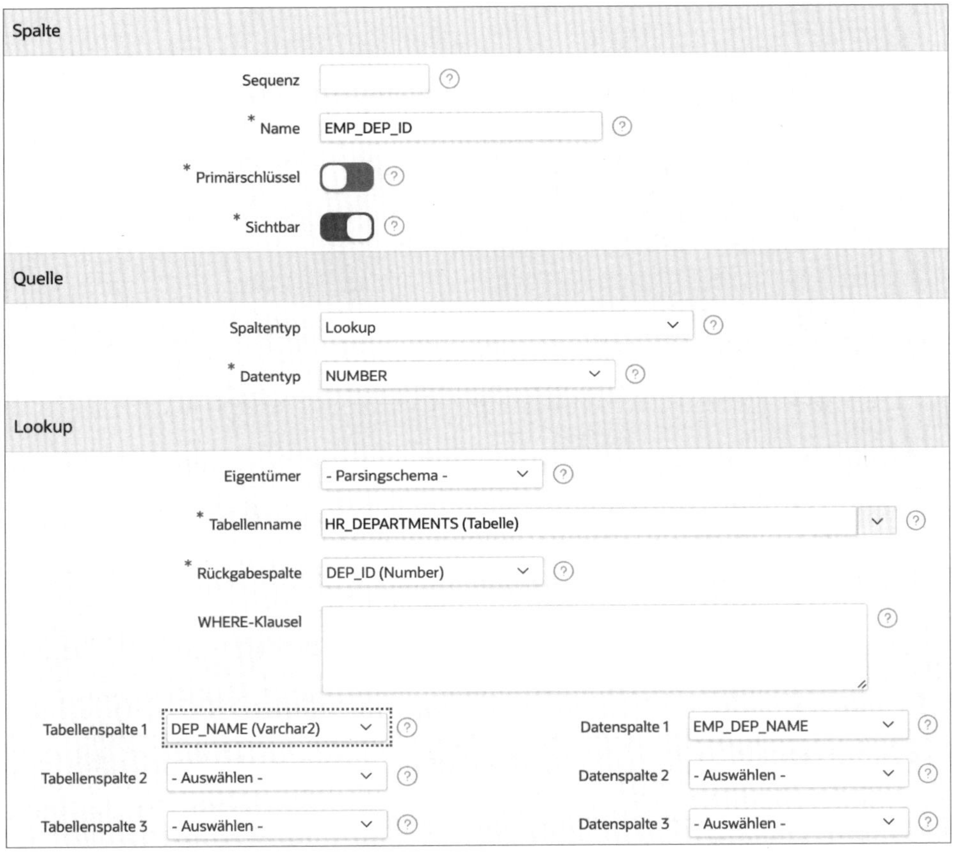

Abbildung 7.25 Attribute der neuen Lookup-Spalte

Testen Sie diese Änderung mit der Excel-Datei *employee_department_export.xslx*. Nun sollte nur noch ein Datensatz als fehlerhaft markiert werden, denn wenn wir eine Abteilung angeben, die es nicht gibt, wird hierfür kein Wert geliefert. In der Datenbank ist es aber erlaubt, keiner Abteilung zugeordnet zu sein, daher wird der Datensatz ohne Abteilungszuordnung eingefügt. Unschön ist, dass nicht alle Spalten korrekt angezeigt werden. Das liegt daran, dass die SQL-Abfragen zum Zeitpunkt der Erstellung der Anwendungsseite generiert werden und auf dem Stand der Datenladedefinition zu diesem Zeitpunkt beruhen. Wenn Sie eine neue Anwendung auf Basis der neuen Definition erstellen, wird alles wieder korrekt angezeigt.

Sicher ist dieser Mechanismus nicht perfekt und wird nicht alle Fragestellungen zum Laden von Daten beantworten. Die Möglichkeiten, die ohne weitere Programmierung realisiert werden können, sind aber beeindruckend und lösen sicherlich die meisten üblichen Datenladesituationen. Was noch fehlt, kann anschließend einfach hinzuprogrammiert werden.

Kapitel 8
Berichte

Berichte stellen eine der grundlegenden Funktionalitäten von APEX dar. In diesem Kapitel lernen wir die unterschiedlichen Berichtsformen kennen und bewerten Unterschiede und Einsatzbereiche.

Berichte sind neben den Formularen die wichtigsten Komponenten für APEX-Anwendungen. Es stehen verschiedene Berichtstypen zur Verfügung, vom klassischen Bericht, der bereits seit den ersten Versionen von APEX vorhanden ist, bis zum interaktiven Grid mit großer Funktionsvielfalt. Da die verschiedenen Berichte unterschiedliche Eigenschaften haben, leiten sich daraus auch unterschiedliche Einsatzszenarien ab.

Es ist sinnvoll, sich für dieses Kapitel die Beispielanwendung *Sample Reporting* zu installieren. In dieser Anwendung sind zu allen hier besprochenen Berichtstypen beispielhafte Anwendungen hinterlegt.

[!]

Merke

Da in dieser Anwendung zum Teil etwas längere Hilfetexte auf Englisch hinterlegt sind, möchte ich einen Hinweis für diejenigen geben, die sich mit der Übersetzung schwertun: Kopieren Sie die Hilfetexte, und fügen Sie diese in das Eingabefeld der Seite *https://www.deepl.com/translator* ein. Die Qualität der Übersetzung dort ist sehr gut und reicht in jedem Fall für ein Verständnis aus. DeepL stellt zudem eine kostenlose Software bereit, mit deren Hilfe Sie jeden beliebigen Text durch Auswählen und doppelte Eingabe von Strg+C kopieren und direkt in der Anwendung übersetzen lassen können.

8.1 Grundlegende Techniken

Dass ein Bericht eine Datenquelle benötigt, haben wir bereits gesehen. Auch andere Aufgaben werden in Berichten auf vergleichbare Weise gelöst. Diese sehen wir uns in diesem Abschnitt an.

8.1.1 Filterung von Berichten

Eine immer wiederkehrende Anforderung besteht darin, Daten eines Berichts zu filtern. Beim Filtern müssen Sie zwei Techniken unterscheiden: die server- und die clientseitige Filterung. Bei der serverseitigen Filterung wird die Datenquelle über entsprechende Filterwerte eingeschränkt. Selbst sehr große Tabellen können auf diese Weise effizient gefiltert werden, denn dafür sind Datenbanken schließlich da. Analog sind auch andere Datenquellen über diesen Weg filterbar. Die clientseitige Filterung wiederum filtert die Daten, die durch die Datenquelle geliefert wurden, mit JavaScript-Ausdrücken weiter. Der Vorteil dieser Methode liegt darin, dass diese Filterungen keinen erneuten Roundtrip zur Datenbank benötigen und sich daher sehr schnell anfühlen können. Man darf aber nicht unterschätzen, wie groß die Arbeit im Hintergrund für den Browser ist. Gerade bei interaktiven Berichten, dem Vorläufer der interaktiven Grids, müssen zunächst alle Zeilen berechnet werden, da aufgrund der Ergebnisse zum Beispiel die Breite der Spalten dynamisch ermittelt wird. Da ist es nicht hilfreich, wenn der Bericht über Tausende Zeilen verfügt, eine serverseitige Filterung wäre hier wesentlich effizienter.

Serverseitige Filterung

Das Hauptproblem dieser Art der Filterung von Berichten entsteht aus einem Verständnisproblem, das viele APEX-Entwickler bezüglich des Sessionstatus haben. Der Sessionstatus wird nicht dynamisch mit den Benutzereingaben harmonisiert, im Regelfall erfährt der Server nur beim Absenden der Seite, welche Daten durch den Benutzer eingefügt wurden. Wenn ein Bericht über ein dynamisch auf der Anwendungsseite eingestelltes Filterkriterium serverseitig aktualisiert werden muss, muss zumindest der Wert dieses Filterelements mit dem Sessionstatus synchronisiert werden, da ansonsten der aktuelle Filterwert in der Datenbank nicht bekannt ist. Die `select`-Abfrage könnte in diesem Fall keine korrekten Werte berechnen.

Die Liste der Seitenelemente, die im Bericht zur Filterung herangezogen werden, müssen wir daher im Attribut QUELLE • WEITERZULEITENDE SEITENELEMENTE hinterlegen. Soll der Bericht aktualisiert werden, wird APEX den aktuellen Wert dieser Elemente mit dem Sessionstatus synchronisieren, bevor erneut die `select`-Abfrage ausgeführt wird. Damit ist zwar bekannt, welche Elemente mit der Datenbank synchronisiert werden müssen, die Aktualisierung muss aber noch über eine dynamische Aktion angestoßen werden.

Die dynamische Aktion kann durch unterschiedliche Ereignisse ausgelöst werden (zum Beispiel wenn sich eine Auswahlliste ändert oder eine Schaltfläche geklickt wird), als Aktion wird aber stets `Refresh` gewählt und als betroffenes Element die Berichtsregion. Weil die weiterzuleitenden Seitenelemente in der Quelldefinition des Berichts angegeben wurden, werden deren aktuelle Werte mit der Aktualisierungsanforderung an die Datenquelle übertragen und stehen dort zur Filterung zur Verfügung.

Die Filterung selbst kann auf unterschiedliche Weise implementiert werden. Haben Sie als Datenquelle eine SQL-Abfrage gewählt, können Sie die Filterbedingung direkt in die select-Anweisung integrieren. Aktuelle Elementwerte können Sie in diesem Fall über die Doppelpunkt-Notation (zum Beispiel :P4_DEPARTMENT_FILTER) referenzieren.

[!]

Merke

Zur Referenzierung von Elementwerten existieren mehrere syntaktische Alternativen, die – je nach Zusammenhang – verwendet werden können oder auch nicht. Leider gibt es derzeit keine einfache und durchgängige Hilfe, mittels derer Sie sicher erkennen können, welche Syntax wo verwendet werden muss. Die Hilfetexte geben manchmal Hinweise, aber nicht immer.

- Doppelpunktnotation

  Bei dieser Notation wird dem Elementnamen ein Doppelpunkt vorangestellt, zum Beispiel :P4_DEPARTMENT_FILTER. APEX stellt für diese Art der Verwendung für alle Seitenelemente eine Bindevariable zur Verfügung, die den Namen des Seitenelements trägt. Mit dem Doppelpunkt referenzieren Sie diese Bindevariable. Genutzt wird diese Notation vor allem in select-Anweisungen oder in PL/SQL-Blöcken.

- Ersetzungszeichenfolge

  Bei diesem Verfahren wird der Elementname durch ein vorangestelltes & und einen anschließenden Punkt kenntlich gemacht, zum Beispiel &P4_DEPARTMENT_FILTER.. In Oracle ist dies ein übliches Verfahren für SQL-Skriptdateien, die durch das Programm SQLPlus ausgeführt werden. Dieses Verfahren ist an den meisten Stellen erlaubt, zum Beispiel auch in Überschriften oder Elementlabeln. Auch das interaktive Grid verwendet diese Schreibweise zur Referenzierung von Spaltenwerten.

- Shortcuts

  Bei dieser Form wird das Seitenelement in #-Zeichen eingeschlossen, zum Beispiel #P4_DEPARTMENT_FILTER#. Dieses Verfahren kann in APEX auch für selbst definierte Ersetzungen genutzt werden, die als gemeinsame Komponenten angelegt werden können. Der interaktive Bericht verwendet diese Form zur Referenzierung von Spaltenwerten.

[!]

Merke

Ersetzungszeichenfolgen verfügen über eine Erweiterung, die Sie einmal gesehen haben sollten. Die Erweiterung bezieht sich auf das sogenannte »Output Escaping«, einen Sicherheitsmechanismus, der dazu dient, das Einschmuggeln von Code in eine HTML-Anwendung zu verhindern. Dieses Einschmuggeln kann unter vielen Umständen auftreten und nur dadurch verhindert werden, dass die für den Code erforderlichen Steuerzeichen durch Ersetzungszeichenfolgen ersetzt und der Code somit unschädlich gemacht wird.

Welche Ersetzungszeichenfolgen hierfür verwendet werden, ist jedoch vom Zusammenhang abhängig. Um sich nicht selbst um diese Eigenschaften kümmern zu müssen, definiert APEX eine Liste von Schlüsselworten, die der Ersetzungszeichenfolge durch ein Ausrufezeichen getrennt angehängt werden. Diese Zeichenfolgen sind:

- `HTML`, das in »normalen« Spalten verwendet werden kann. Sie schreiben zum Beispiel `&LAST_NAME!HTML.` und sorgen so dafür, dass der Spaltenwert keine HTML-Steuerzeichen mehr enthält, sondern hierfür entsprechende Ersetzungszeichenfolgen.
- `ATTR`, das analog zu `HTML` verwendet wird, wenn der Spaltenwert als Attribut ausgegeben werden soll.
- `JS`, das, wie der Name bereits nahelegt, in JavaScript-Ausgaben wie Dialogboxen verwendet wird.
- `RAW`, das anzeigt, dass die Ausgabe nicht verändert werden soll. Diese Option ist potenziell unsicher, kann aber in seltenen Situationen erforderlich sein, etwa wenn die Daten als HTML-Texte vorliegen.
- `STRIPHTML`. Diese Option ersetzt HTML-Steuerzeichen nicht durch Ersatzzeichen, sondern löscht sie generell.

Analog können Sie vorgehen, wenn Sie eine Tabelle als Datenquelle eingetragen haben, dann steht Ihnen das Attribut QUELLE • WHERE-KLAUSEL zur Verfügung, wie wir das in unserer Beispielanwendung auf der Berichtsseite für die Mitarbeiterverwaltung erstellt hatten. Zur Erinnerung sehen Sie in Abbildung 8.1 die Einstellungen.

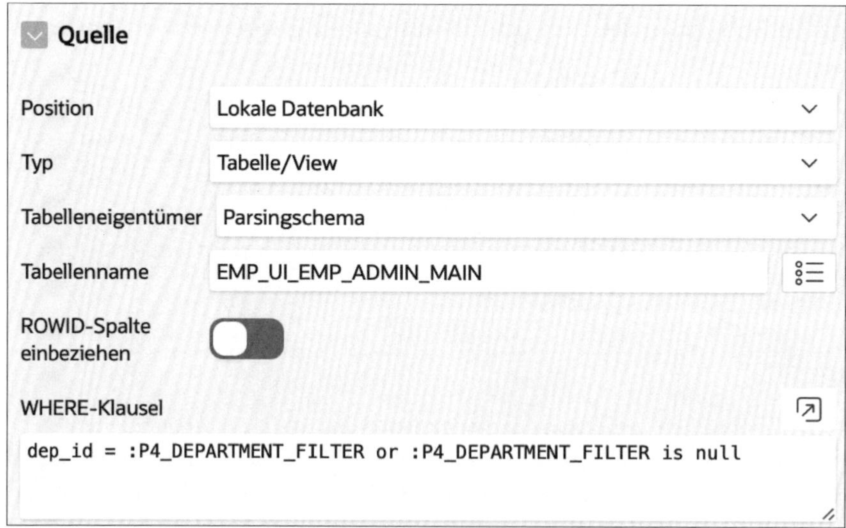

Abbildung 8.1 Filtereinstellungen für einen Bericht auf einer Tabelle

Ähnliche Einstellungen können Sie auch für einen REST-basierten Bericht vornehmen. Eine weitere Möglichkeit, an den Wert eines Seitenelements im Session Status zu gelangen, ist die Verwendung der Funktion `V`. Diese können Sie in `select`-Anweisungen aufrufen und damit eine Filterung innerhalb einer View implementieren. Da es aber nicht trivial ist, mit Funktionen, die nicht zum Sprachumfang von SQL gehören, zu arbeiten, ohne die Performanz der Abfrage zu gefährden, sehen wir uns die Rahmenbedingungen dieser Funktion und andere Aspekte der Filterung in einem späteren Kapitel noch einmal an.

Fassen wir also zusammen:

- Zur serverseitigen Filterung eines Berichts müssen alle Elemente, die der Filterung dienen, bei der Berichtsdefinition hinterlegt werden.
- Für jedes filternde Element muss eine dynamische Aktion eingerichtet werden, die auf die Änderung des Elements reagiert und die Aktualisierung des Berichts anstößt.
- Zur Filterung muss der Elementwert in der Abfrage referenziert werden.

Clientseitige Filterung

Die clientseitige Filterung wird nur für den interaktiven Bericht und das interaktive Grid angeboten. Die Filterung erfolgt hier über die für diesen Zweck vorgegebenen Filterelemente oberhalb des Berichts.

Die clientseitige Filterung filtert die initial gelesenen Daten nicht lokal im Browser, sondern erstellt eine angepasste `select`-Anweisung und aktualisiert die Berichtsregion entsprechend. Im Regelfall wird über das Suchfeld eine Volltextsuche in allen Berichtsspalten durchgeführt. Die interaktiven Berichte und das interaktive Grid verfügen aber auch über eine spaltenbezogene Filterung, die über die Spaltenüberschrift aufgerufen werden kann, wie in Abbildung 8.2 am Beispiel eines interaktiven Berichts gezeigt.

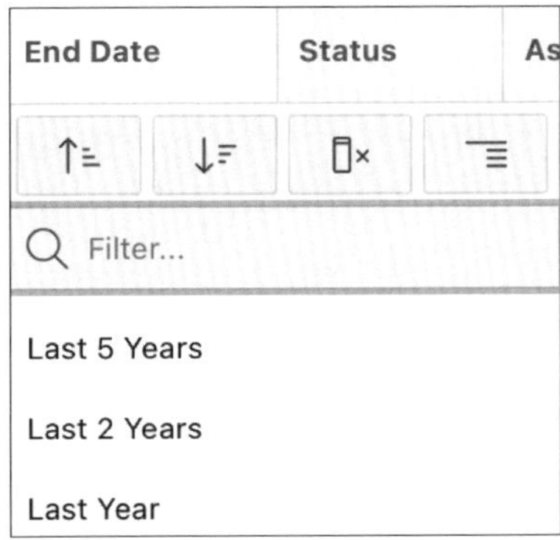

Abbildung 8.2 Filterung der Spaltenwerte in einem interaktiven Bericht

Da die Filterung als Volltextsuche über alle Spalten möglich ist, scheint die lokale Filterung einfacher. Wenn Sie bereits eine Filterung, zum Beispiel auf eine Abteilung, in der Datenquelle vorgenommen haben, können Sie dies nicht durch eine lokale Filterung überschreiben. Oft werden aber auch beide Filtermethoden in Kombination verwendet, zum Beispiel, wenn eine Auswahlliste gezielt eine Spalte filtern soll, ohne dass Sie diese Filterung direkt über die Spaltenüberschrift eintragen müssen.

Interessanter mag die Frage sein, wie Sie verhindern können, dass die Anwender über die lokalen Filtermöglichkeiten verfügen können, denn ein potenzielles Problem könnte darin bestehen, dass die Anwender eine eingestellte Filterung übersehen oder nicht wissen, wie die Filterung zu beseitigen ist (Denken Sie auch an die Frage der Barrierefreiheit: Wie lässt sich der Filter über die Tastatur bereinigen?).

Bei interaktiven Grids und Berichten können Sie die globale Suchmöglichkeit über spezielle Regionsattribute abschalten. Abbildung 8.3 gibt ein Beispiel für das interaktive Grid, ähnliche Einstellmöglichkeiten finden Sie auch im speziellen Regionsattribut ACTION der interaktiven Berichte.

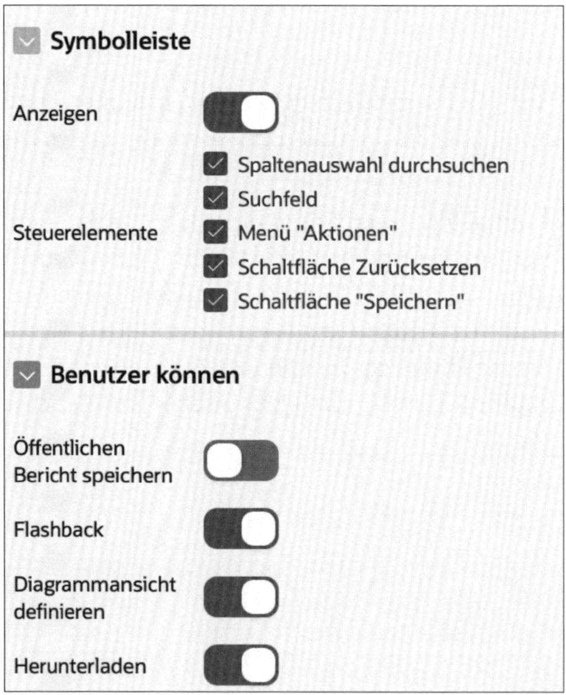

Abbildung 8.3 Administration der Filtermöglichkeiten eines interaktiven Grids

Hier ist das Attribut SYMBOLLEISTE • STEUERELEMENTE • SUCHFELD der entscheidende Punkt, Sie erkennen aber, dass auch weitergehende Einstellungen möglich sind. Eine nähere Besprechung der speziellen Regionstattribute finden Sie in den folgenden Abschnitten zu den entsprechenden Berichtstypen.

Die Filterung einzelner Spaltenwerte über die spaltenbezogenen Filterelemente kann ebenfalls deklarativ eingestellt werden, und es liegt nahe, dass diese Einstellungen in den Spaltenattributen vorgenommen werden müssen. Auch hier existieren ähnliche Dialoge für alle Berichtstypen, die eine Filterung überhaupt unterstützen, für interaktive Grids zum Beispiel im Spaltenattribut BENUTZER KÖNNEN • FILTER.

8.1.2 Spalten formatieren und Tooltipps anzeigen

APEX-Entwickler haben häufig den Wunsch, die Darstellung von Spaltenwerten optisch aufzuwerten. Dies wird häufig dadurch versucht, dem Spaltenwert in der `select`-Abfrage bereits HTML-Code hinzuzufügen, der das Aussehen steuert. Dies ist keine gute Praxis, es gibt hier insbesondere Sicherheitsbedenken, weil über diesen Weg auch Schadcode in die Anwendung injiziert werden könnte (zum Beispiel dadurch, dass JavaScript-Skripte als Spaltenwert eingefügt werden). Aus diesem Grund sind die Spalten standardmäßig so eingestellt, dass HTML-Code nicht interpretiert und somit zur Darstellung verwendet, sondern nur als Code angezeigt wird.

Ein besserer Weg besteht darin, die Spaltenattribute zu verwenden, um die aus der Datenbank kommenden Werte mit entsprechenden CSS-Klassen oder sonstigen Auszeichnungen anzureichern. Dieses Vorgehen möchte ich gern an zwei Beispielen zeigen.

Spalten mit CSS-Klassen auszeichnen

Möchten Sie zum Beispiel einen Spaltenwert fett auszeichnen, bietet es sich an, hierfür eine vorgefertigte CSS-Klasse zu verwenden. Sie können die erforderliche Klasse in der Anwendung <UNIVERSAL THEME REFERENCE> im Bereich REFERENCE • CONTENT MODIFIERS • TEXT STYLES nachschlagen. Die CSS-Klasse hat den Namen `u-bold`. Nun gehen Sie zu den Spaltenattributen der Spalte, die Sie ändern möchten, und tragen diesen Namen im Attribut DARSTELLUNG • CSS-KLASSEN ein. Mehrere CSS-Klassen werden durch Leerzeichen getrennt eingetragen. Das war es schon: Die Spalte wird entsprechend formatiert angezeigt.

Ja-Nein-Werte als Icon anzeigen

Oft werden boolesche Werte als Icon dargestellt. APEX unterstützt diesen Weg durch die mitgelieferten Icons, diese können jedoch nicht einfach als Spaltenwert übergeben werden, sondern müssen als CSS-Klasse aus den Daten ermittelt werden. Um dies zu realisieren, ändern wir auf Seite <EMP_ADMIN> den Bericht zur Administration unserer Mitarbeiter auf die View `EMP_UI_EMP_ADMIN_ICON`. Die neue View enthält zwei neue Spalten. Stellen Sie den Typ der Spalte EMP_LAST_NAME_TITLE auf Ausgeblendete Spalte, um die kümmern wir uns später. Die zweite Spalte, IS_MANAGER, enthält die CSS-Klassen fa-times oder fa-check, abhängig davon, ob der aktuelle Mitarbeiter Untergebene hat oder nicht. Gäben wir nur den Inhalt dieser Spalte aus, sähen wir die CSS-Namen, nicht aber die durch die Klassen repräsentierten Symbole.

In einem interaktiven Grid ändern wir nun das Spaltenattribut ID • TYP auf HTML-Ausdruck. Dadurch wird ein neues Attribut EINSTELLUNGEN • HTML-AUSDRUCK eingeblendet. In dieses Attribut schreiben wir den Ausdruck aus Abbildung 8.4.

Das HTML-Element i hat hier keine besondere optische Bedeutung, Sie können stattdessen auch zum Beispiel span verwenden. Wichtiger ist das Attribut class. Zwei Klassen werden verwendet: fa, die allgemeine Vorgaben für Font APEX enthält, und die CSS-Klasse aus der Spalte IS_MANAGER. Der Spaltenwert wird bei interaktiven Grids über die Schreibweise &IS_MANAGER. referenziert. Beachten Sie den abschließenden Punkt.

Abbildung 8.4 Spalte als HTML-Ausdruck anzeigen

In interaktiven Berichten funktioniert dies ein wenig einfacher, Sie müssen hier lediglich im Spaltenattribut SPALTENFORMATIERUNG • HTML-AUSDRUCK den Ausdruck aus Abbildung 8.4 einfügen. Leider hat sich die Art der Referenzierung einer Spalte zwischen den beiden Berichtstypen geändert, sodass in einem interaktiven Bericht die Schreibweise #IS_MANAGER# verwendet werden muss.

Beide Wege führen zum gleichen Ergebnis aus Abbildung 8.5. Wenn Sie mögen, können Sie die Icons durch Standard-CSS-Klassen einfärben. Möglich wären hier zum Beispiel die Klassen aus REFERENCE • COLOR AND STATUS MODIFIERS • STATEFIUL COLOR UTILITIES. Aus diesen Klassen böten sich u-success-text und u-danger-text an.

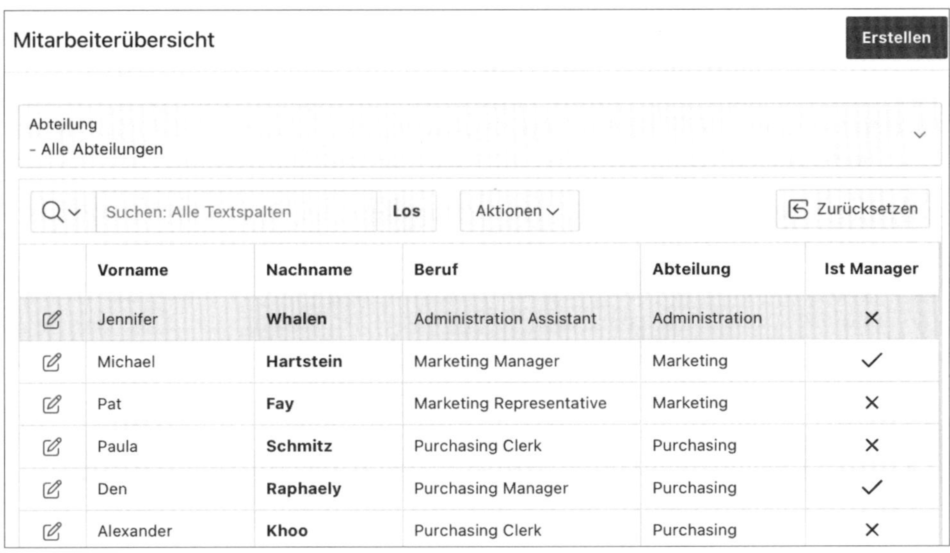

Abbildung 8.5 Resultierender Mitarbeiterbericht mit formatierten Spalten

Ähnlich werden auch Tooltipps umgesetzt, nur wird hier im HTML-Ausdruck das Attribut `title` verwendet. Die Anforderungen gehen aber über dieses Attribut hinaus. Tooltipps werden verwendet, um nähere Informationen zu einem Datensatz zu geben. Hier spielen oft Anforderungen der Usability der Software hinein. Eine übliche Anforderung besteht darin, leere Spaltenwerte mit einem sprechenden Tooltipp zu versorgen. Dies ist ein Problem, weil der Spaltenwert in diesen Fällen ja gerade leer ist. Um dieses Problem zu lösen, ist es eine gute Idee, den Tooltipp über eine separate Spalte der View berechnen zu lassen. Die View `EMP_UI_EMP_ADMIN_MAIN_ICON` enthält eine Spalte `EMP_LAST_NAME_TITLE` für diesen Zweck. Wir hatten diese Spalte ausgeblendet, und das lassen wir auch so. Dennoch können wir den Spaltenwert in der Spalte `EMP_LAST_NAME` als Tooltipp referenzieren. Wir stellen wieder den Spaltentyp auf `HTML-Ausdruck` und tragen folgenden Ausdruck ein:

```
<span title="&EMP_LAST_NAME_TITLE.">&EMP_LAST_NAME.</span>
```

Listing 8.1 Ausdruck zur Erzeugung eines Tooltipps

Ob Sie bei der Gelegenheit auch ein zusätzliches Attribut `class` mit dem Wert `u-bold` einführen wollen oder bei der deklarativen Übergabe bleiben, ist Ihnen überlassen. Ich belasse den deklarativen Weg. Der Ausdruck referenziert die ausgeblendete Spalte für den Tooltipp und die eigentliche Spalte als Elementwert. Hier hätte das Element `i` eine optische Auswirkung, daher verwende ich das Element `span`.

Analog funktioniert dies auch im interaktiven Bericht, nur müssen Sie hier die Referenzen wieder auf die #-basierte Notation umstellen.

Der große Vorteil dieser Art der Spaltenformatierung besteht darin, dass die Interna der Visualisierung auf der APEX-Seite eingerichtet werden können und die `select`-Abfrage sich um die Bereitstellung der Daten kümmern kann. Muss ein abweichender Tooltipp für leere Spaltenwerte definiert werden, ist dies nun ganz einfach in der `select`-Abfrage möglich.

Zusammenfassend können wir auch hier festhalten, dass Sie sich nach Möglichkeit der deklarativen Möglichkeiten bedienen sollten, die APEX Ihnen anbietet, bevor Sie zum Beispiel zu JavaScript oder ähnlichen Mitteln greifen. Viele Einsatzszenarien sind auf diese Weise umsetzbar. Auch hier möchte ich allerdings dafür werben, diese Art der Programmierung nicht überhandnehmen zu lassen, denn es geht mit den Attributen, auch wenn sie deklarativ gesetzt werden können, ein nicht unerheblicher Pflegeaufwand einher, zum Beispiel, wenn Sie sicherstellen möchten, dass ein gewisses optisches Erscheinungsbild auf allen Anwendungsseiten konsistent umgesetzt werden soll.

8.1.3 Druck und Datenexport

Berichte stellen Daten dar. Dies hat oft den Wunsch der Anwender zur Folge, diese Daten entweder drucken oder als Daten herunterladen und in anderen Programmen verwenden zu können. APEX stellt für diese beiden Zwecke eine übergreifende Funktionalität bereit, die von allen Berichtstypen genutzt wird.

Druck

Die Druckausgabe kann in APEX über unterschiedlichste Wege erfolgen. Insbesondere kann APEX mit Druckservern wie dem von Oracle vertriebenen *Oracle-Analytics Publisher* (früher unter dem Namen *BI-Publisher* bekannt) oder der Software *APEX Office Print* verbunden werden. All diese Optionen setzen kostenpflichtige Lizenzen voraus. Es ist jedoch auch möglich, andere Drucklösungen, wie etwa Jasper Reports, anzubinden, nicht jedoch deklarativ. Alternativ kann eine eingebaute, funktional aber etwas schlichtere Drucklösung eingesetzt werden.

Die Wahl treffen Sie bei den <ANWENDUNGSEIGENSCHAFTEN> • DEFINITION • BERICHT DRUCKEN. Die Einstellung `Natives Drucken` schaltet die integrierte Druckmöglichkeit ein. Wählen Sie hier `Remoteserver`, können Sie die externen Druckmöglichkeiten verwenden. Da es sich hierbei um kostenpflichtige Drittsoftware handelt, werde ich deren Bedienung hier nicht weiter beschreiben. Die dritte Option, `Instanzeinstellungen verwenden`, sorgt dafür, dass bezüglich des Druckens die gleichen Einstellungen gelten, wie sie der Workspace-Administrator festgelegt hat. Auf diese Weise müssen nicht alle Anwendungen manuell auf die eine oder andere Drucktechnologie eingestellt werden.

Ist der Druck auf diese Weise voreingestellt, können die entsprechenden Funktionen im Bericht genutzt werden. Der Druck ist auf das Format PDF beschränkt und steuert nicht direkt den lokalen Drucker an, sondern lädt eine PDF-Datei, die anschließend gedruckt werden kann. Diese Funktion wird bei den unterschiedlichen Berichtstypen an unterschiedlichen Stellen aufgerufen. Als Beispiel wird beim klassischen Bericht ein Link unterhalb der Tabelle zum Druck der Daten angeboten, während bei den interaktiven Berichtstypen diese Option in <AKTIONEN> • HERUNTERLADEN • PDF verborgen ist.

Interaktive Berichte und Grids bieten zur Einrichtung der Druckseite eine eigene Attributpalette, die Sie neben den <SPEZIELLEN REGIONSATTRIBUTEN> als eigenen Tabulator PRINTING finden. Dort können Sie Seitengrößen und -ränder für die Berichtsseite und Schrifteinstellungen für die verschiedenen Bereiche des Berichts (Header, Footer, Spaltenüberschriften, Spaltenwerte) vornehmen. Hier können in den Bereichen SEITENHEADER und -FOOTER auch Texte hinzugefügt werden. Neben diesen Einstellungen existiert noch die Möglichkeit, den Bericht als Anhang herunterzuladen oder ihn direkt auf der Anwendungsseite anzeigen zu lassen. Dies wird über das Attribut PRINTING • AUSGABE • DATEI ANZEIGEN ALS • Anhang | Inline gesteuert.

Es gibt noch einen weiteren Weg, einen Bericht zu drucken, allerdings ist dieser etwas banaler. Eine APEX-Anwendungsseite kann für alle Regionen und sonstigen Seitenelemente definieren, ob diese Elemente in einer Druckansicht der Seite dargestellt werden sollen. Sie finden diese Option als <REGIONSATTRIBUTE> • SERVERSEITIGE BEDINGUNG • Seite befindet sich (nicht) im Druckmodus. Auf diese Weise können nicht gewünschte Regionen, Schaltflächen und so weiter für den Druck abgeschaltet werden. Wird die Seite anschließend über die Browserfunktionen gedruckt, werden diese Seitenelemente nicht berücksichtigt. Ob dieses Ergebnis für Sie ausreicht, müssen Sie natürlich selbst entscheiden.

Es gibt einen Grund für die kostenpflichtigen Drittlösungen, ansonsten gäbe es sie nicht. Diese Lösungen arbeiten normalerweise nach dem Prinzip, ein Template für die Ausgabe der Daten zu erstellen, in das anschließend die Daten integriert werden können. Die Templates können bei einigen dieser Lösungen als Office-basierte Templates definiert werden (APEX Office Print macht das zum Beispiel so), sodass die Pflege der Vorlagen zwar schwierig, aber nicht unmöglich ist. Diese Templates werden referenziert und mit den aktuellen Daten versorgt. Basierend auf den Templates liefern diese externen Anwendungen die entsprechenden PDF-Dateien zurück.

Aufgrund dieser Arbeitsweise sind die externen Drucklösungen zumeist die einzige Möglichkeit, optisch ausgefeilte Berichte oder »Pixel-perfect«-Formulare zu generieren, womit gemeint ist, dass die Ausgabe genau definiert auf einer oder mehreren Druckseiten platziert werden können muss. Die integrierten Lösungen scheitern hieran derzeit ebenso wie zum Beispiel an der Erzeugung mehrerer Excel-Arbeitsblätter oder dem Druck mehrerer Berichte in eine Datei, wie dies für Master-Detail-Berichte sinnvoll wäre.

Auch Funktionen wie die automatische Seitennummerierung oder die Integration von Logos, Barcodes oder Diagrammen ist derzeit nur mit externen Drucklösungen möglich. Allerdings ist es nicht ausgeschlossen, dass mehr und mehr Funktionalität in späteren Releases hinzugefügt wird. Es zeigt sich an diesen Limitierungen, dass der Druck eine ganze Reihe weiterer Anforderungen ins Spiel bringt: Seitengröße, Druckränder, Paginierung, Platzierung von Grafiken und Diagrammen und viele weitere Probleme haben wir auf Webseiten in diesem Umfang nicht, auf Papier jedoch schon. Diese Komplexität auf einfache Weise beherrschbar zu machen, ist eine Kunst, an der APEX derzeit noch scheitert.

Daten exportieren

Tatsächlich funktioniert der Export von Berichtsdaten mittels der gleichen Funktionalität wie der Druck, zumindest was die initiale Bereitstellung der Daten angeht. Als Formate für den Export stehen `Excel`, `CSV` und `HTML` deklarativ zur Verfügung, durch einfache Programmierung können sogar weitere Formate (`XML`, `JSON`, jeweils auch in einer Printed-Version mit zusätzlichen Informationen über die Daten) verwendet werden.

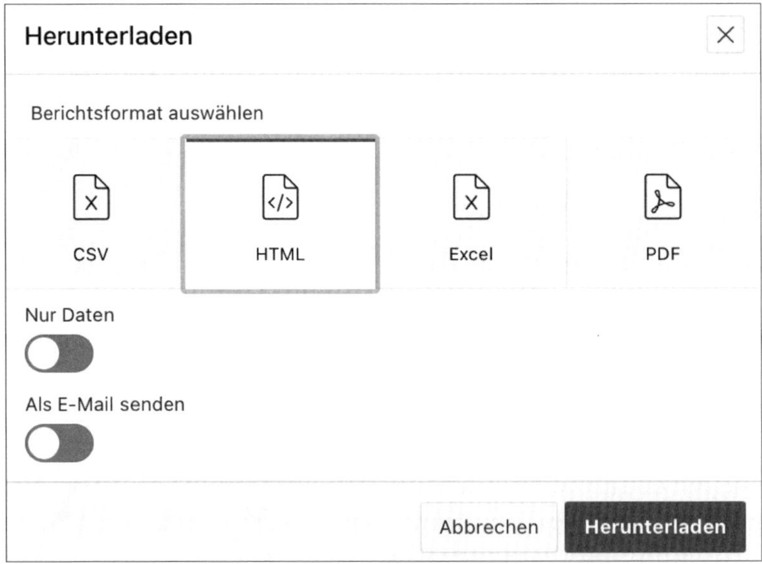

Abbildung 8.6 Optionen zum Herunterladen eines HTML-Berichts

Alle Formate verwenden nach Möglichkeit alle optischen Einstellungen der Berichte wieder. Je nach Format, das exportiert werden soll, stehen unterschiedliche Optionen zur Anpassung zur Verfügung. Als Beispiel sehen wir uns die Exportoption eines interaktiven Berichts an (Abbildung 8.6).

Welche Optionen konkret angezeigt werden, hängt auch vom Bericht und Ihren Einstellungen dort ab. Wenn zum Beispiel eine Gliederung nach Abteilung vorgenommen oder einzelne Zeilen optisch hervorgehoben wurden, haben Sie die Möglichkeit, diese Änderungen zu exportieren, falls das Exportformat dies zulässt. In diesen Fällen wird aber auch die Option angezeigt, nur die unterliegenden Daten zu exportieren.

APEX wird versuchen, eine möglichst funktionale Excel-Datei herzustellen. So werden Datumsformate nachgebildet, die Gruppierung von Zeilen und Spalten unterstützt und vieles mehr. Hier rentiert es sich, eine Technologie des Exports von Daten für unterschiedliche Berichtstypen zentralisiert zu haben. Der Mehraufwand für die Analyse des Berichts und für die Abbildung auf Excel-interne Darstellungen ist so in allen Berichtstypen verfügbar.

Auch hier scheren die Card-Berichte derzeit aus, sie bieten keine deklarative Möglichkeit des Exports. Allerdings kann mit geringem Programmieraufwand diese Möglichkeit nachgerüstet werden, daher komme ich hierauf im Teil »Low Code« noch einmal zurück.

Alle Exportformate können zudem als E-Mail versendet werden. APEX nutzt hierfür die Möglichkeit, deklarativ E-Mail-Templates zu verwalten und mit Attachments anzureichern. (Diese Techniken erläutere ich in Abschnitt 16.1, »E-Mail-Versand«.) Wenn diese Option gewählt wird, erweitert sich der Exportdialog um Felder zur Eingabe des Adressaten, des Subjekts und so weiter. Durch die Bestätigung des Exports wird im Hintergrund die entsprechende Mail erstellt und in eine Queue gestellt, um nach einigen Minuten ausgeliefert zu werden. Die exportierten Daten befinden sich im gewünschten Format als Anhang dieser Mail.

Ob die einzelnen Optionen angezeigt werden, können Sie für die Berichte zudem noch voreinstellen. Die entsprechenden Attribute finden sich in <Regionsattribute> • Herunterladen. Abbildung 8.7 zeigt die Möglichkeiten. Das Attribut Autorisierung bindet die Erlaubnis, Daten herunterzuladen, an ein Rollenkonzept, wie wir das auch von anderen Autorisierungsfunktionen kennen. Hiermit können Sie also auf deklarative Weise festlegen, welche Benutzer Daten laden dürfen oder nicht. Die anderen Attribute sind aus meiner Sicht selbsterklärend, eine weitere Erläuterung verdient eventuell das Attribut Zusätzlicher Text. Mit diesem Attribut können Sie den Dateien einen Text mitgeben, der oberhalb der eigentlichen Daten platziert wird und zum Beispiel das Datum des Exports oder nähere Angaben zum Export beinhalten könnte.

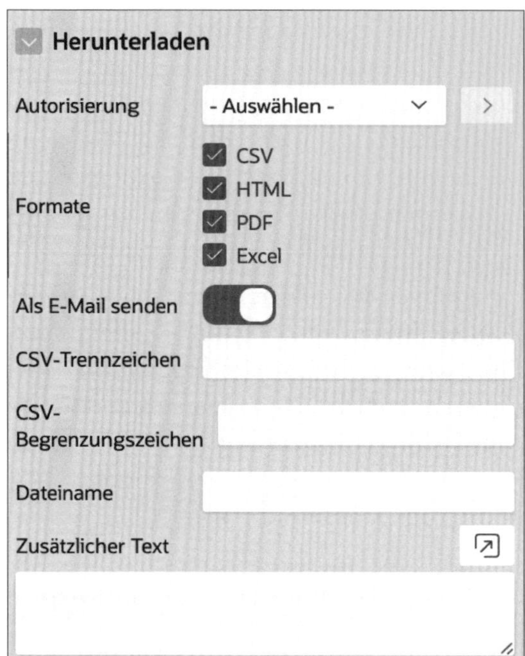

Abbildung 8.7 Optionen zum Bereich »Herunterladen«

8.1.4 Berichte paginieren und Performanz optimieren

Berichte können potenziell sehr viele Zeilen darstellen. Dies ist nicht nur für den Benutzer ein Problem, sondern insbesondere auch für den Browser, der die nun extrem große HTML-Seite rendern muss und dadurch deutlich an Performanz verliert.

Paginierung

Es ist daher ratsam, beiden einen Gefallen zu tun und zu große Datenmengen nicht auf einmal anzeigen zu lassen. Dies ist in APEX deklarativ möglich, ohne sich darum in SQL kümmern zu müssen. Die einzelnen Berichtstypen haben hier leichte Unterschiede in der Bedienung, die Sie aber sicherlich verstehen werden, wenn die Grundlagen bekannt sind.

Zunächst können Sie jeden Bericht so einstellen, dass alle Zeilen angezeigt werden. Dies ist sinnvoll, wenn Sie wissen, dass die Gesamtzahl der Zeilen in gewissen Grenzen bleiben wird, etwa bei einem Bericht über die Abteilungen Ihres Unternehmens oder einer Liste der möglichen Berufe. Dies ist die Grundeinstellung, die keinen Eingriff in die `select`-Abfrage des Berichts erfordert.

Ist der Bericht potenziell zu groß für dieses Vorgehen, legen Sie in den <Berichtsattributen> • Seitenumbruch ein Paginierungssystem fest. Die Optionen differieren, für das Verständnis sind allerdings folgende Erläuterungen wichtig: Ob überhaupt paginiert wird, wird durch das Attribut Typ festgelegt. Der Eintrag `Scrollen` schaltet die Paginierung ab, `Seite` ein. Wichtig ist die Entscheidung, ob Sie die Gesamtzahl der Zeilen angezeigt bekommen möchten. Dies kann entweder durch den Schalter Gesamtanzahl von Zeilen anzeigen erfolgen, oder wie beim klassischen Bericht durch Auswahl eines Typs, der die Bezeichnung ... von Z beinhaltet. Diese Entscheidung ist deshalb wichtig, weil die Berechnung der Gesamtzahl bei sehr großen Berichten die Antwortzeit negativ beeinflussen kann, da die Gesamtheit aller Zeilen in der Datenbank ermittelt und gezählt werden muss. Können Sie auf diese Angabe verzichten, kann die Datenbank nach dem Berechnen der gewünschten Zeilenzahl die Verarbeitung abbrechen und so Zeit sparen.

Möchten Sie kontrollieren, wie viele Zeilen pro Seite angezeigt werden, ist dies möglich, aber pro Berichtstyp unterschiedlich:

- **Klassischer Bericht**
  Im klassischen Bericht wird im Attribut <Berichtsattribute> • Layout • Anzahl Zeilen angeboten, die Anzahl pro Seite direkt zu editieren.
- **Interaktives Grid/interaktiver Bericht**
  Hier wird nach Auswahl der Paginierung im Aktionsmenü ein neuer Eintrag unter Format • Zeilen pro Seite, eine Auswahlliste mit entsprechenden Werten, angeboten. Diese können als Berichtsattribut mit dem Bericht gespeichert werden.
- **Karten**
  Wird die Paginierung eingeschaltet, kann im Attribut <Berichtsattribute> • Seitenumbruch • Anzahl Karten die gewünschte Anzahl hinterlegt werden.

Lazy Loading

Alle Berichtstypen verfügen zudem über das Attribut <Berichtsattribute> • Performance • Lazy Loading. Wird diese Option angeschaltet, wird das Rendern der Region von der Ermittlung der Daten getrennt. Die Daten werden im Hintergrund geladen, während die Seite bereits dargestellt wird, und aktualisiert, sobald die Daten ermittelt wurden. Dieses Verfahren verhindert, dass große Berichte die Seite insgesamt langsam erscheinen lassen. Diese Option sollte jedoch nur gewählt werden, wenn wirklich große Datenmengen dargestellt werden müssen. Ein paginierter Bericht (insbesondere ohne Ermittlung der gesamten Zeilenzahl) ist im Regelfall ausreichend schnell, um diese Option nicht zu benötigen. Die Option verursacht umgekehrt einen zusätzlichen Aufwand, weil nun die Daten nicht in einer Anfrage an den Server, sondern in mehreren parallel ablaufenden Anfragen bearbeitet werden. Würden die Daten ausreichend schnell ermittelt, wäre ein Aufruf für den Browser effizienter.

Im Attribut <Berichtsattribute> • Performance • Maximal zu verarbeitende Zeilen kann zudem eine Obergrenze für die Zeilenzahl hinterlegt werden. Der Standardwert (1.000.000 Zeilen) erscheint mir allerdings unnötig hoch.

8.2 Interaktives Grid

Das interaktive Grid ist der leistungsfähigste Berichtstyp in APEX. Hervorstechendes Merkmal ist, dass ein interaktives Grid nicht nur als Bericht, sondern auch als tabellarisches Formular, *editierbares Grid* genannt, verwendet werden kann. Diese Option besprechen wir in Kapitel 10, »Formulare«. Aus dieser Doppelfunktion leiten sich gewisse Eigenheiten des interaktiven Berichts ab. So ist es auf den ersten Blick nicht plausibel, warum in diesem Berichtstyp die Spaltentypen genauso zahlreich sind wie die Seitenelementtypen, also Datumsauswahl, Textfeld und so weiter umfassen. Wird jedoch der Bericht als editierbares Grid genutzt, erklärt sich diese Vielfalt.

Neben den allgemeinen Eigenschaften von Berichten umfasst das interaktive Grid als Berichtstyp einige besondere Eigenschaften, die ich im Folgenden vorstellen möchte.

8.2.1 Einrichtung der Standardeinstellungen

Das interaktive Grid hat die Besonderheit, dass die Spaltenbreiten nicht wie bei den anderen Berichten dynamisch aus dem Inhalt der Spalten abgeleitet, sondern statisch vorgegeben werden. Der Grund liegt in der Optimierung der Geschwindigkeit, denn der Bericht kann unmittelbar gezeichnet werden und muss nicht komplett berechnet werden, bevor die Breite der Spalten ermittelt werden kann. Ein anderer Grund besteht darin, dass auf diese Weise ein besonders breiter Spalteninhalt kein unleserliches Layout erzeugen kann, weil er die Spaltenbreiten der anderen Berichte übermäßig reduziert.

Spaltenbreite kontrollieren

Die Implementierung des interaktiven Grids hat zur Folge, dass Sie nach der Erstellung ein wenig Hand anlegen müssen, um die Spaltenbreiten auf einen guten Startwert zu bringen. Hierzu können Sie per Drag-and-drop die Spaltenbreiten des gerenderten Berichts anpassen, indem Sie die Maus über die rechte Begrenzung der Spaltenüberschrift hovern. Die Maus ändert sich zu einem Rechts-links-Verschiebesymbol. Alternativ gibt es die Möglichkeit, im Menü AKTIONEN • SPALTEN die Spaltenbreite numerisch vorzugeben (❶ in Abbildung 8.8).

Spaltenreihenfolge kontrollieren

Als nächste Option können Sie die Reihenfolge der Spalten ändern. Auch dies ist entweder per Drag-and-drop auf den linken gepunkteten Bereich neben der Spaltenüberschrift möglich (dieser Bereich zeigt sich, wenn Sie mit der Maus über den linken Begrenzer der Spaltenüberschrift hovern. Die Maus wird zu einem Kreuz-Pointer, der in Abbildung 8.8 leider nicht zu sehen ist), oder alternativ über das schon genannte Menü AKTIONEN • SPALTEN. Hier können Sie die Reihenfolge im linken Bereich des

Menüs ändern, indem Sie die Spalte aktivieren und mit den Pfeiltasten in der Reihenfolge ändern (❷ in Abbildung 8.8).

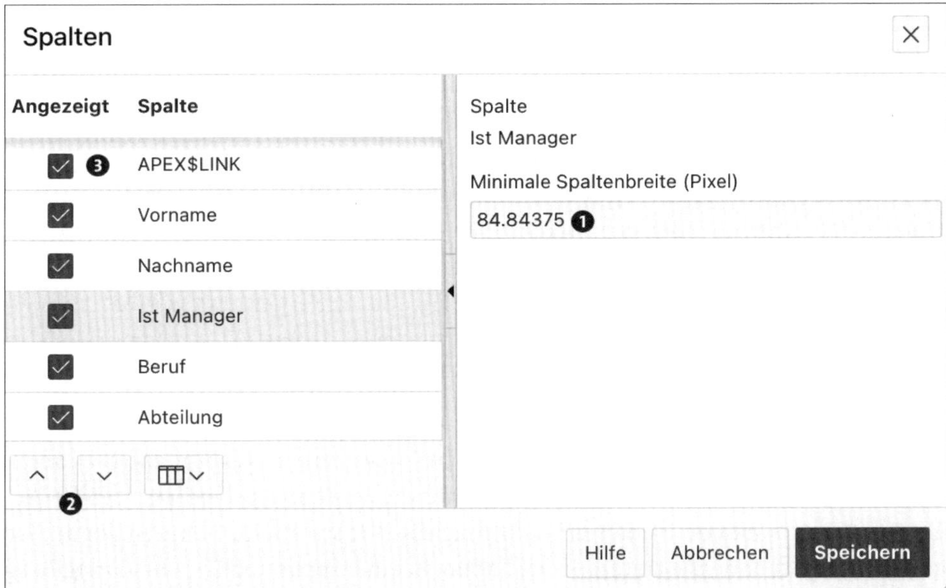

Abbildung 8.8 Optionen zur Kontrolle der Spalten

Spalten ein- oder ausblenden

Spalten können zudem ein- oder ausgeblendet werden, indem sie entweder über die Spaltenoptionen, die sich durch Klick auf die Spaltenüberschrift öffnen, ausgeblendet werden (siehe Abbildung 8.9) oder im gleichen Menü abgeschaltet werden (❸ in Abbildung 8.8).

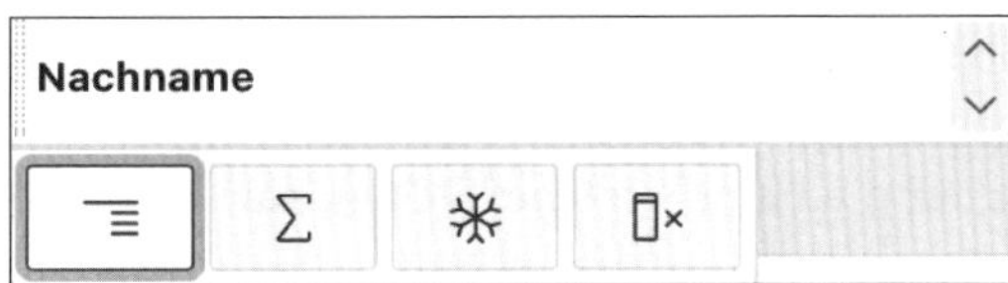

Abbildung 8.9 Optionen an einer Spalte

Interessant ist hier auch die Option, einzelne Spalten fixieren zu können (das Schneeflocken-Symbol ermöglicht dies). Dadurch werden die anderen Spalten bei einem horizontalen Scrollbalken unter die fixierte Spalte hindurchgeschoben.

Darstellungen des Berichts speichern

Die Einstellungen, die Sie hier treffen, können Sie anschließend speichern, indem Sie den Befehl AKTIONEN • BERICHT • SPEICHERN wählen. Dieser Befehl speichert die Einstellungen als die allgemeinen Standardeinstellungen und ist nur verfügbar, wenn Sie die Anwendung aus der Entwicklungsumgebung heraus aufrufen.

Es existiert noch die Option AKTIONEN • BERICHT • SPEICHERN UNTER. Diese unauffällige Option öffnet die Tür zu einer anderen Dimension, denn hier können unterschiedlich angepasste Layouts unter unterschiedlichen Namen hinterlegt werden. Diese unterschiedlichen Layouts sind anschließend für alle Anwender in einer Auswahlliste verfügbar. Da alle weiteren optischen Anpassungen, die Sie zusätzlich zu den bislang besprochenen Optionen auswählen können, ebenfalls auf diese Weise hinterlegt werden, eröffnet sich auf diese Weise die Möglichkeit, einen Bericht in vollständig unterschiedlichem Gewand darstellen zu lassen. Ideen wären, dass Listen mit Dokumenten unterschiedlichen Status in Einzelberichte gefiltert werden können oder auch dass Daten tabellarisch oder als Diagramm dargestellt werden und vieles mehr.

Interessante weitere Möglichkeiten zur Steuerung der Darstellung verbergen sich hinter den Menüs AKTIONEN • FILTER, wo Sie beliebige Zeilenfilter einrichten können. Es ist auch möglich, mehrere Filter zu kombinieren. Bereiten Sie dies in der `select`-Abfrage entsprechend vor, ist dies ein sehr mächtiges Instrument. Nehmen wir an, Sie möchten Mitarbeiter, die Untergebene haben, in einer separaten Berichtsdarstellung anzeigen lassen. Die Tabelle enthält hierfür kein gutes Filterkriterium, doch können Sie sich ein solches Kriterium in einer View ausgeben lassen, wie wir das in der View `EMP_UI_EMP_ADMIN_ICON` gemacht haben. Diese Spalte stellt nun das entsprechende Filterkriterium bereit und kann von Ihnen entsprechend genutzt werden. Eine weitere Idee könnten Status-Spalten sein, sodass Sie aktive, deaktive oder überfällige Zeileneinträge in unterschiedliche Berichtsdarstellungen filtern können.

In der Beispielanwendung <SAMPLE REPORTING> können Sie die Speicherung alternativer Berichte sowohl im Bereich INTERACTIVE GRIDS als auch im Bereich INTERACTIVE REPORT in Aktion sehen. Insbesondere die Berichte für den interaktiven Bericht zeigen die Möglichkeiten sehr schön. Um zu untersuchen, wie die Einstellungen vorgenommen werden müssen, können Sie auf die Filterbereiche klicken, die unterhalb der Symbolleiste eingeblendet werden.

Haben Sie Berichte unter einem Namen gespeichert, können diese direkt über einen URL angesprochen werden. Wie dieser URL aufgebaut sein muss, können Sie in einem Unterpunkt des Berichts in der Entwicklungsumgebung untersuchen. Klappen Sie den Eintrag der Berichtsregion im linken Seitenbereich auf. Unterhalb des Berichts befindet sich der Knoten GESPEICHERTE BERICHTE. Wenn Sie Änderungen gespeichert haben, findet sich hier zumindest der Eintrag HAUPTBERICHT, auf den Sie nun klicken, um dessen Attribute anzeigen zu lassen. In Abbildung 8.10 sehen Sie die verfügbaren Attribute. Standardmäßig wird für den Bericht ein numerisches Alias vergeben, das ich auf `MAIN` geändert habe. Dadurch ändert sich auch der URL zum Ansprechen des Berichts. Dieser URL könnte nun zum Beispiel als Link an eine Schaltfläche oder einen Listeneintrag gebunden werden und würde direkt eine bestimmte Darstellung des Berichts öffnen.

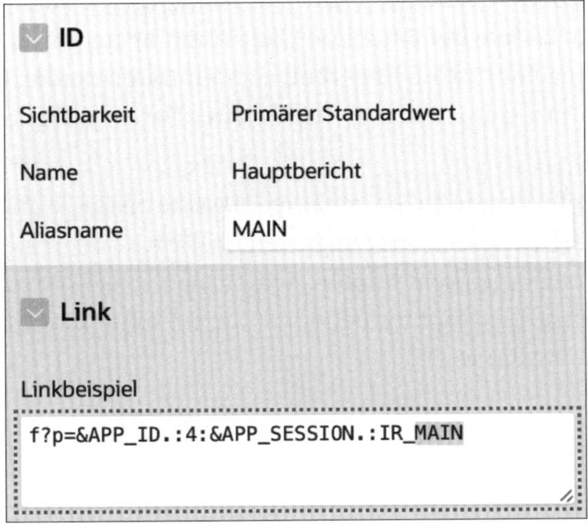

Abbildung 8.10 Attribute eines gespeicherten Berichts

Die Beispielanwendung <Sample Reports> • Use Cases • Linking to Interactive Grids gibt ein Beispiel für die Verwendung dieser Links. Um zu verstehen, wie die Seite der Beispielanwendung funktioniert, untersuchen wir zunächst das interaktive Grid der Seite. Sie erkennen, dass ein vordefinierter Bericht unter dem Namen `status` gespeichert wurde. Auf diesen Bericht können wir nun mit dem Link `f?p=&APP_ID.:18:&SESSION.:`**`IG_status`**`:&DEBUG.:RR:::` zugreifen. Dieser Link ist auch in einer Liste der Anwendungsseite hinterlegt, nämlich der Liste `Report Linking Examples`, die Sie in den <Gemeinsamen Komponenten> • Listen finden. Diese Liste verwendet aber noch mehrere andere Links, die verwendet werden können, um gezielte Berichte anzufordern, die allerdings noch nicht komplett verständlich sind. Diese Optionen werde ich im Abschnitt 8.2.2, »Request- und Elementwerte für interaktive Grids«, genauer erläutern.

Darstellung des Berichts kontrollieren

Die Befehle der Gruppe Aktionen • Daten erlauben das Aggregieren und Sortieren von Daten. Eventuell ist Ihnen der Begriff `Flashback` aus diesem Bereich nicht geläufig. Dahinter verbirgt sich eine Option der Oracle-Datenbank, die Ihnen Zugriff auf den Datenbestand in der Vergangenheit erlaubt. Wie weit Sie in die Vergangenheit sehen können, kontrolliert die Datenbankadministratorin, typischerweise liegt diese Zeit aber bei wenigen Stunden. Im Rahmen dieser Zeitspanne können durch diese Option Daten der Vergangenheit angezeigt werden.

Die Befehle der Gruppe AKTIONEN • FORMAT dienen einerseits der Gruppierung von Daten. Um den Bericht zum Beispiel nach Abteilung zu gruppieren, wählen Sie den Befehl `Kontrollgruppenwechsel` und anschließend die Spalte `Abteilung`, um die Mitarbeiter nach Abteilungen ausgeben zu lassen. Der Befehl `Markieren` erlaubt das konditionale Einfärben einer Zeile oder einzelner Zellen basierend auf den Daten der Darstellung. Dies ist sehr praktisch, um zum Beispiel fehlerhafte Daten farblich hervorzuheben.

Einige der Einstellungen, die Sie hier festlegen, haben zur Folge, dass sie als Filter unterhalb der Symbolleiste und oberhalb der Daten angezeigt werden. Dort können die Optionen unmittelbar geändert oder auch gelöscht werden. Achten Sie also bei Bedarf darauf, ob sich noch einige Filtereinstellungen hier befinden, die Sie aktuell nicht mehr benötigen (❶ und ❷ in Abbildung 8.11).

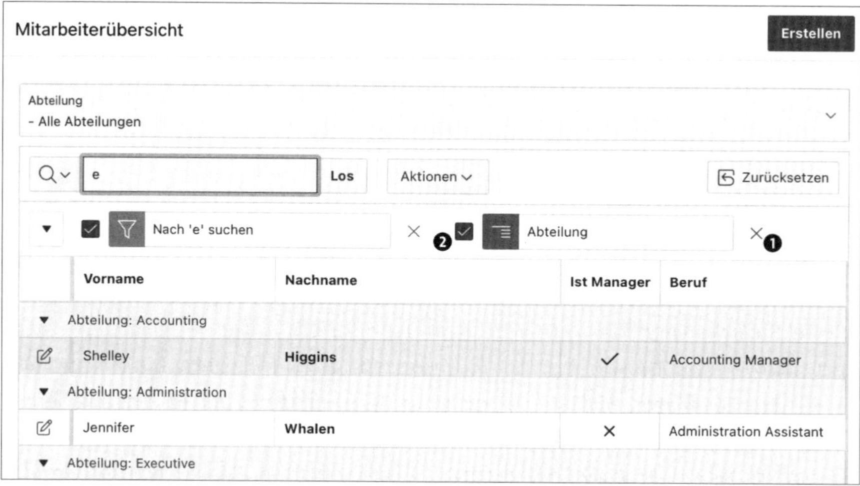

Abbildung 8.11 Eingerichtete Filter auf einen Bericht

Es kann sein, dass in Ihrem konkreten Bericht einige der Optionen nicht zur Verfügung stehen. Das liegt daran, dass in den Spaltenattributen eingestellt werden kann, welche Optionen zulässig sind und welche nicht. Erlauben Sie in einer Spalte zum Beispiel nicht, dass über sie sortiert werden darf, wird diese Spalte in der Liste des Sortierdialogs auch nicht auftauchen, und die Spaltenüberschrift wird die Bedienelemente zum Sortieren nicht enthalten. Analog gilt dies für die Gruppierung und andere Aktionen. Sie finden diese Attribute unter <SPALTENATTRIBUTE> • BENUTZER KÖNNEN.

8.2.2 Request- und Elementwerte für interaktive Grids

Wir haben bereits ein Beispiel für die erweiterte Syntax gesehen, mit der interaktive Grids aufgerufen werden können, als wir einen gespeicherten Bericht mit dem Request `IG_<statische ID>` aufgerufen hatten. APEX bietet eine eigene Syntax, die genutzt werden kann, um interaktive Grids extern zu kontrollieren.

Request

Zunächst wird hierfür der Request verwendet. Ein Request, das hatten wir eingangs erläutert, ist eine Anfrage an den Server, die zum Beispiel genutzt werden kann, um eine Information in der Datenbank anzulegen oder zu löschen. Er wird an einer definierten Stelle im (herkömmlichen) URL übergeben, nämlich hinter der Session-ID, also an insgesamt vierter Stelle der durch Doppelpunkte getrennten Parameter. Zur Kontrolle des interaktiven Grids wird der Request verwendet, um eine konkrete Visualisierung des Berichts, etwa einen gespeicherten Bericht, aufzurufen. Sollten mehrere interaktive Grids auf einer Anwendungsseite und die gleichen Namen zur Speicherung eines Berichts verwendet worden sein, wäre dieser Request nicht eindeutig. In diesen Fällen muss die statische ID des gewünschten Berichts mit übergeben werden, und zwar in eckigen Klammern, wie im folgenden Beispiel:

```
f?p=&APP_ID.:18:&SESSION.:IG[EMP]_status:&DEBUG.::::
```

Listing 8.2 Beispiel für einen Link mit statischer Berichts-ID

Alle weiteren Einstellmöglichkeiten beziehen sich auf den Bericht, der durch den Request identifiziert wird. Es kann auch auf diesen Request verzichtet werden, in diesem Fall gelten die meisten Einschränkungen für alle interaktiven Grids der aktuellen Seite. Prüfen Sie dieses Verhalten jedoch gründlich, weil einige Filter ohne eindeutige Identifizierung eines interaktiven Grids Fehlermeldungen provozieren können.

Kontrolle des Cache

Als Zweites können Schalter übergeben werden, die den Status des Berichts zurücksetzen. Die Schalter werden an der Stelle des URL übergeben, der normalerweise dazu verwendet wird, den Cache der Anwendungsseite zu kontrollieren.

[!]

> **Merke**
>
> Der URL einer APEX-Anwendung kann entweder »herkömmlich« oder »freundlich« sein. In der herkömmlichen Schreibweise wird ein Parameter übergeben, der eine durch Doppelpunkte separierte Liste von Parameterwerten enthält. In diesem Fall ist eine Position für die Seite einer APEX-Anwendungsseite vorgesehen, deren Werte im Sessionstatus gelöscht werden sollen.
>
> Freundlich ist ein URL, der diesen strukturierten Parameterwert nicht mehr besitzt, sondern ihn in einzelne Parameter auflöst. Dadurch wird die Funktion der Parameterwerte klarer. APEX bietet seit einigen Versionen diese Option als Standard an, zwischen beiden Parametertypen kann auch in den <Anwendungseigenschaften> • Eigenschaften • Lesefreundliche URLs gewählt werden.

Im Zusammenhang mit interaktiven Grids können hier die nachfolgenden Schalter übergeben werden, mehrere Schalter können dabei durch Kommata getrennt werden:

- RR: *Reset Report*, setzt das gesamte interaktive Grid auf den Ausgangszustand zurück. Dies ist analog zum Befehl AKTIONEN • BERICHT • ZURÜCKSETZEN.
- CR: *Clear Report*, löscht Gruppierungen, Filter und ähnliche Einstellungen des Berichts.

Spaltenfilter

Soll der Bericht gefiltert werden, kann dies, wie gesehen, über Filter geschehen, die im Bericht angelegt werden. Auch diese Filter lassen sich über Links von extern kontrollieren. Hierzu ist es allerdings erforderlich, eine speziellere Syntax zu verwenden, denn nun muss ja unterschieden werden, auf welche Weise ein Filter angewendet werden soll. Möchten Sie zum Beispiel in einem Bericht alle Mitarbeiter mit einem Gehalt größer 5.000 Taler anzeigen lassen, muss dieses »größer« in irgendeiner Form übergeben werden. Dafür verwendet APEX Kürzel, die dem Spaltennamen mit einem Unterstrich vorangestellt werden.

Die Liste der aktuell erlaubten Kürzel findet sich jeweils in der Dokumentation von APEX (suchen Sie zum Beispiel nach `oracle apex interactive grid url syntax`). Hier ist ein Ausriss der wichtigsten Optionen:

- C, NC: *(Not) Contains*, Spalte enthält den folgenden Wert oder nicht
- EQ, NEQ: *(Not) Equals*, Spalte entspricht dem folgenden Wert (das ist der Standard) oder nicht (NEQ).
- GTE, GT, LTE, LT: *Greater/Lower than (or equal to)*, Vergleichsoperatoren
- LIKE, NLIKE: entspricht dem (NOT) LIKE-Operator aus SQL
- N, NN: *Null*, Spaltenwert ist leer oder nicht (*Not Null*)
- ROWFILTER: Entspricht der Eingabe eines Suchbegriffs im Filterfeld des Berichts. Dieser Wert filtert über alle Spalten des Berichts.

Beispiele für die Verwendung dieser Syntax sind:

- `f?p=&APP_ID.:2:&SESSION.::::IG[EMP]_EMP_LAST_NAME:King`
  Dieser Link verwendet den Standard EQ und filtert den Bericht EMP auf Anwendungsseite 2 mit dem Ausdruck `EMP_LAST_NAME=King`.
- `...:IG[EMP]::RR,CR:IG[EMP]_DEPARTMENT_ID:50`
  Dieser Link setzt den Bericht zurück und löscht Gruppierungen etc. Anschließend wird die Spalte `EMP_DEPARTMENT_ID` auf den Wert 50 gefiltert.
- `f?p=&APP_ID.:2:&SESSION.::::IG[EMP]GTE_EMP_SALARY:5000`
  Dieser Link filtert den Bericht EMP auf Anwendungsseite 2 mit dem Ausdruck `EMP_SALARY >= 5000`.

Ein Kollege in einem Projekt hat diese Möglichkeiten clever genutzt, und ich möchte Ihnen diese Idee nicht vorenthalten. Der Anwendungsfall: Ein interaktives Grid soll durch mehrere Suchfelder gefiltert werden, die oberhalb des Berichts eingeblendet werden. Dabei müssen nicht alle Suchfelder ausgewählt werden, sondern nur die, die für die Suche benötigt werden. Es ist zwar kein Problem, die `select`-Abfrage so zu gestalten, dass fehlende Suchbegriffe logisch ignoriert werden, zum Beispiel indem in der `where`-Klausel immer ein Zweig für `NULL`-Werte eingebaut wird (zum Beispiel: `where emp_last_name = :P10_EMP_LAST_NAME or :P10_EMP_LAST_NAME is null`), doch hat dies ein Problem, dass Sie bemerken werden, wenn die durchsuchte Tabelle sehr groß ist: Die Abfrage wird extrem langsam. Der Grund ist, dass die Datenbank ins Kalkül ziehen muss, dass jeder Wert vorhanden sein kann oder auch nicht. Die Datenbank kann die Abfrage unter diesen Umständen nur beantworten, indem sie die gesamte Tabelle liest.

Dieses Problem haben Sie nicht, wenn Sie das interaktive Grid durch Spaltenfilter filtern. Das ist auf den ersten Blick erstaunlich, weil wir »gefühlt« das Gleiche tun, doch stimmt das nicht: Im Hintergrund schreibt APEX die `select`-Abfrage für jede Filterkombination neu und verwendet nur die Filter, die auch ausgefüllt sind. Weil die Datenbank nun weiß, welche Werte belegt sind, kann sie eine optimierte Strategie für diese Kombination von Werten berechnen. Hier spielt die Verwendung von Indizes in der Datenbank die zentrale Rolle. Die erste Variante unterbindet die Verwendung dieser Indizes. Soweit zum Hintergrund.

Wie also können wir diesem Problem begegnen? Eine Möglichkeit ist, im Hintergrund selbst eine dynamische `select`-Anweisung zu schreiben, die analysiert, welche Suchfelder ausgefüllt wurden und welche nicht. Dies ist aber nicht nur mit viel Aufwand für die Erstellung der Abfrage verbunden, noch mehr Aufwand steckt darin, dem interaktiven Grid jeweils eine neue Abfrage »unterzuschieben«, ohne dass das Grid dies bemerkt. Einfacher ist das Vorgehen meines Projektkollegen, das Spaltenfilter kreativ benutzt.

Die Idee: Wenn wir die Suchfelder als Teil des URL so einbinden, dass der Bericht diese als Spaltenfilter interpretiert, nutzen wir den APEX-Mechanismus, die `select`-Anfrage anzupassen und haben dennoch die Möglichkeit, über dedizierte Suchfelder zu suchen. Überraschenderweise geht dies wirklich einfach und ohne jede Programmierung.

Als Voraussetzung haben wir also das interaktive Grid und drei oder vier Suchfelder. Das interaktive Grid verfügt über eine statische ID, neben den Suchfeldern richten wir eine Schaltfläche ein, um nach den Suchbegriffen zu suchen. Wird nun auf diese Schaltfläche geklickt, reagieren wir darauf, indem wir zur gleichen Seite verzweigen, auf der wir uns befinden, rufen diese aber mit Parametern auf. Sie richten also eine Verzweigung ein, die ausgeführt wird, wenn die Schaltfläche geklickt wird. Die Verzweigung auf die gleiche Seite definiert Parameter, die Sie wie folgt belegen:

- Name: `IR[<Statische ID>]LIKE_EMP_LAST_NAME`
- Wert: `&P2_EMP_LAST_NAME`.

Dies wiederholen Sie für alle Suchfelder, die Sie zum Filtern des Berichts verwenden möchten. Natürlich stehen auch die anderen Filteroptionen zur Verfügung, nicht nur `LIKE`, wie im obigen Beispiel. Der Clou: Ist ein Parameterwert `NULL`, wird der zugehörige Filter dadurch entfernt. Es bleiben also nur die Filter mit Werten übrig, und diese werden durch APEX berücksichtigt, um die `select`-Anweisung neu zu schreiben. So bleibt die Abfrage schnell, auch wenn die zugrunde liegende Tabelle sehr groß ist. Clever!

Eine Ergänzung von meiner Seite: Dieses Verfahren hat zur Folge, dass die Seite mit den Filtern neu geladen wird. Das ist im Regelfall kein Problem. Allerdings zeigt das interaktive Grid nun die eingerichteten Filter, sodass Sie oberhalb des Grids die Suchfelder und oberhalb der Daten die Spaltenfilter sehen. Das mag verwirren. Leider können Sie in diesem Fall die Anzeige der Spaltenfilter nicht deklarativ unterdrücken. Ein kleiner Trick blendet die Filterspalten aus: Legen Sie hierfür eine dynamische Aktion auf der Seite an, die ausgelöst wird, nachdem die Seite geladen wurde. Als Aktion legen Sie ID • AKTION • `Ausblenden` fest. Nun kommt der kleine Trick: Da wir keine bessere Möglichkeit haben, müssen wir die Region, die die Spaltenfilter enthält, ausblenden. Diese Spaltenfilter erkennen wir nur an einer CSS-Klasse. Daher verwenden Sie in der Attributgruppe <DYNAMISCHE AKTION> • BETROFFENE ELEMENTE die Werte AUSWAHLTYP • `jQuery-Selektor` und JQUERY-SELEKTOR • `.a-MediaBlock`. Beachten Sie den führenden Punkt im Attributwert.

8.2.3 Symbolleiste

Die Symbolleiste umfasst das globale Suchfeld, die Menüschaltfläche AKTIONEN und die in ihr enthaltenen Optionen zur optischen Kontrolle des Berichts, zum Herunterladen der Daten und zur Verwaltung der nutzerspezifischen Berichte.

In der Attributgruppe <SPEZIELLE ATTRIBUTE> • SYMBOLLEISTE können Sie die einzelnen Optionen an- und abschalten und so feingranular kontrollieren, welche Optionen der Endanwender nutzen können soll. Die meisten Optionen erschließen sich von allein, doch sind einige nur im Zusammenhang der editierbaren Grids sinnvoll. So existiert die Möglichkeit, eine Schaltfläche zum Speichern von Daten auszublenden oder das Label einer Schaltfläche zum Hinzufügen von Daten festzulegen. Obwohl man diese Attribute setzen kann, haben sie keine Auswirkung auf die Darstellung interaktiver Grids.

Eine etwas versteckte Option findet sich im Attribut <SPEZIELLE ATTRIBUTE> • SYMBOLLEISTE • `Spaltenauswahl durchsuchen`. Mit diesem Schalter kontrollieren Sie ein Einblendmenü links vom Suchfenster. In diesem Einblendmenü werden alle Spalten mit nicht numerischen Werten aufgelistet, die anschließend angewählt werden können, um die Suche im Suchfeld auf die ausgewählten Spalten einzuschränken. Ich halte diese Funktion nicht nur für entbehrlich, da nur eine Spalte ausgewählt werden kann und dieser Effekt auch durch den Spaltenfilter im Spaltenbezeichner ausgeführt werden kann. Ich glaube auch, dass der Benutzer wahrscheinlich nicht erkennt, dass ein Spaltenfilter gesetzt wird und dort auch nicht suchen wird. Allerdings: Wird ein Spaltenfilter gesetzt, wird die gewählte Spalte im Suchfeld dargestellt. Der standardmäßig vorhandene Text `Suchen: Alle Textspalten` wird durch `Suchen: Email` ersetzt. Das ist aber ein wirklich dezenter Hinweis, der sehr leicht übersehen wird. Diese Option eröffnet zudem die Möglichkeit, die Suche nach Groß- und Kleinschreibung zu filtern. Doch auch diese Möglichkeit erscheint mir eher unwesentlich, zumal diese Einschränkung überhaupt nicht visualisiert wird. Um zu erkennen, dass die Groß-Kleinschreibung beachtet wird, müssen Sie als Anwender in das Einblendmenü sehen, was ich nicht für sehr intuitiv halte.

8.2.4 Master-Detail-Berichte

Interaktive Grids lassen sich besonders einfach zur Darstellung von Master-Detail-Berichten verwenden. Um dies auszuprobieren, legen wir uns in der Anwendung <EMP> eine neue Anwendungsseite `DEPT_OVERVIEW` an. Diese Seite lassen wir durch den Assistenten als Seitentyp `Master-Detail` erstellen. Der Assistent zeigt uns mehrere Optionen, von denen wir den ersten Eintrag, `Gestapelt`, verwenden.

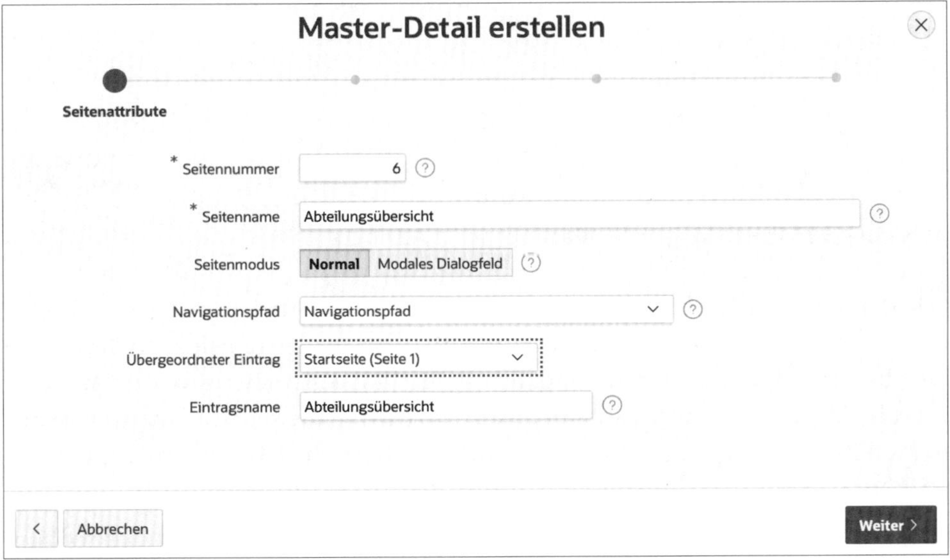

Abbildung 8.12 Übersicht der Seitenattribute

Abbildung 8.12 zeigt die allgemeinen Seitenattribute der neuen Seite. Wir erstellen für diese Seite einen neuen Navigationseintrag unter dem Eintrag `Startseite` und wählen anschließend die Datenquellen. Durch einen unerklärlichen Zufall existiert bereits eine View `EMP_UI_DEPT_OVERVIEW_MASTER`, die wir als Quelle für den Masterbericht wählen. Dort legen wir die Spalte `DEP_ID` als Primärschlüsselspalte fest und geben dem Bericht den Namen `Abteilungen`.

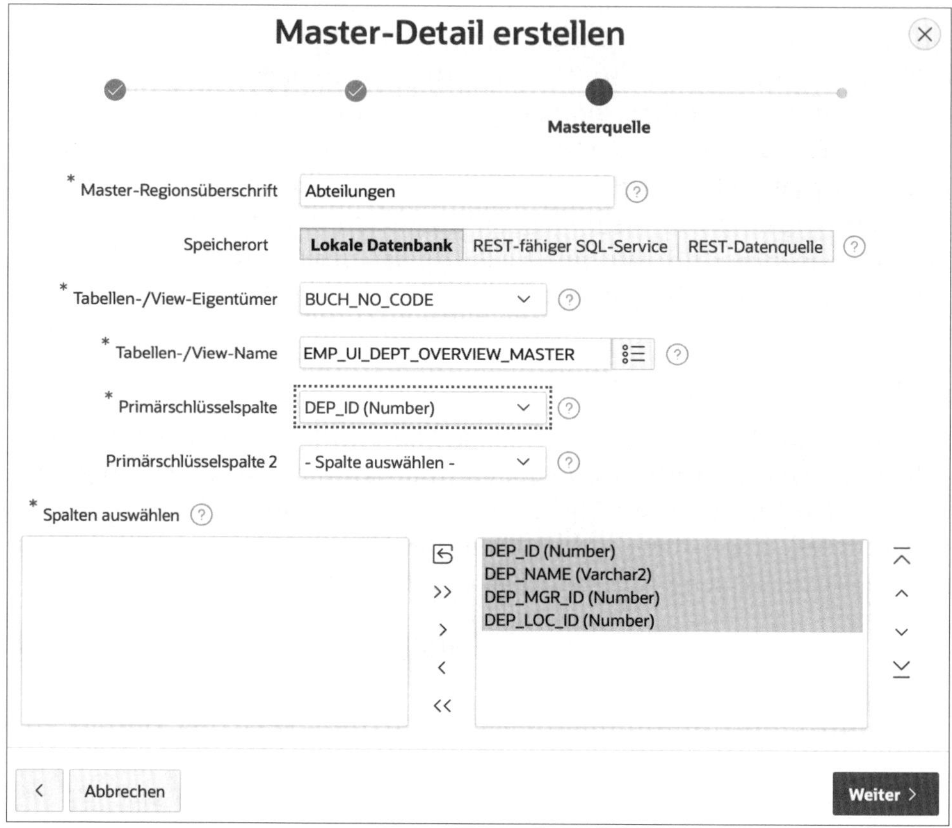

Abbildung 8.13 Einstellungen der Masterberichts-Attribute

Schalten Sie im Dialog für den Detailbericht zunächst das Attribut `Nur zugehörige Tabellen anzeigen` aus. Diese Option schränkt die Auswahl der Tabellen auf diejenigen ein, die dem Masterbericht durch eine Fremdschlüsselbeziehung verbunden sind, und dies funktioniert mit Views leider nicht. Anschließend stellen Sie alle Attribute so ein wie in Abbildung 8.14. Beachten Sie insbesondere die Attribute MASTERSPALTE und DETAILSPALTE, die die Referenz auf den Masterbericht herstellen.

Die Seite wird durch Klick auf die Schaltfläche ERSTELLEN erzeugt und kann direkt aufgerufen werden. Im oberen Bericht können Sie eine beliebige Abteilung auswählen, der untere Bericht wird unmittelbar aktualisiert und zeigt die Mitarbeiter dieser Abteilung an. Wenn Sie die Seite untersuchen, stellen wir fest, dass hierfür keine dynamische Aktion eingerichtet worden ist.

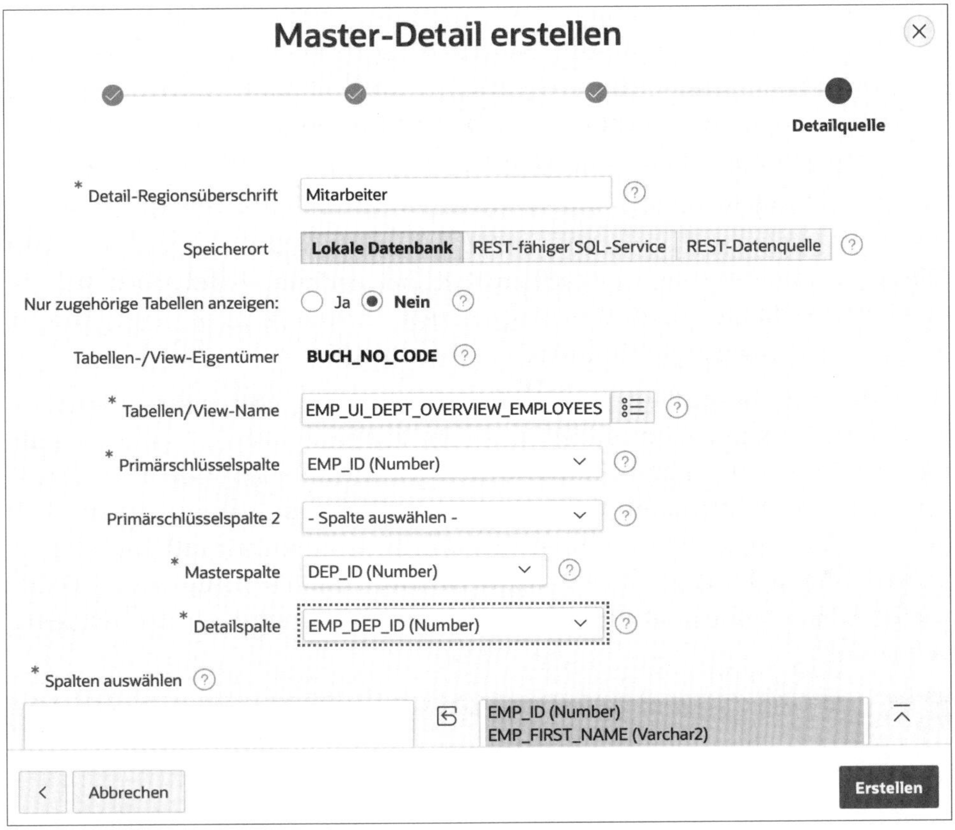

Abbildung 8.14 Einstellungen der Detailberichts-Attribute

Dass die Aktualisierung dennoch funktioniert, liegt daran, dass im Assistenten einerseits die Primärschlüsselspalten der jeweiligen Datenquellen für Master- und Detailbericht angegeben wurden, und vor allem daran, dass für den Detailbericht im Assistenten aus Abbildung 8.14 das Attribut DETAILSPALTE auf die Fremdschlüsselspalte `EMP_DEP_ID` gesetzt wurde. Aus diesen Einstellungen kann das interaktive Grid selbstständig ermitteln, was passieren muss, wenn eine neue Zeile des Masterberichts ausgewählt wird.

Wie üblich hat der Assistent lediglich APEX schneller bedient, als wir das manuell könnten, aber nichts »Spezielles« getan. Daher können wir in den <BERICHTSATTRIBUTEN> des Detailberichts diese Einstellung auch nachträglich hinzufügen oder ändern.

Wollen wir nachvollziehen, auf welche Weise die beiden Berichte zusammenhängen, müssen wir zwei Attribute im Detailbericht beachten. Zunächst finden wir in den <REGIONSATTRIBUTEN> • MASTER-DETAIL • MASTERREGION einen Verweis auf die Region des Masterberichts. Dadurch ist die Tabelle festgelegt. Die Spaltenbeziehung finden wir in den Spaltenattributen der Spalte `EMP_DEP_ID` des Mitarbeiterberichts, und zwar in <SPALTENATTRIBUT> • MASTER-DETAIL • MASTERSPALTE. Dort ist die Primärschlüsselspalte des Masterberichts eingetragen. Damit all dies funktioniert, muss die Spalte `DEP_ID` im Masterbericht im <SPALTENATTRIBUT> • QUELLE • PRIMÄRSCHLÜSSEL entsprechend gekennzeichnet worden sein.

Als Übung können Sie gern ein weiteres interaktives Grid auf dieser Anwendungsseite anlegen, das auf der View `EMP_UI_DEPT_OVERVIEW_LOCATIONS` beruht und die Adresse der Abteilung anzeigt. Beachten Sie beim »Verdrahten« des neuen Berichts, dass dieser als Master für die Abteilungen fungiert, denn an einer Adresse können mehrere Abteilungen stationiert sein.

Wahrscheinlich werden Sie die Darstellung mit den vielen Zeilen etwas unübersichtlich finden. Nehmen Sie sich doch ein wenig Zeit, und passen Sie die Visualisierung Ihren Wünschen an. Die Höhe der Berichtsregion können Sie anpassen, indem Sie in den <BERICHTSATTRIBUTEN> • ÜBERSCHRIFT • FIXIERT BEI die Fixierung auf die `Seite` durch eine Fixierung auf die `Region` ersetzen. Es zeigt sich ein neues Attribut FESTE BERICHTSHÖHE, in das Sie die Höhe in Pixeln eintragen können. Natürlich sind alle anderen Attribute bezüglich der Positionierung der Regionen etc. auch hier vollständig verfügbar.

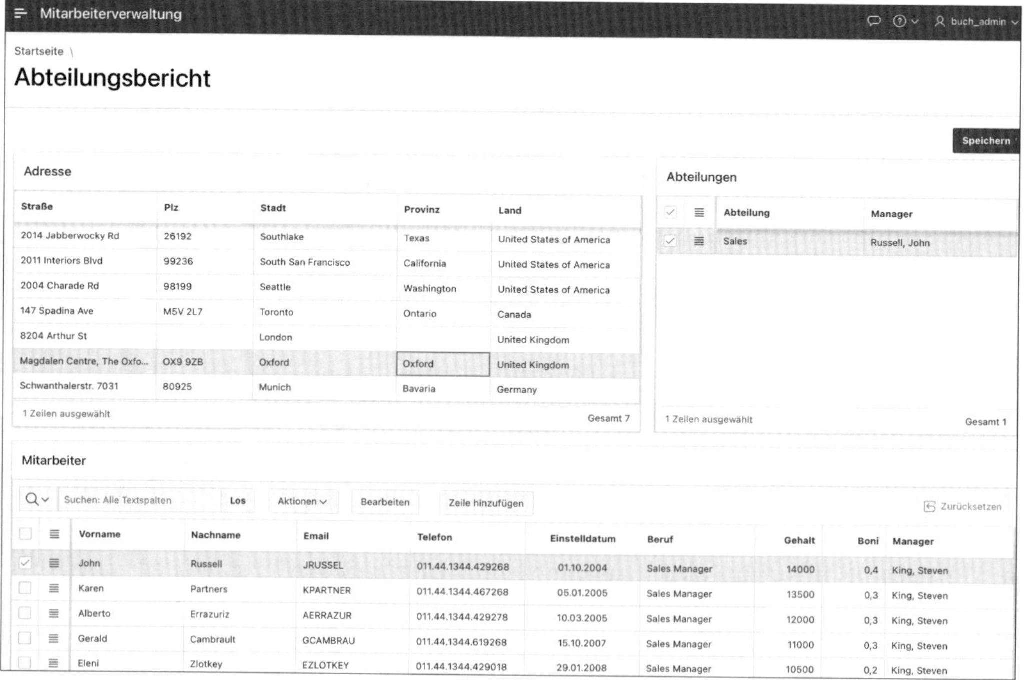

Abbildung 8.15 Grob formatierte Abteilungsberichtsseite

Ich habe mich zum Beispiel entschieden, das Regionstemplate wieder auf `Standard` zurückzuschalten, um eine Überschrift über dem Bericht zu erhalten, die Adresse und die Abteilungen nebeneinander darzustellen und beide Regionen auf die gleiche Höhe zu begrenzen. Zudem habe ich in allen Regionen den inneren Rand abgeschaltet, bei einigen Regionen das Suchfenster ausgeblendet und die Berufs- und Managerspalten an die bereits bekannten Auswahllisten gebunden.

Das Ergebnis finden Sie in *Kap_08_11_Anwendung.sql*.

8.2.5 Spalten als Verweis nutzen

Soll eine Spalte als Verweis verwendet werden, zum Beispiel um ein modales Fenster zur Bearbeitung der gewählten Zeile aufzurufen, wird dies in einem interaktiven Grid durch den Spaltentyp `Link` ermöglicht. Prinzipiell kann jede Spalte zu einem Link werden und auf andere Seiten verweisen. Dadurch lassen sich zum Beispiel Drill-down-Berichte über mehrere Seiten erstellen. Die Beispielanwendung <SAMPLE REPORTS> gibt hierfür unter USE CASES • DRILL DOWN INTERACTIVE GRID (bzw. DRILL DOWN INTERACTIVE REPORT für das Pendant) ein Beispiel.

Im Grunde ist die Verwendung ganz einfach, denn es müssen lediglich der Spaltentyp auf `Link` gestellt und die »üblichen« Attribute eines Links in den <SPALTENATTRIBUTEN> • LINK ausgefüllt werden. Wie bereits erläutert, muss eine Referenz auf einen Spaltenwert bei einem interaktiven Grid in `&<Spaltenname>.`-Notation hinterlegt werden, während dies beim interaktiven Bericht in `#<Spaltenname>#` erforderlich ist.

8.2.6 Spalten als Balkendiagramm visualisieren

Ein weiterer Spaltentyp erlaubt die Visualisierung von Prozentwerten als Balkendiagramm. Wählen Sie hierzu den Spaltentyp `Prozentdiagramm`. Die Attributgruppe <SPALTENATTRIBUTE> • DARSTELLUNG ändert sich nun, wie in Abbildung 8.16 gezeigt.

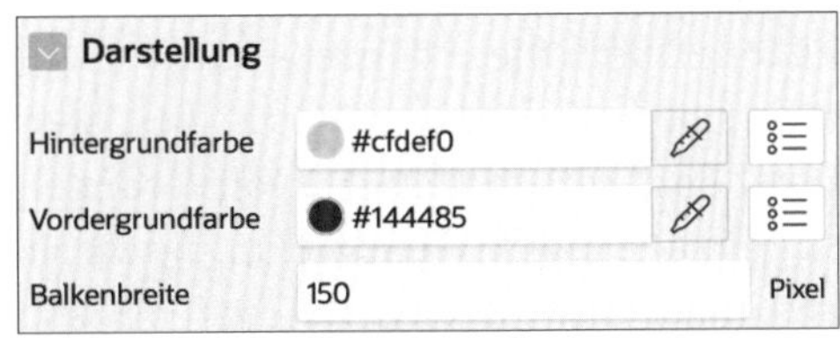

Abbildung 8.16 Attributgruppe »Darstellung« für Prozentdiagramme

Über die beiden Farbwähler können Sie die Balkenhinter- und -vordergrundfarbe einstellen sowie die Balkenbreite in Pixel definieren. Die Werte selbst müssen zwischen 0 und 100 vorliegen, um als Prozentzahl interpretiert werden zu können. In der aktuellen Beispielanwendung <SAMPLE REPORTS> • USE CASES • COLUMN FORMAT MASKS findet sich ein Beispiel für ein solches Diagramm, allerdings ist der Hilfetext dieser

Anwendungsseite (Version 21.2) veraltet und im Programm selbst auch nicht so umgesetzt. Hier hat der Spaltentyp die Formatmaske ersetzt. Eine gute Entscheidung, wie ich finde.

8.2.7 Interaktives Grid als Formular nutzen

In interaktiven Grids können Daten direkt editiert werden wie in einer Excel-Tabelle. Die Berichte, die wir auf Seite <DEPT_OVERVIEW> anlegen lassen haben, sind vom Assistenten entsprechend eingerichtet worden. Dies bedeutet, dass Sie durch Doppelklick in eine Zelle des Berichts die entsprechenden Bearbeitungen vornehmen können. Es ist sogar bereits sichergestellt, dass die Änderungen durch Klick auf die Schaltfläche SPEICHERN in der Datenbank aktualisiert werden. Hier spielt das editierbare Grid seine Stärken aus, denn dadurch, dass die Spalten »richtige« Eingabefeldtypen besitzen, können im Editiermodus zum Beispiel Auswahllisten unmittelbar verwendet werden. Ich möchte die Optionen, die hiermit zur Verfügung stehen, derzeit noch nicht besprechen, weil dies das Thema des Kapitel 10, »Formulare«, ist.

Wichtig erscheint mir hier, darauf hinzuweisen, dass Sie das Bearbeiten der Daten aber auch leicht deaktivieren können, falls Sie dies nicht zulassen möchten. Diese Einstellung nehmen Sie in den <BERICHTSATTRIBUTEN> • BEARBEITEN • AKTIVIERT vor, welche Sie einfach auf `Nein` stellen. Auf der Anwendungsseite werden dadurch nicht nur die Editiermöglichkeiten deaktiviert, sondern auch die flankierenden Schaltflächen ZEILE HINZUFÜGEN und BEARBEITEN nicht mehr gerendert. Diesen Unterschied werden Sie allerdings nur bemerken, wenn Sie die Symbolleiste des Berichts angezeigt hatten. Ist diese ausgeblendet, sind auch die darin befindlichen Schaltflächen nicht zu sehen, selbst wenn Sie die Bearbeitung des Berichts aktiviert hatten.

8.2.8 Weitere Ansichten

Das interaktive Grid ist konzeptionell anders aufgebaut als andere Berichtstypen, es trennt die Daten von der Darstellung der Daten. Durch diese konzeptionelle Trennung (von der ein Entwickler im Regelfall nichts bemerkt) ist es möglich, die Daten durch unterschiedliche Visualisierungen darstellen zu lassen. Diese Visualisierungen werden *Views* genannt, haben aber nichts mit den Datenbank-Views zu tun, die wir als Datenquelle verwenden. Es sind nur Visualisierungen in JavaScript, ohne jeden Bezug zur Datenbank.

Ein Beispiel für eine solche zweite View finden Sie, wenn Sie im Zeilenmenü den Eintrag SINGLE ROW-ANSICHT wählen. Die Darstellung zeigt nun diese Zeile in einem Zeilenlayout. Technisch haben Sie auf diese Weise eine neue View angezeigt. Ähnliches passiert, wenn Sie den Bericht mit den Optionen aus AKTIONEN • DIAGRAMM als Diagramm darstellen lassen.

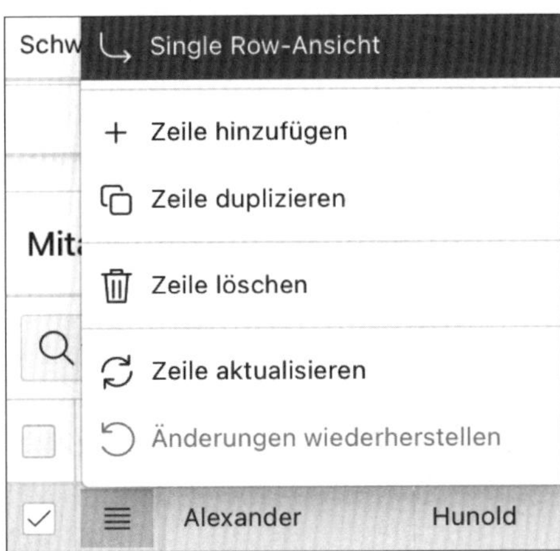

Abbildung 8.17 Zeilenmenü eines interaktiven Grids

Detailansicht

Die Detailansicht ist eine alternative Ansicht der Berichtsdaten, bei der Sie bezüglich der optischen Gestaltung völlig freie Hand haben. Hier können Sie selbst über entsprechenden HTML-Code festlegen, auf welche Weise die Zeilen dargestellt werden sollen. Ein erstes Beispiel könnte so aussehen, wie in Abbildung 8.18 dargestellt.

Detailansicht

Anzeigen

Vor Zeilen

```
<table>
```

Für jede Zeile

```
<td class="u-bold">Name:</td><td>&EMP_FIRST_NAME.: &EMP_LAST_NAME.</td>
<td class="u-bold">Abteilung:</td><td>&EMP_DEP_NAME.</td>
<td class="u-bold">Beruf:</td><td>&EMP_JOB_NAME.</td>
```

Nach Zeilen

```
</table>
```

Abbildung 8.18 Attribute der Detailansicht

Dieses einfache Beispiel zeigt, dass eine HTML-Tabelle ausgegeben werden wird, die die jeweiligen Spaltenwerte mit einem Label ausgeben wird. Das Ergebnis ist nicht besonders hübsch, zeigt aber das Prinzip. Wieder werden die Spaltenwerte durch die

Notation `&<Name>.` referenziert. Zusätzlich zu den Spaltenwerten stehen noch einige weitere Ersetzungszeichenfolgen zur Verfügung. So kann das Label der Spalten über die Ersetzungszeichenfolge `&<Name>_LABEL.` referenziert werden, weitere Angaben beziehen sich auf die Zeilennummer, die Zeilen-ID oder auf Flags, die anzeigen, ob eine Zeile hinzugefügt, geändert oder gelöscht wurde. Die genaue Syntax und die jeweils verfügbaren Ersetzungszeichenfolgen können Sie im Hilfetext zum <SPEZIELLEN ATTRIBUT> • DETAILANSICHT • FÜR JEDE ZEILE einsehen.

Hier könnten Sie sich bezüglich des zu erstellenden HTML-Codes austoben und auch ungewöhnliche Visualisierungen Ihrer Daten erreichen. Die Umschaltung in die Detailansicht wird anschließend durch eine Schaltfläche ausgeführt, die analog zu ❶ in Abbildung 8.19 eingeblendet wird. Ich möchte es jedoch bei dieser Erwähnung der Detailansicht belassen, aus meiner Erfahrung heraus wird diese Option nicht sehr häufig verwendet.

Symbolansicht

Neben diesen beiden Views existiert noch die Möglichkeit, den Bericht als *Symbolansicht* anzeigen zu lassen. Sie können diese Option ohne weitere Programmierung in der Entwicklungsumgebung ansehen, und zwar ist die Übersicht über die Anwendungsseiten standardmäßig als Symbolansicht dargestellt. Sie können zur tabellarischen Darstellung umschalten, indem Sie die Schaltfläche ❶ in Abbildung 8.19 klicken.

Los ❶ Aktionen

Seite	Name	Aliasname	Aktualisiert	Aktualisiert von
0	Globale Seite	-	vor 3 Wochen	buch_admin
1	Startseite	home	vor 3 Wochen	buch_admin
2	Mitarbeiterliste laden	emp_load	vor 12 Tagen	buch_admin

Abbildung 8.19 Umschalten auf die tabellarische Ansicht in der Entwicklungsumgebung von APEX

Diese Schaltflächen sind in den interaktiven Grids, die wir angelegt haben, nicht verfügbar, weil die Symbolansicht nicht eingerichtet ist. Diese Ansicht ist nur dann sinnvoll, wenn die Daten sich gut durch ein Symbol repräsentieren oder unterscheiden lassen. Erlaubt wird diese Darstellung durch das <BERICHTSATTRIBUT> • SYMBOLAN-

SICHT • ANZEIGEN. Wir werden das für unser Beispiel nicht zu Ende entwickeln, doch lohnt ein Blick auf die Optionen, um sich mit der Funktion vertraut zu machen.

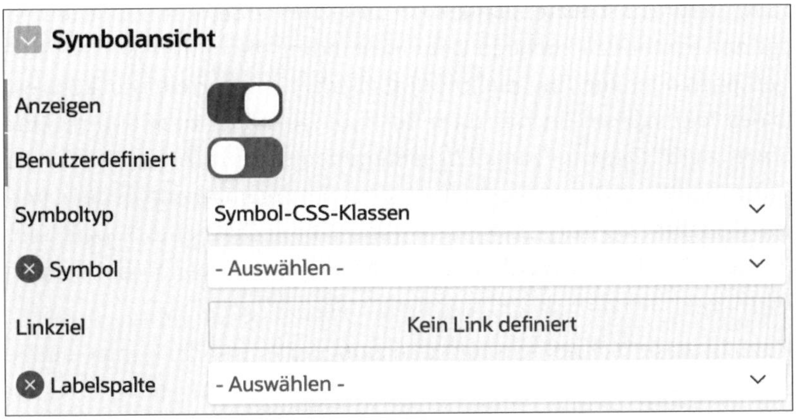

Abbildung 8.20 Attribute der Symbolansicht

Grundsätzlich benötigen wir für diese Ansicht natürlich Symbole. Diese können entweder als Symbol aus Font APEX entnommen werden, wobei die Idee dieser Ansicht darin besteht, dass die konkreten Symbolklassen durch eine Spalte übergeben werden, damit diese für die einzelnen Zeilen unterschiedlich sein können. Die Symbole können andererseits auch als URLs übergeben werden, die auf Bilddateien zeigen, etwa auf Avatare oder Porträts der Mitarbeiter. Dies kann durch das Attribut SYMBOLANSICHT • SYMBOLTYP • `Bild in URL` definiert werden. Auch in diesem Fall ist die Angabe einer Spalte mit dem entsprechenden URL erforderlich.

Optional kann ein Linkziel eingegeben werden, sodass ein Klick auf das Symbol oder das Bild zum Beispiel einen modalen Dialog öffnet. In jedem Fall ist zudem noch die Angabe einer Spalte mit einem Labeltext für das Symbol erforderlich.

Schließlich existiert noch die Möglichkeit, das Symbolbild benutzerdefiniert anzugeben. Hier stehen ähnliche Möglichkeiten wie auch schon bei der Definition der Detailansicht zur Verfügung, die wir im vorherigen Abschnitt »Detailansicht« besprochen hatten. Die Online-Hilfe aus Listing 8.3 zeigt eine interessante Verwendung der Attribute zum Output Escaping, die ich bereits vorgestellt hatte.

```
<a href="&APEX$ROW_URL!ATTR.">
  <img src="&EMP_IMG!ATTR." title="&ENAME!ATTR." alt="&ENAME!ATTR.">&ENAME.
</a>
```

Listing 8.3 Beispielcode für ein benutzerdefiniertes Symbol in der Symbolansicht

Zudem sehen wir hier die Ersetzungszeichenfolge `&APEX$ROW_URL.`, die einen URL der aktuellen Zeile beinhaltet.

Oracle Text

Oracle Text bezeichnet eine komplexe Technik zur Indizierung von Volltexten, die unabhängig von APEX in Oracle-Datenbanken eingerichtet werden kann. Oracle Text bietet Werkzeuge zur mächtigen Suche in Datenbeständen, die in unterschiedlichsten Formaten vorliegen oder auch auf mehrere Tabellenspalten verteilt sein können. Es ist außerhalb des Fokus dieses Buches, diese Technologie näher zu erläutern. Eine sehr gute Einführung gibt Carsten Czarsky in seinem deutschsprachigen Blog unter *https://tinyurl.com/55j8kmv9*. Dieser Blogbeitrag kann naturgemäß nur an der Oberfläche dieser Funktionalität kratzen, ein weiterer Einsatzbereich ist eine Google-ähnliche Suche in Texten, die als PDF, Worddatei oder Ähnliches vorliegen. Hier werden die Fundstellen mit ihrer direkten Umgebung dargestellt.

Ist die Einarbeitung in diese Technologie auch aufseiten der Anwender erfolgt (einige Suchergebnisse lassen sich nur durch eine spezielle Suchsyntax ermitteln), steht der Verwendung in APEX nichts im Weg. Für das interaktive Grid kann nun deklarativ angegeben werden, welche Spalte für die Volltextsuche verwendet werden soll. Doch ist dies der letzte und einfachste Schritt in einer ansonsten eher verwickelten Diskussion, die ich mir hier ersparen möchte.

8.3 Interaktive Berichte

Der Vorgänger des interaktiven Grids ist der interaktive Bericht. Im Gegensatz zum interaktiven Grid kann der interaktive Bericht nicht zum Editieren der Daten verwendet werden, sondern wird ausschließlich verwendet, um Daten darzustellen. Auf Anwendungsseite <EMP_ADMIN> hatten wir den interaktiven Bericht verwendet. Als Ergänzung zu den allgemeinen Berichtsfunktionen möchte ich mich in diesem Abschnitt auf die speziellen Funktionen dieses Berichtstyps konzentrieren.

Bei der Besprechung dieser Funktionen kann ich mich andererseits kurzfassen, da das interaktive Grid angetreten ist, alle Funktionen des interaktiven Berichts ebenfalls anzubieten und entsprechend zu erweitern. Daher ist die Bedienung in weiten Teilen analog.

Auch im interaktiven Bericht können Sie dem Anwender erlauben, die Daten umfangreich umzustellen, zu saldieren, gruppieren, filtern und so weiter. Allerdings sind die Attribute zur Kontrolle dieser Möglichkeiten etwas anders angeordnet, wie Abbildung 8.21 zeigt.

Abbildung 8.21 Attribut zur Kontrolle der Suchleistenoptionen

Wenn Sie sich die entsprechenden Optionen im interaktiven Grid angesehen haben, ist klar, was hier kontrolliert wird. Insbesondere wenn Sie das Attribut `Suchleiste` • `Suchleiste aufnehmen` abwählen, werden Sie aber wahrscheinlich überrascht sein, weil sehr viele Attribute nun verschwunden sind. Dieses Attribut ist also Voraussetzung für alle anderen Optionen. Das `Aktionen`-Menü hat eine eigene Attributgruppe, die Sie in Abbildung 8.22 sehen können.

Diese Attribute stellen eine sehr feingranulare Möglichkeit der Kontrolle der Anwenderberechtigungen bereit.

Der interaktive Bericht bietet nahezu identische Optionen zur Kontrolle einer Detailansicht und einer Symbolansicht im Vergleich zum interaktiven Grid und muss daher ebenso wenig besprochen werden wie die Einbindung einer Oracle-Text-Suchspalte.

Ein Unterschied zwischen dem interaktiven Grid und dem interaktiven Bericht besteht in der Einrichtung eines Links, zum Beispiel zum Aufruf eines modalen Fensters zur Bearbeitung einer Berichtszeile. Der interaktive Bericht bietet hierfür das <SPEZIELLE BERICHTSATTRIBUT> • LINK an, mit deren Einstellungen die Linkspalte hinzugefügt werden kann. Das interaktive Grid kennt diesen Mechanismus nicht, hier wird eine Spalte auf den Typ `Link` eingestellt, anschließend sind jedoch die Optionen und Möglichkeiten analog. Wenn Sie durch den APEX-Assistenten ein Formular basierend auf einem Bericht mit zugehöriger Formularseite erstellen, wird dieser Mechanismus verwendet. Die Attribute zur Kontrolle eines Links sehen Sie in Abbildung 8.23.

Abbildung 8.22 Attribute des »Aktionen«-Menüs

Link

Link-Spalte: Link zu benutzerdefiniertem Ziel

Ziel: Seite 8

Linksymbol

```
<span aria-label="Bearbeiten"><span class="fa fa-edit" aria-hidden="true"
title="Bearbeiten"></span></span>
```

Linkattribute

Autorisierungsschema: - Auswählen -

Bedingungstyp: - Auswählen -

Abbildung 8.23 Attribute zur Kontrolle einer Linkspalte

Der Assistent hat als LINKSYMBOL einen interessanten Eintrag erzeugt:

```
<span aria-label="Bearbeiten">
  <span class="fa fa-edit" aria-hidden="true" title="Bearbeiten"></span>
</span>
```

APEX verwendet das Font-APEX-Symbol `fa-edit`, interessanter finde ich jedoch die weiteren Attribute, die für die Barrierefreiheit der APEX-Anwendungsseite erforderlich sind. Sie steuern, wie eine Screenreader-Software diesen Eintrag vorlesen wird. Der Wert dieses Attributes ist für mich ein starkes Argument für die Verwendung von Assistenten, denn auf diese Weise kann das APEX-Entwicklerteam die Einhaltung gewisser Best Practices unterstützen, die durch die Entwickler entweder schnell vergessen würden oder auch (wie es bei mir der Fall wäre) aus mangelnder Kenntnis erst gar nicht in Betracht gezogen würden.

Verwirrend ist, dass auch im interaktiven Bericht jede Spalte als Link ausgebildet werden kann. Das angesprochene Attribut <SPEZIELLE BERICHTSATTRIBUT> • LINK bietet demgegenüber den (kleinen) Vorteil, dass für den Link eine zusätzliche Spalte ausgegeben wird.

Beachten Sie auch, dass die Ausgabe eines Links über die Attribute AUTORISIERUNGSSCHEMA und BEDINGUNGSTYP kontrolliert werden kann. Das Autorisierungsschema kontrolliert, ob der angemeldete Benutzer den Link verwenden darf, während die serverseitige Bedingung auf Basis anderer Daten kontrolliert, ob der Link überhaupt angezeigt werden soll. Leider ist diese Option aber nicht so zu verstehen, dass für jede Zeile anhand der Daten entschieden werden könnte, ob der Link angezeigt werden kann (etwa indem die Bedingung `Element = Wert` für eine Spalte geprüft würde), sondern die Bedingung wird nur einmal für die gesamte Region geprüft. Wie wir eine solche Limitierung umgehen können, ist eines der Themen für den zweiten Teil des Buches, »Low Code«.

Bezüglich der externen Kontrolle der Berichte über Links gilt alles, was ich bereits in Abschnitt 8.2.2, »Request- und Elementwerte für interaktive Grids«, geschrieben hatte. Interaktive Berichte werden allerdings, abweichend vom interaktiven Grid, über das Kürzel `IR` anstatt `IG` angesprochen.

8.4 Klassische Berichte

Diese Berichte sind im Vergleich einfache Komponenten, die das Ergebnis einer `select`-Abfrage als Tabelle ausgeben. Sie scheinen in Zeiten des interaktiven Berichts oder des interaktiven Grids keine rechte Existenzberechtigung mehr zu haben, doch täuscht das, denn sie bieten verschiedene Berichtstemplates, die die Daten des Berichts vollkommen unterschiedlich darstellen können. Zudem ist die Suche in Berichtsdaten über eine Facet-Suche derzeit nur mit einem klassischen Bericht möglich. Facet-Suchen besprechen wir im nächsten Kapitel, »Facet-Suche und Cards«.

8.4.1 Berichtstemplates

Die Kraft der klassischen Berichte liegt in deren Fähigkeit, unterschiedliche Templates zur Visualisierung heranzuziehen. Es ist sogar möglich, eigene Templates zu erstellen und kreative eigene Visualisierungen zu erzeugen. In diesem Abschnitt des Buches gehen wir aber zunächst von den mitgelieferten Möglichkeiten aus.

Alle Berichtstemplates werden über das <spezielle Berichtsattribut> • Darstellung • Template eingestellt. Die Auswahlmöglichkeiten dieses Attributs (siehe Abbildung 8.24) geben uns bereits einen Überblick über die Möglichkeiten. Wenn Sie diese Möglichkeiten parallel mitverfolgen möchten, können Sie dies in unserer Anwendung <EMP> • <HOME> • <Region Mitarbeiter pro Land> nachvollziehen.

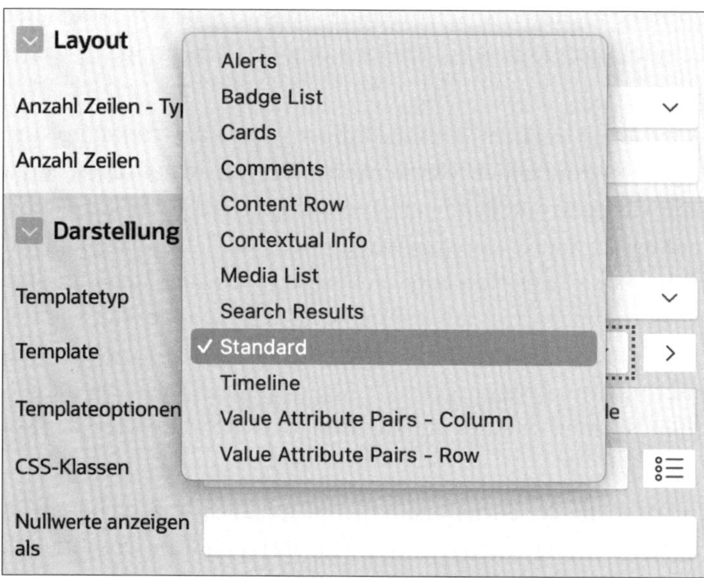

Abbildung 8.24 Berichtstemplates eines klassischen Berichts

Um die einzelnen Templates sinnvoll verwenden zu können, müssen wir uns mit dem Templatesystem hinter den Berichten beschäftigen. Sehen wir uns hierzu das erste Template, `Alerts`, genauer an. Das Template können Sie einsehen, indem Sie <Gemeinsame Komponenten> • Templates wählen und die Zeile `Bericht` • `Alerts` durch Klick auf den Link `Alerts` öffnen. Abbildung 8.25 zeigt den entscheidenden Bereich.

Zeilentemplates

* Zeilentemplate 1

```
<div class="t-Alert t-Alert--horizontal t-Alert--colorBG t-Alert--defaultIcons t-Alert--#ALERT_TYPE#" role="alert">
  <div class="t-Alert-wrap">
    <div class="t-Alert-icon">
      <span class="t-Icon" aria-hidden="true"></span>
    </div>
    <div class="t-Alert-content">
      <div class="t-Alert-header">
        <h2 class="t-Alert-title">#ALERT_TITLE#</h2> ❶
      </div>
      <div class="t-Alert-body">
        #ALERT_DESC# ❷
      </div>
    </div>
    <div class="t-Alert-buttons">
      #ALERT_ACTION# ❸
    </div>
  </div>
</div>
```

Abbildung 8.25 Zeilentemplates des »Alerts«-Berichtstemplates

Dieser Bereich des Templates visualisiert die Daten. Entscheidend für die Verwendung sind die Spaltenreferenzen (❶, ❷ und ❸ in Abbildung 8.25). Die `select`-Abfrage für dieses Template muss diese Spalten mit passenden Werten anbieten, eventuell dadurch, dass die Spalten ein entsprechendes Alias erhalten. Das scheint dem deklarativen Gedanken von APEX zu widersprechen, denn natürlich wäre es schöner, wenn die Templates jeweils Auswahllisten für die benötigten Informationen anböten. Andererseits ist es nun relativ einfach, eigene Templates zu erstellen und über diesen Mechanismus mit beliebig vielen Spaltenwerten Ihrer SQL-Abfragen zu erweitern.

Das ist jedoch ein Low-Code-Thema, daher halten wir hier lediglich fest, dass die SQL-Abfrage über entsprechende Vorkehrungen für das Template vorbereitet werden muss, das für die Visualisierung vorgesehen ist.

Umgekehrt wäre es theoretisch möglich, das Template an eine konkrete `select`-Abfrage anzupassen, indem diese Spaltenreferenzen angepasst werden, doch ist dies eine sehr schlechte Idee: Das Template existiert nur einmal und wird auf mehreren Seiten verwendet. Änderten Sie dieses Template, müssten nun die Spaltenbezeichner aller Seiten, die dieses Template verwenden, angepasst werden. Zudem: Installieren Sie eine neue Version von APEX, würde dieses geänderte Template wieder überschrieben. Der Aufwand, all diese Änderungen nachzuvollziehen, wäre übertrieben. Daher die Empfehlung: Wenn Sie diese Templates verwenden möchten, passen Sie die Spaltenbezeichner Ihrer `select`-Abfragen an die Anforderungen der Templates an.

[!]

Merke

Von APEX mitgelieferte Templates sind grundsätzlich tabu und werden nicht geändert. Möchten Sie dennoch ein eigenes Template anpassen, erstellen Sie in jedem Fall eine Kopie des Originaltemplates und ändern Sie dort. So ist sichergestellt, dass bei einer Aktualisierung des Themes keine Änderungen verloren gehen.

Kopien von Templates zu erstellen, hat einen erhöhten Aufwand zur Folge, wenn Sie eine aktuelle Version des APEX-Themes einspielen, denn wenn sich die Vorlage Ihres geänderten Templates geändert hat, müssen Sie diese Änderungen eventuell in Ihre Kopien einarbeiten. Allein schon die Aufgabe, diese Unterschiede zu finden, ist mit einem erheblichen Zeitaufwand verbunden.

Die einzelnen Berichtstemplates werden in den Beispielanwendungen dargestellt. Anstatt alle Templates einzeln zu besprechen, möchte ich Ihnen gern die Referenzen auf die jeweiligen Beispielanwendungen geben, die diese Templates einsetzen, zumal dort im Regelfall auch die erforderlichen `select`-Anweisungen und Template-Optionen hinterlegt sind. Dort können Sie sich die optische Ausprägung und die Einstellungen, um dieses Ergebnis zu erreichen, ansehen.

- `Alerts`
  Leider ist dieser Berichtstyp nicht in einer Beispielanwendung umgesetzt. Wenn Sie das Template in Aktion sehen möchten, können Sie die View `EMP_UI_HOME_ALERTS` verwenden und zum Beispiel `Region 3` auf <HOME> zu einem klassischen Bericht machen.
- `Badge-List`
  Es existiert zwar eine Badge-List in <UNIVERSALE THEME REFERENCE> • COMPONENTS • BADGES LIST, doch ist diese auf einer Liste aufgebaut, nicht auf einem klassischen Report. Auch hier können Sie die View `EMP_UI_HOME_BADGES` verwenden, um `Region 4` zu einem entsprechenden Bericht aufzubauen. Beachten Sie, dass dieses Template eine Reihe Template-Optionen anbietet, mit deren Hilfe Sie die Visualisierung beeinflussen können.
- `Cards`
  Dieses Berichtstemplate ist veraltet, da es die neue Karten-Region gibt, die wir im nächsten Kapitel, »Facet-Suche, intelligente Filter und Karten«, noch eingehend besprechen werden. Sie können sich jedoch dieses Template noch in der <UNIVERSALE THEME REFERENCE> • COMPONENTS • CARD TEMPLATES ansehen. Auch hier stehen zwei Implementierungen, basierend auf einer Liste und einem klassischen Bericht, zur Verfügung, zwischen denen Sie mittels der Tabulatoren der Seite wechseln können.

- Comments, Context Row, Contextual Info, Media List, Timeline und Value Attribute Pairs
  Diese Templates sehen Sie in <UNIVERSALE THEME REFERENCE> • COMPONENTS unter den jeweiligen Templatebezeichnern.
- Search Result
  Auch hierfür existiert kein Beispiel. Erzeugen Sie eine neue Berichtsseite für einen klassischen Bericht mit dem Namen Mitarbeitersuche und dem Alias SEARCH. Verwenden Sie die View EMP_UI_SEARCH_RESULT. Legen Sie eine Auswahlliste P7_EMP_DEP_ID an, und zeigen Sie darin alle Abteilungen mit Mitarbeitern. Sorgen Sie dafür, dass eine Änderung der Auswahl den Bericht aktualisiert, ignorieren Sie die Änderungen beim Absenden der Seite. Beachten Sie, dass die Anzahl der Attribute sich ändert, wenn Sie in der Abteilung Sales suchen.

Den aktuellen Stand der Anwendung finden Sie in *Kap_08_12_Anwendung.sql*.

Kapitel 9
Facet-Suche, intelligente Filter und Karten

Eine Erweiterung erfahren die Berichte durch die Facet-Suche und intelligente Filter zur schnellen Filterung umfangreicher Datenbestände. Zudem sehen wir uns in diesem Kapitel noch eine Sonderform eines Berichts an, die Karten-Region.

In diesem Kapitel geht es um Erweiterungen der Berichtsfunktionalität in APEX. Die Suche in umfangreichen Datenbeständen wird durch die Facet-Suche und die intelligenten Filter verbessert, während die Karten eine eigene Berichtsart darstellen, deren Fokus auf eine optisch flexible Darstellung ausgerichtet ist und daher ganz andere Schwerpunkte setzt als die Berichte, die wir im vorherigen Kapitel genauer kennengelernt haben.

9.1 Facet-Suche

Unter einer *Facet-Suche* versteht APEX eine flexible Filterregion als Zusatzkomponente zu einem klassischen Bericht, der durch diese Komponente flexibel gefiltert werden kann. Sie kennen solche Filterregionen von vielen Webshops, bei denen es darauf ankommt, große Artikelmengen über verschiedene Suchkriterien einzugrenzen. Die Facet-Suche unterstützt diesen Prozess durch deklarativ einzurichtende Filterkategorien und viele nützliche Zusatzfunktionen. Seit Version 22.1 sind nicht nur klassische Berichte und Karten mit Facets durchsuchbar, sondern auch Kalender- und Map-Regionen.

Die Facet-Suche hat sich über die verschiedenen APEX-Versionen stetig weiterentwickelt und wird meiner Erwartung nach auch noch einige Veränderungen durch zukünftige Releases erfahren, daher ist hier, wie üblich, der Hinweis auf die Beispielanwendung SAMPLE REPORTING angebracht, in der die jeweiligen Neuerungen am Beispiel demonstriert werden.

Facet-Suchen sind ein schönes Beispiel, um die Denkweise von APEX im Vergleich zu anderen Entwicklungsframeworks aufzuzeigen. Auf den ersten Blick sind diese Suchen natürlich prädestiniert für die clientseitige Filterung: Im Hintergrund werden die Produktdaten, zum Beispiel als JSON-formatierte Dateninsel, in den Browser geladen und durch JavaScript-Funktionen gefiltert und dargestellt. Bei APEX jedoch hat das Auswählen von Filtern in einer Facet-Suche zur Folge, dass eine neue `select`-Anweisung generiert und der Bericht dynamisch aktualisiert wird. Das ist nur auf den ersten Blick aufwendig, bei näherer Betrachtung ist insbesondere der Vorteil, auf diese Weise auch große Datenmengen effizient durchsuchen zu können, entscheidend. APEX besteht eben nicht nur aus dem Frontend, das Sie sehen können, sondern, mindestens ebenso wichtig, aus einer leistungsfähigen Datenbank, die mit ihrer ausgefeilten SQL-Implementierung effiziente Anwendungen ermöglicht.

Der Vorteil für Sie: Das komplexe SQL, das im Hintergrund ausgeführt werden muss, um die Filter effizient umzusetzen, muss nicht von Ihnen programmiert werden, sondern entsteht auf Basis der Metadaten und Ihrer Parametrierung vollständig automatisch.

9.1.1 Facet-Suche erstellen und konfigurieren

Die Einrichtung einer facettierten Suche ist einfach. Wir erstellen eine neue Anwendungsseite in <EMP> und wählen als Seitentyp BERICHT • FACET-SUCHE. Wir nennen die Seite MITARBEITERRECHERCHE und erstellen Navigations- und Breadcrumbeinträge. Als Alias verwenden wir `FACET`, als View daher `EMP_UI_FACET`. Wenn Sie den Namen der View in den Assistenten eintragen, betätigen Sie bitte die Tabulatortaste (oder klicken Sie irgendwo außerhalb des Eingabefeldes auf die Assistentenseite), um das Eingabefeld zu verlassen, die Seite aber noch nicht zu erstellen. Abbildung 9.1 zeigt den erweiterten Dialog nach dem Verlassen des Eingabefeldes. Sie erkennen, dass wir die Facet-Suche als Bericht oder als Kartenregion darstellen können.

Der Assistent hat zudem die View untersucht und Spalten identifiziert, die durch eine Facette durchsucht werden können. Dies basiert auf den Metadaten, die in der Datenbank zur View bzw. zur unterliegenden Tabelle gespeichert werden. Da die View aber auch berechnete und daher abgeleitete Daten enthält, schlägt die automatische Einrichtung einer Facette für diese Spalten fehl, zum Beispiel für die Spalte `EMP_IS_COMMISSION_ELIGIBLE`. Das ist aber kein Problem, das holen wir anschließend manuell nach.

[!]

Merke

Die Einstellungen zur Facet-Suche führen im Hintergrund zu einer dynamisch erzeugten `select`-Anweisung, die die Auswertung für uns übernimmt. Die Suche selbst findet also auf der Datenbank statt und nicht in den Daten, die an den Browser übermittelt wurden.

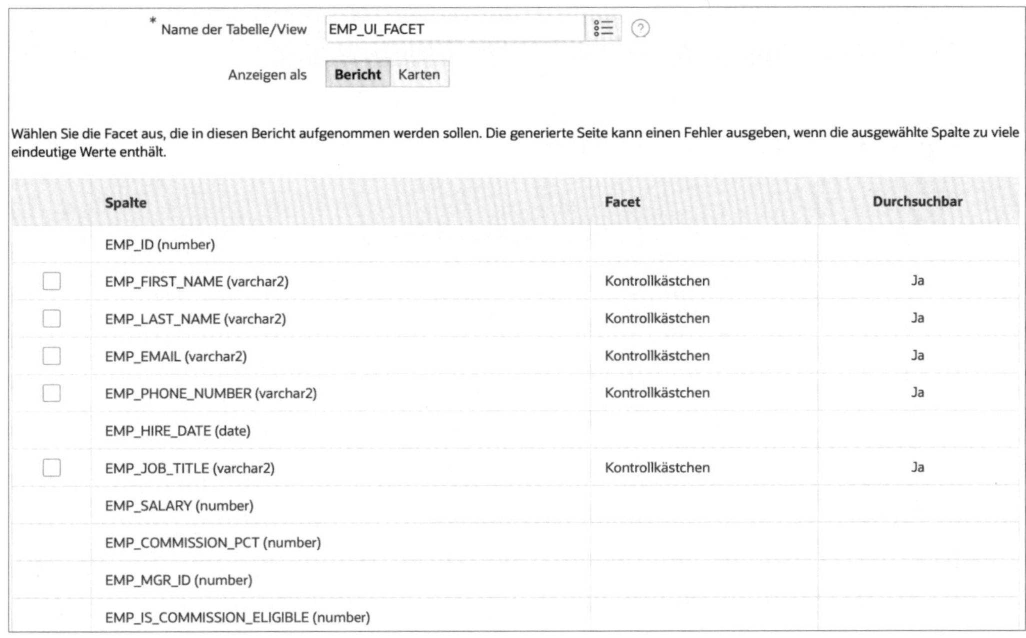

Abbildung 9.1 Einrichtung einer Facet-Suche

Als Ausprägung der Facette wird in allen Fällen ein Kontrollkästchen vorgeschlagen. Dies wird zu einer Region führen, indem für jeden unterschiedlichen Wert der Facette ein Kontrollkästchen mit der Beschriftung und der Angabe der Anzahl der Fundstellen angezeigt wird. Wir haben aber auch andere Optionen, die wir anschließend bearbeiten können.

Wählen Sie für den Moment nur die Spalte `EMP_JOB_TITLE` als Facette aus, da die anderen Spalten eindeutige Werte beinhalten (oder zumindest weitestgehend) und daher zwar sehr selektiv, aufgrund ihrer hohen Anzahl aber weniger interessant für die Verwendung in Facetten sind.

Erstellen Sie die Seite, und sehen Sie sich das Ergebnis an (siehe Abbildung 9.2).

Das Ergebnis ist sehr vielversprechend, doch ist es sehr wichtig, zu verstehen, wie das Ganze unter der Haube funktioniert, um beurteilen zu können, wie eine solche Seite für große Tabellen optimal eingerichtet werden kann. Sehen wir uns also Seite <FACET> an.

Wir entdecken zwei Regionen, eine davon ist die Berichtsregion, die sich bei näherem Hinsehen als »normaler« klassischer Bericht herausstellt. Die zweite Region ist die Facet-Suche. Als Datenquelle sehen wir hier einen Verweis auf den klassischen Bericht, der als Attribut QUELLE • GEFILTERTE REGION angesprochen wird.

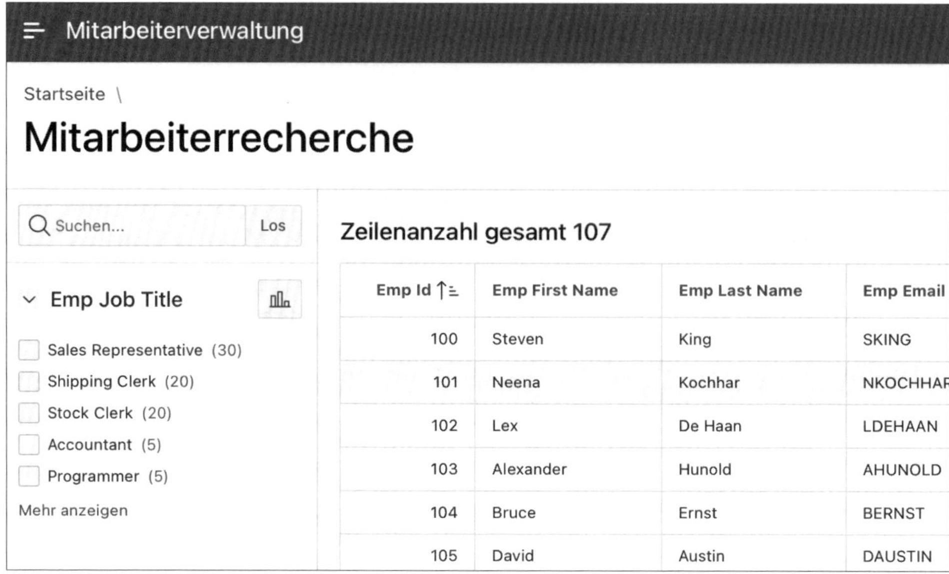

Abbildung 9.2 Facet-Suche im Einsatz

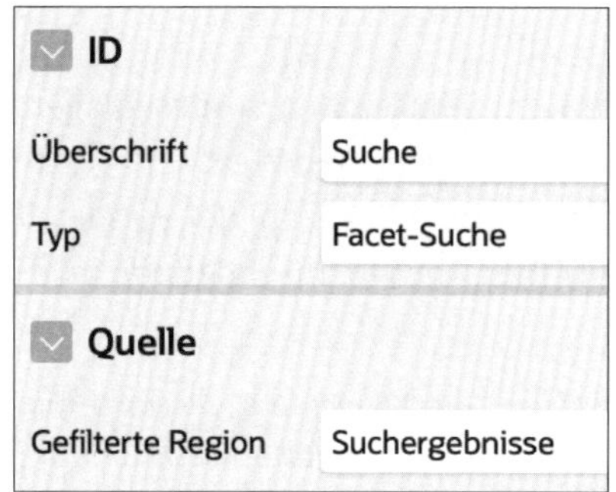

Abbildung 9.3 Attribute der Suchregion

Dadurch ist die Beziehung zum Bericht hergestellt. Interessanter sind die einzelnen Facetten, die in dieser Region verwaltet werden. Dort finden sich zwei Seitenelemente, ein Suchfeld und die Filterregion für die Berufe. Das Suchfeld kann in mehreren Spalten des Berichts gleichzeitig suchen, allerdings nicht spaltenübergreifend.

```
   instr(upper(emp_first_name), upper(:apex$f1)) > 0
or instr(upper(emp_last_name), upper(:apex$f1)) > 0
or instr(upper(emp_email), upper(:apex$f1)) > 0
or instr(upper(emp_phone_number), upper(:apex$f1)) > 0
or instr(upper(emp_job_title), upper(:apex$f1)) > 0)
```

Listing 9.1 Ausriss aus der select-Abfrage des Suchfelds

Listing 9.1 zeigt einen Teil der `where`-Klausel der `select`-Abfrage, die durch APEX abgesendet wird, wenn ein Suchbegriff zum Filtern eingegeben wurde. Der Ausdruck `:apex$f1` enthält den Suchbegriff, der durch APEX in allen Spalten gesucht wird, die in der Liste der Spalten des Seitenelements `P8_SEARCH` referenziert wurden. Dies sind standardmäßig alle Spalten, die Zeichenketten enthalten. Aus der Art der Abfrage wird ersichtlich, dass Suchbegriffe, die in zwei Spalten stehen, nicht gefunden werden. Würden also ein Nachname und ein Beruf gesucht, führte dies nicht zu einem Ergebnis, selbst wenn die Kombination von Suchbegriffen in einer Zeile des Berichts enthalten wäre.

Dieses Verhalten ändert Version 22.1. Ab dieser Version ist es möglich, die Suchbegriffe zu »tokenisieren«, wie APEX das nennt. Damit ist gemeint, dass die Begriffe, die in das Suchfeld eingegeben werden, als unabhängige Begriffe separiert und unabhängig voneinander gesucht werden. Dadurch wird es auch möglich, Kombinationen über mehrere Spalten in einem Suchfeld zu finden.

Legen Sie eine neue Anwendung unter Version 22.1 an, ist dies das Standardverhalten. Arbeiten Sie mit älteren Anwendungen, die Sie in diese Version portiert haben, können Sie das Feature auch nachträglich anschalten. Es findet sich als anwendungsweit gültiges Attribut in <ANWENDUNGSEIGENSCHAFTEN> • EIGENSCHAFTEN • TOKENISIERTE ZEILENSUCHE und ist ein einfacher Schalter.

Zusätzlich zu dieser Funktion erlaubt die tokenisierte Suche umgekehrt auch, Begriffe nur dann zu suchen, wenn sie direkt nebeneinander, also in einer Spalte stehen, indem die Suchbegriffe in Hochkommata gesetzt werden, ähnlich wie Sie das aus Suchmaschinen kennen.

Eine weitere, kleinere Neuerung ab Version 22.1 besteht darin, dass das Suchfeld nun keine LOS-Taste mehr beinhaltet, um die Aktualisierung zu starten, sondern die Aktualisierung dynamisch beim Verlassen des Feldes ausführt. An die Stelle dieser Taste ist nun ein kleines x getreten, das den Suchbegriff löscht, den Fokus in das Suchfeld legt und den Bericht aktualisiert.

Werden Kontrollkästchen im zweiten Suchbereich gewählt, haben auch diese zur Folge, dass eine neu berechnete `select`-Abfrage ausgeführt wird. In diesem Fall würde die Spalte `EMP_JOB_TITLE` der View durch die gewählten Begriffe gefiltert. Und hierin liegt ein Problem: Diese Spalte kommt aus der Tabelle `HR_JOBS` und ist in der View über einen Join referenziert worden. Es ist in solchen Szenarien aber keine gute Idee, über die Berufsbezeichnung zu suchen, denn diese ist durch die Datenbank nicht durch einen Index für die Suche beschleunigt, sondern man sollte über die Spalte `EMP_JOB_ID` suchen, die als Fremdschlüssel fungiert. Der Assistent hatte uns auch diese Spalte zur Einrichtung einer Facette vorgeschlagen, was also im Nachhinein die bessere Option gewesen wäre, doch in diesem Fall wären hier die unterschiedlichen technischen Schlüssel angezeigt worden. Beheben wir dieses Problem, indem wir uns die Eigenschaften dieser Facette genauer ansehen.

Der Facette hat der Assistent die Option WERTELISTE • TYP • eindeutige Werte eingerichtet, was nichts anderes bedeutet, als dass alle unterschiedlichen Berufsbezeichnung als Kontrollkästchen gesammelt und angeboten werden. Wählen wir einen dieser Berufe, wird über diesen Berufsnamen gesucht.

Cleverer wäre es, für die Darstellung der Kontrollkästchen die Spalte EMP_JOB_ID und eine Auswahlliste zu verwenden. Die Auswahlliste haben wir sogar schon, daher müssen wir lediglich als Quelle dieser Filterregion eine Umstellung vornehmen. Wählen Sie im Attribut WERTELISTE • TYP • Gemeinsame Komponente und dann die LOV_JOBS-Werteliste ❶, wie in Abbildung 9.4 gezeigt. Dann muss noch die Quelle der Facette auf die Spalte EMP_JOB_ID umgestellt werden (❷ in Abbildung 9.4). Nun wird die Fremdschlüsselspalte verwendet und die Suche durch einen Index beschleunigt.

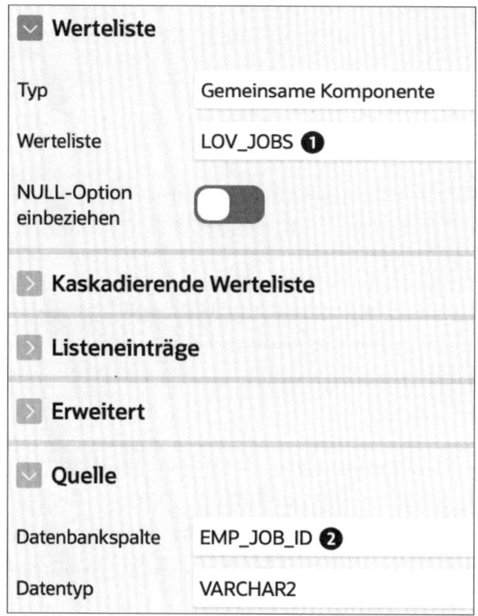

Abbildung 9.4 Umstellen der Facetten-Quelle

Zusätzlich zur Angabe der Datenquelle kann die optische Erscheinung der Facette über Attribute umfangreich konfiguriert werden. Zunächst lässt sich einstellen, auf welche Weise die Facette dargestellt werden soll. Wie bereits beschrieben, wählt der Assistent als Voreinstellung die Darstellung als Kontrollkästchen. Abbildung 9.5 zeigt die Alternativen hierzu. Wichtig ist, zu unterscheiden, wie die Facette dargestellt wird und auf welche Weise sie zu ihren Daten kommt. Im vorigen Schritt hatten wir die Datenquelle auf eine LOV umgestellt und damit festgelegt, dass die technischen Schlüssel auf wenige LOV-Einträge reduziert und zudem die Darstellungstexte dieser LOV verwendet werden. Ähnlich wie eine LOV auf unterschiedliche Weise dargestellt werden kann, wird hier der Datenbestand als Kontrollkästchenliste visualisiert. Alternativ und direkt verständlich sind die Optionen `Auswahlliste` und `Optionsgruppe`, doch stehen auch `Eingabefeld` für die Suche in umfangreichen Listen von Freitexten und `Bereich` für die Angabe von Wertebereichen (wie Preisbereichen) zur Verfügung. Den Typ `Suche` hatten wir bereits beim Suchfeld kennengelernt.

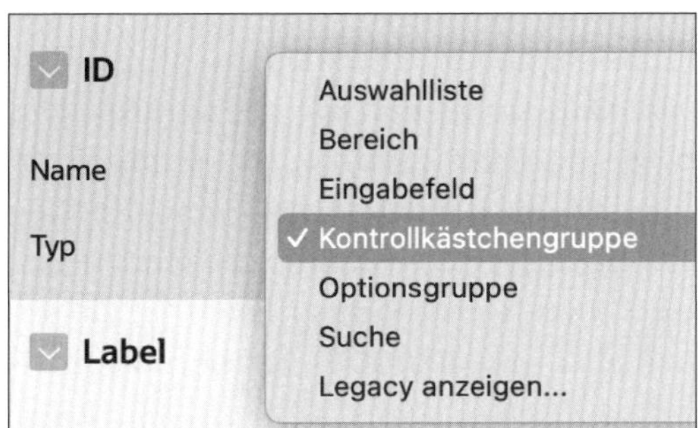

Abbildung 9.5 Unterschiedliche Visualisierung von Facetten

Neben dieser Einstellung haben wir die Möglichkeit, die optische Darstellung der Facette umfangreich zu kontrollieren. Diese Optionen zeigt Abbildung 9.6.

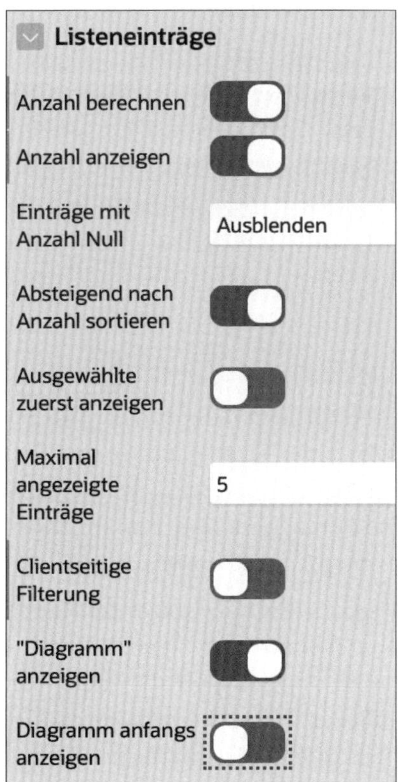

Abbildung 9.6 Attribute einer Facette

Viele der Optionen sind selbsterklärend und lassen sich über die Hilfetexte leicht erschließen. Soll die Anzahl der Einträge berechnet werden, die nach Auswahl eines Filterkriteriums angezeigt würden, wird hierzu im Hilfetext vermerkt, dass dies Auswirkungen auf die Performanz haben könnte. Das ist eine Selbstverständlichkeit, denn wenn etwas gemacht werden muss, ist dies immer langsamer, als wenn nicht. Dennoch können gerade sehr umfangreiche Tabellen diesen Aufwand hoch werden lassen. Wie groß der zusätzliche Aufwand ist, hängt nicht nur von der tatsächlichen Masse der Zeilen ab, sondern auch davon, wie gut sich die Abfrage als Ganzes filtern lässt (wie schnell also die `select`-Abfrage generell die Daten ermitteln kann) und wie viele Benutzer parallel diese Anfrage filtern werden. Testen Sie das mit einem realistischen Datenset, um ein Gefühl für Ihre konkrete Situation zu erhalten. Ist die Abfrage nicht ungewöhnlich komplex, sollten aber etwa 10.000 Zeilen noch kein unüberwindliches Hindernis darstellen.

Es mag unlogisch erscheinen, dass anschließend gefragt wird, ob die ermittelte Anzahl angezeigt werden soll. Hintergrund ist, dass die Anzahl auch ohne Visualisierung auf der Seite interessant sein kann, zum Beispiel um die Kontrollkästchen nach der Zahl die Einträge sortieren zu lassen. Allerdings ist es wohl auch nicht sehr benutzerfreundlich, wenn die Reihenfolge der Kontrollkästchen durch die Filterung permanent verändert wird. Wägen Sie ab.

Interessant scheint das Attribut CLIENTSEITIGE FILTERUNG, wenn Sie damit die Hoffnung verbinden, dass die Daten des Berichts durch diese Option clientseitig gefiltert werden können, doch wird hierdurch lediglich ermöglicht, die Anzeige der Kontrollkästchen bei umfangreichen Listen einschränken zu lassen. Diese Filterung bezieht sich nicht auf den Bericht als solchen (der ja auch eine ganz andere Region darstellt), sondern nur auf die Auswahl der angebotenen Optionen.

9.1.2 Erstellung weiterer Facetten

Neben den vom Assistenten vorgeschlagenen Facetten können weitere Spalten als Facetten eingerichtet werden. Ich zeige das Verfahren an einer Facette, die auf Gehaltsbereiche filtert. Die Idee ist, dass das Gehalt in Bereiche unterteilt wird, die dann gewählt werden können, um den Bericht zu filtern. Die Herausforderung besteht darin, diese Gehaltsbereiche zu erzeugen und die Facette entsprechend einzurichten.

Grundlage der Facetten sollte in der Regel eine LOV sein. APEX nutzt unter der Haube die Möglichkeiten dieser Komponenten, um die Wertelisten zu erzeugen. Gerade in einer Bereichssuche ist dies aber nur schwer realisierbar, denn eine LOV besteht ja aus konkreten Werten, nicht aus Wertebereichen. Um die Bereichssuche möglich zu machen, verwendet APEX in den Facetten eine spezielle Syntax: Die Bereiche werden durch Ober- und Untergrenze definiert, die jeweils durch ein Pipe-Zeichen (|) getrennt sind.

Möchten Sie also die Gehälter im Bereich 1.000–2.000 Taler filtern, müssten Sie eine Zeile in der LOV zur Verfügung stellen, die als Darstellungstext zum Beispiel `1.000 - 2.000` und als Rückgabewert `1000|2000` enthält. Diese LOV kann, wie bei APEX üblich, statisch definiert oder dynamisch berechnet werden. Die Berechnung ist einer statischen Liste vorzuziehen, in SQL aber nicht ganz trivial. Daher hier ein kleiner Einschub, der das Vorgehen zeigt:

Zunächst werden die Gehälter in `n` gleiche Teile eingruppiert. Dies kann über eine sogenannte analytische Funktion erreicht werden. Diese Funktion heißt `NTILE` und erwartet als Parameter die Anzahl der Gruppen. Die Auswahl des Gehalts als die zu gruppierende Information wird dadurch eingestellt, dass nach dieser Spalte sortiert wird. Das Ganze sieht dann so aus, wie in Listing 9.2 gezeigt.


```
select emp_salary, ntile(5) over (order by emp_salary) emp_salary_range
  from hr_employees;

EMP_SALARY EMP_SALARY_RANGE
---------- ----------------
      2100                1
      2200                1
      2200                1
      2400                1
...
      2900                2
...
      4200                3
```

Listing 9.2 Teilabfrage zur Einteilung der Gehälter in Gruppen

Über diese Unterabfrage können wir nun gruppieren und für jede Gruppe das Minimum bzw. Maximum erfragen. Allerdings hätte dies zur Folge, dass Lücken zwischen den Bereichen entstehen können, denn zwischen dem Maximalgehalt der Gruppe 2 und dem Minimalgehalt der Gruppe 3 wird ziemlich sicher eine Lücke existieren. Besser ist es daher, wir nehmen das Minimum der nächsten Gruppe. Wieder benötigen wir hierfür eine analytische Funktion, und zwar `LEAD`, die es ermöglicht, auf eine »weiter unten« sortierte Zeile zuzugreifen. Die gesamte Abfrage sieht dann so aus, wie in Listing 9.3 gezeigt.

```
with data as(
       select emp_salary,
              ntile(5) over (order by emp_salary) emp_salary_range
         from hr_employees)
select min(emp_salary) || ' - ' ||
         coalesce((lead(min(emp_salary))
```

```
                    over (order by min(emp_salary)) - 1),
                  max(emp_salary)) display,
      min(emp_salary) || '|' ||
        coalesce((lead(min(emp_salary))
                    over (order by min(emp_salary)) - 1),
                  max(emp_salary)) return
  from data
 group by emp_salary_range;
```

```
DISPLAY       RETURN
------------- --------------
2100 - 2899 2100|2899
2900 - 4199 2900|4199
4200 - 7399 4200|7399
7400 - 9499 7400|9499
9500 - 24000 9500|24000
```

Listing 9.3 Abfrage zur Ermittlung der Gehaltsbereiche

Gut, nicht ganz trivial, aber es tut, was es soll, und erfordert keine permanente Nachbearbeitung. Ich habe die Abfrage als View EMP_UI_LOV_SALARY_RANGES zur Verfügung gestellt, daher können Sie diese direkt in der Beispielanwendung nutzen.

Falls Sie noch nicht mit analytischen Funktionen gearbeitet haben, gebe ich Ihnen den wirklich guten Rat, sich einmal damit zu beschäftigen. Einen ersten Einstieg finden Sie übrigens in der Beispielanwendung <SAMPLE REPORTING> • ANALYTIC FUNCTIONS, in der einige Beispiele mit zugehörigem SQL dargestellt werden. In die Tiefe geht dann die Besprechung in meinem Buch »Oracle SQL – das umfassende Handbuch«, das Sie, wie ich hoffe, ohnehin haben ...

Alternativ kann auch der Bereich so angegeben werden, dass die linke oder rechte Grenze ausgelassen wird. Dann wird alles, was kleiner oder größer ist, diesem Bereich zugeordnet. Als Übung könnten Sie sich an einer Abfrage versuchen, die folgendes Ergebnis liefert:

```
DISPLAY       RETURN
------------- --------------
< 2900        |2900
2900 - 4200   2900|
4200 - 7400   4200|7400
7400 - 9500   7400|9500
> 9500        9500|
```

Listing 9.4 Alternative Definition der Bereiche

Analog, aber noch etwas versteckter, ist die Option, auf diese Weise auch Datumsbereiche zu definieren. Hier muss das Datum der Rückgabewertspalte im Format `YYYYMMDDHH24MISS` formatiert angegeben werden, also zum Beispiel `20220531000000|20220731000000`. Beachten Sie bitte zudem, dass das Attribut EINSTELLUNGEN • MANUELLE EINGABE bei einem Datumsbereich abgeschaltet sein muss, um keine Fehlermeldungen zu generieren.

Das ist alles machbar, allerdings dürfte die Frage sein, wie man sich an dieses Format erinnert und die Einschränkung, wenn man so etwas nur selten benötigt. Aber immerhin ist es möglich.

9.1.3 Facettengruppen

Eine Facettengruppe ist eine Zusammenstellung mehrerer Facetten zu einer Gruppe. Ein Anwendungsbeispiel haben wir in unserer View: Dort sind zwei Spalten vorbereitet, eine zeigt an, ob ein Mitarbeiter ein Vorgesetzter, eine zweite, ob der Mitarbeiter kommissionsberechtigt ist. Zwar könnte man zwei Facetten erstellen, doch nähmen diese zum einen viel Raum ein und beinhalteten zudem nur einen einfachen Schalter. Mit einer Facettengruppe können wir diese beiden Facetten so darstellen, als handele es sich um eine Facette.

Erstellen Sie die Facettengruppe, indem Sie auf die Facet-Suche-Region mit der rechten Maustaste klicken und FACET-GRUPPE ERSTELLEN wählen. Es wird ein Kontrollkästchen in einer neuen Facette angelegt. Legen Sie als Bezeichner `Eigenschaften` fest, und klicken Sie anschließend auf das Kontrollkästchen der neuen Facette.

Hier benötigen wir einige Einstellungen:

- Attribut ID • NAME wird auf `P8_EMP_IS_MANAGER` eingestellt. Dadurch wird auch das Attribut QUELLE • DATENBANKSPALTE auf den Wert `EMP_IS_MANAGER` aktualisiert.
- Attribut LABEL • LABEL • `Ist Vorgesetzter`, LABEL • LABEL FÜR AKTUELLES FACET ANZEIGEN angeschaltet.
- Attribut QUELLE • DATENTYP ändern wir auf `NUMBER`.
- Attribut EINSTELLUNGEN • STANDARDWERTE VERWENDEN wird abgeschaltet und Attribut EINSTELLUNGEN • GEWÄHLTER WERT auf `1` eingestellt.

Anschließend legen Sie ein weiteres Kontrollkästchen innerhalb der Facettengruppe an und stellen die Attribute analog zu Abbildung 9.7 ein, diesmal allerdings für die Spalte `EMP_IS_COMMISSION_ELIGIBLE`. Als Bezeichner können Sie `Ist kommissionsberechtigt` verwenden. Das Ergebnis sieht aus wie in Abbildung 9.8.

Abbildung 9.7 Attribute einer Facettengruppe, erstes Kontrollkästchen

Mitarbeiterverwaltung

buch_admin

Startseite \

Mitarbeiterrecherche

Suchen... Los

Beruf
- Sales Representative (29)
- Shipping Clerk (20)
- Stock Clerk (20)
- Accountant (5)
- Programmer (5)

Mehr anzeigen

Gehalt
- 2100 - 2900 (21)
- 2900 - 4200 (23)
- 4200 - 7400 (20)
- 7400 - 9500 (19)
- 9500 - 24000 (22)

Eigenschaften
- Ist kommissionsberechtigt (34)
- Ist Vorgesetzter (18)

Zeilenanzahl gesamt 106

Zurücksetzen

Personalnr.	Vorname	Nachname	Email	Telefon	Einstelldatum	Beruf	Gehalt	Boni
100	Steven	King	SKING	515.123.4567	17.06.2003	President	24000	
101	Neena	Kochhar	NKOCHHAR	515.123.4568	21.09.2005	Administration Vice President	17000	
102	Lex	De Haan	LDEHAAN	515.123.4569	13.01.2001	Administration Vice President	17000	
103	Alexander	Hunold	AHUNOLD	590.423.4567	03.01.2006	Programmer	9000	
104	Bruce	Ernst	BERNST	590.423.4568	21.05.2007	Programmer	6000	
105	David	Austin	DAUSTIN	590.423.4569	25.06.2005	Programmer	4800	
106	Valli	Pataballa	VPATABAL	590.423.4560	05.02.2006	Programmer	4800	
107	Diana	Lorentz	DLORENTZ	590.423.5567	07.02.2007	Programmer	4200	
108	Nancy	Greenberg	NGREENBE	515.124.4569	17.08.2002	Finance Manager	12008	
109	Daniel	Faviet	DFAVIET	515.124.4169	16.08.2002	Accountant	9000	
110	John	Chen	JCHEN	515.124.4269	28.09.2005	Accountant	8200	
111	Ismael	Sciarra	ISCIARRA	515.124.4369	30.09.2005	Accountant	7700	

Abbildung 9.8 Seite »Mitarbeiterrecherche«

9.1.4 Attribute der Facet-Suche-Region

Zusätzlich zu den bereits beschriebenen Möglichkeiten der Parametrierung bietet dieser Regionstyp noch weitere Attribute an, die das Verhalten der gesamten Region kontrollieren. Wie üblich finden wir diese Attribute bei den <SPEZIELLEN REGIONSATTRIBUTEN>.

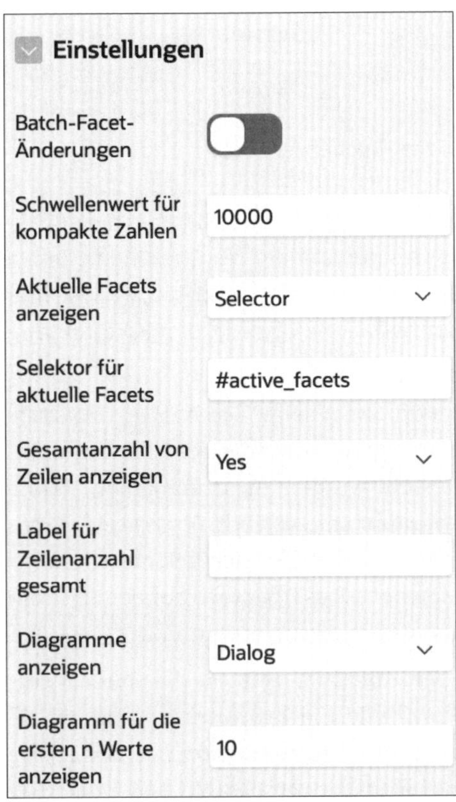

Abbildung 9.9 Spezielle Regionsattribute der Facet-Suche-Region

Das erste Attribut, BATCH-FACET-ÄNDERUNGEN, kontrolliert, ob eine Schaltfläche angezeigt werden soll, die den Bericht aktualisiert. Diese Option bietet sich an, wenn sehr große Tabellen durchsucht werden müssen, bei denen Sie zunächst eine Reihe Filtereinstellungen festlegen möchten, bevor Sie die Datenbank mit der Auswertung beauftragen. Normalerweise ist diese Option abgewählt, sodass sich der Bericht direkt nach der Änderung eines Filterwertes in den Facetten aktualisiert.

Eine optische Änderung ergibt sich, falls Sie eine Zahl für das Attribut SCHWELLENWERT FÜR KOMPAKTE ZAHLEN festlegen. In diesem Fall wird eine Zahl über dem Schwellwert zum Beispiel als `10K` anstatt `10.000` angezeigt.

Zeilenanzahl gesamt 5

Beruf Sales Manager ✕ Eigenschaften Ist Vorgesetzter ✕ Alle löschen

Personalnr. ↑	Vorname	Nachname	Email
145	John	Russell	JRUSS
146	Karen	Partners	KPART

Abbildung 9.10 Aktive Filtereinstellungen einer Facet-Suche

Interessant sind die folgenden Attribute. In Abbildung 9.10 sehen Sie, dass bei der Filterung die jeweils eingestellten Filter und die Gesamtzahl der resultierenden Zeilen oberhalb des Berichts dargestellt werden. Diese Darstellung ist praktisch, weil Sie hier alle eingerichteten Filter direkt abschalten können, ohne diese in den Facetten einzeln ansteuern zu müssen.

Warum werden die aktiven Filter ausgerechnet dort angezeigt? Das Attribut Einstellungen • Aktuelle Facets anzeigen • `Selektor` legt fest, dass die aktuellen Filtereinstellungen an einem Platz auf der Seite dargestellt werden, die durch einen HTML-Selektor gekennzeichnet sind. Dieser Selektor steht im Attribut Einstellungen • Selektor für aktuelle Facets. Die Schreibweise orientiert sich an Selektoren für CSS, und dort bedeutet das vorangestellte #-Zeichen, dass irgendwo auf der Seite ein Bereich existiert, der ein Attribut `id` mit dem angegebenen Wert enthält.

Zwar ist diese Stelle nicht ganz einfach zu finden, aber hier hilft uns die Seitensuche, die wir durch Klick auf das Lupensymbol (❶ aus Abbildung 9.11) aufrufen können. Die Fundstelle können wir direkt anklicken, und wir kommen zur Region `Schaltflächenleiste`, die die Schaltfläche `RESET` (`Zurücksetzen`) enthält. Interessant ist hier das <Regionsattribut> • Quelle • HTML-Code mit dem folgenden Eintrag:

```
<div id="active_facets"></div>
```

Dieses Vorgehen ist in webbasierten Anwendungen nicht selten. Hier wird ein in der Darstellung unsichtbarer Bereich definiert, der durch das Attribut `id` eindeutig gekennzeichnet wird. Der Anwendungscode sucht nach diesem benannten »Anker« auf der Seite und fügt an dieser Stelle berechneten HTML-Code ein, in unserem Fall die aktiven Filtereinstellungen.

Das Attribut <spezielle Regionsattribute> • Einstellungen • Gesamtanzahl von Zeilen anzeigen legt fest, dass die entsprechende Angabe über den aktiven Berichtsfiltern angezeigt wird. Dann bleiben noch die Attribute zur Kontrolle der Diagramme. Diese Funktionalität sehen wir uns im nächsten Abschnitt an.

Abbildung 9.11 Seitensuche

9.1.5 Facet-Suchen-Diagramme

Die Verteilung der Anzahl pro Filterkriterium lässt sich nicht nur numerisch, sondern auch als Grafik anzeigen. Standardmäßig ist diese Funktion aktiviert, und Sie können die Diagramme durch Klick auf die Icons neben den Filterkriterien anzeigen lassen. Ab Version 22.1 verbirgt sich die Option, das Diagramm anzuzeigen, in einem Kontextmenü, das Sie neben der Facette anklicken können.

Die Diagramme sind besonders aussagekräftig, wenn sie zu Filterkategorien ohne aktive Auswahl aufgerufen werden, da ansonsten nur die aufgerufenen Einträge der Filterregion visualisiert werden. Nehmen wir an, Sie filtern unsere Mitarbeiterrecherche über den Gehaltsbereich `9.500 - 24.000` und klicken auf das Diagrammsymbol in der Facette `Beruf`, so wird uns ein Diagramm mit allen Berufen der entsprechenden Gehaltsbereiche gezeigt. Dieses Diagramm wird in einem nicht modalen Fenster angezeigt. Es ist mit den Filtereinstellungen dynamisch verbunden, denn wenn Sie nun einen anderen Gehaltsbereich auswählen, wird die Grafik direkt angepasst.

Wenn Sie mögen, können Sie das Diagramm auch als Tortengrafik anzeigen lassen, indem Sie die Schaltfläche oben rechts im Diagramm klicken.

Aber es geht noch mehr. Wieder wird ein ähnliches Vorgehen wie beim Positionieren der Anzeigeposition für die aktiven Filtereinstellungen verwendet. Gehen Sie hierzu in die <SPEZIELLEN REGIONSATTRIBUTE> • EINSTELLUNGEN • DIAGRAMME ANZEIGEN • `Selektor`. Tragen Sie anschließend in Attribut EINSTELLUNGEN • DIAGRAMMSELEKTOR den Wert `#Dashboard` ein. Sie erkennen, dass wir nun irgendwo einen Anker mit einem Attribut `id` und dem Wert `Dashboard` benötigen werden.

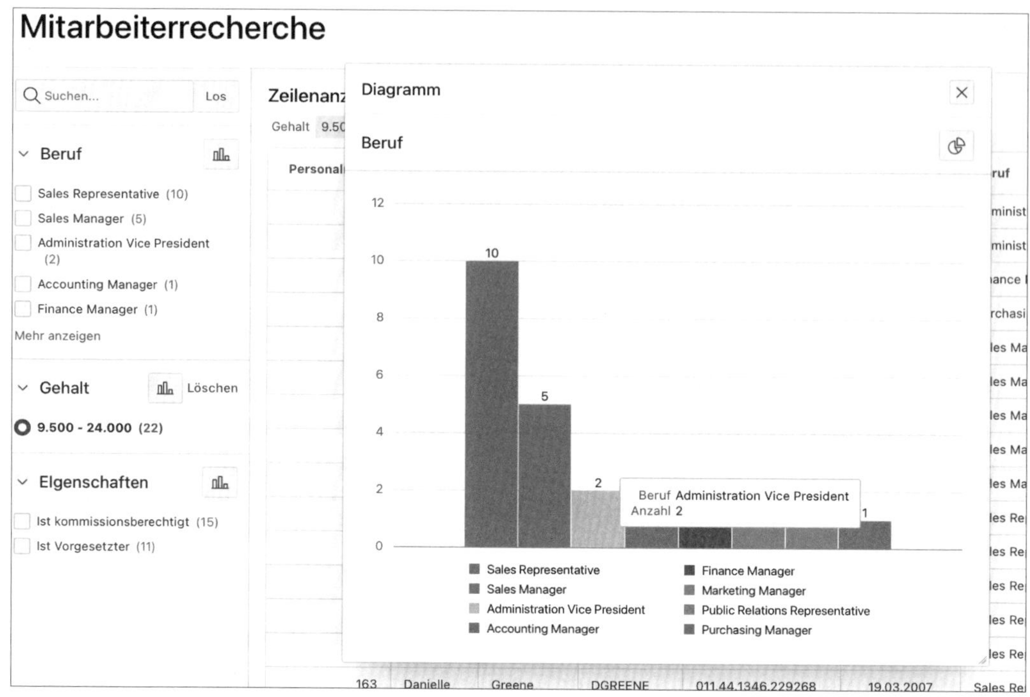

Abbildung 9.12 Diagramm der Facette »Beruf«

Da es diese Region noch nicht gibt, legen wir uns eine neue an. Sie ist vom Typ `Statischer Inhalt` und wird unterhalb der Region `Schaltflächenleiste` im Anzeigebereich `Body` positioniert. Tragen Sie den folgenden Code in <REGIONSATTRIBUTE> • QUELLE • HTML-CODE ein:

```
<div id="Dashboard"></div>
```

Als Template der Region legen Sie `Blank with Attributes` fest, da wir keinen sichtbaren Rand um das Diagramm sehen möchten.

Wenn Sie nun die Seite erneut laden und ein Diagramm anzeigen, wird dieses nicht mehr in einem modalen Dialog, sondern in der neu geschaffenen Region oberhalb des klassischen Berichts angezeigt. Noch schöner: Nun können Sie weitere Diagramme anklicken und neben dem bereits angezeigten Diagramm einblenden lassen. Auch diese Diagramme »leben« und aktualisieren sich ohne weitere Programmierung, sobald Sie die Filtereinstellungen ändern (oder, falls Sie das so administriert haben, den Bericht über eine Schaltfläche aktualisieren lassen).

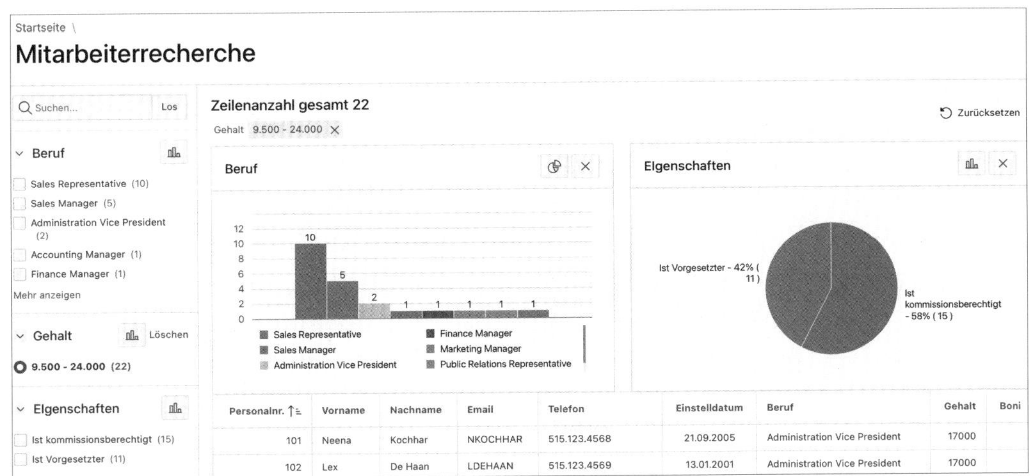

Abbildung 9.13 Anzeige der Diagramme in einer dedizierten Region

Das nur einmal nebenbei: Diese Seite haben wir vollständig ohne Programmierung erreicht! Sie haben keinerlei dynamische Aktionen einrichten müssen, alles funktioniert einfach und performant, denn die Filterung erfolgt mit elaborierten SQL-Mitteln, um die Sie sich aber ebenfalls nicht zu kümmern brauchen. All das zeigt die Mächtigkeit der Kombination Datenbank – Metadaten – APEX. Den aktuellen Stand der Anwendung finden Sie in *Kap_09_13_Anwendung.sql*.

9.2 Intelligente Filter

Intelligente Filter stellen eine andere Art der Visualisierung des Konzepts der Facet-Suche dar und teilen mit diesen eine Menge Attribute und Denkweisen. Ein intelligenter Filter besteht aus zwei übereinander angeordneten Bereichen, dem eigentlich Suchfeld und einer Anzeige dynamisch ermittelter weiterer Suchkriterien. Beide Bereiche werden in einer Region vom Typ `Intelligente Filter` angezeigt. Das Suchfeld mag auf den ersten Blick an das Suchfeld der Facet-Suche erinnern, und es hat auch eine ähnliche Aufgabe, nämlich die Aufnahme der Suchbegriffe. Die Suche wird jedoch durch im intelligente Filter hinterlegte Kategorien ergänzt und beschleunigt. Diese Kategorien haben ähnliche Aufgaben wie die Facetten in der Facet-Suche, werden jedoch nur als dynamische Filter unterhalb des Suchfelds eingeblendet. Oracle Apex bezeichnet diese Kategorien im Umfeld von intelligenten Filtern als *Filter* (*Suggestions* im Original).

Die Idee der intelligenten Filter ist, eine Suche mit vergleichbarer Mächtigkeit wie die Facet-Suche bei gleichzeitig minimalem Verbrauch von Platz auf der Anwendungsseite zu verbinden.

Wir können uns den intelligenten Filter einmal auf unserer Mitarbeitersuche (Seite <SEARCH>) einrichten, um uns mit den Möglichkeiten vertraut zu machen. Erstellen Sie also eine neue Region, und schieben Sie diese über die Berichtsregion `Mitarbeitersuche`. Direkt nachdem Sie den Typ der Region auf `Intelligente Filter` eingestellt haben, wird ein fehlender Attributwert des Attributs <REGIONSATTRIBUTE> • QUELLE • GEFILTERTE REGION angezeigt. Wählen Sie dort die Mitarbeitersuche aus. Durch dieses Attribut sind die Suche und die Berichtsregion nun miteinander verbunden.

Innerhalb der neu erstellten Region sehen Sie ein Seitenelement mit der Bezeichnung `P7_SEARCH`. Dieses Element übernimmt die gleiche Aufgabe wie das Suchfeld der Facet-Suche, allerdings ist es noch nicht mit den Spalten verbunden, die wir für die Suche einrichten möchten. Als Spalten kommen alle `Varchar2`-Spalten des Berichts in Betracht. Ich verwende in Attribut QUELLE • DATENBANKSPALTE(N) den folgenden Eintrag: `SEARCH_TITLE,SEARCH_DESC,VALUE_01,LABEL_02`.

[!]

Merke

Eine Kleinigkeit, die einem aber den letzten Nerv rauben kann: Achten Sie bitte darauf, dass in der Spaltenliste keine Leerzeichen zwischen den Spalten vorhanden sind. Vielleicht löst das ein späteres Release, aber Version 22.1 findet die Spalten nicht, wenn vor oder nach dem Komma ein Leerzeichen steht.

Interessant sind vielleicht die Spalten `VALUE_01` und `LABEL_02`. Die erste Spalte enthält das Einstelldatum, sodass im Suchfeld auch alle Mitarbeiter gesucht werden können, die im Jahr 2003 eingestellt wurden. Die zweite Spalte enthält nur dann einen Wert (nämlich `Boni`), wenn der Mitarbeiter bonusberechtigt ist. So kann also auch danach einfach gesucht werden.

Beachten Sie, dass Sie ab Version 22.1, wenn Sie dies in <ANWENDUNGSEINSTELLUNGEN> • DEFINITION • EIGENSCHAFTEN • TOKENISIERTE ZEILENSUCHE eingeschaltet haben, auch direkt Suchbegriffe eingeben können, die in mehreren Spalten suchen.

Lassen Sie uns noch einen weiteren Filter hinzufügen. Die Anlage eines weiteren Filters erfolgt analog zu einer neuen Facette in der Facet-Suche und hat auch die gleichen Einstellmöglichkeiten. Unabhängig hiervon hat ein zusätzlicher Filter keine unterschiedliche Visualisierung, zum Beispiel als Kontrollkästchengruppe, zur Folge. Verwenden Sie zum Beispiel die Spalte `DEP_EMP_ID`, legen Sie in WERTELISTE • `Gemeinsame Komponente` fest, und wählen Sie `LOV_DEPARTMENTS`. Sie können nun nach den Abteilungsnamen suchen (was allerdings schon vorher ging, da die Abteilung in `SEARCH_DESC` enthalten ist). Obwohl also die Suche über das Suchfeld möglich ist, gibt es nun einen Unterschied, denn wenn ein Suchbegriff eingegeben wird, schlägt die intelligente Suche einen weiteren Suchbegriff mit der Abteilung vor, in der der Suchbegriff am häufigsten auftaucht.

Abbildung 9.14 Filtervorschlag der intelligenten Suche

Wenn Sie diese Filtervorschläge stören oder diese zu viel Raum auf der Anwendungsseite belegen, können Sie sie auch loswerden. Dies geht über das <SPEZIELLE REGIONSATTRIBUT> • EINSTELLUNGEN • MAXIMALE ANZAHL SUGGESTIONS-CHIPS • 0.

Direkt unter diesem Attribut existiert auch ein Schalter, der dazu führt, dass Sie sich weitere Filter in einer Auswahlliste anzeigen lassen können. Schalten Sie diese Option ein, wird Ihnen beim Klick in das Suchfeld eine Auswahlliste mit allen Filtern der Suchregion angezeigt. Sie können dann auf einen Eintrag klicken und erhalten dann doch eine Anzeige aller hinterlegten Werte dieser Filterregion als Kontrollkästchengruppe, ähnlich wie bei einer Facet-Suche, jedoch temporär angezeigt. Auch das kann eine sinnvolle Ergänzung des Suchfensters darstellen. Probieren Sie es gern einmal aus!

Halten wir also fest:

- Über das Suchfeld ist eine intelligente Suche in allen Spalten des Typs `Varchar2` möglich. Ab Version 22.1 ist über die tokenisierte Suche auch eine gleichzeitige Suche in mehreren Spalten möglich.
- Die Liste kann eingeschränkt werden, wenn einige Spalten nicht berücksichtigt werden sollen. In diesem Fall muss die Liste der Spalten zum Suchfeld hinterlegt werden. Achten Sie darauf, keine Leerzeichen einzugeben.
- Spalten, die keine Zeichenketten enthalten, können über zusätzliche Filter durchsucht werden, die zum Beispiel auch an Wertelisten gebunden werden können, um in den Anzeigenamen der Listen zu suchen.
- Zusätzlich eingerichtete Filter werden als weitergehende Filtervorschläge unterhalb des Suchfeldes eingeblendet und zeigen den Eintrag mit den häufigsten Vorkommnissen des gesuchten Begriffs. Diese können bei Bedarf ausgeblendet werden.

Die intelligente Suche ist eine leistungsfähige Alternative zu überladenen Suchmasken mit mehreren Eingabefeldern. Insbesondere eine Eigenschaft überzeugt mich hierbei: Die Suchoptionen werden im Hintergrund durch APEX in eine `select`-Anweisung umgebaut, die genau auf die eingerichteten Filter eingestellt ist und dennoch alle Best Practices für eine performante Suche einhält. Allein die Tatsache, dass Sie solche `select`-Anweisungen nun nicht mehr selbst berechnen müssen, spricht für die intelligente Suche (oder auch die Facet-Suche, fachlich ist beides identisch). Zudem ist die Erwartungshaltung vieler Anwender, dass in einem Suchfenster dynamisch gesucht werden kann. Dies ist nun deklarativ möglich. Dieser Hinweis ist auch für Bestandsanwendungen interessant, denn eventuell lassen sich bereits vorhandene Suchmasken auf diese Weise vereinfachen und Code einsparen.

9.3 Suchseite

Version 22.2 bringt einen neuen Seitentyp zur Zentralisierung der Suche ins Spiel. Ich bespreche diesen Seitentyp in Abschnitt 9.5.2, »Zentrales Suchen ab Version 22.2«.

9.4 Karten

In der deutschen Übersetzung ist es schwierig, die Begriffe klar zu trennen, denn der Begriff *Karten* besitzt eine Doppelbedeutung, die im Englischen klarer zu trennen ist. Dort wird zwischen *Cards* und *Maps* unterschieden, in der deutschen Übersetzung werden die Cards zu Karten und die Maps zu – Maps. »Karten« verstehen wir also eher als *Spielkarte*, also einen rechteckigen Bereich mit mehr oder weniger bildlicher Darstellung und Informationen darauf. Die Karten werden in APEX als Bericht realisiert, sodass eine Zeile einer Abfrage als eine Karte dargestellt wird und ein Bericht eine Kartenliste beinhaltet. Im Gegensatz dazu ist eine Map-Region in APEX eine Landkarte, auf der *POI* (*Point of Interest*, im Deutschen vielleicht *Sonderziele*) visualisiert werden.

Weitere Verwirrung könnte dadurch entstehen, dass es mehrere Kartendarstellungen in diesem Sinn gibt:

- eine `Liste` mit einem entsprechenden Template
- ein `klassischer Bericht` mit einem entsprechenden Template
- den neuen `Karten-Regionstyp`, den wir hier besprechen

Die ersten beiden Optionen sind historisch gewachsen und werden noch unterstützt, bieten aber nicht die Flexibilität der neuen Karten-Region. Der Hauptunterschied zu den älteren Versionen besteht darin, dass die Karten-Region nicht mehr über ein Template kontrolliert wird, sondern durch clientseitiges Rendering des HTML-Codes erstellt wird. Dies ist ein Paradigmenwechsel, der der Einsicht geschuldet ist, dass auf diese Weise ein flexibleres Layout möglich ist. Ob dies wirklich nur mit clientseitigem Rendering möglich ist oder ob einfach eine Vorliebe des Entwicklerteams, diese Aufgabe clientseitig zu lösen, der Grund ist, vermag ich nicht zu beurteilen. Eigentlich ist das auch egal, weil wir hier ohnehin keine Entscheidung treffen können.

Auch für die Karten und ihre umfangreichen visuellen Möglichkeiten existiert eine Beispielanwendung <SAMPLE CARDS>, die ich sehr empfehlen möchte, gerade wegen ihrer Ausrichtung auf die optischen Möglichkeiten, die im Buch nur unzureichend wiedergegeben werden können. Beachten Sie, dass in dieser Beispielanwendung Datenquellen aus dem Internet über REST eingebunden werden. Damit dies funktioniert, müssen Sie den Anweisungen zum Erstellen von Credentials auf Basis von Google API-Keys auf der Startseite der Anwendung folgen. Doch auch wenn Sie dies nicht möchten, bietet Ihnen die Beispielanwendung genug Anschauungsmaterial, zumal es noch einen weiteren, unproblematischen Weg gibt, alle Seiten zu sehen, ohne einen entsprechenden Schlüssel zu beantragen: Gehen Sie zur Online-Version der Beispielanwendung unter *https://apex.oracle.com/pls/apex/r/apex_pm/sample-cards/movies*. Dort können Sie zwar nicht direkt in die Entwicklungsumgebung wechseln, aber für diese Recherche haben Sie ja die lokal installierte Version.

9.4.1 Grundfunktionen

Die Einrichtung einer Karten-Region ist, wie üblich, über mehrere Wege möglich. Der einfachste Weg ist sicherlich die Einrichtung einer neuen Karten-Seite. Der Assistent für diesen Seitentyp wird die erforderlichen Attribute erfragen und die Seite einrichten. Alternativ kann eine neue Region vom Typ `Karten` auf einer vorhandenen Seite platziert oder zum Beispiel beim Anlegen einer Facet-Suche als zu filternder Bericht eine Karten-Region angefordert werden.

Wie bei anderen Berichten auch erfordert die Karten-Region eine Datenquelle. Ich möchte hier einmal vom bislang üblichen Weg abweichen und nicht zusammen mit Ihnen eine Beispielseite in unserer Mitarbeiterverwaltung anlegen (Sie können das natürlich gern tun), sondern auf die Beispielanwendung verweisen. Dort finden sich `BLOB`-Spalten mit Bildern der Mitarbeiter, die ich ansonsten nur schwer ausliefern könnte. Die Daten sind weniger umfangreich als in unserer Tabelle `HR_EMPLOYEES`, doch ist die Art der Daten gleich.

Betrachten wir zunächst die Seite <SAMPLE CARDS> • <COLOR-CODED-CARDS> (Anwendungsseite 18). Auf dieser Seite sind zwei Kartenregionen (`Cards` und `Icons`) vorhanden. Beide Regionen beziehen ihre Daten über eine `select`-Abfrage. Beachten Sie eine kleine Besonderheit, die gar nichts mit der Karten-Region selbst zu tun hat, sondern mit der Steuerung der Seite: Zwischen den beiden Regionen können Sie durch Klick auf die Tabulatoren hin- und herschalten. Dies wird nicht über eine dynamische Aktion realisiert, sondern völlig ohne Programmierung durch die Region `RDS` vom Typ `Selektor für Regionsanzeige`. In dessen <SPEZIELLEN REGIONSATTRIBUTEN> • EINSTELLUNGEN • MODUS sehen Sie die Option `View Single Region`. Dies bedeutet, dass immer nur eine selektierte Region angezeigt wird. Das ist aber noch nicht alles, denn es muss der Seite mitgeteilt werden, welche Regionen überhaupt durch den Regionsselektor manipuliert werden können. Dies wiederum steuern Sie über das <REGIONS-ATTRIBUT> • ERWEITERT • SELEKTOR FÜR REGIONSANZEIGE. Ist dieser Schalter angeschaltet, wird die Region vom Selektor berücksichtigt.

Zurück zur Karten-Region. Interessant sind vor allem die <SPEZIELLEN REGIONSATTRIBUTE> der Kartenregionen. Betrachten wir diese, stellen wir fest, dass für eine Karte mehrere Bereiche separat, mit ähnlichen Attributen, verwaltet werden können:

- **Überschrift**
  Hauptüberschrift der Karte
- **Untertitel**
  optionaler Text unterhalb der Überschrift
- **Body**
  eigentlicher Text der Karte, kann unter einem Trennstrich angezeigt werden
- **Sekundärer Hauptteil**
  optionaler, zweiter Textteil unter dem Body
- **Symbol und Badge**
  Icon, das im Regelfall zum Beispiel Initialen darstellt; zudem kann hier noch eine Anzeige einer numerischen Information, zum Beispiel der Mitarbeiternummer oder ähnlich, angezeigt werden
- **Medien**
  Hier geht es vor allem um Hintergrundbilder der Karte, doch können Bilder auch als Body oder oberhalb des Textes eingeblendet werden.

Zudem stehen Attributgruppen zur Verwaltung der Karte als Ganzes und die eher allgemein bekannten Attribute zur Verwaltung von Paginierung und Performanz zur Verfügung.

Die Idee der Karten besteht darin, basierend auf der groben Unterteilung in die Punkte der oben aufgeführten Liste dem Anwender die Kontrolle der visuellen Darstellung möglichst einfach und flexibel zu ermöglichen. Der Schwerpunkt liegt also in der optischen Aufbereitung. Dass dabei durchaus spektakuläre Effekt eingerichtet werden können, zeigt die Anwendungsseite <SAMPLE CARDS> • IMAGES AND MEDIA • BACKGROUND IMAGE, die allerdings nur dann korrekt angezeigt wird, wenn Sie sie entweder online ansehen oder die entsprechenden API-Keys integriert haben.

Zurück zur Seite <SAMPLE CARDS> • <COLOR-CODED-CARDS>.

Die `select`-Anweisung der beiden Kartenregionen zeigt keine Besonderheiten, außer der Spalte `CARD_COLOR`, die mittels einer `case`-Anweisung für jede Abteilung eine der im Theme vordefinierten Farb-CSS-Klassen ausgibt. Diese Klasse wird auf den Seiten dazu genutzt, den Karten unterschiedliche Hintergrundfarben zu geben. Einen Vorteil dieser mitgelieferten CSS-Klassen, das möchte ich hier kurz wiederholen, sehen

Sie, wenn Sie im Theme Roller den Stil des Themes umstellen, zum Beispiel auf Redwood. Alle Farben passen sich entsprechend an.

Jeder der oben angesprochenen Teilbereiche der Kartenregion referenziert in den <Speziellen Regionsattributen> eine Spalte der `select`-Abfrage, um sich dort die Daten zu holen, und sie verfügen zudem über ein Attribut CSS-Klassen, um statische Auszeichnungen zu definieren.

Die angesprochene Spalte `CARD_COLOR`, die für jede Abteilung eine CSS-Klasse definiert, zeigt aber auch, auf welche Weise diese Zuweisung dynamisiert werden kann. Region `Icons` zeigt in den <Speziellen Regionsattributen> • Symbol und Badge • Symbol-CSS-Klassen den Eintrag `&CARD_COLOR!ATTR.`, also einen Verweis auf die Spalte mit dem Modifikator `ATTR`, der den Text für HTML-Attributwerte aufbereitet. Beachten Sie, dass diese Attribute nur zu sehen sind, wenn auch ein Icon dargestellt wird. Dies wird über das Attribut <Spezielle Regionsattribute> • Symbol und Badge • Symbolquelle • `Initials` aktiviert. Dies meint, dass ein Icon dargestellt wird, das die Anfangsbuchstaben des Mitarbeiters beinhaltet. Dort ist dann die Modifikation dieses Icons durch die entsprechenden CSS-Klassen möglich. Hier wird die Farbe eingestellt, auf <Sample Cards> • <Star-Icons> (Anwendungsseite 13) können Sie aber auch eine Modifikation der Form des Icons durch eine CSS-Klasse namens `star-shape` im Einsatz sehen.

9.4.2 Integration von Medien

Karten können genutzt werden, um Bilder oder Videos zu integrieren. Die Beispielanwendung zeigt die Verwendung in der Gruppe <Sample Cards> • Images and Media. Medien können zum einen aus unterschiedlichen Quellen stammen, zum anderen aber auch an unterschiedlichen Stellen auf der Karte platziert werden. Die Beispielanwendung verdeutlicht diese Kombinationsmöglichkeiten. Zu den Datenquellen gehören REST-Webservices, aber auch statische Anwendungs- oder Workspacedateien, die in den <Gemeinsamen Komponenten> hinterlegt werden können und schließlich auch aus `BLOB`-Spalten einer Datenbanktabelle stammen.

Die Position der Medien (meistens sind wohl Bilder gemeint, es existiert aber auch ein Beispiel für eingebettete Videos) kann vor dem Inhalt, als Body oder auch als Hintergrund eingestellt werden, zudem ist es möglich, die Daten als Symbole zu verwenden, wo sie dann ebenfalls an unterschiedlichen Positionen auf der Karte (`Start`, `Ende`, `Oben`) angezeigt werden können.

Die Beispielanwendung gibt für jede mögliche Kombination ein Beispiel, sodass es Ihnen leichtfallen sollte, die Attribute für den von Ihnen gewünschten Effekt in Ihrer Anwendung nachzustellen. Ich möchte daher nur beispielhaft zwei Beispiele besprechen, um das Prinzip zu erläutern.

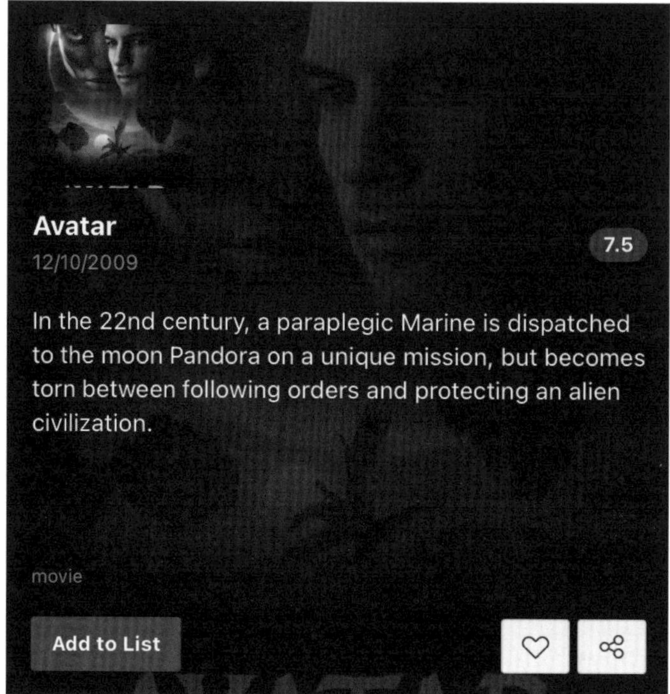

Abbildung 9.15 Karte als Filmplakat

Spektakulär ist sicher die Variante <Sample Cards> • Images and Media • Background Image. Als Datenquelle ist ein REST-Werbservice eingestellt, der seine Daten aus der Movie-Datenbank bezieht. Für Details dieser Datenquelle können Sie sich die Attribute in den <gemeinsamen Komponenten> • REST-Datenquelle • `Movie Database` ansehen. Die Zugangsdaten finden sich in <gemeinsame Komponenten> • Sicherheit • Webzuzgangsdaten • `Moviedb API Key`. Das nur als Hintergrundinformation, wir konzentrieren uns auf die Visualisierung der Karten.

Zwei Bilder werden für diese Kartendarstellung benötigt, das Symbolbild und das Hintergrundbild, wobei der Trick darin besteht, für beide Verwendungen das gleiche Bild zu verwenden. Der Hintergrund ist etwas abgeblendet, wodurch dieser optische Gesamteindruck zustande kommt. Das Symbol verweist mittels URL auf das Bild, wobei aus der `select`-Abfrage der aktuelle Pfad auf das Bild in Spalte `POSTER_PATH` übergeben wird (❶ in Abbildung 9.16). Die Symbolposition `Oben` positioniert das Bild in der linken oberen Ecke. Zudem wird in dieser Region noch der Badge definiert, den wir auf der Karte als durchschnittliches Rating sehen. Die Angabe der Spaltenreferenzen dient der Erstellung des `alt`- bzw. `title`-Attributes des Badges und des Symbols (❷ in Abbildung 9.16).

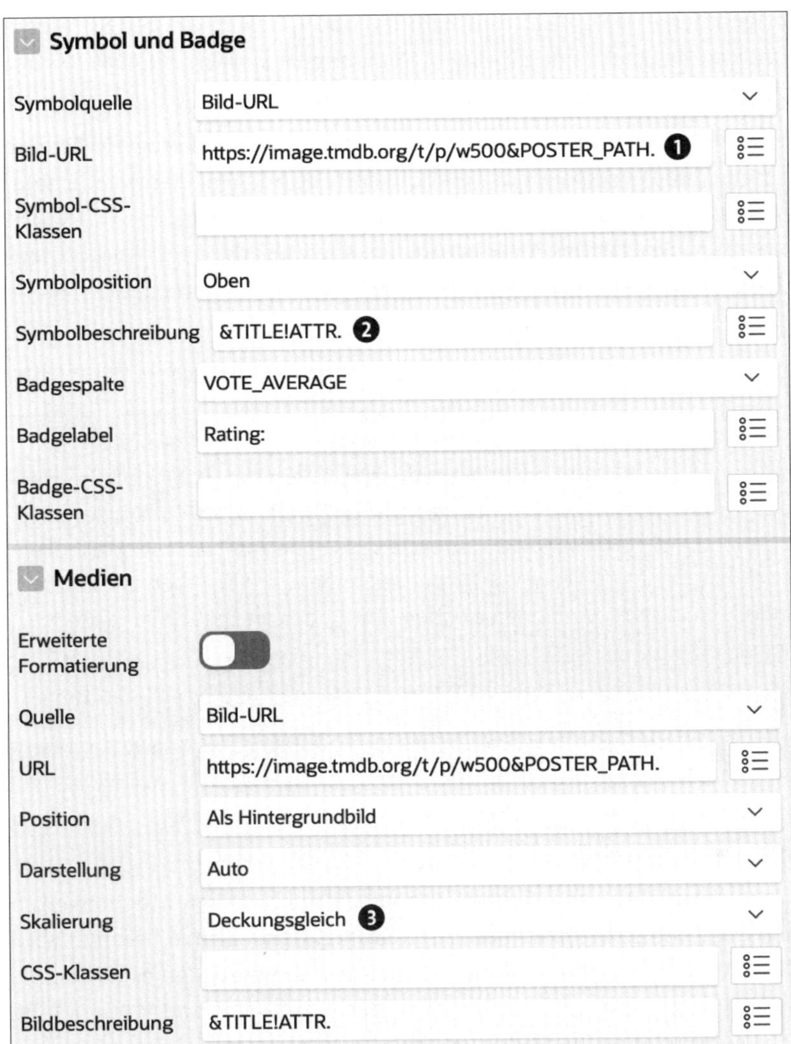

Abbildung 9.16 Einstellungen für die Filmplakat-Visualisierung

Ähnlich ist die Einstellung des Hintergrundbildes, das, wie gesagt, den gleichen URL verwendet. Die Skalierung auf `Deckungsgleich` (❸ in Abbildung 9.16) bewirkt, dass das Bild den gesamten Hintergrund ausfüllt. Auch hier wird ein Alternativtext angegeben, falls das Bild nicht geladen werden konnte. Die anderen Spaltenwerte sind recht einfach gehalten und füllen die restlichen Bereiche der Karte.

Einfacher ist die Karte, die eine `BLOB`-Spalte der lokalen Tabelle verwendet. Diese Variante zeigt, wie einfach in APEX mit Daten der Datenbank gearbeitet werden kann. Das Beispiel <Sample Cards> • Images and Media • BLOB Column zeigt aber auch sehr schön den Unterschied der Positionierung von Bildern als Medien und als Icon. Wenn

Sie die Einstellungen der jeweiligen Kartenregionen untersuchen, werden Sie nichts Spektakuläres finden: Die Quelle der jeweiligen Regionen ist einfach eine Spalte vom Typ BLOB, und das war es auch schon.

Sollten Sie sich, das als letzte Information zu diesem Themenbereich, fragen, wie eine statische Datei, die in den Workspace oder die Anwendung hochgeladen wurde, referenzieren sollen, bietet sich als kürzeste und einfachste Variante an, aus <GEMEINSAME KOMPONENTEN> • STATISCHE ANWENDUNGSDATEN aus dem sich dort öffnenden Bericht einfach die Spalte Referenz zu kopieren und an der entsprechenden Stelle einzufügen.

[!]

Merke

An dieser Stelle ein Hinweis: Es ist immer eine gute Idee, sich in den Standardeigenschaften von APEX umzusehen und dort Anregungen zu übernehmen. Die intern verwendeten Pfade zu den statischen Dateien kennen erfahrene APEX-Entwickler bereits, und die Tendenz ist, dieses Wissen direkt anzuwenden und in die Attribute einzufügen. Doch hat das APEX-Team die Pfadbezeichner in den neueren Versionen von APEX geändert, die älteren Versionen existieren nur noch als Legacy-Variante.

Diese neuen Bezeichner haben aber in die von APEX angebotenen Funktionalitäten Einzug gehalten. Nutzen Sie diese Nachschlagemöglichkeiten, bleiben Sie automatisch auf Stand.

9.4.3 Erweiterte Formatierung

Bereits in der Grundkonfiguration erlauben die vielen deklarativen Möglichkeiten eine weitgehende Anpassung der optischen Erscheinung. Noch einmal flexibler wird dies, wenn der Schalter ERWEITERTE FORMATIERUNG gewählt wird, den es für die Bereiche ÜBERSCHRIFT, UNTERTITEL, BODY, SEKUNDÄRER HAUPTTEIL und MEDIEN gibt. Durch diesen Schalter ersetzen Sie alle deklarativen Optionen durch ein Attribut mit dem Namen HTML-AUSDRUCK, in dem Sie sich völlig frei »austoben« können. Hier können Spaltenwerte referenziert und beinahe beliebiges HTML eingefügt werden. Wie weit das führen kann, zeigt der bereits zitierte Blog von Roberto Capancioni (Sie erinnern sich: die Fußballergebnisse, die wir als REST-Service angebunden hatten, siehe *https://tinyurl.com/yc2j2ufd*). Abbildung 9.17 zeigt das Ergebnis dieses Blogbeitrags. In diesem Fall hat Roberto ein Diagramm zeichnen lassen und die Daten aus den Karten entnommen.

Auch wenn das über No-Code hinausführt, möchte ich doch kurz zeigen, dass die hierfür nötige Programmierung sich durchaus im Rahmen hält.

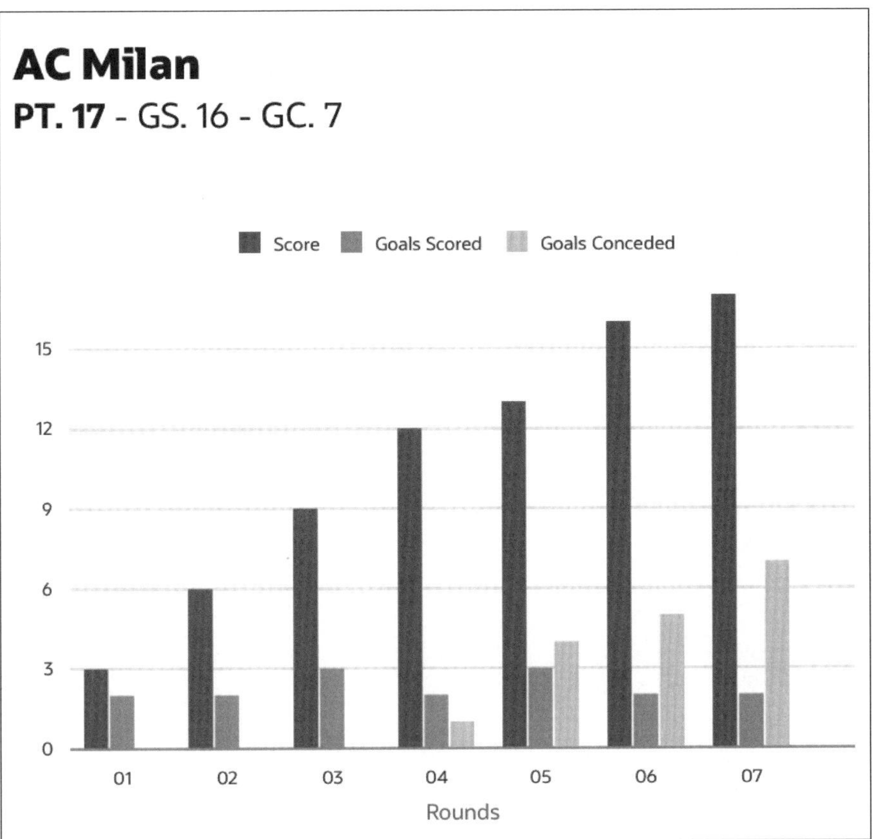

Abbildung 9.17 Erweiterte Formatierung: Diagramm in einer Karte

Relativ einfach ist die Auszeichnung des Untertitels der Karte. Hier wurden nur ein `div`-Element und eine Auszeichnung eingeführt:

```
<div><strong>PT. &TOT_SCORE.</strong> - GS. &TOT_GOALS_SCORED. - GC. &TOT_
GOALS_CONCEDED.</div>
```

Hier wäre sogar eine Programmierung dichter am APEX-Standard möglich gewesen, indem die Klasse `u-bold` anstatt des Elements `strong` verwendet worden wäre. Komplexer ist das Diagramm im Body der Karte. Im Kern integriert Roberto eine mit APEX mitgelieferte Diagrammkomponente, die auf Oracle JET beruht.

[i]

Oracle JET

Oracle JET ist ein Engagement von Oracle, das mehrere öffentlich verfügbare JavaScript-Bibliotheken und eigene Entwicklungen als Open-Source-Projekt zur Verfügung stellt.

APEX integriert Oracle JET, es stellt die Grundlage für einige Eingabefelder, wie etwa den DatePicker, dar. Auch die APEX-interne Diagramm-Maschine, die wir zum Beispiel im Umfeld der Facet-Suche gesehen haben, basiert auf dieser Technologie. Insofern ist die Integration hier nur logisch.

Die Details führen noch zu weit, aber den Aufruf dieser Diagrammkomponente können wir uns als extremes Beispiel für die Anpassungsfähigkeit der Karten-Regionen ansehen. Listing 9.5 zeigt den Inhalt des Attributs ERWEITERTE FORMATIERUNG • HTML-AUSDRUCK. Entgegen der Erwartung findet sich keine Programmierung, sondern nur ein einziges HTML-Element mit einem seltsamen Namen.

```
<oj-chart
  type='bar'
  x-axis.title="Rounds"
  x-Axis.max='&MAX_ROUND.'
  y-Axis.max='&MAX_VALUE.'
  legend.position='top'
  series='[{"name": "Score", "items": &SCORE_PROGR_ARR.},
           {"name": "Goals Scored", "items": &GOALS_SCORED_ARR.},
           {"name": "Goals Conceded", "items": &GOALS_CONCEDED_PROGR_ARR.}]'
  groups='&ROUND_ARR.'>
</oj-chart>
```

Listing 9.5 JavaScript-Code aus dem Attribut »HTML-Ausdruck«

Oracle JET stellt unter anderem eine große Bandbreite optischer Elemente für Webanwendungen bereit, darunter auch Diagramme. Diese werden, als sogenannte Webkomponenten, durch eigene HTML-Elemente mit dem Präfix `oj-` in die Seite eingefügt, die als Anker dienen, um das berechnete Diagramm anzuzeigen. Attribute dieser Elemente konfigurieren die Einstellungen des Diagramms. Die Werte der Diagrammspalten wurden als JSON-formatierte Daten in einer `select`-Anweisung ermittelt und als Spalten mit dem Suffix `_ARR` zur Verfügung gestellt. Dieses Vorgehen ist typisch APEX, denn die enge Verzahnung von SQL-Anweisungen und ein wenig Programmierung ist die Basis für diese Ergebnisse.

So ganz reicht das noch nicht, es ist noch ein wenig JavaScript auf der Seite erforderlich, damit APEX die notwendigen Bibliotheken lädt, aber als Beispiel für das Prinzip und die enorme Freiheit, die diese Komponente Ihnen für eigene Anforderungen bietet, sollte es reichen. Roberto hat sich im Übrigen von einem Beispiel der <SAMPLE CARDS>-Anwendung inspirieren lassen (oder diese selbst programmiert, das weiß ich nicht): Seite ADVANCED • CHARTS verfolgt den gleichen Ansatz. Dort (und in seinem Blog) finden Sie auch einige weiterführende Informationen über die zusätzlich nötigen Schritte zum Einbinden der entsprechenden JavaScript-Bibliotheken.

9.4.4 Aktionen

Mit den Karten kann man auch etwas »machen«, im Regelfall navigieren. Dieses Verhalten wird bei Karten über AKTIONEN eingerichtet. Karten unterstützen beliebig viele Aktionen. Sie finden die Möglichkeit zum Einrichten von Aktionen im linken Seitenbereich als Unterpunkt zum Eintrag der Kartenregion. Dort können Sie neue Aktionen anlegen und bestehende Aktionen bearbeiten.

Aktionen können entweder als Schaltflächen angelegt und auf der Karte positioniert werden, oder Sie können Teilbereiche der Karte direkt mit einem Verhalten koppeln. Diese Teilbereiche können die gesamte Karte umfassen, aber auch nur den Titelbereich, den Body oder die Medien.

9

Werden Schaltflächen verwendet, können diese als primäre oder sekundäre Schaltflächen dargestellt werden, was die optische Positionierung etwas verändert, vor allem aber auch die Größe ändert. Experimentieren Sie gern, ein Beispiel finden Sie auf <SAMPLE CARDS> • IMAGES AND MEDIA • BLOB COLUMN • `Media Image`.

Die alternative Darstellung `Icon Image` zeigt wiederum eine Aktivität für die gesamte Karte.

Wenn Sie die Aktivitäten untersuchen, werden Sie zu dem Schluss gelangen, dass nur Links möglich sind. Dies ist deklarativ auch richtig, jedoch können Sie als URL immer auch einen Aufruf einer JavaScript-Funktion einfügen und haben dadurch eine Möglichkeit, beliebige Aktivitäten ausführen zu lassen. Der Regelfall ist aber die Navigation zu einer anderen Anwendungsseite oder einem anderen URL.

Fachlich ist die Einrichtung einer solchen Aktion nicht weiter spannend, Sie fügen die Aktion hinzu und stellen den Link auf das gewünschte Ziel ein. Da wir mit Links schon häufiger gearbeitet haben, denke ich, dass diese Hinweise ausreichen, um Sie mit der Funktionalität vertraut zu machen.

9.5 Zentrales Sortieren und Suchen

APEX entwickelt sich dynamisch weiter, daher möchte ich an dieser Stelle auf zwei Neuerungen der Versionen 22.1 und 22.2 eingehen.

9.5.1 Zentrales Sortieren ab Version 22.1

Version 22.1 bietet für das Sortieren von Berichten noch eine Neuerung, von der nicht nur bestehende Berichte profitieren, sondern auch Berichtsformen, die bislang nicht sortiert werden konnten, wie etwa Karten-Regionen. Kerngedanke der neuen Funktionalität ist, dass eine Liste vordefinierter Sortier- und Filteroptionen erstellt wird. In dieser Liste werden die unterschiedlichen Filterkriterien als `order by`-Klausel unter einem eindeutigen Namen abgelegt.

Anschließend wird ein Seitenelement erzeugt, mittels dessen man eine Auswahl aus einer Liste von Werten treffen kann. Dies kann zum Beispiel eine Auswahlliste sein, aber auch eine Schaltflächengruppe oder Ähnliches. Wichtig ist, dass dieses Seitenelement unter einem beliebigen Darstellungstext als Ergebnis den eindeutigen Namen des Filter- oder Sortiereintrags zurückgibt. Wird nun ein Eintrag gewählt, filtert oder sortiert APEX automatisch die angebundene Region, indem es die `select`-Abfrage dieser Region umbaut und ausführt.

Die Funktionalität erfordert also zwei separate Bausteine: die eigentliche Liste der Filter- bzw. Suchkriterien sowie das Seitenelement, das dem Anwender die Auswahl zwischen den vordefinierten Kriterien erlaubt.

Hierzu wurde die bereits früher bestehende Option, einen Bericht zu filtern, in eine eigene Attributregion verlegt. Bis Version 21.2 fand sich die Sortieroption im <Regionsattribut> • Quelle • Sortieren nach und bot lediglich die Möglichkeit, eine feste Sortierung einzustellen. Ab Version 22.1 existiert eine neue Attributgruppe <Regionsattribut> • Sortieren nach. Dort befindet sich zunächst das Attribut Typ, mittels dessen Sie die erweiterten Sortieroptionen an- oder abschalten können. Die möglichen Werte dieses Attributes sind:

- `Kein Wert`
  Es werden keine Sortieroptionen angeboten.
- `Statischer Wert`
  Diese Option bewirkt, dass Sie, ähnlich den vorher vorhandenen Möglichkeiten, eine feste Sortierung eintragen können. Beachten Sie aber, dass diese Option nun auch bei Regionstypen vorhanden ist, die über diese Möglichkeit in früheren Versionen nicht verfügten, zum Beispiel Karten-Regionen.
- `Element`
  Hinter dieser Option verbirgt sich die neue Funktionalität, die ich nachfolgend besprechen werde.

Die Bedienung ist ein klein wenig abweichend von den bisher gesehenen Optionen. Spielen wir das einmal in unserer Beispielanwendung auf Seite <EMP> • <SEARCH> (Mitarbeitersuche) durch. Die Beispielanwendung müssen wir dazu in die neue Version importieren und zumindest das Universal Theme aktualisieren (dies wird Ihnen als Schaltfläche in den <gemeinsamen Komponenten> angeboten, falls eine neuere Version des Universal Themes vorliegt). Die Seite verfügt über einen klassischen Bericht, den wir nun mit einigen Sortieroptionen ausstatten möchten.

Die verschiedenen Sortieroptionen werden über eine statische Liste definiert, die so auch für Wertelisten möglich wäre, jedoch erweitert um die eigentliche `order by`-Klausel. Sie müssen also drei Attribute pro Eintrag in der Sortierliste erfassen. Für die Mitarbeitersuche habe ich die beiden Sortiermöglichkeiten aus Abbildung 9.18 eingefügt. Hier können Sie all das eintragen, was Sie ansonsten in einer `order by`-Klausel hinterlegen können, also Spaltenlisten, durch Komma getrennt, `asc`- und `desc`-Klauseln, selbst fortgeschrittene Techniken wie `nulls first|last` oder `collate`-Klauseln für länderspezifische Sortierungen lassen sich eintragen.

Abbildung 9.18 Einstellungen des Order-by-Elements

In Attribut <ELEMENT> • NAME wird der Name eines Seitenelements angegeben, das als Auswahlelement für die Sortierungen fungieren soll. Dieses Seitenelement (vorgegeben wird der Name `P7_ORDER_BY`) wird automatisch auf der Seite angelegt, sobald Sie den Dialog verlassen.

Merke

Diese Art der Verwaltung ist etwas verwirrend und vielleicht auch noch nicht optimal gelöst. Die Verwirrung kommt dadurch zustande, dass es möglich ist, das entstandene Seitenelement `P7_ORDER_BY` so zu ändern, dass weitere Einträge in der Auswahlliste angezeigt werden. Diese führen dann aber nicht zu einer Sortierung, weil die Sortiervorschriften im oben gezeigten Attribut eingepflegt werden müssen. Ändern Sie andererseits dort die Einstellungen, wird auch die Definition des Seitenelements angepasst. Das Ganze wirkt dadurch ein wenig undurchsichtig, insbesondere für Kollegen, die Ihre Seite verstehen möchten und die Verbindung zwischen dem Bericht und dem Seitenelement nicht unmittelbar sehen können.

[!]

Merke

Noch ein Fallstrick: Ich habe, weil ich bei der Umarbeitung der Seite auf die neue Version der Sortierfunktion die Filterung nicht zum Laufen bringen konnte, die Seite neu erstellt, und dennoch funktionierte die Filterung bei einem klassischen Bericht nicht auf Anhieb. Der Grund: Alle Spalten hatten das Attribut <SPALTENATTRIBUT> • SORTIEREN • SORTIERBAR angeschaltet, und diese Einstellung hat die Funktion des Sortierelements übersteuert. Erst nachdem ich diese Optionen abgeschaltet hatte, funktionierte alles reibungslos.

Warum, so mögen Sie sich fragen, dieser Aufwand mit einem eigenen Seitenelement? Der Vorteil liegt darin, dass sich dieses Seitenelement frei auf der Seite platzieren und beinahe beliebig optisch gestalten lässt. Vielleicht möchten Sie die Liste als Liste von Schaltflächen darstellen? Dazu nehmen Sie folgende Änderungen an den Attributen von `P7_ORDER_BY` vor:

- ID • TYP wird auf `Optionsgruppe` eingestellt
- EINSTELLUNG • ANZAHL SPALTEN • `4`
- DARSTELLUNG • TEMPLATEOPTIONEN • ALLGEMEIN • STRECH FORM ITEM einschalten sowie ERWEITERT • ITEM GROUP DISPLAY • `Display as Pill Button`
- WERTELISTE • ZUSÄTZLICHE WERTE ANZEIGEN sowie NULLWERT ANZEIGEN abschalten

Die Anzahl der Spalten sollte größer als die Zahl der von Ihnen eingerichteten Sortieroptionen sein. Wenn Sie mögen, platzieren Sie die Sortierung an anderer Stelle auf der Seite, entfernen das Label und was immer sonst Ihnen noch einfallen mag.

Das hier gezeigte Beispiel funktioniert analog auch mit der Karten-Region und anderen Regionstypen, dafür benötigen wir keine eigenen Beispiele.

9.5.2 Zentrales Suchen ab Version 22.2

APEX enthält ab Version 22.2 einen neuen Regionstyp und neue gemeinsame Komponenten zur Organisation zentraler Suchfunktionen. Die Idee: Ähnlich den Datenquellen für Webservices können Datenquellen für zentralisierte Suchen eingerichtet und in der Anwendung deklarativ verwendet werden. Dadurch entstehen Suchseiten, wie sie etwa von Google bekannt sind, vollständig ohne Programmierung.

Die Suchmöglichkeiten müssen zunächst definiert werden. Hierfür wurde in den <GEMEINSAMEN KOMPONENTEN> der Bereich NAVIGATION umbenannt zu NAVIGATION UND SUCHE, und der neue Punkt Suchkonfiguration wurde aufgenommen, wie Abbildung 9.19 zeigt.

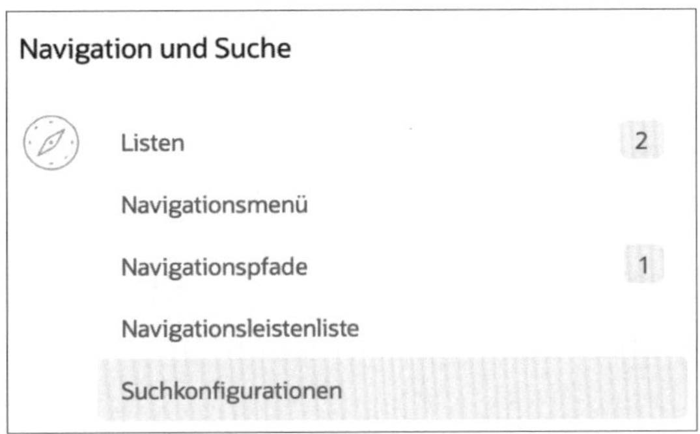

Abbildung 9.19 Integration der Suchkonfiguration in die gemeinsamen Komponenten

Grundsätzlich kann jede Datenquelle als Quelle für eine Suchkonfiguration verwendet werden, zusätzlich können Listen (die in den <GEMEINSAMEN KOMPONENTEN> • LISTEN definiert sind) oder Oracle Textspalten, die bereits durch einen entsprechenden Index katalogisiert wurden, durchsucht werden.

[!]

Merke

Oracle Text ist ein mächtiges Instrument zur Verschlagwortung von Texten. Die Funktion ist unabhängig von APEX in der Oracle-Datenbank verfügbar und besteht im Kern aus einem Index, der die zu suchenden Begriffe enthält. Carsten Czarski, der mittlerweile ebenfalls dem APEX-Team angehört, hat zu diesem Thema einige Konferenzvorträge und Blogs veröffentlicht, die die Bedienung sehr gut illustrieren. Obwohl sehr interessant, ist die Besprechung dieser Funktion außerhalb des Fokus dieses Buches.

Als Beispiel für diesen Abschnitt sehen wir uns die Suche in einer Tabelle an, und zwar in der Tabelle `HR_EMPLOYEES`. Sie erstellen eine neue Suchkonfiguration und wählen anschließend die zu durchsuchende Tabelle aus, wie in Abbildung 9.20 gezeigt.

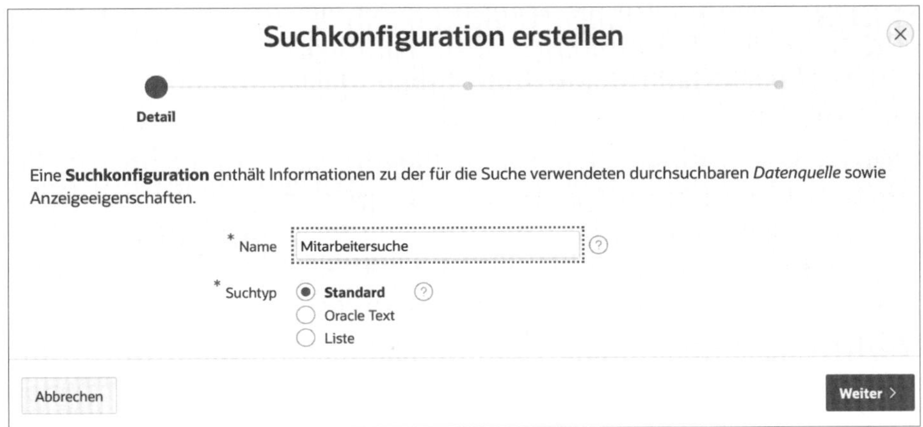

Abbildung 9.20 Auswahl der Datenquelle für die Suchkonfiguration

Anschließend können Spalten gewählt werden, die als Primärschlüssel des Suchergebnisses, des Titels und der Beschreibung verwendet werden sollen. Dies zeigt Abbildung 9.21.

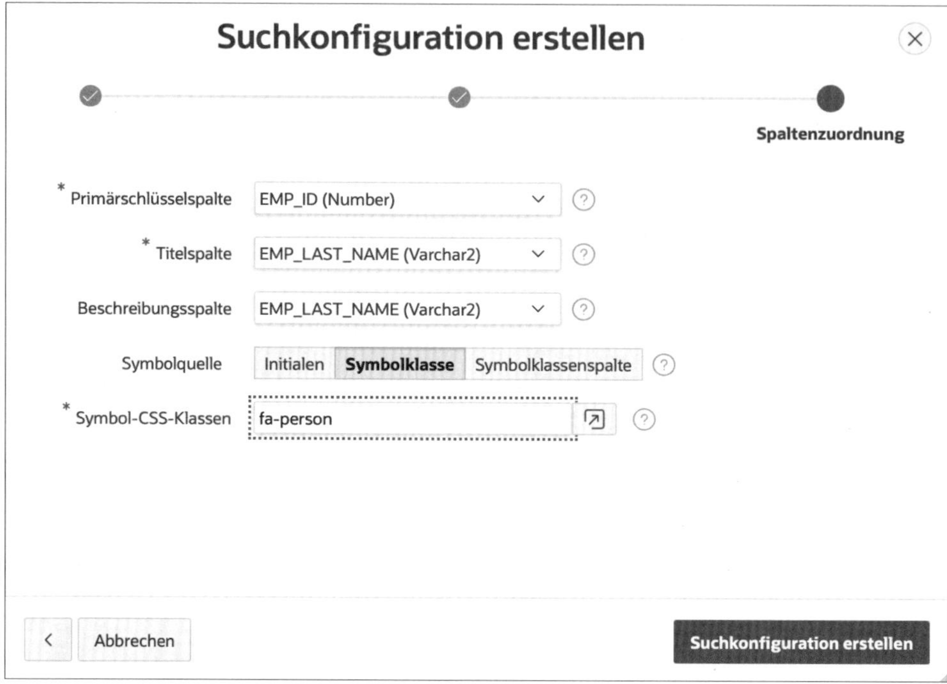

Abbildung 9.21 Auswahl der Spalten zur Darstellung des Suchergebnisses

Anschließend können Sie die Suchkonfiguration anlegen und werden zu einer Anwendungsseite mit weiteren Attributen für diese Suchkonfiguration geführt. Diese Seite zeigt die Einstellungen bezüglich der Datenquelle, die an dieser Stelle geändert und erweitert werden können. Die Analyse der Datenquelle hat bereits dazu geführt, dass alle Spalten mit Zeichenketten als durchsuchbare Spalten ausgewählt wurden. Dies können Sie einschränken, doch ist eine Suche in numerischen- oder Datumsspalten nicht möglich.

Abbildung 9.22 zeigt weitere Optionen bezüglich der Auswahl der Spalten für die Suchergebnisse. Hier wird deutlich, dass die Suchergebnisse durch weitere Informationen angereichert werden können, etwa durch eine Spalte für Badges (also Trefferzahlen etc.), Bewertungen oder zur Darstellung des letzten Änderungsdatums dieser Information. Zudem stehen drei Spalten für benutzerdefinierte Zwecke zur Verfügung. Dies deutet darauf hin, dass die Suche idealerweise durch eine passgenaue View vorbereitet werden sollte, um von diesen Möglichkeiten Gebrauch machen zu können.

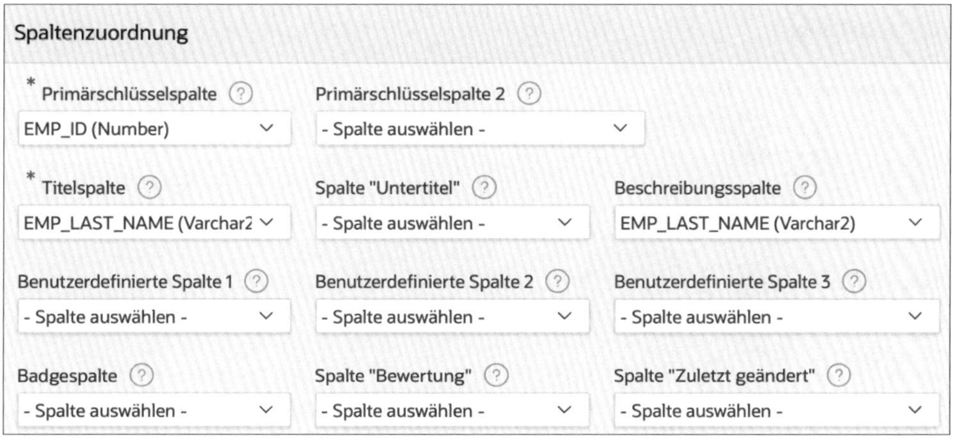

Spaltenzuordnung

* Primärschlüsselspalte ⓘ — EMP_ID (Number)
Primärschlüsselspalte 2 ⓘ — - Spalte auswählen -
* Titelspalte ⓘ — EMP_LAST_NAME (Varchar2
Spalte "Untertitel" ⓘ — - Spalte auswählen -
Beschreibungsspalte ⓘ — EMP_LAST_NAME (Varchar2)
Benutzerdefinierte Spalte 1 ⓘ — - Spalte auswählen -
Benutzerdefinierte Spalte 2 ⓘ — - Spalte auswählen -
Benutzerdefinierte Spalte 3 ⓘ — - Spalte auswählen -
Badgespalte ⓘ — - Spalte auswählen -
Spalte "Bewertung" ⓘ — - Spalte auswählen -
Spalte "Zuletzt geändert" ⓘ — - Spalte auswählen -

Abbildung 9.22 Weitere Optionen zur Spaltenzuordnung

Die Attribute des Bereichs SPALTENZUORDNUNG machen bereits deutlich, welchen Schwerpunkt eine Suchkonfiguration hat: Sie definiert die Visualisierung von Suchergebnissen und vereinheitlicht diese gleichzeitig. Und dies ist die eigentliche Vision dieser neuen Funktionalität: Wenn mehrere Suchkonfigurationen definiert wurden, können diese auf einer Suchseite zusammengetragen und in allen gleichzeitig gesucht werden. Die Ergebnisse werden durch die Zuordnung der Spalten zu Funktionsbereichen einheitlich visualisiert.

Sollte kein Ergebnis gefunden werden, können Sie im Bereich SYMBOL UND ANZEIGE dieser Anwendungsseite eine entsprechende Meldung hinterlegen, zudem lässt sich die Anzahl der maximal zurückgelieferten Zeilen ebenso einstellen wie ein Verweis, der beim Klick auf das Suchergebnis angesteuert wird.

Die Suchkonfiguration bietet weitergehende Attribute, die für die Visualisierung genutzt werden können, aber außerhalb des Fokus dieses Teils des Buches liegen. Nähere Informationen zu diesen Attributen finden sich im zweiten Teil, Low Code.

Auf die hier beschriebene Weise können Sie nun beliebig viele Suchkonfigurationen erfassen und mit jeweils eindeutigen Bezeichnern kennzeichnen.

Um diese Suchkonfigurationen auf einer Anwendungsseite zu verwenden, stehen zwei Wege bereit. Der einfachere Weg besteht darin, eine neue Anwendungsseite zu erstellen und als Seitentyp `Suchseite` zu wählen. Die folgende Assistentenseite erlaubt Ihnen, die Suchkonfigurationen zu wählen, die als gemeinsame Komponenten angelegt wurden. Das war alles, erstellen Sie die Seite, und konfigurieren Sie weitere Details. Alternativ können Sie eine bestehende Seite um diese Funktion erweitern, indem Sie auf dieser Seite zwei Elemente platzieren: ein Suchfeld, in das der Suchbegriff eingefügt wird, und eine Region vom Typ `Suche`. Diese Region besitzt <SPEZIELLE REGIONSATTRIBUTE>, wie Abbildung 9.23 zeigt.

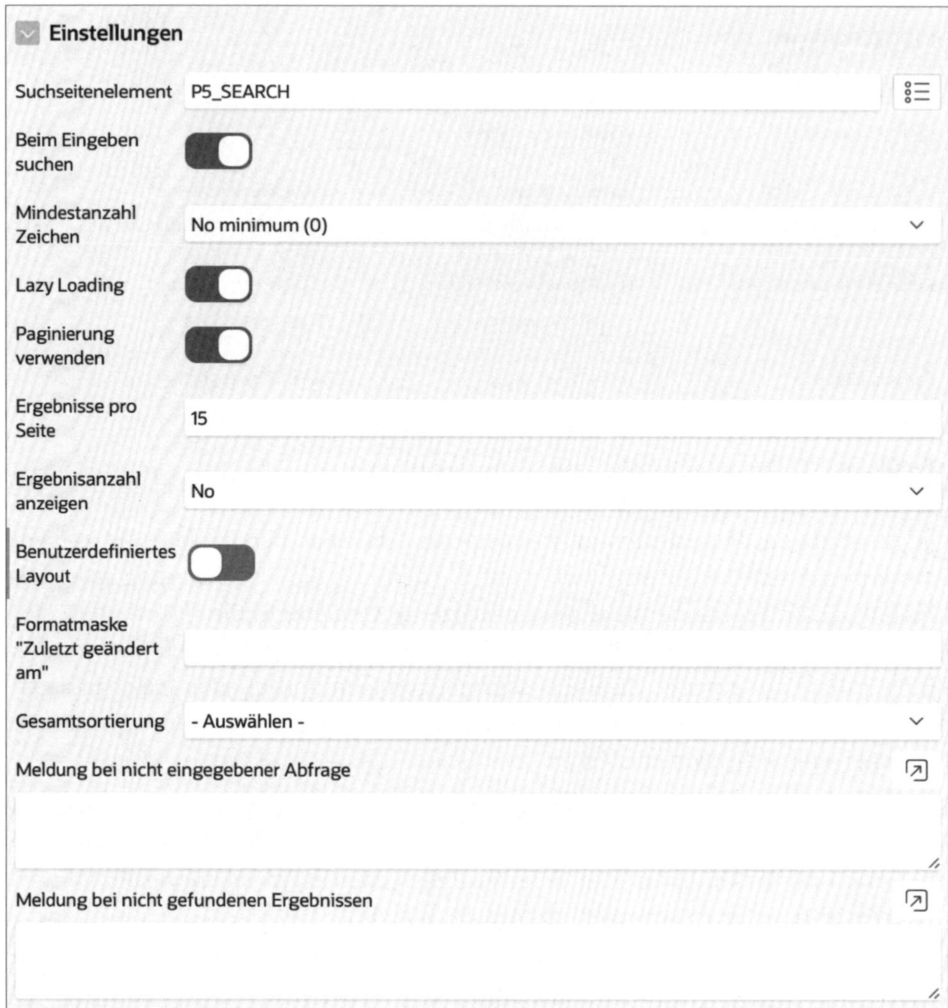

Abbildung 9.23 Spezielle Attribute des Regionstyps »Suche«

Die Attribute sind meiner Meinung nach weitestgehend selbsterklärend und erlauben die Konfiguration der Darstellung. Beachten Sie, dass unterhalb der Region in der Baumdarstellung die Suchkonfigurationen angezeigt werden, in denen gesucht wird. Hier wählen Sie die gewünschte aus und erstellen weitere, falls Sie in mehreren Suchkonfigurationen gleichzeitig suchen möchten. Die Attribute dieser Einträge auf der Anwendungsseite sind nicht weiter speziell und entsprechen den Standardfunktionen, die wir bereits mehrfach gesehen hatten.

Kapitel 10
Formulare

Eine weitere Grundfunktion in APEX ist die Bereitstellung von Formularseiten für die Manipulation der Daten. APEX bietet auch hier eine große Funktionsvielfalt bei rein deklarativer Bearbeitung.

Formulare sind, ebenso wie Berichte, die Grundlage von APEX-Anwendungen. Berichte zeigen die Daten; Formulare erzeugen, editieren oder löschen die Daten und speichern die geänderten Daten in der Datenbank. Grundlage der meisten Formularseiten in APEX ist der Regionstyp `Formular`, den wir als Erstes besprechen werden. Doch es existieren auch weitere Möglichkeiten, insbesondere ist das interaktive Grid auch editierbar und stellt so die Möglichkeit der Datenmanipulation direkt im Bericht zur Verfügung.

Daten in der Datenbank manipulieren zu dürfen, ist in vielen Unternehmen eine andere Dimension als das Lesen der Daten für ein Berichtswesen. Mit dem Schreiben von Daten geht eine höhere Verantwortung einher, die durch die Anwendung unterstützt werden muss. Hier geht es nicht nur um unberechtigten Zugriff, sondern auch um die Konsistenz und logische Korrektheit der Daten. Diese können durch falsch implementierte Formulare gefährdet werden. Daher müssen die Formulare in mehreren Schritten abgearbeitet werden.

Im ersten Schritt werden die Daten gelesen und in das Formular eingetragen, oder aber, bei einer Neuanlage, Standardvorgaben vergeben. Der Anwender erfasst neue oder korrigiert bestehende Daten und schickt die Daten an die Datenbank. Bevor nun die Daten gespeichert werden, ergänzt die Anwendung fehlende Angaben oder wandelt die Eingaben nach hinterlegten Regeln um, etwa indem Leerzeichen entfernt werden oder die Schreibweise auf Großbuchstaben vereinheitlicht wird. Anschließend werden diese aufbereiteten Daten validiert, das heißt, gegen bestehende Regeln geprüft, um nicht plausible Daten abzuweisen. Erst wenn diese Schritte korrekt durchgeführt werden konnten, wird der Datensatz in der Datenbank gespeichert.

APEX unterstützt diese Prozesse deklarativ, gibt aber auch Möglichkeiten, in die Prozesse programmierend einzugreifen, falls dies erforderlich ist. Das ist überraschend häufig der Fall, sei es, weil keine direkten Schreibberechtigungen auf die Tabellen eingerichtet wurden oder weil die Komplexität des Formulars keine automatisierte Speicherung der Daten ermöglicht. In diesem Teil konzentrieren wir uns wieder auf den einfachsten Fall: Alle Tabellen liegen im gleichen Schema, auf das auch APEX Zugriff erhalten hat. Da wir in diesem Fall als Eigentümer der Daten auftreten, haben wir automatisch auch alle erforderlichen Berechtigungen, um die Daten zu verarbeiten.

Ich hatte bereits die grundlegenden Prinzipien zur Verarbeitung von Formulardaten in Abschnitt 4.3, »Verarbeitung von Benutzereingaben«, erläutert, und es gibt noch keinen Grund, hier tiefer ins Detail zu gehen, da wir noch nicht mit Kodierung beginnen möchten. Um die nun folgenden Beschreibungen im Kontext gut zu verstehen, lohnt es sich vielleicht, sich noch einmal die Schritte der Verarbeitung in Erinnerung zu rufen.

10.1 Formular-Region

Der häufigere Anwendungsfall für Formularseiten ist der Einsatz einer Formularregion, wie es sie seit Version 19 in APEX gibt. Ältere Anwendungen können zum Teil abweichende Formulartypen beinhalten, diese werden jedoch als veraltet gekennzeichnet und von mir nicht mehr besprochen.

Wie bei Berichten üblich, umfassen auch die Formularregionen eine Quelle, die vollständig analog zu Berichten eingerichtet wird und auf Tabellen, aber auch auf Webservices etc. zugreifen kann. Die Formularregion wird basierend auf diesen Einstellungen analysieren, welche Eingabeelemente angelegt werden müssen und diese auch anlegen. Ändern sich die Tabelle oder die zugrunde liegende View nachträglich, können die Seitenelemente synchronisiert werden. Nicht mehr vorhandene Seitenelemente würden dann gelöscht, neu hinzugekommene angelegt.

10.1.1 Spezielle Regionsattribute

Rufen wir uns eine Formularregion, die wir bereits in unserer Beispielanwendung <EMP> angelegt hatten, in Erinnerung (Seite <EMP_EDIT>, Anwendungsseite 5). Die Formular-Region hat überraschend wenige Besonderheiten, es ist eine ganz normale Region mit nur wenigen speziellen Regionsattributen, die in Abbildung 10.1 zu sehen sind.

Das Bearbeiten kann zunächst aktiviert oder deaktiviert werden. Das mag auf den ersten Blick nicht allzu viel Sinn ergeben, doch ist meine Vermutung, dass dieses Attribut aus den interaktiven Grids hinübergerettet wurde, wo mit diesem Attribut das Bearbeiten von Zeilen an- oder abgeschaltet werden kann. Wird dieser Schalter abgeschaltet, stellt das Formular die Daten nur noch dar, kann sie aber nicht mehr speichern, weil der Verarbeitungsprozess dadurch gelöscht wird. Das ist nicht recht befriedigend, weil der Anwender durchaus das Gefühl hat, die Daten noch ändern und auch absenden zu können, es passiert aber einfach nichts.

Abbildung 10.1 Spezielle Regionsattribute einer Formularregion

Daher meine Vermutung. Insgesamt verhält sich ein Formular wie ein editierbares Grid mit einer Zeile (oder umgekehrt, wenn Sie mögen). Wichtiger sind die Attribute, die nach dem Schalter vorhanden sind.

[!]

Merke

Möchten Sie, dass die Daten nicht bearbeitbar sind, ist die bessere Option, die gesamte Seite basierend auf einer serverseitigen Bedingung in den schreibgeschützten Modus zu setzen. Dadurch werden alle Eingabefelder durch einfache Textdarstellung ersetzt, und die Schaltflächen haben keine Funktion mehr. Diese können Sie mit der gleichen Bedingung auch ausblenden, sodass gar nichts mehr an ein Formular erinnert, außer der visuellen Darstellung in einzelnen Feldern.

Das Attribut <SPEZIELLE REGIONSATTRIBUTE> • BEARBEITEN • ZULÄSSIGE VORGÄNGE kontrolliert, welche Manipulationen an den Daten durchgeführt werden dürfen. Hier ist offensichtlich, wozu die einzelnen Optionen benötigt werden. Oftmals ist es praktisch, eine Neuanlage zu verhindern, bestehende Daten aber ändern zu dürfen, manchmal mag es sinnvoll sein, einmal angelegt Daten nicht mehr löschen zu dürfen. Das können Sie hier statisch einstellen. Leistungsfähiger ist das Attribut <SPEZIELLE REGIONSATTRIBUTE> • BEARBEITEN • SPALTE »ZUGELASSENE SPALTENVOR-

GÄNGE« insofern, als die Entscheidung über die erlaubten Manipulationen nun datengetrieben ermittelt werden kann. Sinnvoll ist diese Option nur für die Bearbeitung bereits bestehender Daten, daher ist der Mechanismus so aufgebaut, dass in der Spalte, die durch dieses Attribut referenziert wird, entweder der Wert `U`, `D` oder `UD` enthalten sein darf. Es ist unschwer zu erkennen, was die Buchstaben jeweils erlauben.

In eine ähnliche Kerbe schlägt die zweite Attributgruppe, <SPEZIELLE REGIONSATTRIBUTE> • AUTORISIERUNG BEARBEITEN, die für die unterschiedlichen Arten der Datenbearbeitung erlaubt, Autorisierungsschemata zu vergeben. Diese Attribute stellen somit eine zweite Dimension der Berechtigungen dar: Während die erste Attributgruppe genutzt werden kann, um zu entscheiden, wie ein Datensatz aus *fachlicher* Sicht bearbeitet werden darf, betrachtet die zweite Attributgruppe die Situation aus Sicht der *Anwenderberechtigung*. Die Grenzen zwischen diesen Bereichen können fließend sein, denn letztlich entscheidet die `select`-Abfrage aufgrund der Datenlage, und diese wiederum könnte vom angemeldeten Anwendungsbenutzer abhängig sein. Die zweite Attributgruppe ist im Gegensatz zu diesem Ansatz zwar statischer, aber eben auch deklarativ verwendbar.

10.1.2 Seitenelemente eines Formulars

Wie bereits gesagt, erzeugt eine Formularregion die Seitenelemente auf der Seite, die durch die Datenquelle gefordert werden. Sehen wir uns ein solches Seitenelement genauer an. Wichtig sind vor allem die Attribute der Attributgruppe QUELLE. Abbildung 10.2 zeigt die Attribute.

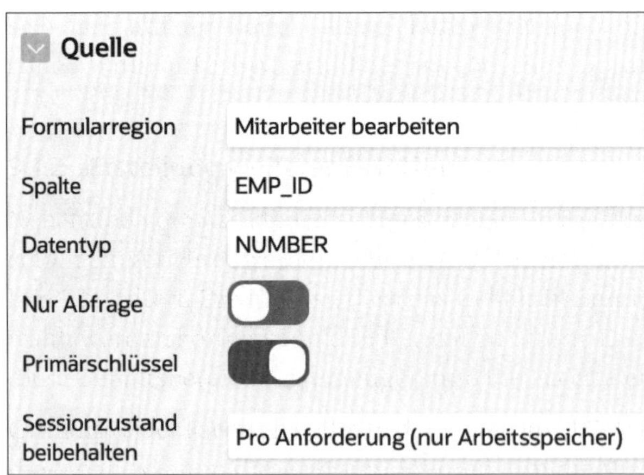

Abbildung 10.2 Attributgruppe Quelle eines Formular-Seitenelements

Das Attribut QUELLE • FORMULARREGION verweist auf die Region, zu der es gehört. Das mag zunächst seltsam sein, weil es doch ein direktes Kind dieser Region ist, doch gibt uns dies eine enorme Flexibilität, denn das Seitenelement kann frei auf der Seite positioniert werden und verliert dennoch nicht seinen Bezug zum Formular. Natürlich können so auch mehrere Formulare auf einer Seite verwaltet werden. Achten Sie darauf, diese Verbindung nicht zu kappen. Nur durch diese Verbindung erhält das Seitenelement beim Rendern seine Daten und wird beim Verarbeiten der Seite berücksichtigt.

Die nächsten Attribute sind eher informativ, da sie von APEX ausgefüllt werden und durch Sie im Regelfall nicht geändert werden müssen. Die Attribute zeigen die Spalte und den Spaltentyp aus der Datenquelle, aus der dieses Seitenelement seine Inhalte bezieht. Sollte sich der Spaltentyp einmal durch Änderung der unterliegenden Tabelle ändern, sollten Sie besser den Menübefehl `Seitenelemente synchronisieren` im Einblendmenü der Formular-Region aufrufen, der diesen Abgleich dann für alle Seitenelemente automatisch durchführt, statt etwas an diesen Attributen zu ändern.

[!]

Merke

Die Tatsache, dass APEX hier den Spaltentyp angibt, bedeutet nicht, dass APEX auch im Sessionstatus einen entsprechenden Datentyp verwendet. Dort ist jede Eingabe stets eine Zeichenkette. Referenzieren Sie also zum Beispiel `:P5_EMP_ID`, ist dies keine Zahl, sondern eine Zeichenkette, die aussieht wie eine Zahl. Ärgerlicher ist dies bei Datumsfeldern, die als – irgendwie formatierte – Zeichenkette vorliegen.

Dieses Verhalten von APEX ist suboptimal, und in Diskussionen mit dem APEX-Entwicklerteam habe ich den Eindruck gewonnen, dass dies auch dort so gesehen wird und darauf hingearbeitet wird, den Sessionstatus im richtigen Datentyp anzubieten. Dass dies aber problematisch ist, zeigt die simple Überlegung, dass ein Datum zum Beispiel auf spezielle Weise formatiert sein kann und diese Formatierung in Ihrem Code eventuell berücksichtigt wird. Würde stets ein Datumstyp ermittelt und übergeben, hätten Sie nun keinen Zugriff auf die formatierte Darstellung des Datums mehr.

Es ist halt alles nicht so einfach.

Die wichtigsten beiden Attribute sehen wir anschließend: QUELLE • NUR ABFRAGE und QUELLE • PRIMÄRSCHLÜSSEL. Lassen Sie mich mit dem Einfacheren der beiden beginnen, mit dem Primärschlüssel-Attribut. Dieser Schalter zeigt an, dass diese Spalte der Datenquelle eine Primärschlüsselinformation für die Zeile enthält. Jedes Formular benötigt mindestens eine Primärschlüsselspalte, ansonsten wird es nicht dargestellt. Legen Sie ein Formular über den Assistenten an, ist die Auswahl der Primärschlüsselspalte Teil des Assistenten. Zum Teil, wenn Sie nämlich Tabellen als Grundlage der Datenquelle einsetzen und dort entsprechende Primärschlüssel-Constraints eingerichtet sind, erkennt der Assistent diese Spalten automatisch, ansonsten müssen Sie diese angeben.

Richtet der Assistent das Formular ein, wird das Seitenelement mit dem Primärschlüssel als verstecktes Element gezeigt, weil ein numerischer Primärschlüssel unterstellt wird, der bei der Neuanlage eines Datensatzes automatisch erstellt wird. Sie sollten von diesem Prinzip nur im Notfall abweichen, in diesem Teil des Buches werden wir dies nicht tun.

Nun ist also geklärt, woher das Seitenelement seine Informationen erhält. Allerdings kann es sein, dass Sie einen Standardwert für einige Seitenelemente vergeben möchten. Dies können Sie auf mehrere Weise tun, hier besprechen wir die normale, deklarative Option durch die Attribute der Gruppe STANDARD. Diese Attributgruppe erlaubt die Vergabe eines Standardwerts, basierend auf unterschiedlichsten Datenquellen. Geläufig sind hier die Einstellungen `Statisch` für einfache, statische Vorgaben oder `Ausdruck`, der zum Beispiel die Verwendung der `sysdate`-Funktion für das aktuelle Tagesdatum erlaubt. Beachten Sie aber, dass diese Standardwerte nur berücksichtigt werden, wenn die Primärschlüsselinformation des Formulars `NULL` ist, das heißt, wenn ein neuer Datensatz angelegt werden soll, nicht aber, wenn das Element ansonsten leer wäre.

Nun zum zweiten Attribut, QUELLE • NUR ABFRAGE. Zur Erläuterung dieses Attributs muss ich ein klein wenig ausholen. Es dürfte nur dann von Interesse sein, wenn Sie eine `select`-Abfrage oder eine View (was letztlich das Gleiche ist), als Datenquelle des Formulars verwenden. In dieser Abfrage könnten Sie sich zum Beispiel den Namen des Abteilungsleiters der aktuellen Abteilung anzeigen lassen, während Sie einen Mitarbeiter dieser Abteilung bearbeiten möchten. Das mag etwas gewollt klingen, doch möchte ich einen Fall schaffen, der nicht durch eine einfache Auswahlliste des Formulars gelöst werden könnte. Sie könnten (und sollten) den Abteilungsnamen oder die Berufsbezeichnung der Mitarbeiter durch eine Auswahlliste zur Verfügung stellen, um die Fremdschlüsselwerte im Formular zu verwenden, diese aber vor dem Anwender zu verbergen.

Der Name des Abteilungsleiters ergibt sich aus der Tabelle `HR_DEPARTMENTS`, denn dort ist diese Information als Fremdschlüssel in der Spalte `DEP_MGR_ID` hinterlegt. Ermittelt Ihre `select`-Abfrage diese Information, handelt es sich um eine sogenannte *komplexe View*, ein Begriff, den Oracle für Abfragen verwendet, die entweder Joins auf mehrere Tabellen, Gruppenfunktionen oder auch virtuelle oder berechnete Spalten beinhalten. Das Problem ist, dass eine einfache `update`-Anweisung auf eine solche Abfrage nicht mehr funktionieren kann, weil Oracle nicht weiß, was es mit dem Namen des Abteilungsleiters anfangen soll. Die Folge ist, dass der automatisierte Verarbeitungsprozess dieses Formulars nicht mehr funktionieren wird. Und genau hier kommt dieses Attribut zum Tragen, denn wenn Sie diesen Schalter anschalten, wird die Spalte durch den Seitenverarbeitungsprozess ignoriert und die Datenänderung nur auf den restlichen Spalten ausgeführt. Dies gelingt nun wieder, zumindest meistens. Es können Situationen auftreten, wo dies nicht ausreicht, dann muss mit Programmcode eingegriffen werden.

[!]

Merke

In früheren Versionen von APEX, die noch die älteren Formulare verwendeten, durfte ein Eingabefeld nicht vom Typ `Nur anzeigen` sein, wenn Sie verhindern wollten, dass es bearbeitet wird, weil dieses Feld durch den Browser ignoriert und nicht an die Datenbank gesendet würde. Da die Datenverwaltung in APEX vollständig anders funktioniert, existiert diese Limitierung mit der Formularregion nicht mehr, die Visualisierung und die interne Verwaltung der Daten sind nun zwei unterschiedliche Dinge.

Schließlich sehen wir noch das Attribut QUELLE • SESSIONZUSTAND BEIBEHALTEN. Ich hatte in Abschnitt 4.3, »Verarbeitung von Benutzereingaben«, bereits kurz darauf hingewiesen, dass der aktuelle Wert der Seitenelemente eines Formulars im Sessionstatus nicht angezeigt wird. Hier liegt der Grund, denn dieser Schalter weist APEX an, die Daten nur im Arbeitsspeicher (des Browsers) vorzuhalten, nicht aber in der Tabelle, die dem Sessionstatus zugrunde liegt. In seltenen Fällen kann es erforderlich sein, den Wert eines Seitenelements auch in der Datenbank zu kennen. Das ist ein fortgeschrittenes Thema, das insbesondere dann an Bedeutung gewinnt, wenn dynamische Aktionen im Spiel sind, daher möchte ich die Besprechung dieser besonderen Situationen für einen späteren Teil des Buches aufsparen. Ist dies erforderlich, können Sie dieses Verhalten durch Umstellen dieses Attributs aber erzwingen.

10.1.3 Initialisierung der Formulardaten

Wird die Seite mit der Formularregion aufgerufen, lädt ein Prozess die Daten in das Formular, wie in Abschnitt 4.3, »Verarbeitung von Benutzereingaben«, erläutert. Sehen wir uns auch diesen Prozess ein wenig genauer an. Die Aufgabe besteht darin, die Daten in die Formularregion zu laden. Denken wir über diese Aufgabe nach, ist es etwas überraschend, dass hierfür ein Seitenprozess erforderlich ist. Ein Bericht kann seine Daten doch auch ermitteln, ohne hierfür einen eigenen Prozess zu benötigen. Wozu dient also dieser Prozess?

Ich hatte im vorigen Abschnitt besprochen, auf welche Weise Sie Standardwerte für ein Seitenelement berechnen können, aber auch festgestellt, dass diese Art der Vorgabe nur bei der Neuanlage von Datensätzen funktioniert. Alternativ, und nicht an diese Vorgaben gebunden, könnten Sie eine Berechnung erstellen, indem Sie im linken Seitenbereich mit der rechten Maustaste auf den Eintrag `nach Header` klicken und den Befehl `Berechnung erstellen` wählen. Eine Berechnung bezieht sich immer auf ein Seitenelement der Seite, und die Möglichkeiten, einen Wert zu berechnen, entsprechen denen der Standardwertvorgabe. Der berechnete Wert wird allerdings im Sessionstatus der Seite für dieses Element hinterlegt. Beachten Sie hierbei die Reihenfolge: Die Berechnung muss erfolgen, nachdem die Initialisierung der Formularregion erfolgt ist, ansonsten wird der berechnete Wert durch die Formularinitialisierung überschrieben.

Diese Möglichkeit ist der Grund für das Vorhandensein eines eigenen Initialisierungsprozesses. Gäbe es diesen nicht, existierte keine Möglichkeit, nach der Ermittlung der Formularwerte durch die Formularregion einzugreifen und bestimmte Werte zu überschreiben.

Dennoch ist dieses Vorgehen eher etwas für spezielle Problemsituationen. Vermeiden Sie so eine Art der Programmierung (alternativ könnten Sie ja den neuen Startwert bereits in der `select`-Abfrage der Formularregion berechnen lassen und sich damit den Aufwand ersparen) schon deshalb, weil sie die Anwendungsseite unnötig verkompliziert und Kollegen das Verständnis erschwert (oder ist genau das Ihre Intention? ;-).

Interessant am Initialisierungsprozess ist aber noch etwas anderes, denn es existieren noch einige Attribute in der Attributgruppe EINSTELLUNGEN.

Einstellungen

Nächste(s) Primärschlüsselelement(e)	P5_PREVIOUS_EMP_ID
Vorherige(s) Primärschlüsselelement(e)	P5_NEXT_EMP_ID
Aktuelle Zeile/Gesamtelemente	P5_ROW_INDICATOR

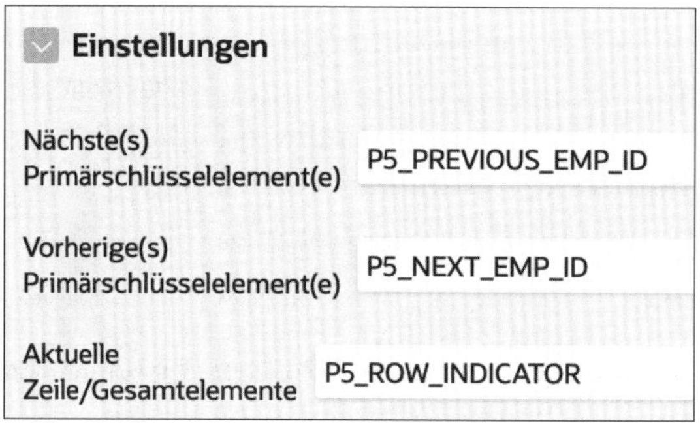

Abbildung 10.3 Attributgruppe »Einstellungen« des Initialisierungsprozesses

Mittels dieser Attribute können Sie weitergehende Informationen zu Ihrem Datensatz ermitteln und auf der Anwendungsseite anzeigen lassen. Diese Informationen beziehen sich auf die vorangehende und nachfolgende Primärschlüsselinformation sowie auf einen Zeilenzähler, der die Position des aktuellen Datensatzes anzeigt. Die normale Verwendung dieser Attribute besteht darin, auf der Anwendungsseite versteckte Eingabefelder anzulegen, die die jeweiligen Informationen aufnehmen. Auch hierin liegt ein Grund für das Vorhandensein eines Initialisierungsprozesses, denn die Daten müssen ermittelt werden, bevor eventuelle Schaltflächen, die zu dem vorhergehenden oder nächsten Datensatz navigieren, gerendert werden. Diese Schaltflächen könnten zeitlich vor der Formularregion dargestellt werden und verfügten zu diesem Zeitpunkt noch nicht über die Daten, wenn es keinen entsprechenden Initialisierungsprozess gäbe. Es handelt sich um »Pseudospalten« Ihrer Formulardatenquelle, die zusätzliche Informationen zum angezeigten Datensatz enthalten und nicht Teil der Datenbankaktivitäten werden. Mit ein wenig Fantasie lassen sich diese

Informationen nutzen, um Formulare anzulegen, die es Ihnen erlauben, eine Reihe von Datensätzen einer Abfrage nacheinander zu bearbeiten, ohne den Bearbeitungsdialog zu verlassen.

Was müssten wir hierfür tun?

Zunächst legen wir Schaltflächen an, die uns die Navigation auf den vorherigen und nachfolgenden Datensatz ermöglichen. Diese Schaltflächen werden nur gerendert, wenn im Feld `P5_EMP_ID` eine Information enthalten ist (neu anzulegende Datensätze haben keinen Vorgänger oder Nachfolger). Dies können wir bei den Schaltflächen als serverseitige Bedingung hinterlegen. Die Schaltflächen senden die Seite ab, was das Standardverhalten ist und von uns auch nicht geändert wird. Als Regionspositionen bieten sich `Previous/Next` an, als Darstellungstemplate `Icon` und als Icons `fa-chevron-right/fa-chevron-left`.

Da wir möchten, dass die Schaltfläche nur bedienbar ist, wenn ein vorhergehender oder nachfolgender Datensatz existiert, erstellen wir zwei dynamische Aktionen, die beim Laden der Seite ausgeführt werden. Sie definieren die CLIENTSEITIGE BEDINGUNG, dass die versteckten Felder mit den vorherigen und nachfolgenden Primärschlüsseln einen von `NULL` abweichenden Wert haben müssen, und aktivieren in diesem Fall die Schaltfläche, ansonsten deaktivieren sie sie. Abbildung 10.4 zeigt die CLIENTSEITIGE BEDINGUNG. Das Aktivieren und Deaktivieren werden jeweils in einem Zweig der dynamischen Aktion vorgenommen, der dem Ergebnis der Bedingung entspricht. Sie können sich die Anlage der dynamischen Aktion vereinfachen, wenn Sie zunächst die Aktivierung der Schaltfläche erstellen und mit der rechten Maustaste auf die Aktion klicken. Dort können Sie dann den Befehl `Gegensätzliche Aktion erstellen` wählen, was unmittelbar die Deaktivierung erstellt. Wenn Sie schon einmal dabei sind, die Dinge effizienter zu gestalten: Sie können auch die gesamte dynamische Aktion duplizieren und anschließend das auslösende Ereignis, die Bedingung und die Schaltfläche, die beeinflusst wird, anpassen. Dies ist vielleicht ein wenig schneller, es passieren aber auch schneller Fehler.

Der Seitenverarbeitungsprozess existiert bereits auf der Seite und wird normal ausgeführt, daran müssen wir nichts ändern. Da der Prozess zum Schließen einer modalen Seite aber nur ausgeführt wird, wenn bestimmte Schaltflächen geklickt werden, bleibt die Seite bei Klick auf die neuen Schaltflächen bestehen. Auch das ist uns so recht, denn die Seite soll vor dem Bearbeiten des nächsten Datensatzes ja nicht geschlossen werden.

Als Letztes erstellen Sie zwei Verzweigungen, die auf die gleiche Seite wie die aktuelle verzweigen. Im entsprechenden Link setzen Sie das Seitenelement `P5_EMP_ID` auf den jeweiligen Wert des vorherigen oder nächsten Datensatzes. Abbildung 10.5 zeigt diese Verweise. Wie geschildert werden gerade bei Verzweigungen oft serverseitige Bedingungen verwendet.

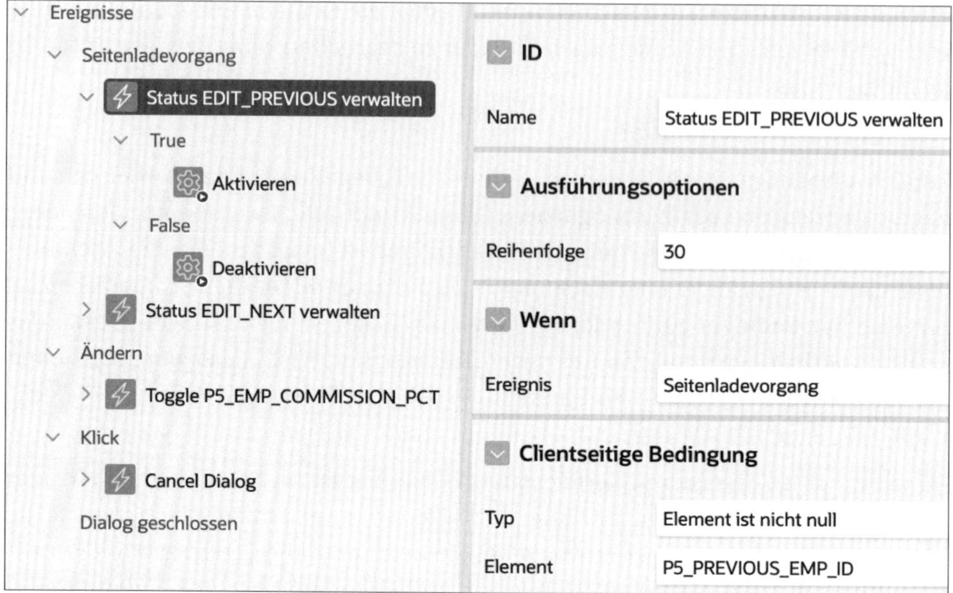

Abbildung 10.4 Attribute der dynamischen Aktionen

Hier ist es der Klick auf die eine oder andere Schaltfläche. Zwar tun beide das Gleiche, doch wird im Link der Wert des Elementes `P5_EMP_ID` einmal auf `P5_PREVIOUS_EMP_ID` und einmal auf `P5_NEXT_ID` gesetzt und somit der entsprechende Datensatz geladen.

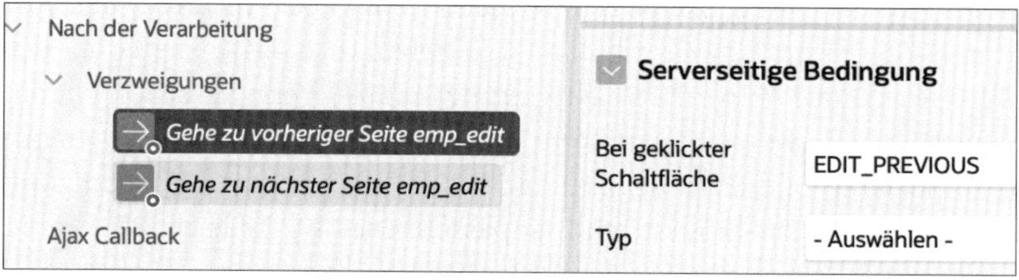

Abbildung 10.5 Verweis auf die eigene Seite

Das Element `P5_ROW_INDICATOR` eignet sich gut als `Nur anzeigen`-Feld im oberen Bereich des modalen Fensters, vielleicht durch das Grid in die Mitte des Formulars gerückt.

Das sollte es gewesen sein, Sie können nun einfach durch alle Datensätze mit Pfeiltasten navigieren und die Datensätze bearbeiten. Die Reihenfolge der Datensätze entspricht der Sortierung im Bericht, aber natürlich entspricht die Anzahl der bearbeitbaren Datensätze nicht derjenigen des Berichts. Dies liegt daran, dass das modale Formular eine eigene `select`-Anweisung an die Datenbank schickt, die nichts von der aktuellen Filterung des unterliegenden Berichts weiß. Um dies zu synchronisieren, könnten Sie den Filterwert des Berichts im Link zusätzlich an die Formularseite leiten und dort ebenfalls zum Filtern verwenden.

Bleibt die Frage, ob Änderungen an den Daten auch tatsächlich gespeichert werden, wenn Sie auf die neu geschaffenen Schaltflächen klicken. Dass dies so sein sollte, können wir uns klarmachen, wenn wir die zeitlichen Abläufe beim Klick auf die Schaltfläche `EDIT_NEXT` durchdenken. Zunächst werden durch APEX eventuelle Berechnungen und Validierungen der Benutzereingaben angestoßen. Das ist, wie wir wissen, ein AJAX-Prozess, die eigentliche Seite wartet mit dem Absenden, bis ein positives Ergebnis der Validierung vorliegt.

Dann werden die Benutzereingaben verarbeitet, und genau dieser Prozess speichert die Änderungen in der Datenbank. Nun käme das Schließen des modalen Fensters, doch wird dieser Prozess nicht ausgeführt, weil er an andere Schaltflächen gebunden ist. Stattdessen wird eine der beiden Verzweigungen berechnet, abhängig davon, welche Schaltfläche geklickt wurde, und die Seite mit neuem Primärschlüsselwert erneut gerendert.

Testen wir die Seite, stellen wir jedoch fest, dass die Prozesse aufgerufen werden und alles abläuft wie geplant, die Daten aber nicht gespeichert werden. Uns fehlt noch ein wichtiges Detail. Betrachten wir die Schaltflächen `DELETE`, `CREATE` und `SAVE`, die der Assistent für uns eingerichtet hat, stellen wir fest, dass alle einen Eintrag im Attribut VERHALTEN • DATENBANKAKTION aufweisen, jeweils passend zur Aktion, die die Schaltflächen in der Datenbank triggern sollen. Diese Einstellung fehlt für unsere Navigationsschaltflächen, daher weiß der Seitenprozess nicht, was er für uns tun soll. Stellen Sie die Datenbankaktion beider Schaltflächen auf den Wert `SQL UPDATE-Aktion`, um die Änderungen zu speichern. Nun sollte alles funktionieren.

10.1.4 Optionen der Formularfelder

Die Seitenelemente, die der Bearbeitung der Daten dienen, sind durch den Assistenten bereits weitestgehend vorbereitet. Natürlich sind einige Optimierungen nicht automatisch möglich, wie etwa die korrekte Benennung der Seitenelemente auf der Oberfläche. Wichtiger als diese kosmetischen Dinge ist es aber, für Fremdschlüsselelemente entsprechende Auswahllisten anzubieten, die Breite der Darstellung sowie die Anzahl der maximal möglichen Zeichen pro Seitenelement einzustellen und vergleichbare Aufgaben.

Wir haben die meisten dieser Arbeitsschritte bereits in unserer ersten Beispielanwendung durchgeführt, daher möchte ich diese Arbeiten nicht noch einmal erläutern. Stattdessen sehen wir uns die Optionen an, die gerade bei Formularfeldern häufig verwendet werden.

Typ des Formularfelds festlegen

Die wichtigste Entscheidung, die Sie bezüglich der Eingabefelder treffen müssen, ist, welchen Typ Sie benötigen. Sie haben hier die Wahl zwischen:

- Elementtypen zur Eingabe großer Textmengen, etwa dem `Textbereich`, dem `Rich Text-Editor` oder einen `Markdown-Editor`. Beachten Sie, dass Textfelder mit relativ großer Breite automatisch als Textbereiche dargestellt werden, was oft nicht gewünscht ist. Dies können Sie hier ändern.
- Elementtypen zur Eingabe »normaler« Texte wie Bezeichner, Namen und Ähnliches. Hier bietet sich der Typ `Textfeld` als Standard an, für Passworteingabe der Elementtyp `Kennwort`, es kann aber auch ein `Zahlenfeld` eingerichtet werden, das beim Verlassen (der Seite) prüft, ob gültige Zahlen eingefügt wurden.
- Elementtypen zur Eingabe spezieller Datumstypen, wie eine `Datumsauswahl`, ein Schalter für boolesche Werte (in der deutschen Übersetzung etwas unglücklich `Wechseln` genannt), eine `Farbauswahl`, ein Dateiladedialog zum Laden von binären Daten, eine `Sternbewertung` für Ratings oder gar eine `GeoCode-Adresse`.
- Elementtypen für listenorientierte Eingaben. Hier kommen Auswahllisten, Kontrollkästchen, Optionsgruppen, Auto-vervollständigen-Elemente und viele andere in Betracht.
- Elementtypen zur reinen Visualisierung von Daten. Neben der bereits bekannten Option `Nur anzeigen` stehen weitere Elementtypen bereit, etwa `Bild anzeigen` oder `Karte anzeigen`, um Geoadressen in einer eingebetteten Karte zu visualisieren.

Die Vielzahl der Möglichkeiten kann einen zu Beginn ein wenig ratlos zurücklassen, doch gibt sich das schnell. Insbesondere wenn Sie einen Blick auf die Beispielanwendung <Universal Theme Reference> werfen (beachten Sie stets, diese Anwendung in ihrer aktuellen APEX-Version anzusehen), wird schnell klar, wofür welche Eingabeelemente gedacht sind. Die Seite <Universal Theme Reference> • Components • Forms ist sehr hilfreich, das letzte Beispiel, `Region with Items`, zeigt eine gute Auswahl verschiedener Elementtypen. Rechts neben diesem Beispiel können Sie die Darstellung dynamisch über Template-Optionen verändern und so ein Gefühl für die optischen Möglichkeiten entwickeln. Diese Anwendung zeigt zudem für die meisten Elementtypen eine eigene Anwendungsseite mit Anwendungsbeispielen.

Validierungen einrichten

Alle Formularfelder (zum Teil mit Ausnahme der ausgeblendeten Felder) bieten Validierungsmöglichkeiten in der Attributgruppe Validierung. Die Möglichkeiten sind nicht so weitgehend, wie man hoffen möchte. Oft spüre ich die Erwartungshaltung, dass Benutzereingaben durch den Browser unmittelbar validiert werden können sollten. Leider gibt es hierfür aber noch keinen in HTML definierten Standard, und das nicht ohne Grund: Die Validierung von Benutzereingaben ist ein wirklich weites Feld, viele kulturspezifische Fragen sind zu berücksichtigen, ebenso Fragen zur Allgemeingültigkeit bestimmter Validierungen. Daher ist dieses Feld weitgehend unbeackert und obliegt der Programmierung durch den Entwickler.

Was allerdings vorhanden ist, sind einige grundlegende Einstellungen. So wird über das Attribut VALIDIERUNG • WERT ERFORDERLICH ein- oder ausgeschaltet, ob ein Seitenelement `NULL` sein darf oder nicht. Dieses Attribut wird, falls APEX einen entsprechenden Constraint in der Datenbank erkennt, durch den Assistenten automatisch gesetzt und hat zur Folge, dass beim Speichern eine entsprechende Warnmeldung ausgegeben wird. Ich bin kein großer Freund dieser automatischen Meldung, zumal sie sehr schwer zu unterdrücken ist, falls diese Pflicht nicht in jedem Fall durch die Oberfläche durchzusetzen ist. Zudem ist die Anpassung des Meldungstextes nicht wirklich intuitiv (und nur generisch für die Anwendung möglich). Sie können das anders halten, ich ersetze aber diesen Schalter lieber durch entsprechende Validierungen auf der Seite, bei denen ich den Meldungstext dann im Attribut FEHLER • FEHLERMELDUNG der Validierung angeben kann.

10

Eine zweite Möglichkeit besteht in der Beschränkung der Länge eines Eingabefeldes auf eine gewisse Zeichenzahl durch das Attribut VALIDIERUNG • MAXIMALE LÄNGE. Dieses Attribut ist bei einigen Eingabefeldtypen nicht vorhanden, zum Beispiel bei einer Auswahlliste, weil dort die Eingabelänge nicht sinnvoll beschränkt werden kann, da ja nur vordefinierte Werte verwendet werden können. Dieses Mittel ist zwar recht grob, sollte aber nicht ignoriert werden, da es die Eingabe von unsinnigen Daten von vornherein verhindern kann. Ist eine Kontonummer zum Beispiel immer achtstellig, würde eine Einschränkung auf 8 Zeichen die Eingabe weiterer Zeichen bereits im Browser verhindern und weitere Eingaben schlicht ignorieren. Das war es aber auch schon, was deklarativ möglich ist.

[!]

Merke

Diese offensichtliche Schwäche wurde APEX schon oft angelastet, aber das ist nicht wirklich fair. Die Komplexität macht eine generische Lösung des Problems schwierig. Es existieren zwar Frameworks, die eine solche Validierung clientseitig lösen können, doch ist das nur die halbe Miete, denn diese Validierungen können einfach umgangen werden und müssten noch eine Entsprechung in der Datenbank haben, damit sie wirklich als Validierung bezeichnet werden können. Später im Buch werden wir unterschiedliche Strategien, dieses Problem anzugehen, kennenlernen.

Layout kontrollieren

Zu den Aufgaben der Layoutkontrolle gehören neben der korrekten Benennung vor allem die Anordnung der Elemente auf der Seite und die Entscheidung, welchen Stil die Beschriftung der Elemente haben soll. Das Grid-Layout spielt hier hinein, und dessen Möglichkeiten hatten wir separat in Abschnitt 6.2, »Das Layout kontrollieren«, bereits besprochen. Die Auswahl eines Templates für die Eingabeelemente ist durch den Assistenten bereits vorgegeben, aber nicht alternativlos. In neueren APEX-Versionen bevorzugt der Assistent die Integration des Labels in das Eingabeelement als »Floating Label«, es wird also im Eingabebereich gezeigt, zieht sich aber, wenn das Element einen Fokus erhält oder bereits Text enthält, in die linke obere Ecke zurück. Diese Form ist insbesondere für gemischte Anwendungen, die auf Desktop- und mobilen Plattformen laufen sollen, sinnvoll. »Klassischer« sind die Optionen, das Label links neben oder oberhalb des Eingabeelements anzuzeigen (wobei »links« hier relativ ist, weil APEX auch abweichende Schreibrichtungen unterscheiden kann und das Label rechts vom Eingabefeld dargestellt wird, wenn die Schreibrichtung von rechts nach links geht).

Neben dieser Entscheidung besteht noch die Möglichkeit, Pflichtfelder durch entsprechende Templates kenntlich zu machen. Auch diese Einstellung hat der Assistent bereits übernommen, wenn er denn diesen Constraint erkennen konnte. Oft müssen diese Einstellungen jedoch durch den Entwickler überarbeitet werden. Zum Layout gehört es auch, nur technisch erforderliche Eingabefelder bei Bedarf auszublenden.

Spezielle Attribute definieren

Die meisten Eingabefeldtypen bieten weitere Attribute im Attributbereich EINSTELLUNGEN an. Es wäre ermüdend, nun durch alle Optionen aller Eingabeelementtypen zu gehen, stattdessen werde ich auf entsprechende Möglichkeiten hinweisen, wenn sie im Kontext Sinn ergeben. Natürlich ist auch die Online-Hilfe zu diesen Eingabetypen aussagekräftig und erläutert die einzelnen Attribute recht gut. Daher möchte ich hier lediglich einige Beispiele vorstellen, die recht häufig verwendet werden:

Bei **Texteingabefeldern** ist es möglich, die Schreibweise zu definieren (Attribut EINSTELLUNGEN • GROSS-/KLEINSCHREIBUNG FÜR TEXT) sowie nicht gewünschte Leerzeichen am Anfang und Ende zu entfernen (Attribut EINSTELLUNGEN • LEERZEICHEN ABSCHNEIDEN).

[!]

Merke

Ein Attribut erinnert mich an ein merkwürdiges Verhalten von Browsern. Das Attribut EINSTELLUNGEN • NACH DRÜCKEN DER EINGABETASTE WEITERLEITEN sorgt, nun ja, genau dafür: Ist der Fokus in diesem Eingabefeld und wird die Eingabetaste gedrückt, führt dies zum Submit der Seite. Das allein wäre keine Anmerkung wert, existiert aber nur ein einziges Eingabeelement auf einem Webformular, so existiert ein Automatismus, der auch in diesen Fällen das Formular absenden wird, selbst wenn dieses Attribut nicht gesetzt ist.

Dieses Verhalten wird durch den Browser automatisch verursacht und ist wirklich nicht einfach zu unterbinden, sicher jedoch nicht ohne Programmierung.

Ausgeblendete Felder haben nur ein einziges Attribut in dieser Attributgruppe, dafür ein interessantes, das zu vielfältigen Problemen führen kann. Es ist möglich, ein ausgeblendetes Element zu schützen, und standardmäßig wird dies auch getan. Damit ist gemeint, dass der Wert des ausgeblendeten Feldes durch den Server mit einer Prüfsumme geschützt wird und daher durch die Anwendungsseite nicht geändert werden darf. Das ist im Regelfall auch gut so, damit diese Felder, die oft Primärschlüsselwerte und Ähnliches enthalten, nicht durch den Anwender manipuliert werden können.

Dynamische Aktionen werden aber oft so aufgebaut, dass sie das Ergebnis einer Prüfung oder einer Nebenrechnung in solchen ausgeblendeten Feldern speichern. Dynamische Aktionen werden bei bestehender Anwendungsseite aufgerufen und ändern daher diese Felder, während sie im Browser angezeigt werden. Dies allein ist kein Problem, aber wenn Sie die Seite anschließend absenden möchten, erhalten Sie Fehlermeldungen, die durch diese Änderung eines geschützten Elements ausgelöst werden. In solchen Fällen muss der Schutz dieser Elemente abgeschaltet werden.

Bei der **Datumsauswahl** lässt sich ein Minimal- und Maximaldatum vorgeben. Diese Attribute steuern vor allem die Visualisierung der Datumsauswahl auf der Oberfläche, validieren die Eingaben jedoch auch gegen die tatsächlich vorhandenen Daten. Die Rahmendaten können entweder statisch eingegeben oder über ein meistens ausgeblendetes, anderes Seitenelement vorgegeben werden. Diese Elemente haben dann wieder die Möglichkeit, Ausdrücke zu verwenden, sodass die Berechnung dynamisch erfolgen oder auch über die `select`-Abfrage des Formulars berechnet werden kann.

Datumsfelder haben weitere Einstellmöglichkeiten, die global unter <Gemeinsame Komponenten> • Komponenteneinstellungen • Datumsauswahl editiert werden, lokal aber auch übersteuert werden können. Hierzu dient der Schalter Einstellungen • Standardwerte verwenden.

Für **Auswahllisten** ist die wichtigste Option, das Verhalten bei einer Änderung festzulegen. Auswahlfelder werden häufig zur Filterung von Berichten genutzt, daher ist es nicht ungewöhnlich, »etwas zu tun«, wenn sich die Auswahl ändert. Interessanterweise existiert eine gewisse Uneindeutigkeit diesbezüglich zwischen Schaltflächen und Auswahllisten. Wenn nämlich nichts getan werden soll, gilt das bei Schaltflächen als so ungewöhnlich, dass dort die Option Verhalten • Aktion • `Von dynamischer Aktion definiert` gewählt werden muss, während Auswahllisten in diesem Fall einfach Einstellungen • Seitenaktion bei Auswahl • `None` festlegen. Ansonsten bestehen die gleichen Optionen, Seiten können abgesendet oder auf unterschiedliche Weise weitergeleitet werden.

Interessant, aber nicht ganz unproblematisch, ist die Option, bei einer Auswahlliste durch den Schalter Einstellungen • Mehrfachauswahl zulassen mehrere Einträge auswählbar zu machen. Problematisch ist daran, dass nun der Wert der Auswahlliste alle zurückgelieferten Schlüsselwerte, separiert durch Doppelpunkte, umfassen wird. Damit kann ein generischer Verarbeitungsprozess in der Regel nicht umgehen, es sei denn, Sie ließen in der Tabelle die gleiche Schlüsselliste zu.

Schalter, unglücklich als **Wechseln** übersetzt, bieten die Möglichkeit, von den Komponenteneinstellungen abweichende Werte als `Wahr` bzw. `Ein` zu interpretieren.

10.1.5 Validierung von Formularregionen

Bei der Validierung von Eingaben in einer Formularregion sollten Sie die deklarativen Möglichkeiten nutzen, die wir schon in der Beispielanwendung verwendet hatten. Es gibt eine kleine Falle, die Sie umgehen müssen: Das Attribut VALIDIERUNG • EDITIERBARE REGION sollte leer bleiben und nicht auf die Formularregion zeigen, die auf der Seite vorhanden ist. Mir ist nicht klar, warum das nicht anders gelöst werden kann, aber wenn dort die Formularregion ausgewählt wird (die in der Auswahlliste angeboten wird), löst dies bei der Validierung einen Fehler aus. Dieses Attribut soll nur gesetzt werden, wenn das Formular ein editierbares Grid ist. Besonders klar sehen Sie dies an der Validierung `P5_EMP_EMAIL not null` auf <EMP> • <EMP_EDIT>. Wenn Sie hier die Formularregion auswählen, existiert die Validierung `Element ist NOT NULL` nicht mehr, sondern nur noch `Spalte ist NOT NULL`. Wählen Sie die »Spalte« `EMP_EMAIL`, erhalten Sie einen Fehler, weil angeblich der Datentyp nicht stimme. Das ist sehr unschön und ruft nach einer Überarbeitung durch das APEX-Entwicklerteam.

Ansonsten ist zu den Validierungen nicht viel zu sagen; implementieren Sie alle Prüfungen, die Sie benötigen. Denken Sie daran, dass auch Prüfungen durch serverseitige Bedingungen ausgeschaltet werden können, wenn sie zum Beispiel bei der Neuanlage von Datensätzen nicht ausgeführt werden sollen.

10.1.6 Verarbeitungsprozess

Die Optionen, die wir hier einstellen können, ergeben für eine No-Code-Anwendung keinen Sinn, sie dienen der Anpassung an Low-Code-Anwendungen. Der große Vorteil von APEX für die Formularverarbeitung in No-Code-Anwendungen besteht ja gerade darin, sich mit den Details der Verarbeitung nicht auseinandersetzen zu müssen. Behalten Sie daher die voreingestellten Attributwerte bei.

Daher bleiben in unserem Umfeld nur die Attribute der Gruppen ERFOLGSMELDUNGEN und FEHLER, die uns erlauben, eine Meldung zu hinterlegen, die im entsprechenden Fall angezeigt werden soll. Eine Besonderheit gilt hierbei für Erfolgsmeldungen, denn diese werden bei modalen Dialogen nicht dargestellt. Grund ist, dass die Erfolgsmeldung auf der Seite dargestellt wird, die unmittelbar anschließend geschlossen wird. Diese Meldung könnten Sie dennoch mit Gewinn nutzen, zum Beispiel in unserer Erweiterung aus diesem Kapitel, mit der wir zwischen den Datensätzen navigieren konnten, ohne den modalen Dialog zu schließen. Alternativ könnten Sie das direkte

Schließen des Dialogs verhindern oder an eine andere Schaltfläche binden. Die nahe liegende Erwartung, dass eine Erfolgsmeldung, die auf einem modalen Dialog ausgelöst wird, im Fall, dass der Dialog nicht mehr existiert, dann eben auf der auslösenden Seite dargestellt werden sollte, ist so aber nicht implementiert.

Wie der Hilfetext zu den Attributen Erfolgsmeldung/Fehlermeldung dokumentiert, stehen für die Meldungen Ersetzungsanker mit der Anzahl der jeweils bearbeiteten Zeilen zur Verfügung. Das ist zunächst einmal ganz witzig, denn in einem Formular, das nur eine Zeile bearbeitet, erwarten wir hier keine interessanten Informationen. Komplexere Formulare bieten aber durchaus Anwendungsbereiche für diese Informationen.

Die Verarbeitung der Daten muss allerdings noch ein Problem angehen, das in webbasierten Anwendungen stets vorhanden ist: das Problem der Vermeidung von *Lost Updates*. Dieser Begriff wird uns noch im weiteren Verlauf des Buches beschäftigen, wenn wir die technische Seite stärker in den Vordergrund stellen. Ich möchte an dieser Stelle lediglich das grundsätzliche Problem erläutern und den Lösungsansatz, der durch die Standardeinstellungen der Attribute umgesetzt wird.

Das Problem besteht darin, dass Sie für ein Formular zu einem Zeitpunkt die Daten lesen, dann ändern und sie schließlich zu einem späteren Zeitpunkt wieder speichern. Wenn nun ein anderer Anwender ebenfalls den Datensatz anzeigt, ändert und speichert, kann es passieren, dass dieser Anwender Feldwerte überschreibt, die Sie gerade vorher geändert hatten. Weder Sie noch der andere Anwender bemerken hiervon etwas. Daran lässt sich grundsätzlich auch nur wenig ändern, denn das Lesen der Daten hinterlässt in der Datenbank keine irgendwie geartete Bearbeitungssperre, jeder andere Anwender ist frei darin, die Daten ebenfalls zu lesen. Selbst wenn Sie beim Lesen bereits wüssten, dass Sie die Daten ändern möchten, ändert dies nichts, denn eine eventuelle Bearbeitungssperre können Sie in einer Datenbank nur innerhalb einer Verbindung eines Benutzers zur Datenbank durchsetzen. Da APEX jedoch mehrere dieser Verbindungen hält und Sie nicht sicher sein können, die gleiche Verbindung zum Lesen und anschließend zum Speichern zu verwenden, ist auch diese Option verbaut.

Daher richtet APEX ein sogenanntes *optimistisches Sperren* ein. Darunter verstehen wir eine Strategie, die Daten nur dann in der Datenbank speichert, wenn sich diese seit dem Lesen der Daten nicht geändert haben. Wie APEX genau erkennt, dass sich die Daten geändert haben und wie genau dieses optimistische Sperren implementiert ist, spielt im Moment noch keine Rolle, wichtig ist lediglich, dass dies so gemacht wird. Verantwortlich hierfür sind die Einstellungen der Attribute <Prozessattribute> • Einstellungen • Verlorene Updates verhindern und Zeile sperren. Sind diese Attribute gesetzt, kümmert sich APEX um diese Themen. Nun kann die Situation, wie oben beschrieben, natürlich dennoch auftreten. Wie reagiert APEX nun? Beim optimistischen Sperren wird ein Fehler geworfen, wenn versucht wird, einen

Datenbestand zu speichern, der sich seit dem Lesen geändert hat. Diese Situation führt zu einer entsprechenden Fehlermeldung beim Speichern des Dialogs. Der einzige Ausweg aus dieser Situation, die eigene Programmierung verhindert, ist, die Daten neu zu laden und die Bearbeitung erneut durchzuführen.

10.2 Editierbare Grids

Ich hatte schon angedeutet, dass die Formular-Region und das editierbare Grid sich viele Eigenschaften teilen. Historisch ist das editierbare Grid älter, es ist seit Version 5.1 in APEX vorhanden und stellte eine Reaktion auf den Wunsch vieler Entwickler dar, einen leistungsfähigeren Ersatz für das *tabellarische Formular* zu erhalten, das vor dieser Version verwendet wurde.

10.2.1 Allgemeine Optionen

Im Gegensatz zum interaktiven Bericht hat das interaktive Grid ja den großen Vorteil, dass die Spaltenbreite nicht dynamisch berechnet werden muss und daher die Darstellung großer Datenmengen deutlich beschleunigt werden konnte. Ein ähnlicher Vergleich lässt sich zwischen dem tabellarischen Formular und dem editierbaren Grid ziehen, denn dort wurde in einer Tabelle für jede Zelle ein Eingabeelement angeboten, in dem die Bearbeitung der Daten vorgenommen wurde. Das editierbare Grid greift hier zu einem besonders listigen Kunstgriff: Es gibt nur ein Formular, das die Eingabefelder einer Zeile umfasst. Dieses Formular wird optisch über die Zeile verschoben, die bearbeitet werden soll und erlaubt dort das Editieren der Werte. Was zunächst einmal naheliegend klingt, hat im Hintergrund einen erheblichen Umbauaufwand nach sich gezogen. Ich möchte hier noch nicht zu sehr ins Detail gehen, aber die Daten eines editierbaren Grids (ebenso wie die einer Formularregion und der interaktiven Grids) werden in einer internen Datenstruktur (dem *Model*) gespeichert und dort auch geändert. Alles ist ein wenig indirekter geworden, doch hat dieser »Umweg« den großen Vorteil höherer Flexibilität und letztlich auch besserer Funktionalität. Denn ebenso wie das interaktive Grid eine Master-Detail-Funktionalität bietet, ist es mit dem editierbaren Grid mit den gleichen Mechanismen möglich, ein Master-Detail-Formular herzustellen. APEX kümmert sich im Hintergrund um alle dabei aufgetretenen Datenänderungen und berechnet, welche Zeilen auf welche Weise und in welcher Reihenfolge in der Datenbank gespeichert werden müssen. Sehr viel Funktionalität, die vor Ihnen als Entwickler verborgen bleibt, andererseits aber die Leistungsfähigkeit von APEX maßgeblich ausmacht.

Auch für mich als Autor dieses Buches erleichtert diese technische Grundlage die Besprechung des editierbaren Grids, denn alles ist so, wie Sie es schon kennen. Das Einzige, was Sie machen müssen, ist, ein interaktives Grid editierbar zu schalten. Sie verwenden dafür den gleichen Schalter, der auch Formular-Regionen bereits editierbar schalten konnte. Sie haben die gleichen Attribute zur Kontrolle der erlaubten Aktionen, auch hier können Sie die erlaubten Aktionen mit einer `select`-Abfrage berechnen und somit datengetrieben machen. Es stimmen sogar die Validierungs- und Bearbeitungsprozesse überein, lediglich einen Initialisierungsprozess gibt es bei editierbaren Grids nicht, hier verhält es sich wie ein interaktives Grid. Es gibt über die Optionen des interaktiven Grids hinaus lediglich zwei weitere Attribute, die nur im Zusammenhang mit editierbaren Grids sinnvoll sind: In <Spezielle Regionsattribute> • Symbolleiste • Schaltfläche »Speichern« können Sie die Schaltfläche zum Speichern eines Datensatzes ausblenden. Gezeigt wird diese Schaltfläche nur bei editierbaren Grids, obwohl das Attribut auch bei interaktiven Grids vorhanden ist. Doch kann im Fall eines editierbaren Grids die Schaltfläche verborgen werden. Dies ist sinnvoll, wenn auf der Anwendungsseite bereits eine `Speichern`-Schaltfläche existiert, zum Beispiel bei Master-Detail-Formularen, die eine Formularregion und ein editierbares Grid kombinieren. Dann wäre das Vorhandensein zweier Schaltflächen für diesen Zweck sehr verwirrend.

Das zweite Attribut, <Spezielle Regionsattribute> • Symbolleiste • Label der Schaltfläche »Hinzufügen« erlaubt Ihnen, die Beschriftung der Schaltfläche zum Hinzufügen neuer Daten zu kontrollieren. Auch diese Schaltfläche wird nur bei editierbaren Grids angezeigt.

Beachten Sie bei der Validierung eines editierbaren Grids, dass das editierbare Grid im Attribut Validierung • Editierbare Region ausgewählt sein *muss*, damit die Zuordnung der Fehlermeldung und der Zugriff auf die Spaltendaten gelingen. Grund dafür ist, dass das editierbare Grid konzeptionell mehrfach auf einer Anwendungsseite eingesetzt werden kann, um Master-Detail-Formulare aufzubauen, die wir im nächsten Abschnitt besprechen werden. In diesen Situationen ist es insbesondere möglich, dass zwei Spalten in unterschiedlichen Grids die gleichen Bezeichner haben, daher ist eine Unterscheidung nur in Kenntnis des editierbaren Grids möglich, aus dem die Spalte stammt. Bei Formularregionen ist dies nicht möglich, weil der Name eines Eingabeelements auf der Seite eindeutig sein muss.

Auch bezüglich der Typen der Eingabefelder bestehen keine Unterschiede (mehr, beim tabellarischen Formular war das noch anders). Ich hatte bei der Besprechung des interaktiven Grids ja bereits darauf hingewiesen, dass allen Spalten die entsprechenden Feldtypen zugeordnet werden, obwohl das für eine Tabelle kaum Sinn ergibt. Hier jedoch ist klar, wofür wir dies benötigen. Ebenso wie bei einer Formularregion können Sie Auswahllisten, Kontrollkästchen und so weiter zum Editieren der Daten verwenden, selbst Markdown-Editoren sind möglich.

Bei diesen Möglichkeiten stellt sich die Frage, warum nicht alle Tabellen über ein editierbares Grid verwaltet werden, sondern zum Beispiel durch ein modales Fenster, das über dem Bericht angezeigt wird. Die Antwort ist zweigeteilt: Zum einen ist ein modales Fenster flexibler. Sie können Elemente ein- oder ausblenden, Pflichtfelder markieren und Nebenrechnungen anstellen. All das ist mit einem editierbaren Grid deutlich aufwendiger. Zum anderen müssen Sie die Entscheidung treffen, ob Sie dem Anwender eine solche Bedienung ermöglichen möchten. Es ist umstritten, ob ein Anwender in einer Webanwendung damit rechnet, Daten wie in einer Excel-Liste editieren zu können. Natürlich ist das Ansichtssache, Sie sollten sich aber für einen Weg entscheiden und sich klar werden, wann Sie diese Art der Benutzerführung akzeptieren möchten und ab wann Sie dem separaten Dialog den Vorzug geben.

Abschließend vielleicht noch eine Begriffsklärung: Bei APEX wird häufig der Begriff *interaktives Grid* und *editierbares Grid* verwendet. Beides bezeichnet allerdings das gleiche Konstrukt, es gibt keinen technischen Unterschied zwischen den beiden, die unterschiedlichen Bezeichner dienen lediglich der Unterscheidung der Funktionalität. Ein editierbares Grid, dem die Möglichkeit, die Daten zu bearbeiten, genommen wird, ist ein interaktives Grid und umgekehrt.

10.2.2 Bedienung des editierbaren Grids

Das editierbare Grid ist so ausgelegt, dass es als einzige Region auf einer Anwendungsseite verwendet werden kann. Dies bedeutet, dass Schaltflächen zum Speichern, aber auch zur Neuanlage von Daten, Teil der Darstellung sind. Um einen ersten Eindruck zu erhalten, gehen wir zu <EMP> • <REPORT> und schalten in der Region `Mitarbeiterbericht` das <SPEZIELLE REGIONSATTRIBUTE> • BEARBEITEN • AKTIVIERT ein. Speichern und starten Sie anschließend die Seite.

Für interaktives Grid 'Mitarbeiterbericht' ist keine Primärschlüsselspalte definiert; dies ist für die Bearbeitung oder in einer Master/Detailbeziehung erforderlich.

Wenden Sie sich an den Anwendungsadministrator.

Abbildung 10.6 Fehlermeldung beim Start des editierbaren Grids

Es erscheint eine Fehlermeldung, die uns darauf hinweist, dass die Region noch eine Primärschlüsselspalte benötigt. Auch diesbezüglich verhält sich das editierbare Grid also wie eine Formularregion, und ebenso wie dort wird eine Spalte auf gleiche Weise als Primärschlüsselspalte ausgezeichnet. Schalten Sie daher für die Spalte `EMP_ID` das Attribut QUELLE • PRIMÄRSCHLÜSSEL ein, und betrachten Sie die Seite erneut.

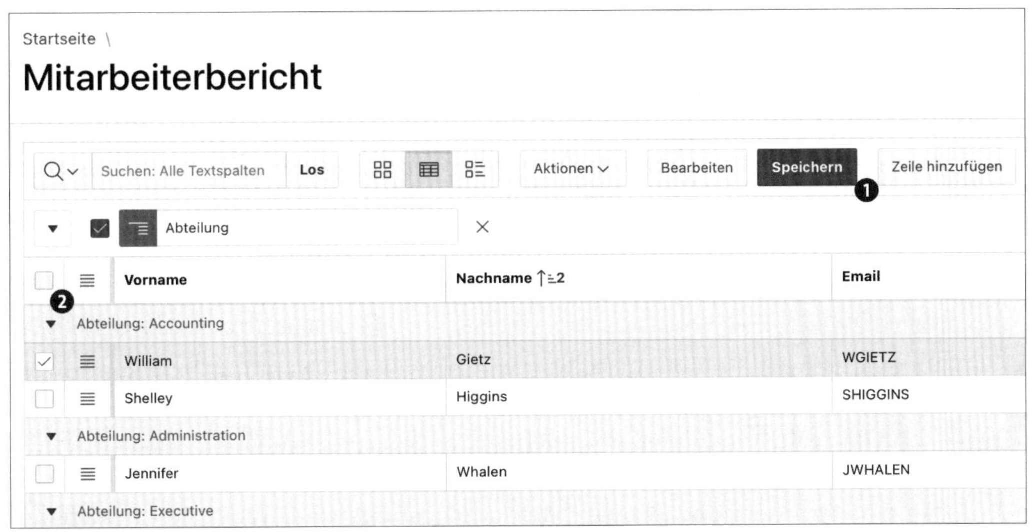

Abbildung 10.7 Bedienelemente des editierbaren Grids

Einerseits sind Schaltflächen hinzugekommen (❶ in Abbildung 10.7), die den Bearbeitungsmodus aktivieren oder deaktivieren können sowie Änderungen speichern oder neue Zeilen hinzufügen können. Zudem erkennen wir zwei neue Spalten (❷ in Abbildung 10.7). Die erste Spalte stellt ein Kontrollkästchen zur Verfügung, mit dem mehrere Zeilen ausgewählt werden können. Diese Funktion dient dazu, Zeilen zu kennzeichnen, für die anschließend eine Aktion ausgeführt werden soll, zum Beispiel, die Zeilen zu löschen. Die zweite Spalte stellt ein Kontextmenü bereit, mit dem weitere Funktionen bezüglich der ausgewählten Zeile aufgerufen werden können.

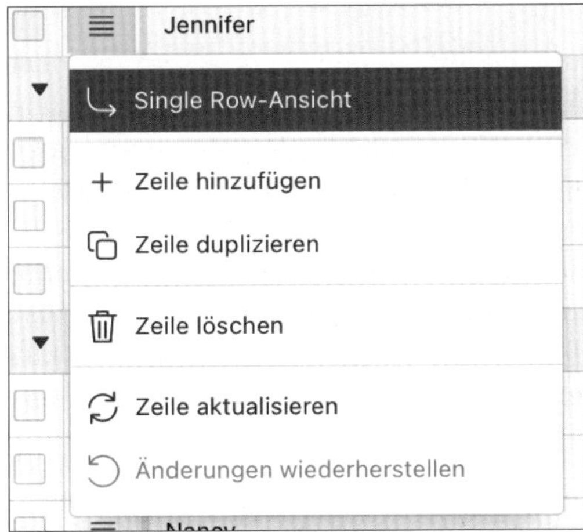

Abbildung 10.8 Kontextmenü einer Zeile des editierbaren Grids

Abbildung 10.8 zeigt dieses Kontextmenü. Die Single Row-Ansicht stellt eine Zeile ähnlich dar, wie das eine Formularregion tun würde, ohne dass dies jedoch eine separat zu editierende Darstellung wäre. Es handelt sich um eine fest eingebaute, alternative Darstellung ohne separate Funktionalität. Schalten Sie das editierbare Grid in diesen Modus, wird die Schaltfläche BERICHTSANSICHT eingeblendet, mit der Sie diesen Modus wieder verlassen können. Die Daten können jedoch auch in dieser Ansicht editiert werden.

Die anderen Menüeinträge erläutern ihre jeweilige Funktionalität auch ohne weitere Besprechung.

Zumindest die Spalte zum Auswählen von Zeilen kann durch Attribute kontrolliert werden. Wenn Sie das editierbare Grid im Page Designer ansehen, sehen Sie die zusätzlichen Spalten mit den Bezeichnern APEX$ROW_SELECTOR und APEX$ROW_ACTION. Sie erinnern sich vielleicht noch an die Spalte APEX$_ROW_STATUS, mittels derer übermittelt wurde, ob ein Insert, Update oder Delete durchgeführt werden soll. Diese beiden weiteren Spalten ordnen sich also in dieses Benennungsschema ein. In den <SPALTENATTRIBUTEN> der Spalte APEX$ROW_SELECTOR haben Sie die Möglichkeit, die Mehrfachauswahl an- oder abzuschalten, das Kontrollkästchen im Spaltenheader ein- oder auszublenden oder die Spalte vollständig zu entfernen. Ähnliche Attribute finden sich für die Spalte APEX$ROW_ACTION nicht, doch bleibt natürlich die Möglichkeit, diese Spalte über eine serverseitige Bedingung zu unterdrücken, falls Sie dies benötigen.

Im Überschriftbereich dieser beiden neuen Zeilen werden die gleichen Eingabeelemente angezeigt, haben dort aber eine leicht unterschiedliche Funktion. Ein Klick auf das Kontrollkästchen wählt alle Zeilen des Berichts aus, während das Kontextmenü Befehle für alle ausgewählten Zeilen bereitstellt, sowie Funktionen, die nicht an eine ausgewählte Zeile gebunden sind.

Der Befehl In Zwischenablage kopieren funktioniert auf einigen Browsern nur über Tastaturkürzel. Doppelte Zeilen ist sehr unglücklich übersetzt, gemeint ist Dupliziere Zeilen, damit werden eine oder mehrere neue Zeilen angelegt, die die gleichen Daten wie die gewählte oder die gewählten Zeilen enthalten. Der Befehl Nach unten kopieren gilt für mehrere Zeilen und kopiert die Werte der ersten Zeile identisch in die anderen, darunter ausgewählten Zeilen. Füllen belegt alle Attribute der gewählten Zeilen mit einem frei bestimmbaren Wert, der bei Auswahl dieses Befehls abgefragt wird. Ob diese beiden Befehle so unfassbar wichtig sind, lasse ich einmal dahingestellt. Zeilen löschen wiederum ist wichtig, er entfernt alle ausgewählten Zeilen auf einmal.

Bleiben die beiden Befehle Zeilen aktualisieren und Änderungen wiederherstellen. Während der erste Befehl noch tut, was er sagt, ist der zweite Befehl wieder sehr missverständlich formuliert, denn er stellt keine Änderungen wieder her, sondern widerruft durchgeführte Änderungen an den ausgewählten Spalten, macht also genau das Gegenteil.

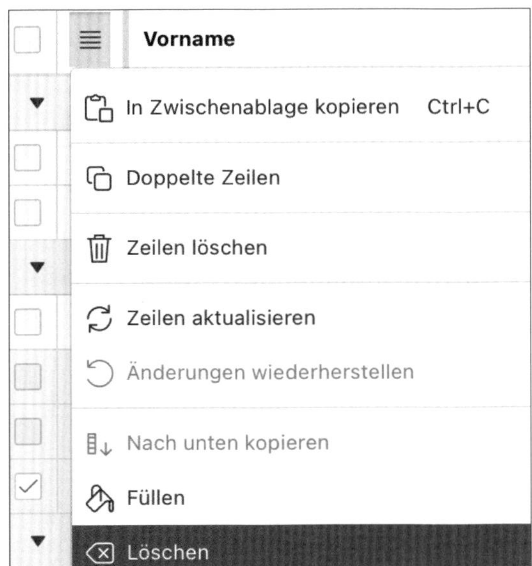

Abbildung 10.9 Kontextmenü für das gesamte editierbare Grid

Die Befehle dieses Bereichs finden sich zudem noch im Aktionsmenü unter dem Eintrag <AKTIONEN> • AUSWAHL. Dieses Menü existiert zwar auch im interaktiven Bericht, hat dort jedoch nur die Einträge, die sich nicht auf die Bearbeitung von Datensätzen beziehen.

10.2.3 Validierung eines editierbaren Grids

Im Grunde verhält sich ein editierbares Grid auch bezüglich der Validierungen wie eine Formularregion. Es existieren jedoch auch einige kleine Unterschiede und etwas mehr Verwirrungspotenzial, weshalb wir uns die Möglichkeiten einmal genauer ansehen sollten.

Damit eine Validierung Zugriff auf Daten des editierbaren Grids erhält, muss dieses in der Validierung angesprochen werden, da bei mehreren editierbaren Grids die Spaltenbezeichner identisch sein könnten. Die einzelnen Werte werden anschließend einfach über den Spaltennamen referenziert, weil keine Seitenelemente mit dem Seitenpräfix `Pn_` vorhanden sind. In Validierungen, die deklarativ auf der Seite eingerichtet werden, referenzieren Sie den Wert über die Doppelpunkt-Notation, also zum Beispiel `:EMP_ID`, um den Wert der Spalte `EMP_ID` der aktuell bearbeiteten Zeile zu referenzieren.

In unserem Beispielformular auf der Seite <REPORT> gibt es wenig Möglichkeiten für Validierungen, da der Bericht nur wenige Spalten umfasst und keine Schlüsselwerte. Möchten Sie also mit den Validierungen experimentieren, können Sie sich gern ein editierbares Grid auf einer entsprechenden View anlegen, oder Ihnen reicht das Beispiel aus Abbildung 10.10 für die grundsätzliche Arbeitsweise dieser Validierungen.

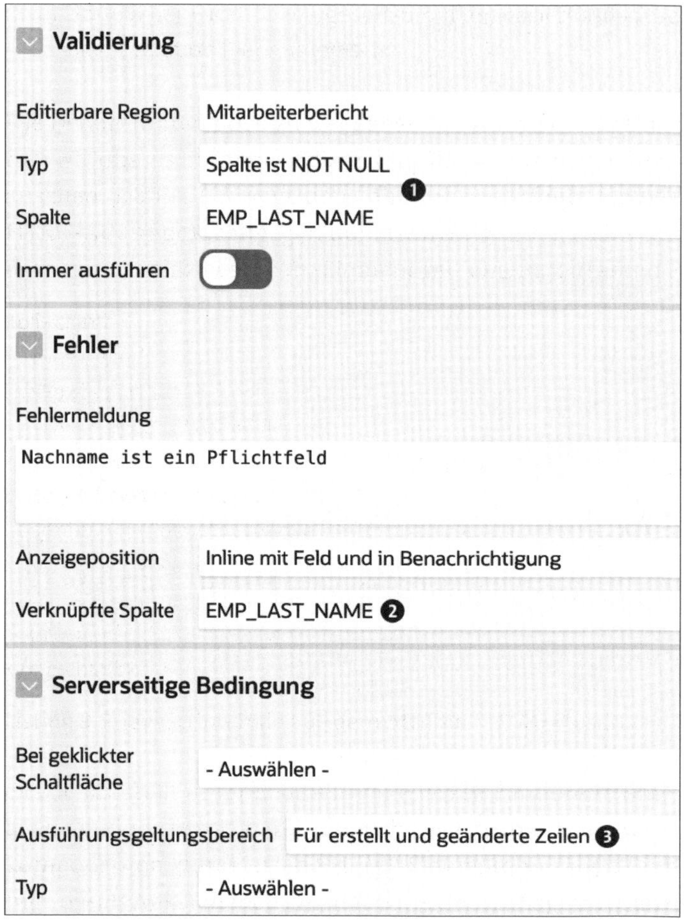

Abbildung 10.10 Beispiel einer Validierung für ein editierbares Grid

Wir können zwei Validierungen einfügen und haben außerdem noch einen interessanten Fall für die Verarbeitung, wenn wir mit dem editierbaren Grid auf der Seite <REPORT> arbeiten. Zunächst können wir die Spalte `Nachname` zu einer Pflichtspalte machen, indem wir die Validierung aus Abbildung 10.10 anlegen. Dieses Beispiel ist recht einfach, es wird der Typ der Bedingung und die Spalte, auf die sich die Validierung bezieht, festgelegt (❶ in Abbildung 10.10), ein Meldungstext eingegeben und festgelegt, an welcher Spalte die Fehlermeldung angezeigt werden soll (❷ in Abbildung 10.10).

Derzeit existiert noch ein Attribut, das für Verwirrung sorgt. Es handelt sich um das Attribut <REGIONSATTRIBUTE> • SERVERSEITIGE BEDINGUNG • AUSFÜHRUNGSGELTUNGSBEREICH (❸ in Abbildung 10.10). Obwohl das vorstellbar ist, sorgt nicht der Bezeichner des Attributs für Verwirrung, sondern die möglichen Werte. Dort wird unterschieden zwischen den Optionen `Für erstellte und geänderte Zeilen` und `Alle weitergeleiteten Zeilen`. Was soll das? Die Antwort lautet, zumindest derzeit: nichts. Eigentlich soll das Attribut entscheiden, ob Zeilen, die durch die Kontrollkästchen vor der Zeile ausgewählt wurden, an die Datenbank zur Bearbeitung geschickt werden oder nur die Zeilen, die tatsächlich geändert, gelöscht oder neu erstellt wurden, unabhängig davon, ob sie ausgewählt wurden. Doch ist dies ein derzeit noch nicht implementiertes Feature, es werden ausschließlich geänderte, gelöschte oder neu erstellte Zeilen verarbeitet. Es ist unglücklich, dass diese Option (nun schon seit Version 5.1) vorhanden ist, aber nichts tut, aber so ist es. Der Vorgänger des editierbaren Grids, das tabellarische Formular, hatte eine entsprechende Funktionalität, daher wollte man wahrscheinlich etwas Ähnliches auch für das editierbare Grid anbieten.

Die zweite Validierung, die wir verwenden könnten, prüft, ob eine Mailadresse bereits (für einen Kollegen) in Gebrauch ist. Hierfür erstellen wir eine Validierung des Typs `Keine Zeilen zurückgegeben`. Dieser Validierungstyp erwartet eine `select`-Anweisung, die keine Zeile finden darf. Tragen Sie die `select`-Anweisung aus Listing 10.1 ein.

```
select null
  from hr_employees
 where emp_email = :EMP_EMAIL
   and (emp_id != :EMP_ID or :EMP_ID is null)
```

Listing 10.1 select-Anweisung zur Prüfung eindeutiger Mailadressen

Es mag Ihnen seltsam vorkommen, dass ich hier den Wert `NULL` zurückgeben lasse. Sie können hier zurückgeben, was Sie mögen, es spielt keine Rolle, denn es wird nur sichergestellt, dass keine Zeile zurückkommt, die zurückgegebenen Werte werden nicht berücksichtigt. Daher dokumentiere ich mir dieses Verhalten durch diesen Rückgabewert. Die Logik besteht darin, die eingegebene E-Mail für einen anderen Mitarbeiter zu finden, oder, wenn eine Neuanlage vorliegt, für irgendeinen Mitarbeiter. Wäre die Spalte `EMP_ID` `NULL`, würde niemals eine Zeile gefunden, denn kein Wert ist gleich oder ungleich `NULL`, daher müssen wir diesen Fall separat abfragen.

Sie mögen einwenden, dass die Spalte doch einen `Unique`-Constraint besitzt und es von daher nicht möglich ist, eine bereits existierende E-Mail-Adresse in die Datenbank einzufügen, doch ist der Sinn der Validierung, diesen Fall vor dem Schreiben in die Datenbank abzufangen und mit einer sprechenden Fehlermeldung zu belegen. Fehlt diese Validierung, wird die Seite verarbeitet, und der Verarbeitungsprozess bricht mit einer »unkontrollierten« Fehlermeldung ab.

Apropos Verarbeitung der Daten: Sind alle Validierungen erfolgreich ausgeführt, werden die Daten nicht in die Tabelle geschrieben, sondern es wird eine Fehlermeldung ausgegeben, wie in Abbildung 10.11 zu sehen.

Abbildung 10.11 Fehlermeldung beim Verarbeiten des editierbaren Grids

Diese Fehlermeldung rührt daher, dass die View, die dem editierbaren Grid zugrunde liegt, Joins enthält. Diese sind für die Darstellung des Berufs- und Abteilungsnamens erforderlich. Natürlich können wir dieses Problem durch eine geänderte View lösen, aber ich möchte anhand dieses Problems noch einen zweiten Weg zeigen, den ich in Abschnitt 10.1.2 bereits kurz angesprochen hatte: Der Seitenverarbeitungsprozess kann keine Datenänderungen auf komplexen Views vornehmen, weil die Datenbank nicht weiß, wohin mit den Spaltenwerten `Beruf` und `Abteilung`. Wir können an diesem Beispiel einmal die Option durchspielen, diese Zeilen für die Bearbeitung zu ignorieren. Zudem werde ich die Verarbeitung so ändern, dass unsere View überhaupt nicht mehr angesprochen wird. Im ersten Schritt muss das Attribut <Spaltenattribute> • Quelle • Nur Abfrage für die Spalten `EMP_JOB_NAME` und `EMP_DEP_NAME` angeschaltet werden. Sie machen hiermit klar, dass diese Daten bei der Verarbeitung der Zeile nicht berücksichtigt werden sollen. Obwohl diese Einstellung schon ausreichen würde, um das Formular verarbeiten zu können, ändern wir im Verarbeitungsprozess des editierbaren Grids noch das Attribut <Prozessattribute> • Einstellungen • Zieltyp • `Table / View` und geben im entsprechenden Attribut Tabellenname den Wert `HR_EMPLOYEES` ein. Durch diese Änderungen umgehen wir die komplexe View bei der Verarbeitung komplett und weisen den Seitenverarbeitungsprozess an, direkt in die Basistabelle zu schreiben. Da die Spalten, die dort nicht vorhanden sind, ausgeschlossen wurden, funktioniert nun alles wie gewünscht.

Ich hatte bereits angemerkt, dass mir dieses Verfahren nicht recht sympathisch ist, da es den einfachen Weg, den wir bislang beschritten hatten (eine View stellt die Daten der Seite zur Verfügung, und ein Standardprozess schreibt die Daten weg), verlassen. Ich plädiere daher für die Option, für diesen Bericht eine passgenauere View zu erstellen und die Spalten `Beruf` und `Abteilung` als Auswahllisten zu implementieren. So würde der entsprechende Wert dargestellt, wäre im Formular änderbar, und die Standardprozesse funktionierten wieder.

10.3 Master-Detail-Formular

Das grundlegende Verhalten zur Einrichtung eines Master-Detail-Berichts hatte ich bereits in Abschnitt 8.2.4, »Master-Detail-Berichte«, erläutert. Technisch ist eine solche Koppelung nicht anders zu lösen als die Verbindung zweier interaktiver Grids, es muss im Master eine Primärschlüsselspalte vorhanden sein, was bei Formularen und editierbaren Grids ohnehin immer erforderlich ist, und diese muss durch das Detailformular referenziert werden. Hinsichtlich der Struktur dieser voneinander abhängigen Formulare bestehen keine Einschränkungen, sie können als Master-Detail-Formular angelegt werden, aber auch mehrere Hierarchieebenen oder Detailformulare umfassen.

10.3.1 Speicherung der Daten in der Datenbank

Daraus ergeben sich interessante Konsequenzen hinsichtlich der Pflege und Verwaltung der Daten. Nehmen wir an, Sie wählen einen Master-Datensatz und ändern einige Detailinformationen, speichern die Änderungen aber noch nicht. Nun wählen Sie einen weiteren Master-Datensatz und sehen dessen Detailinformationen ein. Navigieren Sie nun zum ersten Master-Datensatz zurück, erwarten Sie, dass die von Ihnen gemachten Datenänderungen wieder angezeigt werden, obwohl das editierbare Grid die Detaildaten des anderen Masterdatensatzes angezeigt hat. Und genau so funktioniert es auch. Damit das geht, müssen die Daten in der Zwischenzeit irgendwo gespeichert worden sein. Und dies ist letztlich der Grund, warum die Daten im Model und damit im Arbeitsspeicher des Browsers vorgehalten werden und nicht einfach in den Eingabeelementen auf der Anwendungsseite. Durch diese lokale Dateninsel ergeben sich weitere Vorteile:

- Änderungen können widerrufen werden.
- Es ist nur ein Formular für eine Zeile des Detaildatensatzes erforderlich, der über die jeweils zu bearbeitende Zeile geschoben werden und die dortigen Daten anzeigen kann.
- Daten können bei Bedarf nachträglich geladen werden (*lazy loading*), um die Performanz der Anwendungsseite zu erhöhen.

Die Herausforderung, mit den Änderungen der Daten in korrekter Weise umzugehen und diese in die Datenbank zu speichern, ist zum Glück keine Herausforderung für Sie als Entwickler, sondern für das APEX-Entwicklerteam, und diese Herausforderung wurde auch gelöst. Allerdings bleiben einige Fragen, die nicht nur auf eine Weise technisch gelöst werden können.

Auf der Anwendungsseite <DEPT_OVERVIEW>, unserem Abteilungsbericht, stellt die `Adresse` einen Master-Datensatz dar, der zwei Detailebenen, `Abteilungen` und `Mitarbeiter`, besitzt. Wird eine Adresse gewählt, werden alle Abteilungen und deren Mitarbeiter angezeigt. Was passiert aber nun, wenn wir diese Adresse löschen? Ob das Löschen dieser Zeile in der Datenbank möglich ist, wird durch die Definition der Fremdschlüssel-Constraints bestimmt, die standardmäßig das Löschen von Datensätzen mit Detaildatensätzen verbieten. Allerdings könnte der Fremdschlüssel so konfiguriert werden, dass beim Löschen des Master-Datensatzes alle Kinddatensätze ebenfalls gelöscht werden (kaskadierendes Löschen), oder so, dass in diesem Fall der Wert der Fremdschlüsselspalte auf `NULL` gesetzt wird (was kein Verstoß gegen den Fremdschlüssel darstellt, da nicht notwendigerweise ein Schlüsselwert angegeben werden muss).

Doch selbst wenn das Löschen eines Master-Datensatzes verboten ist, wenn noch Detaildatensätze vorhanden sind, bedeutet dies nicht, dass ein Löschen dieser Daten unmöglich wäre, es müssten lediglich zuerst die Detaildatensätze gelöscht werden, anschließend würde dann der Masterdatensatz löschbar. Wir sehen daran, dass man aus der Konfiguration der Fremdschlüssel in der Datenbank kein eindeutiges Verhalten für das editierbare Grid ableiten kann. Schlimmer noch: In einigen Datenmodellen werden überhaupt keine Fremdschlüssel verwendet, und auch in diesem Fall muss ein Master-Detail-Formular funktionieren. Wie also reagiert das editierbare Grid? Weil diese Situation nicht generisch entschieden werden kann, haben sich die Entwickler entschlossen, beim Löschen eines Master-Datensatzes stets auch alle Detaildatensätze zu löschen. Werden die Änderungen in der Datenbank festgeschrieben, würden zunächst die Detaildatensätze gelöscht (in unserem Beispiel, beim Löschen einer Adresse, sogar zunächst die Detail-Detail-Datensätze, also die Mitarbeiter, danach die Abteilungen), bevor letztlich der Master-Datensatz gelöscht wird. Wahrscheinlich ist dieses Verhalten so implementiert, weil man ja im Unterschied zum Löschen in der Datenbank unmittelbar visuell prüfen kann, ob Detaildatensätze vorhanden sind.

Dass sich die Daten auf diese Weise löschen lassen, ist natürlich nicht garantiert, denn die APEX-Anwendungsseite kennt nur die Beziehung der Daten, für die das Formular eingerichtet wurde. Bestehen in der Datenbank noch weitere Fremdschlüsselbeziehungen zu einer der Tabellen mit Masterdaten, die nicht durch das Formular verwaltet werden, werden diese das Löschen von Masterdaten verhindern, wenn die Fremdschlüssel entsprechend eingerichtet sind.

Umgekehrt verhält es sich, wenn eine neue Adresse und zu dieser direkt auch Abteilungen und Mitarbeiter erfasst werden. In diesem Fall muss zunächst die Adresse, dann müssen die Abteilungen und als Letztes die Mitarbeiter eingefügt werden.

Technisch gesehen werden die Seitenprozesse, die für jedes editierbare Grid eingerichtet wurden, in der entsprechenden Reihenfolge und einmal für jede betroffene Zeile aufgerufen. Die Verarbeitung der Daten erfolgt also zeilenbasiert und für jedes Formular einzeln.

10.3.2 Abweichende Einstellungen für Master-Detail-Formulare

Wie bereits beschrieben, umfassen die Symbolleisten der Formulare auch eine eigene Schaltfläche zum Speichern der Daten. Diese Schaltfläche sollte in Master-Detail-Formularen ausgeblendet und durch eine zentrale Schaltfläche auf der Anwendungsseite ersetzt werden. Eventuell ist es sinnvoll, die Ausführung der entsprechenden Seitenprozesse an das Klicken auf diese Schaltfläche zu binden, falls noch weitere Aktionen auf der Anwendungsseite möglich sein sollen.

Kapitel 11
Diagramme

Grafiken stellen einen wichtigen Teil der APEX-Umgebung dar. Sie dienen der optischen Visualisierung von Daten und helfen, komplexe Daten besser zu verstehen. Diese Kapitel gibt einen Überblick über die verschiedenen Formen und Einsatzbereiche.

Diagramme zu rendern, ist eine komplexe Aufgabe, die einen erheblichen Entwicklungsaufwand bedeutet. Daher ist es nicht verwunderlich, dass APEX diese Aufgabe nicht eigenständig neu entwickelt, sondern sich auf eine bestehende Plattform abstützt. Nach einigem Hin und Her, nicht nur innerhalb von APEX, sondern bei Webanwendungen allgemein, hat sich nun in den Browsern das hierfür eingerichtete HTML-Element `canvas` mit entsprechenden Möglichkeiten durchgesetzt. Viele unterschiedliche JavaScript-Frameworks verwenden dieses Element, um Diagramme darzustellen, und auch Oracle ist mit seinem Engagement *Oracle JET (Oracle JavaScript Extension Toolkit)* vertreten. Das APEX-Team hat sich letztlich für die Einbindung dieses Frameworks in APEX entschieden, denn es bietet neben seiner Leistungsfähigkeit einen entscheidenden Vorteil: Oracle garantiert eine gewisse Kontinuität bei der Entwicklung des Frameworks, die durch Open-Source-Projekte nicht immer gewährleistet ist. Da APEX, wie Oracle allgemein, jedoch Kunden bedient, deren Anwendungen über teils Jahrzehnte im produktiven Einsatz sind, ist diese Kontinuität von entscheidender Bedeutung.

Das größte Problem bei der Besprechung der unterschiedlichen Diagrammtypen sind deren Vielfalt sowie die überbordende Anzahl der einstellbaren Optionen. Und da ist APEX beinahe noch gnädig, denn es stellt nicht für alle möglichen Optionen ein Oberflächenelement zur Verfügung, sondern nur für die wichtigsten. Die zugrunde liegenden Diagrammtypen aus Oracle JET können noch wesentlich mehr, und all diese Optionen sind im Bereich Low Code auch erschließbar. Aus verständlichen Gründen kann ich daher keine erschöpfende Darstellung aller Optionen liefern. Gerade hier ist es wichtig, die Beispielanwendung <SAMPLE CHARTS> zurate zu ziehen, wenn Ihnen ein konkreter Diagrammstil, etwa ein Pareto-Diagramm, vorschwebt. Von diesen Diagrammtypen bietet die Beispielanwendung 23 unterschiedliche, daher sollte für jeden Bedarf eine Option existieren. Einen Einblick in die weitergehenden Optionen liefert *https://tinyurl.com/jetCharts*, ein »Kochbuch« für JET-Anwendungselemente.

Dort finden Sie unter CHARTS, DIAGRAMS und GANTT viele der Varianten, die das APEX-Team deklarativ verfügbar gemacht hat.

11.1 Grundsätzliche Bedienung

Die große Bandbreite täuscht ein wenig darüber hinweg, dass die Bedienung der meisten Charttypen ähnlich vonstattengeht: Typ auswählen, Daten im benötigten Format bereitstellen und Optionen festlegen. Damit wir dieses Prinzip verstehen, starte ich mit einem häufig genutzten Charttyp, dem *Barchart*, und erläutere die drei Schritte an diesem Beispiel etwas ausführlicher. Das Beispiel können Sie gern auf <SAMPLE CHARTS> • <ANWENDUNGSSEITE 9> nachvollziehen.

Auf dieser Anwendungsseite wird eine große Zahl Balkengrafiken gezeigt, die unterschiedliche Aspekte der JET-Grafiken erläutern. Sehen wir uns zunächst das Beispiel DEFAULT COLOR PALETTE an, denn hier werden die Grundeinstellungen deutlich (siehe Abbildung 11.1).

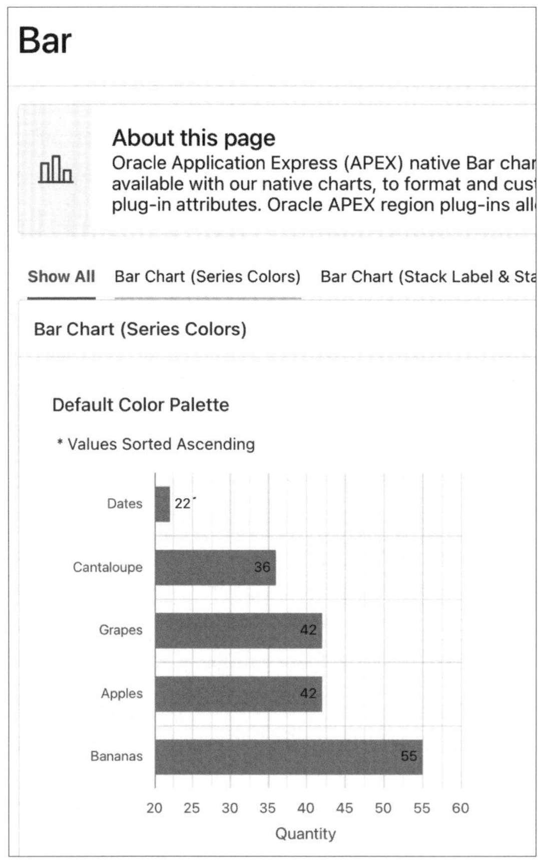

Abbildung 11.1 Default Bar Chart aus der Beispielanwendung

11.1.1 Regionstyp »Diagramm«

Die Region, die diese Grafik zur Verfügung stellt, ist vom Typ `Diagramm`. Wenn Sie die verschiedenen Regionstypen der Beispielanwendung untersuchen, werden Sie feststellen, dass hier eine deutlich größere Auswahl existiert als bei einer Standardanwendung. Dies ist dadurch bedingt, dass in dieser Anwendung einige Plugins installiert wurden, die in diesem Menü eingeblendet werden. Sie erkennen diese Regionstypen an der Erweiterung `[Plug-in]`.

Wenn wir uns die Attribute der Region durchsehen, fällt auf, dass diesem Diagramm keine Datenquelle besitzt, wie zum Beispiel ein Bericht. Das wäre nicht sinnvoll, weil typischerweise nicht nur eine `select`-Anweisung für das gesamte Diagramm, sondern jeweils eine `select`-Anweisung pro Datenreihe definiert werden muss. Daher benötigen wir weitere Attribute zur Erfassung dieser Datenreihen. Diese Attribute finden sich in zwei weiteren Ordnern unterhalb des Eintrags der Region im Elementbaum der Seite, REIHE und ACHSEN. Sehen wir uns diese Optionen etwas genauer an, bevor wir einen Blick auf die <SPEZIELLEN REGIONSATTRIBUTE> werfen, die uns genauere Einstellmöglichkeiten zur Darstellung des Diagramms bieten.

11.1.2 Datenreihen eines Diagramms

Da ein Diagramm mehrere Datenreihen gleichzeitig anzeigen kann, ist die `select`-Abfrage der entsprechenden Datenreihe hier festzulegen. Zudem ist aber pro Datenreihe noch einiges mehr einstellbar. Hier, wie auch bei den weiteren Optionen, ist es kaum möglich, alle Optionen in der Tiefe zu besprechen, es gibt einfach zu viele, zumal die verfügbaren Optionen vom Diagrammtyp abhängen können. Daher möchte ich eine Auswahl der wichtigsten Themen treffen.

Bereiche »Ausführungsoptionen« und »Quelle«

Zunächst kann die Reihenfolge der Darstellung mehrerer Datenreihen über das Attribut AUSFÜHRUNGSOPTIONEN • REIHENFOLGE eingestellt werden. Dann aber folgt die Definition der `select`-Abfrage über das Attribut QUELLE • TYP • SQL-ABFRAGE. Diese Attribute stellen wiederum eine »normale« Datenquelle dar, daher können alle Optionen, wie die Einbindung eines Webservices, hier eingestellt werden.

Interessant ist noch ein kurzer Blick auf das Attribut QUELLE • WEITERZULEITENDE SEITENELEMENTE, das, wie schon aus Berichten bekannt, aktuell eingetragene Werte der Oberfläche vor einer Aktualisierung des Diagramms in den Sessionstatus übernimmt, damit die `select`-Abfragen auf diesen Wert zugreifen können.

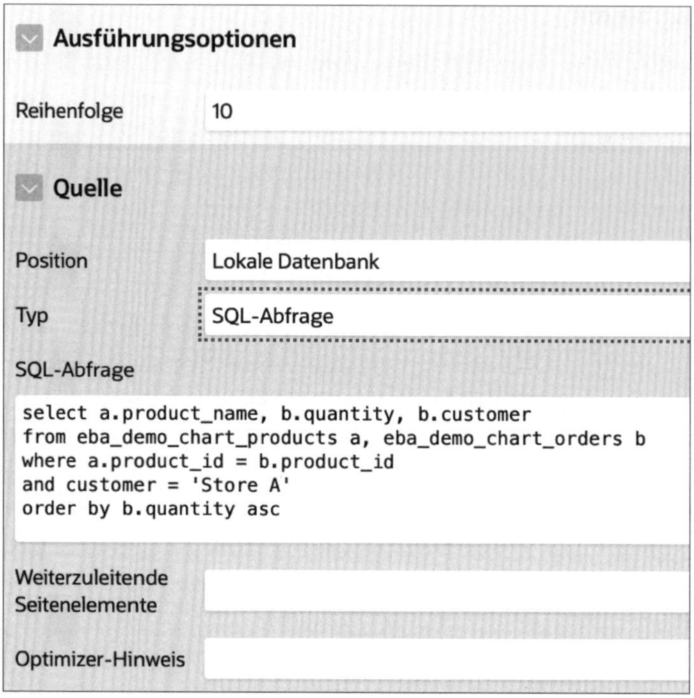

Ausführungsoptionen

Reihenfolge: 10

Quelle

Position: Lokale Datenbank

Typ: SQL-Abfrage

SQL-Abfrage

```
select a.product_name, b.quantity, b.customer
from eba_demo_chart_products a, eba_demo_chart_orders b
where a.product_id = b.product_id
and customer = 'Store A'
order by b.quantity asc
```

Weiterzuleitende Seitenelemente

Optimizer-Hinweis

Abbildung 11.2 Attribute der Bereiche »Ausführungsoptionen« und »Quelle«

Bereich »Spaltenzuordnung«

Die Spalten der `select`-Abfrage werden hier den verschiedenen Verwendungszwecken zugeordnet. Einige Verwendungszwecke sind selbsterklärend, wie zum Beispiel Spaltenzuordnung • Label, das den Bezeichner der Datenreihe im Diagramm angibt, oder Spaltenzuordnung • Wert, der den entsprechenden Wert angibt. Nicht eindeutig zu verstehen ist möglicherweise das Attribut Spaltenzuordnung • Datenreihenname, denn es definiert nicht den Namen der Datenreihe, sondern gibt ein Unterscheidungskriterium an, wenn aus einer `select`-Abfrage mehrere Datenreihen abgeleitet werden sollen. Dies ist möglich, indem für jede Datenreihe, die aus einer `select`-Abfrage abgeleitet werden soll, ein Attribut definiert wird, wie zum Beispiel die technische ID des Verkaufsgebiets. Für jedes Verkaufsgebiet werden dann Daten für jeden Monat des Jahres angeboten. Die Klartextnamen der Verkaufsgebiete sind dann als Bezeichner der Datenreihen wiederum im Attribut Spaltenzuordnung • Label anzugeben. Das Attribut Spaltenzuordnung • Z definiert Zusatzangaben zu einer Datenreihe, wie etwa die Spaltenbreite bei Balkendiagrammen oder die Größe einer Blase in Blasendiagrammen.

Die nächsten drei Attribute beziehen sich auf die *Quickinfos*, einer Art Tooltipp, die beim Überfahren einer Datenreihe angezeigt werden. Diese Quickinfos können sowohl für Datenpunkte, die Legende oder für die Achsenbeschriftung der X-Achse definiert werden und erlauben, über die hier angegebenen Attribute SPALTENZUORDNUNG • BENUTZERDEFINIERTE QUICKINFO, LEGENDEN- und LABEL-QUICKINFO die Angabe einer Spalte, die für die jeweiligen Quickinfos Inhalte liefert. Wird hier nichts angegeben, werden für die Datenpunkte generische Quickinfos erzeugt, die den aktuellen Wert des Datenpunktes zeigen. Ist die Abfrage für mehrere Datenreihen zuständig oder sind mehrere Datenreihen definiert, wird in der generischen Quickinfo zum Datenpunkt zusätzlich noch der Name der Datenreihe sowie des X-Achsen-Labels angezeigt.

Spaltenzuordnung

Datenreihenname	- Auswählen -
Label	PRODUCT_NAME
Wert	QUANTITY
Z	- Auswählen -
Benutzerdefinierte QuickInfo	- Auswählen -
Legenden-QuickInfo	- Auswählen -
Label-QuickInfo	- Auswählen -
Benutzerdefinierte Spalte	- Auswählen -

Abbildung 11.3 Attribute des Bereichs »Spaltenzuordnung«

Bereich »Darstellung«

In diesem Bereich können die Farben für die einzelnen Datenpunkte festgelegt werden. Hierzu dient das Attribut DARSTELLUNG • FARBE. Entweder kann, wie in Abbildung 11.4 dargestellt, eine Farbe für die gesamte Datenreihe vereinbart werden oder eine Referenz auf eine Spalte der `select`-Abfrage, die hier in der Notation `&<Spaltenname>.` eingetragen werden muss. Schöner wäre zweifellos ein eigenes Attribut im Bereich SPALTENZUORDNUNG gewesen. Das zweite Attribut bezieht sich auf Diagramme mit zwei Y-Achsen und soll uns hier nicht weiter interessieren. Alternativ besteht die Möglichkeit, die Farben über JavaScript zu setzen. Dies ist eine allgemeine Funktion, hier können noch erheblich mehr Optionen gesetzt werden, denn wie die meisten neuen Möglichkeiten innerhalb von APEX besitzt auch das JET-Diagramm eine JavaScript-Erweiterungs- und Optionen-Schnittstelle, die genutzt wird, um Einstellungen zu treffen, für die keine Oberfläche zur Verfügung steht. Sie finden diese Möglichkeit in den <SPEZIELLEN REGIONSATTRIBUTEN> • ERWEITERT • JAVASCRIPT-CODE.

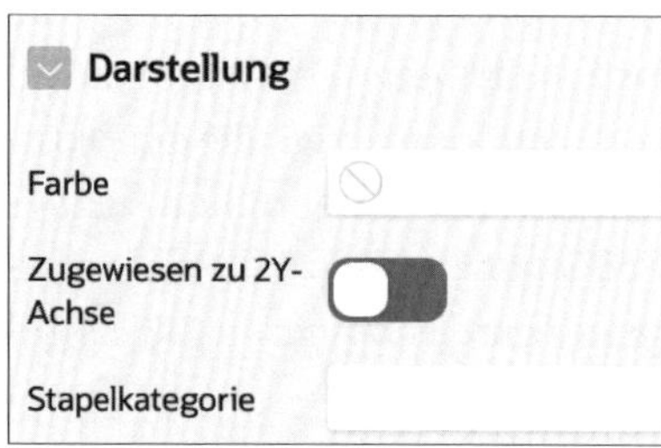

Abbildung 11.4 Attribute des Bereichs »Darstellung«

Bereich »Label«

Die Attribute dieses Bereichs dienen der Konfiguration der Anzeige des Datenlabels. Die verschiedenen Optionen sind etwas verzwickt und beziehen sich zum größten Teil nur auf spezielle Grafiktypen. Im Grunde dienen die Attribute dieses Bereichs dazu, zu kontrollieren, wo die ausgewählten Datenpunkte die Quickinfo visualisieren sollen. Zur Wahl stehen die eingeblendeten Optionen, hier ist es allerdings unerlässlich, sich durch die Hilfe zu diesem Element vorzuarbeiten, um die verschiedenen Zuordnungen zu analysieren. Wichtig ist noch, dass wir über das Attribut LABEL • CSS-STIL eine oder mehrere CSS-Klassen integrieren können, um die Quickinfos zu kontrollieren. Aus dem Beispiel der benutzerdefinierten Quickinfo aus Abschnitt »Bereich Spaltenzuordnung« können Sie das HTML entnehmen, auf das die CSS-Klassen angewendet werden.

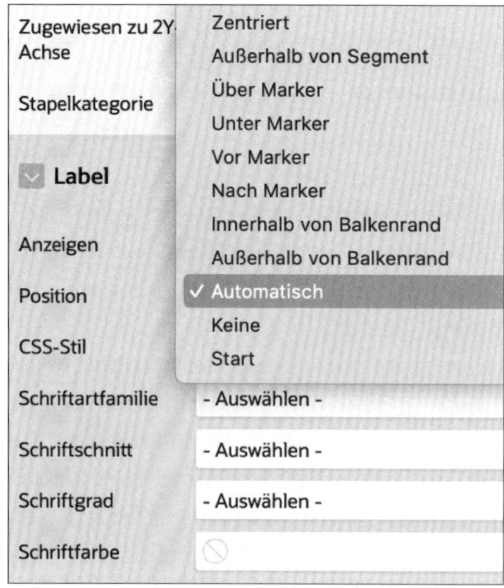

Abbildung 11.5 Attribute des Bereichs »Label«

Weitere Attribute

Es stehen noch weitere Attribute zur Verfügung, die Sie sich allerdings aus der bislang aufgebauten Kenntnis von APEX heraus zum größten Teil selbst erschließen können. Hilfreich ist die Möglichkeit, Datenreihen an ein Autorisierungsschema zu binden und somit zu kontrollieren, welcher Anwender welche Datenreihen sehen darf. Dann ist sicherlich interessant, dass Sie eine Datenreihe mit einem Verweis versehen können, der zum Beispiel zu einem Detailbericht verzweigt oder abhängige Diagramme auf der Seite aktualisieren kann. Auch diese Möglichkeit entspricht seinem Pendant auf Berichtsseite.

11.1.3 Diagrammachsen

Diagrammachsen wurden früher häufig etwas stiefmütterlich behandelt, meistens waren nur sehr eingeschränkte Beeinflussungsmöglichkeiten gegeben. Das ändert sich mit den JET-Diagrammen. Hier stehen für die X- und Y-Achse (je nach Diagrammtyp auch mehr oder weniger) eigene Attributbereiche zur Verfügung. Die im Folgenden besprochenen Attribute gelten dabei sinngemäß für alle Achsen, die im Diagramm vorhanden sind.

Bereiche »ID«, »Überschrift« und »Wert«

Hier sind die Attribute zur direkten Formatierung der jeweiligen Achsenwerte versammelt. Neben der allgemeinen Angabe eines Achsennamens über das Attribut ID • NAME steht eine Achsenbeschriftung im Attribut ID • ÜBERSCHRIFT zur Verfügung sowie ein Schalter, um die Achse anzuzeigen oder nicht. Genauere Festlegungen zum Stil der Überschrift stehen dann in der Attributgruppe ÜBERSCHRIFT zur Verfügung.

Der Formatierung der Achsenwerte dienen die Attribute des Bereichs WERT. Hier ist es zunächst möglich, Minima oder Maxima festzulegen oder aber aus den Daten selbst berechnen zu lassen. Das Attribut WERT • FORMATIEREN stellt eine Auswahl üblicher Formatmasken, insbesondere für die Datumsformatierung, zur Verfügung, aber auch eine Maske für Dezimalstellen, Währungs- oder prozentuale Werte.

Die Skalierung der Daten, also die Entscheidung, wie viele Stellen explizit angezeigt oder durch entsprechende Kürzel visualisiert werden (4.000 versus 4K) wird automatisch ermittelt, kann aber über das Attribut WERT • FORMATSKALIERUNG auch übersteuert werden. Haben Sie eine numerische Achse, kann zudem festgelegt werden, ob diese stets bei 0 beginnen soll oder den Startwert aus den Daten ermitteln soll. Dies wird über das Attribut WERT • BASELINE-SKALIERUNG festgelegt. Verwirrend ist für mich hier die Verwendung der Option `null` für 0, aber das ist gemeint. Für Zeit- oder numerische Achsen kann in einem abschließenden Attribut noch die Schrittweite als »Inkrement zwischen Grob- und Feinteilung« angegeben werden, wie die Hilfe konstatiert. Gemeint ist hier, dass eine Zahl angegeben werden kann, nach wie vielen

Feinteilungen eine Grobteilung erfolgen soll. Im Regelfall werden diese Informationen automatisch berechnet. Im nächsten Abschnitt werden die Möglichkeiten der Fein- und Grobteilung noch etwas deutlicher.

Abbildung 11.6 Attribute der Bereiche »ID«, »Überschrift« und »Wert«

Bereiche »Grobteilungen«, »Feinteilungen« und »Teilungslabel«

Die Teilungen beziehen sich auf das Raster, das dem Diagramm unterlegt ist. Beispiele für die Teilungen finden sich auf <SAMPLE CHARTS> • BUBBLE. Die Unterschiede sind nicht sehr stark zu sehen, doch sind die Grobteilungen mit einer Beschriftung versehen, die Feinteilungen nicht. Um diese Darstellung zu erreichen, reicht es, für die X-Achse die jeweiligen Attribute GROB-/FEINEINTEILUNG • ANZEIGEN auf `Ja` zu stellen. Die Beschriftungen der Teilungen werden über die drei (je nach Achse können auch weniger Optionen angezeigt werden) Attribute des Bereichs TEILUNGSBESCHRIFTUNG kontrolliert werden. Hier ist insbesondere die Möglichkeit, Text horizontaler Achsen um 90° zu rotieren, hervorzuheben. Zudem sehen wir wieder die bereits mehrfach vorhandenen Attribute zur Kontrolle der Schrift.

Abbildung 11.7 Attribute der Bereiche »Grobteilungen«, »Feinteilungen« und »Teilungslabel«

11.1.4 Spezielle Regionsattribute

Die speziellen Regionsattribute haben die Aufgabe, das Diagramm als Ganzes zu formatieren. Hier finden sich Attribute zum Diagrammtyp, zu Darstellungsdetails, aber auch fortgeschrittene Attribute wie zum Beispiel zur Animation.

Bereiche »Diagramm«, »Überschrift« und »Darstellung«

Diese Attribute sind weitgehend selbsterklärend. Das Attribut DIAGRAMM • TYP gibt Ihnen einen Einblick in die große Funktionsvielfalt der JET-Diagramme. Die weiteren Attribute hängen nicht unerheblich von dieser Einstellung ab, daher möchte ich Sie um etwas Flexibilität bitten. Die Angabe im Attribut ÜBERSCHRIFT • ÜBERSCHRIFT ist nicht zu verwechseln mit dem Titel der Region, sondern hier ist eine Überschrift innerhalb des Diagramms selbst gemeint. Mit dem Attribut DARSTELLUNG • AUSRICHTUNG legen Sie fest, ob die Balken von links nach rechts (`Vertikal`) oder von oben nach unten (`Horizontal`) angeordnet werden sollen. Zudem können Sie über das Attribut DARSTELLUNG • STAPEL festlegen, ob mehrere Datenreihen als Balken übereinandergestapelt oder parallel nebeneinander dargestellt werden sollen. Allein diese Optionen sind in anderen Grafikwerkzeugen gern einmal unterschiedliche Grafiktypen, hier sind es Optionen der Balkendiagramme.

Abbildung 11.8 Attribute der Bereiche »Diagramm«, »Überschrift« und »Darstellung«

Bereich »Layout«

In diesem Bereich sind sehr viel seltener Einstellungen erforderlich, als vielleicht zunächst angenommen. Tragen Sie hier keine Werte ein, werden die Höhe und die Breite an der umgebenden Region bzw. an der Anzahl der darzustellenden Balken ausgerichtet (wenn Sie als Orientierung `Horizontal` verwenden).

Layout

Maximale Breite | Pixel
Höhe | 340 | Pixel

Abbildung 11.9 Attribute des Bereichs »Layout«

Bereiche »Datencursor« und »Quickinfos«

Ein Datencursor entspricht inhaltlich einer Quickinfo (die eine Form der Visualisierung des Datencursors ist) und kann immer angezeigt werden, wenn sich der Mauszeiger über einem Datensatz befindet. Diesen Datensatz auszuwählen könnte jedoch schwierig sein, wenn die Balken sehr klein sind, zum Beispiel auf einem Mobilgerät mit einer kleinen Bildschirmgröße und Fingersteuerung. In diesen Fällen wird APEX die Quickinfo neben den Balken anzeigen und mit den Balken über eine Linie verbinden. Die Entscheidung zwischen diesen beiden Versionen trifft APEX im Regelfall automatisch, basierend auf Benutzeroberfläche und Bildschirmauflösung, doch können Sie in diese Entscheidung über das Attribut DATENCURSOR • CURSOR eingreifen.

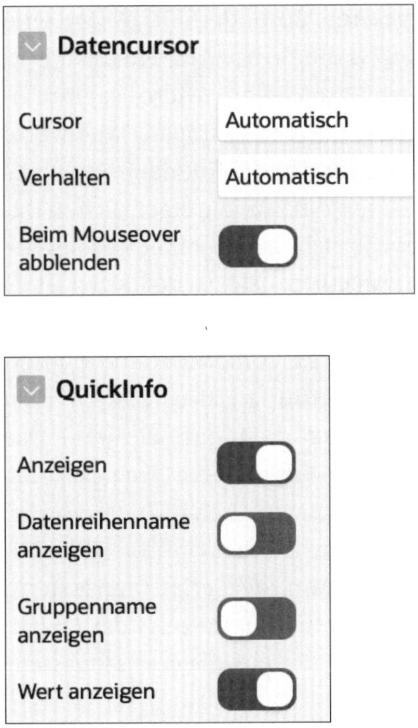

Datencursor

Cursor | Automatisch
Verhalten | Automatisch
Beim Mouseover abblenden

QuickInfo

Anzeigen
Datenreihenname anzeigen
Gruppenname anzeigen
Wert anzeigen

Abbildung 11.10 Attribute der Bereiche »Datencursor« und »Quickinfo«

Das Attribut DATENCURSOR • VERHALTEN steuert, ob die Quickinfo den Bewegungen des Mauszeigers folgt oder fixiert an einem Ort relativ zum Balken verharrt. Schließlich gibt es noch die Möglichkeit, die nicht ausgewählten Balken beim Überfahren mit dem Mauszeiger abzublenden. Dieser Effekt ist in einigen Grafiktypen zwar einstellbar, zeigt aber keine Reaktion, so auch in einer horizontalen Balkengrafik. Dies dürfte ein Bug der momentan aktuellen Version sein.

Die Attribute des Bereichs QUICKINFO steuern den Inhalt des Quickinfo-Feldes genauer. Die Zuordnung der Spalten der `select`-Abfrage zu den Quickinfo-Bereichen hatten wir ja bereits bei den Datenreihen erledigt, hier nun kann festgelegt werden, welche Informationen in den Quickinfos angezeigt werden. Zur Wahl stehen zunächst eine Liste von vier Werten (Datenreihenname, Gruppenname, Wert und Beschriftung), allerdings können Sie auch mittels des Attributs QUICKINFO • ANZEIGEN • `Benutzerdefiniert` eine benutzerdefinierte Darstellung festlegen. Auf Spaltenwerte greifen Sie hier wiederum über die Notation `&<Spaltenname>.` zu.

Bereiche »Einstellungen« und »Animation«

Diese Bereiche bieten ein wenig gemischte Funktionalität. Zum einen können im Attribut EINSTELLUNG • ZEITACHSENTYP Einstellungen für die Darstellung von Zeitachsen vorgenommen werden. Dieses Attribut birgt eine Besonderheit. Wenn eine Zeitachse verwendet wird, stellt sich das Problem, dass die `select`-Abfrage nicht notwendigerweise für alle Zeitpunkte der Zeitachse auch Daten liefert. Ältere Diagrammtypen mussten hier über mehr oder minder aufwendige `select`-Abfragen Datenwerte interpolieren, zum Beispiel über eine Zeitdimensionstabelle, die für jeden Tag eines Jahres eine Zeile enthält und als Starttabelle eines *Outer Joins* auf die eigentlichen Daten genutzt wird. Dies ist bei JET-Charts nicht erforderlich, im Regelfall werden die fehlenden Daten als 0 interpretiert. Mit dem EINSTELLUNG • ZEITACHSENTYP ist es nun möglich, näher zu steuern, wie sich das Diagramm verhalten soll. Mit der Einstellung `Gemischte Häufigkeit` werden Daten angezeigt, wenn sie vorhanden sind, Lücken werden zu einer Stelle zusammengefasst. Mit der Einstellung `Lücken überspringen` werden die fehlenden Daten ignoriert, das Datum springt dann entsprechend. Das Ganze können Sie auf <SAMPLE CHART> • COMBINATION • `Combination Chart (Regular v Mixed Frequency Time Axis)` im Einsatz sehen. Dieses Beispiel ist auch insofern von Interesse, als der Schalter über dem linken Diagramm zwischen den Optionen, die Lücken zu überspringen oder diese anzuzeigen, wechseln kann. JavaScript-Interessierte werden sich hier wohl direkt auf die Implementierung stürzen, sie zeigt das Objekt `ojChart`, das ein JET-Chart repräsentiert, sowie eine der Optionen, die dort eingestellt werden können.

Das Attribut EINSTELLUNGEN • ZOOMEN UND SCROLLEN stellt das Verhalten des Diagramms ein, wenn die umgebende Region vergrößert oder verkleinert wird. Hier wird geregelt, ob das Diagramm sich dynamisch mit der Größenänderung neu rendert oder bis zum Abschluss der Größenänderung warten soll.

Thematisch enger abgesteckt sind dann die Attribute zur Animation von Grafiken. Die verschiedenen Animationseffekte sind am einfachsten durch Ausprobieren zu erkunden, daher möchte ich Ihnen dies auch überlassen.

Abbildung 11.11 Attribute der Bereiche »Einstellungen« und »Animation«

Bereiche »Legende« und »Automatische Aktualisierung«

Die Attribute des Bereichs LEGENDE kontrollieren die Darstellung der Diagrammlegende. Wird sie dargestellt, haben Sie die Möglichkeit, die Überschrift, Position sowie das Ein- und Ausblendverhalten zu kontrollieren. Unter dem Ein- und Ausblendverhalten versteht APEX die Funktionalität, durch einen Klick auf die Zeile in der Legende diese im Diagramm ein- oder ausblenden zu können. Dies ist nur sinnvoll, wenn mehrere Diagrammreihen vorhanden sind (ansonsten erschließt sich der Sinn einer Legende auch nicht recht), und wird häufig verwendet, wenn Kombinationsdiagramme eingerichtet wurden. Eine mögliche Anwendung wäre, dass in einem Flächendiagramm eine Tendenzlinie eingeblendet wird, die bei Bedarf ausgeblendet werden kann. Die Optionen dieses Attributs beziehen sich dann darauf, was mit dem Diagramm geschehen soll, wenn eine Datenreihe ausgeblendet wird. Es könnte erforderlich sein, das Diagramm anschließend erneut zu rendern, weil sich die Darstellungsmaßstäbe ändern könnten. Genau dieses Verhalten wird durch den Attributwert LEGENDE • EIN- UND AUSBLENDEVERHALTEN • `Erneut skalieren` erreicht.

Im Attribut AUTOMATISCHE AKTUALISIERUNG bietet Ihnen APEX die Möglichkeit, deklarativ ein Aktualisierungsintervall zu definieren, nachdem das Diagramm aktualisiert wird. Übertreiben Sie es hier bitte nicht: Jede Aktualisierung hat einen Roundtrip zum Server, eine `select`-Abfrage, Prozessorbelastung für die Aufbereitung der Daten,

Netzwerkverkehr sowie Renderzeit im Browser zur Folge. Daher sollte das Intervall mit Augenmaß gewählt werden.

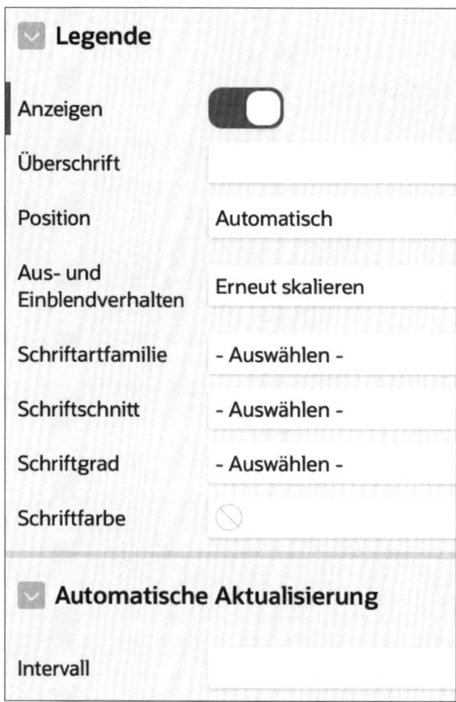

Abbildung 11.12 Attribute der Bereiche »Legende« und »Automatische Aktualisierung«

11.2 Gantt-Diagramm

Lange wurden Gantt-Diagramme in APEX über eine externe Software, die mit APEX lizenziert wurde, umgesetzt, doch seit einigen Releases hat auch hier Oracle JET übernommen. Gantt-Charts werden in zwei grundsätzlichen Modi betrieben, als »herkömmliches« Gantt-Chart mit dem Fokus auf Ablauf- und Projektplanung und als Ressourcen-Gantt-Chart, wobei hier die Besonderheit besteht, dass in einer Zeile des Charts mehrere Blöcke angezeigt werden. Diese Darstellung wird gerne für Verfügbarkeiten unterschiedlicher Ressourcen verwendet, etwa für Server, aber auch Konferenzräume und dergleichen.

Die Beispielanwendung zeigt einige Gantt-Charts auf <ANWENDUNGSSEITE 3>. Gantt-Charts unterscheiden sich nicht grundlegend von anderen Diagrammtypen, auch sie benötigen Datenreihen, aber die Attribute sind schon unterschiedlich. Zunächst müssen Angaben zum Start- und Enddatum des gesamten Gantt-Diagramms angegeben werden. Diese Daten können entweder aus einer Datenbankspalte oder aus Seitenelementen abgeleitet werden, die über die entsprechenden Informationen verfügen. Diese Datumsangaben stellen den zeitlichen Gesamtrahmen dar. Innerhalb dieses Gesamtrahmens ist dann noch ein »Viewport« definierbar, der den dargestellten Zeitbereich innerhalb des Gesamtrahmens definiert. Diese Angabe ist optional und verfügt über die gleichen Möglichkeiten der Einstellungen wie der Zeitrahmen. Die entsprechenden Attribute finden sich in den <Regionsattributen> • Zeitrahmen bzw. Viewport. Interessanter ist die Spaltenzuordnung. Abbildung 11.13 zeigt die möglichen Attribute.

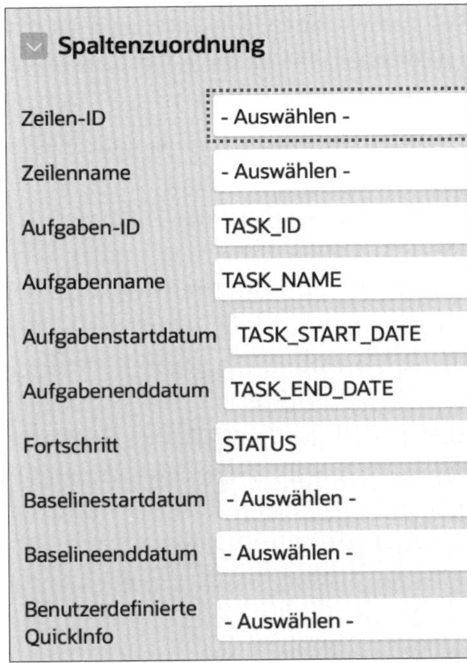

Abbildung 11.13 Spaltenzuordnung eines Gantt-Diagramms

Es werden zwei ID-Ebenen unterschieden. Im Attribut Spaltenzuordnung • Aufgaben-ID wird die ID der jeweiligen Aufgabe hinterlegt. Optional kann aber auch im Attribut Spaltenzuordnung • Zeilen-ID eine ID einer Ressource oder ähnlich hinterlegt werden. Ist dieses Attribut belegt, werden alle Aufgaben, die diese ID referenzieren, in einer Zeile angezeigt. Ist dieses Attribut nicht belegt, wird jede Aufgabe in einer eigenen Zeile angezeigt.

Eine Konvention in Oracle JET Gantt-Charts besagt, dass Aufgaben, die ein Start- und Enddatum besitzen, das sich unterscheidet, als Aufgabe und andere als Milestones interpretiert werden. Bei Milestones kann also sowohl das Enddatum fehlen als auch das Enddatum gleich dem Startdatum sein.

Ebenso ist es möglich, im Attribut Spaltenattribute • Fortschritt einen prozentualen Fortschritt der Aufgabe zu übergeben. Hier werden Werte zwischen 0 und 1 erwartet. Dieser Fortschritt zeigt sich im Gantt-Diagramm dann als (teilweise) gefüllt dargestellte Aufgabe.

Als Baseline bezeichnet das Gantt-Diagramm einen ursprünglich geplanten Datumsbereich einer Aufgabe. Werden diese Attribute belegt, lässt sich im Diagramm die Differenz zwischen geplantem und tatsächlichem Aufgabenbeginn darstellen.

Diese drei Aspekte einer Aufgabe – die Aufgabe selbst, der Fortschritt und die Baseline – lassen sich in der Attributgruppe <REGIONSATTRIBUTE> • DARSTELLUNG durch CSS-Klassen modifizieren. Die Werte dieser CSS-Klassen können, wie auch bei anderen Diagrammtypen, entweder fest eingegeben oder über eine Spalte referenziert werden, die hier in der Notation `&<Spaltenname>.` angegeben werden muss.

Die Möglichkeiten, die hier deklarativ angeboten sind, kratzen, das muss man ehrlich sagen, eher an der Oberfläche, als dass sie eine ernsthafte Option sind. Für die einfache Visualisierung eines Projekts reichen diese Fähigkeiten nicht aus. Hinderlich ist, dass zum Beispiel keine Verbindungen zwischen Aufgaben visualisiert werden können, zudem fehlen weitergehende Möglichkeiten der optischen Beeinflussung. Das ist aber im Grunde keine Kritik, sondern der schlichten Tatsache geschuldet, dass die Anzahl der Optionen einfach zu groß ist, um sie sinnvoll in das gegebene Bedienschema von APEX integrieren zu können. Möchten Sie ausgefeilte Optionen nutzen, müssen Sie in die Tiefen von JavaScript absteigen. Dies gilt generell, aber für Gantt-Diagramme besonders, gerade weil hier der optische Anspruch an diese Diagrammform recht hoch ist. Neben der Darstellung von Abhängigkeiten zwischen Aufgaben ist eine weitere Forderung die Möglichkeit, hierarchische Einträge im linken Gantt-Bereich anzeigen und diese ein- und ausklappen zu können. Dass dies mit Oracle JET geht, beweist das Cookbook, das entsprechende Beispiele enthält, aber eben auch eine reichere Datenstruktur für die anzuzeigenden Daten und eine ausgebaute Konfiguration erwartet. Die gute Nachricht ist, dass Sie diese Ergebnisse in APEX durchaus erzielen können, allerdings nicht in diesem Teil des Buches. Hier beschränken wir uns auf das deklarativ Mögliche.

Kapitel 12
Kalender-Regionen

Kalender stellen einen wichtigen Baustein zur Erzeugung von APEX-Anwendungen dar. Daher existiert ein eigener Regionstyp für diesen Zweck, der auf dem weitverbreiteten FullCalendar basiert. Dieses Kapitel beschreibt die grundlegende Bedienung, ohne auf die Programmiermöglichkeiten einzugehen.

12

Ein Kalender ist ein komplexes Gebilde, das umfangreiche Interaktion mit dem Anwender voraussetzt. Daher sind Kalender in Webanwendungen stets mit einem erheblichen JavaScript-Aufwand verbunden, um all die erwarteten Interaktionen bereitstellen zu können. Doch auch ohne Programmierung verfügt ein Kalender bereits über nützliche Funktionen und kann vollständig bedient werden. Im weiteren Verlauf des Buches werden wir aber auch die Integration von dynamischen Aktionen und die direkte Programmierung in JavaScript beleuchten.

Die Kalender-Region in APEX basiert auf einer Open-Source-Software, die millionenfach im Einsatz ist, aber nicht von Oracle gepflegt wird. Eigentlich ist es erstaunlich, aber hinter *FullCalendar* (siehe *https://fullcalendar.io*) steht eine einzelne Person, nämlich Adam Shaw mit seiner Ein-Mann-Firma. Wollen wir hoffen, dass Adam auch in den nächsten Jahren noch Interesse an der Fortführung des Programms hat. Andererseits: Der Code ist veröffentlicht, daher steht zu erwarten, dass irgendjemand das Projekt übernehmen wird, falls kein Support durch Adam mehr zu erwarten ist.

Wir werden uns den Kalender wieder anhand einer Beispielanwendung anschauen, die, wenig überraschend, <SAMPLE CALENDARS> heißt.

12.1 Grundlagen der Verwendung

Zunächst benötigen Sie ein Datenmodell, in dem Termine mit einem Start- und Enddatum gepflegt werden können. Weitere wesentliche Informationen sind ein Titel und eine Beschreibung, ein Verantwortlicher, ein Status und Weiteres. Diese Daten dienen als Datenquelle für eine Region vom Typ `Kalender`. Die Optionen dieser Datenquelle entsprechen denen für einen Bericht, auch hier müssen anschließend die Spalten den jeweiligen Zwecken zugeordnet werden, daher ist es sinnvoll, sich einmal die <SPEZIELLEN REGIONSATTRIBUTE> einer Kalender-Region anzusehen. Wir beginnen mit <ANWENDUNGSSEITE 31> in der Beispielanwendung.

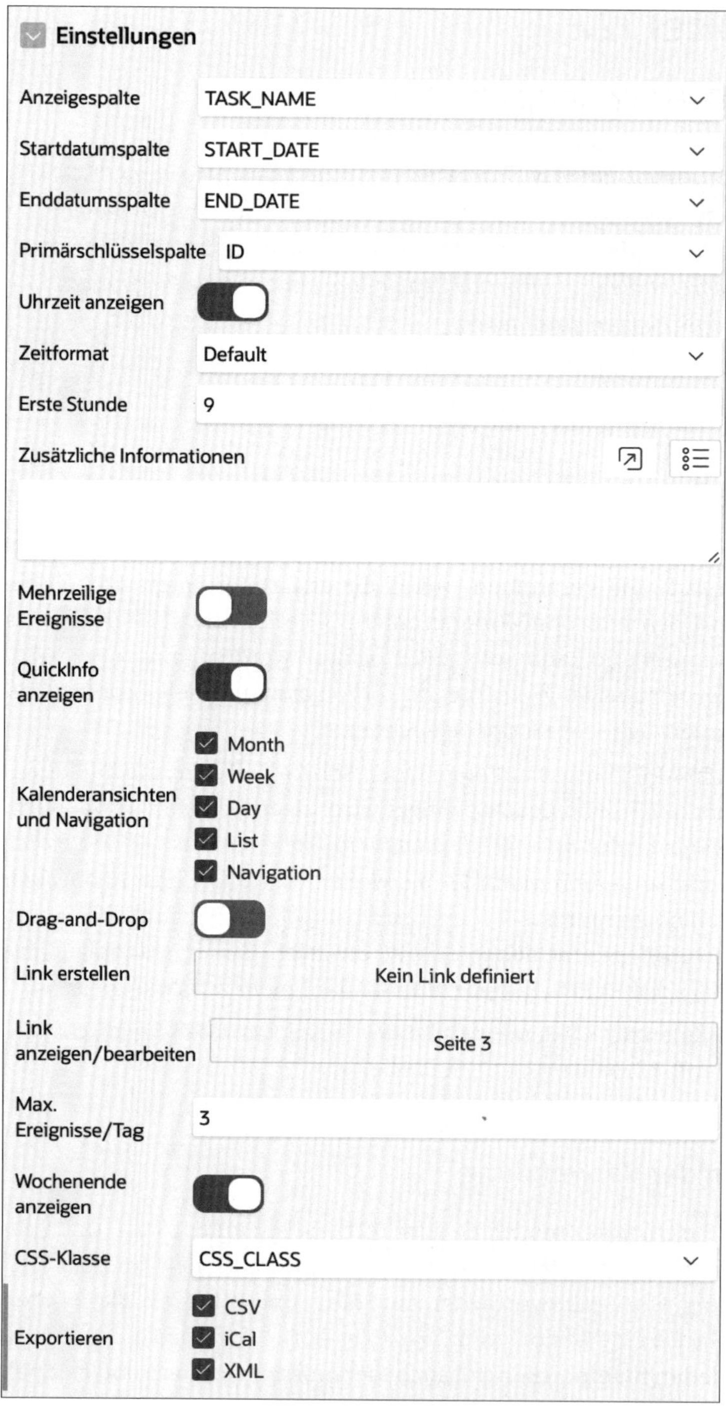

Abbildung 12.1 Einstellungsmöglichkeiten einer Kalender-Region

Die Möglichkeiten sind auf den ersten Blick erschlagend und dennoch nur ein kleiner Ausschnitt all dessen, was man mit Kalendern anfangen kann.

Die ersten vier Attribute dienen der Zuordnung von Spalten zu Funktionen und sind analog zu anderen Regionstypen und daher selbsterklärend. Beachten Sie, dass für viele Interaktionen mit dem Kalender die Festlegung einer Primärschlüsselspalte Voraussetzung ist. Das ist auch klar, ansonsten wüsste der Kalender nicht, auf welche Zeile der Datenquelle sich eine Manipulation beziehen soll.

Die Attribute UHRZEIT ANZEIGEN, ZEITFORMAT und ERSTE STUNDE hängen voneinander ab. Wird die Uhrzeit nicht angezeigt, wird der Kalender keine Wochen- und Tagesansichten zeigen und die beiden weiteren Attribute ausblenden. Mit dem Attribut ZEITFORMAT können Sie erzwingen, ob im 12- oder 24-Stunden-Modus angezeigt wird. Belassen Sie es beim `Default`, wird der Modus des jeweiligen Landes gewählt, in Deutschland also der 24-Stunden-Modus.

12

In der Wochen- und Tagesansicht können Sie zudem kontrollieren, welche Uhrzeit als erste angezeigt werden soll. Dies bedeutet nicht, dass Sie keine früheren Termine anzeigen können, doch wird zunächst auf diese Zeit gescrollt.

Die Beispielanwendung verwendet amerikanische Datumsformate. Um das zu ändern, gehen Sie zu den <ANWENDUNGSEIGENSCHAFTEN> • GLOBALIZATION und stellen die Attribute PRIMÄRSPRACHE DER ANWENDUNG • `Deutsch (Deutschland) (de)` und ANWENDUNGSDATUMSFORMAT • `dd.mm.yyyy` sowie DATUMS-/ZEITFORMAT DER ANWENDUNG • `dd.mm.yyyy hh24:mi` ein. Danach sieht der Kalender gleich viel gewohnter aus.

Interessant ist das Attribut EINSTELLUNGEN • ZUSÄTZLICHE INFORMATIONEN. Hier können Sie HTML-Code angeben, der an zwei Stellen angezeigt wird: zum einen in der Quick-Info eines Termins, die angezeigt wird, wenn Sie den Termin mit der Maus überfahren, sowie in der Listendarstellung, die Sie aufrufen können, wenn Sie auf die Schaltfläche TERMINÜBERSICHT klicken. Um dort etwas sehen zu können, tragen Sie in dieses Attribut den Wert `<p>Verantwortlich: &ASSIGNED_TO.</p>` ein und laden die Seite erneut. Beim Überfahren eines Termins sollte nun der Verantwortliche des Termins mit angezeigt werden.

In der Monatsansicht werden Termine lediglich einzeilig angezeigt, da der verfügbare Platz beschränkt ist. Falls der Titel eines Termins zu lang für diese Zeile ist, wird er abgeschnitten. Dies können Sie unterbinden, wenn Sie den Schalter EINSTELLUNGEN • MEHRZEILIGE EREIGNISSE anschalten. Für andere Ansichten hat dieser Schalter keine Funktion, da die Höhe des Termins in diesen Ansichten von der Dauer abhängt.

Ebenfalls selbsterklärend sind die nun folgenden Attribute, die die Sichtbarkeit verschiedener Ansichten kontrollieren. So können Sie einstellen, ob Quick-Infos oder die anderen Ansichten angezeigt werden sollen. Eine besondere Erwähnung verdient das Attribut EINSTELLUNGEN • KALENDERANSICHTEN UND NAVIGATION • `Navigation`.

Dieser Schalter kontrolliert, ob Schaltflächen zur Navigation im Kalender angezeigt werden sollen, die zum Beispiel zum nächsten Monat, zur nächsten Woche oder auf den heutigen Tag navigieren.

Im Moment lassen wir den Schalter EINSTELLUNGEN • DRAG & DROP sowie die beiden Attribute zum Erstellen von Links außen vor, das sehen wir uns in Abschnitt 12.3, »Erweitere Parametrierung«, genauer an.

Die letzten Attribute sind nicht schwer zu verstehen, denn sie beziehen sich auf die Anzahl Termine, die in der Monatsansicht pro Tag maximal angezeigt werden, sowie auf die Frage, ob die Wochenenden mit angezeigt werden sollen oder nicht. Interessanter ist vielleicht, dass Sie im Attribut EINSTELLUNGEN • CSS-KLASSE eine Spalte mit CSS-Klassennamen referenzieren können, die für die Einfärbung und Darstellung der Termine verantwortlich sind. APEX liefert einige CSS-Klassen mit, die Sie sich im Hilfetext zu diesem Attribut ansehen können. Die `select`-Anweisung in der Datenquelle dieses Kalenders zeigt zudem, wie durch eine `case`-Anweisung der Status eines Termins auf die jeweiligen CSS-Klassen abgebildet wird. Listing 12.1 zeigt die (leicht überarbeitete) `select`-Anweisung der Region.

```
select id, project, task_name, status, assigned_to,
       cost, start_date, end_date,
       case status
         when 'Pending' then 'apex-cal-blue'
         when 'Open' then 'apex-cal-green'
         when 'Closed' then 'apex-cal-gray'
         when 'On-Hold' then 'apex-cal-orange'
       end as css_class
  from eba_demo_cal_projects
 where project = :P31_PROJECTS
    or coalesce(:P31_PROJECTS, '0') = '0'
 order by end_date;
```

Listing 12.1 select-Anweisung der Beispielregion

Als letzte deklarative Option können Sie noch einstellen, ob Sie erlauben möchten, dass alle Kalendereinträge in verschiedenen Formaten exportiert werden können. Dies ist für unseren Beispielkalender nur bedingt sinnvoll, da zum Beispiel der Link zum Bearbeiten eines Termins Teil des Exports ist, was wohl nur in den seltensten Fällen gewünscht ist. Zudem existiert keine Möglichkeit, die Anzahl der Termine für den Export zu kontrollieren, es werden immer alle Termine heruntergeladen.

12.2 Filterung eines Kalenders

Kalender gehören zu den Regionen, die sich nicht nur durch Auswahllisten, sondern auch über die facettierte Suche filtern lassen. Das Filtern funktioniert dabei analog zur Filterung eines Berichts, indem in der `select`-Anweisung das Seitenelement referenziert wird, das ein Filterkriterium beinhaltet. Denken Sie daran, dieses Element in der Datenquelle als zu übermittelndes Element aufzunehmen, damit eine dynamische Aktion auf dem Seitenelement die Aktualisierung sinnvoll anstoßen kann. Diese Verwendung sehen Sie in Listing 12.1 in der Verwendung der Auswahlliste `P31_PROJECTS`.

Analog verhält es sich mit der Filterung über eine facettierte Suche. Diese Anwendung sehen Sie auf <Anwendungsseite 36>, ich denke, dass ich Sie mit der Realisierung für Ihre eigenen Projekte mit einem Hinweis auf diese Seite allein lassen kann. Details finden Sie ohnehin in Abschnitt 9.1, »Facet-Suche«.

12.3 Erweiterte Parametrierung

Ich habe die erweiterte Programmierung von der grundlegenden Parametrierung getrennt, weil ich in diesem Bereich weitergehende Konzepte und etwas komplexere Sachverhalte erläutern muss. Dennoch bleibt die Bearbeitung auf einem Level, das keine aktive Programmierkenntnis voraussetzt.

12.3.1 Drag-and-drop

Zu der erweiterten Parametrierung gehört zunächst die Möglichkeit, per Drag-and-drop Termine verändern oder verschieben zu können. <Anwendungsseite 34>, Standard-Calendar • Weekly Calenders: Drag and Drop zeigt ein Beispiel für einen Kalender mit dieser Option. Um diese Funktionalität zu ermöglichen, müssen zwei Dinge getan werden. Zum einen muss der Schalter <spezielle Regionsattribute> • Einstellungen • Drag & Drop eingeschaltet werden. Es wird ein weiteres Attribut eingeblendet, das einen PL/SQL-Code erfordert. Das klingt zwar sehr nach Programmierung, doch ist dies im einfachsten Fall nicht nötig. Zunächst: Was muss hier getan werden? Wenn ein Termin über Drag-and-drop geändert wird, muss diese Änderung in die zugrunde liegende Tabelle übernommen werden. Dies ist eine Aktion innerhalb der Datenbank, die grundsätzlich auch von APEX übernommen werden könnte (schließlich kann APEX auch ein Formular selbsttätig speichern), das ist aber im Fall eines Kalenders (noch) nicht der Fall. Andererseits bereitet APEX die Speicherung schon vor, denn das Verschieben eines Termins oder die Änderung des Start- oder Enddatums durch die Maus sorgt dafür, dass im Hintergrund die benötigten Informationen ermittelt werden und eine Aktivität eingeleitet wird, die mit der Datenbank kommuniziert. Sie müssen lediglich angeben, welche Methode in der Datenbank aufgerufen werden muss.

Ich sagte, dass dies im einfachsten Fall ohne Programmierung durch Sie möglich ist. Dieser Fall träte ein, wenn eine Kollegin so nett wäre, Ihnen ein Package zur Verfügung zu stellen, das die Speicherung der Änderungen in der Datenbank übernimmt. Dann müssten Sie hier nur den Namen dieser PL/SQL-Methode eintragen.

Dieser Kollegin könnten Sie mitteilen, dass die Methode drei Parameter erwarten darf:

- `APEX$PK_VALUE`
  Dieser Parameter enthält den Primärschlüsselwert des Termins, der geändert wird. Daraus folgt, dass dem Kalender in jedem Fall eine Primärschlüsselspalte übergeben werden muss.
- `APEX$NEW_START_DATE` und `APEX$NEW_END_DATE`
  Die beiden letzten Parameter erklären sich von selbst, es ist aber zu beachten, dass diese Parameter kein Datum enthalten, sondern eine Zeichenkette, die aussieht wie ein Datum, daher muss dieser Wert zunächst in ein Datum konvertiert werden. Etwas ungewöhnlich ist, dass das Datumsformat nicht dem Format entspricht, das für die Anwendung eingestellt ist, sondern `YYYYMMDDHH24MISS`, also zum Beispiel `20220701133000` für den 01. Juli 2022, 13:30:00 Uhr.

Im etwas weniger günstigen Fall, wenn Sie also selbst Hand anlegen müssen, können Sie dies tun, wie auf <ANWENDUNGSSEITE 34> im <SPEZIELLEN REGIONSATTRIBUT> • EINSTELLUNGEN • PL/SQL PER DRAG & DROP VERSCHIEBEN angegeben. Listing 12.2 zeigt den Code, der dort hinterlegt ist. Ohne Sie mit den Niederungen von PL/SQL belästigen zu wollen, können Sie erkennen, dass es sich um eine einfache `update`-Anweisung handelt, die durch die Schlüsselworte `begin` und `end` eingeschlossen ist. Das Semikolon danach ist übrigens Pflicht.

```
begin
  update eba_demo_cal_sessions
     set start_date = to_date(:APEX$NEW_START_DATE, 'YYYYMMDDHH24MISS'),
         end_date = to_date(:APEX$NEW_END_DATE, 'YYYYMMDDHH24MISS')
   where id = :APEX$PK_VALUE;
end;
```

Listing 12.2 PL/SQL-Code zur Speicherung eines geänderten Termins

Die Parameterwerte wurden in diesem Beispiel durch vorangestellte Doppelpunkte referenziert. Dies ist eine Spezialität von PL/SQL, die ich hier noch nicht erläutern möchte. Nur so viel: Diese Schreibweise referenziert die Werte, die außerhalb des Codes (durch APEX) diesen Parametern zugewiesen wurden.

12.3.2 Verweise

Für eine Kalenderregion können zwei unabhängige Verweise definiert werden. Der erste Link, EINSTELLUNGEN • LINK ERSTELLEN wird ausgelöst, wenn der Anwender außerhalb bestehender Termine in einen freien Bereich des Kalenders klickt, während der LINK EINSTELLUNGEN • LINK ANZEIGEN/BEARBEITEN die Manipulation bestehender Termine ermöglicht. Diese beiden Links sind insbesondere im No-Code-Umfeld von besonderer Bedeutung, da über diesen Weg ein modales Formular zum Bearbeiten des Termins eingeblendet wird. Sobald die Änderungen ausgeführt und gespeichert wurden, wird der Kalender aktualisiert.

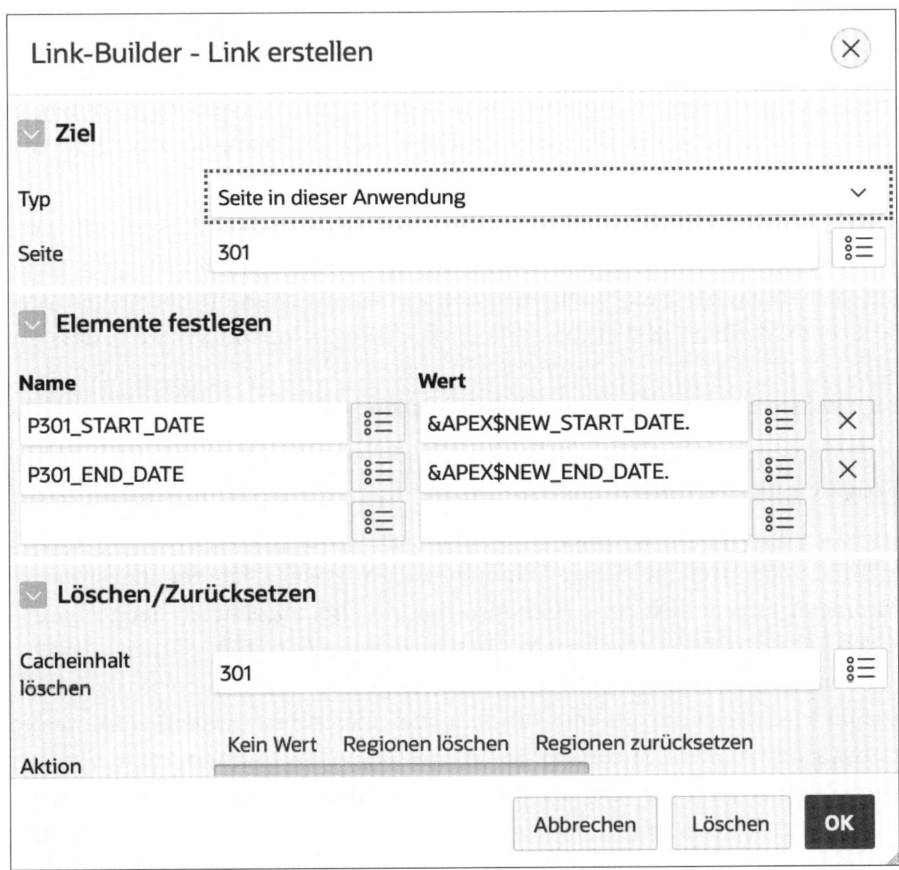

Abbildung 12.2 Link zum Erstellen eines Ereignisses

Auf <ANWENDUNGSSEITE 34> findet sich bereits ein Verweis, um neue Termine erfassen zu können, wie wir das schon besprochen hatten, jedoch kein Link, um Termine editieren zu können. Sehen wir uns zunächst den Verweis zum Erstellen eines neuen Termins an. Zwar ist an der Einstellung des Verweises nichts ungewöhnlich, er folgt dem bereits bekannten Vorgehen, doch sehen wir, dass aus dem Kalender das gewünschte Start- und Enddatum entnommen wurde. Dies ergibt Sinn, damit das Formular diese Angaben bereits enthält. Wir verwenden hier die gleichen Ersetzungszeichenfolgen wie auch schon bei der Drag-and-drop-Aktivität, also APEX$NEW_START_DATE und APEX$NEW_END_DATE. Beachten Sie, dass hier nicht die Notation mit Doppelpunkt verwendet werden kann, weil wir nicht in der Programmierung mit PL/SQL sind, sondern in einem einfachen Seitenattributwert. Daher müssen wir die Notation &APEX$NEW_START_DATE. verwenden. Bei einigem Nachdenken ist es aber überraschend, dass dieser Weg funktioniert, denn der Wert des Ersetzungsankers wird beim Rendern der Seite gesetzt und ist danach eigentlich statisch, kann also nicht darauf reagieren, wohin genau Sie im Kalender klicken. Offensichtlich wird in der Anwendungsseite ein JavaScript-Ausdruck verwendet, der uns dynamisch über die gewünschte Zeit informieren kann. Übrigens ist auch die Übermittlung von Start- und Enddatum sinnvoll, denn Sie können in dem Kalender mit Click-and-drag einen Zeitbereich auswählen. Lassen Sie die Maus los, öffnet sich der Dialog, und der gewählte Zeitbereich ist eingetragen.

In den Beispieldaten existiert ein Termin, der einen Rechtschreibfehler enthält. Diesen Fehler können wir aber nicht beheben, weil kein Link für die Bearbeitung eines Termins vorhanden ist. Dieser Link muss den Primärschlüsselwert übertragen. Tragen Sie also im Attribut EINSTELLUNGEN • LINK ANZEIGEN/BEARBEITEN ein, dass wir zur gleichen Seite möchten wie im vorhergehenden Link, nur soll dem Element P310_ID der Spaltenwert APEX$PK_VALUE übergeben werden.

Führen Sie die Änderungen aus, und probieren Sie – wie Sie sehen, sehen Sie nichts. Es funktioniert nicht wie erhofft. Wissen Sie, warum?

Der Grund ist, dass im Fall des Klicks nur der Link ausgeführt wird, nicht aber die im Hintergrund angelegten JavaScript-Aktivitäten, die für das Füllen der angesprochenen Parameter erforderlich sind. Hier wird nur ein Link ausgeführt, der zum Zeitpunkt des Renderns berechnet wurde. Und zu diesem Zeitpunkt enthält APEX$PK_VALUE keinen Wert, da dieser erst durch den JavaScript-Code im Rahmen des Drag-and-drop gefüllt wird. Welche Spalte muss also im Link referenziert werden? Sie ahnen es bereits: die Spalte ID. Richtig plausibel ist das alles aber nicht. Erinnern wir uns an den Link zum Neuanlegen eines Termins, waren dort zumindest die beiden anderen Parameter gepflegt worden. Warum also nicht auch die APEX$PK_VALUE-Spalte? Ich kann nur mutmaßen, würde aber Folgendes sagen: Wenn Sie irgendwo in den Kalender klicken, um einen neuen Termin anzulegen, muss mindestens mitgegeben werden, wohin Sie geklickt haben, um von dort Datum und Uhrzeit ermitteln zu können. Da wir im Fall der Neuanlage eines Termins aber noch keine ID haben (den Termin gibt es dann ja noch nicht), ergibt es keinen Sinn, diese Information pflegen zu wollen. Dennoch: Das sind Probleme, mit deren Behebung man sich gerade zu Beginn der Beschäftigung mit APEX schon einmal eine gewisse Zeit herumschlagen kann.

12.4 Dynamische Aktionen

Der Kalender verfügt über eigene Ereignisse, auf die in dynamischen Aktionen reagiert werden kann. Das APEX-Team hat einige dieser Ereignisse deklarativ verfügbar gemacht:

- Datum ausgewählt [Kalender]
- Ereignis ausgewählt [Kalender]
- View geändert [Kalender]

Das erleichtert die Verwendung dieser Ereignisse natürlich, aber leider existieren in dynamischen Aktionen meist nur generische Aktivitäten, mit wenigen Ausnahmen, wie zum Beispiel der Auswertung des Geocodings. Dies hat zur Folge, dass Interaktionen mit dem Kalender JavaScript-Programmierung (oder zumindest JavaScript-Parametrierung) erfordern. <ANWENDUNGSSEITE 51> (CALENDAR AND DYNAMIC ACTIONS • CALENDAR AND REPORT) zeigt allerdings, dass auch mit generischen Aktionen bereits sinnvolle Dinge angestellt werden können.

12

Auf der Seite wird die dynamische Aktion `Calendar View Changed: Refresh Report` verwendet, die einen Bericht auf der Seite so filtert, dass er alle Ereignisse enthält, die im Kalender aktuell angezeigt werden. Wird die Woche gewechselt, aktualisiert sich der Bericht. Wie ist das im Einzelnen geregelt? Die dynamische Aktion muss drei Dinge nacheinander machen:

1. das aktuelle Startdatum der Woche in Element `P51_CAL_START_DATE` hinterlegen
2. das aktuelle Enddatum der Woche in Element `P51_CAL_END_DATE` hinterlegen
3. den Bericht aktualisieren

Wichtig ist natürlich die Reihenfolge, damit die Werte in den Seitenelementen stehen, bevor der Bericht auf sie zugreift. Von anderen Aufgaben dieser Art wissen wir, dass wir im Bericht nicht nur durch die beiden Seitenelemente filtern lassen müssen, sondern dass diese beim Aktualisieren des Berichts ihren Wert an die Datenbank übermitteln müssen. Dies erfordert, die Namen der beiden Elemente in den <BERICHTSATTRIBUTEN> • QUELLE • WEITERZULEITENDE ELEMENTE einzutragen.

Interessant und ein Beispiel für die »JavaScript-Parametrierung« ist, auf welche Weise wir an den jeweiligen Datumswert des Kalenders gelangen. Hierfür wird in der dynamischen Aktion die Aktion `Wert festlegen` ausgeführt.

In Abbildung 12.3 sehen Sie, dass als Quelle für den Elementwert ein JavaScript-Ausdruck verwendet wird. Der Ausdruck selbst ist nicht selbsterklärend, und ich möchte zumindest die wichtigsten Dinge hierzu erläutern. Der Bezeichner `this` meint den aktuellen Kalender (weil wir auf ein Ereignis des Kalenders reagieren). Der Kalender enthält Daten, auf die wir durch `data` zugreifen können. Von den Daten wiederum wählen wir das Startdatum `startDate`. Ich werde im weiteren Verlauf noch erklären, wie man an solche Angaben kommt, hier nehmen wir hin, dass auf den Wert auf diese Weise zugegriffen wird.

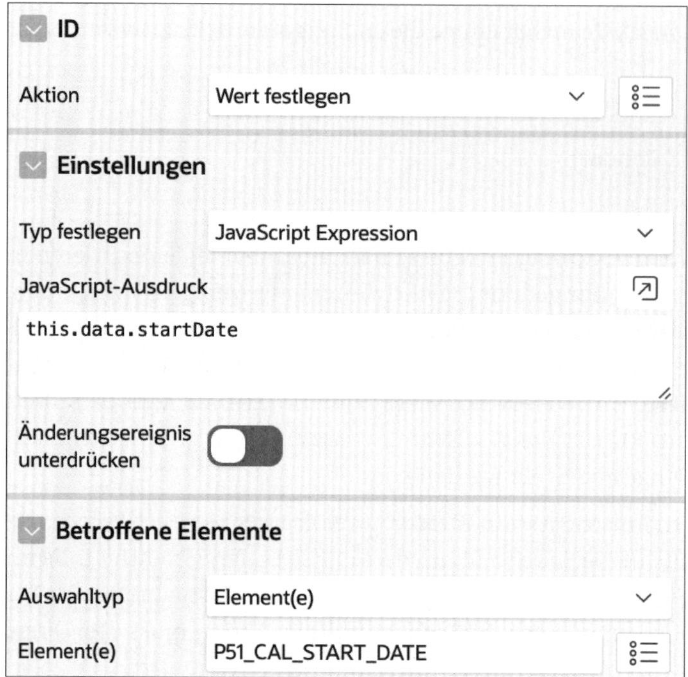

Abbildung 12.3 Attribute der Aktion »Wert festlegen«

Das Attribut BETROFFENE ELEMENTE • ELEMENT(E) legt fest, dass dieser Wert als neuer Elementwert in das angegebene Seitenelement eingefügt werden soll.

Die gleiche Vorgehensweise sehen wir beim Enddatum, bevor dann eine Standardaktion zum Aktualisieren eines Berichts aufgerufen wird. Eigentlich nicht so schwer, wenn man weiß, wie man an die nötigen Daten kommt.

Wenn wir die Komplexität aus Listing 12.2 akzeptieren, dass also eine `update`-Anweisung in einen PL/SQL-Block eingeschachtelt wird, um eine Terminänderung durch Drag-and-drop zu ermöglichen, können wir uns auch den anderen dynamischen Aktionen aus der Beispielanwendung widmen. Auf <ANWENDUNGSSEITE 52> geht es um das Erzeugen neuer Ereignisse per dynamischer Aktion. Die Strategie entspricht ein wenig dem Link zum Erstellen eines Ereignisses, nur dass nun kein modaler Dialog aufgerufen wird, sondern das Ereignis direkt in den Kalender eingetragen wird. Auch in diesem Beispiel ist es wieder möglich, mit Click-and-drag einen Termin mit vorgegebener Dauer zu erzeugen. Sehen wir uns also an, wie diese Funktion umgesetzt wird.

Das Ereignis, das wir nun überwachen, ist Datum ausgewählt [Kalender], das immer dann ausgelöst wird, wenn im leeren Bereich des Kalenders ein Datum oder ein Zeitraum ausgewählt wurde. Das weitere Verfahren ist beinahe identisch: Wieder werden Start- und Enddatum in Seitenelemente auf der Seite kopiert, diesmal allerdings durch den JavaScript-Ausdruck `this.data.newStartDate` bzw. `this.data.newEndDate`. Dann jedoch reicht es nicht, einen Bericht zu aktualisieren, sondern nun muss mit diesen Informationen eine Zeile in der Tabelle angelegt werden. Wir müssen also eine Aktion in der Datenbank ausführen, und hierzu gibt es den Aktionstypen Serverseitigen Code ausführen. Derzeit wird als Programmiersprache nur PL/SQL unterstützt, aber da die Datenbank zukünftig auch andere Programmiersprachen akzeptieren wird, rechne ich damit, dass auch APEX diese Funktionalität anbieten wird, sobald die entsprechende Datenbankversion die älteste Version ist, die von APEX unterstützt wird. Den Code, den wir diesmal ausführen, sehen Sie in Listing 12.3. Sie erkennen wieder dieses Datumsformat, das durch die dynamische Aktion geliefert und in den Seitenelementen abgelegt wurde, und auch die Doppelpunkt-Notation, denn wir sind wieder in PL/SQL.


```
begin
  insert into eba_demo_cal_sessions (
    title, speaker, session_type, status, start_date, end_date)
  values (
    'New Event', 'N/A', 'GENERAL', 'ACTIVE',
    to_date(:P52_STARTDATE, 'YYYYMMDDHH24MISS'),
    to_date(:P52_ENDDATE, 'YYYYMMDDHH24MISS'));
end;
```

Listing 12.3 PL/SQL-Block zur Erzeugung eines Termins

Als letzte Aktion muss anschließend die Kalenderregion noch aktualisiert werden, denn der neu angelegte Datensatz muss aus der Datenbank gelesen und an die Oberfläche übertragen werden.

[!]

Merke

Es mag verwirrend sein: Warum benötigen wir einmal Seitenelemente, in die wir das aktuelle Datum zwischenspeichern müssen, und einmal stehen uns die Werte in `APEX$...` direkt zur Verfügung?

Sehen Sie es so: Wenn Sie einen Verweis zum Bearbeiten oder Erstellen eines Termins anlegen, ist das gleichbedeutend mit einer dynamischen Aktion, die das APEX-Team für Sie im Hintergrund anlegt. Dort verwaltet die Aktion die erforderlichen JavaScript-Ausdrücke und stellt die Ergebnisse in generischen »Seitenelementen« zur Verfügung. Legen Sie umgekehrt selbst eine dynamische Aktion an, müssen Sie eine analoge Funktionalität selbst implementieren.

Das Gegenteil wird auf <ANWENDUNGSSEITE 53> erreicht, dort wird ein Termin durch eine dynamische Aktion gelöscht. Dafür benötigen wir die ID des Ereignisses, das wir löschen möchten. Der JavaScript-Ausdruck hierfür lautet `this.data.event.id`. Eine Besonderheit beim Löschen von Daten besteht darin, dass wir eine Bestätigungsmeldung ausgeben möchten, um nicht versehentlich Ereignisse zu löschen. Auch hierfür gibt es einen Aktionstypen, nämlich `Bestätigen`. Sie können dieser Aktion eine Meldung mitgeben. Die weiteren Aktionen werden nur ausgeführt, wenn Sie die Bestätigungsabfrage akzeptieren, daher muss nichts weiter unternommen werden, um die Entscheidung zu treffen, ob der Datensatz gelöscht werden muss.

Auch hier wird anschließend serverseitiger Code ausgeführt und die Kalenderregion aktualisiert. Die `delete`-Anweisung ist so simpel, dafür benötigen wir keine Diskussion. Ebenso ergeht es uns bei dem weiteren Beispiel, dem Kopieren eines Termins auf <ANWENDUNGSSEITE 54>.

Die weiteren Beispiele werde ich allerdings noch nicht besprechen, da wir hier definitiv hinter den Grenzen von No Code sind.

Kapitel 13
Maps

Die Darstellung geografischer Informationen war schon in vielen APEX-Versionen möglich. Mit Release 20.1 und 21.2 hat diese Option aber einen nachhaltigen Aufschwung erfahren, der nicht zuletzt in geänderten Lizenzbedingungen der Oracle-Datenbank begründet ist.

Geografische Informationen und deren Visualisierung waren lange Zeit ein Spezialthema in der Oracle-Datenbank. Zwar waren einige grundlegende Funktionen in allen Editionen der Datenbank verfügbar, die leistungsfähigsten Optionen waren allerdings einer zusatzkostenpflichtigen Option der Oracle-Datenbank namens *Spatial and Graph* vorbehalten. Ende 2019 hat Oracle die Lizenzbedingungen für diesen Bereich geändert, die erweiterten Optionen sowie einige Zusatzanwendungen sind nun in allen Editionen der Oracle-Datenbank kostenfrei enthalten. Damit war auch für APEX der Weg frei, diese zusätzlichen Optionen in eine neue Komponente zu kleiden und dem Funktionsumfang von APEX hinzuzufügen.

Ein Zweites kommt hinzu: Oracle bietet einen Webservice an, der die Visualisierung der Karten, aber auch weitere Funktionen wie die Adresssuche und Ähnliches umfasst. Solche Webservices erfordern ebenfalls eine Lizenz, die allerdings für APEX-Benutzer in APEX enthalten ist. Solange Sie also in APEX bleiben, dürfen Sie die Services von Oracle kostenfrei nutzen. Der Service, den wir nutzen, heißt *Oracle Spatial eLocation* und wird von Oracle unter *elocation.oracle.com* bereitgestellt. Aus diesem Grund erfordert die Verwendung dieser Funktionalität, dass APEX mit dem Internet verbunden ist. Allerdings wird die Verbindung durch den Browser hergestellt und nicht durch die Datenbank, daher ist auch keine besondere Berechtigung der Datenbank über einen ACL-Eintrag erforderlich, um diese Funktion zu nutzen. Der Service stellt nicht nur das Basiskartenmaterial, sondern auch eine interaktive Darstellung der Karte mit zahlreichen Filter- und Bearbeitungsfunktionen, eine Adresssuche und viele weitere Services bereit.

Die Datenbank unterstützt diese Funktionalität einerseits durch spezialisierte Datentypen, wie etwa `SDO_GEOMETRY`, aber auch durch Erweiterungen zum SQL-Sprachumfang durch spezialisierte Analyse- und Suchmethoden in geometrischen Daten.

In APEX wird der Zugriff auf diese Services über mehrere Elementtypen realisiert:

- Regionstyp `Map`
  Dieser Regionstyp bietet eine umfassende Integration der eLocation-Funktionalität. Im Vergleich zu den anderen Komponenten verfügt diese Region über die umfangreichste Funktionalität.
- Elementtyp `Karte anzeigen`
  Dieser Elementtyp bietet ebenfalls die Möglichkeit, Karten zu zeigen, verfügt aber nicht über die Funktionsvielfalt der `Map`-Region, sondern dient eher der Visualisierung einer Adresse, zum Beispiel innerhalb eines Formulars.
- Elementtyp `Geocode-Adresse`
  Mit diesem Elementtyp können Sie sehr flexibel eine Adresse irgendwo auf der Welt suchen. Der Service, der hinter diesem Seitenelement liegt, listet auch eine größere Anzahl Fundstellen und liefert für die gewählte Adresse die Längen- und Breitengradangaben, die dann von einer `Map`-Region oder einem `Karte anzeigen`-Element visualisiert werden können.
- `MiniMap`-Widget
  Derzeit noch nicht vollständig dokumentiert, steht auch ein Widget zur Visualisierung von Adressdaten zur Verfügung. Ein Widget ist »JavaScript-Anteil« eines APEX-Seitenelements. Im konkreten Fall wird es verwendet, um Maps in Karten-Regionen einzubetten. Wir werden uns hierzu ein kurzes Beispiel ansehen.

Da ich im Bereich geografische Systeme kein ausgewiesener Fachmann bin, steht es mir nicht an, eine eigene Anwendung zu entwickeln, sondern ich werde die Beispielanwendung <SAMPLE CARDS> mit Ihnen durchsprechen, um Ihnen die Möglichkeiten zu zeigen. Diese Anwendung wird genauso wie jede andere Beispielanwendung auch installiert, doch besteht insofern eine Besonderheit, als noch weitere Daten geladen werden können, um alle Funktionen zu zeigen. Auf diesen Fakt wird beim Start der Anwendung hingewiesen und auch ein Link auf die APEX-Anwendungsseite zur Installation angeboten. Zumindest in meiner Installation war dort allerdings die Installation direkt aus GitHub nicht möglich, sondern ich musste die Dateien *states-full.json* und *airports-full.json* von GitHub laden und anschließend im Dateiladedialog der Anwendungsseite referenzieren.

13.1 Regionstyp »Map«

Was seit Version 21.2 ein eigener Regionstyp ist, war in früheren Versionen noch ein Plugin, also eine externe Erweiterung, die allerdings durch das APEX-Entwicklerteam programmiert und gepflegt wurde. Mit der Einführung eines dedizierten Regionstyps entfällt aber die Notwendigkeit, das Plugin installieren zu müssen. Außerdem ist es nicht mehr notwendig, der Datenbank Zugriff auf den Oracle-eLocation-Service zu ermöglichen, sondern dies wird im Browser direkt gemacht.

Die Map-Region verhält sich zunächst wie jede andere Region auch, sie unterscheidet sich lediglich in den <ERWEITERTEN REGIONSATTRIBUTEN>. Beachten Sie auch, dass Sie im Regelfall keine Quelle für diesen Regionstyp benötigen, da dieser, ähnlich wie bei Diagrammen, für unterschiedliche Layer definiert wird.

13.1.1 Attributbereiche »Map« und »Steuerelemente«

Diese beiden Attributbereiche kontrollieren das verwendete Kartenmaterial, die Größe der Darstellung und die Optionen zur Bedienung der Karte.

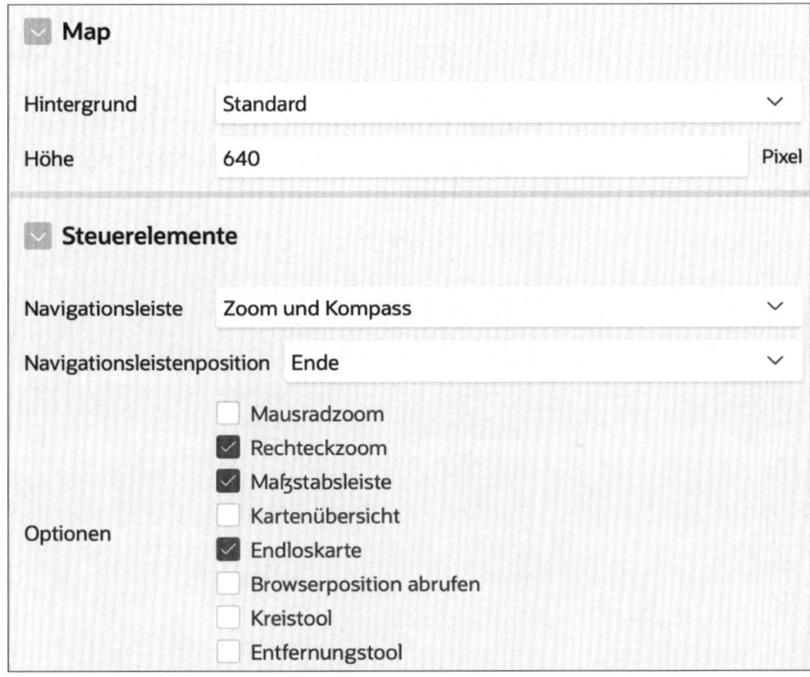

Abbildung 13.1 Attributbereiche »Map« und »Steuerelemente«

Das Attribut MAP • HINTERGRUND bietet eine Auswahl des zu verwendenden Kartenmaterials. Sie haben hier die Wahl zwischen `Standard` und `Benutzerdefiniert`. Wählen Sie die zweite Option, werden weitere Auswahllisten eingeblendet. Hier können Sie zwischen unterschiedlichen Kartendaten wechseln. Probieren Sie die unterschiedlichen Varianten gern einmal aus.

Das verwendete Kartenmaterial kann separat für den Hell- und den Dunkelmodus gewählt werden. Verwenden Sie keine benutzerdefinierte Kartendarstellung, wird `OpenStreetMap - Positron` verwendet, allerdings passt sich die Darstellung an den Hell- oder Dunkelmodus der Anwendung an.

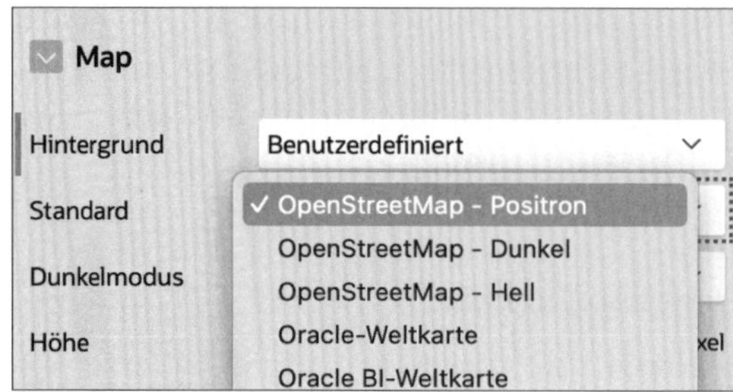

Abbildung 13.2 Unterschiedliches Kartenmaterial in der Auswahl

Das Attribut STEUERELEMENTE • NAVIGATIONSLEISTE kontrolliert die Werkzeuge zum Darstellungsmaßstab und zur Orientierung der Karte. Wird die Karte gedreht, indem auf das Symbol geklickt und dann mit gehaltener Maustaste die Karte bewegt wird, kann sie durch einen Klick auf das Kompass-Symbol wieder nach Norden ausgerichtet werden.

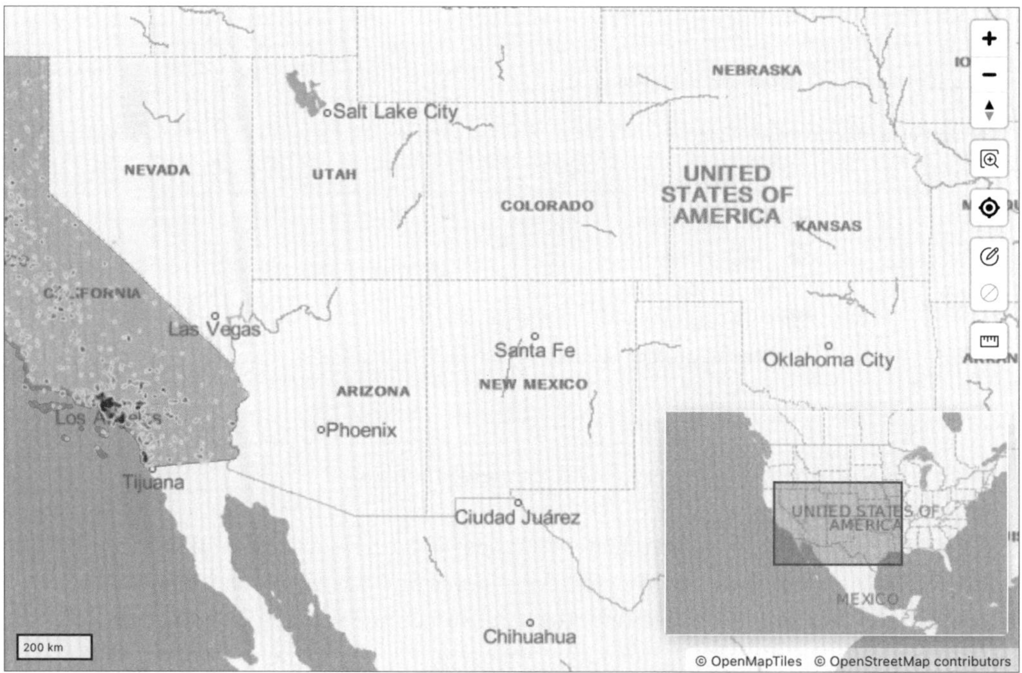

Abbildung 13.3 Karte mit allen Bedienelementen und Optionen

Abbildung 13.3 zeigt alle Bedienelemente und Optionen im Überblick. Besonders praktisch erscheinen mir die Rechtecksuche, mit der einfach ein Bereich ausgewählt und darin hineingezoomt werden kann, sowie die Umkreissuche, mit der Ziele in einem Radius um den Mittelpunkt ausgewählt werden können.

Version 22.2 erhöht die Qualität des Kartenmaterials noch einmal, als das bis dato verwendete, gerasterte Kartenmaterial durch Umschalten in den KOMPONENTENEINSTELLUNGEN • MAP auf `Vector Layer` umgeschaltet werden kann. Diese Darstellung verhält sich natürlicher beim Zoomen und stellt die Details auch besser dar.

13.1.2 Attributbereich »Anfängliche Position und Zoom«

Dieser Attributbereich kontrolliert die Zentrumsposition und den Vergrößerungsfaktor, mit dem die Karte zunächst dargestellt wird. Dieses »zunächst« bezieht sich auf eine neue APEX-Session oder aber, wenn die Karte explizit auf die Voreinstellungen zurückgesetzt wird. Innerhalb einer APEX-Session werden die aktuelle Skalierung und das Darstellungszentrum gespeichert.

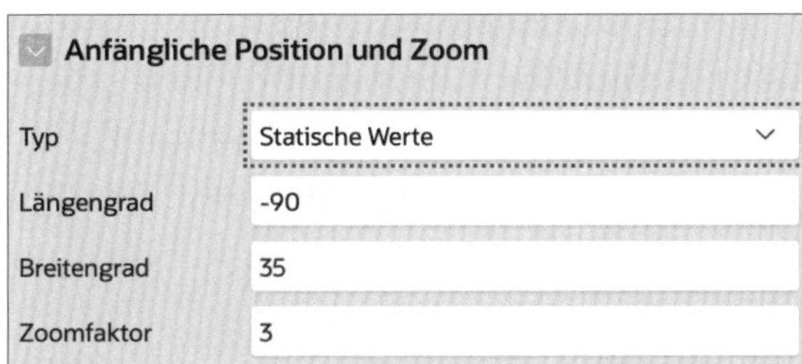

Abbildung 13.4 Attributbereich »Anfängliche Position«

Die Vorgaben, die einen statischen Längen- und Breitengrad vorgeben, sind für viele Anwendungen wahrscheinlich zu statisch. Daher ist es auch möglich, die Position des Zentrums der Karte dynamisch zu bestimmen. Die Optionen des Attributs ANFÄNGLICHE POSITION UND ZOOM • TYP erlauben die Ermittlung aus einer `select`-Abfrage oder aber, diese aus den darzustellenden Daten abzuleiten. Damit ist gemeint, dass die Skalierung so gewählt wird, dass alle Punkte, die auf der Karte angezeigt werden sollen, auch sichtbar sind. Wie diese Punkte definiert werden, sehen wir uns noch an.

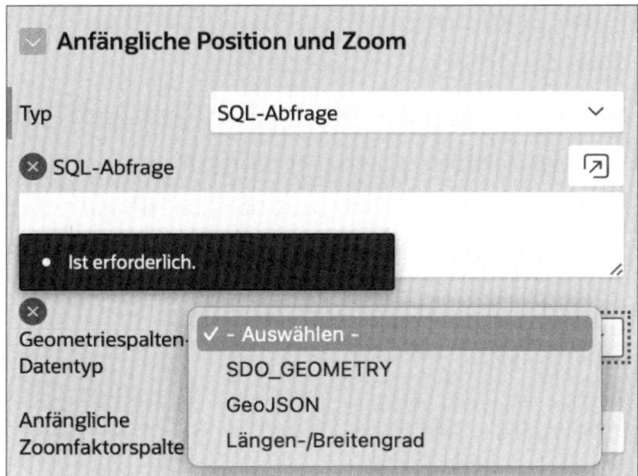

Abbildung 13.5 Dynamische Ermittlung des Kartenzentrums

Sollen diese Angaben aus einer select-Anweisung ermittelt werden, kann auch der Zoomfaktor durch eine Spalte ermittelt werden. Es muss dann bestimmt werden, in welchem Datentyp die Position vorliegt. Die Optionen sind sicherlich nicht selbsterklärend, daher hier ein kurzer Blick auf die Varianten.

SDO_GEOMETRY

Der Datentyp SDO_GEOMETRY ist ein objektorientierter Datentyp aus dem Funktionsumfang »Spatial and Graph« der Oracle-Datenbank. Die Typen dieser Gruppe werden in einem eigenen Datenbankbenutzer MDSYS vorgehalten, besitzen aber Synonyme, die von allen anderen Datenbankbenutzern verwendet werden dürfen. Dieser Datentyp kann sehr umfassend sein, da er einen Punkt auf der Karte, aber auch zum Beispiel eine Linie, ein Polygon oder andere Formen repräsentieren kann. Welche Ausprägung vorliegt, kann dem einzelnen Objekt ebenso entnommen werden wie zum Beispiel die Länge und Breite, falls dies sinnvoll ist. Es führt hier zu weit, alle Optionen darstellen zu wollen. Stattdessen möchte ich gern in Listing 13.1 am Beispiel der Flughafendaten aus Tabelle EBA_SAMPLE_MAP_AIRPORTS zeigen, wie die Position eines Flughafens als SDO_GEOMETRY erzeugt wird.

```
SDO_GEOMETRY(
  2001, 4326,
  SDO_POINT_TYPE(-166.46572, 65.33133, NULL),
  NULL, NULL)
```

Listing 13.1 Erzeugung einer Instanz vom Typ SDO_GEOMETRY

Das Listing zeigt, dass eine Methode SDO_GEOMETRY aufgerufen wird, der dann verschiedene Parameter übergeben werden. Der erste Parameter verrät (in arg verschlüsselter Form), dass es sich hierbei um einen zweidimensionalen Punkt auf der Karte handelt, während der zweite Parameter ein Verweis auf das geodätische Referenzsystem WGS-84 darstellt, das für die Kartendarstellung verwendet wird. Schließlich referenziert die Methode SDO_POINT_TYPE den genauen Punkt über die Angabe eines Längen- und Breitengrades. Alle anderen Parameter sind für das Beispiel nicht relevant.

Was zunächst sehr kompliziert klingt, kann natürlich für die eigene Arbeit zunächst einmal nur hingenommen werden. Die ersten beiden Parameter sind für einen Punkt immer gleich, auch der Aufruf der Methode SDO_POINT_TYPE und die NULL-Parameter bleiben gleich. Es müssen also nur Länge und Breite ersetzt werden, um mit dem Typen arbeiten zu können.

[!]

Merke

In Geoinformationssystemen ist der Datentyp ST_GEOMETRY weit verbreitet. Dieser Typ ist mit SDO_GEOMETRY weitgehend interoperabel, es lässt sich innerhalb der Oracle-Datenbank auch ein ST_GEOMETRY-Datentyp direkt aus SDO_GEOMETRY erzeugen.

GeoJSON

GeoJSON ist ein offenes Format zur Übermittlung geografischer Daten. Die gesamte Spezifikation ist natürlich komplexer, aber ein einfacher Punkt kann in diesem Format aussehen wie in Listing 13.2.

```
{
    "type": "Point",
    "coordinates": [7.0069, 51.1623]
}
```

Listing 13.2 Einfache Repräsentation eines Punkts in GeoJson

GeoJson kann in der Datenbank aus einer SDO_GEOMETRY-Instanz erzeugt werden, umgekehrt lässt sich aus GeoJson auch SDO_GEOMETRY erzeugen.

Längen-/Breitengrad

Dies ist der einfachste Datentyp, er erwartet einfach zwei Spalten, eine für den Längen- und eine für den Breitengrad.

Zoomfaktor

Bleibt noch der Zoomfaktor. Hier wird ein Ganzzahlwert zwischen 1 und 18 erwartet, wobei 1 den größten Maßstab darstellt (hier ist die ganze Welt zu sehen) und 18 den kleinsten Maßstab.

13.1.3 Attributbereiche »Legende« und »Attribute«

Die Legende zeigt die Layer, die für die Darstellung der Sonderziele auf der Karte verantwortlich sind, ober- oder unterhalb der Karte an. Durch das Einblenden einer Legende werden diese Layer an- und abschaltbar, da für jeden Eintrag in der Legende ein Kontrollkästchen für diesen Zweck angeboten wird.

Mit den Attributen kann kontrolliert werden, ob überhaupt eine Legende angezeigt und welche Überschrift und welche Position gewählt werden soll. Bemerkenswert ist der Attributwert LEGENDE • POSITION • Selektor, der es ermöglicht, eine beliebige Position auf der Anwendungsseite durch zum Beispiel eine CSS-Klasse oder eine statische ID auszuzeichnen und dort die Legende zu platzieren. Zudem ist es möglich, die Legende durch eigene CSS-Klassen optisch anzupassen.

Im Attributbereich ATTRIBUTE können generelle Eigenschaften der Kartendarstellung festgelegt werden, etwa das zu verwendende Maßsystem Metrik oder Imperial, alternativ kann dies auch über ein Seitenelement kontrolliert werden, das entweder M oder I enthalten muss.

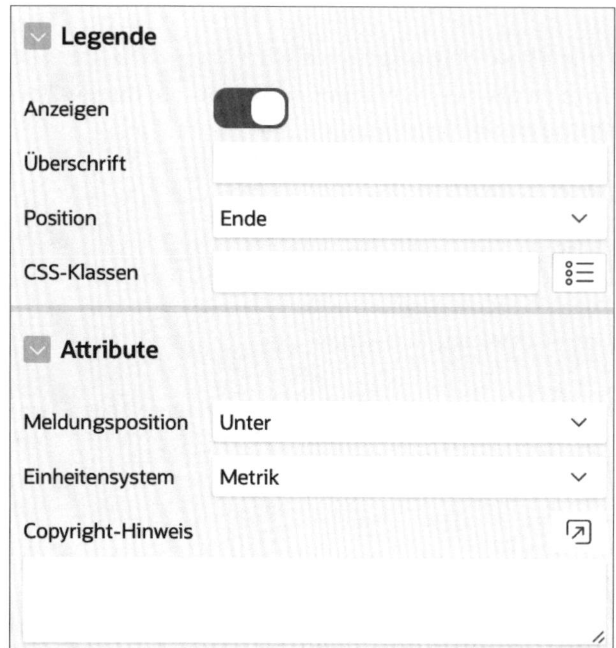

Abbildung 13.6 Attributbereiche »Legende« und »Attribute«

Das Attribut ATTRIBUTE • COPYRIGHT erlaubt die Festlegung eines Copyright-Vermerkes für das verwendete Kartenmaterial. Wird hier nichts eingetragen, kümmert sich APEX um einen entsprechenden Vermerk je nach gewähltem Kartenmaterial.

Etwas seltsam mutet es an, dass die Karte Meldungen ausgeben können soll, doch ist hiermit gemeint, dass für eine externe Filterung entweder keine oder zu viele Ergebnisse gefunden werden konnten. Diese Meldungen können über das Attribut ATTRIBUTE • MELDUNGSPOSITION entweder unterdrückt werden oder analog zur Legende oberhalb, unterhalb oder an einer Selektor-Position auf der Seite angezeigt werden.

13.1.4 Layer

Die Sonderziele, die auf einer Karte dargestellt werden sollen (und die ja der eigentliche Grund dafür sind, überhaupt Karten darstellen zu wollen), werden, ähnlich einem Diagramm, über Layer mit eigenen Datenquellen übergeben. Diese Layer werden innerhalb der Map-Region im Unterverzeichnis Layer angezeigt und können dort mittels des Kontextmenüs auch erzeugt werden. <SAMPLE CHARTS> • <ANWENDUNGSSEITE 111> zeigt die Map-Region `Custom Map Markers` mit zwei Layern, einen für kleine und einen für große Flughäfen. Sehen wir uns den ersten Layer, `Small Airports`, einmal genauer an.

Datenquelle

Der Layer verfügt über eine eigene Datenquelle, die alle Funktionen anderer Datenquellen besitzt und analog bedient wird. Die Karte erwartet geografische Daten in einem Datenformat, das wir bereits bei der Besprechung des Attributs ANFÄNGLICHE POSITION UND ZOOM • GEOMETRIESPALTEN-DATENTYP, in Abschnitt 13.1.2 kennengelernt hatten. In der Beispielanwendung wird der Typ SPALTENZUORDNUNG • GEOMETRIESPALTEN-DATENTYP • `SDO_GEOMETRY` verwendet. Die `select`-Abfrage aus der Datenquelle muss also eine Spalte dieses Typs anbieten, und welche dies ist, wird im Attribut SPALTENZUORDNUNG • GEOMETRIESPALTE festgelegt. Zudem benötigen wir noch eine Spaltenzuordnung auf die Primärschlüsselinformation des Sonderziels.

Alternativ ist es möglich, die Datenquelle der Region zu referenzieren. Diese dient dann als Grundlage für alle Layer. Auf diese Weise muss eine `select`-Anweisung nur einmal geschrieben werden und kann in den Layern wiederverwendet werden. Die Layer beziehen sich auf diese Regionsdatenquelle, indem sie wiederum als Datenquelle den Wert `Regionsquelle` definieren.

Richten wir die Datenquelle so ein, haben wir aber das Problem, unterschiedliche Layer in der `select`-Anweisung unterscheiden können zu müssen, ansonsten wäre das Konzept mehrerer Layer hinfällig. Aus diesem Grund existieren in diesem Fall weitere Attribute im Bereich <LAYERATTRIBUTE> • ZEILENZUWEISUNG, die die Angabe einer Spalte erlauben, die einen Filterwert enthält, um anzuzeigen, dass diese Zeile in diesem Layer angezeigt werden soll. Welcher Wert das sein muss, wird im Attribut <LAYERATTRIBUTE> • ZEILENZUWEISUNG • `Wert für diesen Layer` hinterlegt. Ein Beispiel für die Verwendung dieses Konzepts bietet <ANWENDUNGSSEITE 120>.

Marker

Sehr interessant, aber im konkreten Beispiel der Anwendungsseite etwas komplex zu verstehen, ist die Festlegung des Markers, der auf der Karte eingesetzt wird, um ein Sonderziel zu markieren. Wenn wir uns die Karte ansehen, stellen wir fest, dass hier drei unterschiedliche Marker für große und kleine Flughäfen sowie Hubschrauberplätze verwendet werden, wie Abbildung 13.7 zeigt.

Welches Symbol für ein Sonderzeichen verwendet werden soll, wird durch die Attributgruppe <LAYERATTRIBUTE> • PUNKTOBJEKTE kontrolliert.

Zunächst kann das technische Format gewählt werden, in unserem Fall `SVG`, alternativ wäre es auch möglich gewesen, Bilder oder CSS-Symbole zu verwenden. Sie können hier aus mehreren vordefinierten SVG-Symbolen wählen, die im Hilfetext zu dem Attribut <LAYERATTRIBUTE> • PUNKTOBJEKTE • SYMBOL aufgezeigt werden. Möchten Sie eine dieser Formen verwenden, verwenden Sie das Popup-Menü zu diesem Attribut und wählen den entsprechenden Eintrag.

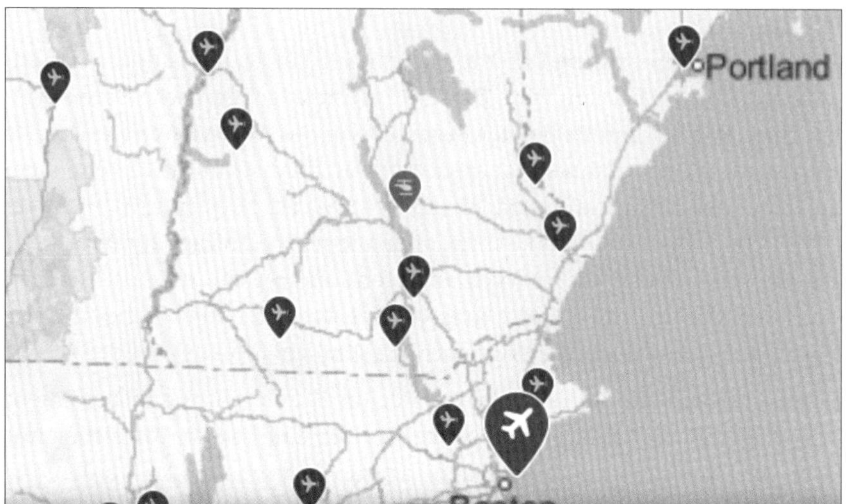

Abbildung 13.7 Unterschiedliche Markersymbole in der Kartendarstellung

Punktobjekte

Stil	SVG
Form	&MARKER_TYPE.
Formskalierung	

Darstellung

Füllfarbe	&MARKER_COLOR.
Fülltransparenz	,8
Strichfarbe	
Strichbreite	

Abbildung 13.8 Attributbereiche »Punktobjekte« und »Darstellung«

Interessant ist jedoch, dass in unserem Beispiel die Form aus einer Spaltenreferenz `&MARKER_TYPE.` ermittelt wird und die Farbe des Markers im Attribut <Layerattribute> • Darstellung • Füllfarbe • `&MARKER_COLOR.`. Zwar ist klar, dass nun der Typ und die Farbe über die Spaltenreferenzen dynamisch übergeben werden, doch ist nicht geklärt, wie die Marker nun aussehen sollen. Offensichtlich ist aber, dass es sich nicht um Standardmarker handelt, denn bei genauem Hinsehen enthalten die Marker kleine Flugzeuge oder Hubschrauber. Die Definition dieser speziellen Marker wird nicht beim Layer getroffen, sondern global für die gesamte Map-Region. Daher gehen wir noch einmal zurück zu den <SPEZIELLEN REGIONSATTRIBUTEN> • ERWEITERT • BENUTZERDEFINIERTE SVG-STILE und sehen uns den Inhalt dieses Attributs an. Ich habe einen Ausschnitt des Attributwerts in Listing 13.3 übernommen.

```
[
    {
        "name": "Airport",
        "width": 20,
        "height": 20,
        "paint-order": "stroke",
        "viewBox": "0 0 20 20",
        "elements": [
            {
                "type": "path",
                "d": "M10,2A6.006,6.006,0,0,0,4,8c0,3.652,5.4,9.587,5.631, ..."
            },
            {
                "type":"path",
                "d": "M12.942,5.942,11.783,7.1l.655, ...",
                "fill":"#ffffff",
                "stroke": "none"
            }
        ]
    },
    ...
    {
        "name": "Small Airport",
        "width": 20,
        "height": 20,
        "paint-order": "stroke",
        "viewBox": "0 0 20 20",
        "elements": [
            {
                "type": "path",
                "d": "M10,19a1.5,1.5,0,0,1-1.106-.487C8.291,17.855,3,11 ...",
                "fill":"#ffffff",
                "stroke": "none"
            },
            {
                "type":"path",
                "d": "M10,2A6.006,6.006,0,0,0,4,8c0,3.652,5.4,9.587, ..."
```

```
            },
            ...
        ]
    }
]
```

Listing 13.3 Einstellungen zu den Symboltypen

Dieser Attributwert ist sicherlich mehr, als man für ein normales Attribut und eine No-Code-Umgebung erwarten würde. Die vielen unverständlichen Zahlenkolonnen im Attribut `d` des JSON-formatierten Objekts sind Zeichenbefehle und Koordinaten für ein SVG-Objekt (*Scalable Vector Grafik*, etwa: *skalierbare vektorbasierte Grafik*). Es ist außerhalb des Fokus dieses Buchs, eine Einführung in SVG zu geben, ich möchte nur erläutern, dass Browser solche Objekte direkt zeichnen und, da sie vektorbasiert sind, beliebig skalieren können, ohne dass die Grafiken unscharf oder verpixelt würden. Im Internet existieren viele Seiten, die Ihnen das Herunterladen frei verfügbarer Symbole in diesem Format ermöglichen. Allerdings muss eine solche Grafik 20 × 20 (Attribut `"viewBox": "0 0 20 20"`) groß sein, und es wird mit dem Mittelpunkt des unteren Grafikrandes auf die Stelle gezeigt, die auf der Karte über die Geometrie definiert wird. Dies verdeutlicht der Hilfetext zu diesem Attribut (siehe Abbildung 13.9) besser, als ich es könnte.

Benutzerdefinierte SVG-Stile

Geben Sie Definitionen für benutzerdefinierte SVG-Formen an, die als Kartenmarker verwendet werden können. Die hier definierten Stile können als das Attribut **SVG-Form** in einem Punktlayer verwendet werden.

Die SVG-Form muss eine Breite und Höhe von jeweils **20** aufweisen. Der Marker wird so auf der Karte positioniert, dass die Mitte der Formunterseite (SVG-Koordinate **10, 20**) zum Kartenobjekt zeigt.

Abbildung 13.9 Vorgaben für SVG-Marker

Von diesen Markern definiert der Attributwert insgesamt drei Stück (`Airport`, `Heliport` und `Small Airport`, jeweils im Attribut `name` des JSON-Strings). Spalte `MARKER_TYPE` enthält einen dieser drei Namen. Damit kann der Marker gezeichnet werden, die Füllfarbe wird dann über die Spalte MARKER_COLOR beigesteuert. Dort sind die Farben im hexadezimalen Format hinterlegt. Ermittelt werden sie in der select-Anweisung.

Weitere Optionen für Layer

Interessanterweise werden die unterschiedlichen Markertypen im ersten Layer Small Airports nur für die kleinen Flughäfen und die Heliports verwendet. Die großen Flughäfen werden durch einen eigenen Layer ermittelt. Grund hierfür ist, dass es nun einfach ist, einen Skalierungsfaktor (Attribut <LAYERATTRIBUTE> • PUNKTOBEJEKTE • FORMSKALIERUNG • 2 einzuführen, zudem haben wir dadurch auch die Option, über das Attribut <SPEZIELLE REGIONSATTRIBUTE> • LEGENDE • ANZEIGEN die Layer einfach ein- und ausschalten zu können. Ob ein Klick auf das Kontrollkästchen zum An- oder Abschalten allerdings tatsächlich eine Reaktion auslöst, entscheidet das Attribut <SPEZIELLE REGIONSATTRIBUTE> • LEGENDE • ZUM AUSBLENDEN AKTIVIEREN, was ich für unglücklich übersetzt halte. Gemeint ist, dass dieser Schalter gesetzt sein muss, damit dieser Layer durch Klick auf das Kontrollkästchen ausgeblendet werden kann. Ist dieser Schalter nicht gesetzt, ist das Kontrollkästchen aber dennoch da, ist aber nicht bedienbar. Etwas seltsam.

In vielen Kartenanwendungen werden mehrere Sonderziele je nach Maßstab der Karte zu einem Symbol zusammengefasst. Zoomt man in diesen Bereich, wird das zusammenfassende Symbol durch einzelne Symbole ersetzt. Diese Option besteht auch in APEX, und zwar durch den Attributbereich <LAYERATTRIBUTE> • PUNKT-CLUSTERING. Wird es angeschaltet, öffnen sich weitere Attribute, um das zu verwendende Symbol und den Radius in Pixeln auf der Karte zu definieren, in dem alle Objekte geclustert werden sollen.

Abbildung 13.10 Zusammenfassung mehrerer Sonderziele

Abbildung 13.10 zeigt diese Option. Hier wurde im Attribut <LAYERATTRIBUTE> • PUNKT-CLUSTERING • QUICKINFO der Eintrag Anzahl: &COUNT. &LAYER. eingetragen, um diese Ausgabe beim Überfahren eines geclusterten Symbols mit der Maus anzuzeigen. Mit den Quickinfos, aber auch mit anderen Attributen wie dem <LAYERATTRI-

BUTE> • INFOFENSTER • HTML-AUSDRUCK können wir noch deutlich mehr anstellen, doch möchte ich die Besprechung dieser Optionen ein wenig aufschieben, da sie in den Bereich der Programmierung hineinreichen.

Als letzte Option möchte ich in diesem Abschnitt noch die Möglichkeit besprechen, die Zoomfaktoren für einen Layer zu beschränken. Im Zusammenhang mit einem Layer dienen die Attribute <LAYERATTRIBUTE> • ZOOMFAKTOREN • MINIMAL/MAXIMAL dazu, zu kontrollieren, ab welcher Vergrößerung und bis zu welcher Vergrößerung ein Layer sichtbar sein soll. So könnte der Layer `Small Airports` zum Beispiel erst ab einer Vergrößerungsstufe `5` eingeblendet werden. Dies verhindert, dass in einem zu großen Darstellungsmaßstab viele Sonderziele die Karte überfluten. Als Erinnerung: `1` bedeutet, dass die ganze Welt dargestellt wird, `18` ist die feinste Auflösung, in der einzelne Straßenzüge dargestellt werden.

13.1.5 Weitere Elementtypen für Karten

Bislang haben wir als Sonderziele Punkte auf der Karte verwendet. In Map-Regionen sind aber auch andere Elementtypen möglich. Beispiele hierfür finden sich in <SAMPLE MAPS> • <ANWENDUNGSSEITE 110>. Diese Karte zeigt eine Heat Map der Vereinigten Staaten bezüglich der Passagierzahlen. Diese Heat Map ist in zweierlei Hinsicht interessant: Zum einen zeigt sie, wie eine Karte durch eine Auswahlliste gefiltert werden kann, zum anderen visualisiert sie die Daten auf interessante Weise.

Polygone

Mit dem bisher erlangten Wissen fällt es uns leichter, diese Anwendungsseiten zu verstehen. Wir sehen wieder zwei Layer, diesmal `US State` und `Airports Density`. Der erste Layer, `US State`, ist vom <LAYERATTRIBUT> • ID • ELEMENTTYP • `Polygone`. Datengrundlage ist wiederum `SDO_GEOMETRY`, das aus der Spalte `GEOMETRY` der Tabelle `EBA_SAMPLE_MAP_STATES` entnommen wird. Dieser Datentyp wird aber nun, anders als der Punkt aus den bisherigen Beispielen, als Polygon definiert. Listing 13.4 zeigt ein beispielhaftes Polygon. Bitte haben Sie Verständnis dafür, dass ich Ihnen nicht die vollständige Definition zeige, die Koordinaten umfassen ausgedruckt über 100 Seiten ... ;-)

```
MDSYS.SDO_GEOMETRY(2007, 4326, NULL, MDSYS.SDO_ELEM_INFO_
ARRAY(1, 1003, 1, 27831, 1003, 1), MDSYS.SDO_ORDINATE_ARRAY(-
86.39964, 30.22695, -86.39285, 30.226, -86.38852, ... -83.10874, 24.62951))
```

Listing 13.4 Ausriss aus der Definition eines Polygons

Wieder sind die konkreten Details nicht so wichtig, sondern die Tatsache, dass die Daten der Datenbank für die Visualisierung auch komplexer Formen genutzt werden. Wenn Sie sich den Layer genauer ansehen, sind Sie eventuell verwirrt, denn die Daten dieses Layers werden nur angezeigt, wenn auch ein Staat in der Auswahlliste oberhalb der Map-Region ausgewählt wurde. Der Grund: Wählen Sie einen Staat aus, wird dieser durch eine Hintergrundfarbe in Form des Staates hervorgehoben. Hierfür ist dieser Layer zuständig. Sehen Sie sich für die konkrete Einstellung die Attributgruppe <LAYERATTRIBUTE> • DARSTELLUNG an.

Heat Map

Der zweite Layer, `Airports Density`, ist vom Typ `Heat Map`. Dieser Darstellungstyp ist optimiert für die Anzeige der Dichte von Sonderzielen in einer bestimmten Region. <ANWENDUNGSSEITE 110> zeigt die Anzahl der Flugplätze als Heat Map. Dies wird dadurch erreicht, dass im Attributbereich <LAYERATTRIBUTE> • DARSTELLUNG • WERTSPALTE überraschenderweise kein Wert ausgewählt wird. In diesem Fall wird nämlich nur die Anzahl der Sonderziele pro Region beurteilt. Alternativ wäre es aber auch möglich, hier tatsächliche Wertespalten auszuwählen. Leider ist das Beispiel hier nicht sehr variabel, denn jede mögliche Spalte hat sehr unspezifisch eingefärbte Flächen zur Folge. Als ein Beispiel für eine solche Visualisierung habe ich einmal die Spalte `COMMERCIAL_OPS`, die die Anzahl der kommerziellen Flugbewegungen pro Jahr zeigt, als Grundlage genommen und mich in den Bereich um Philadelphia eingezoomt. Abbildung 13.11 zeigt das Ergebnis. Grund für die unglückliche Darstellung sind die vielen `NULL`-Werte in der Spalte `COMMERCIAL_OPS`. Liegen aber Daten vor, so ist die »Empfindlichkeit« der Heat Map durch einen Skalierungsfaktor ganz gut zu kontrollieren. Je größer die Zahlen, umso größer ist der eingefärbte Bereich. Reduzieren Sie die Zahlen durch einen konstanten Divisor, »kühlt die Heat Map ab«, das heißt, die Bereiche, die durch die Farbe der höchsten Auslastung gefüllt werden, wird kleiner.

Apropos Farbe. Die Heat Map kann durch die Attribute des Bereichs <LAYERATTRIBUTE> • DARSTELLUNG beeinflusst werden. Zur Wahl stehen im Attribut FARBSCHEMA die folgenden Einträge:

- `Benutzerdefiniert`
  Geben Sie eine eigene Liste von Farben ein, aus denen gewählt wird.
- `Sequentiell`
  Farbverteilungen, die optimal für die Darstellung von Werten, die zwischen niedrigen und hohen Werten liegen, geeignet sind
- `Divergierend`
  Farbverteilungen, die Daten, die zwischen Extremwerten pendeln, visualisieren können
- `Eindeutig`
  unterschiedliche Farben für eindeutige Werte

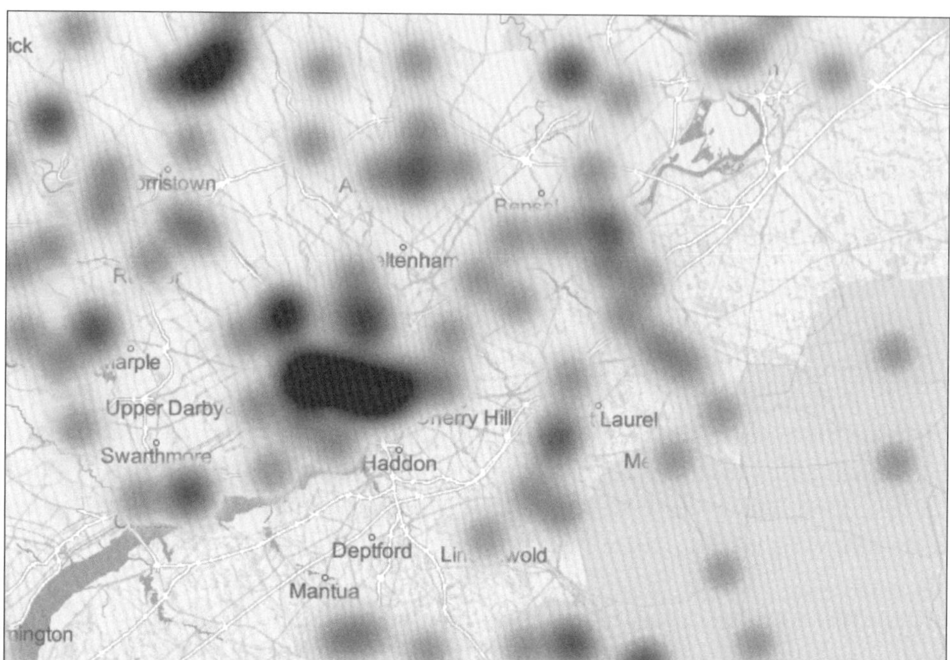

Abbildung 13.11 Heat Map der Flugbewegungen rund um Philadelphia

Je nach gewähltem Farbschema stehen im Attribut SCHEMANAME unterschiedliche vordefinierte Farbverläufe zur Verfügung. Sehen Sie sich hier unbedingt für jedes Farbschema die entsprechenden Hilfeeinträge des Attributs SCHEMANAME an, da dort die verfügbaren Schemata visualisiert werden. Wenn Sie dies machen, werden Ihnen auch die unterschiedlichen Einsatzbereiche klarer. In der Beispielanwendung wird ein sequenzielles Farbschema mit dem Namen `Sunset` verwendet.

Extrudierte Polygone

Eine Spielart der Polygondarstellung ist das extrudierte Polygon, das das Polygon basierend auf einer Zahl mehr oder minder stark in den Raum extrudiert. <ANWENDUNGSSEITE 113> zeigt uns eine solche Karte. Einfacher zu überblicken ist die zweite Map-Region, `Airports by State` mit dem gleichnamigen Layer. Als Datenquelle wird nun eine `select`-Anweisung verwendet, in der Sie die Skalierung recht gut nachvollziehen können: Überall finden sich Divisoren oder Multiplikatoren, um die Zahlen in einen Bereich zu verschieben, der in der Darstellung gut aussieht. Im konkreten Beispiel wird in der `select`-Anweisung des Layers die Höhe des Polygons verzehnfacht, wie Listing 13.5 zeigt (auch hier bitte ich um Nachsicht, aber ich habe die Formulierung aus dem Beispiel vereinfacht und effizienter gemacht).

```
select s.id, upper(s.name) as name, s.state_code,
       a.airport_count, a.airport_count * 10 as polygon_height,
       s.geometry
  from eba_sample_map_simple_states s
  left join (
       select state_name, count(*) airport_count
         from eba_sample_map_airports
        where commercial_ops > 0
        group by state_name) a
    on upper(s.name) = upper(a.state_name)
```

Listing 13.5 select-Anweisung des Layers Airports by State

Mit diesen Vorinformationen werden die Attributwerte des Bereichs <LAYERATTRIBUTE> • DARSTELLUNG nun verständlicher, wie in Abbildung 13.12 gezeigt.

Darstellung

Farbschema verwenden	(ein)
Farbschema	Divergierend
Schemaname	Temps
Farbwertspalte	AIRPORT_COUNT
Extrusionswertspalte	POLYGON_HEIGHT
Einheit	Kilometer
Fülltransparenz	,7

Abbildung 13.12 Attribute für ein extrudiertes Polygon

Die Polygonhöhe über einen berechneten Wert festzulegen, ist natürlich unumgänglich. Interessant ist die Skalierung dieses Werts im Attribut DARSTELLUNG • EINHEIT, denn je nach Skalierung der Karte werden diese Polygone schon mächtig hoch.

Der Layer zeigt eine Anwendung des Farbschemas `Divergierend`, um den optischen Effekt zu erreichen, dass Staaten mit wenigen Flugplätzen grün und gegenteilige Staaten rot markiert werden können.

An diesem Layer kann ich noch eine weitere Funktionalität zeigen, und zwar einen Link auf eine andere Anwendungsseite. Im Grunde ist dies nicht sehr aufregend und neu, weil für ein Polygon ebenso wie für ein Sonderziel ein Link mit den üblichen Möglichkeiten eingerichtet werden kann. Dies ist auch hier geschehen, ein Klick auf ein Polygon verzweigt zur Heat Map, die wir im vorhergehenden Abschnitt besprochen hatten. Ein witziges Detail ist, dass dieser Link den aktuell gewählten Staat übermittelt. Das funktioniert aber nur, wenn dieser Name in Großbuchstaben vorliegt, da dies so auf der Heat-Map-Seite verlangt wird (dort ist der Name Rückgabewert der Auswahlliste). Die Beispielanwendung nimmt hierfür in Kauf, dass der Tooltipp des Polygons den Namen ebenfalls in Großbuchstaben anzeigt. Alternativ hätte man für den Link in der View eine eigene Spalte vorsehen können, etwa `STATE_ID`.

13.1.6 Filterung und facettierte Suche

Map-Regionen unterstützen die Filterung und können auch Teil einer facettierten Suche sein. Hier profitieren Sie von der Standardisierung der Bedienung von APEX, denn die Einrichtung entspricht dem Vorgehen beim Filtern von Berichten.

Filterung

Map-Regionen können, wie <Anwendungsseite 110> zeigt, über eine Auswahlliste gefiltert werden, ähnlich einem Bericht. Diese Filterung wird genauso realisiert wie auch beim Bericht, allerdings erfolgt die Filterung entweder über die Layer oder über die Datenquelle der Region, da hier beide Optionen, Datenquellen zu definieren, existieren. Erinnern wir uns, welche Bausteine für die Filterung eines Berichts erforderlich waren:

- Es muss eine Auswahlliste mit den Filterkriterien eingerichtet werden.
- Der Name der Auswahlliste muss in der Datenquelle (hier des Layers) im Attribut Quelle • Weiterzuleitende Seitenelemente vermerkt werden.
- Die `select`-Anweisung muss über diesen Wert filtern.
- Die Auswahlliste benötigt eine dynamische Aktion, die bei Änderung der Liste die Region aktualisiert.

Die Schritte sind für Map-Regionen identisch durchzuführen. Achten Sie darauf, dass die Filterung der Auswahlliste bei allen Layern eingerichtet werden muss, um ein konsistentes Bild zu erreichen. Die Filterbedingung kann durchaus unterschiedlich ausfallen, wie der Layer `US State` der Beispielseite zeigt, denn hier ist der Fall, dass die Auswahlliste `NULL` ist, nicht abgefangen. Dadurch liefert der Layer in diesem Fall keine Daten zurück, was aber das gewünschte Verhalten darstellt: Der Layer soll einen Staat nur dann farblich hervorheben, wenn er auch ausgewählt wurde. Im Gegensatz dazu sollen alle Flughäfen angezeigt werden, wenn kein Staat ausgewählt wurde, daher ist im Layer `Airports Density` dieser Fall berücksichtigt worden.

Facettierte Suche

Eine Map-Region kann auch durch eine facettierte Suche gefiltert werden und profitiert hierbei von den deklarativen Möglichkeiten der facettierten Suche: Es sind keine dynamischen Aktionen einzurichten, und die Filter müssen auch nicht pro Layer explizit eingerichtet werden. <ANWENDUNGSSEITE 120> zeigt uns diese Option im Einsatz.

Lassen Sie mich die Chance nutzen, Ihnen noch einmal in einem »Landeanflug« auf die Seite von oben nach unten die relevanten Einstellungen zu zeigen. Beginnen wir mit dem Seitentemplate, das für die Beispielseite auf `Left Side Column` eingestellt wurde, um eine linke Spalte für die facettierte Suche bereitzustellen.

In dieser Darstellungsposition findet sich die facettierte Suche `Search`, die im Attribut <REGIONSATTRIBUTE> • QUELLE • GEFILTERTE REGION • `Airports Map` referenziert und vier unterschiedliche Facets enthält. Die Analyse der Facets zeigt eine Bandbreite der Möglichkeiten, von eindeutigen Werten bei Facette `P120_STATE` und `P120_AIRPORT_TYPE` bis zu statisch definierten Wertebereichen bei Facette `P120_COMMERCIAL_OPS` und `P120_ACTIVATION_DATE`. Jede Facette referenziert eine Spalte der `select`-Anweisung der Map-Region `Airports Map` und richtet damit das dynamische Verhalten deklarativ ein. Als Besonderheit sehen wir hier, dass die Map-Region über eine Datenquelle verfügt.

Oberhalb der Region `Airports Map` existiert noch eine statische Region `Facets`, die nur ein `div`-Element und eine statische ID enthält. Wissen Sie noch, wofür wir diese Region verwenden können? Die statische ID dieser Region kann durch die facettierte Suche referenziert werden, und zwar im <SPEZIELLEN REGIONSATTRIBUT> • EINSTELLUNGEN • SELEKTOR FÜR AKTUELLE FACETS. Dadurch wird eine Liste der aktuellen Filtereinstellungen in der referenzierten Region und daher oberhalb der Map-Region dargestellt, um sie dort auch wieder löschen zu können.

Das letzte Element der Seite möchte ich derzeit noch nicht vollständig erklären, da es sich um eine programmierte Erweiterung handelt. Ich meine die dynamische Aktion `On Click Point`, die reagiert, wenn auf ein Sonderziel geklickt wird. In diesem Fall wird die Kartenansicht um das angeklickte Sonderziel zentriert. Diese Funktion ist sehr praktisch und könnte in einem späteren Release als eigener Aktionstyp einer dynamischen Aktion definiert werden, ist derzeit aber nur durch JavaScript-Programmierung zu erreichen.

13.2 Elementtyp »Karte anzeigen«

Dieser Elementtyp ist eine vereinfachte Variante einer Map-Region mit reduzierter Funktionalität, aber auch Komplexität. Dieses Seitenelement ist sinnvoll, wenn auf einer Anwendungsseite einfach nur die Adresse auf einer Karte visualisiert werden soll, ohne tief greifende Filterung oder Interaktion. Einiges ist zwar möglich, das Ein-

und Auszoomen zum Beispiel, doch weitergehende Möglichkeiten werden nicht angeboten.

Leider verfügt <SAMPLE MAPS> nicht über eine entsprechende Beispielseite, daher erstellen wir uns in dieser Anwendung einfach eine und sehen, wie der Elementtyp verwendet wird.

Wir starten mit einer Berichtsseite namens `Flughäfen verwalten`, Alias `airport_admin`, plus modaler Formularseite `Flughafen bearbeiten`, Alias `airport_edit`. Der Bericht soll als interaktives Grid auf der Tabelle `EBA_SAMPLE_MAP_AIRPORTS` basieren. Der Primärschlüssel steht in Spalte `ID`, und wir zeigen einfach alle Spalten an. Allerdings werde ich anschließend den Bericht über die Bedingung `COMMERCIAL_OPS is not null` filtern, um nur größere Flughäfen anzuzeigen.

Die Beispielanwendung blendet auf allen Seiten eine `Breadcrumb`-Region ein, die wir auf der modalen Formularseite nicht löschen können. Der Grund: Diese Region wurde auf Seite 0 angelegt und damit auf allen Anwendungsseiten gezeigt. Dort jedoch können wir die ID der modalen Formularseite in die serverseitige Bedingung eintragen, sodass diese Region nicht mehr angezeigt wird.

Wenn wir uns die Formularseite ansehen, stellen wir fest, dass die Spalte `GEOMETRY` kein Eingabeelement erhalten hat. Der Grund ist verständlich: Da es sich um einen komplexen Datentyp handelt, konnte APEX nicht entscheiden, welcher Elementtyp diese Daten bearbeiten können soll. Hierfür werden wir später eine Lösung erarbeiten.

Das Datenmodell der Beispielanwendungen ist nicht sehr elaboriert, es existieren daher keine Lookup-Tabellen, um Auswahllisten für unsere Eingabefelder zu definieren. Mir erscheint es auch zu viel des Guten zu sein, dies für diese Beispielerweiterung zu implementieren, daher akzeptieren wir hier einige Abkürzungen, die ich aber ausdrücklich nur diesem Beispielcharakter anlasten möchte. In einer tatsächlich verwendeten Anwendung würde ich die nun folgenden »Krücken« nicht akzeptieren.

Um eine Auswahlliste für `P4_AIRPORT_TYPE` zu erstellen, verwenden wir als Datenquelle eine `select`-Anweisung aus Listing 13.6.

```
select distinct initcap(airport_type) d, airport_type r
  from eba_sample_map_airports
```

Listing 13.6 Beispielabfrage für eine improvisierte Auswahlliste

Analog können Sie auch für weitere Auswahllisten vorgehen, wenn Sie dieses Beispiel für sich zu Ende programmieren möchten. Für die Liste der Staaten steht zum Beispiel die Tabelle `EBA_SAMPLE_MAP_SIMPLE_STATES` zur Verfügung, doch dürfen Sie dort auch nicht den Primärschlüssel der Tabelle nehmen, sondern den in Großbuchstaben umgewandelten Namen. Na ja. Um ein wenig Platz zu sparen, habe ich die Textbereiche zu Textfeldern gemacht, einige Seitenelemente auf die gleiche Zeile gebracht und andere ausgeblendet. Das Ergebnis sehen Sie in Abbildung 13.13.

Flughafen bearbeiten

Airport Type
Airport

Iata Code
08AK

Airport Name
FISHER

City
BIG LAKE

State Name
Alaska

Activation Date Dt
1/1/2007

Elevation
200

Dist City To Airport
4

Abbrechen
Löschen
Änderungen anwenden

Abbildung 13.13 Improvisiertes Formular zu einem Flughafen

Die Idee ist nun, die Position des Flughafens auf diesem Formular in einer Karte anzeigen zu lassen. Man könnte hierfür eine Map-Region integrieren, doch ist es einfacher, hierfür ein Seitenelement vom Typ `Karte anzeigen` zu verwenden. Legen wir uns also dieses Element an. Die Quelle dieses Elements referenziert zunächst die Formularregion und anschließend die Spalte `GEOMETRY`.

Interessanter sind die Einstellungen, die wir für dieses Element vornehmen können.

Die Attribute selbst sind Ihnen aus der Besprechung der Map-Region bereits bekannt, und Sie erkennen auch, dass einige Optionen nicht vorhanden sind, benutzerdefinierte Marker oder mehrere Layer zum Beispiel. Das ergibt auch Sinn, denn ein Eingabeelement dient einem ganz anderen Zweck als eine Region und hat demzufolge auch weniger Optionen. Abbildung 13.14 zeigt die Attributwerte, die ich für das Beispiel gewählt habe, das Ergebnis unserer Bemühungen zeigt dann Abbildung 13.15. Die Verwendung dieses Elementtyps ist wirklich einfach und die Integration aus meiner Sicht hervorragend gelungen.

Einstellungen
Hintergrund
Default
Zoomfaktor
12
Marker anzeigen
Markerfarbe
#16ac5c
QuickInfo
Kartensteuerelemente anzeigen
Interaktive Karte
Höhe
200
Pixel

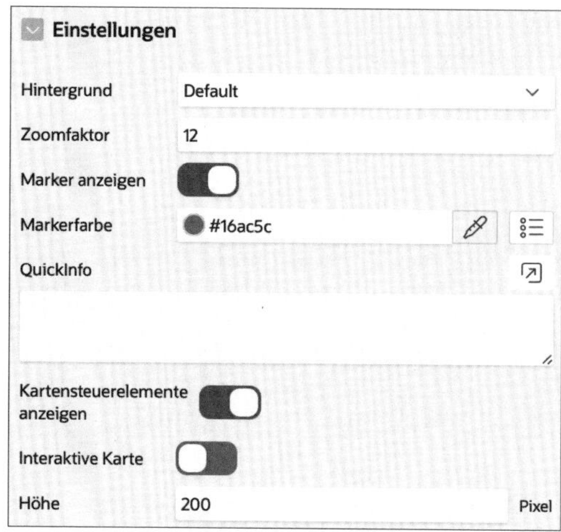

Abbildung 13.14 Attributwerte des Attributbereichs »Einstellungen«

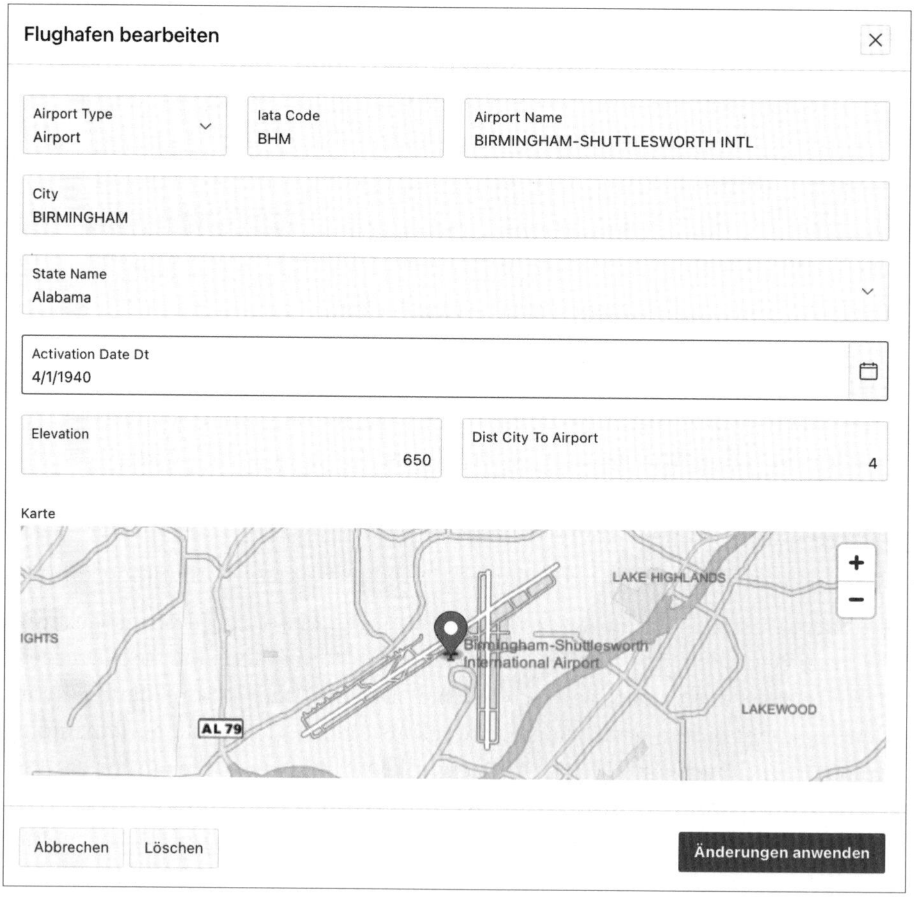

Flughafen bearbeiten
Airport Type
Airport
Iata Code
BHM
Airport Name
BIRMINGHAM-SHUTTLESWORTH INTL
City
BIRMINGHAM
State Name
Alabama
Activation Date Dt
4/1/1940
Elevation
650
Dist City To Airport
4
Karte
LAKE HIGHLANDS
IGHTS
Birmingham-Shuttlesworth International Airport
AL 79
LAKEWOOD
Abbrechen
Löschen
Änderungen anwenden

Abbildung 13.15 Eingeblendete Karte auf einem Formular

13.3 Elementtyp Geocode-Adresse

In unserem improvisierten Formular aus dem vorherigen Abschnitt stellt sich ein Problem, wenn wir einen neuen Flughafen erfassen möchten. Wie bekommen wir dessen Geodaten in die Datenbank? Was wir benötigen, ist, auf Basis einer Adresse einen Punkt auf der Karte finden zu können. Und auch dies ist möglich, indem wir ein Seitenelement des Typs Geocode-Adresse auf der Seite integrieren. Um diese Funktionalität zu untersuchen, ist das Datenmodell dann aber doch zu wenig vorbereitet, daher möchte ich Ihnen die Verwendung an unserer Beispielanwendung zeigen.

In der Anwendung <EMP> können wir eine neue Formularseite auf Basis eines Berichts anlegen. Wir möchten die Niederlassungen aus Tabelle `HR_LOCATIONS` bearbeiten können. Legen Sie daher eine neue Berichtsseite mit Formular an (die Implementierung des Berichts ist egal), und benennen Sie beides nach unserem üblichen Konzept mit `Niederlassungen verwalten` für den Bericht und `Niederlassung bearbeiten` für die Formularseite. Die Aliase lauten `LOC_ADMIN` und `LOC_EDIT`. Bauen Sie das Formular dementsprechend auf der View `EMP_UI_LOC_EDIT` auf, ändern Sie die Datenquelle für den Bericht dann auf `EMP_UI_LOC_ADMIN`. Nach dem Anpassen der Spalten- und Elementbezeichner untersuchen wir das Formular und stellen fest, dass zwar Adressbestandteile vorliegen, aber keine Kartendarstellung irgendeiner Art.

Das Formular zeigt auch keine Spalte vom Typ `SDO_GEOMETRY`, weil es dafür kein Standard-Seitenelementtyp gibt, durch den dieser Spaltentyp bearbeitet werden könnte. Dies machen wir nun manuell. Legen Sie auf der <LOC_EDIT> ein neues Seitenelement mit dem Namen `P12_LOC_GEOMETRY` an. Die Seitennummer passen Sie der von Ihnen erzeugten Seitennummer an. Den Elementtyp stellen wir auf ID • ELEMENTTYP • `Geocode-Adresse`. Wichtig sind die Attribute des Bereichs QUELLE. Verweisen Sie auf QUELLE • FORMULARREGION • `Niederlassung bearbeiten`, und wählen Sie als QUELLE • SPALTE • `LOC_GEOMETRY`. Dadurch haben wir das Seitenelement in das Formular integriert.

Das neue Seitenelement wird auf der Anwendungsseite als Kartenelement visualisiert. Allerdings haben wir nur wenige Attribute, die wir für diesen Seitentyp einstellen können. Diese finden wir im Attributbereich EINSTELLUNGEN, den Sie in Abbildung 13.16 sehen können.

Ich habe bereits die Einstellungen in diesem Bereich vorgenommen, die Sie auch für die Anwendung benötigen. Wir haben bei der Suche nach einer Adresse die Wahl zwischen einer strukturierten oder unstrukturierten Adresssuche. Diese Wahl haben wir im Attribut EINSTELLUNGEN • STRUKTURIERTE ADRESSE getroffen. Da wir einzelne Seitenelemente für die Adressbestandteile besitzen, können wir diese Funktionalität verwenden. Hätten wir dies nicht, reicht ein einziges Eingabeelement, in das die Adressbestandteile als Komma-separierte Liste eingegeben werden müssen. Der Geocoder analysiert die Zeichenfolge und versucht, die Bestandteile automatisch zu erkennen.

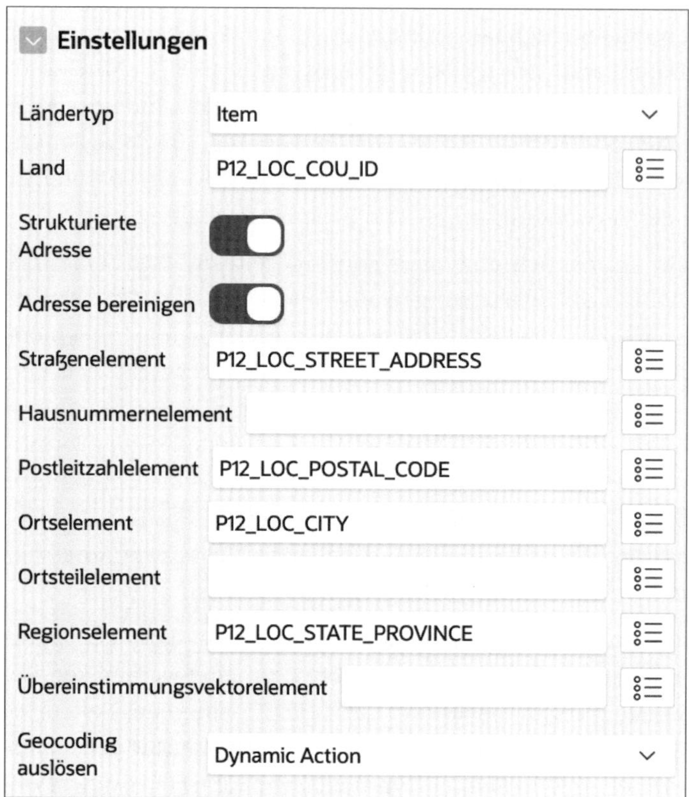

Abbildung 13.16 Einstellungen für den Geocoder

Nun müssen wir diese Seitenelemente auf die funktionalen Bereiche der Adresssuche abbilden. Die Länderfestlegung wird standardmäßig über eine statische Festlegung durchgeführt, hier wechseln wir im Attribut EINSTELLUNGEN • LÄNDERTYP • `Item` auf die dynamische Festlegung durch die Spalte `LOC_COU_ID`. Diese Spalte enthält glücklicherweise bereits die erwarteten, zwei Buchstaben langen ISO-Ländercodes.

Interessant ist noch das letzte Attribut, EINSTELLUNG • GEOCODING AUSLÖSEN • `Dynamic Action`. Dieses Attribut kontrolliert, wann eine Geocode-Suche durchgeführt werden soll. Es stehen drei Optionen zur Wahl, von denen ich derzeit nur `Automatisch` und `Dynamic Action` unterscheiden möchte. Legen Sie eine automatische Aktion fest, wird der Geocode beim Verarbeiten der Anwendungsseite ermittelt, falls sich einer der angesprochenen Adressbestandteile geändert hat. Durch die Festlegung auf `Dynamic Action` haben wir die Möglichkeit, diese Suche durch eine Schaltfläche auf dem Formular anzustoßen.

Noch ist nicht alles vorbereitet, denn wir möchten die Suche nach einer Adresse ja noch dynamisch anstoßen. Hierfür legen Sie bitte in der Formularregion noch eine Schaltfläche mit dem Namen GEOLOCATE und dem Label Adresse finden an. Sie können diese Schaltfläche direkt unterhalb von P12_LOC_GEOMETRY anzeigen lassen.

Die Schaltfläche stellen wir in VERHALTEN • AKTION • von dynamischer Aktion definiert aktionslos und legen anschließend im Kontextmenü zu dieser Schaltfläche eine dynamische Aktion an. Diese Schaltfläche nennen wir Adresse finden und legen als AKTION • Geocoding auslösen fest. Erforderlich ist es zudem, das Attribut BETROFFENE ELEMENT(E) • ELEMENT(E) • P12_LOC_GEOMETRY festzulegen, um die Aktion mit dem Geocoder zu verbinden. Nun ist alles vorbereitet, und wir können den Geocoder in Aktion sehen.

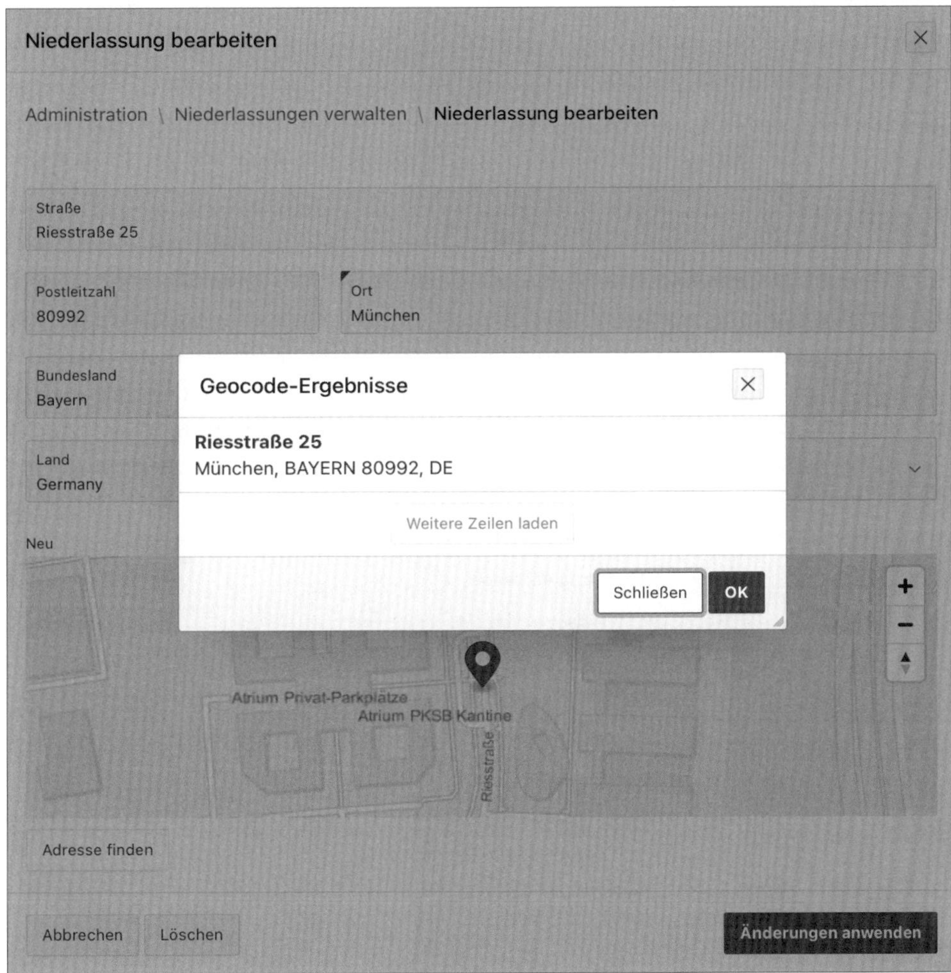

Abbildung 13.17 Der Geocoder in Aktion

Wie Sie feststellen werden, sind die hinterlegten Adressen nicht existent und werden daher auch nicht gefunden. Stattdessen werden Adressen in der Nähe angezeigt, unter denen Sie wählen können. Ich war einmal so frei, für das Beispiel die Niederlassung von Oracle in München als Adresse zu wählen. Existiert die Adresse, findet sie der Geocoder auch und zeigt sie anschließend auf der Karte an.

Das Bundesland wird allerdings immer in Großbuchstaben angezeigt und anschließend auch so in das Formular übernommen. Grundsätzlich gilt, dass die Angaben des Geocoders die Angaben der Seitenelemente übersteuern, das bedeutet, dass, wenn Sie eine Adresse ohne Straßenbezeichner wählen, ein eventueller Straßenname aus dem Eingabeelement gelöscht wird. Beachten Sie dies, bevor Sie anschließend die Adresse übernehmen und das Formular speichern. Andererseits: Haben Sie eine existierende Adresse gefunden und speichern Sie diese, können Sie in der Tabelle `HR_LOCATIONS` in der Datenbank erkennen, dass ein `SDO_GEOMETRY`-Objekt eingefügt wurde, das die entsprechenden Koordinaten enthält.

Zum Spielen ist es sicherlich interessant, einmal eine neue Niederlassung anzulegen und Ihre Heimatadresse zu suchen. Das ist schon alles sehr nett!

Die Formatierung der Geocode-Adresse hat, wie besprochen, recht wenige Attribute, gerade im Vergleich zur Map-Region. Ein Attribut, das mir hier definitiv fehlt, ist eine Möglichkeit, die Höhe des Geocoders anzugeben. Das ist zwar möglich, aber nur global. Dennoch ist es interessant, sich zu vergegenwärtigen, dass einige Attribute auf Anwendungsebene festgelegt werden können. Wir hatten das schon beim `Wechseln`-Schalter gesehen, wo wir in den <Komponenteneinstellungen> kontrollieren konnten, was als wahr oder falsch angesehen wird. Ähnlich geht es hier, denn unter <Komponenteneinstellungen> • Geocode-Adresse finden wir einige Attribute zur generellen Kontrolle der Geocode-Adresse.

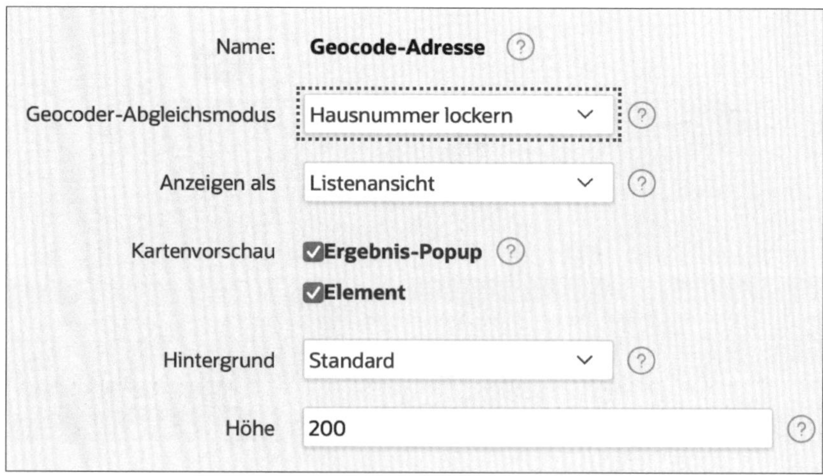

Abbildung 13.18 Komponenteneinstellungen des Geocoders

Das erste Attribut, GEOCODER-ABGLEICHSMODUS, ist etwas technisch und kontrolliert, welche Teilattribute einer strukturierten oder analysierten Adresse ignoriert werden dürfen. Ist also zum Beispiel eine Hausnummer nicht existent, wird die gesuchte Hausnummer ignoriert und so weiter.

Das Attribut ANZEIGEN ALS kontrolliert, auf welche Weise mehrere Adressfundstellen dargestellt werden. Die Standardeinstellung, `Listenansicht`, ist ideal für mobile Anwendungen, da sie die Fundstellen untereinander in einer Liste anzeigt. Sind sehr viele Fundstellen vorhanden, unterstützt diese Visualisierung *Lazy Loading*, das heißt, durch Klick auf `Mehr anzeigen`-Schaltflächen werden weitere Suchergebnisse nachgeladen. Die Alternative ist ein Gridlayout, das die Fundstellen ähnlich einem interaktiven Grid präsentiert. Nur wenn diese Darstellung gewählt wurde, ergibt der Schalter KARTENVORSCHAU • ERGEBNIS-POPUP einen Sinn, denn er kontrolliert, ob die Fundstelle innerhalb des Ergebnis-Grids als Karte visualisiert werden soll oder nicht. In der Listendarstellung gibt es diese Visualisierung nicht. Der zweite Schalter kontrolliert, ob unser Geocoder überhaupt eine Karte auf dem Formular zeigt. Stellen Sie diesen Schalter ab, wird keine Karte angezeigt und stattdessen nur ein Symbol und der Text `geocodiert` oder `nicht geocodiert` angezeigt, um zu erläutern, ob eine Lokalisierung vorhanden ist oder nicht.

Ist eine Visualisierung eingeschaltet, können analog zur Map-Region die Höhe und das verwendete Kartenmaterial eingestellt werden.

Diese letzten Attribute hätte ich mir bei den einzelnen Seitenelementen gewünscht, um feingranular kontrollieren zu können, ob in einem Formular eine Kartendarstellung gewünscht ist oder nicht und insbesondere, um dort die Höhe des Seitenelements kontrollieren zu können.

13.4 MiniMap-Widget

Ich hatte bereits erläutert, dass es sich bei diesem Widget um den »JavaScript-Anteil« eines Seitenelements handelt. Das ist für sich wahrscheinlich nicht leicht verständlich. Alle Seitenelemente benötigen eine gewisse Logik, um in die APEX-internen Abläufe eingebunden zu werden. Dazu gehört Logik, die innerhalb der Datenbank ausgeführt werden kann, ebenso wie JavaScript-Logik, die für das korrekte Verhalten des Seitenelements im Browser auf der Anwendungsseite sorgt. Innerhalb der Datenbank sind insbesondere Metadaten zur Beschreibung der Elementeigenschaften sowie Logik zur Erzeugung von Datenstrukturen erforderlich, die anschließend das Seitenelement auf der Anwendungsseite korrekt konfigurieren. Zudem müssen die Werte, die dieses Seitenelement übermittelt, entgegengenommen und eventuell aufbereitet werden. Nehmen wir den Elementtyp `Geocode-Adresse` aus dem vorherigen Abschnitt als Beispiel, so verwaltet dieser intern geografische Daten im GeoJson-Format. Dennoch war es möglich, dass die Daten direkt durch den Seitenverarbeitungsprozess in einer Spalte gespeichert werden, die vom Format SDO_GEOMETRY ist. Diese Art Logik muss bei dem Seitenelement innerhalb der Datenbank implementiert werden. Tatsächlich ist das Widget MiniMap der JavaScript-Anteil des Elementtyps Karte anzeigen.

13.4.1 Einrichtung einer Karten-Region für eine Mini-Map

Ich habe mich bemüht, eine beispielhafte Verwendung ohne oder zumindest weitgehend ohne Programmierung zu erstellen, doch bin ich mir nicht ganz sicher, ob wir hier noch im Bereich No-Code sind. Ich denke aber, Sie werden mir folgen können, wenn Sie mit mir Schritt für Schritt die nötigen Einstellungen vornehmen.

Zunächst gehen wir zur Anwendungsseite <LOC_ADMIN>, die wir gerade als Bericht erstellt hatten, und ändern den Regionstyp auf Karten. Als Datenquelle referenzieren wir nun die View EMP_UI_LOC_ADMIN_CARDS. Das ist natürlich ein heftiger Eingriff, derzeit wird die Anwendungsseite auch noch nichts Sinnvolles anzeigen können. Aber das ändern wir nun.

Spaltenzuordnung

Zunächst kümmern wir uns um die <SPEZIELLEN REGIONSATTRIBUTE> der Karten-Region. Hier müssen wir neue Spalten zuordnen, wir werden das aber nicht einfach nur dadurch erreichen, dass wir die Spalten auswählen, sondern teilweise auch dadurch, dass wir erweiterte HTML-Formatierungen vornehmen. Zum »Reinkommen« nehmen wir folgende Einstellungen vor:

- KARTE • SPALTE FÜR PRIMÄRSCHLÜSSEL • LOC_ID
- ÜBERSCHRIFT • SPALTE • LOC_HEADING
- UNTERTITEL • ERWEITERTE FORMATIERUNG • Ein
- UNTERTITEL • HTML-AUSDRUCK • &LOC_STREET_ADDRESS.
&LOC_ADDRESS.

Beachten Sie beim letzten Attributwert die Schreibweise mit den abschließenden Punkten. Die Funktion besteht darin, dass wir die Straße mit einem break-Element, einem Zeilensprung, mit einem zusammengesetzten Adresselement verbinden, das Postleitzahl und Ort enthält. Diese Angaben wurden bereits in der View zusammengeführt.

Komplizierter wird es für das Attribut MEDIEN • HTML-AUSDRUCK, für das wir also auch die erweiterte Formatierung benötigen. Wir werden hier den Wert gemäß Listing 13.7 einfügen.

```
<div class="miniMap" id="LOC_&LOC_ID."
    data-center="[&LOC_LONGITUDE., &LOC_LATITUDE.]"
    data-background="osm-bright"
```

```
    data-zoom="12"
    data-marker="true"
    data-marker-color="red"
    data-controls="false"
    data-interactive="false"
    data-tooltip="Adresse der Niederlassung als Karte"
    style="width:100%;height:100px">
</div>
```

Listing 13.7 Erweiterte Formatierung für die Mini-Map

Technisch gesehen wird einfach nur ein rechteckiger Bereich ohne visuellen Inhalt eingefügt. Wir geben diesen Bereichen jeweils eine eigene ID, die sich aus der Zeichenkette `LOC_` und dem Spaltenwert der Spalte `LOC_ID` zusammensetzt. Diese ID ist aber deutlich weniger wichtig als die Klasse `miniMap`, die wir ebenfalls hinzufügen. Diese CSS-Klasse hat keine optischen Auswirkungen, sondern stellt einen Anker auf der Anwendungsseite zur Verfügung, nach dem wir anschließend suchen können. Bedenken Sie: Jede einzelne Karte der gesamten Region wird diese Klasse haben, wenn wir also danach suchen, werden wir damit alle Karten dieser Region auswählen und ansprechen können.

13

Dann enthält dieser Bereich noch weitere Attribute. Diese Attribute besitzen alle das Präfix `data-`, was im HTML-Standard bedeutet, dass die Attributwerte durch den Browser ignoriert werden, durch JavaScript-Code aber ausgewertet werden können. Dieser Mechanismus dient dazu, die Mini-Map, die wir auf den Karten anzeigen möchten, zu konfigurieren. Wenn Sie genauer hinschauen, werden Sie die Optionen wiedererkennen, die wir für den Elementtyp `Karte anzeigen` kennengelernt hatten. Hier setzen wir diese Optionen nicht über die Oberfläche, sondern durch die Attribute des `div`-Elements.

Wichtige Attribute sind:

- `data-center`
  Dieses Attribut legt den Kartenmittelpunkt fest und platziert dort einen Marker. Die beiden Koordinaten werden aus der Spalte `LOC_GEOMETRY` in der View abgeleitet und als Longitüde und Latitüde verfügbar gemacht.
- `data-controls` und `data-interactive`
  Mittels dieses Attributs werden alle Kontrollelemente der Karte abgeschaltet. Auf der Karte der Region soll die Adresse lediglich angezeigt werden, daher benötigen wir keine Bedienelemente. Auch der Vergrößerungsfaktor wird von uns fest eingestellt.
- `style`
  Dieses Standard-HTML-Attribut verwenden wir, um die Höhe der Karte auf `100px` einzustellen. Zudem verwenden wir die gesamte verfügbare Breite der Karte.

Verweis

Der zweite Schritt besteht darin, den Karten zu erklären, wie sie die Formularseite `<LOC_EDIT>` öffnen können. Ich möchte gern, dass die gesamte Karte einen Verweis darstellt. Klicken wir auf die Karte, wird die Formularseite geöffnet. In Karten-Regionen wird ein Link als Aktion definiert, daher erstellen wir im Unterpunkt AKTIONEN der Karten-Region im linken Bildbereich eine neue Aktion. Abbildung 13.19 zeigt die Einstellungen, die wir hier vornehmen. Dass die Aktion für die ganze Karte eingerichtet werden soll, legen wir in ❶ fest, während wir eine Referenz auf die Spalte `LOC_ID` in ❷ benötigen, um der Formularseite die Primärschlüsselinformation mitzuteilen.

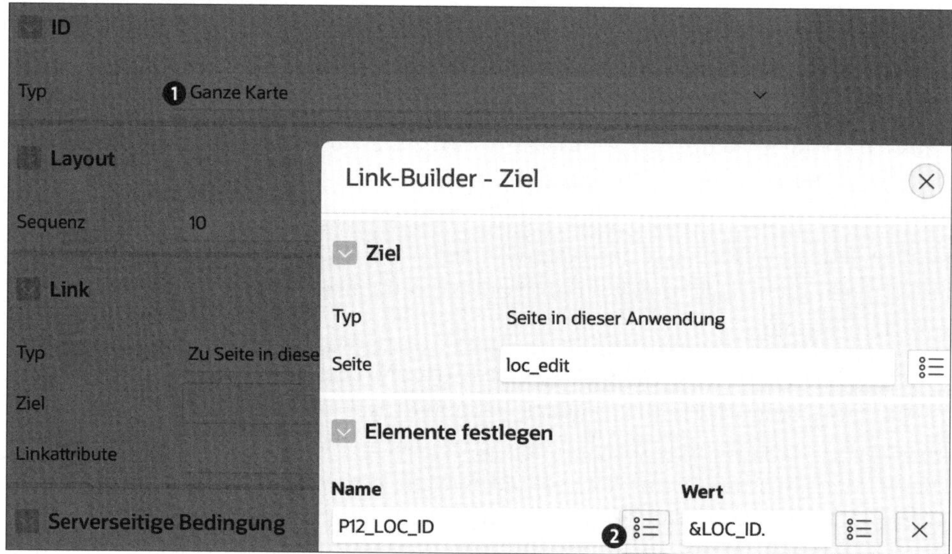

Abbildung 13.19 Attribute des Links

Allerdings benötigen wir noch eine Schaltfläche zum Erstellen einer neuen Niederlassung. Da wir nicht auf jeder Karte eine entsprechende Schaltfläche benötigen, legen wir diese Schaltfläche auf der Karten-Region an. Im Einblendmenü der Karten-Region wählen wir hierzu `Schaltfläche erstellen` und erzeugen eine entsprechende Schaltfläche. Name und Label sind egal, wichtig ist nur, dass wir die Anwendungsseite `<LOC_EDIT>` ohne Primärschlüsselinformation öffnen.

Darstellung der Mini-Map

Falls Sie die Anwendungsseite nun starten, werden Sie feststellen, dass die Kartenregionen bereits funktioniert, es werden die Überschriften gezeigt und ein Klick auf die jeweiligen Karten öffnet auch die zugehörige Formularseite. Doch eine Mini-Map finden wir auf den Karten nicht.

Das wundert auch nicht, denn derzeit haben wir ja lediglich ein div-Element mit einigen Attributen auf der Karte platziert. Bevor wir nun die Funktionalität hinzufügen, möchte ich einen kurzen Überblick über die vor uns liegenden Aufgaben geben: Wie bereits gesagt, benötigt eine Mini-Map JavaScript-Code auf der Anwendungsseite, um die Karte darzustellen. Immerhin muss implementiert werden, dass der Oracle-eLocation-Service kontaktiert wird, das Ergebnis dieses Aufrufs muss visualisiert und in die Karte eingepasst werden.

Den hierfür erforderlichen Code hat das APEX-Team bereits geschrieben, es ist aber auf der Anwendungsseite zum einen nicht verfügbar und zum anderen nicht mit den Karten verbunden. Beides müssen wir nun noch tun.

Der erste Schritt besteht darin, der Anwendungsseite mitzuteilen, dass wir eine JavaScript-Datei benötigen, die den erforderlichen Code enthält. Hätten wir ein Karte anzeigen-Element auf der Anwendungsseite, wäre dieser Code automatisch geladen worden. Das haben wir aber nicht, und auf einer Karte können wir keine Seitenelemente dieses Typs platzieren. Daher sagen wir APEX, dass wir diese Datei benötigen, indem wir im <SEITENATTRIBUT> • JAVASCRIPT • DATEI-URL eine Pfadangabe eintragen. Den Eintrag finden Sie in Listing 13.8. Bitte nehmen Sie die Details derzeit einfach hin, und schreiben Sie den Pfad genauso ab, wie er dort steht, achten Sie insbesondere auf die Groß-Kleinschreibung.

```
#APEX_FILES#libraries/apex/#MIN_DIRECTORY#widget.miniMap#MIN#.js
```

Listing 13.8 Dateipfad der erforderlichen JavaScript-Datei

Dadurch, dass Sie einen Dateipfad in dieses Attribut schreiben, lädt APEX die referenzierte Datei zusätzlich zu den anderen Dateien, die ohnehin auf der Anwendungsseite benötigt werden.

Im zweiten Schritt müssen unsere Karten noch mit diesem Code verbunden werden. Wir müssen also mitteilen, dass eine Mini-Map überall dort angezeigt werden soll, wo sich das von uns integrierte div-Element findet. Nun zahlt sich aus, dass wir dieses mit einer CSS-Klasse gekennzeichnet hatten, denn dies werden wir nutzen, um beides miteinander zu verbinden.

Wir möchten gern, dass die Verbindung immer dann hergestellt wird, wenn die Kartenregion sich ändert (und natürlich beim Laden der Seite). Glücklicherweise existiert hierfür ein Ereignis, an das wir eine dynamische Aktion binden können. Weniger einfach ist das eigentliche Verbinden der div-Elemente mit dem JavaScript-Code, und ich bitte, diesen Teil im Moment ebenfalls hinzunehmen, denn hierfür benötigen wir einen kleinen JavaScript-Schnipsel.

Erstellen Sie bitte eine dynamische Aktion, die Sie an das Ereignis Seitenänderung [Karten] binden. Nennen Sie die Aktion zum Beispiel Karten initialisieren.

Als Aktion wählen Sie `JavaScript-Code ausführen`, und in EINSTELLUNGEN • CODE tragen Sie den Code aus Listing 13.9 ein.

```
$('.miniMap').miniMap();
```

Listing 13.9 JavaScript-Code zum Binden einer Mini-Map an eine Karte

Dieser JavaScript-Code besagt in etwa Folgendes: Für jedes Element der Anwendungsseite, das die CSS-Klasse `miniMap` hat, rufe die Funktion `miniMap()` auf, die an das jeweilige Element eine Mini-Map bindet und darstellt. Stellen Sie unbedingt sicher, dass das Attribut AUSFÜHRUNGSOPTIONEN • BEI INITIALISIERUNG AUSFÜHREN angeschaltet ist, damit die Verbindung auch beim ersten Darstellen der Seite hergestellt wird.

Das war es, nun sollte die Anwendungsseite Mini-Maps zeigen. Ob die Karteninhalte sinnvoll sind oder nicht, ist eine ganz andere Frage, denn nur existierende Adressen werden gezeigt. Ich habe in der View für den Fall, dass keine Geometrie für eine Niederlassung vorliegt, den Nordpol als Ziel angegeben. Aber umgekehrt ist das doch ein schöner Test, wählen Sie doch einmal eine solche Niederlassung, und korrigieren Sie die Adresse zu einer existierenden. Schließen Sie das Formular, aktualisiert sich die Kartenregion, und die Adresse wird eingeblendet. Das Ergebnis sehen Sie in Abbildung 13.20.

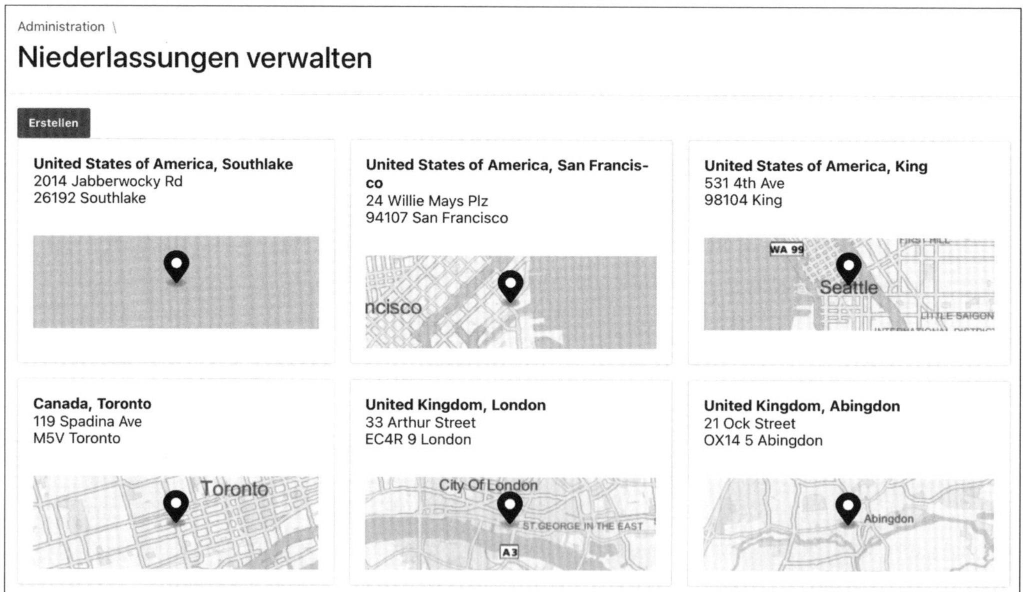

Abbildung 13.20 Mini-Maps auf Karten

Kapitel 14
Dynamische Aktionen

Dynamische Aktionen erweitern die Anwendungsseiten um dynamische Funktionen, die direkt im Browser ausgeführt werden. In diesem Kapitel beleuchten wir einfache, aber auch komplexere Beispiele.

Mit dynamischen Aktionen hatten wir schon häufig im Verlauf des Buchs zu tun. Nun aber wollen wir, ähnlich wie bei den anderen Bausteinen einer APEX-Anwendung, einen intensiveren Blick auf diese Elemente werfen, um die Vor- und Nachteile und die Einsatzbereiche zu verstehen. Dynamische Aktionen, dienen, so viel wissen wir bereits, der Definition von Aktionen, die direkt im Browser ausgeführt werden sollen. Dazu ist JavaScript erforderlich, was aber in vielen dynamischen Aktionen nicht zu spüren ist. Das APEX-Team hat einen sehr guten Job darin gemacht, diese Komplexität vor dem Anwendungsentwickler zu verbergen. Dennoch ist ein Verständnis von APEX für den korrekten Einsatz und vor allem die korrekte Planung von dynamischen Aktionen erforderlich. Dieses Kapitel wird daher folgendem Plan folgen: Wir starten mit einer näheren Betrachtung der Attribute und Typen von dynamischen Aktionen und sehen uns Einsatzbeispiele insofern an, als sie ohne Programmierung von JavaScript auskommen.

14.1 Verwendung von dynamischen Aktionen

Auch wenn es scheint, dass dynamische Aktionen an vielen verschiedenen Stellen einer APEX-Seite verwendet werden können, so ist dies eigentlich nicht der Fall, denn die dynamischen Aktionen sind immer seitenbezogen, werden aber, je nach auslösendem Ereignis auf der Seite, möglichst dicht bei diesem auslösenden Seitenelement angezeigt. Allerdings haben die Kontextmenüs zum Erzeugen einer dynamischen Aktion den Vorteil, dass sie dem Dialog zur Erzeugung der dynamischen Aktion bereits als Standardeinstellungen die auslösenden Seitenelemente und die für diese Seitenelemente üblichsten auslösenden Ereignisse und Aktionen mitgeben. Eine Auswahlliste, für die eine dynamische Aktion erstellt wird, wird auf diese Weise bereits den `change`-Event und das Aktualisieren einer Region als Standardvorgaben enthalten. Ändern Sie später diese Referenzen innerhalb der dynamischen Aktion, wird APEX sie auch innerhalb der nun referenzierten Seitenelemente anzeigen. Dieses Verhalten kennen Sie auch zum Beispiel von Seitenelementen, die Sie über die Attribute einer anderen Region zuordnen können. Theoretisch können Sie also alle dynamischen Aktionen an einer Stelle erzeugen und anschließend über die Attributeinstellungen auf der Seite verteilen, doch ist der Regelfall, dies nicht zu tun, sondern direkt an den betroffenen Seitenelementen über das jeweilige Einblendmenü.

Um die verschiedenen Formen dynamischer Aktionen zu zeigen, können Sie wieder eine Beispielanwendung installieren, und zwar die Anwendung <Sample Dynamic Action>. Diese Anwendung enthält insgesamt eher einfachere dynamische Aktionen, doch sind es sehr häufig gerade diese, die benötigt werden.

14.1.1 Was sind dynamische Aktionen?

Eine dynamische Aktion zu verstehen ist konzeptionell nicht ganz einfach. Zwar könnte ich Ihnen einfach erläutern, wie dynamische Aktionen erzeugt werden, doch ist damit insofern nichts gewonnen, als Sie im Fehlerfall nicht wüssten, wie Sie das Problem eingrenzen oder lösen können. Daher möchte ich damit beginnen, Ihnen das Konzept zu erläutern.

Wie bereits häufiger beschrieben, müssen Sie, wenn sich im Browser irgendetwas bewegen soll, immer die Sprache JavaScript verwenden. JavaScript basiert auf einem Ereignismodell, das bedeutet, dass nicht direkt irgendetwas passiert, sondern immer nur als Reaktion auf ein Ereignis, ähnlich einem Datenbanktrigger. Es ist für Einsteiger in die Webprogrammierung immer wieder ein Mysterium, zu sehen, wie unfassbar viele Ereignisse bei normaler Benutzung einer Seite auftreten. Wenn Sie die Maus bewegen, werden kontinuierlich Ereignisse mit den neuen Koordinaten der Maus emittiert. Führen Sie die Maus über einen Bereich einer Webseite, werden zusätzliche Ereignisse ausgelöst, die melden, dass sich die Maus nun über dem Bereich befindet, den Bereich jetzt verlässt, auf den Bereich geklickt hat und alles Mögliche mehr. Die allermeisten Ereignisse verhallen ungehört, doch können Sie an bestimmte Ereignisse die Ausführung von JavaScript-Code binden.

Übliche Ereignisse, auf die häufig reagiert wird, sind Tastenklicks, Klicks auf einen Verweis oder die Betätigung der [↵]-Taste, doch können Sie auch alle weiteren Ereignisse verwenden. Zudem enthalten die Ereignisse stets Informationen über das Seitenelement, durch das das Ereignis ausgelöst wurde, zum Beispiel die Schaltfläche, auf die geklickt wird. Das Ereignis bewegt sich, ausgehend vom auslösenden Seitenelement, in der Hierarchie der Webseite nach oben, bis es, ungehört, am äußersten HTML-Element verhallt, das Ereignis wird propagiert. Sie kennen dieses Verhalten von Fehlern in PL/SQL.

Existiert in diesem Auslösepfad ein Ereignishandler, der auf genau dieses Ereignis wartet, wird der mit diesem Handler verbundene JavaScript-Code ausgeführt. Das bedeutet allerdings nicht, dass damit das Ereignis bearbeitet wäre, sondern im Regelfall wird es nach dieser Aktion weiter aufsteigen und weitere Aktionen auslösen können. Dieses Verhalten können Sie zwar ändern, doch ist das nicht der Regelfall. Um auch hier die Analogie zu PL/SQL zu suchen: Dieses Verhalten ist in PL/SQL genau umgekehrt. Normalerweise wird ein Exception-Handler das Propagieren der Exception unterbinden, es sei denn, Sie schreiben den Befehl `raise` in den Exception-Handler. Bei PL/SQL wäre genau das als Standard eher ungewöhnlich.

Aufgrund der Vielzahl der Ereignisse und der Seitenelemente auf einer Seite ist es recht aufwendig, stets die korrekte syntaktische Formulierung zur Bearbeitung eines Ereignisses zu finden. Zudem ist nicht immer trivial, zu entscheiden, welche Manipulationen am HTML-Dokument vorgenommen werden müssen, um einen gewünschten optischen Effekt zu erreichen. Da sich andererseits viele dieser Aktionen gleichen (zum Beispiel das Ein- oder Ausblenden von Eingabefeldern), bietet es sich an, diese Arbeiten zentral zu definieren und deklarativ verwenden zu können. Genau das machen dynamische Aktionen. Sie stellen eine Schnittstelle zwischen APEX und der durch APEX generierten HTML-Seite dar mit dem Ziel, Aktionen auf der Anwendungsseite ausführen zu können.

Dazu muss die dynamische Aktion JavaScript-Code ausführen, der das HTML-Dokument manipuliert. Etwas genauer und technischer: Das HTML-Dokument ist eigentlich eine Textdatei mit HTML-Elementen. Aus dieser Datei wird im Browser ein sogenannter *DOM*-Baum konstruiert. DOM steht für *Document Object Model* und ist eine Speicherstruktur, die zunächst der HTML-Seite inhaltlich entspricht, wenn auch die Darstellung technisch komplexer realisiert wird. Wird der DOM-Baum nun manipuliert, sehen Sie das dem Quelltext der Seite im Regelfall nicht an, denn dieser Quelltext diente nur als initiale »Blaupause« zur Erstellung des DOM-Baums. Den aktuellen Stand des DOM-Baums können Ihnen die Entwicklerwerkzeuge des eingesetzten Browsers zeigen, die in moderne Browser integriert sind (aufgerufen werden sie in der Regel über [F12]).

Die Manipulation dieses DOM-Baums durch JavaScript war in der Vergangenheit von Browser zu Browser leider nicht sehr standardisiert, und einige der Browser waren daher unter Webentwicklern für ihre Eigenheiten regelrecht gefürchtet (der Internet Explorer insbesondere), doch hat sich diese Situation mittlerweile entspannt. Zudem wurden Frameworks wie jQuery konzipiert mit dem Ziel, die Unterschiede zwischen den Browsern zu verringern und gleichzeitig eine leistungsfähige API für die häufigsten Anwendungsfälle zu erstellen, um die Codemenge zu reduzieren.

Obwohl also optische Effekt mittlerweile auch relativ einfach mit den JavaScript-Frameworks erstellt werden können, bieten sich dynamische Aktionen als deklarativer Ersatz für die direkte Programmierung in JavaScript oder auch jQuery an, denn sie lösen zusätzlich ein Problem, das Ihnen ansonsten größere Schwierigkeiten bereiten würde: Dynamische Aktionen wissen, wie ein bestimmter Effekt *in APEX* erreicht wird. Das mag zunächst so klingen, als sei APEX nicht standardkonform, doch meine ich das nicht: Jede Webanwendung verfügt über ein eigenes System von CSS-Klassen, mit dem die optische Darstellung gesteuert wird. Zwar etablieren sich auch hier gewisse Standards, doch sind diese alles andere als verbindlich. Welche Klassen APEX nun konkret einsetzt und durch welche Manipulationen ein Seitenelement optisch anders dargestellt werden soll, weiß das APEX-Team am besten und kann es vor allem auch von Version zu Version aktuell halten. Daher sollten Sie, wo immer möglich, mit diesen Vorgaben arbeiten, um nicht bei Versionswechseln alle eigenen Programmierungen an eine neue CSS-Landschaft anpassen zu müssen.

Lassen Sie mich Ihnen ein Beispiel geben, warum dies wichtig ist. In früheren Versionen von APEX basierte die Datumsauswahl auf der Technologie jQuery UI, einem auf jQuery basierenden Framework, mit dem Bedienelemente für Webanwendungen zur Verfügung gestellt werden. Dieses Framework gibt es zwar immer noch, ist aber zwischenzeitlich als `deprecated` eingestuft, daher hat das APEX-Team sich entschieden, die Datumsauswahl auf einem Oracle-JET-basierenden Control aufzubauen. Dieses Control hat eine andere Funktion und bringt auch andere CSS-Klassennamen mit sich. Und damit nicht genug: Ab Version 22.2 ist der DatePicker wiederum komplett erneuert, diesmal als Web Component ohne Bezug zu Oracle Jet. Alle optischen Manipulationen an einer Datumsauswahl, die Sie selbst entwickelt hätten, müssten in diesen Fällen erneut entwickelt werden. Diese Arbeit übernimmt das APEX-Team in den dynamischen Aktionen, sodass Sie von dem Umstieg im Regelfall nichts bemerken werden.

Zudem haben die APEX-Seitenbestandteile besondere Funktionen, die in normalen Webanwendungen nicht vorhanden sind. Stellen Sie sich eine Berichtsregion vor, die Sie aktualisieren wollen. Berichtsregionen existieren in anderen Anwendungen in dieser Form nicht, daher kann es hier keinen übergreifenden Standard zur Aktualisierung geben. Welcher Code ist hierfür erforderlich? Das möchten Sie nicht wirklich (und vor allem nicht immer wieder) programmieren müssen, hierfür verwenden wir dynamische Aktionen.

Aus dem bisher Gesagten und Ihrer Erfahrung mit den dynamischen Aktionen, die wir bislang in unserer Anwendung verwendet haben, ergibt sich, dass dynamische Aktionen Folgendes definieren müssen:

- **Wann soll etwas passieren?**
  Dies wird über die Bindung der dynamischen Aktion an ein Ereignis eines Seitenelements definiert.
- **Was soll passieren?**
  Das steuern wir im Regelfall über den Typ der dynamischen Aktion.
- **Welche Optionen sind für die Aktion erforderlich?**
  Einige Aktionen erfordern die Angabe weiterer Parameter. Soll zum Beispiel nach der Auswahl einer Auswahlliste eine Region aktualisiert werden, muss angegeben werden, welche Region aktualisiert werden soll.

14.1.2 Ereignisse und Typen dynamischer Aktionen

Wenn Sie eine dynamische Aktion auf einer Seite einrichten, muss diese an ein Ereignis, das auf der Seite auftritt, gebunden werden. Es ist daher ratsam, einmal einen Blick auf die verfügbaren Ereignisse zu werfen, an die wir die Ausführung binden können. Betrachten Sie eine beliebige dynamische Aktion, zum Beispiel auf <EMP_EDIT> • Element `P5_EMP_JOB_ID` in unserer Mitarbeiterverwaltung.

Die dynamische Aktion besteht aus zwei Eintragsarten unterhalb des Seitenelements `P5_EMP_JOB_ID`, nämlich aus dem Namen der dynamischen Aktion selbst, in der das Ereignis und das Seitenelement definiert werden, sowie aus den Untereinträgen mit einem `TRUE`- und einem `FALSE`-Zweig. Sehen wir uns zunächst den Eintrag für die dynamische Aktion selbst und die dort vorhandenen Attribute an.

Bereich »Wenn«

Im Bereich WENN wird das Ereignis definiert, zu dem die dynamische Aktion ausgeführt werden soll. Wenn Sie sich das Attribut WENN • EREIGNIS ansehen, erhalten Sie eine längere Liste möglicher Ereignisse. Diese Ereignisse sind in Gruppen organisiert, einige durch eckige Klammern hinter dem Namen gekennzeichnet.

14

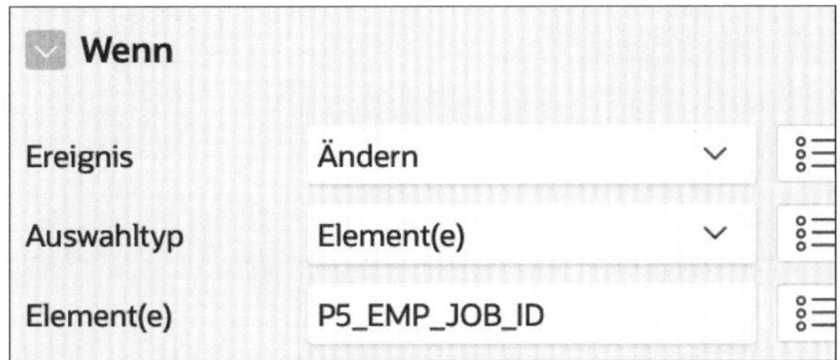

Abbildung 14.1 Attribute des Bereichs »Wenn«

Der erste Bereich, `Browserereignisse`, fasst Ereignisse zusammen, die durch die Bewegung auf der Seite oder durch Aktionen des Benutzers im Browser ausgelöst werden. Das Ereignis `Klick` ist wohl selbsterklärend, andere Ereignisse eher nicht. Zu der Liste, die aus meiner Sicht selbsterklärend sind, möchte ich die Ereignisse `Ändern` (eine Auswahlliste oder ein Textfeld werden geändert), `Klick`, `Doppelklick`, `Taste ...`, `Maustaste ...`, `Scrollen` und `Auswählen` (eine Zeile eines Berichts kann zum Beispiel ausgewählt worden sein) zählen. Zu den anderen gebe ich Ihnen im Folgenden kurze Erläuterungen.

Das Ereignis `Seitenladevorgang` ist von besonderer Bedeutung für dynamische Aktionen. Dieses Ereignis wird ausgelöst, wenn die »relevanten« Seitenelemente vom Server geladen und die Seite für den Browser »komplett« ist. Ich habe diese Begriffe in Anführungszeichen gesetzt, weil sie nicht absolut zu verstehen sind. Eventuell müssen noch Bilddaten nachgeladen werden, ebenso ist es möglich, dass noch asynchrone Prozesse im Hintergrund ausgeführt werden, doch ist zu diesem Zeitpunkt der DOM-Baum so weit komplett, dass mit den dynamischen Aktionen sinnvoll gearbeitet werden kann. Ist die Seite geladen und berechnet, wird dieses Ereignis ausgelöst. Es ist das Standardereignis, wenn Sie eine dynamische Aktion ausführen möchten, sobald die Seite verfügbar ist.

Abbildung 14.2 Liste der Ereignisse einer Dynamic Action

Sobald die Eingabemarke in ein Eingabefeld gesetzt wird, hat das entsprechende Seitenelement den *Fokus*. Einfach gesagt, ist der Fokus also die Stelle, auf die sich Tastatureingaben beziehen. Daher ist nachvollziehbar, dass sich der Fokus ändern kann. Erhält ein Eingabefeld den Fokus, wird das Ereignis `Fokus erhalten` ausgelöst, verliert es den Fokus, wird analog das Ereignis `Fokus verlieren` ausgelöst. Dabei ist es unerheblich, ob die Navigation auf der Seite über den Klick auf ein Seitenelement oder die [⇆]-Taste erfolgt. Beachten Sie auch, dass der Fokusverlust immer ausgelöst wird, egal, ob der Inhalt des Elements sich geändert hat oder nicht. Im Gegensatz dazu wird das `Ändern`-Ereignis nur ausgelöst, wenn auch eine Änderung vorgenommen wurde. Am Beispiel des Fokus-Ereignisses lässt sich die Reihenfolge der Ereignisse ganz gut erläutern. Stellen wir uns vor, Sie klickten in ein Eingabefeld, dann wären bis zu diesem Klick mindestens die folgenden Ereignisse aufgetreten:

- `Maus bewegen`, und zwar sehr oft, denn jede Koordinatenänderung (und sei es nur um einen Bildschirmpunkt) löst ein entsprechendes Ereignis aus. Diese Ereignisse sind nicht an ein Seitenelement gebunden, sondern nur an die Maus.
- `Mauseintritt`. Sobald der Mauszeiger den Bereich erreicht hat, den unser Eingabefeld umspannt, wird dieses Ereignis ausgelöst. Dieses Ereignis wird nicht auf die Maus, sondern auf das Eingabefeld bezogen ausgelöst. Solange der Mauszeiger sich über dem Eingabefeld befindet, ist zudem der Schalter `hover` aktiv, der von CSS ausgewertet werden kann und zum Beispiel die Hintergrundfarbe eines Eingabeelements ändert.
- `Maustaste drücken`. Nun wird es zeitlich enger, denn dieses Ereignis wird ausgelöst, sobald Sie die Maustaste drücken. Das ist nicht immer das Ereignis, das Sie interessiert, denn wir wissen ja noch nicht, was nun passiert. Wird die Maustaste gedrückt gehalten und das Element mit Drag-and-drop bewegt, wird einmal oder doppelt geklickt? Um das zu entscheiden, reicht dieses Ereignis nicht aus.
- `Maustaste loslassen`. Analog zum vorhergehenden Klick ist auch dieses Ereignis für die Programmierung viel seltener interessant als die folgenden Ereignisse, die »auf höherer Ebene« stattfinden, denn hier wird lediglich gemeldet, dass die Maustaste losgelassen wurde.
- `Klick`, `Doppelklick`. Diese Ereignisse werten die Benutzung der Maus aus und melden die entsprechende Aktion. Diese Ereignisse werden sehr oft für die Programmierung von dynamischen Aktionen verwendet.
- Bewegen Sie die Maus anschließend aus dem Eingabefeld hinaus, werden noch die analogen Ereignisse `Mausaustritt`, `Maus bewegen` etc. ausgelöst.

Wenn Sie sich die Vielzahl der Ereignisse vergegenwärtigen, die durch den Browser ausgelöst werden, könnte Ihnen schon einmal der Überblick über die richtige Reihenfolge sowie das richtige Ereignis abhandenkommen. Für den Anfang sollten Sie sich daher an die bekannteren Ereignisse `Klick`, `Doppelklick`, `Ändern` etc. halten.

Dann existieren noch Ereignisse, die durch APEX ausgelöst werden. In der deutschen Übersetzung sprechen wir hier von `Framework-Ereignissen`. Diese Ereignisse sind also

APEX-spezifisch und beziehen sich auf Aktivitäten, die mit der Datenverarbeitung zusammenhängen (`Vor Seitenweiterleitung`, `Vor` und `Nach Aktualisierung`) sowie auf das speziellere Ereignis `Dialog geschlossen`, das ausgelöst wird, wenn eine modale Seite geschlossen und die Kontrolle an die Hauptseite zurückgegeben wird.

Dann folgt eine Gruppierung `Komponentenereignisse` mit sehr vielen Einträgen.

Diese Klasse fasst Ereignisse von Erweiterungen zusammen, ob nun vom APEX-Team oder von Ihnen programmiert. Je nach Komponente können Ereignisse vereinbart und daran anschließend dynamische Aktionen gebunden werden. Die Vielzahl der Ereignisse macht eine Besprechung hier schwierig, daher möchte ich lediglich exemplarisch ein Ereignis herausgreifen, nämlich `Auswahländerung [Interaktives Grid]`. In den eckigen Klammern wird angegeben, welche Erweiterung die Ereignisse vereinbart hat, während vor der Klammer eine Beschreibung des ausgelösten Ereignisses steht. Das Beispielereignis wird ausgelöst, wenn durch einen Klick oder durch die Tastatur die Zeile des Berichts, die aktuell ausgewählt ist, geändert wurde. Es ist auch möglich, mehrere Zeilen auszuwählen, auch in diesem Fall würde das Ereignis bei jeder Änderung der Liste der gewählten Zeilen ausgelöst.

[!]

Merke

Einige der Ereignisse werden sehr häufig ausgelöst, etwa die Ereignisse rund um das Auslösen von Tasten. Binden Sie eine Aktion hieran, wird auch diese häufig ausgeführt. Das kann gewünscht sein, etwa wenn Sie gewisse Eingaben unterdrücken möchten (zum Beispiel keine Buchstaben in einem Zahlenfeld). Wenn allerdings Aktionen ausgeführt werden, die entfernte Ressourcen ansprechen, wie das bei einer Sucheingabe der Fall sein könnte, ist dieses Verhalten nicht empfehlenswert.

Version 22.2 bietet für diesen Fall die Möglichkeit, das Auslösen der Aktionen zu *throtteln* oder zu *debouncen*. Diese beiden Begriffe meinen ein sehr ähnliches Verhalten: Die Aktionen werden seltener ausgeführt. Sie können zum Beispiel einstellen, dass eine Aktion erst einige Millisekunden nach dem letzten Auftreten des Ereignisses ausgeführt werden soll. Wählen Sie diese Zeit sinnvoll, zum Beispiel 0,4 Sekunden, hat dies zur Folge, dass die Anwendung noch immer sehr dynamisch reagiert, aber nicht hektisch wirkt.

Nach der Auswahl des Ereignisses, auf das die dynamische Aktion reagieren soll, wird anschließend festgelegt, durch welches Element das Ereignis ausgelöst worden sein muss, damit die dynamische Aktion reagiert. Die Eintragungen dieser Auswahlliste hängen vom gewählten Ereignis ab und sind daher zu umfangreich für eine komplette Besprechung. Daher auch hier nur einige Ausschnitte. `Klicken`, `Auswählen` und `Ändern` können Sie sehr viele Elemente, während das Ereignis `Seitenladevorgang` nur für das gesamte Dokument sinnvoll ist und daher keine weitere Einschränkung erlaubt. Angenehm ist, dass die einzelnen Ereignisse durch Auswahllisten näher spezifiziert werden, denn so sind Fehleingaben letztlich ausgeschlossen, wenn auch nicht alle Kombinationen, die möglich sind, auch sinnvoll sind. So ist es zum Beispiel möglich, dass unser Beispielereignis, das sich ja offensichtlich auf ein interaktives Grid beziehen muss, auch die Auswahl eines Seitenelements erlaubt. Offensichtlich sind die Metadaten dieser Ereignisse nicht konsequent genug gepflegt.

Bereich »Clientseitige Bedingung«

Die Attribute dieses Bereichs stellen Bedingungen bereit, die ausgewertet werden, um zu entscheiden, was das Auslösen der dynamischen Aktion konkret bewirken soll. Die verschiedenen Bedingungstypen erklären sich von selbst und lehnen sich an die serverseitigen Bedingungstypen an, die wir bereits kennen. Allerdings besteht ein wesentlicher Unterschied darin, dass keine Prüfungen *in der Datenbank* durchgeführt werden können (daher ja auch der Name `Clientseitige Bedingung`). Dies ist eine wesentliche Einschränkung für dynamische Aktionen, die andererseits in der Realität öfter benötigt wird.

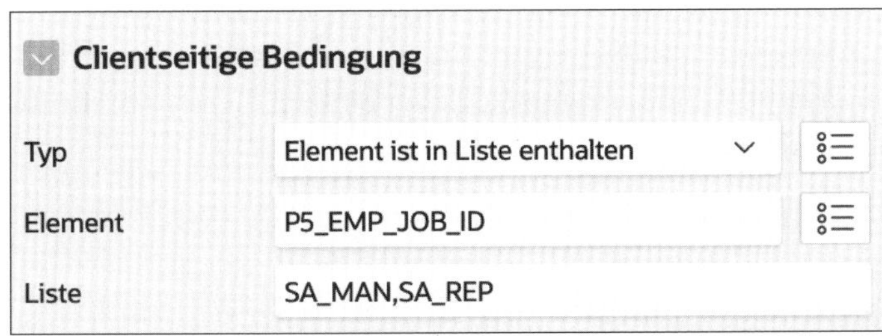

Abbildung 14.3 Attribute des Bereichs »Clientseitige Bedingung«

Im Beispiel wird geprüft, ob das Element `P5_EMP_JOB_ID` aktuell einen Wert aus der Liste `SA_MAN`, `SA_REP` enthält. Ist dies der Fall, wird die Aktion ausgeführt, die im `TRUE`-Zweig der dynamischen Aktion enthalten ist, ansonsten die Aktion des `FALSE`-Zweigs. Wichtig ist, zu verstehen, dass hier nicht der Sessionstatus, sondern der aktuelle Elementwert zum Zeitpunkt der Änderung der Auswahlliste gemeint ist. Dadurch ist es möglich, direkt auf die Benutzereingaben zu reagieren. Eine dynamische Aktion erzeugt ja JavaScript-Code, der im Browser und damit in der aktuellen Anwendungsseite ausgeführt wird und daher direkten Zugriff auf den Wert des beobachteten Eingabefeldes hat. Und wo wir bereits beim Thema sind: Die Änderung eines Seitenelements hat im Regelfall auf den Sessionstatus keine Auswirkung, es sei denn, die dynamische Aktion würde den Wert in die Datenbank kopieren. Im Beispiel ist das aber nicht der Fall.

Kommen wir noch einmal auf den clientseitigen Aspekt der Prüfung zurück. Die Prüfung ist insofern sehr unbefriedigend, als die Liste der Berufe, die kommissionsberechtigt sind, in der clientseitigen Bedingung formuliert werden muss. Zum einen könnte es sein, dass sehr viele Berufe kommissionsberechtigt sind, das würde die Liste stark verlängern. Schlimmer ist jedoch, dass die Liste für jeden neuen kommissionsberechtigten Beruf gepflegt werden muss, was eine erneute Auslieferung der Anwendung zur Folge hat. Zudem könnte die Liste an mehreren Stellen in der Anwendung benötigt werden. All diese Probleme ließen sich mit einer einfachen Anfrage an die Datenbank (»Ist der Beruf ABC kommissionsberechtigt?«) aus der Welt schaffen, doch genau das können dynamische Aktionen nicht oder nur mit einem Umweg. Bei komplexen Formularen ist dieser Umweg ein Faktor, der eine Anwendungsseite sehr unübersichtlich machen kann.

Bereich »Erweitert«

Dieser Bereich ist normalerweise für Sie nicht von Interesse und muss nur in seltenen Fällen geändert werden. Die Option steuert das Verhalten von dynamischen Aktionen, wenn die Elemente, auf die sie sich beziehen, nicht schon beim initialen Laden der Seite vorhanden sind oder durch ein teilweise erneutes Laden im DOM-Baum ersetzt wurden. Leider ist es nicht zu verhindern, dass wir in Bezug auf JavaScript immer einmal wieder Ausflüge unternehmen müssen, um Dinge zu erklären, die nur selten auftreten. Das ist auch hier der Fall. Überspringen Sie daher einfach diesen Abschnitt, wenn Sie sich zunächst nur einen Überblick verschaffen möchten.

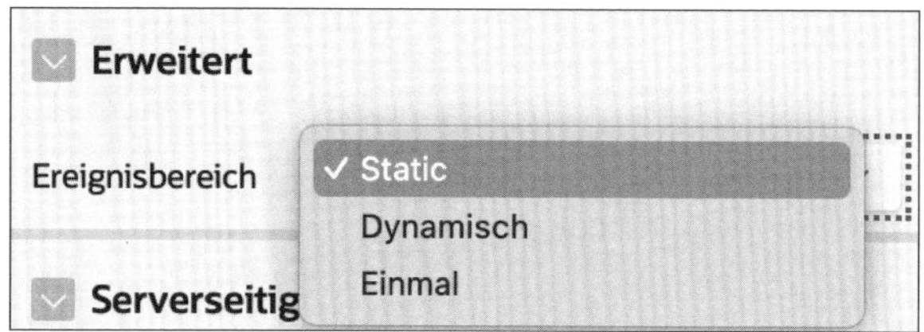

Abbildung 14.4 Attribut des Bereichs »Erweitert«

Dynamisches HTML, also manipulierte DOM-Bäume, sind die Spielwiese von JavaScript. Sie binden an ein Element des DOM-Baums einen *Eventhandler*, also einen Code, der auf das Auftreten eines Ereignisses wartet. Dies setzt voraus, dass das Element, auf das sich der Eventhandler bezieht, auch vorhanden ist. Das ist im Regelfall auch so, schließlich haben Sie die Elemente angelegt. Doch was ist, wenn Sie zum Beispiel auf den Klick auf eine Zeile eines Berichts reagieren möchten, und dieser Bericht wird durch eine Paginierung neu geladen, ohne die gesamte Seite neu zu laden? Der Code wird im Hintergrund die DOM-Baum-Elemente, die als Zeilen des Berichts dargestellt werden, wegwerfen und durch neue Elemente ersetzen. Mit dem Löschen der alten Zeilen werden aber auch die Eventhandler entsorgt, die Funktionalität, die Sie erreichen wollten, funktioniert nur einmal, nach einer Aktualisierung des Berichts aber nicht mehr.

An dieser Stelle greift dieses Attribut ein. Es bietet Ihnen die Möglichkeit, Eventhandler `statisch`, `dynamisch` oder nur `einmal` an die vorhandenen Seitenelemente zu binden. Der Unterschied:

- Beim statischen Binden (Attributwert `Static`) wird das Ereignis an ein Seitenelement gebunden. Wird dieses Element durch eine Aktualisierung ersetzt, ist das Ereignis nicht mehr an das Seitenelement gebunden.
- Beim dynamischen Binden (Attributwert `Dynamisch`) ist dies nicht der Fall, nach der Aktualisierung des Seitenelements wird der Eventhandler erneut an das Seitenelement gebunden.
- Beim einmaligen Binden wird der Eventhandler nach dem ersten Auslösen vom Seitenelement entfernt. Dadurch wird eine dynamische Aktion maximal einmal ausgeführt, es sei denn, Sie laden die gesamte Seite erneut.

[i]

Delegate

Noch einmal technischer wird es, wenn wir eine andere Strategie betrachten. Die Optionen, die ich in der Strichaufzählung erläutert habe, können noch durch eine andere Strategie erweitert werden. Die Region, die in unserem Beispiel einen Bericht enthält, der durch eine Paginierung aktualisiert wurde, bleibt als Region natürlich erhalten, nur der Inhalt der Region wird ersetzt.

Was also wäre, wenn der Ereignishandler nicht zum Beispiel an die einzelne Berichtszeile, sondern an die umgebende Region gebunden würde? Dann bliebe der Ereignishandler auch im Fall einer Aktualisierung der Region erhalten, zudem benötigen wir in diesem Fall nur einen einzigen Ereignishandler und nicht je einen pro Berichtszeile. Allerdings muss diesem Ereignishandler nun mitgeteilt werden, dass er nicht auf einen Klick auf die Region reagieren soll, sondern ein Ereignis bearbeiten soll, das hierarchisch unter der Region ausgelöst wurde. Um dies zu erreichen, benötigt der Ereignishandler ein Kriterium, um zu entscheiden, ob ein Klick-Ereignis innerhalb der Region für den Handler interessant ist oder nicht. Hier wird normalerweise ein jQuery Selektor eingesetzt, der zum Beispiel immer dann reagiert, wenn das Klick-Ereignis aus einem Element `TR` ausgelöst wurde. Noch abgefeimter wird es, wenn eine CSS-Klasse zum Erkennen relevanter Ereignisse eingesetzt wird, denn nun wäre es möglich, nur für bestimmte Zeilen des Berichts eine Aktion zu implementieren, andere Zeilen jedoch tun einfach nichts.

Ein solcher Ereignishandler wird als *Delegate* bezeichnet und wurde früher auch über eine so benannte Funktion in jQuery vereinbart. Mittlerweile wird in jQuery die generische Funktion ON für diese Zwecke verwendet, die im Fall eines Delegates einen zusätzlichen Parameter für den jQuery-Selektor erwartet. Aus Sicht einer dynamischen Aktion ist ein solches Delegate dadurch einzurichten, dass im Attribut BETROFFENE

ELEMENTE • AUSWAHLTYP der Wert `jQuery-Selektor` gesetzt und dieser Selektor im Attribut BETROFFENE ELEMENTE • JQUERY-SELEKTOR gesetzt wird.

Sie ahnen es schon: Der Möglichkeiten sind viele, je nach unterschiedlichen Programmiererskills werden wohl auch unterschiedliche Ansätze implementiert. Haben Sie solche unterschiedlichen Skills in Ihrem Team, führt kein Weg daran vorbei, miteinander über solche Dinge zu sprechen und eine Strategie für die Verwendung festzulegen, ansonsten wird kein Kollege die Anwendung eines anderen Kollegen verstehen können.

Weitere Attributbereiche

Die weiteren Attributbereiche sind Standardattribute ohne Besonderheiten gegenüber anderen Seitenelementen. Mit den Attributen kann kontrolliert, werden, ob eine dynamische Aktion überhaupt Teil der Anwendungsseite sein soll, sie kann an Autorisierungsschemata gebunden werden oder für ein Release ausgeschlossen werden. Die Besprechung dieser Attribute ergibt keinen weiteren Erkenntnisgewinn, deshalb möchte ich es dabei belassen. Ich wiederhole nur abschließend den Gedanken, dass Sie durch serverseitige Bedingungen steuern, ob eine dynamische Aktion überhaupt Teil der Anwendungsseite ist, während clientseitige Bedingungen kontrollieren, ob eine dynamische Aktion, die immer Teil der Seite ist, auch ausgeführt werden soll. Daher können Prüfungen, die eigentlich serverseitig durchgeführt werden, nicht durch eine serverseitige Prüfung implementiert werden.

14.1.3 Aktionen

Kommen wir nun zu dem, was die dynamischen Aktionen tatsächlich tun. Wie gesagt, kann für eine dynamische Aktion eine Bedingung angegeben werden, um zu entscheiden, welche Aktion ausgeführt werden soll.

Abbildung 14.5 zeigt die mitgelieferten Aktionstypen. Die Auswahl erscheint auf den ersten Blick nicht sehr lang zu sein, doch reichen die Aktionstypen für die allermeisten Anwendungsfälle aus. Ich möchte Ihnen im Folgenden die einzelnen Aktionstypen etwas näher vorstellen. Ich werde mich dabei an der Gruppierung der Auswahlliste aus Abbildung 14.5 orientieren.

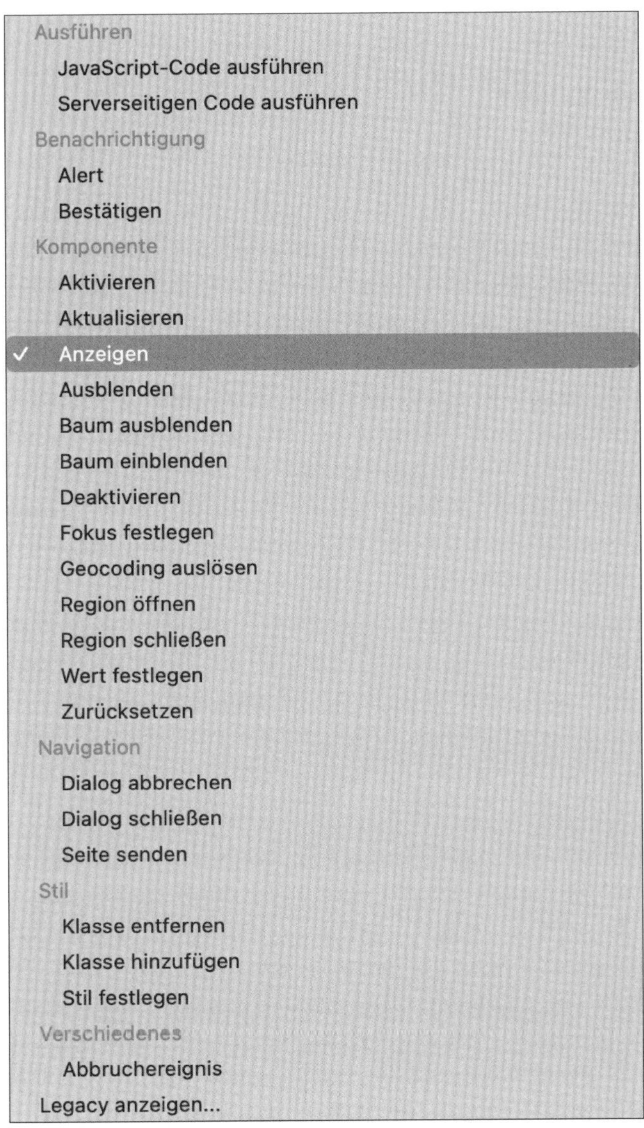

Abbildung 14.5 Mitgelieferte Aktionstypen für dynamische Aktionen

Bereich »Ausführen«

Die beiden Optionen dieses Bereichs hatte ich bereits angesprochen. Sie sind für fortgeschrittene APEX-Entwickler gedacht. Hier können Sie entweder clientseitigen (`JavaScript-Code ausführen`) oder serverseitigen (`PL/SQL-Code ausführen`) Code definieren, der anschließend ausgeführt wird.

Natürlich verlieren Sie die meisten Vorteile dynamischer Aktionen, wenn Sie selbst in JavaScript tätig werden müssen, doch ist es manchmal unumgänglich, schon allein deshalb, weil das APEX-Team natürlich nicht alle Eventualitäten voraussehen kann.

Wird PL/SQL-Code ausgeführt, stellt sich direkt die Frage, wie das eigentlich funktionieren soll. Schließlich befinden wir uns im lokalen Browser, und die Datenbank ist ein Netzwerk weit entfernt. Baut die dynamische Aktion also eine Datenbankverbindung auf, um den Code auszuführen? Natürlich nicht, schon allein, weil nirgendwo die Verbindungsdaten zur Datenbank hinterlegt sind. Wenn PL/SQL-Code ausgeführt wird, geschieht dies so, dass ein Request über einen einfachen URL an die Datenbank gestellt wird. Die Methode, die ausgeführt werden soll, wird über eine APEX-Funktion zur Verfügung gestellt. Die Details sind komplex und gehen noch über das hinaus, was ich erläutern möchte (das machen wir in Kapitel 23, »Plugins«), doch wird über den Request die Information an die Datenbank gegeben, dass der hinterlegte PL/SQL-Code ausgeführt werden soll. Interessant ist dabei, dass bei dieser Anfrage auch eine Liste von Seitenelementen festgelegt werden kann, die bei dieser Gelegenheit direkt in den Sessionstatus kopiert werden sollen.

Ist die Not groß, etwa, weil man sicherstellen muss, dass die Datenbank einen aktuellen Wert eines Eingabefeldes kennt, kann man den PL/SQL-Code `null;` ausführen und einige Seitenelemente mitliefern, um deren Werte in den Sessionstatus zu kopieren. So etwas werden Sie immer mal wieder in Beispielanwendungen oder Blogeinträgen im Internet sehen. Richtig guter Stil ist das aber nicht und sollte im Normalfall auch nicht nötig sein.

Ideal ist die Option `PL/SQL-Code ausführen` geeignet, um Packages innerhalb der Datenbank aufzurufen, weil damit die Funktionalität gekapselt ist, der Name der aufgerufenen Methode zudem noch eine gute Dokumentation der geplanten Aktivität ermöglicht und die Codemenge auf der Seite gering ist. Beachten Sie aber, dass die Angabe eines Elementnamens als Parameterwert nicht ausreichen wird, selbst dann nicht, wenn sie in der Notation `:P1_EMP_ID` übergeben würde: Der PL/SQL-Code hat keinen Zugriff auf den Zustand des Elements auf der Seite, sondern nur auf den Sessionstatus. Da der Prozess aber nicht im Rahmen der Verarbeitung der gesamten Seite aufgerufen wird (in diesem Fall hätte APEX alle aktuellen Elementwerte in den Sessionstatus kopiert), sondern daran vorbei, müssen Sie daran denken, dem Aufruf die benötigten Seitenelemente über eine kommaseparierte Liste im Attribut EINSTELLUNGEN • WEITERZULEITENDE ELEMENTE zu übergeben.

Berechnet der PL/SQL-Code Werte, die Sie anschließend auf der Seite benötigen, muss zweierlei sichergestellt sein:

- Der Wert muss durch den PL/SQL-Code in den Sessionstatus geschrieben worden sein. Dies geht über das Package `APEX_UTIL.SET_SESSION_STATUS`.

- Das Element, dessen Wert durch den PL/SQL-Code in der Datenbank geändert wurde, muss im Attribut EINSTELLUNGEN • ZURÜCKZUGEBENDE ELEMENTE aufgeführt werden. Dies führt dazu, dass der Wert beim Abschluss der Anfrage mit an den Browser übermittelt und von diesem in den DOM-Baum integriert wird.

In diesem Licht ist auch verständlich, woher der »Trick« kommt, Elementwerte der Anwendungsseite in den Sessionstatus zu kopieren: Sie werden dem PL/SQL-Code mitgegeben, der Code selbst tut aber einfach nichts.

[!]

Merke

Version 22.2 bringt bezüglich der Aktionen insofern eine Verbesserung, als diese nun mit einem eigenen Namen belegt werden können. Das ist hilfreich, um besser zu verstehen, was auf einer Anwendungsseite passiert. Wenn eine dynamische Aktion mehrere Regionen aktualisiert, hatte dies bislang zur Folge, dass entsprechend viele Aktionen mit dem Bezeichner `Refresh` auf der Anwendungsseite vorhanden waren. Durch die Möglichkeit, eine Aktion mit einem Namen zu belegen, können Sie hinterlegen, welche Region aktualisiert wird, und somit die Dokumentation der Seite verbessern.

Bereich »Benachrichtigung«

Deutlicher einfacher anzuwenden und zu verstehen sind die Optionen dieses Bereichs, hier werden Meldungen generiert, die dem Benutzer gezeigt werden. Klassische Meldungen sind Warnmeldungen über Fehler und Bestätigungsmeldungen, zum Beispiel vor dem Löschen von Daten.

Der Unterschied zwischen `Alert` und `Bestätigen` liegt einfach darin, dass beim `Alert` lediglich eine `OK`-Schaltfläche angeboten wird, während beim `Bestätigen` noch eine `Abbrechen`-Schaltfläche integriert wird. Die angekündigte Aktion wird nur dann durchgeführt, wenn auf die Schaltfläche OK geklickt wird. Beide dynamische Aktionen erfordern die Angabe eines Textes im Attribut EINSTELLUNGEN • TEXT, der dann auf der Oberfläche dargestellt wird. Dieser Text ist kein HTML-Text, denn er wird nicht durch HTML, sondern durch JavaScript dargestellt. Aus diesem Grund ist keine HTML-Auszeichnung, wie etwa ein Zeilensprung mittels des Elements `<br>` möglich, sondern hier sind JavaScript-Steuerzeichen erforderlich, wie etwa `\n` für eine neue Zeile.

Bereich »Komponente«

Aktionen des Bereichs `Komponente` beziehen sich auf die Manipulation von Seitenelementen, wie etwa dem Anzeigen oder Verbergen von Eingabefeldern. In diesem Licht sind die verschiedenen Aktionstypen wohl weitestgehend selbsterklärend. Kurze Hilfetexte in der Online-Hilfe tun ihr Übriges. Alle Aktionen dieses Bereichs erfordern daher auch die Angabe eines betroffenen Elements durch Attribute im Bereich BE-

TROFFENE ELEMENTE, einige zudem noch die Angabe weiterer Attribute. Diese sehen wir uns in der Folge dann genauer an.

Abhängig vom Aktionstyp hat die Festlegung des betroffenen Elements im Attribut BETROFFENE ELEMENTE • AUSWAHLTYP eine unterschiedliche Reichweite. Alle Aktionen, mit Ausnahme der Aktionen, die sich auf die Baumstrukturen beziehen, können dabei zwischen folgenden Optionen wählen:

- `Elemente`
  Diese Option wirkt sich auf ein oder mehrere Seitenelemente aus. Das Seitenelement muss im Attribut BETROFFENE ELEMENTE • ELEMENTE angegeben werden. Möchten Sie eine Festlegung für mehrere Elemente, werden diese durch Kommata getrennt in dieses Attribut eingetragen.
- `Region`
  Ist eine Region betroffen, muss diese ausgewählt werden. Hier ist es nicht möglich, gleichzeitig mehrere Regionen anzusprechen. Zudem ist nicht immer sichergestellt, dass alle Regionen alle Aktionstypen unterstützen. Einige Regionen unterstützen zum Beispiel den Aktionstyp `Aktualisieren`, der verwendet wird, um eine Region erneut berechnen zu lassen (Berichtsregionen), andere nicht (statische Regionen).
- `Spalte(n)`
  Diese Option bezieht sich auf Spalten eines interaktiven Grids. Da auch diese »normale« Seitenelemente beinhalten, können sich auch die dynamischen Aktionen genauso auf die Spalten beziehen.
- `jQuery-Selektor`
  Dies ist ein fortgeschrittenes Thema. Es handelt sich um einen JavaScript-Ausdruck, der von jQuery interpretiert und zu einem oder mehreren Zielen ausgewertet wird, auf die die Aktion dann angewendet wird. Typischerweise werden hier entweder Element-IDs oder Element-CSS-Klassen referenziert, seltener auch einmal `name`-Attribute oder anderes.
- `JavaScript-Ausdruck`
  Ganz ähnlich wie im vorhergehenden Gliederungspunkt bezieht sich auch diese Option auf eine fortgeschrittene Technik der Auswahl von Seitenelementen, nur diesmal nicht durch einen jQuery-Ausdruck, sondern durch einen JavaScript-Ausdruck.
- `Auslösendes Element`
  In diesem Fall wird die Änderung auf das Element ausgeführt, das das Ereignis auch ausgelöst hat. So naheliegend dies klingt, so selten ist diese Option erforderlich. Meistens werden Elemente in Abhängigkeit von anderen Seitenelementen manipuliert.

- Ereignisquelle
  Dies ist eine ebenso komplexe wie interessante Option. Sie bezieht sich auf die Fähigkeit von JavaScript, Ereignisse, dem hierarchischen DOM-Baum bis zum Wurzelelement folgend, weiterzureichen. Wird ein Element also zum Beispiel auf einer Zeile eines Berichts ausgelöst, wird dieses Ereignis zum Bericht, zur umgebenden Region, zum body-Element und letztlich zum Wurzelelement des DOM-Baums propagiert. Manchmal ist es vor diesem Hintergrund effizienter, eine dynamische Aktion etwas »höher zu hängen«. Damit meine ich, dass eine dynamische Aktion nicht an jeder einzelnen Zeile eines Berichts gebunden sein muss, sondern zum Beispiel an die umgebende Berichtsregion. Dies ist deshalb effizienter, weil nun ein Ereignishandler viele gleichartige Ereignisse des gesamten Berichts überwacht. Zudem bleibt dieses Ereignis an der Region auch dann bestehen, wenn die Zeilen durch eine Aktualisierung ersetzt werden. Die Aktion allerdings muss sich auf die tatsächlich auslösende Zeile beziehen und nicht auf die Region als Ganzes. Daher ist es erforderlich, eine Referenz auf das auslösende Element zu erhalten, und dieses Element ist mit der Option Ereignisquelle gemeint: Die tatsächlich auslösende Zeile eines Berichts zum Beispiel, obwohl das Ereignis eigentlich an die umgebende Berichtsregion bindet.

14

Wie beschrieben, erfordern einige Aktionstypen die Angabe weiterer Attribute. So ist zum Beispiel der Aktionstyp Wert festlegen mit weiteren Attributen im Bereich EINSTELLUNGEN ausgestattet. Lassen Sie uns an diesem Beispiel die verschiedenen Attribute durchsprechen, in der Folge erklären sich die anderen Optionen dann wohl von allein.

Ist also das Attribut ID • AKTION • Wert festlegen gesetzt, wird der Bereich EINSTELLUNGEN mit weiteren Attributen gezeigt. Das Attribut EINSTELLUNGEN • TYP FESTLEGEN definiert, auf welche Weise der Wert für das betroffene Element generiert werden soll. Einfach ist die Option Static Assignment, denn hier muss lediglich im Attribut EINSTELLUNGEN • WERT ein statischer Wert eingetragen werden. Das zusätzliche Attribut EINSTELLUNGEN • ÄNDERUNGSEREIGNIS UNTERDRÜCKEN bezieht sich darauf, dass die Festlegung eines Wertes beim betroffenen Element ein Ändern-Ereignis auslöst. Dies wiederum könnte weitere dynamische Aktionen auslösen, bis hin zu Schleifen, aus denen sich der Browser nicht mehr befreien kann. Hier greift dieses Attribut ein, denn es unterdrückt das Auslösen des Ändern-Ereignisses. Greifen Sie in den normalen Ereignisfluss aber bitte nicht ohne Not ein, es gilt als Verstoß gegen eine Best Practice, da spätere Erweiterungen nicht damit rechnen, dass diese Ereignisse unterdrückt werden. Manchmal kann man sich aber nicht ohne solche Optionen aus einer Notlage befreien, und dann ist der Weg über dieses Attribut sicher der alternativen Lösung mittels JavaScript-Funktion vorzuziehen.

Alternativ kann der Elementwert auch über andere Verfahren ermittelt werden:

- `JavaScript Expression`
  Diese Option berechnet den neuen Elementwert mithilfe eines JavaScript-Ausdrucks, der in das Attribut EINSTELLUNGEN • JAVASCRIPT-AUSDRUCK eingefügt werden muss.
- `SQL Statement`
  Diese Option macht einen Roundtrip zum Server, führt dort eine SQL-Abfrage aus und gibt das Ergebnis an das oder die betroffenen Elemente weiter. Hier ist es oftmals erforderlich, Filterwerte für die SQL-Abfrage mittels des Attributs EINSTELLUNGEN • WEITERZULEITENDE ELEMENTE zu übermitteln, weil ansonsten der Sessionstatus den aktuellen Wert des Elements nicht kennt und falsche Ergebnisse der SQL-Abfrage die Folge wären.

  Die Option EINSTELLUNGEN • ESCAPE BEI SONDERZEICHEN bezieht sich darauf, dass das Ergebnis der SQL-Abfrage durchaus auch HTML-Code enthalten könnte, der, würde er geschützt, so umgebaut würde, dass der beabsichtigte optische Effekt nicht eintreten kann. In diesen Fällen kann das Attribut auf `Nein` eingestellt werden. Diese Einstellung erhöht aber die Gefahr, dass eingeschmuggelter JavaScript-Code ausgeführt wird.
- `PL/SQL Expression` / `PL/SQL Function Body`
  Analog zum vorhergehenden Gliederungspunkt ist es möglich, den Elementwert auch durch einen PL/SQL-Ausdruck oder einen Funktionskörper zu berechnen. Beschränken Sie sich hier auf Funktionsaufrufe oder PL/SQL-Einzeiler. Überlegen Sie zudem, ob der gewünschte Zweck nicht auch durch einen JavaScript-Ausdruck ausgeführt werden könnte, und ziehen Sie diese Möglichkeit vor, denn sie erfordert keinen Roundtrip zur Datenbank und ist daher schneller.
- `Dialog Return Item`
  Diese Option ist sehr interessant für die Behandlung modaler Dialoge. Wenn ein modaler Dialog geschlossen wird, kann beim Schließen ein Objekt erstellt werden, das über das FRAMEWORK-EREIGNIS • `Dialog geschlossen` an die aufrufende Seite übermittelt wird. Dieses übergebene Element kann mit diesem Typ referenziert und in ein lokales Element übernommen werden. Wie das geschieht, beschreibe ich im nächsten Abschnitt beim ID • TYP • `Dialog schließen`. Wählen Sie diese Option, wird Ihnen ein Attribut EINSTELLUNGEN • RÜCKGABEOBJEKT angeboten, in dem Sie den Namen des Seitenelements eintragen, dessen Wert in das Rückgabeobjekt übernommen werden soll.

Bereich »Navigation«

Die Aktionstypen dieses Bereichs konzentrieren sich auf das Schließen bzw. Abbrechen modaler Dialoge sowie auf die Weiterleitung der aktuellen Seite.

Im vorhergehenden Abschnitt war die Rede vom Attribut ID • AKTION • Dialog Return Item. Dieses Attribut legte fest, dass der von einem modalen Dialog zurückgegebene Wert hierher kopiert werden soll. Zu diesem Typ ist der Aktionstyp Dialog schließen das logische Gegenstück. Wählen Sie diesen Aktionstyp, wird Ihnen ein Attribut EINSTELLUNGEN • ZURÜCKZUGEBENDE ELEMENTE angeboten, in das Sie eine Liste von Seitenelementen eintragen können, deren Werte an die aufrufende Seite übermittelt werden sollen. Auf der aufrufenden Seite nehmen dann dynamische Aktionen vom Typ Wert festlegen, Dialog Return Item jeweils einen Wert der übergebenen Liste entgegen und kopieren diesen in die betroffenen Seitenelemente. Der Aktionstyp Dialog abbrechen hat keine weiteren Optionen, löst aber ein Ereignis Dialog geschlossen oder abgebrochen aus, auf das mit weiteren dynamischen Aktionen auf der aufrufenden Seite reagiert werden kann.

Interessant ist der Aktionstyp ID • Seite weiterleiten. Mit dieser Aktion kann die Verarbeitung der Seite veranlasst werden.

Allerdings bietet die dynamische Aktion noch zwei interessante Erweiterungen. Mittels des Attributs EINSTELLUNGEN • ANFORDERUNGS-/SCHALTFLÄCHENNAME wird der Requestwert eingestellt. Beachten Sie, dass Sie, wenn die dynamische Aktion durch einen Klick auf eine Schaltfläche ausgelöst wird, unbedingt den Namen der Schaltfläche als Requestwert verwenden müssen. Dies hat seinen Grund darin, dass Validierungen und Seitenprozesse, die Sie an einen Klick auf diese Schaltfläche gebunden hatten, nicht ausgeführt werden, wenn diese Konvention nicht eingehalten wird.

Die zweite Option EINSTELLUNGEN • VERARBEITUNG ANZEIGEN bezieht sich auf die Frage, wie die Anwendungsseite reagieren soll, wenn die Verarbeitung der Seite angefordert wurde. Was ist damit gemeint? Wenn die Seite abgesendet wird, kann die Verarbeitung einige Zeit in Anspruch nehmen. Wie darf der Anwender reagieren, während die Seite in Bearbeitung ist? Was passiert, wenn ein ungeduldiger Anwender die Seite ein zweites Mal absendet? Das Attribut kontrolliert diese Situationen. Wird es auf Ja eingestellt, hat dies zur Folge, dass nach dem ersten Klick auf die Seite die Seite abgedunkelt und alle Schaltflächen deaktiviert werden. Auf diese Weise ist die Seite vor dem unbeabsichtigten erneuten Versenden geschützt.

Bereich »Stil, Verschiedenes«

Die Aktionen dieses Bereichs kontrollieren die HTML-Attribute class und style. Die ersten beiden Attribute erlauben es, CSS-Klassen dynamisch hinzuzufügen oder zu entfernen, während das dritte Element direkte Stilfestlegungen für das angesprochene Element trifft. Logischerweise müssen die Klassen oder Stilangaben, die hier verwendet werden, durch weitere Attribute im Bereich EINSTELLUNGEN definiert werden. Die Optionen sind aber wenig aufregend, und mehr als Erinnerung soll hier dafür geworben werden, möglichst konkrete CSS-Klassen zu verwenden und nicht direkte Stileingaben, da dies die Dokumentationsqualität erhöht und manuelle Nacharbeit verhindern hilft.

Im Bereich VERSCHIEDENES schließlich wird ein Aktionstyp `Abbruchereignis` angeboten, der dazu verwendet werden kann, das Propagieren des Ereignisses zu unterdrücken. Manchmal kann diese Aktion, als letzte in der aktuellen Aktionenliste verwendet, Probleme beheben helfen, die durch weitere dynamische Aktionen oder Schleifen in Aufrufen der dynamischen Aktionen auftreten können. Wir hatten schon darüber gesprochen, dass dies ein Notnagel bleiben sollte.

Attributbereich »Ausführungsoptionen«

Aktionen verfügen zudem noch über allgemeine Optionen, die wir uns nachfolgend ansehen werden.

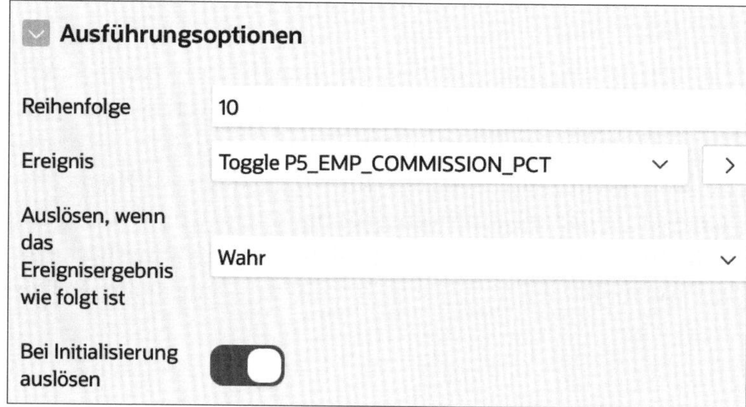

Abbildung 14.6 Attribute des Bereichs »Ausführungsoptionen«

Wir hatten bereits das Attribut AUSFÜHRUNGSOPTIONEN • BEI INITIALISIERUNG AUSLÖSEN verwendet, um sicherzustellen, dass das Seitenelement `P5_EMP_COMMISSION_PCT` nach dem Laden der Seite bei Bedarf ausgeblendet wird, obwohl überhaupt kein Ereignis aufgetreten ist, das die dynamische Aktion anstößt. Wird die Seite geladen, könnte der dargestellte Mitarbeiter einen Beruf der angegebenen Liste haben oder auch nicht.

Die weiteren Attribute dieses Abschnitts:

- REIHENFOLGE
  Steuert die Reihenfolge, in der die Aktionen ausgeführt werden sollen. Die Reihenfolge ist sehr wichtig und muss von Ihnen sorgsam kontrolliert werden, damit die gesamte Aktion korrekt funktioniert.

- **Ereignis**
  Das ist eine Referenz auf das Ereignis, das wir bereits definiert haben. Mittels dieser Referenz kann eine Aktion zwischen verschiedenen Ereignissen (und damit dynamischen Aktionen) verschoben werden, ähnlich, wie ein Seitenelement zwischen Regionen verschoben werden kann.
- **Auslösen, wenn das Ereignisergebnis wie folgt ist**
  Wenn ein Test für das Ereignis definiert wurde, kann das Ergebnis `Wahr` oder `Falsch` sein. Hier wird festgelegt, welchem Ergebnis die Aktion zugeordnet werden soll. Ist keine Prüfung definiert, wird immer ausgeführt, was im Zweig `Wahr` steht.

Attributbereich »Clientseitige Bedingung«

Neu ab Version 21.1 ist die Möglichkeit, auch für einzelne Aktionen einer dynamischen Aktion eine clientseitige Bedingung anzugeben. Bislang hatten wir diese Bedingung nur eine Ebene höher, bei der Auswertung des auslösenden Ereignisses. Durch die Doppelung dieser Bedingungen bei einer einzelnen Aktion ist eine feiner granulierte Steuerung der dynamischen Aktion möglich.

Fachlich unterscheiden sich die beiden Bedingungen nicht, daher können Sie die Optionen gemäß Abschnitt 14.1.2, Unterabschnitt »Bereich ›Clientseitige Bedingung‹«, auch auf dieser Ebene verwenden.

14

14.1.4 Anwendungsbeispiel: serverseitige Validierung

Zum Abschluss dieses Kapitels möchte ich Ihnen gern eine Lösung für das beschriebene Problem der serverseitigen Prüfung von dynamischen Aktionen vorstellen, die ohne Programmierung (na ja, eine kleine `select`-Anweisung benötigen wir schon) auskommt.

Wie beschrieben, wäre die Entscheidung, ob ein Beruf kommissionsberechtigt ist oder nicht, viel einfacher innerhalb der Datenbank auszuführen, da dort die erforderlichen Daten hinterlegt sind. Tatsächlich verfügt unser Datenmodell bereits über die erforderliche Information, denn die Tabelle `HR_JOBS` enthält eine Spalte `JOB_IS_COMMISSION_ELIGIBLE`, die den Wert `Y` oder `N` enthält. Daher können wir uns diese Information zunutze machen, um das Eingabefeld ein- oder auszublenden. Wir müssten nur mit dem aktuell ausgewählten Beruf in die Datenbank, dort das Attribut erfragen und dies als Grundlage der Entscheidung verwenden.

Das Problem: Leider können wir mit dem Ergebnis dieser Prüfung nicht unmittelbar etwas anfangen, denn der Aufruf der PL/SQL-Funktion ist sozusagen »Ziel« der dynamischen Aktion, sie erwartet nicht, nach dem Aufruf noch etwas tun zu müssen. Der Umweg, den ich beschrieben hatte, besteht darin, das Ergebnis der Berechnung in ein verstecktes Seitenelement kopieren zu lassen. Dort stünde dann zum Beispiel `Y`, falls der aktuell ausgewählte Beruf kommissionsberechtigt ist, und N anderenfalls. Auf dieses versteckte Eingabeelement wird dann eine dynamische Aktion eingerichtet, die über eine clientseitige Bedingung kontrolliert, ob das Eingabefeld P5_EMP_COMMISSION_PCT eingeblendet werden soll oder nicht.

Praktisch funktioniert das so: Wir erstellen zunächst ein verstecktes Seitenelement mit dem Namen P5_IS_COMMISSION_ELIGIBLE. Dieses Seitenelement ist nicht Teil des Formulars, und es darf auch kein geschütztes Seitenelement sein, denn wir werden den Inhalt durch eine dynamische Aktion setzen.

Anschließend verschieben wir die bereits vorhandene dynamische Aktion von Feld P5_EMP_JOB_ID auf dieses versteckte Feld, indem wir im Ereignis auf eine Änderung des versteckten Feldes warten. Die clientseitige Prüfung stellen wir so um, dass sie prüft, ob der Wert des versteckten Elements gleich Y ist.

Auf das Feld P5_EMP_JOB_ID richten wir eine neue dynamische Aktion vom Typ Wert festlegen ein. Als Typ wählen wir SQL Statement und tragen die select-Anweisung aus Listing 14.1 ein:

```
select job_is_commission_eligible
  from hr_jobs
 where job_id = :P5_EMP_JOB_ID
```

Listing 14.1 select-Abfrage zur Ermittlung, ob der Beruf kommissionsberechtigt ist

Denken Sie daran, das Seitenelement P5_EMP_JOB_ID unterhalb der select-Anweisung als weiterzuleitendes und P5_EMP_COMMISSION_PCT als zurückzugebendes Element einzutragen, ansonsten funktioniert der Vorgang nicht.

So können wir das Problem lösen, und diese Vorgehensweise stellt aus meiner Sicht auch eine deutliche Verbesserung dar, denn nun ist die Entscheidung datengetrieben. Sie hat aber auch Nachteile. Betrachten wir den Prozess aus Sicht des Seitenelements P5_EMP_JOB_ID, ist der Vorgang noch gut nachvollziehbar. Versuchen Sie aber, die Seite zu verstehen, etwa weil sie ein Kollege gebaut hat, und stoßen Sie auf das versteckte Element P5_IS_COMMISSION_ELIGIBLE, werden Sie sich fragen, woher dieses Element eigentlich seine Daten bekommt. Denn das Element ist ausgeblendet und kann daher durch den Anwender nicht geändert werden. Es enthält aber auch keine Referenz auf eine Quelle. Erst wenn Sie die gesamte Seite durchsuchen und alle dynamischen Aktionen analysiert haben, finden Sie den Prozess, der das ausgeblendete Element manipuliert.

Sie können sich sicher vorstellen, wie die Seite aussieht, wenn Sie von diesen Aktionen (und ähnlichen Problemstellungen) 20 oder 30 Fälle auf einer Seite haben. Hier den Überblick zu behalten, ist eher eine Kunst. Daher meine ich, dass dynamische Aktionen bei sehr komplexen Formularen an ihre Grenze gelangen, die durch andere Strategien überwunden werden sollte.

Kapitel 15
APEX auf mobilen Endgeräten

Im Gegensatz zu früheren APEX-Versionen unterscheidet APEX nicht zwischen Anwendungen für einen Desktop-Browser oder ein mobiles Endgerät. Das Universal Theme versorgt beide Endgerätetypen mit einer optimalen Darstellung. Dennoch gibt es einige Besonderheiten, die wir uns in diesem Kapitel ansehen werden.

Lassen Sie mich vorab eines klarstellen: APEX-Anwendungen auf mobilen Endgeräten sind derzeit nicht mit einer nativen Anwendung für ein Smartphone oder ein Pad vergleichbar. Es fehlt insbesondere die tiefer gehende Integration in Betriebssystemfeatures, wie den Zugriff auf das lokale Adressbuch, zudem sind APEX-Anwendungen auf eine bestehende Verbindung zu einem Webserver angewiesen und funktionieren nicht, wenn keine Internetverbindung existiert.

Dennoch gibt es gute Gründe, APEX auch für mobile Endgeräte einzusetzen, insbesondere für Anwendungen, die wahlweise auf einem Desktop-Rechner oder auf einem mobilen Endgerät ausgeführt werden sollen, denn die Anwendungen sind in jedem Fall auf beiden Endgeräten bedienbar, sehen gut aus und basieren auf einer gemeinsamen Codebasis, was die Weiterentwicklung und Wartung der Anwendungen vereinfacht. Zudem existieren viele Anwendungen, die nicht unbedingt auf eine tiefe Integration in das Betriebssystem angewiesen sind. Denn diese ist auch für eine »normale« Webanwendung nicht gegeben, da diese immer in einem geschützten Bereich ausgeführt werden. Trotz dieser Einschränkungen sind sinnvolle Anwendungen selbstverständlich möglich.

Die besonderen Anforderungen von Webanwendungen auf mobilen Endgeräten, insbesondere der kleinere Bildschirm und die Möglichkeit, die Orientierung der Darstellung von Portrait- auf Landscape-Modus zu ändern, können durch das responsive Verhalten des Universal Themes bereits gut aufgefangen werden. Um die Anwendungen noch besser auf diese Bildschirme anzupassen, existieren eigene Regionstypen, die wir uns in diesem Kapitel näher ansehen werden.

APEX-Anwendungen auf mobilen Endgeräten sind aber nicht auf die Darstellung im Browser limitiert. APEX führte in Version 21.2 die deklarative Unterstützung von *Progressive Web Applications (PWA)* ein, was eine Technologie beschreibt, die Webanwendungen auf mobilen Endgeräten als eigenständige Anwendungen außerhalb des

Browsers ausführt. Eine solche Anwendung »fühlt sich an« wie eine native Anwendung, und insbesondere auf Smartphones mit ihren kleinen Bildschirmen fällt positiv auf, dass zum Ausführen dieser Anwendungen kein Platz für die Bedienelemente des Browsers verschwendet werden muss. In Version 22.1 ist die Unterstützung dieser Technologie noch einmal umgearbeitet und erweitert worden.

15.1 Grundlagen: responsive Eigenschaften des Universal Themes

Das Universal Theme ist seit seiner Einführung in APEX Version 5.1 responsiv ausgelegt. Was aber bedeutet das eigentlich? Frühere Webanwendungen basierten in der Regel auf der Einrichtung einer geschachtelten Tabelle, ähnlich einer Excel-Arbeitsmappe. Durch die Schachtelung von Tabellen in Tabellenzellen der umliegenden Tabelle wurde der verfügbare Raum auf der Seite aufgeteilt. Ich erinnere mich noch gut an Verlautbarungen des APEX-Entwicklerteams, etwa zur Zeit der Version 3 von APEX, die in Abrede stellten, jemals von dieser Art der Oberflächengestaltung abzuweichen, einfach, weil das tabellenbasierte Layout einfach sei und gut funktioniere: »Niemand hat die Absicht, ein div-basiertes Layout zu bauen ...!«

Denn dies ist die Alternative: Neuere Webtechnologie baut darauf, die Seite in frei positionierbare, rechteckige Bereiche einzuteilen. Das HTML-Element, das hierfür verwendet wird, heißt `div`, und daher rührt auch die Bezeichnung für diese Art Layoutkontrolle. Eine Tabelle hat den großen Nachteil, dass ihre Struktur nicht dynamisch geändert werden kann, weil hierfür auf eine spezifische Weise Tabellenzeilen und -spalten umgeformt werden müssten, es müssten sogar die Orte, an denen diese Tabellen eingefügt wurden, dynamisch anpassbar sein, was ohne aufwendige Programmierung nicht geht.

Im Gegensatz dazu ist ein Layout, das auf `div`-Elementen basiert, flexibler. Wo auf der Seite ein `div`-Element angezeigt wird, wird durch CSS-Klassen bestimmt. CSS kann kontrollieren, ob Elemente neben- oder übereinander angezeigt werden, ebenso kann mit einer klugen Vorplanung die horizontale Aufteilung der Anwendungsseite kontrolliert werden.

Wie bereits beschrieben, basiert die APEX-Layoutkontrolle auf einem Spaltendesign mit 12 Spalten, auf denen die einzelnen `div`-Elemente platziert werden. Kontrolliert wird dies durch CSS-Klassen, die durch einfache JavaScript-Logik oder durch Media Queries in CSS auf die Umgebung der Anwendung, zum Beispiel auf die verfügbare Bildschirmgröße, angepasst werden können.

Ein Beispiel für diese Flexibilität bietet das Navigationsmenü, das, je nach verfügbarer Bildschirmbreite, vollständig ausgeklappt, auf Symbole in der Breite beschränkt oder ganz ausgeblendet wird. Dies »funktioniert einfach«, hierfür ist keine besondere Einstellung durch den Entwickler erforderlich.

Ein weiteres Beispiel für die generische Unterstützung mobiler Endgeräte sind die Elementtemplates `optional - floating` bzw. `required - floating`. Diese Templates stellen die Label der Eingabeelemente innerhalb des Eingabebereichs dar und verkleinern sich dynamisch, sobald eine Eingabe in dem Eingabefeld erfolgt. Darüber hinaus stehen kleinere Optimierungen zur Verfügung, wie etwa die Darstellung von Schaltern (Komponente `Wechseln`) in einem Layout, wie man dies von diesen Eingabegeräten gewohnt ist.

Problematisch sind allerdings die Regionstypen mit hohem Platzbedarf, wie etwa das interaktive Grid und der interaktive Bericht. Diese Komponenten lassen sich nicht beliebig in der Breite einschränken, ohne den Überblick über die Daten zu verlieren. Zwar lassen sich diese Komponenten in gewissen Grenzen auf mobile Endgeräte hin optimieren, doch im Regelfall sind die Ergebnisse nicht recht überzeugend. Daher existieren spezialisierte Regionstypen, die die Herausforderungen dieser Endgeräte besser abdecken. Ich werde diese Regionstypen im nächsten Abschnitt beschreiben.

Neuere Komponenten, wie etwa die Facet-Suche, werden schon bei der Konzeption auch auf mobilen Endgeräten getestet und bieten daher eine bessere Integration als die älteren Berichte, die zum Teil noch mit dem tabellarischen Layoutkonzept im Hinterkopf geplant und erstellt wurden, wie der klassische Bericht. Doch auch hier tut sich einiges, es lohnt sich, neuere Versionen auch auf ihre Fähigkeiten bezüglich mobiler Anwendungen zu untersuchen. Insgesamt ist dieser Bereich jedoch hauptsächlich eher eine »passive Nutzung« der Features, die das APEX-Entwicklungsteam anbietet, als eine aktive Entscheidung des Entwicklers.

Erwähnenswert ist noch, dass in den Template-Optionen in einigen Fällen eine Option für mobile Anwendungen vorgehalten wird. Seitentemplates bieten zum Beispiel das Attribut `Sticky Header on Mobile` an, mit dessen Hilfe der Seitenname beim Scrollen nicht ausgeblendet wird.

Es ist auch nicht vorgesehen, spezielle Anwendungsseiten für mobile oder stationäre Endgeräte zu entwickeln, wie dies früher einmal war. Damals wurde die mobile Seite durch eine Technologie namens *jQuery mobile* dargestellt, doch die Open-Source-Gemeinde zog weiter und ließ diese Technologie sterben. Anschließend stellte sich APEX entsprechend um und begrub die Unterscheidung zwischen Desktop- und Mobilanwendungen. Da und dort kann man diese Relikte noch erkennen, zum Beispiel auf einer normalen Anwendungsseite, die ein fest eingestelltes Attribut DARSTELLUNG • BENUTZEROBERFLÄCHE • `Desktop` besitzt.

Einen ersten Überblick darüber, wie Ihre Anwendung auf einem mobilen Endgerät aussehen wird, können Sie sich verschaffen, indem Sie Ihren Browser so einstellen, dass er ein entsprechendes Gerät simuliert. Wie das genau für Ihren Browser funktioniert, müssen Sie nachschlagen. Im Chrome-Browser, der aufgrund seiner hervorragenden Entwicklerwerkzeuge gern für die Entwicklung von APEX-Anwendungen verwendet wird, ist dies möglich, indem Sie die Entwicklertools anzeigen lassen (Strg + ⇧ + I), anschließend die Toolbar für die Endgeräteauswahl einblenden (❶ in Abbildung 15.1) und ein entsprechendes Endgerät aus der Auswahlliste auswählen (❷ in Abbildung 15.1).

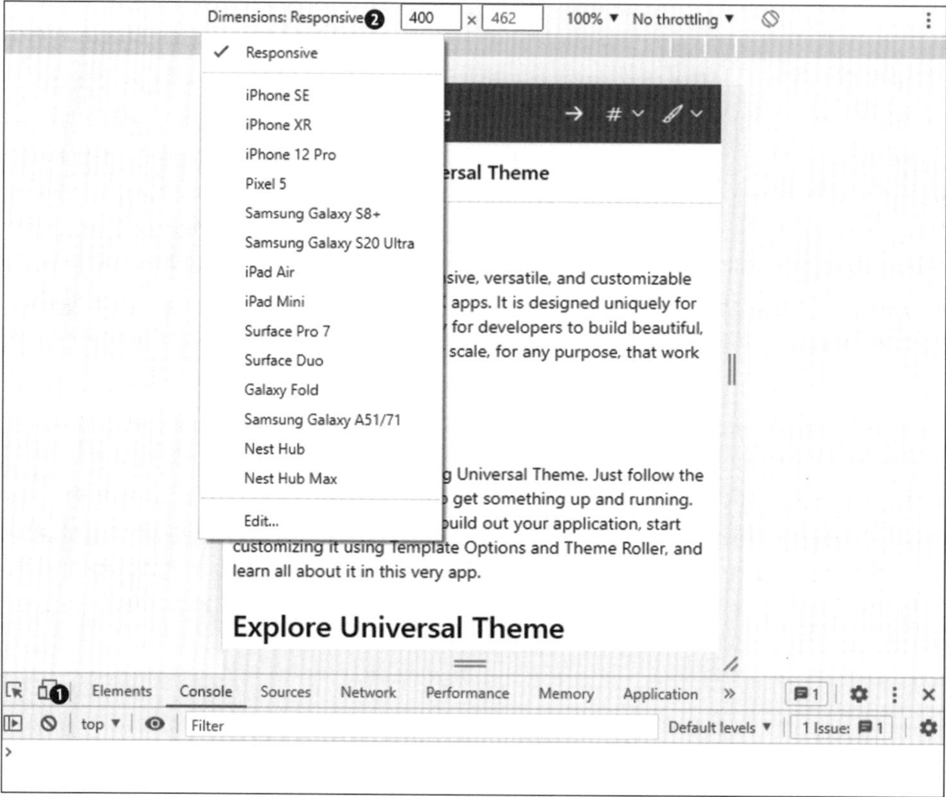

Abbildung 15.1 Auswahl eines mobilen Endgeräts zur Simulation

Ähnliche Möglichkeiten bieten auch alle anderen modernen Browser, in einem Safari-Browser zum Beispiel durch die Tastenkombination ctrl + cmd + R. Diese Simulation reicht als vollständiger Test nicht aus, hierzu ist ein entsprechendes Endgerät erforderlich, aber als erste Näherung funktioniert es gut.

15.2 Spezielle Komponenten für mobile Anwendungen

Zu den Regionstypen, die speziell für mobile Endgeräte konzipiert wurden, gehören:

- Spaltenumschaltbericht
- Reflow-Bericht
- Listenansicht

Sie sollten die Möglichkeiten dieser Regionstypen nutzen, falls Sie planen, eine Anwendung zu erstellen, die vorrangig auf mobilen Endgeräten ausgeführt wird.

15.2.1 Spaltenumschaltbericht

Dieser Berichtstyp bietet die Möglichkeit, die Spalten eines Berichts dynamisch ein- und auszuschalten. Grundsätzlich existiert diese Möglichkeit auch bei interaktiven Berichten und interaktiven Grids über das Aktionenmenü. Dieser Berichtstyp bietet diese Möglichkeit jedoch direkt über eine Schaltfläche über dem Bericht an. Dies vereinfacht die Auswahl der Spalten und passt besser in die übliche Nutzerführung auf mobilen Endgeräten als die Auswahl verschachtelter Menüstrukturen.

Abbildung 15.2 Beispiel eines Spaltenumschaltberichts

Abbildung 15.2 zeigt einen solchen Bericht anhand des Beispiels der <UNIVERSAL THEME REFERENCE>-Anwendung, die, wie so häufig, ein hervorragender Startpunkt für die Einarbeitung in diese Funktionalität darstellt. Im englischen Original wird dieser Berichtstyp als *Column Toggle Report* bezeichnet, und unter diesem Namen finden Sie ihn auch in der Liste der Komponenten.

Im Gegensatz zum interaktiven Bericht oder dem interaktiven Grid sollte das Regionstemplate in diesem Fall auf `Blank with Attributes` eingestellt sein, um keine störenden Ränder um den Bericht zu haben.

15.2.2 Reflow-Bericht

Einen anderen Ansatz als der `Spaltenumschaltbericht` verfolgt der `Reflow-Bericht`, der insbesondere dann sinnvoll ist, wenn die Anzahl der Spalten nicht sinnvoll reduzierbar ist. Dieser Berichtstyp schaltet bei mobilen Eingabegeräten auf eine Blockdarstellung einer Zeile um, sodass für eine Zeile des Berichts mehrere Zeilen in der Darstellung auf dem Bildschirm zur Verfügung stehen.

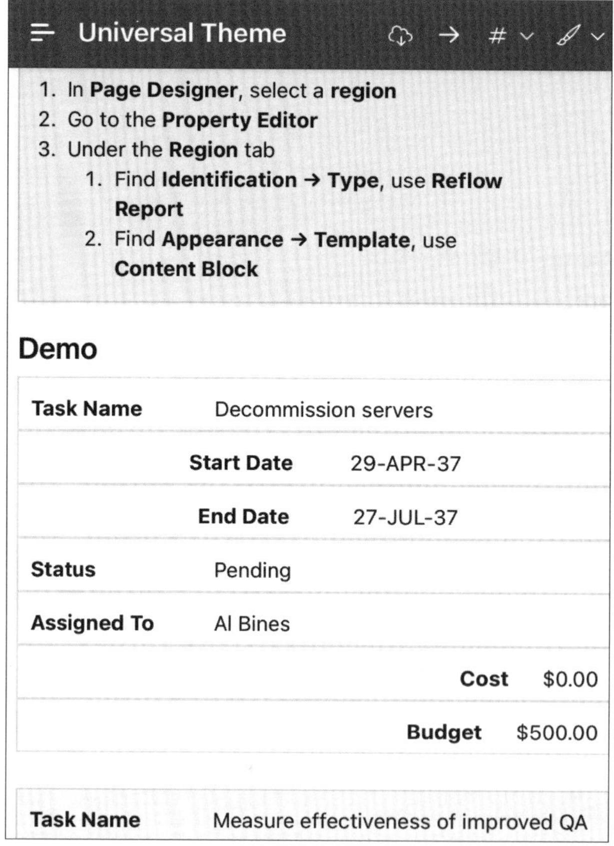

Abbildung 15.3 Beispiel eines Reflow-Berichts

Abbildung 15.3 zeigt diese Darstellung. Für diesen Berichtstyp stehen, ähnlich wie für den Spaltenumschaltbericht, keine speziellen Regionsattribute zur Verfügung, doch sollten Sie die Empfehlung auf der Anwendungsseite, das Template `Content Block` für die Visualisierung zu verwenden, beherzigen. Dieses Regionstemplate stellt passende CSS-Klassen zur Verfügung, um die Darstellung zu berechnen wie gewünscht.

15.2.3 Listenansicht

Funktionsreicher gestaltet sich die Listenansicht. Diese Darstellung ähnelt ein wenig dem `Reflow-Bericht`, die Darstellung erfolgt jedoch immer als listenorientierte Darstellung. Im Gegensatz zu den anderen Regionstypen ist die Darstellung über <Spezielle Regionsattribute> vielfältig steuerbar.

In der Grundeinstellung erwartet die `Listenansicht` die Angabe einer Spalte, in der der Hauptinhalt übergeben wird, sowie die Möglichkeit, optional eine Spalte für zusätzliche Informationen und eine Zählerspalte sowie ein Linkziel anzugeben. Diese Attribute deuten bereits auf den Listencharakter der Darstellung, die aus der Perspektive gedacht wird, Listen mit Badges und einem Verweisziel anzuzeigen. Die Badges, die durch die Zählerspalte gespeist werden, müssen dabei durchaus nicht immer numerische Werte anzeigen, <Universal Theme Reference> • Components • List View zeigt im zweiten Beispiel `With Divider and Badge`, dass im Badge auch zum Beispiel der aktuelle Status einer Aufgabe angezeigt werden könnte.

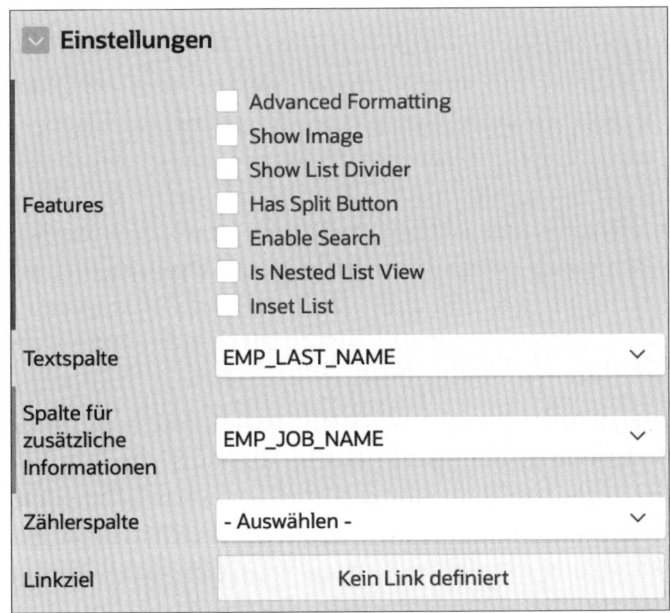

Abbildung 15.4 Standardoptionen einer Listenansicht

Abbildung 15.4 zeigt im Attribut <SPEZIELLE REGIONSATTRIBUTE> • EINSTELLUNGEN • FEATURES eine Reihe weiterer Optionen, die jeweils unterschiedliche Eingabefelder freischalten. Als Beispiel können Sie durch den Schalter EINSTELLUNGEN • FEATURES • `Advanced Formatting` die Verwendung der Textspalte abschalten zugunsten einer freien Angabe im Attribut EINSTELLUNGEN • TEXTFORMATIERUNG. Dieses Eingabefeld erwartet die Eingabe eines HTML-formatierten Blocks, in dem mittels der `&<ELEMENT>.`-Notation eine Referenz auf einen Spaltenwert vorgenommen wird. Auf diese Weise lassen sich mehrere Spaltenwerte formatiert ausgeben, wie wir das auch schon in der Kartenregion gesehen hatten. Listing 15.1 zeigt ein Beispiel der Verwendung.

```
<h3>&EMP_LAST_NAME.</h3>
<p>Einstelldatum: &EMP_HIRE_DATE.</p>
```

Listing 15.1 Beispiel für eine Textformatierung

Die weiteren Optionen sollten Sie sich selbst erschließen können. Möchten Sie ein Bild innerhalb der Liste darstellen, müssen Sie hierfür eine Referenz auf die `BLOB`-Spalte sowie eine Referenz auf den Primärschlüsselwert, mittels dessen das Bild identifizierbar ist, auswählen. Dies wird im Regelfall der Primärschlüsselwert der entsprechenden Zeile sein.

Ähnlich müssen Sie vorgehen, wenn Sie die Liste durch ein Trennzeichen gruppieren möchten, hier ist das Gruppierungskriterium (zum Beispiel die Abteilungs-ID) zu referenzieren.

Etwas verwirrend ist das Attribut `Has Split Button`, das die Eingabe eines »geteilten Schaltflächenziels« erfordert. Bei diesem Ziel handelt es sich um einen Link, der zusätzlich zum eigentlichen Link der Liste eingegeben werden kann. Optisch wird in diesem Fall ein Klick auf den Listeneintrag selbst zum Linkziel führen, das für diese Liste vereinbart wurde, während auf der rechten Seite ein Pfeil angezeigt wird, mittels dessen auf das »geteilte Schaltflächenziel« navigiert werden kann. Denkbar wäre die Verwendung in einer Aufgabenliste, um entweder zur Detaildarstellung der Aufgabe zu gelangen oder eine Seite aufzurufen, mit der diese Aufgabe angegangen und ausgeführt werden kann.

Das Attribut `Enable Search` bietet die Möglichkeit, in umfangreichen Listen zu suchen. Wird nichts weiter festgelegt, wird in der Spalte gesucht, die durch das Attribut TEXTSPALTE definiert wurde, ansonsten kann eine beliebige Spalte gewählt werden, in der stattdessen gesucht werden soll. Weitere Attribute kontrollieren die Art der Suche und definieren einen Platzhaltertext, der im Suchfeld angezeigt wird, falls kein Suchkriterium angegeben wurde.

Geschachtelte Listen sind ebenfalls möglich, setzen aber im Regelfall eine `select`-Anweisung als `connect by`-Abfrage voraus. In diesen Fällen wird in einem zusätzlichen

Attribut die Spalte referenziert, die die Schachtelungstiefe anzeigt. In dieser Einstellung wird die Liste so dargestellt, dass horizontal durch die Hierarchie navigiert werden kann. Als Beispiel habe ich eine Abfrage zur Verfügung gestellt, die alle Abteilungen, in denen Mitarbeiter arbeiten, darunter alle Berufe, die es in diesen Abteilungen gibt, und darunter die Mitarbeiter, die diese Berufe ausführen, auflistet. Diese View heißt `EMP_UI_REPORT_TREE`. Sie können die View als Beispiel für die Verwendung dieses Features verwenden, indem Sie die Spalte `DISPLAY_NAME` als Textspalte referenzieren und die Spalte `LVL` als Indikator für die Einrückung. Das optische Ergebnis zeigt Abbildung 15.5. Sie erkennen die Berufe der Abteilung `Sales` sowie die Möglichkeit, durch Klick auf die Schaltfläche oberhalb des Berichts eine Ebene nach oben zu navigieren und durch Klick auf den jeweiligen Eintrag auf die darunter befindliche Ebene.

Abbildung 15.5 Darstellung einer hierarchischen Listenansicht

Das Attribut `Inset List` fügt einen Abstand um die Listenansicht hinzu.

15.3 Progressive Web Applications (PWA)

Für dieses Feature zeichnet in erster Linie Vincent Morneau verantwortlich, der sich schon lange zu diesem Thema in Blogs äußert und auch eine Möglichkeit aufgezeigt hat, APEX-Anwendungen als PWA zu betreiben (*https://vmorneau.me/apex-pwa-part1*). Vincent ist nun Teil der APEX-Entwicklertruppe und hat unter anderem dieses Feature in den Standardumfang von APEX integriert. Durch diese Integration ist es nun nicht mehr erforderlich, auf die im Blog beschriebene Weise vorzugehen.

Bevor wir uns ansehen, welche Optionen zur Verfügung stehen, um APEX-Anwendungen zu einer PWA zu machen, sollten wir kurz klären, was dies eigentlich ist.

> *Eine Progressive Web App (PWA) ist eine Website, die zahlreiche Merkmale besitzt, die bislang nativen Apps vorbehalten waren. Sie kann daher auch als Symbiose aus einer responsiven Webseite und einer App beschrieben werden. Pro-*

gressive Web Apps können wie eine Webseite mit HTML5, CSS3 und JavaScript erstellt werden. Zusätzlich dienen sogenannte Service Worker durch optimiertes Caching den Offline-Funktionalitäten. Zur Kommunikation zwischen Webclient und Webserver ist das HTTPS-Protokoll vorgeschrieben.

Quelle: https://de.wikipedia.org/wiki/Progressive_Web_App

Dieser Definition habe ich nichts hinzuzufügen. Wichtig ist der Begriff des *Service Workers*, der den eigentlichen Zusatznutzen von PWA implementiert. Es existieren verschiedene Service Worker, die von APEX in Version 21.2 noch nicht deklarativ unterstützt werden, ab Version 22.1 jedoch zumindest ansprechbar sind. Dort können eigene Funktionen in JavaScript eingebettet werden. Deklarativ nutzt APEX diese Service Worker, um die Ressourcen einer APEX-Anwendung besser auf dem Endgerät zu cachen, dadurch wird die Anwendung schneller.

Eine PWA im Umfeld von APEX ist jedoch nicht offline-fähig, dazu ist die Abhängigkeit von der Datenbank denn doch zu groß. Allerdings gibt es die Möglichkeit, eine Anwendungsseite darzustellen, falls keine Internetverbindung besteht.

Durch die weitergehende Integration dieser Technologie in APEX finden sich die Einstellmöglichkeiten je nach Version an einer anderen Stelle. Für die Version 21.2 gilt der Ort <ANWENDUNGSEINSTELLUNGEN> • PROGRESSIVE WEB-APP, während ab Version 22.1 ein neuer Eintrag in den <GEMEINSAMEN KOMPONENTEN> • BENUTZEROBERFLÄCHE • PROGRESSIVE WEB-APP eingerichtet wurde. Die grundlegenden Attribute sind in beiden Versionen gleich, Abbildung 15.6 zeigt die Version 21.2.

Wieder kontrollieren die ersten beiden Schalter, ob die weiteren Attribute angezeigt werden oder nicht.

Der erste Schalter, PROGRESSIVE WEB-APP AKTIVIEREN, sorgt bereits dafür, dass die Anwendung effizienter durch den Browser gecacht werden kann. Dies bezieht sich auf die statischen Ressourcen, die für APEX benötigt werden, wie etwa die JavaScript-Dateien, CSS-Dateien und Bilder. Durch diese Option allein ist es allerdings lediglich möglich, die Anwendung im Browser zu betreiben. Dies zu ändern, obliegt dem Attribut INSTALLIERBAR.

Die offensichtliche Änderung besteht zunächst darin, dass in der Navigationsleiste ein neuer Eintrag eingeblendet wird, falls APEX beim Start der Anwendung erkennt, dass diese Anwendung noch nicht als PWA existiert. Grundsätzlich ist die Installation auf einem mobilen oder stationären Endgerät gleichermaßen möglich, allerdings an Voraussetzungen gebunden:

- Das Verbindungsprotokoll muss https sein. Gerade auf Entwicklungsrechnern ist dies häufig nicht der Fall. Dort gelingt die Installation nicht.

- Der Browser muss die Installation unterstützen. Insbesondere Safari verweigert derzeit die entsprechende Installation auf stationären Rechnern, auf mobilen Geräten ist dies aber möglich.

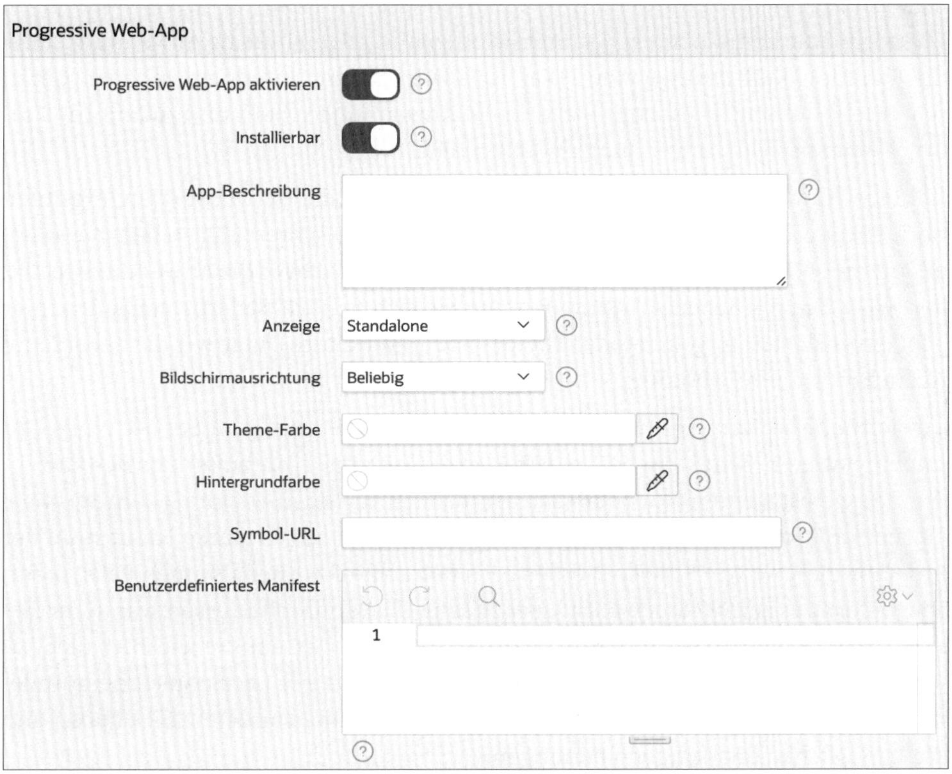

Abbildung 15.6 Grundlegende Attribute der PWA

Abbildung 15.7 Option, die Anwendung als PWA zu installieren

Wenn Sie das Feature einmal ausprobieren möchten, ohne sich um die Untiefen eines lokalen https-Zugangs zu Ihrer Entwicklungsumgebung kümmern zu müssen, können Sie die <UNIVERSAL THEME REFERENCE>-Anwendung lokal installieren, die Sie unter *https://apex.oracle.com/pls/apex/r/apex_pm/ut/getting-started* finden. Dort ist https vorhanden.

Das Ergebnis: Auf einem stationären Rechner wird ein Link auf den Schreibtisch gelegt, auf einem mobilen Gerät ein Anwendungssymbol auf dem Startbildschirm. Diese Symbole können direkt gestartet werden und zeigen nun die Anwendung ohne die Funktionalität des Browsers. Dies ist, insbesondere auf einem mobilen Gerät, schon sehr hübsch, da es mehr Platz für die Anwendung schafft und zudem den Eindruck einer nativen Anwendung erwecken hilft.

Im Regelfall werden das die einzigen Attribute sein, die Sie verwenden, eventuell noch erweitert um einen Eintrag in das Attribut App-Beschreibung, in dem Sie einen erläuternden Text einfügen können, der angezeigt wird, bevor die Anwendung installiert wird. Die restlichen Attribute können Sie sich je nach Bedarf erschließen, hier geht es um die Hintergrund- oder Themefarbe und weitere Dinge wie die bevorzugte Ausrichtung der Anwendung.

Version 22.1 erweitert diese Möglichkeiten durch die Option, eigene Service Worker zu implementieren. Dort steht es Ihnen frei, an die Ereignisse, die außerhalb der Anwendung ausgelöst werden (vor oder nach der Installation der Anwendung zum Beispiel), eigene Funktionalität zu integrieren. Ich bin hier raus, so tief stecke ich nicht in der Programmierung von Service Workern, ich betrachte das eher als einen Beleg dafür, wie fordernd es ist, *Full-Stack-Entwickler* zu sein. Die Bandbreite dessen, was unter diesem Begriff an Wissen vorausgesetzt wird, ist für schlichte Gemüter wie mich nicht zu leisten. Es mag aber sein, dass Entwickler, die eher aus der JavaScript-Programmierung kommen und sich nun mit APEX befassen, hier einen anderen Blick haben und diese Möglichkeiten dringend benötigen.

Da dies ein recht neues Feature ist, ist klar, dass neue Versionen Veränderungen an dieser Funktionalität mit sich bringen. Version 22.2 verbessert den Installationsprozess, indem sie ermöglicht, Screenshots der Anwendung in den Installationsdialog einzubauen. Die Installation ist dadurch der Installation aus einem Application-Store ähnlicher. Zudem wurde integriert, dass die Option, die Anwendung als PWA zu installieren, nur dann angezeigt wird, wenn dies durch den aktuell verwendeten Browser auch möglich ist.

Die Anwendungen selbst verfügen ab dieser Version über die Möglichkeit, gewisse Seiten als Shortcut zur Verfügung zu stellen. Diese Shortcuts lassen sich dann direkt über das Icon auf dem mobilen Endgerät durch einen langen Klick einblenden und aufrufen. Analog werden diese Shortcuts auf Desktop-Rechnern als Kontextmenü und in der Startleiste zugänglich gemacht.

Kapitel 16
Weitere Funktionsbereiche

Neben den großen, funktionsreichen Bereichen, die wir bislang besprochen haben, existieren noch weitere, die nicht ganz so umfangreich sind, aber dennoch nützliche Funktionen anbieten. Um diese wird es in diesem Kapitel gehen.

Einige der hier besprochenen Funktionen sind erst durch weitergehende Parametrierung oder gar einfache Programmierung sinnvoll einsetzbar, daher stehen sie etwas zwischen den beiden Teilen dieses Buches, zwischen No Code und Low Code. Dennoch setzt die Nutzung keine umfangreiche Programmierkenntnis voraus, daher möchte ich diese praktischen Erweiterungen des Funktionsumfangs bereits hier vorstellen.

16.1 E-Mail-Versand

In APEX können E-Mails einfach verwaltet und versendet werden. Damit dies möglich ist, müssen Sie in den <GEMEINSAMEN KOMPONENTEN> • WEITERE KOMPONENTEN • E-MAIL-TEMPLATES zunächst ein Template erfassen, das den E-Mail-Text in den Formaten `HTML` und `Nur-Text` umfasst. In diesem Template können Sie Ersetzungsanker platzieren, die vor dem Versand der E-Mail durch entsprechende Daten aus der Anwendung ersetzt werden.

Ist das Template erfasst, kann ein Seitenprozess auf einer Anwendungsseite dieses Template deklarativ verwenden und die E-Mail abschicken.

[!]

Merke

Die Verwendung dieses Features setzt voraus, dass die Datenbank E-Mails versenden darf. Damit dies funktioniert, muss der E-Mail-Server, der die Mails versendet, für die Datenbank erreichbar sein. Dies wiederum wird der Datenbank durch einen *Access-Control-List*-Eintrag (*ACL*) ermöglicht.

Dieser Eintrag wird durch einen Datenbankadministrator durchgeführt und kann im Regelfall nicht von Ihnen direkt erteilt werden (es sei denn, Sie sind der Administrator ...). In der Dokumentation findet sich folgender Beispielaufruf zum Einrichten einer entsprechenden Genehmigung:

```
begin
  dbms_network_acl_admin.append_host_ace(
    host => '*',
    ace => xs$ace_type(
      privilege_list => xs$name_list('connect'),
      principal_name => 'APEX_210200',
      principal_type => xs_acl.ptype_db));
end;
/
```

Diese Berechtigung wird gemeinhin als etwas zu locker eingeschätzt, da sie dem Benutzer APEX_210200 (oder entsprechend dem Benutzer Ihrer APEX-Version) einen unbeschränkten Zugriff auf alle Server des Netzwerks erlaubt. Üblicher ist, die Berechtigung auf die tatsächlich benötigten Server einzuschränken. Dies geht, auch mit Platzhaltern, mittels des Attributs host der oben angegebenen Funktion. Nähere Informationen finden sich in der Oracle-Dokumentation.

16.1.1 E-Mail-Templates

Die Erfassungsseite für E-Mail-Templates findet sich, wie gesagt, in <Gemeinsame Komponenten> • Weitere Komponenten • E-Mail-Templates. Dort erstellen Sie ein neues Template und finden einige leere Eingabefelder. Damit Sie ein Gefühl für die Verwendung bekommen, klicken Sie zunächst im rechten Seitenbereich auf ein Beispieltemplate. Abbildung 16.1 zeigt die Eingabeseite mit dem Beispieltemplate Bestelldetails laden.

Verschaffen Sie sich zunächst einen Überblick über die Attribute. Im ersten Bereich, ID, vergeben Sie einen sprechenden Bezeichner, der keine Umlaute oder Sonderzeichen, sondern nur Zahlen, Buchstaben und das Leerzeichen enthalten darf, aus dem das Attribut ID • Statische ID abgeleitet wird. Dieser Bezeichner dient als technischer Schlüssel und sollte, Oracle-Konventionen folgend, ebenfalls keine Umlaute oder Sonderzeichen enthalten (außer dem Unterstrich vielleicht). Das Attribut ID • E-Mail-Betreff erklärt sich von selbst.

Wenn Sie das Beispieltemplate ansehen, fallen die Ersetzungsanker auf, die durch die umschließenden #-Zeichen gekennzeichnet sind. APEX sucht nach diesen Ersetzungsankern und ersetzt sie vor dem Versand durch entsprechende zugeordnete Werte. Wie wir später sehen werden, ist es nicht erforderlich, bereits im Template Bezeichner zu verwenden, die sich auch auf der geplanten Anwendungsseite befinden (das wäre auch unsinnig, da eine gemeinsame Komponente ja dafür gedacht ist, auf mehreren Seiten verwendet zu werden), sondern die Bezeichner können rein fachlich gewählt werden. Schon im Betreff ist es also möglich, dynamische Informationen zu integrieren, was auch sehr sinnvoll ist, denken Sie zum Beispiel an Vorgangsnummern oder Ähnliches.

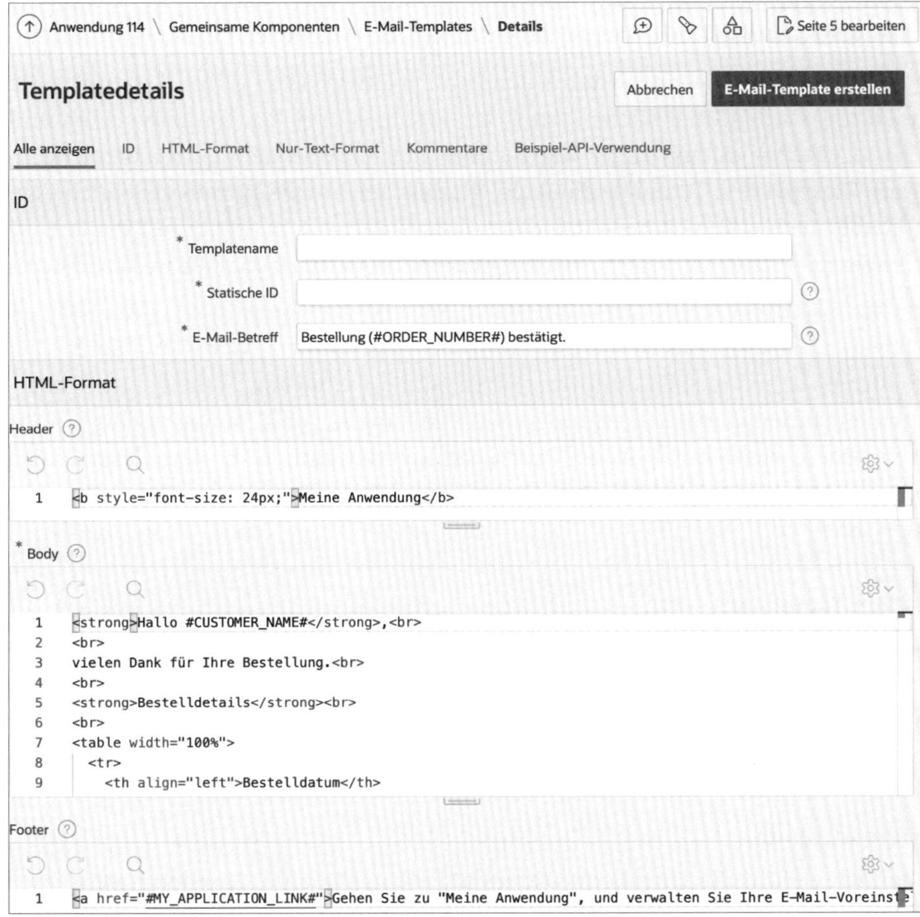

Abbildung 16.1 Eingabemaske für ein E-Mail-Template

Der E-Mail-Text selbst wird in zwei Varianten vorgehalten, als `HTML`-Format und als `Nur-Text`-Format. Entsprechend finden sich zwei Eingabebereiche auf der Anwendungsseite. Mir geht es nicht um die Besprechung der entsprechenden Formatierung in HTML, sondern lediglich um die Verwendung der beiden Formate an sich. Es ist bei E-Mails üblich, beide Formate in einer Mail zu versenden, da der Adressat sein E-Mail-Programm konfigurieren kann, keine HTML-formatierten E-Mails anzuzeigen. In diesen Fällen fällt das Programm auf die Nur-Text-formatierte E-Mail zurück.

HTML-Templates

Selbst bei den HTML-formatierten Templates existieren noch zwei Ebenen, die erste Ebene ist für Einsteiger und die zweite für professionelle Entwickler gedacht. Auf der ersten Ebene definieren Sie die drei Bereiche `Header`, `Body` und `Footer` durch entsprechenden HTML-Code. Den Ersetzungsanker weisen Sie auf den Anwendungsseiten, die diese Templates nutzen, Anwendungselemente zu, deren aktuelle Werte so in die Mail eingefügt werden. Wie dies genau geschieht, bespreche ich in Abschnitt 16.1.2.

Die zweite Ebene erreichen Sie durch den Bereich ERWEITERT • HTML-TEMPLATE. Sie können mittels der Schaltfläche STANDARD-HTML ein solches Template laden und editieren. Die Idee ist, dass dieses Standardtemplate die oben definierten Bereiche integriert. Dieses HTML-Template dient also als Rahmen um die einzelnen Bereiche, gestattet aber auch weitere Bereiche und den Zugriff auf weitere Attribute. Ein Klick auf das Fragezeichen neben diesem Attribut gibt einen Überblick über die weiteren Attribute.

Das Ziel dieses Templates ist die Definition der allgemeinen Darstellung der E-Mail und umfasst daher auch CSS-Informationen zur Formatierung. *Mein* Ziel ist es allerdings nicht, Ihnen hier eine erschöpfende Einführung zu geben, sondern lediglich, Ihnen zu zeigen, wo Sie mit weiteren Untersuchungen beginnen können, wenn Sie das Erscheinungsbild der E-Mail an Ihre Vorstellungen oder Ihre Corporate Identity anpassen möchten.

Nur-Text-Template

Deutlich schlichter ist naturgemäß die Darstellung des E-Mail-Templates für das Format `Nur-Text`. Hier geht es lediglich darum, die Information einigermaßen übersichtlich eingerückt zusammenzustellen. Die Ersetzungszeichenfolgen können analog zur HTML-formatierten Variante eingesetzt werden.

Weitere Attribute

Schließlich erlaubt die Eingabemaske noch die Eingabe eines Kommentars. Dieser Kommentar ist nur von internem Interesse und kann der Hinterlegung irgendwelcher Versionsinformationen oder Freigabevermerke dienen.

Unterhalb des Kommentars findet sich noch ein Beispiel für einen PL/SQL-Code, mit dessen Hilfe die E-Mail aus einem Programm heraus verwendet werden kann. Diese Möglichkeit öffnet eine neue Dimension, da zum Beispiel E-Mail-Templates in der APEX-Anwendung gepflegt, anschließend aber durch Programmlogik mit Daten versorgt und verschickt werden können. Dies ist aber sicher ein fortgeschrittenes Thema. Allerdings möchte ich darauf hinweisen, dass der Seitenprozess, den wir im Folgenden besprechen werden, nichts anderes tut, als die Parameter für dieses PL/SQL-Package zusammenzustellen und das Package im Hintergrund aufzurufen. Die Platzhalter und deren aktuelle Werte werden dabei als ein Parameter im Format `JSON` zusammengestellt und an das Package übergeben. Sollte Ihnen das nichts sagen, wäre das ein guter Hinweis darauf, die deklarative Variante des Seitenprozesses zu wählen.

16.1.2 E-Mail-Seitenprozess

Durch die Erstellung eines E-Mail-Templates ist die inhaltliche Vorbereitung der E-Mail abgeschlossen. Nun muss dieses Template genutzt werden. Dies geschieht auf einer beliebigen Anwendungsseite durch die Verwendung eines Seitenprozesses. Der Seitenprozess bietet einige Standardattribute, wie den Adressaten, CC- oder BCC-Adressen und so weiter.

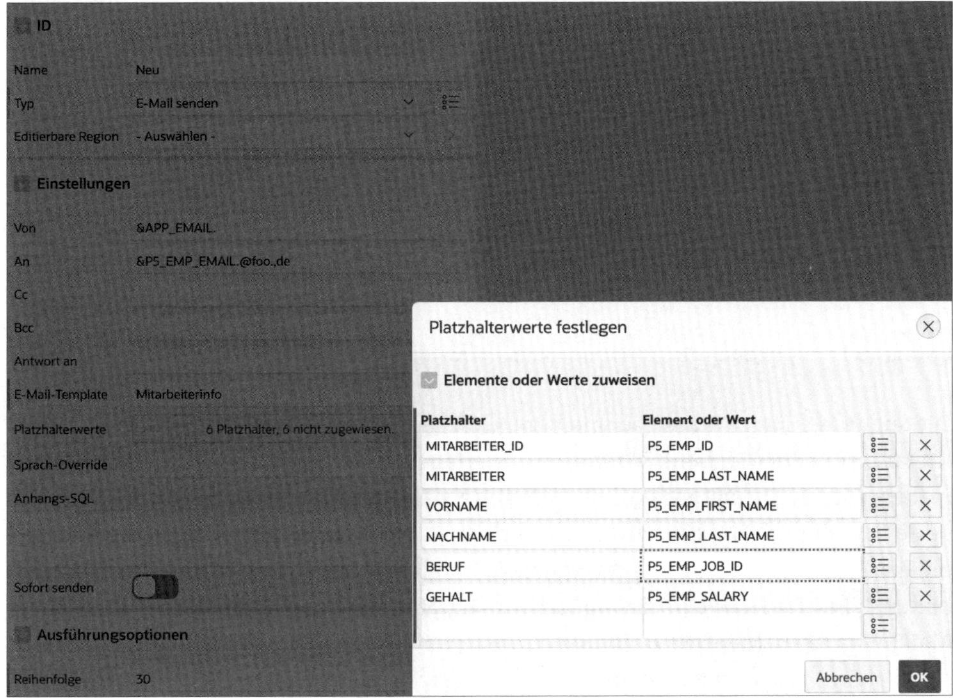

Abbildung 16.2 Einbindung eines E-Mail-Seitenprozesses

Abbildung 16.2 zeigt die Parametrierung des Seitenprozesses vom Typ `E-Mail senden`. Interessant ist die Referenz im Attribut EINSTELLUNGEN • VON auf das Element `&APP_EMAIL.`. Dies bedeutet, dass es ein Anwendungselement gibt, das die Referenz auf die Absenderadresse enthält. Sie können dieses Element anlegen und die entsprechende E-Mail-Adresse dort eintragen. Wenn Sie im Attribut EINSTELLUNGEN • E-MAIL-TEMPLATE das vorab angelegte E-Mail-Template referenzieren (ich habe einfach ein Beispieltemplate geändert), entfallen einige weitere Attribute, die Ihnen die Möglichkeit geboten hatten, den E-Mail-Text direkt hier auf der Seite zu erfassen. Stattdessen wird Ihnen über die Schaltfläche EINSTELLUNGEN • PLATZHALTERWERTE ein Dialog zur Zuordnung der gefundenen Ersetzungszeichenfolgen durch Elementwerte der aktuellen Seite angeboten. Natürlich müssen Sie keine Seitenelemente referenzieren, es ist auch möglich, Konstanten oder eine Kombination von beidem anzugeben.

16.1.3 E-Mail-Attachments

Optional können Sie einer E-Mail einen Anhang beifügen, etwa ein PDF oder ein Bild. Dieser Anhang muss in der Datenbank hinterlegt sein. Sehen Sie sich hierzu den Hilfstext des Attributs EINSTELLUNGEN • ANHANGS-SQL an. Dieses Attribut ist inhaltlich noch einer etwas älteren Art der Programmierung von APEX verhaftet, denn es erwartet eine `select`-Anweisung mit vorgegebenen Spaltenbezeichnern und erlaubt keine dynamische Zuordnung von Spalten zu den einzelnen Funktionsbereichen. Weichen Ihre Spaltenbezeichner ab, müssen Sie mittels Spaltenaliasen für eine Anpassung sorgen. Die `select`-Anweisung muss das Format gemäß Listing 16.1 aufweisen.

```
select blob_column,
       file_name,
       mime_type,
       content_id
  from some_table;
```

Listing 16.1 Vorgegebenes Format der select-Anweisung für einen E-Mail-Anhang

Die Spalte `CONTENT_ID` kann leer bleiben, in diesem Fall wird der Anhang als »regulärer Anhang« mit der Möglichkeit zum Herunterladen hinzugefügt. Ist allerdings ein Wert in dieser Spalte enthalten, wird der Anhang als Teil der (HTML-formatierten) Mail dargestellt. In diesem Fall können Sie auf den Inhalt der Datei im E-Mail-Template mittels einer speziellen Schreibweise referenzieren. Sollte die Spalte den Wert `profilbild` enthalten, könnten Sie wie in Listing 16.2 auf den Wert der Datei zugreifen und ihn in die Mail integrieren. Mehrere Zeilen sind möglich. Auch die Spalte `MIME_TYPE` ist optional, sollte allerdings gesetzt sein, wenn auch `CONTENT_ID` gefüllt ist.

```
<div>
  <img src="cid:profilbild" alt="Bild des Mitarbeiters" >
</div>
```

Listing 16.2 Referenz einer Binärdatei im Mailtext

16.1.4 Weitere Attribute

Zwei weitere Attribute möchte ich mit Ihnen besprechen. Zum einen ist der Schalter EINSTELLUNGEN • SOFORT SENDEN von Interesse. Im Regelfall wird eine E-Mail von APEX in eine E-Mail-Queue geladen und in regelmäßigen Abständen gesendet, standardmäßig beträgt das Intervall 5 Minuten.

Sie können die Mails, die sich noch in der Queue befinden, über die View `APEX_MAIL_QUEUE` abfragen, eventuelle Attachments befinden sich in der View `APEX_MAIL_ATTACH-`

MENTS. Im Regelfall sind diese Views leer, da die gesendeten Mails aus der Queue entfernt werden.

Dieses Standardverhalten kann über diesen Schalter übersteuert werden. Wenn die Mail dringend ist, legen Sie den unmittelbaren Versand fest. Wichtig ist: Egal, wie Sie alles einstellen, der Versand einer Mail ist immer an eine Datenbanktransaktion gebunden und wird daher nur ausgeführt, wenn diese Transaktion festgeschrieben wird. Dies geschieht in APEX automatisch, doch nur, falls während der Verarbeitung kein Fehler passiert. Für den Versand der Mails ist das praktisch, weil auf diese Weise keine Bestätigungsmails gesendet werden, obwohl die eigentliche Datenänderung zurückgenommen wurde. Das Versenden der Mail ist zudem immer asynchron, Sie müssen also nicht darauf warten, dass der Versand erfolgreich war.

Das zweite interessante Attribut ist EINSTELLUNGEN • SPRACH-OVERRIDE. APEX-Anwendungen können immer in mehrere Sprachen übersetzt werden. Zur Übersetzung gehört auch das E-Mail-Template. Normalerweise wird APEX versuchen, für die aktuell verwendete Sprache ein passendes E-Mail-Template zu finden. Ist kein übersetztes Template vorhanden, wird das Template in der Standardsprache der Anwendung verwendet. Dieses Vorgehen kann mit diesem Attribut übersteuert werden. Geben Sie den Namen einer Sprache ein, in der Sie die Mail senden möchten. Dies könnte sinnvoll sein, wenn Sie wissen, dass der Adressat nicht die gleiche Sprache spricht wie Sie. In diesen Fällen könnten Sie ein Seitenelement mit der vom Adressaten gewünschten Sprache vorhalten und die E-Mail entsprechend übersetzen. Gefordert ist hier ein Sprachcode nach BCP47 (siehe *https://r12a.github.io/app-subtags*), zum Beispiel de-de.

Zur Abrundung empfiehlt es sich, eine Erfolgsmeldung im Attribut ERFOLGSMELDUNG • ERFOLGSMELDUNG zu hinterlegen, um dem Anwender eine entsprechende Rückmeldung zu geben.

16.1.5 Zusammenfassung

Es ist wirklich einfach, aus APEX heraus eine E-Mail zu versenden, zumindest nachdem die erforderlichen Einrichtungsarbeiten erfolgt sind. Unter der Haube verwendet APEX ein Package mit dem Namen UTL_SMTP, das erfahrenen Oracle-Entwicklern ob seiner Komplexität in »besonderer Erinnerung« ist. Es ist immer verdächtig, wenn eine Spezifikation wie *Simple Mail Transfer Protocol (SMTP)* das Wort *Simple* enthält. Von dieser Komplexität ist hier nichts zu spüren, wenn dies auch mit einer gewissen Vereinfachung der Möglichkeiten einhergeht. So ist es auch in APEX eine gewisse Herausforderung, sich mit speziellen Mailservern zu verbinden und eine Authentifizierung herzustellen, da das APEX-Package bislang nur die Authentifizierung über das Schema LOGIN ermöglichte. Allerdings gilt dies bei neueren Datenbankversionen nicht mehr, hier werden alle Verfahren, die auch das Package `UTL_SMTP` unterstützt, ebenfalls unterstützt.

Dass dieses Package den Mailversand so einfach macht, eröffnet natürlich auch die Option, anstatt des Package `UTL_SMTP` das Package `APEX_MAIL` zu verwenden, selbst wenn die Entwickler ansonsten gar nicht mit APEX arbeiten. Dies funktioniert, da das Package nicht an eine APEX-Session gebunden ist.

Die Erweiterung der Möglichkeiten durch die E-Mail-Templates passt sehr gut ins Bild, zumal in den neueren Versionen ab 22.1 noch die Möglichkeit hinzukommt, das Template über *Template-Direktiven* anpassen zu können. Was dies ist und wie das funktioniert, bespreche ich im folgenden Abschnitt. Insgesamt ist der Versand von E-Mails durch diese Funktionen kein Problem.

16.2 Template-Direktiven

Das Thema Template-Direktiven berührt einen tiefgreifenden Paradigmenwechsel innerhalb des APEX-Entwicklerteams. Bislang war das System, das wir auch schon analysiert hatten, mittels eines HTML-Templates und Ersetzungszeichenfolgen die Darstellung zu kontrollieren, die einzige Möglichkeit, entsprechenden Inhalt zu erzeugen. Unter der Oberfläche gärte es allerdings schon länger, und insbesondere das interaktive Grid hat so viel eigene Intelligenz, dass sich die Aufbereitung mittels eines statischen Templates als nicht zielführend herausgestellt hat. Stattdessen wird die HTML-Darstellung durch JavaScript dynamisch berechnet. Ins Feld geführt wird die höhere Flexibilität, weil in JavaScript Mechanismen bekannt sind, um Templates zu dynamisieren, die man in der Datenbank für nicht machbar gehalten hat (was so nicht stimmt, aber natürlich ergibt es Sinn, wenn der Browser selbst eine Änderung der Darstellung vornehmen kann, ohne die Datenbank kontaktieren zu müssen).

Einige dieser Techniken sind nun für die Entwickler von APEX-Anwendungen verfügbar und werden zunehmend öfter angeboten, um die Flexibilität zu erhöhen. Ein Beispiel für die Erweiterung ist die Integration dieser Möglichkeiten in die im letzten Abschnitt besprochenen E-Mail-Templates. Worum geht es also?

Es gibt drei Direktiven, die das Verhalten des Templates steuern können: eine `if`-Direktive, eine `case`-Direktive und eine `loop`-Direktive. Sie werden als Teil eines Templates eingesetzt und interpretiert, wenn der Browser dieses Template darstellt. Die Datenbank ignoriert diese Direktive und sendet sie unverändert an den Browser. Dieser wiederum liest, was »bisher geschah«, und löst die Template-Direktiven auf. Derzeit wird dieses Verfahren nur in interaktiven Grids, in Kartenregionen und eben in E-Mail-Templates unterstützt. Sie erkennen in zukünftigen Versionen, ob das jeweilige Template diese Option unterstützt, an dem Hinweis »Unterstützt Templateanweisungen« im Hilfetext.

16.2.1 if-Direktive

Der erste Fall ist die if-Direktive. Sie unterscheidet zwischen mehreren möglichen Wegen, basierend auf der Existenz oder dem Wahrheitsgehalt eines Seitenelements, und wird im Regelfall verwendet, um Templates konditional auszublenden oder eine alternative Darstellung zu verwenden. Die Syntax dieser Direktive ist in Listing 16.3 zu sehen.

```
{if [!]NAME/}
TRUE_TEMPLATE_TEXT
{elseif [!]NAME2/}
ELSE_TRUE_TEMPLATE_TEXT
{else/}
FALSE_TEMPLATE_TEXT
{endif/}
```

Listing 16.3 if-Direktive

NAME|NAME2 in Listing 16.3 referenziert ein Seitenelement oder eine Spalte eines interaktiven Grids. Die Bedingung, die geprüft wird, besteht darin, den Elementwert des referenzierten Seitenelements auf Existenz oder Wahrheitsgehalt zu prüfen. Es ist einfacher zu erklären, wann diese Prüfung nicht erfolgreich ist, nämlich dann, wenn der Elementwert NULL ist oder eines der Zeichen F, N oder 0 enthält, denn diese gelten in JavaScript als FALSY, Alles andere wird als TRUE interpretiert.

16

Die eckig eingeklammerte Option, ein Ausrufezeichen zu verwenden, negiert das Ergebnis des Tests, war es ohne Ausrufezeichen FALSY, ist es mit Ausrufezeichen TRUE. Was im jeweiligen Fall ausgegeben wird, entscheidet das, was als TRUE_TEMPLATE_TEXT etc. eingefügt wird. Es ist bei der if-Direktive zudem möglich, beliebig viele elseif-Klauseln einzusetzen, bevor als letzte Option die else-Klausel berechnet wird. Zudem kann sowohl die elseif- als auch die else-Klausel weggelassen werden, wenn man zum Beispiel lediglich einen Teil des Templates ausgeben möchte oder eben nicht.

Ein Beispiel für die if-Direktive, bezogen auf unsere Datensituation, könnte darin bestehen, einen Text auszugeben, falls ein Mitarbeiter keine Bonusberechtigung besitzt. Diese sehen Sie in Listing 16.4. Beachten Sie aus syntaktischer Sicht die Schrägstriche vor den schließenden geschweiften Klammern.

```
{if EMP_COMMISSION_PCT/}
  Boni: &EMP_COMMISSION_PCT.
{else/}
  Keine Bonusberechtigung.
{endif/}
```

Listing 16.4 Beispiel einer if-Direktive

16.2.2 Case-Direktive

Ähnlich wie die if-Direktive agiert die case-Direktive, allerdings wird nicht ein Wahrheitswert verwendet, sondern der Wert des Seitenelements mit einer Liste vorgegebener Werte verglichen. Die grundsätzliche Syntax sehen Sie in Listing 16.5.

```
{case NAME/}
{when STRING1/}
TEMPLATE_TEXT1
{when STRING2/}
TEMPLATE_TEXT2
{otherwise/}
TEMPLATE_TEXT
{endcase/}
```

Listing 16.5 Syntax einer case-Direktive

Es gehört zu den unergründlichen Geheimnissen, warum es hier nicht else, sondern otherwise heißt. Ansonsten ist die Verwendung analog zur if-Direktive, wieder können beliebig viele when-Klauseln verwendet werden. Das Beispiel der Dokumentation ist interessant, denn es bezieht sich inhaltlich auf die Unterscheidung der Berufe, um zu entscheiden, ob eine Bonusberechtigung vorliegt oder nicht. Ich habe das Beispiel aus Listing 16.6 auf unsere Tabellensituation umgearbeitet.

```
{case EMP_JOB_ID/}
{when SA_REP/}
&EMP_SALARY. (&EMP_COMMISSION_PCT.)
{when SA_MAN/}
&EMP_SALARY. (&EMP_COMMISSION_PCT.)
{otherwise/}
&EMP_SALARY.
{endcase/}
```

Listing 16.6 Verwendung der case-Direktive

Interessant ist das Beispiel insofern, als Sie erkennen, wie abhängig diese Verwendung von der konkreten Datensituation ist. Ein Blick in die Tabelle HR_JOBS zeigt uns, dass dort eine Spalte IS_COMMISSION_ELIGIBLE existiert, die für einen Beruf anzeigt, ob eine entsprechende Berechtigung vorliegt. Würden wir diese Spalte über einen Join der Abfrage hinzufügen, hätten wir die erforderliche Information als Wert 1 oder 0. Das passt gut, denn der Wert 0 ist, wie Sie sich erinnern, FALSY, daher könnte man in diesem Fall eine einfache if-Direktive auf die entsprechende Spalte einrichten und die Aufzählung der Berufe vermeiden.

Hier, wie auch schon bei der if-Direktive, sehen Sie, dass die Unterscheidung anhand der Spaltenbezeichner erfolgt, es muss daher dort kein &-Zeichen vorangestellt werden. Im Template selbst kann einfacher Text stehen, daher muss dort die Referenz auf ein Seitenelement über dieses Sonderzeichen kenntlich gemacht werden. Ich erinnere daran, dass in dieser Auszeichnung der abschließende Punkt wichtig ist, da ansonsten die Referenz nicht erkannt wird.

16.2.3 loop-Direktive

Die letzte Direktive ist die loop-Direktive. Mit ihrer Hilfe ist es möglich, eine Liste von Werten, die als Text, der durch ein vorgegebenes Zeichen separiert werden kann, in unterschiedlichen Zeilen auszugeben. Solche Listen kommen in APEX häufig vor, zum Beispiel als Wert eines Seitenelements vom Typ Kontrollkästchen, in dem es ja möglich ist, mehrere Kästchen gleichzeitig auszuwählen. Weitere Beispiele sind Shuttle-Controls, wo die verfügbaren Optionen in einer linken Liste vorgehalten und die ausgewählten Einträge in eine rechte Liste verschoben werden, oder eine Auswahlliste, der man ermöglicht hat, mehrere Werte auszuwählen. Diese würden dann durch `Strg`-Klick ausgewählt.

Im Regelfall sind diese Elementwerte durch einen Doppelpunkt getrennt, daher ist dies auch der Standard für die Aufteilung innerhalb der loop-Direktive, die eine Syntax gemäß Listing 16.7 aufweist.

16

```
{loop ["SEP"] NAME/}
TEMPLATE_TEXT
{endloop/}
```

Listing 16.7 Syntax der loop-Direktive

Verwenden Sie ein explizites Trennzeichen, so muss dieses in doppelten Anführungsstrichen hinterlegt werden. Eine Besonderheit entsteht, wenn der Separator mehr als ein Zeichen umfasst. Die Template-Direktive interpretiert diese Zeichenfolge dann als regulären Ausdruck, für den entsprechende syntaktische Regeln gelten.

Das Beispiel aus der Dokumentation geht von einem Seitenelement mit einer kommaseparierten Liste von Werten aus. Sie sehen dieses Beispiel in Listing 16.8. Innerhalb des umschließenden ul-Elements wird die Schleife über die Elementliste, die im Seitenelement TAGS hinterlegt ist, ausgeführt und jeder Eintrag als li-Element ausgegeben.

```
<ul class="tags">
{loop "," TAGS/}
  <li class="tag-item">&APEX$ITEM.</li>
```

```
{endloop/}
</ul>
```

Listing 16.8 Beispiel einer loop-Direktive

Es stellt sich das Problem, wie auf den aktuellen Eintrag der Liste referenziert werden kann. Dies ist, wie Sie im Beispiel sehen, über den speziellen Anker `&APEX$ITEM.` möglich. Zudem existiert noch der Anker `&APEX$I.`, mit dessen Hilfe eine Zählervariable referenziert wird, die mitteilt, der wievielte Eintrag gerade bearbeitet wird. Im Gegensatz zu den sonstigen Gepflogenheiten in JavaScript ist dieser Zähler übrigens 1-basiert, beginnt also nicht, wie üblich, mit 0.

16.2.4 Zusammenfassung

Die Template-Direktiven werden meiner Meinung nach in kurzer Zeit ein Standardmittel zur flexiblen Parametrierung von Ausgabeergebnissen werden. Wo sich überall eine Verwendung anbietet, kann ich allerdings nicht abschätzen, das wird man abwarten müssen. Interaktive Berichte, Karten und E-Mail-Templates sind der Stand in Version 22.1, wobei Version 21.2 die Möglichkeit für E-Mail-Templates noch nicht anbot.

Sie stellen ein Mittel dar, das in Richtung Programmierung geht, aber keine Programmierkenntnisse voraussetzt. Ob Sie Anwendungen für diese Optionen sehen, kann ich nicht beurteilen, ich bin normalerweise nicht in einem Umfeld unterwegs, in dem diese Möglichkeiten gefordert werden. Am ehesten sehe ich die Verwendung im Umfeld von E-Mail-Templates und Karten, denn hier ist die Notwendigkeit für eine flexible Visualisierung meiner Meinung nach am größten. Ähnlich wie die Parametrierung über JavaScript-Initialisierungscode, die ich im nächsten Abschnitt bespreche, halte ich die Template-Direktiven jedoch für eine Option, die ich für Ausnahmefälle im Hinterkopf behalte, nicht jedoch in der täglichen Arbeit benutze.

16.3 Erweiterte Parametrierung über JavaScript-Initialisierungscode

Mittlerweile sollte klar geworden sein, dass APEX eine enge Zusammenarbeit zwischen Daten der Datenbank und JavaScript-basierter Programmierung zur Darstellung der Daten im Browser auszeichnet. Daher sind alle Regionstypen oder Seitenelemente, die wir deklarativ verwenden, mit einem großen Teil JavaScript ausgestattet, der durch die Festlegungen der Attribute eingerichtet und dann ausgeführt wird.

Einige der Regionstypen oder Seitenelemente, die wir deklarativ verwenden können, verfügen jedoch über so viele Optionen, dass eine vollständige Abbildung all dieser

Optionen über entsprechende Bedienelemente in der Entwicklungsumgebung nicht hilfreich wäre. Schon jetzt überfordert die Funktionsvielfalt viele Einsteiger in APEX, und dies dürfte ja unter anderem auch ein Grund sein, warum Sie sich bis zu diesem Abschnitt durch dieses Buch kämpfen. Auch das APEX-Entwicklerteam weiß um dieses Problem und versucht, eine Balance zwischen einfacher, deklarativer Bedienung und Funktionsvielfalt der hinterlegten Regionstypen und Seitenelemente zu halten.

Verfügt ein Seitenelement über zu viele Funktionen, stellt APEX einen weiteren Weg der Parametrierung für die seltener genutzte Funktionalität bereit. Man könnte sagen, dass es sich hierbei um Programmierung handelt, da diese Parametrierung erfordert, eine JavaScript-Funktion zu schreiben, doch meine ich, dass dies nicht stimmt, da die Funktion extrem einfach gebaut ist und es durchaus ausreicht, sich einfach ein Beispiel zu kopieren und an die eigenen Bedürfnisse anzupassen.

Damit habe ich auch verraten, wie diese erweiterte Parametrierung funktioniert. Viele Seitenelemente verfügen über das <SPEZIELLE ATTRIBUT> • ERWEITERT • JAVASCRIPT-INITIALISIERUNGSCODE. Dieses Attribut erwartet eine JavaScript-Funktion gemäß Listing 16.9. Ohne in die Interna von JavaScript einsteigen zu wollen, möchte ich Ihnen erläutern, wie dieses Attribut funktioniert.

```
function(options){
  options.toolbar = false;
  return options;
}
```

Listing 16.9 Beispiel einer JavaScript-Initialisierungsfunktion

16

Sie sehen eine Funktion, der ein Wert `options` übergeben wird. Dieser Parameter enthält alle Optionen des entsprechenden Seitenelements, belegt entweder mit den Werten, die Sie deklarativ festgelegt haben, oder mit Standardwerten, die über die deklarativen Möglichkeiten des Seitenelements hinausgehen.

Die Idee dieser Funktion besteht darin, dass innerhalb der Funktion das `options`-Objekt nach Wunsch konfiguriert wird. Alle nicht angesprochenen Attribute bleiben unverändert. Dieses angepasste Objekt verlässt die Funktion anschließend wieder und dient als Grundlage für die Darstellung des Seitenelements auf der Anwendungsseite.

Nun bleibt die Frage, welche Optionen denn überhaupt verfügbar sind, und das ist eine gute Frage. Hierfür stellt APEX eine Dokumentation bereit, in der die verfügbaren Optionen *im Regelfall* aufgeführt sind. Der Regelfall bezieht sich insbesondere auf Komponenten, die vollständig durch das APEX-Entwicklerteam programmiert wurden, wie etwa das interaktive Grid. Andere Komponenten, die »zugekauft« wurden, sind in der Dokumentation schwieriger zu entschlüsseln. Als Quelle steht einerseits *Oracle Jet* zur Diskussion, zum Beispiel für den Date-Picker, andererseits *jQuery UI*, zum Beispiel für das Shuttle-Control.

Bleiben wir im Moment beim interaktiven Grid und dem Beispiel aus Listing 16.9. In der APEX-Dokumentation zur JavaScript-API (siehe *https://tinyurl.com/apexJSAPI*) findet sich in der linken Übersicht der Eintrag WIDGETS • INTERACTIVE GRID und in der sich dann öffnenden Seite (Abbildung 16.3) eine Übersicht über alle Optionen des interaktiven Grids.

Abbildung 16.3 Einstiegsseite der Dokumentation des interaktiven Grids

Klicken Sie hier zum Beispiel auf den Eintrag OPTIONS • TOOLBAR, um das Beispiel aus Listing 16.9 nachzuvollziehen. Zum einen können Sie das gesamte Attribut auf den Wert `false` stellen, was bedeutet, dass die gesamte Funktionsleiste nicht eingeblendet wird (ein etwas blödes Beispiel, weil das auch deklarativ erreicht werden kann). Das Attribut `toolbar` besitzt jedoch auch eine innere Struktur, die Sie konfigurieren können.

Sollten Sie die Optionen feingranular kontrollieren wollen, können Sie die Attribute über eine Punktnotation ansprechen. Abbildung 16.4 zeigt die verfügbaren Attribute innerhalb des `toolbar`-Objekts.

toolbar :Object

Controls which functionality of the default Interactive Grid toolbar is displayed. If false or null, there will be no toolbar.

Note: To make further customizations to the toolbar including adding new buttons, please see interactiveGrid#toolbarData.

Type:

- Object

Properties:

Name	Type	Description
actionMenu	boolean	Hide or show the actions menu.
columnSelection	boolean	Hide or show the column selection menu, to allow column-specific searches. Note: Ignored if toolbar.searchField is *false*.
editing	boolean	Hide or show the edit button. Note: This does not prevent the Interactive Grid from being edited, merely hides the button f interactiveGrid#editable option.
reset	boolean	Hide or show the reset button.
save	boolean	Hide or show the save button.
savedReports	boolean	Hide or show the select list showing any saved reports.
searchField	boolean	Hide or show the search controls (affects the column selection menu, search input field and g

Abbildung 16.4 Innere Struktur des toolbar-Objekts

Entweder setzen Sie also, wie in Listing 16.9, das gesamte Objekt auf den Wert `false`, um es vollständig auszublenden, oder Sie verwenden eine Funktion, um die inneren Strukturen zu kontrollieren, wie in Listing 16.10 (Programmierer, die sich darüber wundern, dass es möglich ist, ein Attribut einfach mit `false` zu belegen oder andererseits eine innere Struktur zu konfigurieren, sollten sich an diese Eigenheit von JavaScript gewöhnen).

```
function(options){
  options.toolbar.actionMenu = false;
  options.toolbar.columnSelection = false;
  return options;
}
```

Listing 16.10 Feingranulare Einstellung des toolbar-Objekts

Wieder sind zwei Dinge wichtig: Erstens ändern Sie nur die Attribute, die Sie einstellen möchten, alle anderen bleiben bei ihren Standardwerten, die Sie in der Dokumentation ebenfalls einsehen können. Das geänderte `options`-Objekt muss zweitens immer zurückgeliefert werden, damit der aufrufende Code nun mit dem aktualisierten Objekt weiterarbeitet.

Sicher ist dies eine ungeheuer mächtige Möglichkeit der Parametrierung, ich warne jedoch ausdrücklich davor, sich ohne Not in dieses Fahrwasser zu begeben. Die Gefahr besteht darin, dass man sich in der Optimierung verliert und Anwendungen schafft, die schwer zu überblicken sind, weil kaum noch klar ist, wie sich dieses optische Ergebnis erzeugen lässt. Nicht alle Optionen bei APEX sind gleich wichtig. Sehen Sie es vielleicht so: Es gibt einen Grund, warum die Attribute, die über diesen Weg erreichbar sind, nicht bereits durch Eingabeelemente auf der Entwicklungsoberfläche parametrierbar waren, und dieser Grund besteht darin, dass die verbundenen Optionen nur in speziellen Fällen benötigt werden.

Liegt ein solcher spezieller Fall bei Ihnen allerdings vor, haben Sie zumindest die Möglichkeit, sich tiefer in APEX einzuarbeiten und sich diese Welt zu erschließen. Sie sind aber kein besserer Programmierer, bloß weil alle ihre APEX-Anwendungsseiten diese Optionen bis zur Neige ausnutzen. Sie sind ein besserer Programmierer, wenn Sie es schaffen, die Anwendung so geschickt zu bauen, dass Sie um diese Spezialfunktionen nach Möglichkeit herumkommen. Das Ziel sollte eine möglichst einfache Anwendung sein, keine Dokumentation Ihrer Kenntnis noch der verstecktesten Parametrierungsmöglichkeiten.

16.4 Automatisierungen

Neu in Version 22.1 ist ein Feature, das es Ihnen ermöglicht, zeitgesteuert Skripte innerhalb der Datenbank auszuführen. Technisch ist dies für die Oracle-Datenbank ein alter Hut, doch fehlte die deklarative Integration in APEX. Ob Sie diese Möglichkeiten benötigen, kann ich nicht sagen, sie werden normalerweise genutzt, um zum Beispiel Datenbestände mit einer externen Datenquelle zu synchronisieren, Exporte der Datenbank anzustoßen und dergleichen mehr.

Sie finden die Möglichkeit, Automatisierungen anzulegen, in den <GEMEINSAMEN KOMPONENTEN> • WORKFLOWS UND AUTOMATISIERUNGEN • AUTOMATISIERUNGEN (zu den Workflows komme ich im nächsten Abschnitt). Technisch gesehen wird durch die Möglichkeiten dieses Bereichs innerhalb der Datenbank ein Job angelegt, und zwar durch das Package `DBMS_SCHEDULER`. Die Mächtigkeit dieses Packages habe ich schon in vielen Projekten erleben dürfen, wo wir auf Basis dieses Packages komplexe Skriptketten angelegt und ausgeführt haben. Basis der Automatisierung ist, wie der Name vermuten lässt, ein *Schedule*, also ein Termin- oder Zeitplan, der kontrolliert, wann eine Aktion innerhalb der Datenbank ausgeführt werden soll. Da dieses Package die Basis der Automatisierungen darstellt, ist auch klar, dass die Aktionen innerhalb der Datenbank ausgeführt werden, nicht clientseitig, was auch aufgrund der Tatsache, dass wir im Umfeld von Webanwendungen unterwegs sind, etwas überraschend wäre.

Ein Schedule kann sehr einfach oder beliebig komplex sein, und die deklarative Oberfläche trägt dem Rechnung, indem einige einfache Zeitpläne mit einem Tastendruck angeboten werden, es kann jedoch auch ein eigener Zeitplan zusammengestellt werden. Abbildung 16.5 zeigt die Assistentenseite zur Erstellung einer Automatisierung.

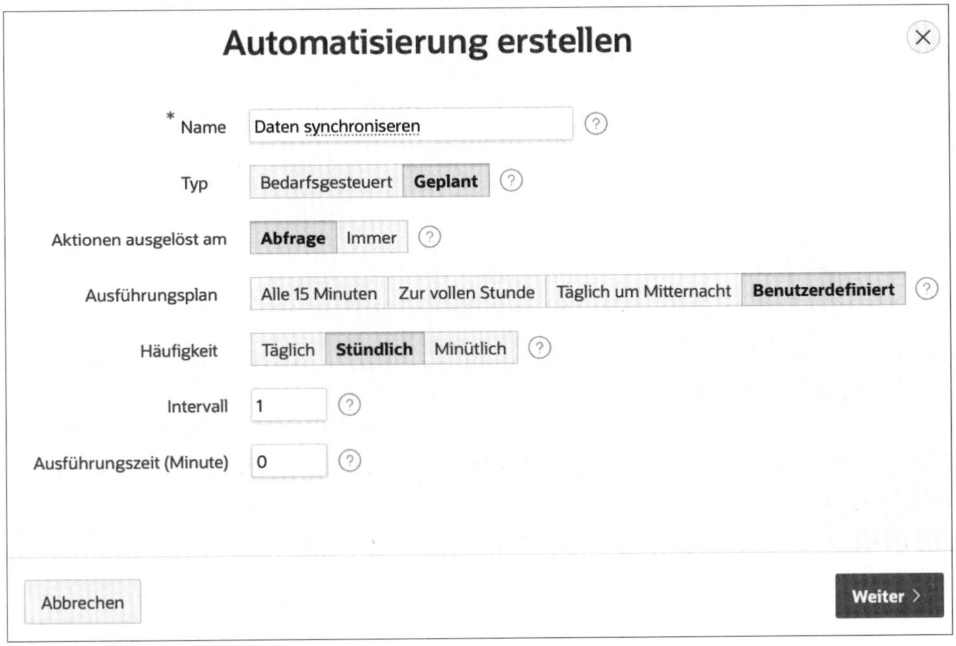

Abbildung 16.5 Assistentenseite zur Erstellung einer Automatisierung

Ist eine Automatisierung vom TYP • `Bedarfsgesteuert`, wird sie nicht automatisch durch einen Zeitplan, sondern explizit durch Aufruf einer Methode des Packages `APEX_AUTOMATION` ausgelöst. Da dies Programmierung umfasst, lassen wir diese Option im Moment außen vor. Durch das Attribut AKTION AUSGELÖST AM lässt sich zudem einstellen, ob die Ausführung der Aktion an eine Bedingung, nämlich an das Ergebnis einer Abfrage (die dann Zeilen liefern muss) gebunden werden soll.

Wird der Assistent bestätigt, gelangen Sie zu einem Formular, in dem die Automatisierung näher spezifiziert werden kann. Man fragt sich, warum dann überhaupt eine Assistentenseite erforderlich war und man nicht direkt auf die Formularseite gelangt, zumal dort die bereits getroffenen Festlegungen überschrieben und durch weitere Optionen ersetzt werden können. So ist es zum Beispiel möglich, die Ausführung nicht nur an eine Abfrage zu binden, sondern auch an das Ergebnis eines Funktionsaufrufs, zudem bietet die eigentliche Automatisierungsseite weitergehende Möglichkeiten zur Definition von Zeitplänen. Aktionen können ebenfalls ausschließlich in der Formularseite und nicht im Assistenten erzeugt werden.

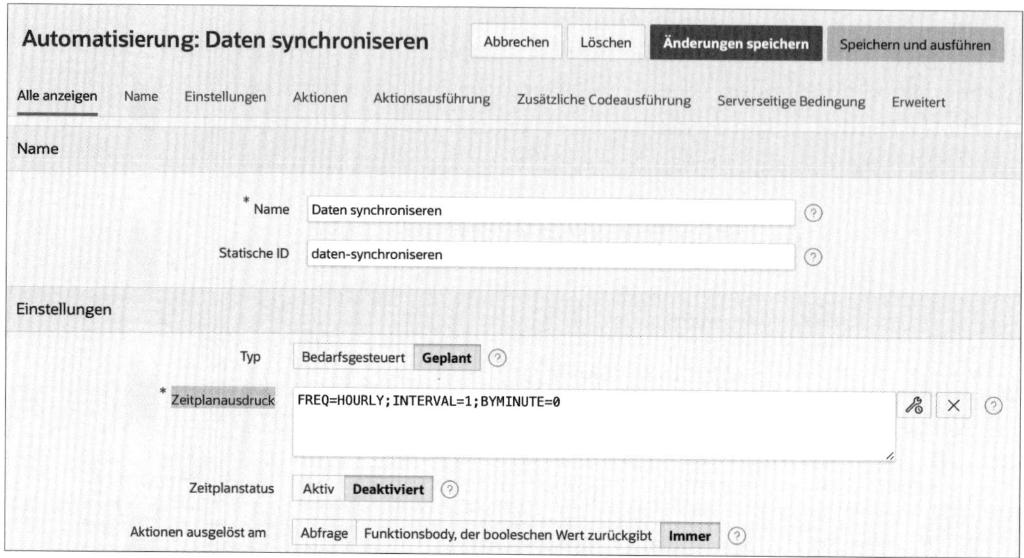

Abbildung 16.6 Erster Teil des Formulars für Automatisierungen

Die Syntax, die im Attribut ZEITPLANAUSDRUCK eingefügt wurde, mutet zunächst komisch an, ist aber durch das Package `DBMS_SCHEDULER` so vorgegeben. Der Assistent streift nur die Möglichkeiten dieser Zeitpläne, so wäre es problemlos möglich, einen Zeitplan zu erzeugen, der montags bis freitags zwischen 06:00 und 22:00 und dann alle fünf Minuten, ausgenommen zur vollen Stunde, eine Aktion auslöst. Die Oracle-Dokumentation enthält eine Übersicht über die Möglichkeiten, sie ist jedoch wohl nur dann erforderlich, wenn Sie wirklich komplexe Zeitabläufe automatisieren möchten. Beachten Sie aber, dass der Zeitplan aktiviert werden muss, damit die Automatisierung auch ausgeführt wird. Dies wird im Attribut ZEITPLANSTATUS • `Aktiv` festgelegt.

Als Aktion kann entweder ein PL/SQL-Code ausgeführt oder eine E-Mail versendet werden. Es ist auch möglich, mehrere Aktionen zu einer Automatisierung zusammenzufassen.

Ich denke, dass es für Sie ohne große Probleme möglich ist, eine Aktion zu verstehen, auch wenn ich Ihnen nicht alle Attribute vorstelle. Falls Sie einen Code ausführen möchten, muss dieser natürlich angegeben werden, zudem bietet der Dialog die Möglichkeit festzulegen, wie sich die Aktion verhalten soll, falls Fehler bei der Bearbeitung auftreten. Der Code, den Sie ausführen, kann je nach Bedarf in der lokalen Datenbank oder in einer `REST-fähigen SQL`-Datenquelle ausgeführt werden. Der Dialog zur Erfassung einer Aktion umfasst auch einige Anwendungsbeispiele.

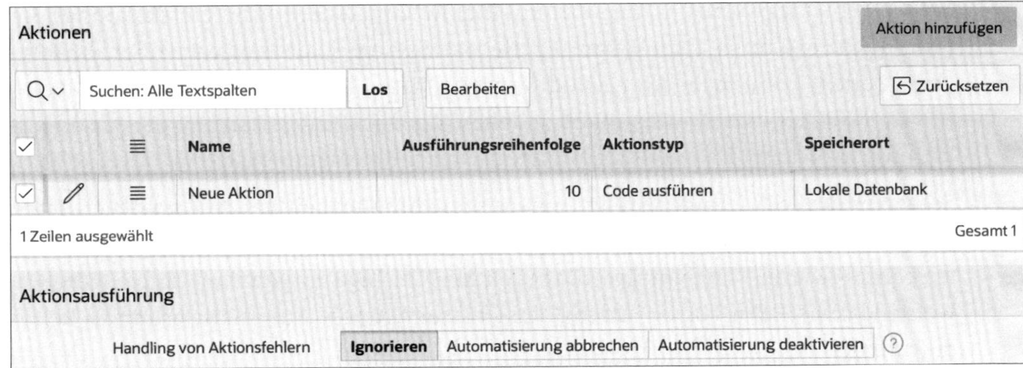

Abbildung 16.7 Aktionsverwaltung von Automatisierungen

Wählen Sie als Aktionstyp `E-Mail senden`, zeigt Ihnen das Formular die üblichen Felder für den Adressaten und so weiter, die E-Mail selbst kann mit Unterstützung von E-Mail-Templates erstellt werden, die ich ja in Abschnitt 16.1, »E-Mail-Versand« vorgestellt hatte. Da Sie, wie gesagt, mehrere Aktionen zu einer Automatisierung zusammenfassen können, ist es somit möglich, sowohl Code in der Datenbank als auch, zum Beispiel zum Abschluss, eine E-Mail zu versenden.

Aktionsausführung
Handling von Aktionsfehlern
Ignorieren
Automatisierung abbrechen
Automatisierung deaktivieren
Zusätzliche Codeausführung
Ausführbarer PL/SQL-Code
1
Name der Initialisierungsprozedur
Name der Prozedur vor der Zeilenverarbeitung
Name der Bereinigungsprozedur
Serverseitige Bedingung
Bedingungstyp
- Bedingungstyp auswählen -
Ausdruck
vorhanden
Nie
Kein Eintrag

Abbildung 16.8 Weitere Attribute einer Automatisierung

Sollten Fehler während der Ausführung einer Automatisierung auftreten, können Sie diese auch dazu nutzen, die gesamte Automatisierung zu deaktivieren oder abzubrechen. Zudem können Sie im Attribut ZUSÄTZLICHE CODEAUSFÜHRUNG • AUSFÜHRBARER PL/SQL-CODE Anweisungen angeben, die vor der Ausführung der Automatisierung, sozusagen als Initialisierungscode, ausgeführt werden sollen.

Serverseitige Bedingungen stellen eine weitere Möglichkeit dar, Automatisierungen an eine Umgebungssituation anzupassen. Automatisierungen hinterlassen, wenn sie ausgeführt werden, Logeinträge, die durch APEX 14 Tage vorgehalten und eingesehen werden können. Das Log ist in der Übersichtsseite für die Automatisierung als Reiter aufrufbar.

Es ist ein erheblicher »Wind« um diese Erweiterung der Möglichkeiten von APEX gemacht worden, und es mag gut sein, dass ich den Punkt noch nicht ganz verstehe, doch scheint mir diese Möglichkeit vor allem für diejenigen interessant, die keinen direkten Zugriff auf Packages und die entsprechende Programmierung haben. Da dieser Dialog lediglich die Zeitsteuerung für Aktivitäten innerhalb der Datenbank übernimmt, erscheint mir der Zugewinn nicht wirklich erheblich. Das Log eines Jobs, der durch `DBMS_SCHEDULER` ausgeführt wird, ist ebenfalls in der Datenbank vorhanden und zeigt deutlich mehr Informationen, als dies das Log von APEX tut. Daher erscheint mir der Zugewinn, `DBMS_SCHEDULER` nicht direkt verwenden zu müssen, sehr limitiert.

16.5 Workflows

Mit den Workflows, ebenfalls einer Option ab Version 22.1, kommen wir zu der Neuerung, die durch das APEX-Team besonders für diese Version in den Vordergrund gestellt wurde. Die Idee ist, dass viele Anwendungen über Prozesse verfügen, um Anfragen durch mehrere Anwender der APEX-Anwendungen freigeben zu müssen. Beispiele sind die immer wieder gern genutzten Anfragen zur Gehaltserhöhung, von der ich mir überhaupt nicht vorstellen kann, dass dies über einen solchen Weg in der Realität organisiert werden würde, aber vielleicht bin ich auch schon zu lange selbstständig tätig.

Aber sei es drum: Ein Mitarbeiter hätte gern mehr Gehalt und füllt hierfür ein APEX-Formular aus. Der Teamleiter befürwortet den Wunsch, und so gelangt die Anfrage auf den Tisch eines Entscheiders, der sich ansieht, wie lange der Mitarbeiter noch keine Erhöhung erhalten hat. Voller Mitleid genehmigt er die Anfrage, wodurch das erhöhte Gehalt unmittelbar wirksam ist. So seltsam das Beispiel anmuten mag, so sinnvoll ist im Grunde eine solche Funktionalität, zumal APEX alle relevanten Programmieranteile bereits für uns erledigt hat.

In den Tiefen des APEX-Benutzers existieren Tabellen, die die Definition, den Verlauf und den Status der unterschiedlichen *Aufgabendefinitionen*, wie APEX die Workflows in der deutschen Übersetzung nennt, speichern. Anwendungsseitentypen können erstellt werden, um Berichte über die aktuell zu bearbeitenden Aufgaben einzurichten. Es ist auch ein Berechtigungskonzept mit verschiedenen Rollen in APEX vorhanden, um die Zuständigkeit der handelnden Personen festlegen zu können.

Die Idee ist folgende: Oft werden für Vorgänge Arbeitsabläufe benötigt, die normalerweise zusammen mit der übrigen Geschäftslogik entwickelt werden. Dies führt jedoch zu ähnlichem Code, der immer wieder geschrieben werden muss. Die Workflow-Funktionalität von APEX bietet für den Teil der Arbeitsablaufkontrolle nun ein generisches Hilfsmittel. Es kümmert sich nicht um die fachliche Seite, also um die Frage, was genau durch den Arbeitsablauf bearbeitet wird (etwa eine Urlaubsanfrage oder, wie in der Beispielanwendung, eine Gehaltserhöhung oder ein Berufswechsel), sondern konzentriert sich auf die Verwaltung der unterschiedlichen Status, in denen sich ein solcher Vorgang befinden kann. Das ergibt Sinn, weil diese Statuswechsel zusammen mit dem erforderlichen Logging der Verwaltung der Zugriffsberechtigungen für Statuswechsel und so weiter unabhängig vom Geschäftsobjekt gleich sind. Sie müssen nur auf die konkrete Situation angepasst werden. Im Sprachgebrauch der Aufgabendefinition wird das Geschäftsobjekt als *Payload*, also als *Ladung*, bezeichnet.

Technisch gesehen bezeichnet man so etwas als einen *Zustandsautomaten*, im Englischen auch als *Finite State Machine* bezeichnet. Aufgabe des Codes ist es, ein Geschäftsobjekt durch einen vorgegebenen Fluss von Statuswechseln zu begleiten und den aktuellen Status zu speichern. Gleichzeitig liegt hierin aber auch eine Gefahr: Die »Maschine« muss flexibel genug sein, um die Anforderungen des Geschäftsprozesses umsetzen zu können, andererseits aber auch einfach und deklarativ zu benutzen. Diese beiden Anforderungen müssen in eine Balance gebracht werden, und es ist interessant, zu untersuchen, ob APEX diese Balance gefunden hat.

16.5.1 Grundlagen der Aufgabenverwaltung

Eine Eigenschaft dieser Maschinen besteht darin, dass eine verwaltete Aufgabe einen Status hat, der durch ein Ereignis in einen neuen Status überführt werden kann. Der Status, in dem die Aufgabe sich befindet, kontrolliert dabei, welche Ereignisse auftreten dürfen. Als Beispiel könnte eine Aufgabe im Status `Zugewiesen` sein. Es wäre nun nicht sinnvoll, das Ereignis `Erstellen` zuzulassen, weil die Aufgabe bereits erstellt wurde. Hier liegt bereits eine erste Einschränkung der generischen APEX-Lösung vor, denn die Status und Ereignisse können nicht frei festgelegt werden, sondern sind von APEX ebenso vordefiniert wie die erlaubten Statuswechsel. Als Status sind definiert:

- `UNASSIGNED`
  Nicht zugewiesen. Dieser Status wird eingenommen, falls eine Aufgabe keinem Bearbeiter zugewiesen ist.

- `ASSIGNED`
  einem Bearbeiter zugewiesen
- `COMPLETED`
  Die Aufgabe wurde abgeschlossen und positiv beschieden.
- `FAILED`
  Die Aufgabe wurde abgeschlossen und negativ beschieden.
- `CANCELLED`
  Die Aufgabe wurde durch einen entsprechend autorisierten Bearbeiter abgebrochen.
- `ERRORED`
  Die Aufgabe lief während der Verarbeitung auf einen Fehler.

Ich habe selbst Finite State Machines in PL/SQL programmiert und damit Programmabläufe kontrolliert. Daher habe ich deutliche Zweifel, dass diese Auswahl an Status ausreicht. Neue Status einzurichten, ist jedoch keine triviale Aufgabe, da für einen Status jeweils konfiguriert werden muss, welche Ereignisse nun erlaubt sind und wohin diese Ereignisse führen werden. Die Kontrolle über die erlaubten Statuswechsel zu behalten, kann dabei sehr fordernd sein.

Ein Statuswechsel wird, wie beschrieben, durch ein Ereignis eingeleitet. Auch hier existiert eine fest vorgegebene Liste erlaubter Ereignisse:

- `CREATE (Erstellen)`
  Erzeuge eine neue Aufgabe.
- `CLAIM (Beanspruchen)`
  Weise mir die Aufgabe als Bearbeiter zu.
- `COMPLETE (Abschließen)`
  Beende die Aufgabe.
- `DELEGATE (Delegieren)`
  Delegiere die Bearbeitung an einen Kollegen.
- `FAIL`
  Löse einen Fehler aus.
- `FORWARD`
  Leite die Aufgabe weiter.
- `UPDATE_COMMENT (Kommentar aktualisieren)`
  Aktualisiere oder erstelle einen Kommentar.
- `UPDATE_PRIORITY (Priorität aktualisieren)`
  Aktualisiere die Priorität der Aufgabe.
- `UPDATE_DUE_ON`
  Aktualisiere das Fälligkeitsdatum der Aufgabe.

- `UPDATE_OWNER`
  Ändere den Initiator der Aufgabe.
- `RELEASE (Release)`
  Entbinde mich von dieser Aufgabe.
- `CANCEL (Abbrechen)`
  Brich die aktuelle Aufgabe ab.

Die in Klammern gesetzten deutschen Übersetzungen können deklarativ über die Oberfläche ausgewertet und mit Aktionen versorgt werden.

Diese beiden »Dimensionen«, Status und Ereignisse, bestimmen das Einsatzspektrum der Aufgabenverwaltung. Wenn Sie Ihren Ablauf mit diesem begrenzten Vokabular ausdrücken können, kann die Aufgabenverwaltung in APEX genutzt werden. Wichtig ist zu verstehen, dass diese Begrenzungen nicht zu umgehen sind, die Liste der Status und Ereignisse ist fest im Code von APEX verdrahtet.

Aufgaben können zudem noch weitere Informationen beinhalten, zum einen eine Priorität, zum anderen die möglichen beteiligten Kollegen, zum Beispiel der Initiator der Aufgabe, die möglichen Bearbeiter und die erforderlichen Entscheider. Aufgaben besitzen zudem einen statischen Bezeichner, der im Workspace eindeutig sein muss und genutzt wird, um eine konkrete Aufgabengruppe zu bilden.

Wird eine Aufgabe bearbeitet, sind Informationen hierzu in verschiedenen Views abrufbar. Diese Views sind:

- `APEX_TASKS`
  Diese View zeigt alle Aufgaben und ihren aktuellen Status.
- `APEX_TASK_HISTORY`
  Verlauf der Bearbeitung der Aufgabe
- `APEX_TASK_COMMENTS`
  Kommentare zu einer Aufgabe
- `APEX_TASK_PARAMETERS`
  Optionale Parameter zu einer Aufgabe. Parameter beziehen sich nicht auf die Primärschlüsselinformation der Payload, sondern sind zusätzliche Informationen, zum Beispiel der vorgeschlagene neue Beruf oder die neue Gehaltssumme.
- `APEX_TASK_PARTICIPANTS`
  die beteiligten Bearbeiter, Initiatoren oder Entscheider einer Aufgabe

Die Verwaltung der Statuswechsel wird mit dem jeweiligen Geschäftsobjekt über eine technische ID verbunden. Diese ID wird als Parameter beim Erzeugen der Aufgabe mitgegeben und kann durch Anwendungscode über die Ersetzungszeichenfolge `APEX$TASK_PK` erfragt werden. Durch diese Trennung sind Sie frei darin, Ihre eigene Tabelle zur Speicherung der Payload zu verwenden. Die Verbindung über die Aufgabe erfolgt lediglich über die besagte ID, die innerhalb der Aufgabenverwaltung als Zeichenkette hinterlegt ist und maximal 400 Zeichen umfassen darf.

APEX ermöglicht die Erfassung und das Arbeiten mit Aufgaben durch eine Reihe neuer Komponenten, die zusammenspielen:

- `Aufgabendefinition`
  Die Definition einer Aufgabe wird durch Metadaten erstellt, die in APEX hinterlegt werden. Diese Definition umfasst einen Namen, eine Priorität, einen Betreff sowie einen potenziellen Eigentümer und einen Administrator.
- `Einheitliche Aufgabenliste`
  Unter diesem Namen bietet APEX einen neuen Seitentyp an, der speziell für die Erstellung von Berichten über Aufgaben eingerichtet wurde. Der Bericht verfügt über einen Kontext, in dem eigene Aufgaben, Administrationsaufgaben oder Aufgaben, die durch den aktuellen Anwender eingerichtet wurden, gefiltert dargestellt werden können.
- `Aufgabendetails`
  Dies ist eine Anwendungsseite, die Details zur Aufgabe anzeigen kann. Hier können beliebige Informationen angezeigt werden, die mit einer Aufgabe verknüpft werden können. Die Seite wird durch APEX automatisiert erstellt und enthält Schaltflächen, um die Aufgabe auf einen jeweils erlaubten nächsten Status zu bringen.
- `APEX_APPROVAL`
  Dies ist ein Package, das einen programmatischen Zugriff auf die Aufgaben erlaubt. Mit diesem Package können Aufgaben erstellt, aber auch verwaltet und bedient werden.
- Seitenprozesse
  Flankierend stehen zwei neue Seitenprozesse, `Human Task - Erstellen` und `Human Task - Verwalten` zur Verfügung, mit denen eine neue Aufgabe erstellt und eine bestehende auf einen anderen Status gebracht werden kann.

16.5.2 Erstellen einer Aufgabendefinition

Eine Aufgabendefinition trägt die relevanten Informationen zu einer Aufgabe zusammen. Wie bereits dargestellt, ist eine Aufgabendefinition anwendungsweit verfügbar und daher in den <GEMEINSAMEN KOMPONENTEN> • WORKFLOWS UND AUTOMATISIERUNGEN • AUFGABENDEFINITION zu finden. Ich werde die bestehenden Aufgabendefinitionen der Beispielanwendung zeigen, um kein eigenes, ebenso unrealistisches Szenario auf Basis unserer Daten erfinden zu müssen.

Die Beispielanwendung definiert zwei Aufgabendefinitionen: `JOB_CHANGE` und `SALARY_CHANGE`. Abbildung 16.9 zeigt den oberen Teil des Erfassungsdialogs für eine neue Aufgabe.

Abbildung 16.9 Definition einer Aufgabe, erster Teil

Sie erkennen den Freitextbezeichner sowie die eindeutige, statische ID, die später zum Filtern der Aufgaben herangezogen werden wird. Das Attribut EINSTELLUNGEN • AKTIONSQUELLE definiert eine Datenquelle für die nachfolgend zu definierenden Aktionen. Im Beispiel wird eine `select`-Anweisung verwendet, die auf Basis des Primärschlüsselwertes der konkret eingerichteten Aufgabe weitere fachliche Attribute ermittelt, die für die Erstellung von Kommentaren oder zur Beschreibung von Aktivitäten verwendet werden können. Beachten Sie, dass APEX die verbindende ID der

Payload über die Ersetzungszeichenfolge `APEX$TASK_PK` bereitstellt. Diese ID würde, wie beschrieben, beim Anlegen einer konkreten Aufgabe übergeben.

Die Angabe im Attribut EINSTELLUNGEN • URL DER SEITE "AUFGABENDETAILS" verweist auf eine APEX-Anwendungsseite mit näheren Angaben zur Aufgabe. Diese Seite kann verwendet werden, wenn ein Bearbeiter sich detailliert über die Aufgabe informieren möchte. Dieses Attribut hat die Besonderheit, dass bei der Neuerfassung einer Aufgabe neben diesem Attribut eine Schaltfläche SEITE "AUFGABENDETAILS" ERSTELLEN eingeblendet wird. Diese Schaltfläche erzeugt eine APEX-Anwendungsseite, die generische Informationen zu einer Aufgabe enthält. Sie können entweder nur eine generische Detailseite erstellen und von allen Aufgaben referenzieren lassen oder für jede Aufgabe eine eigene Detailseite erstellen lassen. <ANWENDUNGSSEITE 2> zeigt eine solche automatisiert erstellte Detailseite. Diese Seite ist bis auf die Anmerkungen zur Seite in Region `About this page` unverändert. Die Seite wird als modale Seite von <ANWENDUNGSSEITE 6> als `Drawer`, einem neuen Templatetyp, der die modale Seite von der Seite einblendet, aufgerufen, wenn eine Aufgabe vom Type `JOB_CHANGE` vorhanden ist. Details dazu, wie diese Anwendungsseite funktioniert, finden Sie in Abschnitt 16.5.4.

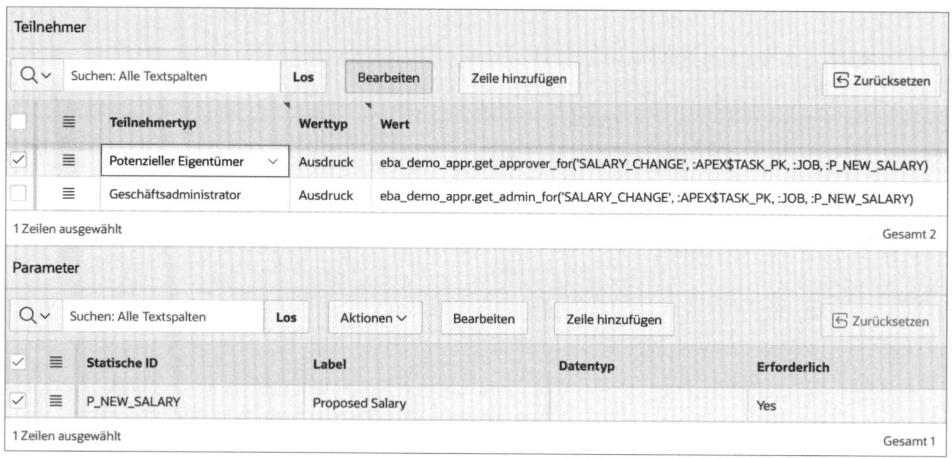

Abbildung 16.10 Teilnehmer und Parameter der Aufgabe

Einer Aufgabe müssen Kollegen zugeordnet werden, die diese Aufgabe bearbeiten können, ansonsten wäre sie sinnlos. Auf welche Weise diese Kollegen bestimmt werden, kann im Grid TEILNEHMER definiert werden. Zur Wahl stehen die Teilnehmertypen `Potenzieller Eigentümer` und `Geschäftsadministrator`, die Ermittlung erfolgt im Beispiel über einen `Ausdruck`, es wären aber auch `statische Listen`, `SQL-Abfragen` oder `Funktionsbodys` möglich.

Wenn wir uns den Code der Beispielaufgabe ansehen, verstehen wir, dass die entsprechenden Personen über eine Mapping-Tabelle `EBA_DEMO_APPR_APPROVERS` in Abhängigkeit vom Beruf zugeordnet werden. So ist Kollegin `JANE` für die Berufe `SALESMAN`, `ANALYST` und `MANAGER` mit der Rolle `APPROVER` eingeteilt, während `PAT` zusätzlich auch die Rolle `ADMIN` innehat. Die Methode ermittelt etwas ungelenk die entsprechenden Rollen und Mitarbeiter und gibt diese bei Bedarf an die Aufgabe zurück.

Die zusätzlichen Parameter dienen der Übermittlung von Informationen, die in der Payload nicht enthalten sind und dennoch fachlichen Charakter haben. Im Beispiel ist dies das neue gewünschte Gehalt. Als Datentyp für diesen Parameter können Sie zwischen `Zeichenfolge` und nichts wählen ...

Es folgt die Festlegung von Aktionen für diese Aufgabe. Aktionen legen fest, was (neben dem Statuswechsel) getan werden soll, falls ein Ereignis auftritt. Nicht allen erlaubten Ereignissen können Aktionen zugeordnet werden, ich hatte diese in der Strichaufzählung der Ereignisse in Abschnitt 16.5.1 durch die deutschen Übersetzungen kenntlich gemacht.

Die Aktionen selbst werden in einem eigenen Dialog verwaltet. Abbildung 16.11 zeigt eine beispielhafte Aktion für die Aufgabe `SALARY_CHANGE`.

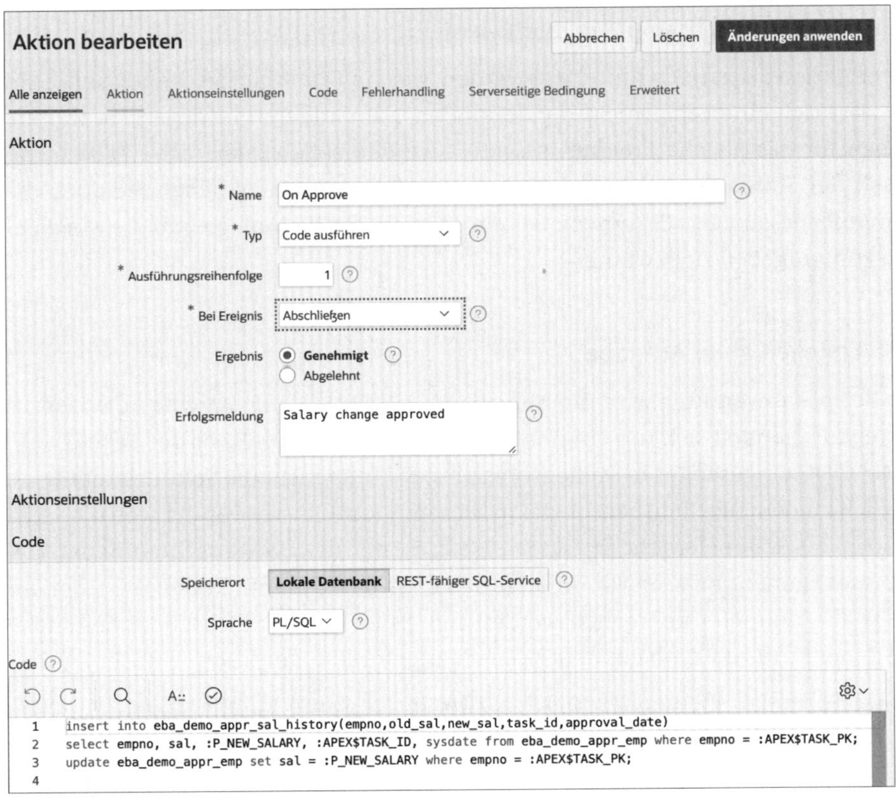

Abbildung 16.11 Verwaltung einer Aktion

Neben einem entsprechenden Namen können wir die Aktion als PL/SQL-Code oder als E-Mail-Versand implementieren. Die zweite Option ist recht unspektakulär, es werden die »üblichen« Eingabefelder erwartet, es können aber auch E-Mail-Templates verwendet werden.

Wichtig ist zunächst die Auswahl des Ereignisses in AKTION • BEI EREIGNIS, zu dem diese Aktion ausgeführt werden soll. Je nach Ereignis ist es möglich, dass auch die Statusverwaltung einen Parameter benötigt, hier zum Beispiel die Entscheidung, ob die Aufgabe genehmigt oder abgelehnt wurde. Dieser Parameter muss beim Auslösen dieses Ereignisses festgelegt werden und dient dann der Unterscheidung, welche Aktion ausgeführt werden soll.

Die eigentliche Aktion kann, ähnlich wie eine Automatisierung, für lokale oder entfernte Datenbanken definiert werden, das Beispiel verwendet einen PL/SQL-Code, der zwei DML-Anweisungen enthält. Das hätte man gern auch in einem Package kapseln können, aber egal. Wichtig ist, dass diese Anweisungen sich lediglich auf die Payload beziehen, sie aktualisieren das Gehalt und merken sich den alten Zustand in einer Loggingtabelle. Die Aktion hat nicht den Fokus, sich um die Statusverwaltung zu kümmern, denn das wird implizit durch die Aufgabenverwaltung übernommen. Hier zeigt sich die Entlastung für den Entwickler, denn diese immer wiederkehrenden Details müssen nicht mehr implementiert werden.

Zu einer Aktion kann noch hinterlegt werden, was im Fehlerfall geschehen soll. Zum einen lässt sich eine Fehlermeldung definieren, zum anderen festlegen, ob weitere Aktionen für das gleiche Ereignis ausgelöst werden sollen oder nicht. Falls nicht, wechselt der Status der Aufgabe in `Fehlerhaft` (`FAILED`). Untersuchen Sie auch die zweite Aufgabe, `JOB_CHANGE`, um ein besseres Gefühl für die Anlage und die Möglichkeiten von Aufgaben zu gewinnen.

16.5.3 Erstellen einer Aufgabe

In der Beispielanwendung wird die Aufgabe `SALARY_CHANGE` auf <ANWENDUNGSSEITE 4> erstellt. Es handelt sich um ein normales Formular, das auf Basis der Tabelle `EBA_DEMO_APPR_EMP` eingerichtet ist (synchronisieren Sie bitte nicht die Seitenelemente …). Zusätzlich zu den Tabellenspalten, die in diesem Formular verwendet werden, existiert noch das Seitenelement `P4_PROPOSED_SALARY` mit dem gewünschten neuen Gehalt. Dieses Element müssen wir im Auge behalten, denn es enthält den Wert, der der Aufgabe als Parameter übergeben werden soll. Es ist ein verpflichtendes Seitenelement, daher prüft APEX, ob ein neues Gehalt angefordert wurde, ohne unser Zutun.

Wird das Formular abgesendet, werden zwei interessante Validierungen durchgeführt, die prüfen, ob mindestens ein Administrator und ein Approver für diese Aufgabe bereitgestellt werden können. Die entsprechenden Methoden, die hierfür aufgerufen werden, hatten wir bereits untersucht.

Unnötigerweise wird das Formular anschließend verarbeitet (ich weiß nicht, ob es so clever ist, in diesem Formular implizit den Namen des Mitarbeiters ändern zu können), doch das eigentlich Interessante ist der Prozess `Submit Task`, der ausgeführt wird, falls die Schaltfläche `SUBMIT_FOR_APPROVAL` geklickt wurde.

Der Prozess ist einer der beiden neuen Prozesstypen, `Human Task - Erstellen`. Abbildung 16.12 zeigt die möglichen Attribute, die bei der Erstellung einer Aufgabe übergeben werden können.

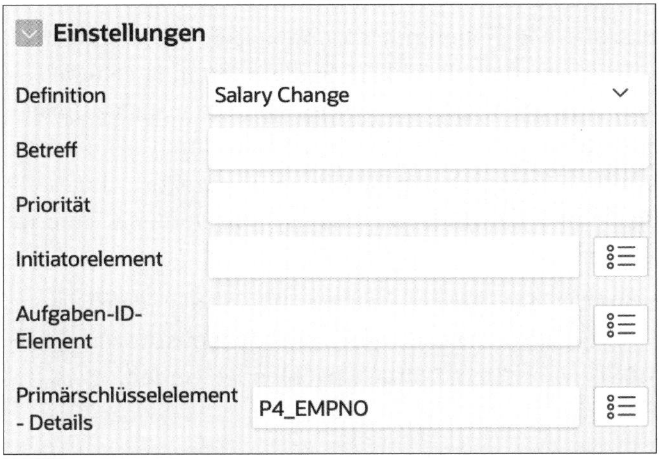

Abbildung 16.12 Attribute des Prozesses zum Erstellen einer Aufgabe

Zunächst referenzieren wir eine der vordefinierten Aufgaben im Attribut Einstellungen • Definition. Die weiteren Attribute sind optional, allerdings ist es wesentlich, die Verbindung zum konkreten Mitarbeiter über die fachliche ID herzustellen. Diese Verbindung wird im Attribut Einstellungen • Primärschlüsselelement – Details • `P4_EMPNO` hinterlegt. Am Namen des Attributs sehen Sie wieder einmal, wie es ist: Kaum hat man ein Utility zur Verwaltung des Status einer Aufgabe geschrieben, gehen die Entwickler davon aus, dass die eigentliche fachliche Information lediglich ein Detail der viel wesentlicheren Aufgabe darstellt ...

16.5.4 Details zu einer Aufgabe anzeigen

Wie beschrieben, können Sie APEX bitten, eine Anwendungsseite für die Detailangaben zu einer Aufgabe zu erstellen. <Anwendungsseite 2> ist eine solche Seite. Interessant ist der Aufbau. Es wird nicht nur ein entsprechender Bericht für die Darstellung von Aufgabenattributen angeboten, sondern auch Schaltflächen zum Auslösen von Ereignissen.

Auf dieser Seite finden sich einige Schaltflächen, die Ereignisse auslösen können. Alle Schaltflächen sind konditional und rufen die gleiche Methode auf: `APEX_APPROVAL.is_` allowed. Die Methode erwartet die Task-ID und das gewünschte Ereignis. Die möglichen Ereignisse sind als Konstanten im Package APEX_APPROVAL hinterlegt. Je nach aktuellem Status und Erlaubnis des angemeldeten Benutzers werden Schaltflächen freigeschaltet oder ausgeblendet. Sind Sie als der Benutzer angemeldet, der die Aufgabe angelegt hat, können Sie nur die Priorität ändern oder einen Kommentar erfassen, als Approver zeigen sich die Schaltflächen Reject und Approve, aber auch Schaltflächen, um die Aufgabe loszuwerden oder an einen Kollegen zu delegieren. Als Administrator können Sie wiederum Aufgaben zuweisen.

Die Seite zeigt zudem einblendbare Regionen mit Kommentaren und dem historischen Verlauf der Aufgabe. Dies ist nachvollziehbar, da diese Daten ja ebenfalls in APEX-Tabellen hinterlegt sind. Aus technischer Sicht ist es interessant, sich einmal in die select-Anweisungen zu vertiefen. Die Detaildaten werden durch das Package APEX_APPROVAL.get_tasks ermittelt, das durch den Parameter p_context so eingestellt wird, nur eine konkrete Aufgabe zu liefern. Im nächsten Abschnitt werden wir hierfür weitere Optionen kennenlernen.

Interessant sind auch die Inline-Dialoge Delegate und Priority, also modale Dialoge, die auf der Seite selbst deklariert werden, aber erst durch eine dynamische Aktion der Schaltflächen DELEGATE_DIALOG bzw. PRIORITY_DIALOG eingeblendet werden.

16.5.5 Bearbeiten einer Aufgabe

Aufgaben, die erstellt wurden, sind potenziellen Bearbeitern und Administratoren zugeordnet, wie wir das im vorigen Abschnitt gesehen hatten. Nun benötigen wir APEX-Anwendungsseiten, um die Aufgaben, die dem angemeldeten Benutzer potenziell zugeordnet wurden oder die der angemeldete Benutzer administrieren darf, in einem Bericht darzustellen. Diese Anwendungsseiten werden durch den neuen Seitentyp Einheitliche Aufgabenliste erstellt. Dies ist vor dem Hintergrund sinnvoll, dass das Datenmodell zur Darstellung der Aufgabenliste ja bekannt ist: Es handelt sich um die in APEX hinterlegten generischen Tabellen zur Speicherung der Aufgaben. Der Zugriff auf diese Aufgaben muss daher für die Anwendung und den Workspace gefiltert erfolgen, zudem ist die Angabe eines sogenannten *Kontextes* erforderlich. Darunter versteht APEX die Einschränkung der Aufgaben entlang folgender Kategorien:

- Meine Aufgaben
- Admin-Aufgaben
- Initiiert von mir

Eine der so entstandenen Anwendungsseiten ist <ANWENDUNGSSEITE 3>. Um dort Daten zu sehen, müssen Sie sich eventuell als einer der Approver BO, STEVE oder JANE anmelden, das Passwort entspricht jeweils den Nutzernamen.

Interessanter finde ich allerdings, wie die Seite an ihre Daten kommt und wie diese verarbeitet werden. Die Seite hat zunächst ein Smart-Filter-Element `My Tasks - Smart Filters`, mittels dessen nach verschiedenen Kategorien gesucht werden kann. Die einzelnen Aufgaben werden als Kartenregion dargestellt, die Quelle der Region ist eine Methode, die von APEX bereitgestellt wird und die Filterung nach Workspace und dem gewünschten Kontext vornimmt. Die so gelieferten Daten werden als Tabelle interpretiert und der Kartenregion zur Verfügung gestellt. Da auf dieser Seite lediglich Aufgaben angezeigt werden, die vom angemeldeten Benutzer entschieden werden können, ist es in Ordnung, dass auf den Karten zwei Schaltflächen `Reject` und `Approve` angezeigt werden. Die Karte verweist auf die Detailseite, die wir bei Anlage der Aufgabe referenziert hatten, und auch dort sind die entsprechenden Schaltflächen vorhanden, allerdings konditional. Wir sehen uns gleich an, wie entschieden wird, ob die Schaltflächen angezeigt werden oder nicht.

Vorher sehen wir uns an, wie die Aktionen der Kartenregion verarbeitet werden. Es ist ein wenig verwickelt, doch ich werde mich bemühen, alles zu erklären. Wird eine der Schaltflächen geklickt, setzt der Link ein Attribut `data-id` auf den Wert, der in der Karte als Aufgaben-ID hinterlegt wurde. Beachten Sie, dass die Schaltflächen eine CSS-Klasse beinhalten, die im Fall der Schaltfläche `Approve` den Wert `approve` enthält. Kartenaktionen können nicht direkt mit einer dynamischen Aktion verbunden werden, daher hat das APEX-Team einen Kniff ersonnen, diese Verbindung dennoch herzustellen. Sehen Sie sich bitte die dynamische Aktion `Approve` an, die Abbildung 16.13 zeigt.

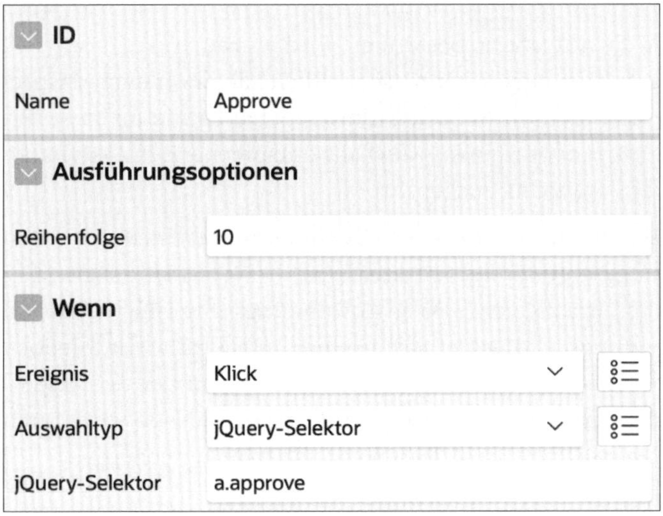

Abbildung 16.13 Dynamische Aktion für die Schaltfläche »Approve«

Die dynamische Aktion kann nicht direkt an die Aktion der Karte gebunden werden, da die Schaltfläche über die CSS-Klasse jedoch eindeutig gekennzeichnet wurde, kann die dynamische Aktion an diese Klasse gebunden werden und dort auf ein Klick-Event warten.

Anschließend wird der Wert des Attributs `data-id` auf das Seitenelement `P3_TASK_ID` kopiert, damit es für die Datenbank zugänglich wird (die ID befindet sich nun im Session Status). Dazu dient die erste Aktion der dynamischen Aktion. Der Zugriff auf diesen Attributwert erfolgt über den Ausdruck `this.triggeringElement.dataset.id`, was man zum Teil in der Hilfe zu diesem Attribut nachschlagen kann, zum Teil aber auch einfach wissen muss. Es handelt sich um eine Standardfunktion von HTML-Elementen, die so den Zugriff auf `data`-Attribute ermöglichen.

Anschließend rufen wir die Methode `APEX_APPROVAL.approve_task` auf, der wir die übergebene Task-ID mitgeben. Warum ist das auf diese Weise erforderlich? Bedenken Sie, dass der Wert innerhalb der Datenbank bekannt sein muss, weil eine PL/SQL-Methode aufgerufen wird. Der Aufruf ist wiederum statisch auf der Anwendungsseite hinterlegt und wird nicht dynamisch durch JavaScript umgeschrieben. Daher bleibt keine andere Möglichkeit.

Die restlichen Aktionen zeigen eine Erfolgsmeldung und aktualisieren die unterschiedlichen Berichte, nämlich die Smart-Filter- und die Kartenregion.

Gut, dass diese Seite durch einen Assistenten für uns eingerichtet wurde und wir die Schritte lediglich nachvollziehen können müssen. Schlecht, dass nur Anwendungsseiten für die drei angegebenen Kontexte möglich sind (wobei wir eine analoge Seite zwar manuell erstellen könnten, aber nur diese Kontexte zur Gewinnung der Daten existieren).

Nutzen wir die Möglichkeit, die Aufgabe zu bestätigen, wird nun auch klar, dass APEX die Entscheidung, die wir getroffen haben, kennt, schließlich haben wir eine entsprechende Methode aufgerufen. Sollten wir Aktionen hinterlegt haben, die auf dieses Ereignis mit diesem Ausgang warten, würden nun auch die entsprechenden Aktivitäten bezüglich der Payload in der Datenbank ausgeführt.

Wir wollten uns noch ansehen, auf welche Weise dynamisch entschieden werden kann, ob eine Schaltfläche angezeigt werden soll oder nicht. <ANWENDUNGSSEITE 15> zeigt die Details zur Aufgabe `SALARY-CHANGE`. Diese Anwendungsseite ist ebenfalls im Kern eine generierte Anwendungsseite als Detailseite einer Aufgabe, sie wurde jedoch durch entsprechende Informationen und Diagramme zum Verlauf der Gehaltsentwicklung erweitert. Dies stellt eine zweite Strategie dar: Die Grundseite wird durch APEX erstellt und durch aufgabenspezifische Daten von Ihnen angereichert.

16.5.6 Bewertung

Die gewählte Implementierung limitiert die Funktionalität aus meiner Sicht auf den Gebrauch durch Citizen Developer und deren Anforderungen. Hier meine Argumente:

- Die Aufgabendefinitionen sind zentral für alle Anwendungen in Tabellen gespeichert, die nicht zum Datenmodell der Anwendung gehören.
- Die Rollen und deren Funktion sind ebenso vorgegeben und nicht änder- oder erweiterbar wie die Status, in denen sich eine Aufgabe befindet, und die Statusübergänge, denen eine Aufgabe folgen kann.
- Die Historie ist innerhalb von APEX-Tabellen gespeichert, im Notfall würde die Installation einer neuen APEX-Version diese Historie im Nirwana verschwinden lassen, sodass Fragen wie »Wer hat das genehmigt?« nach einem Update nicht mehr zu beantworten wären.
- Die möglichen Anwendungsflüsse sind fest vorgegeben und folgen einem einfachen Schema, das für viele realistische Szenarien nicht mächtig genug ist.

Größere Lösungen existieren, erfordern jedoch eine intensive Programmierung. Eine mögliche Lösung wäre die Implementierung einer eigenen Finite State Machine, vielleicht auf Basis meines GitHub-Projekts *https://github-com/j-sieben/FSM*, die allerdings ohne Oberfläche etc. auskommt, sondern sich als Keimzelle für eine entsprechende Anwendung versteht. Sie ist in mehreren Projekten im Einsatz und funktioniert.

Größer und generischer ist die Lösung, *BPMN* einzusetzen. Dieses Akronym steht für *Business Process Modeling Notation* und definiert einen Industriestandard zur Beschreibung entsprechender Geschäftsabläufe. Mit *Flows for APEX* steht eine Implementierung dieser Technik für APEX zur Verfügung, die sehr komfortabel die Erfassung von Geschäftsabläufen und die Umsetzung als APEX-Anwendung erlaubt. Diesen Ansatz stelle ich in Kapitel 24, »Kontrolle komplexer Anwendungen«, im Detail vor.

Sollten Sie den Aufwand, solche Lösungen zu implementieren, scheuen und reicht Ihnen, was APEX anbietet, können Sie auch hiermit gut zurechtkommen. Die architektonischen Bedenken blieben in diesem Fall bestehen, aber diese müssen Sie ja nicht teilen. Ein Ausweg aus dem Dilemma, dass die Verlaufsprotokolle in APEX-Tabellen stehen und eventuell durch ein Update verloren gehen, könnten Sie durch entsprechende Aktionen entschärfen, die Einträge in Ihre eigenen Tabellen einfügen; aber das wirkt auf mich eher als Provisorium, letztlich schreiben Sie einen erheblichen Teil des Codes nach und erschweren sich die Definition neuer Aufgaben durch die vielen nun erforderlichen Aktionen.

TEIL II

Low Code APEX

Kapitel 17
Technische Grundlagen

Bevor wir die Grenzen der rein deklarativen Bedienung von APEX verlassen können, müssen wir ein wenig genauer auf die technischen Gegebenheiten sehen, um zu verstehen, worin genau wir nun eingreifen möchten. Dieses Kapitel legt diese technischen Grundlagen.

Die Entscheidung, Anwendungen als Webanwendung zu konzipieren und im Browser auszuführen, ist gar nicht so selbstverständlich, wie dies einige heute anzunehmen scheinen. Großen Vorteilen in der Administration solcher Anwendungen stehen nämlich beinahe ebenso große Nachteile für Endanwender und Entwickler gegenüber. Diese technischen Rahmenbedingungen von Webanwendungen möchte ich zu Beginn darstellen, damit klar wird, in welchem Umfeld wir uns bewegen und welche Herausforderungen zu lösen sind.

17.1 Technische Rahmenbedingungen

Webanwendungen bestehen typischerweise aus einem Browser beim Client, der den Kontakt zur eigentlichen Anwendung über eine Netzwerkadresse – einen *Uniform Resource Locator* (URL) – herstellt. Der URL spricht einen Webserver an, der je nach gewähltem URL die Anfrage an einen Applikationsserver weiterleitet, wo die eigentliche Anwendung ausgeführt wird. Die Datenhaltung der Anwendung wird in der Regel an eine Datenbank delegiert, die normalerweise auf einem eigenen Datenbankserver läuft. Die Anwendungen des Applikationsservers erzeugen im Grundsatz lediglich starre HTML-Seiten, die durch den Browser für die Darstellung aufbereitet und angezeigt werden. Der Browser übernimmt in diesem Zusammenspiel die Aufgabe eines generischen Anzeige- und Bedienprogrammes für beliebige Anwendungen. Gute Entwicklungsumgebungen streben an, drei Aspekte der Webanwendungen zu trennen:

- Die Daten, die dargestellt werden. Normalerweise werden die Daten in diesem Ansatz als *Model* bezeichnet.
- Die Darstellung der Seitenelemente. Diese Schicht wird als *View* bezeichnet und beinhaltet den HTML-Code, der allerdings wiederum in strukturierende Informationen (den eigentlichen HTML-Code) und Angaben zur Art der Darstellung (Schrift-

art, Farbe, Abstände etc.) getrennt wird. Diese Daten werden in einer *Cascading-Style-Sheets*(CSS)-Datei gespeichert und mit der Seite geladen.

- Die Logik, die bestimmt, wie der Fluss der Seiten abläuft, wie auf Benutzereingaben zu reagieren ist etc. Diese Schicht wird als *Control* bezeichnet.

Zusammenfassend wird dieser Ansatz als *Model-View-Control*(MVC)-Entwurfsmuster (zu dem es selbstverständlich viele Alternativen, Erweiterungen und Gegenentwürfe gibt) bezeichnet, der in modernen Entwicklungsumgebungen als Quasi-Standard gilt.

Exkurs: URI versus URL

Was ist ein URI und was ein URL? Der Begriff bedeutet *Uniform Resource Identifier* bzw. *Uniform Resource Locator* und identifiziert eine Ressource, die dargestellt werden soll. Der Unterschied zwischen einem Identifier und einer Ressource besteht darin, dass ein Identifier eine Ressource lediglich identifiziert (und voraussetzt, dass irgendjemand weiß, wo diese Ressource existiert), während ein Locator auf einen konkreten Speicherort zeigt. Na ja, etwas unscharf, aber lassen wir das einmal so stehen.

Ich zeige hier URLs (die ungünstigerweise insbesondere immer auch URIs sind), weil sich aus dem URL und dem entsprechenden Programm direkt die benötigte Ressource ermitteln lässt. Ein Beispiel für die Idee eines URI wäre etwa meine Steuer-ID, die mich zwar eindeutig identifiziert, wie ich hoffen möchte, aber nichts über meinen konkreten Aufenthaltsort aussagt.

Der Benutzer hat im Grunde zwei Möglichkeiten, das Programm zu steuern: einerseits über Hyperlinks, die überall in einer HTML-Seite eingebettet werden können und eine neue HTML-Seite aufrufen, die die im Moment angezeigte Seite ersetzt. Zum anderen können HTML-Seiten Formularelemente enthalten, die aus Eingabefeldern bestehen, in denen entsprechende Auswahlmöglichkeiten, Eingaben und Befehle des Benutzers gesammelt werden. Eingaben des Benutzers werden vom Browser zusammengetragen und – über den Webserver – an den Applikationsserver gesendet; die dort verarbeiteten Daten führen zu einer Antwortseite in HTML, die wiederum durch den Webserver ausgeliefert und vom Browser angezeigt wird: Das Spiel beginnt von Neuem.

Möchte die Anwendung auf der Clientseite dynamisch agieren, zum Beispiel Einblendmenüs anzeigen, Felder je nach Eingabe ein- oder ausblenden oder Benutzereingaben validieren, muss hierfür Anwendungscode mit ausgeliefert werden, der durch den Browser interpretiert und ausgeführt werden kann. Derzeit steht für diese Aufgabe ausschließlich die Sprache JavaScript zur Verfügung. Dieser Code kann entweder direkt in der Seite enthalten sein oder als externe Datei durch die Seite referenziert werden. Der Bedienungskomfort und die Geschwindigkeit des Bildaufbaus sind mittlerweile für viele Anwendungen ausreichend, zumal sich die Benutzer durch die intensive Nutzung des Internets an gewisse Eigenheiten dieser Programme so gewöhnt haben, dass sie nicht mehr störend auffallen.

Die Komplexität dieser Architektur und die Vielzahl der einzusetzenden Technologien stellen dabei für *Full-Stack-Entwickler*, wie IT-Manager sie gerne für ihr Team fordern, eine erhebliche Herausforderung dar. APEX und andere Entwicklungsumgebungen greifen hier durch ihre vorgefertigten Komponenten helfend ein.

17.1.1 Probleme von Webanwendungen

So viel zunächst zu einer weitgehend wertungsfreien Beschreibung des Ansatzes. Leider ist in dem Ansatz eine Reihe problematischer Punkte enthalten, die ich Ihnen nun, zusammen mit den jeweiligen Lösungsansätzen, in Auszügen vorstellen möchte.

Protokoll http

Zur Kommunikation zwischen dem Browser und dem Webserver wird ein Netzwerkprotokoll eingesetzt, das für die Erstellung von Anwendungen weder jemals gedacht war, noch dafür geeignet ist: *Hyper Text Transfer Protocol* (*http*) oder sein verschlüsselter Cousin *https*. Dieses Protokoll wird als *zustandslos* bezeichnet, was bedeutet, dass in der Kommunikation über dieses Protokoll nicht vorausgesetzt wird, dass sich zwei Parteien über eine konkrete Verbindung geeinigt haben, sondern im Gegenteil einfach nur eine Frage von einem Rechner gestellt und von einem anderen beantwortet wird. Danach ist die Kommunikation der beiden Teilnehmer beendet. Daraus ergeben sich einige Herausforderungen:

- ▶ In http läuft die Kommunikation stets in eine Richtung: vom Client zum Server. Der Server kann nur auf eine Anfrage des Clients reagieren, nicht aber selbst eine Nachricht an den Client senden.
- ▶ Da http zustandslos ist, gibt es keine feste Verbindung zwischen Client und Server. Es ist daher nicht möglich, zu erfragen, ob eine Verbindung zwischen Client und Server überhaupt noch besteht, einfach deshalb, weil es den Begriff der Verbindung in diesem Sinne gar nicht gibt.
- ▶ Ohne einen Zustand ist es nicht möglich, einen Kontext über mehrere Anfragen des Clients aufzubauen, in dem zum Beispiel Informationen, die der Client an den Server übertragen hat, zwischengespeichert werden können, denn der Server wird ohne zusätzliche Vorkehrungen nicht erkennen können, dass mehrere Anfragen eines Clients in einem Zusammenhang stehen, und zwar deshalb, weil der Webserver den Client nicht wiedererkennen kann.

Um diese Schwächen auszumerzen, muss ein künstlicher Zustand implementiert werden, der im Umfeld der Webanwendung als *http-Session* bezeichnet wird. Die http-Session ist die Voraussetzung dafür, dass zum Beispiel ein Einkaufskorb für einen Benutzer verwaltet werden kann, denn nur, wenn bekannt ist, dass ein Benutzer mehrere Anfragen nacheinander stellt und diese als zusammengehörig erkannt werden, ist es sinnvoll möglich, einen Warenkorb zu speichern.

Eine solche http-Session wird in der Regel dadurch aufgebaut, dass dem Client bei der ersten Anfrage eine spezifische ID zugewiesen wird, die in der Folge jeder Anfrage an den Applikationsserver im URL der Anfrage beigefügt wird (eine *Session-ID*) und auch in der Antwort des Applikationsservers enthalten ist. Ein weiterer Mechanismus, um eine solche Session-ID zwischen Client und Server zu verwalten, ist, die Session-ID in einer kleinen Textdatei, einem *Cookie*, auf dem Clientrechner abzulegen und bei jeder Kommunikation zwischen Client und Server im Hintergrund auszutauschen. Basierend auf dieser Session-ID kann die Anwendung bereits übermittelte Informationen in der weiteren Geschäftslogik berücksichtigen, etwa, um unseren Warenkorb zu verwalten, der über mehrere Anfragen des Clients hinweg mit Waren gefüllt wird.

Die Session-ID zur Verwaltung einer http-Session hat jedoch einen großen Makel: Sie kann zwar eine erneute Abfrage eines Clients erkennen, nicht jedoch, ob der Client die http-Session beendet oder abgebrochen hat, denn der Mechanismus basiert ja darauf, dass der Client diese ID mit der nächsten Anfrage erneut sendet. Was aber, wenn der Client einfach nicht mehr sendet? Da kein Mechanismus existiert, der prüfen könnte, ob die http-Session noch besteht, wird normalerweise ein Time-out für die nächste Anfrage des Clients definiert, nach dessen Ablauf eine http-Session verworfen wird, ob zu Recht oder zu Unrecht.

Zudem können Cookies vom Endanwender verboten werden, und dass eine http-Session nur durch einen Time-out kontrolliert wird, erscheint ebenfalls eher wackelig. Dennoch basiert beinahe jede Webanwendung auf dem Protokoll http, auch APEX. Ein alternativer Ansatz zur Lösung der beschriebenen Probleme besteht darin, http komplett durch das zustandsbehaftete Netzwerkprotokoll *WebSocket* zu ersetzen, gegen das allerdings Sicherheitsbedenken ins Feld geführt werden. Auch ist die Verbreitung dieses Ansatzes noch so gering, dass er für unsere Überlegungen vernachlässigt werden kann.

Da APEX innerhalb einer Datenbank ausgeführt wird, ist zumindest ein Problem technisch sehr einfach zu lösen: Die Liste der Werte, die für eine http-Session gespeichert werden müssen, ist einfach eine Tabelle, in der, getrennt nach der Session-ID, jedes Seitenelement mit seinem aktuellen Wert gespeichert wird. Allerdings sind die Werte im Session Status stets als Zeichenkette hinterlegt, und aus der Limitierung der Datenbank ergibt sich ebenfalls ein Limit von 4000 Byte Länge für ein normales Eingabeelement. Andere Limits können für spezielle Eingabeelemente wie Rich-Text-Editoren gelten. Wichtig für das Verständnis ist jedoch, dass der Session Status innerhalb der Datenbank vorgehalten wird und daher problemlos für lange Zeit vorgehalten werden kann. Im Notfall »überlebt« er sogar einen Neustart der Datenbank.

Kommunikation über verschiedene Netzwerkebenen

Der Client ist vom Webserver, dieser wiederum vom Applikationsserver und dieser noch einmal von der Datenbank jeweils durch ein Netzwerk getrennt. Insbesondere die Tatsache, dass die Anwendungslogik weit vom Darstellungsgerät entfernt ausgeführt wird, führt zu einem Performanzproblem: Der Zugriff auf eine lokale Ressource ist um Zehnerpotenzen schneller als der Zugriff über das Netzwerk, sodass selbst einfache Aufgabenstellungen, etwa die Validierung einer Benutzereingabe, zu einem Problem werden können. Da andererseits ein Browser nicht für eine konkrete Anwendung entworfen wurde, sondern beliebige HTML-Seiten darstellen soll, kann Anwendungscode einer konkreten Anwendung nicht in den Browser integriert werden.

Um das Problem zu lösen, muss also Programmcode in JavaScript für diese kritischen Anwendungsbestandteile durch den Applikationsserver mit der darzustellenden Seite geliefert werden. Handelt es sich bei der Funktionalität um Validierungsregeln für Benutzereingaben, müssen diese in aller Regel doppelt implementiert werden, einmal auf der Client- und einmal auf der Applikationsserverseite, eventuell sogar noch ein drittes Mal in der Datenbank, jeweils in der dort verwendeten Programmiersprache. Das mag nicht unmittelbar einleuchten, doch muss es möglich sein, Daten auch ohne Webanwendung in die Datenbanken zu schreiben (auch dann müssen die Validierungen durchgeführt werden), zudem ist das Vertrauensverhältnis zwischen Applikationsserver und Clientebene schlecht, wie wir noch sehen werden, sodass der Applikationsserver dem Client die Validierung nicht glauben, sondern selbst durchführen wollen wird.

17

Einige Frameworks erleichtern diese Arbeit, indem sie entweder den JavaScript-Code aus einer anderen Programmiersprache automatisiert erzeugen (zum Beispiel das *Google Web Toolkit* (GWT), das Java-Code in JavaScript umwandelt und für verschiedene Browser zur Verfügung stellt) oder aber vorbereitete Anwendungsbausteine mit der Möglichkeit, deklarativ Validierungsregeln über einfache Parametrierung festzulegen, anbieten. Dies wird zum Beispiel bei einem Datumseingabefeld gemacht, bei dem es möglich ist, das Mindest- und Maximaldatum festzulegen und sicherzustellen, dass keine ungültigen Datumseingaben erlaubt sind. Leider sind diese Ansätze in der Realität zwar hilfreich, aber normalerweise nicht ausreichend, weil realistische Validierungen oftmals komplexer sind, sodass Sie für fortgeschrittene Anforderungen nicht umhinkommen werden, selbst in JavaScript Hand anzulegen.

Einige Validierungen sind ohne Roundtrips zum Anwendungsserver oder gar zur Datenbank gar nicht lösbar, zum Beispiel Validierungen, die gegen Datenbanktabellen geprüft werden müssen. Validierungen dieser Art haben normalerweise eine Verzögerung der Ausführung der Anwendung zur Folge, die nur schwer zu umgehen ist.

Auch APEX stellt hier keine Ausnahme dar. Trotz aller Versuche, die Arbeit mit APEX einfach und elegant zu gestalten, ist es bislang nicht gelungen, eine Validierung eines

Eingabefelds direkt nach der Eingabe durch den Benutzer durchzuführen, wenn die hierfür erforderliche Logik in der Datenbank hinterlegt werden muss. Die Schritte, dies zu ändern, stellen bereits eine überraschend aufwendige Programmierung dar, die wir uns in diesem Teil des Buches aber ansehen werden.

Aufwendiges Handling durch seitenbezogene Anwendungsarchitektur

Webanwendungen sind normalerweise seitenorientiert, das heißt, es wird in der Regel eine komplette HTML-Seite als Antwort auf eine Anfrage erzeugt. Gerade komplexe Anwendungsseiten führen dazu, dass die Anwendung schwerfällig daherkommt, denn es müssen zunächst umfangreiche Ressourcen (nicht nur der HTML-Code, sondern auch Bilder, JavaScript-Dateien und CSS-Dateien etc.) an den Client gesendet werden. Anschließend müssen diese Ressourcen durch den Browser in ein darstellungsfähiges Bild umgerechnet und angezeigt werden.

Um diese Probleme zu minimieren, werden statische Ressourcen wie Bilder, CSS-Dateien und Ähnliches im Browser zwischengespeichert und nur bei Bedarf erneut ausgeliefert. Komplexe Bildschirmseiten können zudem in Teilbereiche unterteilt werden, die unabhängig voneinander geladen und angezeigt werden. Dadurch ist es möglich, nur Teile einer Seite zu aktualisieren, etwa eine Geschäftsgrafik, die sekündlich neue Daten anzeigen soll, ohne den Rest der Seite erneut berechnen zu müssen. Doch diese Technik ist dem ursprünglichen Protokoll http künstlich (und nachträglich) hinzugefügt (oder besser aufgesetzt) worden. Der bekannteste Vertreter dieser oftmals *asynchron* arbeitenden Ladeprozesse ist *AJAX*. Für APEX ist dies ein Thema von besonderem Interesse, denn seit einigen Versionen unterstützt APEX eine deklarative Option, die diesen Punkt optimiert: die sogenannten *Progressive Web Applications* (PWA) (siehe *https://de.wikipedia.org/wiki/Progressive_Web_App*). Dieser Begriff bezeichnet eine Weiterentwicklung herkömmlicher Webanwendungen und ist nicht APEX-spezifisch. Sie legen den Fokus auf mobile Endgeräte und verbessern den Caching-Mechanismus, zum Teil werden auch lokale Datenbanken und Ähnliches unterstützt. Die deklarative Option in APEX erlaubt es, eine APEX-Anwendung mit einem Klick auf dem mobilen Endgerät (es geht auch ein stationärer Rechner) zu installieren und zum Beispiel wie eine lokale Anwendung dem Startbildschirm hinzuzufügen.

Lastverteilung zwischen Client und Server

Webanwendungen unterscheiden sich in einem markanten Punkt von Client-Server-Anwendungen: Im Gegensatz zu diesen Anwendungen wird bei einer Webanwendung die Bearbeitung sehr vieler Clientanfragen durch einen einzigen Rechner oder Rechnerverbund geleistet, dem Applikationsserver. Die Geschäftslogik wird also normalerweise nicht auf dem Clientrechner ausgeführt. Um den Applikationsserver nicht durch die Vielzahl von Anfragen zu überlasten, wird eine Reihe von Maßnahmen ergriffen, um unnötige Berechnungen zu vermeiden. Ein wichtiger Aspekt ist hier das Caching von Daten und Dateien im Arbeitsspeicher, und zwar sowohl auf der Ebene des Clients (ein Browser kann eine Grafik, die er bereits geladen hat, aus dem lokalen Arbeitsspeicher entnehmen und muss diese nicht mehr beim Server anfordern) als auch auf der Ebene des Webservers und des Applikationsservers. Ein Applikationsserver wird regelhaft darum bemüht sein, abgefragte Daten aus der Datenbank (die für ihn ein Netzwerk weit entfernt ist und daher idealerweise nur selten angesprochen werden sollte) durch einen Cache zwischenspeichern zu lassen und sich dadurch zu entlasten. Die Verwaltung und die zeitgerechte Aktualisierung der verschiedenen Caches sind jedoch so einfach nicht, sondern eher eine Wissenschaft für sich, die mehr oder weniger überzeugend implementiert wird.

Zudem sollten Sie die Probleme, die sich durch den massenhaften und gleichzeitigen Zugriff auf die Serverressourcen ergeben, keinesfalls unterschätzen: Eine skalierbare und schnelle Anwendung für Hunderte oder Tausende gleichzeitig arbeitende Benutzer zu erstellen und dabei mit moderater Hardware auskommen zu wollen setzt eine intensive Beschäftigung mit den zentralen Komponenten, allen voran der Datenbank, voraus.

APEX integriert den Applikationsserver in die Datenbank, sodass hier das Thema Caching keine Rolle spielt oder, besser, bereits durch die Oracle-internen Caches gelöst ist. Der Leitgedanke von APEX ist, dass die Daten den Schwerpunkt der Anwendungen ausmachen und dass es daher effizienter ist, die Visualisierungslogik um die Daten herum dort anzuwenden, wo die Daten liegen. Aus Sicht der Skalierbarkeit werden Sie, wenn Sie einen Oracle-Mitarbeiter fragen, hören, dass Sie gern den Datenbankserver größer auslegen können, bis hin zu einer Leistungsfähigkeit, die jede vernünftige Kalkulation für einen solchen Anwendungsserver sprengt: Oracle sieht sich hier (zurecht) gerüstet.

Sicherheitsaspekte

Im Gegensatz zu einer »Thick Client«-Anwendung (*Client-Server-Anwendung*), bei der die Anwendungslogik auf einem lokalen Rechner installiert und nur für eine konkrete Anwendung verwendet wird, ist die Offenheit eines generischen Browsers ganz anderen Gefahren durch Hacker ausgesetzt, denn die Kommunikation dieses Browsers mit den Netzwerkanwendungen kann jeder einigermaßen erfahrene Computerbenutzer manipulieren, sei es durch ein Debug-Werkzeug, durch eingeschleustes JavaScript oder durch aufwendigere Ansätze. Im Gegensatz zur Client-Server-Umgebung hat der Anwender eine wesentlich breitere Basis für Angriffe auf die Anwendungslogik.

Aber auch umgekehrt traut der Browser den entfernten Anwendungen nicht sonderlich: Da der Browser beliebige Anwendungen ausführen kann, ist natürlich auch nicht ausgeschlossen, dass eine Schadsoftware über den Browser einen Einstieg auf den

Clientrechner des Endanwenders sucht. Das Verhältnis ist also nicht sehr herzlich, gegenseitiges Misstrauen beherrscht das Bild.

Diese Probleme werden auf vielen Ebenen angegangen, aber eben auch zu umgehen versucht: So operieren Browser zum Beispiel in einem geschützten Umfeld innerhalb des Clientrechners, was den Zugriff auf die Ressourcen des Clientrechners und die Interoperabilität mit anderen Anwendungen auf dem Clientrechner stark einschränkt. Das ist gut gegen externe Hackerangriffe, aber schlecht für Anwendungen, die einfach nur Daten mit dem lokalen Excel austauschen möchten. Weitere Stichworte zu diesem Thema sind Strategien zur Vermeidung von *SQL Injection*, zur Abwehr von *Cross-Site-Scripting*-Attacken, *Denial-of-Service*-Attacken und eine Reihe weiterer Szenarien. Was diese einzelnen Begriffe im Einzelnen bedeuten, ist im Moment weniger entscheidend als die schlichte Tatsache, dass sie existieren. Wenn Sie all diese Probleme selbst lösen möchten, haben Sie auf einem sehr grundlegenden Level mit Anwendungsentwicklung zu tun. Die komplexen Details möchten Sie nicht jedes Mal lösen (wenn Sie das überhaupt können, ich könnte es nicht …), sondern Ziel muss es sein, eine Entwicklungsumgebung zu nutzen, die konsistent eine Strategie zur Behebung der geschilderten Probleme implementiert und Sie in die Lage versetzt, sich um die eigentlichen Probleme Ihrer Anwendung zu kümmern.

Tatsächlich verfügt APEX, wie auch die meisten anderen Entwicklungsumgebungen zur Erstellung von Webanwendungen, über entsprechende Mechanismen, sodass dieser Punkt im Großen und Ganzen als beherrschbar angesehen werden kann, zumindest, wenn Sie bei der Entwicklung von Anwendungen die Best Practices befolgen, die wir für die verschiedenen Problemstellungen noch entwickeln werden.

Browserinkompatibilität

Leider, und das ist historisch bedingt, sind nicht alle Browser standardkonform und gleichförmig implementiert. Einige Browser haben sich in der Vergangenheit deutlich vom verabschiedeten Standardverhalten unterschieden (ich habe dich im Visier, Internet Explorer!), sodass Webanwendungsentwicklung nicht zuletzt auch hieß, mit viel Aufwand ein einigermaßen gleichmäßiges Verhalten über verschiedene Browser zu ermöglichen. Das ist ein leidiges Thema, das allerdings in der Zwischenzeit durch eine weitgehende Standardisierung gelöst werden konnte. Selbst der früher gefürchtete Internet Explorer ist heute Geschichte zugunsten eines auf Chrome basierenden Browsers. Schließlich sind auch die eingesetzten Techniken wie CSS für die optische Aufbereitung der Seiten so implementiert, dass nur noch relativ kleine Unterschiede zwischen den Browsern toleriert werden müssen, so Sie denn einigermaßen aktuelle Versionen der Programme voraussetzen können.

Allerdings kommt seit einigen Jahren aus anderer Richtung ein neues Kompatibilitätsproblem: Webanwendungen werden mittlerweile häufiger auf mobilen Endgeräten ausgeführt als auf herkömmlichen Desktop-Rechnern, daher müssen sie nicht nur auf komplett anderen Bildschirmgrößen und -auflösungen einsetzbar sein, sondern zudem auch noch mit völlig neuen Benutzerinteraktionen umgehen können (Wischbewegungen, Gesten, Schütteln des Geräts, Neigungssensoren, der Browser kann auf einmal telefonieren etc.). All diese Probleme sind noch nicht browserübergreifend einheitlich geregelt, sondern je nach Betriebssystem und -version des mobilen Geräts unterschiedlich, insbesondere, was die Interaktion mit Betriebssystemoptionen dieser Geräte angeht.

APEX adressiert dieses Problem über das responsive Universal Theme sowie durch einige spezialisierte Regionstypen, die wir ja bereits kennengelernt haben. Auch die PWA spielen in dieses Feld hinein. Machen wir uns aber nichts vor: Von den Möglichkeiten einer nativ entwickelten Anwendung für ein mobiles Endgerät sind wir in APEX noch ein gutes Stück entfernt.

Barrierefreiheit und Internationalisierung

Die Natur der Verbreitung von Webanwendungen zieht nach sich, dass Benutzer aus allen Regionen der Erde und mit allen denkbaren Einschränkungen die Anwendungen nutzen können. Für einen Anwendungsentwickler tauchen hierdurch komplett neue Anforderungen auf, die aufgrund ihrer Komplexität normalerweise nicht vollständig von einem einzelnen Entwickler überblickt und gelöst werden können. Ein Framework, das bereits von seiner Basis her auf mögliche Barrierefreiheit und einfache Internationalisierung angelegt wird, hat allein schon dadurch einen großen Mehrwert.

APEX hat dies von Anfang an in seinem Design berücksichtigt. Jede Anwendung ist beliebig in fremde Sprachen übersetzbar, es unterstützt verschiedene Schriftsysteme und ist WCAG-2.1-kompatibel, was bedeutet, dass seine Barrierefreiheit intensiv getestet ist. Das Ergebnis dieser Tests veröffentlicht Oracle in einem *Oracle Accessibility Conformance Report*, zuletzt für Version 21.2 vom April 2019 (siehe *https://tinyurl.com/apexVpat*). Eine Kompatibilität zu diesem Standard ist auch für Deutschland von Belang, da die entsprechende Verordnung auf die europäische Verordnung und diese wiederum auf WCAG 2.1 verweist.

Der Bericht zeigt, dass APEX nach diesen Kriterien vollumfänglich barrierefrei ist, zumindest was die Benutzung der APEX-Anwendungen (nicht in allen Belangen gilt dies für die Entwicklungsumgebung) betrifft. Zudem sind Features integriert, die während der Entwicklung die Einhaltung gewisser Vorschriften zur Barrierefreiheit unterstützen, etwa ein Indikator im Theme Roller, der auf einen ausreichenden Kontrast bei der Farbwahl hinweist.

17.1.2 Technische Komponenten einer typischen Webanwendung

Sehen wir uns die technischen Rahmenbedingungen nun noch einmal aus einem leicht anderen Blickwinkel an, nämlich aus dem Blickwinkel der verwendeten Komponenten.

Browser

Über den Browser hatten wir bereits gesprochen. Seine Aufgaben sind die Darstellung der HTML-Seiten und das Ausführen von JavaScript-Programmen, um die Anwendungen dynamischer zu gestalten. Im Rahmen von Webanwendungen werden im Regelfall keine weiteren Voraussetzungen gestellt, außer der Forderung nach Kompatibilität und einer möglichst vollständigen Implementierung neuerer Standards wie HTML5 und CSS 3.

Allerdings sollten keineswegs nur die »üblichen Verdächtigen« ins Kalkül gezogen werden, also die Dickschiffe Firefox, Chrome, Safari, Edge etc., sondern auch Thick Client-Anwendungen können über ein Webcontrol verfügen, das als Browser verwendet wird. Sie können sich das so vorstellen, dass eine kleine Anwendung installiert wird, die in einem Webcontrol beliebige Webadressen verbinden und deren Anwendungen darstellen kann. Da Sie nun selbst in der Hand haben, welche Möglichkeiten der Anwender bezüglich der Webseite hat (Darstellung des Quellcodes, direkte Eingabe des URL etc.), können Sie Anwendungen erstellen, die erst auf den zweiten Blick als Webanwendungen erkennbar sind. Beispiele sind etwa Electron (siehe *electron.atom.io*), aber auch schon die geschilderten PWA.

Dieser Ansatz könnte einige der Sicherheitsprobleme von Anwendungen lindern helfen, und zudem ist es nun viel einfacher, eine Anwendung ohne Kompatibilitätsprobleme zu erstellen, weil ja nur ein konkreter Browser und nicht eine Vielzahl – eventuell bereits veralteter – Browser berücksichtigt werden muss. Natürlich ist ein solcher Ansatz nur in Intranetanwendungen sinnvoll, denn nur hier können Sie beim Client einen dedizierten Browser für Ihre Anwendungen installieren bzw. voraussetzen.

Webserver

Der Kontakt zur eigentlichen Anwendung erfolgt im Regelfall über einen dedizierten Webserver, etwa Apache Tomcat, Internet Information Services (IIS), GlassFish oder Ähnliche. Dieser Webserver übernimmt, grob gesagt, folgende Aufgaben:

- Prüfung der Anfrage des Clients
- Weiterleitung der Anfrage an den Programmcode, der die Antwort auf die Anfrage berechnet
- Rückleitung der berechneten Antwort an den Client

Streng genommen gehört die Weiterleitung von Anfragen an externe Programme nicht zum Kernbestandteil eines Webservers, aber für unser Auflösungsbedürfnis reicht diese Sicht aus. Eventuell können weitere Aufgaben hinzukommen, wie zum Beispiel die *Authentifizierung* des Nutzers (*Wer* ist der Benutzer?). Die *Autorisierung* klärt darüber hinaus, welche Berechtigungen er bezüglich der gewünschten Anwendung hat. Zudem ist normalerweise der Webserver auch für das Cachen von Ressourcen zuständig: So können JavaScript-Code, Bilder oder CSS-Dateien, die auf der Festplatte hinterlegt sind, durch den Webserver im Arbeitsspeicher gehalten und bei Bedarf direkt ausgeliefert werden und müssen nicht stets von der Festplatte gelesen werden.

Im Umfeld von APEX existiert eine Komponente, die beim Webserver installiert wird und die Anfrage an eine APEX-Anwendung bearbeitet. Diese Komponente, technisch wird dies ein *Servlet* genannt, ist in Java implementiert und heißt normalerweise *ORDS*, was für ORACLE REST DATA SERVICE steht. »Normalerweise« bedeutet, dass bei der Installation das Servlet umbenannt werden kann und dann unter diesem Namen ausgeführt wird. ORDS kümmert sich nicht nur um APEX, obwohl es historisch aus dieser Aufgabe erwachsen ist, sondern kann auch unabhängig von APEX Anfragen an die Datenbank bearbeiten lassen und das Ergebnis zurückliefern. Als Schnittstelle zur Datenbank wird in diesem Fall REST verwendet, woher der Name erklärlich wird. Für unsere Betrachtung steht die Anbindung als Tor zu APEX allerdings im Vordergrund.

17

Applikationsserver

Eine Anfrage des Clients wird, abhängig von der hinterlegten Parametrierung im Webserver, an ein Programm weitergeleitet, das die Anfrage verarbeitet und die Antwort berechnet. Diese Ebene wird normalerweise *Applikationsserver* genannt und kann in vielen Programmiersprachen entworfen worden sein, zum Beispiel in Java oder PHP.

Da diese Schicht innerhalb der Datenbank, im Schema des APEX-Eigentümers, ausgeführt wird, ist die Trennung zwischen Datenhaltung und Applikationsserver schwieriger zu ziehen. Es ergibt jedoch Sinn, sich diese Trennung konzeptionell zu denken, da hieraus architektonische Überlegungen folgen, die helfen, den Code sauberer zu strukturieren.

Datenbank

Ich kenne keine unternehmenskritische Anwendung, die ohne eine Anbindung an eine Datenbank zur Speicherung der Daten der Anwendung auskommt. Diese Daten sind einerseits die Eingaben der Benutzer, genauso häufig jedoch auch Daten, die durch den Benutzer abgefragt werden, wie die Artikel eines Online-Stores oder Ähnliches. Normalerweise wird die Anwendung, die im Umfeld des Applikationsservers läuft, eine Verbindung zur Datenbank aufbauen und die Daten dort anfordern. Im

Unterschied zur http-Session, die wir bereits kennengelernt haben und die lediglich einen logischen Begriff zur Zusammenfassung eigentlich unabhängiger Anfragen an einen Webserver darstellt, besteht zwischen dem Anwendungsserver und der Datenbank eine »normale« Datenbankverbindung über eine zustandsbehaftete Verbindung. Der Kontakt der Datenbank zum Applikationsserver endet aber normalerweise in einem sogenannten *Connection Pool*, der auf dem Applikationsserver eingerichtet wird und die Aufgabe hat, die Anfragen vieler verschiedener Anwendungsbenutzer auf relativ wenige Datenbankverbindungen zu verteilen, um Ressourcen zu sparen.

Diese Begriffe gibt es genauso auch in APEX, doch an etwas anderer Stelle, denn der »Applikationsserver« wird ja bereits innerhalb der Datenbank ausgeführt, daher ist hier keine Verbindung erforderlich. Diese Verbindung wird zwischen ORDS und der Datenbank gehalten, ist aber ebenfalls als Connection Pool organisiert. ORDS kann dabei, wie beschrieben, neben APEX auch direkt über REST-Anfragen an die Datenbank schicken und Antworten zurückliefern und hat zudem die Fähigkeit, mehrere APEX-Installationen parallel anzusprechen. Auf meinem Entwicklungsrechner ist es zum Beispiel so installiert, dass ich alle APEX-Versionen von 5.1 bis zur aktuellen Version installiert habe und über eine ORDS-Installation wahlfrei ansprechen kann. Die Auswahl der Version erfolgt dabei über den URL, der nach dem Servernamen und dem aktuellen Namen des ORDS-Servlets anschließend ein Kürzel für die gewünschte APEX-Version enthält, etwa *https://localhost/ords/apex_221/...*.

17.2 Technischer Ablauf

Sehen wir uns nun etwas genauer an, was alles passieren muss, um eine APEX-Anwendung technisch zu betreiben. Ich beginne beim Eingeben eines URL in den Browser. Der URL wird abgesendet und landet zunächst beim Webserver, der aufgrund des weiteren Namens erkennt, dass für die Verarbeitung der Anfrage das Servlet ORDS verantwortlich ist. Die einfachste Möglichkeit besteht darin, dass dieser Name nach der Serveradresse (eventuell mit Angabe eines von 80 abweichenden Ports) im URL auftaucht. Alternative Möglichkeiten möchte ich, da sie nicht APEX-spezifisch sind, hier nicht besprechen.

17.2.1 Verarbeitung des URL in ORDS

ORDS bearbeitet nun die Abfrage und erkennt am nun folgenden Teil des URL, welche Datenbankverbindung angesprochen werden muss. Dieser Schritt kann im ORDS so parametriert werden, dass ein Datenbankname angegeben wird, oder auch durch ein Mapping, das einen beliebigen Begriff auf eine Datenbank abbildet. Nachdem ORDS die Datenbank ermittelt hat, wird geprüft, ob bereits eine Verbindung zur Datenbank existiert oder ob diese aktuell nutzbar ist (die Datenbank könnte neu gestartet worden sein, oder es gab Netzwerkprobleme). Ist die Datenbankverbindung nicht geöffnet, öffnet ORDS zunächst einen Connection Pool zur Datenbank. Die hierfür erforderlichen Parameter müssen bei der Konfiguration von ORDS eingestellt werden. Pflichtparameter sind natürlich

- der Name der Datenbank inkl. Serveradresse und Port, auf dem der Listener läuft,
- mehrere Benutzeraccounts inkl. Passwort.

Weitere Angaben sind möglich, etwa zu den Details des Aufbaus des Connection Pools und viele weitere Angaben. Die Daten werden in Konfigurationsdateien von ORDS gespeichert (das Passwort wird dabei verschlüsselt abgelegt). Insgesamt benötigt ORDS bis zu vier Benutzer in der Datenbank. Für APEX sind nicht alle Benutzer erforderlich, sondern mindestens der Benutzer `APEX_PUBLIC_USER`, der bei der Installation von APEX angelegt wurde. Der Connection Pool wird über diesen Benutzer eingerichtet und, da eine Anfrage an APEX vorliegt, der letzte Teil des URL nun an diesen Benutzer in der Datenbank weitergeleitet.

17.2.2 Auswertung des URL in der Datenbank

Der Benutzer `APEX_PUBLIC_USER` ist ein Benutzer ohne eigene Datenbankobjekte. Er wurde eingerichtet, damit der »eigentliche« Eigentümer von APEX, `APEX_nnnnnn`, nicht von außerhalb angesprochen werden kann. Dieser Benutzer verfügt über umfangreiche Rechte innerhalb der Datenbank, weshalb es sinnvoll ist, den Zugriff durch einen weiteren Benutzer zu kanalisieren.

Der Eigentümer von APEX gestattet dem Benutzer `APEX_PUBLIC_USER` lediglich die Ausführung bestimmter Methoden, und diese Methoden sind für die Berechnung der Anwendungsseite verantwortlich. Alle anderen Daten und Möglichkeiten sind durch die Oracle Benutzer- und Rechteverwaltung vor dem Internetzugriff geschützt.

Im einfachsten Fall enthält Ihr URL die Zeichenfolge `f?p=...`, doch seit einigen Versionen von APEX ist auch eine freundliche Schreibweise der URL möglich. Wenn ich mich dennoch auf die herkömmliche Schreibweise stütze, dann deshalb, weil darin direkter zu sehen ist, was im Hintergrund passiert. Nehmen wir an, der URL laute *http://some_host/ords/apex212/f?p=4000:4900:3051688910102*, dann lässt sich daran gut erklären, was nun passiert. Der erste Teil dient, wie gesagt, dem Aufbau einer Verbindung zum Webserver, ORDS analysiert, dass der Connection Pool, der unter dem Namen apex212 eingerichtet wurde, angesprochen wurde, und reicht dorthin die Anfrage `f?p=4000:4900:3051688910102::::` weiter.

`F` ist der Name einer Prozedur, die dem Eigentümer von APEX gehört und an der der Benutzer `APEX_PUBLIC_USER` ein Ausführungsrecht hat. Diese Prozedur hat einige Parameter (Listing 17.1 zeigt die Spezifikation), der wichtigste ist jedoch der Parameter `p`.

```
procedure f (
  p in varchar2 default null,
  p_sep in varchar2 default ':',
  p_trace in varchar2 default 'NO',
  c in varchar2 default null,
  pg_min_row in varchar2 default null,
  pg_max_rows in varchar2 default null,
  pg_rows_fetched in varchar2 default null,
  fsp_region_id in varchar2 default null,
  success_msg in varchar2 default null,
  notification_msg in varchar2 default null,
  cs in varchar2 default null,
  s in varchar2 default 'N',
  tz in varchar2 default null,
  p_lang in varchar2 default null,
  p_territory in varchar2 default null,
  p_dialog_cs in varchar2 default null,
  x01 in varchar2 default null);
```

Listing 17.1 Spezifikation der Prozedur F

Dieser Parameter ist in sich durch die Doppelpunkte strukturiert und erwartet positional folgende Informationen:

- ID der Anwendung
- ID der Anwendungsseite
- Sesssion-ID
- Kennzeichen, das kontrolliert, ob die Anwendung im Debugmodus ist (YES,NO, LEVEL1 - LEVEL9)
- ID der Anwendungsseite, deren Session Status gelöscht werden soll
- kommaseparierte Liste von Elementnamen, deren Wert gesetzt werden soll
- kommaseparierte Liste von Elementwerten, die positional auf die Elementnamen des vorhergehenden Parameters verteilt werden
- Kennzeichen, das festlegt, ob die Anwendungsseite im Druckmodus angezeigt werden soll

Alle Bestandteile nach den ersten drei sind optional, doch wenn ein Parameterbestandteil genutzt werden soll, muss sichergestellt sein, dass die korrekte Anzahl Doppelpunkte vor diesem Parameterwert übergeben wird.

Ein weiterer wichtiger Parameter wird im Zusammenhang mit Formularen verwendet und dient dem Schutz der zu übergebenen Elementwerte. Dieser Parameter `cs` berechnet eine Checksumme, die sich aus den zu schützenden Daten ermittelt. Nur der

Datenbankserver kann diese Checksumme erzeugen und prüfen, sodass auf diese Weise eine unberechtigte Änderung des URL durch den Anwender ausgeschlossen werden kann.

Die neue, »freundliche« URL, wie APEX das nennt, orientiert sich stärker an herkömmlichen URL-Konventionen und nutzt zudem nicht mehr die Anwendungs- und Anwendungsseiten-IDs, sondern Aliase. Ein URL für unsere Mitarbeiterverwaltung sähe dann zum Beispiel so aus: *https://some_host/ords/apex212/hr/r/emp/home?debug=LEVEL5&session=4550398132075*.

Der Beginn ist natürlich gleich, doch dann folgt mit dem Bezeichner `hr` der Workspace-Bezeichner, gefolgt vom Buchstaben `r`, einem etwas seltsamen Kollegen, denn er ist konstant, soll nicht geändert werden und steht für *router*. `emp` ist das Anwendungsalias, wie Sie wissen, und `home` entsprechend das Alias der Startseite der Mitarbeiterverwaltung. Hinter dem Fragezeichen werden nun zwei Parameter übergeben: `debug` und `session`. Es ist nicht schwer zu erraten, was hinter den Kulissen damit geschieht: Mit Sicherheit werden diese Parameter in die alte URL-Schreibweise umgewandelt und der Prozedur `f` übergeben.

17.2.3 Generelle Aktivitäten vor dem Rendern einer Seite

Um zu sehen, was APEX tut, wenn eine Seite gerendert wird, empfiehlt es sich, die Anwendung <EMP> einmal mit dem zusätzlichen Parameter `&debug=LEVEL5` anzusehen. Achten Sie darauf, dass die Anwendung aus der Entwicklungsumgebung heraus gestartet wird, damit Sie die Entwicklerleiste angezeigt bekommen. Direkt nachdem die Anwendungsseite angezeigt wird, klicken Sie auf die Schaltfläche ENTWICKLERLEISTE • DEBUGGING ANZEIGEN, um ein modales Dialogfenster mit einer Liste aller Debuginformationen einzublenden. Dort finden Sie einen Eintrag mit der PFADINFORMATION `show`. Dies steht für den Renderprozess der Seite. Klicken Sie auf den Link unter der VIEW-ID, um sich die Eintragungen für diesen Schritt anzeigen zu lassen.

Abbildung 17.1 Auswahl des Debugeintrags für den show-Prozess

Was direkt auffällt, ist die Länge der Liste. In meinem Beispiel sind 292 Zeilen Debuginformationen eingetragen. Oberhalb dieser Liste sehen wir eine Flächengrafik, die den Zeitverlauf des Renderns der Seite zeigt. Das ist bereits ganz interessant, weil Sie dort die Schritte identifizieren können, die beim Rendern der Seite besonders viel Zeit in Anspruch genommen haben. Da die gesamte Renderzeit der Einstiegsseite auf meinem Rechner aber nur 0,063 Sekunden gedauert hat, sind die Sprünge nicht ganz so entscheidend.

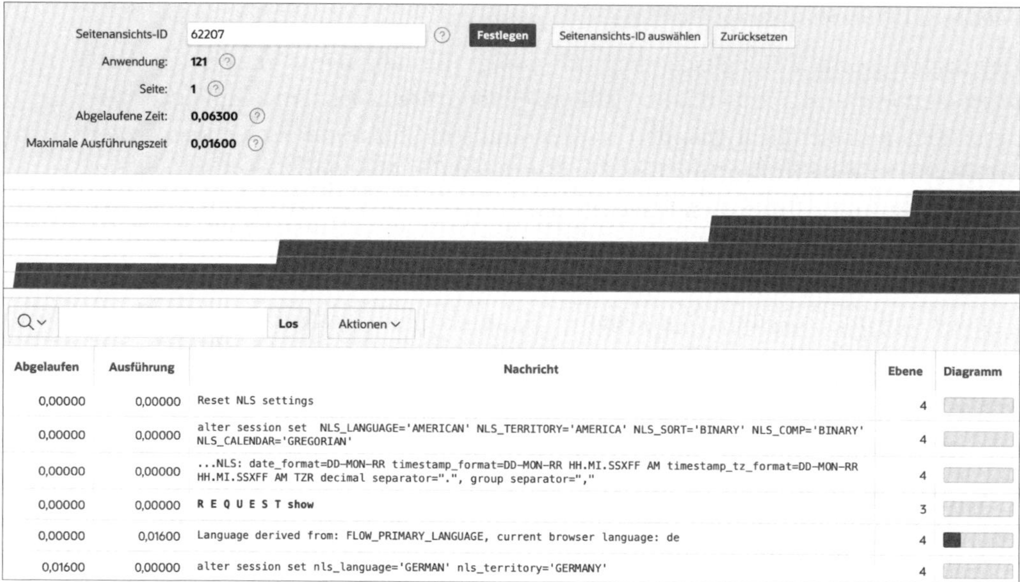

Abbildung 17.2 Ausriss aus den Debuginformationen der Seite HOME

Die ersten Schritte, die APEX ausführt, beziehen sich auf die länderspezifischen Einstellungen. Zunächst wird die Sprache der Datenbanksession eingestellt und anschließend auf die Einstellungen, die in der Anwendung hinterlegt sind, aktualisiert.

Der nächste Block beschäftigt sich mit der Authentifizierung und der Prüfung, ob die aktuelle Session genutzt werden darf. Wir verwenden aktuell die Benutzerverwaltung, die in APEX integriert ist, doch können hier beliebige andere Verfahren zum Einsatz kommen.

Sollte keine gültige Session für den Benutzer identifiziert werden können, bricht der Renderprozess ab und verzweigt zur Anmeldeseite, auf der sich der Benutzer anschließend authentifizieren kann. APEX richtet eine neue Session ein und leitet den Benutzer zur gewünschten Anwendungsseite.

Sollte die Anwendungsseite über eine Autorisierungsprüfung verfügen (Auf der `HOME`-Seite ist das der Fall, sie benötigt Leserechte), wird nun geprüft, ob der angemeldete Benutzer über diese Berechtigung verfügt. Anschließend beginnt das Rendern der aktuellen Anwendungsseite.

17.2.4 Rendern der Anwendungsseite

Das Rendern erfolgt in der Reihenfolge der Darstellung der Seitenelemente in der Entwicklungsumgebung. Nacheinander werden alle Zeitpunkte geprüft, und eventuell hinterlegter Code wird ausgeführt. Sie können das zum Beispiel am Eintrag `Branches - point: BEFORE_HEADER` sehen. Zu diesem Zeitpunkt werden die Metadaten der zu erzeugenden Seite produziert, aber auch Seitenprozesse aufgerufen, die mit diesem Zeitpunkt verknüpft wurden. Nachdem die Metadaten (der *http Header*) geschlossen werden, berechnet APEX den HTML-Code für alle Regionen und Darstellungspositionen der aktuellen Seite. Dieser Schritt umfasst die meisten Einträge im Debug, hier sehen Sie, welche Regionen erzeugt wurden, und sogar, welche `select`-Anweisungen für die einzelnen Regionen ausgeführt wurden, wie in Abbildung 17.3 zu sehen. Interessant dabei ist, dass die Anweisungen nicht unmittelbar dem entsprechen, was Sie als Datenquelle der Region eingetragen haben, sondern einer erweiterten Fassung, die von APEX selbst erstellt wurde.

0,03100	0,00000	**>>> APEX_APPLICATION_PAGE_REGIONS Mitarbeiter pro Land**	3	
0,03100	0,00000	Generated Component SQL Query:	4	
0,03100	0,01600	select i.* from (select "COU_NAME","LOC_AMOUNT","DEP_AMOUNT","EMP_AMOUNT" from ((select /*+ qb_name(apex$inner) */d."COU_NAME",d."LOC_AMOUNT",d."DEP_AMOUNT",d."EMP_AMOUNT" from (select x.* from "EMP_UI_HOME_COUNT" x) d)) i) i where 1=1 order by "COU_NAME" asc nulls last	4	
0,04700	0,00000	rows loop: 15 row(s)	4	
0,04700	0,00000	**<<< APEX_APPLICATION_PAGE_REGIONS Mitarbeiter pro Land**	3	

Abbildung 17.3 Beispiel für die Debuginformation für das Rendern eines Berichts

Je nach Bericht kann diese `select`-Anweisung noch erheblich komplexer aussehen. Die Ausführungszeit zeigt andererseits, dass die Datenbank wirklich gut darin ist, auch tief geschachteltes SQL effizient zu interpretieren und auszuführen.

Aus dieser Debug-Information können Sie viele wertvolle Informationen entnehmen, falls die Anwendung nicht so möchte wie Sie. Für unseren Zweck ist mir ein anderer Punkt wichtig: Dieser sequenzielle Ablauf der Bearbeitung verdeutlicht, wie Sie zu den unterschiedlichen Phasen des Renderings eigene Prozesse und PL/SQL-Aufrufe einhängen können, um das Rendern der Seite zu beeinflussen. Nehmen wir hierzu einige Beispiele:

- Sie möchten eine Prüfung durchführen, die eine Verzweigung auf eine andere Anwendungsseite vor der Darstellung der Seite ausführt. Diese Prüfung müssen Sie zum Zeitpunkt `BEFORE_HEADER` durchführen, damit APEX nicht bereits damit beginnt, die aktuelle Seite zu rendern.
- Eine Berechnung soll den Wert eines Seitenelements berechnen, mit dem Sie anschließend einen Bericht filtern möchten. Dieser Prozess muss vor dem Rendern der Regionen ausgeführt werden, zum Beispiel `AFTER_HEADER`, damit der Wert nicht

erst berechnet wird, wenn die `select`-Anweisung des Berichts bereits gerechnet wurde.

- Sie möchten auf einen Wert der Anwendungsseite Bezug nehmen und daraus eine Konsequenz ableiten. Wird dieser Wert nicht bereits als Parameter übergeben, müssen Sie warten, bis ein Seitenprozess, etwa ein Prozess zur Initialisierung eines Formulars, diesen Wert berechnet hat.

17.2.5 Session Status und Darstellung der Seite

Ich hatte bereits darauf hingewiesen, dass dies eine beliebte Fehlerquelle ist, doch möchte ich es in diesem Zusammenhang noch einmal tun: Die Tatsache, dass die Datenbank beim Rendern einer Seite Elementwerte berechnet und in einem Formular dargestellt hat, bedeutet nicht, dass diese Werte auch im Session Status vorhanden sind. Möchten Sie also einen Bericht durch ein solches Element filtern, werden Sie keine Daten sehen, solange der Elementwert nicht im Session Status enthalten ist. Sie können dafür sorgen, dass ein Elementwert dort enthalten ist, indem Sie eine der folgenden Strategien verfolgen:

- Sie übergeben den Elementwert beim Aufruf der Anwendungsseite als Parameter.
- Sie berechnen den Wert durch eine Berechnung auf der Anwendungsseite.
- Sie legen für ein Seitenelement fest, dass ein Wert nicht nur im Arbeitsspeicher, sondern auch im Session Status gespeichert werden soll.

Egal, auf welche Weise Sie den Elementwert im Session Status hinterlegen, er wird sich nicht aktualisieren, wenn Sie auf der Anwendungsseite einen Elementwert ändern, etwa indem Sie eine Auswahlliste ändern. Diese Harmonisierung der Seitenelemente mit dem Session Status, insbesondere beim Aktualisieren eines Berichts oder im Zusammenhang mit einer dynamischen Aktion, wird nur dann stattfinden, wenn Sie dies dem Bericht oder der dynamischen Aktion explizit mitteilen. Sie erinnern sich, dass Sie dies dadurch erledigen können, dass Sie diese Elemente in eine Liste der weiterzuleitenden Seitenelemente aufnehmen. Denken Sie im Zusammenhang mit dynamischen Aktionen auch daran, dass diese Harmonisierung auch andersherum, wenn Sie den Session Status in der Datenbank ändern, nur dann ausgeführt wird, wenn Sie die geänderten Seitenelemente in die Liste der zurückzuliefernden Seitenelemente aufnehmen.

17.2.6 Aktivitäten während der Anzeige der Anwendungsseite

Nachdem der Renderprozess abgeschlossen ist, hat die Datenbank nichts mehr mit der Seite zu tun. Das ergibt sich aus dem Konzept einer Webanwendung, der Server kann die Anwendungsseite nach dem Rendern nicht mehr erreichen, sondern muss auf eine erneute Anfrage durch den Browser warten.

Diese Anfragen können durch zwei grundlegende Ereignisse ausgelöst werden: durch die Anforderung, die Seite zu verarbeiten, oder durch eine dynamische Aktion auf der Anwendungsseite. Unter einer dynamischen Aktion möchte ich derzeit nicht nur die unmittelbar durch den Entwickler eingerichteten Aktionen verstehen, sondern auch die indirekten, dynamischen Aktionen, zum Beispiel durch die Referenzierung einer Auswahlliste durch eine zweite Auswahlliste als kaskadierende Werteliste, durch die Verwendung einer Regionssuche, durch die Einrichtung einer Facet-Suche oder viele andere Aktivitäten auf der APEX-Seite. All diese Aktionen, die dynamische Änderungen mit Datenbankbeteiligung auslösen, gehören zu dieser zweiten Ereignisgruppe.

Führen Sie dynamische Operationen aus, haben sie nur eine rudimentäre Unterstützung durch APEX bezüglich der Verwaltung des Session Status und ähnlicher Punkte, da APEX sich, wie im vorherigen Abschnitt beschrieben, nicht automatisch um die Synchronisierung des aktuellen Seitenstandes mit dem Session Status bemüht, etwas, was beim Verarbeiten der Seite automatisch geschieht.

Unsere Anwendungsseite <EMP> • <HOME> hat eine dynamische Aktion, die beim Laden der Seite ausgeführt wird, daher können Sie sich auch hierfür die Debuginformationen ansehen, die deutlich kürzer ausfallen als die Aktivitäten beim Rendern der Seite.

17.2.7 Arbeiten beim Verarbeiten einer Seite

Die Verarbeitung einer Anwendungsseite erfordert ein Formular auf der Seite oder entsprechende Seitenprozesse im Bereich VERARBEITUNG.

Die Debugeinträge werden nun unter der Pfadinformation `accept <Anforderung>` hinterlegt, zum Beispiel für die Anwendungsseite <EMP> • DEP_EMP_STEP2 als `accept NEXT`. Die ersten Schritte sind ähnlich, wenn nicht gleich, wie das Rendern einer Anwendungsseite, denn es muss wiederum die Verwaltung der länderspezifischen Einstellungen durchgeführt sowie die Session geprüft werden.

Der Ausriss aus Abbildung 17.4 zeigt die Übernahme der eingefügten Elementwerte in den Session Status, zusammen mit einigen Sicherheitsinformationen zum Schutz des Formulars. Diese Vorarbeiten sind erforderlich, damit die anschließenden Seitenprozesse auf aktuelle Daten zugreifen und diese verarbeiten können.

Diese Verarbeitung sehen wir dann etwas später in Abbildung 17.5.

Nicht explizit im Debug dargestellt ist die Validierung der Anwendungsseite. Dieser Prozess wurde vorab durch eine eigene dynamische Aktion ausgeführt (im Sinne einer durch das APEX-Team eingerichteten dynamischen Aktion), die offensichtlich aus dem Logging ausgenommen wurde. Es werden aber auch für diesen Prozess sehr ähnliche Schritte in APEX erforderlich, da auch für die Validierung die aktuellen Werte in der Datenbank vorhanden sein müssen.

0,02200	0,00000	**>> APEX_APPLICATION_PAGE_REGIONS Mitarbeiter bearbeiten**	3
0,02200	0,00000	Parse models for region Mitarbeiter bearbeiten	4
0,02200	0,00000	...Instance=, Rows=1, Master Record Id=	4
0,02200	0,00000	.......Parsing Parent Items	4
0,02200	0,00000	.......Parsing Values	4
0,02200	0,00000	......Row 1, Status=U, Record Id=1, Row Version=3iIZNXTgpkp1gtAZTLDrpAvMwgJe7b5lN9YtHt_49E9m8et1_C74RYU1Qh0dx9EH6oS70iKu4W2JtwIPfDYnqA	4
0,02200	0,00000	.........Session State: SEQ_ID=>1	4
0,02200	0,00000	.........Session State: EMP_ID=>	4
0,02200	0,00000	.........Session State: EMP_FIRST_NAME=>Peter	4
0,02200	0,00000	.........Session State: EMP_LAST_NAME=>Müller	4
0,02200	0,00000	.........Session State: EMP_EMAIL=>PMUELLER	4
0,02200	0,00000	.........Session State: EMP_PHONE_NUMBER=>123456789	4
0,02200	0,00000	.........Session State: EMP_HIRE_DATE=>	4
0,02200	0,00000	.........Session State: EMP_JOB_ID=>AC_MGR	4
0,02200	0,00000	.........Session State: EMP_SALARY=>3000	4
0,02200	0,00000	.........Session State: EMP_COMMISSION_PCT=>	4
0,02200	0,00000	.........Session State: EMP_MGR_ID=>	4
0,02200	0,00000	.........Session State: EMP_DEP_ID=>	4
0,02200	0,00000	......Check existance of all Protected Items=18212279697727125,18212339186727126,18212891900727131,18213101924727134,18213279576727135,18213316532727	4
0,02200	0,00000	**<< APEX_APPLICATION_PAGE_REGIONS Mitarbeiter bearbeiten**	3

Abbildung 17.4 Debugeinträge zur Verarbeitung eines Formulars

0,02200	0,00000	**>> APEX_APPLICATION_PAGE_PROCESS Interaktives Grid in Collection übernehmen**	3
0,02200	0,00000	...Process "Interaktives Grid in Collection übernehmen" - Type: NATIVE_IG_DML	4
0,02200	0,00000	we have 1 rows. Determining DML operation types.	4
0,02200	0,00000	executing custom PL/SQL code row 1	4

0,02200	0,00000	begin emp_ui.process_dep_emp_step2(
		p_seq_id => :SEQ_ID,
		p_emp_id => :EMP_ID,
		p_emp_first_name => :EMP_FIRST_NAME,
		p_emp_last_name => :EMP_LAST_NAME,
		p_emp_email => :EMP_EMAIL,
		p_emp_phone_number => :EMP_PHONE_NUMBER,
		p_emp_hire_date => :EMP_HIRE_DATE,
		p_emp_job_id => :EMP_JOB_ID,
		p_emp_salary => :EMP_SALARY,
		p_emp_commission_pct => :EMP_COMMISSION_PCT,
		p_emp_mgr_id => :EMP_MGR_ID,
		p_emp_dep_id => :EMP_DEP_ID);
		end;
			4

0,02200	0,00000	Collection - Getting collection ID for Collection Name: EMP_UI_DEP_EMP_STEP2	4
0,02200	0,00000	Collection - Returning Collection ID 52487596898996 for Collection Name: EMP_UI_DEP_EMP_STEP2	4
0,02200	0,00000	retrieve RETURNING values for row 1.	4
0,02200	0,00000	**<< APEX_APPLICATION_PAGE_PROCESS Interaktives Grid in Collection übernehmen**	3

Abbildung 17.5 Übernahme der Daten durch den Seitenprozess

Der gesamte Prozess der Verarbeitung dieser Daten hat im Übrigen 0,022 Sekunden gedauert. Ich muss gestehen, dass ich in Anbetracht der Vielzahl der Schritte, die ausgeführt werden müssen, immer wieder überrascht bin, wie schnell das alles geht. Um diese Seite zu verarbeiten, sind sicherlich mehr als 100 `select`-Anweisungen auf unterschiedlichsten Ebenen erforderlich, dazu die Wechsel zwischen SQL und PL/SQL innerhalb der Datenbank und einiges andere mehr, wie zum Beispiel die Einträge in das Log.

Kapitel 18
Integration serverseitigen Codes

Bislang haben wir die mitgelieferten Standardverfahren zum Manipulieren von Daten genutzt. Dies werden wir nun erweitern. In diesem Kapitel sehen wir uns zudem die Möglichkeiten an, Hilfsfunktionen für Entscheidungsprozesse zu integrieren.

Die Integration von PL/SQL in eine APEX-Anwendung kommt sehr häufig vor. Zwar habe auch ich den Vorteil, Standardfunktionalitäten von APEX zu verwenden, häufig angesprochen. In der Realität lassen sich aber nicht alle Aufgaben durch Standardverfahren lösen. In diesem Kapitel werde ich solche Szenarien zeigen und die Möglichkeiten, diesen Situationen zu begegnen, vorstellen. Ab diesem Teil des Buches gehe ich davon aus, dass Sie Kenntnisse in SQL und PL/SQL haben, denn ohne diese werden Sie keine professionellen APEX-Anwendungen entwickeln können.

[!]

Merke

In verschiedensten Meetings bin ich gefragt worden, was man tun soll, um »ein besserer APEX-Programmierer« zu werden. Der wichtigste Tipp: Lernen Sie SQL und PL/SQL! APEX versteckt es zwar sehr gut, aber es basiert beinahe ausschließlich auf diesen beiden Programmiersprachen. Je länger Sie mit APEX arbeiten, umso mehr Respekt werden Sie davor bekommen, welche Macht in Daten (im Fall von APEX: in den Metadaten, die Sie über die Entwicklungsumgebung erstellen) liegt. Diese Mächtigkeit können wir durch SQL und PL/SQL-Code steigern, und die Kenntnis, wie das gelingt, ist mindestens ebenso wichtig wie die Frage, wie eine neue Funktionalität von APEX zu bedienen ist.

Wir werden uns nun mit einem neuen Workspace verbinden, und zwar dem Workspace `BUCH_LOW_CODE`. Sie werden keine Schwierigkeiten haben, sich in diesem Workspace zurechtzufinden, denn er umfasst exakt die gleichen Views und Anwendungen wie unser bisheriger Workspace. Möchten Sie den letzten Stand der Mitarbeiterverwaltung importieren, finden Sie diese unter *SQL_Skripte\Kapitel_15\Kap_15_14_Anwendung.sql*.

18.1 DML-Operationen

Starten wir mit der Verarbeitung von Formulardaten. Bislang gingen wir davon aus, dass das Schema, das dem Workspace zugeordnet ist, der Eigentümer der Tabellen ist. So ist das auch im Workspace **ADC_NO_CODE**, mit dem wir bislang gearbeitet haben. So ist das aber nicht mehr im Workspace **ADC_LOW_CODE**, mit dem wir nun zu tun haben. Der Unterschied: Der Eigentümer der Tabellen ist nicht das Workspace-Schema, das hier den Benutzer **APEX_LC_APEX** referenziert, sondern ein weiterer Datenbankbenutzer namens **APEX_LC_DATA**, der von APEX selbst nicht verwendet werden darf. Damit wir dennoch mit den Daten dieses Benutzers arbeiten können, hat uns dieser Benutzer einen Zugriff auf die Tabellen über Berechtigungen eingeräumt. Das Problem: Wir haben zwar eine Leseberechtigung auf die Tabellen, aber keine Schreibrechte. Für diese Schreibrechte hat der Eigentümer der Tabellen ein PL/SQL-Package eingerichtet, mit dessen Hilfe wir die Daten in die Tabellen schreiben können. Anders kommen wir an die Tabellen schreibend nicht heran.

Diese »Verschärfung« der Lage ist nicht selten und wird aus Sicherheitsgründen so eingerichtet, aber auch um eine Trennung zwischen dem Anwendungscode und den Daten, die durch die Anwendung verwaltet werden, herzustellen. Die Gründe hierfür sind vielfältig: Vielleicht verwenden Sie Daten, die bereits von anderen Anwendungen verwaltet werden, um sie in Ihrer Anwendung weiterzuverwenden, oder es ist zu erwarten, dass die Daten, die Sie in Ihrer Anwendung erfassen werden, auch von anderen Prozessen benötigt werden. Vielleicht gibt es eine Batch-Schnittstelle zum Laden, und man möchte nicht, dass Anwendungslogik und Daten vermischt werden.

Problematisch ist aus Sicht von APEX, dass nun die durch die Assistenten angelegten Verarbeitungsprozesse nicht mehr funktionieren. Theoretisch könnte es sogar sein, dass überhaupt kein Assistent mehr funktioniert: wenn Sie nämlich eine Seite auf einer Tabelle aufbauen wollten, die einem anderen Schema gehört, und Sie über ein Synonym auf diese Tabelle zugreifen. Das Problem ist hierbei, dass APEX aus dem Synonym nicht ableiten kann, welche Spalten die Tabelle enthält und welche Datentypen diese Spalten haben. Daher kann auch der Assistent nicht mehr sinnvoll arbeiten. Ich halte das in unserer Situation für ein theoretisches Problem, denn die Lösung besteht darin, auf das Synonym eine View einzurichten. Der Assistent kann aus dieser View nun wieder die Spaltenliste ableiten. Da wir in unseren bisherigen Arbeiten immer darauf Wert gelegt haben, eine Seite über eine dedizierte View mit Daten zu versorgen, haben wir kein Problem. Es bleibt jedoch die Herausforderung, die Daten zu schreiben.

Zum Glück ist dieser Umstand auch den APEX-Entwicklern bekannt, die uns die Möglichkeit gegeben haben, Seitenprozesse auf unterschiedliche Weise zu implementieren. Sehen wir uns hierzu in Abbildung 18.1 einen Standard-Seitenprozess an.

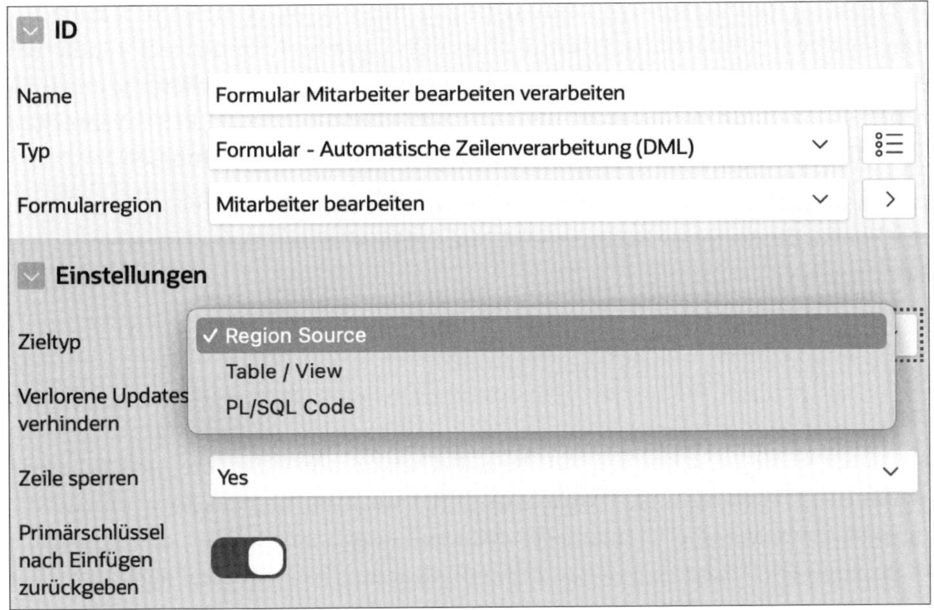

Abbildung 18.1 Optionen zur Implementierung eines Seitenprozesses

Das Attribut EINSTELLUNGEN • ZIELTYP legt die Art der Implementierung des Seitenprozesses fest. `Region Source` ist dabei der Standard, und diese Einstellung bedeutet, dass die Datenquelle, die dem Formular zugrunde liegt, beschrieben werden wird. Einzelne Seitenelemente oder Spalten, Sie erinnern sich, können von der Verarbeitung ausgenommen werden, indem deren Attribut QUELLE • NUR ABFRAGE eingeschaltet wird. Da erscheint die zweite Option, `Table / View` zunächst verwirrend, und ich halte von dieser Option auch nicht viel. Sie legt fest, dass die Daten aus einer Abfrage kommen, aber eine zweite Tabelle oder View zum Schreiben verwendet wird. Das ist für mich unnötig komplex und kann immer auch vermieden werden.

Die letzte Option, `PL/SQL Code`, benötigen wir, denn damit können wir den Namen einer Methode festlegen, die für die Verarbeitung der Daten verantwortlich ist. Diese Methoden werden sowohl in Formularregionen wie auch in editierbaren Grids aufgerufen, und zwar für jede betroffene Zeile einmal. In einer normalen Formularregion existiert nur eine Zeile, daher ist diese Information hier überflüssig, aber Sie erkennen daran, dass eine Formularregion eigentlich ein editierbares Grid mit einer Zeile ist.

Wenn wir die Daten verarbeiten möchten, muss zusätzlich übermittelt werden, was mit den Daten geschehen soll. Wird ein `Update`, `Delete` oder `Insert` gewünscht? Wir hatten die Spalte `APEX$ROW_STATUS` bereits kennengelernt, und wir entnehmen dieser Spalte die entsprechende Information (`C`, `U` oder `D`). Im Zusammenhang mit einer Formularregion existiert diese »Spalte« auch, sie verhält sich hier wie ein zusätzliches

Seitenelement. Der Vorteil: Wir können die gleiche Systematik zur Verarbeitung der Daten verwenden, unabhängig davon, ob es sich um eine Formularregion oder ein editierbares Grid handelt. Der Weg, eine PL/SQL-Methode zur Verarbeitung anzubieten, muss auch dann gegangen werden, wenn die Datenquelle ein REST-Webservice ist und diesem nun die Daten zur Speicherung übergeben werden müssen.

Das Package, das uns zur Verfügung gestellt wird, um einen Mitarbeiter anzulegen, bietet hierfür die Methode `MERGE_EMPLOYEE` im Package `BL_EMP`. Diese Prozedur hat folgende Signatur:

```
procedure merge_employee(
  p_row in out nocopy hr_employees%rowtype);
```

Als Parameter wird ein Record vom Typ `HR_EMPLOYEES%ROWTYPE` erwartet, also der Datenstruktur, in die wir schreiben möchten. Wo bekommen wir einen solchen Record her? Das ist aber nur das erste Problem, denn die Methode dient als Endpunkt für die Aufgaben, einen Mitarbeiter anzulegen oder zu editieren, nicht aber, um einen Mitarbeiter zu löschen. Hierfür gibt es eine Methode `DELETE_EMPLOYEE` mit gleicher Signatur. Wo kommt die Logik hin, zwischen diesen beiden Methoden zu wählen? Ein drittes Problem besteht darin, dass der Session Status seine Werte stets als Zeichenketten vorhält, wir benötigen aber Datumsangaben, Zahlen und Zeichenketten. Wir müssen also noch konvertieren. Auch das muss irgendwo hin.

Sie können ja einmal freundlich fragen, ob der Kollege, der das Package erstellt hat, sich nicht auch um diese Dinge kümmern möchte und eine Schnittstelle programmiert, die einzelne Parameter enthält und je nach Flag, das Sie hilfsbereit mitliefern würden, entscheiden, ob er einfügen, ändern oder löschen muss. Wahrscheinlich werden Sie zu hören bekommen, dass Sie Ihre Probleme bitte auch selbst lösen sollten.

Auch ohne eine solche Konfrontation aufzubauen, ist die Idee, sich selbst in APEX oder irgendwo sehr in der Nähe um diese Probleme zu kümmern, eine gute. Der Grund liegt darin, dass wir nicht APEX-interne Probleme mit der Verarbeitung der Daten vermischen sollten. Die Methoden des Packages `BL_EMP` wären prinzipiell auch für eine Java-Anwendung verwendbar, solange diese einen entsprechenden Parameter zusammenbauen kann (was kein Problem ist). Ist aber APEX-spezifischer Code in diesem Package enthalten, wird das eher nicht mehr funktionieren. Das Ideal wäre, dass `BL_EMP` gar keine Ahnung davon hat, dass APEX überhaupt existiert, und APEX keine Ahnung davon haben muss, wohin genau und wie `BL_EMP` die Daten speichert.

Die Lösung liegt nahe: Wir schaffen ein eigenes, kleines Package, das sich um die Aufbereitung der Daten und um die Weiterleitung an das korrekte Package kümmert. Dieses Package wird nur Logik der Anwendung <EMP> beinhalten, daher ist es eine gute Idee, analog zur Namenskonvention der Views auch für das Package die Benennung `EMP_UI` zu wählen. Ich habe dieses Package bereits angelegt, werde aber mit Ihnen die verschiedenen Schritte und Funktionen besprechen. Listing 18.1 zeigt die Implementierung der Methode PROCESS_EMP_EDIT.

```
procedure process_emp_edit(
  p_emp_id in varchar2,
  p_emp_first_name in varchar2,
  p_emp_last_name in varchar2,
  p_emp_email in varchar2,
  p_emp_phone_number in varchar2,
  p_emp_hire_date in varchar2,
  p_emp_job_id in varchar2,
  p_emp_salary in varchar2,
  p_emp_commission_pct in varchar2,
  p_emp_mgr_id in varchar2,
  p_emp_dep_id in varchar2)
as
  l_row hr_employees%rowtype;
begin
  -- Daten typsicher umkopieren
  l_row.emp_id := to_number(p_emp_id);
  l_row.emp_first_name := p_emp_first_name;
  l_row.emp_last_name := p_emp_last_name;
  l_row.emp_email := p_emp_email;
  l_row.emp_phone_number := p_emp_phone_number;
  l_row.emp_hire_date := to_date(p_emp_hire_date, 'dd.mm.yyyy');
  l_row.emp_job_id := p_emp_job_id;
  l_row.emp_salary := to_number(p_emp_salary, '999999999D99');
  l_row.emp_commission_pct := to_number(p_emp_commission_pct, '99D99');
  l_row.emp_mgr_id := to_number(p_emp_mgr_id);
  l_row.emp_dep_id := p_emp_dep_id;

  if v('APEX$ROW_STATUS') = 'D' then
    bl_emp.delete_employee(l_row);
  else
    bl_emp.merge_employee(l_row);
  end if;
end process_emp_edit;
```

Listing 18.1 Implementierung der Methode PROCESS_EMP_EDIT

Zunächst zum Namen: Dieses Package implementiert die Methoden der Anwendung EMP, heißt daher EMP_UI. Wir implementieren hier die Logik der Anwendungsseite EMP_EDIT und möchten deren Daten verarbeiten: PROCESS_EMP_EDIT. Sie können selbstverständlich gern Ihre eigenen Konventionen verwenden, der Zweck sollte aber sein, dass sofort ersichtlich wird, wozu diese Methode dient.

Je nachdem, wie viel Erfahrung Sie in der Anwendungsentwicklung allgemein und in PL/SQL insbesondere haben, werden Sie wissen, dass das, was hier implementiert wurde, nur die rudimentärste Fassung dessen ist, was erforderlich ist. Das ist mir bekannt, dennoch bleibe ich für den Moment dabei, denn schon an diesem einfachen Beispiel können wir einige wichtige Prinzipien verdeutlichen.

Zunächst steht diese Methode sozusagen »zwischen den Welten«. Sie kennt das APEX-Element `APEX$ROW_STATUS` und weiß, dessen Werte zu deuten. Auf der anderen Seite hat diese Methode Kenntnis von der Geschäftslogik des Benutzers `BUCH_LC_DATA`, was innerhalb der APEX-Anwendung möglichst nicht vorausgesetzt werden sollte. Dieses Package »vermittelt« also zwischen den beiden Technologien und kontrolliert andererseits, wohin die Daten der Anwendung geschrieben werden sollen. Um dies durchführen zu können, muss die Methode zwei Dinge tun: Die Parameter auf einen Record umkopieren und die Frage klären, welche Methode des `BL`-Packages aufgerufen werden muss.

Was aber ist, wenn ein neuer Mitarbeiter angelegt werden soll? In diesem Fall ist `EMP_ID NULL`. Muss dann nicht in dieser Methode ein neuer Sequenzwert gewählt werden? Machen Sie sich bitte von solchen Gedanken frei, das ist nicht Ihr Problem. Lassen Sie mich zurückfragen: Muss ein Sequenzwert gewählt werden oder hat die zugrunde liegende Tabelle vielleicht eine Autowertspalte? Warum interessiert Sie das? Lassen Sie diese Entscheidung das `BL`-Package treffen. Wenn Sie die Methode analysieren, werden Sie feststellen, dass der Record mit dem ermittelten Primärschlüsselwert zurückkommen wird. Nun hat das `BL`-Package wieder die Hoheit über diese Aufgabe und ist frei darin, in einem späteren Release die Sequenz durch eine Autowertspalte zu ersetzen, ohne Probleme mit Ihrem Code befürchten zu müssen.

Aus Sicht der `BL`-Methode hat dieses Vorgehen ebenfalls erhebliche Vorteile. Sie muss nicht wissen, auf welche Weise und in welchem Format die Dateneingabe erfolgt und wie die Daten umgeformt werden müssen (Welche Formatmaske für Datumseingaben sind auf der Oberfläche eingestellt?). Das ist ein gutes Verfahren, es trennt die Zuständigkeiten und macht die Aufgabe für beide Seiten einfacher zu lösen.

Für die Anbindung dieses Packages an die Formularseite muss ich eine Unterteilung bezüglich der eingesetzten APEX-Version vornehmen. Version 22.2 hat hier eine relevante Erweiterung vorzuweisen, über die ich sehr glücklich bin, die allerdings auch ein Umdenken beim Verarbeiten der Daten erfordert. Daher trenne ich die folgende Beschreibung in einen Bereich für APEX bis Version 22.1 und einen für die Versionen ab 22.2.

18.1.1 Verarbeitung der Daten bis Version 22.1

Nach dem Einrichten des Packages können wir die Methode zum Verarbeiten der Seite nun auf der <ANWENDUNGSSEITE EDIT_EMP> nutzen. Beachten Sie zunächst, dass diese Seite nicht direkt auf HR_EMPLOYEES basiert, wie noch im Workspace BUCH_NO_CODE, sondern nun auf einer View EMP_UI_EMP_EDIT, die allerdings eine genaue Kopie der Tabelle »durchreicht«. Diese Änderung wäre insbesondere dann erforderlich, wenn ich die Anwendungsseite über einen Assistenten neu hätte erstellen wollen, da die Tabelle HR_EMPLOYEES dem Benutzer BUCH_LC_APEX nur über ein Synonym zugänglich gemacht wurde und daher für den Assistenten wertlos gewesen wäre. Die View kann auch weitere Spalten enthalten, etwa die Information, ob ein Beruf kommissionsberechtigt ist oder nicht, die wir aus Tabelle HR_JOBS hinzunehmen müssen. Am Verarbeitungsprozess ändert sich nichts, es muss lediglich sichergestellt sein, dass alle erforderlichen Angaben für den Aufruf der Packagemethode vorhanden sind.

Der Verarbeitungsprozess aus Abbildung 18.2 zeigt den Aufruf der Methode.

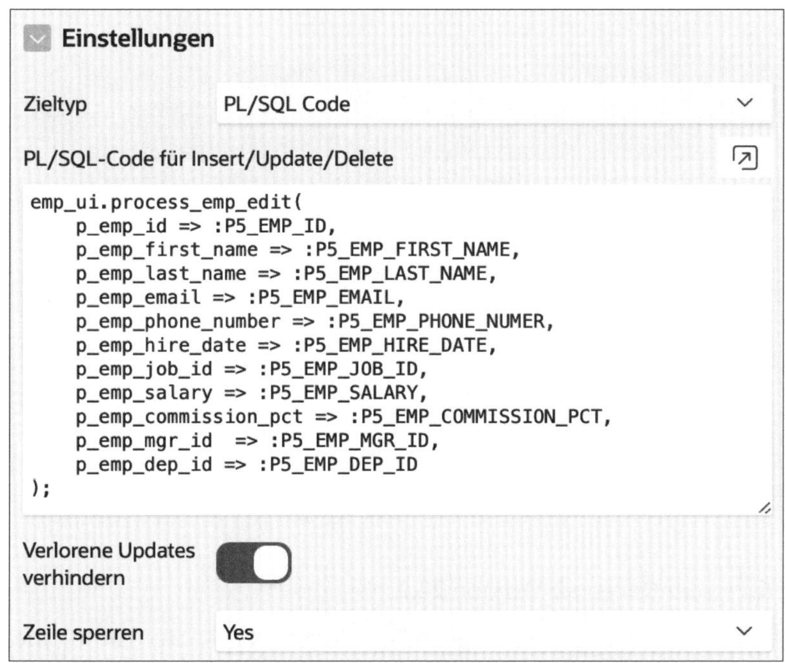

Abbildung 18.2 Parametereinstellungen des Seitenprozesses

In diesem Zusammenhang sind die Parameter unterhalb des PL/SQL-Blocks interessant. Ich werde noch nicht vollständig erklären, was es mit diesen Einstellungen auf sich hat, doch muss ich aus diesen Parametern eine Voraussetzung ableiten. Die Parameter kontrollieren, ob APEX sich darum kümmern soll, verlorene Updates zu vermeiden. Als »verlorenes Update« wird das versehentliche Überschreiben von Daten durch einen zweiten Benutzer verstanden, der den gleichen Datenbestand zeitgleich bearbeitet. Der zweite Schalter ist Teil der von APEX implementierten Strategie für diesen Zweck.

Dass APEX sich darum kümmert, ist natürlich wünschenswert, doch setzt insbesondere der Schalter EINSTELLUNGEN • ZEILE SPERREN voraus, dass die Berechtigung, die wir an den Basistabellen haben, mindestens eine `SELECT`-Berechtigung ist. Seit Version 12 der Datenbank kann man auch weniger erlauben, und zwar eine `READ`-Berechtigung. Mit dieser Berechtigung funktioniert der Mechanismus von APEX nicht, und das Speichern der Daten misslingt. Setzen Sie also entweder durch, die erforderlichen Rechte zu erhalten, oder wählen Sie den Schalter EINSTELLUNGEN • ZEILE SPERREN ab.

[!]

Merke

Ja, ich weiß, dass der Code des Packages auch direkt in dieses Attribut geschrieben hätte werden können. Ich empfehle Ihnen jedoch dringend, dies nicht zu tun. Schnell werden die Anforderungen an den Code höher und damit die Codemenge in diesem Attribut größer.

Code in diesen Attributen ist aber nicht testbar, wird nicht von Oracle verwaltet und kennt daher keine Abhängigkeitskette und ist zudem noch leicht langsamer als Code in Packages, da er vor der Ausführung stets neu kompiliert werden muss. Dass die Entwicklung im Monaco-Editor nicht mit dem Komfort des SQL-Developers oder ähnlichen Produkten vergleichbar ist, kommt hinzu.

Der Punkt, der mir am wichtigsten ist, ist Ihnen eventuell im Moment noch egal: Ich strebe eine saubere Trennung der Zuständigkeiten an, und dort ist APEX für die Visualisierung, das UI-Package für die Datenaufbereitung und Weiterleitung und die BL-Logik für die Speicherung der Daten verantwortlich. Dass mir dieser Punkt so wichtig ist, liegt daran, dass ich mich mit diesem Thema schon eine ganze Zeit beschäftige und die Früchte dieser Trennung genießen sowie den Fluch unstrukturierten Codes durchleiden durfte.

18.1.2 Verarbeitung der Daten ab Version 22.2

Die Erweiterung von APEX, über die ich so glücklich bin, behebt mehrere Probleme, die wir bislang zu lösen hatten:

- Wenn wir uns beim Namen des Packages verschreiben, duldet dies die Anwendungsseite, weil wir das Package ja auch später anlegen könnten. Korrigieren wir dies nicht, werden Laufzeitfehler die Folge sein.
- Verschreiben wir uns beim Namen einer Bindevariablen, ist das Verhalten noch undurchsichtiger, denn es erfolgt keinerlei Warnung, stattdessen wird die fehlende Bindevariable lediglich einen `NULL`-Wert liefern.

- Alle Bindevariablen liefern Zeichenketten, was uns die Bürde der Konvertierung in das entsprechende Zielformat aufbürdet. Weil ein Datumsfeld eine beliebige Formatmaske aufweisen kann, ist diese Konvertierung nicht trivial. Zudem müssen wir uns zu diesem Zeitpunkt noch mit Konvertierungsfehlern befassen.

Die Auswahl der Methode ist nun über eine entsprechende Auswahlliste möglich, was uns zwingt, das Package zunächst zu schreiben, mindestens als Stub, der noch nicht vollständig implementiert wurde. Die Parameter der Methode werden automatisch gelesen und nach Möglichkeit auf die bestehenden Seitenelemente gemappt. Wenden wir den neuen Prozesstypen auf die Methode aus Abbildung 18.2 an, sehen wir sofort den Fortschritt bezüglich der Sicherheit.

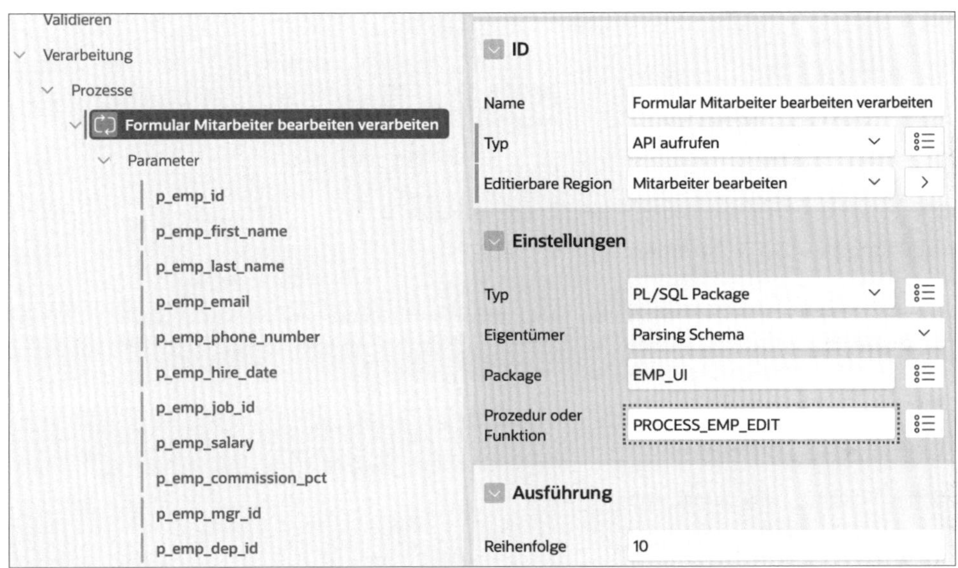

Abbildung 18.3 Parameter des Prozesses API aufrufen

Abbildung 18.3 zeigt den Verweis auf die Packagemethode sowie die ermittelten Parameter. Da die Parameter nun aber auch unterschiedliche Datentypen unterstützen, können wir uns leisten, die Parametertypen der Methode auf die entsprechenden Viewspalten zu referenzieren. Dadurch werden die einzelnen Parameterwerte direkt im korrekten Format übergeben, wie Abbildung 18.4 zeigt.

Grundsätzlich ist es auch möglich, komplexe Parametertypen, etwa Records, über diesen Weg anzubinden, allerdings derzeit noch ohne automatisiertes Mapping auf Seitenelemente. Der Record wird als ein Parameter vom Typ `Benutzerdefiniert` erkannt und muss manuell mit Werten belegt werden. Das geht nur durch eine PL/SQL-Prozedur, die einen entsprechenden Record aus den Seitenelementwerten zusammenstellt und übergibt.

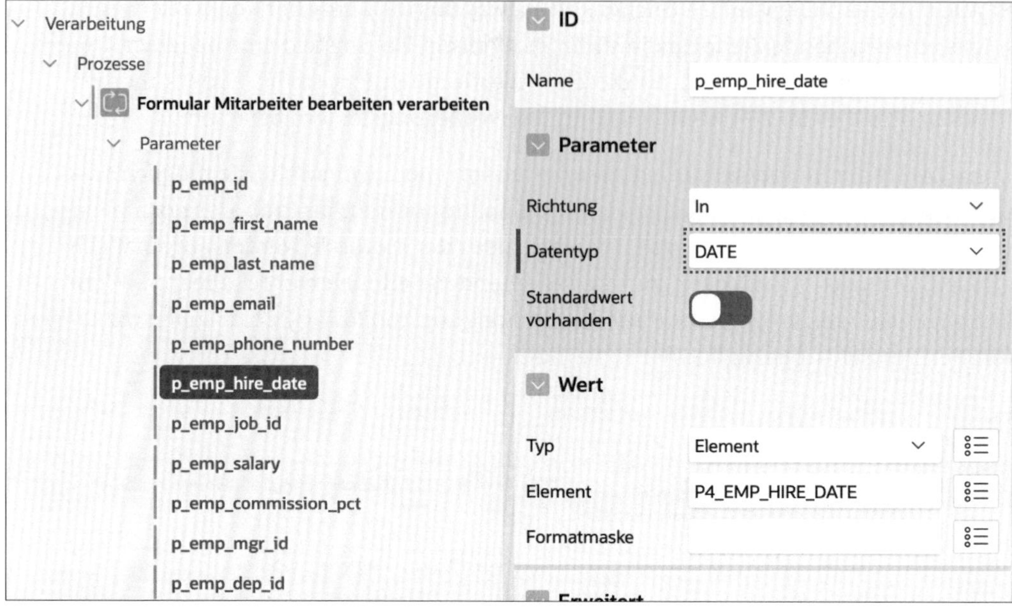

Abbildung 18.4 DATE-Parameter einer Prozedur

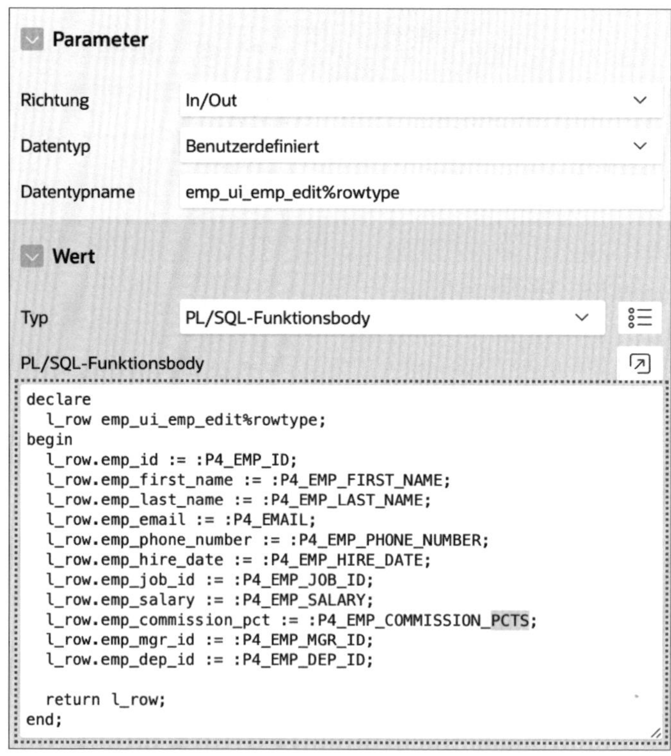


```
declare
  l_row emp_ui_emp_edit%rowtype;
begin
  l_row.emp_id := :P4_EMP_ID;
  l_row.emp_first_name := :P4_EMP_FIRST_NAME;
  l_row.emp_last_name := :P4_EMP_LAST_NAME;
  l_row.emp_email := :P4_EMAIL;
  l_row.emp_phone_number := :P4_EMP_PHONE_NUMBER;
  l_row.emp_hire_date := :P4_EMP_HIRE_DATE;
  l_row.emp_job_id := :P4_EMP_JOB_ID;
  l_row.emp_salary := :P4_EMP_SALARY;
  l_row.emp_commission_pct := :P4_EMP_COMMISSION_PCTS;
  l_row.emp_mgr_id := :P4_EMP_MGR_ID;
  l_row.emp_dep_id := :P4_EMP_DEP_ID;

  return l_row;
end;
```

Abbildung 18.5 Übergabe eines Record-Parameters

Der Vorteil besteht darin, dass auch die Bindevariablen, die auf die Elementwerte zeigen, ab dieser Version typsicher sind und insofern keine weiteren Konvertierungsprobleme hinzukommen, die Nachteile sind aber gravierend, da zum einen eine entsprechende Methode erstellt werden muss und zum anderen keine Warnung oder Fehlermeldung erfolgt, wenn eine nicht vorhandene Bindevariable referenziert wird, wie etwa die Bindevariable `:P4_EMP_COMMISSION_PCTS` in Abbildung 18.5. Dieses Problem ist also noch nicht behoben. Zudem ist die automatisierte Erkennung von Parametern einer Funktion derzeit nicht im Umfeld von Validierungen möglich, dort ist dieser Prozesstyp nicht aufrufbar. Andererseits ist dies die erste Version dieses Prozesstyps, es steht zu erwarten, dass die Funktionalität in weitere Seitenprozesse integriert werden könnte und auch funktional ausgebaut wird.

Derzeit lautet meine Empfehlung, auf diesen Prozesstyp zu wechseln, wenn Sie eine parameterbasierte Schnittstelle wie im oben gezeigten Beispiel verwenden. Haben Sie eine Record-basierte Schnittstelle, überzeugt mich der Ansatz derzeit noch nicht.

18.2 PL/SQL in Berechnungen und Validierungen

Nachdem wir das Prinzip des Einbindens von PL/SQL-Code kennengelernt haben, ist die weitere Anwendung in anderen Bereichen nicht kompliziert. PL/SQL-Funktionen können an vielen Stellen verwendet werden, zum Beispiel in Berechnungs- und Validierungslogik, aber auch in der Autorisierung von Benutzerberechtigungen.

18

Sehen wir auf das Beispielformular, bietet es sich vor allem an, unsere neugewonnene Implementierungsmöglichkeit durch das Package zu nutzen.

18.2.1 Berechnungen

Drei Berechnungen haben wir auf dem Beispielformular platziert, von denen die erste ersatzlos gestrichen werden kann, denn in ihr wurde die Sequenz konsultiert, falls `P5_EMP_ID` nicht belegt wurde. Da diese Aufgabe nun vom BL-Package übernommen wird, brauchen wir uns darum nicht mehr zu kümmern. Wir können es auch gar nicht mehr, denn die Sequenz ist nicht an unser Workspace-Schema berechtigt. Löschen wir also direkt diese Berechnung. Im Licht dessen, was wir im Package bereits gemacht haben, ist auch die zweite Berechnung zu trivial, als dass wir sie auf der Seite platzieren würden, denn bei der Übernahme der Benutzereingaben in den Record können wir die Konvertierung in Großbuchstaben direkt mitmachen. Also auch hier: Weg damit! Es bleibt die Berechnung der Boni. Die Berechnung setzt die Eingabe auf `NULL`, wenn die Berufsbezeichnung in der Liste `SA_REP` und `SA_MAN` enthalten ist. Das löst eine Reihe Fragen aus. Ist es clever, eine hartkodierte Liste von Berufen in der serverseitigen Bedingung einer Seitenelementberechnung zu verstecken? Finden Sie alle

Stellen, an denen Sie so etwas gemacht haben, wieder, falls ein weiterer bonusberechtigter Beruf hinzukommt?

Nun könnte man sagen, dass wir doch ein UI-Package haben, dort könnten wir eine entsprechende Prüfung unterbringen. Doch auch dieser Ort erscheint nur halb geeignet, denn die Entscheidung, ob ein Beruf bonusberechtigt ist oder nicht, ist eine fachliche Entscheidung. Man kann förmlich daran riechen, dass auch ein Batch-Job dieser Einschränkung unterliegen soll und es daher nicht gut ist, hier diese Dinge zu prüfen.

Doch lassen wir diese Entscheidung für später. Für unser Beispielformular möchte ich gern, dass unser UI-Package eine Funktion bereitstellt, mittels derer geprüft werden kann, ob ein Beruf bonusberechtigt ist. Diese Funktion könnte dann die hartkodierte Liste ersetzen und wäre vor allem in der gesamten Anwendung wiederverwendbar. Glauben Sie es oder nicht, aber zufällig findet sich diese Funktion bereits im Package ...

Bei der Analyse des Datenmodells fällt uns auf, dass in Tabelle **HR_JOBS** bereits eine Spalte für diesen Zweck existiert, die entweder `N` oder `Y` enthält. Diese Information machen wir uns in der Methode `EMP_UI.JOB_IS_COMMISSION_ELIGIBLE` zunutze. Die Funktion erwartet die aktuelle Job-ID, die der Benutzer ausgewählt hat, und die können wir nun wieder einfach als Bindevariable übergeben. Natürlich müssen wir den Typ der Bedingung noch ändern. Abbildung 18.6 zeigt die einfachste Variante, diese Umstellung durchzuführen.

Abbildung 18.6 Umstellung der serverseitigen Bedingung

[!]

Merke

Ich empfehle Ihnen, den Rückgabetyp der Prüfmethoden nicht auf Boolean, sondern auf einen Wahrheitswert, den Sie auch in SQL verwenden können, einzurichten. Hierzu existieren viele Konventionen, APEX verwendet `Y` und `N`, doch ist das natürlich beliebig. Die Empfehlung rührt daher, dass es Ihnen bei der Verwendung »SQL-gängiger« Datentypen möglich sein wird, Autorisierungen auch in `select`-Anweisungen zu verwenden, zum Beispiel um Daten zu filtern. Ich gehe noch einen Schritt weiter und arbeite grundsätzlich nicht mit `'Y'` oder `1`, wenn ich einen logischen Wahrheitswert meine, sondern mit `C_TRUE`. Was das ist, definiere ich an möglichst zentraler Stelle, in unserem Beispiel im Package `EMP_UI`. Das hat seinen Grund einerseits darin, dass ich »Magic Values« vermeiden möchte (was bedeutet »Status 34«?), andererseits mag ich die Flexibilität dieses Ansatzes, denn es ist nun einfach, die Bedeutung dieses Typs an einer Stelle zu ändern. Ich gehe sogar so weit, `C_TRUE` und `C_FALSE` im Package `EMP_UI` als Funktionen zu implementieren und nicht als Packagekonstanten. Das mag auf Sie übertrieben wirken, hat aber den Vorteil, dass diese Werte nun auch direkt in SQL verwendet werden können.

Damit Sie diese Methoden in den Autorisierungsschemata einfach verwenden können, empfehle ich folgenden kurzen Ausdruck:

```
return emp_ui.user_is_admin = emp_ui.C_TRUE;
```

Liefert Ihre Methode den logischen Wert `WAHR` zurück, ist der Ausdruck `TRUE`, anderenfalls `FALSE`, da ergibt eine `if`-Abfrage keinen Mehrwert.

Ich warte im Übrigen gespannt auf die Datenbankversion 23c, für die angekündigt ist, dass sie endlich einen Datentyp `boolean` besitzen wird. Durch diesen Datentyp wird diese Diskussion hinfällig.

Die Berechnung hätten wir auch als Teil der Übernahme der Daten in unserem Package berechnen können, wäre da nicht ein Detail: Sie müssen durchgeführt werden, bevor die Validierungen kommen, falls diese auf den berechneten Werten basieren. Implementieren wir diese Funktionalität nur beim Verarbeiten der Seite, sind unnötige Validierungsfehler die Folge. Da zudem nur durch den Validierungsschritt Fehlermeldungen auf der Seite angezeigt werden, ohne vorher die Seite abgesendet zu haben, ist das beschriebene Vorgehen unumgänglich.

Wir halten aber fest: Die Auslagerung der Bedingung in eine Methode hat große Vorteile, weil sie die Wiederverwendbarkeit erhöht, die Menge Code reduziert und Wiederholungen vermeidet. Wahrscheinlich muss diese Prüfung unser UI-Package noch Richtung Geschäftslogik verlassen, weil, und das ist ein entscheidender Punkt, die Entscheidung nichts mit APEX zu tun hat, sondern nur auf den Daten basiert. Kümmerte sich APEX darum, würde dies in anderen Programmierkreisen als Neid aufgefasst: Code sollte nur Arbeiten tun, für die er auch zuständig ist. Wir behalten das im Hinterkopf.

18.2.2 Validierungen

Aus dem Blickwinkel der Überlegungen zu den Berechnungen und Bedingungen betrachten wir gerade die erste Validierung kritisch: Sie prüft, ob die E-Mail-Adresse bereits für einen anderen Mitarbeiter verwendet wurde. Aus den gleichen Gründen wie bei der Bedingung der Berechnung aus dem vorherigen Abschnitt sollten wir diese Prüfung in unser UI-Package auslagern und die `select`-Abfrage von der Seite entfernen.

Wir verwenden hierfür die Funktion `EMP_UI.CHECK_EMAIL_IS_UNIQUE`, die die beiden Parameter `P_EMP_ID` und `P_EMP_EMAIL` erwartet. Das ist besser, doch gibt es einige Anmerkungen. Es wäre theoretisch möglich, statt des Ausdrucks, der `TRUE` oder `FALSE` liefert, direkt eine Funktion zu bauen, die eine Fehlermeldung liefert. Ich wäre auch dafür, wenn es mehrere mögliche Fehlerszenarien gibt, zwischen denen Sie in der Meldung unterscheiden möchten. Es wäre nicht sehr clever, für jede mögliche Fehlermeldung eine eigene deklarative Validierung anzulegen.

Ist anderseits nur eine Meldung geplant, kann man bei der Variante bleiben, die wir hier haben, schließlich profitieren wir von dieser Lösung auch insofern, als diese Meldung bei einer eventuellen Übersetzung unserer Anwendung als Teil der Texte mit übersetzt würde. Ebenso finde ich die zweite Validierung in Ordnung, denn hier wird lediglich ein Pflichtfeld geprüft und eine Meldung ausgegeben. Solche Dinge in ein Package auszulagern, ergibt nur in großen Anwendungsumgebungen mit Hunderten von Meldungen Sinn, wo ein Framework existiert, das für die Verwaltung aller Arten von Meldungen eingesetzt wird. Ansonsten ist diese Prüfung an dieser Stelle in Ordnung. Welche Optionen wir hier haben, bespreche ich in Abschnitt 18.3.3.

Autorisierungen

Ein weiterer Bereich für die Integration von PL/SQL ist die Verwendung in Autorisierungsschemata. Die Schemata unterstützen eine Reihe deklarativer Verfahren, um zu entscheiden, ob ein Benutzer über eine Berechtigung verfügt oder nicht. Allerdings bietet die Integration von PL/SQL auch hier eine höhere Flexibilität und Wiederverwendbarkeit. PL/SQL kann nur über einen Funktionsbody, der einen booleschen Wert liefert, integriert werden, doch wäre dies ein Problem, da wir die Methode dann nur hier und nicht in `select`-Anweisungen verwenden könnten. Dies wiederum ist auch insofern eine gute Idee, als bereits die Basisdaten eines Berichts über die Berechtigungsprüfung gefiltert werden könnten und nicht autorisierte Daten überhaupt nicht bis zur Oberfläche gelangen können. Ein weiterer Grund, die Methoden kein boolesches Flag zurückliefern zu lassen, sondern gegen den »logischen« Wahrheitswert aus Package `EMP_UI` zu prüfen.

Lassen Sie die Änderungen an der Anwendungsseite Revue passieren, stellen Sie fest, dass die Abhängigkeit der Seite von den fachlichen Daten nur noch in zwei Strukturen existiert: Über eine View für den lesenden und ein Package für den schreibenden Zugriff. Das Package hat sich durch die Überarbeitungen der Seite ein wenig gefüllt und zentralisiert Prüfungen, die sehr wahrscheinlich auf anderen Anwendungsseiten auch zum Einsatz kommen könnten. Das ist noch keine große Programmierkunst, doch strukturieren bereits diese einfachen Methoden die Anwendung besser und erleichtern die spätere Wartung der Anwendung. Das ist ein großes Plus, sozusagen zum kleinen Preis.

Ein Gegenargument könnte sein, dass durch ein solches UI-Package die Geschwindigkeit, mit der entwickelt werden kann, reduziert wird. Das ist aber nicht so: Ich entwickle das Package beim Schreiben dieses Kapitels parallel. Die Zeit, die ich brauche, das Package zu erweitern und zu ändern, ist kurz und bremst die Entwicklung als solche überhaupt nicht aus. Die Vorstellung, deklarative Parametrierung sei »agiler« als die Verwendung eines Packages, teile ich überhaupt nicht. Spätestens wenn Sie eine deklarative Validierung zum vierten oder fünften Mal anlegen, werden Sie sich fragen, warum Sie dafür nicht einfach eine kleine Methode haben. Das Problem ist nur: Geht man einmal den deklarativen Weg, ist es schwer, den Zeitpunkt zu finden, an dem man zentralisieren sollte. Hat man andererseits zu Beginn der Programmierung einer neuen Anwendung bereits ein UI-Package, ist es ein Leichtes, benötigte Logik dort zu entwickeln, zu testen und auf der Seite nur noch zu verwenden. Die anderen Vorteile kommen dann kostenlos hinzu.

18

18.3 Unterschiedliche Formen der PL/SQL-Integration

PL/SQL lässt sich an vielen Stellen in eine APEX-Anwendungsseite integrieren. Wir haben die Integration in Prozessen, Validierungen und Bedingungen gesehen. An diesen Stellen wird dies durch unterschiedliche Attribute ID • TYP des jeweiligen Prozesses, VALIDIERUNG • TYP für Validierungen sowie SERVERSEITIGE BEDINGUNG • TYP für Bedingungen festgelegt. Unterstützt ein Typ die Integration von PL/SQL, stehen meistens mehrere Ausprägungen zur Verfügung, die ich in diesem Abschnitt kurz besprechen möchte.

18.3.1 Prozess-Typen »Code ausführen« und »Automatische Zeilenverarbeitung«

Die einfachste Variante ist durch den Prozesstyp **Code ausführen** vorhanden. Wird dieser Typ verwendet, kann im Attribut QUELLE • PL/SQL-CODE ein PL/SQL-Block ausgeführt werden. Beachten Sie, dass das umfassende `begin ... end` durch APEX zur Verfügung gestellt wird, daher kann im einfachsten Fall der Name einer Methode verwendet werden. In vielen Fällen kann die Verwendung dieses Prozesstyps ab Version 22.2 durch den neuen Prozesstyp `API aufrufen` ersetzt und stabilisiert werden.

Neu hinzugekommen ist das Attribut QUELLE • SPRACHE. Im Regelfall lässt sich hier nur der Wert PL/SQL auswählen, es sei denn, Sie arbeiteten auf einer Oracle-Datenbank ab Version 21.3 und die neue *Multilingual Engine* wäre installiert. Dann ist die Ausführung von JavaScript auch in der Datenbank möglich. Das jedoch ist ein Thema, das ich nicht besprechen werde, da es über die Grenzen von Low Code hinausgeht.

Wenn Sie Code ausführen, stellt sich schnell die Frage, wie Sie berechnete Werte zurück an APEX melden können. Die Speicherung von Daten erfolgt immer im Session Status. Dort bekommen wir unsere Werte her, und dahin schreiben wir auch eventuelle Berechnungsergebnisse. Wie wir die Daten aus dem Session Status abfragen können, haben wir ja bereits gesehen, wir verwenden (auf der APEX-Anwendungsseite) die Bindevariablen-Notation mit vorangestelltem Doppelpunkt. Analog wäre es auch möglich, einen Wert über diesen Weg in den Session Status zu schreiben, indem Sie einer Bindevariablen einen neuen Wert zuweisen.

Möchten Sie jedoch innerhalb einer Methode in einem Package oder in einer View auf den Session Status zugreifen, steht die Bindevariable nicht zur Verfügung, der Code kompiliert nicht. APEX stellt für diesen Anwendungsfall eine eigene API zur Verfügung, mit deren Hilfe diese Aufgaben ausgeführt werden können. Wir verwenden hier die Methoden `apex_util.get_session_state` zum Lesen aus dem und `apex_util.set_session_state` zum Schreiben von Werten in den Session Status. Die erste Methode kann auch in `select`-Anweisungen verwendet werden. Beachten Sie, dass auch hier der Session Status immer als Zeichenkette interpretiert wird und keine Datumsangaben direkt geschrieben werden können. Sie können das versuchen, und es funktioniert auch, hinter den Kulissen wird jedoch Ihr Datum in eine Zeichenkette konvertiert. Dabei wird das Datumsformat verwendet, das Sie für Ihre Session eingestellt haben, und dieses Format muss nicht notwendigerweise mit dem Format übereinstimmen, das Sie in APEX eingestellt haben. Konvertieren Sie also immer explizit mit der korrekten Formatmaske.

Alles bislang Gesagte gilt in gleicher Weise auch für die Prozesstypen `Formular - Automatische Zeilenverarbeitung (DML)` und `Interaktives Grid - Automatische Zeilenverarbeitung (DML)`. Wie wir in unserer Überarbeitung des Formulars gesehen haben, können beide Prozesstypen über das Attribut EINSTELLUNG • ZIELTYP • `PL/SQL-Code` auch auf PL/SQL eingestellt werden. Das dann angezeigte Attribut EINSTELLUNGEN • PL/SQL CODE FÜR INSERT/UPDATE/DELETE funktioniert analog zum oben besprochenen Attribut QUELLE • PL/SQL-CODE.

18.3.2 Serverseitige Bedingungen

Serverseitige Bedingungen können durch PL/SQL berechnet werden, wenn das Attribut SERVERSEITIGE BEDINGUNG • TYP auf `Ausdruck` oder `Funktionsbody` eingestellt wird. Ein Ausdruck muss zu `TRUE` oder `FALSE` evaluierbar sein, ein `NULL`-Wert gilt als

FALSE. Diese Option dürfte der Regelfall für Sie werden, denn hier können auch Funktionen aufgerufen werden, die einen entsprechenden Wahrheitswert zurückgeben. Die zweite Option, Funktionsbody, erwartet einen Ausdruck der Form return <Bedingung>, was in meinen Augen nur dann sinnvoll ist, wenn Sie innerhalb des Attributs programmieren möchten. Da ich Sie hierzu nicht animieren möchte, erwähne ich diese Option nur.

Prozeduren sind in beiden Fällen natürlich keine Option, denn die Bedingung will entschieden werden, dazu bedarf es eines Wahrheitswerts, den Sie im Code ermitteln und an APEX zurückliefern müssen.

18.3.3 Validierungen

Auch bei den Validierungen existieren Möglichkeiten, PL/SQL-Code zu verwenden. Hier sind die Optionen vielfältiger, denn es muss nicht nur eine Entscheidung getroffen werden, ob die Validierung erfolgreich war oder nicht, sondern es müssen auch Meldungen ausgegeben werden.

Validierungstyp »Ausdruck«

Die erste Option besteht im Attributwert VALIDIERUNG • TYP • Ausdruck. Analog zur serverseitigen Bedingung muss hier ein Ausdruck oder eine Funktion angegeben werden, die TRUE oder FALSE liefert. Die Fehlermeldung wird dann über das Attribut FEHLER • FEHLERMELDUNG definiert. Diese Option bietet sich für einfache Validierungen an, die innerhalb der Datenbank durchgeführt werden sollen und für die nur eine Fehlermeldung ausreicht.

18

Validierungstyp »PL/SQL-Fehler«

Der Attributwert VALIDIERUNG • TYP • PL/SQL-Fehler erfordert die Angabe einer PL/SQL-Prozedur, keiner Funktion. Die Möglichkeiten dieser Prozedur mögen auf den ersten Blick mächtiger wirken als die Angabe eines einfachen Ausdrucks, weil eine Prozedur ja unterschiedliche Fehler melden könnte, doch täuscht dies insofern, als für APEX lediglich die Tatsache zählt, *dass* ein Fehler ausgelöst wurde, nicht aber, welcher.

Wird ein Fehler ausgelöst, hat dies die Ausgabe der Fehlermeldung aus dem Attribut FEHLER • FEHLERMELDUNG zur Folge.

Validierungstyp »Funktionsbody (der booleschen Wert zurückgibt)«

Ebenfalls analog zur serverseitigen Bedingung vom Typ Funktionsbody ist auch in Validierungen die Angabe eines entsprechenden Codes möglich, und analog zu diesem Bedingungstyp bin ich kein Freund dieser Option. Er bietet im Vergleich keinen weiteren Vorteil zu einem Ausdruck und kann daher aus meiner Sicht immer dann durch den Ausdruck ersetzt werden, wenn Sie nicht planen, direkt auf der Anwendungsseite zu programmieren.

Validierungstyp »Funktionsbody (der Fehlertext zurückgibt)«

Anders sieht es bei dem Validierungstyp VALIDIERUNG • TYP • `Funktionsbody (der Fehlertext zurückgibt)` aus. Im Gegensatz zur Variante, die einen booleschen Wert zurückgibt, ist es hier möglich, den Fehlertext direkt in der Funktion berechnen zu lassen. Die Validierung gilt als erfolgreich bestanden, wenn die Funktion keinen Text (also `NULL`) zurückliefert. Beachten Sie, dass Sie in Funktionen *immer* irgendetwas zurückliefern müssen, auch wenn es sich um `NULL` handelt. Liefern Sie nichts zurück, weil Sie keine `return`-Klausel benutzen, wird ein PL/SQL-Fehler geworfen.

Der große Vorteil dieses Validierungstyps besteht in der Flexibilität, auf unterschiedliche Fehlersituationen reagieren zu können. Nehmen wir als ein einfaches Beispiel die Prüfung eines Datums. Hier könnten viele unterschiedliche Fehler auftauchen, von nicht existierenden Monaten über nicht existierende Tage in einem Monat bis hin zu nicht erlaubten Jahresangaben, um nur einige zu nennen. Tatsächlich sind die Fehlermeldungen, die Oracle selbst ausgibt, in diesem Beispiel sehr sprechend und eignen sich gut, um eine entsprechende Fehlermeldung zu erzeugen.

In diesen Fällen ist die Auslagerung in eine Funktion in einem Package und die Erzeugung der entsprechenden Fehlermeldung besonders praktisch. Ein kleiner Nachteil dieser Strategie besteht darin, dass es nicht ausreicht, den Namen der Funktion in die Validierung zu schreiben, sondern aufgrund des Typs erwartet APEX die Formulierung `return <Name der Funktion>;`. Da das Problem unterschiedlicher Fehlermeldungen mit diesem Ansatz jedoch mit geringstmöglicher Programmierung gelöst werden kann, sollten Sie diese Option in jedem Fall im Hinterkopf behalten.

18.3.4 Regionen mit dynamischem Inhalt

Eine weitere Möglichkeit der Integration von PL/SQL in die Anwendung besteht darin, den Inhalt einer Region auf einer Anwendungsseite durch einen PL/SQL-Methodenaufruf berechnen zu lassen. Bis Version 22.2 steht hierfür der Regionstyp `Dynamischer PL/SQL-Inhalt` zur Verfügung. Dieser Regionstyp erwartet als Quelle die Angabe einer PL/SQL-Prozedur, keiner Funktion. Der berechnete Inhalt muss innerhalb der Prozedur durch Aufrufe des Packages `sys.htp.p` direkt in den http-Stream geschrieben werden und gelangt auf diesem Weg auf die Anwendungsseite.

Dieses Verfahren existiert bereits seit langer Zeit und funktioniert unproblematisch, allerdings liegt eine Herausforderung darin, dass dieser Regionstyp nicht dynamisch aktualisierbar ist. Sollen die Inhalte der Region also von anderen Parametern auf der Anwendungsseite abhängen, ist dies nicht einfach möglich. Es gibt Möglichkeiten, über dynamische Aktionen und einige Hacks diesem Problem zu begegnen, doch sind diese Auswege eher unschön.

Version 22.2 löst dieses Problem durch einen neuen Regionstypen namens `Dynamischer Inhalt`, der das Konzept der Regionsquellen, wie wir dies bereits für Berichte kennengelernt haben, nun auch auf diesen Regionstyp überträgt. Ähnlich wie jeder Bericht ist dieser Regionstyp nun dynamisch aktualisierbar und kann zum Beispiel Hilfetexte für einen gewählten Eintrag eines Auswahlmenüs dynamisch anzeigen.

Die Region erwartet eine PL/SQL-Funktion, die den Inhalt im HTML-Format als `VARCHAR2` oder `CLOB` zurückliefert, daher ist die Verwendung des Packages `sys.htp.p` nicht mehr erforderlich. Durch die Möglichkeit, auch `CLOB` zurückzuliefern, entfällt zudem die Notwendigkeit, sich um die Limitierung dieses Packages auf 32KByte pro Schreibvorgang kümmern zu müssen. Wie üblich ist es grundsätzlich denkbar, diese Funktion auch in JavaScript zu implementieren, falls Sie auf eine entsprechende Datenbank (ab Version 21c) und die Installation der *MLE* (*Multi Language Engine*) zurückgreifen können. Wie ich höre, wird Version 23c der Datenbank nicht nur JavaScript, sondern auch Python ermöglichen, sodass die Vielfalt der eingesetzten Programmiersprachen in Zukunft deutlich zunehmen dürfte.

18.4 PL/SQL in dynamischen Aktionen

Ein weiterer relevanter Bereich, in dem PL/SQL-Code eingesetzt wird, ist in dynamischen Aktionen. Das Umfeld, in dem wir uns nun befinden, ist allerdings komplexer als bei den bisher geschilderten Möglichkeiten, weil wir uns nicht im üblichen »Lebenszyklus« einer APEX-Seite bewegen, in dem APEX erforderliche Vorarbeiten automatisiert erledigt.

Die Integration von PL/SQL-Code in eine dynamische Aktion ist nur über den Aktionstyp ID • AKTION • `Serverseitigen Code ausführen` möglich. Die angesprochene zusätzliche Komplexität folgt aus der Tatsache, dass der Session Status und der aktuelle Zustand der Daten auf der Anwendungsseite nicht synchron sind. Wir hatten das schon verschiedentlich angesprochen, doch erfahrungsgemäß ist dies die häufigste Fehlerquelle.

Die Situation ist, dass Sie, basierend auf einer Aktion des Anwenders, eine Aufgabe innerhalb der Datenbank ausführen möchten. Welche Werte aktuell auf der Anwendungsseite angezeigt werden, weiß die Datenbank aber nicht. Daher müssen Sie sich zur Angewohnheit machen, alle Elemente, deren Werte Sie innerhalb der auszuführenden Aktivität in der Datenbank benötigen, auch mit dem Aufruf der dynamischen Aktion mitzugeben. Dies geschieht deklarativ über das Attribut EINSTELLUNGEN • WEITERZULEITENDE ELEMENTE.

Ändern Sie den Session Status innerhalb der Datenbankaktivität, gilt das Gleiche in umgekehrter Richtung: Die Anwendungsseite hat von dem geänderten Wert keine Kenntnis, es sei denn, Sie würden den geänderten Wert explizit rückmelden lassen. Auch dies geht deklarativ über das Attribut EINSTELLUNGEN • ZURÜCKZUGEBENDE ELEMENTE.

Ein Problem, das viele Entwickler zu Beginn ratlos zurücklässt, ist, dass es nicht möglich ist, mit dem zurückgegebenen Wert innerhalb der dynamischen Aktion eine weitere Entscheidung zu treffen oder irgendetwas mit diesem Wert zu tun. Sehen wir uns hierzu ein Beispiel an.

Da wir unser Formular durch ein wenig Programmierung stabilisieren möchten, sehen wir uns auch die dynamische Aktion an, die wir auf <ANWENDUNGSSEITE EMP_EDIT> angelegt hatten. Wir wollten mit dieser dynamischen Aktion das Feld `Boni` ausblenden, falls kein bonusberechtigter Beruf gewählt wurde. Haben Sie noch in Erinnerung, dass wir hier das zweite Mal die Liste der Berufe aufgezählt hatten, die bonusberechtigt sind? Das ideale Beispiel, um unsere Funktion wiederzuverwenden, die wir für die serverseitige Bedingung angelegt hatten. Also schnell ans Werk, sicher existiert für die dynamische Aktion im Attribut CLIENTSEITIGE BEDINGUNG • TYP eine Ausprägung, um unsere Funktion aufzurufen, oder? Leider nein, hier sind nur Möglichkeiten gegeben, einfache Vergleiche anzustellen oder JavaScript-Methoden aufzurufen. Wir könnten nun versuchen, in JavaScript eine Methode zu schreiben, die zur Datenbank geht, dort eine Funktion aufruft und das Ergebnis interpretiert, doch ist das definitiv kein Low Code mehr.

Bevor wir die dynamische Aktion umbauen können, benötigen wir eine Strategie, wie unser Ziel erreicht werden kann. Grundsätzlich können wir mit einer dynamischen Aktion Funktionen in der Datenbank ausführen. Das Ergebnis der Prüfung können wir uns zurückmelden lassen, darauf aber keine Entscheidung beruhen lassen, denn die Unterscheidung zwischen den auszuführenden Aktionen sind nur clientseitig möglich.

[!]

Merke

Lassen Sie sich insbesondere nicht von der Möglichkeit, eine serverseitige Bedingung einzurichten, täuschen: Diese allgemeine Option steuert, ob die dynamische Aktion als Ganzes ausgeführt wird oder nicht und bezieht sich nicht auf die von uns gewünschte Prüfung.

Was wir aber tun können, ist, ein Hilfsfeld einzurichten, welches das Ergebnis der Prüfung aufnimmt. Ändert sich dieses Feld, könnte eine einfache clientseitige Prüfung den aktuellen Wert als Entscheidungskriterium verwenden und die dynamische Aktion ausführen, die aktuell am Element `P5_EMP_JOB_ID` hängt. Der Fluss wäre also:

- Ändert sich das Element `P5_EMP_JOB_ID`, gehe zur Datenbank und berechne, ob der neue Beruf bonusberechtigt ist.
- Schreibe das Ergebnis in ein neues Seitenelement `P5_IS_COMMISSION_ELIGIBLE`, das nicht sichtbar ist.
- Ändert sich das ausgeblendete Feld, führe die dynamische Aktion aus, die bislang direkt an `P5_EMP_JOB_ID` hing.
- Ändere die clientseitige Bedingung so, dass das Ergebnis der Prüfung (**`C_TRUE|C_FALSE`**) aus dem versteckten Element als Grundlage dient.

Abbildung 18.7 zeigt die neue dynamische Aktion auf Element `P5_EMP_JOB_ID` mit der serverseitigen Aktion.

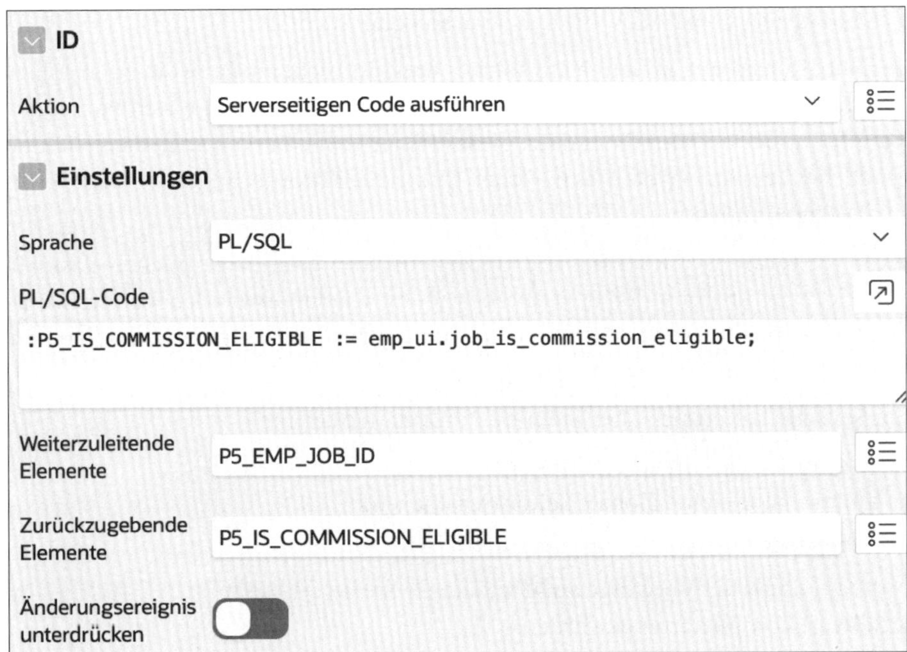

Abbildung 18.7 Dynamische Aktion zur Ermittlung der Bonusberechtigung

Auch hier profitieren wir davon, dass die Funktion `emp_ui.job_is_commission_eligible` keinen booleschen Wert zurückliefert, sondern einen logischen Wahrheitswert, da dieser auch in einem Seitenelement abgelegt werden kann.

[!]

Merke

Eine wichtige Änderung müssen wir noch durchführen, damit die Integration des serverseitigen Codes gelingt. Ein Formular in APEX wird normalerweise so eingerichtet, dass alle Seitenelemente ihre Werte nur im Arbeitsspeicher hinterlegen. Soll durch eine serverseitige Operation auf die Werte zugegriffen werden, muss für diese Seitenelemente im Attribut QUELLE • SESSIONZUSTAND BEIBEHALTEN • Pro Session (Datenträger) festgelegt werden.

Im Beispiel gilt dies für die Seitenelemente P5_EMP_JOB_ID und P5_IS_COMMISSION_ELIGIBLE (bei dem dies standardmäßig bereits so eingestellt ist).

In Abbildung 18.7 sehen Sie den Schalter EINSTELLUNGEN • ÄNDERUNGSEREIGNIS UNTERDRÜCKEN. Machen wir uns klar, was damit gemeint ist. Wird durch JavaScript-Code auf der Anwendungsseite der Wert eines Eingabeelements geändert, hat dies immer zur Folge, dass dort einige Ereignisse ausgelöst werden, insbesondere das **change**-Ereignis, das die Änderung anzeigt. Dieses Ereignis benötigen wir dringend, denn darauf wartet unsere zweite dynamische Aktion, um zu entscheiden, ob sie das Eingabefeld P5_EMP_COMMISSION_PCT anzeigen soll oder nicht.

Es gibt aber Situationen, in denen ein solches Ereignis nicht ausgelöst werden sollte, da es zum Beispiel dazu führen kann, dass Schleifen entstehen, die sich von allein nicht auflösen lassen. Dafür dient dann dieser Schalter. Sie merken aber, dass wir hier empfindliches Terrain betreten, es kommen ganz neue Anforderungen auf uns zu, die wir kontrollieren müssen.

Bewerten wir kurz diese Änderung. Auf der Habenseite würde ich verbuchen, dass wir die Funktion zur Prüfung der Bonusberechtigung wiederverwenden konnten. Dadurch ist die explizite Liste mit Berufen vollständig verschwunden und durch einen datengetriebenen Ansatz ersetzt worden.

Auf der Sollseite haben sich aber mehrere Punkte angesammelt:

- Es war erforderlich, ein verstecktes Seitenelement anzulegen, das funktional wie eine globale Seitenvariable wirkt.
- Wir haben nun zwei statt einer dynamischen Aktion.
- Das Verständnis der Vorgänge auf der Seite ist erschwert, die Seite ist komplizierter geworden.

Lassen Sie mich den letzten Strichpunkt der Liste etwas genauer erläutern. Wenn Sie die Seite verstehen möchten und vom Seitenelement P5_EMP_JOB_ID ausgehen, ist das Prozedere nachvollziehbar. Wie aber sieht die Situation aus, wenn Sie nicht wissen, wie die gesamte Seite funktioniert und sich fragen, wie es eigentlich sein kann, dass sich das Seitenelement P5_IS_COMMISSION_ELIGIBLE ändern sollte? Es ist ein ausgeblendetes Element und besitzt keine Quelle. Der Anwender kann dieses Feld also nicht beschreiben, das muss durch irgendeinen Code passieren.

In der momentanen Version haben wir noch den Vorteil, dass die dynamische Aktion auf P4_EMP_JOB_ID die Zuweisung zu diesem Element im PL/SQL-Code durchführt, denn so sehen wir, dass eine Zuordnung erfolgt. Alternativ hätten wir eine Prozedur für den gleichen Zweck schreiben können, die während der Ausführung direkt den

Wert in den Session Status schreibt. Dann wäre nur nach an der Tatsache, dass diese dynamische Aktion einen Elementwert zurückliefern soll, zu erkennen, dass zwischen den beiden dynamischen Aktionen eine Verbindung besteht. So hoffen wir zumindest, denn wenn das früher mal so geplant, aktuell aber nicht mehr gemacht wird, verbleibt das Element wahrscheinlich dennoch in der Liste der zurückzuliefernden Seitenelemente, da es ja »nicht schadet« und die Seite auch so funktioniert. Damit möchte ich sagen, dass die reine Auflistung des Seitenelements nichts darüber aussagt, ob es auch wirklich so verwendet wird, wie Sie das interpretieren.

Alles ist gut, solange die Seite nicht gleichzeitig auch noch komplex wird. Haben wir also viele Situationen wie diese, führt das zu einer großen Anzahl dynamischer Aktionen mit versteckten Verbindungen und Abhängigkeiten untereinander. Planen Sie, solche Seiten zu erstellen, sind Sie ein Kandidat für den dritten Teil dieses Buches, »Professional Use«, denn dann benötigen Sie mächtigere Werkzeuge, um die Komplexität dieser Seiten zu bändigen.

Den aktuellen Stand finden Sie unter *SQL_Skripte\Kapitel_15\Kap_15_15_Anwendung.sql*.

18.5 APEX PL/SQL-Packages

APEX liefert umfangreiche Funktionalität in Packages mit, die in Ihrem Code verwendet werden können. Wo erforderlich, beziehen sich die Packages immer nur auf die Daten, die in Ihrem Workspace oder in Ihrer aktuellen Session verfügbar sind. Es ist eine sinnvolle Investition, sich die Zeit zu nehmen, die mitgelieferten Packages einmal durchzusehen, da sich hier universell nutzbare Utilities verbergen.

18

Alle mitgelieferten Packages sind in der Dokumentation zu APEX beschrieben. Besonders wichtig ist es aber, dass Sie die Dokumentation zu exakt der Version von APEX heranziehen, mit der Sie arbeiten. Ein guter Einstiegspunkt ist der URL *https://apex.oracle.com/api*. Im Breadcrumb dieser Seite gehen Sie eine Ebene nach oben und erhalten dort Zugriff auf alle Dokumentationen von APEX bis zurück zu Version 18.1. Ich lege für die Besprechung die Version 21.2 zugrunde, da dieses Buch APEX ab dieser Version bespricht.

Nach einem Update von APEX ist es sinnvoll, sich das erste Kapitel der Dokumentation, CHANGES IN RELEASE <VERSION> FOR ORACLE APEX API REFERENCE durchzuschauen. Es ist leider ein Fakt, dass sich die API von APEX von Version zu Version verändern kann. Daher ist die Verwendung der korrekten Dokumentation so wichtig. Sie sollten aber auch überlegen, ob sich durch die Erweiterung eine Refaktorisierungsaufgabe für die bestehenden Anwendungen ergeben könnte. Hierzu passt auch ein Hinweis auf eine Eigenschaft, die viele APEX-Entwickler umtreibt: APEX sortiert gewisse Funktionalität nach einiger Zeit aus, zuletzt hat es hier die Websheet-Anwendungen erwischt, die ich folgerichtig in diesem Buch auch nicht mehr beschreibe. Für viele ist die Liste der Funktionalitäten, die nicht mehr unterstützt werden, schon daher so wichtig, als sie unaufschiebbare Refaktorisierungsarbeiten vor der Migration auf eine neue APEX-Version definieren.

Eine Liste der Features, die APEX abgeschafft hat, findet sich am Ende des erwähnten Kapitels.

Ich möchte im weiteren Verlauf dieses Kapitels einige Packages besprechen, von denen ich glaube, dass sie im Bereich Low Code von Relevanz sind. Andere Packages, die sich zum Beispiel auf die Einrichtung eigener Authentifizierungsverfahren beziehen, fallen für mich nicht in diese Kategorie, sondern definitiv in den Bereich Professional Use, den wir im nächsten Teil des Buches bearbeiten werden.

18.5.1 Packages für APEX-Gliederungsebenen

Die erste Gruppe von Packages, die ich besprechen möchte, bezieht sich auf die Gliederungsebenen von APEX. So existieren Packages für Anwendungen (**APEX_APPLICATION**), Anwendungsseiten (**APEX_PAGE**), Regionen (**APEX_REGION**) sowie spezielle Regionstypen (**APEX_IG**, **APEX_IR**). Auch für Seitenelemente existiert ein Package (**APEX_ITEM**), das jedoch als **deprecated** markiert wurde und von mir daher nicht mehr besprochen wird. Es diente dem dynamischen Erstellen von Seitenelementen, zum Beispiel in Berichten, und soll vom interaktiven Grid übernommen werden.

APEX_APPLICATION

Das erste Package ist weniger für seine Methoden als für seine globalen Variablen bekannt. Das Package implementiert die Renderlogik von APEX. Da in diesem Zusammenhang aber der Zustand sehr vieler Aspekte von APEX bekannt sein muss, veröffentlicht dieses Package diese Zustände und erlaubt daher anderer Logik, sich hier an dem aktuellen Zustand der Seite zu orientieren. Beispiele für diese globalen Variablen sind die Session-ID der aktuellen Session (**g_instance_id**), aber auch Seiten-ID (**g_flow_step_id**), Anwendungs-ID (**g_flow_id**), das globale Datumsformat (**g_default_date_format**) und viele andere mehr.

Problematisch an diesem Package ist, dass die API nicht wirklich konsistent benannt und zudem auch noch historisch gewachsen ist. Daher ist es manchmal nicht einfach zu erkennen, welche Information sich hinter den globalen Variablennamen verbirgt. Um zunächst einmal die verfügbaren globalen Variablen einsehen zu können, können Sie einen Teil der Variablen in der Dokumentation sehen, die restlichen Variablen stehen in der Spezifikation des Packages, das aber, um die Verwirrung komplett zu machen, nicht **APEX_APPLICATION**, sondern **WWV_FLOW_APP** heißt und im Schema APEX_210200 zu finden ist.

[!]

Merke

Das Namenschaos kann ich Ihnen nicht vollständig erklären, so weiß ich zum Beispiel nicht, wofür **WWV** genau steht. Grundsätzlich hat die Namenskonvention ihren Ursprung in der Bezeichnung der Vorgänger von APEX, die ursprünglich einmal von *Flows* statt von *Applications* gesprochen und einzelne Anwendungsseiten als *Flowsteps* bezeichnet haben. Daher kommt die Ausrichtung an `FLOWS` in vielen Bezeichnern. Wichtig ist noch die **SECURITY_ID**, die den technischen Bezeichner des Workspaces meint.

Ärgerlich ist allerdings, dass diese Nomenklatur nicht konsequent beibehalten wurde. So wird eine Anwendung als `FLOW` bezeichnet, und daher existieren mit **g_flow_id** und **g_flow_alias** auch nachvollziehbar benannte globale Varianten. Warum aber eine Seite die Variablen **g_flow_step_id** und, Achtung, **g_page_alias** verwendet? Fragen Sie bitte jemand anderen.

Zwei Methoden des Packages sollten Erwähnung finden. Zum einen die Methode **help**. Diese Methode ermöglicht es, die Hilfstexte, die Sie auf einer Anwendungsseite zur Seite selbst, aber auch für jedes Seitenelement eingeben können, gesammelt als HTML-Text auf einer Seite zu referenzieren. Zum Beispiel könnten Sie eine Region schaffen, deren Inhalt dynamisch berechnet wird, und die diesen als Ergebnis dieser Methode ermittelt.

Zum anderen ist die Methode **stop_apex_engine** manchmal von Nutzen, zum Beispiel, wenn Sie eine Datei als Attachment herunterladen möchten. Diese Methode verhindert, dass nach einer solchen Aktion die Seite weiter gerendert und nicht vorhersehbare optische Effekte erzeugen wird.

18

APEX_PAGE

Das Package **APEX_PAGE** fasst Funktionalität für eine Anwendungsseite zusammen. Neben einigen Funktionen, die ermitteln, welche Art Oberfläche die APEX-Anwendung verwendet (diese Methoden braucht man heutzutage nicht mehr, früher gab es eine Unterscheidung zwischen Oberflächen für Desktop- und Mobil-Anwendungen), sind es vor allem zwei Methoden, die immer wieder verwendet werden: **get_url** und **is_read_only**. Dabei ist die Methode **get_url** deutlich wichtiger, sie berechnet für eine gewünschte Anwendungsseite den URL, der verwendet werden muss, um die Seite aufzurufen. Besonders praktisch an dieser Methode ist, dass APEX weiß, ob die Zielseite ein modaler Dialog oder eine »normale« Anwendungsseite ist. Entsprechend wird der URL entweder in der Form `f?p=...` oder aber als `apex.navigation.dialog(...)` ausgegeben. Diese Methode ist recht elegant, da sie für die Parameter sinnvolle Standardwerte verwendet (etwa die aktuelle ID der Anwendung), sodass nur die Werte, die sich ändern, angegeben werden müssen.

Seltener wird die Methode `is_read_only` verwendet, die ein boolesches Flag zurückliefert, das anzeigt, ob die Seite aktuell im Nur-Lesemodus angezeigt wird.

APEX_REGION

Dieses Package vereint regionsbezogene Funktionen, wird allerdings in Teilen durch die Packages `APEX_IG` und `APEX_IR` gedoppelt, sodass nicht recht klar ist, worin der Grund liegt, diese Funktionen doppelt anzubieten. Hierunter fallen die beiden Methoden `clear` und `reset`, die dazu dienen, interaktive Berichte oder Grids auf ihren Ursprungszustand zurückzusetzen.

Sehr mächtig ist die Methode `export_data`, die dazu verwendet werden kann, die Daten einer Region in unterschiedlichsten Formaten zu exportieren.

Dann existiert noch eine Methode `open_query_context`, die dazu dient, die `select`-Anweisung, die als Regionsquelle angegeben wurde, auszuführen und über das Package `APEX_EXEC` für die weitere Verarbeitung zur Verfügung zu stellen. Der Vorteil dieser Methode ist die direkte Anbindung an das APEX-Data-Dictionary, sodass es nicht erforderlich ist, die `select`-Anweisung der Region zu kennen. Das Package `APEX_EXEC` ist die technische Basis für die gesamte Funktionalität der Datenquellen, die wir ja in unterschiedlichsten Zusammenhängen kennengelernt hatten. Die Besprechung der Möglichkeiten dieses Packages führt allerdings über den Rahmen dieses Kapitels deutlich hinaus.

APEX_IG und APEX_IR

Bleiben die beiden Packages für das interaktive Grid und den interaktiven Bericht. Sie kümmern sich hauptsächlich um das Erstellen und Löschen von gespeicherten Berichten, können aber auch die Berichtseinstellungen zurücksetzen und Ähnliches mehr.

Der Einsatzbereich dieser Methoden liegt vor allem darin, beim Öffnen einer Seite einen bestimmten Bericht auszuwählen oder umgekehrt sicherzustellen, dass eventuelle Filtereinstellungen des letzten Aufrufs zurückgestellt werden.

Ich hätte es gut gefunden, wenn hier auch Methoden zum Herunterladen des aktuell gezeigten Berichts enthalten wären, da dies eine Funktion ist, die ich in einigen Projekten gut hätte brauchen können.

Dass einige Methoden eine inhaltliche Dopplung der Methoden aus `APEX_REGION` darstellen, hatte ich erwähnt. Es zeigt sich hieran, dass die API nicht von langer Hand geplant, sondern etwas ad hoc konstruiert und immer einmal wieder umgestellt wird.

18.5.2 Packages zur Verwaltung des Session Status

Der Session Status wurde in unseren Beispielen stets durch APEX verwaltet. Es gibt jedoch auch Situationen, in denen wir in den Session Status eingreifen möchten, zum Beispiel, um einen berechneten Wert dort abzulegen. Hierfür steht ebenfalls eine API zur Verfügung. Bei der Entscheidung für das korrekte Package ist dabei die Unterscheidung wichtig, ob ein Wert einmalig gespeichert werden soll oder eine Liste von Werten vorliegt. Die erste Variante ist recht simpel, denn es kann durch **`APEX_UTIL.get/set_session_state`** bzw. durch **`APEX_UTIL.get/set_numeric_session_state`** für Zahlwerte direkt ein Wert manipuliert werden. Leider existieren keine Methoden, um sich den Wert eines Seitenelements als Datum ausgeben zu lassen, was insbesondere deshalb sinnvoll wäre, weil das Datumsformat deutlich häufiger vom Standard abweichend gewählt wird und zusätzlichen Aufwand bei der Konvertierung nach sich zieht.

Aus mir nicht recht erfindlichen Gründen existiert für den Zugriff auf Anwendungselemente noch eine weitere Methode **`fetch_app_item`**, die ausschließlich den Zugriff auf diese Art Element erlaubt, aber zusätzlich die Option bietet, sich die Daten aus einer anderen APEX-Session ermitteln zu lassen.

Komplexer ist die Verwaltung von Listen im Session Status. Diese Werte können, ähnlich wie normale Sessionstatuswerte, nicht einfach in eine Tabelle geschrieben werden, da es noch möglich sein muss, diese Werte zu verwerfen. Würden diese in eine Tabelle geschrieben, wären sie unmittelbar für andere APEX-Benutzer sichtbar. Aus diesem Grund bietet APEX eine Collection-API in Form des Packages **`APEX_COLLECTION`** an, die die Speicherung mehrerer Werte in einer Liste im Session Status erlaubt. Die Daten werden in eine Tabelle geschrieben, deren vordefinierte Struktur aus 50 `varchar2(4000` **`byte`**`)`-Spalten, je 5 **`date`** und **`number`**-Spalten sowie einer **`CLOB`**-, **`BLOB`**- und einer **`XMLType`** -Spalte besteht. Zudem werden die jeweiligen Werte durch einen frei wählbaren Collection-Namen, eine Sequenznummer und einen durch die API gepflegten Hashcode komplettiert. Um Daten in diese Tabelle zu schreiben, muss eine neue Collection über ihren Namen erzeugt und anschließend durch entsprechende Methoden mit Daten versorgt werden. Die aktuellen Daten können durch die View **`APEX_COLLECTIONS`** abgefragt und verarbeitet werden.

Das sind die technischen Rahmendaten. Die tatsächliche Arbeit mit den Collections ist eine Quelle steten Frusts, sodass ich die Verwendung nicht mehr uneingeschränkt als Low Code bezeichnen würde. Seit Einführung des interaktiven Grids sind die Probleme der Speicherung mehrerer Daten im Session Status aber auch durch das APEX-Team gelöst worden, sodass ich empfehle, bei Bedarf auf diese Form der Datenerfassung auszuweichen. Das ist nicht immer ein vollwertiger Ersatz, manchmal ist die Verwendung eines modalen Dialogs zur Erfassung von Daten einfach intuitiver als das interaktive Grid. Einen konkreten Anwendungsfall dieser API werden wir uns in Abschnitt 18.6, »Arbeiten mit der Collection-API«, ansehen.

Packages zur Verwaltung von Benutzereinstellungen und Konfigurationen

APEX bietet auf mehreren Ebenen die Möglichkeit, Konfigurationswerte oder Voreinstellungen zu hinterlegen. Die erste Möglichkeit besteht darin, *Anwendungseinstellungen* zu definieren. Dabei handelt es sich meist um kurze Informationen oder Texte, die in der Anwendung gezeigt werden sollen, für die andererseits die Einrichtung einer eigenen Tabelle nicht lohnt. Anwendungseinstellungen sind konzeptionell aber nicht auf diesen Anwendungsfall eingeschränkt, Ihre Kreativität bestimmt, was Sie damit machen können. Wichtig ist nur, die Grenzen zu kennen:

- Die hier hinterlegten Werte gelten global, es werden also keine unterschiedlichen Werte pro Session oder pro Benutzer verwaltet.
- Für die Texte gilt eine Längenbeschränkung auf 4000 Byte.

Sie werden in der Entwicklungsumgebung in den <GEMEINSAMEN KOMPONENTEN> • ANWENDUNGSEINSTELLUNGEN erstellt und konfiguriert, können aber auch durch das Package `APEX_APP_SETTING` geändert oder ausgelesen werden. Einen möglichen Anwendungsfall entlehne ich einem Blog von Jeff Kempff (*https://tinyurl.com/anwendungseinstellungen*), im Grunde geht es darum, einen beliebigen, in HTML formatierten Text auf einer Anwendungsseite anzuzeigen. Zwar wäre es möglich, diesen Text stets durch Änderung des Wertes über die Entwicklungsumgebung anzupassen, dies ist jedoch für eine einmal ausgelieferte Anwendung auf der Produktion schwierig. Daher kann der aktuelle Wert der Anwendungseinstellung über das Package **`APEX_APP_SETTING`** editiert werden. Denkbar wäre zum Beispiel eine Region vom Typ **`Dynamischer PL`**`/SQL-Inhalt`, in deren Regionsquelle der Ausdruck **`htp.p(APEX_APP_SETTING.get_value('MY_`** `SETTING')` dafür sorgt, dass der aktuelle Wert ausgegeben und angezeigt wird. Ob die Region angezeigt wird oder nicht, kann vorab geprüft werden, indem die Methode aufgerufen und das Ergebnis daraufhin geprüft wird, ob es `NULL` ist oder nicht.

Auf einer Formularseite könnte ein Rich-Text-Editor neue Texte erfassen und über die Methode **`APEX_APP_SETTING.set_value`** setzen, die anschließend allen Anwendern gezeigt werden. Die Änderung der Texte würde idealerweise auf eine bestimmte Nutzergruppe beschränkt.

Eine weitere Konfigurationsmöglichkeit besteht darin, *Benutzervoreinstellungen* zu hinterlegen. Diese Präferenzen werden durch die Methoden **`APEX_UTIL.get/set/remove_preference`** verwaltet.

[!]

Merke

Warum ist für die Anwendungseinstellung ein eigenes Package zuständig und für die Benutzerpräferenzen das allgemeine **`APEX_UTIL`**? Fragen über Fragen ...

Meistens beantwortet sich diese Frage durch den Zeitpunkt, zu dem ein Feature in APEX Einzug hielt. Die Benutzerpräferenzen gibt es schon seit Ewigkeiten, während die Anwendungseinstellungen in Version 18 neu hinzugekommen sind. Die Einsicht der Entwickler, dass **APEX_UTIL** zu einem Sammelbecken für alles und jeden verkommen ist, sorgt wohl dafür, neuen Funktionen eigene Packages zu spendieren, selbst wenn diese nur über eine **get**- und **set**-Methode verfügen.

Das APEX-Team bemüht sich zudem um mehr Ordnung, indem einige der Methoden des Packages **APEX_UTIL** als veraltet gekennzeichnet werden, weil die entsprechenden Funktionalitäten in neue Packages verschoben wurden. Den hierdurch erforderlichen Refaktorisierungsaufwand sollten Sie in Kauf nehmen, da Sie dadurch sicherstellen, für zukünftige APEX-Versionen gerüstet zu sein, falls die veralteten Funktionen aus den Packages entfernt werden.

Benutzerpräferenzen werden dazu genutzt, Lieblingsfarben, Dark- oder Bright-Mode der Oberfläche oder beliebige weitere Präferenzen zu speichern. Im Gegensatz zu den Anwendungseinstellungen können Benutzerpräferenzen durch das Package **APEX_UTIL** nicht nur konfiguriert, sondern auch erstellt und gelöscht werden. Es reicht hierfür, eine Benutzervoreinstellung mit einem neuen Namen zu setzen. Existiert sie noch nicht, wird sie erstellt. Außerdem stehen für die Konfiguration auch Seitenprozesse bereit (<PROZESS> • TYP • `Benutzervoreinstellungen` mit den unterschiedlichen EINSTELLUNGEN • TYP • `Reset...` bzw. `Set...`). Dadurch ist es möglich, Benutzereinstellungen deklarativ zu speichern, zum Beispiel indem der Anwender einen Eintrag einer Auswahlliste wählt.

Soll andererseits eine Voreinstellung des Benutzers in ein Seitenelement übernommen werden (auch hier zum Beispiel in eine Auswahlliste, die sich dadurch auf den zuletzt gewählten Wert einstellt), ist dies durch eine BERECHNUNG • TYP • `Voreinstellung` möglich, der dann der Name der gewünschten Voreinstellung übergeben werden muss.

Benutzervoreinstellungen können auch in serverseitigen Bedingungen referenziert werden, indem dort <SERVERSEITIGE BEDINGUNG> • TYP • `Benutzervoreinstellung...` gewählt wird. Dadurch steht ein einfach zu verwendender Mechanismus zur Verwaltung benutzerspezifischer Voreinstellungen zur Verfügung, der die Verwendung der PL/SQL-API oftmals unnötig macht.

Allgemeine Utilitys

APEX liefert eine Reihe weiterer Packages mit allgemeinen Utilitys, allen voran das überfrachtete **APEX_UTIL**-Package. Viele dieser Packages haben einen Sessionbezug, sind also ohne eine gültige APEX-Session nicht einsatzfähig bzw. liefern keine Daten. Andere Packages sind aber auch ohne Session sinnvoll und werden gern auch außerhalb von APEX-Anwendungen genutzt, weil sie im Regelfall eine pragmatische und einfach zu verwendende API anbieten. Ein Beispiel für ein solches Utility ist das

Package **APEX_ZIP**, mit dem sich auf einfachste Weise ZIP-Dateien erzeugen und auch auspacken lassen.

Wie gesagt ist das Package **APEX_UTIL** ein überfrachtetes Sammelbecken aller möglicher Methoden. Die Bandbreite reicht von extrem speziellen Funktionen (cache_get_date_of_page_cache) bis hin zu grundlegenden Methoden, die hier gar nicht vermutet würden (**create_user**). Das Package ist ein Beleg für die Überraschung, die das APEX-Team bezüglich des Umfangs, der über die Zeit entstanden ist, erlebt hat. Aus meiner Sicht zu spät hat man versucht, logisch zusammenhängende Methoden in eigene Packages auszulagern; ein großer Wurf ist auch für die Zukunft nicht zu erwarten, weil der Aufwand, bestehende Anwendungen ändern zu müssen, sehr groß wäre. So muss man also mit dem Package bis auf Weiteres leben und sich durch das Dickicht der Methoden schlagen. Ich hätte allerdings eine Empfehlung für Sie, die ich bereits an dieser Stelle aussprechen möchte: Vielleicht möchten Sie einige Wrapper-Packages um die APEX-API erstellen, um zwei Dinge zu erreichen: Zum einen würden nur die Methoden, die Sie tatsächlich benötigen, in diese Packages übernommen, um die schiere Anzahl möglicher Methoden zu reduzieren, zum anderen könnten Sie eine fachliche Zuordnung erreichen, die im **APEX_UTIL**-Package abhandengekommen ist. Sollte sich das APEX-Team später umorientieren, können Sie an zentraler Stelle das Mapping auf die neuen Packages vornehmen und müssen nicht alle APEX-Anwendungen durchsehen. Bei dieser Gelegenheit könnten Sie dann den Zugriff auf Eigenschaften standardisieren (zum Beispiel indem Sie die globalen Variablen des **APEX_APPLICATION**-Packages auf einfache **get**-Methoden abbilden und diesen ordentliche Namen geben). Es klingt zu Beginn seltsam, ein Utility-Package durch ein eigenes Package zu kapseln, doch kann ich aus Erfahrung sagen, dass dies wirklich eine gute Idee ist, zumal dort auch weitere Funktionalität hinterlegt werden kann, die noch nicht durch ein entsprechendes Package von APEX zur Verfügung gestellt wurde.

Eine Auflistung der Methoden dieses Packages in diesem Buch halte ich nicht für sinnvoll, es sind einfach zu viele. Stattdessen möchte ich Sie motivieren, die Online-Dokumentation dieses Packages querzulesen. Sie erhalten einen ersten Überblick und können zu Beginn alles, was Ihnen nichts sagt, getrost ignorieren. Wir werden, falls wir spezielle Methoden dieses Packages benötigen, diese im jeweiligen Zusammenhang kennenlernen. Sie werden feststellen, dass es hier munter durcheinandergeht: Session-Status-Verwaltung, Benutzeranlage, Authentifizierungs- und Autorisierungsfragen, Cacheverwaltung, Export und Druck von Berichten ... es ist wirklich für jeden etwas dabei.

Das bereits angesprochene Package **APEX_ZIP** ist ein Beispiel für die »neue Generation« Packages, die Utilitys für einen dedizierten Zweck anbieten. Das Package erlaubt es, eine ZIP-Datei programmatisch zusammenzustellen. Dies geht wirklich einfach, wie der Code aus Listing 18.2 zeigt, den ich der Dokumentation entnommen habe.

```
declare
  l_zip_file blob;
begin
  for l_file in (
    select file_name, file_content
      from my_files)
  loop
    apex_zip.add_file(
      p_zipped_blob => l_zip_file,
      p_file_name => l_file.file_name,
      p_content => l_file.file_content );
  end loop;
  apex_zip.finish(
    p_zipped_blob => l_zip_file );
end;
```

Listing 18.2 Verwendung des Packages APEX_ZIP

Beachten Sie, dass der Parameter **p_content** eine Instanz des Typs **BLOB** erwartet. Gegebenenfalls können Sie **CLOB**-Instanzen durch das Package **DBMS_LOB.convertToBlob** leicht umwandeln.

Eine häufige Anforderung besteht darin, eine solche ZIP-Datei über die APEX-Oberfläche herunterzuladen. Auch dies können Sie per PL/SQL erreichen. Nutzen Sie hierfür einen Code wie in Listing 18.3.

18

```
HTP.init;
OWA_UTIL.mime_header('application/zip', FALSE);
HTP.p('Content-Length: ' || DBMS_LOB.getlength(l_zip_file));
HTP.p('Content-Disposition: filename="' || l_file_name || '"');
OWA_UTIL.http_header_close;
WPG_DOCLOAD.download_file(l_zip_filc);
APEX_APPLICATION.stop_apex_engine;
```

Listing 18.3 Ausriss einer Methode zum Herunterladen von Dateien

Der Code aus Listing 18.3 zeigt nicht die vollständige Methode, sondern den Bereich, der zum Herunterladen einer Datei, die vorab ermittelt wurde, erforderlich ist. Die verwendeten Packages **HTP**, **OWA_UTIL** und **WPG_DOCLOAD** sind bereits sehr alt und bilden die Basis der Programmierung von APEX. Hier werden sie direkt verwendet, nicht zuletzt deshalb, weil eine entsprechende Hilfsmethode in einem APEX-Package bislang fehlt (die Möglichkeit zum Herunterladen von Daten über das Package **apex_data_export** können wir hier nicht verwenden). Eine Methode zum Herunterladen von Dateien wäre im Übrigen ein schönes Beispiel für eine zusätzliche Methode eines eigenen APEX-Utility-Packages.

Die eigentliche Arbeit wird durch die Methode `WPG_DOLOAD.download_file` erledigt. Wichtig sind aber sowohl die korrekte Initialisierung des http-Stroms als auch die Methode zum Unterbrechen des Renderprozesses der APEX-Anwendungsseite durch `APEX_APPLICATION.stop_apex_engine`.

Weitere Utility-Packages beschäftigen sich mit der Behandlung von Zeichenketten. Hierzu möchte ich nicht nur die Packages `APEX_STRING` und `APEX_STRING_UTIL` nennen, sondern auch `APEX_ESCAPE`, das es ermöglicht, Zeichenketten für die Verwendung in JSON- oder JavaScript-Ausdrücken so umzuwandeln, dass einerseits eine korrekte Darstellung möglich ist und andererseits die Gefahr, Schadcode über ein Eingabefeld in den Code zu integrieren, unterdrückt wird.

Apropos JSON und JavaScript: Sollten Sie diese Formate in einem Programm zusammenstellen müssen, bieten sich die beiden Packages `APEX_JAVASCRIPT` und `APEX_JSON` an. In ihnen finden Sie Methoden, die syntaktische Details für Sie übernehmen und die Stabilität des Codes zur Erzeugung dieser Formate erhöhen.

Eine besondere Erwähnung verdienen auch die Packages `APEX_ERROR`, mit dem es möglich ist, Fehlermeldungen in den APEX-Meldungsstack zu integrieren, sowie `APEX_DEBUG`, das dem Nachvollziehen Ihres Codes dient. Sie können diese Packages verwenden, um Fehlermeldungen und Debug-Meldungen in den APEX-Stack zu integrieren, dadurch werden sie entweder auf der Oberfläche oder in den Entwicklertools angezeigt, wenn Sie die Seite im Debugging-Modus aufrufen und anschließend die Debug-Meldungen ansehen.

18.5.3 Zusammenfassung

Dieser etwas summarische Überblick über wichtige Packages zeigt weniger die konkrete Verwendung, sondern versucht, einen Überblick über die Funktionsbereiche zu geben, in denen Low Code eingesetzt wird. Ziel ist es, den Funktionsumfang von APEX an die Gegebenheiten der konkreten Umgebung anzupassen und APEX auch in diesen Bereichen einsetzen zu können. Richtschnur sollte neben erforderlichen Arbeiten sein, PL/SQL einzusetzen, um die Anwendungen einfacher zu verstehen zu können und strukturierter zu entwickeln. Auch bei Low Code APEX gilt: Vorrang hat stets die deklarative Möglichkeit, es sei denn, die Programmierung böte einen konkreten Vorteil.

18.6 Arbeiten mit der Collection-API

Obwohl die Notwendigkeit, eine Menge von Daten manuell zu verarbeiten, seit Einführung des editierbaren Grids merklich nachgelassen hat, gibt es nach wie vor Situationen, in denen eine Liste von Werten verarbeitet werden muss und daher der normale Session Status nicht ausreicht. Hierzu dient die Collection-API. Zu einer solchen Situation kann es zum Beispiel in Assistenten kommen, nämlich dann, wenn auf einer Assistentenseite eine Liste von Werten erfasst werden soll. Das Problem ist, dass ein Assistent aus mehreren Anwendungsseiten besteht. Eine dieser Seiten enthält nun ein interaktives Grid zum Erfassen der Daten. Diese Liste von Werten kann aber beim Verlassen der Seite nicht in die Zieltabelle überführt werden, da diese Daten dann in anderen Sessions bereits zu sehen wären. Wohin also mit vielen Werten, wenn keine Tabelle hierfür bereitsteht? Wenn wir keine Dummy-Tabelle für die Zwischenspeicherung dieser Daten erstellen möchten, auf denen wir das interaktive Grid beruhen lassen könnten, müssen wir die Liste von Werten irgendwo anders hinterlegen, und hierfür nutzen wir *Collections*. APEX liefet eine Beispielanwendung zur Verwendung der Collection-API mit: <SAMPLE COLLECTIONS>. Interessant an dieser Anwendung ist insbesondere der Bereich API EXAMPLES, der Ihnen Kopiervorlagen für die Verwendung der Collection-API für Ihre eigenen Anwendungen anbietet.

Unter einer Collection verstehen wir innerhalb von APEX die Möglichkeit, eine Liste von Datensätzen innerhalb des Sessionstatus zu hinterlegen. Die Implementierung einer Collection ist ganz einfach: In einer generischen Tabelle wird unter der Session-ID und dem Collection-Namen eine Reihe von Zeilen gespeichert, sortiert nach einer Sequenznummer. Da diese Tabelle innerhalb des APEX-Schemas existiert, können wir hier ganz normal schreibend zugreifen, ohne die Daten unseres Schemas zu ändern. Wir schaffen uns also eine Ablagemöglichkeit, um später die Datensätze der Collection in die eigentliche Zieltabelle übernehmen zu können. In einem Datensatz können bis zu 50 Zeichenketten, fünf Datumsangaben oder fünf Zahlen enthalten sein, aber auch `CLOB`, `BLOB` oder `XMLType`. 18

Auf die Collection können wir lesend durch die View `APEX_COLLECTIONS` zugreifen, schreibend wird der Zugriff über das Package `APEX_COLLECTION` organisiert. Dieses Package wird normalerweise als *Collection-API* bezeichnet.

18.6.1 Eine Collection erzeugen

Um eine Collection zu erzeugen, ist es lediglich erforderlich, den Namen der Collection anzugeben, unter der die folgenden Datensätze gespeichert werden sollen. Allerdings muss geklärt werden, was passiert, wenn es eine Collection dieses Namens in Ihrer Session schon gibt. Es ist keine gute Praxis, sich einfach einen eindeutigen Namen auszudenken, um solche Konflikte erst gar nicht entstehen zu lassen, weil in diesem Fall weiterer Aufwand hinzukommt, um sich den zufälligen Namen zu merken und später wiederzuverwenden. Zudem ist es sehr wahrscheinlich, dass die Daten einer Collection nach der Verarbeitung nicht mehr benötigt werden. Daher ist es nicht sinnvoll, die Daten länger als nötig im Sessionstatus bestehen zu lassen. Um eine Collection zu erstellen, bietet das Package `APEX_COLLECTION` daher eine Reihe Methoden an, die immer mindestens den Collection-Namen als Parameter benötigen. Dieser Collection-Name sollte den Oracle-Namenskonventionen genügen (obwohl APEX eine maximale Länge von 255 Zeichen erlaubt), wird von der Datenbank aber in jedem Fall in Großbuchstaben konvertiert. Hier ein Überblick über die Methoden zur Initialisierung einer Collection des Packages **APEX_COLLECTION**:

- `CREATE_COLLECTION`

  Erzeugt eine leere Collection. Existiert bereits eine entsprechende Collection (in der aktuellen Session!), wird ein Fehler geworfen.

- `CREATE_OR_TRUNCATE_COLLECTION`

  Diese Methode erstellt eine leere Collection. Existiert die Collection bereits, wird sie vorab geleert.

- `CREATE_COLLECTION_FROM_QUERY_B`

  Diese Methode erzeugt eine Collection und füllt sie anschließend mit dem Ergebnis der Abfrage, die ihr als Parameter übergeben wird. Es dürfen maximal 50 Spalten in der Abfrage enthalten sein, deren Werte anschließend auf die 50 Zeichenkettenspalten der Collection kopiert werden. Existiert bereits eine entsprechende Collection, wird ein Fehler geworfen.

- `CREATE_COLLECTION_FROM_QUERYB2`

  Diese Überladung unterscheidet sich durch die Tatsache, dass die ersten fünf Spalten numerisch sein müssen und auf die fünf Zahlenfelder kopiert werden, erst danach werden die nächsten Spalten auf die Zeichenkettenattribute kopiert.

Aus Gründen der Abwärtskompatibilität liegen noch zwei weitere Implementierungen (ohne das `B` im Namen) vor, die allerdings langsamer sind. Die höhere Geschwindigkeit erreichen die Funktionen »mit `B`« durch **BULK**-Operationen, zahlen dafür aber mit weiteren Einschränkungen. So werden keine Checksummen pro Datensatz gebildet, und die Datenlänge ist auf 2000 Byte pro Attribut beschränkt. Es existiert umgekehrt keine Überladung, die in der Lage wäre, aus einer SQL-Abfrage direkt auch die Datumsattribute des Datensatzes zu belegen. Hierfür ist es erforderlich, die weiter unten beschriebenen Methoden zum manuellen Einfügen von Daten zu verwenden.

[!]

Merke

Die Checksumme wird in APEX zur Implementierung des optimistischen Sperrens verwendet. Über alle Attribute wird ein Hash-Code berechnet. Wird die Zeile später aktualisiert und ist ein neu berechneter Hash-Code über die gleiche Zeile vor der Aktualisierung nicht mehr gleich dem ursprünglich berechneten Hash-Code zum Zeitpunkt des Lesens der Zeile, wird keine Aktualisierung vorgenommen.

Ist eine Collection erstellt (und optional auch bereits gefüllt), kann auf sie zugegriffen werden. Dies geht über die View **APEX_COLLECTIONS**. Die Spalten dieser View lauten wie folgt:

```
collection_name not null varchar2(255),
seq_id not null number,
c001 varchar2(4000),
c002 varchar2(4000),
...
c050 varchar2(4000),
n001 number,
...
n005 number,
d001 date,
...
d005 date,
clob001 clob,
blob001 blob,
xmltype001 xmltype,
md5_original varchar2(4000)
```

Listing 18.4 Spezifikation der View »APEX_COLLECTION«

Interessant sind die ersten Spalten, **COLLECTION_NAME** und **SEQ_ID**. Der Name wird natürlich zum Filtern verwendet, während die Reihenfolge der Einträge in der Collection über die Spalte **SEQ_ID** ermittelt werden kann.

Da die Methoden zum Erzeugen einer Collection Fehler werfen, falls sie eine bereits existierende Collection noch einmal erzeugen sollen, ist es nötig, prüfen zu können, ob eine Collection bereits existiert. Diesem Zweck dient die Funktion **COLLECTION_EXISTS**, die einen Boolean-Wert zurückliefert.

18.6.2 In die Collection schreiben

Um Einträge in eine Collection einzufügen, gibt es die Methode **ADD_MEMBER** samt ihren Überladungen. Der grundsätzliche Aufruf ist nicht kompliziert, Sie übergeben den Namen der Collection und die Parameter, die Sie verwenden möchten:

```
apex_collection.add_member (
    p_collection_name in varchar2,
    p_c001 in varchar2 default null,
    ...
    p_c050 in varchar2 default null,
    p_n001 in number default null,
```

```
    ...
    p_n005 in number default null,
    p_d001 in date default null,
    ...
    p_d005 in date default null,
    p_clob001 in clob default empty_clob(),
    p_blob001 in blob default empty_blob(),
    p_xmltype001 in xmltype default null,
    p_generate_md5 in varchar2 default 'NO')
return number;
```

Listing 18.5 Spezifikation der Methode »ADD_MEMBER«

Die Überladung als Funktion retourniert die ermittelte **SEQ_ID**. Die Sequenznummer der Datensätze wird relativ einfach als **max(seq_id)** + 1 verwaltet, das heißt, es werden spärlich besetzte Sequenznummern nicht aufgefüllt. Die Funktion der Sequenznummer erschöpft sich also in den beiden Funktionen, einen Primärschlüsselwert für den Datensatz und ein Sortierkriterium anzubieten.

Dann existiert noch eine Methode **ADD_MEMBERS**, die es ermöglicht, eine größere Gruppe von Daten auf einmal zu übernehmen. Allerdings gibt es nun eine Herausforderung: Wir müssen in der Lage sein, eine große Datenmenge irgendwo aufzubereiten und dann in die Collection zu kopieren. Hierfür benötigen wir ein zweidimensionales Array, das allerdings vom APEX-Team anders implementiert wurde als vielleicht gedacht: Anstatt eine PL/SQL-Tabelle unter einer Sequenznummer mit jeweils einem Record der entsprechenden Struktur einer Collection-Zeile zu erzeugen, muss pro Attribut eine eigene PL/SQL-Tabelle mit Werten für die varchar2, **date** und **number**-Attribute erzeugt werden. Hierfür existiert je eine PL/SQL-Tabelle im Package **APEX_APPLICATION_GLOBAL** namens VC_ARR2, **D_ARR** und **N_ARR**. Die exotischeren Typen **CLOB**, **BLOB** und **XMLType** können nicht als Menge übergeben werden. Wir müssen die Collection also spaltenweise aufbauen und sind bezüglich der Datentypen auch noch limitiert.

Das liest sich nicht schön, und das ist auch nicht schön. Alternativ könnte man in einer Schleife mehrfach die Methode **ADD_MEMBER** mit den ermittelten Parametern direkt aufrufen, doch hätte dies viele kleine **insert**-Anweisungen zur Folge und nicht eine große. Die Aufbereitung in PL/SQL ist also schneller, weil die Anzahl der Umgebungswechsel zwischen PL/SQL und SQL reduziert werden kann. Ist Ihre Collection aber überschaubar groß, sollten Sie sich den Aufwand, der hier zu programmieren ist, überlegen. Collections mögen auch für Tausende Datensätze verwendet werden, und hier wäre der zusätzliche Aufwand der Programmierung verkraftbar, wenn dadurch die Performanz und Skalierbarkeit erhalten bleibt. Doch muss man die Kirche im Dorf lassen: APEX wird generell mit sehr großen Datenmengen nicht effizient umgehen können, hier spielen allein schon die Limitierungen durch den Browser und das Protokoll http zur Übermittlung der Daten mit hinein. Für Massenverarbeitung eignen sich die »üblichen Verdächtigen«, namentlich externe Tabellen mit ihrer technischen Basis **sqlLoader**, besser.

Analog zu diesen Methoden existiert die Möglichkeit, Einträge der Collection über ihre **SEQ_ID** zu löschen oder zu ändern. Mittlerweile sollte es keine Überraschung mehr bereiten, dass diese Methoden **DELETE_MEMBER** bzw. **UPDATE_MEMBER** heißen. Auch für diese Methoden existieren einige Überladungen und Alternativen, die die Arbeit einfacher gestalten. Die **DELETE_MEMBERS**-Methode zum Beispiel löscht nicht nur einen definierten Eintrag, sondern erlaubt die Übergabe eines Filters, sodass alle Einträge gelöscht werden, die einen speziellen Attributwert besitzen.

Auch für die Aktualisierung existiert eine weitere Methode mit mehrfacher Überladung: **UPDATE_MEMBER_ATTRIBUTE**. Im Gegensatz zu expliziten Parametern für jedes Attribut des Datensatzes wird hier das zu aktualisierende Attribut über die Ordinalzahl gewählt. Die Überladungen beziehen sich auf die verschiedenen Attributtypen. Diese Methoden könnten in der Programmierung einfacher zu beherrschen sein als das Pendant mit den expliziten Parametern, weil der gleiche Funktionsaufruf über die Ordinalzahl mehrere Attribute eines Datensatzes ändern kann. Ich benutze diese Funktion allerdings äußerst selten.

18.6.3 Löschen von Collections

Auch das Löschen einer Collection schafft keine unüberwindlichen Hindernisse: Die Methode **TRUNCATE_COLLECTION** leert eine Collection, während die Methode **DELETE_COLLECTION** dieselbe aus der zentralen Tabelle entfernt. Weitere Methoden existieren, um direkt alle Collections der aktuellen Session (**DELETE_ALL_COLLECTIONS_SESSION**) oder der aktuellen Anwendung (**DELETE_ALL_APP_COLLECTIONS**) zu löschen. Diese Methoden erscheinen vor allem vor dem Hintergrund des Datenschutzes von Interesse, um keine sensiblen Daten länger als erforderlich in der Datenbank vorzuhalten.

18.6.4 Weitere Methoden

Das Package enthält noch weitere Methoden, zum Beispiel um eine Datenmenge in eine bestehende Collection zu mergen. Bei diesem Vorgang werden alle bestehenden Einträge in der Collection durch die neuen Daten aktualisiert, nicht vorhandene erstellt und überzählige Datensätze gelöscht. Leider verfügt jedoch auch diese Methode über die aus meiner Sicht verunglückte Implementierung mit spaltenweisen PL/SQL-Tabellen. Weitere Methoden kümmern sich um die Resequenzierung der Collection-Elemente sowie die Kontrolle der Reihenfolge der Einträge. Mithilfe dieser Methoden können Einträge aufwärts oder abwärts bewegt und sortiert werden.

18.6.5 Vereinfachung der Arbeit mit Collections

Ich empfehle dringend, sich nicht länger als unbedingt erforderlich mit der sehr generischen Implementierung der Collection-API herumzuschlagen. Das größte Hindernis bei der Arbeit mit der Collection besteht in der Konfusion, die durch das Mapping der generischen Spalten- und Attributbezeichner `C001` etc. auf die Attribute einer Tabelle zu leisten ist. Was war noch einmal `N004`? Ist der Nachname `C014` oder doch `C013`? Das macht einen wahnsinnig, spätestens nachdem die zugrunde liegende Abfrage dreimal geändert wurde und das Mapping durcheinandergerät.

Dabei ist es einfach, für Abhilfe zu sorgen. Da der lesende Zugriff auf die Collection über eine View organisiert ist, erstellen Sie zuallererst eine View auf diese View, die das Mapping der generischen Spaltenbezeichner auf sprechende Namen vornimmt und den Namen der Collection verbirgt. Nun haben Sie eine »normale View«, mittels derer Sie einen Bericht auf der Anwendungsseite mit Daten versorgen können.

Analog sorgen Sie dafür, dass der Code, den Sie aufrufen, immer auf die View bezogen ist, das heißt, die Spaltenbezeichner der View verwendet. Erst ganz zum Schluss, wenn tatsächlich die Collection-API angesprochen werden muss, bilden Sie die Spaltenbezeichner auf die Collection-Parameter ab. Selbst dann ist die Konfusion zum Teil so groß, dass es lohnt, sich einen Codegenerator zu bauen, der eine View auf die Collection abbilden und die Methoden zum Persistieren der Werte erstellen kann. Lassen Sie mich an einem Beispiel zeigen, was ich damit meine.

Wir möchten auf die Tabelle **HR_EMPLOYEES** eine View einrichten, die ihre Daten in einer Collection speichert. Die Tabelle enthält **number**, **date** und `varchar2`-Spalten, daher benötigen wir eine Abbildung auf die entsprechenden Datentypen. Ein Codegenerator (ich verwende hier mein Open-Source-Projekt **UTL_APEX** unter *https://www.github.com/j-sieben/UTL_APEX*, das ein Package **UTL_DEV_APEX** mit Methoden für die Verwaltung von Collections enthält). Listing 18.6 zeigt den Aufruf dieser Methode sowie das Ergebnis.

```
select utl_dev_apex.get_collection_view(
         p_source_table => 'HR_EMPLOYEES',
         p_page_view => 'EMP_UI_DEP_EMP_STEP2')
  from dual;

create or replace force view EMP_UI_DEP_EMP_STEP2 as
select seq_id,
       n001 emp_id,
       c001 emp_first_name,
       c002 emp_last_name,
       c003 emp_email,
       c004 emp_phone_number,
       d001 emp_hire_date,
```

```
       c005 emp_job_id,
       n002 emp_salary,
       n003 emp_commission_pct,
       n004 emp_mgr_id,
       n005 emp_dep_id
  from apex_collections
 where collection_name = 'EMP_UI_DEP_EMP_STEP2'
```

Listing 18.6 Erzeugung einer Collection-View mittels Code-Generator

Leider ist die **select**-Anweisung für einen solchen Generator nicht ganz trivial, da wir darauf reagieren müssen, falls die Tabelle mehr als fünf **number**- oder **date**-Spalten besitzt.

Ein zweiter Aufruf einer Methode dieses Generators erzeugt für die gleiche Tabelle das logische Gegenstück, wie Listing 18.7 zeigt.

```
select utl_dev_apex.get_collection_methods(
         p_table_name => 'HR_EMPLOYEES',
         p_view_name => 'EMP_UI_DEP_EMP_STEP2')
  from dual;

procedure add_member(
  p_row in out nocopy emp_ui_dep_emp_step2%rowtype)
as
begin
  p_row.seq_id :=
  apex_collection.add_member(
    p_collection_name => 'EMP_UI_DEP_EMP_STEP2',
    p_n001 => p_row.emp_id,
    p_c001 => p_row.emp_first_name,
    p_c002 => p_row.emp_last_name,
    p_c003 => p_row.emp_email,
    p_c004 => p_row.emp_phone_number,
    p_d001 => p_row.emp_hire_date,
    p_c005 => p_row.emp_job_id,
    p_n002 => p_row.emp_salary,
    p_n003 => p_row.emp_commission_pct,
    p_n004 => p_row.emp_mgr_id,
    p_n005 => p_row.emp_dep_id,
    p_generate_md5 => c_no);
end add_member;

procedure update_member(
```

```
  p_row in emp_ui_dep_emp_step2%rowtype)
as
begin
  apex_collection.update_member(
    p_seq => p_row.seq_id,
    p_collection_name => 'EMP_UI_DEP_EMP_STEP2',
    p_n001 => p_row.emp_id,
    p_c001 => p_row.emp_first_name,
    p_c002 => p_row.emp_last_name,
    p_c003 => p_row.emp_email,
    p_c004 => p_row.emp_phone_number,
    p_d001 => p_row.emp_hire_date,
    p_c005 => p_row.emp_job_id,
    p_n002 => p_row.emp_salary,
    p_n003 => p_row.emp_commission_pct,
    p_n004 => p_row.emp_mgr_id,
    p_n005 => p_row.emp_dep_id);
end update_member;

procedure delete_member(
  p_seq_id in number)
as
begin
  apex_collection.delete_member(
    p_seq => p_seq_id,
    p_collection_name => 'EMP_UI_DEP_EMP_STEP2');
end delete_member;
```

Listing 18.7 Generierte Methoden zur Verwaltung der Collection

Diese Methoden sind zur Integration in ein entsprechendes Package gedacht. Ich denke, schon an diesem einfachen Beispiel wird das Problem des Mappings vor und zurück klar. Wie soll das erst bei einer großen Tabelle werden? Dadurch, dass dieses Mapping nun mittels Code-Generator automatisiert erzeugt wird, verliert die Collection viel von ihrem Schrecken.

18.6.6 Anwendungsbeispiel

Sehen wir uns die Verwendung der Collection-API an einem konkreten Beispiel an. In einem Assistenten soll die Möglichkeit existieren, zunächst eine Abteilung und auf der nächsten Seite gleich eine Reihe von Mitarbeitern zu erfassen.

Konzeption und Vorüberlegungen

Auf der der ersten Seite des Assistenten werden die Daten zur Abteilung erfasst oder geändert. Diese Seite kann als Formular ausgelegt werden, doch müssen die Seitenverarbeitungsprozesse gelöscht werden, da diese die erfassten Daten direkt in die Quelltabellen schreiben würden, was wir nicht wollen, weil wir auch am Ende des Assistenten den Vorgang noch abbrechen können möchten.

Die Erfassung der Mitarbeiter auf der zweiten Assistentenseite realisieren wir über ein interaktives Grid. Da mehrere Mitarbeiter erfasst werden können und die Quelltabelle zur Speicherung nicht herangezogen wird, verwenden wir eine Collection. Hier sind zwei Probleme zu bewältigen: Zum einen müssen wir, falls eine bereits bestehende Abteilung bearbeitet wird, die Mitarbeiter dieser Abteilung in die Collection kopieren, damit diese im Assistenten zur Verfügung stehen. Zum anderen werden wir für die Speicherung der Daten keinen Standardseitenprozess nutzen können, da die Daten ja in der Collection abgelegt werden müssen. Collections sind derzeit leider noch keine Datenquellen, mit denen die generischen Seitenprozesse umgehen können. Wir benötigen daher eine PL/SQL-Prozedur.

Die dritte Assistentenseite gibt uns die Möglichkeit, die Daten in die Datenbank zu übernehmen (oder aber den Prozess abzubrechen).

Eine Herausforderung besteht darin, die Collection mit den Mitarbeitern zu befüllen, die bereits bekannt sind. Durch die Hilfsmethoden, die unser Code-Generator erzeugt hat, ist dies zwar kein grundsätzliches Problem, allerdings stellt sich die Frage, wann der richtige Zeitpunkt für die Initialisierung ist. Die offensichtliche Option wäre, dies beim Öffnen der zweiten Assistentenseite zu tun. Da wir uns im Assistenten aber vor- und zurückbewegen können, könnten wir insbesondere auf die zweite Assistentenseite gehen, dort Änderungen vornehmen, zur ersten Seite zurück und anschließend wieder auf die zweite Seite gehen. Dann würde die Collection erneut initialisiert, und unsere Änderungen wären verloren. Legen wir diesen Prozess hingegen auf die erste Assistentenseite, würde die Collection initialisiert, wenn wir von Seite zwei auf Seite eins zurücknavigieren. Ich halte diesen Zeitpunkt dennoch für geeignet, da wir das Zurücknavigieren durch den Requestwert erkennen und in diesen Fällen die Ausführung des Initialisierungsprozesses verhindern können. Da wir stets mit der gleichen Schaltfläche auf die zweite Assistentenseite navigieren, wäre die Unterscheidung hier viel schwerer möglich. Natürlich wird dieser Prozess nur ausgeführt, wenn auch eine Abteilungs-ID bekannt ist, weil ansonsten keine Mitarbeiter vorhanden sein können.

[!]

Merke

Wir sind hier an einem Punkt, der viel Verwirrung stiften könnte, daher noch einmal als Erläuterung: Wir schaffen mit der zweiten Assistentenseite eine Eingabemöglichkeit für die Tabelle `HR_EMPLOYEES`, die wir aber nicht direkt ansprechen dürfen, weil wir noch nicht wissen, ob die Daten übernommen werden sollen. Daher schaffen wir eine

Collection, die die Daten temporär aufnehmen und durch einen Prozess auf Assistenseite 3 in die Tabelle kopieren kann.

Dann erstellen wir ein interaktives Grid, das die Daten aus der Collection als Basis erhält – und wiederum in einer JSON-Datenstruktur zwischenspeichert. Die Neuanlage, Änderung oder auch das Löschen eines Mitarbeiters aus dieser Liste geschieht in dieser JSON-Datenstruktur. Nach dem Verlassen der zweiten Assistentenseite übernehmen wir die Änderung in die Collection, nicht in die Tabelle. Warum aber dieses doppelte Cachen der Daten? Der Grund ist, dass die JSON-Datenstruktur nur so lange lebt, solange die zweite Assistentenseite existiert, es ist eine rein clientseitige Zwischenspeicherung. Wir müssen die Daten aber über mehrere Seitenaufrufe zwischenspeichern, daher die Collection.

Erstellung des Assistenten

Wir beginnen mit der Erstellung eines Assistenten mit dem Namen `Abteilung und Mitarbeiter bearbeiten` mit drei Seiten, die im modalen Modus ausgeführt werden sollen. Anschließend erzeugen wir einen neuen Navigationseintrag unter dem Eintrag `Startmenü`.

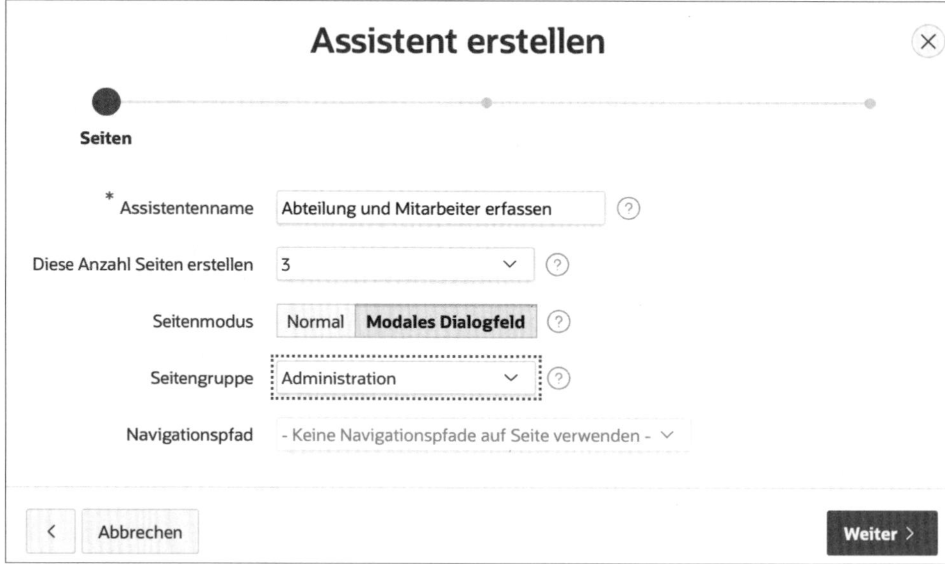

Abbildung 18.8 Erster Schritt zum Erstellen eines Assistenten

Für die drei Assistentenseiten können wir nun festlegen, wie viele Seitenelemente pro Seite angelegt werden sollen. Das ist nicht wichtig, da wir auf der ersten Seite ein Formular und auf der zweiten Seite ein interaktives Grid anlegen werden; wir vergeben aber Seitentitel, wie in Abbildung 18.9 gezeigt. Dann erstellen wir die Seiten.

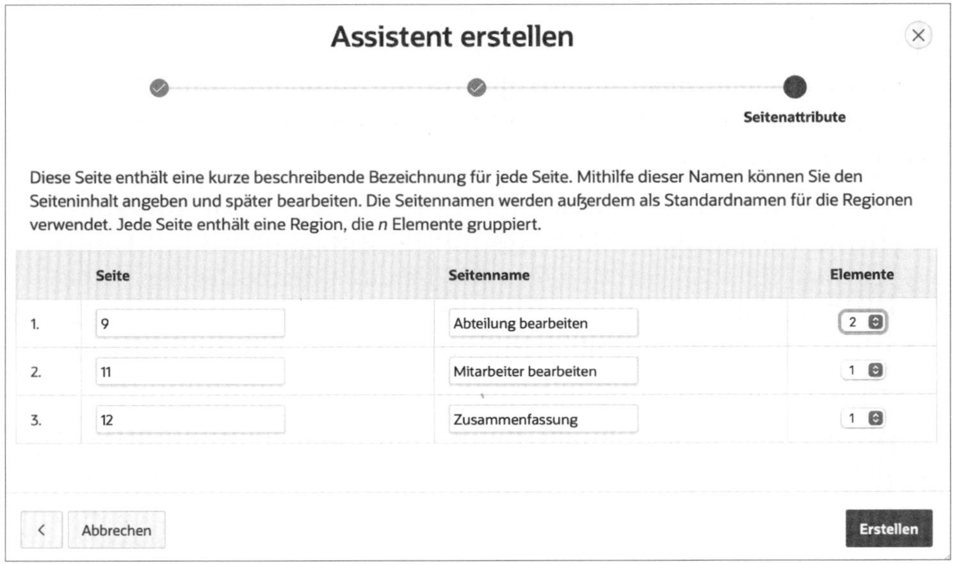

Abbildung 18.9 Festlegungen für die Assistentenseiten

Editieren Sie anschließend die neu erstellten Seiten, und legen Sie das Seitenalias **DEP_EMP_STEPn** fest, sodass wir alle Assistentenseiten über das Alias **DEP_EMP** zusammenhalten können.

Ein Vorteil der Nutzung der APEX-Assistenten zum Erstellen eines Assistenten besteht darin, dass die Schaltflächen zur Navigation zwischen den Assistentenseiten bereits eingerichtet sind. Untersuchen Sie diese Schaltflächen, um sich klarzumachen, wie sie eingerichtet wurden. Wir werden die Verweise, die durch die Schaltflächen aufgerufen werden, noch editieren müssen.

Anpassung der ersten Assistentenseite

Auf der ersten Assistentenseite ändern Sie den Typ der angelegten Region auf Formular und referenzieren die View `EMP_UI_DEP_EMP_STEP1`. Wichtig ist, die Spalte **DEP_ID** als Primärschlüsselspalte auszuzeichnen, damit das Formular funktioniert. Wenn Sie mögen, können Sie für die View **EMP_UI_LOV_LOCATIONS** noch eine LOV erstellen und als Quelle für das Element **DEP_LOC_ID** verwenden.

Eine etwas ungewöhnliche Erweiterung nehmen wir anschließend vor, und zwar erstellen wir ein verstecktes Seitenelement namens `P9_MODE`. Dieses Seitenelement wird durch eine Berechnung beim Öffnen der Seite mit einem Wert belegt, und zwar durch einen Ausdruck in SQL. Fügen Sie hier den Ausdruck `case when :P9_DEP_ID is null then 'CREATE' else 'EDIT' end` ein. Der Grund für dieses Feld: Wir können später nicht mehr unterscheiden, ob eine neue Abteilung angelegt wurde oder eine bestehende aktualisiert werden soll. Würde nun eine Abteilungsnummer eingegeben, die es bereits gibt, würden deren Werte eventuell unbeabsichtigt überschrieben. Um diese beiden Fälle zu unterscheiden, belegen wir das Feld mit einem entsprechenden Indikator. Diesen Indikator werden wir anschließend der Validierungsmethode mitgeben, die bei der Neuanlage die Verwendung einer bereits existierenden Abteilungsnummer unterdrücken kann.

Löschen Sie anschließend den Seitenverarbeitungsprozess, falls dieser angelegt wurde, und richten Sie einen Validierungsprozess auf den Ausdruck `emp_ui.validate_dep_emp_step1(:P9_MODE)` ein. Das ist eine Funktion, die einen booleschen Wert liefert, die als Hülle für spätere Validierungen der Seite dient. Sie können eine beliebige Fehlermeldung einfügen, sie wird nie aufgerufen werden, denn die Funktion liefert immer **TRUE**. Passen Sie die Label noch entsprechend an.

Schließlich muss auf der ersten Assistentenseite noch die Initialisierung der Collection eingerichtet werden. Hierfür legen Sie einen Seitenprozess zum Zeitpunkt **Vor** Header an und rufen dort den Code `emp_ui.initialize_dep_emp_collection(:P9_DEP_ID);` auf. Wichtig ist, eine serverseitige Bedingung auf den Ausdruck **:REQUEST is** null festzulegen, um sicherzustellen, dass dieser Prozess nur beim ersten Öffnen des Assistenten ausgeführt wird.

Eine letzte, wichtige Festlegung betrifft das Speicherverhalten der Eingabeelemente. Da wir keinen Standard-Seitenverarbeitungsprozess verwenden, sondern die Inhalte der Seitenelemente erst später bei der Verarbeitung der dritten Assistentenseite verwenden, müssen wir sicherstellen, dass deren aktuelle Werte im Session Status abgelegt werden, was wir erzwingen können, indem wir für diese Seitenelemente das Attribut QUELLE • SESSIONZUSTAND BEIBEHALTEN • Pro Session (Datenträger) einstellen.

Anpassungen der Assistentenseite 2

Auf der zweiten Assistentenseite können Sie sich austoben. Zunächst ändern wir den Regionstypen zu einem interaktiven Grid und lassen ihn auf `EMP_UI_DEP_EMP_STEP2` basieren. Diese View entspricht inhaltlich Listing 18.6. Danach stellen wir die Spaltenbezeichner ein und referenzieren Einblendmenüs, wo es sinnvoll ist.

Wenn wir die Seite verlassen, müssen wir in jedem Fall die Eingaben in die Collection übernehmen, unabhängig davon, in welche Richtung wir navigieren. Lediglich beim Klick auf die Taste ABBRECHEN müssen wir nicht notwendigerweise etwas tun. Wir könnten die Collection aufräumen, doch wird sie beim erneuten Aufruf des Assistenten ohnehin geleert, daher muss das nicht unbedingt sein.

Übernehmen wir die Daten, müssen sie zunächst validiert werden, was, wie ich bereits beschrieben habe, bei interaktiven Grids nicht gut durch eine zentrale Validierungsmethode funktioniert. Stattdessen werden wir die entsprechenden Validierungen hier deklarativ einfügen. Die Übernahme der Daten kann durch den Standardseitenprozess erfolgen, muss aber in PL/SQL implementiert werden. Hier rufen Sie einfach die Methode `EMP_UI.process_dep_emp_step2` auf, wie in Abbildung 18.10 gezeigt (ich spare mir den Verweis auf die Änderung dieses Verfahrens in Version 22.2).

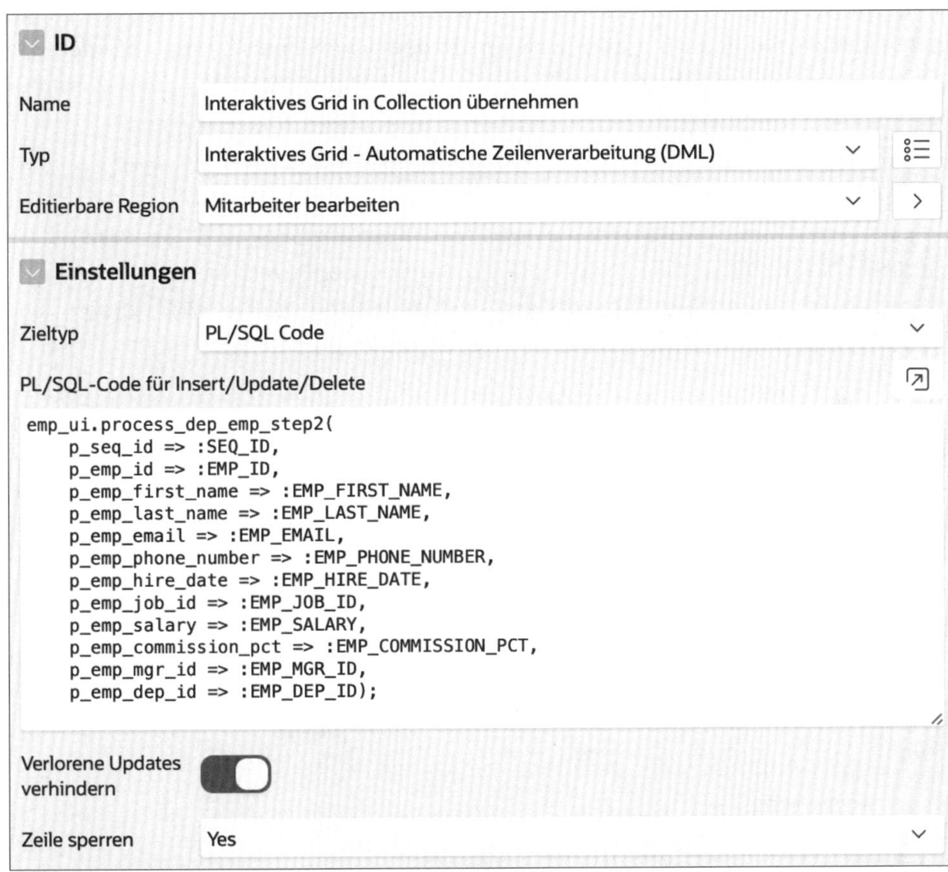

Abbildung 18.10 Prozess zur Übernahme der Daten in die Collection

Die Methode selbst hat vor allem die Aufgabe, die übergebenen Parameter in einem Record zusammenzufassen (und dabei in die korrekten Datentypen zu konvertieren) und anschließend je nach angeforderter Aktion aus Spalte `APEX$ROW_STATUS` die `add`-, `update`- oder `delete`-Methode der Collection-API aufzurufen. Da wir Spalten eines interaktiven Grids übergeben und keine Seitenelemente, verwenden wir auch keine Seitenpräfixe `P11_` für die Bezeichner der Spalten.

Beachten Sie, wenn Sie das Package untersuchen, dass wir hier immer noch mit »richtigen« Spaltenbezeichnern arbeiten, das Mapping ist in den Collection-Methoden gekapselt. Dass wir eine Collection zur Speicherung verwenden, ist beinahe unsichtbar, hätten wir nicht den Parameter `p_seq_id`.

Nun bleibt noch, den Verweis auf die vorhergehende Assistentenseite so zu modifizieren, dass der Initialisierungscode nicht mehr aufgerufen wird. Die serverseitige Bedingung prüfte dort nicht nur, ob eine Abteilungsnummer vorhanden ist, sondern auch, ob der Requestwert leer ist. Das ist normalerweise der Fall, wenn wir den Assistenten von extern aufrufen, wenn wir jedoch die Schaltfläche zum Rücknavigieren klicken, werden wir diesen Wert (in der deutschen Übersetzung *Anfordern* genannt), mit einem beliebigen Wert belegen, zum Beispiel **BACKSTEP** oder was immer Sie mögen.

Merke

Einen Vorteil bietet die Collection gegenüber der Speicherung in der Tabelle **HR_EMPLOYEES**, nämlich den, dass keine `Not Null`-, Primär- oder Fremdschlüsselconstraints beachtet werden müssen. Dies ermöglicht es uns, fehlende Werte, etwa eine neu zu ermittelnde Abteilungs-ID, erst bei der endgültigen Verarbeitung der Daten anzureichern.

Geben wir später in das interaktive Grid Werte ein und verlassen die Seite, werden die übernommenen Daten in die Collection übernommen. Dies können Sie im Session Status nachvollziehen, indem Sie auf die entsprechende Schaltfläche in der Entwicklerleiste klicken und sich die **`Collections`** der aktuellen Session anzeigen lassen. Abbildung 18.11 zeigt diese Darstellung.

Abbildung 18.11 Eingefügte Daten in der Collection, dargestellt im Session Status

Anpassungen der Assistentenseite 3

Auf der dritten Assistentenseite können Sie, wenn Sie mögen, eine Zusammenfassung der erfassten Daten über einen entsprechenden Bericht gegen den Sessionstatus erstellen. Ich habe hierfür die Views `EMP_UI_DEP_EMP_STEP3_DEPT` für die Abteilungsdaten und EMP_UI_DEP_EMP_STEP3_DEP für die Mitarbeiterdaten angelegt, die Sie als Grundlage verwenden können.

Die Kernaufgabe dieser Seite ist die Übernahme der Daten in die Tabellen **HR_DEPARTMENTS** und **HR_EMPLOYEES**. Normalerweise würden wir hier eine Methode erwarten, die alle Werte als Parameter erwartet, und das scheint zumindest für die Abteilung auch möglich, nicht jedoch für die Collection. Aber es wäre etwas seltsam, wenn wir auf Seite 12 Seitenelementwerte der Seite 9 referenzieren müssten (obwohl das technisch geht). Daher nutze ich die Chance, auf dieser Assistentenseite einen anderen Weg zu gehen. Wenig überraschend werden wir die Methode EMP_UI.process_dep_emp_step3 aufrufen, diese hat jedoch überhaupt keine Parameter.

Verarbeitung der Assistentendaten

Die Implementierung der Datenübernahme aus dem Assistenten birgt einige Tricks, die ich nicht im Detail mit Ihnen besprechen möchte, da einige eher aus dem Bereich SQL kommen, doch einen Leitfaden würde ich Ihnen gern geben. Die Speicherung der Abteilungsdaten ist einfach, doch woher kommen die Werte? Anstatt Parameter zu verwenden, werde ich im Package einfach die Methode **apex_util.get_session_state** verwenden (alternativ geht auch die Funktion v, die ein Alias auf die genannte Funktion ist). Es mag zunächst verwirrend sein, dass Sie seitenübergreifend auf den Session Status zugreifen können, wenn Sie sich jedoch vergegenwärtigen, dass dieser eine einfache Tabelle mit Ihrer Session-ID als Filter und dem Elementnamen als Schlüssel ist, wird klar, dass dies technisch kein Problem ist. Auf der APEX-Anwendungsseite möchte ich so etwas nicht machen, da durch solche Querreferenzen die Abhängigkeit der Seite voneinander ohne Not ansteigt. Sie ist ohnehin schon groß genug, was Sie einfach nachvollziehen können, wenn Sie einmal die zweite Assistentenseite als Kopie neu anlegen und die Originalseite löschen. Alle Schaltflächen zwischen den Anwendungsseiten funktionieren nicht mehr, die Fortschrittsleiste im Assistenten ist kaputt, und einige weitere unschöne Konsequenzen müssen behoben werden. Da möchte ich einen Werbespruch abwandeln und sagen: Es gibt Hunderte APEX-Schädlinge, werden Sie nicht auch noch einer. Fügen Sie also keine Abhängigkeiten zwischen Anwendungsseiten hinzu, wenn sich das vermeiden lässt. Im Gegenteil versuche ich, solche Abhängigkeiten zu mildern, indem ich zum Beispiel überall, wo dies technisch möglich ist, statt der Seitennummern die Seitenaliase verwende. Kopiere ich eine Anwendungsseite unter einer neuen ID, kann ich anhand des Seitenalias anschließend einfacher umschalten.

Die Übernahme der Mitarbeiterdaten in die Tabelle HR_EMPLOYEES ist überraschend einfach, da beide Daten in Tabellenform vorliegen. Daher wäre grundsätzlich eine merge-Anweisung ausreichend, gäbe es nicht das Problem, dass Mitarbeiter auch gelöscht worden sein könnten, falls eine bestehende Abteilung bearbeitet wurde. Also wird es doch etwas komplizierter. Ich verwende hier eine sogenannte *Delta-View*, eine

18

Abfrage, die in einem Rutsch alle relevanten Unterschiede zwischen zwei Tabellen erfasst und anschließend die nötigen Schlussfolgerungen daraus zieht. Dies ist das SQL-Thema, das ich hier nicht bis in alle Details erläutern möchte, da es sich um ein APEX-Buch handelt. Die Abfrage finden Sie in Listing 18.8.

```
create or replace view bl_emp_coll_delta_view as
select coalesce(c.emp_id, t.emp_id) emp_id,
       c.emp_first_name,c.emp_last_name, c.emp_email, c.emp_phone_number,
       c.emp_hire_date, c.emp_job_id, c.emp_salary, c.emp_commission_pct,
       c.emp_mgr_id, c.emp_dep_id,
       case when t.emp_id is null then emp_ui.c_insert
            when c.emp_id is null then emp_ui.c_delete
            else emp_ui.c_update end dml_action
  from (select *
          from hr_employees
         where emp_dep_id = (select to_number(v('P9_DEP_ID')) from dual)) t
  full join emp_ui_dep_emp_step2 c
    on (t.emp_id = c.emp_id)
 where decode(t.emp_first_name, c.emp_first_name, 0, 1) +
       decode(t.emp_last_name, c.emp_last_name, 0, 1) +
       decode(t.emp_email, c.emp_email, 0, 1) +
       decode(t.emp_phone_number, c.emp_phone_number, 0, 1) +
       decode(t.emp_hire_date, c.emp_hire_date, 0, 1) +
       decode(t.emp_job_id, c.emp_job_id, 0, 1) +
       decode(t.emp_salary, c.emp_salary, 0, 1) +
       decode(t.emp_commission_pct, c.emp_commission_pct, 0, 1) +
       decode(t.emp_mgr_id, c.emp_mgr_id, 0, 1) +
       decode(t.emp_dep_id, c.emp_dep_id, 0, 1) > 0;
```

Listing 18.8 Deklaration der Deltaview

Grob gesagt mache ich einen **full**-Join zwischen beiden Relationen, so kann ich insert-, update- und **delete**-Zeilen erkennen und mir in Spalte **DML_ACTION** ausgeben lassen. Wir haben die Informationen, die das interaktive Grid ja in der Spalte APEX$**ROW_STATUS** angeboten hatte, nicht mehr zur Verfügung (die Methode wird auch nur einmal aufgerufen) und müssen es daher auf diese Weise erneut erzeugen.

Anschließend filtere ich Zeilen aus, die in allen Attributen übereinstimmen, also nicht geändert wurden. Hier gibt es unterschiedlichste Wege, ich verwende mit der **decode**-Methode einen etwas unüblichen Ansatz, der aber sehr gut funktioniert. Alternativ hätten wir mit dem MD5-Hashcode der Collection experimentieren können. Das habe ich nicht gemacht, da die Berechnung eines entsprechenden Codes in der **HR_EMPLOYEES** nur gelingt, wenn beide Seiten den gleichen Algorithmus verwenden. Der Trick mit der **decode**-Funktion, den ich verwende, ist kurz und zudem pragmatisch implementiert, was die Behandlung von NULL-Werten angeht. Es bleiben nur die relevanten Zeilen übrig, und über diese Menge iteriere ich und rufe die entsprechenden Methoden auf.

Merke

Es gibt Entwickler, die es nicht mögen, wenn »Logik-interne« **select**-Abfragen als View in das Datenschema gelegt werden. Ich sehe das anders, denn zum einen mag ich keine komplexen **select**-Abfragen in Packages, wo ich sie kaum testen kann, zum anderen ergeben sich aus den Views Anwendungsfelder, die man zunächst gar nicht geplant hat. So wäre die Delta-View ein schöner Einstieg, wenn man vorab in einem Bericht zeigen wollte, was man zu ändern gedenkt.

Sie ist folgerichtig auch die Grundlage für die View EMP_UI_DEP_EMP_STEP3_EMP, die nur die zu ändernden Mitarbeiter anzeigt.

Da die Delta-View uns die Ermittlung der zu ändernden Daten abnimmt und zudem noch mitteilt, welche Aktion wir auszuführen haben, ist das weitere Vorgehen recht einfach, wir rufen einfach die entsprechenden Methoden im Package BL_EMP auf. Einen kleinen Nachteil hat die Delta-View jedoch: Durch das zusätzliche Attribut, das uns zeigt, was zu tun ist, können wir nicht einfach eine Zeile des Cursors an das Package BL_EMP weitergeben, da dieses Attribut dort nicht bekannt ist. Daher kopiere ich die Zeile auf einen Record um und gebe diesen weiter. Listing 18.9 zeigt die entsprechende Methode.

```
SQL> procedure process_dep_emp_step3
  as
    l_dep_row hr_departments%rowtype;
    l_emp_row hr_employees%rowtype;
    cursor delta_cur is
      select *
        from bl_emp_coll_delta_view;
  begin
    -- Step 1: Daten anreichern
    l_dep_row.dep_id :=
      to_number(apex_util.get_session_state('P9_DEP_ID'));
    l_dep_row.dep_name := apex_util.get_session_state('P9_DEP_NAME');
    l_dep_row.dep_loc_id := apex_util.get_session_state('P9_DEP_LOC_ID');

    bl_dep.merge_department(l_dep_row);

    for rec in delta_cur loop
      l_emp_row.emp_id := rec.emp_id;
      l_emp_row.emp_first_name := rec.emp_first_name;
```

```
19     l_emp_row.emp_last_name := rec.emp_last_name;
20     l_emp_row.emp_email := rec.emp_email;
21     l_emp_row.emp_phone_number := rec.emp_phone_number;
22     l_emp_row.emp_hire_date := rec.emp_hire_date;
23     l_emp_row.emp_job_id := rec.emp_job_id;
24     l_emp_row.emp_commission_pct := rec.emp_commission_pct;
25     l_emp_row.emp_dep_id := l_dep_row.dep_id;
26 
27     if rec.dml_action in (c_insert, c_update) then
28       bl_emp.merge_employee(l_emp_row);
29     else
30       bl_emp.delete_employee(l_emp_row);
31     end if;
32   end loop;
33 
34 end process_dep_emp_step3;
```

Listing 18.9 Methode zur Übernahme der Collection-Werte in die Zieltabelle

In Zeile 6 und 7 sehen Sie Verwendung der Deltaview. Beachten Sie auch, dass die Abteilungs-ID in der Methode **`bl_dep.merge_department`** in Zeile 14 eventuell erst gebildet und mit dem Record zurückgegeben wird. Daher muss diese Information auch in Zeile 25 für den Mitarbeiter verwendet werden. Der neu beladene Record **`l_emp_row`** dient dann als Datengrundlage für die Erstellung oder Pflege der Mitarbeiter.

Vielleicht haben Sie eine andere Implementierung dieser Methode erwartet, doch leitet mich vor allem folgender Gedanke: Auf Ebene der APEX-Anwendung sollten die Methoden lediglich die Dinge tun, die eine Abhängigkeit von APEX haben, in unserem Fall also eine Abhängigkeit vom Session Status und vom Zustand der Collection. Die Daten werden entgegengenommen, aufbereitet und direkt an ein Package weitergeleitet, das die Daten speichert. Eventuell kommen von dort auch Daten zurück, die berücksichtigt werden müssen, aber diese Methode kümmert sich nicht um die fachlichen Details, zum Beispiel um die Frage, auf welche Weise eine neue Abteilungs-ID zu bilden ist.

Zusammenfassung

War das noch Low Code? Man mag das bezweifeln, denn die Programmierung eines Assistenten wirft viele neue Probleme auf, die wir derzeit nur mit intensiverer Beschäftigung mit der Arbeitsweise von APEX in den Griff bekommen können. Der Code selbst ist wohl eher keine Raketenwissenschaft, aber man muss schon entscheiden können, welche Strategie eingesetzt werden muss, um die Arbeitsweise von APEX mit dem Assistenten übereinzubringen.

Die Arbeit mit der Collection-API stellt eine weitere Hürde dar, die erst einmal bewältigt werden muss. Beide Problembereiche – die Anforderung, einen Assistenten zu programmieren, und die Arbeit mit der Collection-API – haben wir zudem in diesem Beispiel lediglich auf einfachster Ebene gesehen. Wenn Sie APEX mit wachen Augen bei der Arbeit beobachten, stellen Sie fest, dass die integrierten Assistenten durchaus mehr Logik beinhalten. So verzweigen sie abhängig von der Wahl der Optionen des Benutzers zu verschiedenen Assistentenseiten, wodurch die Konzeption deutlich anspruchsvoller ist als das etwas gewollte Beispiel in diesem Abschnitt.

Die Collection-API wird erst dann ihre gesamte Komplexität zeigen, wenn Daten innerhalb der Collection umsortiert, gelöscht oder wieder eingefügt werden müssen. Auch diesbezüglich ist das Beispiel einfach, da wir nur eine Ablagestelle für unsere Daten benötigen und diese vollständig verwerfen und aus dem interaktiven Grid wiederherstellen können.

Die vorgestellten Prinzipien sind aber sehr wichtig und dienen dazu, auch komplexe Anforderungen überblicken zu können. Ich möchte diese Punkte abschließend noch einmal zusammenfassen:

- Nutzen Sie die Collection-API nur, wenn Sie unbedingt müssen.
- Planen Sie Assistenten so einfach wie möglich, und legen sie, bevor Sie beginnen, fest, wie viele Seiten Sie benötigen werden, um nicht manuell in die Verwaltungsaufgaben, wie die Verwaltung der Fortschrittsleiste, eingreifen zu müssen.
- Erstellen Sie stets eine View über die Collection, damit Sie möglichst wenig mit den generischen Spaltenbezeichnern und dem damit verbundenen Mapping zu tun haben.
- Erstellen Sie die Collection-View und die Methoden zum Schreiben in die Collection nach Möglichkeit mithilfe eines Code-Generators, um schwer zu findende Mappingfehler auszuschließen.
- Trennen Sie den Code, der von APEX abhängig ist, vom Code, der die Daten in Tabellen schreibt. Das hält auch komplexe Assistenten einigermaßen übersichtlich und trennt die Zuständigkeiten.
- Referenzieren Sie auf der APEX-Anwendungsseite keine Seitenelemente von anderen Seiten. Dies erhöht die Bindung der Seiten untereinander und reduziert die Übersichtlichkeit.

Dieser Abschnitt hat diese Prinzipien beherzigt und zudem noch die Entscheidung, ob ein Mitarbeiter angelegt, geändert oder gelöscht werden muss, in eine View verlegt. Dieses Vorgehen ist die Basis dafür, dass Sie zum dritten Teil des Buches voranschreiten können, denn nur wenn die Basis sauber und skalierbar ist, können wir komplexere Aufgaben so umsetzen, dass auch Ihr Kollege noch in der Lage sein wird, Ihre Anwendung zu verstehen.

Insgesamt sollte aber auch klar geworden sein, dass ich die Einrichtung eines Assistenten nicht im ersten Teil des Buches beschreiben konnte, denn ohne Kodierung kommen Sie hier keinesfalls aus.

Kapitel 19
Daten laden, exportieren und drucken

APEX bietet eine leistungsfähige API zum Laden, Exportieren und Drucken von Daten aller Art. Dieses Kapitel beschreibt diese API und zeigt die Verwendung anhand praktischer Beispiele.

Drei Packages kontrollieren die Arbeit mit Daten: `APEX_DATA_PARSER`, `APEX_EXEC` und `APEX_EXPORT_DATA`. Das Erste der Packages dient dem Import von Daten aus verschiedenen Datenformaten, `APEX_EXEC` implementiert die Datenquelle und wird von allen Berichten, aber auch von Auswahllisten, Karten und selbst von REST-basierten Webservices verwendet. Es ist verantwortlich für die Bereitstellung von Daten. Das dritte Package, `APEX_EXPORT_DATA`, arbeitet eng mit dem zweiten zusammen und erlaubt die Konvertierung der Daten in die Formate `CSV`, `HTML`, `Excel`, `PDF`, `JSON` und `XML`.

Die deklarative Verwendung dieser Möglichkeiten hatten wir uns bereits in Abschnitt 7.2.8, »Laden von Daten«, und Abschnitt 8.1.3, »Druck und Datenexport«, angesehen. Hier soll es um die Packages selbst gehen, weil diese auch in eigener Programmierung verwendet werden können. Diese Möglichkeiten sind zum Beispiel sinnvoll, um Daten über eine REST-Schnittstelle in formatierter Form anbieten zu können.

Das erste Beispiel wird zeigen, wie wir die Kartenregion dazu bringen können, ihre Daten zu drucken.

19.1 Regionsdaten drucken

Regionstypen, die keine eigene Druckmöglichkeit anbieten, können dennoch ihre zugrunde liegenden Daten ausdrucken, wenn auch nicht in der optischen Erscheinungsform der Region. Wie schon in Abschnitt 8.1.3, »Druck und Datenexport«, beschrieben, funktioniert dies, indem die Daten in ein PDF-Dokument überführt und dieses anschließend ausgedruckt wird. Auch in diesem Kapitel werden wir hierzu lediglich die mitgelieferte Drucklösung verwenden und keine kostenpflichtigen Drittlösungen.

Als Beispiel werden wir die Grunddaten einer Kartenregion zum Druck anbieten. Bevor wir uns ansehen, wie dies praktisch gelingt, zunächst der Plan: Die Kartenregion verfügt über eine Datenquelle, auf der die Karten basieren. Für diese Datenquelle ist, wie wir gesehen haben, das Package APEX_EXEC verantwortlich. Die Informationen, die dieses Package bereitstellt, werden wir ermitteln und an das Package APEX_EXPORT_DATA weitergeben. Dort werden die Daten in ein PDF umgewandelt und zum Herunterladen angeboten.

Aus der Dokumentation können wir eine beispielhafte Implementierung dieses Verfahrens (siehe Listing 19.1) herunterladen (das Beispiel der Dokumentation muss leicht geändert werden, damit der Code funktioniert).

```
SQL> declare
  2    l_context apex_exec.t_context;
  3    l_export apex_data_export.t_export;
  4    l_query varchar2(100 byte) := 'select * from emp_ui_loc_admin_cards';
  5  begin
  6    l_context := apex_exec.open_query_context(
  7                   p_location => apex_exec.c_location_local_db,
  8                   p_sql_query => l_query);
  9    l_export := apex_data_export.export(
 10                  p_context => l_context,
 11                  p_format => apex_data_export.c_format_pdf);
 12    apex_exec.close(l_context);
 13    apex_data_export.download(
 14      p_export => l_export);
 15  end;
 16  /
```

Listing 19.1 Beispielimplementierung zum Herunterladen von Daten einer Region

Zunächst werden zwei Variablen l_context und l_export deklariert, die für die Verarbeitung zentral sind. l_context ist eine Zahl, die eine Datenmenge repräsentiert, die innerhalb des Packages APEX_EXEC unter diesem Schlüsselwert verwaltet wird. Im Gegensatz dazu ist l_export ein Record mit Angaben zum Export, wie zum Beispiel dem Dateinamen, dem exportierten Format, dem Mime-Typ und so weiter.

Im ersten Schritt wird für die Abfrage l_query ein Abfragekontext eröffnet (Zeilen 6–8). Die Datenmenge wird per Schlüsselreferenz an das Package APEX_DATA_EXPORT weitergeleitet und in das Format PDF umgeformt (Zeilen 9–11). Danach kann der Abfragekontext geschlossen und die umgeformte Datenmenge über den Browser heruntergeladen werden (Zeilen 13 und 14). Die heruntergeladene Datei dient dem anschließenden Ausdruck.

Dieser Code wird durch eine Schaltfläche ausgelöst, die auf der Seite ausgeführt wird, doch ist dies unerwartet dornig. Zunächst haben wir die Idee, diesen Code innerhalb einer dynamischen Aktion zu platzieren, die serverseitigen Code ausführt. Das kann man auch machen, es funktioniert aber nicht oder zumindest nicht wie erwartet. Grund ist, dass auf diesem Weg die Antwort der Datenbank als JSON-Objekt erwartet und an die Oberfläche zurückgesendet wird. Untersuchen wir die Netzwerkaktivitäten in den Entwicklerwerkzeugen unseres Browsers, sehen wir Überraschendes, wie Abbildung 19.1 zeigt.

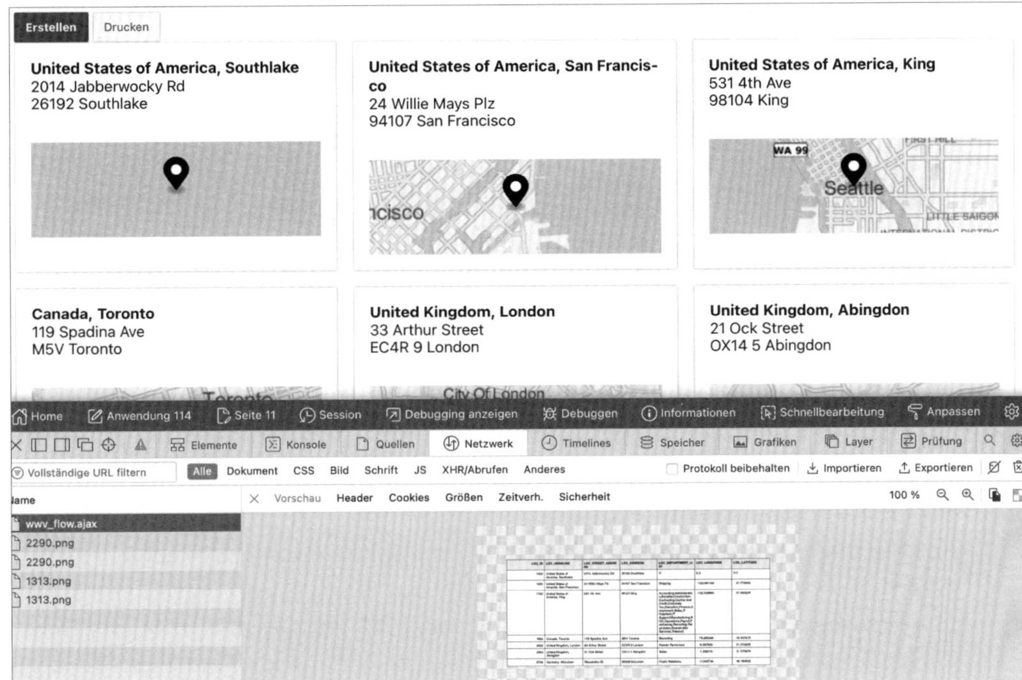

Abbildung 19.1 Das PDF ist da – und doch nicht.

Das PDF ist da, aber eben nur innerhalb der Entwicklerwerkzeuge und nicht als Datei. Daher scheidet dieser Weg aus, wir werden den Code als Seitenverarbeitungsprozess ausführen müssen, falls die Schaltfläche DRUCKEN geklickt wird. Verschieben wir also den Code aus der dynamischen Aktion in einen Seitenprozess nach dem Absenden der Seite. Die Schaltfläche sendet die Seite einfach ab und ruft keine dynamische Aktion mehr auf, die Sie nun auch löschen können. Stellen Sie sicher, dass der Seitenprozess nur ausgeführt wird, falls diese Schaltfläche geklickt wird und auch keine anderen Seitenprozesse ausgeführt werden.

Nach diesen Änderungen probieren wir den Export erneut.

Nun jedoch ist eine Fehlermeldung gemäß Abbildung 19.2 die Folge. Die Meldung zeigt an, dass unsere Anwendungsseite die Seite nur weiterleitet, falls die Validierungen keine Fehler produzieren. Dies wird jedoch von dem Download-Prozess nicht unterstützt. Setzen wir das Attribut <SEITENATTRIBUTE> • ERWEITERT • BEI WEITERLEITUNG NEU LADEN • auf den Wert `Immer`, gelingt die Verarbeitung, aber nur in unserem konkreten Fall. Dies muss jedoch nicht so sein, denn wenn wir eine Region verwenden, die Daten verarbeiten kann, etwa ein editierbares Grid, das diese Option angeschaltet hat, erfordert diese Region, dass das angesprochene Attribut den Wert `Nur bei Erfolg` haben muss. Dann bleibt nur der zweite Lösungsvorschlag der Fehlermeldung, die Verwendung eines `Vor Header`-Prozesses.

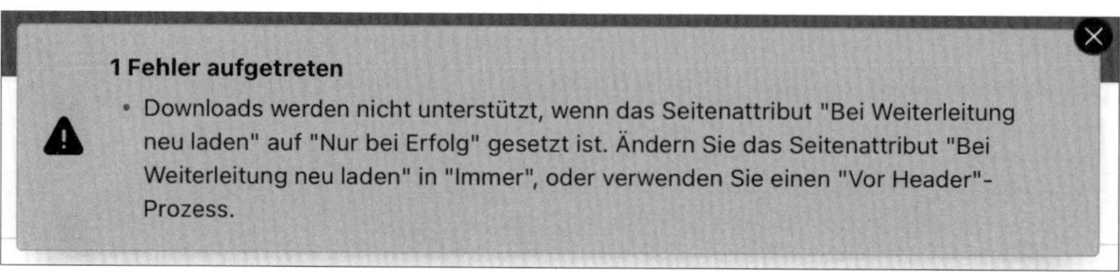

Abbildung 19.2 Fehlermeldung nach der Ausführung des Seitenprozesses

Spielen wir auch diesen Fall durch: Der Klick auf die Schaltfläche sendet die Seite ab, es wird aber kein Seitenverarbeitungsprozess angesprochen, sondern die Seite über eine Verzweigung auf die gleiche Seite weitergeleitet. Eventuelle Seitenprozesse, die der Verarbeitung oder Validierung der Eingaben dienen, sollten über eine serverseitige Bedingung so eingestellt werden, dass sie nicht ausgeführt werden, wenn wir die Schaltfläche `PRINT` klicken.

Im Link dieser Verzweigung muss nicht nur die Seitennummer der aktuellen Seite eingefügt werden, sondern zusätzlich das Attribut ERWEITERT • ANFORDERN auf einen konkreten Wert gestellt werden, sagen wir `PRINT`. Mit diesem Attribut legen wir den Requestwert (*Anfordern* auf Deutsch) fest, den wir anschließend beim Rendern der Seite abfragen können.

Den vormaligen Seitenprozess beim Verarbeiten der Seite ändern wir in zwei Aspekten: Als Auslösezeitpunkt wählen wir einen Zeitpunkt beim Rendern der Seite, zum Beispiel `Vor Header`. Die Bedingung, dass dieser Prozess nur beim Auslösen der Schaltfläche `PRINT` ausgeführt werden soll, können wir nicht mehr benutzen, sondern wir ersetzen dies durch eine Prüfung auf den Requestwert (`Anforderung = Wert`), der den Wert `PRINT` enthalten muss. Abbildung 19.3 zeigt den geänderten Seitenprozess. Nun funktioniert die Lösung auch dann, wenn eine andere Region die Weiterleitung nur im Erfolgsfall verlangt.

Nun ja. Etwas verwickelt, aber ich hoffe, Sie konnten dem folgen, auch wenn ich keine Screenshots für jeden Teilschritt ins Buch aufgenommen habe.

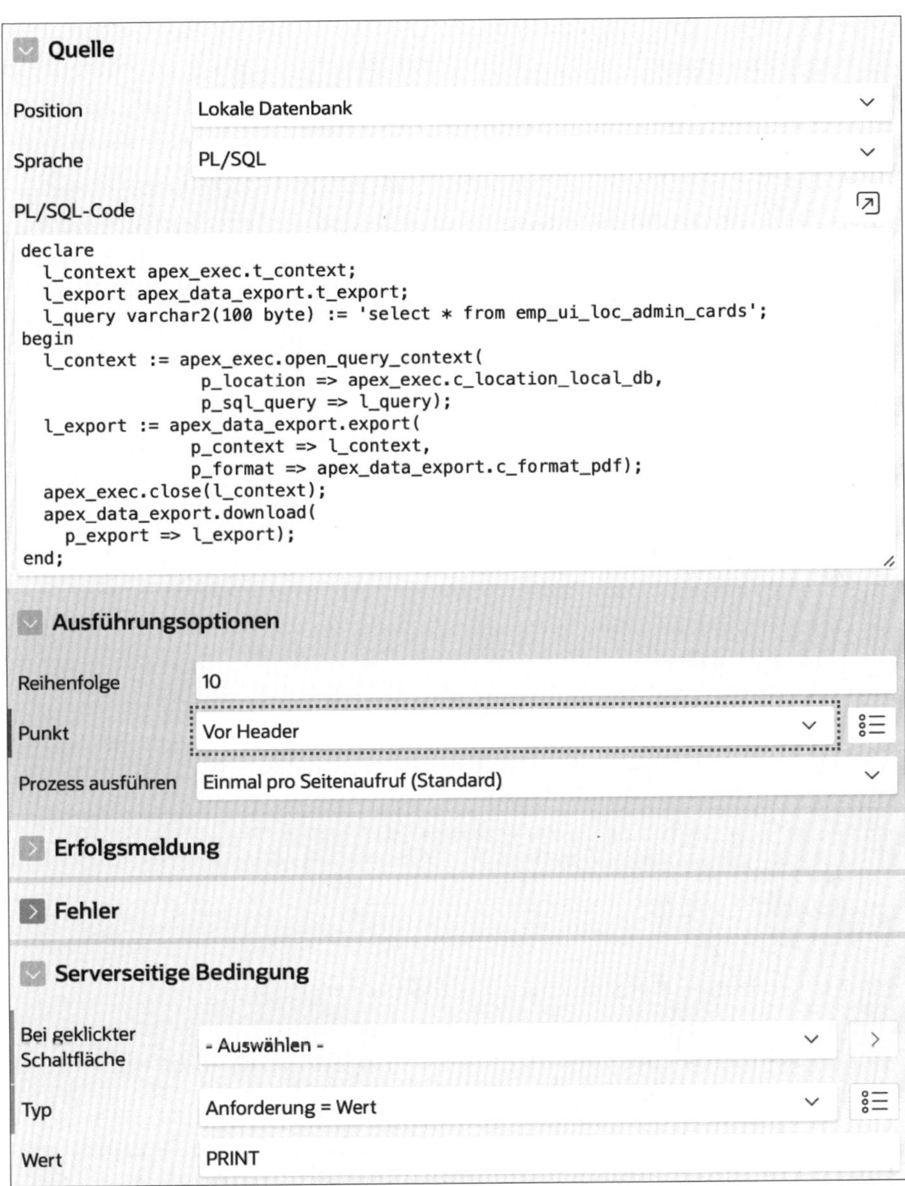

Abbildung 19.3 Geänderter Seitenprozess beim Laden der Seite

19.2 Exportieren der Daten einer Region

Ganz ähnlich stellt sich das Vorgehen dar, wenn die Daten einer Region exportiert werden sollen. Im Grunde ist lediglich das Format des Exports anzupassen, zum Beispiel auf `CSV`, `JSON` oder `XLSX`. Allerdings gibt es einige kleine Optionen, die ich gern besprechen möchte.

Ich werde wieder die Kartenregion exportieren, doch möchte ich Ihnen einen alternativen Weg der Datengenerierung zeigen, der keine `select`-Abfrage erfordert (diese ist ja als Datenquelle der Region bereits verfügbar).

Wir werden eine Abkürzung benutzen, die über die Regions-API führt. Wir benötigen hierzu das Attribut <REGIONSATTRIBUT> • ERWEITERT • STATISCHE ID • `Niederlassungen`, damit wir uns auf diese Region beziehen und deren technische ID ermitteln können. Wir ermitteln aus dem APEX-Data-Dictionary die technische ID der Region und nutzen diese, um direkt die Daten zu exportieren. Den Code sehen Sie in Listing 19.2.

```
SQL> declare
    l_export apex_data_export.t_export;
    l_region_id number;
  begin
    select region_id
      into l_region_id
      from apex_application_page_regions
     where application_id = 114
       and page_id = 11
       and static_id = 'Niederlassungen';
    l_export := apex_region.export_data(
                  p_format => apex_data_export.c_format_xml,
                  p_page_id => 11,
                  p_region_id => l_region_id);
    apex_data_export.download(
      p_export => l_export);
  end;
```

Listing 19.2 Überarbeiteter Seitenprozess zum Export von Regionsdaten

Die Daten entnehmen wir der View `APEX_APPLICATION_PAGE_REGIONS`, die wir nach Anwendungs- und Seiten-ID sowie der statischen ID filtern.

Anschließend nutzen wir die Regions-ID, um das Package `APEX_REGION.export_data` anzusprechen. Die Schritte, die wir vorher unternommen hatten (Nutzung der Packages `APEX_EXEC` und `APEX_DATA_EXPORT`), werden nun durch diese Methode mit weniger Programmieraufwand für uns ausgeführt, vor allem entfällt die Doppelung der `select`-Abfrage in der Datenquelle der Region und dem Seitenprozess.

Anschließend können wir den erhaltenen Exportkontext direkt an das Package `APEX_DATA_EXPORT` zum Herunterladen der Datei einfügen.

19.2.1 Exportformat CSV

Eine Anmerkung zum Export von Daten im Format CSV. Die Formatierung, die in diesem Fall geliefert wird, entspricht den Spezifikationen des Formats, ist jedoch eventuell für einige Zielumgebungen so nicht nutzbar. Listing 19.3 zeigt einen Ausriss des Exports.

```
LOC_ID;LOC_HEADLINE;LOC_STREET_ADDRESS;LOC_ADDRESS;...
1400;United States of America, Southlake;2014 Jabberwocky Rd;...
1500;United States of America, San Francisco;"24, Willie Mays Plz";...
```

Listing 19.3 Ausriss aus einem CSV-Export

Es geht um das Umschließen von Zeichenketten mit doppelten Anführungszeichen. Laut Standard ist dies nur durchzuführen, wenn ansonsten die Struktur der CSV-Datei gestört würde. Ich habe diesen Fall in der zweiten Exportzeile dargestellt, wo das Komma in der Adresse ohne Anführungszeichen als CSV-Trennzeichen gewertet würde.

In früheren Versionen von APEX wurden Exporte von Textspalten stets mit doppelten Anführungsstrichen umgeben, ob dies technisch erforderlich war oder nicht. Nun mag es sein, dass Ihre weiterverarbeitenden Prozesse dieses ältere Format voraussetzen, und die Frage ist, ob es möglich ist, APEX entsprechend umzustellen. Das ist aber nicht mehr möglich.

APEX bot einmal einen Ausweg in Form eines mehr oder minder undokumentierten Hacks an (mittels eines Optimizer-Hints), der jedoch aktuell nicht mehr zu funktionieren scheint, daher müssen Sie davon ausgehen, dass CSV-Dateien in diesem Format exportiert werden.

19.2.2 Print-optimized Export

Die nächste Option ist eine Erweiterung der Liste der Exporttypen. Laut Dokumentation stehen die Typen HTML, JSON, XML, CSV und XSLX zur Verfügung. Die beiden Formate JSON und XML sind zusätzlich aber auch in der Variation PJSON und PXML verfügbar. Diese beiden Formate erweitern die Grunddaten durch weitere Informationen.

Wenn wir uns dies beim Format XML ansehen, sind die Unterschiede auf den ersten Blick nicht groß, es wird lediglich ein neues leeres Element SUPPLEMENTAL_TEXT ausgegeben, welches ich in meinen Versuchen auch mit keiner Information füllen konnte. Ein Unterschied besteht in der Formatierung von Zahl- und Datumsfeldern, denn im Format PXML werden diese in dem Format ausgegeben, in dem sie auf der Oberfläche angezeigt werden, während das Format XML die Informationen als XSD-kompatible Datentypen ausgibt, ein Datum also zum Beispiel im ISO-Format.

Interessanter sind die Unterschiede im Format JSON, allerdings werden wir nur dann einen signifikanten Unterschied erkennen, wenn der Bericht auch Druckinformationen enthält. Die Kartenregion ist hierfür nicht geeignet, da sie keine Druckunterstützung bietet. Um den Unterschied zu zeigen, formatiere ich daher das interaktive Grid mit Mitarbeiterinformationen auf Seite <EMP> • <REPORT>, indem ich eine Gruppierung nach der Abteilung vornehme und Gehaltssummen pro Abteilung und eine Gesamtsumme berechnen lasse. Zusätzlich füge ich einige optische Änderungen hinzu, etwa ein Highlight für Gehälter über 10.000 Taler und eine Kennzeichnung, falls im Beruf der Begriff `Manager` auftaucht. Das Ergebnis zeigt Abbildung 19.4.

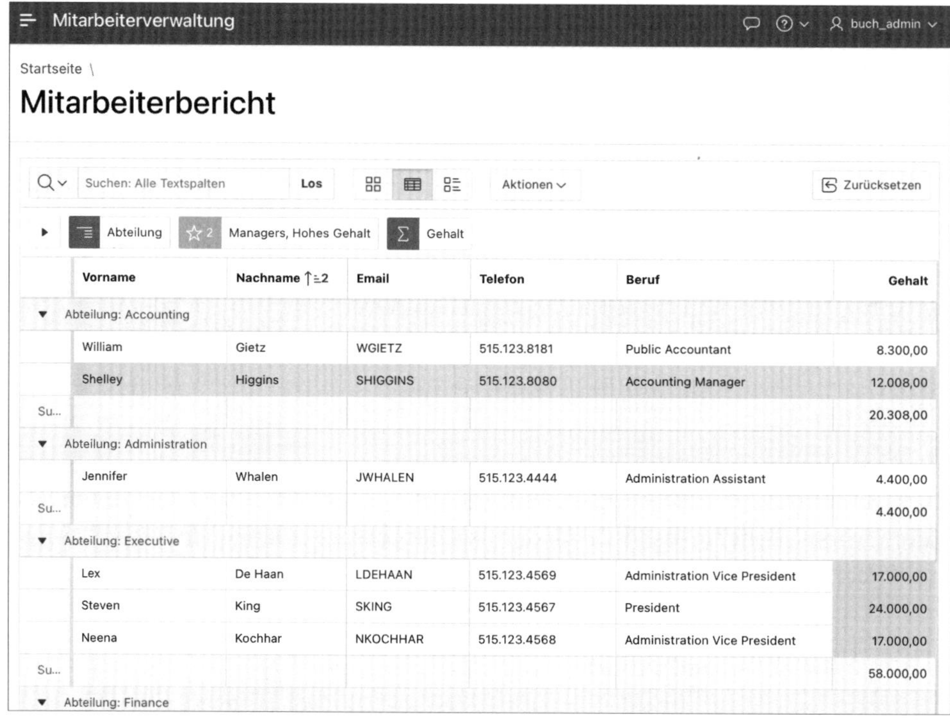

Abbildung 19.4 Formatierter Bericht für den Datenexport in PJSON

Der Export dieser Daten wird analog zur Kartenregion eingerichtet. Doch bevor wir nun wieder einen Code gemäß Listing 19.2 auf der Seite einfügen, wird es Zeit für eine Hilfsmethode, die uns dieses Problem eleganter vom Hals schafft. Wir haben das Package `EMP_UI`, in dem wir Dinge dieser Art einfach unterbringen können. Dieses Package ist zwar nur die zweitbeste Lösung, denn die Methode, die wir nun benötigen, wäre noch besser in einem Package `UTL_APEX` oder ähnlich untergebracht, denn der Code hat nichts direkt mit der Anwendung oder der Anwendungsseite zu tun. Diese Optimierung spare ich mir für später auf, Sie können dies aber natürlich auch bereits jetzt umsetzen.

Die Methode erwartet zwei Parameter, eine statische Regions-ID und das gewünschte Format. Das mag auf den ersten Blick überraschen, denn für die Ermittlung der Regions-ID benötigen wir ja auch die Anwendungs- und die Anwendungsseiten-ID. Doch diese Informationen sind bekannt, da wir die Methode aus dem Kontext einer Anwendungsseite heraus aufrufen. Listing 19.4 zeigt die Implementierung dieser Hilfsmethode.

```
SQL> procedure export_data(
       p_static_id in ora_name_type,
       p_format in varchar2)
     as
       l_application_id number := apex_application.g_flow_id;
       l_page_id number := apex_application.g_flow_step_id;
       l_export apex_data_export.t_export;
       l_region_id number;
       e_wrong_format exception;
       pragma exception_init(e_wrong_format, -20000);
     begin
       if p_format not in (
         'CSV', 'HTML', 'PDF', 'XLSX', 'XML', 'PXML', 'JSON', 'PJSON') then
           raise e_wrong_format;
       end if;

       select region_id
         into l_region_id
         from apex_application_page_regions
        where application_id = l_application_id
          and page_id = l_page_id
          and static_id = p_static_id;
       l_export := apex_region.export_data(
                     p_format => p_format,
                     p_page_id => l_page_id,
                     p_region_id => l_region_id);
       apex_data_export.download(
         p_export => l_export);
     exception
       when e_wrong_format then
         apex_error.add_error(
           p_message => 'Ungültiges Format ' || p_format || ' übergeben',
           p_additional_info => 'Derzeit werden die Formate
             CSV, HTML, PDF, XLSX, XML, PXML, JSON, PJSON
             unterstützt (siehe APEX_DATA_EXPORT.C_FORMAT...',
           p_display_location => apex_error.c_on_error_page);
```

```
35      when NO_DATA_FOUND then
36        apex_error.add_error(
37          p_message =>
              'Der Bericht ' || p_static_id || ' existiert nicht',
38          p_display_location => apex_error.c_on_error_page);
39    end;
```

Listing 19.4 Implementierung der Hilfsmethode zum Exportieren von Daten

In den Zeilen 5 und 6 sehen Sie, wie wir uns in der Methode die entsprechenden Informationen geben lassen. Hier sind mehrere Wege möglich (zum Beispiel über die Funktion `v('APP_ID')`), doch dieser Weg ist insofern der effizienteste, als der Wert bereits in einer PL/SQL-Variablen steht und nicht erst durch eine `select`-Anweisung ermittelt werden muss.

Die Prüfung auf erlaubte Werte für das Format in den Zeilen 12–15 nutzt die Chance, Ihnen eine beispielhafte Verwendung der Error-API im Fehlerhandler in Zeile 30–38 zu zeigen. Als Anzeigeort steht nur noch die Fehlerseite zur Verfügung, denn wir befinden uns im Prozess der Seitenverarbeitung, da ist es nicht mehr möglich, Fehler auf der Anwendungsseite anzuzeigen. Möchten Sie dies, muss der übergebene Exporttyp in einer Validierung geprüft werden. In unserem Beispiel ist das etwas absurd, weil er durch den Seitenprozess festgelegt wird. Ansonsten ist der Code analog zu Listing 19.2, nur dass wir hier natürlich die entsprechenden Parameter und Variablen verwenden.

Noch eine kleine Bemerkung zum Datentyp `ORA_NAME_TYPE` in Zeile 2. Ich verwende seit Version 12c immer einen solchen Datentyp, den ich als `subtype ora_name_type is varchar2(128 byte);` an strategisch günstiger Stelle deklariere. Ich bin mit der unumstößlichen Gewissheit aufgewachsen, Oracle-Namensbezeichner seien immer 30 Byte lang. Wenn Sie wie ich einmal das Erlebnis hatten, sämtlichen Code darauf durchsehen zu müssen, ob sich nicht doch noch irgendwo eine Deklaration mit 30 Byte verborgen hielt, die mit Version 12c nun überläuft, werden Sie verstehen, warum ich auf einen solchen Typen Wert lege. Es gibt Kollegen, die eine direkte Deklaration einer Variablen als `varchar2(...)` oder ähnlich für einen Programmierfehler halten. Die Deklaration sollte sich stets auf eine Spalte oder einen Subtypen beziehen. Ich weiß seit Version 12c, warum, und erkenne wieder einmal, dass Best Practices nicht zuletzt geronnene Erfahrung sind.

Durch diese Hilfsmethode reicht es nun, im Seitenprozess den Aufruf `EMP_UI.export_data('Mitarbeiterbericht', 'JSON');` aufzurufen.

Zunächst sehen wir uns das exportierte Format JSON an.

```
{
    "items": [{
            "emp_first_name": "William",
            "emp_last_name": "Gietz",
            "emp_email": "WGIETZ",
            "emp_phone_number": "515.123.8181",
            "emp_job_name": "Public Accountant",
            "emp_salary": 8300
        }, {
            "emp_first_name": "Shelley",
            "emp_last_name": "Higgins",
            "emp_email": "SHIGGINS",
            "emp_phone_number": "515.123.8080",
            "emp_job_name": "Accounting Manager",
            "emp_salary": 12008
        }, {
            "emp_first_name": "Jennifer",
            "emp_last_name": "Whalen",
            "emp_email": "JWHALEN",
            "emp_phone_number": "515.123.4444",
            "emp_job_name": "Administration Assistant",
            "emp_salary": 4400
        }, {
            "emp_first_name": "Lex",
            "emp_last_name": "De Haan",
            "emp_email": "LDEHAAN",
            "emp_phone_number": "515.123.4569",
            "emp_job_name": "Administration Vice President",
            "emp_salary": 17000
        }, {
```

Abbildung 19.5 Ausriss des Exportformats JSON

Abbildung 19.5 zeigt einen Ausriss des `JSON`, das durch diesen Aufruf ausgegeben wird. Da wir `JSON` verwendet haben, wurden nur die Daten ohne Formatierung und Druckinformationen ausgegeben. Ändern wir unseren Aufruf nun zu `PJSON`, sieht das Ergebnis vollständig anders aus. Das `JSON` enthält alle Informationen zum Seitensetup (Objekt `printconfig`), Spracheinstellungen (Objekt `nls`), eine Beschreibung der Spalten inklusive Formatmasken, Kontrollgruppenwechsel und Datentyp (Objekt `columns`), die eingerichteten Aggregate (Objekt `aggregates`) und optische Auszeichnungen (Objekt `highlights`) sowie die eigentlichen Daten (Objekt `rowset`, wie in Abbildung 19.5 zu sehen). Sie werden mir nachsehen, dass ich kein Codebeispiel ausgebe, es ist mit 1138 Zeilen schlicht zu umfangreich dafür.

19.2.3 Formate HTML und XLSX

Hier gibt es eigentlich keine besonderen Einstellungen zu berücksichtigen, ich möchte lediglich lobend erwähnen, dass beim Export dieser Formate alle Einstellungen des interaktiven Grids nach Möglichkeit in die Zielformate übernommen werden. Was bei `HTML` noch nach einem überschaubaren Aufwand klingt, hat schon eine ganz andere Qualität beim Format `XLSX`, doch ist die Integration außergewöhnlich gut gelungen, wie Abbildung 19.6 beweist, die den Export des interaktiven Grids nach Excel zeigt.

Automatisches Speichern AUS Mitarbeiterbericht

Start Einfügen Zeichnen Seitenlayout Formeln Daten Überprüfen Ansicht Acrobat Sie wünschen

A1

	A	B	C	D	E	F	G
1		Vorname	Nachname	Email	Telefon	Beruf	Gehalt
2		Abteilung : Accounting					
3		William	Gietz	WGIETZ	515.123.8181	Public Accountant	8.300,00
4		Shelley	Higgins	SHIGGINS	515.123.8080	Accounting Manager	12.008,00
5	Summe						20.308,00
6		Abteilung : Administration					
7		Jennifer	Whalen	JWHALEN	515.123.4444	Administration Assistant	4.400,00
8	Summe						4.400,00
9		Abteilung : Executive					
10		Lex	De Haan	LDEHAAN	515.123.4569	Administration Vice President	17.000,00
11		Steven	King	SKING	515.123.4567	President	24.000,00
12		Neena	Kochhar	NKOCHHAR	515.123.4568	Administration Vice President	17.000,00
13	Summe						58.000,00
14		Abteilung : Finance					
15		John	Chen	JCHEN		Accountant	8.200,00
16		Daniel	Faviet	DFAVIET	515.124.4169	Accountant	9.000,00
17		Nancy	Greenberg	NGREENBE	515.124.4569	Finance Manager	12.008,00

Abbildung 19.6 Export des interaktiven Grids nach Excel

Das Arbeitsblatt hat eine fixierte erste Spalte und Zeile, die Spaltenbreiten sind in der Breite optimiert, die Summenfelder sind ebenso erhalten wie die farblichen Auszeichnungen. Dies ist natürlich in erster Linie der Programmierung des APEX-Entwicklerteams zu verdanken, aber auch der Tatsache, dass es sich bei einer `XLSX`-Datei um ein gezipptes `XML` handelt, was die Umwandlung in dieses Format deutlich erleichtert. Dass APEX auch mit ZIP-Dateien umgehen kann, hatten wir ja schon gesehen.

Dass der Appetit beim Essen kommt, mussten jedoch auch die APEX-Entwickler realisieren, die bei der Vorstellung dieser Funktionen direkt gefragt wurden, ob denn auch mehrere Arbeitsblätter erzeugbar wären und wo diese Optionen deklarativ einstellbar seien. Ich finde die existierenden Möglichkeiten bereits sehr gut, bin aber auch zuversichtlich, dass mit späteren Versionen noch mehr Funktionsumfang hinzukommen wird.

19.3 Export beliebiger Daten

Der Export beliebiger Daten ist nicht weiter kompliziert, letztlich hatten wir genau das beim Export der Kartenregion in Abschnitt 19.1 bereits gemacht, denn dort hatten wir einfach eine `select`-Abfrage als Datenquelle für das Package `APEX_EXEC` verwendet (siehe Listing 19.1). Dieser Abschnitt erweitert nun dieses Konzept insofern, als es Möglichkeiten aufzeigt, Kontrollgruppenwechsel, Highlights und Aggregationen einer solchen Abfrage hinzuzufügen. Dabei ist es sinnvoll, sich einen Export im

Format `PJSON` anzusehen, denn die Gliederung, die ich in Abschnitt 19.2.2 grob umrissen hatte, bestimmt auch das Vorgehen beim programmatischen Erzeugen dieser Eigenschaften.

Dabei interessieren mich folgende Punkte besonders:

- Kontrollgruppenwechsel sind eine Eigenschaft, die in den Daten (Objekt `rowsets`) hinterlegt werden.
- Highlights werden vorab deklariert und von den Spalten über einen Verweis auf die Highlight-ID referenziert.
- Aggregationen werden ebenfalls vorab deklariert und als separate Zeilen ausgegeben.

Um nun einer Ergebnismenge diese Zusatzinformationen hinzuzufügen, rufen wir entsprechende Methoden des Packages `APEX_DATA_EXPORT` auf, bevor wir die Daten exportieren. Dies bedeutet, dass die Abkürzung, die wir in Listing 19.4 zum schnellen Exportieren von Regionsdaten wählen konnten, nun nicht mehr funktioniert. Wie wir sehen werden, ergibt die Erstellung einer eigenen `select`-Anweisung aber noch aus anderen Gründen Sinn.

19.3.1 Spaltenformatierung und Kontrollgruppenwechsel

Die erste Anpassung nehmen wir bezüglich der Spaltenheader sowie der Kontrollgruppenheader vor. In der ersten Version unserer Abfrage aus Listing 19.1 hatten wir keine weiteren Einstellungen vorgenommen, was bedeutet, dass alle Spalten mit ihren jeweiligen Spaltenbezeichnern übernommen werden. Zwischen dem Öffnen des Cursors und dem Export der Daten werden wir dies nun ändern, wie das in Listing 19.5 zu sehen ist.

```
SQL> declare
       l_context apex_exec.t_context;
       l_export apex_data_export.t_export;
       l_query varchar2(1000 byte) :=
         'select *
             from emp_ui_emp_admin_main
            order by dep_id';
       l_columns apex_data_export.t_columns;
     begin
       l_context := apex_exec.open_query_context(
                      p_location => apex_exec.c_location_local_db,
                      p_sql_query => l_query);
       apex_data_export.add_column(
         p_columns => l_columns,
         p_name => 'DEP_ID',
```

```
16        p_heading => 'Abteilung-ID',
17        p_is_column_break => true);
18      apex_data_export.add_column(
          l_columns, 'DEP_NAME', 'Abteilung', p_is_column_break => true);
19      apex_data_export.add_column(l_columns, 'EMP_ID', 'Mitarbeiter-Nr.');
20      apex_data_export.add_column(l_columns, 'EMP_FIRST_NAME', 'Vorname');
21      apex_data_export.add_column(l_columns, 'EMP_LAST_NAME', 'Nachname');
22      apex_data_export.add_column(
          l_columns, 'EMP_HIRE_DATE', 'Einstelldatum',
          p_format_mask => 'dd.mm.yyyy');
23      apex_data_export.add_column(
          l_columns, 'EMP_SALARY', 'Gehalt',
          p_format_mask => 'FM999G999G990D00');
24      apex_data_export.add_column(l_columns, 'JOB_TITLE', 'Beruf');
25      l_export := apex_data_export.export(
26                    p_context => l_context,
27                    p_format => apex_data_export.c_format_pdf);
28      apex_exec.close(l_context);
29      apex_data_export.download(
30        p_export => l_export
31        p_columns => l_columns);
32    end;
```

Listing 19.5 Erweiterter Code zum Anpassen der Spaltenbezeichner

Zum einen verwende ich hier die View `EMP_UI_EMP_ADMIN_MAIN` als Quelle und sortiere die Daten nach der Abteilungs-ID `DEP_ID` (Zeile 4). Anschließend deklarieren wir eine Variable, mittels derer wir die Spaltenliste, die wir übernehmen möchten, definieren können (Zeile 8). Diese Variable nutzen wir nun, um ab Zeile 13 die Spalten explizit zu definieren. Die ersten beiden Spalten sind in unserem Fall die Abteilungs-ID und der Abteilungsname. Beide Spalten möchten wir für einen Kontrollgruppenwechsel benutzen, daher stellen wir die jeweiligen Flags hierfür auf `TRUE`.

Ich habe in der View die Spalte `EMP_HIRE_DATE` ergänzt, um in Zeile 22 und 23 zu zeigen, wie wir eine Formatmaske zur Formatierung von Datums- und Zahlwerten übergeben können. Die so erzeugten Spalten müssen nun als Parameter `p_columns` an die Methode `APEX_DATA_EXPORT.export` übergeben werden (Zeile 31).

Die Deklaration der Methode `APEX_DATA_EXPORT.add_column` zeige ich in Listing 19.6.

```
procedure add_column(
  p_columns in out nocopy t_columns,
  p_name in wwv_flow_exec_api.t_column_name,
  p_heading in varchar2 default null,
  p_format_mask in varchar2 default null,
  p_heading_alignment in t_alignment default null,
```

```
  p_value_alignment in t_alignment default null,
  p_width in number default null,
  p_is_column_break in boolean default false,
  p_is_frozen in boolean default false,
  p_column_group_idx in pls_integer default null);
```

Listing 19.6 Deklaration der Methode ADD_COLUMN

Die Parameter sollten selbsterklärend sein, geben aber einen Überblick über die Möglichkeiten, die wir auf diese Weise einstellen können. Der Parameter `p_column_group_idx` verdient sicher eine Erläuterung. Um diesen Parameter zu nutzen, müssen Sie vorab über die Methode `APEX_DATA_EXPORT.add_column_group` eine Spaltengruppe erzeugt haben, der eine fortlaufende Nummer zugewiesen wird. Diese Nummer wird hier referenziert, um eine Spalte einer Gruppe zuzuordnen.

Dieses grundsätzliche Vorgehen ist nun für alle anderen Optionen gleich, ich werde daher nicht mehr den vollständigen Code zeigen, sondern nur noch den Teil, den wir zwischen dem Aufruf der letzten `add_column`-Methode und dem Aufruf der Methode `export` einfügen werden.

19.3.2 Erzeugung von Highlights

Die Erzeugung von zeilen- oder spaltenbasierten Hervorhebungen erfordert zwei Schritte. Zum Ersten müssen die Hervorhebungen definiert werden, sie stehen anschließend unter ihrer Indexzahl zur Verfügung, wie auch bei den Spaltengruppen. Zum Zweiten muss eine Spalte in der `select`-Abfrage ergänzt werden, mit der kontrolliert wird, welches Highlight für diese Zeile gesetzt werden soll. Das mag sich zunächst unnötig kompliziert anhören, doch bleibt keine andere Möglichkeit, denn die Hervorhebung einer Zeile hängt von den Daten der Zeile ab. Wir bewegen uns außerhalb der `select`-Abfrage jedoch auf Ebene der Metadaten und haben dort keinen Zugriff auf die konkreten Daten. Daher bleibt nur, die Steuerung über die Daten vorzunehmen.

Der erste Schritt, die Erzeugung der Highlights, gelingt, wenig überraschend, mit der Methode `APEX_DATA_EXPORT.add_highlight`. Listing 19.7 zeigt die Spezifikation dieser Methode.

```
procedure add_highlight (
  p_highlights in out nocopy t_highlights,
  p_id in pls_integer,
  p_value_column in wwv_flow_exec_api.t_column_name,
  p_display_column in wwv_flow_exec_api.t_column_name default null,
  p_text_color in t_color default null,
  p_background_color in t_color default null);
```

Listing 19.7 Deklaration der Methode ADD_HIGHLIGHT

Wieder benötigen wir eine Variable, die als Container für die erzeugten Highlights dient (`p_highlights` zeigt den erforderlichen Typ). Etwas verwirrend mag sein, dass die Parameter `p_value_column` und `p_display_column` Spaltenbezeichner des Typs `wwv_flow_exec_api.t_column_name` erfordern. Für dieses Package existiert das Alias `APEX_EXEC`, und schon ist klar, woher der Wind weht. Dennoch ist die Deklaration dieses Typs für mich überraschend, denn er ist als `varchar2(32767)` definiert und damit sehr groß. Ich möchte hier nur einmal damit drohen, einen Spaltenbezeichner mit 32 KByte Breite zu verwenden ...

Bleibt als Letztes die Deklaration des Typs `t_color` für die Aufnahme eines Farbbezeichners. Hier könnte man befürchten, dass ein Record oder eine andere strukturierte Variable benutzt werden muss, doch auch dieser Typ ist einfacher Text mit der sicherlich ausreichenden Breite von 4000 Byte. Dies insbesondere vor dem Hintergrund, dass die Farbangabe als Hex-Code (`#FF0000`) erwartet wird, Farbbezeichner funktionieren aber auch.

Die Unterscheidung zwischen einer zeilen- und spaltenbasierten Hervorhebung geschieht dadurch, dass der Parameter `p_display_column` im Fall einer spaltenbasierten Hervorhebung einen Wert enthält. Ist dieser Parameter `NULL`, handelt es sich um eine zeilenbasierte Hervorhebung. Im Gegensatz dazu wird dem Parameter `p_value_column` der Name der Spalte übergeben, die in unserer `select`-Abfrage entscheidet, welche der Hervorhebungen gewählt werden soll. Sehen wir uns ein Beispiel für die Anlage solcher Highlights an. Unser Mitarbeiterbericht soll zwei Hervorhebungen erhalten, eine zeilenbasierte Auszeichnung, falls die Berufsbezeichnung den Begriff `Manager` enthält, und eine spaltenbasierte Hervorhebung der Spalte `Gehalt`, falls dieses größer 10.000 Taler ist. Listing 19.8 zeigt die Erweiterungen, die hierfür erforderlich sind.

```
...
    l_query varchar2(1000 byte) := q'^
      select emp_id, emp_first_name, emp_last_name, emp_hire_date,
             emp_salary, job_title, dep_id, dep_name,
             case when instr(job_title, 'Manager') > 0
                  then 1 end row_highlight,
             case when emp_salary > 10000
                  then 2 end column_highlight
        from emp_ui_emp_admin_main
       order by dep_id^';
  l_columns apex_data_export.t_columns;
  l_highlights apex_data_export.t_highlights;
begin
...
  apex_data_export.add_highlight(
```

```
      p_highlights => l_highlights,
      p_id => 1,
      p_value_column => 'ROW_HIGHLIGHT',
      p_background_color => '#D0F1CC');

    apex_data_export.add_highlight(
      p_highlights => l_highlights,
      p_id => 2,
      p_value_column => 'COLUMN_HIGHLIGHT',
      p_display_column => 'EMP_SALARY',
      p_background_color => '#0572CE');

    l_export := apex_data_export.export(
                  p_context => l_context,
                  p_format => apex_data_export.c_format_xlsx,
                  p_columns => l_columns,
                  p_highlights => l_highlights);
    apex_exec.close(l_context);
    apex_data_export.download(
      p_export => l_export);
  end;
```

Listing 19.8 Erweitertes Listing mit Highlights

19.3.3 Erzeugung von Aggregationen

Die Erweiterung unseres Berichts um Aggregate ist weniger eine Herausforderung hinsichtlich der Methoden, die wir verwenden müssen, sondern eher des SQLs, das hierfür erforderlich ist. Ich habe mich entschieden, nicht vollständig zu erklären, wie die nun folgende select-Abfrage funktioniert, um Ihre Motivation, mein SQL-Buch zu erstehen, nicht zu schmälern. ;) Zur Erzeugung der Abteilungsgehaltssummen sowie der Gesamtsumme verwenden wir analytische Funktionen, die es gestatten, Summen zu bilden, ohne die Anzahl der Zeilen zu beeinflussen. Diese Anwendung passt für unseren Fall sehr gut. Listing 19.9 zeigt die erweiterte select-Abfrage.

```
    l_query varchar2(100 byte) := q'^
      select emp_id, emp_first_name, emp_last_name, emp_hire_date,
             emp_salary, job_title, dep_id, dep_name,
             case when instr(job_title, 'Manager') > 0
                  then 1 end row_highlight,
             case when emp_salary > 10000
                  then 2 end column_highlight,
             sum(emp_salary) over (partition by dep_id) dep_salary,
```

```
            sum(emp_salary) over () total_salary
       from emp_ui_emp_admin_main
      order by dep_id^';
```

Listing 19.9 Erweiterung der select-Abfrage

Wir berechnen einerseits die Gehaltssumme pro Abteilung und andererseits die Gesamtsumme der Gehälter über das gesamte Unternehmen. Die Erweiterung des Exports folgt nun hinlänglich bekannten Mustern, sodass ich mich darauf beschränken kann, in Listing 19.10 die Erzeugung des Aggregats zu zeigen. Auch die Variable `l_aggregates` muss der `export`-Methode übergeben werden.

```
  apex_data_export.add_aggregate(
    p_aggregates => l_aggregates,
    p_format_mask => 'FM999G999G999G999G990D00',
    p_display_column => 'EMP_SALARY',
    p_label => 'Summe',
    p_value_column => 'DEP_SALARY',
    p_overall_label => 'Gesamtsumme',
    p_overall_value_column => 'TOTAL_SALARY');
```

Listing 19.10 Erzeugung von Aggregaten

Als Tipp zur weiteren Beschäftigung mit diesen Möglichkeiten empfehle, ich die Methode `APEX_DATA_EXPORT.get_print_config` in der Dokumentation durchzusehen. Mittels dieser Methode können weitgehende Einstellungen bezüglich der Seitengröße, Orientierung, eingesetzten Schriften, Farben und so weiter eingestellt werden. Die Besprechung dieser Möglichkeiten führt in diesem Kapitel zu weit, zumal die Bedienung analog zum bereits Gezeigten erfolgt.

19.4 Verwendung der Export-API ohne APEX

Die Flexibilität, die die Export-API bietet, macht es verlockend, sie auch außerhalb einer APEX-Anwendung zu verwenden, etwa als Teil eines Webservices, der direkt über ORDS aufgerufen werden kann, oder als Teil Ihrer normalen Anwendungsprogrammierung. Leider scheitert dieser Versuch zunächst, da `APEX_EXEC` eine bestehende APEX-Session voraussetzt.

Diese Limitierung können Sie umgehen, wenn auch nicht in jedem Fall. Die Lösung besteht darin, eine APEX-Session außerhalb einer APEX-Anwendung aufzubauen. Das geht tatsächlich und wird insbesondere beim Debuggen von Anwendungen häufig gemacht. Allerdings können Sie eine Session auf diese Weise nur erzeugen, wenn zwei Bedingungen erfüllt sind:

- Der aufrufende Benutzer muss als Schema in einem APEX-Workspace registriert sein.
- In diesem Workspace muss sich mindestens eine APEX-Anwendung befinden.

Warum diese Gründe gelten, werde ich in den folgenden Zeilen erläutern.

Für die Verwaltung einer APEX-Session außerhalb einer APEX-Anwendung gibt es seit einigen Versionen das Package `APEX_SESSION`, deren Methoden es erlauben, neue Sessions zu erzeugen, sich an bestehende Sessions anzugliedern und einige weitere Optionen, die wir im dritten Teil dieses Buches besprechen werden. Wir verwenden die Methode `APEX_SESSION.create_session`, die als Parameter eine APEX-Anwendungs-ID, eine Seitennummer innerhalb dieser Anwendung sowie einen Benutzernamen erfordern. Referenzieren Sie eine Anwendung, die nicht zu einem Workspace gehört, der den aktuellen Benutzer als APEX-Schema referenziert, werden Sie keine Session erhalten.

Sind diese Voraussetzungen jedoch erfüllt, können Sie sich vor dem Aufruf des Packages `APEX_EXEC` eine entsprechende APEX-Session einrichten lassen und das Programm wie aus APEX-Anwendungen heraus aufrufen.

Um das Ganze einmal im Einsatz zu sehen, zeige ich Ihnen die Einrichtung eines Webservices, der es ermöglicht, die Daten unseres Mitarbeiterberichts in einem wählbaren Format zu laden. Da der Code nun an Umfang gewonnen hat, verlege ich ihn in ein neues Package `EMP_REST`. In diesem Package können wir alle Methoden sammeln, die mit der REST-Schnittstelle unserer Anwendungen zu tun haben. Eine Integration in das Package `EMP_UI` wäre nicht sinnvoll, da dieses Package ausschließlich für die Anwendung <EMP> vorgesehen ist und der Webservice eben gerade außerhalb der Anwendung verfügbar sein soll.

Wir starten unsere Reise im <SQL-WORKSHOP> • RESTFUL SERVICES. Falls noch nicht geschehen, registrieren wir unser aktuelles Schema bei ORDS und vergeben als Schema-Alias den Namen `hr`, wie in Abbildung 19.7 gezeigt.

Als Nächstes erstellen wir ein neues Modul durch Klick auf den Eintrag `Module` im Seitenbereich der sich nun öffnenden Seite. Klicken Sie auf die Schaltfläche MODUL ERSTELLEN. Abbildung 19.8 zeigt die minimal erforderlichen Einstellungen.

Das Modul benötigt als Nächstes ein Template, das Sie durch Klick auf die Schaltfläche TEMPLATE im unteren Bildschirmbereich des Moduls erstellen. Dieses Template dient als Endpunkt für verschiedene Methoden. Da wir im Modul `export` Mitarbeiterdaten exportieren möchten, legen wir als Template den Namen `employees` fest. Alle anderen Einstellungen lassen wir beim voreingestellten Standardwert.

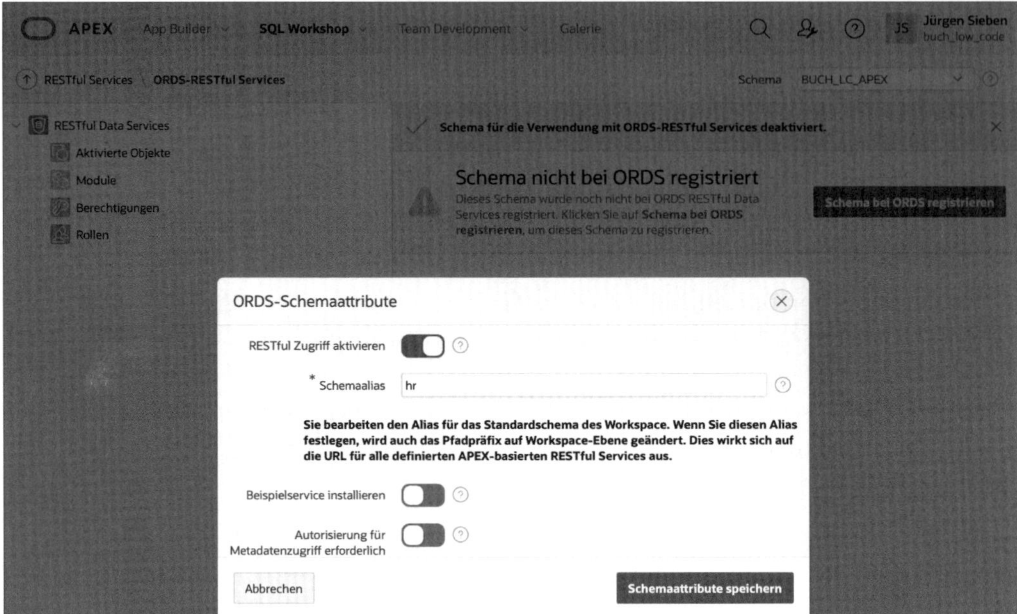

Abbildung 19.7 Registrierung des Schemas unter dem Alias HR

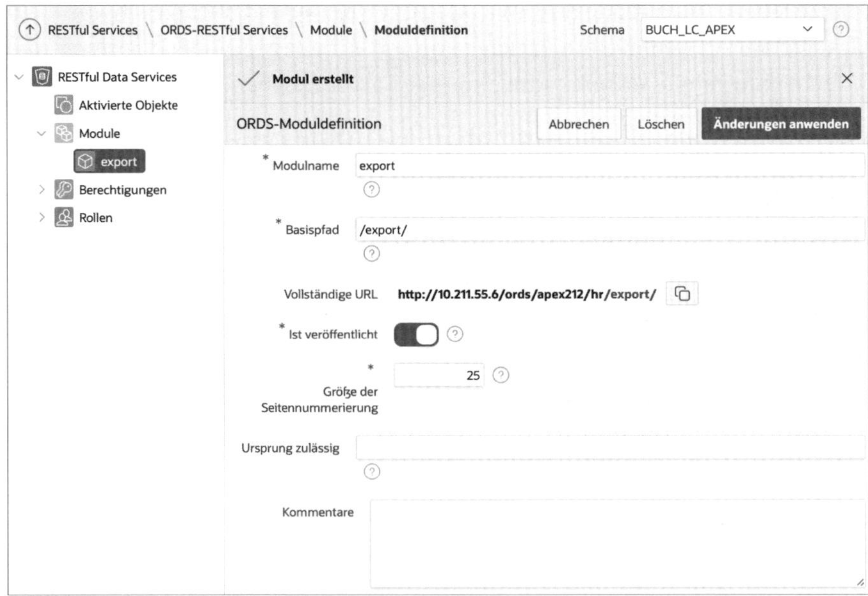

Abbildung 19.8 Erstellung eines neuen Moduls

Wiederum im unteren Bereich des Bildschirms für das Template findet sich die Schaltfläche HANDLER, die es erlaubt, für die verschiedenen REST-Befehle (put, get, post und so weiter) eine entsprechende Logik (einen Event-Handler) zu hinterlegen.

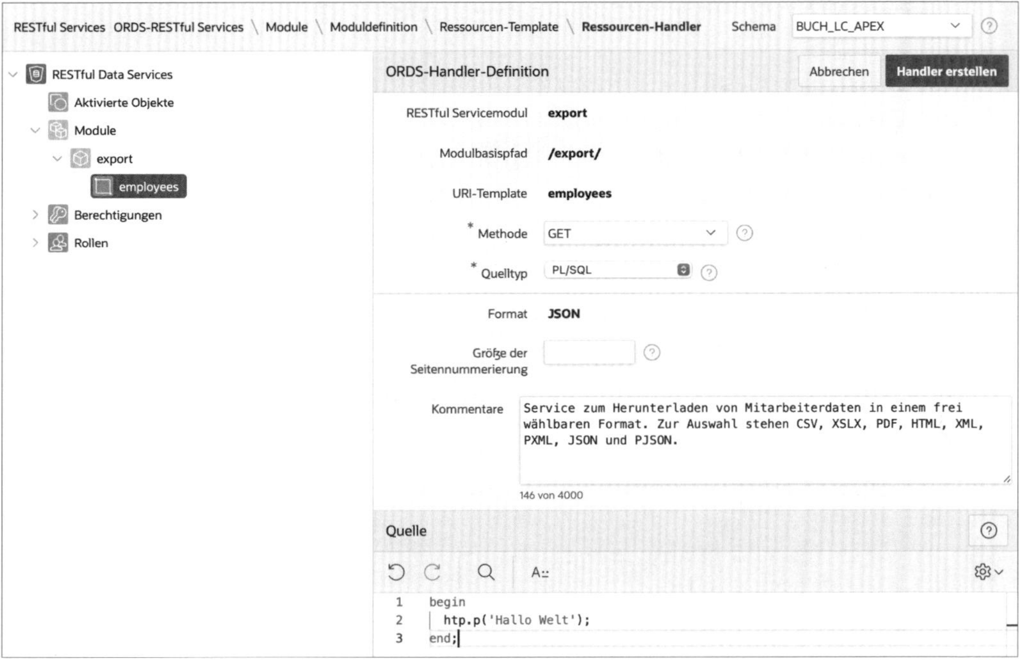

Abbildung 19.9 Einstellungen des Handlers für GET-Anfragen

Abbildung 19.9 zeigt die Einstellungen für den GET-Handler. Legen Sie im Attribut QUELLTYP • PL/SQL fest. Ich habe im Attribut QUELLE einen Platzhalter-Code eingebaut, um den Service zu testen. Um dies zu tun, erstellen Sie den Handler und kopieren den Attributwert VOLLSTÄNDIGE URL im Bildschirm des Handlers und führen diesen in einem neuen Browserfenster aus. Wenn alles richtig funktioniert, erhalten Sie die Meldung Hallo Welt.

Wir sind nun so weit eingerichtet, dass wir mit unserer Programmierung beginnen können. Die konkrete Änderung des Webservice ist dank unseres Packages EMP_REST trivial, wir geben einfach den Aufruf aus Listing 19.11 ein. Beachten Sie die Schreibweise für den Format- und Typ-Parameter. Die Doppelpunktnotation weist auf eine Bindevariable hin, die durch APEX direkt in einen Parameter aus dem URL übersetzt wird. Aufgerufen wird der URL nun mit der Erweiterung ?format=CSV. Optional können wir über den weiteren Parameter type festlegen, ob die Daten direkt auf der Seite angezeigt (inline) oder als Datei heruntergeladen (attachment) werden sollen. Möchten Sie beide Parameter benutzen, werden diese durch das kaufmännische Und (&) im URL aneinandergebunden.

```
begin
  emp_rest.export_emp_report(:format, :type);
end;
```

Listing 19.11 PL/SQL-Aufruf der Exportroutine aus EMP_REST

So einfach dies alles ist, so müssen wir dennoch einen Blick in das Package EMP_REST werfen, damit klar wird, wie alles zusammenspielt. Ich werde den Quellcode ob seiner Länge nicht vollständig abdrucken, sondern gehe davon aus, dass Sie sich den Code parallel anschauen.

Ich habe zunächst die Tests des gewünschten Formats sowie des Exporttyps integriert, da diese nun als Freitext über einen Parameter übermittelt werden können. Eine Fehlermeldung weist auf die unterstützten Formate und Exporttypen hin. Übergeben wir keine Parameter, sorgt das Package für entsprechende Standardwerte.

Ich hatte bereits gesagt, dass wir für den Aufruf der Methode eine APEX-Session benötigen.

```
procedure set_apex_session
as
  l_application_id binary_integer;
  l_page_id binary_integer;
begin
  select application_id, page_id
    into l_application_id, l_page_id
    from apex_application_pages
   where rownum = 1;
  apex_session.create_session(l_application_id, l_page_id, 'FOO');
exception
  when NO_DATA_FOUND then
    htp.p(
     'Es existiert keine APEX-Anwendung, für die eine Session
      eingerichtet werden kann. Dieser Service setzt dies voraus.');
    raise e_prerequisistes_not_met;
end set_apex_session;
```

Listing 19.12 Code zur Erstellung einer APEX-Session

Diese Session erzeugen wir nach der Prüfung der Parameter als Erstes durch den Code aus Listing 19.12, doch ist mir egal, für welche konkrete Anwendung, da wir nicht mit den Seitenelementen einer Anwendung arbeiten möchten. Daher ist es ausreichend, sich die zufällig erste Anwendung und Anwendungsseite aus den Metadaten von APEX zu besorgen und für diese eine Session mit einem beliebigen Benutzer aufzubauen. Gelingt dies nicht, wirft die entsprechende Hilfsmethode im Package einen Fehler.

Ein weiteres Problem existiert noch: Wir haben im bisherigen Code einen Parameter mit seinem Standardwert verwendet, der nun eine Bedeutung erlangt. Die Methode `APEX_DATA_EXPORT.download` stoppt nach dem Export jede weitere APEX-Aktivität, um Fehler oder unvorhergesehene Aktivitäten zu unterdrücken. Da wir nun aber keine APEX-Umgebung besitzen (außer der sozusagen »geliehenen« APEX-Session), ist dies nicht nur unnötig, sondern würde für Fehlermeldungen sorgen, weil APEX-intern der Aufruf dieser Anweisung durch einen Fehler umgesetzt wird, der nun aber in APEX nicht mehr gefangen, sondern an ORDS weitergegeben würde. Zudem müssen wir noch übergeben, ob die Ressource als Download angeboten oder direkt auf der Seite angezeigt werden soll. Der Aufruf dieser Methode wird daher erweitert, wie in Listing 19.13 gezeigt.

```
apex_data_export.download(
  p_export => l_export,
  p_content_disposition => p_export_type,
  p_stop_apex_engine => false);
```

Listing 19.13 Erweiterter Aufruf der DOWNLOAD-Methode

Nun haben wir einen funktionsfähigen Webservice, der alle von APEX unterstützten Exportformate erlaubt und die Daten direkt anzeigen oder als Datei herunterladen kann. Hat sich hierfür der Aufwand, ein Package einzurichten, gelohnt? Ich denke schon, denn das Package umfasst mit allen Hilfsmethoden nun immerhin schon rund 150 Zeilen, wenn auch nur eine Methode. Aber Sie ahnen schon: Dabei wird es in der Realität nicht bleiben.

Einen Nachteil der Verwendung dieser API zum Exportieren von Daten möchte ich nicht verschweigen, und dieser ergibt sich aus der Notwendigkeit, eine Session für den Export zur Verfügung zu haben. Der REST-Service hat erfordert, dass wir das APEX-Schema für ORDS freigeben, damit wir direkt auf die Daten zugreifen können. Allerdings verfügt dieses Schema über mehr Daten, als wir möglicherweise über REST-Schnittstellen veröffentlichen möchten. Zwar ist es richtig, dass nur die Daten, für die wir auch einen Service einrichten, zugänglich sind, doch könnten zum Beispiel auch SQL-Abfragen über REST-Schnittstellen erlaubt werden, was dazu führt, dass alle Daten des APEX-Schemas über diesen Weg öffentlich werden. Das halte ich für keine gute Idee. Besser fände ich, einen eigenen Benutzer für den Zugriff durch REST bereitzustellen, der nur auf die Daten Zugriff erhält, die auch durch die entsprechenden Services veröffentlicht werden sollen. Da wir andererseits eine APEX-Anwendung und einen Workspace benötigen, muss dieser Benutzer auch über den Workspace zugänglich sein. Das ist zwar nicht unsicher, aber unschön.

Der Vorteil, die hier vorgestellten APIs nutzen zu können, ist aber sehr groß, ohne diese Möglichkeiten wäre ein entsprechender Export nur sehr schwer realisierbar. Daher dürfte man im Regelfall den geschilderten Nachteil in Kauf nehmen.

Eine ganz andere Diskussion ist, dass Webservices dieser Art eigentlich nichts mit APEX zu tun haben, denn sie dienen ja dazu, anderen Anwendungen Daten der Datenbank zur Verfügung zu stellen, ohne dass eine APEX-Anwendungsseite involviert wäre. Daher ist der einzige Berührungspunkt zu APEX die Tatsache, dass sich diese Webservices über eine APEX-Anwendungsseite so schön parametrieren lassen. Daher stellt diese Art des Datenexports aus meiner Sicht eine Zusatzfunktion zu APEX dar, die aber nicht als zentrale Aufgabe von APEX zu betrachten ist. Sie ist insbesondere für die Einrichtung solcher Webservices nicht erforderlich, denn die Deklaration können Sie exportieren und direkt in SQL ausführen. Durch die Erstellung eines Webservices über PL/SQL ist es daher möglich, Webservices über ORDS zu nutzen, selbst wenn APEX gar nicht installiert ist.

19.5 Erweitertes Laden von Daten

Die Inspiration für diesen Abschnitt habe ich aus einem Video der *Oracle APEX Office Hours*, einer YouTube-Videoserie, die von Oracle veröffentlicht wird, um fortgeschrittene APEX-Konzepte vorzustellen. Eines dieser Videos enthielt einen Tipp von Ottmar Ogobrecht, in dem er erläutert, wie der Datenparser verbessert werden kann, um Importe von CSV-Daten in einer beliebigen Spaltenreihenfolge umzusetzen. Seine Beispielanwendung und den Code können Sie bei Github (siehe *github.com/ogobrecht/apex-data-parser-demo*) laden. Ich werde nun aber nicht das Beispiel nachprogrammieren, sondern eine abgewandelte Idee verwenden, die eine Schwäche des generischen Ansatzes des Parsers umgeht. Diese »Schwäche« besteht darin, dass generische Spaltenbezeichner (`COL001`) geliefert werden und alle Spalten Zeichenketten sind, nicht aber die Datentypen, die durch den Import geliefert wurden und die APEX im Grunde auch kennt, da der Datenparser diese Typen analysieren kann.

Daher habe ich den Plan, einen Bericht zu schreiben, der einerseits die ermittelten Spaltenüberschriften als Spaltenbezeichner verwendet und andererseits die Daten in die korrekten Datentypen konvertiert. Allerdings, das muss ich einschränkend sagen, funktioniert dies nur für saubere Quelldatensätze. Dies zu stabilisieren, um auch mit nicht konvertierbaren Daten umgehen zu können, hätte den Umfang des Codes doch erheblich ausgedehnt.

Der Plan ist nur realisierbar, wenn wir auf der Anwendungsseite, die für das Laden der Seite vorgesehen ist, einen klassischen Bericht verwenden, um die Daten anzuzeigen. Nur dieser Berichtstyp ist (derzeit) flexibel genug, um mit einer vorab unbekannten Anzahl von Spalten und Spaltenbezeichnern umzugehen. Im Grund entspricht die

Einrichtung der Anwendungsseite dem, was wir bereits in Abschnitt 7.2.8 »Laden von Daten«, besprochen hatten. Sie können die folgenden Ausführungen gern auch an einer Kopie dieser Seite nachvollziehen.

Die relevante Änderung betrifft den Bericht, der die Daten anzeigen wird. Er muss, wie gesagt, zu einem klassischen Bericht umgebaut werden. Als Datenquelle verwenden wir zudem QUELLE • TYP • `Funktionsbody, der eine SQL-Abfrage zurückgibt`. Als Eintrag im Attribut QUELLE • PL/SQL FUNKTIONSBODY, DER EINE SQL-ABFRAGE ZURÜCKGIBT verwenden Sie `return emp_ui.data_load_ui_get_report_stmt(:P13_FILE);`. Um diese Funktion wird es im Anschluss gehen, doch möchte ich zunächst die anderen Einstellungen mit Ihnen diskutieren.

Stellen Sie für diesen Bericht noch folgende Attribute ein:

- QUELLE • GENERISCHE SPALTEN VERWENDEN • `Ein`
- QUELLE • GENERISCHE SPALTENANZAHL • `99`
- <SPEZIELLE BERICHTSATTRIBUTE> • ÜBERSCHRIFT • TYP • `Spaltennamen`

Diese Eintragungen sind zwar grundsätzlich auch für interaktive Berichte und Grids möglich, führen bei der Ausführung jedoch zu Fehlermeldungen. Sie besagen in Summe, dass wir bis zu 99 Spalten zulassen, deren Spaltenbezeichner wir nicht kennen. Wir verwenden die Spaltenbezeichner des Abfrageergebnisses.

Nun ist interessant, wie wir eine entsprechende `select`-Anweisung erzeugen können, die die Konvertierung und Spaltenbenennung vornimmt. Die Idee ist, dass wir zunächst mithilfe des Packages `APEX_DATA_PARSER` die Spaltenliste und deren Datentypen erkennen lassen. Anschließend mappen wir die generischen Spaltenbezeichner `COL001 ... COL299` auf die ermittelten Spaltennamen aus der Importdatei und analysieren, ob der Datentyp `DATE` oder `NUMBER` erkannt werden konnte. Ist dies so, erweitern wir das Mapping um eine entsprechende Konvertierungsanweisung, zumal eine eventuelle Formatmaske durch die Analyse ebenfalls erkannt würde.

Die Analyse der importierten Daten benötigt die Datei, die hochgeladen wurde. Diese Datei steht in der Tabelle `APEX_APPLICATION_TEMP_FILES` unter dem Namen, den das Seitenelement `P13_FILE` enthält. Den Inhalt der Datei kopieren wir uns zunächst in eine `BLOB`-Variable und rufen damit die Methode `APEX_DATA_PARSER.discover` auf. Die Analyse der Spaltenbezeichner wird im `JSON`-Format zurückgeliefert, was mich aber nicht sehr interessiert, weil die Methode `APEX_DATA_PARSER.get_columns` dieses `JSON` direkt mittels einer Tabellenfunktion für eine `select`-Anweisung verfügbar macht. Dort können wir dann einfach das Mapping für jede Zeile berechnen. Ich habe einmal die Ausgabe der Analysedaten des Parseprozesses in Listing 19.14 ausgegeben, damit Sie sehen, welche Informationen wir nutzen, um das Mapping zu ermöglichen.

19

```
SQL> select column_position cp, column_name, data_type, format_mask
    from apex_collections c
   cross join table(
         apex_data_parser.get_columns(
           p_profile => c.clob001))
   where c.collection_name = 'FILE_PARSER_COLLECTION'
     and c.seq_id = 1;

CP COLUMN_NAME          DATA_TYPE        FORMAT_MASK
-- -------------------- ---------------- -----------------
1  EMP_ID               NUMBER
2  EMP_FIRST_NAME       VARCHAR2(100)
3  EMP_LAST_NAME        VARCHAR2(100)
4  EMP_EMAIL            VARCHAR2(50)
5  EMP_PHONE_NUMBER     VARCHAR2(50)
6  EMP_HIRE_DATE        DATE             YYYY"-"MM"-"DD
7  EMP_JOB_ID           VARCHAR2(50)
8  EMP_SALARY           NUMBER
9  EMP_COMMISSION_PCT   VARCHAR2(4000)
10 EMP_MGR_ID           NUMBER
11 EMP_DEP_ID           NUMBER
```

Listing 19.14 Ausgabe des Profils für eine geparste Importdatei

Der Rest ist dann nicht schwer, denn wir benötigen einen Abfragerumpf, der im Grunde dem aus Seite <EMP_LOAD> entspricht, in dem wir die Spaltenliste durch das generierte Mapping ersetzen. Diese Anweisung wird an den Bericht zurückgeliefert, von diesem ausgeführt, und die Daten werden angezeigt.

Sehen wir uns die einzelnen Bestandteile des Codes an. Listing 19.15 zeigt, wie wir die geladenen Daten kopieren und anschließend durch die Methode `APEX_DATA_PARSER.discover` analysieren lassen. Den Dateinamen übergebe ich der Methode als Parameter `p_file_name`.

```
select blob_content
  into l_file
  from apex_application_temp_files
 where name = p_file_name;

l_profile := apex_data_parser.discover(
               p_content => l_file,
               p_file_name => p_file_name,
               p_max_rows => 5);
```

Listing 19.15 Ermittlung der Spaltenmetadaten

Der Parameter P_MAX_ROWS limitiert die Arbeit, die der Parser auszuführen hat, da nur die ersten fünf Zeilen für die Analyse herangezogen werden. Da wir, wie gesagt, saubere Daten importieren, ist das kein Problem.

Im nächsten Schritt werden die ermittelten Daten aus der Variable l_profile von der Tabellenfunktion APEX_DATA_PARSER.get_columns verarbeitet und durch eine select-Abfrage entsprechend aufbereitet (Listing 19.16). Diese ist ein wenig »fummelig« wegen der Konkatenationen der Zeichenkette in Spalte COLUMN_MAPPING, aber, wie ich hoffe, noch verständlich.

```
cursor column_cur (p_profile in clob) is
  select rownum line_nr,
         case data_type
           when 'DATE' then 'to_date('
           when 'NUMBER' then 'to_number('
           end
         || 'col' || lpad(column_position, 3, '0')
         || case data_type
              when 'DATE' then
                ', ''' || coalesce(format_mask, 'yyyy-mm-dd') || ''') '
             when 'NUMBER' then
                ', ''' || coalesce(format_mask, '9999999.99') || ''') '
           else ' ' end
         || lower(column_name) column_mapping
    from apex_data_parser.get_columns( p_profile => p_profile);
```

Listing 19.16 select-Abfrage zur Ermittlung der Mappings

Im Kern analysiert die Abfrage lediglich den ermittelten Datentyp und erweitert das Mapping auf den Spaltenbezeichner durch eine entsprechende Konvertierungsfunktion. Die letzte Aufgabe besteht nun darin, diese Liste von Mappingspalten mit einem Komma zusammenzutragen und die so erweiterte Liste in eine statische select-Anweisung einzukopieren. Dies wäre auch in der select-Anweisung direkt möglich gewesen, indem die Funktion LISTAGG verwendet worden wäre, doch ist deren Limitierung auf 4000 Byte für diesen Anwendungsfall etwas knapp.

```
l_stmt varchar2(4000 byte) := q'^
select #COLUMN_LIST#
  from apex_application_temp_files f
 cross join table(
        apex_data_parser.parse(
               p_content => f.blob_content,
               p_add_headers_row => 'N',
               p_skip_rows => 1,
```

```
                p_max_rows => 500,
                p_file_name => f.filename ) ) p
 where f.name = :P13_FILE^';
...
  for col in column_cur(l_profile) loop
    l_column_list := l_column_list
                  || case col.line_nr
                     when 1 then null
                     else ', ' end || col.column_mapping;
  end loop;
  l_stmt := replace(l_stmt, '#COLUMN_LIST#', l_column_list);
```

Listing 19.17 Erstellung der select-Anweisung für den Bericht

Listing 19.17 zeigt diesen Schritt. Nachdem diese select-Anweisung nun erstellt ist, wird sie einfach an den Bericht zur Ausführung übergeben. Daher ist es auch möglich, im Bericht auf den Elementwert des Seitenelements P13_FILE über die Bindevariablennotation mittels Doppelpunkt zuzugreifen: Die select-Anweisung wird im Kontext der Anwendungsseite ausgeführt und entspricht somit einer hinterlegten select-Anweisung auf der Anwendungsseite.

Die Packagemethode führt für Notfälle noch eine select-Anweisung mit, die eine Fehlermeldung ausgibt, falls kein Ergebnis berechnet werden konnte, aber im Grunde haben Sie mit den gezeigten Codeausschnitten alles Wesentliche gesehen. Im Ergebnis sehen Sie, dass die Datei *Mitarbeiter.xlsx*, die ich im Begleitmaterial zum Buch hinterlegt habe, gelesen und korrekt dargestellt wird. Wie in Abbildung 19.10 zu sehen, wurden die Spaltenbezeichner gesetzt, enthält die Spalte EMP_HIRE_DATE ein deutsch formatiertes Datum und werden die Zahlenspalten nicht mehr im Format 123.0 dargestellt.

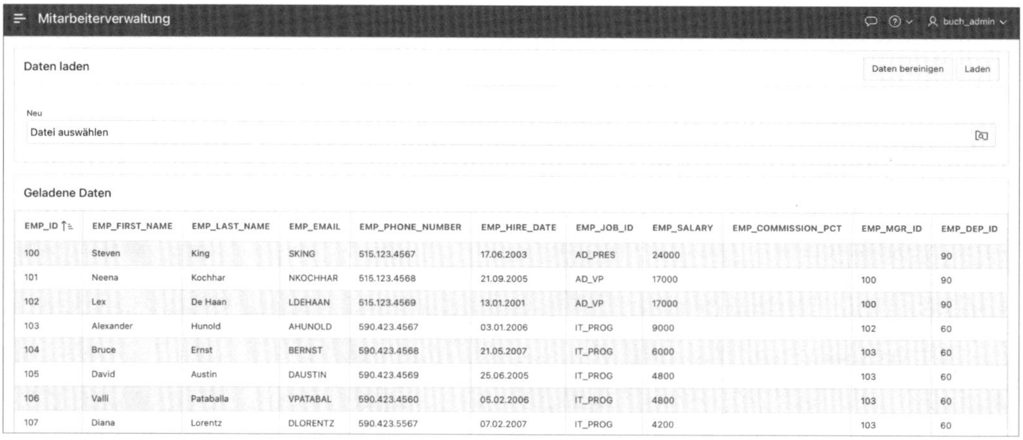
Mitarbeiterverwaltung
buch_admin
Daten laden
Daten bereinigen
Laden
Neu
Datei auswählen
Geladene Daten
EMP_ID EMP_FIRST_NAME EMP_LAST_NAME EMP_EMAIL EMP_PHONE_NUMBER EMP_HIRE_DATE EMP_JOB_ID EMP_SALARY EMP_COMMISSION_PCT EMP_MGR_ID EMP_DEP_ID
100 Steven King SKING 515.123.4567 17.06.2003 AD_PRES 24000 90
101 Neena Kochhar NKOCHHAR 515.123.4568 21.09.2005 AD_VP 17000 100 90
102 Lex De Haan LDEHAAN 515.123.4569 13.01.2001 AD_VP 17000 100 90
103 Alexander Hunold AHUNOLD 590.423.4567 03.01.2006 IT_PROG 9000 102 60
104 Bruce Ernst BERNST 590.423.4568 21.05.2007 IT_PROG 6000 103 60
105 David Austin DAUSTIN 590.423.4569 25.06.2005 IT_PROG 4800 103 60
106 Valli Pataballa VPATABAL 590.423.4560 05.02.2006 IT_PROG 4800 103 60
107 Diana Lorentz DLORENTZ 590.423.5567 07.02.2007 IT_PROG 4200 103 60

Abbildung 19.10 Import der Exceldatei

So kann durch ein wenig Programmierung der Funktionsumfang von APEX deutlich erweitert werden. Die mitgelieferten Packages sind von sehr guter Qualität und erleichtern die Arbeit sehr. Sicherlich ist diese Art der Erweiterung von APEX nicht das Standardverfahren für jede Anwendungsseite, doch ist es umgekehrt gut zu wissen, dass man nicht auf das limitiert ist, was als Standardumfang mitgeliefert wird. Ob sich der Mehraufwand für die weitergehende Programmierung lohnt oder nicht, entscheidet sich natürlich auch an den Vorkenntnissen der Entwickler im Team. Sind dies erfahrene PL/SQL-Entwickler, dürfte die Hemmschwelle für solche Erweiterungen deutlich sinken. Dennoch sollten sich auch erfahrene Entwickler fragen, ob der Mehrwert den Mehraufwand auch wert ist oder ob eine leicht andere Vorgehensweise, die keine Programmierung erfordert, nicht zielführender wäre. Oft, das stimmt allerdings auch, hat man keine andere Wahl und muss diesen Weg gehen.

Kapitel 20
Integration von JavaScript

Mit JavaScript betritt die zweite Programmierebene die APEX-Bühne. Die Integration von JavaScript ermöglicht es, über die deklarative Verwendung von Dynamic Actions hinaus clientseitige Funktionalität zu implementieren.

Die Integration von JavaScript in APEX-Anwendungen ist ein zweischneidiges Schwert. Mehr noch als bei der Integration von PL/SQL, das zuweilen unabdingbar ist, bedeutet die Integration von JavaScript ein weiteres Komplexitätslevel. Damit meine ich nicht, dass viele Datenbankentwickler nicht so firm in der Verwendung von JavaScript sind (was jedoch häufig auch stimmt), sondern die Tatsache, dass nun Anwendungslogik in zwei Programmiersprachen und an zwei unterschiedlichen Stellen vorgehalten werden muss. PL/SQL übernimmt dabei die Aufgabe, innerhalb der Datenbank die Verarbeitung der Daten sicherzustellen und die Logik zur Navigation durch die Anwendung bereitzustellen, während JavaScript für die clientseitige Entwicklung und die dynamischen Effekte auf der Oberfläche verantwortlich ist.

Absolut zentral ist es, hierbei darauf zu achten, dass diese Zuständigkeiten der Programmiersprachen nicht verschleiert werden. Ich möchte an einem Beispiel erklären, was ich damit meine. Eine Anwendung, die ich untersucht habe, verwendet auf einer Anwendungsseite ein verstecktes Element. Der Wert dieses Seitenelements, das hatte ich gefunden, sorgte beim Verarbeiten der Seite dafür, dass entweder eine Datei heruntergeladen oder eine ZIP-Datei mit mehreren enthaltenen Dateien erzeugt und anschließend geladen wurde. So weit, so gut. Auf der Anwendungsseite wurde dieses Seitenelement jedoch nicht angesprochen, und es wurde dem Element beim Rendern der Seite auch kein Wert durch die Datenbank zugewiesen. Woher also kam der Wert dieses Seitenelements? Ich schaute im Quellcode der Anwendungsseite nach: nichts. Im PL/SQL-Package vielleicht? Nein, das Seitenelement wurde ausschließlich lesend verwendet. Also vielleicht durch eine dynamische Aktion? Nein, auch das nicht. Wer setzte also den Wert dieses Elements? Ein Verdacht kam auf: Vielleicht war ja eine JavaScript-Datei mit der Anwendungsseite geladen worden. Und tatsächlich, das war der Fall. Dann fand ich auf der Seite beim Laden noch einen Funktionsaufruf in JavaScript. Ich untersuchte die JavaScript-Datei (die insgesamt mehrere Tausend Zeilen Code umfasste) und wurde endlich fündig: In der Initialisierungsmethode, die durch die Seite aufgerufen wurde, fand ich eine Funktion, die zählte, wie viele Zeilen ein

Bericht enthielt. Abhängig davon setzte dieser Code den Elementwert des versteckten Seitenelements.

Lassen Sie sich das bitte auf der Zunge zergehen: Die Datenbank ermittelt in einem Bericht eine Ergebnismenge. Diese liefert sie an die APEX-Anwendungsseite, die beim Rendern eine Funktion startet, die in JavaScript die Zahl der Zeilen zählt, um ein verstecktes Seitenelement zu setzen, dessen Wert an die Datenbank zurückübertragen wird, um dort zu steuern, ob eine Datei allein oder mit mehreren Dateien als ZIP verpackt heruntergeladen werden soll. Nicht nur Sie werden sich fragen, was das soll, da doch die Datenbank bereits beim Ermitteln der Berichtsdaten wusste, ob sie eine oder mehrere Zeilen ermittelt hat.

In Anlehnung an meinen Steuerberater würde ich so etwas »aktives Tun zur Reduzierung der Codeverständlichkeit« nennen. Nur weil etwas geht, muss man es noch lange nicht tun.

Nun ist gerade die Integration von JavaScript aufgrund der Ferne zur Datenbank besonders anfällig für komplexe Kodierung, wenn es nicht gelingt, die Aufgaben des Codes auf rein clientseitige Aktivitäten einzuhegen. Und genau das ist in der Praxis schwierig.

Ich bin überzeugt davon, dass dies einer der Beweggründe hinter der Entwicklung der dynamischen Aktionen war: sicherzustellen, dass ein Entwickler möglichst wenig mit JavaScript zu tun hat. Ich hatte auch bei der Besprechung der dynamischen Aktionen in Kapitel 14, »Dynamische Aktionen«, darauf hingewiesen, dass auch die Anpassung selbst geschriebenen JavaScript-Codes an sich ändernde APEX-Versionen einen erheblichen Arbeitsaufwand bedeuten kann. Auch dies wird durch dynamische Aktionen auf das APEX-Team delegiert.

Soweit zum negativen Aspekt von JavaScript. Andererseits ist es sehr hilfreich, wenn ein dynamisches Verhalten, für das keine dynamische Aktion bereitsteht, dennoch in die Anwendung integriert werden kann. Dies reicht von einfachen Methoden auf der Anwendungsseite bis zur Integration komplexer JavaScript-Librarys. Ich erinnere mich an ein Projekt, das mit der integrierten Map-Region nicht auskam, weil Katasterkarten und Ähnliches verwendet werden mussten. So etwas ist möglich, erfordert allerdings einen erheblichen Programmieraufwand.

Daher möchte ich noch einmal ein Argument aufgreifen, das für die Integration von JavaScript in besonderem Maße gilt: Programmieren Sie APEX nicht um, nur weil Sie möchten, dass APEX sich verhält wie Framework XY. Integrieren Sie JavaScript, wenn es unumgänglich ist und nicht durch eine dynamische Aktion erledigt werden kann. Solche Fälle kommen vor, und daher möchte ich damit beginnen, eine kleine Einführung in die grundlegendsten Prinzipien von JavaScript für diejenigen zu geben, die mit dieser Thematik noch nicht viel zu tun hatten. Die JavaScript-Freaks können den nächsten Abschnitt getrost überblättern.

20.1 JavaScript und jQuery

Ich werde nur eine erste Einführung bieten können, zudem ist der Erklärungsansatz auf PL/SQL-Entwickler ohne Erfahrung in Objektorientierung oder funktionalen Programmiersprachen ausgerichtet. Verfügen Sie über diese Kenntnisse, werden Sie sich über einige Vereinfachungen und Unvollständigkeiten ärgern, von denen ich aber glaube, dass sie für den Einsatz einfacherer JavaScript-Programmierung nicht ausschlaggebend sind.

20.1.1 Einführung in JavaScript

JavaScript war ursprünglich eine Makrosprache, hat sich aber, von vielen (lange Zeit auch von mir) unbemerkt, zu einer sehr leistungsfähigen Programmiersprache gemausert, und das nicht nur innerhalb der Grenzen eines Webbrowsers. JavaScript ist eine funktionale Programmiersprache, die einige Dinge völlig anders macht als andere Programmiersprachen und daher lange Zeit für ernsthafte Programmierung nicht geeignet schien. Hier sollten Sie umdenken. Sowohl bezüglich der Performanz als auch bezüglich der Codequalität kann JavaScript heute gut mithalten. JavaScript hat im Übrigen mit Java aber auch so gar nichts gemeinsam, außer einer gewissen syntaktischen Nähe, die aber für viele Programmiersprachen gilt. Was also zeichnet JavaScript aus?

Dass JavaScript oft als »Spielzeug« und »reine Skriptsprache« abgetan wurde, hing neben dem üblichen Einsatzzweck auf ansonsten mehr oder minder statischen HTML-Seiten mit der fehlenden Typisierung zusammen. Eine Sprache, die Zeichenketten nicht von Zahlen unterscheiden kann, kann wohl kaum ein ernst zu nehmendes Programmierwerkzeug sein, so die einhellige Meinung. Und insgesamt ist JavaScript auch erstaunlich tolerant. Eine Funktion definiert einige Übergabeparameter, die Sie aber nicht aufrufen? Kein Problem. Ebenso wenig stört es, wenn Sie eine Funktion, die gar keine Parameter definiert, mit solchen aufrufen. Wie soll man so ordentlich entwickeln?

Variablen

Richtig ist, dass JavaScript vollständig anders denkt als herkömmliche Programmiersprachen. Wir sehen hier nur sehr wenige unterscheidbare Typen wie `String`, `Number` und `Boolean`, die als *primitive Datentypen* beschrieben werden, und `null`, `undefined` und `Object`, die als *spezielle Datentypen* bezeichnet werden. Innerhalb der Datentypen existieren keine weiteren Unterscheidungen. Und rein oberflächlich betrachtet erscheint diese Entscheidung auch sinnvoll, denn in HTML haben wir es immer mit Text zu tun, Zahlen benötigen wir nur, wenn wir irgendetwas ausrechnen möchten; daher ist eine Trennung hier sinnvoll. Boolesche Werte unterscheiden nach wahr und falsch, tun das aber sehr weiträumig, indem sie davon ausgehen, dass alles irgendwie *truthy* oder *falsy* sein kann. Alles, was nicht *falsy* ist, ist einfach *truthy*. *Falsy* wiederum ist nur weniges: `null`, `undefined`, leere Zeichenketten, `0` und `NaN` (*Not a Number*, keine gültige Zahl).

Variablen werden im Extremfall einfach dadurch definiert, dass Sie sie hinschreiben und ihnen einen Wert zuweisen. Es existiert allerdings ein syntaktisch strengerer *Strict-Modus*, der über die Klausel `"use strict"` zu Beginn des JavaScript-Programms eingeschaltet wird. In diesem Modus muss eine Variable irgendwo im Quelltext durch das Schlüsselwort `var` definiert werden. Es hat sich bei JavaScript-Programmierern zudem als Best Practice etabliert, Variablen, die in einer JavaScript-Funktion verwendet werden, als Erstes zu deklarieren, wie das PL/SQL-Programmierer auch tun. Allerdings ist dies nicht erforderlich, Variablen können sogar definiert werden, nachdem sie das erste Mal verwendet wurden, doch sollten Sie sich solche Tricks erst gar nicht angewöhnen, sondern bei der Best Practice bleiben. Im Gegensatz zu PL/SQL können mehrere Variablen auch in einem Rutsch definiert werden, denn sie erhalten ja keine Typisierung und benötigen daher keine ausgebaute Syntax. Üblich ist also zum Beispiel eine Definition mehrerer »Konstanten« (richtige Konstanten gibt es erst ab Version 6 von JavaScript) über folgende Schreibweise:

```
var C_ROW_SEL = 'row',
    C_DISABLED_SEL = '.apex-disabled'
    elementList = [];
```

In älteren Versionen von JavaScript ist eine Konstante lediglich eine Konvention, markiert durch Großschreibweise, faktisch ist eine Änderung der Werte möglich. Mit JavaScript in Version 6 gibt es mehrere Erweiterungen zum Thema Variablen, die ich aber spezialisierten Fachbüchern überlassen möchte.

JavaScript-Objekte

Objekte existieren, sind aber lediglich als Schlüssel-Werte-Paare angelegt und haben keine eigene »Existenz«, wie Sie das von objektorientierten Sprachen durch die Trennung von Klasse und daraus instanziiertem Objekt kennen. Ein Objekt in JavaScript existiert einfach, genauso wie eine PL/SQL-Variable, nur ist sie nicht typisiert, sondern im Grunde ein Container für irgendeinen Inhalt. Für PL/SQL-Entwickler ist ein Objekt in Java am einfachsten mit einer PL/SQL-Tabelle vergleichbar: Unter einem Schlüssel wird ein Wert verwaltet. Ebenso wie in PL/SQL, wo ein Wert dieser PL/SQL-Tabelle wiederum zum Beispiel ein Record mit innerer Struktur sein kann, kann in einem JavaScript-Objekt unter einem Namen ein JavaScript-Objekt enthalten sein, das wiederum wie eine PL/SQL-Tabelle funktioniert. Auch das geht in PL/SQL.

Allerdings können in JavaScript nicht nur skalare Werte oder Objekte unter einem Namen gespeichert sein, sondern auch Funktionen. Was mich zu einer weiteren, eher seltsam klingenden Eigenheit von JavaScript bringt: Funktionen sind *First Class Citizens* in JavaScript. So wird das jedenfalls immer mit Stolz in der Stimme von JavaScript-Gurus formuliert. Doch was ist damit gemeint? Da eine Variable nicht typisiert ist, kann sie auf *irgendetwas* zeigen, auf einen Zeichenkettenwert genauso wie auf eine Funktion. Es klingt zwar seltsam, aber es ist kein Problem, einer Variablen eine Funktion zuzuweisen. Sehen wir uns das in einem Objekt person an. Das Objekt hat einige Attribute und einige Funktionen. Die Syntax fasst das Objekt in geschweiften Klammern zusammen und trennt die Attribute durch Kommata:

```
var person = {
  vorname:'Willi',
  nachname:'Müller',
  toString:function(){
    console.log(nachname + ', ' + vorname);
  }
};
```

Listing 20.1 Ein einfaches Objekt in JavaScript

Nun könnte über den Aufruf person.toString() die Ausgabe Müller, Willi auf der Konsole erzeugt werden. Sie erkennen hier, dass die Funktion lediglich der Wert des Attributs toString ist. Daraus ergibt sich ein beliebter Stolperstein für Entwickler von JavaScript. Denn wenn ein Attribut eines Objekts eine Funktion enthalten kann, dann ist es natürlich auch denkbar, dass dieses Attribut als Parameter an andere Funktionen weitergegeben werden kann. Nun allerdings gibt es ein syntaktisches Problem: Wann möchte ich eine Funktion als Parameter übergeben, und wann möchte ich diese Funktion aufrufen und das Ergebnis erhalten? Diese Unterscheidung wird dadurch herbeigeführt, dass im ersten Fall nur der Name der Funktion (sozusagen der Schlüssel der PL/SQL-Tabelle) übergeben wird, im zweiten Fall aber die Funktion durch den Namen und anschließende Klammern ausgeführt wird:

```
// Übergabe einer Funktion an eine Variable
var wasKannstDu = person.toString;
// Übergabe des Ergebnisses einer Funktion
var wieHeißtDu = person.toString();
```

Listing 20.2 Unterschied zwischen Übergabe und Aufruf einer Funktion

Eine weitere Eigenheit der Sprache besteht darin, dass ein bestehendes Objekt einfach erweitert oder geändert werden kann, zum Beispiel dadurch, dass dem Objekt person das Attribut geburtsdatum hinzugefügt wird:

```
person.geburtsdatum='1998-05-15';
```

Auch diese Möglichkeit ergibt im Vergleich mit einer PL/SQL-Tabelle Sinn, denn auch hier ist es natürlich möglich, einfach einen Wert zu entfernen, hinzuzufügen oder zu überschreiben. Aus der Kombination dieser Möglichkeiten ergeben sich aber nun interessante Möglichkeiten. Nehmen wir nur einmal an, Sie definieren eine neue Variable als Person:

```
var Meier = person;
```

dann können Sie die Attribute des neuen Objekts einfach überschreiben:

```
Meier.vorname = 'Franz';
Meier.nachname = 'Schmitz';
```

aber auch die Funktionalität ändern:

```
Meier.toString = function(){
  console.log(vorname + ' ' + nachname);
}
```

Zwar existieren auch Möglichkeiten, eine solche Manipulation der Objekte zu unterbinden, doch sind diese etwas komplexer zu erläutern. Gehen wir zunächst die Grundlagen weiter durch.

Namensraum

Ein oft verwendeter Begriff innerhalb von JavaScript (und vielen weiteren Programmiersprachen und auch in APEX) ist der Begriff des *Namensraums*, den auch PL/SQL-Entwickler inhaltlich kennen, wenn auch unter anderem Namen. Ein Namensraum bezeichnet einen Gültigkeitsbereich, in dem gewisse Funktionen und Attribute existieren. Nehmen wir die Funktion `toString`, die potenziell in Hunderten von JavaScript-Objekten implementiert worden sein könnte. Welche konkrete Implementierung meine ich? Dies wird über Namensräume bestimmt. Bei JavaScript gibt es keine speziellen Objekte vom Typ Namensraum oder ähnlich, die werden aber auch nicht benötigt. Denn wenn Sie mit einem einfachen Objekt beginnen:

```
var apex = {};
```

dann ist dies ein leeres Objekt. Nun schachteln wir ein neues Objekt ein:

```
apex.server = {};
```

Das Objekt `apex` ist nun nicht mehr leer, sondern enthält ein Attribut, das ebenfalls ein Objekt ist. Diesem Objekt fügen wir nun eine Funktion hinzu:

```
apex.server.loadScript = function(pConfig, callback){};
```

Es entsteht also ein Objekt, das ein weiteres Objekt mit einer Funktion `loadScript` enthält. Um die Analogie zur Datenbank direkt offensichtlich zu machen: Ein ähnliches

Konzept wird hier durch Schemata, Packages und Methoden erreicht. Innerhalb der Datenbank läse sich das so: Wir erstellen einen Benutzer, dem ein Package gehört, das eine Funktion enthält. Unter der Voraussetzung, dass Benutzer und Package so heißen wie in unserem JavaScript-Beispiel, wäre der Aufruf der Funktion mit vollqualifiziertem Namen in PL/SQL wie folgt:

```
apex.server.loadScript(pConfig => 'a', callback => 'b');
```

Sie sehen die Ähnlichkeit. Allerdings lässt sich JavaScript tiefer schachteln, und es gibt keine Metabedeutung der einzelnen Ebenen, wie es in der Oracle-Datenbank durch Schema, Package und Funktion der Fall ist. Aber es ist klar, dass nun ein anderer Benutzer das gleiche Package mit der gleichen Funktion besitzen kann, ohne dass es eine Gefahr gäbe, dass nicht klar wäre, welche konkrete Funktion gemeint ist.

Realistischer ist folgendes Beispiel, das die Deklaration des gleichen Namensraums wie im vorigen Beispiel vornimmt:

```
// Namensraum
var apex = apex || {};
apex.server={};
// Code benutzt Namensraumobjekt
aepx.server.laodScript = function(pConfig, callback){};
```

Listing 20.3 Definition eines Namensraumobjekts

Realistischer ist das Beispiel deshalb, weil die erste Zeile auf ein eventuell bereits bestehendes Objekt `apex` verweist. Gibt es das nicht (`apex` würde dann als `falsy` betrachtet), wird über den `||`-Operator (`or` in JavaScript) ein leeres Objekt ersatzweise geliefert. Anschließend wird auf das so entstandene Namensraumobjekt eine Funktion definiert, mit der anschließend gearbeitet werden kann.

Funktionen

Funktionen müssen durchaus nicht, wie auch im obigen Beispiel gezeigt, einen Wert zurückliefern, wie das bei PL/SQL der Fall wäre. In JavaScript existiert keine Unterscheidung zwischen Prozedur und Funktion. Wenn eine Funktion einen Wert zurückgeben möchte, kann sie dies wie auch in PL/SQL über die Anweisung `return` innerhalb der Funktion tun. Sie können eine Funktion auch, eher wie in PL/SQL, über das Schlüsselwort `function` direkt definieren, wie es folgendes Beispiel zeigt:

```
function addiere(x, y){
  return x + y;
}
```

Dies hat allerdings zur Folge, dass eine Variable mit dem Namen `addiere` und dem Funktionswert erzeugt wird. Sie hätten also genauso schreiben können:

```
var addiere = function (x, y){
  return x + y;
}
```

Als Erinnerung an das vorhin Erläuterte können wir einer neuen Variable addiere2 die Funktion addiere zuweisen (achten Sie darauf, den Funktionsnamen ohne Klammern zu schreiben, ansonsten würde das Ergebnis der Berechnung der Funktion zugewiesen). Damit ist auch die neue Variable eine Funktion, die das Gleiche tut wie die ursprüngliche Funktion:

```
var addiere2 = addiere;
```

Funktionen stellen den Kernbereich von JavaScript dar, nicht zuletzt deshalb, weil sie einen Gültigkeitsbereich definieren. Variablen, die innerhalb einer Funktion definiert werden, sind lokal für diese Variable und haben einen ähnlichen Sichtbarkeitsbereich wie eine Variable in einem PL/SQL-Block, das heißt, sie umfassen alle inneren »Blöcke«, hier wohl eher innere Funktionen.

»this« und der Gültigkeitskontext

Für viel Verwirrung sorgt, dass eine Funktion in einem Kontext aufgerufen wird. Dieser Kontext entspricht nicht notwendigerweise dem Kontext, in dem die Funktion definiert ist, sondern dem Kontext, in dem sie ausgeführt wurde. Es gehört zu den witzigen Eigenschaften, dass sich ein Objekt von einem anderen Objekt eine Funktion »ausleihen« und in seinem Kontext ausführen kann. Tut es dies, ist der Kontext für die Funktion derjenige des aufrufenden Objekts. Dieser Kontext wird über den implizit vorhandenen Funktionsparameter this angesprochen. Das ist wohl etwas schwerer zu verstehen, daher hier ein Beispiel (meine im Detail sicher verbesserungsfähigen theoretischen Kenntnisse zu JavaScript habe ich mir bei Philip Ackermann angelesen und auch einige Beispiele von dort entlehnt, ebenso, wie Philip Ackermann offensichtlich Stoyan Stefanov gelesen und auch einige Beispiele von dort entlehnt hat, so ist das eben ...). Wir definieren eine globale Funktion toStringGlobal und zwei Objekte, die diese globale Funktion verwenden möchten:

```
function toStringGlobal(){
  console.log(this.nachname + ', ' + this.vorname);
}

var person1= {
  vorname:'Willi',
  nachname:'Müller',
  toString:toStringGlobal
}
```

```
var person2= {
  vorname:'Peter',
  nachname:'Schmitz',
  toString:toStringGlobal
}

person1.toString() // Ausgabe: Müller, Willi
person2.toString() // Ausgabe: Schmitz, Peter
```

Listing 20.4 Darstellung des aufrufenden Kontexts

Wir »leihen« uns also in den beiden Objekten die Funktion aus der globalen Umgebung und führen sie in unserem Kontext aus. Wenn Sie dieses Beispiel nachvollziehen, wird klar, dass sich `this` auf das jeweilige Objekt beziehen *muss*, das die Funktion `toStringGlobal` aufruft, denn in der eigentlichen Deklaration der Funktion ist `this` (zumindest im strikten Modus) undefiniert, in jedem Fall jedoch sind die Attribute `vorname` und `nachname` dort unbekannt. Das Beispiel mag nachvollziehbar sein, in der täglichen Praxis sind die Dinge natürlich komplizierter und daher auch verwirrender.

Im Übrigen können Sie den gleichen Schmerz beim Verstehen solcher Konstrukte auch in PL/SQL erleben, wenn Sie eine Prozedur mit den Rechten des ausführenden Benutzers definieren und sich überlegen, welche Tabellen, die in der Prozedur angesprochen werden, nun tatsächlich beschrieben werden. Doch – das gebe ich zu – ist das auch in PL/SQL eher eine fortgeschrittene Materie.

IIFE-Entwurfsmuster

Da nun Funktionen die einzigen Strukturen in JavaScript darstellen, die einen Gültigkeitsbereich besitzen, werden sie häufig verwendet, um sicherzustellen, dass Attribute nicht beliebig geändert werden können. So könnte ein Objekt so aufgebaut werden, dass nicht einfach Attribute im Objekt definiert werden, sondern Variablen innerhalb einer Funktion. Auf diese Variablen kann dann nur noch mittels Funktionen zugegriffen werden, und es entstehen private Attribute des Objekts. Eine besondere Spielart dieser Strategie möchte ich Ihnen erläutern, weil sie im Zusammenhang mit APEX häufig auftaucht: das IIFE-Entwurfsmuster. *IIFE* steht für *Immediately Invoked Function Expression* und bedeutet, dass eine Funktion in JavaScript deklariert und direkt auch ausgeführt wird. Um dieses Verhalten zu erreichen, wird die gesamte Funktion eingeklammert und mit einem weiteren Klammerpaar versehen, über das optional Parameter übergeben werden können. Hier ein Beispiel:

```
(function(){
  // Dieser Code wird durch das IIFE-Muster direkt ausgeführt
})();
```

Die äußere, anonyme Funktion schafft einen Gültigkeitsbereich innerhalb der Funktion. In APEX wird dieses Muster häufig verwendet, um sicherzustellen, dass Variablen keine Seiteneffekte aufweisen. Ein beliebtes Beispiel hierfür ist die Verwendung der Variablen `$`. In JavaScript wird diese Variable gern verwendet, um das jQuery-Objekt zu repräsentieren. Daher wird häufig ein Ausdruck wie `$('#P10_EMP_ENAME').value()` verwendet, der bedeutet: Lasse jQuery ein Element mit der ID `P10_EMP_ENAME` suchen und setze dessen Wert auf `NULL` (Näheres zu jQuery folgt im nächsten Abschnitt).

Nun ist dies eine allgemeine Konvention, die man einhalten kann, aber nicht muss, denn der Bezeichner `$` ist ein erlaubter Name für eine Variable, die bevorzugt von jQuery genutzt wird, aber auch von Ihnen entsprechend eingesetzt werden kann. Zudem könnte es sein, dass auf einer HTML-Seite mehrere Versionen von jQuery referenziert werden, sodass nicht sicher ist, welche konkrete Version von jQuery durch die Variable `$` referenziert wird. Um diese Unklarheiten zu beseitigen, kommt nun IIFE zum Einsatz. Ich sagte bereits, dass im abschließenden Klammerpaar optional auch Parameter zum Einsatz kommen können, die dann der inneren Funktion als Parameter übergeben werden. Da andererseits diese Parameter innerhalb einer Funktion verwendet werden und dort einen Gültigkeitsbereich definieren, können Variablen gleichen Namens keine Wechselwirkungen mit den internen Variablen haben. Im folgenden Beispiel übergebe ich dem inneren Gültigkeitsbereich zwei APEX-Variablen, zum einen eine Referenz auf `apex.server`, ein Objekt des Namensraums `apex` mit einem eingeschachtelten Objekt namens `server`, das wiederum über Attribute und Funktionen verfügt und der Kommunikation mit der Datenbank dient. Als zweiten Parameter übergebe ich eine Referenz auf die von APEX mitgelieferte jQuery-Version, die unter `apex.jQuery` verfügbar gemacht wird. Hier ist das Beispiel dazu:

```
(function(server, $){
  // In der Funktion stehen server und $ mit allen Eigenschaften der
  // Namensraumobjekte zur Verfügung
})(apex.server, apex.jQuery);
```

Listing 20.5 Nutzung von IIFE in APEX

Das ist für PL/SQL-Programmierer zunächst hart zu verstehen, doch können Sie sich diese Verwendung als Entwurfsmuster oder, sagen wir, als JavaScript-Ersatz zu einem anonymen PL/SQL-Block (mit optionaler Parameterübergabe) vorstellen. Auch in PL/SQL wird mittels eines anonymen Blocks in einer SQL-Datei ja eine Funktionalität deklariert und direkt ausgeführt. Hier ist es so ähnlich. Wenn wir das Beispiel durchsehen, mag die Frage aufkommen, warum denn nun in der inneren Funktion die Namen `server` und `$` verwendet werden können, doch ist das kein Geheimnis: Wie bei PL/SQL auch kann der Name eines Funktionsparameters anders lauten als die Variable, die den Parameterwert enthält. Innerhalb der Funktion wird immer mit dem

Parameternamen gearbeitet, und so ist es auch hier. Aber warum ist damit die Mehrdeutigkeit behoben? Der Grund liegt darin, dass die Variable $ innerhalb dieses Gültigkeitsblocks aufgrund des übergebenen Parameters immer auf `apex.jQuery` zeigen wird. Ist außerhalb des Blocks eine Variable dieses Namens deklariert, wird sie durch die Deklaration in der Funktion überschrieben. Wird die Funktion verlassen, endet auch der Gültigkeitsbereich der Variablen, sodass außerhalb der Funktion die Variable in ihrer dort gültigen Definition verwendet werden kann. Und um dieses Beispiel komplett zu machen: Mit der Installation einer neuen APEX-Version wird im Regelfall auch eine neue jQuery-Version ausgeliefert, doch das vom APEX-Team definierte Objekt `apex.jQuery` wird stets auf die letzte mit APEX ausgelieferte Version von jQuery zeigen.

Eventhandling, Callbacks und Promises

Zum Verständnis von JavaScript erforderlich ist auch die Programmierung mittels *Events* und der zugehörigen *Callbacks*. Das Prinzip ist zunächst einmal ganz einfach, denn ein Event ist ein Ereignis, das durch den Benutzer, den Browser, durch Code oder was auch immer ausgelöst werden kann.

Stellen wir uns zum Einstieg folgendes Szenario vor: Ein Event wird ausgelöst, und ein Code soll darauf reagieren. Nun wäre es nicht sinnvoll, dass der Code in einem festen Raster nachschaut, ob dieses Event gefeuert wurde, sondern umgekehrt wird ein Schuh daraus, wenn nämlich das Event feuert, soll Code ausgeführt werden. Doch welcher? In JavaScript wird hierzu eine Liste von Funktionen gespeichert, die ausgeführt werden sollen, sobald ein bestimmtes Event aufgetreten ist. Die Funktionen, die bei einem Event abgelegt werden, werden *Callback*-Funktionen genannt (sie »rufen« gewissermaßen zurück, wenn das Ereignis aufgetreten ist). Anbei ein einfaches Beispiel für einen Eventhandler und sein Callback. Ich verwende hier noch einfache JavaScript-Methoden, die direkt auf den DOM-Baum zugreifen. Das werden wir später nicht mehr tun, dafür verwenden wir innerhalb von APEX typischerweise jQuery:

```
function nachKlick(){
  console.log('Das Ereignis ist aufgetreten');
}

function registerEvent(){
  document
    .getElementById('MeinElement')
    .addEventListener('click', nachKlick);
);
}
```

Listing 20.6 Prinzip eines Eventhandlers

Zunächst definieren wir eine Funktion `nachKlick`. Diese Funktion wird aber eigentlich nirgendwo aufgerufen. Stattdessen suchen wir im aktuellen HTML-Dokument ein Seitenelement mit der ID `MeinElement` (typisch für die Programmierung von JavaScript ist übrigens der geschachtelte Aufruf vieler Methoden in einem Befehl und auch die Verteilung eines JavaScript-Befehls über mehrere Zeilen). Für dieses Element rufen wir die Funktion `addEventListener` auf und übergeben zwei Parameter:

- den Namen des Events, an das wir binden möchten, hier `click`
- die Callback-Funktion. Beachten Sie, dass wir hier nicht `nachKlick()` schreiben, sondern nur den Namen der Funktion. Die Schreibweise mit abschließenden Klammern führt die Funktion aus und übergibt das Ergebnis der Ausführung an den Eventhandler.

Die Methode `nachKlick` wird also nur dann ausgeführt, wenn ein Benutzer auf das Seitenelement `MeinElement` klickt. Aus dem Beispiel wird klar, dass die Callback-Funktion asynchron aufgerufen wird. Damit ist gemeint, dass die Funktion beim Event registriert wird und irgendwann später ausgelöst und ausgeführt wird. Dieser Anwendungsfall ist für PL/SQL-Entwickler nichts Neues, so funktionieren Trigger, und an dieses Modell hat man sich gut gewöhnt.

Ein anderer Anwendungsfall ist jedoch, dass gewisse Aktionen asynchron ausgeführt werden sollen, einfach deshalb, weil sie ansonsten den Benutzer zu lange warten lassen würden. Nehmen wir an, Sie möchten eine Anwendungsseite mit einem komplexen Bericht zeigen. Die Seite soll dabei so schnell wie möglich geladen werden, was auch ginge, wären da nicht die komplexe Berichtsabfrage sowie das Rendern vieler Ergebniszeilen. Da aber unsere Seite synchron aufgebaut wird, »hängt« der Bildschirmaufbau so lange, bis die Zeilen des Berichts ermittelt, an den Browser gesendet und von diesem gerendert wurden. Eine asynchrone Bearbeitung dieses Prozesses würde einfach der Datenbank *den Auftrag geben*, die Daten zu berechnen und *sich zu melden*, wenn die Daten verfügbar sind. Diese asynchrone Bereitstellung der Daten hätte für den Browser den Vorteil, die Seite zunächst einmal weiter aufbereiten zu können. Eventuell wird sogar ein Wartesymbol gezeigt, das erst verschwindet, wenn sich der asynchrone Prozess mit den Daten gemeldet hat. Übertragen auf PL/SQL wäre das gleichbedeutend damit, dass in einem PL/SQL-Programm ein Job ausgekoppelt worden wäre, der nun in einer anderen Session parallel Arbeit verrichtet. Leider gibt es in dieser Analogie keinen Prozess, der sich melden würde, wenn er fertig ist, und die korrekte Analogie, nämlich *Advanced Queueing*, kennen einfach zu wenige PL/SQL-Programmierer, um als Beispiel herhalten zu können.

Das geschilderte Beispiel der asynchronen Verarbeitung ist aber die Grundlage für die folgenden Betrachtungen, denn hier spielen ebenfalls Callback-Funktionen eine entscheidende Rolle: Sie stellen das Bindeglied dar, das »sich meldet«, wenn die Bearbeitung abgeschlossen wurde. Um also asynchron zu arbeiten, müssen folgende Schritte durchgeführt werden:

- Ein Auftrag zu einer langwierigen Arbeit muss erteilt werden. Bei Erteilung dieser Aufgabe muss eine Callback-Methode als Parameter mitgegeben werden, die ausgeführt wird, sobald die Arbeit erledigt ist.
- Ist der Auftrag erteilt, arbeitet der lokale Code weiter und beendet seine Tätigkeit.
- Ist die asynchrone Tätigkeit beendet, ruft dieser asynchrone Prozess die Callback-Methode auf, die sich dann im lokalen Code um die Verarbeitung des Ergebnisses des asynchronen Prozesses kümmert.

Sie ahnen schon: Ganz so einfach ist es dann doch nicht. Zunächst müssen sich beide Seiten auf ein Format einigen, das der asynchrone Prozess zurückliefern wird und von der Callback-Funktion verarbeitet werden kann. Dann geht ja nicht immer alles im Leben glatt, es könnten bei der asynchronen Verarbeitung der Daten Fehler aufgetreten sein.

Die naive Vorstellung, ein Fehlerhandler der lokalen Methode, die den asynchronen Prozess angestoßen hat, könnte nun auch die Fehler der asynchronen Funktion bearbeiten, schlägt fehl: Der lokale Code arbeitet weiter, wird im Regelfall sogar beendet, bevor die asynchrone Tätigkeit abgeschlossen ist. Im Fehlerfall »ist dort keiner mehr«, der sich um die Fehlerbehebung kümmern könnte.

Daher besteht eine Lösung darin, dem Callback auch noch eine Statusmeldung mitzugeben, aus der ersichtlich ist, ob die asynchrone Bearbeitung funktioniert hat oder nicht. Alternativ könnten dem asynchronen Prozess aber auch zwei Callback-Methoden mitgegeben worden sein: eine für die normale und eine zweite für die fehlerhafte Bearbeitung der Anfrage. Beide Varianten gibt es und noch eine weitere, die auch in APEX 5.1 immer mehr Einzug hält: ein sogenanntes *Promise* (Versprechen). Doch bevor ich dazu komme, zeige ich Ihnen zunächst einmal einen typischen Ausschnitt aus einem APEX-Plugin, das mittels Funktionen des Namensraums `apex.server` eine asynchrone Anfrage an den Datenbankserver stellt und das Ergebnis anschließend verarbeitet.

Der Ausschnitt stammt aus der APEX-Erweiterung `i/libraries/apex/apex.widget.report.js`. Natürlich habe ich den Umfang drastisch gekürzt:

```
/**
 * @namespace apex.widget.report
 **/
apex.widget.report = {};
(function( report, server, $ ) {
  "use strict";

  function _refresh ( pId, pData ) {
    var lData = pData || {},
        lOptions = {};
```

```
    // register callback for success
    function _success( pResponse ) {
      // pResponse enthält die aktualisierten Daten,
      // diese Methode sorgt für die Aktualisierung der Seite
      ...
    }

    // Register success callback
    lOptions.success = _success;
    lOptions.dataType = "html";
    server.widget ( "classic_report", lData, lOptions );
  }
})( apex.widget.report, apex.server, apex.jQuery);
```

Listing 20.7 Beispiel einer asynchronen Aktion in APEX

Zunächst einmal erkennen Sie das Namensraumkonzept wieder, offensichtlich wird davon ausgegangen, dass das Objekt `apex.widget` in jedem Fall existiert. In dieses Objekt wird das neue Objekt `apex.widget.report` als leeres Objekt eingefügt. Nun wird es etwas komplizierter: Es folgt ein IIFE-Entwurfsmuster. Dieses Muster lesen wir von der letzten Zeile an, denn dort werden die Parameter übergeben, die wir innerhalb der Methode verwenden möchten. Hier sind es die Parameter `apex.widget.report` (also das Namensraumobjekt, das wir gerade erst erzeugt hatten), `apex.server` und `apex.jQuery`, die von APEX gelieferte jQuery-Version. Innerhalb der IIFE werden diese Parameter über ihre Parameternamen `report`, `server` und `$` angesprochen.

Innerhalb der IIFE wird der strikte Modus vereinbart, und anschließend wird unter anderem (der Rest steht in der Originaldatei) eine Funktion `_refresh` definiert. Beachten Sie, dass diese Funktion ohne Bezug zum Namensraumobjekt vereinbart wurde. Wir haben also nicht gesagt: `report.refresh = function()`. Auf diese Weise bleibt sie eine Funktion, die nur innerhalb der IIFE existiert und somit privat ist. Aufgerufen wird sie an anderer Stelle, das ist im Moment noch nicht so interessant. Nun zur eigentlichen Aktivität. Innerhalb der Funktion `_refresh` wird zunächst eine Funktion mit dem Namen `_success` definiert. In der Funktion wird festgelegt, auf welche Weise die aktualisierten Daten in die Anwendungsseite integriert werden sollen. Die Daten selbst sowie einige weitere Informationen werden der Funktion über einen Parameter mit dem Namen `pResponse` übergeben. Dabei handelt es sich wiederum um ein Objekt, das der asynchrone Prozess erzeugt. Die Funktion `_success` steht zunächst einmal nur da und wird nicht aufgerufen, sie ist ein Callback.

Nun beauftragen wir die eigentliche Arbeit. Wir bereiten die Beauftragung vor, indem wir ein Objekt `lOptions` mit Daten anreichern. Natürlich müssen wir wissen, welche Optionen wir überhaupt belegen können. Das werden wir im Rahmen der Erstellung eigener Plugins untersuchen, im Moment sehen wir, dass mindestens zwei Optionen gesetzt werden können: `success` und `dataType`. Die erste Option erwartet unsere Callback-Funktion, damit der asynchrone Prozess weiß, wohin er sich wenden kann, wenn die Arbeit erledigt ist. Die zweite Option legt als Rückgabeformat HTML fest, alternativ hätte zum Beispiel auch JSON funktioniert.

Wie so oft in JavaScript geht nach langer Vorarbeit dann auf einmal alles ganz schnell: Lediglich eine Zeile Code wird verwendet, um die Methode `widget` mit drei Parametern aufzurufen: dem Namen der Erweiterung, den Daten, die über das Ereignis geschickt wurden (etwa Filtereinstellungen für den Bericht), und dem Optionsobjekt, in dem sich auch unsere Callback-Methode befindet. Ist der Auftrag erteilt, ist die Funktion am Ende und stellt ihre Arbeit ein. Deutlich später meldet sich dann der asynchrone Prozess zurück und ruft die Funktion `_success` mit dem Ergebnis seiner Arbeit auf. Diese Methode, die ich hier gekürzt habe, nimmt nun die Daten der asynchronen Arbeit entgegen und integriert diese in den DOM-Baum.

Nun zum *Promise*. Nun gut, das ist etwas schwerer. Die Idee dahinter ist die Vermeidung einer sogenannten *Pyramid of Doom*. Schöner Begriff für eine weniger schöne Sache: Wenn eine asynchrone Funktion wiederum eine asynchrone Funktion aufruft und so weiter, entsteht eine Code-Kaskade, die kaum noch jemand überblickt. Wann wird eigentlich was abgearbeitet, lautet hier die Frage. PL/SQL-Entwickler kennen das vom übermäßigen Genuss der Triggerprogrammierung.

Ich habe mich gefragt, ob ich dieses Thema überhaupt erläutern soll, muss es aber tun, weil APEX sich in diese Richtung bewegt und Sie daher zumindest einen Eindruck von Promises haben sollten. Ein Promise ist ein einfacher, aber genialer Trick, mit dem die Beweislast asynchroner Kommunikation sozusagen umgedreht wird. Bislang übergibt der aufrufende Code dem asynchronen Code eine oder mehrere Callback-Methoden. Durch diesen Ansatz ist nun der aufrufende Code aus dem Spiel, denn er kann mit der »aus der Hand gegebenen Kontrolle« in das folgende Prozedere nicht mehr eingreifen. Nun aber kehren wir einfach die Regeln insofern um, als uns der asynchrone Prozess direkt durch seinen Aufruf ein Objekt zurückliefert, mit dem der aufrufende Code weiterarbeiten kann. Das ist unser Promise. Aber warum Promise, also Versprechen? Das Promise enthält sozusagen die Zusage, dass der asynchrone Prozess sich um die übertragene Aufgabe kümmern und das Ergebnis über das Promise zur Verfügung stellen wird.

Ein Promise ist daher etwas, das »weiß«, dass die Aufgabe, die durch das Promise repräsentiert wird, asynchron ausgeführt wird und daher erfolgreich sein kann oder nicht, noch in Arbeit sein kann oder bereits abgeschlossen ist. Dieses Wissen hilft uns bei der weiteren Programmierung. Wir erklären dem Promise, was im Erfolgsfall und was im Fehlerfall zu tun ist, und das Promise wird das Entsprechende tun, sobald die Arbeit abgeschlossen ist. Für den aufrufenden Code ist das insofern besser, als wir mit dem Objekt, das die asynchrone Funktion unmittelbar zurückgibt, weiterarbeiten können, der aufrufende Code bleibt also in Kontrolle des Geschehens. Was geschehen soll, wenn die Arbeit getan ist, wird dem Promise über eine Funktion mit dem Namen then mitgeteilt. Entweder sagen wir hier, was im Erfolgs- bzw. Misserfolgsfall geschehen soll, oder wir verwenden die Funktion then für den Erfolgs- und die Funktion catch für den Misserfolgsfall.

Ein Code läse sich dann zum Beispiel so:

```
function success(response){
  console.log('Joho! Sieg! Und eine Buddel Rum!');
}

function failure(response){
  console.log('Flat happens!');
}

doSomething(params) // Dieser Aufruf liefert ein Promise zurück
  .then(success)
  .catch(failure);
```

Listing 20.8 Verwendung von Promises

Verwirrung

Verwirrung stiften die unterschiedlichen Konventionen, die in JavaScript möglich sind und je nach Verfechter auch eingesetzt werden. Eine Variable kann über mehrere Wege definiert werden. Kürzer, länger, in Objektschreibweise, als evaluierter JSON-Ausdruck und so weiter. Das Problem ist, zu erkennen, dass alle diese Wege eigentlich das Gleiche machen, allerdings jeweils mit leicht unterschiedlichen Nuancen. Lassen Sie mich einige geläufige Beispiele hierfür geben. Ein Objekt kann sukzessive aufgebaut werden:

```
var person = {};
person.vorname = 'Willi';
person.nachname = 'Müller';
...
```

Listing 20.9 Erste Variante, ein Objekt zu erstellen

Als zweiter Weg könnte das Ganze auch über die Objektnotation geschehen:

```
var person = {
  vorname = 'Willi',
  nachname = 'Müller'
}
```

Listing 20.10 Zweite Variante, ein Objekt zu erstellen

Oder über vorab deklarierte Variablen:

```
var vorname = 'Willi',
    nachname = 'Müller',
    person = {};
person.vorname = vorname;
person.nachname = nachname;
```

Listing 20.11 Dritte Variante über vorab deklarierte Variablen

Dieses dritte Verfahren wird besonders gern durchgeführt, wenn die Variablen Funktionen sind. Zunächst werden die Funktionen definiert und diese dann als Attribute einem Objekt zugeordnet. So hatten wir das ja auch bei der Definition eines Callbacks gemacht, mit dem Unterschied, dass die Funktion als Parameter an die asynchron arbeitende Funktion übergeben wurde. Beachten Sie, dass einmal ein Semikolon, einmal ein Komma zur Abgrenzung verwendet werden muss.

Das ist nur ein Überblick über einige der Möglichkeiten. Das Problem ist, dass die meisten Objekte, die Ihnen begegnen werden, nicht so kurz sein werden wie in den hier vorgestellten Beispielen. Wenn Sie in JavaScript-Dateien hineinsehen, werden Sie Anweisungen sehen, die über Hunderte Zeilen kein Ende finden, weil sie durch Kommata immer weitergehen. Sehr verwirrend für einen PL/SQL-Entwickler. Doch nachvollziehbar: Stellen Sie sich die zweite Variante oben vor. Dort haben wir in Objektnotation ein Objekt erzeugt. Nun ist ein Attribut eine Funktion, die aus vielen Zeilen Code besteht. Die Deklaration der Funktion wird in Klammern eingeschlossen, doch das nächste Attribut des Objekts wird nach der Deklaration der Funktion über ein Komma angeschlossen. Das halte ich zwar für sehr unübersichtlich, wird aber oft gemacht. Und in dieser Größenordnung ist es dann sehr schwer, den Überblick darüber zu behalten, wo man sich nun aktuell im Code befindet.

Gerade bei jQuery, das wir anschließend besprechen, ist auch noch eine andere Variante sehr beliebt. Dort wird oftmals so programmiert, dass Funktionen, die auf ein jQuery-Objekt angewendet werden, wiederum ein jQuery-Objekt zurückliefern. Das macht man auch in PL/SQL, allerdings seltener. Liefert eine Funktion ein jQuery-Objekt zurück, kann direkt danach wiederum eine Funktion auf das retournierte Objekt angewendet werden, das ebenfalls wieder ein jQuery-Objekt zurückliefert und so weiter. Dadurch entsteht Code wie der Folgende:

```
$(this)
  .parent()
  .removeClass('my_class')
  .children('div')
  .toggle();
```

Listing 20.12 Method Chaining in JavaScript

Das ist lediglich eine Abkürzung, weil nicht immer Variablen das Ergebnis entgegennehmen, nur um direkt danach die nächste Operation ausführen zu müssen. Aber auch hier gilt: Die Dosis macht das Gift, wenn Sie sich erst einmal durch Code gewühlt haben, der so etwas über Hunderte Zeilen macht (das gibt es wirklich!), finden Sie das Konzept nicht mehr so lustig.

20.1.2 Einführung in jQuery

Schon mehrfach hatte ich auf die mit APEX gebündelte Library *jQuery* hingewiesen. jQuery ist in JavaScript geschrieben und trat an, die verschiedenen Browserversionen bezüglich ihrer JavaScript-API zu vereinheitlichen und zudem viele oft verwendete Funktionen angenehmer zu gestalten. Daher rührt der Slogan von jQuery als der »Write less, do more«-Library. Dieses Ziel ist mittlerweile nicht mehr ganz so vorrangig, weil die Browser eine deutlich bessere Unterstützung von JavaScript besitzen.

Die jQuery-Library hat sich zwischenzeitlich in mehrere Teilbereiche aufgespalten. Ein Bereich ist die Kernfunktionalität von jQuery, ein anderer ist *jQuery UI*, der funktionsreiche Anwendungselemente, die als *Widgets* bezeichnet werden, umfasst. Ein Widget ist zum Beispiel der modale Dialog, den Sie in APEX verwenden. Die eigentliche Anzeige des Dialogs, die Optionen, um die Darstellung zu beeinflussen, und einiges mehr, sind in einem jQuery-Widget programmiert. APEX verwendet dieses Widget und macht es von APEX aus deklarativ verfügbar, aber im Kern wird jQuery UI verwendet. Dies wird jedoch nicht so bleiben, denn jQuery UI wird nicht mehr weiterentwickelt. Daher werden die Controls, die heute noch auf jQuery UI basieren, in zukünftigen Versionen von APEX durch andere Komponenten ersetzt. jQuery selbst wird aber wohl noch eine Zeit lang genutzt werden, doch ist auch in diesem Bereich absehbar, dass dies nicht mehr allzu lange so bleiben wird, da die Browser eine immer mächtigere, zudem konsistente Unterstützung von JavaScript erhalten, das viele der Konzepte von jQuery nativ aufnimmt und daher keine separate Library mehr erforderlich macht.

jQuery-Selektoren

jQuery basiert auf der genialen Idee, CSS-Selektoren zu verwenden, um sich im DOM-Baum zu bewegen. Stellen wir uns vor, wir wollten alle Elemente auswählen, die eine CSS-Klasse `highlight` besitzen. In CSS wird eine Klasse durch einen vorangestellten Punkt erkannt. Daher würde ein jQuery-Selektor alle Elemente durch folgenden Ausdruck finden: `$('.highlight')`. Dabei steht die Variable $, wie beschrieben, für jQuery. Der Aufruf der Funktion oben liefert jQuery-Objekte zurück. Man könnte nun allen gefundenen Elementen die Klasse `highlight` entziehen und durch `dimmed` ersetzen:

```
$('.highlight').removeClass('highlight').addClass('dimmed');
```

Diese kurze Schreibweise funktioniert, wie im letzten Abschnitt erläutert, weil die allermeisten Funktionen in jQuery wiederum ein jQuery-Objekt zurückliefern, auf das die folgende Anweisung ausgeführt werden kann. Das obige Beispiel zeigt aber auch, dass wir uns im Regelfall nicht darum kümmern müssen, ob ein Selektor mehrere Ergebnisse liefert. Wir sagen einfach, was mit jedem Element geschehen soll, und das wird dann auf alle Elemente, die durch den Ausdruck selektiert wurden, ausgeführt.

Die jQuery-Selektoren sind sicherlich das interessanteste Detail für unseren derzeitigen Kenntnisstand, denn wir haben bereits bei den dynamischen Aktionen gesehen, dass wir im Attribut WENN einer dynamischen Aktion auswählen konnten, auf welche Elemente sich eine dynamische Aktion beziehen soll. Unter den verschiedenen Optionen befand sich auch die Option `jQuery-Selektor`, die wir hier erläutert haben. Natürlich existiert eine Vielzahl unterschiedlicher Selektoren, deren komplette Erläuterung viel zu weit führen würde. Häufig verwendete Selektoren sind:

- der Klassenselektor: `.class`
- der ID-Selektor: `#id`
- der `enthält`-Selektor: `table td` (durch Leerzeichen getrennt, findet auch »Enkel« etc.)
- der Attributselektor `element[attribut]`
- der Alternativselektor `tr,td`, durch Komma getrennt, kein Leerzeichen, findet das eine oder das andere Element

Es gibt eine sehr große Anzahl unterschiedlicher Selektoren kombiniert mit Funktionen, wie der folgende, der ausgehend vom Element mit der ID `meineId` das nächstliegende übergeordnete Element namens `tr` findet und dort die Klasse `highlight` einfügt:

```
$('#meineId').closest('tr').addClass('highlight');
```

Listing 20.13 Beispiel für einen Selektor in jQuery

Üblicherweise wird von dem Element, auf das ein Ereignis ausgelöst wird, zu dem Element *traversiert*, wie man das nennt, das eine Aktion erhalten soll. Wird also eine Zelle innerhalb einer Tabelle angeklickt oder über einen Hover ausgewählt, könnte ein Selektor wie der in Listing 20.13 die übergeordnete Zeile auswählen und dort zum Beispiel die Klasse `highlight` einfügen.

jQuery-Funktionen

Dann definiert jQuery noch eine große Zahl Funktionen, die auf die selektierten Elemente angewendet werden können. Hier reicht die Bandbreite von der Manipulation der Erscheinung (CSS-Klassen manipulieren, Elemente ein- oder ausblenden und so weiter) über die Manipulation des DOM-Baums selbst (Kindelemente hinzufügen,

Elemente löschen, Textinhalte ändern etc.) über Animationseffekte bis hin zur Kommunikation mit Webservern. Der Umfang ist überbordend, aber recht gut dokumentiert, denn Sie können unter *www.jquery.com* eine komplette Dokumentation der API mit Beispielen etc. einsehen.

Mithilfe der Funktionen können Sie sehr leistungsfähigen Code erstellen, der Ihnen die Arbeit mit dem DOM-Baum deutlich erleichtert. Natürlich ist jQuery nicht das Ende der Fahnenstange, weitere Librarys werden innerhalb von APEX verwendet, doch ist jQuery sicherlich für die meisten Entwickler der Einstieg in eine JavaScript-Programmierung von APEX-Seiten. In vielen Projekten habe ich die Notwendigkeit zu solcher Programmierung kennengelernt, sei es durch entsprechende Selektoren, sei es durch JavaScript-Aktionen von dynamischen Aktionen, die in jQuery formuliert wurden.

20.2 APEX-JavaScript-API

APEX liefert sehr viel JavaScript-Code mit, der zum großen Teil nicht offiziell dokumentiert ist. Grund hierfür ist, dass die meiste Funktionalität intern verwendet wird, zum Beispiel um die verschiedenen Seitenelement- oder Regionstypen zu implementieren. So finden sich beispielsweise JavaScript-Dateien für das interaktive Grid, die sicherlich für einen JavaScript-Enthusiasten hochinteressant, für den »normalen« APEX-Entwickler jedoch im Regelfall von nachrangigem Interesse sind.

Zusätzlich existieren JavaScript-Dateien, die für die Entwicklung von APEX-Anwendungen vorgesehen sind. Auch diese werden vom APEX-Team selbst verwendet, stehen aber als dokumentierte API auch dem Entwickler zur Verfügung. Dieses Kapitel bietet einen ersten Überblick über die verschiedenen Objekte, die diese API ausmachen. Die Dokumentation findet sich als Teil der normalen APEX-Dokumentation im Bereich *Oracle APEX JavaScript API Reference*.

Unterschieden werden zunächst die moderneren, durch Namensräume isolierten Funktionen von der *Non-Namespace API*, die nach Möglichkeit nicht mehr verwendet werden sollte, auch wenn die dort enthaltenen Methoden kürzer zu schreiben sind. Ich werde mich auf die Namensraumobjekte fokussieren, aber nicht alle Objekte besprechen, sondern versuchen, einen relevanten Überblick zu geben. Die Reihenfolge ist nicht alphabetisch, sondern nach meiner subjektiven Einschätzung der Einsatzhäufigkeit.

20.2.1 Namensraum APEX

Grundlage aller Namensraumobjekte ist der Namensraum `apex`, der nicht nur die anderen Objekte enthält, sondern auch APEX-weit verwendbare Utilitys. Hier ist zum

Beispiel das Objekt `apex.env` interessant, das Konstanten zur eingesetzten APEX-Version enthält, aber auch zum Beispiel zur aktuell ausgeführten Anwendung und Anwendungsseite.

In vielen Beispielskripten sehen Sie zudem die Verwendung des Ausdrucks `apex.gPageContext$`, das eine Referenz auf den aktuellen Seitenkontext als jQuery-Objekt bietet. `apex.jQuery` wiederum enthält die von APEX aktuell verwendete jQuery-Version, was deshalb wichtig ist, weil jQuery auf einer Seite eventuell in mehreren Versionen verfügbar sein könnte.

20.2.2 Namensraum apex.item

Dieses Objekt dient dem Arbeiten mit den Seitenelementen auf der Anwendungsseite. Viele erfahrene APEX-Entwickler haben aus alten Zeiten die Funktionen `$s` und `$v` in den Fingern, um den Wert eines Seitenelements mit JavaScript zu setzen oder zu lesen, doch ist das überholt, stattdessen sollten die Methoden `apex.item('Pn_ELEMENT').set/getValue()` verwendet werden.

Wenn Sie die Dokumentation zu diesem Namensraumobjekt einsehen, werden Sie jedoch diese Funktionen dort nicht finden, sondern im Interface `item`, das weiter unten dokumentiert wird. Ab Version 22.1 ist es zudem möglich, statt der oben angegebenen Schreibweise `apex.item.Pn_ELEMENT.getValue()` zu schreiben.

Das Interface `item` enthält noch viele weitere Methoden für Seitenelemente, von `refresh` zum Beispiel für Auswahllisten über `show/hide`, `enable/disable` bis hin zu Statusfunktionen wie `isChanged`, `isDisabled` und so weiter.

Die Methoden dieses Namensraums/Interfaces stellen die Basis für viele JavaScript-Entwicklungen dar, daher sollten Sie sich diesen Namensraum in jedem Fall ansehen.

20.2.3 Namensraum apex.page

Dieser Namensraum bezieht sich auf die aktuelle Anwendungsseite und enthält einige Methoden, die der Validierung und dem Verarbeiten der Anwendungsseite dienen.

Zum Teil scheinen Doppelungen vorzuliegen, etwa bei der Methode `confirm`, die einen Bestätigungsdialog zeigt und die anschließende Aktion nur bei entsprechender Bestätigung ausführt, doch stimmt das nicht, da die Methode anschließend die Seite direkt abschickt und nicht ein beliebiges Callback ausführt, wie dies `apex.message.confirm` tun würde. Diese Funktion fungiert daher als Abkürzung und erlaubt speziellere Einstellungen über ein `pOptions`-Objekt, das als zweiter Parameter übergeben werden kann. In diesem Objekt kann zum Beispiel der Requestwert festgelegt oder eingestellt werden, ob eine Warteanimation gezeigt werden soll.

JavaScript-typisch kann `pOptions` jedoch auch eine einfache Zeichenkette sein, in diesem Fall würde dieser als Requestwert interpretiert.

20.2.4 Namensräume apex.message und apex.debug

Diese beiden Namensräume dienen der Verwaltung von Meldungen (auch Erfolgs- oder Fehlermeldungen), Dialogboxen und Debugmeldungen. Ich werde diese APIs im Kapitel 21, »Fehlerbehandlung, Code Review und Debugging« detaillierter vorstellen, daher möchte ich es hier bei der einfachen Erwähnung belassen.

20.2.5 Namensraum apex.navigation

Dieser Namensraum dient der Navigation zwischen APEX-Seiten und ist insbesondere auch für das Öffnen eines modalen Fensters verantwortlich. Hierfür enthält der Namensraum die weiteren Namensraumobjekte `apex.navigation.dialog` bzw. `apex.navigation.popup`.

Als Entwickler haben Sie wahrscheinlich am ehesten mit der Funktion `apex.navigation.dialog.cancel` zu tun, der ein modales Fenster schließt. Eine Komplikation dieser Methoden besteht darin, dass ein modales Fenster einen eigenen Seitenkontext beinhaltet, in dem die Methoden ausgeführt werden müssen. Das ist für JavaScript, das durch die Anwendungsseite ausgeführt wird, normalerweise kein Problem, sorgt aber für Verwirrung, wenn die Methode in den Entwicklerwerkzeugen des Browsers ausgeführt werden, denn dort haben Sie Zugriff auf die modale Seite, aber auch auf die unter dem modalen Dialog liegende Anwendungsseite. Führen Sie die Methode versehentlich dort aus, funktioniert sie nicht.

Das Öffnen modaler Dialogseiten wird normalerweise nicht durch einen JavaScript-Entwickler ausgelöst, da der URL eine Checksumme enthält, die nur durch den Server ermittelt werden kann. Im Hintergrund werden Verweise auf eine modale Anwendungsseite jedoch durch Methoden dieser Namensraumobjekte geöffnet.

20.2.6 Namensraum apex.actions

Dieser Namensraum wird, beginnend ab Version 22.1, immer wichtiger werden, da er dazu gedacht ist, das Pseudoprotokoll `javascript:`, das in Links verwendet wird, um JavaScript aufzurufen, durch den Link `#actions$name-der-action` zu ersetzen. Damit dies funktioniert, müssen entsprechende Actions zunächst auf der Seite eingerichtet worden sein.

Es gibt den Namensraum bereits seit Version 5, doch ist wohl das APEX-Entwicklerteam Hauptnutzer dieses Objekts. Die Idee fand ich immer schon bestechend, seitdem ich mich in Version 5 mit der Herausforderung konfrontiert sah, für eine APEX-

Anwendung aus Gründen der Usability Tastaturkürzel für jede Schaltfläche anbieten zu müssen. Was APEX-Actions sind, wird in der Dokumentation des `actions`-Interfaces gut beschrieben:

> *Eine Aktion kapselt die Identität, den Zustand und das Verhalten einer benannten Operation oder Prozedur, die der Benutzer über ein Element der Benutzeroberfläche auslöst. Aktionen sind am nützlichsten, wenn ein Vorgang auf mehrere Arten eingeleitet werden kann, z. B. mit einer Schaltfläche oder Symbolleiste, einem Menü oder einem Tastaturkürzel. Der Vorgang sollte einheitlich bezeichnet werden, und wenn er aktiviert und deaktiviert werden kann, muss dieser Zustand konsistent gehalten werden. Durch die Verwendung einer Aktion und die anschließende Verknüpfung einer Schaltfläche und/oder eines Menüeintrags mit dieser Aktion werden alle Aspekte der Aktion zentralisiert und synchronisiert. Dadurch wird die Duplizierung von Beschriftungen, Symbolen usw. vermieden.*

Eine Action kann global für die gesamte Seite, aber auch innerhalb eines Kontexts verwendet werden. Ein Kontext ist dabei ein benannter Bereich, auf den sich die Gültigkeit der Action beschränkt. Was zunächst abstrakt klingt, ergibt Sinn, wenn man sich vorstellt, dass jedes interaktive Grid einen eigenen Kontext bereitstellt, innerhalb dessen Actions wie »neue Zeile einfügen« etc. definiert sind. Durch den Kontext ist klar, in welchem interaktiven Grid eine neue Zeile eingefügt werden soll. Wird kein Kontext angegeben, werden die Actions global für die Seite definiert.

Spannend ist darüber hinaus, auf welche Weise Seitenelemente mit Actions verbunden werden können. Für Links hatte ich das oben geschildert, hierzu wird das Pseudo-Linkziel `#actions$` definiert (ich beschreibe hier nur Version 22.1, da sich hier die Dinge weiter vereinfacht haben und ich denke, dass erst durch diese Vereinfachungen Actions in größerem Umfang Einzug in die Entwicklung von APEX halten werden).

20

Einfacher ist die Anbindung von Actions an Navigationseinträge oder Schaltflächen. Im Grunde genommen benötigen wir lediglich ein `data`-Attribut, im Fall einer Schaltfläche oder eines Listeneintrags ein `data-action`-Attribut mit dem Namen der zu bindenden Action. Bei Menüeinträgen reicht das Attribut `data-menu` mit dem entsprechenden Action-Namen.

Was mich bei den Actions so fasziniert, ist, dass es nun möglich ist, Seitenbefehle separat zu definieren und beinahe deklarativ an unterschiedliche Seitenelemente zu binden. Plant man dies sorgfältig, lässt sich eine Anwendungsseite auf ganz anderem Level programmieren. Sehen Sie sich in Listing 20.14 an, wie eine Schaltfläche zum Rückstellen eines interaktiven Grids programmiert wird.

```
<button
  type="button"
  class="a-Button a-Toolbar-item a-Button--withIcon"
```

```
data-action="reset-report"
data-no-update="true">...</button>
```

Listing 20.14 Bindung einer Action an eine Schaltfläche

Hier muss kein JavaScript verwendet werden, sondern die Trennung ist durch die Action ideal umgesetzt. Das funktioniert natürlich nicht nur für das APEX-Entwicklerteam, sondern auch für Ihre eigenen Funktionsaufrufe.

20.2.7 Namensraum apex.server

Ein weiteres, mächtiges Namensraumobjekt ist `apex.server`. Dieses Objekt dient der Kommunikation mit dem Datenbankserver aus JavaScript heraus. Letztlich ist diese Methode Grundlage für viele unterschiedliche APEX-Funktionalitäten, vom Refresh einer Auswahlliste oder eines Berichts über die Harmonisierung aufeinander aufbauender Auswahllisten oder Master-Detailberichte bis zur Implementierung der dynamischen Aktion `Serverseitigen Code ausführen`.

Der Namensraum umfasst einige interessante Methoden, die vollumfänglich wohl erst bei der Entwicklung eigener Plugins benötigt werden. Eine etwas näherliegende Verwendung könnte darin bestehen, einen Seitenprozess, der als Attribut AUSFÜHRUNGSOPTIONEN • PUNKT • `Ajax Callback` als Zeitpunkt festlegt, durch JavaScript auszulösen. Anwendungsbereiche für diese Art der Programmierung sind selten geworden, da sie im Regelfall durch eine einfacher zu verwendende dynamische Aktion ersetzt werden können. Die Methode `apex.server.process`, die hierfür benötigt wird, kann auf zweierlei Weise implementiert werden, asynchron oder mittels Promise. Die Dokumentation hält für beide Verwendungen ein Beispiel bereit, das ich in Listing 20.15 wiedergeben möchte.

```
// Asynchron
apex.server.process("MY_PROCESS", {
    x01: "test",
    pageItems: "#P1_DEPTNO,#P1_EMPNO"
  }, {
  success: function(data){
    // Im Erfolgsfall ausführen
  },
  error: function(jqXHR, textStatus, errorThrown){
    // Im Fehlerfall ausführen
  }
});
```

```
// Promise (Dieses wird in result gespeichert)
var result = apex.server.process("MY_PROCESS", {
  x01: "test",
  pageItems: ["P1_DEPTNO","P1_EMPNO"]
});

result
.done(function(data){
  // Im Erfolgsfall ausführen
})
.fail(function(jqXHR, textStatus, errorThrown) {
  // Im Fehlerfall ausführen
  })
.always(function(){
  // In beiden Fällen ausführen
});
```

Listing 20.15 Verwendung von apex.server.process

`MY_PROCESS` ist der jeweilige Name des Seitenprozesses, der in der Anwendung festgelegt wurde.

20.2.8 Weitere APEX-Namensräume

Die weiteren Namensräume werden vor allem in der intensiven Programmierung von JavaScript im Umfeld von Plugins oder vollständig auf JavaScript basierenden, dynamischen Anwendungsseiten verwendet und sind außerhalb des Fokus zumindest dieses Teils des Buchs. Im Rahmen der Programmierung von Plugins im dritten Teil werde ich noch auf einige der Objekte zu sprechen kommen, andere benötige ich für meine Arbeit jedoch auch nicht.

20.3 JavaScript verwenden

Nach dieser groben Einführung möchte ich Ihnen nun einige Anwendungsbeispiele für JavaScript zeigen. Allerdings beginne ich mit Beispielen, bei denen die Verwendung von JavaScript zwar angezeigt erscheint, aber einfachere, deklarative Möglichkeiten existieren.

20.3.1 Wie man JavaScript vermeiden kann

Oftmals greift man zu früh zu JavaScript, weil man meint, anders ginge es nicht. Lassen Sie uns hierfür einige Beispiele betrachten.

Anwendungsseite <EMP> • <REPORT> zeigt ein interaktives Grid (siehe Abbildung 20.1), das wir durch Kontrollgruppenwechsel und Formatierungen optisch aufbereitet haben. Dies hat zur Folge, dass oberhalb der Zeilen ein Bereich mit den eingestellten Filtern angezeigt wird. Da der Benutzer diese Einstellungen nicht ändern soll, möchten wir diesen Bereich ausblenden. Aber wie? Wir können zwar das Aktionsmenü entfernen, auch das Suchfeld, nicht aber den Bereich mit den eingerichteten Filtern.

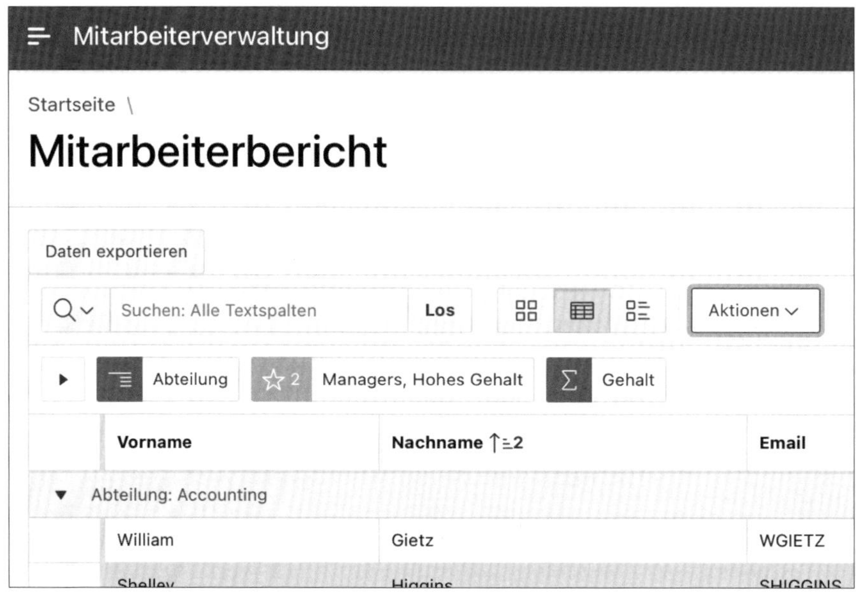

Abbildung 20.1 Interaktives Grid mit eingeblendeten Filtern

Im Licht des bisher Gesagten sollte es möglich sein, dies mit ein wenig JavaScript zu entfernen. Der erste Schritt zur Analyse, was überhaupt konkret entfernt werden soll, führt über die <ENTWICKLERWERKZEUGE> des Browsers. Mit dem Inspektionstool identifizieren wir den Bereich, den wir ausblenden möchten.

Abbildung 20.2 Mit dem Inspektionstool ausgewählter Seitenbereich

Klicken Sie auf den Bereich, der Sie interessiert, wird der zugehörige Teil des HTML-Codes in den Entwicklerwerkzeugen hervorgehoben. Dieses HTML untersuchen wir nun genauer und suchen nach dem Element, das den gesamten Bereich, den wir ausblenden möchten, umfasst. Im Fall des interaktiven Grids ist dies folgendes (stark gekürztes) `div`-Element:

```
<div class="a-MediaBlock a-IG-controlsContainer a-Collapsible is-collapsed"
     id="Mitarbeiterbericht_ig_report_settings">
  <div ...</div>
</div>
```

Listing 20.16 HTML-Code des Bereichs, der ausgeblendet werden soll

In diesem Element suchen wir nach einem Anker, mit dem wir das Element, das wir ausblenden möchten, möglichst einfach finden. Es bietet sich das Attribut `id` an. Da wir eine statische ID für unseren Bericht vergeben haben, ist diese ID sprechend benannt, sie setzt sich aus der (statischen) ID der Region und dem Postfix `_ig_report_settings` zusammen.

Nun können wir eine dynamische Aktion vom Typ `JavaScript-Code ausführen` mit folgenden Einstellungen erstellen: Das Ereignis, zu dem die Anweisung ausgelöst werden soll, ist der `Seitenladevorgang`, also dann, wenn die Seite so weit geladen wurde, dass sinnvoll mit ihr gearbeitet werden kann. Dann legen wir den JavaScript-Code fest, der ausgeführt werden soll:

```
$('#Mitarbeiterbericht_ig_report_settings').hide();
```

Achten Sie auf die korrekte Schreibweise, da JavaScript Groß- und Kleinschreibung unterscheidet. Dieser Befehl weist jQuery an, ein Element mit der angegebenen ID zu suchen (Sie erinnern sich, dass das Zeichen # für eine ID steht), und wendet auf alle Elemente mit dieser ID die Funktion `hide()` an, die das Element ausblendet. Speichern Sie das Ganze, und testen Sie es: Die Formatierungsleiste ist weg.

So weit, so gut, der Code funktioniert. Lassen Sie uns nun überlegen, ob wir es auch etwas sauberer formulieren können. Ansatz für die Verbesserung ist, dass wir eigentlich nur ein Seitenelement ausblenden möchten. Hierfür gibt es auch eine deklarative dynamische Aktion, nämlich `Ausblenden`. Sehen wir uns diese Aktion an, stellen wir fest, dass wir dort festlegen müssen, welches Element wir ausblenden möchten. In den Optionen, die uns dort zur Verfügung stehen, sehen wir auch das Attribut Betroffene Elemente • Auswahltyp • `jQuery-Selektor`. Refaktorisieren wir also unsere dynamische Aktion, kopieren den jQuery-Selektor (ohne Anführungszeichen), legen ID • Aktion • `Ausblenden` fest und speichern den jQuery-Selektor im Attribut Betroffene Elemente • jQuery-Selektor. Probieren Sie auch diese Variante: Sie funktioniert, nur eben deklarativ.

An einem anderen Beispiel sehen Sie, dass es oft auch ganz ohne dynamische Aktion geht. Auf <EMP_ADMIN> hatten wir einen interaktiven Bericht angelegt, der uns die Möglichkeit gibt, die Details eines Mitarbeiters zu bearbeiten. Den hierfür vorhandenen Link hat APEX als Schreibstift angelegt. Nun möchten wir allerdings, dass an dieser Stelle Schaltflächen angezeigt werden, und zwar möglichst passend zum restlichen Umfeld. Wie machen wir so etwas? Wir könnten uns den HTML-Code einer normalen Schaltfläche kopieren und mittels einiges JavaScript-Codes um die Seitenelemente herum anordnen. Das wäre aus meiner Sicht aber aus mehreren Gründen keine gute Idee:

- Der Aufwand ist recht hoch.
- Ändert sich die APEX-Version, werden wir ziemlich sicher auch den JavaScript-Code ändern müssen.
- Wird der Bericht mittels dynamischer Aktion aktualisiert, dürften die Erweiterungen verschwunden sein und müssten neu angelegt werden.

Bevor wir also zu JavaScript greifen, überlegen wir, ob wir nicht auch anders zum Ziel kommen können. Wenn Sie eine Schaltfläche analysieren, werden Sie feststellen, dass eigentlich nur einige CSS-Klassen einen Verweis wie eine Schaltfläche aussehen lassen können. Um das Bleistiftsymbol durch eine Schaltfläche zu ersetzen, müssen Sie lediglich das <SPEZIELLE REGIONSATTRIBUT> • LINK • LINKSYMBOL auf den Wert gemäß Listing 20.17 einstellen.

```
<span class="t-Button">
  <i class="t-Icon t-Icon--left fa fa-edit"></i>
  Bearbeiten
</span>
```

Listing 20.17 Inhalt des Attributs »Linksymbol«

Testen Sie die Lösung: Sie haben eine Spalte mit einer Schaltfläche, wie Abbildung 20.3 zeigt.

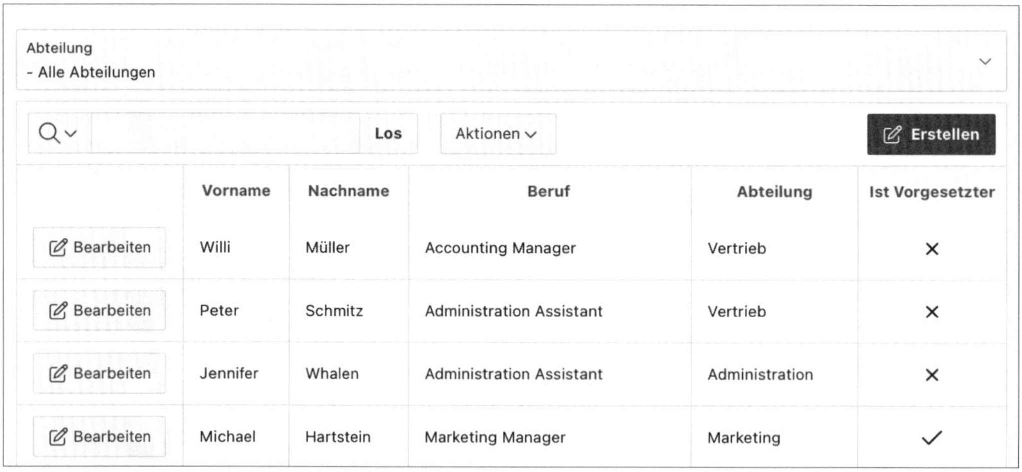

Abbildung 20.3 Edit-Link als Schaltfläche

Auch dieser Ansatz ging also deklarativ, ohne Programmierung.

20.3.2 Anregungen für die Verwendung von JavaScript

Ein Grund für den Einsatz von JavaScript könnte vorliegen, wenn Sie relativ viele Elemente ein- oder ausblenden müssen, andere Elemente aktivieren oder deaktivieren und Ähnliches mehr. Die schiere Anzahl der Aktionen würde diesen Ansatz unübersichtlich machen, wenn alles deklarativ geregelt werden sollte, denn im Page Designer würde eine solche Reihe von Aktionen lediglich als `Anzeigen`, `Deaktivieren`, `Ausblenden`, `Anzeigen`, `Anzeigen ...` dargestellt. Was konkret dargestellt wird und was nicht, müsste durch mühsames Untersuchen jeder einzelnen Aktion ermittelt werden (obwohl der jeweilige Tooltipp auch bereits interessante Informationen zum betroffenen Objekt enthält). Ein Ansatz könnte nun darin bestehen, einen JavaScript-Code zu entwickeln, der, vielleicht in Abhängigkeit von einem Parameter, hintereinander die benötigten Elemente ein- oder ausblendet. Na ja, ein eher schwaches Beispiel. Ich habe allerdings eine Hilfsmethode in JavaScript im Einsatz, die ein Array von Elementnamen erwartet, und einen Parameter, der einen der angesprochenen Elementnamen des Arrays enthält. Die Idee dahinter ist: Nur der übergebene zweite Parameter wird angezeigt, alle anderen werden ausgeblendet. So etwas benötigt man häufiger einmal, und die Programmierung mit dynamischen Aktionen ist dann doch eher lästig.

Es liegt allerdings in der Natur der Sache, dass es kaum möglich sein wird, generische Beispiele zu geben, die immer wieder zur Programmierung in JavaScript Anlass geben, einfach deshalb, weil das APEX-Team in diesen Fällen dafür Sorge tragen wird, dass es einen generischen Aktionstyp für diese Fälle gibt. Als Beispiel hierfür könnten Sie sich die dynamischen Aktionen rund um modale Dialoge vorstellen. Die Option, einen Elementwert, der auf der modalen Anwendungsseite gesetzt wird, auf der aufrufenden Seite zu referenzieren, wäre ein schönes Beispiel für eine solche Programmierung gewesen. Doch hat das APEX-Team speziell hierfür ein Ereignis, an das Sie dynamische Aktionen binden können, sowie eine Aktion, die für Sie das übergebene JSON parsen und die Elementwerte auf die Anwendungsseite verteilen kann.

20.3.3 Strategien zur Integration von JavaScript

Lassen Sie uns einen Blick auf die Strategien werfen, mit denen JavaScript in Anwendungsseiten integriert wird. Hier gibt es unterschiedliche Verfahren, die man grundsätzlich kennen sollte, insbesondere auch, um zu verstehen, wie bereits vorhandener JavaScript-Code funktioniert.

JavaScript als Attribut der Anwendungsseite erfassen

Die einfachste Strategie besteht darin, JavaScript-Code in den HTML-Code der Seite zu integrieren. Diese Integration kann direkt in einem HTML-Element `script` erfolgen, das Sie auf der Seite hartcodiert eintragen. Der Platz hierfür wäre im Seitenattribut

JAVASCRIPT • INLINE. In dieses Attribut brauchen Sie kein HTML-Element einzufügen, sondern können direkt in JavaScript loslegen. Vorteil dieser Integration wäre die einfache Realisierung, ansonsten, das wird Sie nun nicht mehr wundern, halte ich aber wenig von diesem Ort.

JavaScript in Links

Der nächste Punkt, JavaScript zu integrieren, wäre in einem `href`-Attribut eines Links, indem Sie dort `javascript:<Name der Funktion>` einfügen.

JavaScript in Links zu verwenden, ist lange Zeit eine gebräuchliche Praxis in APEX und anderen Webanwendungen gewesen, und das ist auch aktuell noch so. Wir verwenden hierfür das Pseudo-Protokoll `javascript:`, um einen JavaScript-Funktionsaufruf in einen Link einzubetten. Allgemein wird diese Praxis aus folgenden Gründen negativ eingeschätzt:

- Man mischt die Darstellung (HTML) und die Funktionalität (JavaScript).
- Wird ein solcher Link auf einer separaten Seite angezeigt, ist eine kryptische Ausgabe die Folge (`javascript:void()`).
- Die Barrierefreiheit ist eingeschränkt, weil eine Screen-Reader-Software diese JavaScript-Funktionen nicht korrekt auflösen kann und davon ausgeht, dass ein Link vorhanden ist.

Das Problem: Oft existiert in APEX keine andere Möglichkeit, da es derzeit nicht möglich ist, alternative Aufruf überzeugend in den Code zu integrieren. Mit Version 22.1 naht eine Alternative, die vielleicht noch nicht die finale Lösung darstellt, aber schon deutlich besser ist. Kerngedanke dieser Lösung ist die Verwendung einer JavaScript-Library, die bereits seit Version 5.0 Bestandteil von APEX ist: `apex.actions`. Eine Action in diesem Zusammenhang ist eine Aktivität, die eine Funktionalität (oder auch einen Verweis), einen Namen, einen Status (sichtbar, unsichtbar, aktiv, deaktiv und so weiter), sowie einen Namen und optional sogar ein Tastaturkürzel umfasst. Diese Action kann anschließend an unterschiedliche Seitenelemente gebunden werden, zum Beispiel an Schaltflächen. Der interaktive Bericht und das interaktive Grid machen erheblichen Gebrauch von diesen Actions, der Hauptvorteil liegt darin, dass die zentralisierte Deklaration dieser Action die unterschiedlichen Wege, eine Action aufzurufen (über eine Schaltfläche, ein Kontextmenü oder sonst irgendwie) auf der Seite harmonisieren kann. Wird der Status der Action geändert, zum Beispiel deaktiviert, werden alle verbundenen Steuerelemente automatisch ebenfalls deaktiviert.

Actions werden auf der Seite über den Aufruf der API erstellt (`apex.actions.add`), konnten aber bislang über einen Verweis nicht angesprochen werden. Und das ändert sich in Version 22.1, denn nun existiert eine Syntax für einen Link, der automatisch die entsprechende Action aufruft. Das Verweisziel lautet dabei `#actions-<Name der Action>` mit optional zu übergebenden Parametern. Ein konkretes Beispiel wäre

#action$update-status?id=&ID.. Dieses Beispiel würde eine Action des Namens update-status aufrufen und der mit dieser Action verbundenen Funktion den Parameterwert übergeben, der im Seitenelement oder der Spalte ID steht. Die konkrete Verwendung von Actions wird in der Dokumentation beschrieben. Listing 20.18 zeigt, wie auf einer Anwendungsseite die Action update-status hinterlegt würde.

```
apex.actions.add({
    "name": "update-status",
    "label": "Aktualisieren",
    "action": function(event, focusElement) {...}),
    "shortcut": "Alt+U",
    "icon": "fa-refresh"
});
```

Listing 20.18 Integration einer APEX-Action auf der Seite

Warum betrachte ich diesen Weg als einen ersten Schritt? Besser wäre es aus meiner Sicht, die APEX-Actions deklarativ als *Seitenbefehl* oder ähnlich auf der Seite erstellen zu können und diese dann in Links und anderen Stellen deklarativ referenzieren zu können. Doch so weit sind wir noch nicht, vielleicht kommt da noch etwas in zukünftigen Versionen.

Mit der Verwendung dieser Actions verschiebt sich das Problem des Aufrufs einer JavaScript-Funktion vom Link nun also zur Frage, an welcher Stelle die Action auf der Seite integriert werden soll. Die Empfehlung, die ich Ihnen hierzu geben möchte, besteht darin, dass Sie eine statische JavaScript-Datei in die Anwendung einbinden und dort diesen Code hinterlegen, wie ich das im nächsten Abschnitt beschreiben werde.

JavaScript in statischer Datei einbinden

Statische Dateien können in den <GEMEINSAMEN KOMPONENTEN> • STATISCHE ANWENDUNGSDATEIEN erstellt und anschließend direkt in APEX auch editiert werden. Dort sammeln Sie alle Funktionen und Methoden (richten Sie sich bitte unbedingt einen eigenen Namensraum ein, damit Ihre Funktionen logisch getrennt verwaltet werden), die Sie für die Anwendung benötigen.

Nun muss als Zweites noch geregelt werden, dass diese Datei auf den relevanten Anwendungsseiten auch geladen wird. Die Liste der Anwendungsdateien hält für die Integration auf einer Anwendungsseite die Spalte REFERENZ vor, der Sie entnehmen können, auf welche Weise die Datei angesprochen werden kann:

- auf den entsprechenden Anwendungsseiten durch das Attribut <SEITENATTRIBUTE> • JAVASCRIPT • DATEI-URLS
- generell für die gesamte Anwendung in <ANWENDUNGSEIGENSCHAFTEN> • BENUTZEROBERFLÄCHE • JAVASCRIPT • DATEI-URLS

In dieser Datei können Sie zum Beispiel eine Methode integrieren, die für die Initialisierung der aktuellen Anwendungsseite benötigt wird.

Aufruf zentral definierter Funktionen

Ist die Funktion zentral definiert, kann sie nun auf der Seite aufgerufen werden. Auch hierfür stehen wieder unterschiedliche Methoden zur Verfügung:

- im Attribut <SEITENATTRIBUTE> • JAVASCRIPT • BEIM LADEN DER SEITE AUSFÜHREN
- Etwas umständlicher wäre eine dynamische Aktion vom Typ `JavaScript ausführen`, die zum gleichen Zeitpunkt ausgelöst wird.
- durch Definition entsprechender Ankerpunkte, die von jQuery ausgewertet werden, um entsprechende Funktionalität aufzurufen

Der dritte Spiegelstrich klingt zunächst seltsam, wird aber oft gemacht. Wie funktioniert es?

Wie wir in unserem Beispiel in Abschnitt 20.3.1, »Wie man JavaScript vermeiden kann«, gesehen haben, ist jQuery in der Lage, auf Attributwerte oder CSS-Klassen zu reagieren und eine entsprechende Funktion auszuführen. Wir haben im Beispiel ein `id`-Attribut gesucht, um dieses Seitenelement anschließend auszublenden.

Ebenso wäre es aber auch möglich, jQuery anzuweisen, Seitenelemente, die eine bestimmte CSS-Klasse besitzen, so zu erweitern, dass beim Auftreten eines Events auf diesen Elementen eine Funktion aufgerufen wird. Beim Laden der Seite würde also eine Funktion aufgerufen, die jQuery auffordert, für einen oder mehrere Selektoren Eventhandler auf ein bestimmtes Ereignis einzurichten. Wird auf dem so ermittelten Element das Ereignis ausgelöst, wird die Funktion aufgerufen, die mit diesem Ereignis verbunden ist.

Das ist einerseits sehr elegant, birgt aber auch ein erhebliches Problem, das darin besteht, dass es für den Kollegen, der Ihre Anwendung zu verstehen sucht, beinahe unmöglich ist, zu verstehen, welcher Code wann aufgerufen wird. Die Kopplung zwischen Seitenelementen und dem auszuführenden Code ist einfach zu lose und nur dann noch zu überblicken, wenn die Anzahl nicht überhandnimmt.

Mit solcher »Infiltrierung« von JavaScript auf eine Seite müssen Sie andererseits immer rechnen. Ein weiteres Beispiel verdeutlicht dies: Wenn Sie auf den HTML-Code eines interaktiven Grids sehen, werden Sie keinerlei JavaScript auf der Seite entdecken. Das verbirgt sich alles hinter einigen CSS-Klassen und APEX-Actions. Ebenso arbeiten zum Beispiel auch Regionen, die ein- oder ausgeklappt werden können. Sehen wir uns zur Verdeutlichung ein Beispiel an: Listing 20.19 zeigt ein `div`-Element, das eine `Collapsible`-Region darstellt.

```
<div class="t-Region-header">
  <div class="t-Region-headerItems t-Region-headerItems--controls">
    <span class="t-Button t-Button--icon t-Button--hideShow">
      <span class="a-Icon _a-Collapsible-icon a-Collapsible-icon>
      </span>
    </span>
  </div>
  <div class="t-Region-headerItems t-Region-headerItems--title">
    <h2 class="t-Region-title a-Collapsible-heading" data-apex-heading="">
      <button class="t-Region-titleButton" type="button>
        Bannerregion
      </button>
    </h2>
  </div>
  <div class="t-Region-headerItems t-Region-headerItems--buttons">
  </div>
</div>
```

Listing 20.19 div-Region vom Typ »Collapsible«

Es ist nicht zu erkennen, dass hier JavaScript im Spiel ist, doch muss dies so sein, denn auf der Oberfläche können wir durch Klick auf die Schaltfläche mit dem Pfeil die Region aus- oder einklappen. Im HTML-Code findet sich zwar eine Schaltfläche, diese dient aber nicht dem Ein- oder Ausklappen. Die gesamte Funktionalität wird dem Code auf Basis der CSS-Klassen beim Rendern der Seite hinzugefügt.

Diese Trennung ist für die Region erforderlich, weil zum Beispiel das Icon der Schaltfläche je nach Status der Region geändert werden muss. Zudem ist es möglich, über die Metadaten zu steuern, ob ein Pfeilsymbol oder ein Plus- und Minuszeichen verwendet werden soll sowie viele weitere Eigenschaften. Diese Flexibilität ist möglich, eben weil diese Dinge durch JavaScript dynamisch entschieden werden.

Sie sehen aber auch, dass der HTML-Code zum Teil nur rudimentär beschreibt, was auf der Anwendungsseite wirklich zu sehen ist.

In diesem Zusammenhang muss ich noch auf ein weiteres Mittel hinweisen, das durch HTML5 möglich wurde. HTML5 gibt dem Anwendungsentwickler die Möglichkeit, beliebige Informationen standardkonform in der Anwendungsseite zu transportieren, und zwar über ein Attribut mit dem Präfix `data-`. Dieses Attribut wird vom Browser ignoriert, kann aber von JavaScript verwendet werden, um spezielle Informationen aus dem HTML-Code herauszulesen und zum Beispiel als Parameter an eine-JavaScript-Funktion weiterzureichen. Listing 20.19 enthält ein solches Attribut namens `data-apex-heading`. Was dieses Attribut genau macht und wie es mit Werten bestückt werden kann, habe ich nicht herausgefunden. Aber dies ist bereits ein Beleg dafür, wie schwer das Verständnis solcher Seiten werden kann, wenn diese Art der Programmierung häufig verwendet wird. Im konkreten Beispiel stört mich diese Programmierung nicht, denn das APEX-Team hat die Verantwortung für diesen Code und wird ihn schon entsprechend pflegen. Bei eigenem Code ist das aber grundsätzlich anders.

Beispiel: Erfolgsmeldungen nach 3 Sekunden ausblenden

Einige abschließende Beispiele sollen die Verwendung von JavaScript erläutern. Wir entscheiden uns für den Namensraum apexBuch und legen ein entsprechendes Objekt in einer statischen JavaScript-Datei an. Mittels einer Funktion möchten wir dafür sorgen, dass alle Meldungen, die durch APEX ausgegeben werden, nach 3 Sekunden wieder ausgeblendet werden. Hierfür planen wir folgendes Vorgehen: Es soll keine Funktion explizit aufgerufen, sondern automatisch beim Laden der Seite ausgeführt werden. Zur Implementierung verwenden wir jQuery und die dort integrierten Animationsfunktionen.

Wir legen also eine statische Anwendungsdatei *emp.js* an und fügen den Inhalt aus Listing 20.20 ein.

```
"use_strict"
var apexBuch = apexBuch || {};

(function($, me){
    /** Initialisierung der Seite */
    $(window).on('apexreadyend', function(){
        /** Erfolgsmeldungen nach 3 Sekunden ausblenden */
        apex.message.setThemeHooks({
            beforeShow: function(pMsgType, pElement$){
                $('.t-Alert').delay(3000).fadeOut('slow');
            }
        });
    });
})(apex.jQuery, apexBuch)
```

Listing 20.20 Initialisierungscode zum Ausblenden von Erfolgs- und Fehlermeldungen

Die entscheidende Frage lautet: Wie kommt man auf diesen Code? Helfen können, wie üblich, Tante Google oder ihre Verwandten, doch liegt darin das größte Problem. Zwar finden sich Lösungen, aber sind die auch in Ordnung? Gibt es für die aktuelle Version vielleicht eine bessere Lösung? Solche Fragen kann nur die Erfahrung mit APEX beantworten, das kommt über die Zeit. Doch was genau macht der Code, und wie hätte man darauf kommen können?

Zunächst müssen wir warten, bis die Seite soweit geladen ist, dass mit ihr zu arbeiten ist. APEX zeigt diesen Zeitpunkt dadurch an, dass das Ereignis `apexreadyend` geworfen wird. Wir wissen nicht genau, welches Seitenelement dieses Ereignis auslöst, doch egal, wo es ausgelöst wird, es wird die Hierarchie nach oben durchgereicht, und ganz oben befindet sich `window`. Dort warten wir auf dieses Ereignis. Für diesen Fall hinterlegen wir ein Callback und sorgen so dafür, dass, sobald die Seite verfügbar ist, die Konfiguration für das JavaScript-Objekt `apex.message` angepasst wird. `apex.message` ist die JavaScript-Funktionalität, die für die Anzeige von Meldungen, Bestätigungsdialogen und Fehlern verantwortlich ist. Die Dokumentation zu diesem Objekt findet sich online. Achten Sie stets darauf, die Dokumentation der aktuell verwendeten APEX-Version einzusehen, da sich der Funktionsumfang ändern kann. Unter den unterschiedlichen Methoden dieses Namensraums findet sich auch die Methode `setThemeHooks`, die es laut Dokumentation ermöglicht, das Verhalten der Meldungen zu beeinflussen. Konkret gibt es zwei »Haken«, an die wir Callback-Methoden hängen können: `beforeShow` und `beforeHide`. Wir können uns das wie Events vorstellen, die eine Funktion aufrufen, auch wenn dies anders implementiert ist. Konkret gibt es im Objekt `apex.message` einfach zwei Attribute, die im Standard nicht belegt sind. Unser Code verwendet den ersten Haken, `beforeShow`, das von uns nun von einem leeren Attribut zu einer Funktion erweitert wird. Wenn der Code ausgeführt wird, kommt er auch an diesen Attributen vorbei und sieht nach, ob sie eine Funktion enthalten. Falls ja, wird sie ausgeführt. In dieser Funktion wählen wir die Meldungsregion, die wir an der CSS-Klasse `t-Alert` erkennen, warten 3 Sekunden und blenden das Objekt dann langsam aus.

Sie erkennen den jQuery-»Train« mit den aneinandergekoppelten Methoden. Die Methoden wiederum haben wir aus einer Beschäftigung mit der jQuery-Dokumentation zum Thema *Animation*. Na ja, ich weiß natürlich auch, dass die meisten Entwickler sich mit dem Kopieren einer entsprechenden Lösung aus einem Forum zufriedengeben (»Hauptsache, es funktioniert«), doch möchte ich mit den Verweisen auf die Dokumentation anzeigen, wie man den Code nicht nur erfolgreich integriert, sondern auch versteht.

20

Beispiel: Selektierte Spalte eines Berichts in ein Element kopieren

Ein zweites Beispiel gibt uns die Möglichkeit, den Primärschlüsselwert der aktuell ausgewählten Zeile eines Berichts in ein Seitenelement zu kopieren. So etwas ist häufiger einmal nötig, daher können Sie dieses Beispiel eventuell wiederverwenden, zumal es generisch programmiert werden wird.

Schön wäre, wenn wir eine Funktion aufrufen könnten, die für einen Bericht diese Fähigkeit hinzufügt. Wir müssten dann lediglich ein Seitenelement angeben, das für die Aufnahme des Primärschlüsselwerts zuständig ist, sowie die statische ID des Berichts, für den wir diese Funktion einrichten möchten. Allerdings ist das Verfahren unterschiedlich für die verschiedenen Berichtstypen, ich würde aber gern sowohl klassische Berichte, interaktive Reports und Grids als auch Tree-Regionen unterstützen. Mal sehen, ob das gelingt.

Der Code ist etwas länger und bedarf einiger Konventionen, bevor er gelingt. Zum einen ist es nur bei interaktiven Grids möglich (und erforderlich), eine Spalte als Primärschlüsselspalte zu deklarieren. Damit wir bei den anderen Berichtstypen erkennen können, welche Information gespeichert wird, ist es erforderlich, diese durch ein Attribut `data-id` kenntlich zu machen. Am einfachsten gelingt dies, indem eine der sichtbaren Spalten des Berichts als HTML-Ausdruck folgenden Eintrag erhält: `<span data-id="#PK_COLUMN#"> #VISIBLE_COLUMN# </span>`. Dadurch wird der aktuelle Primärschlüsselwert aus Spalte `PK_COLUMN` als Attributwert `data-id` der Spalte `VISIBLE_COLUMN` eingefügt. Es ist also nicht erforderlich, den Primärschlüsselwert als Spalte anzuzeigen. Zum anderen benötigen wir eine Methode, die zwischen den unterschiedlichen Berichtstypen unterscheiden kann, da der Zugriff auf den gewählten Primärschlüsselwert unterschiedlich erfolgt. Hierfür bauen wir eine kleine Hilfsmethode `getReportType`, die nicht öffentlich ist und daher nur innerhalb unseres Namensraumobjekts existiert.

Sehen wir uns diese Methode zunächst in Listing 20.21 an.

```
const getRegionType = function(pRegionId){
  const C_CR_SELECTOR = `#report_table_${pRegionId}`;
  const C_IR_SELECTOR = `#${pRegionId}_ir`;
  const C_IG_SELECTOR = `#${pRegionId}_ig`;
  const C_TREE_SELECTOR = `#${pRegionId}_tree`;
  const report$ = $(`#${pRegionId}`);
  let reportType;
    if(report$.find(C_IG_SELECTOR).length > 0){
      reportType = C_REGION_IG;
    }
    else if(report$.find(C_IR_SELECTOR).length > 0){
      reportType = C_REGION_IR;
    }
    else if(report$.find(C_CR_SELECTOR).length > 0){
      reportType = C_REGION_CR;
    }
    else if(report$.find(C_TREE_SELECTOR).length > 0){
      reportType = C_REGION_TREE;
    }
    return reportType;
}; // getRegionType
```

Listing 20.21 Private Methode zur Unterscheidung der Regionstypen

Das Vorgehen ist recht einfach: Ich versuche, ein Seitenelement mit der entsprechenden ID zu finden, und kann daraus den Typen ableiten, den ich als eine Konstante zurückliefere, die ich außerhalb der Methode deklariert habe, weil sie in einer anderen Methode benötigt wird.

Die eigentliche Methode in Listing 20.22 erwartet eine statische ID der Region sowie den Namen des Seitenelements, in das der Primärschlüsselwert abgelegt werden soll.

```
me.getReportSelection = function(pReportId, pItemId){
  const report$ = $(`#${pReportId}`);
  let pkValue;

  switch(getRegionType(pReportId)){
    case C_REGION_CR:
      report$.on(
        'click', '.t-Report-report tbody tr',
        function(){
          pkValue = $(this).find('td [data-id]').data('id');
            persistPK(pkValue);
      });
      break;
    case C_REGION_IG:
      report$.on(C_IG_SELECTION_CHANGE, function(e, data){
        if(data.selectedRecords.length){
          pkValue = data.model.getRecordId(
                      data.selectedRecords[0]);
          apex.item(pItemId).setValue(pkValue);
        }
      });
      break;
    case C_REGION_IR:
      report$.on(
        'click', '.a-IRR-table tr:not(:first-child)',
        function(){
          pkValue = $(this).find('td [data-id]').data('id');
          apex.item(pItemId).setValue(pkValue);
      });
      break;
    case C_REGION_TREE:
      const tree$ = $(`#${pReportId}_tree`);
      tree$.on(C_TREE_SELECTION_CHANGE, function(){
        const selectedNodes =
                tree$.treeView('getSelectedNodes');
        const idList = selectedNodes
```

20

```
                    .map(function(item){return item.id;})
                    .join(':');
        apex.item(pItemId).setValue(pkValue);
      });
      break;
    }
};
```

Listing 20.22 Funktion zur Ermittlung und Speicherung der gewählten Werte

`report$` ist ein jQuery-Objekt, das die Berichtsregion repräsentiert. Dieses Objekt habe ich erzeugt, indem ich jQuery die ID dieses Berichts habe auswählen lassen. Zur Ermittlung der Werte wird ein ähnliches Verfahren für jeden unterschiedlichen Berichtstypen implementiert, das ich am ersten Berichtstypen, dem interaktiven Report, verdeutlichen möchte.

Das Berichtsobjekt `report$` verwende ich, um ein Callback für ein `click`-Event einzurichten, allerdings mit einem »Twist«: Der Eventhandler wird auf Ebene der Region eingerichtet, obwohl er Klicks auf die Zeilen des Berichts überwachen soll. Das Problem: Wird der Bericht durch eine Refresh-Operation aktualisiert, wären anschließend auch alle Eventhandler auf den Zeilen weg, da diese inklusive Eventhandler durch die neuen Zeilen ersetzt würden. Stattdessen registriere ich ein *Delegate*, wie das genannt wird: Der Eventhandler sitzt hierarchisch auf höherer Ebene, eben der gesamten Region, und überwacht dort alle Klicks, die auf die Region ausgeführt werden. Den Handler interessieren jedoch nicht alle Klicks, sondern nur die, die auf eine der Zeilen ausgeführt werden. Daher gibt es den Filter `.t-Report-report tbody tr`, der inhaltlich bedeutet: Bearbeite nur `click`-Events von `tr`-Elementen innerhalb des Elements `tbody` in einem `div` mit der CSS-Klasse `t-Report-report` *unterhalb meiner Beobachterposition*. Durch diesen Trick wird nur ein einziger Eventhandler benötigt, der alle relevanten Klicks verarbeiten kann und der durch einen Refresh auf die Berichtszeilen auch nicht gelöscht wird.

Nun könnte man einwenden, dass nun nicht mehr klar ist, welche Zeile eigentlich auslösendes Element war, doch stimmt das nicht, denn dem Event ist ein Objekt beigefügt, das das auslösende Element enthält, womit wir Zugriff auf das richtige Attribut `data-id` bekommen. Diesen Attributwert lesen wir anschließend mittels des Selektors `$(this).find('td [data-id]').data('id')` aus (finde unterhalb der auslösenden Zeile `this` ein `td`-Element mit einem Attribut `data-id` und gebe mir dessen Wert). Wir machen uns zunutze, dass `this` in diesem Zusammenhang das auslösende Element repräsentiert.

Richten wir nun diese Funktion noch auf der Anwendungsseite ein. Ich verwende hierzu Seite <EMP> • <DEPT_OVERVIEW> und lege ein Seitenelement `P6_LOC_ID` an, vergebe für den Bericht `Adressen` die statische ID `Adressen` und füge den Aufruf `apex-`

`Buch.getReportSelection('Adressen', 'P6_LOC_ID');` im Attribut JAVASCRIPT • BEIM LADEN DER SEITE AUSFÜHREN ein. Das war alles, nun sollte beim erneuten Laden der Seite durch Klick auf eine Zeile die Location-ID in das Element kopiert werden.

Sind Sie von Haus aus JavaScript-Entwickler, haben Sie sich in den letzten beiden Abschnitten gelangweilt. Sind Sie das nicht, verstehen Sie eventuell nur Bahnhof. Daher ist die Beurteilung, ob Sie so etwas in Ihren eigenen APEX-Anwendungen machen möchten, nicht zuletzt auch von Ihrer Vorkenntnis abhängig. Beachten Sie auch, dass es nicht zielführend ist, wenn ein einzelnes Teammitglied als JavaScript-Guru solchen Code hinterlässt, den niemand sonst mehr verstehen oder pflegen kann.

Andererseits: Sehen Sie es positiv und als Einladung, sich intensiver mit JavaScript und der APEX-JavaScript-API sowie mit jQuery zu beschäftigen. Es lohnt sich! Den aktuellen Entwicklungsstand finden Sie in *Kap_20*.

Kapitel 21
Fehlerbehandlung, Code Review und Debugging

Dieses Kapitel beleuchtet die Werkzeuge zur Erstellung von fehlerarmem und hochwertigem Code. Es stellt jedoch keine erschöpfende Darstellung dieser Themen dar, sondern konzentriert sich auf die Aspekte, die im Umfeld von APEX zusätzlich zu betrachten sind.

Bei der Verwaltung komplexer APEX-Anwendungen sind Werkzeuge zur Überwachung der Codequalität ebenso wichtig wie eine gute Konzeption der Anwendung. APEX unterstützt diese Anforderung durch Werkzeuge, die in die IDE integriert sind oder mitgeliefert werden. Dieser Abschnitt konzentriert sich auf diese Werkzeuge, um die Schnittstelle zur APEX-Anwendung genauer zu beleuchten. Ich gehe davon aus, dass zur Verwaltung des PL/SQL-Codes bereits Strategien eingeführt wurden, daher werde ich diesen Bereich nur insofern kurz streifen, als sich aus der Kombination mit APEX weitere Anforderungen ergeben.

APEX bietet zur Fehlerbehandlung und Code-Instrumentierung zwei Packages an, `APEX-DEBUG` und `APEX_ERROR`. Debug-Meldungen werden in APEX angezeigt, wenn über den URL das Debugging angeschaltet wird. Ein Fehler, der von einer APEX-Anwendung angezeigt werden soll, muss in den HTML-Strom der Seite eingefügt werden und wird entweder auf der Anwendungsseite als Dialog oder Meldung angezeigt oder auf einer separaten Fehlerseite dargestellt.

21.1 Fehlerbehandlung in APEX

Bei der Fehlerbehandlung müssen wir Fehler verschiedenster Herkunft unterscheiden. Zum einen haben wir die, auch außerhalb von APEX, bekannte Unterscheidung von Oracle-Server-Fehlern und selbst definierten Fehlern. Im Umfeld von APEX kommen nun noch Fehler hinzu, die durch APEX generiert wurden. Der Unterschied zu systemgenerierten Fehlern ist, dass die Informationen zu diesem Fehler viel umfangreicher sind, denn sie haben oft einen Bezug zu einem Seitenelement, zu einer Region oder einem Plugin. Zudem kann für verschiedene Fehlersituationen eine unterschiedliche Ausgabeform definiert worden sein (beim Element, zusätzlich auch als

Meldung, oder auf einer separaten Fehlerseite), und die Fehler enthalten auch diese Information. Zugriff auf diese Fehler und die Oracle-Server-Fehler erhalten wir in APEX durch das Package APEX_ERROR.

21.1.1 APEX_ERROR

Das Package APEX_ERROR dient dem Auslösen und Verarbeiten von Fehlern während der Berechnung oder Verarbeitung einer Anwendungsseite im Server. Das Package konzentriert sich auf die Sammlung von Fehlern, um sie anschließend auf der Seite darzustellen, sowie auf die Aufarbeitung der Fehlermeldungen, um möglichst benutzerfreundliche Meldungen ausgeben zu können.

Fehler werden über APEX_ERROR in einem Fehlerstack gesammelt und als Datenstruktur der Anwendungsseite übergeben, wo dieser Stack dann durch das JavaScript-Objekt apex.message auf der Seite dargestellt wird. Einzelne Fehler werden dem Stack über eine der Überladungen der Methode ADD_ERROR übergeben. Es sind fünf Überladungen der ADD_ERROR-Prozedur vorhanden, die sich in zwei Gruppen teilen, eine für die Behandlung von Fehlern »normaler« Seitenelemente oder Prozesse, eine andere für die Behandlung von Fehlern in Tabular Forms, die nur noch aus Gründen der Rückwärtskompatibilität enthalten sind und von mir daher nicht mehr besprochen werden. Innerhalb der Gruppen stehen jeweils eine Methode für Meldungen, die bereits fertig formatiert sind, und eine, die Ersetzungszeichenfolgen durch bis zu zehn Parameter formatieren kann, zur Verfügung. Wie diese Aufbereitung eines Meldungstextes funktioniert, sehen wir uns in Abschnitt 21.2.1 näher an. Zusätzlich existiert eine Überladung für Seitenelemente, die die Angabe des Seitenelementnamens erlaubt.

Anhand dieser Überladung können wir uns die Methode einmal ansehen:

```
procedure add_error (
  p_message in varchar2,
  p_additional_info in varchar2 default null,
  p_display_location in varchar2,
  p_page_item_name in varchar2,
  p_ignore_ora_error in boolean default false);
```

Listing 21.1 Überladung der Methode »ADD_ERROR«

Der Parameter P_MESSAGE erklärt sich selbst, P_ADDITIONAL_INFO umfasst die Informationen, die normalerweise nur dem Entwickler der Seite gezeigt werden. Als P_DISPLAY_LOCATION kann einer der im Package definierten Konstanten verwendet werden, es läuft auf die Wahl heraus, ob ein Fehler beim Element und/oder als Meldung gezeigt werden soll oder aber auf einer separaten Fehlerseite. Die Namen dieser Konstanten lauten:

- C_INLINE_WITH_FIELD
- C_INLINE_WITH_FIELD_AND_NOTIF
- C_INLINE_IN_NOTIFICATION
- C_ON_ERROR_PAGE

Der Parameter P_PAGE_ITEM_NAME assoziiert den Fehler mit einem Seitenelement, was APEX dann die Information gibt, welches Element die Fehlermeldung zugeordnet bekommen soll. Der letzte Parameter P_IGNORE_ORA_ERROR unterdrückt native Oracle-Fehlermeldungen, zum Teil aus Sicherheitsbedenken, weil durch die Fehlermeldungen Interna des Datenmodells veröffentlicht werden könnten, die nicht für Außenstehende gedacht sind. Wie mit solchen Fehlern umgegangen werden kann, besprechen wir im Folgenden.

Ein Fehler, der von APEX geworfen wird, ist ein Record, der in diesem Package deklariert wurde und mit den (der Dokumentation widersprechenden) Attributen aus Listing 21.2 ausgestattet ist.

```
type t_error is record (
  message varchar2(32767), -- Fehlermeldung
  additional_info varchar2(32767), -- zusätzliche Informationen
  display_location varchar2(40), -- Ort der Darstellung des Fehlers
  association_type varchar2(40), -- Zuordnung zu Seitenelement/Region
  page_item_name varchar2(255), -- Name des Seitenelements
  region_id number, -- ID eines editierbaren Grids
  column_alias varchar2(255), -- Spalte des editierbaren Grids
  row_num pls_integer, -- Zeile des editierbaren Grids
  model_instance_id varchar2(4000), -- Referenz auf das Model des Grids
  model_record_id varchar2(4000), -- Referenz auf den Record des Models
  apex_error_code varchar2(255), -- Interner Code bei APEX-Fehlern
  is_internal_error boolean, -- Ist es ein interner Fehler?
  is_common_runtime_error  boolean, -- "normale" Laufzeitfehler
  original_message varchar2(32767), -- ursprüngliche Fehlermeldung
  original_additional_info varchar2(32767), -- ursprüngl. Entwicklerinfo
  ora_sqlcode number, -- Oracle Fehlernummer
  ora_sqlerrm varchar2(32767), -- Oracle Fehlermeldung
  error_backtrace varchar2(32767), -- Backtrace des Fehlers
  error_statement varchar2(32767), -- SQL-Anweisung bei Parse-Fehler
  component wwv_flow.t_component -- Komponente, an der APEX arbeitete
);
```

Listing 21.2 Deklaration eines APEX-Fehlerrecords

Dieser Record beschreibt einen Fehler, bevor er geworfen wird. Eine Funktion, die einen Fehler wirft, sollte einen anderen, abgespeckten Fehlerrecord vom Typ T_ERROR_

RESULT liefern, der nur die Meldung, zusätzliche Informationen, den Ort der Darstellung sowie eine Referenz auf das Seitenelement und (optional) das Spaltenalias eines Tabular Forms enthält:

```
type t_error_result is record (
  message varchar2(32767), -- Fehlermeldung
  additional_info varchar2(32767), -- zusätzliche Information für Entwickler
  display_location varchar2(40), -- Konstanten wie oben beschrieben
  page_item_name varchar2(255), -- betroffenes Seitenelement
  column_alias varchar2(255) -- Spaltenalias des editierbaren Grids
);
```

Listing 21.3 Spezifikation des Typs »T_ERROR_RESULT«

In der Dokumentation der API und des Packages wird eine Beispielprozedur zur Behandlung von Fehlern mitgeliefert. Es ist sicherlich sinnvoll, sich diese Prozedur einmal anzusehen, auch deshalb, weil einige Hilfsprozeduren des Packages APEX_ERROR im Einsatz gezeigt werden. Zudem wird in dieser Prozedur auch ein Mapping von nativen Oracle-Fehlern auf eine »harmlose« Fehlermeldung gezeigt, die keine Interna des Datenmodells enthält.

Gehen wir einmal durch diese Funktion, ich erläutere dann an den interessanten Stellen, was passiert:

```
create or replace function apex_error_handling_example(
  p_error in apex_error.t_error)
  return apex_error.t_error_result
as
  l_result apex_error.t_error_result;
  l_reference_id number;
  l_constraint_name varchar2(255);
begin
  l_result := apex_error.init_error_result(
              p_error => p_error);
```

Die Initialisierung des Records, der ausgegeben wird, dient hauptsächlich der Initialisierung des Records L_RESULT, auf den die übergebenen Parameter umkopiert werden. Anschließend wird geprüft, ob es sich um einen internen Fehler handelt. In diesen Fällen soll der Text nicht ausgegeben werden, um keine sensitiven Informationen über das Datenmodell zu veröffentlichen.

```
  if p_error.is_internal_error then
    if not p_error.is_common_runtime_error then
     l_result.message := 'Interner Fehler\n'
                      || 'Bitte kontaktieren Sie XXX und nennen Referenz '
```

```
                    || to_char(l_reference_id, '999G999G999G990');
      l_result.additional_info := null;
    end if;
```

Innerhalb der internen Fehler existiert eine weitere Unterscheidung in *Common Runtime*-Fehler, wie etwa nicht gewährte Zugriffe, Anwendungs- oder Autorisierungsfehler sowie alle Fehler, die sich auf den Sessionstatus oder die Sessionverwaltung beziehen. Alle anderen Fehler werden durch eine generische Fehlermeldung maskiert. Unschön ist natürlich, dass dieser maskierte Text hier hartcodiert steht, er sollte zumindest aus einer Parametertabelle kommen, damit bei einer anderen Telefonnummer nicht gleich der gesamte Anwendungscode neu ausgeliefert werden muss ...

```
  else
    l_result.display_location :=
      case
        when l_result.display_location = apex_error.c_on_error_page
          then apex_error.c_inline_in_notification
        else l_result.display_location
      end;
```

Ob das sein muss, weiß ich nicht: Alle Fehler werden durch diese Operation von einer separaten Fehlerseite auf eine Inline-Meldung umgestrickt. Zumindest sehen Sie hieran aber die Verwendung dieser Konstanten und die Bearbeitung der Anzeigeposition.

Der Fehlerrecord bietet natürlich noch weiter gehende Informationen, wie zum Beispiel die Fehlernummer. Basierend auf dieser Information und den weiteren Angaben, folgt nun der clevere Versuch, für viele Standardfehler automatisiert eine freundlichere Fehlermeldung abzuleiten. Durch diesen Code erspart man sich eventuell das Abfangen vieler Routinefehler wie etwa `DUP_VAL_ON_INDEX` oder ähnlich. Die Idee dahinter ist, dass eine Tabelle `CONSTRAINT_LOOKUP` hinterlegt wird, die für die entsprechenden Constraints in der Datenbank zentral Fehlermeldungen ablegt. Die Methode fängt folgende Fehler ab:

```
    -- ORA-00001: unique constraint violated
    -- ORA-02091: transaction rolled back
    -- ORA-02290: check constraint violated
    -- ORA-02291: integrity constraint violated - parent key not found
    -- ORA-02292: integrity constraint violated - child record found
    if p_error.ora_sqlcode in (-1, -2091, -2290, -2291, -2292) then
      l_constraint_name := apex_error.extract_constraint_name(
                             p_error => p_error);
      begin
        select message
```

```
          into l_result.message
          from constraint_lookup
         where constraint_name = l_constraint_name;
      exception
        when no_data_found then
          null;
      end;
    end if;
```

Als Nächstes werden Oracle-Fehler behandelt. Im Kern entfernt die Hilfsmethode GET_FIRST_ORA_ERROR_TEXT die Fehlernummern und weitere Fehler, die durch den Aufrufstack verursacht wurden. Es ist etwas wackelig, die übergebene Fehlermeldung gegen den Initialisierungstext der Meldung zu vergleichen, doch besagt dieser Vergleich, dass der Code bis hierhin die Fehlermeldung nicht geändert hat.

```
    if p_error.ora_sqlcode is not null
         and l_result.message = p_error.message then
      l_result.message := apex_error.get_first_ora_error_text(
                            p_error => p_error);
    end if;
```

Schließlich versucht die Methode noch, ein nicht definiertes Seitenelement aus der Fehlermeldung zu ermitteln. Grundlage ist, dass in der Fehlermeldung das Seitenelement auf irgendeine Weise referenziert sein könnte.

```
    if l_result.page_item_name is null
         and l_result.column_alias is null then
      apex_error.auto_set_associated_item(
        p_error => p_error,
        p_error_result => l_result);
    end if;
  end if;
  return l_result;
end apex_error_handling_example;
```

Listing 21.4 Fehlerbehandlungsfunktion der APEX_ERROR-Dokumentation

Diese Funktion bietet sich als »Filterfunktion« vor der Ausgabe von Fehlern über APEX an, denn APEX erlaubt es, eine generische Error-Handling-Methode in einer APEX-Anwendung bereitzustellen. Dies geschieht durch das Attribut <ANWENDUNGSEIGENSCHAFTEN> • FEHLERBEHANDLUNG • FEHLERBEHANDLUNGSFUNKTION. Hier kann der Name der Funktion eingefügt werden. Für einzelne Anwendungsseiten können abweichende Fehlerbehandlungsfunktionen definiert werden, und zwar über das Attribut <ANWENDUNGSSEITE N> • FEHLERBEHANDLUNG • FEHLERBEHANDLUNGSFUNKTION. Die hier angegebene Funktion übersteuert die generische Einstellung für die gesamte Anwendung.

Der Vorteil dieser Fehlerbehandlungsfunktionen, der nur schwer durch andere generische Ansätze auszugleichen ist, ist, dass diese Funktion Zugriff auf die interne Fehlbehandlung von APEX und damit sehr viele Informationen über den aufgetretenen Fehler erhält.

Andererseits offenbart diese Funktion auch, dass sie ausschließlich mit APEX im Hinterkopf gedacht und implementiert wurde. Eine umfassendere Fehlerbehandlung sollte nicht nur Fehler auf der Oberfläche anzeigen, sondern auch intern speichern oder gar per Mail an einen Supervisor senden können. All dies kann `APEX_ERROR` nicht. Man kann allerdings umgekehrt in die Fehlerbehandlungsfunktion ein generisches Logging-Package einklinken, um sicherzustellen, dass auftretende Fehler auch in andere Logging-Ziele übernommen werden.

21.1.2 Generisches Logging-Werkzeug

Sollen Fehler auf umfassende Art in der Anwendung behandelt werden können, bietet sich eine generische Lösung für das Logging an. Allerdings muss dieses allgemeine Fehlerpackage seine Fehler auch über APEX ausgeben können, denn APEX setzt voraus, dass Fehler im APEX-internen Fehlerstack verzeichnet werden, nur dann kann APEX diese Fehler darstellen.

Logger

Im Umfeld von APEX wird weitverbreitet das Package `LOGGER` von Tyler Muth eingesetzt, das mittlerweile auf *github.com/OraOpenSource/Logger* gehostet und gewartet wird. Aus der Dokumentation habe ich eine beispielhafte Verwendung des Packages entnommen:

```
begin
  logger.log('This is a debug message. (level = DEBUG)');
  logger.log_information(
    'This is an informational message. (level = INFORMATION)');
  logger.log_warning('This is a warning message. (level = WARNING)');
  logger.log_error('This is an error message (level = ERROR)');
  logger.log_permanent(
    'This is a permanent message. (level = PERMANENT)');
end;
```

Listing 21.5 Basale Verwendung des Packages »LOGGER«

Es können in Logger auch das Eintreten in eine Methode und dabei auch die übergebenen Parameter protokolliert werden:

```
create or replace procedure p_demo_procedure(
  p_empno in emp.empno%type,
  p_ename in emp.ename%type)
as
  l_scope logger_logs.scope%type := 'p_demo_function';
  l_params logger.tab_param;
begin
  logger.append_param(l_params, 'p_empno', p_empno);
  logger.append_param(l_params, 'p_ename', p_ename);
  logger.log('START', l_scope, null, l_params);
  -- ...
exception
  when others then
    logger.log_error('Unhandled Exception', l_scope, null, l_params);
end p_demo_procedure;
```

Listing 21.6 Protokollierung eines Methodenaufrufs mit Parametern

Zudem existieren speziellere Methoden, die verwendet werden, um im Umfeld von Webanwendungen und speziell im Umfeld von APEX weitere Informationen zu debuggen. Diese Methoden beziehen sich auf die CGI-Variablen (LOGGER.LOG_CGI_ENV), mit denen die Aufrufumgebung im Rahmen einer Webanwendung untersucht werden kann, sowie LOGGER.LOG_APEX_ITEMS, einer Methode, die grob der Methode APEX_DEBUG.LOG_PAGE_SESSION_STATE entspricht, die ich in Abschnitt 21.2.1 besprechen werde.

Zu den Standardfunktionen generischer Logging-Packages gehört es, Meldungen auf unterschiedlichen Schweregraden ausgeben zu können, und so ist dies auch in Logger möglich. Reichen die mitgelieferten Funktionen nicht aus, kann Logger durch einen Plugin-Mechanismus erweitert werden. Solche Plugins bieten sich an, wenn eine Meldung nicht nur in eine Logtabelle geschrieben werden soll, sondern bei bestimmten Fehlern eine Benachrichtigung per Mail erfolgen soll oder Ähnliches.

Die allgemeine Begeisterung für dieses Werkzeug kann ich nicht recht teilen, mich stört vor allem, dass dort die Meldungen hartcodiert im Text stehen. Ich frage mich, wie eine Anwendung mit diesem Tool erstellt werden soll, die ihre Fehlermeldungen in mehreren Sprachen ausgeben können soll, und sehe keine Möglichkeit, außer, ein weiteres System zur Verwaltung der Meldungen separat zu Logger aufzusetzen und mit diesem synchron zu halten. Als weiteren Nachteil empfinde ich, dass die Ausgabemöglichkeiten relativ limitiert sind und nur durch einen eher umständlich wirkenden Plugin-Mechanismus erweitert werden können.

PL/SQL Instrumentation Toolkit (PIT)

Bei aller Bescheidenheit meine ich, sagen zu dürfen, dass dies durch das von mir für mein PL/SQL-Buch entwickelte und seither in vielen Projekten bewährte *PL/SQL Instrumentation Toolkit (PIT)* besser gelöst werden kann. Es steht auf *github.com/j-sieben/pit* zum Herunterladen bereit und ist ebenfalls Open Source.

PIT konzentriert sich auf Nachrichten, denn Nachrichten sind es, die das eigentliche Problem der meisten Logging-Packages ausmachen. Nachrichten werden in unterschiedlichsten Umgebungen benötigt, beim Debugging, bei der Fehlerbehandlung, als Benachrichtigung an eine Oberfläche, bei Validierungen. Eine Nachricht ist in PIT ein Objekt mit mehreren Attributen, dessen Meldungstext über einen Schlüsselwert aus einer Tabelle mit mehrsprachigen Texten entnommen wird. Ersetzungszeichenfolgen machen die Meldungen flexibel und erlauben es, auf einfache Weise aussagekräftige Meldungen ohne hartcodierte Zeichenfolgen zu erstellen.

Was die Ausgabe der Meldungen angeht, lehnt sich PIT an Konzepte von *JUnit* und anderen bewährten Logging-Werkzeugen an und implementiert eine Strategie sogenannter *Ausgabemodule*, die eine Nachricht auf verschiedenste Weise ausgeben können. Ein solches Ausgabemodul schreibt eine Meldung zum Beispiel auf die Konsole, ein anderes in eine Tabelle. Für APEX steht ein eigenes Ausgabemodul bereit, das die Nachrichten zu APEX-Fehlern umbaut und in den APEX-Fehlerstrom integriert. Ausgabemodule können separat entwickelt und installiert werden, Parameter steuern das Verhalten und auch, ob ein Ausgabemodul aktuell verwendet werden soll oder nicht. Am Beispiel eines APEX-Ausgabemoduls ist das Konzept gut zu erklären: Wenn ein Fehler im Kontext einer APEX-Session geworfen ist, erkennt dies das Ausgabemodul und leitet den Fehler an die APEX-Fehlerbehandlungsroutinen weiter. Wird ein Fehler allerdings außerhalb einer APEX-Session, zum Beispiel in einem Job, geworfen, ist das Ausgabemodul für APEX in dieser Datenbanksession deaktiviert, weil kein APEX-Sessionkontext existiert.

So kann PIT also auch mit APEX problemlos zusammenarbeiten, löst aber noch weiter gehende Aufgaben. Nachrichten sind nicht nur für Fehler oder Validierungen von Benutzereingaben von Interesse, sondern können auch als Ergebnis einer Berechnung erforderlich werden. Hierfür steht in PIT eine Methode `PRINT` zur Verfügung, die eine Nachricht als `CLOB` ausgeben kann. Das APEX-Ausgabemodul implementiert die Methode `PRINT` so, dass die Nachricht direkt in den HTTP-Strom geschrieben wird. Auf diese Weise eignet sich PIT auch, beliebig lange Texte sowie JSON- oder XML-Nachrichten auf die Oberfläche auszugeben.

Weitere Funktionen von PIT sind Assertionsfunktionen, mit denen auf einfache Weise Zusicherungen gegeben werden können und die im Fehlerfall direkt eine entsprechende Meldung absetzen. Eine Einführung in PIT ist außerhalb des Fokus, doch können Sie sich einen Überblick verschaffen, wenn Sie sich den Code aus der Dokumentation ansehen (siehe Listing 21.7).

21

```
procedure my_proc(
  p_param1 in varchar2)
as
begin
  -- Aufruf und Verlassen der Prozedur notieren
  pit.enter('my_proc');
  -- Prüfung eines Parameter auf NOT NULL
  pit.assert_not_null(p_param1);
  <do_something>
  -- internes Debugging
  pit.debug(msg.STEP_ONE_COMPLETED, msg_args(p_param1));
  -- Ausgabe einer Meldung an die Oberfläche
  pit.print(msg.STEP_ONE_VIEW_MESSAGE, msg_args(p_param1));
  <do_something_else>
  -- Eigenen Fehler auslösen
  raise msg.STEP_TWO_FAILED_ERR;
  pit.leave;
exception
  -- Fangen vordefinierter Oracle-Fehler
  when NO_DATA_FOUND then
    -- Ausgabe einer angepassten Meldung
    pit.sql_exception(msg.NO_ITEMS_IN_STOCK);
  -- Fangen eigener Fehler
  when msg.STEP_TWO_FAILED_ERR then
    -- Ausgabe einer angepassten Meldung
    pit.stop(msg.STEP_TWO_FAILED);
end my_proc;
```

Listing 21.7 Verwendung von PIT

Augenfällig ist, dass alle Details zur Reaktion auf die entsprechenden Fehler vom Code entfernt wurden. Zudem enthält der Code keinen einzigen hartcodierten Text.

Assertionen zu zentralisieren, hat aber noch einen anderen, wichtigen Effekt. Nehmen wir an, ein Package enthielte die Validierungslogik für einen Anwendungsfall. Normalerweise wird die Validierungslogik der Reihe nach alle Validierungen ausführen und bei der ersten fehlerhaften Validierung die Verarbeitung abbrechen und den Fehler werfen. Dies ist das erwartete Verhalten, wenn zum Beispiel in einem Batchlauf Daten in die Datenbank gespeichert werden sollen. Anders ist die Situation jedoch, wenn eine Anwendung ein Formular validieren möchte. Es ist in diesem Zusammenhang nicht vermittelbar, dass das Formular mehrere Male abgesendet werden muss, bevor alle Fehler behoben sind. Die Erwartung ist, dass die Validierung alle Prüfungen durchführt und alle gefundenen Fehler auf einmal anzeigt.

Die Lösung für dieses Dilemma besteht darin, das Logging-Werkzeug so zu steuern, dass nicht beim ersten Fehler abgebrochen wird, sondern dass alle Meldungen gesammelt und anschließend ausgegeben werden. Dies ist aber nur möglich, wenn alle Validierungen über eine zentrale Stelle laufen, die für das Auslösen der Fehler verantwortlich ist. Diese Stelle ist PIT, und folgerichtig kann in PIT das Sammeln von Meldungen eingefordert werden, wie Listing 21.8 zeigt.

```
begin
  pit.start_message_collection;
  business_pkg.validate(p_row => l_target_row);
  pit.stop_message_collection;
exception
  when msg.PIT_BULK_ERROR_X then
    utl_apex.handle_bulk_errors(char_table(
      'ERROR_CODE_1', 'SEITENELEMENT_1'));
end;
```

Listing 21.8 Beispielhafte Verwendung des Sammelmodus von PIT

Durch den Aufruf der Methode `pit.start_message_collection` sammelt PIT so lange Meldungen, bis `pit.stop_message_collection` aufgerufen wird. Ist in diesem Zeitraum mindestens ein Fehler aufgetreten, wirft PIT nun den Fehler `msg.PIT_BULK_ERROR_X`, der im `exception`-Block behandelt werden kann. Da die Verarbeitung der Fehlermeldungen auf generische Weise möglich ist, habe ich hierfür ein Package erstellt, das dies zentral organisiert. Doch muss beim Aufruf der Methode `utl_apex.handle_bulk_error` noch eine Lücke geschlossen werden, die nur an dieser Stelle geschlossen werden kann: Nur im Package, das die Validierung der APEX-Eingaben organisiert, ist das Wissen darüber vorhanden, welcher Fehler auf welches Seitenelement abgebildet werden muss. Dies wird hier über die paarweise Angabe von Fehlercode (der in der Validierungsmethode dokumentiert ist) und Seitenelement hergestellt. Fehlt ein Fehlercode in diesem Mapping, wird er als Fehler ohne Elementbezug auf der Seite dargestellt.

Sollen Aufrufparameter einer Methode übergeben werden, wird dies durch einen Objekttypen realisiert, dessen Konstruktormethode als Parameter der `ENTER`-Methode aufgerufen wird (siehe Listing 21.9).

```
function my_func(
  p_id in number,
  p_date in date,
  p_string in varchar2)
  return varchar2
as
begin
```

```
  pit.enter(
    p_action=> 'my_func',
    p_params => msg_params(
                  msg_param('p_id', p_id),
                  msg_param('p_date', p_date),
                  msg_param('p_string', p_string)));
    ...
  pit.leave;
end my_func;
```

Listing 21.9 Protokollierung eines Methodenaufrufs mit Parameter in PIT

Beachten Sie, dass dem Objekt `msg_params` beliebig viele Objekte `msg_param` übergeben werden können, zudem ist es egal, welchen Datentyp wir übergeben (solange es sich nicht um `boolean` handelt, das SQL nicht kennt).

Die Beispiele zeigen eine eher rudimentäre Verwendung von PIT, doch wird bereits hier klar, dass die Anbindung an APEX in diesem Code keine Veränderung mit sich bringen würde. Das alles ist im Ausgabemodul zu APEX gekapselt. Dort wäre auch der Punkt, die Logik der Beispielprozedur des APEX Error-Handlers zu implementieren, falls so etwas gewünscht ist. Da PIT sowohl die Fehlerbehandlung als auch das Logging umfasst, verwendet das Ausgabemodul sowohl `APEX_DEBUG` als auch `APEX_ERROR`, um seine Fehlermeldungen auszugeben.

Ein weiterer Punkt ist, dass sowohl die in APEX integrierten Möglichkeiten wie auch die meisten generischen Logging-Packages ermöglichen, den Level des Loggings einzustellen. Durch diese Möglichkeit kann der Debug-Code in der Anwendung verbleiben, auch dann, wenn die Anwendung auf die Produktionsumgebung ausgeliefert wird. Wenn ein generisches Framework verwendet wird, sollten Sie darauf achten, dass eine Änderung dieser Logeinstellungen auch auf APEX propagiert wird, denn die Packages innerhalb von APEX loggen nur, wenn innerhalb von APEX das Logging aktiviert wurde. Das APEX-Ausgabemodul von PIT kümmert sich um diese Einstellungen.

Nachrichten werden, wie gesagt, in einer Tabelle vorgehalten und dort auch übersetzt. Zur Verwaltung dieser Tabelle und der flankierenden Elemente dient ein Package `PIT_ADMIN`, mit dessen Hilfe Meldungen erstellt, übersetzt sowie im- oder exportiert werden können (siehe Listing 21.10).

```
begin
  pit_admin.merge_message(
    p_message_name => 'MY_FIRST_MESSAGE',
    p_message_text => 'This is my first PIT message. Hello World!',
    p_severity => pit.level_info, -- or 50
    p_message_language => 'AMERICAN');
```

```
  pit.translate_message(
    p_message_name => 'MY_FIRST_MESSAGE',
    p_message_text => 'Das ist meine erste PIT-Nachricht. Hallo
      Welt!',
    p_message_language => 'GERMAN');

  pit_admin.create_message_package;
end;

-- Export aller Meldungen
call pit_admin.write_message_file;
```

Listing 21.10 Erstellung über Übersetzung einer Meldung

Oracle-Fehlernummern können einfach über die Angabe der Fehlernummer mit einer Meldung verbunden werden. Alle Magie im Hintergrund übernimmt PIT, inklusive der Prüfung, dass bereits definierte Fehler wie NO_DATA_FOUND nicht überdefiniert werden können und ein Oracle-Fehler keine doppelte Zuordnung zu einer PIT-Meldung erhalten kann.

Weitere Funktionen erlauben den Export einer XLIFF-Datei zur massenweisen Übersetzung von Meldungen in eine andere Sprache und die anschließende Erstellung der übersetzten Meldung aus der XLIFF-Datei sowie die Verwaltung sogenannter *Kontexte*, mit deren Hilfe vordefinierte Debug-Einstellungen schnell aufgerufen und pro Session umgeschaltet werden können.

PIT ist vollumfänglich im Buch *Oracle PL/SQL – das umfassende Handbuch* aus dem Rheinwerk-Verlag erklärt, ebenso ist eine mehr oder minder umfangreiche Dokumentation auf GitHub enthalten, allerdings in einem seltsamen Idiom, das ich für Englisch halte.

21.1.3 apex.message

Zur Darstellung der Fehlermeldungen auf der Oberfläche bietet APEX seit eigenes JavaScript-Objekt apex.message an. Die Kernaufgabe des Objekts ist es, Fehlermeldungen auf der Seite darzustellen. Die normale Arbeitsweise besteht darin, eine auf der Seite vorhandene Fehlerregion zu leeren und anschließend mit allen Fehlern des Fehlerstacks zu füllen. Der Fehlerstack wurde, wie beschrieben, innerhalb der Datenbank über Aufrufe der Prozedur APEX_ERROR.ADD_ERROR gefüllt.

Die Verwendung ist relativ einfach. Sollen Fehler angezeigt werden, reicht hierfür der Aufruf der Methode apex.message.showErrors aus. Die Fehler des Stacks haben Informationen zum referenzierten Seitenelement sowie Angaben über die Positionierung der Fehlermeldung, sodass der Aufruf dieser Methode ausreicht, um die Fehler wie gewünscht zu zeigen. Damit Fehler auch gezeigt werden können, muss das entsprechende HTML auf der Seite auch sichtbar sein.

Das ist nicht naturgemäß der Fall, etwa, wenn eine Region kollabierbar ist und eingeklappt wurde. Für diesen Fall existiert die Methode `apex.message.addVisibilityCheck`, die ein Callback erwartet, das vor der Darstellung des Fehlers aufgerufen wird. Die Region definiert dieses Callback, um sicherzustellen, dass die HTML-Bereiche, die für die Darstellung der Fehler enthalten sind, auch angezeigt werden. Dies ist vorrangig für Plugin-Entwickler von Interesse.

Sollten auf der Seite Fehler angezeigt worden sein, können diese durch Aufruf der Methode `apex.message.clearErrors` aus dem lokalen Stack auf der Seite gelöscht werden, ansonsten würden weitere Fehler der Seite hinzugefügt. Dann wird `apex.message` verwendet, um Erfolgsmeldungen, etwa nach dem Speichern eines Datensatzes, zu zeigen und zu verbergen. Die Methoden heißen denn auch schlicht `apex.message.showPageSuccess` bzw. `apex.message.hidePageSuccess`. Im Gegensatz zur Methode zur Anzeige von Fehlern ersetzt die Anzeige einer Erfolgsmeldung die eventuell vorher noch gezeigte Meldung. In Abschnitt 20.3, »JavaScript verwenden«, hatte ich ein Beispiel integriert, wie die Erfolgsmeldung (ebenso wie die Fehlermeldungen) nach einer gewissen Zeit ausgeblendet werden kann.

Dann existieren noch die beiden Methoden `apex.alert` und `apex.confirm`. Zunächst wirken die Methoden wie ein Wrapper um die bereits bekannten Browserfunktionen `alert` und `confirm`. Das ist aber nicht korrekt, denn diese Methoden sind komplett anders implementiert. Im Gegensatz zu den Browserfunktionen blockieren diese Methoden nämlich den JavaScript-Code nicht. Das ist auf den ersten Blick weniger schön als die bisherige Variante, denn man konnte früher den Aufruf von `alert` einfach verwenden, um JavaScript pausieren zu lassen. Das geht hiermit nicht. Stattdessen werden diese Methoden zusammen mit einem Callback eingesetzt, dass dann die eigentliche Aktion ausführt. Dieses Verhalten können Sie sich an folgenden Beispielen einmal ansehen:

```
function doSomething(){};
apex.message.alert(pMessage, doSomething);
```

Der Code definiert zunächst eine Methode, die definiert, was passieren soll, wenn die Meldung bestätigt wird. Die Meldung selbst wird nicht als browserbasierte Dialogbox, sondern als jQuery Widget `dialog` dargestellt und erlaubt von daher mehr grafische Freiheit. JavaScript wird direkt anschließend fortgeführt (hier also beendet). Erst wenn der Benutzer auf die Schaltfläche OK klickt, wird die Funktionalität des Callbacks `doSomething()` ausgeführt.

Analog ist auch die Verwendung der Methode apex.message.confirm, nur muss hier im Callback noch entschieden werden, welche Option der Anwender gewählt hat. Dies kann im Callback über folgenden Weg erreicht werden:

```
function doSomething(okPressed){
  if( okPressed ) {
    doSomethingElse();
  }
};

apex.message.confirm( "Echt jetzt?", doSomething);
```

Listing 21.11 Verwendung der Methode »apex.message.confirm«

Der Unterschied besteht also darin, dass die Callback-Funktion mit einem Parameter aufgerufen wird, der true ist, falls die Schaltfläche OK betätigt wurde, und false andernfalls.

21.2 Debugging

Grundlage des Debuggings einer APEX-Anwendung ist zunächst die Möglichkeit, über den URL der anzufordernden Seite das Debugging einzuschalten. Dies gelingt am einfachsten über die <Entwicklerleiste> • Debuggen. Die Seite wird erneut geladen, im Hintergrund wird aber nun der gesamte Prozess des Renderns der Seite protokolliert. Das Debugging selbst kann bezüglich des Umfangs kontrolliert werden. Standardmäßig wird, wenn lediglich der Schalter Debuggen angeschaltet wird, ein Debugging auf Level 4 durchgeführt. Der URL wird durch einen entsprechenden Schalter oder, bei freundlichen URLs, durch einen Parameter debugging=YES erweitert. Anstatt dieses Wertes kann jedoch auch ein höherer Level angefordert werden. Die folgende Liste zeigt die verfügbaren Loglevel und die Informationen, die in dem jeweiligen Level geloggt werden:

- LEVEL1
  In diesem Level werden lediglich kritische Fehler angezeigt.
- LEVEL2
  Es werden auch weniger kritische Fehler angezeigt.
- LEVEL4
  Standardlevel für das Debugging, zeigt den Verarbeitungsverlauf der Seite, Informationen über den Session Status und weitere Abläufe, wie zum Beispiel die Einstellung länderspezifischer Formate.

- LEVEL5
  Erweitert das Debugging um Trace-Informationen, also zum Einstieg und zum Verlassen von Methoden. Dies ermöglicht eine genauere Lokalisierung der Fehlerstelle.
- LEVEL6
  erweitertes Logging aus den Methoden der Anwendungen
- LEVEL8
  zeigt Tracinginformationen APEX-interner Methodenaufrufe
- LEVEL9
  ergänzt das Tracing um weitere Ausgaben aus den APEX-internen Methoden

Wie bereits beschrieben, kann das Ergebnis unter <Entwicklerleiste> • Debugging anzeigen eingesehen werden. Die Analyse der Ausgabe ist unter mehreren Aspekten interessant, denn hier können Sie die am längsten laufenden Prozesse analysieren sowie die genauen Umstände eines Fehlers erforschen, zum Beispiel wenn eine Anwendungsseite einen fatalen Fehler enthält und direkt auf eine Fehlerseite verzweigt.

[!]

Merke

Version 22.1 hat die Entwicklerleiste aufgeräumt und zum Teil anders strukturiert. Das Debugging wird nun über ein kleines Einblendmenü der Entwicklerleiste kontrolliert, wo auch die Debuginformationen eingesehen werden können. Ein Untermenü erlaubt die deklarative Festlegung der wichtigsten Loglevel, die wir in der Liste oben näher erläutert hatten.

Im Regelfall werden Einträge in der Debug-Tabelle vorgenommen, wenn eine Seite angefordert wird (SHOW) und wenn sie verarbeitet wird (ACCEPT). Manchmal werden aber auch zusätzliche Seiten eingeblendet, zum Beispiel bei interaktiven Berichten, die sehr stark asynchron arbeiten und daher nicht im normalen Render-Prozess der Seite bearbeitet werden können. Diese Logeinträge werden dann in einem Bericht unter der Überschrift REQUEST dargestellt.

Weniger bekannt, aber sehr mächtig ist die Möglichkeit, eigene Debug-Meldungen in diese Ausgabe mit einfließen zu lassen, und zwar über das Package APEX_DEBUG.

21.2.1 APEX_DEBUG

APEX bietet mit dem Package APEX_DEBUG eine Möglichkeit, den Code zu instrumentieren, um Performanzprobleme erkennen oder Fehler schneller eingrenzen zu können. Das Package verwaltet verschiedene Loglevel, auf denen Nachrichten emittiert werden können, sowie mehrere Möglichkeiten, Nachrichten zusammenzustellen.

Unabhängig vom Stand der Debug-Einstellung der Anwendung, die über die Entwicklerleiste oder den URL gesetzt und durch den Aufruf der Methode `v('APP_DEBUG')` geprüft werden kann, ist das Package `APEX_DEBUG` in der Lage, das Logging über die Methode `ENABLE` an- und über die Methode `DISABLE` abzuschalten. Beim Einschalten des Loggings kann zwischen verschiedenen Schweregraden gewählt werden, die als Konstanten im Package hinterlegt sind. Diese Schweregrade lauten:

```
c_log_level_error constant t_log_level := 1; -- critical error
c_log_level_warn constant t_log_level := 2; -- less critical error
c_log_level_info constant t_log_level := 4;
  -- default level, wenn Debug über die Oberfläche angefordert wird
c_log_level_app_enter constant t_log_level := 5;
  -- application: protokolliert den Aufruf von Prozeduren
c_log_level_app_trace constant t_log_level := 6;
  -- application: Sonstige Nachrichten innerhalb von Prozeduren
c_log_level_engine_enter constant t_log_level := 8;
  -- apex engine: protokolliert den Aufruf von Prozeduren c_log_level_engine_
  trace constant t_log_level := 9;
  -- apex engine: Sonstige Nachrichten innerhalb von Prozeduren
```

Listing 21.12 Verfügbare Schweregrade des Loggings

Eine einfache Debug-Meldung kann über den Aufruf der Methode `APEX_DEBUG.MESSAGE` ausgegeben werden:

```
procedure message(
  p_message in varchar2,
  p0 in varchar2 default null,
  ...
  p19 in varchar2 default null,
  p_max_length in pls_integer default 1000,
  p_level in t_log_level default c_log_level_info,
  p_force in boolean default false);
```

Listing 21.13 Spezifikation der Methode »MESSAGE«

Die Nachricht selbst wird als Text übergeben und kann durch Parameter angereichert werden, wie sie auch in Oracle intern im Package `UTL_LMS.FORMAT_MESSAGE` verwendet werden, also `%s` für die positionale Übergabe und `%0`-`%19` für die benannte Ersetzung des Platzhalters durch die Parameter `P0` bis `P19`. Weitere Parameter steuern, dass die übergebenen Parameterwerte ab einer gewissen Länge beschnitten werden (`P_MAX_LENGTH`), legen den Schweregrad der Meldung fest (`P_LEVEL`) und steuern, dass die Meldungen auch bei ausgeschaltetem Logging in jedem Fall ausgegeben werden sollen (`P_FORCE`). Parallel stehen Methoden zur Verfügung, die eine Festlegung des Schweregrads unnötig machen, weil der Name der Methoden sie bereits enthält: ERROR, WARN, INFO, TRACE und ENTER.

Sollen keine Ersetzungszeichenfolgen verwendet werden, weil der Meldungstext durch ein generisches Logging-Package bereits fertig formatiert wurde, ist es einfacher, die Methode LOG_LONG_MESSAGE für Meldungen bis zu 32 KByte Länge zu verwenden. Auch dieser Methode kann ein Schweregrad übergeben werden:

```
procedure log_long_message(
  p_message in varchar2 default null,
  p_enabled in boolean default false,
  p_level in t_log_level default c_log_level_app_trace);
```

Listing 21.14 Definition der Prozedur »LOG_LONG_MESSAGE«

Interessant ist für viele Zwecke die Möglichkeit, den aktuellen Sessionstatus ausgeben zu lassen. Dies ist mit der Methode LOG_PAGE_SESSION_STATE möglich, der ebenfalls ein Schweregrad übergeben werden kann:

```
procedure log_page_session_state(
  p_page_id in number default null,
  p_enabled in boolean default false,
  p_level in t_log_level default c_log_level_app_trace);
```

Listing 21.15 Definition der Prozedur »LOG_PAGE_SESSION_STATE«

Debug-Meldungen werden von APEX in internen Tabellen zwischengespeichert, und zwar in zweien, WWV_FLOW_DEBUG_MESSAGES und WWV_FLOW_DEBUG_MESSAGES2, die wöchentlich wechseln. Es ist also jeweils einer der beiden Tabellen »aktiv«, während die zweite die Meldungen der letzten Woche speichert. Durch dieses Verfahren wird sichergestellt, dass nach Ablauf einer Woche der ältere Logbereich sicher (und schnell) gelöscht werden kann, indem die »inaktive« Tabelle mit truncate geleert wird. Die View APEX_DEBUG_MESSAGES auf beide Tabellen integriert die Debug-Meldungen (und filtert alle Meldungen aus, die der angemeldete Benutzer nicht sehen darf). Weil Logmeldungen auf diese Weise gespeichert werden, ergeben weitere Methoden innerhalb des Packages zum Leeren des Logs einen Sinn. Diese Methoden erlauben das Löschen nach Datum (REMOVE_DEBUG_BY_AGE), für eine Anwendung (REMOVE_DEBUG_BY_APP) oder für eine Session bzw. einer View. Die Methoden sind alle recht ähnlich, daher reicht es, sich die am häufigsten verwendete Methode anzusehen:

```
procedure remove_debug_by_age(
  p_application_id in number,
  p_older_than_days in number);
```

Witzig ist, dass eine gleichlautende Methode `deprecated` ist, weil in der ersten Version ein Schreibfehler im Parameternamen `P_OLDER_THAN_DAYS` enthalten war ...

Der Nachteil dieses Packages ist seine Orientierung an APEX-Anwendungen. Damit dieser Code auch in Ihrer Geschäftslogik verwendet werden kann, muss APEX installiert und Sie einverstanden sein, dass die Logmeldungen im APEX-Schema gespeichert werden. Das mag für eine kleinere APEX-Anwendung sinnvoll sein, weil das Werkzeug ohnehin zur Verfügung steht. Als generelle Strategie würde ich das nicht empfehlen, sondern umgekehrt ein generisches Logging-Werkzeug empfehlen, das bei Bedarf auch Logmeldungen über APEX visualisieren kann.

21.2.2 Debugging von Dynamic Actions

Dynamische Aktionen haben das Problem, dass sie außerhalb des normalen Seitenzyklus aufgerufen werden. Wenn eine dynamische Aktion zur Datenbank geht, geschieht dies nicht im normalen Roundtrip von APEX, in den das Logging gut integriert ist, sondern in einem leichtgewichtigeren Prozess. Zudem ist relevante Logik in JavaScript implementiert, die durch die vorgestellten Packages überhaupt nicht geloggt werden kann.

Daher müssen Sie diese leichtgewichtigen AJAX-Roundtrips durch Browsermittel überwachen. Blenden Sie sich hierfür die Entwicklerwerkzeuge Ihres Browsers ein. Wird die Anwendungsseite im Debug-Modus betrieben, werden Sie über die Konsole mit sehr viel Debug-Information versorgt, zumindest wird angezeigt, dass eine dynamische Aktion ausgeführt wurde.

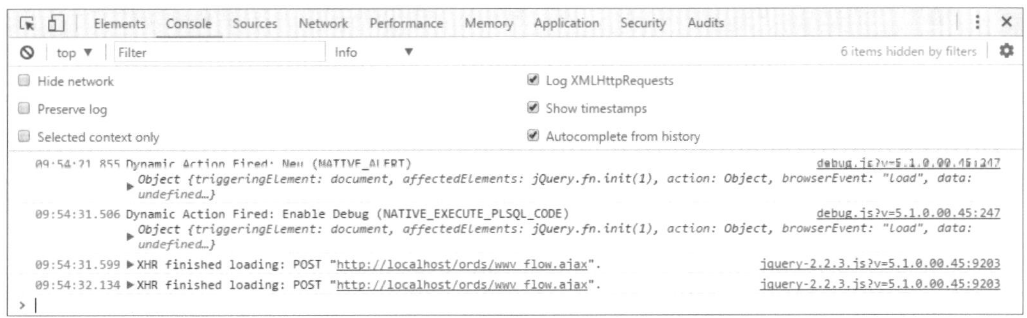

Abbildung 21.1 Konsole mit Debug-Meldungen einer Dynamic Action

Damit die Informationen zu einem AJAX-Roundtrip angezeigt werden, müssen Sie eventuell diese Option erst aktivieren, wie im obigen Beispiel in Chrome über die Settings der Konsole LOG XMLHTTPREQUESTS. Ein *XMLHttpRequest* ist, grob gesagt, ein anderer Name für einen AJAX-Request und bezeichnet den eigentlichen Roundtrip zum Server, ohne die gesamte Seite neu zu laden, was ein HTTP-Request tun würde.

Programmieren Sie JavaScript-Code, können Sie ebenfalls eine eigene API verwenden, nämlich `apex.debug`. Die Meldungen, die Sie hier definieren, werden ebenfalls nur ausgegeben, wenn sich die Seite im Debug-Modus befindet. Zudem können Sie auch in `apex.debug` Meldungen auf verschiedenen Schweregraden ausgeben und sich damit dem allgemeinen Logging innerhalb von APEX gut anpassen.

21.2.3 Weitergehendes Logging

Es existieren in APEX weitergehende Möglichkeiten, um eine Anwendung zu debuggen. APEX kann zum Beispiel so eingestellt werden, dass ein Seitenaufruf durch die Datenbanktechnologie SQL Trace protokolliert wird. Das Ergebnis ist eine Datei auf dem Datenbankserver, die über das Kommandozeilen-Utility TKProf analysiert und aufbereitet werden kann. Um eine Seite zu tracen, müssen Sie dem URL einen Parameter `p_trace=YES` mitgeben. Als Beispiel trace ich in Listing 21.16 eine Anwendungsseite unserer Mitarbeiterverwaltung:

```
http://localhost/ords/f?p=EMP:HOME:139...452&p_trace=YES
```

Listing 21.16 Erweiterung des URL um Tracing-Option

Wenn man noch nie mit diesem Werkzeug gearbeitet hat, wird es jetzt etwas unübersichtlich. Zunächst schreibt Oracle eine Datei in ein Verzeichnis, das im Parameter `background_dump_destination` definiert ist. Das Standardverzeichnis lautet: *<ORACLE_BASE>/diag/rdbms/<Name der DB>/<Name der DB>/trace*. Die richtige Datei zu finden ist deshalb kompliziert, weil sich der Name aus dem Namen der Datenbank und der Prozess-ID zusammensetzt. In meinem Fall hieß die Datei *ora12c_ora_6476.trc*. Diese Datei wird nun TKProf als erster Parameter und der Name des resultierenden Berichts als zweiter Parameter übergeben. Der Aufruf lautet dann also:

```
C:\app\...\trace>tkprof ora12c_ora_6476.trc report.txt
```

Der resultierende Bericht ist immer noch frustrierend lang. Lesen Sie ihn von hinten nach vorn. Am Ende des Berichts werden alle SQL-Anweisungen, ihre Laufzeit, der Verbrauch von CPU-Zeit etc. protokolliert. Unterschieden wird in rekursives und nicht rekursives SQL. Grob gesagt, haben Sie das nicht rekursive SQL verursacht und Oracle das rekursive, doch gibt es die Ausnahme, dass SQL-Anweisungen, die aus einem PL/SQL-Code heraus aufgerufen werden, ebenfalls rekursiv dargestellt werden. Fällt Ihnen bei der Zusammenstellung ein besonders hoher Wert in einer der beiden Tabellen auf, sollten Sie sich auf die Suche nach der Anweisung begeben, die diese hohen Kosten verursacht hat. Diese Anweisung finden Sie vor der Zusammenfassung in einer der vielen Tabellen.

Interessant am TKProf-Bericht ist, dass der tatsächliche Ausführungsplan sowie eventuelle Wait-Events ausgegeben werden. Nur in diesem Bericht sehen Sie also, was wirklich in der Datenbank passiert ist, auch in der Produktionsumgebung mit dem dortigen Mengengerüst. Allerdings hat der TKProf-Bericht auch zwei Nachteile: Er fokussiert auf SQL, kann also nicht wirklich Auskunft darüber geben, was auf der PL/SQL-Seite geschah, und er hilft überhaupt nicht bei der Fehlersuche, sondern nur beim Eingrenzen von Performanzproblemen.

21.2.4 Remote Debugging mit SQL Developer

Dieses Loch stopft die folgende Möglichkeit, nämlich das Remote Debugging mittels SQL Developer. Mit diesem Mittel erhalten Sie die Möglichkeit, die Seitenprozesse Schritt für Schritt durchzugehen. Natürlich sind die APEX-internen Packages von dieser Untersuchung ausgenommen, weil der Code obfuskiert ist. Um den SQL-Developer remote debuggen zu können, müssen folgende Dinge sichergestellt werden:

- Das Schema, auf das der APEX-Workspace zugreift, benötigt das Systemprivileg `DEBUG CONNECT SESSION`.
- Der APEX-Benutzer (normalerweise `APEX_PUBLIC_USER`) benötigt das Systemprivileg `DEBUG ANY PROCEDURE`, alternativ das Objektprivileg `DEBUG on <Schema>.<PACKAGE>` für jedes Objekt, das untersucht werden soll.
- Die Firewall muss den Zugriff über einen zweiten Port ermöglichen, der durch Code im SQL Developer festgelegt werden wird.
- Es muss eine entsprechende ACL eingerichtet werden.

Die ersten Schritte sollten verständlich sein, der letzte Schritt erfordert ein Beispiel. Um eine Remotesession zu erlauben, muss der Code aus Listing 21.17 ausgeführt werden.

```
begin
  dbms_network_acl_admin.append_host_ace(
    host => 'localhost',
    lower_port => null,
    upper_port => null,
    ace => xs$ace_type(privilege_list => xs$name_list('jdwp'),
    principal_name => 'apex_buch',
    principal_type => xs_acl.ptype_db)
  );
end;
```

Listing 21.17 Einrichtung einer Netzwerkberechtigung für Remote Debugging

Seltsam mutet das Privileg `JDWP` an, das wir in diesem Code zuweisen. *JDWP* steht für *Java Debug Wire Protocol* und ist ein Protokoll, das Java verwendet, um zwischen einem Prozess und dem Debugger zu kommunizieren. Im SQL Developer wird nun für die Verbindung des Datenbankschemas, auf das sich der Remotezugriff bezieht, in den Parametern der Verbindung eingestellt, dass Remote Debugging auf einem gegebenen Port ermöglicht werden soll. Sie erreichen diesen Dialog per <Rechtsklick auf den Verbindungsnamen> • Debug... • Remote Debug.

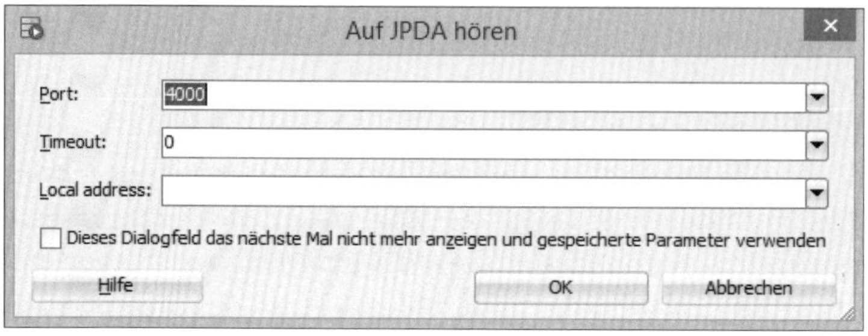

Abbildung 21.2 SQL Developer-Einstellung für Remote Debugging

Eventuell müssen Sie im Attribut Local Address die IP-Adresse Ihres Rechners eintragen. Sind diese Bedingung erfüllt, kann nun eine Prozedur der Anwendung Schritt für Schritt untersucht werden. Die Prozedur benötigt allerdings zusätzlichen Code, der entweder in der Prozedur oder an geeigneter Stelle um diese Prozedur herum aufgerufen werden muss. Welche »geeigneten Stellen« sich noch anbieten, werden wir anschließend untersuchen. Der Code, der vor dem zu untersuchenden Code aufgerufen werden muss, lautet:

```
begin
  dbms_debug_jdwp.connect_tcp('localhost', 4000);
  <zu untersuchender Code>
  dbms_debug_jdwp.disconnect;
end;
```

Listing 21.18 Code zum Aufruf des interaktiven Debuggers

Vor dem Hintergrund der Erläuterung des Begriffs *JDWP* ist nun verständlich, was dieser Code tut: Er baut eine Verbindung zum Debug-Server unter Port 4000 auf dem lokalen Rechner auf. Zum Test füge ich diesen Code in die Prozedur `EMP_UI_EMP_EDIT_PKG.VALIDATE_EMAIL` ein. Wird nun <Anwendungsseite 4> der Mitarbeiterverwaltung aufgerufen und die Eingabe validiert, kommt die Berechnung nicht zurück, sie wartet auf die Beendigung des Debuggens im SQL Developer.

Unschön an diesem Verfahren ist, dass der Aufruf des Debug-Packages in den Code aufgenommen werden musste. Hierfür bietet sich eine Alternative an. Diese Alternative besteht darin, den Aufruf dieses Codes in einen Seitenprozess innerhalb der APEX-Anwendung zu integrieren, der immer dann aufgerufen wird, wenn ein Anwendungselement einen vorgegebenen Wert hat. Nehmen wir als Namen für das Anwendungselement `APP_DEBUG` an. Dieses Element kann nun über den URL auf `Y` gesetzt werden. Ist dies so, wird das Remote Debugging angeschaltet, ansonsten wird es ausgeschaltet.

Ich würde nun gern das Anwendungselement in den gemeinsamen Komponenten vereinbaren, doch funktioniert dies nicht, denn anschließend möchte ich auf den Wert dieses Elements über JavaScript zugreifen. JavaScript »sieht« aber nur, was sich im DOM-Baum auf der Seite befindet, und dort werden Anwendungselemente nicht dargestellt, sie existieren nur im Sessionstatus, also in der Datenbank. Daher lege ich dieses Element, ebenso wie die Seitenprozesse, auf Seite 0 an, damit sie auf allen Seiten zur Verfügung stehen und auch gerendert werden. Leider sind Prozesse auf Seite 0 nicht erlaubt, wohl aber Dynamic Actions. Wir richten also eine DA beim Seitenladen und eine zweite beim Seitenentladen ein und lassen beide nur zu, wenn das Element APP_DEBUG den Wert Y enthält. Beide führen einen PL/SQL-Code aus (siehe Listing 21.19).

```
-- Beim Seitenladen
declare
  is_already_connected exception;
  pragma exception_init(is_already_connected, -30677);
begin
  dbms_debug_jdwp.connect_tcp('localhost', 4000);
exception
  when is_already_connected then
    null;
end;

-- Beim Entladen der Seite
dbms_debug_jdwp.disconnect;
```

Listing 21.19 Code beim Seitenladen bzw. -entladen

Sicherheitshalber können Sie bei der Seitenlade-DA eine false-Aktion einführen, die ebenfalls die Remoteverbindung abbaut. Beide dynamischen Aktionen binden Sie, ebenso wie das Anwendungselement, an eine Erstelloption mit Namen Development, die Sie dafür verwenden können, den Code bei der Auslieferung in Produktion zu entfernen.

Rufen Sie nun eine Anwendungsseite mit dem Parameter APP_DEBUG:Y auf, wird eine Remoteverbindung hergestellt, und der Code hält an jedem Haltepunkt im Quellcode. Zum Abschalten der Funktion müssen Sie lediglich das Y löschen und die Seite erneut aufrufen. Natürlich böte es sich an, den Code der Dynamic Actions in ein kleines Package auszulagern, so hätten Sie sowohl den Servernamen als auch den Port besser im Griff. Das ist aber wohl mittlerweile klar geworden.

Sollte beim Aufruf der Seite mit Remote Debugging die Fehlermeldung aus Abbildung 21.3 zurückgegeben werden, haben Sie den Debug-Listener im SQL Developer nicht angeschaltet.

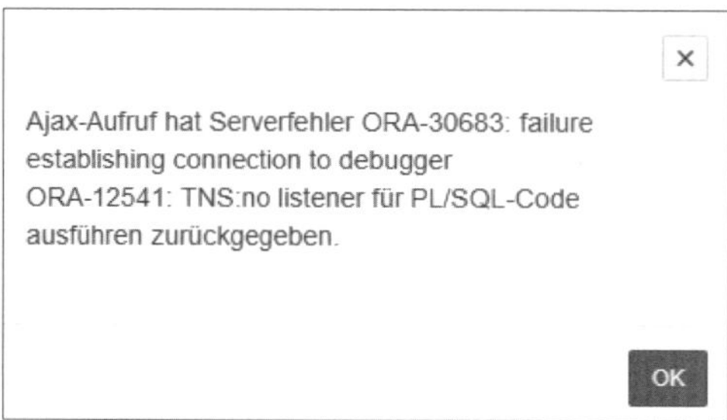

Abbildung 21.3 Fehlermeldung beim Remote Debugging

Klicken Sie dann erneut mit der rechten Maustaste auf die Verbindung im SQL Developer, und aktivieren Sie den Listener über DEBUG ... • REMOTE DEBUG ... wie oben beschrieben. Zur Kontrolle sollten Sie im Fenster PROZESSE (Menü ANSICHT • PROZESSE) den laufenden Listener sehen, wie in Abbildung 21.4 gezeigt.

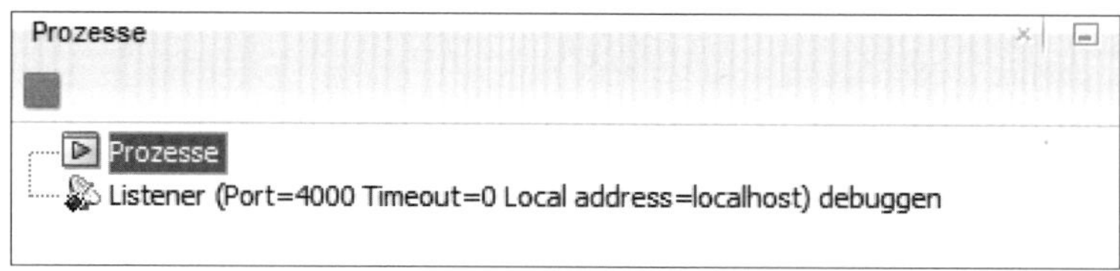

Abbildung 21.4 Remote Debug Listener im SQL Developer

Hält der Code dennoch nicht an den Haltepunkten, könnte ein Grund darin liegen, dass die Option zum Debuggen zu spät eingeschaltet wird: Die dynamische Aktion der Seite aktiviert das Debugging nach dem `Seite Laden`-Ereignis der Anwendungsseite. Initialisierungscode ist dann bereits berechnet worden. Möchten Sie Initialisierungscode der Anwendungsseite ebenfalls debuggen können, müssen Sie einen Mechanismus implementieren, der die Verbindung zum Debugger beim Entladen der Seite nicht direkt wieder ausschaltet. Dann bleibt die Verbindung zum Debugger bestehen. Eine Option hierfür könnte sein, dass die Verbindung an die Session geknüpft wird oder ein expliziter Mechanismus für das Abschalten implementiert wird, wie etwa der, dass der Modus so lange angeschaltet bleibt, bis er explizit durch `APP_DEBUG=N` wieder abgeschaltet wird.

Noch eine alternative Lösung: Binden Sie den Remote Debugger an das Flag `APEX_APPLICATION.G_DEBUG`, dann wird das Remote Debugging immer mit der »normalen« Debug-Einstellung aktiviert und auch deaktiviert. In diesem Fall benötigen Sie dann auch das Element `APP_DEBUG` nicht, wohl aber die dynamischen Aktionen, deren serverseitige Bedingungen an das Debug-Flag gebunden werden.

21.2.5 Debugging ohne APEX

Eine weitere Debug-Möglichkeit bietet die Option, Code innerhalb der Datenbank ohne APEX zu testen, selbst dann, wenn im Code auf den Sessionstatus Bezug genommen wird. Hierzu lassen wir uns in PL/SQL eine APEX-Session erstellen, in die dann zur Vorbereitung des Tests Werte geschrieben werden können. Die Erstellung einer eigenen APEX-Session ist mittels des Packages `APEX_SESSION` möglich. In diesem Package können nicht nur neue Sessions angelegt und beendet werden, sondern Sie können sich auch an bestehende Sessions anbinden, indem Sie die entsprechende Session-ID übergeben. Listing 21.20 zeigt die Verwendung dieser Möglichkeiten.

```
SQL> begin
  2    apex_session.create_session(114, 2, 'BUCH_ADMIN');
  3    apex_util.set_session_state('P2_DEP_ID', 30);
  4 end;
  5 /
SQL> select v('APP_ID') app_id, v('P2_DEP_ID') p2_dep_id
  2    from dual;
APP_ID P2_DEP_ID
------ ---------
114    30
```

Listing 21.20 Verwendung der APEX-Session außerhalb von APEX

Dieser Weg ermöglicht die Integration automatisierter Tests in die APEX-Anwendungsentwicklung, allerdings nur dann, wenn Sie mir folgen und keinen PL/SQL-Code auf der Anwendungsseite integrieren. Code, der dort hinterlegt wurde, ist nur noch durch Webanwendungs-Testwerkzeuge wie Selenium oder Tosca testbar. Ausgaben, die in den HTTP-Stream geschrieben werden, können übrigens, analog zur Ausgabe über `DBMS_OUTPUT`, ebenfalls im SQL Developer angezeigt werden, und zwar über das Fenster ANSICHT • OWA AUSGABE. Auch hier muss eine Verbindung angegeben werden, die in dieses Fenster schreiben darf, und anschließend ist die Ausgabe, die ansonsten zu APEX geschickt würde, innerhalb des SQL Developers zu sehen.

21.3 Session Overrides

Neu ab Version 22.1 existiert die Möglichkeit, für das Testen der Anwendung den aktuellen Session Status zu ändern. Diese Änderungen beziehen sich auf die Spracheinstellung, das Datumsformat, aber auch auf die Speicherorte von JavaScript-Dateien. Sinn dieser Overrides ist es, mit lokalen JavaScript-Dateien arbeiten zu können, ohne diese nach jeder Änderung auf einen Server spielen oder in der APEX-Oberfläche integrieren zu müssen. Ebenso einfach lassen sich über diesen Weg die Sprache und die

Zeitzone editieren, um direkt zu sehen, wie sich dies auf eine internationalisierte Anwendung auswirkt.

Die Entwicklerleiste wurde auch hier leicht gegenüber früheren Versionen geändert, da der Session Status nun nicht mehr über eine einfache Schaltfläche, sondern über ein Einblendmenü aufgerufen wird. Hier verbirgt sich als zweite Option die Möglichkeit der Session Overrides. Abbildung 21.5 zeigt die vorhandenen Optionen.

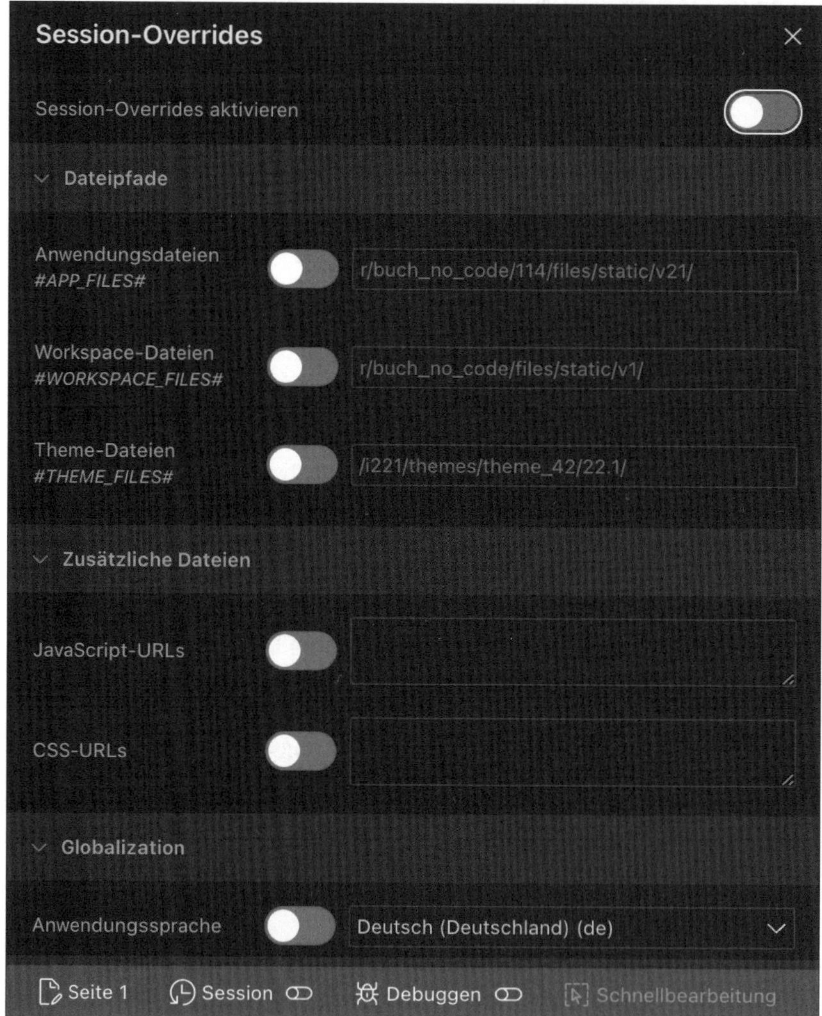

Abbildung 21.5 Optionen der Session Overrides

Die Möglichkeiten sind insbesondere für Entwickler interessant, die eigene CSS-Dateien pflegen oder intensiv in JavaScript entwickeln. Diese Entwickler dürften insbesondere die Möglichkeit schätzen, eigene JavaScript-Libraries unproblematisch in die Anwendungsseite integrieren und testen zu können.

Zudem ist auch die Möglichkeit nützlich, die Anwendung schnell auf eine andere Sprache umzustellen, denn dies ist je nach Einstellung nur schwer zu simulieren, etwa, wenn die Sprachwahl von der Spracheinstellung des Browsers abhängt.

21.4 Code Review

APEX-Anwendungsseiten können große Mengen Code enthalten (obwohl das idealerweise nicht so sein sollte). Doch selbst, wenn die Menge Code nicht sehr groß ist, besteht eine Besonderheit darin, dass der Code dynamisch ausgeführt wird (er ist ja nur ein Eintrag in einer APEX-Data-Dictionary-Tabelle). Der Nachteil ist, dass dieser Code nicht der Abhängigkeitskontrolle unterliegt und daher nicht invalide wird, wenn sich das Data Dictionary der Datenbank ändert. Daher benötigen wir zum einen eine Möglichkeit, problematischen oder fehlerhaften Code identifizieren zu können. Zum anderen möchten wir gewisse Qualitätsregeln bei der Erfassung des Codes innerhalb der APEX-Anwendung durchsetzen. Beide Themenbereiche werden mit den Mitteln des Code Reviews bearbeitet.

21.4.1 Code-Report und Suche

Als erste Möglichkeit, zum Beispiel zur Umsetzung einer Refaktorisierung, bietet sich ein überraschend einfaches Hilfsmittel an: die Auflistung allen Codes in einem Bericht, den Sie unter <ANWENDUNG> • UTILITYS • EINGEBETTETER CODE finden. Dieser Bericht wird in Form einer Facet-Suche angezeigt und erlaubt so die komfortable Filterung nach mehreren Kriterien. Hier können Sie sich den gesamten Code auch als ZIP-Datei herunterladen. Leider sind die Fundstellen jedoch nicht mit den Seiten verlinkt, sodass wir nicht auf einfache Weise zu der entsprechenden Codestelle springen können. Dennoch ist dies ein hilfreiches Mittel, gerade auch, um abschätzen zu können, wie umfangreich eine eventuelle Umstellung sein wird.

Als nächstes Mittel können Sie die Suchfenster am rechten oberen Bildschirmrand der IDE verwenden, die die Suche auf der aktuellen Seite, der gesamten Anwendung oder in allen Anwendungen des Workspaces ermöglichen. Das Suchergebnis wird entweder direkt angeboten, falls zum Beispiel ein Seitenelement der aktuellen Seite gefunden wurde, oder im zentralen Reiter SEITENSUCHE, falls auf der Seite gesucht wird. Alle anderen Fundstellen werden als nicht modaler Dialog dargestellt und können von dort über einen Verweis direkt angesprungen werden.

So einfach dieser Ansatz ist, so leistungsfähig ist er, denn für eine schnelle Ad-hoc-Prüfung auf Fundstellen ist dieser Weg sicherlich das geeignete Werkzeug. Auf gleichem Weg lassen sich auch Elementnamen suchen, zum Beispiel, um Referenzen auf nicht mehr vorhandene Seitenelemente in Verweisen zu finden. Diese Möglichkeiten sollten nicht unterschätzt werden und zum Standardrepertoire der Entwicklung von APEX-Anwendungen gehören.

21.4.2 Advisor

Die nächste Stufe ist der Advisor. Der Advisor kann entweder für die aktuelle Seite aufgerufen werden, wie in Abbildung 21.6 gezeigt, oder für die gesamte Anwendung, dann findet sich der Eintrag unter <Application Builder> • Utilitys • Advisor.

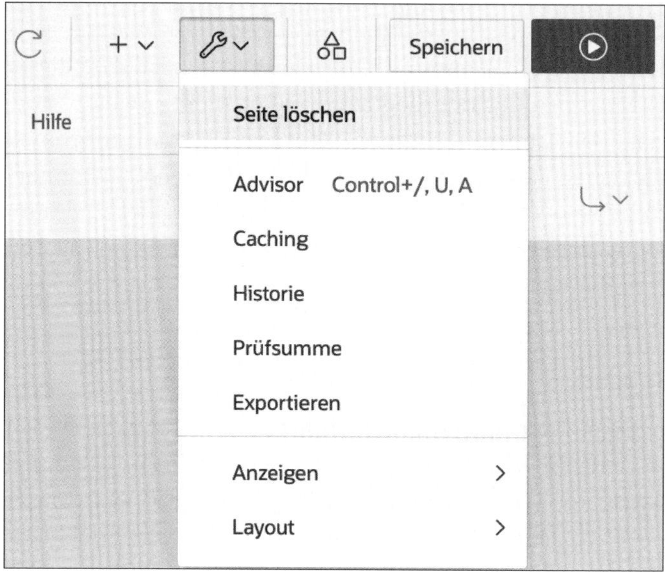

Abbildung 21.6 Aufruf des Advisors für die aktuelle Seite

Im Grunde verbirgt sich hinter diesem Werkzeug eine Sammlung von Regeln, die auf den Code angewendet werden. So existieren Regeln, die über eine einfache Suche hinausgehen, indem geprüft wird, ob die referenzierten Bindevariablen (zum Beispiel `:P4_ENAME`) als Seitenelemente existieren, und ähnliche mehr. Die Regeln sind in mehrere Themengebiete aufgeteilt (*Fehler, Sicherheit, Qualitätssicherung* und *Verwendbarkeit*) und können einzeln angefordert oder ausgeblendet werden. Auch hier enthält das Ergebnis des Tests einen Verweis auf die Fundstelle, sodass die Fehler direkt behoben werden können.

Nicht alle Fehler, die durch den Advisor dargestellt werden, sind auch tatsächlich welche. Grundsätzlich ist die Trefferquote umso höher, je mehr die Anwendung Standardverfahren von APEX verwendet. Setzen Sie auf weitergehende Programmierung über Packages oder Plugins, kann es zu vermeintlichen Fehlermeldungen kommen. Diese Meldungen können im Filter des Ergebnisberichts aber ausgeblendet werden. Es sollte zum Standardverfahren gehören, während der Entwicklung, vielleicht zum

Abschluss einer Änderung, immer auch einmal den Advisor für eine Seite zu starten, um sich zu vergewissern, dass der Code weitgehend plausibel ist. Öfter als einmal werden Sie durch den Advisor auf Nachlässigkeiten hingewiesen, die für die Codequalität oder auch für die Sicherheit Ihrer Anwendung relevant sind. Gern genommen wird hier zum Beispiel, dass die Authentifizierung der Seite nicht eingeschränkt wurde oder dergleichen mehr. Allerdings ist der Advisor in der momentanen Ausbaustufe doch mit recht vielen falsch positiven Fehlermeldungen belastet, ich habe in Gesprächen mit den Entwicklern mitgenommen, dass das Problem dort bekannt ist und eine umfassende Neufassung ins Auge gefasst wird.

21.5 Automatisiertes Testen

Code sollte automatisiert getestet werden. Doch auch bezogen auf diesen Bereich möchte ich nun nicht alle Strategien zum Testen von Datenbankcode aufblättern, sondern es diesbezüglich mit einer Erwähnung der am weitesten verbreiteten Werkzeuge bewenden lassen. Interessanter erscheint mir das automatisierte Testen von APEX-Anwendung inklusive einer kurzen Besprechung der für viele PL/SQL-Entwickler wahrscheinlich eher unbekannten Strategien zum Testen von Webanwendungen.

21.5.1 Test von PL/SQL-Code

Der automatisierte Test von PL/SQL ist nach einigem Hin und Her mittlerweile fest in der Hand des Utilities utPLSQL (*https://www.utplsql.org*). Dieses Open-Source-Werkzeug hat eine sehr elegante API und macht den Komponententest recht leicht. Für den SQL Developer existiert eine von Philip Salvisberg programmierte Integration, die es ermöglicht, für ein Package automatisiert ein Testpackage erstellen zu lassen, das zumindest die entsprechende Annotierung und Stubs für die Tests erstellt. Auch weitergehende Funktionen von utPLSQL werden integriert, wie etwa die Möglichkeit, Tests oder Codeabdeckungstests auszuführen.

Integrationstests sind mit diesem Werkzeug nicht möglich. Ein Ausweg besteht darin, utPLSQL in ein entsprechendes Werkzeug zu integrieren. Das haben wohl auch schon einige gemacht, ich kenne aber keine frei zugängliche Implementierung. In Grenzen lassen sich Integrationstests nachstellen, indem komplexerer Code ausgeführt wird und das Ergebnis aus einer oder mehreren Tabellen zusammengetragen wird, aber das ist eher eine Krücke als ein vernünftiges Werkzeug.

Komplexer werden die Dinge, weil im Umfeld von APEX PL/SQL-Code existiert, der allein nicht lauffähig ist, weil er auf einem APEX-Sessionkontext beruht. Daher sind diese Tests nur durchführbar, wenn es gelingt, die entsprechenden Parameter im Sessionstatus zu setzen. Glücklicherweise lässt sich dieses Problem durch die Einrichtungs- und Teardown-Phase simulieren, indem in einer Wrapperfunktion die Erzeugung einer APEX-Session gekapselt und die Parameter über APEX_UTIL.SET_SESSION_STATE gesetzt werden. Im Teardown wird die Session anschließend wieder verworfen. Auf diese Weise lassen sich Benutzeraktionen auf der Oberfläche simulieren und durch eine Reihe von Testdaten nachspielen. Zwischen einzelnen Tests mag es sinnvoll erscheinen, den Sessionstatus zu erhalten und nur die Werte zu löschen. Das ist durch weitere Prozeduren des Packages APEX_UTIL allerdings leicht zu lösen.

21.5.2 Test von APEX-Weboberflächen

Ein weiteres Testfeld besteht im direkten Testen der Oberflächen. Hier werden andere Werkzeuge eingesetzt, prominentestes Beispiel dürfte *Selenium* sein. Diese Werkzeuge simulieren die Bedienung einer Weboberfläche und prüfen, ob die Oberfläche einen bestimmten Status einnimmt. Die Navigation innerhalb der Oberfläche wird hierbei über einen *WebDriver* übernommen, einer Komponente, die Benutzereingaben in Formulare vornehmen, Schaltflächen klicken kann und mehr. Tests können dabei vom Benutzer erstellt werden, indem er auf Schaltflächen klickt, während Selenium den Test im Hintergrund aufzeichnet, es stehen aber auch eine GUI sowie eine API zur Verfügung. Die Tests selbst werden in einer Sprache verfasst, die *Selenese* heißt.

Die Referenz auf Objekte der Seite wird über die Elementnamen und Attribute der angezeigten HTML-Elemente hergestellt. Es wird also nicht etwa die Position auf dem Bildschirm gespeichert, sondern das unter dem Cursor befindliche HTML-Element analysiert. Daher können auf einfache Weise Tests generiert werden, wie »stelle sicher, dass das title-Attribut des aktuellen Elements den Wert Testseite enthält«, und Ähnliches. Ich möchte hier kein Tutorial zu Selenium geben, sondern lediglich erläutern, wie solche Tests grundsätzlich funktionieren.

Im Umfeld von APEX ist der Inhalt der Webseiten sehr stark durch Metadaten vorgegeben. Daher bietet es sich an, bei der Erstellung automatisierter Tests auch diese Metadaten zurate zu ziehen. Genau das ist der Ansatz für Werkzeuge wie *APEX Test Automation Framework* (ATAF), das selbst als APEX-Anwendung ausgelegt ist und, zumindest bei Anwendungen im gleichen Workspace, die Automatisierung von Tests sehr durch Auswahllisten vereinfacht, die aus dem APEX Data Dictionary entnommen sind. Auch dieses Werkzeug ist kostenfrei auf GitHub erhältlich (siehe *https://github.com/schunt1/ATAF*), ebenso wie einführende (englischsprachige) Videos. ATAF setzt die in der APEX-Anwendung erstellten Testfälle in Selenese um und speichert diese dann in ein Verzeichnis. Diese Tests können anschließend von Selenium ausgeführt werden und zeigen die Ergebnisse zum Beispiel in der IDE von Selenium, die als Firefox-Plugin ausgeführt ist, an.

Nett an ATAF ist die enge Integration in das APEX-Umfeld, das es für viele zu einer einfachen Alternative macht. Etwas umständlich ist derzeit allerdings noch das Deployment der Tests über eine Datei, die dann von einem Firefox-Plugin geöffnet und ausgeführt werden muss. Aber vielleicht ist hier ja in zukünftigen Versionen noch etwas zu erwarten. Allerdings hat die Anwendung 2019 die letzte Änderung erfahren, daher kann ich nicht sagen, ob sie noch aktiv betreut wird. Als Startpunkt für eigene Anwendungen ist sie jedoch sicherlich attraktiv.

TEIL III

Professional Use

Kapitel 22
APEX als Softwareentwicklungswerkzeug

Im letzten Teil dieses Buchs geht es um APEX als Instrument professioneller Softwareentwicklung. Im Vordergrund stehen die Strategien, die für die Entwicklung im Team und für große APEX-Anwendungen benötigt werden. Dieser Anwendungsfall hat Auswirkungen auf die Architektur, aber auch auf die eingesetzten Werkzeuge.

Möglicherweise denken Sie: »Jetzt geht es ab!« Nun kommen die geheimsten JavaScript-Tricks und die undokumentierten Superfeatures zum Einsatz. Leider muss ich Sie enttäuschen, das wird nicht der Fokus dieses Teils des Buches werden. In diesem Teil geht es um weitergehende Strategien und um Bereiche von APEX, die in den vorhergehenden Teilen einfach vorausgesetzt wurden. Ein Beispiel wäre das Thema Authentifizierung. Viele Entwickler haben mit diesem Bereich nichts oder nur sehr wenig zu tun, denn die Authentifizierung ist einmal eingerichtet worden und wird einfach verwendet. Andere Bereiche, wie die Sicherheit von APEX-Anwendungen, wird erst wichtiger, wenn entsprechend heikle Daten verwaltet werden oder wenn es um Geld geht oder wenn eine Anwendung erheblichen Anstürmen engagierter Hacker ausgesetzt ist. Das ist vor allem bei Inhouse-Anwendungen nur selten der Fall, daher ist das Thema Sicherheit für viele Entwickler zu Beginn nicht im Fokus, insbesondere weil APEX standardmäßig bereits recht sicher ist.

Dieses Kapitel ist mehr noch als die bisherigen ein meinungsstarkes Kapitel, in das ich meine persönlichen Erfahrungen aus meiner Projekttätigkeit einfließen lasse. Dies ist nicht immer ohne Risiko, denn vielleicht werden einige Dinge bei Ihnen ganz anders gehandhabt. Ich bin leider nicht im Besitz des Steins der Weisen, auch wenn ich das manchmal anzunehmen scheine, sodass meine Empfehlungen auch nur für die Projekte passen, bei denen ich bislang Teil des Teams war. Allerdings war ich an mehreren Projekten, bei denen die Umstellung auf die nachfolgend beschriebenen Prinzipien durchgeführt wurden, beteiligt, und all diese Projekte waren extrem erfolgreich, was den Einsatz von APEX angeht. Daher habe ich eine gewisse Zuversicht, dass sich auch für Ihre Situation Anregungen finden lassen, die die Erwägung lohnen.

In jedem Fall versuche ich, meine Meinung zu begründen. Diese Begründungen sind es, die von Ihnen und Ihren Kollegen kritisch betrachtet werden sollten: Ergeben die

Argumente Sinn? Falls ja, sollten Sie die Schlussfolgerungen nicht damit abtun, dass sie ja nicht bekannten Best Practices entsprechen, zumal dann nicht, wenn »Best Practice« ausschließlich das umfasst, was Sie bislang gemacht haben ...

22.1 Architektonische Anforderungen

Beginnen möchte ich mit der Betrachtung von APEX im Kontext der übrigen Entwicklungswerkzeuge. APEX hat beim Einsatz in größeren Teams ein erhebliches Problem, und das ist seine Offenheit für »Citizen-Developer«, wie das APEX-Team Entwickler nennt, die nicht hauptberuflich Software erstellen, sondern APEX als Mittel einsetzen, um für ihren Fachbereich kleinere Anwendungen bereitzustellen. Hier wird APEX als Ersatz für Excel oder Access verstanden, was den Vorteil bietet, dass die Datenbasis durch Oracle stabiler und performanter, sowie durch die Back-up-Strategien der Datenbank auch sicherer ist. Zudem lässt sich einmal erfasstes Wissen in Form von Daten auch für andere wiederverwenden, was Dateninseln auf irgendwelchen Servern entgegenwirkt. Anforderungen an eine strukturierte Entwicklung stehen bei diesem Anwendungsfall eher im Hintergrund, jeder macht es so, wie er kann und wie es für ihn funktioniert.

APEX unterstützt diese Arbeitsweise, doch sollte dies nicht als Begründung herhalten, auch in Softwareentwicklungsteams die gleiche Arbeitsweise an den Tag zu legen.

Die Herausforderungen, vor denen Teams stehen, die APEX verwenden, unterscheiden sich erheblich vom Citizen Developer, denn meistens müssen sich Kollegen gegenseitig vertreten können, was nur geht, wenn die Art der Kodierung in gewissen Grenzen gleich abläuft. Zudem sind Anwendungen professioneller Entwicklungsteams nicht nur umfangreicher und komplexer, sondern auch langlebiger. Langlebiger, als sich mancher Kollege vorstellen konnte, der den Vorgänger noch in Oracle Forms oder VB6 entwickelt hat. Wohl dem, der damals schon mit Weitblick rein fachliche Logik von den Anforderungen der jeweiligen Frontend-Entwicklungsumgebung getrennt hat, denn diese Entwickler werden sich bei der Migration auf APEX oder später von APEX auf das »new Kid on the Block« deutlich leichter tun.

Auf Entwicklerteams kommen aber auch Anforderungen aus den Bereichen CI/CD, Internationalisierung, Performance, Barrierefreiheit, Usability und vielen anderen zu, die für einen Fachbereichsentwickler keine Rolle spielen. Alle diese Herausforderungen kulminieren in einer Reihe Empfehlungen, die ich Ihnen in diesem Teil an die Hand geben möchte, damit Sie im Team handlungsfähig bleiben und auch komplexe Anwendungen meistern.

22.1.1 Architektonische Vorüberlegungen

Im Gegensatz zu herkömmlicher Anwendungsprogrammierung existiert bei einer APEX-Anwendung kein dedizierter Layer für die Applikationslogik, sondern der Benutzer verbindet sich über den Webserver und ORDS direkt mit der Datenbank, wie Abbildung 22.1 zeigt. APEX »lebt« also in der Datenbank, daher erscheint es auf den ersten Blick egal, wo die Daten liegen und wo der Anwendungscode. Das ist aber keineswegs so.

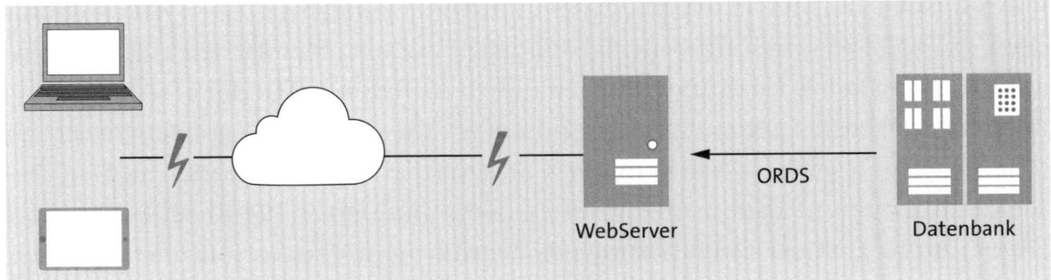

Abbildung 22.1 Überblick: Komponenten einer APEX-Anwendung

Treten wir zunächst einen Schritt zurück, und betrachten wir den Aufbau von Software aus einer architektonischen Perspektive. Es gehört zu den unumstrittenen Grundsätzen, dass Software in Modulen entwickelt wird. Ein Modul in diesem Sinn hat eine klar umrissene Aufgabe, für die das Modul ein Interface anbietet, das andere Module verwenden können, um die definierten Aufgaben in diesem Modul zu veranlassen. Ein Modul hat zudem eine Implementierung, in der die eigentliche Funktionalität realisiert wird. Das Konzept des Moduls ermöglicht es, notwendige Änderungen an der Implementierung durchführen zu können, ohne dadurch notwendigerweise das Interface zu ändern. Die Idee ist, dass das Interface sich weniger häufig ändern sollte als die Implementierung.

Bei herkömmlicher Anwendungsentwicklung entsteht diese Modularisierung bereits durch die unterschiedlichen Programmiersprachen sowie durch die Verteilung auf unterschiedliche Server, wie dies bei der Aufteilung einer Java-Anwendungsschicht und einer datenbankbasierten Persistenzschicht der Fall ist.

22.1.2 Architektur von APEX-Anwendungen

Auch bei einer APEX-Anwendung müssen die Module »Anwendung« und »Persistenz« unterschieden werden, obwohl beide innerhalb der Datenbank implementiert werden. Die APEX-Anwendung sollte sich daher nicht mit den Details der Datenspeicherung befassen müssen, sondern die Benutzereingaben entgegennehmen und weiterleiten sowie den Fluss der Anwendung kontrollieren. Umgekehrt sollte das Persistenzmodul keine Annahmen bezüglich der eingesetzten Oberflächentechnologie machen und keinesfalls Abhängigkeiten von APEX besitzen.

Im Grunde liegen die beiden Module auch in einer APEX-Anwendung bereits getrennt vor, denn die Daten liegen nicht im Schema des APEX-Eigentümers, sondern in dem APEX-Schema, das dem Workspace zugeordnet ist. Die Daten sind also vom Anwendungscode separiert, der sich als Metadaten in Tabellen des APEX-Eigentümers befindet.

Dennoch kann man an diesen grundlegenden Überlegungen das Dilemma verdeutlichen, das APEX-Anwendungen oftmals auszeichnet, denn in einfachen APEX-Anwendungen findet keine Trennung zwischen diesen Modulen statt, oder besser: Das Persistenzmodul besitzt kein Interface, sondern legt die vollständige Implementierung offen. Dies ist deshalb so, weil dem APEX-Schema die Tabellen gehören, und auf dieses Schema räumt APEX dem Anwendungscode unlimitierten Zugriff ein. Bleibt es bei diesem Aufbau, ist die Kanalisierung des Zugriffs auf die Daten nur über Programmierkonventionen möglich, nicht aber technisch untermauert. Diese enge Bindung hat eine zu große Abhängigkeit der Anwendungsfunktionalität vom Datenmodell zur Folge.

Sie können sich selbst die Frage beantworten, ob dies auch bei Ihren Anwendungen in der Vergangenheit passiert ist, wenn Sie sich folgendes Szenario vorstellen: Im Schema HR soll ein Change Request umgesetzt werden. Das Datenmodell sieht bislang so aus wie in Abbildung 22.2.

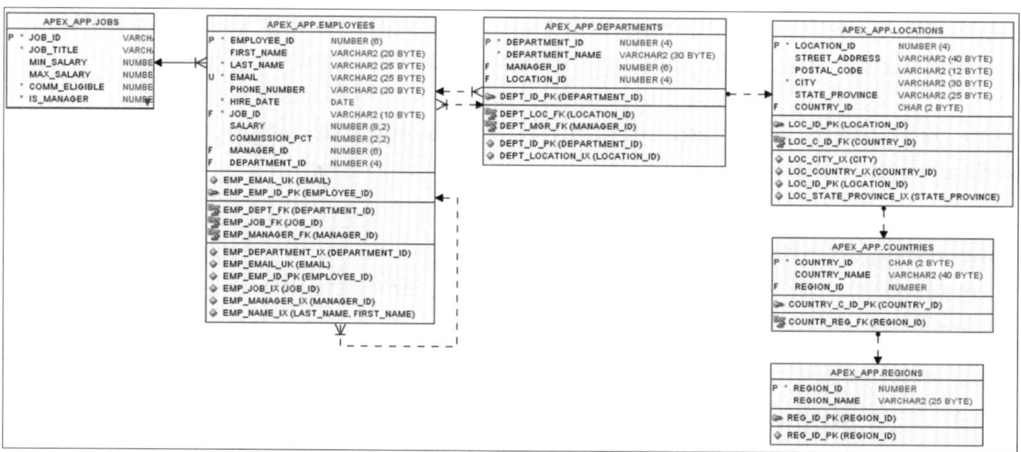

Abbildung 22.2 Aktueller Stand des Datenmodells HR

Ein Mitarbeiter hat einen Job und gehört einer Abteilung an, was als `1:n`-Beziehung zwischen den Tabellen `JOBS`, `EMPLOYEES` und `DEPARTMENTS` modelliert ist. Der Change Request sagt, dass die historische Zuordnung eines Mitarbeiters zu einem Beruf und zu einer Abteilung gespeichert werden solle. Die Datenmodellierer folgern, dass dies nun eine m:n-Beziehung zwischen den genannten Tabellen zur Folge haben muss, denn die Beziehung eines Mitarbeiters zu einem Beruf kann (über die Zeit) mehrere Berufe umfassen, der gleiche Beruf aber auch von mehreren Mitarbeitern ausgeführt werden. Sie kommen mit einem Vorschlag gemäß Abbildung 22.3 auf die Entwickler zu.

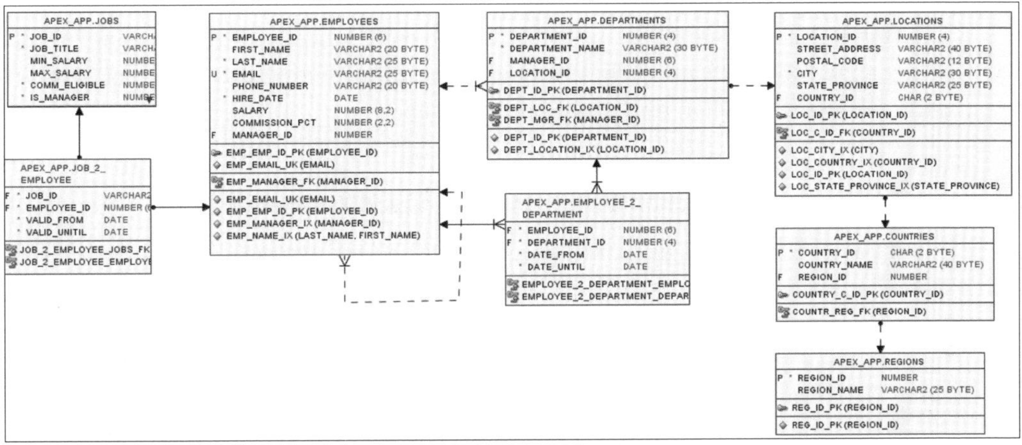

Abbildung 22.3 Vorschlag für eine Änderung des Datenmodells

Die Spalten JOB_ID und DEPARTMENTS_ID sind aus der Tabelle EMPLOYEES verschwunden und finden sich in den neu eingerichteten Tabellen JOB_2_EMPLOYEE bzw. JOB_2_DEPARTMENT wieder. Dies hat zur Folge, dass eine insert-Anweisung in Tabelle EMPLOYEES nicht ausreichen wird, um einen Mitarbeiter anzulegen, es ist noch eine zweite und dritte Anweisung erforderlich, um die Verbindung zur Abteilung und dem Beruf einzurichten.

Die einfache Frage, die Sie sich nun stellen können, lautet: Überlebt Ihre Anwendung diese Modelländerung? Falls nicht, ist die Koppelung zwischen dem Persistenzmodul und Ihrer Anwendung zu eng. Der Grund: Eigentlich sollte sich das Verhalten des Interfaces zum Anlegen eines Mitarbeiters nicht ändern, nur weil eine andere Speicherform gewählt würde. Wäre der Zugriff über ein Package erfolgt, wäre dieses Package zwar invalide geworden und hätte korrigiert werden müssen, das Interface, also die Parameter der Methode, hätten sich aber nicht geändert.

No-Code-APEX-Anwendungen überleben diese Änderungen im Übrigen nicht. Der Grund ist einfach, denn die Seitenprozesse, die in APEX automatisiert angelegt werden, haben nicht die Möglichkeit, in mehrere Tabellen zu schreiben. Diese Prozesse hätten die Änderung nur überlebt, wenn sie, wie im zweiten Teil des Buches beschrieben, auf einem Package basieren. Dieses Package ist Teil des Interfaces.

Was wir also benötigen, ist die Trennung zwischen dem Persistenzmodul und der Anwendung durch ein Interface.

In einer Oracle-Datenbank wird ein solches Interface durch eine API geschaffen, die als sogenannte Transaktions-API fachliche Use-Cases in Packages implementiert, die die Tabellen und die für die Manipulation der Daten erforderlichen SQL-Anweisungen als Implementierungsdetails verbergen. Dieses System ist nur dann durchsetzbar, wenn es vom Anwendungscode nicht einfach umgangen werden kann und somit lediglich eine Konvention darstellt, der man bitte folgen möge. Eine solche Trennung ist in einer Oracle-Datenbank ausschließlich über die Aufteilung des Codes auf unterschiedliche Schemata möglich. Und genau diese Aufteilung des Schemas existiert nicht, wenn die Tabellen im APEX-Schema liegen.

22.1.3 Trennung zwischen Datenschema und APEX-Schema

Nehmen wir eine beliebige, extern programmierte Anwendung, die mit einer Oracle-Datenbank arbeitet, so stünde vor allem die Forderung im Vordergrund, als den technischen Benutzer, mittels dessen sich eine Anwendung an der Datenbank anmeldet, niemals den Eigentümer der Tabellen zu verwenden. In diesem Fall wäre die Anwendung Eigentümer aller Datenbankobjekte der Anwendung und könnte ohne weitere Einschränkung beliebig agieren. Stört Sie zum Beispiel ein Trigger? Kein Problem, Sie können ihn schnell deaktivieren, Ihre Arbeit verrichten und den Trigger wieder aktivieren. Ich habe an einem Krankenhausinformationssystem eines renommierten Herstellers gearbeitet, dort hat man nicht nur diesen Fehler begangen, sondern gleich auch noch das leidige Problem fehlender Berechtigungen dadurch gelöst, dass jeder Anwendungsbenutzer die Rolle DBA zugesprochen bekam, sodass jeder Arzt, der diese Anwendung nutzte, Administrationsrechte auf der Produktionsdatenbank hatte. Das ist einfach nur gruselig!

[!]

Merke

Ich verwende die Begriffe *Datenbankbenutzer* und *Schema* ein wenig lax und austauschbar, doch ist das bei Oracle gerechtfertigt, denn ein Datenbankbenutzer, der über Tabellen verfügt, besitzt dadurch ein Schema, was beide Begriffe im Grunde analog macht.

Seit Version 19c der Datenbank gibt es Benutzer ohne Authentifizierung, was den Vorteil hat, dass diese sich nicht an der Datenbank anmelden können, sondern lediglich Datenbankobjekte besitzen. Diese Idee unterstützt den Gedanken der Trennung von Tabelleneigentümern und technischen Benutzern.

Im Umfeld von APEX hat die APEX-Anwendung eine analoge Position inne, sie fungiert als externe Anwendung bezüglich der Tabellendaten. Es ist daher nicht in Ordnung, im APEX-Schema, das dem APEX-Workspace zugeordnet ist, die Tabellen der Anwendung zu hinterlegen, weil dies dem Fehler entspricht, den wir bei einer externen Anwendung gesehen hatten.

APEX selbst geht hier mit gutem Beispiel voran. Das Servlet ORDS können wir als externe Anwendung betrachten. ORDS verbindet sich mit der Datenbank durch den Benutzer `APEX_PUBLIC_USER`, der keine eigenen Datenbankobjekte besitzt, sondern lediglich Ausführungsrechte an Objekten des Benutzers `APEX_nnnnnn`, insbesondere an der Prozedur `F`, die in dem URL angesprochen wird. Umgekehrt ist es durch administrative Vorgaben im Regelfall ausgeschlossen, dass sich ein externer Benutzer als Benutzer `APEX_nnnnnn` anmelden kann, diesem Benutzer sind entsprechende Privilegien entzogen.

Die Prozedur `F` wiederum hat sich seit Einführung von APEX nur additiv geändert, es sind also Parameter hinzugekommen, die Interpretation der bestehenden Parameterwerte hat sich seit zwei Jahrzehnten nicht geändert, obwohl wir in dieser Zeit im Grunde eine komplette Neuprogrammierung von APEX erlebt haben. Dies ist der Gedanke des Interfaces.

Nur über die Trennung dieser beiden Benutzer ist es möglich, sicherzustellen, dass ORDS nicht auf beliebige Daten innerhalb der Datenbank zugreifen kann, indem es die mächtigen internen Packages des APEX-Eigentümers nutzt.

Dieses Prinzip muss auch zwischen der APEX-Anwendung und dem Persistenzmodul existieren, und hiergegen verstößt APEX, um einfache Anwendungsentwicklung für Citizen Developers zu gestatten. Eine Trennung stabilisiert nicht nur die Anwendung, weil sich das entsprechende Interface zu den Daten nicht so häufig ändert, sondern sorgt zudem für eine erhöhte Sicherheit, weil nur noch die Manipulationen an den Daten möglich sind, die im Interface hinterlegt sind.

Es kommen noch weitere Argumente hinzu. APEX-Anwendungen im professionellen Umfeld benötigen in aller Regel Daten aus mehr als einer Datenquelle. Es kann sein, dass gewisse Daten über Webservices verfügbar gemacht werden, etwa aus einer bestehenden SAP-Installation, oder aber durch Datenbanklinks oder Berechtigungen aus unterschiedlichsten Datenbanken und Datenbankschemata. Es verbietet sich aus meiner Sicht, wenn diese Links und Berechtigungen sämtlich dem APEX-Schema gehören, da dieses hierdurch zu viele Rechte auf den entsprechenden Quellen erhält. Nehmen wir als Beispiel einen Datenbanklink. Gehört dieser Datenbanklink dem APEX-Schema, gehören die im Datenbanklink verfügbaren Daten ebenfalls dem APEX-Schema, denn es meldet sich an der anderen Datenbank als ein Benutzer an und agiert dort in dessen Namen und mit dessen Berechtigungen.

Besser ist es, diese Berechtigungen durch ein separates Schema zu kanalisieren, das die Daten anschließend mittels einer View oder einer Methode dem APEX-Schema zur Verfügung stellt. Auf diese Weise erhält eine APEX-Anwendung Zugriff lediglich auf die Daten, die innerhalb der Anwendung erforderlich sind, und kann nur durch programmierte Methoden Daten manipulieren.

Eine weitere Konsequenz aus der Tatsache, dass oftmals Daten aus mehreren Schemata für eine Anwendung benötigt werden, besteht darin, dass zum Teil unterschiedliche Namenskonventionen oder Programmierrichtlinien in den jeweiligen Datenquellen verwendet werden, die wir uns ungefiltert in die APEX-Anwendung hineinholen, wenn es keine Kanalisierung gibt. Ich erinnere mich an ein Fakturierungsprogramm, das die lästige Angewohnheit hatte, alle Spalten als CHAR-Datentypen anzulegen. Eine Postleitzahl wurde daher immer auf 8 Stellen mit Leerzeichen erweitert, fehlte die Postleitzahl, wurden 8 Leerzeichen übermittelt. Zum Teil wurden Datumsangaben als Zeichenketten gespeichert und viele weitere »Gimmicks« mehr. Eine Anwendung, die solche Eigenheiten für einige der zu verwendenden Daten bis in die Anwendungsschicht durchreicht, macht keinem Entwickler mehr Freude.

Neben der besseren Entkoppelung der Module liegt in der Trennung der Module für Entwicklerteams auch eine Chance der Parallelisierung: Während ein Entwickler an der Oberfläche arbeitet, kann ein Kollege im Persistenzmodul die Methoden bereitstellen, die die Anwendung benötigt.

22.1.4 Architektonische Anforderung

Da Schemata das einzige Mittel innerhalb der Datenbank sind, Module zu implementieren, bedeutet die Einrichtung eines Moduls immer auch die Einrichtung mindestens eines Schemas. Schemata sind konkurrenzlos einfach zu implementieren und durch das Rollen- und Rechtekonzept von Oracle unproblematisch in der Anwendung. Sehen wir uns nun an, welche Module typischerweise vorhanden und welche Funktionen in ihnen enthalten sind.

APEX-Anwendungsmodul

Ein Modul ist die APEX-Anwendung (oder die APEX-Anwendungen, falls Sie mehrere Anwendungen in einem Workspace betreiben) mit seinem APEX-Schema, dem alle Daten und Methoden berechtigt werden, die für den Betrieb der Anwendungen erforderlich sind. Dieses Schema darf neben den Packages die Benutzerdaten entgegennehmen und weiterleiten sowie den Anwendungsfluss steuern, auch Tabellen und weitere Packages enthalten, soweit diese ausschließlich für die APEX-Anwendungen benötigt werden. Beispiele für solche Tabellen könnten Metadaten zu Ihren Anwendungen sein, die nicht in APEX selbst verwaltet werden können, etwa um eine Portalanwendung mit mehreren Teilanwendungen zu implementieren.

Dass dieses Modul eigene Daten enthalten darf, ist wichtig, denn Sie möchten die Datenschemata, die eigentlich gar keine Kenntnis von APEX benötigen und auch nicht haben sollten, nicht mit Packages füllen, die sich um diese konkrete Oberflächentechnologie kümmern.

Aus diesen Überlegungen und dem engen Zuschnitt dieses Moduls ergibt sich im Normalfall die Folge, dass pro Workspace nur ein APEX-Modul bzw. ein APEX-Schema eingerichtet werden muss. Möglich ist es zwar, auch mehrere Schemata pro Workspace zu verwalten, doch ist die Begründung hierfür normalerweise, auch dessen Daten für eine APEX-Anwendung verfügbar zu machen. Haben wir ein *dediziertes* Schema für diesen Workspace, reicht es aus, diesem Schema den Zugriff auf weitere Daten zu ermöglichen und diese dann zum Beispiel über Synonyme oder Views APEX zugänglich zu machen.

Mit dem Begriff »dediziert« meine ich, dass das APEX-Schema keine andere Aufgabe hat, als die APEX-Anwendungen des Workspaces zu betreuen. Dieser einfache Gedanke macht einen großen Unterschied, denn nun lassen sich viele Dinge umsetzen, ohne negative Seiteneffekte befürchten zu müssen. Einige Beispiele:

- Die Tabellen des Datenschemas verwenden kryptische Bezeichner, die nur die Datenbankmodellierer verstehen? Erzeugen Sie Views, die durch Spaltenaliase diese Komplexität bereinigen.
- Die Ursprungsschemata verwenden eine abweichende Konvention für boolesche Werte? Passen Sie die Werte in einer Eingangsview auf Ihre Konvention an.
- In den Quelldaten werden Datumsangaben als Zeichenketten gespeichert und der Datentyp `CHAR` verwendet? Konvertieren Sie die Zeichenketten in den Typ `DATE`, und trimmen Sie die `CHAR`-Spalten zu `VARCHAR2`.

Die Liste lässt sich beliebig verlängern. Da wir nur lesend auf die Daten zugreifen (der schreibende Zugriff erfolgt über Packages, deren Methoden wir entsprechend konvertiert aufrufen können), haben wir keine negativen Konsequenzen zu befürchten, wenn wir einmal davon absehen, dass Zeichenketten, die ein Datum repräsentieren, durchaus nicht immer als Datum interpretiert werden können.

Sollten Sie sich entscheiden, viele Workspaces einzurichten (mehr dazu finden Sie in Abschnitt 22.3, »Zuschnitt von Workspaces«), kann es sinnvoll sein, ein Schema einzurichten, das Workspace-übergreifende APEX-bezogene Funktionen enthält. Ein Package mit APEX-Utilitys wäre ein denkbarer Fall. Dieses Schema könnte dann allen anderen Workspaces zusätzlich zum eigentlichen APEX-Schema berechtigt werden.

Persistenzmodule

Ein zweites Modul ist, wie gesagt, das Persistenzmodul. Dieses Modul kann in sich wieder aufgeteilt sein, je nach den Daten, die Sie verwalten müssen. Wichtig ist, dass dieses Persistenzmodul nicht nur von APEX-Anwendungen angesprochen werden kann, sondern auch von anderen Anwendungen, etwa einer Java-Anwendung oder einem Batchlauf direkt in der Datenbank. Oft sind diese Module auch bereits vorhanden, weil eine APEX-Anwendung auf Basis bestehender Daten neu programmiert werden soll.

Was ich in diesem Kapitel als *Persistenzmodul* bezeichne, umfasst deutlich mehr, als ein Java-Programmierer einem solchen Modul im Regelfall zugestehen würde: die Validierung der Daten, die Organisation der Speicherung und des Zugriffs auf die Daten. Es implementiert fachliche Anwendungsfälle und bietet über einfache Methoden hinaus häufig auch Methoden zur effizienten Mengenverarbeitung von Daten an.

Was ich also als Persistenzmodul bezeichne, würden andere durchaus als vollständige Anwendung ohne Benutzeroberfläche interpretieren. Ich denke, dass dies auch der richtigere Ansatz zum Verständnis dieses Moduls wäre. Dies dürfte Sie als Gedanke nicht schockieren, da Sie sich entschieden haben, eine vollständige Anwendung innerhalb der Datenbank zu entwickeln.

Wie Sie dieses Modul intern gestalten, möchte ich hier nicht vertiefen, weil aus dem Modulgedanken folgt, dass aus APEX-Sicht die Deklaration des Interfaces das Einzige ist, was APEX über diese Schicht erfahren wird. In einem APEX-Buch müssen wir also nicht tiefer blicken. Einige Teams entscheiden sich, dieses Modul vertikal in zwei Schemata aufzuteilen, eines für die Tabellen und ein zweites für die Logik, aber das ist wirklich Geschmackssache.

Eine Anforderung würde ich aus APEX-Sicht noch an diese Schicht stellen: Das Interface sollte Methoden anbieten, die der Validierung von Benutzereingaben vor dem Persistieren dienen. Der Grund: In APEX ist der Lebenszyklus so eingerichtet, dass die Validierung getrennt von der Speicherung durchführbar sein muss. Damit die Validierungen wiederverwendet werden können, sollten diese separat aufrufbar sein.

Ich halte es so, dass alle Validierungen über ein zentrales Validierungspackage geführt werden, damit es eine zentrale Stelle gibt, um die Validierungen direkt Fehler werfen zu lassen oder diese zunächst zu sammeln. Die Speichermethoden rufen als Erstes diese Validierungsmethoden auf, doch sind diese eben auch getrennt verfügbar. Wir befinden uns in der weit überwiegenden Zahl der Fälle im Bereich der Einzelsatzverarbeitung, das heißt, dass die Anwendung eine Zeile bearbeitet und anschließend speichert. In diesem Umfeld ist es eigentlich immer vertretbar, die Validierung doppelt auszuführen.

Die Validierung darf gern »einfache« PL/SQL-Fehler werfen oder auch mittels eines Ergebniscodes ihren Status melden, da bin ich nicht wählerisch. Der Grund ist, dass die Aufgabe des Anwendungsmoduls unter anderem darin besteht, die Fehler der Persistenzschicht entgegenzunehmen und APEX in geeigneter Form zur Verfügung zu stellen. Die Abbildung eines PL/SQL-Fehlers oder eines Return-Codes auf einen APEX-Fehler gehört dann zu den Aufgaben, die innerhalb des Anwendungsmoduls durchgeführt werden.

Eine weitverbreitete Anforderung an diese Packages ist zudem, dass sie *transaktionsorientiert* arbeiten. Damit ist gemeint, dass keine eindeutige Beziehung zwischen einem Package und einer Tabelle existiert, sondern dass das Package frei darin ist, mehrere DML-Anweisungen auszuführen, die entweder ganz oder gar nicht funktionieren. Dabei ist wichtig, zu betonen, dass in diesen Packages die Transaktion nicht festgeschrieben wird, das ist immer Aufgabe des aufrufenden Codes.

Eine etwas weniger offensichtliche Forderung betrifft die Aussage, dass das Interface anwendungsfallorientiert implementiert werden soll. Anhänger anderer Programmiersprachen reden gar von »CRUD als Antipattern«. Was verbirgt sich dahinter? *CRUD* als Akronym für *Create Read Update Delete* wird als Entwurfsmuster für die Benennung der Methoden dieser Packages verstanden. Die Packages implementieren also gleichnamige Methoden. Dass dies nicht gut ankommt, hängt mit der Verschleierung ihrer Funktionalität zusammen. Nehmen wir an, eine Bestellung wird storniert. Welcher Grund war hierfür ursächlich? Hat der Kunde die Bestellung storniert, oder wurde sie aufgrund mangelnder Bonität des Kunden durch den Verkäufer storniert? Beide Anwendungsfälle hätten in einer `CRUD`-basierten API wohl den Aufruf der Methode `delete_order` zur Folge, obwohl recht sicher ist, dass diese Methode die Bestellung nicht löschen, sondern nur auf einen Status setzen wird, der eine stornierte Bestellung kennzeichnet. Die Benennung der Methode ist an der technischen Implementierung orientiert (und lügt diesbezüglich sogar) und nicht an der fachlichen Aufgabe, die durch die Methode eigentlich ausgeführt wird. Möchte man nicht für jeden denkbaren Anwendungsfall eigene Methoden einrichten, wäre eine Methode `set_order_state` mit einem entsprechenden Status eine Alternative. Das ist mit »anwendungsfallorientiert« gemeint. Das Ziel ist, dass die Methoden tun, was sie vorgeben zu tun, der Name entspricht ihrer Funktion.

Eine abschließende Bemerkung zu diesem Thema: Die Überlegungen beziehen sich auf APEX-Anwendungen im *OLTP*-Umfeld, also die Erfassung einzelner Datensätze über Formulare der Anwendung. Im Umfeld von Datenwarenhäusern mit ihren Anforderungen an das Berichtswesen gelten grundsätzlich andere Vorgaben. Da in diesem System aber normalerweise durch APEX nicht geschrieben wird, erspare ich mir hier entsprechende Empfehlungen.

Vertikaler Dienst

Unter einem vertikalen Dienst versteht man ein Modul, das nicht hierarchisch über oder unter anderen Modulen gedacht wird, sondern übergreifend mehrere Schichten versorgen kann. Die klassischen Einsatzbereiche eines vertikalen Diensts sind das Logging von Codemeldungen, die Fehlerbehandlung, manchmal auch Validierungs- oder Dokumentationsfunktionen. Dieses Modul ist auch der perfekte Container für generische Hilfspackages, etwa ein Utility mit Textfunktionen, das nicht nur ausschließlich für ein Modul, etwa das APEX-Modul, benötigt wird.

Die wichtigste Anforderung an dieses Modul ist, dass es von keinem anderen Modul abhängig sein darf, sondern die intern entwickelten Funktionalitäten ausschließlich an andere Module berechtigt. Diese Einschränkung verbietet die Einrichtung von

Utilitys, die APEX voraussetzen. So nett dies wäre, ist die Abhängigkeit hiervon immer kritisch zu hinterfragen. Im Ausnahmefall könnten Sie jedoch APEX für spezielle Einsatzbereiche auch gleichberechtigt mit anderen Schemata wie `SYS` oder zum Beispiel `MDSYS` ansehen, also als Technologieträger für allgemeine Funktionen, etwa zum Zusammenstellen von ZIP-Dateien oder Ähnlichem. Keinesfalls sollte ein solches Utility jedoch von einer APEX-Session abhängen.

Weitere Module

Weitere Module können eingerichtet werden, wenn Daten zum Beispiel exportiert werden müssen. In diesen Fällen ist es sauberer und sicherer, ausschließlich die zu exportierenden Daten einem entsprechenden Datenbankschema zugänglich zu machen und auf diesem eine Zugriffsmöglichkeit für die externen Interessenten an den Daten einzurichten.

Getrennt davon könnte ein Modul für Webservices verwendet werden, in dem zum Beispiel eine REST-Schnittstelle für eine Webanwendung zur Verfügung gestellt wird. Zum Thema REST-Schnittstelle: Dieser Weg, Daten der Datenbank für externe Anwendungen verfügbar zu machen, implementiert die exakt gleiche Idee, die wir mit unserem Persistenzmodul verfolgen, denn es kapselt das Lesen und die Bearbeitung von Daten hinter einer Methodenschnittstelle. Anstatt diese Methoden direkt innerhalb der Datenbank aufzurufen, werden als Kommunikationsprotokoll http und als Datenformat zum Beispiel `JSON` vereinbart. Aus diesem Grund enthält dieses Modul die Aufbereitung der Daten des Persistenzmoduls für die entsprechenden Webservices sowie die Konvertierung der Daten in das `JSON`-Format.

Die Folge ist, dass Sie relativ viele Schemata bekommen, doch ist dies kein Nachteil, sondern im Gegenteil dient diese Aufteilung dazu, Abhängigkeiten zwischen verschiedenen Bestandteilen Ihres Codes zu kontrollieren. Normalerweise gibt es keine Möglichkeit, innerhalb eines Schemas den Zugriff auf Packages einzuschränken (Oracle in Version 12c führt hier eine Veränderung durch die `accessible by`-Klausel ein, doch wird diese noch nicht sehr breit verwendet). Die Folge ist, dass zwischen den Packages ein kaum noch zu überblickendes Abhängigkeitsgeflecht existiert, das Seiteneffekte geradezu unausweichlich macht. Die Trennung in Schemata kanalisiert dies, weil der Zugriff über explizit eingeräumte Berechtigungen erfolgen muss, und dies ist eine zweite Ebene der Berechtigung, die es Ihnen ermöglicht, zwischen öffentlich verfügbaren und internen Packages zu unterscheiden.

22.1.5 Arbeiten mit Modulen

Wenn Sie die Module strikt voneinander trennen, haben Sie nun die Herausforderung, entscheiden zu müssen, welcher Teil der Funktionalität wo implementiert werden muss. Oft ist es so, dass eine Methode eine Abhängigkeit von einer APEX-Anwendungsseite hat, weil direkt auf den Inhalt eines Seitenelements zugegriffen wird, andererseits aber Speicher- oder Validierungslogik. Sinnvoll wäre es, die Methode in zwei Teilmethoden zu trennen und die APEX-bezogenen Bestandteile von der Speicher- oder Validierungslogik zu separieren. Anschließend kann der zweite Teil dann auf einem tieferen Layer des Stacks angeordnet werden.

Beispiel: Verarbeitungsmethode refaktorisieren

Sehen wir uns hierzu ein Beispiel an. Die Methode in Listing 22.1 zeigt eine Methode zur Verarbeitung eines Mitarbeiters.

```
SQL> procedure process_emp_edit
       authid definer
     as
       l_emp_row hr_employees%rowtype;
       l_email_found binary_integer;
     begin
       -- Daten uebernehmen
       l_emp_row.emp_id := to_number(v('P4_EMP_ID'));
       l_emp_row.emp_first_name := v('P4_EMP_FIRST_NAME');
       l_emp_row.emp_last_name := v('P4_EMP_LAST_NAME');
       l_emp_row.emp_email := v('P4_EMP_EMAIL');
       l_emp_row.emp_phone_number := v('P4_EMP_PHONE_NUMBER');
       l_emp_row.emp_hire_date :=
         to_date(v('P4_EMP_HIRE_DATE'), 'dd.mm.yyyy');
       l_emp_row.emp_job_id := v('P4_EMP_JOB_ID');
       l_emp_row.emp_commission_pct :=
         to_number(v('P4_EMP_COMMISSION_PCT'), '999D99');
       l_emp_row.emp_dep_id := to_number(v('P4_EMP_DEP_ID'));
       -- Email pruefen
       select count(*)
         into l_email_found
         from hr_employees
        where emp_email = l_emp_row.emp_email
          and (emp_id != l_emp_row.emp_id
           or l_emp_row.emp_id is null);

       if l_email_found = 1 and v('APEX$ROW_STATUS') != 'D' then
           apex_error.add_error(
             p_message => 'Die Mailadresse existiert bereits',
             p_display_location => apex_error.c_inline_with_field_and_notif,
             p_page_item_name => 'P4_EMP_EMAIL');
       else
         case v('APEX$ROW_STATUS')
```

```
32      when 'C' then
33        l_emp_row.emp_id := employees_seq.nextval;
34        insert into hr_employees t
35        values l_emp_row;
36      when 'U' then
37        update hr_employees
38           set row = l_emp_row;
39      else
40        delete from hr_employees
41         where emp_id = l_emp_row.emp_id;
42      end case;
43    end if;
44
45  end process_emp_edit;
```

Listing 22.1 Methode zur Verarbeitung eines Mitarbeiters

Die Methode unterscheidet sich von der bisherigen Herangehensweise, weil sie die Seitenelemente nicht als Parameter erhält, sondern direkt in APEX aus dem Sessionstatus entnimmt. Der erste Schritt der Prozedur in den Zeilen 8–16 besteht dann darin, einen Record auf Basis der Tabelle `HR_EMPLOYEES` typsicher mit den eingegebenen Informationen zu bestücken. Die Zeilen 18–29 dienen der Validierung der eingefügten E-Mail-Adresse. Nur wenn diese erfolgreich war (oder der Datensatz gelöscht werden soll), werden die Eingaben in die Zieltabelle übernommen.

Zur Beurteilung möchte ich einige Fragen zu diesem Code stellen:

- Woher wissen wir, dass in Zeile 13 diese Formatmaske benötigt wird, um erfolgreich ein Datum zu erzeugen?
- Was passiert, wenn eine Konvertierung nicht gelingt?
- Woher wissen wir in Zeile 33, dass eine neue Mitarbeiter-ID über eine Sequenz erzeugt wird, und was machen wir, wenn sich dies in einem späteren Release auf eine Identity-Spalte ändert?
- Woher kennen wir die »Magic Values« `APEX$ROW_STATUS`, `C`, `U`, `D`? Was kostet es, allen Teammitgliedern dieses Wissen zu vermitteln?
- Oder war es doch `I` statt `C`?
- Es soll eine französische Version unserer Anwendung erstellt werden. Welche Auswirkung hat das auf die Fehlermeldung oder das Datumsformat?

Sicher fallen Ihnen noch weitere Fragen ein. Doch eine Änderung dieser Methode ist nicht leicht, denn wie soll das Ergebnis aussehen?

Wir haben einerseits eine Abhängigkeit von APEX, etwa durch das Wissen, wie die Eingabeelemente heißen, und durch den Sessionstatus, den wir benötigen, um die aktuellen Werte zu ermitteln.

Dann haben wir eine Abhängigkeit vom Datenmodell, denn wir arbeiten direkt auf der Tabelle, müssen daher alle Spaltenbezeichner, die erforderlichen Constraints (`not null`-Spalten zum Beispiel) kennen, um die Validierungen einzurichten. Wir benötigen auch Zugriff auf flankierende Datenbankobjekte, zum Beispiel auf die Sequenz zur Ermittlung eines neuen Primärschlüssels. Schließlich existiert eine große Anzahl magischer Werte, die wir einfach kennen und interpretieren können müssen, um zu verstehen, wie die Anwendung funktioniert.

Es gibt auch Schönes: So ist zum Beispiel der Gedanke, einen Record mit den Daten zu füllen, erst einmal eine sinnvolle Geschichte, denn die `insert`- und `update`-Anweisungen werden dadurch schön kurz. Eine Änderung der Tabelle `HR_EMPLOYEES` wäre hingegen nicht so schön ...

Trennen wir die Zuständigkeiten, böte es sich an, ein Hilfspackage zu schreiben, dass einige Funktionen zum Konvertieren von Seitenelementen implementiert. Nennen wir dieses Package einmal `UTL_APEX`. Die Hilfsmethoden `get_string`, `get_number` und `get_date` könnten dann nicht nur auf den Sessionstatus zugreifen, sondern auch die Konvertierung in die entsprechenden Datentypen übernehmen, indem sie sich informieren, welche Formatmaske aktuell in APEX für das entsprechende Element verwendet wird. Und wo die Methode schon dabei ist, könnte sie Konvertierungsfehler auch direkt an die Oberfläche melden.

Die magischen Werte, die in der Methode verwendet werden, sind ebenfalls ein Fall für das Hilfspackage, schon um sich den Namen `APEX$ROW_STATUS` nicht merken zu müssen. Man kann in den Funktionen `inserting`, `updating` und `deleting` einen Programmierstil umsetzen, den wir bereits von der Triggerprogrammierung kennen. Sie liefern `TRUE` zurück, falls die Spalte den zugehörigen magischen Wert enthält.

Die wichtigste Trennung ist jedoch, die Speicherung und Validierung der Daten in ein eigenes Schema und Package auszugliedern, wie ich nun ausführlich begründet hatte. Als allgemeines Utility haben wir dann noch ein Validierungspackage, das es erlaubt, zwischen Sammel- und Direktmodus zu unterscheiden.

[!]

Merke

Was soll die Bemerkung zum Sammelmodus eines Validierungspackages? Ich meine hiermit, dass ein Formular alle Validierungen ausführen können muss, um auch alle Fehler auf einmal anzeigen zu können. Würde im Gegenteil ein Batchlauf ausgeführt, reicht es, einen Fehler zu generieren, um das Schreiben des Datensatzes abzulehnen.

Wird für die Validierung eine zentrale Methode verwendet, muss diese in beiden »Modi« betrieben werden können. Da es nicht sinnvoll ist, dies bei jeder Validierungsmethode über eine Konvention zu ermöglichen, ist es besser, alle Validierungsfehler über ein zentrales Package laufen zu lassen, um einen Punkt zu haben, wo entschieden werden kann, ob ein Fehler geworfen oder in einer Collection gesammelt wird.

Bliebe als Letztes, dass wir die Abarbeitung einer Menge von Fehlermeldungen ebenfalls so implementieren können, dass es unabhängig von der aktuellen Situation ist, also verlegen wir diese Methode ebenfalls in das Package UTL_APEX. Wie sieht die Methode aus, nachdem wir all das gemacht haben?

```
SQL> procedure process_emp_edit
    authid definer
  as
    l_emp_row employee_vw%rowtype;
  begin
    -- Daten uebernehmen
    l_emp_row.emp_id := utl_apex.get_number('EMP_ID');
    l_emp_row.emp_first_name := utl_apex.get_string('EMP_FIRST_NAME');
    l_emp_row.emp_last_name := utl_apex.get_string('EMP_LAST_NAME');
    l_emp_row.emp_email := utl_apex.get_string('EMP_EMAIL');
    l_emp_row.emp_phone_number := utl_apex.get_string('EMP_PHONE_NUMBER');
    l_emp_row.emp_hire_date := utl_apex.get_date('EMP_HIRE_DATE');
    l_emp_row.emp_job_id := utl_apex.get_string('EMP_JOB_ID');
    l_emp_row.emp_commission_pct :=
     utl_apex.get_number('EMP_COMMISSION_PCT');
    l_emp_row.emp_dep_id := utl_apex.get_number('EMP_DEP_ID');
    -- Fehlermeldungen sammeln einschalten, dann pruefen
    pit.start_message_collection;
    bl_employee.validate_emplyoee(l_emp_row);
    pit.stop_message_collection;
    -- Nach Pruefung Daten verarbeiten
    case
    when utl_apex.inserting then
      bl_employee.hire_employee(l_emp_row);
    when utl_apex.updating then
      bl_employee.maintain_employee(l_emp_row);
    when utl_apex.updating then
      bl_employee.dismiss_employee(l_emp_row);
    else
      utl_apex.raise_invalid_request;
    end case;

  exception
    when msg.PIT_BULK_ERROR_X then
```

```
    utl_apex.handle_bulk_error(char_table(
      'EMAIL_NOT_UNIQUE_X', 'EMP_EMAIL'));
end process_emp_edit;
```

Listing 22.2 Refaktorisiert Fassung der Methode

Listing 22.2 zeigt die refaktorisierte Fassung. Mein Package UTL_APEX hat gleich noch das Seitenpräfix unnötig gemacht, sodass ich es etwas leichter habe, mit meiner Logik umzuziehen, falls ich die Seite in APEX kopiere und neu anlege. Die aktuelle Anwendungs- und Seiten-ID sind im Package APEX_APPLICATION als globale Variablen verfügbar, daher kann auch das Präfix für Elemente leicht ermittelt werden. Das Wissen über die aktuellen Formatmasken entnehme ich der View APEX_APPLICATION_PAGE_ITEMS, dich ich in UTL_APEX abfragen kann. Als Rückfalllösung stehen noch die Packagevariablen APEX_APPLICATION.g_default_date_format zur Verfügung, falls eine Datumsspalte ohne explizites Datumsformat verwendet wird.

Alle magischen Werte sind verschwunden. Das ist nicht nur ein Wert an sich, sondern die Ermittlung, welche Aktivität in der Datenbank auszuführen ist, hat sich über die APEX-Version geändert. Ältere Formulare müssen hier andere Wege gehen als die neuere Formularregion. Diese Details können wir ebenfalls in UTL_APEX kapseln.

Welche Prüfungen genau durchzuführen sind, ist diesem Code egal. Er ruft lediglich die Methode zur Validierung auf und wartet auf einen Bescheid. Sind Fehlermeldungen aufgetreten, sorgt der exception-Block dafür, dass diese auf den Seitenelementen angezeigt werden, die im Übergabeparameter zu dem jeweiligen Fehlercode zugeordnet wurden. Eine Verarbeitung der Daten findet in diesem Fall nicht mehr statt, dafür sorgt der Fehler, den PIT.stop_message_collection werfen würde, wenn die Validierung nicht erfolgreich war.

Ein wichtiger Unterschied besteht darin, dass der Record nicht mehr auf die Tabelle HR_EMPLOYEES, sondern auf eine View EMPLOYEE_VW eingerichtet wurde. Dieser Record wird vom Package BL_EMPLOYEE erwartet, der die möglichen Anwendungsfälle zur Bearbeitung von Mitarbeitern implementiert. Eine Änderung der Tabelle ist nun ebenso unproblematisch möglich wie das Umstellen der Primärschlüsselermittlung auf eine Identity-Spalte ab Version 12c der Datenbank. Dieses Detail wird im entsprechenden Package entschieden, die Methode liefert einfach die ermittelte Mitarbeiternummer als Attribut des Records zurück.

Wenn Sie die refaktorisierte Methode betrachten, ist sie, nun ja – langweilig geworden, da alle Fachlichkeit und Komplexität aus ihr verschwunden sind. Sie verwaltet nur noch die anstehenden Aufgaben, lässt die Daten zusammentragen und leitet diese an das Package BL_EMPLOYEE weiter. Dort werden die Daten validiert und verarbeitet. Das Wundersame an dieser Refaktorisierung ist jedoch etwas anderes: Wenn Sie sich das Package BL_EMPLOYEE ansehen würden, wäre es ähnlich langweilig, denn es wird ein Record mit typsicheren Daten übergeben, der in die Tabelle integriert oder aus ihr gelöscht wird. Lediglich die Validierungsmethode ist ein wenig spannender, weil hier nicht nur die unterschiedlichen Datensituationen geprüft werden, sondern auch noch entschieden wird, wann welche Validierung erforderlich ist. Doch ist auch das recht überschaubar, weil diese Methode nichts anderes tut als eben dies.

Ein Utility wie `UTL_APEX` zu entwickeln, mag auf den ersten Blick den Aufwand nicht wert sein, doch täuscht dies, denn der Code wird nicht nur robuster und einfacher zu verstehen, die Inkonsistenzen und vor allem die Versionsunterschiede der APEX-API werden hinter diesem Package ebenfalls verborgen. Zudem wird das Wissen darum, welche Methode, die ID der aktuellen Anwendung zu ermitteln, die effektivste ist, an eine zentrale Stelle verschoben, von wo aus alle Kollegen an diesem Wissen teilhaben können und wo es auch administrierbar ist, falls es einen besseren Weg in einer zukünftigen APEX-Version geben sollte.

Die ursprüngliche Komplexität der Methode »nutzt sich ab«, wenn die Zuständigkeiten klar voneinander getrennt werden. Jeder Teilschritt wird trivial, trotzdem steigt die Funktionalität der Gesamtlösung. Dies ist das eigentliche Ziel, das wir mit dem Umbau unserer bisherigen APEX-Strategie erreichen wollen: einfache, leicht zu wartende Anwendungen zu schaffen, die jeder verstehen und weiterentwickeln kann.

Das Refaktorisierungsbeispiel ist ein wenig künstlich, in der Realität müssen wir der Tatsache Rechnung tragen, dass die Validierung einer Anwendungsseite und deren Verarbeitung zwei Teilschritte sind. Dies ist insbesondere deshalb wichtig, weil die Verbindung zwischen ORDS und der Datenbank über einen Connection-Pool organisiert wird. Das bedeutet, dass nicht sichergestellt ist, dass die Validierung die gleiche Datenbanksession benutzen wird wie die Verarbeitung der Seite. In der Konsequenz müssen wir daher in beiden Fällen (Validierung und Verarbeitung) die Benutzereingaben erneut übernehmen. Die Erweiterung ist jedoch minimal. Die Übernahme des Sessionstatus in den Record wird in eine Hilfsmethode ausgelagert, die den gefüllten Record zurückliefert. Die Validierungsmethode enthält den gesamten Code, allerdings ohne die Verarbeitung in Zeile `21ff`, während die Verarbeitungsmethode die Validierung nicht mehr aufruft (`BL_EMPLOYEE` validiert die Daten ohnehin noch einmal, und wir hatten die Validierung bereits vorab durchgeführt) und daher auch keinen `exception`-Block benötigt. Die Validierungsmethode muss zudem als Funktion ausgeführt werden, da eine Validierung in APEX stets einen Wert liefern muss. Wir returnieren konstant `TRUE`, weil eventuelle Fehler durch `UTL_APEX.handle_bulk_error` bereits in den APEX-Fehlerstack integriert worden wären und schon von daher die Seite nicht verarbeitet wird. Da das nun doch einige Veränderungen waren, zeigt Listing 22.3 den aktuellen Stand.

```
SQL> function copy_emp_edit
  return employee_vw%rowtype
as
  l_row employee_vw%rowtype;
begin
  l_row.emp_id := utl_apex.get_number('EMP_ID');
  l_row.emp_first_name := utl_apex.get_string('EMP_FIRST_NAME');
  l_row.emp_last_name := utl_apex.get_string('EMP_LAST_NAME');
  l_row.emp_email := utl_apex.get_string('EMP_EMAIL');
  l_row.emp_phone_number := utl_apex.get_string('EMP_PHONE_NUMBER');
  l_row.emp_hire_date := utl_apex.get_date('EMP_HIRE_DATE');
  l_row.emp_job_id := utl_apex.get_string('EMP_JOB_ID');
  l_row.emp_commission_pct := utl_apex.get_number('EMP_COMMISSION_PCT');
  l_row.emp_dep_id := utl_apex.get_number('EMP_DEP_ID');

  return l_row;
end copy_emp_edit;


function validate_emp_edit
  return true
as
  l_row employee_vw%rowtype;
begin
  l_row := copy_emp_edit;

  pit.start_message_collection;
  bl_employee.validate_emplyoee(l_row);
  pit.stop_message_collection;

  return true;
exception
  when msg.PIT_BULK_ERROR_X then
    utl_apex.handle_bulk_error(char_table(
      'EMAIL_NOT_UNIQUE_X', 'EMP_EMAIL'));
  return true;
end validate_emp_edit;


procedure process_emp_edit
  authid definer
as
  l_row employee_vw%rowtype;
```

```
begin
  l_row := copy_emp_edit;

  case
  when utl_apex.inserting then
    bl_employee.hire_employee(l_row);
  when utl_apex.updating then
    bl_employee.maintain_employee(l_row);
  when utl_apex.updating then
    bl_employee.dismiss_employee(l_row);
  else
    utl_apex.raise_invalid_request;
  end case;
end process_emp_edit;
```

Listing 22.3 Refaktorisierte Validierungs- und Verarbeitungsmethode

So sehen die meisten meiner Methoden zur Übernahme von Formularen aus APEX-Anwendungsseiten aus. Ich gehe noch einen Schritt weiter und lasse diesen letzten Stand der Methoden durch das Package `UTL_DEV_APEX`, das mit `UTL_APEX` installiert wird, automatisiert erstellen. Die Methode arbeitet auf Basis der APEX-Metadaten und weiß daher, welche Hilfsmethode wann aufzurufen ist. Allerdings nutze ich dies nur als Tipphilfe, anschließend werden die Artefakte in ein Package integriert und von Hand weiterentwickelt, falls dies nötig ist. Zumindest das Mapping in `UTL_APEX.handle_bulk_errors` ist manuell erforderlich. Als Parameter für diesen Methodenaufruf übergebe ich die Anwendungs- und Seiten-ID, die statische ID des Formulars sowie die Namen der Methoden für die drei Anwendungsfälle `C`, `U` und `D`.

Für die APEX-Anwendungsseite bedeutet dies nun, dass für ein Formular nur eine Methode `EMP_UI.validate_emp_edit` aufgerufen wird. Glauben Sie mir, gerade dieser Schritt wird unglaublich viel Arbeit ersparen! Ich erinnere mich an eine Methode, die eine Kollegin in einem Projekt erstellt hat und die über 45 unterschiedliche Fehler werfen konnte. Hierfür möchten Sie definitiv keine deklarativen Validierungen nachbauen. Das ist aber kein Problem: Aus der Dokumentation der Methode kopieren Sie die möglichen Fehlercodes und überführen diese in das Mapping Ihrer Validierungsmethode, und schon sind Sie damit fertig.

Merke

Was hat es mit dem Mapping der Fehlercodes auf Anwendungselemente auf sich? Die zentrale Validierungsmethode kann nicht wissen, dass APEX diese Fehlermeldung anzeigen wird. Tatsächlich weiß die Methode nicht einmal, dass die Fehler, die sie produziert, nicht zum Abbruch der Methode führen, sondern lediglich gesammelt werden.

Da unsere Anwendung die Fehler aber bei einem Eingabeelement platzieren möchte, muss das Wissen, welcher Fehlercode aufgetreten ist, mit dem Wissen um die Namen der Seitenelemente verknüpft werden. Dies kann nur im UI-Package der Anwendung erfolgen, denn nur hier ist das Wissen über die Persistenz- und die Anwendungsschicht vorhanden.

Da die Aufgabe technisch aber stets gleich ausgeführt werden kann, reicht es, ein generisches Mapping zu erstellen, das dem zentralen Hilfspackage übergeben wird. Fehlt ein Mapping, bedeutet das lediglich, dass dieser Fehler als allgemeiner Dokumentenfehler ohne Elementbezug dargestellt wird. Es geht also keine Fehlermeldung verloren.

Die Verarbeitung des Formulars wird über den Standard-DML-Verarbeitungsprozess, allerdings in der Implementierung PL/SQL-Code, ausgeführt als `EMP_UI.process_emp_edit`.

Ein anderes Thema ist die Frage, auf welche Weise der Sessionstatus an die verarbeitenden Packages übergeben werden sollte. Ich antworte auf diese Frage meistens, dass meine hervorstechendste Eigenschaft als Entwickler meine Faulheit sei und ich daher keine Lust hätte, die endlosen Parameterlisten zu schreiben, die erforderlich sind, wenn umfangreiche Formulare zu verarbeiten sind.

Dahinter steht derzeit (bis einschließlich Version 22.1) vor allem eine fachliche Unzufriedenheit, die darin begründet ist, dass die Bindevariablen, die für die Übergabe von Seitenwerten an Packages normalerweise verwendet werden, zwei entscheidende Nachteile besitzen:

- Sie sind immer nur Zeichenketten, implizite Konvertierungsfehler werden nicht adäquat abgefangen.
- Es existiert keine verlässliche Prüfung auf Schreibfehler; wird der Name einer Bindevariable falsch geschrieben, wird kein Fehler geworfen, sondern einfach `NULL` zurückgeliefert.

Aus diesem Blickwinkel ist mein Vorschlag, den Sessionstatus über ein Hilfspackage `UTL_APEX` typsicher zu übernehmen, der Lösung mit den Bindevariablen technisch deutlich überlegen. Denn, Sie ahnen es schon: Es ist nicht nur so, dass wir in dieser Hilfsmethode die aktuelle Formatmaske nachschlagen und Konvertierungsfehler abfangen können, ebenso wird diese Methode einen Fehler werfen, wenn ein Seitenelement erfragt wird, das es auf der Anwendungsseite nicht gibt. Allein diese drei Punkte sprechen aus meiner Sicht eindeutig für die von mir vorgeschlagene Lösung.

Meine Empfehlung diesbezüglich ändert sich mit dem Einsatz von APEX in Version 22.2 und später durch den neuen Prozesstypen `Invoke API`. Als hätte man meine Einwände gehört (geäußert habe ich sie bereits gegenüber dem APEX-Entwicklerteam, aber ich war sicherlich nicht der Einzige), erlaubt dieser Prozesstyp,

- dass eine PL/SQL-Methode deklarativ ausgewählt und aufgerufen werden kann, ohne hierfür den Methodennamen schreiben zu müssen,
- dass die Parameter der Methode automatisiert auf Eingabeelemente abgebildet werden, wenn der Parametername diese Verwendung nahelegt,
- den Datentyp aus der Methodenspezifikation abzuleiten und den Session Status entsprechend zu konvertieren, sogar unter Berücksichtigung der aktuellen Formatmaske.

Das ändert alles, meine ich, denn nun ergibt es einen großen Mehrwert, eine Methode mit expliziten Parametern zu implementieren und diese durch die Anwendungsseite referenzieren zu lassen.

Welche Auswirkungen hat diese Änderung auf meine Überlegungen? Ich muss gestehen, dass mich diese Änderung ins Grübeln gebracht hat. Was ist nun der beste Weg? Meine Schlussfolgerung: Die Änderungen sind so groß nicht, ich werde lediglich los, was mich ohnehin gestört hatte: Die `copy`-Methode ist nun nicht mehr erforderlich, stattdessen kann ich den Record als Parameter meiner Methode vereinbaren und durch die neue API von APEX füllen lassen. Allerdings: Dieser Prozess kann zwar sowohl Prozeduren als auch Funktionen aufrufen, also wäre es auch möglich, die entsprechenden Funktionen beim Aufruf der Validierung einzusetzen. Derzeit funktioniert dies jedoch nicht, weil dieser Prozesstyp für Validierungen nicht angeboten wird. Wahrscheinlich wird dies aber bald möglich sein. Bis dahin kann ich auf die `copy`-Methode doch noch nicht verzichten.

Das ist meine Essenz aus meiner Beschäftigung mit APEX: Auf diese Weise lassen sich einfache und komplexe Formularseiten im Griff halten. Natürlich sind oft weitere Methoden erforderlich, um die Seite insgesamt zu kontrollieren, zum Beispiel für serverseitige Bedingungen, doch dies ist das Grundgerüst, das sich immer gleich auf allen Formularseiten wiederholt. Wenn Sie in den UI-Packages konsequent jede fachliche Logik vermeiden, sondern stets Methoden aus dem `BL_EMPLOYEE`-Package hierfür aufrufen, bleibt die Anwendung auch bei sehr komplexen Umgebungsbedingungen immer verständlich und nachvollziehbar.

Empfehlung zur Erstellung von Formularseiten

Damit die Geschwindigkeit bei der Erstellung von Formularseiten trotz der Anforderung an die Architektur hoch bleibt, empfehle ich Ihnen folgende Vorgehensweise, zum Beispiel zum Erstellen einer Berichtsseite mit Formular:

- Beginnen Sie mit der View für die Formularseite.
- Nutzen Sie anschließend den Assistenten zur Erstellung der Anwendungsseite, und lassen Sie den Bericht ebenfalls auf der View der Formularseite basieren.

- Legen Sie auf den entstandenen Anwendungsseiten die Aliase fest, und vergeben Sie eine statische ID für die Formularregion.
- Erstellen Sie die oben gezeigten Methoden, idealerweise durch die Verwendung eines Code-Generators, der die Metadaten der entstandenen Formularseite lesen und daraus die Methodenaufrufe ableiten kann.
- Überarbeiten Sie das Formular optisch, und fügen Sie eine Validierungsmethode (Typ: `PL/SQL-Ausdruck`) und die Verarbeitungsmethode ein, wie oben beschrieben.
- Erstellen Sie eine weitere View für die Berichtsseite, und ändern Sie die Datenquelle dieser Seite auf die neu erstellte View.
- Benennen Sie abschließend die Spalten der Berichtsseite um.
- Möchten Sie noch mehr tun, können Sie die Verweise zwischen den Seiten auf die jeweiligen Seitenaliase umstellen.

Folgen Sie diesen Schritten, haben Sie so gut wie keinen Zeitverlust gegenüber der Erstellung einer Seite ohne diesen architektonischen Unterbau.

22.2 Anforderungen an APEX-Anwendungen

Die Trennung zwischen der APEX-Anwendung und dem Code, der im APEX-Schema vorzuhalten ist, erscheint auf den ersten Blick schwerer zu treffen, da beide dem gleichen Modul angehören oder besser anzugehören scheinen. Tatsächlich ist die Trennung zwischen dem, was dargestellt wird (View) und dem, was die Darstellung kontrolliert und steuert (Control) weit verbreitet. Aber hier werden die Dinge wirklich unscharf, wenn es um APEX geht. Das Seitenelement, das auf einer Anwendungsseite angelegt wird, ist offensichtlich Teil dessen, was angezeigt wird. Wenn andererseits eine serverseitige Bedingung für dieses Seitenelement festlegt, dass es nur gezeigt werden soll, falls die Bedingung erfüllt ist, fällt diese Bedingung eindeutig in den Bereich Control. Eine klare Trennung ist nicht zu erkennen. Da ich auch nicht künstlich eine solche Trennung herbeireden möchte, nehmen wir das als Ergebnis: Eine Trennung gibt es zunächst einmal nicht. Dennoch ist es nicht egal, wohin welcher Code kommt.

22.2.1 Kein PL/SQL und SQL auf der Anwendungsseite

Die erste Trennung würde ich dort ziehen, wo PL/SQL- oder SQL-Code dynamisch ausgeführt werden würde. Dies ist immer der Fall, wenn entsprechender Code auf der Anwendungsseite eingegeben wird. Mich stört weniger der minimale Impact auf die Performanz, der dadurch entsteht, dass dynamisches SQL oder PL/SQL bei jeder Ausführung erneut geparst werden muss, sondern viel stärker, dass für diese Codebestandteile die Oracle-interne Abhängigkeitskette durchbrochen ist. Diese segensreiche Erfindung von Oracle hat zur Folge, dass ein Package, das auf einer sich ändernden Tabelle basiert, durch die Änderungen invalide wird. Oracle wird versuchen, vor der nächsten Verwendung dieses Packages eine erneute Kompilierung vorzunehmen, sodass Sie nichts von diesen Prozessen bemerken, solange das Package inhaltlich gültig geblieben ist. Doch selbst wenn ein Package durch eine Änderung nicht mehr kompilierbar ist, ist dies ein großer Vorteil, weil Sie alle Stellen, an denen dies so ist, einfach finden und korrigieren können. Eine erste Forderung an eine APEX-Anwendung besteht also darin, dass die Datenbankobjekte keine invaliden Bestandteile aufweisen dürfen.

Code auf einer Anwendungsseite ist, wie mehrfach beschrieben, nur dynamisch auszuführen und wird, als Zeichenkette in einer Tabelle gespeichert, nicht invalide. Dass Code nicht mehr gültig ist, erkennen Sie erst, wenn Sie diese Seite ausführen.

Ein zweites Argument betrifft die automatisierte Testbarkeit einer APEX-Anwendung. Da Sie auch außerhalb einer APEX-Anwendung eine APEX-Session erstellen und Werte in den Sessionstatus schreiben können, sind alle Packages in der Datenbank automatisiert testbar. Das ist ein nicht zu unterschätzender Vorteil im Umfeld professioneller Softwareentwicklung. Parallel zur besseren Testbarkeit ist Code innerhalb der Datenbank aber auch besser zu entwickeln, es gibt einen Debugger, einen Compiler, eine Laufzeitumgebung für Funktionstests und so weiter.

Dass sich Methoden, die eine Prüfung durchführen, in einem Package besser machen als auf der Anwendungsoberfläche, hatten wir auch gesehen, als diese Methoden unmittelbar wiederverwendbar wurden und die gleiche Logik nicht zweimal auf der Anwendungsseite eingetragen werden musste. Nicht zuletzt empfehlen alle Beteiligten, das APEX-Entwicklerteam ebenso wie alle Datenbankfachleute, Code stets in Packages zu hinterlegen.

Die Beispielanwendungen, die durch das APEX-Team erstellt werden, halten sich im Regelfall nicht an diese Vorgaben, doch bitte ich hier um Nachsicht: Die Entwicklung einer Beispielanwendung soll die Verwendung eines APEX-Features zeigen, außerhalb von APEX hat diese Anwendung keinerlei Existenzberechtigung. Dies ist bei Ihren Anwendungen grundlegend anders: Im Regelfall übernimmt APEX für Ihre Anwendung lediglich die Visualisierung, die eigentliche Funktionalität hat auch dann eine Bedeutung, wenn als Oberfläche zum Beispiel Vue oder Angular eingesetzt würde.

Das ist das aus meiner Sicht das wichtigste Argument, und ich höre es in offiziellen Statements und Veranstaltungen viel zu selten: Code in einem Package vorzuhalten und Views zu verwenden, sorgt dafür, dass zwischen der Anwendungsseite und der selbst geschriebenen Logik wieder ein Interface eingerichtet wird. Es ist aus Sicht der Anwendung völlig klar: Die Daten können nur aus dedizierten Views stammen, die speziell für diese Anwendungsseite oder diese gemeinsame Komponente geschrieben wurden, die Verarbeitung der Seite kann nur in einem Package implementiert worden sein, dessen einzige Aufgabe die Verarbeitung der Daten dieser Anwendung ist. Dadurch entsteht eine Simplizität, die das Verstehen einer fremden Anwendung massiv vereinfacht. Mit ein bisschen Nachdenken kann eine Funktion nur an einer Stelle im Code implementiert worden sein. Das ist ein nicht zu unterschätzender Vorteil gegenüber dem Suchen, das ansonsten erforderlich ist: Wo ist eine Funktion implementiert? Vielleicht in einem Package oder auf der Anwendungsseite, vielleicht in einer der 15 dynamischen Aktionen oder in einer JavaScript-Datei extern zur Anwendung?

Fragen Sie Webentwickler, die mit anderen Frameworks arbeiten, ist gerade diese Trennung ein hohes Gut, was übrigens auch von den JavaScript-Spezialisten des APEX-Teams so eingeschätzt wird: Wenn eine Funktion nicht durch direkte Integration eines JavaScript-Funktionsaufrufs, sondern durch einen Link auf einen Anker, der eine Action anspricht, ausgeführt werden soll, entspringt dies der besseren Trennung von Darstellung und Funktionalität, oft aus dem Hintergedanken, dass ein Webentwickler für die Anwendung nicht notwendigerweise Wissen über JavaScript haben muss, um eine Anwendung erstellen zu können. Diese Trennung spielt auch in der Platzierung von Code eine wesentliche Rolle: Der Entwickler der Seite muss nicht wissen, welche fachlichen Bedingungen gelten müssen, damit ein Beruf kommissionsberechtigt wird, ihm reicht, eine entsprechende Methode aufzurufen.

22.2.2 Eine View pro Datenquelle

Ich hoffe eigentlich, dass Sie sich durch die schleichende Gewöhnung in diesem Buch, für jede Datenquelle eine eigene View zu erstellen, bereits an die Vorteile dieses Ansatzes gewöhnt haben, doch halten viele APEX-Entwickler, die ich in meinen Projekten kennenlerne, diese Forderung auf den ersten Blick für übertrieben.

Ich bin jedoch zur Auffassung gekommen, dass dies lohnt, weil mehrere Probleme immer wieder aufgetreten sind:

- Eine ursprünglich triviale Anfrage für eine Auswahlliste wurde über die Zeit immer komplexer.
- Eine kleine Änderung an einer zentralen View hatte Konsequenzen für andere Anwendungsseiten, die erst viel später und durch Zufall auffielen.
- Deklarative »Weiterentwicklungen« von Views führen zu inperformantem Code.

Vielleicht ist gerade der letzte Spiegelstrich nicht recht klar. Dieser Fall tritt auf, wenn Sie eine Abfrage für einen Bericht mit Formular erstellen. Oft beginnt man damit, eine Tabelle oder eine einfache View auf die Tabelle als Basis des Formulars zu generieren. Dass hierbei alle Schlüsselwerte referenziert werden, ist klar, da diese auf dem Formular benötigt werden, da sie in der Datenbank gespeichert werden müssen. Die Auswahl der entsprechenden Fremdschlüssel geschieht auf der Formularseite durch Auswahllisten und ist so sehr komfortabel.

Auf der Berichtsseite ist dies jedoch nicht gewünscht. Hier stören die Fremdschlüssel und sollen nach Möglichkeit durch die entsprechenden referenzierten Werte ersetzt werden. Kein Problem, schließlich kann eine Spalte ebenfalls auf einer Auswahlliste basieren. Es ist aber ein deutlicher Unterschied, ob Sie eine Auswahlliste für eine einzelne Zeile oder für 10.000 Zeilen eines Berichts referenzieren. APEX wird im Zweifel nichts anderes übrig bleiben, als für jede Spalte, die eine Auswahlliste referenziert, und für jede Zeile des Berichts einmal die entsprechende `select`-Anweisung auszuführen. Lassen Sie nun noch etwas Logik in der Auswahlliste existieren, vielleicht eine Unterscheidung zwischen aktuell genutzten und nicht genutzten Statusflags, und Sie erahnen, was nun passieren wird.

Haben Sie im Gegenteil die Angewohnheit, den Bericht durch eine eigene View mit Daten zu versorgen, ist es überhaupt kein Problem, diese Abfrage mit Joins so zu optimieren, sodass nur die benötigten Daten ermittelt und angezeigt werden. Auch hier zahlt sich der Mehraufwand für eine eigene View innerhalb kurzer Zeit aus. Und auch eine View unterliegt im Gegensatz zu einer `select`-Anweisung auf einer Anwendungsseite der Abhängigkeitskette, Sie profitieren also auch hier von invalide werdenden Views, wenn sich die unterliegenden Tabellen ändern.

Oft wird mir ein vermeintliches Zeitargument entgegengehalten: Ist APEX eigentlich noch »schnell« von der Entwicklungszeit her, wenn so viele Views oder Package-Methoden erstellt werden müssen? Das ist, mit Verlaub, ein Totschlagargument ohne Hintergrund. Stoppen Sie gerne die Zeit, die Sie mehr aufwenden müssen, um eine Datei anzulegen, die eine View enthält, die als Datenbasis für einen Bericht dient, als diese Schritte zu umgehen und die `select`-Anweisung direkt auf die Anwendungsseite zu integrieren. Seien Sie dann aber bitte auch fair sich selbst gegenüber, und kalkulieren Sie die Zeit, die Sie für die Fehlerkorrektur während der Erstellung durch das Hin- und Herkopieren von der Anwendungsseite in den SQL-Developer und zurück benötigen.

Nehmen Sie an, eine Tabelle habe sich geändert. Wie schnell sind Sie jetzt, alle Stellen zu finden, an denen eine Änderung erforderlich ist? Die `select`- Anweisungen auf den Anwendungsseiten werden sich jedenfalls nicht von selbst melden. Und insgesamt: Wie groß ist der Zeitanteil, diese zusätzliche Datei anzulegen, verglichen mit der Dauer, die Sie für die Formulierung und das Testen der `select`-Anweisung aufbringen mussten? Lassen Sie mich raten: Vernachlässigbar?

Wie hoch können Sie umgekehrt den Vorteil veranschlagen, wenn ein Kollege Ihnen einen komplexen Bericht abnehmen kann und anschließend einfach eine View bereitstellt, die Sie für die Anwendung nutzen können? Wenn Sie es clever anstellen, ist die Datei, die Sie ursprünglich angelegt hatten, an der richtigen Stelle in einem Versionierungssystem angelegt, sodass die Auslieferung ebenfalls gleich mit organisiert ist. Dann wenden sich die initialen Aufwände schnell zu einem handfesten Vorteil, gerade bei der Entwicklung im Team.

22.2.3 Zuschnitt von Anwendungspackages

Die Datenverarbeitung der Datenbank wird von vielen in jeweils einem Package pro Anwendungsseite implementiert, gern benannt nach dem Namensschema a123_p14_pkg für Anwendung 123, Seite 14. Das Postfix _pkg konnte ich mir nicht verkneifen, es entstammt der für mich vollständig unklaren Konvention, mir durch den Namen erklären zu wollen, dass ein Package ein Package ist. Diese Konvention kenne ich aus keiner anderen modernen Programmiersprache. Das ist aber nicht der Punkt, um den es mir hier geht.

Die Konvention, ein Package pro Anwendungsseite einzurichten, hat seine Berechtigung, wenn große, monolithische APEX-Anwendungen mit zum Teil vielen Hundert, wenn nicht gar Tausend Anwendungsseiten gebaut werden. Packages, die als Fokus mehr als eine Anwendungsseite haben, würden in diesem Umfeld zu einem Albtraum. Ich tendiere zu einer anderen Lösung: Bei mir sind Anwendungen tendenziell eher klein, meistens nur um die 10 oder 20 Anwendungsseiten, dafür habe ich mehr Anwendungen. Diese halte ich durch eine Portalanwendung zusammen, deren einzige Aufgabe die Navigation durch die Anwendungen ist (Details folgen in Abschnitt 22.4, »Zuschnitt von APEX-Anwendungen«). Durch diese Strategie halte ich es für vertretbar, ein Package pro Teilanwendung einzurichten, da deren Länge sich nun in einem vertretbaren Rahmen hält.

Nachteile der Konvention, für jede Anwendungsseite ein Package zu erstellen, sehe ich darin, dass die meisten Packages nun trivial sind, da sie nur eine einzige Methode enthalten und so den Gedanken des Packages konterkarieren. Ich bin auch kein Freund der numerischen Kodierung (Was passiert, wenn eine Anwendungsseite kopiert und neu erstellt wird?), sondern bevorzuge, wie Sie durch das gesamte Buch bemerkt haben, Aliase auf Anwendungs- und Seitenebene.

Andererseits habe ich große Sympathie für den Gedanken, Teilgebiete, die in einer Anwendung gemeinsam implementiert werden, durch getrennte Packages verarbeiten zu lassen. Ein Beispiel wäre ein Package, das nicht nur einen fachlichen Einsatzbereich hat, sondern auch einen administrativen Teil, der für die Verwaltung der entsprechenden Stammdaten verantwortlich ist. Eine für mich logische Trennung in zwei Packages könnte dann zwischen der eigentlichen Anwendung und der administrativen Seite gezogen werden. Das Ziel ist klar: Teilen Sie die Packages so übersichtlich und nachvollziehbar wie möglich ein. Halten Sie im Hinterkopf, dass Packages einen Kulminationspunkt im Team bilden: Da ein Package nur einmal zentral in der Datenbank kompiliert werden kann, bemerken Entwickler nicht, wenn sie zu zweit am gleichen Package arbeiten und sich gegenseitig die Änderungen überschreiben. Daher sollten die Packages nicht zu groß werden, um diese Fehlerquellen zu minimieren. Verwenden Sie SVN als Versionierungswerkzeug, könnten Sie über die Einrichtung von Dateisperren nachdenken, um diese Situation zu entschärfen, auf GIT geht das leider nicht.

Noch eine Diskussion, die man so oder so führen kann: Sollten Anwendungsseiten *ausschließlich* auf Methoden des zugehörigen Packages zugreifen oder auch auf allgemeine Hilfspackages zugreifen dürfen? Ein Beispiel wäre eine allgemeine Prüfmethode für IBAN-Zahlen, die in mehreren Anwendungen verwendet werden. Vielleicht haben Sie ein Package, das IBAN nicht nur prüfen, sondern gleich auch korrekt formatieren kann. Jedes Eingabefeld, das eine IBAN enthält, wird nun zur Validierung und Formatierung diese Methode aufrufen. Ist es nun korrekt, dass diese Validierungen direkt die zentrale Methode `validate_iban` aufrufen, oder sollte diese Methode im Package der Anwendung gewrappt und weitergereicht werden?

Ich habe hierzu keine eindeutige Meinung, tendiere aber dazu, alles, was ich benötige, in ein Package zu packen, selbst wenn die Implementierung nur ein einfaches Weiterreichen an ein zentrales Hilfs-Utility ist.

Ich meine allerdings, dass die Freiheit, auch andere Methoden außerhalb der UI-Packages aufzurufen, auf das APEX-Schema limitiert bleiben sollte. Wenn die benötigte Methode im Persistenzmodul angeboten würde, wäre sie für meine Anwendung tabu, da der Aufruf dieser Methode das Anwendungspackage umgehen würde. Die Aufgabe des Anwendungspackages ist es ja, die Methoden des Persistenzmoduls zu kapseln und der Anwendung verfügbar zu machen.

Für das Problem der IBAN-Prüfung tendiere ich allerdings zu einer ganz anderen Lösung: Falls diese Prüfung in mehreren Anwendungen erforderlich ist, sollte man eventuell über ein Plugin, eine Erweiterung von APEX, nachdenken durch ein Seitenelement, das »spezielle Werte« prüfen kann, also `IBAN`, `SWIFT`, `Personalnummer`, `Versicherungsnummern` und so weiter. Das Plugin könnte dann ein Attribut mit dem zu prüfenden Datentyp erhalten und die Prüfung und Formatierung kapseln. Dann müsste die Prüfung nicht mehrfach implementiert werden. Ein schönes Beispiel für Kapitel 23, »Plugins«!

22.3 Zuschnitt von Workspaces

Wie viele Workspaces sollten eingerichtet werden? Es gibt Teams, die pro Anwendung stets auch einen Workspace einrichten, während andere lediglich einen Workspace besitzen und darin alle Anwendungen entwickeln. Die Frage nach der richtigen Anzahl Workspaces hängt von mehreren Faktoren ab:

- fachliche Zusammengehörigkeit der Daten, die für die Anwendungen benötigt werden
- fachliche Organisation der Anwendungsbenutzer
- rechtliche Anforderung an die Trennung von Daten oder von Administratorenberechtigungen

In der Liste taucht nicht die Frage nach der Größe oder der Anzahl der Anwendungen auf. Ein Workspace kann ohne Weiteres Hunderte APEX-Anwendungen mit beliebiger Seitenzahl verwalten, da in einer APEX-Installation stets auch nur eine zentrale Tabelle für alle Anwendungen vorhanden ist, Workspace-übergreifend. Der Workspace stellt lediglich eines der vielen Attribute in dieser Tabelle dar, die Gliederung ist aus Sicht der Datenbank unerheblich.

Wenn wir unseren Überlegungen folgen und ein eigenes Schema für den Workspace einrichten, werden diesem Schema die Daten berechtigt, die für alle Anwendungen innerhalb dieses Workspaces benötigt werden. Dieses Kriterium ist weit wichtiger, denn es regelt den Zugriff auf Daten der Produktivsysteme. Falsch wäre es, nur einen Workspace zu pflegen, wenn in der Folge völlig unterschiedliche Daten aus unterschiedlichsten Quellsystemen hier zusammengetragen werden, um Anwendungen zu erstellen, die ebenfalls keine gemeinsame fachliche Basis haben.

Aus diesem Grund empfiehlt sich die Schaffung mehrerer Workspaces entlang der organisatorischen Struktur. So wird bei einem Projekt für den Bereich Controlling ein eigener Workspace vorgehalten, in dem Anwendungen zur Rechnungsprüfung, Rückstellungsberechnung und so weiter zusammenkommen, während ein zweiter Workspace die technische Auftragsbearbeitung kontrolliert. Die unterschiedlichen Nutzerkreise waren für diese Entscheidung ausschlaggebend, auch wenn in beiden Workspaces zum Teil überlappende Daten benötigt werden, weil im Umfeld der Rechnungsprüfung zum Beispiel die Rechnung gegen die Auftragserteilung abgeglichen werden muss. Dennoch wäre es nicht nachvollziehbar, dem Workspace für das Controlling Zugriff auf alle Auftragsdaten und technischen Detailinformationen zu gewähren, nur um die Einrichtung eines zweiten Workspaces einzusparen. Umgekehrt ist es ebenfalls nicht erforderlich, den technischen Anwendungen Zugriff auf Abrechnungsdaten zu gewähren.

Ein eher nachrangiges Argument besteht darin, dass ein zweiter Workspace einen zweiten Workspace-Administrator nach sich zieht. Die Trennung kann sinnvoll sein, wenn ein Entwicklerteam sich selbst und seine Anwendungen verwalten können soll. Dann wäre eine Trennung der Workspaces sicher ein gutes Mittel. Andererseits ist es deutlich aufwendiger, Sessions über Workspacegrenzen weiterzugeben, womit es schwerer wird, übergreifende Anwendungen in diesem Umfeld zu entwickeln. Unmöglich ist das aber nicht, nur eben aufwendiger.

Im Übrigen besteht die Aufgabe eines Workspaces darin, logisch getrennte Entwicklungsbereiche zu definieren. Es ist also nicht erforderlich, aus diesem Grund mehrere APEX-Installationen ins Auge zu fassen. Dennoch können mehrere APEX-Installationen sinnvoll sein, sie erfordern jedoch entweder unterschiedliche Oracle-Instanzen oder aber die Verwendung einer Containerdatenbank, die mehrere *Pluggable Databases* enthalten kann, was im Effekt einer unabhängigen Oracle-Instanz nahekommt. Der Regelfall ist jedoch, mehrere Workspaces für unterschiedliche Teams einzurichten und alle auf einer gemeinsamen Datenbank arbeiten zu lassen.

Ein interessanter Seiteneffekt der Verwendung einer Containerdatenbank besteht darin, dass nun auch unterschiedliche APEX-Versionen parallel betrieben werden können. Dies ist sehr praktisch, um zum Beispiel vor einer Umstellung der Version auf einem Testsystem die bestehenden Anwendungen testen zu können.

22.4 Zuschnitt von APEX-Anwendungen

Ich hatte bereits erläutert, ein Freund eher kleiner Anwendungen zu sein, die durch eine weitere Anwendung zusammengehalten werden. Die entscheidenden Argumente für eine solche Strategie liegen vor allem im leichteren Deployment sowie in der besseren Parallelisierbarkeit.

22.4.1 Deployment und Entwicklung

Die Entwicklung einer kleinen Anwendung ist, um ein Modewort unserer Tage zu benutzen, agiler, weil Änderungen schneller umzusetzen und auszuliefern sind. Das Szenario: Drei Change Requests beziehen sich auf eine große Anwendung. Mehrere Entwickler sind mit der Umsetzung der CR befasst. Team 1 ist bereits fertig, kann seine Änderungen aber nicht ausliefern, weil Team 2 und 3 noch arbeiten und die Anwendung insgesamt nicht stabil ist. Wären die Anwendungen kleiner, könnte Team 1 bereits ausliefern, falls sich der CR nur auf ihre Teilanwendung bezogen hat.

Bei der regulären Entwicklung tut man sich ebenfalls leichter, weil mehrere Teams sich bei der Entwicklung in APEX nicht in die Quere kommen, einfach weil sie an unterschiedlichen Anwendungen arbeiten.

In einem Projekt stand zudem einmal die Aufgabe an, eine große, in die Jahre gekommene APEX-Anwendung neu zu programmieren und dabei die gewonnenen Erkenntnisse über qualitativ hochwertige Entwicklung einfließen zu lassen. Doch hatte die ursprüngliche Anwendung über 400 Anwendungsseiten. Wann kann unter solchen Umständen eine neue Anwendung ausgeliefert werden?

Die Anwendung bestand, wie das häufig bei großen Anwendungen ist, aus mehreren Teilbereichen, die sich fachlich gut voneinander abgrenzen ließen. Daher empfahl ich, eine neue Portalanwendung zu erstellen (dieser Begriff ist lediglich ein Euphemismus für eine APEX-Anwendung, die nur Links auf weitere Anwendungen enthält) und aus dieser Portalanwendung die fachlichen Teilbereiche der Altanwendung aufzurufen.

Damit ist die Basis für einen schleichenden Übergang geschaffen, denn das Team kann sich nun Teilbereich für Teilbereich vornehmen, diese als neue Anwendungen implementieren und den Link in der Portalanwendung von der alten auf die neue Anwendung umstellen. Dies ist vor allem vor dem Hintergrund wichtig, dass die Altanwendung in APEX 4 mit einem völlig anderen Theme erstellt wurde. Eine Migration der Altanwendung auf APEX 22 mit Universal Theme hätte einen optischen Albtraum bedeutet und das Team gezwungen, die gesamte Anwendung umzustellen, bevor auch nur irgendetwas ausgeliefert werden könnte, was unumgänglich geworden wäre, weil eine Anwendung keine zwei Themes parallel verwenden kann.

Durch die Strategie, eine Portalanwendung vor die Altanwendung zu stellen, kann die Altanwendung im Kompatibilitätsmodus und mit dem alten Theme weiterbetrieben werden, während die neuen Teilanwendungen mit ausschließlich aktuellem JavaScript, dem aktuellen Theme und allen Möglichkeiten der neuen APEX-Versionen entwickelt werden können.

22.4.2 Herausforderungen der Zusammenarbeit mehrerer Anwendungen

Bei der Modularisierung von Anwendungen stellen sich einige interessante Fragen, wie zum Beispiel die, woher eine Teilanwendung weiß, wohin sie zurückkehren soll, wenn sie ihre Arbeit abgeschlossen hat. Eine andere Frage betrifft übergreifend gleiche gemeinsame Komponenten, wie etwa Navigationsmenüs oder Breadcrumbs. Zudem ist es erforderlich, zwischen den Anwendungen auch die Zugangsdaten austauschen zu können, damit die gleiche Session verwendet werden kann.

Die Mittel sind in APEX vorhanden, wie Sie selbst erfahren können, wenn Sie die Entwicklungs-IDE verwenden: Auch dort ist kein erneutes Anmelden erforderlich, und die Navigation zwischen den Teilanwendungen geschieht ebenfalls konsistent. Doch was sind diese Mittel, und wo befinden sie sich?

Sessions werden durch Cookies und einen URL-Rewrite mit der Session-ID zusammengehalten. Soll dies anwendungsübergreifend möglich sein, geht dies, indem das Attribut <GEMEINSAME KOMPONENTEN> • AUTHENTIFIZIERUNGSSCHEMAS • <AKTUELLES SCHEMA> • SESSION-SHARING • TYP • `Workspace-Sharing` eingestellt wird. Hierdurch verwenden alle Anwendungen, die dieses Attribut gesetzt haben, den gleichen Cookie-Namen und teilen sich damit die entsprechenden Sessions.

Der Name der Start- oder Portalanwendung kann durch diese bei der Anmeldung ermittelt und in einem Anwendungselement hinterlegt werden. Als Anwendungselement ist diese Information dann zwar anwendungsweit, aber nicht anwendungsübergreifend verfügbar. Um dies möglich zu machen, müssen alle Anwendungen gleichnamige Anwendungselemente besitzen, und alle müssen bei diesen Anwendungselementen das Attribut NAME • GELTUNGSBEREICH • `Global` gewählt haben. Mittels dieses Attributs ist der Zugriff dann im gesamten Workspace möglich. Ich mache es so, dass ich eine gewisse Auswahl Anwendungselemente auf diese Weise mit Werten belege, namentlich `APP_START_ALIAS`, `APP_START_NAME` und `APP_START_USERNAME`. Diese Informationen können dann in Breadcrumbs oder Navigationslisten als `&APP_START_ALIAS.` übernommen werden und so zum Beispiel einen Verweis zurück auf die Startanwendung realisieren.

Für übergreifende Listen empfehle ich ein ungewöhnliches Mittel: SQL. Listen können stets manuell gepflegt, aber auch dynamisch berechnet werden. Dies ist auch für Navigationsmenüs nicht anders. Sie können zum Beispiel ein manuell gepflegtes Navigationsmenü in der Startanwendung vorhalten und in den einzelnen Anwendungen über eine `select`-Anweisung auf die View `APEX_APPLICATION_LIST_ENTRIES` eine Abfrage erstellen, die dann, gekapselt in einer View, den anderen Navigationslisten zur Verfügung gestellt wird. Das Ergebnis ist eine zentral gepflegte und in den anderen Anwendungen referenzierte Liste. Haben Sie diese Büchse der Pandora erst einmal geöffnet, sprießen die Anwendungen nur so. Wie wäre es zum Beispiel mit einer Abfrage, die alle Kindelemente eines Eintrags dieser Liste ermittelt und mit diesen Daten eine `Karten`-Region bestückt, die nun als Navigationsschaltflächen auf der Startseite einer Anwendung auf alle Teilbereiche verweist? Wenn Sie mögen, sehen Sie sich mit dieser Information im Hinterkopf einmal an, wie die <UNIVERSAL THEME REFERENCE>-Anwendung erstellt wurde. Sie können entweder die Akribie bewundern, mit der das Navigationsmenü mit der Liste `Templates - Components` synchron gehalten wurde (inklusiv Icon, Text, Link ...), oder für Ihre eigene Anwendung mit dem Verweis »wir haben die Technologie« eine dynamische Kopie erstellen.

Wenn Sie sich fragen, welche Informationen eine `select`-Anweisung für eine dynamische Liste enthalten muss, erstellen Sie einmal eine, klicken sich durch, bis Sie eine `select`-Anweisung erstellen können, und klicken dann auf den HILFE-Button oder auf die Schaltfläche BEISPIEL unterhalb des Eingabefensters. Dort finden Sie unterschiedliche Beispiele.

22.4.3 Starthilfen

Wenn Sie mein GitHub-Projekt `UTL_APEX` (siehe *https://www.github.com/j-sieben/UTL_APEX*) als Startpunkt für eigene Anstrengungen in diesem Bereich verwenden möchten, finden Sie dort auch eine View, die eine entsprechende Abfrage gegen das Navigationsmenü enthält.

Ein Tipp, der sich in der Projektarbeit sehr bewährt hat: Vielleicht nutzen Sie für Ihre APEX-Anwendungen ein angepasstes CSS, einige JavaScript-Dateien, die Sie für alle Anwendungen benötigen, oder zentrale Plugins, mit denen Sie den Funktionsumfang von APEX erweitern. Es ist sinnvoll, diese Elemente in einer eigenen Anwendung zu hinterlegen, die nicht selbst ausgeführt wird, sondern lediglich als Ankerpunkt für das Subskribieren von diesen Elementen dient. Haben Sie eine solche Anwendung (in einem Projekt nennen wir diese Anwendung die *Pflegeanwendung*), haben Sie eine zentrale Stelle, um Plugins zu hinterlegen oder CSS-Änderungen vorzunehmen. Haben Sie entsprechende Änderungen ausgeführt, veröffentlichen Sie diese einfach, und alle Anwendungen, die diese Objekte subskribieren, werden zentral aktualisiert.

In einem Projekt haben wir in dieser Pflegeanwendung auch einige Seiten eingefügt, denen wir eine hohe Seitennummer zugeteilt haben. Diese Seiten können aus der Pflegeanwendung in Teilanwendungen kopiert werden, um die zentral vorhandene Funktionalität in mehreren Anwendungen nutzen zu können. Konkret geht es um zwei Seiten, die das digitale Signieren von Dokumenten ermöglichen. Diese Funktionalität benötigen wir in mehreren Anwendungen. Solange das APEX-Team uns nicht ermöglicht, eigene Features zu erstellen, halte ich diesen Weg für den zweitbesten.

Und noch eine Starthilfe: Sollte Sie die Idee der Portalanwendung überzeugen, können Sie mit den Anwendungen starten, die ich im Begleitmaterial zu diesem Kapitel hinterlegt habe. Es sind drei Anwendungen:

- Pflegeanwendung
- Startanwendung
- Komponentenanwendung

Ich habe keine besonderen Plugins oder CSS-Objekte in die Pflegeanwendung integriert, allerdings referenzieren die anderen das Theme aus der Pflegeanwendung. Die Startanwendung basiert auf einem »normalen« Navigationsmenü, während die anderen dynamisch auf die erste verweisen. Dann sind Seitenprozesse und Referenzen eingefügt, die für eine problemlose Navigation zwischen den Anwendungen sorgen.

Zur Nutzung: Legen Sie sich diese Anwendung in den Workspace, und ändern Sie nur das, was sie auch in allen folgenden Anwendungen implementiert haben möchten. Möchten Sie eine neue Portalanwendung erstellen, kopieren Sie die Startanwendung und passen die entsprechenden Informationen wie den Namen der Anwendung und so weiter an Ihre Bedürfnisse an. Anschließend kopieren Sie für jede Teilanwendung die Komponentenanwendung, vergeben ein entsprechendes Alias und fügen in der Startanwendung im Navigationsmenü einen Link auf diese Anwendung ein.

Die Startanwendung und alle Teilanwendungen besitzen jeweils eine Seite mit einer Listenregion, die Schaltflächen für alle Bereiche enthalten, die unterhalb dieser Komponentenanwendung im zentralen Navigationsmenü enthalten sind. Diese Liste existiert auch in der Startanwendung, sodass Sie, wenn Sie einen Eintrag im Navigationsmenü hinterlegt haben, direkt über die Listenregion zu den Teilanwendungen kommen.

Bevor Sie dieses System verwenden, empfehle ich Ihnen, ein wenig mit diesen Anwendungen zu experimentieren, denn Ihnen werden sicherlich einige Dinge auffallen, die Sie anders haben möchten, als ich das vorhersehen konnte. Diese Änderungen können zwar auch nachträglich vorgenommen werden, doch nicht alle Änderungen lassen sich subskribieren, sodass Sie eventuell einige Änderungen an sehr vielen Anwendungen vornehmen müssen. Gut wäre, wenn das selten erforderlich wäre.

Kapitel 23
Plugins

Plugins stellen eine Erweiterungsschnittstelle für APEX dar, mit der Sie Funktionalität so in APEX integrieren können, als wäre sie immer schon ein Teil dessen gewesen. Dieses Ziel zu erreichen, setzt allerdings einige spezielle Techniken und Kenntnisse voraus, die ich in diesem Kapitel beleuchten werde.

Mit Plugins bietet Ihnen APEX eine Erweiterungsschnittstelle, um eigene Funktionalität so in APEX zu integrieren, dass ein Plugin nicht von einer mitgelieferten Komponente zu unterscheiden ist. Schon mehrfach hatte ich darauf hingewiesen, dass das APEX-Team viele Seitenelementtypen ebenfalls als Plugin integriert hat, auch wenn dazu nicht die Plugin-Schnittstelle verwendet wurde, sondern interne Mechanismen, die eine noch weiter gehende Integration der Plugins in die IDE erlauben. Doch die Logik, die letztlich zur Darstellung auf der Anwendungsseite führt, und die Integration der JavaScript-Anteile sind exakt die gleichen, die wir auch bei der Plugin-Programmierung kennenlernen werden.

23.1 Grundlagen von Plugins

Plugins können einen unterschiedlichen Typ haben, je nachdem, welchen Bereich von APEX Sie erweitern möchten. Es stehen Schnittstellen für Elemente, Regionen, REST-Webservices, Authentifizierung und Autorisierung sowie für Prozesse zur Verfügung. Sie können Plugins also zum Beispiel verwenden, um ein eigenes Authentifizierungsverfahren zu erstellen und dieses anschließend in die Liste der verfügbaren Authentifizierungsverfahren aufzunehmen. Vielleicht planen Sie einen eigenen Regionstyp, der beispielsweise Videodaten abspielen kann, oder ein Plugin für ein Seitenelement, das spezielle Validierungen vornehmen kann.

Bei der Programmierung von APEX stehen immer mehrere Wege zur Verfügung. Sie können eine bestimmte Funktionalität durch direkte Programmierung aller Funktionen auf der Anwendungsseite oder in mitgelieferten Dateien hinterlegen, oder eben auch in Plugins. Der Unterschied: Benötigen Sie ein Seitenelement mit spezifischer Darstellung oder Funktionalität in mehreren Anwendungen oder auf mehreren Anwendungsseiten, müssen Sie den erforderlichen Code mehrfach integrieren oder zumindest mehrfach aufrufen. Plugins wiederum kapseln diese Codebestandteile und erlauben die Verwendung wie ein eingebauter Seitenelementtyp, inklusive Unterstützung der Parameter durch die IDE: Sie schaffen eine wiederverwendbare Komponente, die Sie direkt aus APEX heraus verwenden können.

23.1.1 Was Sie vorab wissen sollten

Die Einstiegshürde für den Einsatz von Plugins scheint gar nicht so groß zu sein, denn Webseiten wie *https://apex-world.com* machen es ganz leicht: Plugin aussuchen, herunterladen, installieren und benutzen. Im Grundsatz stimmt das auch, doch zeigt die Erfahrung vor allem eines: Das allein reicht nicht. Die angesprochene Webseite zum Beispiel ist nicht qualitätsgesichert, dort kann jeder, der mag, sein persönliches Plugin hochladen und durch einige Freunde und Kollegen gut bewerten lassen. Doch sind die meisten Plugins auf eine konkrete Aufgabenstellung im jeweiligen Projekt hin erstellt worden und selten auf einem Niveau, das eine generische Verwendung, eben auch in Ihrem Projekt, erlauben würde. Entweder ist das Plugin nicht barrierefrei und Ihr Unternehmen setzt dies voraus, oder es fehlt ein relevanter Parameter, den Sie dann hinzuprogrammieren müssen, was erst geht, wenn Sie sich durch den fremden Code gearbeitet haben. Vielleicht ist die Unterstützung des ThemeRollers nicht gut, weil nicht die Standard-CSS-Klassen verwendet wurden, oder das Plugin ist insgesamt für eine ältere APEX-Version geschrieben worden.

In all diesen Fällen müssen Sie selbst Hand anlegen und stoßen damit direkt auf die nächsten Hürden: Der PL/SQL- oder JavaScript-Code entspricht nicht Ihren Kodierrichtlinien, eine Fehlerbehandlung oder ein Logging fehlen in der Regel komplett. Im Ergebnis bauen Sie weite Teile des Plugins um. Alles in allem ist das Bild, das die Plugins dieser Seiten abgeben, eher durchwachsen, und die Zeitgewinne scheinen nur mäßig, verglichen mit einer Eigenentwicklung. Diese kann natürlich auf veröffentlichten Plugins basieren, aber letztlich kommen Sie doch wieder an einen Punkt, wo Sie selbst den Code erstellen werden.

Dann macht ein Plugin immer Arbeit. Nicht nur bei der ersten Erstellung, sondern mit jeder neuen APEX-Version. Denn nach einem Versionswechsel müssen Sie Ihr Plugin darauf prüfen, ob alles noch korrekt funktioniert, ob gewisse Dinge einfacher gehen könnten oder ob das Plugin überhaupt noch benötigt wird, weil eine neue APEX-Funktionalität das bislang durch das Plugin Erledigte viel besser macht.

Hierzu ein Beispiel: Ich habe für eine Anwendung ein Plugin programmiert, das einige der Funktionen der interaktiven Berichte nachbaut. Grund für die Programmierung war, dass es mit interaktiven Berichten nicht möglich ist, dynamische `select`-Abfragen in einer Berichtsregion darzustellen. Das geht zwar mit klassischen Berichten, basierend auf einer PL/SQL-Methode, die die SQL-Anweisung liefert, dort fehlen aber die Funktionen zum Filtern, dem Sortieren nach mehreren Spalten, dem Export als CSV und Weiteres mehr. Die Anwendung ist als generischer Berichtsgenerator konzipiert und kann daher potenziell Hunderte unterschiedliche Berichte darstellen, die der Anwender über ein hierarchisches Menü auswählen kann. Daher war es auch keine Option, mehrere interaktive Berichte auf einer Seite zu integrieren. Also ist das Plugin auch heute noch in Betrieb. Aber: In der Zwischenzeit wird von APEX eine neue Version von jQuery mitgeliefert. Darauf wollte ich auch das Plugin aktualisieren. Das Plugin verwendet unter der Haube *DataTables*, ein auf jQuery basierendes Tabellen-Control. Als ich die neue jQuery-Version auf mein Plugin losließ, funktionierte dieses nicht mehr. Also habe ich auch DataTables aktualisiert. Dort wurde jedoch in der Zwischenzeit eine andere API eingeführt, die nun nicht mehr mit dem Code zusammenarbeiten wollte, den ich für die Interaktion mit APEX integriert hatte. Also musste auch das angepasst werden. Anschließend musste ich feststellen, dass die Darstellung so gar nicht mehr zum Look-and-feel des Universal Themes passen wollte ...

Ich möchte mit diesen Einwänden nicht frustrieren, sondern im Gegenteil diesem Frust vorbeugen. Lassen Sie sich nicht einreden, dass die Plugin-Programmierung von APEX mal eben so gemacht werden könne. Sie werden einen erhöhten Entwicklungsaufwand spüren, und ich wage mich einmal so weit aus dem Fenster, als dass ich behaupte, dass die Entwicklungszeit mit intensiver Plugin-Programmierung leicht das 10-Fache der Entwicklungszeit ohne Plugin-Programmierung umfassen kann.

23.1.2 Empfehlungen für Plugins

Sie benötigen aufgrund des erhöhten Aufwands also gute Gründe, um überhaupt Plugins zu entwickeln, und um diese guten Gründe geht es hier: Wenn Sie meinen, APEX sollte sich verhalten und aussehen wie VueJS, wäre meine Empfehlung: Entwickeln Sie in VueJS, nicht in APEX.

Wenn Sie aber eine Funktion an mehreren Stellen Ihrer Anwendung benötigen, die in APEX nicht mitgeliefert wird und auch nicht mitgeliefert werden kann, weil sie zu spezifisch für Ihre Problemstellung ist, ist ein Plugin der beste Weg, diese Erweiterung zu realisieren, denn ein Plugin erweitert APEX auf standardisierte und gut integrierte Weise.

Auch hierfür ein Beispiel: In einem Projekt mussten Versicherungsnummern, Bankleitzahlen, Bearbeitungskennzeichen und weitere numerische Schlüssel geprüft und formatiert werden. Die Prüfung war nicht nur eine Prüfung auf eine Prüfziffer, sondern zusätzlich mussten die Daten noch gegen Stammdaten der Datenbank geprüft und, je nach Typ, unterschiedlich formatiert werden. Zudem traten diese Eingabefelder an vielen Stellen der Anwendung auf, sogar anwendungsübergreifend. Daher ist ein Plugin, das über einen Parameter auf die Art der zu prüfenden Information (Versicherungsnummer, IBAN und so weiter) eingestellt werden und die Eingaben entsprechend validieren und formatieren kann, die beste Lösung. An diesem Beispiel werde ich Ihnen in diesem Kapitel auch die Programmierung von Plugins erläutern.

23.1.3 Arten von Plugins

Plugins können für verschiedene Typen von Seitenelementen erstellt werden. Für die jeweiligen Plugin-Typen existieren unterschiedliche Anforderungen an den Code und die Möglichkeiten der Integration.

Element-Plugin

Ein Element-Plugin erstellt eigene Eingabeelementtypen. Unser Beispiel aus dem letzten Abschnitt ist ein Element-Plugin. Die Herausforderung bei diesem Plugin-Typ besteht vor allem darin, die verschiedenen Methoden und Ereignisse, die APEX in Bezug auf Eingabeelemente definiert, in Plugins abzubilden.

Regions-Plugin

Regions-Plugins erstellen komplette Regionstypen. Sie kennen die große Bandbreite an Funktionalität, die durch Regionen abgedeckt werden kann, und so verwundert es nicht, dass auch unter den Plugins hier eine große Bandbreite herrscht. Grafiken, Kartenvisualisierungen, Gantt-Chart-Regionen und vieles mehr sind im Angebot.

Dynamic-Action-Plugin

Dann können Plugins für dynamische Aktionen erstellt werden. Dieser Bereich der Plugin-Entwicklung hat ein deutlich gesteigertes Interesse nach sich gezogen, mittlerweile sind die meisten Plugins auf *apex.world* Plugins dieses Typs. Anwendungsbereiche sind Tooltipps, Meldungsboxen, aber auch relativ viele Funktionen, die ergänzen, was in früheren APEX-Versionen noch nicht vorhanden war, nun aber enthalten ist, wie Funktionalität rund um Master-Detail-Berichte, Ergänzungen zu interaktiven Berichten und Weiteres mehr.

Prozess-Plugin

Dieser Plugin-Typ erweitert die Seitenprozesse.

Beispiele aus dem Netz umfassen Im- und Exportmöglichkeiten von Dateien, aber auch zum Beispiel einen Prozess zur Integration mit JasperReports etc. Dieser und die beiden folgenden Plugin-Typen werden deutlich seltener programmiert.

Authentifizierungs- und Autorisierungs-Plugins

Authentifizierungs- und Autorisierungs-Plugins erweitern diese Bereiche zum Beispiel um eine Anbindung an ein Authentifizierungssystem, für das noch keine Implementierung in APEX vorliegt. Beispiele sind Facebook- oder Google-Authentifizierung, aber auch die Autorisierung gegen LDAP-Gruppen.

Webservice-Plugins

Neu hinzugekommen ist die Möglichkeit, auch für Webservices eigene Plugins zu schreiben. Hier steht wohl die Möglichkeit, spezielle JSON-Strukturen verfügbar zu machen, im Vordergrund. Andere Themen könnten auch die Navigationsmöglichkeiten von JSON-Daten betreffen, da dieser Bereich aber noch sehr jung ist, gibt es derzeit keine öffentlich verfügbaren Plugins.

23.2 Arbeitsweise von Plugins

Wir werden einige der einzelnen Plugin-Typen noch in Aktion erleben, doch sind einige Gedanken allen Plugin-Typen gemein. Ein Plugin, nehmen wir einmal ein Element-Plugin, muss die gleichen Aufgaben wahrnehmen können wie die eingebauten Eingabeelemente. Dies bedeutet, dass ein Plugin, analog zum Lebenszyklus einer Anwendungsseite, ebenfalls verschiedene Stadien durchläuft.

23.2.1 Initialisierung

Die Initialisierung findet in PL/SQL in der Datenbank statt. Sie wird durch die Integration des Plugins auf der Anwendungsseite durch den normalen Renderprozess angestoßen, und zwar zu der Zeit, die durch die Position des Elements auf der Seite definiert ist. Aufgabe des Initialisierungsprozesses ist es, HTML-Elemente auf die Anwendungsseite zu bringen und den eventuell nötigen JavaScript-Code zu emittieren, der durch das Plugin aufgerufen wird. In dieser Phase werden die Parameter gelesen, die für das Plugin auf der Anwendungsseite hinterlegt worden sind. Basierend auf diesen Parametern (und einigen weiteren, die durch das APEX-Umfeld bereitgestellt werden) kann das Plugin genau in der Form erstellt werden, wie es die aktuelle Seite erfordert.

Die mit APEX gelieferten Seitenelemente verfügen über einen Template-Mechanismus mit Ersetzungszeichenfolgen, um den HTML-Code des jeweiligen Seitenelements zu erstellen. Analog müssen Sie im Plugin auch Code erstellen, nur dass Sie sich nicht auf die Ersetzungsmechanismen von APEX abstützen können, sondern den gesamten Erstellungsprozess der HTML-Elemente selbst organisieren müssen. Wie viel Sie hier tun, hängt auch vom geplanten Einsatzzweck ab. Haben Sie zum Beispiel ein

Regionstemplate, das aufwendig Daten zusammentragen muss, um sie anschließend zu visualisieren, können Sie auch den Weg einschlagen, zunächst nur ein leeres `div`-Element mit einer ID auf der Seite zu platzieren und, nach dem vollständigen Laden der Seite, sofort einen AJAX-Prozess zu starten, der die Daten asynchron lädt und erst danach in die vorbereitete Region integriert. In diesem Beispiel müssten Sie den JavaScript-Code zur Abholung der Daten und zur Integration in die Region erstellen und an die Seite übergeben.

23.2.2 Verwendung des Plugins auf der Seite

Die meisten Plugins haben ihre besondere Funktionalität, nachdem sie auf der Seite dargestellt wurden. Ein Element-Plugin validiert auf besondere Art Eingabewerte, ein Regionstemplate hat ein spezielles Speicherverhalten oder was auch immer. Diese Aktionen werden zwar einerseits auch von Ihnen in JavaScript entwickelt, zum Teil muss das Plugin aber auch eine Reihe von Methoden anbieten, damit das APEX-Framework mit diesen Plugins wie mit integrierten Elementen arbeiten kann. Für ein Element-Plugin sind zum Beispiel die Methoden `getValue()` und `setValue()` von Bedeutung, die es APEX erlauben, diese Elemente durch normale Seitenprozesse anzusprechen. Dieses Interface zu APEX ist durch Sie zu erstellen.

Viele Plugins sind nicht komplett selbst erstellt, sondern verwenden Widgets aus dem jQueryUI-Umfeld oder ähnliche Komponenten. Allerdings unterscheiden sich die Coding-Guidelines für die verschiedenen Frameworks doch erheblich. Wenn Sie zum Beispiel ein bestehendes jQueryUI-Widget integrieren, muss die dort verwendete API, zum Beispiel bezüglich der asynchronen Kommunikation, auf die Gegebenheiten von APEX eingestellt werden. Die schon angesprochenen Methoden, die APEX für ein Element-Plugin erwartet, müssen abgebildet und die optische Darstellung an APEX angeglichen werden. Diese Arbeiten finden normalerweise in einer eigenen JavaScript-Datei statt, die als Schnittstelle zwischen APEX und dem Widget dient.

Erstellen Sie auch das Widget noch selbst, kommt die Herausforderung der verschiedenen Coding-Guidelines besonders zum Tragen. jQueryUI zum Beispiel empfiehlt und unterstützt die Entwicklung von Widgets gemäß den Kodierrichtlinien der *Widget Factory*, während die meisten Schnittstellendateien von APEX selbst einem ganz anderen Muster, der IIFE, folgen. Wie ich gerüchteweise höre, wird die Programmierung von Element-Plugins durch das APEX-Team sukzessive auf *Web Components* (siehe *https://github.com/WICG/webcomponents*) umgestellt. Erstes Beispiel für diese Tendenz ist der in Version 22.2 neu erstellte Date-Picker. Wenn Sie sich den HTML-Code dieses Seitenelements in Listing 23.1 ansehen, erkennen Sie den Kodierstil, der auf eigenen HTML-Elementen beruht und die Konfiguration mittels Attributen kontrolliert. Die Elementnamen müssen laut Spezifikation einen Bindestrich enthalten, um sich von »normalen« HTML-Elementen zu unterscheiden.

```
<a-date-picker
  id="P4_EMP_HIRE_DATE" required="" change-month="true"
  change-year="true" clear-button="false" display-as="popup"
  display-weeks="none" format="DS" previous-next-distance="one-month"
  show-days-outside-month="visible" show-on="focus" show-time="false"
  time-increment-minute="15" today-button="false" valid-example="23.10.2022"
  value="28.04.2021" year-selection-range="15"
  class="apex-item-datepicker--popup">
...
</a-date-picker>
```

Listing 23.1 HTML-Code des neuen Date-Pickers in Version 22.2

Diese Technologie setzt auch Oracle Jet für seine Komponenten ein, doch diese wurden durch das APEX-Team bisher in »herkömmlich« programmierte Plugins eingehüllt, um sie an die APEX-Welt anzupassen. Dies dürfte sich in den folgenden Releases ändern.

Es empfiehlt sich, die jeweiligen Dateien im entsprechenden Stil zu codieren, damit die Integration und die Wiederverwendbarkeit möglichst groß sind. Natürlich ist auch die Trennung von Zuständigkeiten in den verschiedenen Ebenen zu überwachen: Das eigentliche Widget sollte möglichst unabhängig von APEX entwickelt werden, die Schnittstellendatei wiederum lediglich die APEX-Anbindung zum Thema haben. Internationalisierung, automatisiertes Testen und weitere Themen sollten ebenfalls bedacht werden, zum Beispiel die Barrierefreiheit und Fragen nach der Steuerung durch Tastaturkürzel. Wird Ihr Plugin über längere Zeit verwendet, benötigen Sie einen Mechanismus, um verschiedene APEX-Versionen zu unterstützen, die sich zum Teil deutlich durch die verwendeten CSS-Klassen unterscheiden können. Je nach Versionssprung können hier erhebliche Aufwände verborgen sein.

So kommt hier schon eine recht ansehnliche Menge verschiedenster Techniken und Anforderungen zusammen. Im APEX-Team hat man dafür mehrere, gut ausgebildete Fachleute. Möglicherweise sind Sie in Ihrem Team schlicht auf sich selbst gestellt, wenn es um all diese Aufgaben geht. Unterschätzen Sie die Komplikationen und den Zeitverlust durch das Einarbeiten in die verschiedenen Techniken nicht!

23.2.3 Validierungsphase, Aktualisierungsphase

Einige Plugin-Typen, wie das Element-Plugin, erfordern die Möglichkeit, die Eingaben zu validieren. Auch diese Prozesse müssen in das Plugin integriert werden. Im einfachsten Fall ist das eine Prüfung, die immer `true` liefert, doch können auch clientseitiger Code oder gar Prüfungen gegen die Datenbank erforderlich sein, um festzustellen, ob eine Eingabe gültig ist oder nicht.

Regions-Plugins verfügen oft über die Anforderung, sich dynamisch aktualisieren zu lassen. Hier ist es dann nicht nur erforderlich, Methoden zu integrieren, um die Daten dynamisch aus der Datenbank nachzuladen und in die bestehenden Status zu integrieren, sondern es müssen auch bestimmte, APEX-spezifische Events ausgelöst werden, wie die Events `apexbeforerefresh` und `apexafterrefresh`, auf die zum Beispiel dynamische Aktionen warten. Zudem können durch das Plugin neue Events generiert werden, wie das zum Beispiel der modale Dialog vormacht, der zum Beispiel ein `closeDialog`-Event anbietet.

Schließlich muss geklärt werden, auf welche Weise Fehlermeldungen in den APEX-Fehlerstack integriert werden können. Dieses Verhalten ist wichtig, damit die generischen Validierungsprozesse von APEX Validierungsfehler der Plugins einsammeln und auf den standardisierten Anzeigepositionen anbieten können. Eventuell muss dafür der HTML-Code Ihres Plugins speziell vorbereitet und für die eingesetzte APEX-Version genau passend sein, damit geklärt ist, wo genau eine Fehlermeldung zu einem Plugin angezeigt werden soll und wie diese aussehen soll.

23.3 Die Erfassungsseiten für Plugins

Plugins werden über zwei umfangreiche Anwendungsseiten der IDE verwaltet. Bevor wir uns an die konkrete Erstellung eines Plugins geben, ist es sinnvoll, sich diese Seiten und die sich daraus ergebenden Möglichkeiten zu untersuchen. Es schließt sich eine Besprechung des Packages `APEX_PLUGIN_UTIL` an, das viele Hilfefunktionen zur Erstellung eines eigenen Plugins anbietet.

23.3.1 Verwaltungsseite eines Plugins

Plugins sind gemeinsame Komponenten, daher werden sie auch über <GEMEINSAME KOMPONENTEN> • WEITERE KOMPONENTEN • PLUGINS • `Erstellen` angelegt. Der Assistent ist insofern etwas ungewöhnlich, als er nur aus einer Seite besteht, in der gewählt werden kann, ob wir ein bestehendes Plugin ändern oder komplett neu anlegen möchten. Anschließend gelangen wir zu einer Anwendungsseite, die später auch für die Änderung und Konfiguration von Plugins verwendet wird. Diese Seite möchte ich als Treffpunkt <PLUGIN> vereinbaren. Abbildung 23.1 zeigt den oberen Bereich dieser Anwendungsseite.

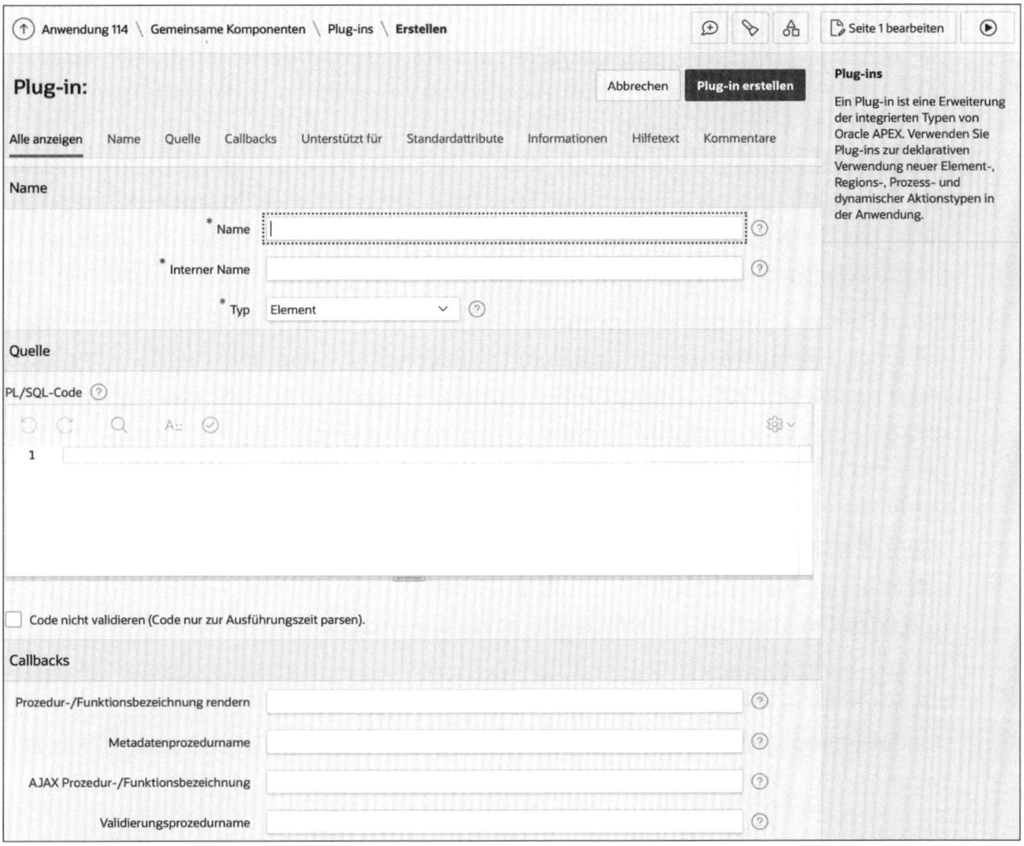

Abbildung 23.1 Erstellungsseite für Plugins

Bereich »Name«

In diesem Bereich werden zwei Namen sowie der Typ des Plugins definiert. Zum einen wird im Attribut NAME • NAME ein Anzeigename vereinbart, der später auch für die interne Nutzung verwendet wird. Hier können Sie einen sprechenden Bezeichner einfügen, wie zum Beispiel Spezielle Werte. Etwas unklar mag zunächst sein, warum im Attribut NAME • INTERNER NAME noch ein zweiter Name angefordert wird. Der Grund besteht darin, dass dieser Name ein eindeutiger Bezeichner sein soll, der im Idealfall weltweit eindeutig dieses Plugin bezeichnet. Hintergrund ist die Möglichkeit, Plugins zu exportieren und in andere Anwendungen zu importieren. Vor allem dann, wenn Sie planen, Plugins auf Tauschbörsen wie *apex-world.com* auszutauschen, ist ein solcher Name praktisch. APEX identifiziert das Plugin anhand dieses internen Namens, daher muss er zumindest für die aktuelle Anwendung eindeutig sein. Als Konvention gibt APEX vor, die Domäne voranzustellen, also etwa de.<Ihre Domäne>.apex.plugin.specialValues.1.0 oder ähnlich. Groß- und Kleinschreibung wird nicht beachtet, der interne Name wird durch APEX in Großbuchstaben konvertiert.

Bereiche »Quelle« und »Callbacks«

Das Attribut QUELLE • PL/SQL-CODE lädt uns ein, den erforderlichen PL/SQL-Code direkt auf die Seite zu schreiben. Natürlich bin ich gegen so etwas, das wurde im Verlauf des Buches klar. Doch ist die Diskussion hier etwas komplizierter: Sie haben die Wahl, den Code direkt hier in diesem Attribut zu erfassen oder die erforderlichen Methoden, die das Plugin voraussetzt, in einem Package zu erfassen. In jedem Fall referenzieren Sie die Namen der benötigten Methoden im Bereich CALLBACKS, auch, wenn Sie diese Methoden direkt im Bereich QUELLE definieren.

Wenn Sie den Code des Plugins hier erfassen, hat dies den Vorteil, dass beim Export des Plugins keine weiteren Packages mitgeliefert werden müssen. Der Code des Attributs QUELLE • PL/SQL-CODE ist Teil des normalen Exports der Anwendung, während dies für ein Package natürlich nicht so ohne Weiteres gilt. Wir werden in unserem Beispiel, der größeren Klarheit willen, eine Lösung mit Package erstellen. In diesem Fall bleibt das Attribut QUELLE • PL/SQL-CODE einfach leer.

Bleibt die Frage, welche Methoden implementiert werden und wie diese aufgebaut sein müssen. Dies erfahren wir durch die einzelnen Attribute des Bereichs CALLBACKS und vor allem durch die dortigen Hilfetexte der einzelnen Attribute.

Im Attribut CALLBACKS • PROZEDUR/FUNKTIONSBEZEICHNUNG RENDERN wird eine Prozedur referenziert, die das eigentliche HTML-Element auf der Seite erzeugt und den JavaScript-Code erstellt, mit dessen Hilfe das Element initialisiert wird. Für Element-Plugins setzt APEX folgende Spezifikation der Prozedur voraus:

```
procedure <Name der Prozedur>(
  p_item   in apex_plugin.t_page_item,
  p_plugin in apex_plugin.t_plugin,
  p_param  in apex_plugin.t_item_render_param,
  p_result in out nocopy apex_plugin.t_item_render_result);
```

Listing 23.2 Spezifikation einer Renderprozedur für Element-Plugins

Die Parameter müssen genauso wie hier angegeben benannt werden und sind nicht selbsterklärend. Der Parameter `p_item` scheint das Seitenelement zu umfassen, aber was ist das für ein Typ? Dies klärt sich nur, wenn Sie den Typ `APEX_PLUGIN.T_PAGE_ITEM` analysieren. Dieser Typ ist im Package `WWV_FLOW_PLUGIN_API` des APEX-Benutzers `APEX_210200` definiert und wird Ihnen über das Synonym `APEX_PLUGIN` zur Verfügung gestellt. Listing 23.3 zeigt die Spezifikation dieses Records. Alternativ können Sie die Typendeklarationen auch in der API-Dokumentation einsehen (siehe *http://www.apex.com/api*, dann APEX_PLUGIN • DATATYPES).

```
type t_item is record (
    id                          number,
    name                        varchar2(4000),
```

```
    session_state_name          varchar2(4000),
    component_type_id           number,
    region_id                   number,
    data_type                   varchar2(30),
    label                       varchar2(4000),
    plain_label                 varchar2(4000),
    label_id                    varchar2(4000),
    placeholder                 varchar2(4000),
    format_mask                 varchar2(4000),
    is_required                 boolean,
    lov_definition              varchar2(4000),
    lov_display_extra           boolean,
    lov_display_null            boolean,
    lov_null_text               varchar2(4000),
    lov_null_value              varchar2(4000),
    lov_cascade_parent_items    varchar2(4000),
    ajax_items_to_submit        varchar2(4000),
    ajax_optimize_refresh       boolean,
    element_width               number,
    element_max_length          number,
    element_height              number,
    element_css_classes         varchar2(4000),
    element_attributes          varchar2(4000),
    element_option_attributes   varchar2(4000),
    icon_css_classes            varchar2(4000),
    escape_output               boolean,
    ignore_change               boolean default true,
    attribute_01                varchar2(32767),
    attribute_02                varchar2(32767),
    ...
    attribute_15                varchar2(32767),
    init_javascript_code        varchar2(32767),
    inline_help_text            varchar2(4000));
```

Listing 23.3 Spezifikation des Records »T_ITEM«

Was ist die Idee? Jedes APEX-Element verfügt über eine große Anzahl Metadaten, die in der IDE erfasst werden können, und zwar über die Standardattribute. Viele dieser Attribute finden Sie in diesem Record wieder, wie etwa `format_mask`, `icon_css_classes`, `escape_output` und so weiter. Diese Daten werden beim Rendern des Plugin-Elements von APEX zur Verfügung gestellt. Das Verständnis ist zu Beginn etwas schwierig, weil wir hier um die Ecke denken müssen: Ist das Plugin fertig, wird es auf der Anwendungsseite integriert wie jedes andere Seitenelement auch. Der Entwickler der Anwendung wird also die Standardattribute für dieses Plugin setzen können. Wird die

Seite dann gerendert, muss der Code zum Rendern Zugriff auf die Eingaben des Anwendungsentwicklers erhalten, und diesen Zugriff erhält er über diesen Record, der als Parameter der render-Methode übergeben wird. Über die Attribute attribute_01 bis attribut_15 reden wir etwas später, ebenso über die Frage, welche Attribute mit Werten ausgestattet sein können und welche nicht.

Es folgt, als zweiter Parameter, eine Instanz des Typs APEX_PLUGIN.T_PLUGIN mit der Spezifikation gemäß Listing 23.4.

```
type t_plugin is record (
  name varchar2(45),
  file_prefix  varchar2(4000),
  attribute_01 varchar2(32767),
  attribute_02 varchar2(32767),
  ...
  attribute_15 varchar2(32767)
);
```

Listing 23.4 Definition des Records »T_PLUGIN«

Dieser Record umfasst im Wesentlichen 15 Attribute, die zunächst wie eine Dopplung der 15 Attribute des Typs APEX_PLUGIN.T_ITEM wirken, doch das täuscht. Ich erläutere dies, wenn wir die Attribute von Plugins besprechen.

Es folgt in Listing 23.5 der Parameter p_param vom Typ apex_plugin.t_item_render_param.

```
type t_item_render_param is record (
  value_set_by_controller boolean default false,
  value varchar2(32767),
  clob_value clob,
  is_readonly boolean default false,
  is_printer_friendly boolean default false
);
```

Listing 23.5 Spezifikation des Typs »T_ITEM_RENDER_PARAM«

Er umfasst die vier Attribute value, clob_value, is_readonly und is_printer_friendly. Warum diese Attribute separat übergeben werden und nicht als Teil von p_item, ist nicht dokumentiert, und ich kann das nur vermuten, doch sind dies alles Attribute, die über verschiedenste Mechanismen berechnet und nicht direkt als Metadaten eingepflegt werden. So ist die Darstellung im Modus readonly abhängig von Bedingungen zur Laufzeit. Ich nehme an, dass daher die Trennung sinnvoll erschien: Die Parameter des Typs T_ITEM sind statisch, während die Parameter aus t_item_render_param zur Laufzeit dynamisch berechnet werden. Ich bitte um Nachsicht, wenn das nun alles etwas vage erscheint, aber die Interpretation des Attributes value_set_by_controller ist ebenfalls nicht dokumentiert. Ich kann daher nur vermuten, warum dieser Parameter erforderlich wurde. Die Programmierung des interaktiven Grids baut auf mehreren Schichten auf, eine davon hält die Daten (model), andere kontrollieren das Grid. Ich gehe derzeit davon aus, dass dieser Parameter aussagt, dass der Wert durch JavaScript-Code auf der Seite innerhalb des interaktiven Grids kontrolliert werden kann oder auch nicht. Standardmäßig steht er auf false, sodass ich davon ausgehe, dass im Zusammenhang mit dem interaktiven Grid dieser Parameter auf true gestellt wird.

Der Rückgabewert der Methode ist vom Typ APEX_PLUGIN.T_ITEM_RENDER_RESULT. Die Spezifikation umfasst drei Attribute:

```
type t_item_render_result is record (
  is_navigable boolean default false,
  navigable_dom_id varchar2(255),
  item_rendered boolean default true);
```

Listing 23.6 Rückgabetyp einer Rendermethode

Der Schalter IS_NAVIGABLE legt fest, ob über die üblichen Methoden zum Element navigiert werden kann. Oftmals wird der Rückgabewert in Abhängigkeit von den Parametern IS_READONLY und IS_PRINTER_FRIENDLY festgelegt, wie im folgenden Beispiel:

```
p_result.is_navigable := (
  not p_param.is_readonly = false and not p_param.is_printer_friendly);
```

Diese etwas krude Formulierung habe ich aus dem Plugin *Modern Star Rating* des APEX-Teams. Sie besagt, dass ein Element nur dann angesteuert werden kann, wenn es sich nicht im Read-only-Modus befindet und die Seite nicht im Druckmodus angezeigt wird. Bei der Formulierung war offensichtlich ein Spaßvogel am Werk, denn man kann schon eine Weile darüber brüten, was not p_param.is_readonly = false eigentlich bedeutet (zumal der Code eine Verneinung zu viel macht und daher auch schlicht falsch ist). Das zweite Attribut wird verwendet, wenn das Element, zu dem navigiert werden kann, nicht dem Element entspricht, das als Elementname festgelegt wurde. Ein wohl eher selten notwendiger Fall.

Das letzte Attribut, ITEM_RENDERED, wird nur dann auf FALSE gesetzt, wenn das Plugin nicht auf der Anwendungsseite gerendert wird, etwa weil es ein verstecktes Element ist.

Fraglich erscheint auf den ersten Blick, wie denn eigentlich der HTML-Code auf die Seite gelangen soll. Es gibt hierfür keinen Rückgabewert und auch sonst keine offensichtliche Möglichkeit. Die Lösung ist ganz einfach, denn es wird über die Prozedur HTP.P bzw. HTP.PRN der HTML-Code einfach in den http-Stream geschrieben. Achten Sie dabei auf die Längenbeschränkung von 32 KByte pro Aufruf dieser Methoden. Um diese Grenze zu umgehen, müssen Sie den HTML-Code in handhabbare Einheiten aufteilen und nacheinander ausgeben. JavaScript wird im Regelfall nicht über diesen Weg ausgegeben, sondern über eine Hilfsmethode `APEX_JAVASCRIPT.ADD_ONLOAD_CODE`.

Die nächste Methode wird im Attribut CALLBACKS • METADATENPROZEDURNAME festgelegt. Ich hatte mich in der ersten Auflage dieses Buches etwas weit aus dem Fenster gelehnt, was den Einsatzzweck dieser Methode angeht. In der Zwischenzeit weiß ich zumindest, dass ich damals falschlag, es hat nichts mit dem interaktiven Grid zu tun. Die tatsächliche Verwendung dieser Methode wurde mir gegenüber von Entwicklern des APEX-Teams als »eher esoterisch« eingeschätzt, mit der Bitte, Ihnen zu erläutern, dass Sie diese Methode nicht brauchen werden.

Als dritte Methode kann im Parameter CALLBACKS • AJAX PROZEDUR-/FUNKTIONSBEZEICHNUNG festgelegt werden, ob eine Möglichkeit eingerichtet werden soll, die Daten des Element-Plugins asynchron zu laden. Ist der Inhalt des Elements sehr umfangreich (denken Sie zum Beispiel an einen Rich Text Editor), ist es oftmals sinnvoll, die Daten nicht direkt zu laden, sondern erst, nachdem die Seite gerendert wurde. Ein weiterer Einsatzzweck dieser Methode kann auch das nachträgliche Aktualisieren sein, etwa bei einer Werteliste wird so etwas ja häufig benötigt.

Die Spezifikation dieser Methode ist wie folgt:

```
procedure <Name der Prozedur> (
  p_item in apex_plugin.t_page_item,
  p_plugin in apex_plugin.t_plugin,
  p_param in apex_plugin.t_item_ajax_param,
  p_result in out nocopy apex_plugin.t_item_ajax_result
);
```

Listing 23.7 Spezifikation der AJAX-Aktualisierungsfunktion

Die Parameter sind mittlerweile bekannt, `p_param` und `p_result` sind diesmal jeweils ein Dummy-Objekt. Die berechneten Daten werden zur Übergabe an den Browser wiederum direkt in den http-Stream geschrieben. Diese Methode muss durch das Plugin in JavaScript aufgerufen werden, und zwar normalerweise über eine asynchron arbeitende Methode aus dem Namensraum `apex.server`. Wie das genau geschieht, sehen wir später, doch ist die Frage interessant, woher die aufrufende Methode wissen soll, um welches Seitenelement es konkret geht. Von einem Element-Plugin könnten auf der Seite ja mehrere Instanzen vorhanden sein. Nun könnte man die Element-ID heranziehen, die Plugins von APEX gehen aber einen anderen Weg. Bei der Neuanlage eines Plugins, also in der `render`-Methode, wird die Funktion `APEX_PLUGIN.GET_AJAX_IDENTIFIER` aufgerufen. Diese Funktion liefert eine eindeutige ID zurück, die zwischen Browser und Datenbank ausgetauscht wird. Diese ID wird dem JavaScript-Code, der beim Laden des Plugins erzeugt wird, als Parameter mitgegeben.

Wird nun eine AJAX-Methode im JavaScript-Teil aufgerufen, wird die Kommunikation mit der Datenbank über einen Aufruf der Methode `apex.server.plugin` durchgeführt, dem diese ID als Parameter übergeben wird. Dieser Methode können bis zu zehn Parameter übergeben werden, die dann innerhalb der PL/SQL-Funktion über die Variablen `apex_application.g_x01 .. g_x10` gelesen werden können. Üblicherweise werden hier Elementwerte der Anwendungsseite übertragen.

Die letzte Prozedur, die definiert werden kann, ist eine Validierungsmethode, die im Attribut CALLBACKS • VALIDIERUNGSPROZEDURNAME festgelegt wird. Die Spezifikation dieser Funktion ist analog zu den vorhergehenden:

```
procedure <Name der Prozedur> (
  p_item in apex_plugin.t_page_item,
  p_plugin in apex_plugin.t_plugin,
  p_param in apex_plugin.t_item_validate_param,
  p_result in out nocopy apex_plugin.t_ item_validation_result
);
```

Listing 23.8 Spezifikation der Validierungsmethode

Die ersten beiden Parameter kennen wir, doch erfordert der Parameter `p_param` einen genaueren Blick:

```
type t_item_validation_param is record(
  value varchar2(32767)
);
```

Gut, das ist einfach. Dann noch der Ergebnistyp:

```
type t_item_validation_result is record (
  message varchar2(32767),
  display_location varchar2(40),
  page_item_name varchar2(255) );
```

Listing 23.9 Spezifikation des Ergebniswerts der Validierungsmethode

Sollte die Validierung eine Fehlermeldung ergeben, wird diese über das Attribut `MESSAGE` an den Browser zurückgegeben. Allerdings ist hier die Frage, wo genau diese Fehlermeldung angezeigt wird. Dies wird über das Attribut `DISPLAY_LOCATION` definiert. Die aktuelle Position wird normalerweise aus dem Anwendungsstandard abgeleitet, kann aber mittels Konstanten aus dem Package `APEX_PLUGIN` übersteuert werden. Es stehen folgende Varianten zur Verfügung:

- `c_inline_with_field`
- `c_inline_with_field_and_notif`

- `c_inline_in_notification`
- `c_on_error_page`

Das Attribut `PAGE_ITEM_NAME` wird wiederum wahrscheinlich nur selten benötigt, es zeigt Validierungsfehler des aktuellen Elements an einem anderen, durch das Attribut spezifizierten Element.

Leider existiert derzeit noch kein einfacher Weg, ein Seitenelement dynamisch validieren zu lassen. Das wäre sehr hübsch, um zum Beispiel einen speziellen Wert (eine Bankleitzahl etwa) direkt nach dem Verlassen des Feldes validieren zu lassen. Das wäre wohl auch sehr einfach zu realisieren, weil die Validierung der gesamten Seite ohnehin als AJAX-Aufruf durchgeführt wird und so letztlich nur ein weiterer Parameter erlauben müsste, nur ein Seitenelement zu validieren. Diese Möglichkeit ist aber leider noch nicht vorhanden.

Nach dieser etwas ausführlicheren Betrachtung der verschiedenen Methoden wird nun die Arbeitsweise auf der Serverseite etwas klarer:

- Zunächst werden die HTML- und JavaScript-Daten in der `render`-Methode auf Basis der definierten Parameter berechnet und über den http-Stream bzw. die Methode `APEX_JAVASCRIPT.ADD_ONLOAD_CODE` ausgegeben.
- Das Element wird durch den Browser gerendert. Ist eine AJAX-Methode vorhanden, würde diese nun ausgeführt, um Daten zu laden.
- Vor dem Absenden der Seite wird die Validierungsfunktion aufgerufen, und eventuelle Fehlermeldungen werden angezeigt.

Von diesem Standard abweichend kann zusätzlich eine Methode definiert werden, die aufgerufen wird, wenn sich das Element in einem interaktiven Grid befindet und auf eine neue Zeile aktiviert wird. Die Methode ist dann in der Lage, zum Beispiel neue Werte für eine Werteliste zu berechnen. Zudem kann als Alternative die AJAX-Methode auch an Ereignisse des Browsers gebunden werden, um direkt auf Benutzereingaben reagieren zu können.

Bereich »Unterstützt für«

Die Attribute dieses Bereichs dienen der Festlegung, für welche Komponenten und Benutzeroberflächen das Element-Plugin verwendet werden kann. Die Unterscheidung des Attributs Unterstützt für • Komponententyp zwischen Seitenelement und interaktivem Grid bezieht sich auf die zusätzlichen Anforderungen, die Element-Plugins erfüllen müssen, um im interaktiven Grid einsetzbar zu sein. Im Gegensatz dazu ist die Festlegung Unterstützt für • Benutzeroberfläche lediglich administrativ, hier wird festgelegt, ob das entsprechende Plugin in den jeweiligen Galerien angezeigt wird oder nicht. Diese Attribute haben keine aktuelle Funktion mehr und werden in einem späteren Release ersatzlos entfallen, weil die Unterscheidung nach mobilen oder Desktop-Anwendungen nicht mehr existiert.

Unterstützt für

* Komponententyp	☑ Seitenelemente ☑ Interaktive Grid-Spalten	ⓘ
* Benutzeroberfläche	☑ Desktop ☐ Mobilgerät	ⓘ

Abbildung 23.2 Attribute des Bereichs »Unterstützt für«

Bereiche »Standardattribute« und »Standardattribut – zusätzliche Metadaten«

In diesem Bereich werden zwar viele Optionen angezeigt, das Verständnis ist aber relativ schnell vermittelt: Hier kann festgelegt werden, ob in der IDE für dieses Plugin die entsprechenden Standardattribute angezeigt werden sollen oder nicht.

Unsere Plugins sollen sich so fugenlos wie möglich in APEX integrieren. Daher ist ein wichtiges Ziel, allgemeine Optionen auch für unsere Plugins verwenden zu können. APEX bietet, je nach Typ des Plugins, eine Reihe Standardattribute an, für die wir hier entscheiden, ob diese Standardattribute auch für unser Plugin sinnvoll sind.

Nehmen wir hierfür ein Beispiel: Die Option ENTHÄLT QUELLATTRIBUTE legt fest, dass beim Einfügen des Elements auf eine Seite auch die quellbezogenen Attribute wie QUELLE • VERWENDET, QUELLE • TYP und DARSTELLUNG • FORMATMASKE dargestellt werden.

Standardattribute

Attribute:			
☐ Ist ein sichtbares Widget	☐ Standard-Formularelement	☐ Sessionzustand änderbar	☐ Enthält schreibgeschützte Attribute
☐ Hat Attribut "Sonderzeichen maskieren"	☐ Enthält Schnellauswahlattribute	☐ Enthält Quellattribute	☐ Formatmaske nur Datum
☐ Formatmaske nur Zahl	☐ Enthält Elementattribute	☐ Enthält Breitenattribute	☐ Enthält ein Höhenattribut
☐ Enthält Elementoptionsattribut	☐ Hat Platzhalterattribut	☐ Enthält Symbolattribut	☐ Enthält ein Sessionzustands-Verschlüsselungsattribut
☐ Enthält eine Werteliste	☐ Enthält Wertelistenanzeige von Null-Attributen	☐ Enthält kaskadierende Wertelistenattribute	☐ Join-Werteliste für Spaltenanzeige
☐ Enthält Filter	☐ Enthält Link	☐ Enthält Attribut "Initialisierungs-JavaScript-Code"	

Abbildung 23.3 Attribute der Bereiche »Standardattribute«

Es ist empfehlenswert, möglichst viele Standardattribute für ein Plugin zu aktivieren. In jedem Fall ist es besser, ein solches Standardattribut zu verwenden, als in einem eigenen Attribut eine analoge Information zu erfassen.

Grund ist neben der besseren Integration in die IDE vor allem auch die Tatsache, dass wir lediglich 15 selbst definierte Attribute übergeben können (Sie haben diese schon in den Record-Definitionen gesehen, besprechen werde ich die Optionen im nächsten Abschnitt). Wenn wir ein Standardattribut verwenden können, sparen wir ein eigenes Attribut ein.

Einige ausgegraute Attribute aktivieren sich, wenn andere Attribute angewählt werden. Daher täuscht Abbildung 23.3 etwas, es sind alle Attribute auch auswählbar.

Im PL/SQL-Block werden die Werte der entsprechenden Standardattribute über den Record `APEX_PLUGIN.T_ITEM` übermittelt.

Bereich »Benutzerdefinierte Attribute«

Dieser Bereich wird erst angezeigt, nachdem ein neues Plugin gespeichert wurde. Zusätzlich zu den im vorhergehenden Abschnitt besprochenen Standardattributen ist es möglich, benutzerdefinierte Attribute zu definieren. Diese Attribute stehen in zwei Geltungsbereichen zur Verfügung. Zum einen können die Attribute pro Plugin-Instanz gesetzt werden. Diese Attribute werden dann in der IDE erfasst, wenn ein Plugin auf der Seite eingesetzt wird. Dies wird im benutzerdefinierten Attribut durch den Geltungsbereich `Komponente` kenntlich gemacht. Zusätzlich existiert noch der Geltungsbereich `Anwendung`, mit dem ein Parameter so definiert wird, dass er für alle Instanzen des Plugins wirksam ist. Attribute dieses Geltungsbereichs werden in den <GEMEINSAMEN KOMPONENTEN> • KOMPONENTENEINSTELLUNGEN definiert.

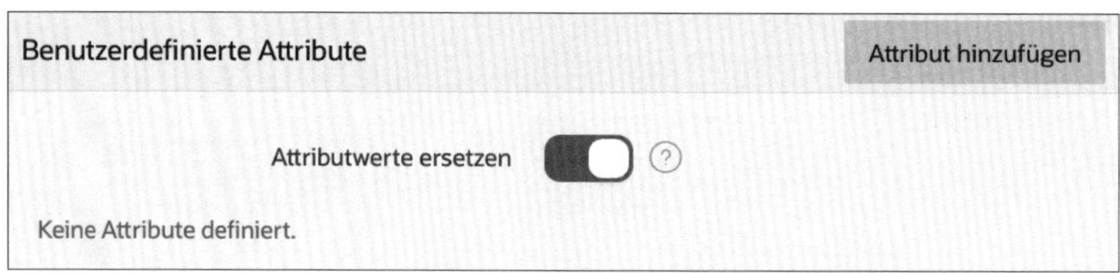

Abbildung 23.4 Attribute des Bereichs »Benutzerdefinierte Attribute«

Und auch für die Referenzierung im PL/SQL-Block existieren Unterschiede, denn die komponentenbasierten Attribute werden über den Parameter `P_ITEM`, die anwendungsbasierten Attribute über den Parameter `P_PLUGIN` referenziert, jeweils über die Attribute `attribute_01 .. attribute_15`.

Die Verwaltung von Attributen ist etwas zu aufwendig für diesen Abschnitt, darauf komme ich nach der Besprechung der Attributbereiche noch zurück. Halten wir für den Moment fest, dass wir insgesamt maximal 30 selbst definierte Parameter erfassen können. Anwendungsbezogene Parameter eignen sich für allgemeine Parameter wie CSS-Klassen, die für alle Instanzen gleichermaßen gelten sollen, während die komponentenbezogenen Parameter für die individuelle Steuerung zuständig sind.

Ein Attribut ist allerdings auf dieser Ebene zu berücksichtigen und definiert einen Umgebungsparameter für alle benutzerdefinierten Attribute: das Attribut ATTRIBUTWERTE ERSETZEN. Mit diesem Attribut kontrollieren Sie, ob Attributwerte, die Ersetzungszeichenfolgen der Syntax `&NAME.` enthalten, aufgelöst werden sollen, bevor das Plugin aufgerufen wird. Ist dieses Attribut auf `Nein` eingestellt, müssen Sie im PL/SQL-Code für diese Ersetzung sorgen. Der Hilfetext zu diesem Attribut zeigt den Beispielcode aus Listing 23.10, der die Ersetzungen mithilfe der Funktion `APEX_PLUGIN_UTIL.REPLACE_SUBSTITUTIONS` ausführt.

```
declare
  l_column_list apex_plugin_util.t_column_list;
  l_link varchar2(32767);
begin
  /* Daten lesen */
  l_column_value_list := apex_plugin_util.get_data2 (
                           p_sql_statement => p_region.source,
                           p_region => p_region );
  /* Zeilen ausgeben */
  for l_row_num in 1 .. l_column_value_list( 1 ).value_list.count loop
    begin
      -- Aktuellen Spaltenwert im SessionStatus speichern
      apex_plugin_util.set_component_values (
        p_column_value_list => l_column_value_list,
        p_row_num => l_row_num );
      ...
      -- Verweis: Ersetzungsanker ersetzen
      l_link := apex_plugin_util.replace_substitutions(
                  p_value => p_region.attribute_01 );
      ...
      apex_plugin_util.clear_component_values;
    exception when others then
      apex_plugin_util.clear_component_values;
      raise;
    end;
  end loop;
end;
```

Listing 23.10 Beispielcode für die Ersetzung von Platzhaltern

Zur Erläuterung: Der Code führt die select-Anweisung des Elements aus und gibt das Ergebnis in Teilen als Instanz des Typs apex_plugin_util.t_column_list zurück. Die Deklaration dieses Rückgabetyps sehen Sie in Listing 23.11.

```
type t_column is record(
  name varchar2(32767),
  data_type wwv_flow_global.t_dbms_id,
  format_mask varchar2(255),
  value_list t_value_list);

type t_column_list is table of t_column index by pls_integer;
```

Listing 23.11 Deklaration der Rückgabetypen »T_COLUMN« und »T_COLUMN_LIST«

Der Typ T_VALUE_LIST ist wiederum eine Tabelle vom Typ T_VALUE, mit der die einzelnen Ergebniswerte verfügbar gemacht werden, wie in Listing 23.12 zu sehen.

```
type t_value is record(
  varchar2_value varchar2(32767),
  number_value number,
  date_value date,
  timestamp_value timestamp,
  timestamp_tz_value timestamp with time zone,
  timestamp_ltz_value timestamp with local time zone,
  interval_y2m_value interval year to month,
  interval_d2s_value interval day to second,
  blob_value blob,
  bfile_value bfile,
  clob_value clob,
  anydata_value sys.anydata);

type t_value_list is table of t_value index by pls_integer;
```

Listing 23.12 Deklaration der Typen »T_VALUE« und »T_VALUE_LIST«

Das Abfrageergebnis wird hiermit also in einer Art typisierter Tabelle mit Metadaten zur Spalte zurückgegeben, auf die sich der nachfolgende Code dann beziehen kann. In jedem Fall müssen die allokierten Ressourcen durch den Aufruf der Methode apex_plugin_util.clear_component_values freigegeben werden.

Bereiche »Dateien« und »Zu ladende Datei-URLs«

Da zu einem Plugin fast immer auch eine JavaScript-Komponente und sehr häufig auch CSS-Dateien gehören, bietet es sich an, diese Dateien mit zum Plugin zu speichern. Je nach Plugin können Umfang und Anzahl dieser Dateien erheblich sein, im

Regelfall sind es jedoch wenige kleine JavaScript- und CSS-Dateien, die für ein Element-Plugin benötigt werden. Hier können auch Dateien in einem ZIP-Archiv geladen werden, die direkt über die im ZIP enthaltene Ordnerstruktur angesprochen werden können. Es ist daher der Regelfall, dass Dateien direkt im Plugin gespeichert und mit diesem exportiert werden.

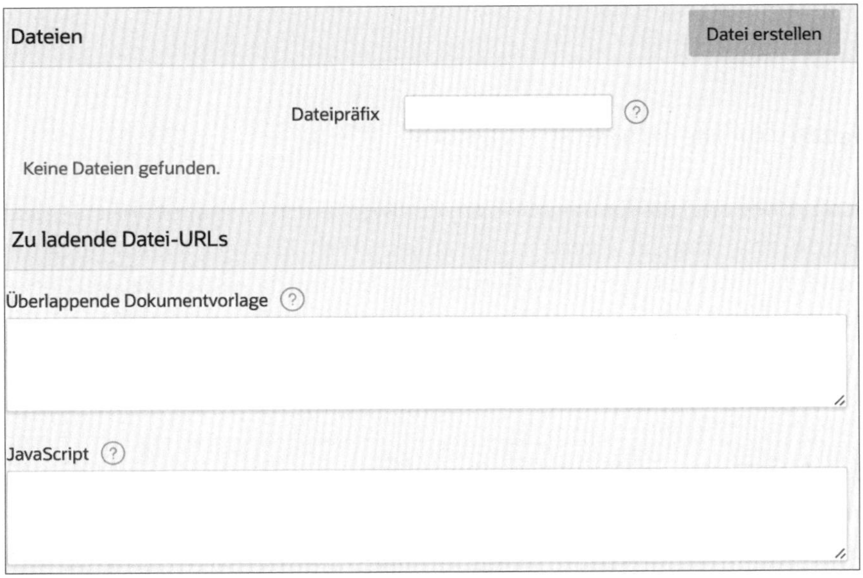

Abbildung 23.5 Attribute der Bereiche »Dateien« und »Zu ladende Datei-URLs«

Die Alternative war (und ist) die Speicherung der zugehörigen Dateien im lokalen Verzeichnis des Webservers, also irgendwo neben dem Verzeichnis `i` von APEX. Wird diese Form der Speicherung gewählt, steht mit dem Attribut Dateien • Dateipräfix die Möglichkeit offen, den Pfad zu dem Verzeichnis, in dem sich die Dateien befinden, zu definieren. In den Bereichen zu ladende Datei-URLs • Überlappende Dokumentvorlage (eine naheliegende Übersetzung für *Cascading Style Sheet*, wie ich finde ...) und Zu ladende Datei-URLs • JavaScript kann dann auf die einzelnen Dateien Bezug genommen werden. Das definierte Dateipräfix wird dann über die Ersetzungszeichenfolge `#PLUGIN_FILES#` referenziert.

Bereich »Ereignisse«

Auch dieser Bereich wird erst nach dem erstmaligen Speichern eines neuen Plugins angezeigt. Analog zu den benutzerdefinierten Attributen kann für ein Plugin auch festgelegt werden, dass benutzerdefinierte Ereignisse ausgeführt werden sollen. Die Angaben sind eher unspektakulär, es müssen ein Anzeigename und ein interner Name gewählt werden. APEX hält es so, dass jedem durch APEX ausgelösten Event ein Präfix (`apex`) vorangestellt wird, um die Gefahr zu reduzieren, gleichlautende Events auf einer Seite einzuführen. Sie sollten dieser Konvention folgen und auch für Ihr Plugin ein eigenes Präfix definieren.

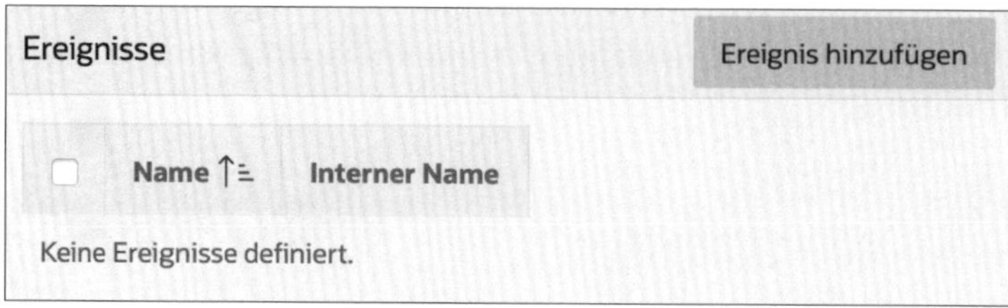

Abbildung 23.6 Attribute des Bereichs »Ereignisse«

Im JavaScript-Code sind Sie für das Auslösen der Events selbst verantwortlich. Es ist, je nach Plugin, sehr sinnvoll, eigene Events einzurichten. Ein Beispiel hierfür ist die modale Seite, die ein Event beim Schließen auslöst. Anhand dieses Beispiels sehen Sie auch die Integration der Events in den Anwendungsfluss: Sie werden zum Beispiel in der Auswahlliste der Events bei dynamischen Aktionen angezeigt und erlauben es dem Rest der APEX-Anwendung, auf Ihr Plugin zu reagieren.

Bereiche »Information«, »Hilfe« und »Kommentar«

Diese Bereiche entsprechen in ihrer Bedeutung den Attributen anderer Seitenelemente. Nutzen Sie hier die Möglichkeit, die Verwendung Ihres Plugins zu erklären, eventuell sogar über einen eigenen URL auf eine Webseite. Eine weitere Empfehlung ist die Integration der Lizenz, falls Sie Ihr Plugin veröffentlichen möchten. Das senkt das Risiko, versehentlich ein Plugin mit GPL-Lizenz zu installieren, ohne hierfür eine entsprechende Lizenzvereinbarung zu haben. Ansonsten können (und sollten) Sie Hilfen auch noch zu jedem Attribut erfassen. Die dort erfassten Hilfetexte stehen dem Entwickler während der Verwendung des Plugins auf der Anwendungsseite zur Verfügung und erläutern die korrekte Verwendung.

23.3.2 Benutzerdefinierte Attribute verwalten

Die Verwaltung der benutzerdefinierten Attribute wird durch eine zweite Seite der IDE vorgenommen. Für jedes Attribut muss die Seite erneut aufgerufen werden, was durch die Schaltfläche ERSTELLEN UND WEITERE ERSTELLEN schnell möglich ist.

Bereich »Name«

Zunächst muss für ein benutzerdefiniertes Attribut der Geltungsbereich (`Komponente` oder `Anwendung`, wie im letzten Abschnitt berichtet) durch das Attribut NAME • GELTUNGSBEREICH festgelegt werden. Als Nächstes wird die Reihenfolge des Attributs durch NAME • ATTRIBUT definiert. Diese Angabe legt fest, welche Variable der übergebenen Parameter-Records (`P_ITEM.ATTRIBUTE_NN` bzw. `P_PLUGIN.ATTRIBUTE_NN`) den

Wert dieses Attributs enthalten soll. Davon unabhängig kann mittels Name • Anzeigereihenfolge die Darstellung der Attribute auf der Seite definiert werden. Was zunächst wie eine doppelte Angabe klingt, ergibt einen Sinn, wenn das Plugin später um weitere Attribute ergänzt wird. Es ist nicht möglich, die Zuordnung eines Attributs zum Parameter später zu ändern (das ginge nur, indem Sie das Attribut wegwerfen und dann neu anlegen), daher ist die Ausführungsreihenfolge die einzige Möglichkeit, im Nachhinein die Reihenfolge der Attribute zu steuern. Das Attribut Name • Label legt die Bezeichnung des Attributs fest.

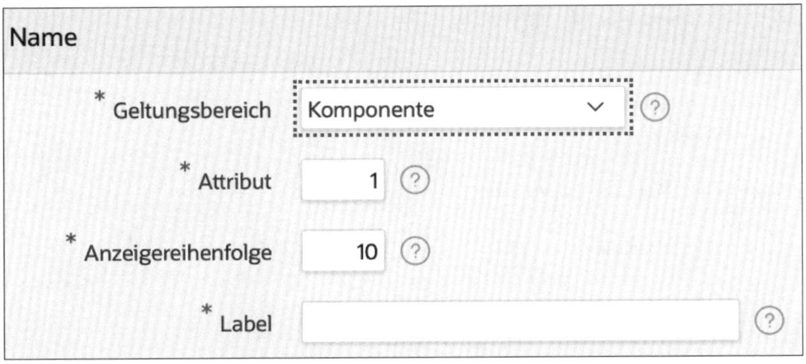

Abbildung 23.7 Attribute des Bereichs »Name«

Bereiche »Einstellungen«, »Standardwert« und »Bedingung«

Das Attribut Einstellungen • Typ gibt einen Eindruck von der Mächtigkeit der möglichen Parameter. Die übrigen Parameter definieren nähere Einstellungen zu den Attributen, abhängig vom Typ des Attributs. Ich halte es nicht für sinnvoll, alle möglichen Kombinationen zu besprechen, zumal sich die meisten Attribute spätestens durch die Hilfetexte erschließen. Etwas unglücklich ist die Übersetzung bezüglich des Attributs Einstellungen • Einheit geraten. Hier ist, wie der Name des Attributs vermuten lässt, die Einheit einer Zahleingabe gemeint, wie zum Beispiel px für Pixel. Auch der Typ des Attributs ist nach dem Speichern nicht mehr änderbar, sondern nur noch zu löschen und neu anzulegen.

Idee der vielen Attributtypen ist es, dem Entwickler auf der IDE ein Attribut mit dem bestmöglichen Editor und weitgehend automatisierter Validierung der Eingabewerte anzubieten. So kann eine Vorzugsfarbe durch einen Color Picker, ein Datum analog über einen Datepicker oder eine Option über eine statische Werteliste definiert werden. Pflichtparameter sind ebenso möglich wie optionale Zusatzparameter, die lediglich angezeigt werden, wenn alle Optionen im Seitendesigner angezeigt werden sollen, und so weiter. Standardwerte können über das Attribut Standardwert • Standardwert festgelegt werden.

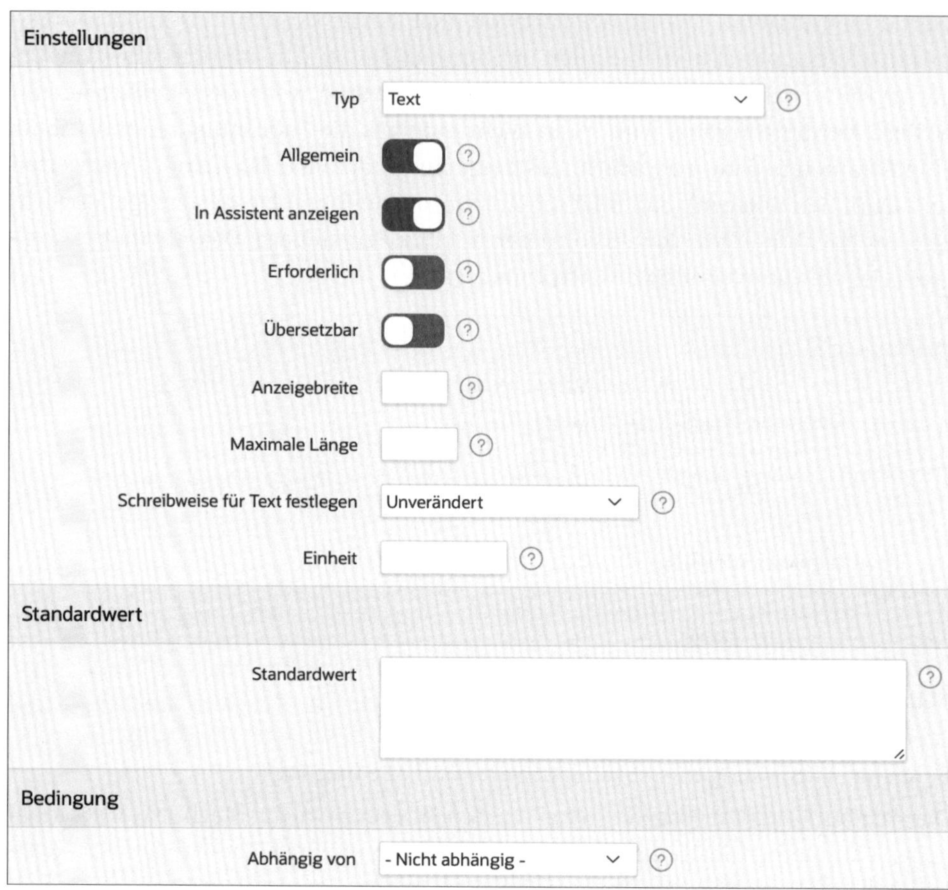

Abbildung 23.8 Attribute der Bereiche »Einstellungen«, »Standardwert« und »Bedingung«

Interessant ist die Kombination dieser Möglichkeiten mit dem Attribut BEDINGUNG • ABHÄNGIG VON. Mittels dieses Attributs können Sie bei mehreren Attributen eine innere Abhängigkeit definieren, die sich in der Bedienung des Plugins durch den Anwendungsentwickler später so darstellt, dass die abhängigen Attribute lediglich dann verwendet werden, wenn das zugehörige Elternattribut gewählt wurde. Sie können alle Attribute des jeweiligen Geltungsbereichs als Elternelement wählen, und auch mehrstufige Kaskaden wären prinzipiell möglich, wäre da nicht die Beschränkung auf maximal 15 Attribute pro Geltungsbereich, die die Möglichkeit zur Schachtelung dann doch in relativ engen Bahnen hält.

Aufgrund der relativ geringen Zahl möglicher Attribute müssen bei komplexeren Plugins einerseits die Optionen mit Bedacht gewählt werden. Zum anderen können Sie eine Anregung aus dem APEX-Entwicklerteam aufgreifen und den Mechanismus eines `Options`-Objekts auch für Ihre Plugins implementieren. Zur Erinnerung: Bei interaktiven Grids, Charts und Kalendern können Sie über das <SPEZIELLE REGIONSAT-

TRIBUT> • ERWEITERT • JAVASCRIPT-CODE eine Funktion deklarieren, die als Parameter ein `Options`-Objekt erhält, dieses in der Funktion dann erweitert und anschließend zurückliefert. Das ist selbstverständlich auch bei Ihren eigenen Plugins möglich und der von der jQuery Widget Factory favorisierte Weg, der in Zukunft verstärkt auch vom APEX-Entwicklerteam beschritten werden wird. Eventuell können Sie einige Attribute auch als Anwendungsattribute auslagern und durch ein solches `Options`-Objekt lokal ergänzen. Möchten Sie dies tun, wählen Sie bei den Standardattributen für dieses Plugin den Eintrag `Enthält Attribut "Initialisierungs-JavaScript-Code"`. Die »Verkabelung« dieses Codes erfolgt dann dadurch, dass bei der Verwendung des Plugins eine Methode in das genannte Attribut eingefügt wird, die das als Parameter übergebene `Options`-Objekt um die gewünschten Optionen anreichert und zurückgibt. Dieser JavaScript-Code wird dem Plugin über den Parameter `p_item.init_javascript_code` zur Verfügung gestellt.

Bereiche »Unterstützt für«, »Hilfetext« und »Beispiele und Kommentare«

Die Attribute dieser Bereiche sind analog zu den Attributen der Hauptseite der Plugin-Verwaltung und müssen daher nicht näher besprochen werden.

23.4 Ein Element-Plugin erstellen

Wenden wir uns nun der Erstellung von Plugins zu. Als Beispiel verwende ich das bereits angesprochene Plugin zur Prüfung spezieller Werte wie Bankleitzahlen, Versicherungsnummern etc., das heißt, wir erstellen ein Element-Plugin.

23.4.1 Konzeption des Plugins

Zunächst ein paar Gedanken über den Einsatzbereich des Plugins. Die speziellen Werte, die hier geprüft werden sollen, kenne ich im Vorfeld noch gar nicht, die eigentliche Formatierung und Prüfung dieser Werte ist also nicht im Fokus des Plugins. Das mag zunächst wie ein Nachteil klingen, hat aber den Vorteil, dass Sie das Plugin für Ihre speziellen Anforderungen leicht konfigurieren können. Das Plugin kümmert sich um die eingegebenen Werte, leitet sie an die jeweils gewünschte Formatierungs- und Validierungsroutine weiter und gibt eventuelle Fehlermeldungen aus. Damit das Plugin später einfach zu verwenden ist, statten wir es mit einem Attribut aus, mit dem wir wählen können, welcher Wertetyp konkret geprüft werden soll. Die Auswahl dieser Typen können Sie dann selbst festlegen, indem Sie einerseits die Werte dieses Attributs entsprechend definieren und andererseits eine Weiche im PL/SQL-Code-Anteil des Plugins einrichten, die in Abhängigkeit vom gewählten Typ den korrekten Validierungscode aufruft. Setzen Sie das Plugin später auf der Seite ein, müssen Sie lediglich festlegen, dass es sich zum Beispiel um eine Bankleitzahl handelt, den Rest macht dann das Plugin.

Verwendete Parameter

Konkret möchte ich folgende Parameter implementieren:

- `Art des Wertes`

  Dieses Attribut definiert, welche Prüf- bzw. Formatierungsroutine angewendet werden soll.

- Schalter `Dynamische Validierung`

  Dieses Attribut steuert, ob das Element die Validierung und Formatierung direkt nach Verlassen des Feldes starten soll oder ob damit bis zum Absenden der Seite gewartet werden soll.

Überblick über die Aufgaben

Wir müssen also folgende Funktionalität bereitstellen:

- das eigentliche Plugin als Metadateneintrag des APEX Data Dictionary
- eine PL/SQL-Komponente, die den HTML- und JavaScript-Code des Seitenelements erzeugt und die Eingaben verarbeitet
- eine JavaScript-Komponente, die Validierungen und Formatierungen veranlasst und auf Benutzereingaben reagiert

Die JavaScript-Komponente ist zudem dafür verantwortlich, alle Methoden und Ereignisse zu implementieren, die von APEX vorausgesetzt werden, damit sich unser Plugin wie eine mitgelieferte APEX-Komponente verhalten kann. Das gewählte Beispiel hält keine größeren Komplexitäten bereit, daher können wir uns auf die Integration der Funktionalität in APEX konzentrieren.

23.4.2 Anlegen der Metadaten

Der erste Schritt ist, das Plugin in den Metadaten einzutragen. Ob Sie dies als Erstes tun oder zunächst einmal die PL/SQL- und JavaScript-Methoden testen, ist egal, ich fange hiermit an, weil es für mich didaktisch naheliegend wirkt. Erstellen Sie also ein neues Plugin und legen im Bereich NAME Folgendes fest:

- NAME: `Spezielle Werte`
- INTERNER NAME: `de.condes.apex.plugin.special_values`
- TYP: `Element`

Im Bereich CALLBACKS referenzieren wir bereits das Package, das wir noch schreiben müssen. Ich habe die Angewohnheit, die Methoden einfach nur `render`, `refresh` und so weiter zu nennen, da ich über den Packagenamen ja weitere Informationen erhalte. Den Packagenamen wähle ich im Normalfall als `plugin_<Plugin-Name>`, in unserem Fall demnach `plugin_special_values`. Es ergeben sich also die folgenden Einträge:

- PROZEDUR/FUNKTIONSBEZEICHNUNG RENDERN: `plugin_special_values.render`
- METADATENPROZEDURNAME: `plugin_special_values.meta`
- AJAX PROZEDUR/FUNKTIONSBEZEICHNUNG: `plugin_special_values.ajax`
- VALIDIERUNGSPROZEDURNAME: `plugin_special_values.validate`

Belassen Sie die Einstellungen für den Bereich UNTERSTÜTZT FÜR, und im Bereich STANDARDATTRIBUTE wählen wir alle, außer den folgenden:

- FORMATMASKE NUR ZAHL / NUR DATUM
- ENTHÄLT ELEMENTOPTIONSATTRIBUT
- ENTHÄLT EINE WERTELISTE sowie alle anderen Wertelisten-bezogenen Attribute
- ENTHÄLT FILTER / LINK

Diese Auswahl ist vielleicht nicht endgültig, aber Sie erkennen, dass wir hier versuchen, möglichst viele Standardattribute zu erlauben. So wäre es zum Beispiel möglich, dass der Entwickler, der dieses Plugin später nutzt, einen Platzhaltertext eingeben kann, um anzuzeigen, welche Formatierung erwartet wird. Der Wert des Seitenelements kann später aus `select`-Abfragen, Datenbankspalten, direkter Eingabe oder beliebigen anderen Quellen kommen, ohne dass wir hierfür neue Funktionalität programmieren müssten. Schließlich habe ich mit dem Attribut `Enthält Attribut "Initialisierungs-JavaScript-Code"` für die Zukunft vorgesorgt. Möchten Sie das nicht, deaktivieren Sie einfach auch dieses Attribut.

[!] **Merke**

Plugins, die in mehreren Anwendungen verwendet werden, sollten idealerweise nur in einer Anwendung entwickelt und von den anderen Anwendungen kopiert und subskribiert werden. Dadurch ist es später möglich, an zentraler Stelle eine Änderung vorzunehmen und auf alle Subskribenten anwenden zu lassen.

23

In den Bereichen INFORMATIONEN bzw. HILFETEXT können Sie bereits jetzt eine kurze Eintragung vornehmen. Wie Sie sehen, haben wir bislang noch keine Möglichkeit, unsere Attribute anzulegen. Dies geht erst, wenn das Plugin gespeichert wurde. Klicken Sie also auf die Schaltfläche PLUG-IN ERSTELLEN, und wenden Sie sich anschließend den benutzerdefinierten Attributen zu.

Fügen wir unseren ersten benutzerdefinierten Parameter `Art des Wertes` hinzu. Den Namen notieren Sie im Attribut NAME • LABEL und wählen als EINSTELLUNGEN • TYP

• Auswahlliste. Dadurch wird der Wertelistentyp STATIC vorgeblendet. Stellen Sie anschließend noch das Attribut EINSTELLUNGEN • ERFORDERLICH • Ja, denn wir benötigen selbstverständlich diese Auswahl. Bevor wir die einzelnen Werte unserer Liste erfassen dürfen, muss bereits ein Standardwert festgelegt werden. Legen Sie also im Attribut STANDARDWERT • STANDARDWERT • IBAN fest. Anschließend erstellen wir uns eine kurze Werteliste, bestehend aus den Einträgen IBAN-Nummer (IBAN) und BIC (BIC). Die eingeklammerten Bezeichnungen stellen die Rückgabewerte der Liste dar. Auch hier können Sie sich kurze Hilfetexte überlegen. Als Letztes legen wir für dieses Attribut fest, dass alle Komponententypen und Benutzeroberflächen unterstützt werden sollen (Attribute im Bereich UNTERSTÜTZT FÜR) und legen einen kurzen Hilfetext fest.

Analog gehen wir nun für das zweite benutzerdefinierte Attribut, Dynamische Validierung, vor. Auch hier legen Sie den Typ fest, diesmal allerdings als Ja/Nein, definieren, dass der Standard Y lauten und damit dynamisch validieren soll, aktivieren das Attribut für alle Komponententypen sowie Benutzeroberflächen und legen einen Hilfetext fest.

23.4.3 Implementierung des PL/SQL-Packages

Wir haben bereits gesehen, dass wir vier Methoden implementieren müssen, wenn wir ein Element-Plugin erstellen möchten. Diese vier Methoden können Stubs sein, doch empfehle ich, sie dennoch anzulegen, damit bei eventuellen Erweiterungen der Einstieg bereits definiert ist. Das haben wir ja auch in den Metadaten vorgegeben.

Package-Spezifikation

Die PL/SQL-Logik wird, wie besprochen, in einem Package implementiert. Listing 23.13 zeigt die Package-Spezifikation.

```
create or replace package plugin_special_values
  authid definer
as
  procedure render(
    p_item in apex_plugin.t_page_item,
    p_plugin in apex_plugin.t_plugin,
    p_param in apex_plugin.t_item_render_param,
    p_result in out nocopy apex_plugin.t_item_render_result);

  procedure metadata(
    p_item in apex_plugin.t_item,
    p_plugin in apex_plugin.t_plugin,
    p_param in apex_plugin.t_item_meta_data_param,
    p_result in out nocopy apex_plugin.t_item_meta_data_result);
```

```
  procedure ajax(
    p_item in apex_plugin.t_item,
    p_plugin in apex_plugin.t_plugin,
    p_param in apex_plugin.t_item_ajax_param,
    p_result in out nocopy apex_plugin.t_item_ajax_result);

  procedure validate(
    p_item in apex_plugin.t_item,
    p_plugin in apex_plugin.t_plugin,
    p_param in apex_plugin.t_item_validation_param,
    p_result in out nocopy apex_plugin.t_item_validation_result);

end plugin_special_values;
```

Listing 23.13 Package-Spezifikation des Plugin-Packages

Jetzt wird es spannend: Was muss nun getan werden? Die Besprechung des Packages nimmt nun etwas mehr Raum ein, denn ich möchte Ihnen gleichzeitig einige übliche Best Practices erläutern, die im Umfeld von Plugins genutzt werden.

Die »render«-Methode

Sehen wir uns die Rendermethode des Plugins an. Ich gebe Ihnen zunächst einmal die gesamte Funktion und bespreche die Details dann anschließend:

```
procedure render(
  p_item in apex_plugin.t_page_item,
  p_plugin in apex_plugin.t_plugin,
  p_param in apex_plugin.t_item_render_param,
  p_result in out nocopy apex_plugin.t_item_render_result)
as
  l_attributes attribute_rec;
begin
  -- Falls im DEBUG-Modus, soll auch das Plugin Meldungen
  emittieren koennen
  if apex_application.g_debug then
    apex_plugin_util.debug_page_item(
      p_plugin => p_plugin,
      p_page_item => p_item,
      p_value => p_param.value,
      p_is_readonly => p_param.is_readonly,
      p_is_printer_friendly => p_param.is_printer_friendly);
  end if;
```

23

```
  -- Auswertung der Flags IS_READONLY/IS_PRINTER_FRIENDLY
  if p_param.is_readonly or p_param.is_printer_friendly then
    render_element_read_only(p_item, p_param);
  else
    -- Element soll bearbeitet werden koennen
    l_attributes := read_attributes(p_item);
    render_element(p_item, p_param, l_attributes);
    add_javascript_code(p_item, l_attributes);
  end if;
end render;
```

Listing 23.14 Renderfunktion des Plugins

Natürlich müssen Sie nicht meinen Programmierstil übernehmen, aber ich mag es gern, wenn die Funktionen kurz sind. Um mich hier nicht mit allen Aufgaben gleichzeitig auseinandersetzen zu müssen, lagere ich die einzelnen Schritte in Hilfsmethoden aus.

Die erste Teilaufgabe bezieht sich auf das Debugging. Hierzu bietet Ihnen das Package `APEX_PLUGIN_UTIL` die Prozedur `DEBUG_PAGE_ITEM` an. Es ist in jedem Fall ratsam, diese Prozedur einzubinden, damit Sie interne Informationen zur Verarbeitung des Plugins erhalten können. Diese Prozedur rufen wir allerdings nur auf, wenn sich APEX auch im Debug-Modus befindet, was sich leicht durch den Schalter `APEX_APPLICATION.G_DEBUG` prüfen lässt.

Die eigentliche Aufgabe für die `render`-Methode besteht darin, das HTML-Element zu erzeugen, das auf der Seite angezeigt wird, sowie den JavaScript-Code zu initialisieren. Dabei müssen wir zwei Zustände unterscheiden, die durch den Schalter `p_is_readonly` unterschieden werden. Soll das Element nur dargestellt werden, benötigen wir keine Logik und kein JavaScript. Daher lassen wir entweder nur eine `readonly`-Variante ausgeben oder aber das komplette Element.

Sehen wir uns in Listing 23.15 die Hilfsmethode zur Ausgabe des `readonly`-Modus an. Wir müssen kaum etwas tun, denn das Package `APEX_PLUGIN_UTIL` weiß auch hier Rat.

```
procedure render_element_read_only(
  p_item in apex_plugin.t_page_item,
  p_param in apex_plugin.t_item_render_param)
as
begin
  -- Erzeugt HIDDEN-Element, das den Wert des Elements aufnimmt
  apex_plugin_util.print_hidden_if_readonly(
    p_item_name => p_item.name,
    p_value => p_param.value,
    p_is_readonly => p_param.is_readonly,
```

```
    p_is_printer_friendly => p_param.is_printer_friendly);
  -- Erzeugt Standard-SPAN fuer ein Readonly-Feld
  apex_plugin_util.print_display_only(
    p_item_name => p_item.name,
    p_display_value => p_param.value,
    p_show_line_breaks => false,
    p_escape => true,
    p_attributes => p_item.element_attributes);
end render_element_read_only;
```

Listing 23.15 Hilfsmethode zur Ausgabe des Elements im Read-only-Modus

Dann kommt die Kernaufgabe der Methode, die Erstellung des HTML-Elements und des JavaScript-Codes. Hierzu müssen wir zunächst die übergebenen Parameter entgegennehmen. Da diese Parameter einfach `attribute_nn` heißen, lautet die Best Practice, deren Werte in besser bezeichnete Variablen zu übernehmen. Ich mache das meistens so, dass ich für diese Parameter einen Record erstelle, dem ich in einer kleinen Hilfsmethode die Parameter übergebe. In dieser Hilfsmethode können wir dann die nötigen Umformungen der Attribute (`to_number`, `to_date` und so weiter) vornehmen. Diese Hilfsmethode zeigt Listing 23.16.

```
/** Typen */
subtype max_char is varchar2(32767);
subtype max_sql_char is varchar2(4000 byte);
subtype ora_name_type is varchar2(128 byte);
subtype flag_type is varchar2(1 byte);
subtype boolean_flag is varchar2(5 byte);
type char_table is table of max_sql_char;
type attribute_rec is record(
  item_type ora_name_type,
  validate_immediate boolean_flag);
/** Konstanten */
c_yes constant flag_type := 'Y';
-- Wahrheitswerte werden in JavaScript verwendet
c_true constant boolean_flag := 'true';
c_false constant boolean_flag := 'false';

/** Hilfsmethoden */
function read_attributes(
  p_item in apex_plugin.t_page_item)
  return attribute_rec
as
  l_attributes attribute_rec;
begin
```

```
  -- Typ des Elements (z. B. IBAN, BIC), steuert die Validierung
  l_attributes.item_type := p_item.attribute_01;
  -- Flag, das anzeigt, ob das Element dynamisch validiert werden soll
  if p_item.attribute_02 = c_yes then
    l_attributes.validate_immediate := c_true;
  else
    l_attributes.validate_immediate := c_false;
  end if;
  return l_attributes;
end read_attributes;
```

Listing 23.16 Hilfsmethode zur Übernahme der Parameter

Die Übernahme von Attributen aus dem Record P_ITEM ist oft auch in den anderen Methoden (refresh etc.) erforderlich, daher rentiert sich diese Hilfsmethode. Nun können wir das HTML-Element erzeugen. Ich verwende hierfür einen Template-basierten Ansatz, das heißt, ich erstelle eine Zeichenkette im Package mit Ersetzungsankern. Durch eine generische Ersetzungsmethode, die viele Ersetzungen in einem Rutsch ausführen kann, ist die Verwendung nachher ganz einfach. In Listing 23.17 sehen Sie das HTML-Template, etwas formatiert.

```
<input type="text" #STANDARD_ATTRIBUTES#
       value="#VALUE#" size="#SIZE#"
       maxlength="#MAX_LENGTH#"
       placeholder="#PLACEHOLDER#" #ATTRIBUTES# >
```

Listing 23.17 HTML-Template für das Eingabeelement

[!]

Merke

Wenn Sie selbst ein Plugin erstellen, ist oft die Frage, wie das resultierende HTML-Element aussehen soll. Normalerweise hilft hier, ein möglichst ähnliches Element aus dem APEX-Umfeld zu kopieren und an die eigenen Bedürfnisse anzupassen.

Die Hilfsfunktion aus Listing 23.18 zum Ersetzen mehrere Werte auf einmal nutzt den Typ CHAR_TABLE, eine einfache Liste von Zeichenketten, um beliebig viele Parameter an eine Prozedur zu übergeben. Sie nimmt eine Liste von Wertepaaren entgegen, ähnlich der Methode DECODE, und ersetzt das erste durch das zweite, das dritte durch das vierte Element und so weiter. Das ist eine Hilfsmethode, die ich immer in meinen Projekten anlege, einfach deshalb, weil sie so praktisch ist und das entnervende Zusammenstellen von Zeichenketten mittels Konkatenations-Operator und vielfachen Escapings der Steuerzeichen erspart. Mein Utility-Package UTL_TEXT enthält diese Methode selbstverständlich ebenso wie den Datentyp CHAR_TYPE.

```
type char_table is table of max_sql_char;

/** Hilfsmethoden */
function bulk_replace(
  p_string in varchar2,
  p_chunks in char_table)
  return varchar2
as
  l_result max_char;
begin
  l_result := p_string;
  if l_result is not null and p_chunks is not null then
    for i in 1 .. p_chunks.count loop
      if mod(i, 2) = 1 then
        l_result := replace(l_result, p_chunks(i), p_chunks(i + 1));
      end if;
    end loop;
  end if;
  return l_result;
end bulk_replace;
```

Listing 23.18 Hilfsmethode zum Ersetzen mehrerer Anker auf einmal

Die meisten Ersetzungsanker lassen sich aus Standardattributen des Plugins, die mit P_ITEM übergeben wurden, belegen. Zudem existiert im Package APEX_PLUGIN_UTIL eine Methode, die die »üblichen« Attribute eines Elements erzeugen kann. Diese lasse ich dann als STANDARD_ATTRIBUTES in das Element übernehmen. Ich muss eigentlich fast gar nichts tun, sondern lediglich vorbereitete Funktionen aufrufen:

```
procedure render_element(
  p_item in apex_plugin.t_page_item,
  p_param in apex_plugin.t_item_render_param,
  p_attributes in attribute_rec)
as
  -- HTML-Templates zur Darstellung des Items auf der Seite
  C_HTML_TEMPLATE constant max_sql_char :=
    q'~<input type="text" #STANDARD_ATTRIBUTES# value="#VALUE#" size="#SIZE#"
      maxlength="#MAX_LENGTH#" placeholder="#PLACEHOLDER#" #ATTRIBUTES# >~';
  l_standard_attributes max_sql_char;
  l_item_value ora_name_type;
  l_item_name ora_name_type;
begin
  -- Erzeugt einen passenden Namen fuer das Formularelement
  l_item_name := apex_plugin.get_input_name_for_page_item(false);
```

```
  -- Erzeugt ein Set von Standardattributen
  l_standard_attributes :=
    apex_plugin_util.get_element_attributes(
      p_item => p_item,
      p_name => l_item_name,
      p_default_class => null,
      p_add_id => true,
      p_add_labelledby => false);
  -- Fals angefordert (Standard-Attribut P_ITEM.ESACPE_OUTPUT = TRUE),
  -- wird  der Elementwert zunaechst von Steuerzeichen befreit
  l_item_value :=
    apex_plugin_util.escape(
      p_value => p_param.value,
      p_escape => p_item.escape_output);
  -- Ausgabe des HTML-Elements in den http-Stream
  htp.p(bulk_replace(C_HTML_TEMPLATE, char_table(
    '#STANDARD_ATTRIBUTES#', l_standard_attributes,
    '#VALUE#', l_item_value,
    '#SIZE#', p_item.element_width,
    '#MAX_LENGTH#', p_item.element_max_length,
    '#PLACEHOLDER#', p_item.placeholder,
    '#ATTRIBUTES#', p_item.element_attributes)));
end render_element;
```

Listing 23.19 Methode zur Erzeugung des HTML-Elements

Hier ist die Arbeitsweise gut zu erkennen, mittels der Methode `HTP.P` direkt in den http-Stream zu schreiben. Das HTML-Element wird vorher zurechtgelegt und dann ausgegeben. Falls Sie ihn nicht bereits kennen, empfehle ich Ihnen den Operator `Q` für Zeichenketten.

Nachdem nun das Element auf der Seite platziert wurde, muss noch der JavaScript-Code, der parallel zum Plugin als Datei mitgeliefert wird, aufgerufen werden. Das ist schon etwas vertrackter, weil hier einige Konventionen zu beachten sind. Ich möchte noch nicht alle Details besprechen, das hole ich nach, wenn wir den JavaScript-Teil ansprechen. Ich bin allerdings der Meinung, dass man die besten Ergebnisse erzielt, wenn man sich an den, auch vom APEX-Team etablierten, Standardmethoden orientiert. Diese Standardmethode hat sich auch im APEX-Team erst etablieren müssen, und dieser Prozess ist noch nicht vorbei. Wenn Sie die entsprechenden JavaScript-Dateien einsehen, können Sie einen deutlichen Unterschied zwischen älteren und neueren Erweiterungen erkennen. Aktuell lautet die Empfehlung, den Namensraum `apex.widget` durch das eigene Widget zu erweitern. Das mag zwar nach keiner guten Idee klingen, weil APEX diesen Namensraum verwaltet, ist aber absolut in Ordnung und eine der Kernideen von JavaScript, dass nämlich Objekte erweitert werden und die vorhandene Funktionalität so wiederverwendet wird. Wenn Sie so mögen, handelt es sich hierbei um den JavaScript-Weg der Vererbung.

Hier ist der Code, der innerhalb der `render`-Methode den JavaScript-Code erzeugt und auf die Seite bringt:

```
procedure add_javascript_code(
  p_item in apex_plugin.t_page_item,
  p_attributes in attribute_rec)
as
  l_ajax_identifier ora_name_type;
  C_JAVASCRIPT_TEMPLATE constant max_sql_char :=
    q'~apex.widget.specialValue(
          "##ID#",
          {"ajaxIdentifier":"#AJAX_ID#",
           "validateOnChange":#VALIDATE_IMMEDIATE#});~';
begin
  l_ajax_identifier := apex_plugin.get_ajax_identifier;
  -- JavaScript-Instanz auf der Seite platzieren
  apex_javascript.add_onload_code(
    p_code => bulk_replace(C_JAVASCRIPT_TEMPLATE, char_table(
      '#ID#', p_item.name,
      '#AJAX_ID#', l_ajax_identifier,
      '#VALIDATE_IMMEDIATE#', p_attributes.validate_immediate)));
end add_javascript_code;
```

Listing 23.20 Hilfsmethode zur Erzeugung des JavaScript-Codes

Hier wird ein JavaScript-Code auf Basis des entsprechenden Templates aufbereitet. Wieder erkennen Sie die `bulk_replace`-Methode, mit deren Hilfe das Template an die konkrete Situation angepasst wird. Die JavaScript-Methode `specialValue` ist ein Konstruktor für unser Widget-Objekt, das wir in `apex.widget` erweitert haben. Er erwartet zwei Parameter: einen jQuery-Selektor, mit dessen Hilfe wir das Seitenelement auf der Anwendungsseite finden können, und ein Options-Objekt, das unser Widget konfiguriert. Welche Optionen wir hierbei haben und was diese bedeuten, sehen wir später, wenn wir uns den JavaScript-Code ansehen.

Die Methode `APEX_JAVASCRIPT.ADD_ONLOAD_CODE` packt den JavaScript-Code ein und platziert ihn auf der Seite. Beim Laden der Seite wird der JavaScript-Code dann ausgeführt. Und dieser Aufruf ist letztlich dafür verantwortlich, dass unser Plugin überhaupt etwas tut.

Das war die gesamte `render`-Methode. Ich hoffe, Ihnen ist der Vorteil der Aufteilung auf mehrere Hilfsmethoden klar geworden. Der Inhalt der `render`-Methode ist so bei allen Element-Plugins beinahe identisch. Letztlich ist die Entwicklung dieses Teils des Plugins dann nur noch ein Adaptieren der entsprechenden Datenstrukturen und Templates.

Die »metadata«-Methode

Für unser Plugin benötigen wir die `meta`-Methode nicht.

Die »validate«-Methode

Ich habe die Besprechung der `validate`-Methode vorgezogen, um mir die Arbeit bei der Erläuterung der `ajax`-Methode einfacher zu machen. Diese Methode wird durch APEX aufgerufen, wenn die Seite abgeschickt wird, allerdings noch, bevor die auf der Seite definierten Validierungen ausgeführt werden.

Diese Methode hat allerdings den Nachteil, dass sie ausschließlich im Rahmen des Submits der Seite ausgelöst wird, es existiert keine dynamische Aktion oder eine JavaScript-API, um die Validierung vorab anzustoßen.

Zum einen möchten wir die Validierung beim Submit erhalten, zum anderen wäre es aber auch schön, beim Verlassen des Elements bereits diese Validierung anzustoßen. Der einzige Prozess, der dynamisch ausgelöst werden kann, ist die `refresh`-Methode. Zwar gäbe es theoretisch andere Möglichkeiten, aber ich werde in unserem Plugin diesen Weg nutzen, um das Element dynamisch zu validieren.

Nach diesen Vorüberlegungen können wir uns nun an die `validate`-Methode in Listing 23.21 begeben.

```
procedure validate(
  p_item in apex_plugin.t_item,
  p_plugin in apex_plugin.t_plugin,
  p_param in apex_plugin.t_item_validation_param,
  p_result in out nocopy apex_plugin.t_item_validation_result)
as
  -- Liste der Elementtypen.
  -- Fuer jeden neuen Eventtyp hier einen Eintrag machen,
  -- in der CASE-Anweisung eine Validierungsfunktion definieren und
  -- Im Plugin-Attribut einen Eintrag in der select-Liste erstellen
  C_IBAN constant varchar2(10) := 'IBAN';
  C_BIC constant varchar2(10) := 'BIC';
  l_value varchar2(200);
  l_attributes attribute_rec;
begin
  -- Uebergebene Parameter in lokale Struktur kopieren
  l_attributes := read_attributes(p_item);
  -- Wert wird neu formatiert, daher lokale Variable anbieten
```

```
  l_value := p_param.value;
  -- Validierungen durchfuehren
  case l_attributes.item_type
  when C_IBAN then
    bl_validation.validate_iban(l_value, p_result.message);
  when C_BIC then
    bl_validation.validate_bic(l_value, p_result.message);
  else
    p_result.message := 'Unbekannter Elementtyp';
  end case;
  -- Formatierten Elementwert in Sessionstatus speichern
  apex_util.set_session_state(p_item.name, l_value);
end validate;
```

Listing 23.21 Implementierung der »validate«-Funktion

An sich ist die Methode trivial, denn wir lesen einmal die Einstellungen unseres Plugins, da in den Einstellungen der Typ des Elements hinterlegt ist, und schalten eine Weiche ein, die zwischen den Elementtypen unterscheidet und die entsprechende Validierungslogik aufruft.

Die konkreten Validierungsfunktionen haben ein (kleines) Problem: Einerseits haben diese Funktionen nichts mit APEX gemein und sollten so ausgelegt werden, dass sie auch ohne APEX eingesetzt werden können. Sie haben dabei zwei Aufgaben: die Validierung des übergebenen Wertes und die Neuformatierung. Das bedeutet, dass sie zwei Werte zurückgeben müssen, eine eventuelle Fehlermeldung und den formatierten Elementwert. Es verbietet sich, als Rückgabetyp zum Beispiel `APEX_PLUGIN.ITEM_VALIDATION_RESULT` zu vereinbaren, weil dies einerseits die Kopplung an APEX verstärken würde und andererseits dieser Record den Elementwert nicht enthält. Aus ähnlichem Grund kann es auch nicht korrekt sein, dass die Validierungsmethode den formatierten Wert direkt, über `APEX_UTIL.SET_SESSION_STATE`, in den Sessionstatus schreibt, diese Arbeit müssen wir dem Plugin überlassen. Daher ist die Schnittstelle zur Validierungsmethode so ausgelegt, dass diese als Prozedur mit zwei Rückgabeparametern ausgelegt wird: der Fehlermeldung, die im Regelfall `NULL` ist, sowie dem formatierten Elementwert. Sollten Sie bereits eine bestehende Validierungsmethode für die speziellen Werte haben, die sich nicht an diese Konvention halten, halte ich es für ratsam, einen entsprechenden Wrapper um die bestehenden Methoden zu schreiben.

Die Speicherung im Sessionstatus sowie die Beladung des Records mit unserer Fehlermeldung können dann wieder, unabhängig vom konkreten Typ des Elementwerts, in der `validate`-Methode erfolgen.

Die »ajax«-Methode

Diese Methode wird explizit durch die Anwendungsseite aufgerufen, und zwar, wenn auf das Element eine dynamische Aktion einen Refresh anfordert. Wir werden in unserem Plugin keine Möglichkeit vorsehen, den Elementwert neu zu berechnen, einfach deshalb, weil ich die Notwendigkeit einer solchen Funktion nicht sehe, sondern wir werden die Methode verwenden, um den Elementwert dynamisch zu validieren und das formatierte Ergebnis auf die Seite zu bringen.

Auch hier sehen wir uns als Erstes die Implementierung an:

```
procedure ajax(
  p_item in apex_plugin.t_item,
  p_plugin in apex_plugin.t_plugin,
  p_param in apex_plugin.t_item_ajax_param,
  p_result in out nocopy apex_plugin.t_item_ajax_result)
as
  C_ERROR constant boolean_flag := 'ERROR';
  C_OK constant boolean_flag := 'OK';
  C_JSON_TEMPLATE constant max_sql_char :=
    q'^{"status":"#STATUS#","message":"#MESSAGE#"}^';
  l_validation_param apex_plugin.t_item_validation_param;
  l_validation_result apex_plugin.t_page_item_validation_result;
  l_status boolean_flag;
  l_attributes attribute_rec;
begin
  -- Uebergebene Parameter in lokale Struktur kopieren
  l_validation_param.value := wwv_flow.g_x01;
  validate(p_item, p_plugin, l_validation_param, l_validation_result);
  if l_validation_result.message is not null then
    l_status := C_ERROR;
  else
    l_status := C_OK;
  end if;
  -- Validierungsergebnis als JSON-String zurückgeben
  htp.p(bulk_replace(C_JSON_TEMPLATE, char_table(
    '#STATUS#', l_status,
    '#MESSAGE#', l_validation_result.message)));
end ajax;
```

Listing 23.22 Implementierung der »refresh«-Methode

Die ajax-Methode liefert eine Nachricht im JSON-Format zurück, die durch den JavaScript-Anteil des Plugins als Fehlermeldung ausgegeben wird und andererseits den Elementwert auf der Seite aktualisiert. Die Aufbereitung dieser Nachricht ist die eigentliche Arbeit dieser Methode. Sie erkennen, dass wir innerhalb der Methode den Wert validieren, indem wir die `validate`-Methode aufrufen und das Ergebnis analysieren.

Ich habe im Code zum Kapitel eine triviale Validierung von IBAN und BIC implementiert, die wenig mehr macht, als die Länge, die Checksumme oder die Struktur zu prüfen, aber für das Beispiel sollte das reichen.

23.4.4 Implementierung der JavaScript-Logik

Nun folgt das Gegenstück: Auf der Clientseite benötigen wir ebenfalls Logik, die für uns die berechneten Werte auf der Oberfläche aktualisiert oder vor dem Validieren von der Oberfläche einsammelt. Zudem muss die Methode in der Lage sein, Fehlermeldungen anzuzeigen.

IIFE-Entwurfsmuster

Ein Plugin sollte den Namensraum `apex.widget` erweitern, um eine gewisse Konsistenz sicherzustellen und zudem von den Hilfsfunktionen profitieren zu können, die das APEX-Team in `apex.widget` bereithält. Die meisten APEX-Plugins sind in der Form eines IIFE implementiert, dem die innerhalb des Plugins verwendeten Namensraumobjekte und Frameworks als Parameter übergeben werden. Unser Plugin folgt selbstverständlich dieser Konvention. Als Erstes möchte ich Ihnen hier einmal diesen IIFE zeigen:

```
/**
 * @fileOverview
 * The {@link apex.widget}.checkedValue is used for special numbers which need
 validation beyond simple regular expressions
 **/
(function(widget, $, server) {
  /**
   * @param {String} pSelector jQuery Selektor, zeigt auf das Seitenelement
   *                           dieses Widgets
   * @param {Object} [pOptions] Optionsobjekt mit folgenden Optionen:
   *  - ajaxIdentifier: Unique ID created by APEX_PLUGIN.get_ajax_identifier
   *  - vaidateOnFocusLost: Flag to indicate whether item should call the
   *    validation logic immediately after FocusLost.
   *    If set to FALSE, validation occurs on page submit
   *
   * @function specialValue
   * @memberOf apex.widget
   * */
  widget.specialValue = function(pSelector, pOptions) {
```

```
    "use strict";
    ... Hier folgt die Logik
})(apex.widget, apex.jQuery, apex.server);
```

Listing 23.23 Rahmenhandlung: das IIFE-Entwurfsmuster unseres Plugins

In diesem Fall benötigen wir intern die Namensraumobjekte `apex.widget`, `apex.jQuery` und `apex.server`. Es lohnt sich, die entsprechenden Quellcodedateien einmal zu analysieren, um sich einen Überblick über Funktion und Optionen dieser Objekte zu verschaffen.

Das Objekt `apex.widget` wird durch uns erweitert. Dies bedeutet jedoch nicht, dass dadurch unsere Erweiterung für alle APEX-Anwendungen zum Beispiel dieses Workspaces zur Verfügung stünde, sondern lediglich, dass dieses Objekt, sobald unser Plugin installiert und geladen wird, dynamisch um diese Funktionen erweitert wird. Den Punkt, an dem diese Erweiterung erfolgt, habe ich im Code fett markiert.

Verwaltung der Optionen

Zunächst kümmern wir uns im Code um die übergebenen Optionen. jQuery bietet zur Verwaltung von Optionen einen eigenen Mechanismus an, mit dessen Hilfe es möglich ist, die Optionen für ein konkretes Seitenelement in das Plugin zu kapseln. Den Code hierfür sehen Sie in Listing 23.24.

```
var gOptions = $.extend(
                  {action: null,
                   nullValue: "",
                   inputName: null},
                   pOptions);
```

Listing 23.24 Verwaltung der Optionen

Wir erzeugen zunächst einige Standardoptionen (`action`, `nullValue`, `inputName`) und kombinieren diese mit unserem Optionsobjekt. Die jQuery-Funktion `extend` nimmt beides entgegen und integriert alles in die Variable `gOptions`. Dadurch stehen unsere Optionen mit den enthaltenen Werten nun global zur Verfügung. Die Arbeitsweise besteht darin, dass die Optionen, die als erster Parameter übergeben werden, in das Objekt integriert und eventuell durch einen gleichnamigen Parameter des zweiten Objekts direkt überschrieben werden. Dadurch stellen wir sicher, dass die im ersten Objekt übergebenen Parameter in jedem Fall einen definierten Wert enthalten.

Anschließend erzeugen wir ein jQuery-Objekt, das auf das Plugin-Seitenelement zeigt, denn dies wird uns die Arbeit später angenehmer machen:

```
var $Item = $(pSelector, apex.gPageContext$);
```

Der übergebene jQuery-Selektor wird in jedem Fall benötigt, denn über ihn wird der JavaScript mit einem konkreten Seitenelement verbunden. Zudem wird der Funktion noch der Kontext übergeben (`apex.gPageContext$`). Dieser Kontext wäre nicht erforderlich, stellt aber sicher, dass wir uns auf das richtige Fenster des Browsers beziehen. Die Variable `$Item` zeigt nun auf unser Widget auf der Seite. Es ist ein jQuery-Objekt, sodass alle Funktionen, die jQuery uns anbietet, nun auf dieses Objekt angewendet werden können.

Initialisierung des Seitenelements

Das Kernstück des Plugins ist die Initialisierung des Seitenelements. Unser PL/SQL-Code hatte ja bereits die HTML-Elemente erzeugt, die wir für unser Plugin benötigen, und wir haben ein jQuery-Objekt, das dieses Seitenelement repräsentiert. Nun aber muss das Element »verkabelt« werden, will sagen, es muss geklärt werden, was passiert, wenn über eine dynamische Aktion zum Beispiel der Wert des Elements gesetzt werden soll und Weiteres mehr. Hierfür steht die Funktion `apex.item.create` des Namensraums `apex.item` bereit.

Was tut diese Funktion? Damit ein Plugin in APEX integriert werden kann, müssen einige Methoden verfügbar sein. Damit wird eine Schnittstelle geschaffen, die APEX verwenden kann. Welche Methoden das sind, ist über die Dokumentation der Funktion `apex.item.create` herauszufinden, die Sie in Listing 23.25 finden.

```
/**
 * Erzeuge ein APEX-item für ein Seitenelement mit dem Selektor pNd
 * und einer überschriebenen Implementierung im Objekt pItemImpl.
 *
 * @param pNd page/column item name or DOM node.
 * @param pItemImpl Objekt mit einigen dieser Methoden:
 * - reinit: function()
 * - getValue: function()
 * - setValue: function( value, display, suppressChangeEvent )
 * - enable: function()
 * - disable: function()
 * - isDisabled: function()
 * - show: function()
 * - hide: function()
 * - addValue: function( value )
 * - removeValue: function ( ? ) todo consider correct behavior
 * - nullValue: {string}
 * - setFocusTo: function(), DOM object, jQuery selector or jQuery object
 * - setStyleTo: function(), DOM object, jQuery selector or jQuery object
 * - afterModify: function()
 * - loadingIndicator: function( loadingIndicator$ )
```

```
 * - isChanged: function()
 * - displayValueFor: function()
 * - getValidity: function()
 * - getValidationMessage: function()
 */
apex.item.create = function ( pNd, pItemImpl ) {
    apex.item( pNd, pItemImpl );
};
```

Listing 23.25 Dokumentation der Methode »apex.item.create«

Die Idee der Funktion ist, zunächst ein Objekt `ItemImpl` zu erzeugen, in dem die Methoden, die in der Dokumentation angegeben sind, definiert werden. Es werden nur diejenigen Methoden definiert, die für das Plugin benötigt werden, alle anderen Methoden werden anschließend durch APEX-Standardimplementierungen ergänzt.

[!]

Merke

Die Liste der Methoden, die in Listing 23.25 dokumentiert sind, stellt die Gesamtheit der Interaktionsmöglichkeiten zwischen APEX und dem Element dar. Einige Methoden werden vom interaktiven Grid benötigt, andere generell. Für jede Methode ist eine Implementierung vorhanden, die mit den mitgelieferten Elementtypen von APEX funktioniert. Oft wird sie auch mit Ihren Plugin-Typen funktionieren, doch müssen Sie dies testen, indem Sie all diese Funktionen auf Ihr Plugin ausführen und sehen, ob sie tun, was sie sollen. Testen Sie insbesondere auch, ob Ihr Plugin sich auf einem interaktiven Grid verwenden lässt, falls dies prinzipiell möglich sein sollte.

Methoden, die nicht funktionieren, müssen anschließend von Ihnen überschrieben werden, um mit Ihrem Plugin ebenso zu funktionieren. Nur dann wird sich Ihr Plugin auf einer APEX-Anwendungsseite wie eine integrierte Komponente verhalten.

Nachdem dieses Objekt definiert wurde, wird es an die Funktion `apex.item.create` übergeben. Die definierten Methoden überschreiben (für unser Plugin) nun die eingebaute Funktionalität von APEX und stellen sicher, dass unser Plugin funktioniert wie gewünscht.

Es stellt sich die Frage, warum die verschiedenen Methoden überhaupt implementiert werden müssen. Sehen wir uns das an einem Beispiel an. Sie haben ein Plugin gebaut, dass es ermöglicht, mit der Maus ein Rating einzugeben. Nun ist die Frage, woher APEX wissen soll, welche konkreten Attribute des Plugins ausgewertet werden müssen, um einen Wert zu erhalten, der in der Datenbank gespeichert werden kann. APEX ruft hierzu einfach die Methode `getValue()` auf und erwartet, dass das Plugin, ebenso wie alle eingebauten Seitenelemente, über diesen Weg den Wert liefern kann. Ähnlich verhält es sich mit den anderen Methoden. Einige Methoden klingen eher rätselhaft (reinit() zum Beispiel), bei anderen mögen Hoffnungen aufkeimen, die dann allerdings schnell in sich zusammenfallen: getValidity() ist so eine Funktion. Vielleicht hoffen Sie, über diese Methode die Validierung in der Datenbank erledigen zu können, doch ist dies lediglich ein standardisierter Zugriff auf Informationen der HTML5-Validity-API, die dann clientseitig geprüft wird. So ähnlich verhält es sich mit der Funktion getValidationMessage(), die eine Erweiterung dieser Funktion durch das APEX-Team insofern darstellt, als sie es erlaubt, bei einer clientseitigen Validierung über diesen Weg eine eigene Meldung mitzugeben.

Für unsere Zwecke benötigen wir nur einige der Methoden. Listing 23.26 zeigt die Spezifikation des Objekts ItemImpl und den anschließenden Aufruf der Funktion apex.item.create.

```
var ItemImpl = {
  enable : function() {
    $Item.removeClass("apex_disabled");
  },
  disable : function() {
    $Item.addClass("apex_disabled");
  },
  setValue : function(pValue) {
    $Item.value(pValue);
  },
  getValue : function() {
    return $Item.value();
  },
  afterModify: function() {
  },
  nullValue : null,
  loadingIndicator : null
});
apex.item.create(this.id, ItemImpl);
```

Listing 23.26 Das Objekt »ItemImpl« mit den Überladungen der Standardfunktion

Was verbirgt sich hinter der Funktion apex.item.create? Die Implementierung ist in der JavaScript-Datei *i/libraries/apex/item.js* hinterlegt und weckt die Neugier, doch der größte Teil implementiert ebenfalls die oben angegebenen Funktionen, jedoch generisch für die mitgelieferten Elementtypen von APEX. So sind hier Unterscheidungen zwischen Auswahllisten, Textfeldern, Datepickern und so weiter zu finden, damit nicht für jeden dieser Typen eine eigene Datei erzeugt werden muss. Wollen Sie tiefer einsteigen, sind allerdings die Kommentare zu den einzelnen Funktionen sehr hilfreich. So klärt sich, dass die Funktion reinit() nur dann genutzt werden soll, wenn

Ihr Plugin kaskadierende Aktualisierungen unterstützen soll (wie etwa Auswahllisten dies tun). Mit diesem Wissen ausgestattet, können Sie dann in der Datei *i/libraries/apex/widget.selectList.js* ein Beispiel für die Implementierung finden, an der Sie sich für eigene Zwecke orientieren können. Ähnlich können Sie sich in die weiteren Methoden einarbeiten.

Manchmal kann es auch hilfreich sein, einige der angebotenen Methoden zu überschreiben und als Stub zu implementieren. Im Hintergrund wird ansonsten APEX versuchen, mit der Standardfunktionalität mit Ihrem Plugin umzugehen. Im Kern bestehen die Standardfunktionen daraus, aufgrund von Konventionen des APEX-Teams ein zum Seitenelement passendes Verhalten auszuführen. Gelingt es nicht, ein sinnvolles Verhalten zu ermitteln, wird im Regelfall `NULL` zurückgeliefert, was eventuell nicht Ihren Wünschen entspricht.

Validierung des Elements über ein »refresh«-Event

Nun implementieren wir, dass sich das Element auch dynamisch beim `change`-Event validiert. Ob das passiert, kann durch den Parameter `validateOnChange` eingestellt werden. Ist dieser Parameter `FALSE`, wird die Validierung nur im Rahmen der gesamten Validierung der Anwendungsseite ausgeführt (was ohnehin immer geschieht, auch dann, wenn diese Option gesetzt ist). Die Methode bindet an den `change`-Event des Seitenelements und führt dann die Methode `_refresh` aus. Das Interessante an dieser Methode ist, dass hier mit der Datenbank kommuniziert und die dortige Validierungslogik aufgerufen wird. Die Implementierung dieses Teils ist wie folgt:

```
// Binden des Change-Events
if(gOptions.validateOnChange){
  $Item.change(_refresh);
}
// Validierungslogik
function _refresh() {
  var selector = '#' + $Item.attr('id');
  // Ajax Call liefert eine Antwort mit den Attributen
  // status: OK|ERROR
  // message: Null, falls OK, Fehlermeldung im Fehlerfall
  var callback = function(pData){
    if(pData.Status === 'ERROR'){
      // imitiere das APEX-Verhalten für Fehlermeldungen
      $Item.addClass('apex-page-item-error');
      $Item.siblings('span').remove();
      $Item.after('<span class="t='t-Form-error">'error'>"
                + pData.Message + '</message + "</span>');
    }
  }
```

```
    // AJAX-Aufruf zur Validierung des Elementwerts
    server.plugin(
      gOptions.ajaxIdentifier,
      {
        // Zugriff in PL/SQL via apex_application.g_x01
        x01: $Item.value
      },
      {
        refreshObject: selector,
        loadingIndicator: selector,
        success: callback
      }
    );
} // refresh
```

Listing 23.27 Methode zum Validieren des Plugins

Der erste Schritt ist das Binden der `_refresh`-Methode an das `change`-Event.

[!]

Merke

Bei der Gelegenheit: Es ist eine übliche Programmierpraxis, gerade auch im Umfeld von jQuery-Widgets, Methoden, die privat sind, mit einem Unterstrich beginnen zu lassen. Privat sind diese Methoden, weil sie innerhalb des Gültigkeitsbereichs, den eine Funktion aufspannt, als Variablen deklariert wurden und nicht etwa das Objekt selbst erweitert haben. Dies ist zwar technisch anders gelöst, wenn Sie das jQuery-Widget Factory-Pattern beachten, doch ist die Konvention dennoch üblich.

Diese Bindung ist in jQuery einfach durchzuführen. Es gibt die Möglichkeit, `$Item.on('change', _refresh)` zu schreiben, oder, wie hier, `$Item.change(_refresh)`. Letztlich bedeutet beides, dass durch das Auslösen des `change`-Events die Methode `_refresh` aufgerufen wird. Ob dies geschieht, entscheidet der Parameter `gOptions.validateOnChange`.

Diese Methode veranlasst die eigentliche Validierung. Dieser Prozess wird asynchron in der Datenbank ausgeführt, daher benötigen wir ein Callback, um darauf reagieren zu können, wenn die Validierung beendet wurde. Dieses Callback definieren wir zuerst. Dem Callback wird die Antwort des Servers übergeben, die durch die Validierung in der Datenbank ermittelt wurde. Es handelt sich, wie Sie sich erinnern, um ein JSON-Objekt folgender Struktur:

```
{"status":"#STATUS#","message":"#MESSAGE#"}
```

Listing 23.28 Struktur der Validierungsnachricht

Im Attribut `status` ist also entweder `OK` oder `ERROR` enthalten und im Attribut `message` die Nachricht im Fehlerfall. Diese Attribute werden durch den JavaScript-Code entgegengenommen und auf der Oberfläche angezeigt.

Diese Callback-Prozedur muss aufgerufen werden, und dies geschieht anschließend durch die Methode `apex.server.plugin`, weil hier schon Attribute enthalten sind, die im Zusammenhang mit Plugins verwendet werden, wie die Ajax-Identifikationsnummer. Parameter werden dem Serverobjekt über die Attribute `x01` – `x10` übergeben, wie im Code gezeigt. Die übrigen Parameter dienen der Übergabe von jQuery-Selektoren zu Elementen, auf die sich die `refresh`-Aktion bezieht und für die ein Load-Indikator angezeigt werden soll. Dieser Load-Indikator kann für das Plugin festgelegt werden und zeigt zum Beispiel für die Dauer der Aktualisierung ein sich drehendes Font-APEX-Icon. Der Selektor zeigt an, wo dieses Icon dargestellt werden soll. Schließlich übergeben wir noch das Callback und schicken die Abfrage auf die Reise.

23.4.5 Bewertung

Damit haben Sie ein erstes Plugin erstellt. Ich denke, es ist klar geworden, warum dieses Kapitel seinen Platz im dritten Teil des Buches gefunden hat, denn es handelt sich nicht mehr um Low Code, sondern um handfeste Programmierung auf Basis einer umfangreichen Einarbeitung in die Konventionen und Möglichkeiten von APEX. Dies war erforderlich, obwohl unsere eigentliche Funktionalität eher bescheiden ist: Letztlich haben wir durch diese Programmierung ein Eingabefeld geschaffen, das mittels eines Parameters in der Datenbank eine Validierung anstoßen und das Validierungsergebnis direkt ausgeben kann.

Dafür haben wir einiges an Programmieraufwand leisten müssen. Ich kann nur aus meiner Projekterfahrung berichten, dass wir diese »Extrameile« nur gehen, wenn es einen starken Grund hierfür gibt.

23.5 Ein Regions-Regions-Plugin erstellen

Ich möchte Ihnen die Erstellung eines Plugins noch an einem zweiten Beispiel, einem Regions-Plugin, erläutern. Doch anstatt ein eigenes Plugin komplett selbst zu erstellen, sehen wir uns ein bereits vorhandenes Plugin an, und zwar *FOS – Splitter*. Dieses Plugin finden Sie in *apex.world* oder direkt bei *fos.world* unter All Plug-ins • Regions, und ich möchte gern eine uneingeschränkte Empfehlung für die FOS-Plugins geben, die alle auf sehr hohem Niveau entwickelt sind. Bitte sehen Sie sich diesen Code parallel an, da ich den umfangreichen Quelltext nur in kleinen Auszügen ins Buch übernehmen möchte.

Das Plugin macht ein weiteres Plugin von APEX verfügbar, das Sie stets benutzen, aber in eigenen Projekten nicht ohne Aufwand einsetzen können: die vertikalen und horizontalen Trennstriche des Page Designers, die sich verschieben lassen, um Bereiche des Layouts dynamisch in der Breite oder Höhe zu verändern. Das APEX-Plugin basiert auf Packages, auf die wir keinen direkten Zugriff haben, daher hat das FOS-Team sich entschlossen, diese Adaptierung als Plugin bereitzustellen.

23.5.1 Review der Metadaten und des PL/SQL-Codes

Betrachten wir zunächst die Metadaten des Plugins. Der Grundaufbau entspricht dem, was wir schon für ein Element-Plugin gesehen haben, allerdings ist die Anzahl der Standardattribute reduziert, und es sind andere Standardattribute vorhanden. Für dieses Plugin sind kaum Standardattribute erforderlich, lediglich die Möglichkeit, erweiterte JavaScript-Optionsobjekte übergeben zu können, wurde aktiviert. Überraschend ist allerdings die große Zahl der Attribute, die für Regionsplugins auf 25 angehoben wurde. Wie Sie in Abbildung 23.9 sehen können, nutzt das Splitter-Plugin hiervon 24. Analysieren Sie, wie diese Attribute aufeinander aufbauen und welche Typen verwendet werden.

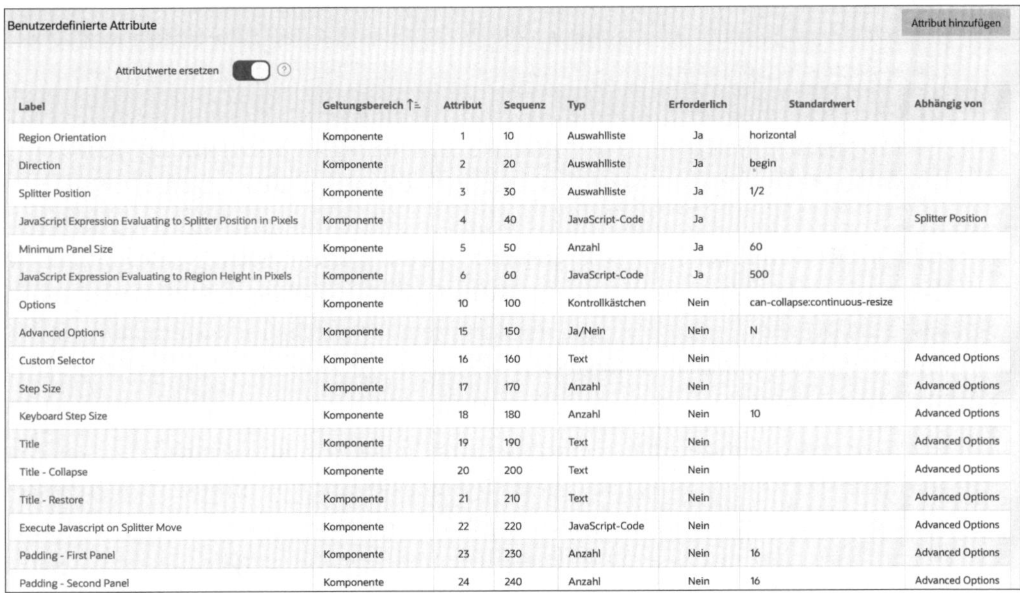

Benutzerdefinierte Attribute — Attribut hinzufügen

Attributwerte ersetzen

Label	Geltungsbereich	Attribut	Sequenz	Typ	Erforderlich	Standardwert	Abhängig von
Region Orientation	Komponente	1	10	Auswahlliste	Ja	horizontal	
Direction	Komponente	2	20	Auswahlliste	Ja	begin	
Splitter Position	Komponente	3	30	Auswahlliste	Ja	1/2	
JavaScript Expression Evaluating to Splitter Position in Pixels	Komponente	4	40	JavaScript-Code	Ja		Splitter Position
Minimum Panel Size	Komponente	5	50	Anzahl	Ja	60	
JavaScript Expression Evaluating to Region Height in Pixels	Komponente	6	60	JavaScript-Code	Ja	500	
Options	Komponente	10	100	Kontrollkästchen	Nein	can-collapse:continuous-resize	
Advanced Options	Komponente	15	150	Ja/Nein	Nein	N	
Custom Selector	Komponente	16	160	Text	Nein		Advanced Options
Step Size	Komponente	17	170	Anzahl	Nein		Advanced Options
Keyboard Step Size	Komponente	18	180	Anzahl	Nein	10	Advanced Options
Title	Komponente	19	190	Text	Nein		Advanced Options
Title - Collapse	Komponente	20	200	Text	Nein		Advanced Options
Title - Restore	Komponente	21	210	Text	Nein		Advanced Options
Execute Javascript on Splitter Move	Komponente	22	220	JavaScript-Code	Nein		Advanced Options
Padding - First Panel	Komponente	23	230	Anzahl	Nein	16	Advanced Options
Padding - Second Panel	Komponente	24	240	Anzahl	Nein	16	Advanced Options

Abbildung 23.9 Attribute des FOS-Splitter-Plugins

Ich möchte Sie bitten, sich insbesondere Attribut `10`, `Options`, genauer anzusehen. Der Typ des Attributs ist `Kontrollkästchen`, und in den Details finden sich 8 mögliche Optionen, die anwählbar sind. Welche Werte ausgewählt wurden, entnehmen wir dem

Wert des Attributs, der die angeklickten Schlüsselwerte (Spalte `Zurück`) in einer Doppelpunkt-separierten Liste enthält. Ich komme später noch einmal auf dieses Attribut zurück.

Mir liegt nicht daran, zu erklären, welche Funktion dieses Plugin genau ausführt und wozu die einzelnen Optionen dienen, denn das wird in der Dokumentation erläutert. Vielmehr geht es mir darum, was alles getan werden muss, um ein solches Plugin zum Laufen zu bekommen.

Es werden zusätzlich drei Dateien benötigt (auch wenn insgesamt 9 Einträge angezeigt werden, je Datei sind eine minifizierte Version sowie eine `js.map`-Datei vorhanden).

[!]

Merke

Minifizierte und js.map-Dateien, was soll das? Eine minifizierte JavaScript- oder CSS-Datei ist eine Datei, die jeden entbehrlichen Inhalt gelöscht und jede Variable auf einen kürzestmöglichen Bezeichner reduziert hat. Dadurch wird die Datei kleiner, ohne die Funktion zu ändern.

Nun hat man allerdings ein Problem, wenn in dieser Datei ein Fehler auftritt, denn der Browser wird nun weitgehend unverständliches Zeug anzeigen, das bei der Fehlersuche nicht weiterhilft. Dann kommen die `js/css.map`-Dateien zum Einsatz, die dem Browser helfen, die minifizierte Version wieder in das Original zurückzuübersetzen.

APEX erstellt automatisch für jede CSS- oder JavaScript-Datei eine entsprechende Version und wählt die passende aus: Wird die Anwendung im Debugmodus betrieben, wird die Originalversion ausgeliefert, ansonsten die minifizierte Version.

Es hilft sehr, sich einmal diese Dateien anzusehen. Weniger wichtig ist eventuell die CSS-Datei, die lediglich einige Fixes für die optische Darstellung enthält, obwohl auch das täuscht: Sehen Sie gern einmal die Kommentare durch, und Sie erhalten ein Gefühl für die Niederungen, in die man zum Teil steigen muss, um ein unerklärliches Verhalten zu beheben.

Von diesem Problem zeugt auch die Datei *script.js*, die Erweiterungen und Anpassungen durch das FOS-Team enthält. Allein die Einbeziehung von hinterlegten Prefence-Werten oder gar einem lokalen Data-Store im Browser zeugt von der Ernsthaftigkeit, mit der auch zunächst abseitig wirkende Themen beachtet werden. Das ist ein gutes Beispiel, um schlechte von besseren und guten Plugins unterscheiden zu lernen, denn diese Einsatzbandbreite macht es nachher aus.

Noch mehr zu lernen gibt es, wenn Sie sich die dritte Datei, *widget.splitter.js* ansehen. Diese Datei ist vom APEX-Team entwickelt worden und zeugt nicht zuletzt von den

Anstrengungen, die unternommen werden müssen, um hierzulande nicht gebräuchliche Schreibrichtungen oder Anforderungen an die Barrierefreiheit zu berücksichtigen.

Ich möchte gern einige Details der Datei *script.js* herausgreifen, weil sie von allgemeinem Interesse sind. Wie bereits geschildert, hat das Plugin die Möglichkeit, über eine erweiterte JavaScript-Funktion konfiguriert zu werden. Wie aber wird dies im Plugin umgesetzt? Hierfür sehen wir ein Beispiel in Listing 23.29.

```
window.FOS.splitter = function (config, initFn) {
  var pluginName = 'FOS - Splitter';
  var position, collapsed, splitter$;
  // Allow the developer to perform any last (centralized)
  // changes using Javascript Initialization Code setting
  if (initFn instanceof Function) {
    initFn.call(this, config);
  }
...
```

Listing 23.29 Code zur Berücksichtigung einer Konfigurationsmethode

Der Methode wird durch das Package ein vorkonfiguriertes Optionen-Objekt übergeben sowie der JavaScript-Code, den der Anwender auf der Anwendungsseite eventuell eingefügt haben könnte. Dies ist der Parameter `initFn`. Nach der Deklaration einiger Variablen prüft der Code, ob in diesem Parameter eine Funktion steckt, und führt diese gegebenenfalls aus. Dieser Aufruf ist allerdings etwas verwirrend für jemanden, der neu in JavaScript ist, denn wir haben in Erinnerung, dass unsere Konfigurationsmethode nur einen Parameter erhält, und zwar `options`. Der Kniff ist hier die Verwendung der Methode `call`, die mindestens zwei Parameter erwartet: `this` und den oder die Parameter, die der Methode übergeben werden sollen. So wird die »Blaupause« der Methode, die wir in den Parameter geschrieben haben, entliehen und im Kontext von `this`, also dem Splitter-Plugin, ausgeführt. Dieser Methode wird der derzeitige Stand der Optionen als Parameter übergeben, durch die Methode geändert und zurückgeliefert.

Wenn Sie die Datei weiter analysieren, werden Sie erkennen, auf welche Weise eigene Events ausgelöst werden (z. B. in Zeile 56: `apex.event.trigger('#' + config.regionId, 'fos-splitter-before-render', config);`) oder wie Werte in der Datenbank hinterlegt werden (durch die Verwendung von `apex.server`, etwa in Zeile 169). Die Deklaration dieser Events in den Metadaten des Plugins zeigt Abbildung 23.10. Diese Deklaration dient dazu, Metadaten anzubieten, die durch APEX in die Dialoge der dynamischen Aktionen als Ereignisse integriert werden.

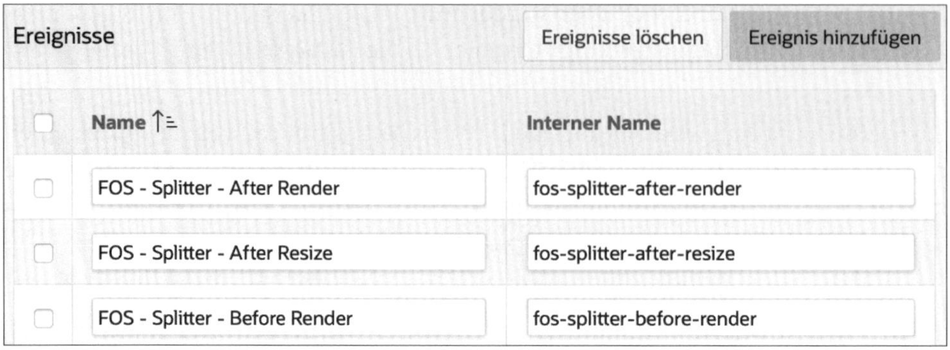

Ereignisse | Ereignisse löschen | Ereignis hinzufügen

Name	Interner Name
FOS - Splitter - After Render	fos-splitter-after-render
FOS - Splitter - After Resize	fos-splitter-after-resize
FOS - Splitter - Before Render	fos-splitter-before-render

Abbildung 23.10 Deklaration der Plugin-Events

23.5.2 Das Plugin-Package

Das Plugin implementiert die Logik innerhalb des Plugins, bietet aber auch ein entsprechendes Package an. Ich habe diese zweite Möglichkeit bei mir installiert und das Package etwas an meine Kodierkonventionen angepasst, um es auch in diesem Buch homogener erscheinen zu lassen. Die Logik habe ich allerdings nicht verändert. Ein Regions-Plugin benötigt eine `render`- und eine `ajax`-Methode.

Die »render«-Methode

Die `render`-Methode ist aufgrund der vielen Attribute etwas länger, als ich das schön finde, doch ist dies im Grunde unumgänglich. Die Aufgabe der Deklaration der ganzen Variablen zu Beginn der Methode besteht darin, benannte Bezeichner für die generischen Attributnamen zu erstellen. Ein besonderes Augenmerk verdient das Attribut `options`, das, wie Listing 23.30 zeigt, auf boolesche Variablen umkopiert wird.

```
-- options
l_options apex_t_varchar2 := apex_string.split(p_region.attribute_10, ':');

l_persist_state_pref boolean := 'persist-state' member of l_options;
l_persist_state_local boolean := 'persist-state-local' member of l_options;
l_continuous_resize boolean := 'continuous-resize' member of l_options;
l_can_collapse boolean := 'can-collapse' member of l_options;
l_drag_collapse boolean := 'drag-collapse' member of l_options;
l_contains_iframe boolean := 'contains-iframe' member of l_options;
l_lazy_render boolean := 'lazy-render' member of l_options;
l_resize_jet_charts boolean := 'responsive-jet-charts' member of l_options;
```

Listing 23.30 Umkopieren der Optionen auf boolesche Variablen

Das Verfahren ist etwas ungewöhnlich, daher einige Anmerkungen. Zunächst ist der Wert des Attributes durch APEX als Doppelpunkt-separierte Liste übergeben worden. Das ist in APEX das übliche Verfahren zur Übergabe mehrerer Werte. Daher existiert ein Utility von APEX, das es erlaubt, solche Listen in eine »echte« PL/SQL-Tabelle `l_options` zu überführen. Die lokal deklarierten Variablen erhalten nun durch eine Kurzschreibweise einen booleschen Wert, und zwar durch die Zuordnung `'Wert' member of l_options`. Diese Schreibweise prüft, ob der Wert in der Liste von Werten der PL/SQL-Tabelle enthalten ist und returniert das Ergebnis als booleschen Wert.

Dies wiederum wird später benötigt, um daraus JSON-Objekte zu machen, wie Listing 23.31 zeigt.

```
apex_json.write('continuousResize', l_continuous_resize);
apex_json.write('canCollapse', l_can_collapse);
apex_json.write('dragCollapse', l_drag_collapse);
apex_json.write('containsIframe', l_contains_iframe);
apex_json.write('lazyRender', l_lazy_render);
apex_json.write('resizeJetCharts', l_resize_jet_charts);
```

Listing 23.31 Überführung boolescher Werte in JSON-Objekte

Der erste Schritt, der durch die `render`-Methode berechnet wird, ist die JavaScript-Optionsmethode, die durch den Entwickler eingegeben worden sein könnte. Listing 23.32 zeigt, wie dieses Attribut in JavaScript überführt wird.

```
l_init_js_fn :=
  coalesce(
    apex_plugin_util.replace_substitutions(
      p_region.init_javascript_code),
    'undefined');
```

Listing 23.32 Integration der JavaScript-Konfigurationsmethode

23

Attribut `p_region.init_javascript_code` enthält eine entsprechende Methode oder auch nicht. Dies wird durch die `coalesce`-Anweisung unterschieden. Wurde eine Methode übergeben, wird diese durch die Hilfsmethode `apex_plugin_util.replace_substitutions` erweitert und aufbereitet. Diese Methode sucht nach Ersetzungszeichenfolgen des Formats `&WERT.` und prüft, ob es für die jeweiligen Werte aktuelle Ersetzungen gibt, wie zum Beispiel die Session-ID. Der so vervollständigte Code wird anschließend als zweiter Parameter der Initialisierungsmethode des Splitters in JavaScript übergeben.

Der meiste Code der `render`-Methode dient dazu, mittels der Hilfspackages aus dem `APEX_JSON`-Umfeld eine JSON-Instanz zusammenzustellen, die als erster Parameter alle Optionen enthält, die für das Plugin erforderlich sind. Da das eigentliche Java-

Script dieses Plugins lediglich in einem Methodenaufruf besteht, ist kein eigenes Template erforderlich, sondern es wird, wie in Listing 23.33 zu sehen ist, einfach zusammengesteckt und an das Plugin ausgeliefert.

```
apex_javascript.add_onload_code(
  p_code => 'FOS.splitter('
            || apex_json.get_clob_output
            || ', ' || l_init_js_fn || ');');
```

Listing 23.33 Erstellung des JavaScript-Aufrufs für das Plugin

Die »refresh«-Methode

Die refresh-Methode des Plugins dient dem Speichern von Präferenzwerten durch den Anwender, falls dies parametriert wurde. Demzufolge ist die Methode überschaubar, wie Listing 23.34 zeigt.

```
set_preference(
  p_region_id => p_region.id,
  p_position => apex_application.g_x01,
  p_collapsed => apex_application.g_x02);
htp.p('{"status": "success"}');
```

Listing 23.34 Kern der refresh-Methode

Die Methode set_preference ist eine Hilfsmethode im Package, die Sie sich gern einmal ansehen können. Sie ist nicht sonderlich komplex, sondern stellt lediglich einen Wrapper um APEX_UTIL.set_preference dar, erweitert um eine Prüfung der zu speichernden Werte.

Auch die anderen Codebestandteile der Methode entsprechen dem, was wir bereits häufiger gesehen haben.

23.5.3 Schlussfolgerung

Das Package zeigt, dass es erforderlich ist, sich in die mitgelieferten Packages von APEX einzuarbeiten. Das Package macht nicht nur Gebrauch von APEX_PLUGIN_UTIL, sondern auch von APEX_JSON, APEX_EXEC, APEX_UTIL und Weiteren. Diese Packages sind nicht nur nützlich, sondern zum Teil auch erforderlich, etwa um die APEX-Plugin-ID zu berechnen oder Substitutionswerte zu ermitteln. Parallel kann ich nur empfehlen, Plugins zu analysieren, um die eingesetzten Mittel nachzuvollziehen und anschließend für die eigene Arbeit zu verwenden.

Viele Packages dienen vor allem der Erstellung von Plugins, etwa das Package APEX_EXEC, das zwar auch APEX-intern häufig verwendet wird (es stellt ja die Basis der Datenquellen dar), Ihnen aber auch ermöglicht, Plugins zu schreiben, die Daten aus

Tabellen, `select`-Anweisungen oder REST-Datenquellen zu konsumieren. Wir befinden uns bei der Plugin-Programmierung in einem komplexen Umfeld, das eine intensive Beschäftigung mit der Arbeitsweise von APEX erfordert, damit das Plugin auf ähnlichem Niveau wie die integrierten Komponenten verwendet werden kann.

23.6 Plugins ex- und importieren

Zum Abschluss dieses Kapitels möchte ich Ihnen den Import und Export von Plugins erläutern, weil viele Plugin-Entwickler damit starten werden, Plugins von den einschlägigen Webseiten oder auch vom APEX-Team in eigenen Projekten weiterzuverwenden.

23.6.1 Plugins exportieren

Der Prozess des Exports eines Plugins ist trivial, denn Sie müssen lediglich auf der Plugin-Seite im rechten Seitenbereich die Aufgabe • Plug-in exportieren wählen und dem Assistenten folgen. Ob es damit dann ein Bewenden hat oder ob Sie noch mehr machen müssen, hängt davon ab, wo sich Ihre Logik befindet. Dateien, die Sie zum Plugin hochgeladen haben, befinden sich automatisch im Plugin-Export. Das wäre auch für PL/SQL-Code der Fall, wenn Sie diesen denn auf der Plugin-Seite direkt entwickelt hätten. Haben Sie den Code in ein Package ausgelagert, müssen Sie dieses Package, ebenso wie eventuell zu verwendende und extern gespeicherte JavaScript- und CSS-Dateien, zusätzlich in das Exportverzeichnis packen.

Wenn Sie ein Plugin in Ihren Anwendungen verwenden möchten, das vom APEX-Team selbst geschrieben wurde, können Sie auch dieses einfach exportieren, wenn Sie denn die Anwendung finden, die dieses Plugin verwendet. Oftmals wäre es attraktiv, Plugins zu exportieren, die in der IDE verwendet werden, wie zum Beispiel den Code-Editor. Allerdings ist das aus mehreren Gründen nicht so einfach, denn zum einen ist die Logik dieser Plugins summarisch in Packages verborgen, die gewrappt sind und daher nicht ohne Weiteres von Ihnen verwendet werden können. Zudem basiert die Logik dieser Plugins auf weiteren Packages, die sehr tief in APEX verborgen sind und daher nicht »standalone« funktionieren. Das Beispiel des Code-Editors ist aber insofern nicht schlecht, als Ronny Weiß, der mittlerweile selbst Teil des APEX-Teams ist, hierfür ein Plugin auf *apex.world* bereitgestellt hat (Regions-Plugin `Monaco-Editor-and-Diff-Viewer`).

Sie müssen sich bei den Plugins, die in den Beispielanwendungen verwendet werden, im Regelfall nicht um die Dateien kümmern, denn diese liegen im Verzeichnis *i/plugins/<Name des Plugins>*, und der PL/SQL-Code ist im Plugin definiert. Wenn Sie allerdings eine konsistente Codestruktur in Ihrem Projekt haben möchten, kommen Sie eventuell nicht darum herum, die Logik von der Seite in ein entsprechendes

Package zu übernehmen, dort an Ihre Coderichtlinien anzupassen und in diesem Zusammenhang dann auch die JavaScript-Dateien entweder in das Plugin direkt oder in Ihre Verzeichnisse zu übernehmen und eventuell ebenfalls umzubauen.

23.6.2 Plugins importieren

Der Import ist ebenso unspektakulär, der Ausgangspunkt findet sich allerdings im <APPLICATION BUILDER> • EXPORTIEREN/IMPORTIEREN • IMPORTIEREN • DATEITYP • `Plug-in`, alternativ über <GEMEINSAME KOMPONENTEN> • PLUGINS • SCHALTFLÄCHE IMPORTIEREN. Auch hier gelten sinngemäß die Anmerkungen zu Packages und extern zu speichernden Dateien. Plugins, die von APEX mitgeliefert wurden, speichern ihre Dateien im Verzeichnis `i/plugins`, daher müssen diese nicht extra kopiert werden, wenn Sie diese Plugins in eigenen Anwendungen verwenden möchten. Der Code steht immer inline in den Plugins und könnte, wenn Sie mögen, von Ihnen in ein eigenes Package übernommen werden.

Wenn Sie Plugins von APEX selbst oder von entsprechenden Webseiten herunterladen, empfehle ich die kritische Durchsicht des Codes in jedem Fall. Code fremder Programmierer ist nur in Ausnahmefällen von so hoher Qualität, als dass er problemlos in Ihrem Projekt eingesetzt werden könnte. Das hat nichts mit einer generellen Geringschätzung anderer Entwickler zu tun, sondern schlicht damit, dass kaum jemand den Aufwand unternimmt, alle Eventualitäten für alle Einsatzbereiche abzuklopfen. Denken Sie nur an die Frage von Umlauten, der Integration deutscher Barrierefreiheitsregeln, denen Sie möglicherweise unterliegen, die Frage, ob das Plugin einfach zu übersetzen ist oder auf welche Version von APEX es sich bezieht. Auch Plugins der APEX-Entwickler sind nicht immer gleichmäßig gut programmiert, sie unterliegen der zeitlichen Entwicklung und wurden nicht immer an die neueste API angepasst, zudem sind einige Plugins offensichtlich aus einem Demonstrationsstatus nicht herausgekommen und so nicht wirklich produktiv einsetzbar.

All das zieht einen erheblichen Aufwand nach sich, den die meisten Entwickler nur gegen Einwurf kleiner Münzen zu leisten bereit sind. Im Regelfall heißt die Integration fremder Plugins in das eigene Projekt: fremden Code verstehen, refaktorisieren und an Ihre Bedürfnisse anpassen. Kein kleiner Aufwand, der oftmals aber in den Marketingpapieren kleingeredet wird!

23.6.3 Plugins subskribieren

Eine weitere Option der Verwendung eines Plugins auf Ihren Seiten ist es, das Plugin in eine zentrale Anwendung zu importieren und in der konkreten Anwendung zu subskribieren. Die Funktionalität findet sich beim Import eines Plugins, bei dem Ihnen die Möglichkeit des Kopierens aus anderen Anwendungen angeboten wird. Dieser Mechanismus ist dann sinnvoll, wenn ein Plugin von mehreren Anwendungen in gleicher Weise verwendet werden kann. Änderungen werden dann nur an einer Version durchgeführt und durch die anderen Anwendungen übernommen.

23.7 Zusammenfassung

Diese kurze Einführung in die Entwicklung von Plugins konnte nur eine Einführung in dieses Thema liefern, ich habe mich zudem nur auf die beiden häufigsten Plugin-Typen, das Element- und das Regions-Plugin, beschränkt. Allerdings wird auch an diesen einfachen Beispielen die grundsätzliche Funktionsweise, aber auch der Aufwand im Vergleich zu den deklarativen Möglichkeiten von APEX klar. Die Gestaltung eines Plugins gliedert sich in folgende Aufgabenbereiche:

- Erstellung eines Packages (oder zumindest der PL/SQL-Logik) zur Darstellung des HTML-Codes auf der Seite und zur Vorbereitung der JavaScript-Logik
- Erstellung der JavaScript-Logik zur Integration des Plugins in das APEX-Umfeld
- Definition der Metadaten zur Einbindung eines Plugins in APEX
- Integration der externen JavaScript-Library, zum Beispiel ein jQuery-Widget

Den meisten APEX-Programmierern ist die Erstellung eines PL/SQL-Packages bekannt und stellt kein erhebliches Problem dar. Anders könnte dies bei der Erstellung der JavaScript-Anteile eines Plugins aussehen. Dies fügt dem Ganzen noch einmal eine höhere Komplexität hinzu. Noch einmal aufwendiger wird die Gestaltung eigener Widgets in JavaScript. Aus Gründen der besseren Integration in APEX bietet es sich hier an, die jQuery Widget Factory zu verwenden. Dieses Entwurfsmuster (das leider völlig anders arbeitet als das APEX-Team bei der Integration in APEX) stellt eine weitere Einstiegshürde bereit, die Sie als Entwickler überwinden müssen. Gut, wenn sich in Ihrem Unternehmen Kollegen finden, die diese Teile für Sie übernehmen, schlecht, wenn nicht. Dann summiert sich die Anzahl der eingesetzten Technologien sehr schnell auf ein nicht mehr vernünftiges Maß.

Diese Gründe sind es, die mich dazu veranlassen, bezüglich der Plugins Vorsicht walten zu lassen. Die zunächst beeindruckenden Möglichkeiten arten schnell in eine Vollzeitbeschäftigung aus, die Ressourcen von der eigentlichen Programmierarbeit in nicht unerheblichem Umfang abziehen. Ob das in Ihrem Projekt hinnehmbar ist oder nicht, müssen Sie natürlich selbst entscheiden. Kommen Sie nicht darum herum, muss dieser Aufwand eben betrieben werden. Dann aber sollten Sie die Überlegungen zur geeigneten Architektur jedoch dringend auch dem zu erwartenden Aufwand anpassen und lieber ein wenig länger über ein ideales Plugin nachdenken, als ständig nachbessern zu müssen.

Positiv ist an Plugins zu werten, dass sie einen standardisierten Mechanismus zur Zentralisierung von Code auf der APEX-Seite definieren. Dies ist ein hohes Gut, wenn Sie zum Beispiel über den Einsatz des von uns erstellten Element-Plugins zur zentralisierten Verarbeitung spezieller Werte in einem Entwicklerteam bedenken. Der Aufwand, den jeder Einzelne mit diesen Datentypen hätte, sowie die Zeiteinsparung, die sich durch die Verwendung des Plugins ergeben, sind höher als der Aufwand, der für die Erstellung und Wartung des Plugins einkalkuliert werden muss.

Da auch Plugins zentral in einer Anwendung vorgehalten und von dort in mehreren Anwendungen subskribiert werden können, ist zudem ein Mechanismus vorhanden, Änderungen am Plugin selbst auf einfache Weise auszuliefern. Dies sind gewichtige Vorteile, die Sie in Ihrem Projekt auch nutzen sollten. Entscheidend ist, eine ehrliche Abwägung des Aufwands vorzunehmen und sich zu überlegen, ob die Vorteile überwiegen. Und natürlich lernt man auch dazu, das zweite und dritte Plugin geht schon viel schneller und besser. Eventuell kann man auch zu zweit an einem Plugin arbeiten, dann wäre es ideal, einen JavaScript- und einen Datenbankfachmann zusammenzuspannen.

Möchten Sie sich weiter in das Thema einarbeiten, empfehle ich Ihnen die Lektüre der entsprechenden Quellcode-Dateien der mitgelieferten Plugins, sowohl aus `i/plugins` als auch aus `i/libraries/apex` (auch wenn für diese Erweiterungen der PL/SQL-Anteil fehlt, da er direkt in die APEX-Packages integriert ist). Eine gute weiterführende Lektüre kann ich Ihnen nur begrenzt empfehlen, Plugin-Entwicklung wird nur selten über die Grundlagen hinaus beschrieben. Sehen Sie es positiv: Hier sind Sie an vorderster Front der APEX-Entwicklung!

Kapitel 24
Kontrolle komplexer Anwendungen

In APEX werden nicht nur einfache Anwendungen zur Pflege von Stammdatentabellen oder für einfache Reports erstellt, sondern unternehmenskritische Anwendungen mit komplexer Logik und hohen Anforderungen an die Sicherheit. Dadurch steigt die Komplexität. Dieses Kapitel beleuchtet weitergehende Strategien, um diese Komplexität zu managen.

Dieser Abschnitt greift stellvertretend zwei Strategien auf, um zu zeigen, dass mit APEX auch komplexe Anforderungen gut in den Griff genommen werden können. Ich habe mich entschieden, das Plugin *Flows for APEX* (siehe *https://flowsforapex.org*) vorzustellen, mit dessen Hilfe es möglich ist, Workflows zu formulieren und diese als Steuerung für den Anwendungsfluss zu verwenden, sowie mein Plugin *ADC* (*APEX Dynamic Controller*, siehe *https://github.com/j-sieben/ADC*), das dazu dient, dynamische Anwendungsfälle einer Seite auf einfache Weise zu implementieren.

24.1 Flows for APEX (F4A)

Ich bin fest davon überzeugt, dass viele Anwendungsentwickler nicht wissen, dass sie eigentlich ein Werkzeug zur Verwaltung von Workflows in ihren Anwendungen benötigen oder zumindest stark davon profitieren würden. Nehmen wir als Beispiel eine Anwendung, die ich für eine Behörde erstellt habe. Dort werden Dokumente von Firmen eingereicht, die durch die Behörde begutachtet und beschieden werden. Die Behörde nennt diese Dokumente *Vorgänge*. Der Entscheidungsprozess muss von der Anwendung unterstützt werden und umfasst

- die Zuordnung eines Vorgangs zu einem Bearbeiter,
- die Prüfung und anschließende Weiterverarbeitung des Vorgangs,
- die Entscheidung über den Vorgang.

So weit, so einfach. Allerdings gibt es von diesem Fluss zahlreiche Abweichungen. Zum einen könnte der Bearbeiter wechseln. Dann muss es einen Supervisor geben, der die Bearbeitung eines Vorgangs einem Bearbeiter zuweist oder diese Zuweisung ändert. Ein Vorgang kann zwecks Stellungnahme zu einer anderen Abteilung weitergegeben werden. Eine Entscheidung muss innerhalb einer gewissen Frist auch zurückgenommen werden können ...

Wahrscheinlich kommen Ihnen solche Szenarien bekannt vor, und die Programmierung dieser Abläufe stellt einen oft geübten, aber selten beherrschten Teilbereich der Programmierung dar. Klassischerweise haben solche Programmierungen umfangreiche Entscheidungsbäume in Form von `case`-Anweisungen zur Folge, die nur schwer zu warten und noch schwerer zu testen sind. Zudem weiß jeder erfahrene Entwickler, dass mit jedem neuen Tag, den Sie in diesem Projekt verbringen, der Fachseite noch eine Sonderlocke für den Anwendungsfluss einfallen wird, einmal ganz abgesehen von dem Kommunikationsproblem, das Sie haben, wenn Sie sich mit der Fachseite über diesen Anwendungsfluss unterhalten.

Eine Lösung dieses Problems besteht darin, die Kontrolle des Arbeitsablaufs (des *Workflows*) von der Verwaltung des Vorgangs zu trennen. Machen wir das, erkennen wir, dass bezüglich der Organisation des Arbeitsablaufs immer die gleichen Dinge zu tun sind:

- Ein Vorgang befindet sich in einem gewissen Status, zum Beispiel `ERSTELLT`.
- Ein Ereignis tritt auf, das diesen Status ändert, zum Beispiel `ZUORDNEN`, was den Status auf `ZUGEORDNET` ändert.
- Aufgrund des aktuellen Status des Vorgangs wird die Möglichkeit weiterer Ereignisse eingeschränkt. Ist ein Status zum Beispiel `ZUGEORDNET`, ist es nicht mehr möglich, das Ereignis `ZUORDNEN` erneut auszulösen.
- Auf verschiedenen möglichen Pfaden gelangt der Vorgang zu einem Endstatus, etwa `ERLEDIGT` oder `ABGELEHNT`.

Das Überraschende ist, dass diese Beschreibung nicht von der fachlichen Natur unseres Vorgangs abhängt, sondern, davon abstrahiert, lediglich die »Bewegung« des Vorgangs durch einen definierten Ablauf möglicher Bearbeitungspfade beschreibt. Alles, was benötigt wird, um die Verbindung zum aktuellen Geschäftsobjekt zu halten, ist dessen Primärschlüsselinformation. Natürlich benötigen wir während der Arbeit Zugriff auf die Attribute des Geschäftsobjekts, doch die Steuerung des Status ist hiervon unabhängig.

Für die Übergänge zwischen den Status werden Logeinträge benötigt, um nachvollziehen zu können, wann ein Status erreicht wurde oder welcher Bearbeiter diesen Schritt ausgelöst hat. Eventuell haben wir unterschiedliche berechtigte Parteien, die für die Bearbeitung des Vorgangs erforderlich sind. Aber mit diesen Bestandteilen können wir den Fluss der Anwendung vollständig beschreiben.

Genau hier setzt der Gedanke an. Zur Visualisierung des Workflows bietet die Industrie eine standardisierte Notation namens *Business Process Model Notation* (*BPMN*) an, die als Flussdiagramm mit vordefinierten Bausteinen generiert wird.

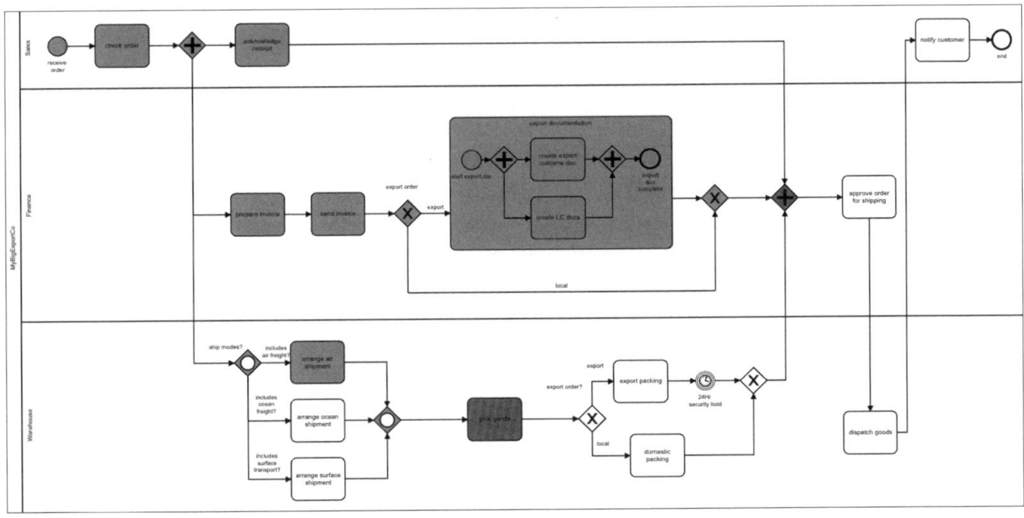

Abbildung 24.1 Beispiel eines BPMN-Diagramms

Abbildung 24.1 zeigt einen beispielhaften Workflow, der zudem gerade aktiv ist. Die grau unterlegten Status hat der Workflow bereits durchlaufen, aktuell sind die grün hinterlegten Status (im Diagramm ist das im unteren Bereich der Status `pick goods`, im mittleren Bereich die Raute mit dem Plus). Die einzelnen Kästchen stellen Prozesse dar, in denen sich der Vorgang befinden kann, während die Pfeile und Linien den möglichen Fluss des Vorgangs beschreiben. Die horizontalen Linien trennen unterschiedliche Verantwortliche, im Beispiel Abteilungen des Unternehmens, die für Teilbereiche des Anwendungsflusses verantwortlich sind.

Die Idee besteht darin, dass die Kommunikation der Fachseite mit der IT-Seite über Diagramme dieser Art vereinfacht werden kann, doch ist das erst der Anfang, denn diese Diagramme werden genutzt, um den Ablauf der Anwendungen zu kontrollieren: Das Diagramm ist Teil der Programmierung.

Technisch basiert BPMN auf einem XML-Format, das durch F4A analysiert und in relationale Daten umgeformt wird. Diese Daten kontrollieren die Ausführungsumgebung und damit den Workflow.

24.1.1 Plugin-Sammlung »Flows for APEX«

Flows for APEX ist eine Sammlung mehrerer Plugins rund um ein JavaScript-Control der Firma Camunda, mit dem BPMN-Diagramme grafisch im Browser erstellt und überwacht werden können. Damit dies auch in einer APEX-Anwendung funktioniert, muss das Control als Regions-Plugin (F4A-MODELER) in APEX eingebunden werden. Damit haben wir das erste Plugin der Sammlung. Ein zweites Plugin benutzt die gleiche Library, dient aber dazu, bereits erstellte Workflows während der Ausführung zu visualisieren (F4A-Viewer). Abbildung 24.6 zeigt das Viewer-Plugin in Aktion.

Name ↑≡	Typ
Flows for APEX - Manage Flow Instance	Prozess
Flows for APEX - Manage Flow Instance Step	Prozess
Flows for APEX - Manage Flow Instance Variables	Prozess
Flows for APEX - Modeler	Region
Flows for APEX - Viewer	Region

Abbildung 24.2 Plugins für Flows for APEX (F4A)

Da der Anspruch darin besteht, dass die BPMN-Instanz den Anwendungsfluss kontrolliert, existieren noch weitere Plugins, die als `Process`-Plugins ausgeführt werden. Diese Plugins stellen den aktuellen Status und weitere, wesentliche Funktionen zur Kontrolle des Anwendungsflusses zur Verfügung (siehe Abbildung 24.2). In F4A wird ein Workflow als *Flow Instance* bezeichnet, ein einzelner Schritt folglich als *Flow Instance Step*. Demzufolge startet das Plugin F4A – Manage Flow Instance einen Workflow, während das Plugin F4A – Manage Flow Instance Step einen einzelnen Prozessschritt beendet oder beeinflusst. Die einzelnen Schritte können über Variablen verfügen, die mittels des Plugins F4A – Mange Flow Instance Variables mit Werten belegt werden können. Im Regelfall werden die Plugins über Schaltflächen auf APEX-Anwendungsseiten angesteuert und im Rahmen der Verarbeitung einer Seite ausgeführt.

Beachten Sie, dass ein Anwendungsfluss nicht nur innerhalb, sondern auch außerhalb einer APEX-Anwendung ausgeführt werden kann, etwa um Mails zu versenden oder Importskripte zu starten. Zum Teil können auch manuelle Tätigkeiten von Mitarbeitern erforderlich sein, die dem Ablauf anschließend über eine Abschlussmeldung als erledigt gemeldet werden. Eine APEX-Anwendung wird im Regelfall aber Teil eines solchen Ablaufs sein, zum Beispiel um eine APEX-Formularseite anzeigen, auf der eine Entscheidung bezüglich eines Vorgangs getroffen und diese der Ausführungsumgebung mitgeteilt wird.

Zur Erstellung und Ablaufkontrolle liefert F4A eine APEX-Anwendung mit. Sie installiert als *Packaged Application* nicht nur die APEX-Anwendung, sondern auch die benötigten Packages, Tabellen und Views.

Die APEX-spezifischen Teile sind nicht nur durch die Plugins gekennzeichnet, sondern umfassen auch Erweiterungen des BPMN-Sprachumfangs. Mittels dieser Erweiterungen werden PL/SQL-Methoden oder APEX-Anwendungsseiten im visuellen Diagramm integriert.

[!]

Merke

Eine *Packaged Application* ist eine normale APEX-Anwendung, deren Exportdaten noch weitere Skripte zur Erstellung der erforderlichen Datenbankobjekte beigefügt wurden. Alle Beispielanwendungen der Galerie sind auf diese Weise erstellt worden. Dadurch ist die Installation stark vereinfacht.

Den Umfang von BPMN zu erweitern, ist kein Verstoß gegen irgendwelche Vorgaben, sondern das erwartete Vorgehen. Da BPMN einen Einfluss auf eine APEX-Anwendung benötigt, zum Beispiel indem es eine Dialogseite in APEX öffnet, muss es möglich sein, in BPMN die hierfür erforderlichen Informationen vorzuhalten. Daher existiert eine entsprechende Erweiterungsschnittstelle, die in diesem Plugin mit Leben gefüllt wurde.

Die Bedienung von F4A wird durch eine Beispielanwendung erklärt, die als Tutorial dient und die unterschiedlichen Konzepte zeigt. Bitte benutzen Sie stets die aktuelle Version von F4A, da sich die Unterstützung von BPMN mit jedem Release verbessert. Zudem ist auch die Anbindung an APEX immer einfacher möglich, zum Beispiel durch die Nutzung von APEX-E-Mail-Templates für einen Prozess, der E-Mails verwenden soll, oder durch die Integration der APEX-Workflow-Bestrebungen.

Einen Wermutstropfen hat F4A aus meiner Sicht: Im Licht dessen, was ich über die Architektur von APEX-Anwendungen erläutert hatte, müsste F4A zweigeteilt sein: Der von APEX unabhängige Teil sollte von dem, was APEX-spezifisch ist, getrennt sein. Das ist leider nicht der Fall, was ich für ein echtes Problem dieses Plugins halte. Die Bewegungsdaten, die durch F4A erzeugt werden, stellen einen Teil der Bewegungsdaten der Anwendung dar, die durch F4A kontrolliert wird. Daher ist es aus meiner Sicht nicht zielführend, diese Daten in einer Tabelle im Workspace-Schema von APEX zu halten. Ich habe dieses Problem auch mit den Entwicklern von F4A ausführlich diskutiert, vielleicht kommen wir irgendwann gemeinsam zu einer Lösung.

24.1.2 Integration in eine APEX-Anwendung

Sehen wir uns an, auf welche Weise eine APEX-Anwendungsseite mit F4A interagiert. Ich verwende die Beispielanwendung <Sample Process Flow>, die ich im vorigen Abschnitt angesprochen hatte. Die Installation erfordert lediglich den Import der Anwendung und die Bestätigung der entsprechenden Nachfragen. Auf der Startseite ist eine Auswahlliste vorhanden, die die Rolle des aktuell angemeldeten Benutzers festlegen kann. So können Sie in die Rolle des jeweils Verantwortlichen schlüpfen, ohne sich neu anmelden zu müssen.

Nehmen wir an, auf der Startseite sei die Rolle `MANAGER` gewählt. Dann zeigt die Seite ein Diagramm mit der Anzahl der zu bearbeitenden Beantragungen. Ein Klick auf dieses Diagramm führt uns zu <Anwendungsseite 4>, einer Berichtsseite mit allen zu bearbeitenden Beantragungen. Der Bericht basiert auf einer View mit der select-Abfrage aus Listing 24.1.

```
select expe.expe_id, expe.expe_justification, expe.expe_amount,
       expe.expe_status, expe.expe_submitted_on, expe.expe_submitted_by,
       expe.expe_invoice_dd, expe.expe_purpose, expe.expe_validation_result,
       inst.prcs_id, inbx.link_text, inbx.sbfl_prcs_id, aclr.user_name
  from expe_expenses expe
  join flow_instances_vw inst
    on expe.expe_id = to_number(inst.prcs_business_ref)
  join flow_task_inbox_vw inbx
    on inst.prcs_id = inbx.sbfl_prcs_id
  join apex_appl_acl_user_roles aclr
    on upper(inbx.sbfl_current_lane) = aclr.role_static_id
 where inst.dgrm_name = 'Expense Claims'
   and inbx.sbfl_current = 'review_expense_mgr'
   and expe.expe_status = 'submitted'
```

Listing 24.1 select-Anweisung der Berichtsview

Die Fachseite (der Vorgang) wird durch die Tabelle EXPE_EXPENSES repräsentiert. Am Join zur View FLOW_INSTANCES_VW erkennen wir, dass die einzige Verbindung zwischen dem Vorgang und F4A in einem Schlüsselwert liegt, der in F4A hinterlegt wird. View APEX_APPL_ACL_USER_ROLES ist eine von APEX bereitgestellte View, die alle Benutzerrollen des aktuell referenzierten Benutzers zurückliefert. Der Trick besteht darin, durch die Auswahlliste den aktuell angemeldeten Benutzer mit einer neuen Rolle zu versorgen, die anschließend über diese View zum Filtern verwendet werden kann. Tatsächlich ausgeführt wird dies über die Methode EXPE_ROLES.set_role, die intern das Package APEX_ACL nutzt. Im BPMN sind unterschiedliche Zuständigkeiten definiert, deren Namen den jeweiligen Rollennamen entsprechen und so für die Filterung verwendet werden können.

Dieser Bericht interagiert also mit den F4A-Anwendungsflüssen, die aktuell ausgeführt werden. Jeder Eintrag dieses Berichts enthält einen Link zur Bearbeitung dieses Vorgangs. Wie dieser Link erzeugt wird, ist allerdings sehr interessant.

Der Link zeigt auf einen Wert, der in Spalte LINK_TEXT enthalten ist. Dieser Link, zusammen mit den Parametern, die übergeben werden sollen, entstammt der View FLOW_TASK_INBOX_VW. In dieser View wird der Link berechnet, wie Listing 24.2 zeigt.

```
case sbfl_current_tag_name
  when 'bpmn:userTask' then
    flow_usertask_pkg.get_url(
      pi_prcs_id  => sbfl_prcs_id,
```

```
        pi_sbfl_id  => sbfl_id,
        pi_objt_id  => sbfl_current_objt_id,
        pi_step_key => sbfl_step_key)
end link_text
```

Listing 24.2 Berechnung des Link-Ziels

Interessant ist, dass die Parameter und die Zielseite durch F4A im BPMN ermittelt werden, falls die Art des Prozesses `bpmn:userTask` ist.

Wir können uns den entsprechenden Teil im BPMN ansehen, wenn wir die Anwendung <FLOWS FOR APEX> starten und uns FLOW MANAGEMENT • `Expense Claims` durch Auswahl des Menüs SHOW DETAILS anzeigen lassen. Klicken Sie auf dieser Seite auf die Schaltfläche MODIFY DIAGRAM und anschließend auf den Schritt `Review Expense`.

In der Seitenleiste sehen Sie allgemeine Einstellungen, aus denen wir entnehmen können, dass es sich bei diesem Schritt um einen `bpmn:userTask` handelt. Als USER TASK TYPE ist `APEX Page` als Spezialisierung ausgewählt worden.

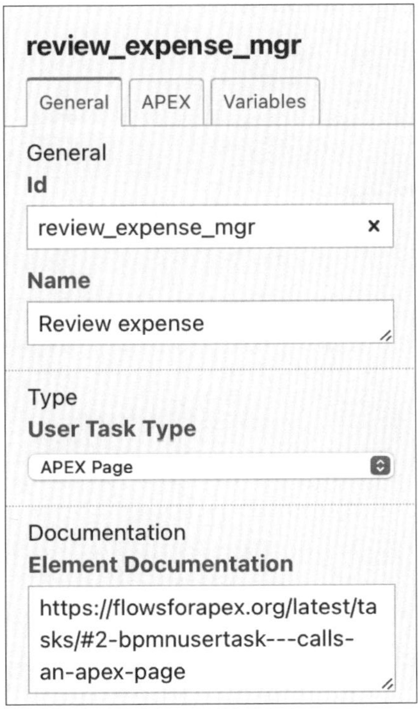

Abbildung 24.3 Einstellungen der APEX-Properties eines User Tasks

Im Reiter APEX sehen wir, dass dieser Prozess zu Anwendungsseite 5 verzweigen und dort einige Parameter setzen wird. Die Parameterwerte sind allgemeinen Umgebungsvariablen entnommen und beziehen sich auf den fachlichen Schlüssel sowie die identifizierenden Schritt- bzw. Teilschritt-Schlüssel. Das Package, das in der `select`-Anweisung angesprochen wird, fügt diese nun zu einem APEX-URL zusammen.

Damit ist klar, wie <ANWENDUNGSSEITE 5> an ihre Daten kommt. Das Formular auf dieser Anwendungsseite stellt uns vor keine Herausforderung, denn hier werden ausschließlich fachliche Attribute angeboten, die durch den Bearbeiter eingesehen und bearbeitet werden können. Den Standardprozess zur Datenverarbeitung hätte man auch entfernen können; da die Schaltflächen jedoch keine Datenbankaktivitäten anfordern, wird er auch nicht stören.

Die interessanten Aktivitäten werden jedoch durch die Schaltflächen `ACCEPT` und `DECLINE` ausgelöst. In entsprechenden Berechnungen wird je nach geklickter Schaltfläche der Wert des Seitenelements `P5_EXPE_STATUS` auf eine Konstante des Packages `EXPE_CONSTANTS` gesetzt, die die Annahme oder Ablehnung des Vorgangs repräsentiert.

Der Seitenprozess `Complete step of flow instance` übernimmt diesen Wert und übergibt ihn zusammen mit weiteren Angaben an das Plugin F4A – MANAGE FLOW INSTANCE STEP. Die Einstellungen dieses Plugins zeigt Abbildung 24.4.

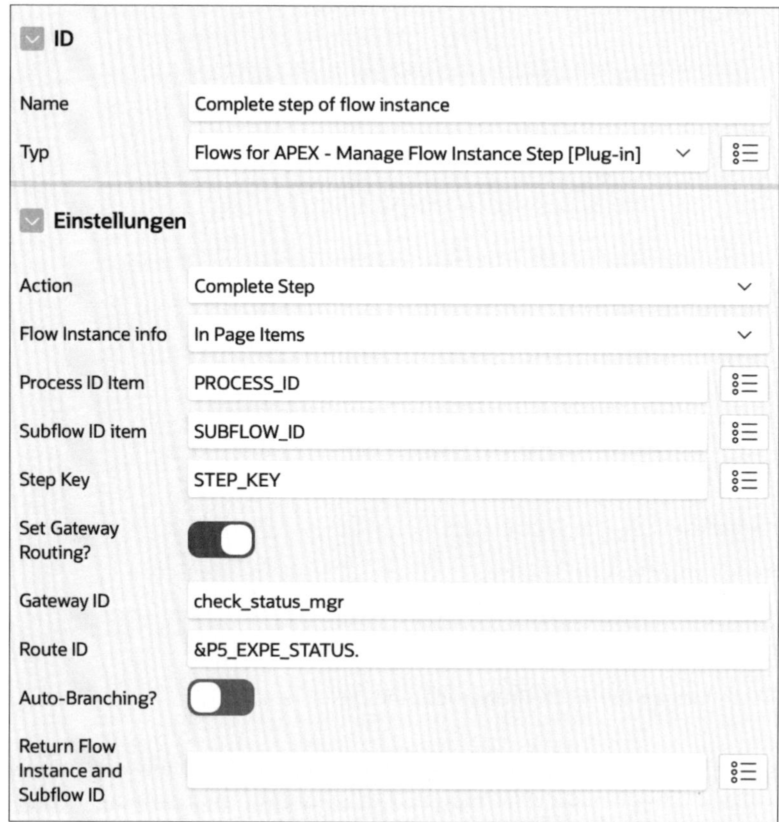

Abbildung 24.4 Einstellungen des Verarbeitungs-Plugins

Falls Sie sich fragen, wo PROCESS_ID, SUBFLOW_ID und STEP_KEY herkommen: Dies sind Anwendungselemente. Das Plugin hat die Aufgabe, den aktuellen Schritt zu beenden (EINSTELLUNGEN • ACTION • `Complete Step`), aber auch eine zweite Aufgabe: Das Attribut EINSTELLUNGEN • SET GATEWAY ROUTING? • `Yes` zeigt an, dass das Gateway mit der ID `check_status_mgr` auf den Verzweigungsweg gestellt werden soll, der in `P5_EXPE_STATUS` enthalten ist.

Sehen wir uns das im BPMN an, wird deutlich, dass hiermit der weitere Fluss der Anwendung kontrolliert wird.

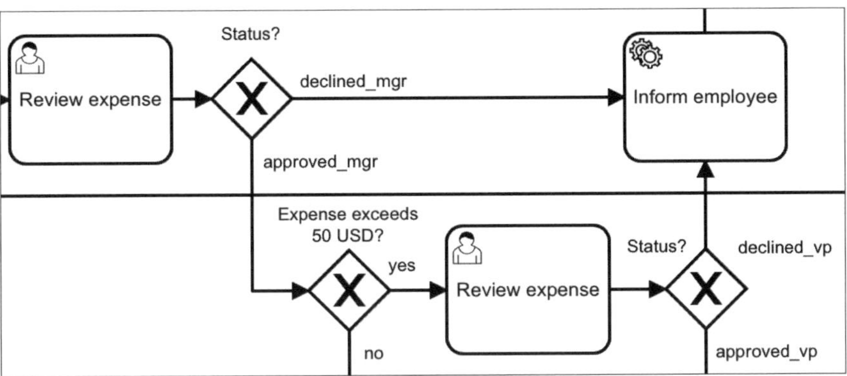

Abbildung 24.5 Ausriss aus dem BPMN mit dem aktuellen Gateway

Abbildung 24.5 zeigt den entsprechenden Ausriss aus dem BPMN. Der Status aus dem Package ist also entweder `declined_mgr` oder `approved_mgr`. Abhängig von diesem Wert wird der weitere Ablauf der Anwendung nun entweder den Antragsteller informieren oder prüfen, ob die Ausgaben den Betrag von 50 USD überschreiten.

Lohnt der Aufwand für diesen Effekt? Ich denke ja, denn die Verzweigung zu dem einen oder anderen Schritt wird nun grafisch vorgenommen, nicht in der Anwendung implementiert. Kommen wir, wenn der Betrag 50 USD übersteigt, wieder zu einem User Task, wird dort festgelegt, welche Anwendungsseite aufzurufen ist und welche Parameter zu übergeben sind. Sollte sich der Betrag ändern, können Sie das im Diagramm hinterlegen (oder den Betrag dynamisch per PL/SQL berechnen und hier bewerten lassen): Die Bindung der Anwendung an den Anwendungsfluss wird geringer. Sie erkennen das auch daran, dass auf <ANWENDUNGSSEITE 5> keine Verzweigungen erforderlich sind. Hätten wir BPMN nicht, müsste auf dieser Anwendungsseite, in Abhängigkeit von der Entscheidung und eventuell in Abhängigkeit vom Betrag, das Verzweigungsziel berechnet werden. Dies wäre nur durch hartkodierte Logik möglich, eventuell sogar verteilt auf die unterschiedlichen Anwendungsseiten.

Ein weiterer Vorteil: »Unser« Vorgang kann durch den F4A-Viewer im aktuellen Stand visualisiert werden. Abbildung 24.6 zeigt nicht nur den aktuellen Stand, sondern auch, was als Nächstes passieren wird. Dies macht den Fluss komplexer Anwendungen sehr übersichtlich.

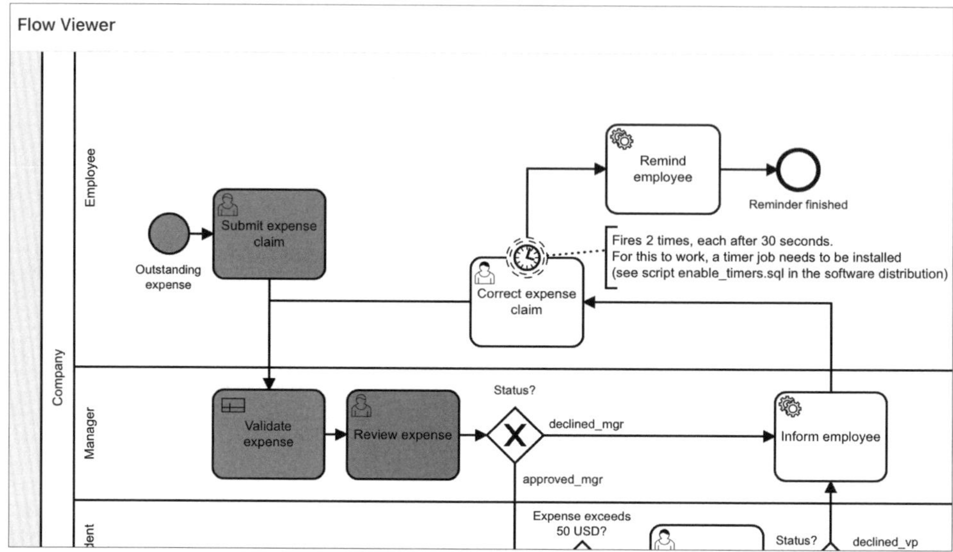

Abbildung 24.6 Aktueller Stand unseres Vorgangs

24.1.3 Verwaltung von BPMN

Die BPMN-Diagramme, die durch den F4A-Modeler erstellt werden, sind versioniert, sodass eine neue Version eines Diagramms keine bereits laufenden Prozesse tangiert. Natürlich können die Diagramme exportiert und anschließend in eine Anwendung importiert werden (so sind ja auch die Diagramme der Sample-Anwendung in die Datenbank gekommen).

Über die Zeit werden neue Versionen des Werkzeugs veröffentlicht. Das Team rund um F4A bemüht sich nach Kräften, eine Migration bestehender Diagramme in die neue Version zu ermöglichen. Es kann aber natürlich nicht ausgeschlossen werden, dass neue Funktionen ein früher genutztes Verfahren ersetzen. In diesen Fällen kommt man um eine manuelle Anpassung der Diagramme nicht herum. Insgesamt bin ich aber von dem Funktionsumfang der bereits existierenden Lösung beeindruckt. Da ich selbst bereits Workflow-Lösungen programmiert habe (ohne dieses schicke grafische Frontend und nicht auf dem Industriestandard BPMN beruhend), weiß ich gewissermaßen, wovon ich spreche. Wünsche bleiben sicherlich noch offen, aber das ist ja immer so.

Ich denke, mit diesem »Anschub« durch mich und der Beispielanwendung können Sie sich nun in die Materie einarbeiten und entscheiden, ob F4A etwas für Ihr Projekt ist oder nicht. Zunächst fühlt sich diese Gedankenwelt fremd an, doch hat die Trennung der Zuständigkeiten sehr viel Potenzial, gerade wenn die Anwendung nicht trivial ist. BPMN ist im Übrigen auf länger laufende Prozesses spezialisiert, also auf Vorgänge, die Stunden oder Tage dauern können. Ideal für BPMN sind zudem gut zu strukturierende Abläufe, die sich in eine solche formale Beschreibung »pressen« lassen. Im Vergleich zu den Workflow-Funktionen der Version 22.1, das erkennen Sie selbst, haben wir hier ein ganz anderes Kaliber vor uns.

Als Fazit bleibt für mich, dass dieses Werkzeug eine ernsthafte Einarbeitung erfordert, da sollte man sich durch die einfache Installation nicht verwirren lassen. Die Konzepte scheinen auf den ersten Blick naheliegend, doch ist die konkrete Formulierung eines Workflows mit den Mitteln dieses Werkzeugs deutlich anspruchsvoller, da man sich in das Vokabular und die unterschiedlichen Möglichkeiten erst einarbeiten muss. Die Vorteile für eine komplexe Anwendung sind allerdings immens.

24.2 APEX Dynamic Controller (ADC)

Dieses Plugin stammt von mir, ich habe es in einem Projekt entwickelt, in dem APEX-Anwendungen mit komplexen Formularseiten und erheblichen Anforderungen an das dynamische Verhalten realisiert wurden.

Die einzige Möglichkeit, dynamisches Verhalten zu realisieren, besteht neben einer kompletten Programmierung in JavaScript im Einsatz von dynamischen Aktionen. Das wurde auch in diesem Projekt gemacht, allerdings bis zum Exzess: Ich habe Anwendungsseiten mit bis zu 80 dynamischen Aktionen gefunden. Jede dynamische Aktion enthielt komplexes JavaScript, zum Teil riefen sich die dynamischen Aktionen gegenseitig auf, um wiederkehrende JavaScript-Funktionen nicht mehrfach implementieren zu müssen.

Ob das alles so sachgerecht war oder nicht, mag dahingestellt bleiben, Fakt ist, dass dies das Ergebnis der Entwickler war. Die größte Sorge dieses Teams waren Change Requests, die dazu führten, dass das kunstvoll austarierte Gewebe sich gegenseitig bedingender oder auslösender dynamischer Aktionen angefasst werden musste. Eine neue Kollegin, die sich in diese Materie einarbeiten sollte, brachte das Fass dann zum Überlaufen: Der Frust wurde groß, es musste eine Lösung her.

Diese Lösung entstand aus einem Hilfsmittel der Kollegin: Um sich einen Überblick über das dynamische Verhalten der Seite zu verschaffen, hatten wir empfohlen, eine Excel-Tabelle anzulegen, in der sie die unterschiedlichen Anforderungen hinterlegen sollte. Dies war für sie ohne große Probleme möglich. Als ich auf diese Tabelle sah, haben wir das etwas weiter formalisiert und in die Form »Wenn der Anwender `A` macht, sollen `B`, `C` und `D` passieren« gebracht. Dabei sind Anwendungsfälle herausgekommen, die unterhalb eines »echten« Anwendungsfalls liegen: »Wenn der Anwender einen bonusberechtigten Beruf wählt, soll Feld `P4_EMP_COMMISSION_PCT` ein Pflichtfeld werden« war ein Beispiel. Was in diesem Zusammenhang als *Anwendungsfall* betrachtet wird, ist das Verhalten des Anwenders auf der Anwendungsseite, das eine dynamische Antwort ebenfalls auf der Anwendungsseite erwartet.

Was, so mein Gedanke, wäre, wenn diese Excel-Tabelle die Kontrolle über das dynamische Verhalten übernähme? Oder, etwas fachlicher: Kann man eine Entscheidungstabelle bauen, die an zentraler Stelle die Kontrolle über das dynamische Verhalten der Seite bündelt? Offensichtlich geht das, denn ADC macht genau das.

24.2.1 Arbeitsweise

Die Kernidee habe ich bereits vorweggenommen, denn sie besteht darin, eine Entscheidungstabelle zu implementieren. Entscheidungstabellen werden in vielen Varianten entworfen, das im vorigen Abschnitt besprochene BPMN verfügt über eine Erweiterung *DMN* (*Decision Modeling Notation*), die sich um dieses Thema kümmert. Das Prinzip ist also nichts Neues.

Im Zusammenhang mit APEX liegt es nahe, diese Entscheidungstabelle als Tabelle in der Datenbank zu realisieren. Diese Entscheidung hat aber eine Konsequenz, die ich zunächst als Nachteil gesehen habe: Jede dynamische Entscheidung der Anwendungsseite erfordert einen Roundtrip zum Server, um die Entscheidungstabelle zu befragen. Mehrere Erfahrungen haben mich mittlerweile überzeugt, dass dies kein Nachteil ist:

- Viele fachliche Entscheidung erfordern die Mitarbeit der Datenbank, zum Beispiel »bonusberechtigter Beruf«. Daher müssen auch clientseitige Implementierungen zur Datenbank.
- Anwendungsfälle können Auswirkungen auf den Session Status haben. Diese Auswirkungen wiederum können weitere dynamische Aktivitäten auslösen. Eine clientseitige Lösung müsste eventuell sogar mehrfach zur Datenbank, während ADC diese Auswirkungen rekursiv in einem Roundtrip berechnet.
- Die schiere Power von SQL macht die Formulierung der Anwendungsfälle einfach, zudem steht PL/SQL zur Verfügung, um komplexe Situationen zu bewerten.

Aber wie wird in dieser Entscheidungstabelle entschieden? Nehmen wir das Beispiel von oben: »Wenn der Anwender einen bonusberechtigten Beruf wählt, soll Feld `P4_EMP_COMMISSION_PCT` ein Pflichtfeld werden«.

Zunächst müssen wir erkennen können, dass der Anwender einen bonusberechtigten Beruf gewählt hat. Dafür haben wir die Methode `EMP_UI.job_is_commission_eligible`. Der Methode übergeben wir den aktuellen Wert der Auswahlliste `P4_EMP_JOB_ID`. Ein Eintrag in unserer Entscheidungstabelle lautet also gemäß Listing 24.3:

```
EMP_UI.job_is_commission_eligible(P4_EMP_JOB_ID) = C_TRUE
```

Listing 24.3 Technische Bedingung des Beispiels

Doch wer ruft diesen Entscheidungsbaum auf, und wie kommt der aktuelle Wert von P4_EMP_JOB_ID zu dieser Tabelle? Die Antwort kann Ihnen zunächst einmal egal sein, denn es funktioniert einfach. Es ist hierfür keine Parametrierung, keine besondere Einstellung des Plugins auf der Anwendungsseite erforderlich. Tatsächlich besitzt das Plugin keine Anwendungsparameter, sondern nur eine Einstellmöglichkeit auf Komponentenebene, die ich später erläutere.

Woher also weiß das Plugin, was zu tun ist?

Stellen wir uns für den Moment vor, wir hätten eine select-Abfrage, die uns den aktuellen Inhalt aller Seitenelemente in Spalten anbietet, deren Namen den Elementnamen entsprechen, unter anderem auch die Spalte P4_EMP_JOB_ID. Dann wäre klar, dass der Eintrag gemäß Listing 24.3 in unserer Entscheidungstabelle in der where-Klausel dieser Abfrage stehen könnte. Ist die Bedingung erfüllt, wählt die Entscheidungstabelle diesen Anwendungsfall und führt ihn aus.

Der Bedingung können wir umgekehrt entnehmen, dass wir uns für den aktuellen Stand des Seitenelements P4_EMP_JOB_ID interessieren, denn auf dessen Wert beruht die Bedingung.

Was wissen wir über dieses Seitenelement? Die Metadaten geben uns Auskunft darüber, dass es sich bei diesem Element um ein Formulareingabeelement handelt, dass es auf der Spalte EMP_JOB_ID der View EMP_UI_EDIT_EMP beruht und dass der Datentyp VARCHAR2 ist. Diese Informationen nutzt das Plugin, um beim Rendern der Seite einen JavaScript-Code zu integrieren, der auf P4_EMP_JOB_ID einen Eventhandler für das change-Event implementiert. Ändert sich der Wert, soll ADC informiert werden.

ADC besteht daher aus zwei Teilen: einer serverseitigen und einer clientseitigen Komponente. Die Kommunikation funktioniert in beide Richtungen: ADC (clientseitig) packt den aktuellen Zustand der Anwendungsseite ein (ich nenne dies den *Page State* der Seite, im Gegensatz zum Session Status, da der Page State sich nur auf die aktuelle Seite bezieht, allerdings auch weitergehende Informationen enthält, die nicht im Session Status stehen) und informiert ADC (serverseitig) über diese Änderung.

Zwei Informationen sind für ADC wichtig: Das auslösende Seitenelement war P4_EMP_JOB_ID, und der aktuelle Wert lautet SA_REP. Filtern wir unsere Entscheidungstabelle zum einen so, dass nur Anwendungsfälle betrachtet werden, die sich auf das Element P4_EMP_JOB_ID beziehen, und übergeben wir zum anderen den aktuellen Elementwert, wird der obige Anwendungsfall für die Bearbeitung in Betracht gezogen.

Nun müssen wir für diesen Anwendungsfall nur noch hinterlegen, was in der Datenbank und auf der Anwendungsseite passieren soll, und dies wird die Antwort von ADC an die Seite sein: Mache Element P4_EMP_COMMISSION_PCT zum Pflichtfeld, zeige es an, und aktiviere es.

Das Spannende: Das ist im Grunde alles, mit diesem Prinzip können Sie selbst komplexe Anwendungsseiten verwalten. Die Festlegung, was auf der Anwendungsseite passieren soll, können Sie ähnlich festlegen wie auch in dynamischen Aktionen: indem Sie einen Aktionstyp auswählen und diesem einige Parameter mitgeben, falls dies erforderlich ist. ADC liefert eine Reihe Aktionstypen mit, eigene zu erstellen ist aber sehr einfach.

Dadurch, dass auch die Aktionstypen innerhalb der Datenbank berechnet werden, kommt aber eine mächtige Möglichkeit ins Spiel: Sie können jederzeit und ohne weiteren Aufwand PL/SQL-Methoden innerhalb der Datenbank aufrufen, schließlich »leben« sie dort. Für diese Aufrufe ist kein weiterer Roundtrip erforderlich. Am Beispiel sehen wir auch, dass wir unmittelbar mit dem Ergebnis eines Methodenaufrufs eine Entscheidung treffen können, wir benötigen keine versteckten Hilfsfelder auf der Anwendungsseite und mehrere dynamische Aktionen.

24.2.2 Erstellen von dynamischen Anwendungsseiten

Ich habe das Plugin ebenfalls über eine eigene APEX-Anwendung bedienbar gemacht. Die Anwendungsfälle einer Seite werden dort zusammengefasst unter dem Begriff der *dynamischen Anwendungsseite*, denn das ist es, worum es geht: Wir legen das dynamische Verhalten der Seite an zentraler Stelle fest.

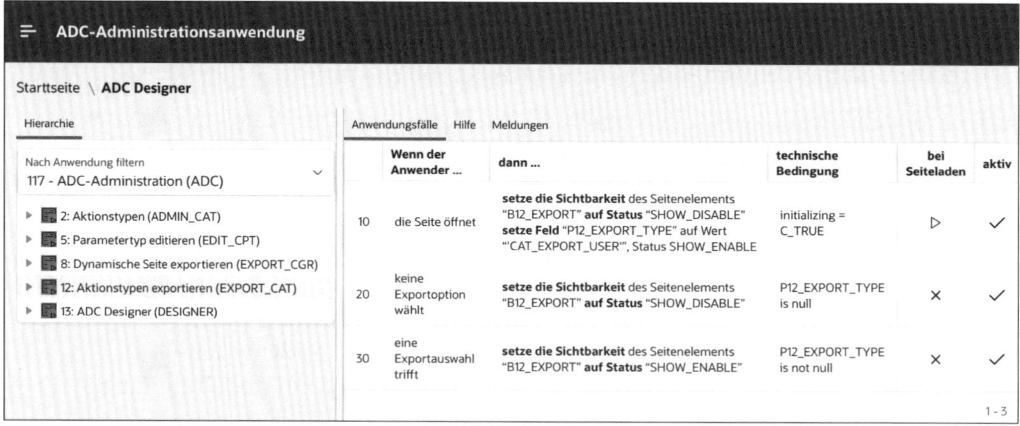

Abbildung 24.7 Hauptseite des ADC-Designers

Betrachten Sie die Erfassungsseite des ADC-Designers in Abbildung 24.7. Ausgewählt ist die Anwendungsseite 12, `Aktionstypen exportieren` innerhalb der Anwendung `117 - ADC-Administration`. Auch wenn Sie nicht wissen, was diese Seite genau tut, ist dennoch nachvollziehbar, welche Anwendungsfälle implementiert sind. Sehen wir uns den ersten Anwendungsfall etwas genauer an:

»Wenn der Anwender die Seite öffnet, soll die Schaltfläche `B12_EXPORT` deaktiviert, das Eingabefeld `P12_EXPORT_TYPE` auf den Wert `CAT_EXPORT_USER` gesetzt und aktiviert werden.« Woran erkennen wir, dass der Anwender die Seite öffnet? Die technische Bedingung `initializing = C_TRUE` verrät es uns, denn diese Spalte enthält diesen Wert nur beim ersten Rendern der Seite.

Die Aktionen, die auszuführen sind, werden in einer beschreibenden Form ausgegeben, um den Anwendungsfallcharakter zu erhalten. Fachlich stehen hinter den Aktivitäten Aktivitätstypen, ähnlich den Dynamic Actions, die entsprechend parametriert wurden.

Sicher, diese Aktivitäten hätten auch ohne großen Aufwand durch dynamische Aktionen umgesetzt werden können, doch ist allein unser Beispiel aus dem letzten Abschnitt und die Möglichkeit, ein Eingabefeld dynamisch zu einem Pflichtfeld zu machen, schon ein Extra.

Hier kommt noch hinzu, dass die Dokumentation über das dynamische Verhalten es sehr einfach macht zu verstehen, was auf der Anwendungsseite passiert. Auf der Anwendungsseite selbst gibt es in diesem Fall überhaupt keine dynamische Aktion, denn das Plugin, das ein Dynamic-Action-Plugin ist, wird einmal auf Seite 0 installiert und steht anschließend auf allen Anwendungsseiten zur Verfügung. Und das war ein weiteres Ziel: Die Anwendungsseiten sollen so einfach und »unberührt« bleiben wie möglich.

[!]

Merke

Worin unterscheidet sich der Ansatz von ADC von dynamischen Aktionen? Vieles mag auf den ersten Blick ähnlich wirken, doch ist der größte Unterschied, dass die Auswertung des Verhaltens innerhalb der Datenbank ausgeführt wird, wo wir direkten Zugriff auf die Daten haben, die wir für die Entscheidung benötigen.

Während dynamische Aktionen im Kern Code-Generatoren sind, die immer mehr Logik von der direkten Programmierung weg auf die Anwendungsseite bringen, ist die Schnittstelle von ADC zur Anwendungsseite sehr klein: Es installiert im Grunde lediglich »Sensoren« auf der Seite, die anschlagen, wenn etwas Interessantes auf der Seite passiert.

Wird im linken Baum eine Aktion gewählt, zeigt die Anwendungsseite in der rechten Spalte die Einstellmöglichkeiten zu dieser Aktion (siehe Abbildung 24.8). Die gesamte Seite ist dem Page-Designer nachempfunden, wird jedoch vollständig von ADC kontrolliert, auf dieser Seite sind kein weiteres JavaScript und keine dynamische Aktion enthalten.

Je nach Aktionstyp stehen unterschiedlich viele Parameter mit unterschiedlichen Parametertypen zur Verfügung.

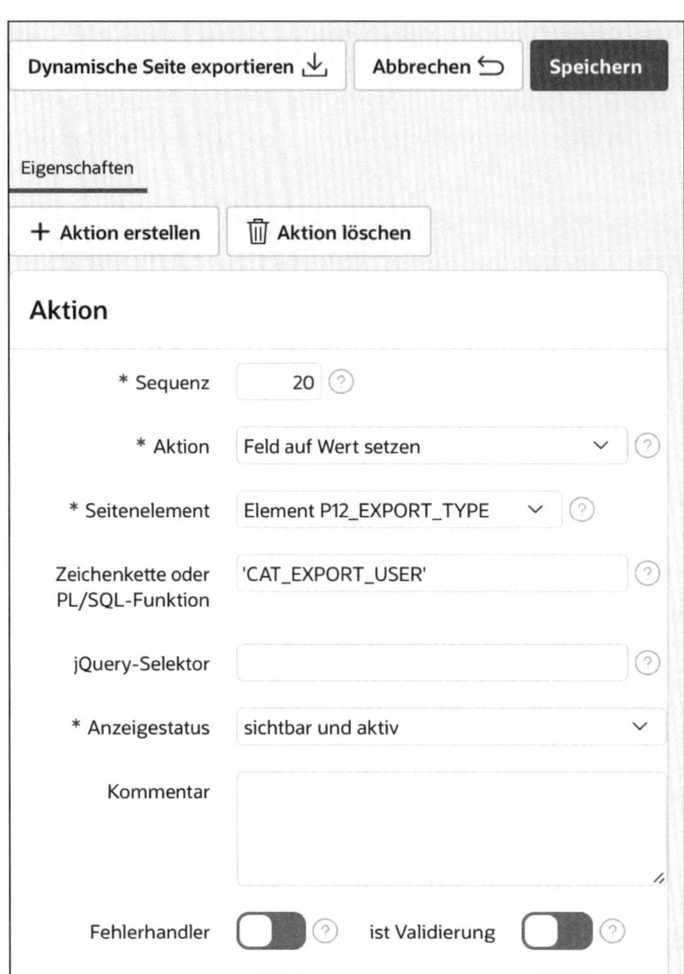

Abbildung 24.8 Einstelloptionen einer Aktion

Übergreifende Aktivitäten, die auf der Seite ausgeführt werden können sollen, lassen sich als *Seitenkommandos* einrichten.

Mittels eines Seitenkommandos richten Sie deklarativ eine APEX-Action ein (Sie erinnern sich? Ein Eintrag im Objekt `apex.actions`). Wir hatten die Actions ja mehrfach angesprochen, nicht zuletzt im Bestreben von APEX, direkte Aufrufe von JavaScript in Links zu vermeiden, zugunsten eines Links auf eine vorab eingerichtete `apex.action`. Wird ein solches Seitenkommando eingerichtet, wird es automatisch von ADC auf der Seite eingebunden. Klickt man auf die Schaltfläche, die mit einem Seitenkommando verbunden ist, wird ADC hierüber informiert, und alle erforderlichen Aktivitäten werden veranlasst.

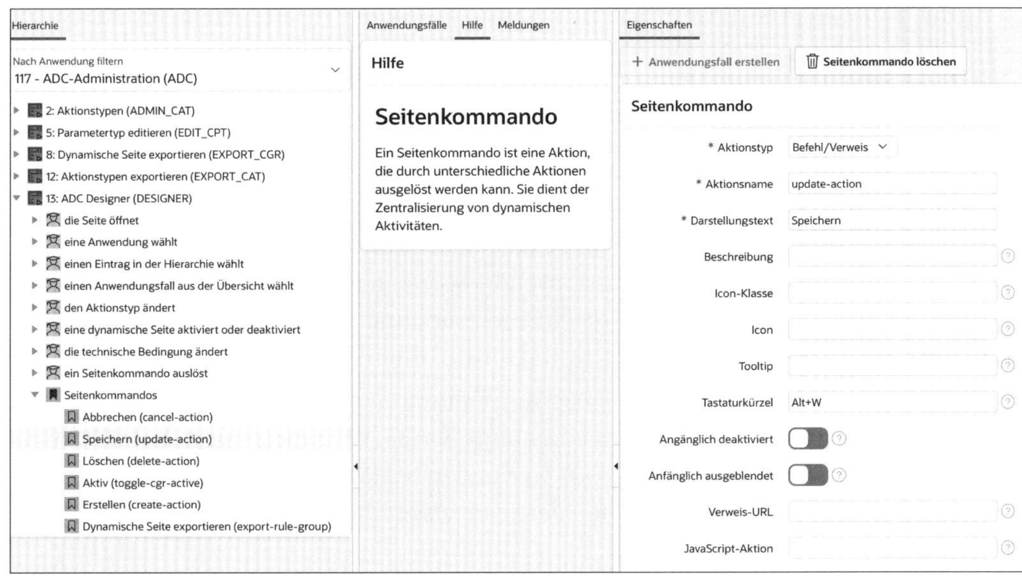

Abbildung 24.9 Optionen eines Seitenkommandos

Ich bin vom Konzept der APEX-Actions überzeugt und nutze sie, um Funktionen auf die Seite zu bringen, die von mehreren Stellen aus aufgerufen werden können oder für die ich eine besondere Flexibilität benötige. Denn das ist ein weiterer Vorteil der APEX-Actions: Zur Laufzeit können der Status, das Label und viele weitere Eigenschaften durch ADC und ein enthaltenes Package modifiziert werden. In Abbildung 24.9 erkennen Sie in der linken Baumdarstellung, dass Anwendungsseite 13 (die Seite, die gerade aufgerufen und dargestellt wird, der *ADC-Designer*) über insgesamt sechs Seitenkommandos verfügt.

Ausgewählt ist im Moment das Seitenkommando `Speichern`, das deklarativ mit der Schaltfläche `B13_SAVE` verbunden ist. Auf der Anwendungsseite können der Zustand und die Bezeichnung allerdings deutlich abweichen. So ist aktuell zum Beispiel die Schaltfläche `B13_CREATE` (`Erstellen`) mit dem Label `Anwendungsfall erstellen` versehen und deaktiviert.

Dies ermöglicht ein Hilfspackage mit dem Namen `ADC_APEX_ACTION`, mit dessen Hilfe bestehende Seitenkommandos editiert werden können. Das Package erstellt intern das erforderliche JavaScript-Snippet, um die Seitenkommandos anzupassen, welches anschließend durch ADC als Antwort an die Seite gesendet wird.

24.2.3 Bestandteile dynamischer Seiten

Dynamische Seiten bestehen also aus einer Liste von Anwendungsfällen, die, wenn sie eintreten, gewisse Aktionen auslösen. Zusätzlich sind Seitenkommandos möglich, die übergreifende Aktivitäten einer Anwendungsseite zusammenfassen. Sehen wir uns diese Bestandteile ein wenig genauer an.

Dynamische Seiten

Anwendungsseiten der Anwendung werden zu einer dynamischen Anwendungsseite, wenn das Plugin ADC auf diesen Seiten ausgeführt wird. Das Plugin kann entweder direkt auf der Seite beim Laden der Seite ausgeführt werden, oder auf der globalen Seite 0. Sollen einzelne Anwendungsseiten nicht durch ADC verwaltet werden, können diese in einer serverseitigen Bedingung auf Seite 0 ausgeschlossen werden.

Eine dynamische Seite ist in der ADC-Anwendung verfügbar, sobald sie, nachdem das Plugin installiert wurde, einmal ausgeführt wurde. Wird die Seite aufgerufen, ohne dass eine dynamische Seite in ADC vorhanden ist, legt ADC die Seite und einen Anwendungsfall an, der beim Öffnen der Seite ausgeführt wird, allerdings keine Aktivitäten ausführt.

Die Seite hat zwar noch keine Aktivität, doch verhält sie sich durch die Installation von ADC bereits anders. Das liegt daran, dass ADC alle Daten der Anwendungsseite typsicher benötigt, sie müssen also in die jeweiligen Typen konvertiert werden. Aus dieser Not macht ADC eine Tugend und beobachtet alle Seitenelemente, die eine Konvertierung benötigen sowie diejenigen, die ein Pflichtfeld darstellen. Geben Sie ein ungültiges Datum ein, wird dies auch ohne explizite Regel unmittelbar als Fehler gekennzeichnet. Das Gleiche gilt für Zahlenfelder, und auch Pflichtfelder werden unmittelbar validiert.

Damit dies funktioniert, muss ADC mit dem bestehenden Theme zusammenarbeiten können. Nur so sind die entsprechenden optischen Effekte möglich. Der clientseitige Code von ADC ist daher zweigeteilt: Ein Teil ist unabhängig von dem konkret verwendeten Theme und implementiert die Kommunikation, die Einrichtung der Eventhandler und die Reaktion auf die entsprechenden Ereignisse, während der zweite Teil an das Theme angepasst wird. ADC liefert verschiedene Anpassungen mit, die für die unterschiedlichen APEX-Versionen ausgelegt sind. Der einzige Parameter, der für dieses Plugin gesetzt werden muss, ist daher ein Komponenten-Parameter, der auswählt, welche Version der clientseitigen Erweiterung verwendet werden soll.

Anwendungsfälle

Ein Anwendungsfall wird durch Sie nach Bedarf einer dynamischen Seite hinzugefügt. Die Benennung habe ich dem Muster »Wenn der Benutzer ...« angelegt, der erste setzt diesen Satz als »... die Seite öffnet« fort. Das können Sie auch anders machen, mir erschien es intuitiv.

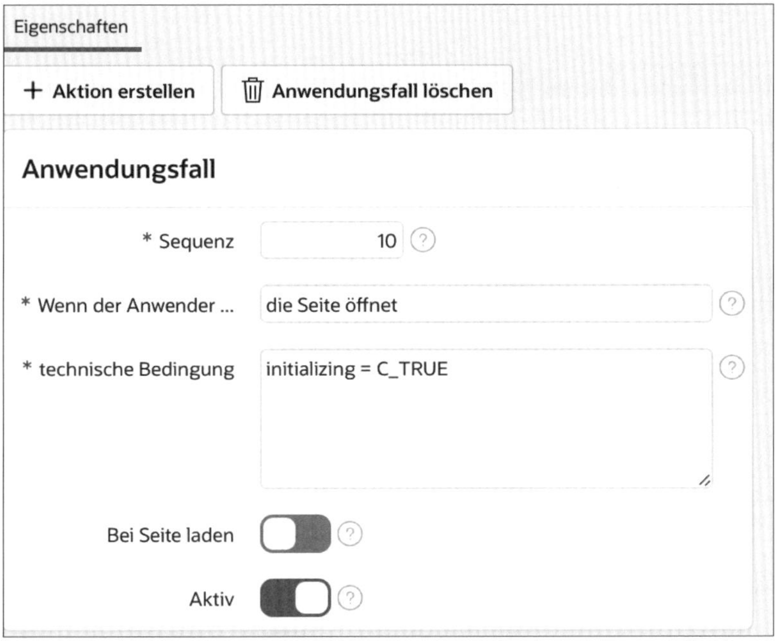

Abbildung 24.10 Attribute eines Anwendungsfalls

Ein Anwendungsfall hat neben dem Bezeichner und der technischen Bedingung, die zum Erkennen des Anwendungsfalls benötigt wird, wenige Attribute. Eine wichtige Eigenschaft ist jedoch die Sortierreihenfolge (ANWENDUNGSFALL • SEQUENZ). Wird die dynamische Seite ausgeführt, werden nur die Anwendungsfälle berücksichtigt, die das auslösende Element referenzieren. Dennoch könnten mehrere Anwendungsfälle gültige Bedingungen besitzen. ADC führt aber stets nur einen Anwendungsfall aus. Welcher das ist, entscheidet sich in diesem Fall am Sortierkriterium: Wer zuerst sortiert ist, wird ausgeführt.

Anwendungsfälle können zudem aktiviert oder deaktiviert werden. Das ist sehr praktisch, falls Sie die Anwendungsfälle testen möchten.

Aktionen

Ist ein Anwendungsfall erkannt worden, werden Aktionen ausgeführt. Diese entsprechen grob dem, was auch mit dynamischen Aktionen möglich ist, sie haben aber aufgrund ihrer Ausführungsumgebung innerhalb der Datenbank immer auch die Möglichkeit, etwas in der Datenbank zu tun. Das kann die Manipulation des Session Status sein, aber auch der Aufruf beliebiger anderer PL/SQL-Methoden.

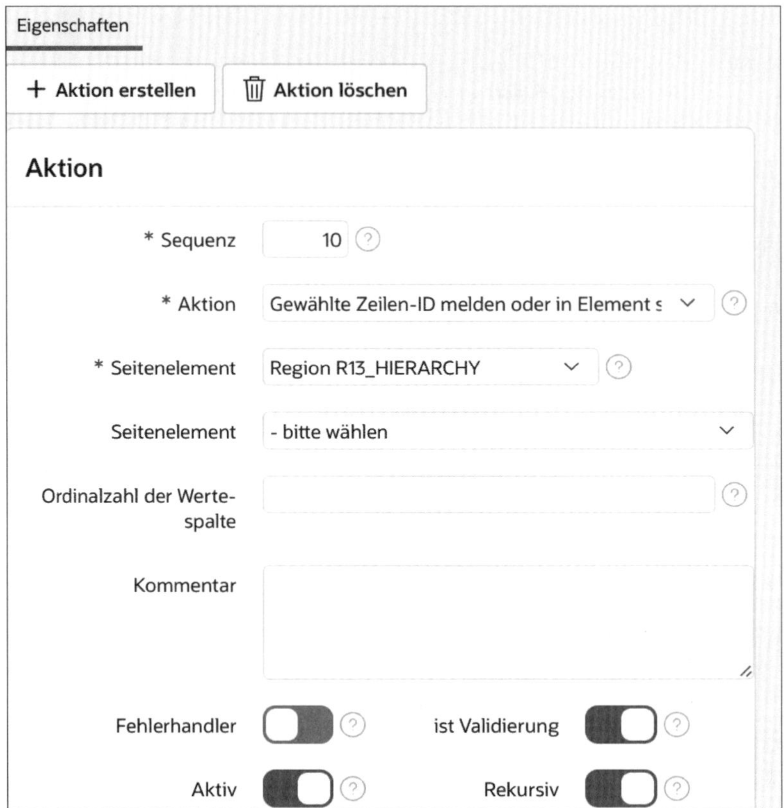

Abbildung 24.11 Attribute einer Aktion

Aktionen basieren auf Aktionstypen, die mit ADC mitgeliefert werden. Jeder Aktionstyp kann über bis zu drei Parameter verfügen und eine Aktivität für die Datenbank und eine für die JavaScript-Seite besitzen. Die JavaScript-Anteile werden in ADC gesammelt und nach Abschluss aller Anwendungsfälle gesammelt an die Anwendung zurückgegeben, um dort ausgeführt zu werden.

Diese Antwort wird auch im Logging in den Entwicklertools angezeigt, zusammen mit einer Reihe weiterer, hilfreicher Informationen. So ist immer nachvollziehbar, welcher Anwendungsfall ausgeführt wurde und was dieser gemacht hat. Noch weitere Einblicke in die Arbeitsweise erhalten Sie über die Debugging-Möglichkeit von APEX, denn die interne Maschine ist vollständig instrumentiert und zeigt jeden Aufruf, insbesondere wenn Sie das Debugging auf mindestens Level 5 stellen. Abbildung 24.12 zeigt die Reaktion von ADC auf die Aktivität eines Benutzers.

```
Response received:                                                          executeCode — adc.js:368
<script id="S_75663">
 /** Total duration: 8hsec*/
 de.condes.plugin.adc.setItemValues([{"id":"P8_INCLUDE_APP","value":"Y"}]);
 de.condes.plugin.adc.setErrors({"count":0,"firingItems":[],"errors":[]});

// Integration der Seitenaktionen
$('#B8_EXPORT').removeClass('js-actionButton').addClass('js-actionButton').attr('data-action', 'export-rule-group');

apex.actions.add(
 [{"name":"export-rule-group", "label":"Dynamische Seite exportieren", "labelKey":"Dynamische Seite exportieren", "contextLabel":"Dynamische
Seite exportieren", "icon":"fa-download", "iconType":"fa", "disabled":false, "hide":false, "title":"Dynamische Seite exportieren", "shortcut":"Alt+E"}
 ]);

// Rekursion 0, Lauf 1: Regel 10 (Wenn der Anwender die Seite öffnet), Auslösendes Element: "DOCUMENT", Dauer: 4hsec
// Führe Aktion 10 aus.
// PL/SQL-Code: "begin adc_api.set_session_state(p_cpi_id => 'P8_INCLUDE_APP', p_value => adc_util.C_TRUE, p_allow_recursion => 'Y',
p_jquery_selector => ''); commit; end;"
// Element |P8_INCLUDE_APP| wurde auf den Wert |Y| gesetzt
de.condes.plugin.adc.setDisplayState('P8_INCLUDE_APP', 'SHOW_ENABLE');
// Führe Aktion 20 aus.
// PL/SQL-Code: "begin adc_api.execute_plsql('adc_ui.set_action_export_cgr;'); commit; end;"

var action = apex.actions.lookup('export-rule-group');
action.label = 'Anwendung 117 exportieren';
action.disabled = false;
action.action = function(){apex.submit('EXPORT_APEX_APP');}; action.href='';
apex.actions.update('export-rule-group');
// Kein Anwendungsfall für den aktuellen Seitenstatus gefunden

</script>
```

Abbildung 24.12 Antwort mit Debug-Informationen von ADC auf eine Benutzeraktivität

Seitenkommandos

Wie beschrieben, dienen Seitenkommandos dazu, `apex.actions` deklarativ auf die Seite zu bringen. Sie müssen einem Seitenkommando keine Aktivität mitgeben, es reicht, Name, Label und eventuell das Tastaturkürzel mitzugeben. Optional kann ein Seitenkommando an eine der bekannten Schaltflächen gebunden werden. Die Funktion erzeugt reguläre Actions, die auch über die anderen Mechanismen gebunden werden können. In Abbildung 24.12 können Sie erkennen, wie ADC auf der Exportseite eine APEX-Action `export-rule-group` einrichtet und an die Schaltfläche `B8_EXPORT` bindet (Schaltflächen benötigen für ADC eine statische ID, ich verwende die Konvention `B<Seitennummer>` als Präfix, um sie von Seitenelementen zu unterscheiden). Anschließend wird für diese Aktion eine Aktivität eingerichtet, nämlich, die Seite mit dem Requestwert `EXPORT_APEX_APP` abzusenden.

Der ADC-Designer macht von der Eigenschaft der APEX-Actions Gebrauch, sie an andere Eingabeelemente zu binden, denn er bindet sie an ein Einblendmenü der Baumstruktur. Hierfür sorgt der Initialisierungscode aus Listing 24.4 im <SPEZIELLEN REGIONSATTRIBUT> • ERWEITERT • JAVASCRIPT-INITIALISIERUNGSCODE.

```
function( options ) {
  options.contextMenu = {items:[
        {"type":"action", "action":"create-action"},
        {"type":"action", "action":"delete-action"}
```

```
    ]};
  return options;
}
```

Listing 24.4 Initialisierungsskript der Baumstruktur des ADC-Designers

»Power-Modus«

Werden die Dinge sehr komplex, ist die deklarative Darstellung der Anwendungsfälle möglicherweise nicht mehr das beste Mittel. In diesen Fällen können Sie ADC in einem »Power-Modus« betreiben. Das ist nichts Spezielles, sondern die Idee dahinter ist, dass eine eher allgemeine technische Bedingung einen Anwendungsfall einleitet und dieser dann ein PL/SQL-Package aufruft. In diesem Package haben Sie die Möglichkeit, komplexe Entscheidungslogik auszuführen.

Das Besondere an diesem Ansatz liegt darin, dass Sie als Teil der Anwendungslogik die Aktionstypen, die im Anwendungsfall deklarativ hinterlegt würden, nun auch über das Package ADC aufrufen können. Das ist deshalb ein Vorteil, weil Sie nun je nach Datenlage eine Aktion ausführen oder auch nicht.

Ein Beispiel: Die Usability-Abteilung eines Kunden hat uns angehalten, Schaltflächen immer aktiv und bedienbar zu halten. Grund ist, dass der Anwender nicht versteht, was er tun muss, um eine inaktive Schaltfläche zu aktivieren. Im Gegenteil muss die Schaltfläche, falls die Bedingung zur Ausführung der Aktion nicht vorliegt, eine entsprechende Meldung ausgeben, aus der hervorgeht, was der Anwender tun muss, um die gewünschte Aktion auszulösen.

Versuchen Sie, so etwas einmal in APEX für eine Schaltfläche zu programmieren, das wird eine echte Prüfung. Mit ADC ist das kein Problem: Wird die Schaltfläche geklickt, ruft ADC eine PL/SQL-Methode auf. Dort prüfen wir, ob die Bedingung für die angeforderte Aktivität vorliegt, und leiten den Befehl ein. Falls die Bedingung nicht erfüllt ist, wird stattdessen eine Benachrichtigung an den Benutzer ausgegeben. Es ist in ADC sogar möglich, einer Schaltfläche eine Meldung mitzugeben, die angezeigt wird, bevor ADC gemeldet wird, dass die Schaltfläche geklickt wurde. So können Bestätigungsmeldungen auf einfache Weise integriert werden.

Der ADC-Designer, das wird Sie nicht überraschen, ist in diesem Power-Modus programmiert. Die wenigen Anwendungsfälle, die diese Anwendungsseite nun kontrollieren, sehen Sie in Abbildung 24.9.

24.2.4 Administration dynamischer Seiten

Die Erfassung der entsprechenden Anwendungsfälle und deren zugehörige Aktivitäten stellen lediglich den ersten Schritt in der Entwicklung dynamischer Anwendungsseiten dar. Die erfassten Anwendungsfälle sind unmittelbar, meistens sogar ohne erneutes Laden der Anwendungsseite, in der kontrollierten Anwendung verfügbar und funktionieren sofort. Dadurch ist es möglich, die Funktionalität sukzessive zu entwickeln und zu testen.

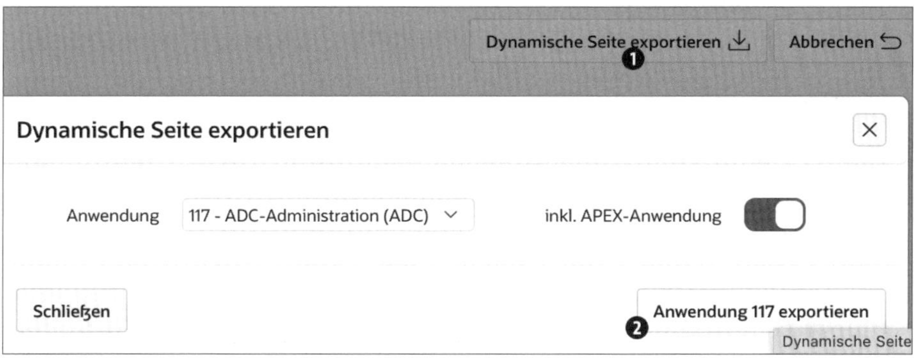

Abbildung 24.13 Export dynamischer Seiten einer Anwendung

Funktioniert alles zur Zufriedenheit, lassen sich die dynamischen Seiten mit ihren Anwendungsfällen exportieren. Klicken Sie hierfür auf die Schatlfläche zum Exportieren der dynamischen Seiten (❶ in Abbildung 24.13). Zum Export stehen zwei Optionen zur Auswahl: Entweder werden die entsprechenden Metadaten direkt in den Export der Anwendung integriert oder aber, pro dynamischer Seite in jeweils eine Datei verpackt, als Skriptdatei in einem ZIP-Verzeichnis ausgeliefert. Dies macht es möglich, die Metadaten in ein Versionierungssystem zu integrieren.

Die Wahl ist nicht einfach: Werden die Regeln in die Anwendung integriert, stehen sie als zusätzliche Objekte beim Import zur Verfügung. Beim Import über die APEX-IDE werden Sie gefragt, ob diese Objekte installiert werden sollen. Falls Sie jedoch die Anwendung skriptgesteuert importieren, entfällt diese Nachfrage. Die Skripte müssen anschließend manuell installiert werden. Da erscheint es einfacher, die Skripte separat zu exportieren und nach dem Import der Anwendung diese Skripte explizit aufzurufen.

Nach der Entscheidung können die dynamischen Seiten exportiert werden (❷ in Abbildung 24.13).

24.2.5 Installation von ADC

ADC ist insofern eine bemerkenswerte Anwendung, als deren Datentabellen tatsächlich in das APEX-Workspace-Schema gehören. Die Daten sind ausschließlich für die APEX-Anwendung von Interesse, daher sind alle Tabellen, die Logik und die Bewegungsdaten dort gespeichert.

Die Installation ist von daher einfach, doch setze ich mein Ökosystem voraus, dessen Installation ich in Anhang A erläutere. Der Grund liegt darin, dass ich im Hintergrund intensiv mit Code-Generatoren arbeite, dann ist die Anwendung komplett internationalisiert (inklusive des Datenmodells), sodass ich die PIT-Funktionen rund um dieses Thema benötige. `UTL_APEX` setze ich bei meinen APEX-Anwendungen ohnehin immer voraus, allerdings sind einige Funktionen nun in ADC gedoppelt, weil ich zum Beispiel beim Registrieren von Fehlern nicht nur APEX informieren muss, auch ADC muss wissen, ob aktuell Fehler vorhanden sind oder nicht.

24.2.6 Zusammenfassung

Diese Einblicke vermitteln natürlich kein umfassendes Bild der Leistungsfähigkeit dieses Ansatzes. Ein wenig intensiver kann man sich mit der mitgelieferten Beispielanwendung einarbeiten, vielleicht dient jedoch auch der ADC-Designer als Beleg für die Möglichkeit von ADC, komplexe Formularseiten zu organisieren. In den Projekten, in denen ADC eingesetzt wird, hat dies dazu geführt, dass die Anwendungen vollständig über ADC kontrolliert werden. Die Gründe, die mir von den Kollegen hierzu angeführt werden, liegen vor allem in der großen Übersichtlichkeit und dem unproblematischen Einsatz dieser Lösung gegenüber früher genutzten Verfahren.

Ich möchte allerdings keinesfalls den Eindruck erwecken, ich wollte mit diesem Werkzeug dynamische Aktionen verdrängen. Nicht zuletzt *ist* ADC ja eine dynamische Aktion. Die Leistungsfähigkeit der dynamischen Aktionen hat meine Lösung nicht, sie ist spezialisierter auf den Zweck der Kontrolle dynamischer Anwendungsseiten. Da Sie zum Beispiel keine Events auswählen, fehlt es der Lösung auch hier an Flexibilität. Der große Vorteil ist jedoch: Sie *müssen* kein Event auswählen. Alle Funktionen funktionieren auf Basis voreingestellter Events, die je nach Typ des beobachteten Elements unterschiedlich sind. Im Notfall können zwar auch spezielle Events kontrolliert werden (ein Doppelklick etwa oder die Betätigung der [↵]-Taste, die innerhalb von ADC als `enter`-Event bekannt ist), doch im Regelfall müssen Sie sich mit diesen Details nicht beschäftigen. Sie bleiben auf der fachlichen Ebene, nur selten müssen Sie technisch werden, etwa bei der Definition der technischen Bedingung.

Eine Empfehlung aus dem Einsatz besteht darin, sich bei diesen Bedingungen möglichst aus fachlichen Festlegungen herauszuhalten. Eine schlechte Bedingung wäre etwa `length(P4_EMP_EMAIL) < 6`, da sich hier eine fachliche Bedingung verbirgt. Besser wäre entweder direkt der Aufruf einer Methode, die dies kapselt, etwa `emp_ui.check_email(P4_EMP_EMAIL) = C_FALSE`, oder ein generisches Ereignis, das einen PL/SQL-Code aufruft, um die E-Mail zu prüfen, etwa `P4_EMP_EMAIL is not null`.

Eine weitere Erfahrung möchte ich noch mit Ihnen teilen. Im letzten Kapitel, »Plugins«, haben wir ein Element-Plugin zur Validierung spezieller Werte implementiert. So ein Plugin haben wir auch in dem Projekt, für das ich ADC entwickelt habe, im Einsatz gehabt. Mit Einführung von ADC ist dies jedoch zurückgebaut worden. Der Grund: Im einfachsten Fall kann ein beliebiges Element durch eine Methode `BL_VALI-`

DATION.check_iban(P10_IBAN) geprüft werden. Die technische Bedingung würde prüfen, ob das Feld gefüllt wurde, und anschließend die Methode aufrufen. Misslingt die Prüfung, wird ein Fehler in den ADC-Fehlerstack integriert und damit dynamisch auf der Anwendungsseite angezeigt.

Haben Sie hingegen oft die Situation, solche Felder zu prüfen, könnte es sich lohnen, einen eigenen Aktionstypen SPECIAL_VALUES einzurichten und diesem einen Parameter mit der Liste der Wertetypen zur Verfügung zu stellen, die Sie prüfen können. Dann wäre kein expliziter Aufruf einer PL/SQL-Methode erforderlich, sondern diese würde im Aktionstypen als PL/SQL-Aktivität hinterlegt. Dieser Aktionstyp verhält sich dann wie die anderen, integrierten Typen, ist jedoch in einem Bruchteil der Zeit zu entwickeln, da lediglich Stammdaten eingepflegt werden müssen. Sie müssen kein Plugin verwalten, kein Package für diesen Zweck bauen und keine Klimmzüge machen, um dynamische Validierung einzubauen: Das alles bietet Ihnen die Infrastruktur von ADC bereits.

24.3 Fazit

Zweck dieses Kapitels war es, Ihnen anhand zweier Plugins nahezubringen, dass auch komplexe Anwendungen mit APEX realisiert werden können. Wichtig ist zu verstehen, dass komplexe Anwendungen auch durch APEX nicht ohne Aufwand zu erstellen sind. Die Begrüßung in einem Projekt durch den Abteilungsleiter, ich sei nun »Leiter der Turnschuhentwicklung«, weil mit APEX ja alles mit ein paar Klicks zu erledigen sei, ist Unsinn.

Komplexe Anwendungen erfordern eine komplexe Vorplanung, ein gutes Management, agiles Vorgehen und alles, was Softwareentwicklung auch in anderen Programmiersprachen auszeichnet. APEX wird hier auf die Rolle des UI-Lieferanten beschnitten. Die Anforderungen an die Anwendung sind sozusagen »größer als APEX«, denn sie besitzen eine Existenzberechtigung unabhängig von APEX. Werkzeuge, die helfen, die Komplexität zu kontrollieren, sind daher auch im Zusammenhang mit APEX unverzichtbar. F4A und ADC stellen zwei mögliche Werkzeuge dar, doch ist die entscheidende Frage, was in Ihrem Projekt erforderlich ist.

Kapitel 25
Webservices

Webservices sind das neue Zauberwort der Webentwickler. Warum diese Art des Datenzugriffs so geschätzt wird und welche Perspektiven sich hierdurch ergeben, klärt dieses Kapitel durch die eingehende Besprechung der Möglichkeiten.

Ein Webservice ist im Kern eine Ressource, auf die über das Internet zugegriffen werden kann. Diese Ressource kann im einfachsten Fall eine statische HTML-Seite sein, aber auch zum Beispiel eine PL/SQL-Prozedur, die eine XML-Instanz zurückliefert. Webservices sind architektonisch also dort angesiedelt, wo eine Webanwendung auf Daten eines Servers zugreifen muss. In APEX haben wir für diesen Zugriff eine definierte Prozedur, die man ebenfalls als »Webservice« begreifen könnte, nämlich die PL/SQL-Prozedur `f`, die im Schema `APEX_nnnnnn` definiert ist. Ganz stimmt das aber nicht, denn die Methoden des Zugriffs sind anders implementiert als im Webservice-Standard vorgesehen. Dennoch ist die Vorstellung ähnlich. Nähern wir uns also dem Thema dieses Kapitels, indem wir uns die Konventionen von Webservices genauer ansehen.

25.1 Was ist ein Webservice?

Dieser Begriff ist ein anderer Name für das, was früher einmal ein *RPC* (*Remote Procedure Call*) genannt wurde. Eine Methode, die nicht im lokalen Code deklariert wurde, wird über ein Netzwerkprotokoll aufgerufen. Zu einem Webservice wird ein RPC, wenn als Netzwerkprotokoll HTTP eingesetzt wird. Auf diese Weise ist ein Webservice dazu geeignet, in Webanwendungen verwendet zu werden. Wie genau ein Webservice kommuniziert, ist nicht näher definiert. Über die eigentliche Kommunikation entscheidet ein weiteres Protokoll, das für den Webservice eingesetzt wird. Weit verbreitet sind die beiden Protokolle *SOAP* (das ist kein Akronym mehr, sondern ein einfacher Bezeichner, ich kenne noch *Simple Object Access Protocol*) und *REST* (*Representional State Transfer*), das von ORDS und APEX deklarativ unterstützt wird. Diese beiden Implementierungen sind grundsätzlich unterschiedlich, sodass verständlich ist, dass um den Begriff des Webservice einige Verwirrung entstanden ist. Zudem liegen beide Implementierungen auch noch in zahllosen Varianten vor, man bemüht sich zum Beispiel bei SOAP, immer auf die Unabhängigkeit von den eingesetzten Technologien hinzuweisen, sodass ein SOAP-Webservice über HTTP, aber auch über SMTP, UDP, TCP oder JMS eingesetzt werden könne und so weiter. REST wiederum verzichtet vollständig auf irgendwelche Festlegungen (»REST ist eine Architektur, kein Standard«), sodass sich ein Gefühl von »alles geht« einstellt, was auch nicht hilfreich ist.

25.1.1 SOAP

Ein auf SOAP basierender Webservice kommt der Analogie zu RPC noch am nächsten. Dafür spricht auch, dass SOAP aus dem Standard XML-RPC hervorgegangen ist. XML-RPC unterscheidet sich von herkömmlichen RPC dadurch, dass die Beschreibung der Funktion und der zurückgelieferten Datenstrukturen in XML erfolgte und somit leichter maschinen- und menschenlesbar war. Als Fortschreibung dieses Standards wird heute allerdings eher SOAP eingesetzt.

Verdächtig ist, wenn in einem Protokollnamen der Begriff *Simple* auftaucht, dann wird es meistens kompliziert, und so ist es auch mit SOAP. Ein SOAP-Webservice ist *WSDL-basiert*, das bedeutet, dass zur Beschreibung dieses Webservice eine eigene XML-Syntax verwendet wird, die *Web Services Description Language*. Diese Beschreibungssprache legt die Kommunikationsdetails fest, wie etwa den Port, den Typ der Anfrage und viele weitere Dinge. Mittels einer WSDL-Spezifikation kann ein Computer automatisch erkennen, wie er einen SOAP-basierten Webservice ansprechen und das retournierte Ergebnis interpretieren muss. Zudem beschreibt die WSDL-Spezifikation zum Beispiel Anforderungen an die Verschlüsselung, das Übermittlungsprotokoll und so fort.

Die konkreten Anfragen werden in einem *Envelope* (*Umschlag*) mit der eigentlichen Nachricht, der *Payload* (*Ladung*), übermittelt. Eine SOAP-Nachricht ist einer HTML-Seite nicht unähnlich, sie umfasst einen optionalen `Header`- und einen `Body`-Bereich, ebenfalls optional auch einen `Fault`-Bereich für Fehlermeldungen. Im `Header`-Bereich werden weitergehende Angaben zur Anfrage, wie zum Beispiel zur Verschlüsselung gemacht. Die eigentliche Anfrage steht dann im `Body`-Bereich.

Die Unterstützung für SOAP bröckelt. So ist in Version 21.1 noch eine deklarative Legacy-Unterstützung für SOAP-basierte Webservices integriert, diese fehlt jedoch ab Version 22.1. Aus diesem Grund habe ich mich entschieden, diese Technologie hier nur noch im Rahmen des Package `APEX_WEB_SERVICE` zu beschreiben, das auch in der aktuellen Version die Kommunikation zu solchen Services erlaubt.

25.1.2 REST

Im Gegensatz zu dem als komplex empfundenen SOAP ist REST eher eine Programmierarchitektur als eine konkrete Implementierung. Die Idee besteht darin, dass Ressourcen über das Protokoll HTTP verfügbar gemacht werden und durch den URI insofern beschrieben werden, als dass der Webservice die benötigte Information ausschließlich über den URI bereitstellen kann. Es existiert also keine gesonderte Befehlssyntax mit einem eigenen Vokabular, sondern es werden die Standardmittel von http genutzt, um beliebige Informationen zwischen einem Server und einem Client auszutauschen. Ebenso wie http ist REST zustandslos, die Kommunikation wird vom Client initiiert. Wie der Webservice auf eine Anfrage reagiert, ist durch den URI definiert, es könnte also zum Beispiel sein, dass ein REST-basierter Webservice die gleiche Information als HTML, XML oder JSON liefert, basierend auf dem URI.

Eine statische HTML-Seite, die über einen Webserver ausgeliefert wird, ist in diesem Sinne bereits ein REST-konformer Webservice. Der URI (der hier genauer ein URL ist) definiert, welche Ressource durch den REST-Webservice geliefert werden soll, und der Webserver antwortet im Format HTML. Eine dynamisch erzeugte Webseite ist hingegen im Regelfall nicht REST-konform, weil das erzeugte Ergebnis vom URI unabhängig sein und zum Beispiel zu verschiedenen Zeiten verschiedene Ergebnisse liefern kann. Das sollte im REST-Standard nicht der Fall sein.

Merke [!]

Nur einmal kurz als Erinnerung: *URI* (*Uniform Ressource Identifier*) wird verwendet, wenn eine Ressource lediglich identifiziert werden soll. Im Gegensatz verwenden wir einen *URL* (*Uniform Ressource Locator*), wenn die Ressource lokalisiert werden soll, also auf deren Speicherplatz gezeigt wird. Das wäre zum Beispiel bei einer JavaScript-Datei der Fall.

Aus dem Gesagten ergibt sich, dass ein REST-Webservice mitteilen muss, wenn er sich ändert, damit die aufrufende Seite mitbekommt, dass nun ein anders zu interpretierendes Ergebnis berechnet wird. Diese »Versionierung« des REST-Webservice kann zwar über verschiedene Verfahren erfolgen, wird im Regelfall aber über eine Versionsinformation im URI definiert.

Eventuelle Parameter können dem URI mittels der Notation *?parameter=wert* wie jedem anderen URI auch übergeben werden. Mittels dieser Parameter könnte zum Beispiel ein Benutzername oder ein Seitenbereich übergeben werden. Eine weitere Möglichkeit, Parameter zu übergeben, wäre, diese als Teil des URL einzubinden. In diesem Szenario würde ein Bericht zum Beispiel anstatt durch *export?format=pdf* durch den URL *export/pdf* ermittelt. Zudem existiert die Möglichkeit, Parameter im Body der Abfrage zu übergeben, wie wir das in unseren Beispielen im weiteren Verlauf des Kapitels noch sehen werden. Es fehlt jedoch noch die Möglichkeit, dem REST-Webservice mitzuteilen, ob wir eine Ressource abfragen oder umgekehrt in die Datenbank schreiben möchten. Dies wird durch die Befehle `GET`, `POST`, `PUT` und `DELETE` möglich, die im http-Standard definiert sind (dort sind weitere Befehle möglich, etwa `PATCH`, was jedoch von APEX nicht unterstützt wird). Was jeder einzelne Befehl tut, ist nicht festgelegt, es gibt aber folgende Übereinkunft:

- lesender Zugriff über GET
- Neuanlage eines Datensatzes über POST
- Änderung eines bestehenden Datensatzes über PUT
- Löschung eines Datensatzes über DELETE

Um eine REST-Schnittstelle zu schaffen, haben sich verschiedene Empfehlungen etabliert. So ist es zum Beispiel üblich, durch den URI eine Ressource zu beschreiben und dabei Substantive zu benutzen, nicht aber Funktionsaufrufe abzubilden. Es würde also nicht geschrieben:

http://<host>/rest_v1/createEmployee?id=1234

sondern vielmehr

http://<host>/rest_v1/Employee/1234

und dieser URI würde über den Befehl GET zum Lesen und über den Befehl POST zum Erzeugen eines entsprechenden Mitarbeiters verwendet.

Aus dem Fehlen von WSDL als definierter Beschreibungssyntax eines REST-basierten Webservice folgt, dass der Client vorher »wissen muss«, was kommen wird, eine komplett automatisierte Einstellung des Clients auf die Informationen des Webservice ist nicht möglich. Um dies zu ermöglichen, gibt es zwar Bestrebungen, jedoch keine verbindlichen Standards. Eine Entwicklung, die sich momentan durchzusetzen scheint, ist *OpenAPI* (siehe *https://oai.github.io/Documentation*), das aus dem früheren *Swagger* als Umbenennung hervorgegangen ist. Die Diskussionen zu diesem Thema sind umfangreich, mehrere Unternehmen haben ihre Vorstellungen zum »richtigen« Umgang mit REST-basierten APIs veröffentlicht (siehe *http://apistylebook.com/design/guidelines*), und doch ist keine standardisierte Lösung in Sicht.

Zudem muss man feststellen, dass die Karawane zum Teil bereits weitergezogen ist, denn REST-basierte APIs haben prinzipbedingt auch ihre Schwächen. Ein Problem ist, dass Sie eventuell sehr viele URI benötigen, um wirklich flexibel nach Daten suchen zu können; zudem ist es von außen nicht beeinflussbar, welche Daten genau benötigt werden. Dies kann dazu führen, dass entweder viele Aufrufe von REST-Services erforderlich sind, um alle Informationen zusammenzutragen, oder umgekehrt zu viele Daten geliefert werden, von denen anschließend nur ein kleiner Teil wirklich verwendet wird.

Ein möglicher Ausweg könnte in *GraphQL* (*https://de.wikipedia.org/wiki/GraphQL*) liegen, einer Abfragesprache über REST-Services, wenn man so möchte. Hier ist es möglich, über eine detaillierte Abfrage nur genau die gewünschten Daten zu lesen. APEX bietet derzeit allerdings keine deklarative Unterstützung dieser Initiative an. In gewisser Weise nahe kommt die Möglichkeit, in APEX *REST-fähige SQL-Objekte* zu erzeugen, letztlich also ein Datenmodell für die freie Analyse und Manipulation durch SQL bereitzustellen. Ob das jedoch ein lohnender Weg ist, vermag ich nicht zu beurteilen. Mir erscheint schleierhaft, wie in einem solchen Szenario zum Beispiel mit Datenvalidierungen oder generell mit der Fehlerbehandlung umgegangen werden soll. Mag aber auch sein, dass ich nicht alles richtig verstanden habe. Dennoch: Eine Verwendung sehe ich durch ein neues Feature ab Version 22.1, und diese Möglichkeit werde ich in Abschnitt 25.5 beschreiben.

25.2 Webservices in der Datenbank über ORDS

Wenn wir über Webservices sprechen, ist die Frage, wie die Datenbank mit diesen Webservices umgeht. Wie können wir aus der Datenbank einen Webservice ansprechen oder gar eigene Ressourcen als Webservice anbieten? Das ist unabhängig von APEX über *ORDS*, die *Oracle REST Data Services*, möglich. ORDS ist ein *J2EE-Servlet*, also ein Java-Programm, das serverseitig ausgeführt wird. Ein URL, der an den Webserver (zum Beispiel *Tomcat*) geschickt wird, wird von diesem an ORDS zur Bearbeitung weitergeleitet, wenn der URL mit *<host>:<port>/ords/* beginnt.

[!]

Merke

Immer wenn aus der Datenbank heraus eine Kommunikation mit entfernten Ressourcen über das Netzwerk erfolgt, muss Ihnen dies durch eine *ACL* (*Access Control List*) genehmigt worden sein. Auch ein Zugriff auf die eigene Datenbank über einen lokalen Netzzugriff erfordert eine solche Genehmigung. Diese Genehmigung kann sich auf das gesamte Internet beziehen oder aber auch nur auf einen einzigen Port eines genau spezifizierten Servers. Solche Rechte zu erteilen, setzt Administrationsberechtigung voraus.

Ich zeige hier ein Beispiel, das großzügig das gesamte Internet für den Benutzer APEX_210200 freischaltet:

```
begin
  dbms_network_acl_admin.append_host_ace(
    host => '*', -- oder nur ausgewaehlte URLs
    ace => xs$ace_type(
              privilege_list => xs$name_list('connect'),
              principal_name => 'APEX_210200',
              principal_type => xs_acl.ptype_db));
  commit;
end;
/
```

25

ORDS hat im Umfeld von APEX die Aufgabe, den URI an die Oracle-Datenbank weiterzureichen, um dort die Abfrage berechnen zu lassen und das Ergebnis an Tomcat zurückzuliefern, von wo aus es dann an den Clientrechner übermittelt wird, doch ORDS ist nicht an APEX gebunden. Es kann mit beliebig vielen Datenbankverbindungen ausgestattet werden, die ORDS dann ebenfalls am URL erkennt. In der Standardinstallation wird der URL */ords/apex* an APEX weitergereicht. Wird eine weitere Datenbank angebunden, zum Beispiel unter dem Namen `rest`, würde eine Anfrage an */ords/rest* eben an diese Datenbank übermittelt. Das kann eine andere Datenbankinstanz sein oder aber auch einfach nur ein anderes Schema in der Datenbank, in der auch APEX installiert wurde. Es führt etwas zu weit, die einzelnen Schritte für diese Konfiguration hier auszubreiten, doch findet sich insbesondere unter *http://tinyurl.com/ybv7m5h2* eine (englischsprachige) Anleitung, die alles Schritt für Schritt erklärt. Und wo wir gerade bei externen Referenzen sind: Carsten Czarski hat mit einigen Kollegen eine achtteilige, deutschsprachige Videoserie zum Thema gemacht, in dem unter anderem ORDS und REST am lebenden Beispiel erläutert werden: siehe *http://tinyurl.com/y7t2nycl*. Im ersten Teil der Serie erläutert Carsten die Inbetriebnahme von ORDS, was grundsätzlich immer noch auf diese Weise funktioniert, auch wenn ab Version 22.1 von ORDS die Parameterübergabe etwas geändert wurde.

25.2.1 Beispiel eines REST-Webservices

Ich möchte das bereits bekannte Beispiel aus Abschnitt 19.4, »Verwendung der Export-API ohne APEX«, erweitern, als wir uns ein separates Schema einrichten, um alle REST-basierten Aktivitäten vom APEX-Schema zu trennen. Dies ist sinnvoll, weil einerseits diese Services nicht dazu gedacht sind, aus der APEX-Anwendung heraus aufgerufen zu werden, und andererseits die Veröffentlichung des APEX-Schemas auch all die Objekte potenziell veröffentlicht, die gar nicht über REST erreichbar sein sollen.

Wollen wir aber die APEX-Packages zur Aufbereitung der Daten in verschiedensten Formaten nutzen, benötigen wir eine APEX-Session, wie ich das ja bereits erläutert hatte. Die erste Voraussetzung, damit dies funktioniert, besteht darin, dass das REST-Schema dem Workspace als zweites Schema zugeordnet wird. Dies kann nur über den APEX-Administrator erfolgen (der Workspace dieses Buches besitzt diese Zuordnung bereits).

Das reicht aber noch nicht aus, denn für eine APEX-Session benötigen wir eine Anwendung und eine Anwendungsseite. Leider kann der REST-Benutzer über die APEX-Views keine der bestehenden Anwendungen sehen, denn er ist dort nicht als *Parsing Schema* eingetragen. Vielleicht gibt es hierfür einen Trick, aber eigentlich möchten wir diesen Benutzer auch gar nicht in unseren existierenden Anwendungen sehen. Was also tun? Die einfachste, aber nicht sehr schöne Lösung besteht darin, eine neue APEX-Anwendung `REST_DUMMY` zu erstellen und im Erstellungsdialog das Attribut EIN-

STELLUNGEN • SCHEMA • BUCH_LC_REST einzustellen. Die Anwendung benötigt keine weiteren Objekte, solange mindestens eine HOME-Seite angelegt wird. Das reicht für eine APEX-Session aus.

Das Package EMP_REST, dass wir für den Benutzer BUCH_LC_APEX erstellt hatten, benötigen wir nun in etwas abgewandelter Form auch in BUCH_LC_REST. Die Abwandlung besteht darin, dass wir nicht die Methode zum Herunterladen in einer APEX-Anwendung verwenden, sondern das Ergebnis als CLOB ausgeben. Dies funktioniert leider nicht mit den Formaten XLSX und PDF. Eine zweite Änderung ist eine Erweiterung um das Attribut ID, mit dessen Hilfe ein einzelner Mitarbeiter erfragt werden kann.

Die erforderlichen REST-Einstellungen können wir wieder über den <SQL WORKSHOP> • RESTFUL SERVICES vornehmen, müssen allerdings darauf achten, das Schema BUCH_LC_REST auszuwählen.

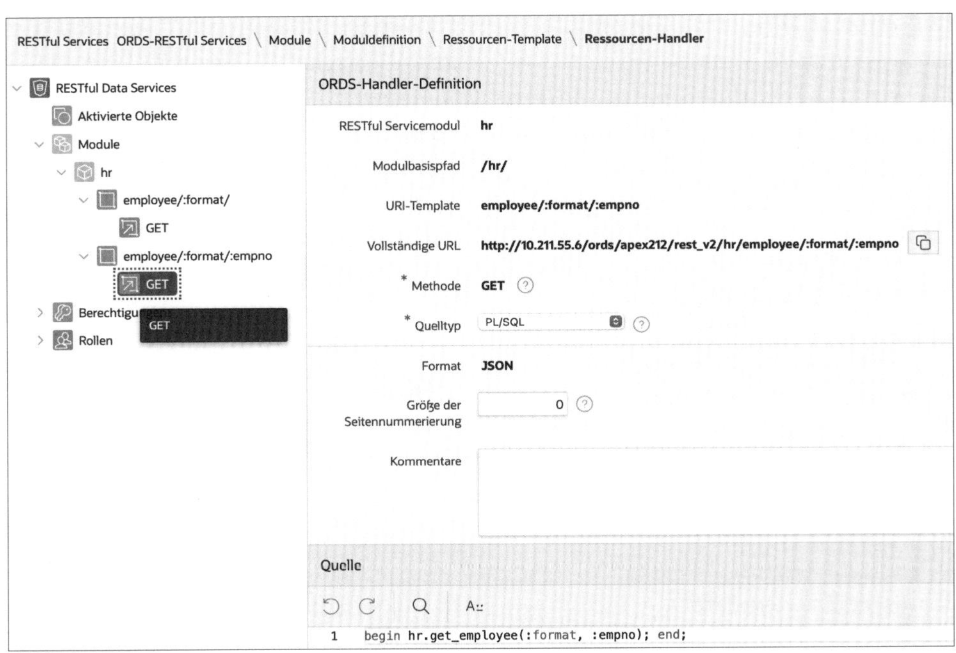

Abbildung 25.1 Einstellungen des neuen Webservices

Wie Abbildung 25.1 zeigt, habe ich das Package HR genannt, die Übergabe der Parameter als Teil des URLs können Sie ebenfalls erkennen. Wie Parameter an das Package APEX_EXEC übergeben werden, hatte ich bislang nicht gezeigt, doch ist dies ganz einfach, wie Listing 25.1 zeigt.

```
...
      where emp_id = :EMP_ID or :EMP_ID is null
      order by dep_id;
...
```

```
  l_parameters apex_exec.t_parameters;
begin
...
  apex_exec.add_parameter(
    l_parameters, 'EMP_ID', p_emp_id);
  l_context := apex_exec.open_query_context(
                 p_location => apex_exec.c_location_local_db,
                   p_sql_query => l_query,
                   p_sql_parameters => l_parameters);
...
```

Listing 25.1 Integration von Parametern in das Package APEX_EXEC

Möchten Sie die Packages von APEX nicht nutzen, müssten Sie das resultierende Datenformat selbst erstellen. In diesem Fall benötigen Sie die Dummy-Anwendung für die Session nicht. Können Sie darauf verzichten, die Packages über eine APEX-Oberfläche zu administrieren, müssten Sie das Schema BUCH_LC_REST dem Workspace auch nicht zuordnen. In diesem Fall müssten Sie den Webservice über den Code aus Listing 25.2 ausliefern.

```
begin
  ords.enable_schema(
    p_enabled => true,
    p_schema => 'BUCH_LC_REST',
    p_url_mapping_type => 'BASE_PATH',
    p_url_mapping_pattern => 'rest_v2',
    p_auto_rest_auth => false);
  ords.define_module(
    p_module_name => 'hr',
    p_base_path => 'hr/',
    p_items_per_page => 0);
  ords.define_template(
    p_module_name => 'hr',
    p_pattern => 'employee/:format/');
  ords.define_handler(
    p_module_name => 'hr',
    p_pattern => 'employee/:format/',
    p_method => 'GET',
    p_source_type => ords.source_type_plsql,
    p_source => 'begin hr.get_employee(:format, null); end;',
    p_items_per_page => 0);
  ords.define_template(
    p_module_name => 'hr',
    p_pattern => 'employee/:format/:empno');
```

```
  ords.define_handler(
    p_module_name => 'hr',
    p_pattern => 'employee/:format/:empno',
    p_method => 'GET',
    p_source_type => ords.source_type_plsql,
    p_source => 'begin hr.get_employee(:format, :empno); end;',
    p_items_per_page => 0);
  commit;
end;
```

Listing 25.2 Erstellung eines Webservices ohne APEX-Oberfläche

Der Aufruf der ersten Methode ORDS.enable_schema schadet nicht, muss aber nur einmal ausgeführt werden, falls Sie weitere Webservices ausliefern möchten. Dieses Skript können Sie sich automatisch erzeugen lassen, indem Sie einen beliebigen Webservice exportieren und anpassen.

Was bringt uns das Ganze nun? Zunächst einmal erschließen wir uns mit einem REST-Webservice einen neuen Zugang zu den Daten unserer Datenbank, und das unabhängig von APEX. Dies ist für die Kommunikation mit anderen Systemen häufig sinnvoll.

Weitere Anwendungsbeispiele finden sich häufig, ich könnte eines aus einem Projekt beisteuern: In diesem Projekt müssen wir über eine APEX-Anwendung auf entfernten Servern langlaufende Shellskripte ausführen und die Ergebnisse dieser Läufe analysieren, um daraus die weiteren Schritte der Anwendung festzulegen. Gelöst haben wir dies nicht über die Einrichtung eines *Oracle-Scheduler-Agents*, der Jobs des Package DBMS_SCHEDULER auf entfernten Servern ausführen kann, sondern über eine andere Strategie: Auf den entfernten Servern wird ein Webserver aufgebaut, der als Servlet *WSS* (*WebServiceShell*, siehe *https://github.com/iris-edu/webserviceshell*) ausführt. Diesen Webservices übergeben wir die Skriptaufrufe an ein generisches Skript, das das Skript aufruft, in den Hintergrund schubst und die Prozess-ID des gestarteten Skripts als Ergebnis zurückliefert. Über den gleichen Weg können wir nun anfragen, wie es dem Skript geht. Das Skript wiederum kann einen Webservice aufrufen, den wir auf die oben beschriebene Weise veröffentlicht haben, um uns mitzuteilen, wie weit er gekommen ist und vor allem, wann er fertig ist und mit welchem Ergebnis er dies geschafft hat. Diese Webservices lassen wir getrennt von der APEX-Anwendung laufen, und die Daten fließen in das Pendant zum Schema BUCH_LC_DATA. Eine lokale Tabelle führt über alle laufenden Prozesse Buch und erlaubt es der Webanwendung, den Status zu visualisieren sowie die erforderlichen Schritte aus Statusänderungen zu berechnen. Auf diese Weise haben wir eine leichtgewichtige Schnittstelle für die Shellskript-Programmierung geschaffen, die ohne direkte Datenbankverbindung auskommt.

25.3 REST-Webservices in APEX

REST-Webservices in APEX dienen vor allem als Datenquellen. Die früher existierende Trennung zwischen den Metadaten von ORDS- und APEX-basierten Webservices existiert nicht mehr, daher wird ein Webservice, der von anderen Anwendungen konsumiert wird, stets als ORDS-Webservice ausgeführt, während APEX sich auf das Konsumieren externer Webservices konzentriert.

In Erweiterung dessen, was wir zu diesem Thema bereits kennengelernt haben, möchte ich gern die dahinterliegende API auf Basis des Packages `APEX_WEB_SERVICE` vorstellen, mit deren Hilfe es auch möglich ist, direkt aus PL/SQL heraus Webservices aufzurufen und deren Werte zu verarbeiten. Der Fokus liegt nicht darauf, selbst Webservices bereitzustellen, das geht mit APEX-Mitteln nur basierend auf ORDS-Webservices.

25.3.1 Aufruf von SOAP-basierten Webservices

Der erste Einsatzbereich ist der Aufruf eines SOAP-basierten Webservices. Ich bin, ehrlich gesagt, nicht sicher, ob diese Funktionalität noch sehr lange unterstützt wird, da die deklarative Nutzung von SOAP-Webservices aus der Anwendung entfernt wurde, nachdem sie in Version 21.2 bereits als `Legacy` eingestuft wurde. Doch auch in der aktuellen Version des Packages existiert die entsprechende Funktionalität, daher möchte ich sie hier auch besprechen.

Ich halte es für sinnvoll, dass die Möglichkeit, SOAP anzusprechen, existiert, da Webservices eben auch in diesem Format vorhanden sind. In einem Projekt nutzen wir dieses Format für eine Inhouse-Druckserverlösung, mit deren Hilfe XML in PDF oder Excel umgewandelt werden kann, quasi als Ersatz für Werkzeuge wie den BI-Publisher. Solche Services werden zum Teil seit Jahrzehnten eingesetzt, eine schnelle Migration auf REST ist nicht zu erwarten. Es wäre schade, wenn für den Einsatz solcher Services nun händisch programmiert werden müsste.

Sprechen wir über SOAP, sprechen wir immer auch über XML, da die Bestandteile von SOAP, WDSL, Payload und Response, in diesem Format übermittelt werden. Der gesamte Aufbau ist auf diese Technologie abgestimmt. Ich hatte bereits beschrieben, dass die eigentliche Anfrage und die Antwort in einen Envelope verpackt werden. Dies wird über XML-Namensräume realisiert, und eine vergleichbare Funktionalität gibt es in JSON nicht.

Aus der Dokumentation habe ich einen Beispielcode zum Aufruf eines SOAP-basierten Webservices entlehnt und gekürzt, den Sie in Listing 25.3 sehen.

```
SQL> function get_response_message(
       p_file_name in varchar2)
       return varchar2
```

```
as
  l_filename varchar2(255);
  l_blob blob;
  l_clob clob;
  l_envelope clob;
  l_response_msg varchar2(32767);
begin
  if p_file_name is not null then
     select filename, blob_content
       into l_filename, l_blob
       from apex_application_files
       where name = p_file_name;

    l_clob := apex_web_service.blob2clobbase64(l_blob);

    l_envelope := q'!<?xml version='1.0' encoding='UTF-8'?>!';
    l_envelope := l_envelope ||
'<soapenv:Envelope
      xmlns:soapenv="http://schemas.xmlsoap.org/soap/envelope/"
      xmlns:chec="http://www.stellent.com/CheckIn/">
   <soapenv:Header/>
   <soapenv:Body>
     <chec:CheckInUniversal>
         <chec:dDocName>' || l_filename || '</chec:dDocName>
         <chec:dDocTitle>' || l_filename || '</chec:dDocTitle>
         <chec:dDocType>Document</chec:dDocType>
         <chec:dDocAuthor>GM</chec:dDocAuthor>
         <chec:dSecurityGroup>Public</chec:dSecurityGroup>
         <chec:dDocAccount></chec:dDocAccount>
         <chec:primaryFile>
            <chec:fileName>' || l_filename || '</chec:fileName>
            <chec:fileContent>' || l_clob || '</chec:fileContent>
         </chec:primaryFile>
      </chec:CheckInUniversal>
   </soapenv:Body>
</soapenv:Envelope>';

   apex_web_service.make_request(
      p_url => 'http://192.0.2.1/idc/idcplg',
      p_action => 'http://192.0.2.1/CheckIn/',
      p_collection_name => 'STELLENT_CHECKIN',
      p_envelope => l_envelope,
      p_username => 'sysadmin',
```

```
47       p_password => 'password' );
48
49     l_response_msg := apex_web_service.parse_response(
50        p_collection_name => 'STELLENT_CHECKIN',
51        p_xpath => '//chec:CheckInUniversalResponse/
                     chec:CheckInUniversalResult/chec:StatusInfo/
                     chec:statusMessage/text()',
65        p_ns => 'xmlns:chec ="http://www.stellent.com/CheckIn/"');
66    end if;
67    return  l_response_msg;
68  end;
```

Listing 25.3 Beispielaufruf eines SOAP-Webservices

Zunächst wird eine geladene Datei aus der Tabelle APEX_APPLICATION_FILES gelesen und anschließend in Base64-Kodierung umgewandelt (Zeile 17), da dies die einzige Möglichkeit ist, BLOB-Daten in XML zu platzieren. Die entstandene Dateninsel wird dann zusammen mit dem Dateinamen in der Payload des Aufrufs im Namensraum chec hinterlegt.

Nachdem der Aufruf vorbereitet ist (dass hier noch viel mehr Parameter dynamisiert werden sollten, erkennen Sie selbst), wird in Zeile 41 der Webservice angesprochen. Das Beispiel verwendet Basic Authentication mittels Benutzername und Passwort, doch sind elaboriertere Verfahren wie *OAuth2* (derzeit nur *Client Credential Flow*) ebenfalls möglich. Entsprechende Credentials können in einem Oracle Wallet abgelegt werden.

Der Webservice schickt eine Antwortmeldung, die in einer Collection (hier STELLENT_CHECKIN, Parameter p_collection_name) gespeichert wird. Wie Sie sich erinnern, ist in einer Collection auch ein Attribut XML001 enthalten, das nun die Antwort enthält. Diese Antwort kann anschließend durch mehrere Parse-Methoden analysiert werden, die sich durch ihren Rückgabetyp unterscheiden. Das Beispiel verwendet in Zeile 49 die Methode, die VARCHAR2 zurückliefert, es existieren aber auch Methoden für CLOB, XMLTYPE und XMLTYPE als Text.

Wichtig ist für die Analyse der Antwort, dass auch der Namensraum übergeben wird, da ansonsten der XPath-Ausdruck in Parameter p_xpath (Zeile 51) keinen Wert finden wird.

25.3.2 Aufruf von REST-basierten Webservices

Flexibler ist man, wenn als Webservice-Implementierung REST verwendet wird. Listing 25.4 zeigt den Aufruf, den ich ebenfalls der Dokumentation entlehnt habe.

```
SQL > function get_play_list(
  2   p_app_id in varchar2,
  3   p_format in varchar2)
  4 return clob
  5 as
  6   l_clob clob;
  7   l_buffer varchar2(32767);
  8   l_amount number;
  9   l_offset number;
 10 begin
 11   l_clob :=
 12     apex_web_service.make_rest_request(
 13       p_url =>
 14         'http://us.music.yahooapis.com/video/v1/list/published/popular',
 15       p_http_method => 'GET',
 16       p_parm_name => apex_util.string_to_table('appid:format'),
 17       p_parm_value =>
 18         apex_util.string_to_table(p_app_id || ':' || p_format));
 19
 20   return l_clob;
 21 end;
```

Listing 25.4 Aufruf eines REST-Webservices

Ungewöhnlich am Aufruf ist eigentlich nur das Parameterformat der Parameter `p_parm_name` und `p_parm_value`, die jeweils als `APEX_APPLICATION_GLOBAL.vc_arr2` definiert sind. Dies ist eine PL/SQL-Tabelle, die im Package `DBMS_SQL.varchar2a` deklariert ist. Der einfachste Weg, eine solche PL/SQL-Tabelle zu erzeugen, ist der Aufruf der Hilfsfunktion `APEX_UTIL.string_to_table`, die eine Doppelpunkt-separierte Liste der Werte erwartet und in den Zieltyp konvertiert.

Auch für die Funktion `APEX_WEB_SERVICE.make_rest_request` in Zeile 12 existiert eine Variante mit nachgestelltem `_B`, die als Rückgabetyp `BLOB` anstatt, wie hier, `CLOB` liefert. Und auch für diese Methoden ist es möglich, geschützte Webservices über Base Authentication oder OAuth2 oder andere Verfahren aufzurufen, ebenso ist natürlich auch das Protokoll https erlaubt.

Diese Methode kann für weitere REST-Kommandos verwendet werden, die Dokumentation schränkt allerdings die erlaubten Kommandos auf `PUT`, `POST`, `GET`, `HEAD` oder `DELETE` ein. Im Fall eines `PUT` oder `POST`-Kommandos kann die Anfrage auch als `BLOB` oder `CLOB`-Instanz übergeben werden.

Beide Zugriffsmethoden, REST oder SOAP, erwarten die Existenz einer APEX-Session und funktionieren außerhalb dieses Kontextes nicht. Diese Einschränkungen kennen wir bereits aus anderen Packages, etwa APEX_DATA_EXPORT, und die Strategien, hiermit umzugehen, sind ebenfalls die gleichen.

25.4 Webzugangsdaten

Im Produktivbetrieb sollten Webservices nicht öffentlich zugänglich sein, sondern durch eine Autorisierung geschützt werden. APEX verwendet für die Autorisierung bei bestehenden REST-Webservices Webzugangsdaten, die nicht nur für diesen Zweck vorhanden sind, sondern auch in anderem Kontext, zum Beispiel bei der Autorisierung mittels SOCIAL SIGN-IN. Kapitel 26, »Authentifizierung und Autorisierung« wird sich mit diesem Thema etwas näher befassen. Die häufigste Verwendung wird jedoch die Autorisierung gegen einen Webservice darstellen, daher möchte ich dieses Thema hier besprechen.

Webzugangsdaten kapseln schützenswerte Informationen in einem Format, das nach dem Anlegen nicht mehr im Klartext angezeigt werden kann. Eingerichtete Webzugangsdaten lassen sich zwar exportieren, müssen aber nach dem Import mit neuen, vertraulichen Daten eingerichtet werden. Dies ermöglicht es zum Beispiel, unterschiedliche Benutzerzugangsdaten für einen Entwicklungsrechner und einen Produktionsserver zu verwalten. Die Webzugangsdaten bleiben dabei als äußere Hülle gleich, speichern nur unterschiedliche Daten. Da die Webservices sich nur mittelbar um den Inhalt der Webzugangsdaten kümmern (sie geben einfach weiter, was aktuell enthalten ist), sind keine weiteren Änderungen an der Anwendung erforderlich, es reicht, die Webzugangsdaten nach der Installation einmalig mit entsprechenden Passworten zu versorgen.

Der Einsatzzweck, den wir uns hier ansehen möchten, ist die Autorisierung gegen einen REST-Service. Diese können durch viele Verfahren geschützt werden, und APEX unterstützt viele dieser Verfahren, allerdings sind nicht alle über die APEX-Entwicklungsumgebung administrierbar, bei einigen muss PL/SQL-Code aufgerufen werden.

Um einen Webservice zu schützen, werden Rollen erstellt, die über Berechtigungen an einen Webservice gebunden werden. Aufrufen kann den Webservice von nun an nur noch ein Benutzer, dem diese Rolle zugeteilt wurde. Auf welche Weise der Benutzer an die Rolle kommt und wie er sich authentifiziert, unterscheidet die Verfahren.

Eine Rolle ist lediglich ein Bezeichner, der anschließend in einer Berechtigung referenziert wird. Rollen werden über <SQL WORKSHOP> • ORDS RESTFUL SERVICES verwaltet, und zwar im Bereich Rollen der hierarchischen Darstellung. Im Beispiel habe ich eine Rolle EXPORT_HR angelegt, mit der wir das weitere Vorgehen besprechen werden.

Wenn wir einen Webservice schützen möchten, legen wir eine Berechtigung an, die eine Rolle und ein Modul verknüpft. Abbildung 25.2 zeigt die Attribute einer Berechtigung, die die vorab definierte Rolle `EXPORT_HR` an das Modul `export` bindet. Am Dialog können Sie ablesen, dass es auch möglich ist, mehrere Rollen und mehrere Module in einer Berechtigung zu referenzieren.

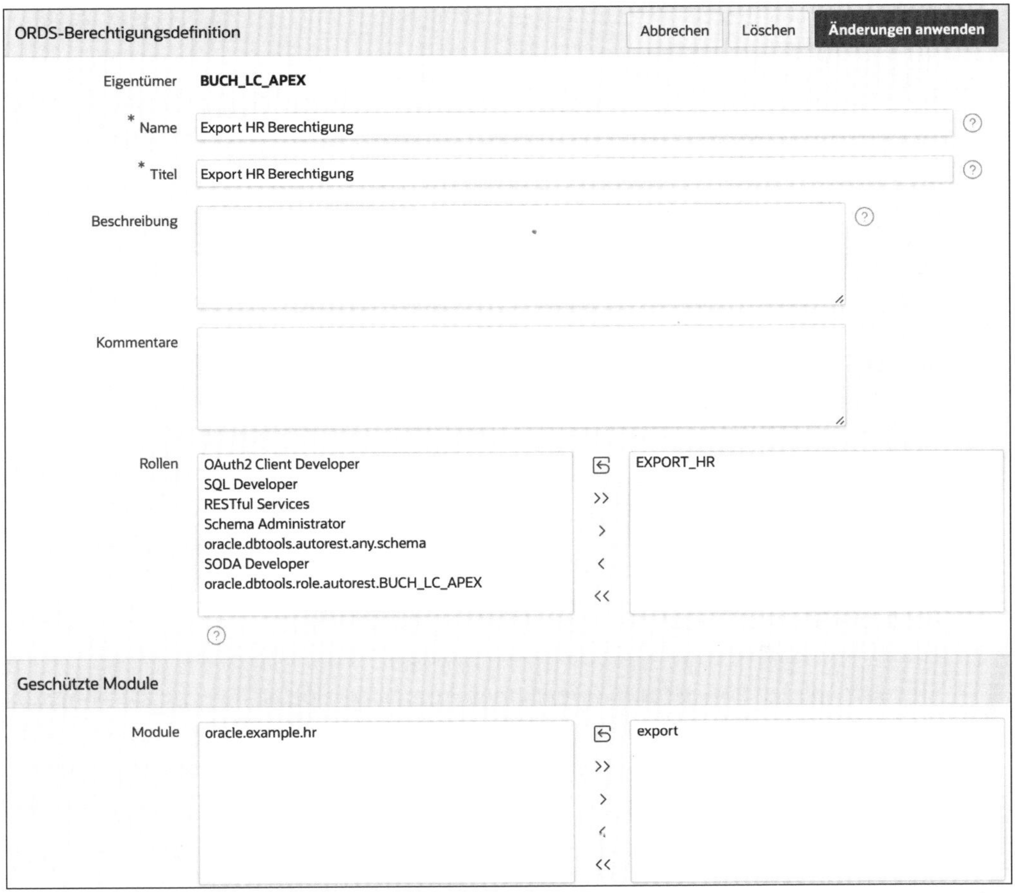

Abbildung 25.2 Einrichtung einer Berechtigung

Sobald das Modul in die Liste der geschützten Module aufgenommen wurde, ist es nur noch erreichbar, wenn eine Autorisierung erfolgreich abgeschlossen werden konnte.

Deklarative Autorisierung mittels APEX-Benutzergruppen

Die einfachste Variante besteht darin, dass einem Benutzer, der in APEX als Benutzer hinterlegt ist, eine Gruppe zugeteilt wird, deren Name einer Rolle entspricht. Dieses Verfahren funktioniert in unserem Beispiel nur mit einem REST-Webservice, der dem

Benutzer BUCH_LC_APEX gehört, den wir in Abschnitt 19.4, »Verwendung der Export-API ohne APEX«, angelegt hatten, nicht aber mit den Webservices des Benutzers BUCH_LC_REST vom Beginn dieses Kapitels.

In <ADMINISTRATION> • BENUTZER UND GRUPPEN VERWALTEN legen wir eine Gruppe mit einem identischen Bezeichner wie unsere Rolle, EXPORT_HR, an. Auch diese Rolle ist nur ein Bezeichner, die anschließend dem Benutzer JO als Gruppenzugehörigkeit zugeordnet wird.

Durch diesen Weg ist der Webservice beim Aufruf mit dem URL *http://pfad_zu_apex/rest_v1/export/employees?format=html&type=inline* nun geschützt, wie in Abbildung 25.3 zu sehen.

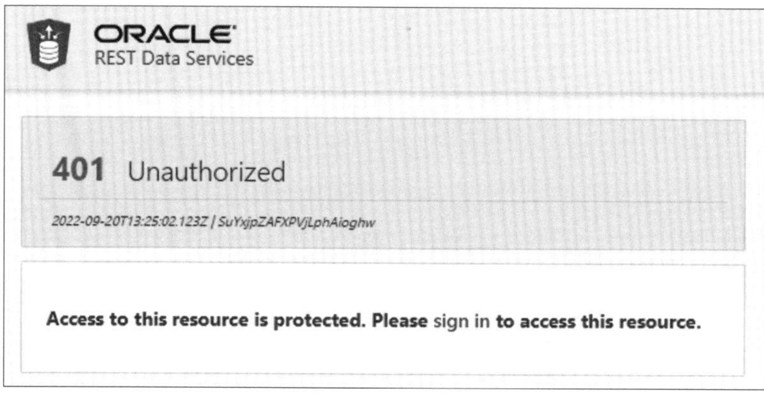

Abbildung 25.3 Der Webservice ist geschützt.

Ein Klick auf den Link SIGN IN öffnet einen Anmeldedialog, in dem Sie die Anmeldedaten des Benutzers JO verwenden können. Nun können Sie den Webservice aufrufen, weil die Gruppe, die diesem Benutzer zugeordnet wurde, einer der Rollen der Berechtigung entspricht.

Abbildung 25.4 Anmeldedialog für den Webservice

Search: All Text Columns | Search

Mitarbeiter-Nr.	Vorname	Nachname	Einstelldatum	Gehalt	Beruf
Abteilung-ID : 10, Abteilung : Administration					
200	Jennifer	Whalen	17.09.2003	4.400,00	Administration Assistant
Summe				4.400,00	
Abteilung-ID : 20, Abteilung : Marketing					
201	Michael	Hartstein	17.02.2004	13.000,00	Marketing Manager
202	Pat	Fay	17.08.2005	6.000,00	Marketing Representative
Summe				19.000,00	
Abteilung-ID : 30, Abteilung : Purchasing					
114	Den	Raphaely	07.12.2002	11.000,00	Purchasing Manager

Abbildung 25.5 Nach der Anmeldung liefert der Webservice Daten.

Der Webservice wäre auch über andere Tools, wie zum Beispiel CURL, ansprechbar, wenn Benutzername und Passwort übergeben werden.

Autorisierung mit OAuth2

Soll ein Webservice durch leistungsfähigere Mechanismen geschützt werden, muss PL/SQL bemüht werden, um die entsprechenden Benutzer und Autorisierungsverfahren anzulegen. Ich gehe davon aus, dass der Webservice des Benutzers BUCH_LC_REST durch ein analoges Verfahren mit einer Rolle und einem Privileg geschützt wurde, wie wir das im vorherigen Abschnitt gemacht haben. Nehmen wir als Rollennamen HR_ROLE und als Privileg HR_PRIV.

Alternativ zur Einrichtung dieser Rollen und Privilegien über die IDE von APEX ist es auch möglich, mittels PL/SQL diese Einstellungen vorzunehmen, wie Listing 25.5 zeigt. Die übrigen Angaben, also die Einrichtung eines gesamten Webservices, ist ja ebenfalls über PL/SQL möglich, hier empfehle ich, einfach den Webservice zu exportieren und sich das Ergebnis anzusehen oder als Benutzer BUCH_LC_REST im SQL-Developer den Reiter REST DATA SERVICES zu öffnen und sich dort per Rechtsklick die Metadaten in ein Arbeitsblatt schreiben zu lassen.

```
SQL> begin
  ords.create_privilege(
      p_name => 'HR_PRIV',
      p_role_name => 'HR_ROLE',
      p_label => 'Export HR data',
```

```
    p_description => 'Allow access to the HR data.');
  ords.create_privilege_mapping(
    p_privilege_name => 'HR_PRIV',
    p_pattern => '/hr/*');
  commit;
end;
/
```

Listing 25.5 Einrichtung einer Rolle und eines Privilegs

Wie wir nun eine Anmeldung durchführen, möchte ich am Beispiel von OAuth2 erläutern.

Merke

OAuth2 setzt im Regelfall https als Protokoll ein. Haben Sie eine lokale Installation von APEX, ist es recht aufwendig, hier https einzurichten, weil ein Zertifikat erstellt werden muss, das alle Beteiligten akzeptieren. Wie dies einzurichten ist, ist nicht im Fokus dieses Buches.

Als lokale Ersatzlösung können Sie in der Konfigurationsdatei von ORDS (im Konfigurationsverzeichnis von ORDS die Datei *ords/default.xml*) einen Schlüssel aufnehmen, der auf die Pflicht zur Prüfung von https-Verbindungen verzichtet. Dieser Schlüssel lautet <entry key="security.verifySSL">false</entry>.

Darauf, dass dies natürlich keine Option für ein Produktivsystem ist, habe ich hiermit hingewiesen.

OAuth2 teilt mit vielen anderen Verfahren und Standards seine auf den ersten Blick entmutigende Komplexität. Da ist die Rede von beliebig zu implementierenden Verfahren, die alle unter diesem Begriff zusammengefasst werden, von *two-legged* oder *three-legged authentication* und vielem anderen mehr. Lassen Sie mich den Versuch wagen, eine der möglichen Implementierungen, die im Folgenden auch verwendet wird, mit banalen Worten zu beschreiben.

Es geht bei unseren Bemühungen darum, möglichst sicher eine Authentifizierung (Wer bin ich?), und darauf aufbauend eine Autorisierung (Was darf ich?) zu erlangen, um einen Webservice nutzen zu können. Wir unterscheiden zwei Anwendungsfälle:

- Ein Anwender möchte sich interaktiv anmelden.
- Eine Anwendung soll berechtigt werden, sich automatisch anzumelden.

Die erste Option hatten wir gesehen, als wir den Webservice durch einen APEX-Benutzer und eine entsprechende Rollenzuweisung geschützt hatten. Wenn nun aber ein Programm automatisch eine Anmeldung durchführen möchte, bedarf es eines anderen Vorgehens.

Und auch hier müssen wir zwei Dinge unterscheiden: Entweder möchten wir einen bestehenden Webservice nutzen, den andere verwalten, oder wir möchten einen eigenen Webservice durch eine Authentifizierung schützen.

Client-ID und Client-Secret

Der Unterschied ergibt sich daraus, wer den Service verwaltet. Derjenige, der den Service verwaltet, ist verantwortlich dafür, für einen neuen Nutzer eine Client-ID und ein Client-Secret zu erstellen. Diese sind grob mit einem Benutzernamen und einem Passwort vergleichbar und werden, wenn wir sie erhalten (oder erzeugt) haben, in Webzugangsdaten gespeichert und so privat vorgehalten. Wir benötigen diese Informationen als ersten Schritt zur Anmeldung.

Bei bestehenden Webservices existiert immer auch ein URL, der es uns ermöglicht, diese Informationen vom Betreiber des Webservices zu erfragen.

Wollen wir jedoch einen Webservice schützen, sind wir selbst dafür verantwortlich, diese Informationen zu erzeugen. Diesen Schritt führen wir per PL/SQL aus. Listing 25.6 zeigt den hierfür erforderlichen Code.

```
SQL> begin
  2    oauth.create_client(
  3      p_name => 'HR_CLIENT',
  4      p_grant_type => 'client_credentials',
  5      p_owner => 'My Company',
  6      p_description => 'A client for HR management',
  7      p_support_email => 'some_mail@foo.de',
  8      p_privilege_names => 'HR_PRIV');
  9    oauth.grant_client_role(
 10      p_client_name => 'HR_CLIENT',
 11      p_role_name    => 'HR_ROLE');
 12    commit;
 13  end;
 14  /

SQL> select id, name, client_id, client_secret
  2    from user_ords_clients;
     ID NAME       CLIENT_ID                CLIENT_SECRET
------- ---------- ------------------------ ------------------------
  10684 HR_CLIENT  -l1uyRw6sZORzwenXZ_yVg.. Wv-Ucq5gsP2gQA4wnxtrLQ..
```

Listing 25.6 Erstellung eines Clients und Abfrage von Client-ID und -Secret

Wichtig ist in Zeile **4** die Festlegung, dass wir die Authentifizierung und Autorisierung mittels eines Client-Credentials durchführen möchten. Dies ist ein übliches Verfahren für die Kommunikation zwischen Anwendungsprogrammen, also bei allen Anwendungen, die keine händische Eingabe eines Passworts durch einen Anwender erfordern. In Zeile 9 ff weisen wir dem Client zudem die Rolle `HR_ROLE` zu. Dadurch haben wir die Berechtigung, den Webservice zu nutzen, falls wir es schaffen, uns erfolgreich am Client zu authentifizieren. Der Client spielt also die Rolle, die im ersten Beispiel der APEX-Benutzer innehatte, er dient als Aufhänger für die Rollenberechtigung, die für den Webservice erforderlich ist.

Durch diese Festlegungen haben wir nun eine Client-ID und ein Secret geschaffen, die wir in der `select`-Anweisung ausgeben lassen. Für unseren Webservice können wir beliebig viele Clients einrichten, jeder wird eine eigene ID und ein eigenes Secret erhalten.

Diese Information können wir auch in einem Webzugang speichern, allerdings ist dies nur erforderlich, wenn wir aus einer APEX-Anwendung auf einen der von uns selbst veröffentlichten Webservices zugreifen wollten. Dies ist in der Praxis naturgemäß eher selten.

Anmeldung am Webservice

Da wir nun beim Webservice bekannt sind, können wir uns authentifizieren. Der Fluss ist im Groben so:

- Wir wenden uns an den Webservice und teilen Client-ID und -Secret mit.
- Der Webservice reagiert darauf im Erfolgsfall mit der Erstellung eines Access-Tokens.
- Dieses Access-Token können wir anschließend nutzen, um ein Session-Token zu erstellen. Dies ist endlich dafür verantwortlich, tatsächlich mit dem Webservice kommunizieren zu dürfen.

Die folgenden Anweisungen stellen Aufrufe als `curl`-Befehle dar, die simulieren, wie man sich mittels Webzugang authentifiziert bzw. autorisiert. Zunächst besorgen wir uns ein Access-Token mit dem Aufruf aus Listing 25.7.

```
curl -i -k --user -l1uyRw6sZ0RzwenXZ_yVg..:Wv-Ucq5gsP2gQA4wnxtrLQ..
     --data "grant_type=client_credentials"
     https://pfad/zu/ords/rest_v2/oauth/token
HTTP/1.1 200 OK
Server: Apache-Coyote/1.1
X-Frame-Options: SAMEORIGIN
Content-Type: application/json
Transfer-Encoding: chunked
Date: Wed, 29 Jun 2016 12:07:02 GMT

{"access_token":"-zYl-sFyB2iLicAHw2TsRA..", "token_type":"bearer", "expires_in":3600}
```

Listing 25.7 CURL-Aufruf zur Ermittlung eines Tokens

Beachten Sie insbesondere, dass Client-ID und Client-Secret über einen Doppelpunkt aneinandergebunden übergeben werden. Als Protokoll ist lediglich https erlaubt. Als Antwort liefert der Server ein JSON-Objekt zurück, das neben dem eigentlichen Access-Token noch die Angabe enthält, dass es sich um ein *bearer*-Token handelt und eine Stunde gültig ist. Mit diesem Begriff bezeichnet man ein Autorisierungsdokument, bei dem es ausreicht, im Besitz des Tokens zu sein, um Zugang zu erhalten. Alternativen gibt es, sie werden aber selten verwendet.

Mit diesem Access-Token können wir uns nun endlich autorisieren, um den Webservice nutzen zu können. Dies geschieht durch einen erneuten `curl`-Aufruf.

```
curl -i -k -H"Authorization: Bearer -zYl-sFyB2iLicAHw2TsRA.."
     https://pfad/zu/ords/rest_v2/hr/employee/html/
HTTP/1.1 200 OK
Server: Apache-Coyote/1.1
ETag: "jtC17IXyetESUjSkxB2ani/a1TnFh28yfor+fLmxxUzGr6G9IFxQ77+/
Gd71W4Qzz0rSxf90Qqbl+ICwezTayQ=="
Content-Type: application/json
Transfer-Encoding: chunked
Date: Wed, 29 Jun 2016 12:07:31 GMT

*** PAYLOAD ***
```

Listing 25.8 Autorisierung und Nutzung eines Webservices

Warum so umständlich? OAuth2 möchte verhindern, dass die aufrufende Anwendung ein Passwort kennen muss, um sich mit dem Webservice zu verbinden. Stellen wir uns OAuth2 mit einem Benutzer vor. In diesem Fall fordert unsere Anwendung den Zugang zu einem Webservice an. Unsere Anwendung kennt aber nicht unser Passwort. Daher erfragt der Webservice, unabhängig von unserer Anwendung, interaktiv nach einem Passwort, das der Anwender nun eingeben muss. Ist dieses korrekt, wird ein Access-Token ausgestellt, mit dem der Server bestätigt, dass ein korrektes Passwort eingegeben wurde. Mit diesem Token kann nun die Anwendung Zugang erhalten: Unsere Anwendung kommt nie mit unserem Passwort in Berührung. Damit dieses Token nicht bei jedem einzelnen Zugriff auf den Webservice geprüft werden muss, wird das begrenzt gültige Session-Token eingeführt, mit dem die Anwendung mehrere Aufrufe leichtgewichtig ausführen kann.

Nun sind aber keine Anwender anwesend, wenn sich zwei Programme unterhalten. Daher entfällt die Eingabe eines Passworts, zur Authentifizierung werden lediglich die Client-ID und vor allem das Client-Secret verwendet. Der weitere Fluss entspricht dann dem oben beschriebenen. Da andererseits beide Server, der Webservice selbst und der Authentifizierungs- bzw. Autorisierungsserver, in diesem Setup durch die gleiche Software implementiert werden (ORDS) und über Client-ID und -Secret hinaus keine weiteren vertraulichen Informationen ausgetauscht werden, habe ich meine Schwierigkeiten, den greifbaren Vorteil gegenüber einer Authentifizierung mittels Benutzername und Passwort zu erkennen, solange alles per https ausgetauscht wird. Aber Sie sehen schon: Das ist nicht mein Kerngebiet, da nehme ich eher hin, was ist, und benutze es entsprechend.

25.5 REST-fähiges SQL: Erweiterung ab Version 22.1

REST-fähiges SQL wurde von mir, ich gebe es zu, etwas abfällig besprochen, weil ich kein großer Fan direkter `select`-Abfragen auf einem vollständig offenen Datenmodell bin. Ich weiß nicht, wie oft ich in Schulungen zum Thema Performance-Tuning schon auf Teilnehmer getroffen bin, die mir von einer Möglichkeit berichtet haben, dynamisches SQL als Konfiguration in irgendeine Anwendung einfügen zu können, die nun extreme Probleme macht, weil Entwickler diese Optionen zu allen denkbaren und undenkbaren Zwecken einsetzen.

Eine gewisse Kanalisierung dieser Möglichkeiten, die gleichzeitig auch eine Erweiterung darstellt, bietet diese Webservice-Variante ab Version 22.1, denn nun besteht die Möglichkeit, ein *REST-fähiges SQL* als Quelle einer REST-Datenquelle zu nutzen. Anstatt also eine `select`-Anweisung gegen eine lokale Tabelle auszuführen, könnte die `select`-Anweisung nun gegen eine entfernte Tabelle, die über REST ansprechbar ist, ausgeführt und anschließend mit den Möglichkeiten der Datenquellen (Synchronisierung, lokale Speicherung, Integration mit lokalen Tabellen und so weiter) genutzt werden. Dies ist eine gute Sache, vor allem vor dem Hintergrund, dass für diese externe Datenquelle vorformulierte Abfragen erstellt und in einem REST-Katalog hinterlegt worden sein könnten.

[!]

Merke

Ein REST-Katalog ist eine Sammlung von REST-Services, die für den gesamten Workspace zur Verfügung stehen und als Katalog ex- oder importiert werden können. Kataloge werden in Gruppen zusammengefasst und über die Option App Builder • Workspace-Utilitys • REST-Quellkataloge verwaltet. Erstellen Sie zunächst eine Kataloggruppe und in dieser einen Katalog.

Nachdem ein Katalog angelegt wurde, können existierende REST-Datenquellen in diesen Katalog gespeichert werden. Zunächst erstellen Sie also eine REST-Datenquelle in einer Anwendung, speichern diese in einen Workspace-weit gültigen Katalog und können diesen anschließend in anderen Anwendungen referenzieren.

Diese vorformulierten Abfragen können importiert und lokal verwendet werden, ohne dass sich der Entwickler mit dem Datenmodell der entfernten Datenbank auskennen muss. Der Weg wäre also: Für die Remote-Datenbank werden `select`-Anweisungen erstellt und im REST-Katalog hinterlegt. Diese Katalogdaten können anwendungsübergreifend vorgehalten und importiert werden, da sie keiner Anwendung angehören, sondern als <APP BUILDER> • WORKSHOP-UTILITYS • REST-QUELLKATALOGE im Workspace angelegt werden. Diese Einträge können sich auf *REST-fähige SQL*-Quellen beziehen. Einmal benannt, können hier in einem Katalog beliebig viele vordefinierte Abfragen hinterlegt werden. Benötigen Sie einige dieser Services in Ihrer Anwendung, können Sie neue REST-Datenquellen erzeugen, indem Sie den entsprechenden Katalog auswählen und die gewünschten Einträge in die Anwendung kopieren. Dies ist sicherlich ein eleganter Weg, entfernte Datenbanken anzubieten, wenn eine direkte Anbindung über einen Datenbanklink oder ähnlich nicht möglich oder gewollt ist.

25.6 Zusammenfassung

Webservices stellen eine elegante Möglichkeit dar, entfernte Datenquellen oder auch Datenquellen, die nicht als Oracle-Datenbank zur Verfügung stehen, in APEX-Anwendungen zu integrieren. Beispiele wären GitHub, ein Ticket- oder Versionierungssystem, ein externer Webservice zur Validierung von IBAN-Bankverbindungen oder beliebigen weiteren Informationen. Umgekehrt können ORDS-Webservices dazu genutzt werden, Schnittstellen für andere Anwendungen anzubieten, die auf einfache Weise Daten mit der APEX-Anwendung bzw. den Daten unterhalb der APEX-Anwendung austauschen.

Wichtig ist aus meiner Sicht zu verstehen, dass diese Schnittstellen nur verwendet werden, wenn eine direkte Anbindung über eine Datenbank, zum Beispiel über eine Schema-Berechtigung oder einen Datenbanklink, nicht möglich ist. Der zusätzliche Overhead für die Einrichtung, aber auch für die Ausführung (Konvertierung in JSON, Auslieferung über eine http-Verbindung, Analyse und Aufbereitung der gelesenen Daten), wäre überflüssig, wenn direkt auf die Daten zugegriffen werden könnte. Dies gilt jedoch nicht, falls das Ziel die Entkoppelung von Datenbanken ist. Viele Administratoren ziehen einen entsprechenden Webservice einem direkten Datenbanklink vor, falls dieser der abteilungsübergreifenden Kommunikation dient: Es ist einfacher, einen Webservice einzurichten, als nachzuhalten, ob ein Datenbanklink noch benötigt wird und wer ihn benutzt. Zudem ist es häufig so, dass die Entwickler zwar einen Webservice einrichten können, jedoch keine Berechtigungen besitzen, einen Datenbanklink aufzubauen. Auch in diesem Umfeld kann die Kommunikation über einen Webservice sinnvoll sein. Nicht zuletzt können Webservices die einzige Möglichkeit der Kommunikation sein, wenn zum Beispiel Dritthersteller Daten bereitstellen (SAP wäre ein Beispiel) und keine direkten Datenbankzugriffe erlauben.

Die Entscheidung, *REST-fähiges SQL* zu gestatten oder nicht, finde ich schwer zu treffen. Ich bin ein Freund definierter Anwendungsfälle und kein Freund über-generischer Schnittstellen. Diese werden meist als Ersatz für ein Feinkonzept eingerichtet, um sicherzustellen, »dass alles geht«. Mit diesen Möglichkeiten geht eine hohe Verantwortung der Entwickler für eine sachgemäße Nutzung dieser Schnittstellen einher. Da kann es sinnvoll sein, eine »Prüfinstanz« in Form eines Entwicklerteams, das sich mit der Zieldatenbank auskennt, einzurichten, das performante `select`-Anweisungen formuliert und diese zum Beispiel als REST-Katalog veröffentlicht. Andererseits konterkariert dies die Flexibilität, die ja durch diesen Ansatz erreicht werden soll. Wenn eine Analogie zu GraphQL erreicht werden soll, also ein Webservice, der nicht durch JSON, sondern durch die übergebene `select`-Anweisung exakt die Daten ermittelt, die für die Verwendung benötigt werden, wäre nur die direkte Veröffentlichung des zugrunde liegenden Datenmodells möglich. Dagegen sträubt sich etwas in mir, da ich die negativen Konsequenzen solcher Einfallstore zu häufig gesehen habe.

Wie unter diesen Umständen `POST`- und `PUT`-Befehle implementiert werden sollen, vermag ich gar nicht recht abzuschätzen, ebenso wie die Frage, wie ich mich gegen ein einfaches `delete from table` schützen soll, bei dem der Entwickler einfach nur die `where`-Klausel vergessen hat. Das mögen Sie aber auch anders entscheiden.

Kapitel 26
Authentifizierung und Autorisierung

In diesem Kapitel beschäftigen wir uns mit den Themen Authentifizierung und Autorisierung über das bislang angesprochene Niveau hinaus, erstellen eigene Authentifizierungsverfahren und eine zentrale Rollenverwaltung für APEX-Anwendungen.

Unter Authentifizierung verstehen wir die Mechanismen, um zu ermitteln, welcher Benutzer sich an der Anwendung anmelden möchte. Sie hat zunächst einmal nichts mit der Frage zu tun, was dieser Benutzer innerhalb der Anwendung machen darf. Dies ist die Aufgabe der Autorisierung, die wir anschließend besprechen.

26.1 Authentifizierung

APEX muss im Zuge der Authentifizierung vor allem eine gültige Session einrichten. Auf Basis dieser Session können Werte hinterlegt werden, die letztlich steuern, welche Berechtigungen der Benutzer hat, aber ohne eine Session fehlt ein entscheidender Mechanismus, denn die Session dient, wie wir gesehen haben, der Identifikation zusammengehöriger Benutzeraktionen. Diese Aufgabe wird APEX-intern durch das Package `APEX_AUTHENTICATION` durchgeführt, das die wesentlichen Punkte, von der Anmeldung über die Erstellung einer Session bis hin zum Abmelden, unterstützt. Das Verfahren, das letztlich verwendet wird, um die Benutzer zu verwalten, ist aber nicht fest vorgegeben. Es ist möglich, über verschiedenste Strategien die Benutzer sowie deren Rechte bezüglich einer Anwendung vorzuhalten. APEX liefert einige vordefinierte Verfahren zur Benutzerverwaltung mit, wir können aber auch unsere eigene Implementierung erstellen oder mittels eines Plugins neue Verfahren programmieren und in mehreren Anwendungen verwenden.

Bevor wir uns die Liste der mitgelieferten Verfahren ansehen, sollten wir eine grundlegende Unterscheidung besprechen: Die Authentifizierung kann durch die Datenbank erfolgen oder aber außerhalb der Datenbank. Damit ist gemeint, dass der Benutzer entweder seinen Benutzernamen und sein Passwort innerhalb der Datenbank analysieren lässt oder durch externe Verfahren wie einen LDAP-Server oder ein anderes *Single-Sign-on*-Verfahren wie das *Oracle Application Server Single Sign-on*. Nicht unüblich sind auch Anmeldeverfahren über öffentliche Authentifizierungsstellen wie *Facebook*, *LinkedIn* oder *Microsoft*, meistens basierend auf *OAuth2*.

[!]

Merke

Gleich zu Beginn: Es gibt ein ernsthaftes Problem mit jeder Anmeldung, die das Passwort innerhalb der Datenbank prüft. Egal, wie verschlüsselt die Kommunikation auch ist (HTTPS, verschlüsselte Kommunikation zwischen ORDS und Datenbank), irgendwann muss das Passwort als Klartext einer Prozedur übergeben werden.

Wird nun diese Session, und sei es, weil ein Performanzproblem gesucht wird, durch ein Tracing-Werkzeug wie `DBMS_MONITOR.TRACE_SESSION` analysiert, werden diese Parameter im Klartext in eine Tracedatei wandern. Dies ist unumgänglich und meines Wissens erst dann nicht mehr möglich, wenn sich Oracle irgendwann dazu entschließen sollte, geschützte Parameter in PL/SQL zu ermöglichen. Authentifizieren Sie sich über ein LDAP, und verwalten Sie dort auch die Zugänge zu anderen Anwendungen, wird ein Mitarbeiter, der auf diese Weise an die Zugangsdaten des Vorstandsvorsitzenden gerät, anschließend dieser Vorstandsvorsitzende *sein*, jedenfalls für alle Anwendungen des Unternehmens, die über diesen Mechanismus authentifizieren.

Aus meiner Sicht ist also eine Authentifizierung innerhalb der Datenbank für ein Produktivsystem keine valide Option. Ich muss allerdings sagen, dass dieses Sicherheitsproblem in Foren nicht diskutiert wird. Warum, weiß ich allerdings nicht.

Basierend auf den Sicherheitsbedenken, die ich gegen eine Authentifizierung innerhalb der Datenbank einwende, empfehle ich die Authentifizierung außerhalb der Datenbank. Nun sind viele dieser Möglichkeiten nicht ganz einfach einzurichten oder basieren auf Softwarevoraussetzungen, die nicht immer gegeben sind. Ich konzentriere mich daher auf einen Weg, der keine kommerzielle Software erfordert. Ist bei Ihnen bereits eine Single-Sign-on-Lösung implementiert, können Sie diese im Regelfall auch für APEX verwenden. Selbstverständlich betrachten wir aber auch die interne Authentifizierung, zumal der Prozess der Authentifizierung nichts daran ändert, dass innerhalb von APEX eine Session aufgebaut werden muss. Daher bleibt die APEX Authentication API auch in diesem Umfeld in Gebrauch, und wir müssen sie schon allein aus diesem Grund verstehen.

26.1.1 Mitgelieferte Authentifizierungsverfahren

APEX liefert eine Reihe Authentifizierungsverfahren mit, die Sie ohne großen Aufwand für Ihre Anwendung einrichten können. Unter den eingerichteten Authentifizierungsverfahren ist genau eines das aktuelle Verfahren. So können Sie zum Beispiel eine Anwendung mit lokalen APEX-Benutzern erstellen und testen, bevor Sie dann später auf eine LDAP- oder externe Authentifizierung wechseln. Die Authentifizierungsverfahren finden sich unter <GEMEINSAME KOMPONENTEN> • SICHERHEIT • AUTHENTIFIZIERUNGSSCHEMAS. Folgende Verfahren werden von APEX angeboten:

- Application Express Accounts
  Dies ist das Standardverfahren. Die Benutzer werden in Tabellen innerhalb des APEX-Schemas abgelegt, die Benutzerauthentifizierung geschieht über den Aufruf der LOGIN-Methode des Packages APEX_AUTHENTICATION.
- Benutzerdefiniert
  APEX gestattet die Programmierung eines eigenen Authentifizierungsschemas, wenn Sie mögen, unter Verwendung der APEX Authentication API, was sich zumindest für die Generierung einer APEX-Session anbietet.
- Datenbankaccounts
  Bei diesem Authentifizierungsverfahren müssen die angemeldeten Benutzer gleichzeitig auch Datenbankbenutzer sein und melden sich mit ihrem Datenbankpasswort an. Auch hierfür wird die APEX Authentication API verwendet.
- HTTP-Headervariable
  Bei diesem Verfahren wird keine Benutzerauthentifizierung innerhalb der Datenbank, sondern außerhalb durchgeführt. Ist die externe Prüfung erfolgreich, setzt der Webserver eine Variable im HTTP-Headerbereich, zum Beispiel REMOTE_USER, auf den Namen des authentifizierten Benutzers. Innerhalb von APEX wird diese Variable ausgelesen und zur Identifikation des Benutzers verwendet.
- Keine Authentifizierung
  Dieses Verfahren benutzt eine spezielle externe Konfigurationsdatei mit dem Namen *DAD* (*Database Access Descriptor*), der so nur bei der älteren Verbindungsmethode über mod_plsql eingesetzt wurde. Für aktuelle Anwendungen ist dieses Verfahren eher unüblich. Das Verfahren übernimmt den Benutzernamen aus der DAD und überlässt mod_plsql die Authentifizierung.
- LDAP-Verzeichnis
  Diese Methode authentifiziert den Benutzer mithilfe der APEX Authentication API, benutzt als Speicherort für die Benutzer allerdings ein externes LDAP oder Active-Directory-Verzeichnis. Zwar ist dieses Verfahren elegant, weil es die doppelte Erfassung der Benutzer verhindert, aber eben auch gefährlich wegen des Problems des Tracings der Benutzerdaten.
- Open Door-Zugangsdaten
  Dieses Verfahren erfordert lediglich die Eingabe eines Benutzernamens ohne weitere Authentifizierung. Begründung für dieses Verfahren ist, dass auf diese Weise Anwendungen leicht zu testen sind, denn ich kann durch Eingabe eines anderen Benutzernamens dieser Benutzer werden, ohne mir hierfür ein Passwort überlegen zu müssen. Außerhalb von Entwicklungsmaschinen sollte dieses Verfahren verboten sein, aber die Möglichkeit, eine Entwicklungsumgebung schnell auf dieses Verfahren zu schalten, ist natürlich schon interessant.

- `Oracle Application Server Single Sign-on`
  Hier besteht eine vorbereitete Integration mit dem *Oracle Application Server*. Technisch gesehen ist auch dies eine Authentifizierung außerhalb der Datenbank mit der Übermittlung des authentifizierten Benutzers über eine HTTP-Headervariable. Wenn Sie den Application Server einsetzen, ist dies natürlich eine sehr schöne Option. Damit diese Option auswählbar ist, muss die Webseite als `mod_osso`-Partneranwendung beim SSO-Server registriert sein, und das PL/SQL-SSO-SDK muss in der Datenbank installiert sein.
- `Social Sign-in`
  Dieses Verfahren ermöglicht die Anmeldung über soziale Netzwerkaccounts, zum Beispiel von Google, Facebook, generischem OpenID Connect und generischen OAuth2-Identitätsprovidern.
- `SAML-Anmeldung`
  Wenn der Administrator des Workspaces dieses Verfahren aktiviert und den erforderlichen Konfigurationsparameter einträgt, wird auch die Anmeldung über *SAML* (*Security Assertion Markup Language*) ermöglicht. Der Standard ist OAuth2 ähnlich und wird von vergleichbaren globalen Playern unterstützt.
- Eigene Authentifizierungsverfahren über Authentifizierungs-Plugin
  Nicht direkt mitgeliefert, aber natürlich nativ möglich ist die Erstellung eines Authentifizierungs-Plugins. Ist dieses Plugin erstellt, kann es in alle Anwendungen zur Erweiterung der mitgelieferten Verfahren eingebunden werden. Es gibt einige Plugins für OAuth2, die die Authentifizierung über die Accounts der sozialen Netzwerke ermöglichen. Diese Authentifizierung bietet sich natürlich insbesondere für APEX-Anwendungen an, die über das Internet aufgerufen werden können.

26.1.2 Wie funktioniert eine Authentifizierung in APEX?

Die Authentifizierung von APEX wird automatisch angestoßen, wenn der Benutzer eine Seite aufruft, die nicht als öffentliche Seite deklariert wurde. Um eine solche Seite aufrufen zu dürfen, ist (mindestens) eine gültige Session erforderlich. Tatsächlich ist die Voraussetzung, eine gültige Session zu erhalten, recht einfach und im Extremfall nicht einmal an eine Webanwendung gebunden. Alles, was APEX voraussetzt, ist, dass eine Methode, die als `LOGIN`-Methode definiert ist, den Wahrheitswert `TRUE` zurückliefert. Wie diese Methode zu diesem Ergebnis kommt, ist APEX recht egal, daher können verschiedenste Verfahren implementiert werden, um dies zu prüfen. Manchmal reicht ein einfacher Vergleich einer HTTP-Headervariable, manchmal wird eine ausgefeilte Passwortprüfung erforderlich.

Unabhängig von diesem einfachen Beispiel möchte ich im Folgenden den Fluss der Authentifizierung am Beispiel der APEX-eigenen Benutzerverwaltung nachzeichnen.

Anmeldung

Beim Aufruf einer nicht öffentlichen Seite muss eine gültige Session vorhanden sein. Ob eine Session gültig ist oder nicht, wird durch eine Session-Sentry-Funktion entschieden. Diese Funktion ist Teil der APEX-Authentication API, kann aber auch selbst geschrieben werden. Die eingebaute `SENTRY`-Funktion entscheidet über die Gültigkeit anhand einer großen Zahl an Kriterien, von denen einige die Existenz des Session-Cookies oder die abgelaufenen Zeitgrenzen bezüglich Sessiondauer und Inaktivität sind.

Besteht keine gültige Session-ID, verzweigt APEX zur Login-Seite, die im Attribut <Gemeinsame Komponenten> • Sicherheit • Benutzeroberfläche • Attribute • Anmelde-URL hinterlegt ist. Die Anmeldeseite enthält mindestens zwei Eingabefelder für Benutzernamen und Passwort und eine Anmelden-Schaltfläche. Wird die Anmeldeseite nicht geändert, steht auch eine Schaltfläche zur Verfügung, um den Namen des Benutzers als Standard zu hinterlegen. Interessanter sind aber natürlich die Seitenprozesse einer solchen Anmeldeseite.

Auf der Anmeldeseite finden sich drei Seitenprozesse, von denen der letzte relativ trivial ist, denn er löscht lediglich den Sessionstatus für die Seite, um kein Passwort im Sessionstatus zu speichern. Der erste Seitenprozess legt das Benutzernamen-Cookie fest und kann so das zugehörige Eingabefeld beim nächsten Anmelden entsprechend vorbelegen. Der zweite Seitenprozess authentifiziert den Benutzer, indem er innerhalb der Authentication API eine `LOGIN`-Methode aufruft. Diese Methode führt eine Reihe von Schritten aus:

- Zunächst wird eine Prozedur ausgeführt, die die eigentliche Authentifizierung vorbereitet. Dieser Schritt ist optional.
- Anschließend wird die Authentifizierungsfunktion ausgeführt, die Benutzername und Passwort prüft und als Ergebnis einen booleschen Wert liefert.
- Ist das Ergebnis `TRUE`, werden die folgenden Schritte ausgeführt:
  - Aufruf einer optionalen Prozedur nach erfolgreichem Anmelden
  - Session-ID festlegen
  - Benutzername im Sessionstatus vermerken
  - Ziel-URL vorbereiten
- Ist das Ergebnis `FALSE`, wird der URL der Anmeldeseite mit einer entsprechenden Fehlermeldung versehen, ähnlich einem Validierungsfehler.
- Das Ergebnis der Anmeldung wird in jedem Fall in ein Log geschrieben.
- Schließlich wird die Seite weitergeleitet, entweder an die Anmeldeseite oder an die angeforderte Anwendungsseite.

Nach erfolgreicher Anmeldung wird also zur Startseite der Anwendung verzweigt, wenn keine andere Seite explizit im URL angefordert wurde. Diese Seite wird durch das Attribut <GEMEINSAME KOMPONENTEN> • SICHERHEIT • BENUTZEROBERFLÄCHE • ATTRIBUTE • HOME-URL definiert. Dieser URL enthält dann bereits auch eine Session-ID, die durch den Anmeldeprozess ermittelt wurde. Ist vor der Authentifizierung eine andere Seite als die Startseite angefordert worden, wird im Regelfall diese Seite direkt dargestellt. Eine modale Seite, die auf diese Weise angefordert würde, liefert dann aber ebenso eine Fehlermeldung wie eine Anwendungsseite, die aufgrund eines Autorisierungsschemas für den angemeldeten Benutzer nicht freigegeben wurde.

Abmeldung

Wenn wir uns von einer Session abmelden, steht hierfür ein Eintrag in der Navigationsleiste zur Verfügung. Dieser Eintrag wird beim Anlegen einer Anwendung automatisch erzeugt und ist, wie wir besprochen haben, eine Liste. In dieser Liste ist der Eintrag für den Log-out eine Ersetzungszeichenfolge, es wird zum URL `&LOGOUT_URL.` verzweigt, der zu einem URL aufgelöst wird, den Sie in Listing 26.1 sehen.

```
http://localhost/ords/apex_authentication.logout?
  p_app_id=114&
  p_session_id=2999801299090
```

Listing 26.1 Log-out-URL der Anwendung

Wir verstehen nun, was dieser URL bedeutet: Wir rufen die Methode `APEX_AUTHENTICATION.LOGOUT` auf, die Teil der Authentication API ist, und übergeben die Parameter `P_APP_ID` und `P_SESSION_ID`. Das klärt zwar, wie wir abgemeldet werden, legt aber noch nicht fest, wohin wir anschließend verzweigen möchten. Auch hierfür existiert ein Attribut, denn es ist möglich, dass wir nach dem Abmelden zu einer ganz anderen Anwendung verzweigen möchten, etwa, wenn wir eine Anwendung aus mehreren Teilanwendungen ermittelt haben oder wenn es eine öffentliche Anwendungsseite mit allgemeinen Informationen gibt, die wir einem nicht angemeldeten Benutzer zeigen möchten. Dieser URL wird *Post-Abmelde-URL* genannt und im Attribut <GEMEINSAME KOMPONENTEN> • SICHERHEIT • AUTHENTIFIZIERUNGSSCHEMA • POST-ABMELDE-URL festgelegt. Hier haben Sie die Wahl zwischen der `Homepage` (also der Einstellung des Attributs HOME-URL) und einem beliebigen URL.

Dann gibt es noch die Möglichkeit, dass Ihre Session aufgrund von Zeitbegrenzungen abgebrochen wurde. Hier unterscheidet APEX zwischen dem `Timeout`-Event (die maximale Sessiondauer wurde überschritten) und dem `Idle`-Event (eine gewisse Zeit wurde nichts auf der Anwendung gemacht). Die zugehörigen Attribute URL_FÜR SESSIONTIMEOUT und URL FÜR TIMEOUT WEGEN INAKTIVER SESSION finden Sie unter <GEMEINSAME KOMPONENTEN> • SICHERHEIT • SICHERHEITSATTRIBUTE • SESSIONVERWALTUNG.

Dass diese Festlegungen an diesen verschiedenen Stellen vorgenommen werden, hat historische Gründe (die einzelnen Optionen kamen über die Zeit zusammen), ist aber nicht wirklich schön. Vielleicht gibt es demnächst eine Zusammenfassung all dieser Attribute in einem entsprechenden Anwendungsbereich der IDE.

26.1.3 APEX Authentication API

Wie bereits angesprochen, bietet APEX eine eigene API zur Programmierung eigener Authentifizierungsverfahren an, benutzt diese API allerdings auch intern für die mitgelieferten Authentifizierungsverfahren. Im Kern besteht diese API aus dem Package `APEX_AUTHENTICATION`, es existieren aber auch flankierende Packages für speziellere Zwecke, wie `APEX_LDAP` und einige Methoden des Packages `APEX_UTIL`.

Package »APEX_AUTHENTICATION«

Dieses Package bietet Methoden zum Ein- und Ausloggen, zur Prüfung einer Session auf Gültigkeit und zum Lesen und Schreiben des Session-Cookies. Zudem sind Methoden zur Vorbereitung einer Session oder zum Aufräumen nach Verlassen einer Session enthalten.

Dieses Package dient vor allem auch der Erstellung von Authentifizierungs-Plugins, es bedient sich intern des Packages `APEX_CUSTOM_AUTH`, das gleiche und zum Teil weitergehende Funktionalität bietet.

Package »APEX_LDAP«

Speziell für die Kommunikation mit LDAP- oder Active-Directory-Servern ausgelegt ist das Package `APEX_LDAP`. Das Package, das als Wrapper um `DBMS_LDAP` fungiert, implementiert einige Methoden, die im Umgang mit LDAP benötigt werden, wie die Abfrage, ob der Benutzer dort vorhanden ist, welchen Gruppen er angehört oder die Abfrage speziellerer Attribute. Es ergänzt `DBMS_LDAP` aber um APEX-Spezifika, daher sollte diesem Package der Vorrang eingeräumt werden.

Package »APEX_UTIL«

Das Package `APEX_UTIL` enthält einige Methoden, die für die Erstellung eigener Authentifizierungsverfahren benötigt werden. Zum einen enthält das Package Methoden, um Benutzer innerhalb von APEX anzulegen und zu administrieren, zum anderen sind Methoden verfügbar, die das Ergebnis eines Anmeldeversuchs festlegen. Details folgen, wenn wir ein eigenes Authentifizierungsverfahren erstellen.

26.1.4 Erstellung eines eigenen Authentifizierungsverfahrens

Im Licht der bisher dargestellten Arbeitsweise können wir uns nun daran begeben, ein eigenes Verfahren zur Anmeldung zu erstellen. Ich möchte hier ein Verfahren beschreiben, das auf eine Benutzerverwaltung in eigenen Datenbanktabellen basiert.

Diese Art der Benutzerverwaltung dürfte nicht allzu selten sein und ist insbesondere für Anwendungen, aus denen nicht das letzte Quäntchen Sicherheit gepresst werden muss, einsetzbar. Das Problem der unsicheren Parameterübergabe bei einer Authentifizierung innerhalb der Datenbank hatte ich angesprochen, dies gilt auch für dieses Verfahren. Im Regelfall ist die »Reichweite« dieses Passworts aber auf die erstellte APEX-Anwendung begrenzt und daher kann es tolerabel sein, dass ein Passwort eines Kollegen für diese Anwendung bekannt wird.

Als minimale Anforderung an ein benutzerdefiniertes Authentifizierungsverfahren gilt die Implementierung einer Authentifizierungsmethode, die Benutzername und Passwort entgegennimmt und einen booleschen Wert als Prüfungsergebnis liefern muss.

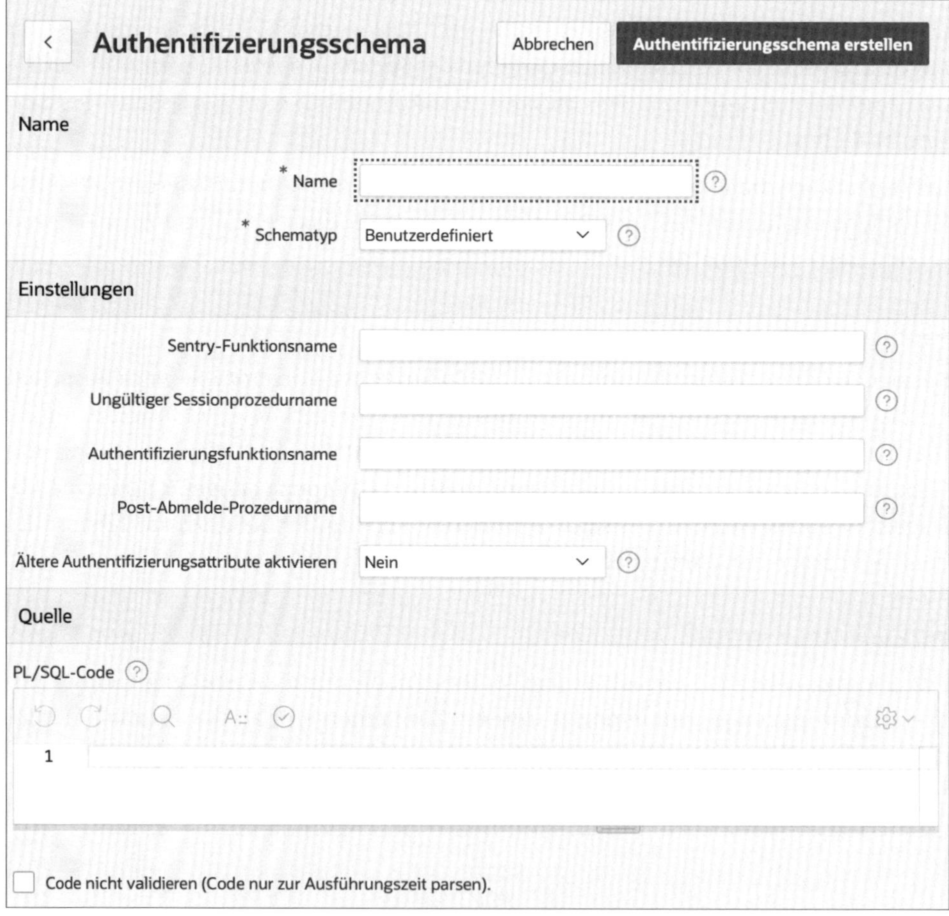

Abbildung 26.1 Erstellungsseite eines Authentifizierungsschemas

Beginnen wir damit, uns die Attribute anzusehen, um ein eigenes Authentifizierungsverfahren zu erstellen. Basis ist ein Assistent, den wir über <Gemeinsame Kom-

PONENTEN> • AUTHENTIFIZIERUNGSSCHEMAS • ERSTELLEN aufrufen können. Der Assistent bittet uns zunächst, zu erläutern, auf welchem Authentifizierungsschema das neue Schema basieren soll. Das mag verwirren, weil wir ein eigenes Schema anlegen wollen, doch ist die Einstellung `Basiert auf einem vorkonfigurierten Schema aus der Galerie` für uns richtig, denn im nächsten Schritt können wir hier `Benutzerdefiniert` wählen. Es öffnet sich eine Anwendungsseite, die uns die Erstellung eines Schemas ermöglicht.

Die möglichen Einstellungen, neben den offensichtlichen Attributen des Bereichs NAME, spiegeln die verschiedenen Schritte der Authentifizierung wider.

Attribut »Sentry-Funktionsname«

Der SENTRY-FUNKTIONSNAME bezieht sich auf die Funktion, die das Vorhandensein einer gültigen Session prüft. Im weit überwiegenden Regelfall sollten Sie diese Funktion nicht überschreiben, sondern leer lassen, was bedeutet, dass die interne Sentry-Funktion von APEX verwendet wird. Für Interessierte ist eine beispielhafte Sentry-Funktion im Hilfetext zu diesem Attribut hinterlegt.

Attribut »Ungültiger Sessionprozedurname«

Möglicherweise interessanter ist die Angabe einer Prozedur, die ausgeführt werden soll, wenn keine gültige Session vorliegt. Im Hilfetext zu diesem Attribut ist ebenfalls eine beispielhafte Prozedur für diesen Anwendungsfall hinterlegt. Ist kein Eintrag vorhanden, entscheidet APEX, zur Anmelde-URL zu gehen. Das dürfte für die meisten Anwendungen das gewünschte Verhalten sein.

Attribut »Authentifizierungsfunktionsname«

Hier wird es interessant, denn diese Funktion muss in jedem Fall überschrieben werden. Die Funktion liefert einen booleschen Wert und erwartet genau zwei Parameter mit den Namen `P_USERNAME` und `P_PASSWORD`. Eine vereinfachte Implementierung dieser Prozedur zur Prüfung der Benutzernamen gegen eine eigene Benutzertabelle könnte zum Beispiel so aussehen:

```
function my_authentication (
  p_username in varchar2,
  p_password in varchar2 )
  return boolean
is
  C_SUCCESS constant number := 0;
  l_usr_id auth_users.usr_id%type;
begin
  select usr_id
    into l_usr_id
```

```
    from auth_users
   where user_name = upper(p_username)
     and usr_hash = standard_hash(p_password);
  apex_util.set_authentication_result(C_SUCCESS)
  return true;
exception
  when no_data_found then
    return false;
end;
```

Listing 26.2 Beispielprozedur zur Prüfung einer Authentifizierung

Das Verfahren, das Passwort zu prüfen, kann natürlich schon noch etwas pfiffiger implementiert werden als mit `STANDARD_HASH` oder `ORA_HASH`, aber sei's drum. Sie erkennen das Prinzip. Weitere Tests auf Uhrzeit, IP-Adresse des Anfragenden oder Anzahl der Haare auf dem linken Handgelenk können Sie gern noch implementieren, hier sind Ihrer Kreativität keine Grenzen gesetzt.

Als Ergebnis dieser Anmeldung können mehrere Fehlerstatus auftreten. Diese Fehlerstatus werden intern ausgewertet, können aber, wenn ein eigenes Authentifizierungsverfahren gewünscht ist, auch explizit als Teil der Überprüfung einer Anmeldung gesetzt werden. Aus hoffentlich nur historischen Gründen findet sich die hierfür erforderliche Prozedur im allgemeinen Sammelbecken `APEX_UTIL.SET_AUTHENTICATION_RESULT`, dem auch flankierende Funktionen wie eine entsprechende `Get`-Methode sowie Flags zum Thema *Erstverwendung von Passwörtern* beigestellt sind. Hier müsste dringend aufgeräumt werden.

Folgende Status sind definiert:

- 0 – normale, erfolgreiche Anmeldung
- 1 – unbekannter Benutzername
- 2 – Account gesperrt
- 3 – Account abgelaufen
- 4 – falsches Passwort eingegeben
- 5 – erste Passwortverwendung (dies kann dazu führen, dass der Benutzer sein Passwort ändern muss und sich erst danach einloggen kann)
- 6 – Maximalzahl ungültiger Anmeldungen überschritten
- 7 – unbekannter interner Fehler

Eine realitätsnähere Prozedur würde also die tatsächliche Ursache besser herausarbeiten und die entsprechenden Fehlercodes an APEX zum Logging weiterreichen. Es ist auch eine gute Idee, eine Möglichkeit vorzusehen, Hinweise für eine fehlgeschlagene Anmeldung an die Anmeldeseite zu übermitteln. Auch diese können auf den unterschiedlichen Stufen beruhen und zum Beispiel durch die Funktion APEX_UTIL.GET_AUTHENTICATION_RESULT ausgewählt werden.

Möchten Sie Nachrichten an die Oberfläche weiterreichen, bietet sich hierfür die Variable APEX_APPLICATION.G_PRINT_SUCCESS_MESSAGE (im Erfolgsfall) an, die durch das jeweilige Template der Anwendungsseite über den Platzhalter #SUCCESS_MESSAGE# angesprochen wird. Taucht ein Anwendungsfehler auf, kann dieser über die APEX_ERROR-API auf die Seite gebracht werden, zum Beispiel wie in Listing 26.3.

```
apex_error.add_error(
  p_message => '<Nachricht>',
  p_display_location => apex_error.c_inline_in_notification
);
```

Listing 26.3 Beispiel für die Anzeige einer Fehlermeldung beim Log-in

Attribut »Post-Abmelde-Prozedurname«

Diese Methode wird häufig verwendet, um einen Logeintrag beim Abmelden eines Benutzers zu schreiben oder ähnliche Aufräumarbeiten zu veranlassen. Oft wird diese Funktion aber auch nicht verwendet.

Lassen wir es bei dieser Besprechung. Früher hat man noch mehr gemacht, das ist heute allerdings nicht mehr erforderlich. Bleibt noch die Frage, wo die Prozeduren zur Authentifizierung angelegt werden sollen, und meine Antwort sollte Sie in der Zwischenzeit langweilen: in einem Package.

26.1.5 Single-Sign-on-Verfahren

APEX bietet ein vorgefertigtes *Single-Sign-on(SSO)*-Verfahren, das allerdings den *Oracle Application Server* voraussetzt. Ist diese Voraussetzung erfüllt, ist die Integration sehr einfach, es muss lediglich der Name der Partneranwendung und ein Abmelde-URL des SSO-Servers eingegeben werden. Die eigentliche Arbeit steckt dann in der Registrierung der APEX-Anwendung als Partneranwendung im Oracle-SSO-Server. Diesen Schritt erläutere ich nicht näher, das finden Sie in der Dokumentation des Oracle-SSO-Servers.

Möchten Sie diese Abhängigkeit nicht oder steht Oracle SSO nicht zur Verfügung, ist eine externe Authentifizierung über eine HTTP-Headervariable möglich. In diesem Fall wählen Sie innerhalb von APEX den Schematyp HTTP-Headervariable. Die Verwendung dieses Schematyps können Sie an einem Beispiel nachvollziehen, das mit Open-Source-Mitteln auskommt. Da ich mich nicht mit fremden Federn schmücken möchte, verweise ich auf die Präsentation von Niels de Bruijn von der MT GmbH, die unter *http://tinyurl.com/y7lamd4z* verfügbar ist. Sie zeigt Schritt für Schritt, wie echtes Single Sign-on funktioniert und ist schon deshalb sehr empfehlenswert, weil sie das Problem der unsicheren Authentifizierung innerhalb der Datenbank umgeht.

26.1.6 Social Sign-in

Hinter dem Begriff *Social Sign-in* verbirgt sich ein Anmeldeverfahren, das insbesondere für Anwendungen gedacht ist, die im Internet zugänglich sind und bei denen vorab die Anzahl der Benutzer nicht bekannt ist. Diese Anwendungen können dadurch Zugriff gewähren, dass die großen sozialen Netzwerke die Authentifizierung übernehmen: Man meldet sich letztlich bei dem sozialen Netz mit seinem dort vorhandenen Account an, und diese Anwendung autorisiert den Anwender für die APEX-Anwendung.

Hierzu sind einige Vorarbeiten erforderlich, die außerhalb des Fokus dieses Buches stehen: So muss zum Beispiel bei der Verwendung eines Google-Accounts die eigene Anwendung zunächst bei Google registriert werden, damit Google weiß, wohin die Authentifizierungsbestätigung zu schicken ist. Zudem erwartet Google, dass die Anwendung von Google geprüft wurde, bevor eine Registrierung möglich ist. Hierzu gibt es allerdings auch viele unterschiedliche Spielarten, wenn man zum Beispiel Nutzer von Google Workspace ist, dann abhängig davon, ob dieser Workspace im lokalen Netz läuft und so weiter.

Technisch ist diese Art der Authentifizierung recht einfach, denn es werden die für Google benötigten Zugangsdaten in einem Webzugang im APEX-Workspace hinterlegt. Anschließend wird ein entsprechendes Authentifizierungsverfahren eingerichtet, das lediglich die Angabe des verwendeten Webzugangs sowie die entsprechenden URLs zum Aufruf der Google-API erfordert.

26.2 Autorisierung

Die Autorisierung beschäftigt sich damit, was ein Benutzer innerhalb der Anwendung tun darf und was nicht. Die Autorisierung könnte man in zwei Bereiche unterteilen:

- ein Repositorium mit Angaben dazu, welcher Benutzer welche Rechte oder Rollen besitzt
- Code, der entscheidet, welche Rechte oder Rollen für welche Aktion innerhalb der Anwendung erforderlich ist

Der erste Punkt wird durch Tabellen, ACL-Listen, LDAP-Verzeichnisse oder Ähnliches sichergestellt. Es ist ein wenig außerhalb des Fokus dieses Kapitels, die Vor- und Nachteile der verschiedenen Verfahren zu schildern. Im Umfeld von APEX-Anwendungen kommt es häufig vor, dass zwar die Authentifizierung über ein LDAP- oder Active

Directory-Verzeichnis sichergestellt wird, die konkreten Anwendungsrechte aber lokal verwaltet werden.

Entscheidend für den zweiten Punkt, den Code bereitzustellen, der entscheidet, welche Rolle oder welches Recht für eine Aktion innerhalb der Anwendung erforderlich ist, ist das Konzept des *Autorisierungsschemas*. Ein Autorisierungsschema enthält nichts anderes als eine Funktion, die prüft, ob der angemeldete Benutzer über ein konkretes Recht verfügt. Dadurch, dass diese Funktion in einem Autorisierungsschema gekapselt ist, kann einfach nur auf das Autorisierungsschema verwiesen werden, um zu steuern, ob eine Aktion ausgeführt werden darf oder nicht. Dadurch ist es sehr einfach, ein Autorisierungsschema an ein Seitenelement zu hängen, und das ist in APEX für beliebige Anwendungsbausteine möglich.

Der Clou eines Autorisierungsschemas ist seine Flexibilität, es kapselt den Zugriff auf die eigentliche Entscheidungslogik und erlaubt so, die unterliegende Logik beliebig zu erweitern, ohne dass hierfür Änderungen an der Anwendung durchgeführt werden müssten. Zudem kann ein Autorisierungsschema oft referenziert werden, ohne dass sich dadurch der Code duplizieren würde. Nehmen wir an, eine Rolle sei so konzipiert, dass sie hierarchisch weitere Rollen umfasst. Besitzt also ein Anwender die Rolle `SUPERVISOR`, umfasst diese Rolle auch `BEARBEITER` und `LESEBERECHTIGUNG`. Dann ist es dem Autorisierungsschema mit dem Namen `IS_BEARBEITER` egal, wie die Logik darauf kommt, dass der angemeldete Benutzer diese Rolle wahrnimmt, ob ihm also die Rolle `BEARBEITER` oder `SUPERVISOR` zugeteilt wurde. Vielleicht entscheiden Sie, die Logik so aufzubauen, dass in der Prüfung auf eine Reihe von Rollen geprüft wird:

```
return auth_user.role_in_list(char_table('SUPERVISOR', 'BEARBEITER');
```

Oder Sie erstellen eine View, die diese interne Struktur auflöst und daher eine einfache Abfrage erlaubt wie:

```
return auth_user.user_has_role('BEARBEITER');
```

Wichtig ist nur, dass dieses Autorisierungsschema eine Funktion aufruft, die `TRUE` oder `FALSE` liefert. Entschließen Sie sich zu einer nachträglichen Änderung dieser Logik, haben Sie eine fest definierte Anzahl Autorisierungsschemata, die Sie ändern müssen, und sind anschließend sicher, keine Stelle in der Anwendung übersehen zu haben.

Autorisierungsschemata sind Teil der <Gemeinsamen Komponenten>, wir hatten ja bereits Beispiele für die Verwendung diskutiert. Die Anlage ist trivial: Im Bereich <Gemeinsame Anwendungen> • Sicherheit • Autorisierungsschemas kann über die Schaltfläche Erstellen ein neues Schema erstellt und direkt anschließend in der Anwendung verwendet werden. Hierzu muss es bei den entsprechenden Seitenelementen, Listeneinträgen, Regionen und so weiter im Attribut Sicherheit • Autorisierungsschema ausgewählt werden.

26.3 APEX-Anwendung zur Benutzerverwaltung

Wenn Sie mögen, können Sie für die lokale Verwaltung der Benutzerrechte eine übergreifende APEX-Anwendung einsetzen. Es wird für diesen Zweck vom APEX-Team zwar keine Anwendung mitgeliefert, doch ist die Implementierung einer solchen Anwendung nicht übermäßig kompliziert. Ich habe dies bei einem Kunden so implementiert, dass ein Administrator in der Benutzerverwaltung eine neue Anwendung bekannt gemacht und einen Anwendungsadministrator benannt hat. Dieser Anwendungsadministrator kann nun die Rollenrechte für diese Anwendung, die durch die Entwickler angelegt wurden, administrieren. Hierzu kann dieser Administrator neue Benutzer anlegen, die durch irgendein Authentifizierungsverfahren geprüft werden (wie dies geschieht, ist außerhalb des Fokus der Benutzerverwaltung) und ihnen anschließend die Rollen dieser einen Anwendung zuteilen oder entziehen.

Alle Anwendungen, die durch diese Benutzerverwaltung organisiert wurden, erhalten Zugriff auf je eine View für ihre jeweilige Anwendung, in der angegeben wird, welcher Benutzer über welche Rollen und Rechte verfügt, sowie auf ein Package, mit dessen Hilfe sie prüfen können, ob ein Benutzer ein Recht besitzt oder nicht. Dies ist die einzige Schnittstelle, die für die Anwendung von Interesse ist.

Damit dieses Verfahren funktioniert, muss die jeweilige View, die die Rechte der entsprechenden Anwendung enthält, durch den Schemaeigentümer der Anwendung sichtbar sein, doch verhält sich diese View insofern nicht anders als andere Tabellen, die Daten für eine APEX-Anwendung zuliefern. Dadurch ist es möglich, die Benutzerverwaltung sogar in einem eigenen Workspace mit eigenem Datenbankschema anzusiedeln, der Zugriff der anderen Anwendungen auf Benutzerrechte ist somit sicher kanalisiert.

26.3.1 Datenmodell

Sehen wir uns diese Anwendung einmal an. Ich möchte mit dem Datenmodell aus Abbildung 26.2 beginnen, aus dem ersichtlich wird, dass man solche Dinge gern nur einmal programmiert und anschließend wiederverwendet.

Das Datenmodell verwaltet einerseits eine Liste der Benutzer in den Tabellen `BV_BENUTZER`, `BV_ANREDE` und `BV_TITEL`. Dies ist erforderlich, damit der Benutzer in Auswahllisten etc. gut angesprochen werden kann. Wenn Sie diese Aufgabe durch ein LDAP-Verzeichnis abbilden möchten, kann dieser Bereich auf eine Spalte mit dem *Distinguished Name* reduziert werden, allerdings empfehle ich dennoch aus Performanzgründen, die näheren Angaben zum Benutzer in das lokale Datenmodell zu holen. Die Tabellen mit den doppelten Fremdschlüsselbeziehungen stehen für hierarchische Beziehungen, eine Rolle kann also zum Beispiel wiederum aus Rollen bestehen, und eine Anwendung kann weitere Anwendungen referenzieren. Diese Funktion wird benötigt, wenn eine APEX-Anwendung aus mehreren Einzelanwendungen besteht. Das übrige Datenmodell ist meines Erachtens Standard für solche Aufgaben: Ein Benutzer kann ein Benutzerrecht direkt oder über eine Rolle erhalten, Rollen können aus Rechten oder aus Rollen bestehen, Rechte und Rollen werden Anwendungen zugeordnet, um zu kontrollieren, welche Anwendung welche Rechte vergeben kann.

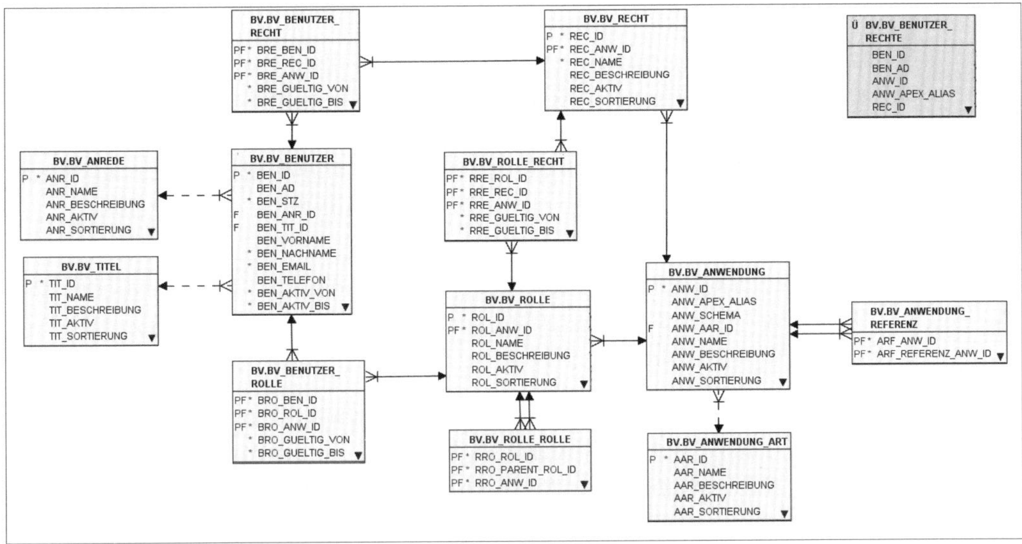

Abbildung 26.2 Datenmodell der Benutzerrechteverwaltung

Die Vielzahl der erforderlichen Tabellen sowie die hierarchischen Abfragen, die erforderlich sind, um herauszufinden, ob ein Benutzer ein Recht besitzt, rufen nach einer Vereinfachung, denn die Anwendung interessiert im Regelfall nicht, auf welche Weise ein Benutzer ein Recht erlangt hat, wichtig ist nur, *ob* er ein Recht besitzt. Daher werden die Daten des Datenmodells in einer materialisierten View `BV_BENUTZER_RECHTE` zusammengefasst, die in der rechten oberen Ecke des ER-Diagramms zu sehen ist. Die Rechenzeit dieser MV ist im Regelfall nicht groß, meistens unter einer Sekunde, doch werden die Informationen häufig benötigt (letztlich bei jeder Prüfung eines Autorisierungsschemas), sodass die Optimierung als materialisierte Sicht sinnvoll erscheint. Sie wird einmal täglich neu gerechnet, kann aber auch jederzeit, zum Beispiel nach Änderungen an den Rechten, neu angefordert werden, sodass sie stets den aktuellen Rechtestand zeigt.

Eine Anwendung, die in diesem Datenmodell registriert ist, wird in der Tabelle `BV_ANWENDUNG` hinterlegt und mit Rechten und Rollen ausgestattet, die in dieser Anwendung verwendet werden sollen. Diese Registrierung wird vom BV-Administrator oder über eine Skript-Schnittstelle erledigt, damit hat der Benutzeradministrator einer Anwendung nichts zu tun. Über eine Referenz zur Tabelle `BV_ANWENDUNG_ART` wird definiert, welches Konzept der Rechteverwaltung verwendet werden soll. Folgende Rechtemodelle sind derzeit hinterlegt:

- `Einfache Hierarchie`

  Die Rechteverwaltung besteht aus einer aufeinander aufbauenden Folge von Anwendungsrollen: Ist eine Rolle hierarchisch über einer anderen Rolle angelegt, umfasst diese alle Rechte aller untergeordneten Rollen.

- `Komplexe Hierarchie`

  Die Rechteverwaltung besteht aus Anwendungsrollen, die in einer komplexen Weise aufeinander verweisen. Rollen können also andere Rollen enthalten, müssen dies aber nicht. So lässt sich zum Beispiel ein Administrator erstellen, der jedoch keine Rechte bezüglich der Benutzung der Anwendung besitzt, oder es können mehrere Rollen auf gleicher hierarchischer Ebene eingesetzt werden.

- `Rechte und Rollen`

  Die Rechteverwaltung besteht aus Rechten, die einem Benutzer direkt oder über eine Rolle zugewiesen werden können. Dieses Rechtemodell ist in der Anwendung noch nicht implementiert.

Mit dieser Festlegung wird die Logik bestimmt, die im Hintergrund für dieses Modell erforderlich ist. Die Logik manifestiert sich in Views, die der Anwendung zur Verfügung gestellt werden. Wenn Sie die Anwendung installieren, ist nur das Programm `BV` selbst in den Stammdaten angelegt. Die Einstellungen dienen der Verwaltung der Benutzerverwaltung selbst. Damit die Benutzerverwaltung die für sie geltenden Benutzerrechte einsehen kann, wird eine Gruppe von fünf Views zur Verfügung gestellt, die letztlich Abfragen gegen die materialisierte View `BV_BENUTZER_RECHTE` darstellen:

- `<Anwendungs-Alias>_BV_BENUTZER`

  Die View zeigt die Benutzer, die für diese Anwendung vorhanden sind, inklusive der näheren Angaben wie Anrede, Vor- und Nachname etc.

- `<Anwendungs-Alias>_BV_RECHTE`

  Hier werden die Rechte eines Benutzers bezüglich einer Anwendung gezeigt. Die View umfasst nicht nur die Anwendungs-ID, sondern auch ein Anwendungs-APEX-Alias, die Benutzer-ID (und den Namen des Benutzers im LDAP oder Active Directory) sowie das zugewiesene Recht.

- `<Anwendungs-Alias>_BV_BENUTZER_ROLLE`

  Analog zeigt diese View die Rollen, die einem Benutzer zugewiesen sind. Ist das Rollenkonzept eine `Einfache Hierarchie`, werden in dieser View alle Rollen gezeigt, auf die der Benutzer Zugriff hat, und nicht nur die aktuell zugewiesene Rolle.

- `<Anwendungs-Alias>_BV_ROLLE` bzw. `-_RECHT`

  Diese beiden Views geben eine Liste aller Anwendungsrollen und Rechte, um eine Möglichkeit zu schaffen, Auswahllisten der entsprechenden Anwendung mit diesen Informationen zu füllen.

Jede neue Anwendung, die in der Benutzerverwaltung registriert wird, hat die Neuanlage dieser fünf Views für diese Anwendung zur Folge, zudem wird dem Schema, das bei der Anlage in der Benutzerverwaltung für diese Anwendung angegeben werden muss, ein read-Privileg (oder ein select-Privileg vor Version 12 der Datenbank) erteilt, sodass das Schema anschließend lokale Views auf diese fünf Views anlegen kann.

26.3.2 Anwendungslogik

Die Anwendung wird über eine Gruppe von Packages kontrolliert, die für die Verwaltung der Benutzerrechte intern verwendet werden (Packages BL_ANW_PKG, BL_RECHT_PKG und BV_RECHT_PKG). Das letzte der drei Packages stellt eine Schnittstelle zur Prüfung der Rechte zur Verfügung:

```
create or replace package bv_recht_pkg
as
  function aktueller_benutzer_hat_recht(
    p_rec_id in bv_recht.rec_id%type,
    p_anw_id in bv_anwendung.anw_id%type default null)
    return boolean;

  function aktueller_benutzer_ist(
    p_rol_id in bv_rolle.rol_id%type,
    p_anw_id in bv_anwendung.anw_id%type default null)
    return boolean;

  function benutzer_hat_recht(
    p_ben_ad in bv_benutzer.ben_ad%type,
    p_rec_id in bv_recht.rec_id%type,
    p_anw_id in bv_anwendung.anw_id%type default null)
    return boolean;

  function benutzer_ist(
    p_ben_ad in bv_benutzer.ben_ad%type,
    p_rol_id in bv_rolle.rol_id%type,
    p_anw_id in bv_anwendung.anw_id%type default null)
    return boolean;
end bv_recht_pkg;
```

Listing 26.4 Spezifikation des Packages »BV_RECHT_PKG«

Diese Methoden können verwendet werden, um für die Autorisierungsschemata zu prüfen, ob ein Benutzer ein Recht oder eine Rolle besitzt. Die Unterscheidung zwischen BENUTZER_HAT_RECHT und BENUTZER_IST besteht darin, dass im zweiten Fall nur

26

dann der Wert TRUE geliefert wird, wenn dem (aktuellen) Benutzer eine Rolle direkt zugeteilt wurde. Ein Administrator *hat* das Recht SUPERVISOR, weil das Rechtemodell besagt, dass eine hierarchisch höhere Rolle die untergeordneten Rollen enthalten soll, *ist* aber ADMINISTRATOR. Wird eine neue Anwendung registriert, erhält das Schema der Anwendung Zugriff auf dieses Package.

Die weiteren Packages dieses Benutzers sind die, mittlerweile hinlänglich bekannten, UI-Packages für die Benutzerverwaltung. Sie umfassen hauptsächlich Funktionen zur Verwaltung der Stammdaten des Datenmodells.

26.3.3 APEX-Anwendung

Die APEX-Anwendung ist nicht weiter spektakulär, sondern bietet dem Hauptadministrator die Möglichkeit, die Stammdaten zu editieren sowie Anwendungsadministratoren zu erstellen, die das Recht zur Administration der Benutzerrechte bezüglich einer Anwendung innerhalb der Benutzerverwaltung erhalten. Allerdings setzt diese Anwendung einige Utilitys voraus, die ich Ihnen per GitHub zur Verfügung stelle. Welche Utilitys das sind und wie diese installiert werden, schildere ich in Abschnitt A.4, »Installation meines APEX-Ökosystems«.

Abbildung 26.3 zeigt die Verwaltung der Benutzer, wenn der Hauptadministrator angemeldet ist. Er hat einen weiteren Administrator für die Verwaltung der Benutzerrechte an der Mitarbeiterverwaltung angelegt. Meldet sich dieser Benutzer an, kann er nur die Rechte verwalten, die für die Mitarbeiterverwaltung hinterlegt wurden. Er hat Zugriff auf alle Benutzer, die in der Anwendung hinterlegt sind, und kann auch neue Benutzer anlegen, aber für diese eben nur die Rechte bezüglich der Mitarbeiterverwaltung administrieren.

Abbildung 26.3 Verwaltung der Anwendungsbenutzer

Im Beispiel habe ich für die Mitarbeiterverwaltung die Rollen Administrator, Supervisor, Benutzer und Leserecht angelegt, die hierarchisch aufeinander aufbauen sollen. Melde ich mich also als Anwendungsadministrator für die Mitarbeiterverwaltung an, kann ich nun Benutzer für diese Anwendung erstellen und mit Rechten versorgen.

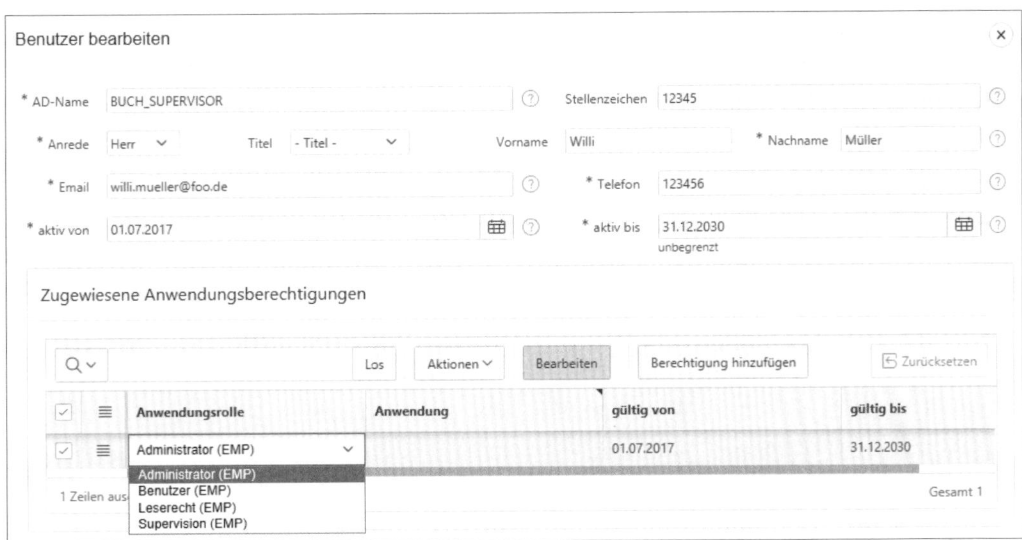

Abbildung 26.4 Anlage eines Benutzers für die Mitarbeiterverwaltung

Die weiteren Anwendungsseiten bergen keine Überraschungen, daher überlasse ich die Erforschung Ihrem Entdeckergeist. Wichtiger ist mir, an einem Beispiel die Verwendung im Umfeld der Autorisierung zu zeigen.

26.3.4 Beispiel für die Verwendung

Durch die Anlage eines Benutzers in der Anwendung (in unserem Beispiel die Anlage eines `Supervisors`) enthalten die Views für die Anwendung nun die entsprechenden Daten:

```
SQL> select *
  2    from emp_bv_benutzer_rechte;
ANW_ID ANW_APEX_ALIAS BEN_ID BEN_AD         REC_ID
------ -------------- ------ -------------- ------------------
EMP    EMP                41 BUCH_SUPERVISOR SUPERVISOR
EMP    EMP                41 BUCH_SUPERVISOR USER
EMP    EMP                41 BUCH_SUPERVISOR LESER

SQL> select *
  2    from emp_bv_benutzer_rolle;
BEN_ID BEN_AD          BRO_ROL_ID
------ --------------- --------------------
    41 BUCH_SUPERVISOR SUPERVISOR
```

Listing 26.5 Daten der Anwendungs-Views der Mitarbeiterverwaltung

Sie sehen, dass dem Benutzer die Rechte SUPERVISOR, USER und LESER zugeordnet wurden, während er nur die Rolle Supervisor erhalten hat. Nun können diese Rechte über das Package BV_RECHT_PKG analysiert werden:

```
SQL> set serveroutput on
SQL> begin
      if bv.bv_recht_pkg.benutzer_hat_recht(
           'BUCH_SUPERVISOR', 'USER', 'EMP') then
        dbms_output.put_line('Benutzer ist autorisiert');
      else
        dbms_output.put_line('Benutzer ist nicht autorisiert');
      end if;
    end;
    /
Benutzer ist autorisiert
```

Listing 26.6 Aufruf der Autorisierungspackages

Im Regelfall dürfte innerhalb eines Autorisierungsschemas die kürzere Variante über die Funktion BV_RECHT_PKG.AKTUELLER_BENUTZER_HAT_RECHT gewählt werden:

```
return bv.bv_recht_pkg.aktueller_benutzer_hat_recht('SUPERVISOR');
```

Listing 26.7 Beispiel der Logik eines Autorisierungsschemas

Durch diese Anwendung ist die Verwaltung der Benutzerrechte von der eigentlichen Anwendung getrennt und zentralisiert. Die einzelne Anwendung kann also von dieser Logik entlastet werden. Zudem steht eine Anwendung (gern auch in einem eigenen Workspace) zur Verfügung, die von der Fachseite aufgerufen werden kann, um die Benutzerrechte ihrer Anwendungen selbst zu verwalten. Dies entlastet die zentrale Administration. Sollte dies nicht gewünscht oder erlaubt sein, kann natürlich die Administration eines Anwendungsbenutzers auch über den Hauptadministrator erfolgen, er kann Benutzerrechte in allen Anwendungen erteilen und entziehen.

Ansonsten gilt für diese Anwendung die übliche salvatorische Klausel: Sollte eine Funktion für Sie nicht passen oder nicht Ihren Wünschen gemäß implementiert sein, gilt: Machen Sie sich den Code zu eigen, und passen Sie ihn an Ihre Wünsche an. Die Anwendung jedenfalls steht im Skriptverzeichnis für dieses Kapitel zur Verfügung. Wie für alle umfangreicheren Anwendungscodes und Hilfspackages habe ich auch für die Benutzerverwaltung ein GitHub-Repository eingerichtet, über das Sie auch mit mir in Kontakt bezüglich eventueller Fehler oder möglicher Erweiterungen der Anwendung treten können: *github.com/j-sieben/Benutzerverwaltung*.

Kapitel 27
APEX-Administration

In diesem Kapitel beschäftigen wir uns mit der Administration von APEX. Zwar ist dies in vielen Unternehmen keine Aufgabe für Entwickler, doch ist die Kenntnis dieser Möglichkeiten nicht nur für Administratoren, sondern auch für Entwickler interessant, um zum Beispiel Features anzufordern.

Um APEX administrieren zu können, muss bei der Installation ein Administrationsbenutzer angelegt worden sein. Dieser Benutzer ist ein APEX Workspace-Administrator, der den Workspace `INTERNAL` administriert. Dieser Workspace ist immer vorhanden, wenn APEX installiert ist. Hier lassen sich keine Anwendungen anlegen, sondern es kann ausschließlich APEX administriert werden. Abbildung 27.1 zeigt den Einstiegsbildschirm dieser Administrationsoberfläche.

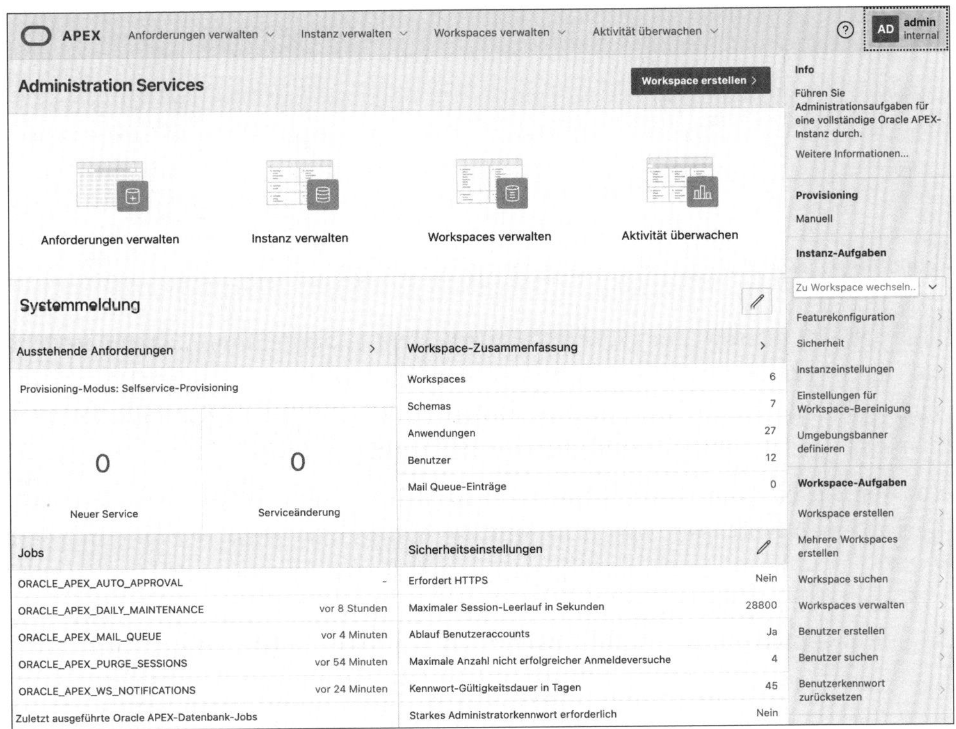

Abbildung 27.1 Einstiegsseite der APEX-Administration

Die großen Bereiche dienen der Bearbeitung von Workspace-Anforderungen, die dem Administrator von Benutzern zugeleitet werden können, der Verwaltung der APEX-Instanz sowie den Workspaces, die in dieser APEX-Installation vorhanden sind, und schließlich der Überwachung von Aktivitäten.

Der rechte Seitenbereich enthält darüber hinaus eine größere Liste von Instanz- und Workspace-bezogenen Aufgaben für häufig erforderliche Arbeiten. Alle Aufgaben dieses Bereichs sind aber auch über andere Anwendungsseiten zugänglich.

27.1 Bereich »Anforderungen verwalten«

Der Bereich ANFORDERUNGEN VERWALTEN dient als Dashboard für eingehende Anforderungen der Workspace-Administratoren. In den einzelnen Workspaces können solche Anforderungen gestellt werden, wie zum Beispiel die Änderung von Workspace-Parametern, die lokal nicht geändert werden dürfen. Alle Anforderungen laufen hier zusammen und können vom APEX-Administrator bearbeitet werden.

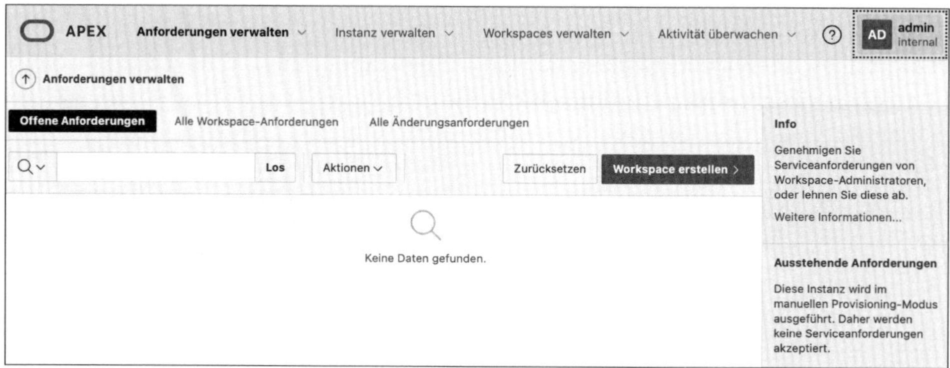

Abbildung 27.2 Bereich zur Verwaltung von Anforderungen

Diese Seite ist nicht weiter spektakulär, sie besteht aus einem interaktiven Bericht und einem Verweis auf die jeweiligen Anforderungen mit den benötigten Details. Haben Sie über die Genehmigung der Anforderung entschieden, wird dem Anfordernden eine E-Mail mit einer entsprechenden Nachricht zugeleitet.

Beachten Sie, dass viele Aktivitäten, wie zum Beispiel die Zuteilung weiteren Speichers an einen Workspace, nur ausgeführt werden können, wenn hierfür durch den Workspace-Administrator eine Anforderung gestellt wurde. Ansonsten sind die entsprechenden Bereiche einfach leer, und die damit verbundenen Anwendungsseiten, die eine Manipulation der Einstellungen erlauben, können nicht aufgerufen werden.

27.2 Bereich »Instanz verwalten«

In diesem Bereich werden die Optionen für APEX als Ganzes eingestellt. Die verschiedenen Bereiche und die Vielzahl der Möglichkeiten geben eine Vorstellung von der Breite der Optionen, die hier einstellbar sind. Es ist daher nicht sinnvoll, in diesem Buch alle Optionen erschöpfend darzustellen; ich erlaube mir also eine gewisse Auswahl.

27.2.1 Bereich »Instanzeinstellungen«

Eine der Anforderungen, die Workspace-Administratoren stellen können, besteht darin, einen neuen Workspace anlegen zu lassen. Es stehen mehrere Möglichkeiten zur Verfügung, um die Erstellung von Workspaces zu kontrollieren. Diese Möglichkeiten kontrolliert der APEX-Administrator im Bereich <Instanz verwalten> • Instanzeinstellungen • Workspaceeinstellungen, die Abbildung 27.3 zeigt.

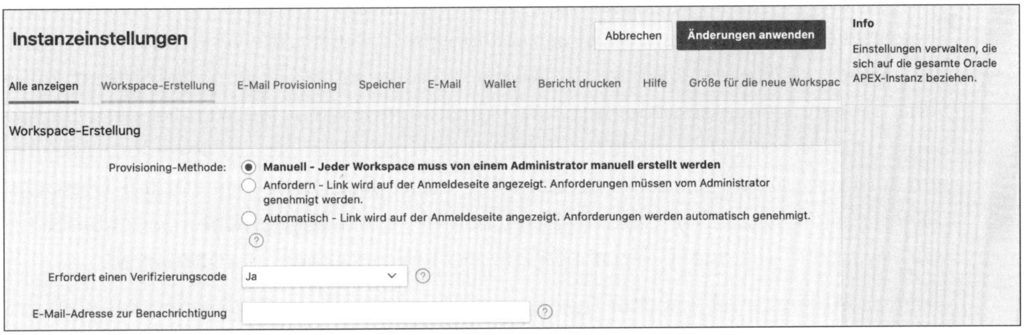

Abbildung 27.3 Festlegung des Provisioning-Modus für Workspaces

Zum einen, und das sollte aus Sicherheitsgründen die Standardeinstellung für die meisten Unternehmen sein, kann ein Workspace Manuell durch den APEX-Administrator angelegt werden. Soll ein neuer Workspace angelegt werden, muss dies dem APEX-Administrator mitgeteilt werden, nur er kann diese Aktion ausführen. Zum anderen ist es möglich, den Anwendern zu erlauben, über die Einstellung Anfordern einen neuen Workspace über eine Option des Anmeldebildschirms anzufordern. Der APEX-Administrator muss die Anforderung in diesen Fällen lediglich genehmigen, die konkreten Details wurden von den Benutzern bereits eingetragen.

Erlauben Sie, dass die Anwender neue Workspaces beantragen, ist es möglich, diese Anforderung durch einen Verifizierungscode zu sichern. Zudem können Sie sich an die Adresse des Attributs E-Mail-Adresse zur Benachrichtigung eine Mail senden lassen, wenn eine neue Anforderung eintrifft. Hierfür muss allerdings der Mailversand in APEX korrekt konfiguriert sein, was wir in Abschnitt 27.2.1 besprechen werden.

Die Attribute des Bereichs E-MAIL-PROVISIONING geben Ihnen die Möglichkeit, das automatisierte Anfordern für eine gewisse Zeit zu deaktivieren. Tun Sie dies, sollten Sie auch eine Nachricht hinterlassen, die dem Anwender erläutert, warum derzeit eine Anforderung von Workspaces nicht möglich ist und ab wann dies voraussichtlich wieder funktionieren wird.

Ist dem Benutzer erlaubt, einen neuen Workspace über die Anmeldemaske anzufordern, wird ein zusätzlicher Verweis WORKSPACE ANFORDERN auf dem Anmeldebildschirm eingeblendet, der einen Assistenten aufruft. Dieser Assistent erfragt die Benutzerdaten des Workspace-Administrators »in spe« und Angaben zum Workspace, wie etwa, ob ein neues Datenbankschema angelegt oder ein bestehendes Schema wiederverwendet werden soll und ob der Workspace alle Instrumente der Anwendungsentwicklung beinhalten oder lediglich in der Lage sein soll, die mitgelieferten Anwendungen zu installieren.

Welche Optionen in diesem Assistenten angeboten werden, hängt von weiteren Attributen ein, die Sie ebenfalls auf der Seite INSTANZ VERWALTEN • INSTANZEINSTELLUNGEN verwalten können. So ist es zum Beispiel möglich, die verschiedenen Optionen feiner zu steuern, indem festgelegt werden kann, ob ein Anforderer neue Schemata anlegen lassen oder nur bereits bestehende wiederverwenden darf. Ebenso kann eine Auswahl der möglichen Tablespace-Größen für Neuanlage oder Änderungen definiert sowie Speicherklauseln für die Tablespaces festgelegt werden. Diese Optionen setzen Sie in den weiteren Bereichen des oben angegebenen Seitenbereichs, wie etwa SPEICHER oder GRÖSSE FÜR DIE NEUE WORKSPACE-ANFORDERUNG.

Interessant sind zwei Erweiterungen dieser Funktionalität: Zum einen kann einem Workspace-Administrator die Anforderung neuer Services gestattet werden (Attribut INSTANZ VERWALTEN • FEATUREKONFIGURATION • WORKSPACE-ADMINISTRATION), wie zum Beispiel die Zuordnung weiterer Schemata zum Workspace oder die Erweiterung des Speicherplatzes. Zum anderen können die Anforderung eines Workspaces an einen Fragebogen oder weitere Anforderungen an die Freigabe definiert werden. Diese Optionen befinden sich im Bereich INSTANZ VERWALTEN • SELF-SERVICE-ANMELDUNG.

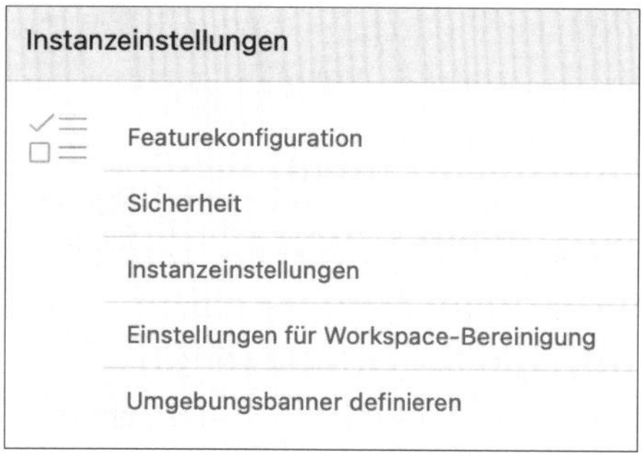

Instanzeinstellungen

- Featurekonfiguration
- Sicherheit
- Instanzeinstellungen
- Einstellungen für Workspace-Bereinigung
- Umgebungsbanner definieren

Abbildung 27.4 Optionen des Bereichs »Instanzeinstellungen«

In diesem Bereich finden sich Optionen, die sich auf die Verfügbarkeit von Komponenten der IDE, auf die Sicherheit oder das Housekeeping und weitere Details beziehen. Viele der Optionen sind weitgehend selbsterklärend.

Option »Featurekonfiguration«

Hier legen Sie fest, welche Komponenten in APEX verfügbar sein sollen. Sehen Sie sich die Optionen einmal in Ruhe an, das meiste erklärt sich von selbst, so etwa die Schalter, ob PL/SQL-Blöcke in Anwendungsprogrammen bearbeitet werden können oder ob der SQL Workshop verwendet werden darf. Zudem bietet sich hier die Möglichkeit, Grenzen für die Länge von SQL-Anweisungen einzuziehen und andere Rahmeneinstellungen für den SQL Workshop vorzunehmen. Einige der Optionen werden wir auch noch in Kapitel 28, »Sicherheit«, betrachten, weil sie sich dort besser zu einem Bild zusammenfügen.

Optionen »Sicherheit« und »Instanzeinstellungen«

Der Bereich SICHERHEIT wird in Kapitel 28 besprochen, zudem habe ich Ihnen die Optionen zum Provisioning-Modus bereits im vorigen Abschnitt erläutert.

Der Bereich INSTANZEINSTELLUNGEN • E-MAIL legt die Rahmendaten für den automatisierten Versand von E-Mails aus APEX heraus fest, wie etwa die Authentifizierungsdaten zum Mailserver, die maximale Anzahl möglicher E-Mails und so weiter. Hier werden auch Angaben zur Basis-URL von APEX gemacht, damit APEX in automatisiert erzeugten E-Mails einen Verweis auf eine konkrete APEX-Seite vollqualifiziert erzeugen kann.

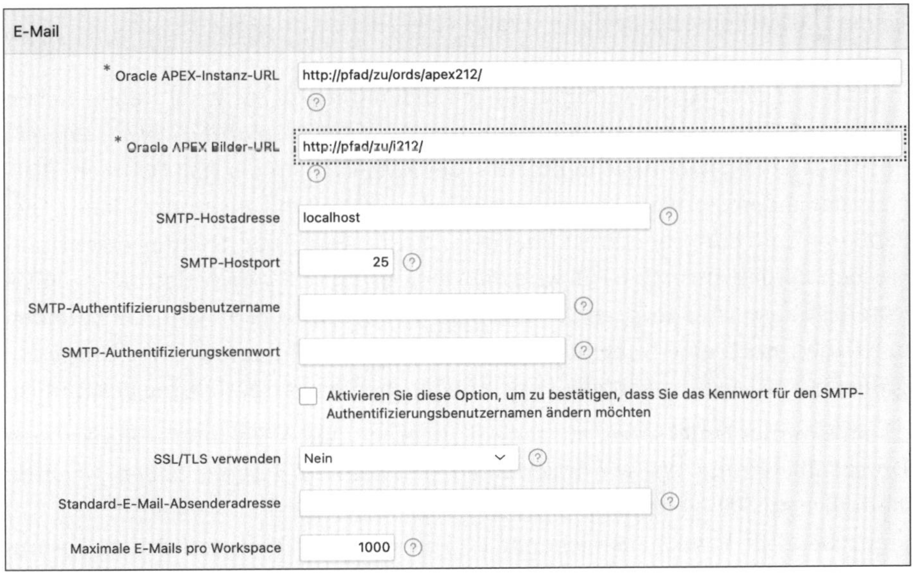

Abbildung 27.5 Attribute des Bereichs »E-Mail«

Von Interesse könnten die Attribute rund um die Themen Wallet und Bericht drucken sein (siehe Abbildung 27.6). Ein Wallet ist eine Oracle-Struktur zur verschlüsselten Speicherung von Benutzerdaten und -passworten und wird in APEX vor allem verwendet, um Zugangsdaten für HTTPS zu speichern, und zwar sowohl, um APEX über HTTPS zur Verfügung zu stellen, als auch, um über APEX auf gesicherte Webservices anderer Hersteller zugreifen zu können. An dieser Stelle wird der Pfad zu der entsprechenden Wallet-Datei eingetragen.

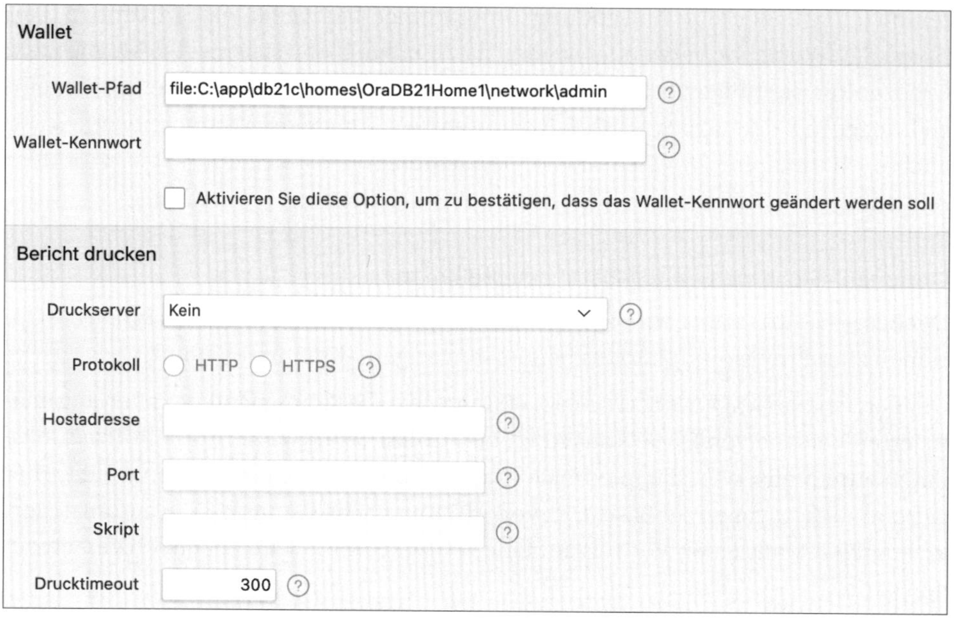

Abbildung 27.6 Attribute der Bereiche »Wallet« und »Bericht drucken«

Dann kann hier auch ein Druckserver eingebunden werden. Zur Wahl stehen, neben Angeboten von Drittherstellern, die Integration von FOP (*Formatting Objects Printer*), einem Renderer aus dem Apache-Kosmos, der XML-Dateien per XSL-FO in ein PDF-Format oder andere Formate konvertieren und anschließend ausdrucken kann. Dieser Renderer kann entweder direkt über den Attributwert Druckserver • `Extern` angesprochen werden. Im ersten Fall wird die Version von FOP verwendet, die im ORDS enthalten ist, ansonsten müssen Sie angeben, wo sich die Version von FOP befindet. Dann existiert noch eine Integration mit dem *Oracle BI Publisher*, einer Oracle-Lösung, die für ihre Leistungsfähigkeit und entsprechende Preisgestaltung bekannt ist.

Wird kein externer Druckserver ausgewählt, übernehmen APEX-interne Funktionen die Druckaufbereitung. Wie wir in verschiedenen Kapiteln gesehen haben, wachsen diesbezüglich die Fähigkeiten von APEX kontinuierlich an und stellen für viele Anwendungsbereiche bereits ausreichende Ergebnisse bereit. Fortgeschrittene Formulare oder »Pixel-Perfect«-Ausgaben lassen sich aber nicht intern erzeugen, sodass die Einbindung externer Lösungen immer noch erforderlich ist.

Alternativ zum Ausdruck bereits angezeigter Berichte lassen sich Druckausgaben auch über einen externen Berichtseditor erstellen und ausgeben, wie zum Beispiel über JasperReports oder BIRT. Diese Werkzeuge verfügen jeweils über eine HTTP- bzw. REST-Schnittstelle, über die sie einfach aus APEX angesprochen werden können.

Als Letztes kann im Bereich INSTANZEINSTELLUNGEN • ANWENDUNGS-ID-BEREICH editiert werden, aus welchem Bereich IDs für neue Anwendungen entnommen werden können.

Bereich »Einstellungen für Workspace-Bereinigung«

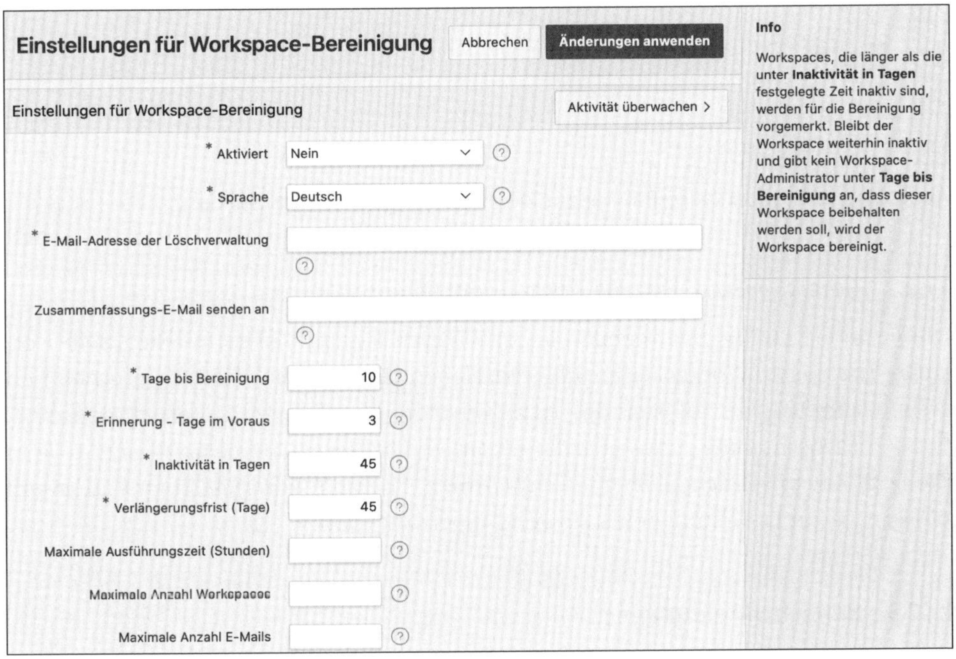

Abbildung 27.7 Attribute des Bereichs »Einstellungen für Workspace-Bereinigung«

Die Optionen dieses Bereichs sind wohl eher für Anwendungsszenarien aus dem Bereich Cloud-Provisioning interessant, in dem Endanwender selbst Workspaces anfordern können. Die Optionen legen fest, ob und, wenn ja, in welchem Rhythmus Workspaces nach einer gewissen Zeit der Inaktivität automatisiert bereinigt werden sollen. Die Auswahl der Attribute aus Abbildung 27.7 zeigt, dass das Oracle-Team selbst diese Funktionalität benötigt hat, denn die Workspaces auf *apex.oracle.com*, die sich jeder Interessierte erstellen kann, werden durch diese Funktionalität überwacht. Im »normalen« Unternehmensumfeld sind die Optionen dieses Bereichs wohl eher wenig interessant.

Bereich »Umgebungsbanner definieren«

Diese Option erlaubt es Ihnen, einen Banner zu erstellen, der in der Workspace-IDE angezeigt wird. Mit diesem Mittel ist es möglich, unterschiedliche Workspaces optisch voneinander zu unterscheiden. Ein sehr witziges Feature, dessen Auswirkung Sie in Abbildung 27.8 sehen können.

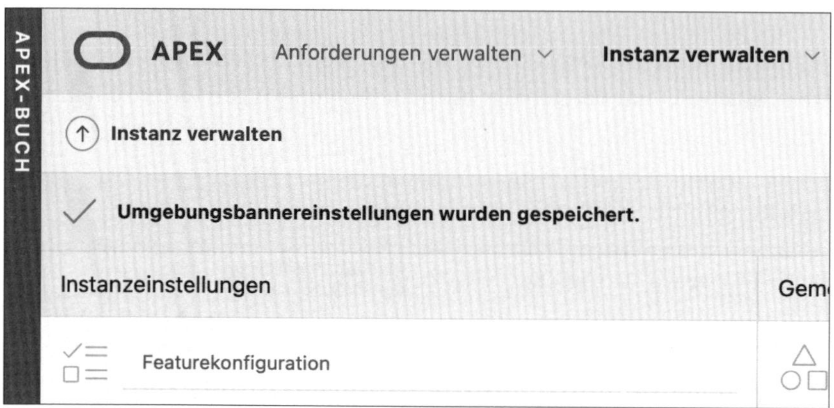

Abbildung 27.8 Workspace-Banner zur Identifizierung eines Workspaces

27.2.2 Bereich »Gemeinsame Komponenten verwalten«

Dieser Bereich klingt spannender, als er wirklich ist: Hier ist es möglich, selbst erstellte Themes im Workspace anzubieten. Haben Sie ein Theme für Ihr Unternehmen erstellt, zum Beispiel auf Basis des `Universal Theme 42`, mit an Ihr Unternehmen angepassten Farbschemata, Icons etc., dann können Sie dieses Theme an dieser Stelle in die Liste der öffentlichen Themes aufnehmen. Dadurch wird das Theme in jedem Workspace zur Erstellung neuer Anwendungen angeboten.

27.2.3 Bereich »Meldungen«

Der Bereich MELDUNGEN erlaubt es, globale Texte zu definieren, die entweder auf der APEX-Anmeldeseite (ANMELDENACHRICHT DEFINIEREN) oder in der APEX IDE (SYSTEMMELDUNG DEFINIEREN) dargestellt werden. Interessant ist möglicherweise auch der Punkt SITE-SPEZIFISCHE AUFGABEN VERWALTEN. Hier ist es möglich, eine Liste zu pflegen, die als Aufgaben auf der Hauptseite der APEX IDE unter dem Punkt SITE-SPEZIFISCHE AUFGABEN dargestellt wird. Hier könnten APEX-URLs hinterlegt werden, die für gewisse statistische Arbeiten, Reviews oder Ähnliches herangezogen werden könnten.

Abbildung 27.9 Unterpunkte des Bereichs »Meldungen«

27.2.4 Bereiche »Metadaten verwalten« und »Logs und Dateien verwalten«

Der Bereich METADATEN VERWALTEN dient weniger dem Einstellen weiterer Optionen als der Überwachung und Pflege der APEX-Installation. Die meisten Bereiche bieten interaktive Berichte an, die für die aufgelisteten Elemente eine Administrationsmöglichkeit vorsehen. So kann zum Beispiel im Bereich METADATEN VERWALTEN • SESSIONZUSTAND ein Bericht über die aktuellen Sessions angefordert werden, es können Sessions gelöscht oder Statistiken über Sessions dargestellt werden. Die einzelnen Optionen sind jeweils selbsterklärend.

Abbildung 27.10 Unterpunkte des Bereichs »Metadaten verwalten«

Ähnliches gilt auch für den Bereich LOGS UND DATEIEN VERWALTEN. Die verschiedenen Bereiche, in denen Informationen hinterlegt werden, können hier vor allem bereinigt werden. Es ist zum Beispiel nicht möglich, in die SQL-Workshop-Logs hineinzusehen, um eventuell abgesetzte SQL-Skripte zu sehen, sondern es ist nur möglich, Skripts, die älter als eine einzustellende Zeitperiode sind, zu löschen. Ob dies im Einzelfall erforderlich oder durch Standardmethoden von APEX ausreichend abgedeckt ist, kann man nur im Einzelfall entscheiden. Ich benötige diese Optionen so gut wie nie.

Eine etwas andere Funktionalität bieten die beiden Unterpunkte LOGINTERVALL VERWALTEN und AKTIVITÄTSLOG ARCHIVIEREN. Der erste Punkt erlaubt die Vorgabe der Löschintervalle für verschiedene Log-Arten, während der zweite Punkt die Archivierung von Logeinträgen in zusammengefasster Form ermöglicht. Diese Daten können später zur Auslastungsplanung herangezogen werden.

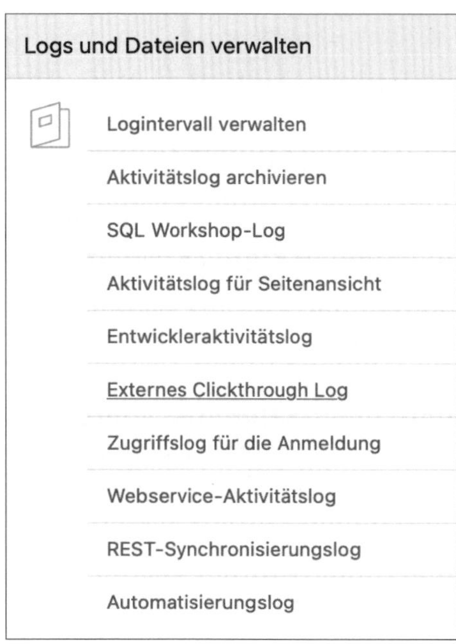

Abbildung 27.11 Unterpunkte des Bereichs »Logs und Dateien verwalten«

27.3 Bereich »Workspaces verwalten«

Dieser Bereich wird von APEX-Administratoren häufig verwendet, denn hier werden die einzelnen Workspaces eingerichtet und überwacht. Wieder erscheint eine Anwendungsseite mit einer Grobteilung in vier verschiedene Bereiche und einen Infobereich auf der rechten Seite.

Viele der Optionen öffnen einfache Berichte, andere werden erst aktiv, wenn Anfragen durch Workspace-Administratoren gestellt wurden.

27.3.1 Bereich »Workspace-Aktionen«

Dieser Bereich ist der wichtigste Bereich, da er die Workspaces tatsächlich erstellt und administriert.

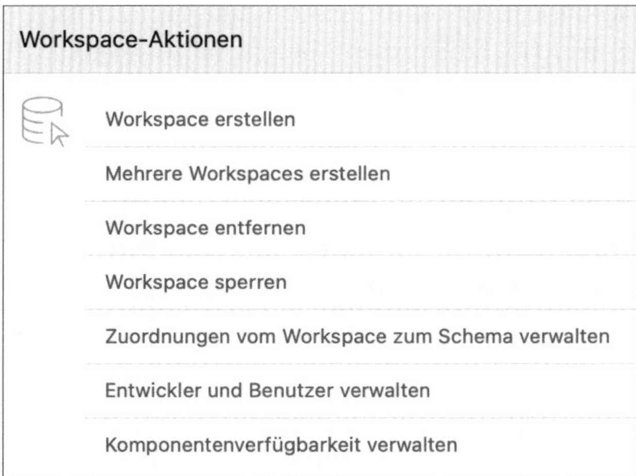

Abbildung 27.12 Unterpunkte des Bereichs »Workspace-Aktionen«

Option »Workspace erstellen«

Soll ein neuer Workspace eingerichtet werden, wird über den Unterpunkt WORKSPACE ERSTELLEN ein Assistent aufgerufen, der die benötigten Daten erfragt und den Workspace anschließend direkt einrichtet.

[!]

Merke

Die Angabe einer Workspace-ID ist optional. Wird keine ID eingegeben, wählt APEX selbsttätig eine neue ID. Es empfiehlt sich, für die verschiedenen Ebenen wie Entwicklung, Test und Produktion für den gleichen Workspace die gleiche ID zu verwenden. Dies kann entweder dadurch erfolgen, dass der Workspace exportiert und auf einer anderen Ebene importiert wird, oder durch eine entsprechende Angabe in diesem Assistenten. Voraussetzung hierfür ist allerdings, dass die Datenbanken physikalisch unterschiedlich sind, denn die Workspace-ID muss pro APEX-Installation eindeutig sein.

Einem Workspace kann ein existierendes Schema zugeordnet werden, oder es wird direkt ein neues Schema erstellt. Im Regelfall dürfte es im Unternehmensbereich besser sein, ein Schema separat zu erstellen und dann einem Workspace zuzuordnen, weil erfahrene DBAs hierbei mehr Möglichkeiten der Kontrolle über die Speicherzuordnung etc. haben. Über den Assistenten können nur rudimentäre Angaben zum neuen Schema angegeben werden, sodass bei dieser Einrichtung eine Feinabstimmung der Rechte, Speichereinstellungen und Profilzuordnungen ohnehin separat ausgeführt werden muss.

Abschließend muss für einen Workspace immer auch ein Workspace-Administrator eingerichtet werden. Dieser Administrator benötigt zumindest einen Benutzernamen, eine E-Mail-Adresse und ein Passwort. Meldet sich dieser Administrator später an dem neu erstellten Workspace an, kann er weitere Benutzer anlegen. Nach Anlage des Workspaces kann aber auch der APEX-Administrator neue Benutzer anlegen.

Option »Mehrere Workspaces erstellen«

Müssen viele Workspaces angelegt werden, ist dies über den Unterpunkt MEHRERE WORKSPACES ERSTELLEN möglich. Diese Option empfiehlt sich zum Beispiel, um eine APEX-Umgebung für eine Schulung einzurichten. Passend für diesen Einsatzzweck lassen sich hier mehr Einstellungen vornehmen, als wenn nur ein einzelner Workspace eingerichtet würde.

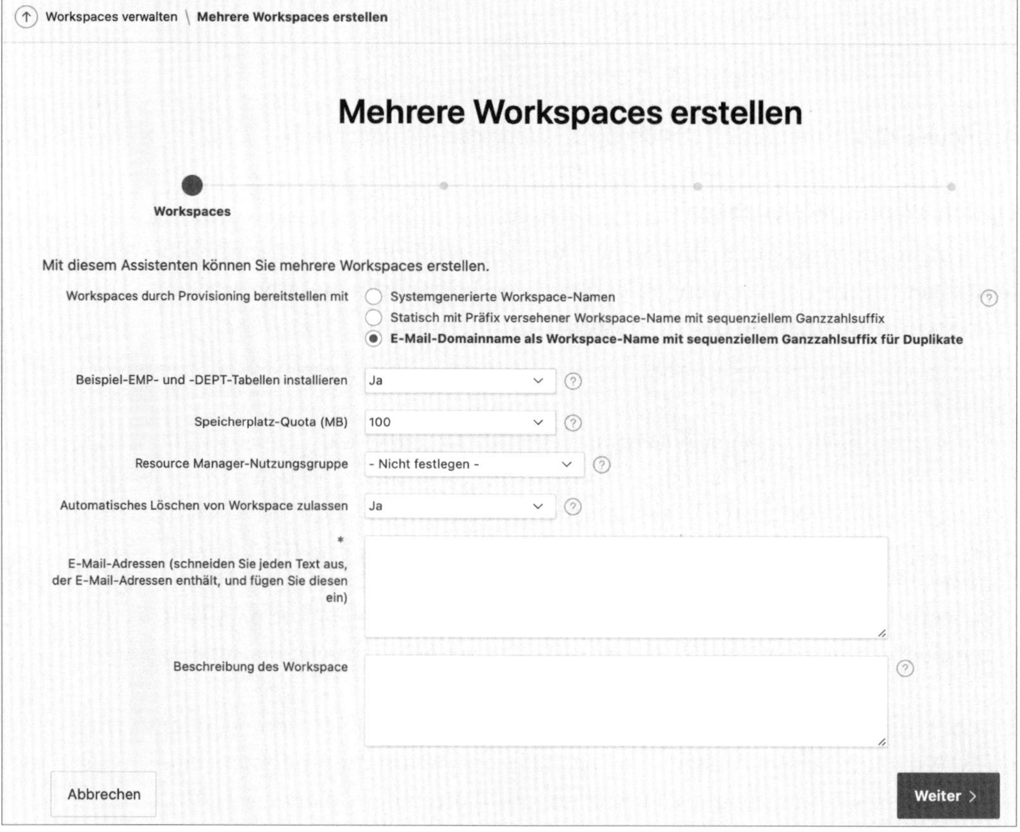

Abbildung 27.13 Attribute der ersten Assistentenseite zum Anlegen mehrerer Workspaces

Zunächst sind drei verschiedene Verfahren zur Generierung von Workspace-Namen vorhanden:

- Sie können diese durch das System vorgeben (eher nicht zu empfehlen). In diesem Fall wird Ihnen ein Attribut zur Angabe der Anzahl der Workspaces angezeigt.

- Alternativ können Sie ein statisches Präfix mit Sequenznummer als Name festlegen und dieses Präfix sowie die Anzahl der Workspaces über jeweils ein Attribut angeben.
- Als dritte Option ist es möglich, eine E-Mail-Domäne für diesen Zweck zu verwenden. Bei dieser Option können Sie eine Anzahl E-Mail-Adressen in ein Textfeld einfügen. Sind mehrere E-Mail-Adressen derselben Domäne vorhanden, werden diese mit einer Sequenznummer getrennt, ansonsten heißt der Workspace wie die E-Mail-Domänen. Geben Sie also zum Beispiel die E-Mail-Adressen `willi@web.com`, `peter@gmail.de`, `team@condes.de` ein, entstehen die Workspaces `WEB`, `GMAIL` und `CONDES`.

Zudem können Sie festlegen, ob die Beispieltabellen `EMP` und `DEPT` eingerichtet werden sollen. Anschließend können der Speicherplatz sowie eine Ressourcen-Nutzungsgruppe (ein Verweis auf eine *Database Resource Manager-Nutzungsgruppe*) festgelegt werden, und es kann eine Beschreibung des Workspaces hinterlegt werden. Wenn Sie definieren, dass ein Workspace ein automatisches Löschen zulässt, bedeutet dies, dass die internen Prozesse, die detektieren, ob Workspaces in letzter Zeit benutzt wurden, auch diese Workspaces in Betracht zieht und eine Löschung vorschlägt.

Auf der letzten Assistentenseite vergeben Sie dann noch ein einheitliches Passwort für den Workspace-Administrator aller Workspaces und geben die Anweisung zum Erstellen.

Optionen »Workspace entfernen« und »Workspace sperren«

Diese beiden Optionen werden verwendet, um den Workspace komplett zu löschen oder den Zugriff darauf zu sperren. Beide Funktionen sind nicht weiter speziell, mit der kleinen Ausnahme, dass ein Workspace nicht gesperrt werden kann, sondern durch diese Option lediglich alle Workspace-Benutzer gesperrt und alle Workspace-Anwendungen auf `Nicht verfügbar` gestellt werden. Im Übrigen existiert keine gegenteilige Anweisung, gesperrte Workspaces zu entsperren. Um dies zu erreichen, müssen alle Benutzer und alle Anwendungen manuell auf `verfügbar` gestellt werden.

Die beiden Optionen starten die nun hinlänglich bekannten Assistenten, erfordern die Angabe des Workspaces und eine Bestätigung, ansonsten ist die Bedienung trivial.

Option »Zuordnungen vom Workspace zum Schema verwalten«

Hier hat der APEX-Administrator zum einen die Möglichkeit, die Zuordnung von Datenbankschemata zu Workspaces in einem interaktiven Bericht einzusehen und zu editieren. Zum anderen hat er die Möglichkeit, einem Workspace ein zusätzliches Schema zuzuordnen, entweder als Referenz auf ein bereits bestehendes Schema oder durch Anlage eines neuen Schemas. Hierzu steht die Schaltfläche SCHEMA HINZUFÜGEN oberhalb des interaktiven Berichts bereit, der einen entsprechenden Assistenten startet. Die Bedienung dieses Assistenten wiederholt bereits erläuterte Einstellungen, daher kann ich auf eine gesonderte Besprechung verzichten.

Option »Entwickler und Benutzer verwalten«

In diesem Bereich werden alle Benutzer, die eine besondere Rolle innerhalb der Anwendungsentwicklung spielen, verwaltet. Dieser Bereich ist eine Dopplung entsprechender Funktionalität im Workspace selbst, in dem der Workspace-Administrator ja auch die Hoheit über die Benutzer des Workspaces innehat. Hier jedoch ist diese Möglichkeit Workspace-übergreifend gegeben und könnte zum Beispiel verwendet werden, einem Benutzer den Zugriff, den er auf mehrere Workspaces hatte, zu entziehen, wenn er das Unternehmen verlässt oder andere Aufgaben wahrnimmt. Analog kann ein Benutzer für mehrere Workspaces eingerichtet werden.

Diese Option ist aber vor allem wichtig, um das Passwort des Workspace-Administrators zurückzusetzen, sollte dieser es einmal vergessen haben. Sollte auch der APEX-Administrator sein Passwort vergessen haben, muss dies über das Skript *apxchpwd.sql* neu eingerichtet werden, das sich bei den Installationsskripten von APEX findet. Bei der ersten Anmeldung muss dieses Passwort dann verpflichtend geändert werden.

Der Name der Option leitet sich daraus ab, dass Sie, egal, welches Verfahren Sie zur Authentifizierung der Anwendungsbenutzer an die APEX-Anwendungen verwenden, in jedem Fall die APEX-Benutzerverwaltung für die Anmeldung an der APEX IDE verwenden müssen. Dennoch wäre aus meiner Sicht die Bezeichnung `Administratoren und Entwickler verwalten` passender gewesen.

Option »Komponentenverfügbarkeit verwalten«

Dies ist eine interessante Option insofern, als es dem APEX-Administrator gestattet, für die einzelnen Workspaces festzulegen, ob die folgenden Komponenten möglich sein sollen oder nicht:

- Application Builder
- SQL Workshop
- PL/SQL-Bearbeitung im SQL Workshop
- Team Development
- Installation mitgelieferter Anwendungen

Zudem kann mit dieser Option auch eine Workspace-bezogene Nachricht erfasst werden, die anschließend in der APEX IDE angezeigt wird. Diese Nachricht könnte zum Beispiel auf Wartungsarbeiten oder die Erweiterung um ein Schema etc. hinweisen.

27.3.2 Bereich »Anwendungen verwalten«

Auch in diesem Bereich können zum Teil administrative Arbeiten durchgeführt werden. Die erste Option ANWENDUNGSATTRIBUTE stellt lediglich einen Bericht über die Attribute der verschiedenen Anwendungen der Workspaces als interaktiven Bericht zur Verfügung. Doch mit der Option ERSTELLSTATUS können Sie für jede Anwendung der verschiedenen Workspaces den Erstellstatus editieren (na ja, ein großes Wort für die Wahl zwischen `Anwendung nur ausführen` und `Anwendung ausführen und erstellen`). Ein interessantes Detail zeigte sich in meinem Bericht über die verschiedenen Anwendungen, in dem ein nicht weiter dokumentierter Zustand `Ausgeführt und ausgeblendet` (`RUN_ADN_HIDDEN`) ausgewiesen wurde.

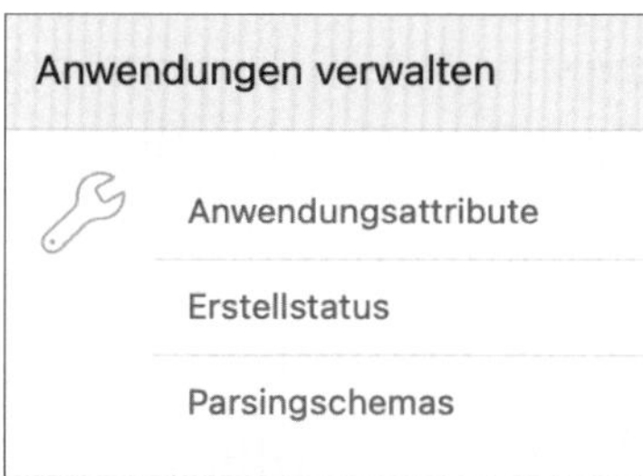

Abbildung 27.14 Unterpunkte des Bereichs »Anwendungen verwalten«

[!]

> **Merke**
> Warum, wenn man diese Einstellungen schon einmal editiert, nicht auch der Verfügbarkeitsstatus mit editiert werden kann, entzieht sich meiner Kenntnis. Meiner Meinung nach wäre dies ein Leichtes gewesen, zudem könnte ich mir hier auch gut ein editierbares Grid vorstellen, um die Einstellungen direkt im Bericht vorzunehmen und den APEX-Administrator nicht für jede einzelne Anwendung in einen modalen Dialog zu zwingen.

Der Unterpunkt PARSINGSCHEMAS ist dann wieder ein einfacher Bericht, der insofern keine Dopplung zum Hauptschema des Workspaces ist, als für jede Anwendung ein anderes Schema als Hauptschema ausgewählt werden kann, wenn denn mehrere Schemata einem Workspace zur Verfügung gestellt werden.

27.3.3 Bereiche »Exportieren/Importieren« und »Workspace-Berichte«

Der Bereich EXPORTIEREN/IMPORTIEREN macht, was draufsteht: Er startet Assistenten, mit denen ein Workspace ex- oder importiert werden kann. Die Benutzerführung ist ein wenig ungewöhnlich, weil einfach nur ein Workspace zum Export ausgewählt und der Export bestätigt werden muss. Erst durch die Bestätigung wird eine Bestätigungsseite angezeigt, auf der die Exportoptionen des Workspaces angezeigt werden. Das ist ungewohnt, aber natürlich auch kein wesentliches Problem.

Abbildung 27.15 Unterpunkte des Bereichs »Exportieren/Importieren«

Ebenso kurz können wir die Besprechung des Bereichs WORKSPACE-BERICHTE halten, denn hier werden ausschließlich Berichte über verschiedene Aspekte der einzelnen Workspaces dargestellt.

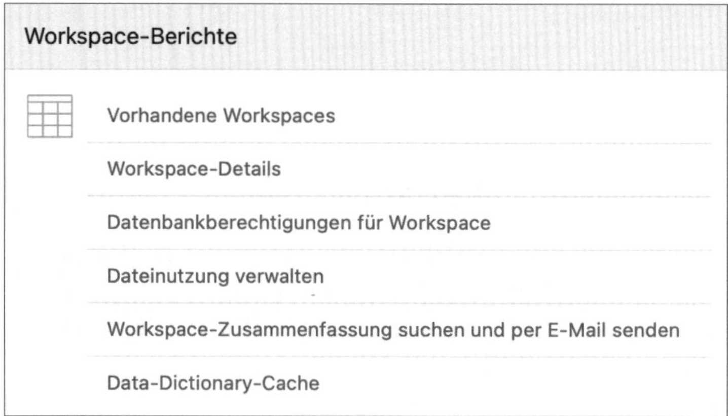

Abbildung 27.16 Unterpunkte des Bereichs »Workspace-Berichte«

Einige Berichte verdienen schon eine nähere Betrachtung, so kann zum Beispiel über den Bericht DATENBANKBERECHTIGUNGEN FÜR WORKSPACE auf einfache Weise eingesehen werden, welche Rechte den Schemata der verschiedenen Workspaces eingeräumt wurden. Idealerweise sollte dies nur so viel sein, wie für die Anwendung unbedingt erforderlich ist. Gerade bei der Migration von Entwicklungsrechnern zu Test- oder Produktivsystemen kann hier einmal geschaut werden, was vor der Auslieferung noch entfernt werden kann.

Zudem eröffnet sich über die entsprechenden interaktiven Berichte oftmals die Möglichkeit, einen bestehenden Workspace zu bearbeiten. Diese Möglichkeit beinhalten mehrere Berichte, allen voran aber natürlich der Bericht VORHANDENE WORKSPACES. Fachlich passiert hier nichts Neues, doch ist es mit dieser Option möglich, die Einstellungen eines Workspaces zu überarbeiten, Komponentenverfügbarkeit zu steuern sowie die Größe oder das zugeordnete Schema zu ändern. Hier lauern zudem einige interessante Optionen. Gehen Sie zum Unterpunkt VORHANDENE WORKSPACES, und klicken Sie auf den Bearbeitungsverweis eines Workspaces, zum Beispiel auf den Workspace APEX_BUCH.

Bereich »Informationen zum Workspace bearbeiten«

Jeder Workspace wird intern über eine Workspace-ID referenziert, die wir in Abbildung 27.17 sehen. Abweichend davon kann aber auch ein Workspace-Name festgelegt und hier überschrieben werden. Wie Sie sehen, ist das erste Schema hier nicht editierbar. Diese Möglichkeit haben wir aber über die Option WORKSPACE VERWALTEN • WORKSPACE-AKTIONEN • ZUORDNUNG VOM WORKSPACE ZUM SCHEMA VERWALTEN.

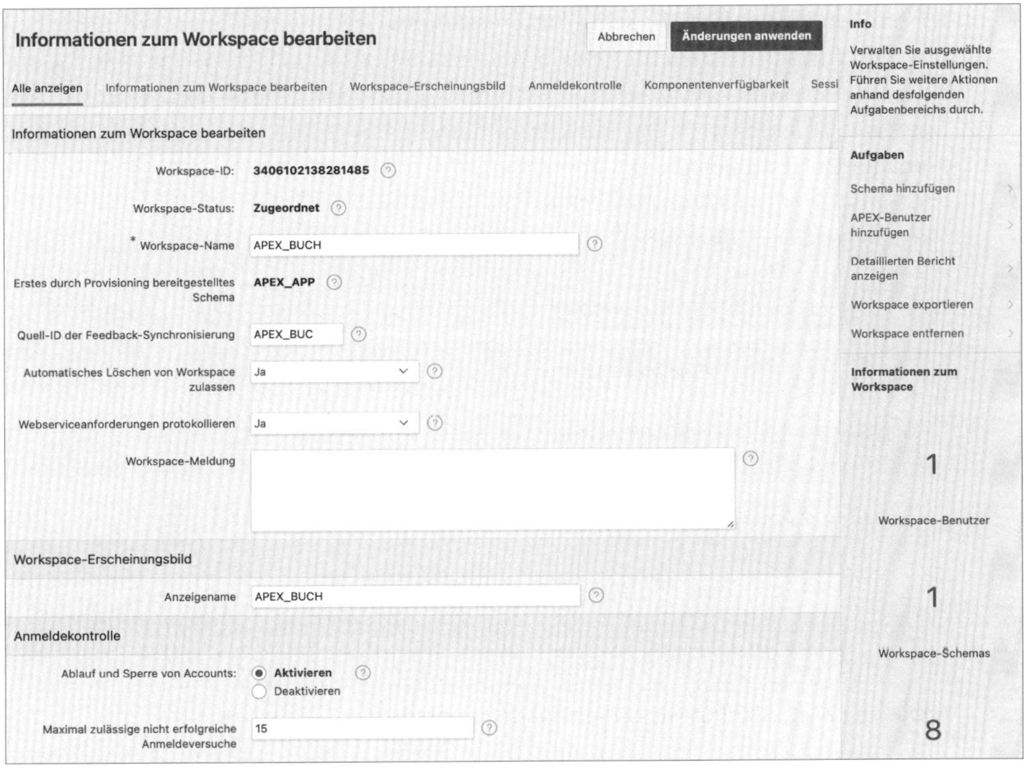

Abbildung 27.17 Optionen des Bereichs »Informationen zum Workspace bearbeiten«

Ein witziges Attribut heißt QUELL-ID DER FEEDBACK-SYNCHRONISIERUNG. Dieses Attribut legt einen Wert fest, der dazu verwendet wird, bei Feedback einer Anwendung (das Feedback wurde ja für einen Workspace gesammelt und gespeichert) eine ID festzulegen, unter der dieser einem Workspace zugeordnet werden kann. Wie Sie am Beispiel sehen, ist die Länge dieser ID auf acht Zeichen limitiert, der Workspace-Name kann aber deutlich länger sein. Daher ist dieses Attribut sinnvoll. Die beiden anderen Attribute hatte ich bereits besprochen.

Bereiche »Workspace-Erscheinungsbild« und »Anmeldekontrolle«

Der erste Bereich ist überflüssig, denn hier kann ein alternativer Bezeichner für den Workspace eingefügt werden. Das hätte auch gut in den Bereich INFORMATIONEN ZUM WORKSPACE BEARBEITEN eingefügt werden können. Es handelt sich hierbei um den Anzeigenamen, der in Berichten etc. verwendet wird, um den Workspace zu benennen.

Der Bereich ANMELDEKONTROLLE bezieht sich auf Sicherheitseinstellungen für den Workspace. Diese Attribute bespreche ich gemeinsam in Kapitel 28, »Sicherheit«.

Bereich »Komponentenverfügbarkeit«

Diesen Bereich kennen wir schon, interessanterweise sind hier aber zwei Optionen mehr vorhanden als über die Option WORKSPACES VERWALTEN • WORKSPACE-AKTIONEN • KOMPONENTENVERFÜGBARKEIT VERWALTEN, denn die beiden Optionen zum Thema REST fehlen dort. Das hat keinen besonderen Grund, das ist einfach ein Problem der Qualitätssicherung.

Abbildung 27.18 Attribute des Bereichs »Komponentenverfügbarkeit«

Das Attribut KOMPONENTENVERFÜGBARKEIT • RESTFUL PFADPRÄFIX legt im Übrigen den Teil des URLs fest, der bei einem REST-Service verwendet wird, um REST-Services dieses Workspaces zu referenzieren. Es bietet sich an, hier nicht den intern verwendeten Workspace-Namen zu verwenden, sondern sich einen fachlich möglicherweise besser passenden Namen auszudenken.

Bereiche »Session-Timeout« und »Workspace-Isolation«

Auch diese beiden Bereiche besprechen wir in Kapitel 28, »Sicherheit«.

27.4 Bereich »Aktivität überwachen«

Dieser Bereich stellt ein Dashboard verschiedenster Auswertungen und Berichte zu den Workspaces, den Benutzern, den Anwendungen und vieles Weitere mehr zur Verfügung. Das ist sicherlich eine große Spielwiese, allerdings sind die fachlichen Anmerkungen, die ich hierzu geben könnte, gering, es wird nichts eingestellt, sondern nur geschaut. Sehen Sie sich also in Ruhe um, und merken Sie sich für Sie interessante Berichte. Meiner Erfahrung nach werden diese Berichte interessanter, wenn es darum geht, auf einer Produktionsmaschine die Last, die Speicherverwaltung und Ähnliches mehr zu analysieren, um daraus Abschätzungen für die zukünftige Entwicklung ableiten zu können. Für die reine Entwicklung sind diese Berichte meistens weniger sinnvoll.

Kapitel 28
Sicherheit

Sicherheit ist ein zentrales Thema in der IT-Industrie, vor allem aber auch für Webanwendungen. In diesem Kapitel beschäftigen wir uns mit der Arbeitsweise von APEX und den Möglichkeiten, APEX-Anwendungen zu sichern.

APEX-Anwendungen sind vielfältigen Herausforderungen ausgesetzt. Über einige der grundsätzlichen Probleme, die gerade Webanwendungen in diesem Umfeld haben, hatten wir schon gesprochen, doch nun ist es an der Zeit, die Mechanismen, die APEX implementiert, näher zu beleuchten und bekannte Angriffsstrategien sowie die Möglichkeiten, auf diese zu reagieren, aufzuzeigen.

28.1 Arbeitsweise von APEX

Starten möchte ich aber zunächst mit einem Überblick über die Arbeitsweise von APEX aus Sicherheitssicht. In diesem Abschnitt geht es vorrangig darum, zu zeigen, wie APEX konzeptionell arbeitet und welche Sicherheitsmaßnahmen bereits auf Datenbankebene realisiert sind.

28.1.1 Zugriff auf APEX

Damit eine Webanwendung Zugriff auf die Datenbank erhält, muss eine Softwarekomponente existieren, die sich an der Datenbank anmeldet und die angeforderten URLs in Anweisungen für die Datenbank umsetzt. Die Verbindung zwischen dem Webserver und der Datenbank wird über ORDS hergestellt, die pro Datenbank einen Connection-Pool einrichtet.

Auf dem Webserver werden bei einer APEX-Installation noch JavaScript- und CSS-Dateien sowie Bilder und Icons gespeichert, die für die optische Darstellung und die Ausführung clientseitigen Codes von APEX benötigt werden. Optional, aber mittlerweile wegen besserer Möglichkeiten auf dem Rückzug, können auch eigene Dateien auf dem Webserver platziert werden. Früher führte man für dieses Vorgehen vor allem Performanzvorteile ins Feld, da die Alternative, die Daten innerhalb der Datenbank zu speichern, zu einem ständigen Nachladen dieser Dateien führte. Dies ist mittlerweile gelöst, sodass die Speicherung von Dateien innerhalb der Datenbank das Standardverfahren geworden ist.

28.1.2 Schemata von APEX

APEX ist als Anwendung innerhalb der Datenbank implementiert, daher sind Schemata erforderlich, die die verschiedenen Packages und Tabellen beinhalten. Die Anzahl der Schemata, aus denen APEX besteht, ist dabei recht hoch:

- `APEX_210100`
  Dieses Schema ist das zentrale APEX-Schema, es enthält alle Tabellen und Packages, aus denen APEX besteht. Der Name verweist auf die installierte Version. Wird eine neue Version installiert, wird ein neuer APEX-Benutzer angelegt.
- `FLOWS_FILES`
  Dieser Benutzer enthält nur einige Datenbankobjekte und wird innerhalb von APEX dafür genutzt, Tabellendaten, die im Rahmen eines Data Load-Assistenten geladen wurden, zu speichern.
- `APEX_PUBLIC_USER`
  Dieser Benutzer fungiert als technischer Benutzer der APEX-Anwendung. ORDS baut über diesen Benutzer die Verbindung zu APEX auf. Dieser Benutzer enthält selbst keine Datenbankobjekte, aber Ausführungsberechtigung an Datenbankobjekten des Benutzers `APEX_210100`, um APEX ausführen zu können.
- `ANONYMOUS`
  Dieser Benutzer wird kaum noch verwendet, steht aber aus Gründen der Abwärtskompatibilität zur Verfügung.
- `APEX_REST_PUBLIC_USER`
  Dieser Benutzer wird als technischer Benutzer verwendet, wenn Daten über eine REST-Schnittstelle veröffentlicht werden. Dieser Benutzer ist ebenfalls nur noch aus Gründen der Abwärtskompatibilität vorhanden, er wird durch den Benutzer `ORDS_PUBLIC_USER` ersetzt, der für alle selbst betriebenen Webservices, unabhängig von APEX, verwendet wird.

Interessant an der Arbeitsweise von APEX ist, dass beinahe alle Benutzer gesperrt sind und dies auch bleiben sollten. Das liegt daran, dass niemand während der Arbeit mit APEX jemals direkt mit `APEX_210100` oder mit `FLOWS_FILES` arbeiten muss. Jegliche Kommunikation läuft über `APEX_PUBLIC_USER`. Der Benutzer `APEX_PUBLIC_USER` ist extrem limitiert, was seine Rechte angeht. Das einzige Systemprivileg dieses Benutzers ist das Privileg `CREATE SESSION`, und er verfügt auch über keine weiteren Objektprivilegien. Zudem besitzt dieser Benutzer keinerlei eigene Datenbankobjekte. Nutzen kann dieser Benutzer lediglich die öffentlich zugänglichen Methoden des Benutzers `APEX_210100`, die ihm unter anderem die Weiterleitung einer Anfrage, die über `ORDS` übermittelt wird, an den Benutzer `APEX_210100` ermöglichen.

Der Benutzer APEX_210100 hingegen hat Berechtigungen, die indirekt denen von SYS entsprechen, und zwar deshalb, weil ihm ein Ausführungsrecht an dem Package DBMS_SYS_SQL zugestanden wurde, das dem Benutzer SYS gehört und das es erlaubt, beinahe beliebige Befehle mit den Rechten dieses Benutzers auszuführen. Es gilt daher als gute Praxis, die Passworte dieser Benutzer, die nach der Einrichtung von APEX zwar zufällig, aber für alle Benutzer gleich sind, zu ändern. Es gibt keinerlei Auswirkungen auf die Funktion von APEX, wenn diese Passworte geändert werden, zudem gibt es keinerlei Veranlassung, jemals als einer dieser Benutzer direkt in der Datenbank angemeldet zu sein. Um dies zu unterstreichen, ist dem Benutzer FLOWS_FILES sogar das Recht CREATE SESSION entzogen.

Der Zugriff auf die Schemata, die einem Workspace zugeordnet sind, wird nicht in irgendeiner Form rechtemäßig erweitert, sondern beschränkt im Gegenteil das Package DBMS_SYS_SQL insofern, als nur noch SQL-Anweisungen im Namen der zugeordneten Schemata erlaubt sind. Führt APEX allerdings eine SQL-Anweisung im Namen eines Workspace-Schemas aus, gelten für diese Anweisung die gleichen Rechte wie für eine direkte Verbindung des Benutzers mit der Datenbank: APEX *ist* in diesem Moment der APEX-Schemabenutzer.

28.1.3 Prozeduren

APEX benötigt nur wenige Prozeduren, um eine APEX-Seite zu rendern. Die wichtigsten Prozeduren sind vom Namen her sehr kurz, zum Beispiel F. Diese Prozeduren haben wir im Buch schon reichlich genutzt, wenn auch vielleicht indirekt, denn diese Funktionen sind es, die ausgeführt werden, wenn ein URL der f?p=... abgeschickt wird. Die Funktion F (das steht, historisch bedingt, für Flow und meint eine Anwendung) ist für die Berechnung der Seite zwar nicht verantwortlich, nimmt aber alle erforderlichen Parameter entgegen und sendet diese anschließend an die Prozedur WWV_FLOW.SHOW. Die Prozedur F verfügt über eine überraschend große Anzahl an Parametern:

```
procedure f(
  p in varchar2 default null,
  p_sep in varchar2 default ':',
  p_trace in varchar2 default 'NO',
  c in varchar2 default null,
  pg_min_row in varchar2 default null,
  pg_max_rows in varchar2 default null,
  pg_rows_fetched in varchar2 default null,
  fsp_region_id in varchar2 default null,
  success_msg in varchar2 default null,
  notification_msg in varchar2 default null,
  cs in varchar2 default null,
```

28

```
s in varchar2 default 'N',
tz in varchar2 default null,
p_lang in varchar2 default null,
p_territory in varchar2 default null,
p_dialog_cs in varchar2 default null,
x01 in varchar2 default null);
```

Listing 28.1 Spezifikation der Prozedur F

Aus der Spezifikation können wir entnehmen, dass mittels des Parameters `P_TRACE` die Erstellung einer Anwendungsseite mitgeschrieben werden kann. Analog sind die anderen Optionen nutzbar, um Berichte zu paginieren, einen anderen Separator als den Doppelpunkt für eine konkrete Anfrage einzurichten oder abweichende Angaben zu Zeitzonen (`TZ`) und Territorium zu machen. Der Parameter `CS` wird von APEX zur Übergabe einer Checksumme benötigt, `SUCCESS_MSG` und `NOTIFICATION_MSG` erklären sich von allein. Andere Parameter lassen ihre Bedeutung ein wenig im Dunkeln, und APEX dokumentiert diese Parameter auch nicht. Daher sollten Sie diese auch nicht verwenden, eventuell wäre eine fehlerhafte Ausführung von APEX die Folge.

Wie gesagt, ist die Prozedur `WWV_FLOW.SHOW` für das Rendern der Seite verantwortlich. Die Parameter werden durch die Prozedur `f` aufbereitet und an diese Methode weitergeleitet. Werden Daten einer Anwendungsseite verarbeitet, ist ebenfalls eine Methode aus dem Package `WWV_FLOW` zuständig, diesmal aber die Prozedur `WWV_FLOW.ACCEPT`. Dieser Prozedur werden alle Seitenelemente übergeben, und zwar über den Parameter `P_JSON`, der eine Liste von 32 KByte großen Chunks in diesem Format entgegennimmt. Dadurch ist die Anzahl der Elemente einer Seite grundsätzlich unbegrenzt. Nach wie vor sind allerdings 50 Parameter für Seitenelemente oder auch Listen von Seitenelementen vorhanden, die allerdings eher exotischen Zwecken dienen oder zum Teil durch die APEX-Collection-API benötigt werden.

Alle Seitenelemente werden auf der Seite durch eine JSON-Dateninsel verwaltet und beim Validieren oder Verarbeiten an den Server übermittelt. Der Server analysiert diese Informationen und übergibt sie der Prozedur `WWV_FLOW.AJAX`, die die Daten anschließend in der Datenbank validiert, oder `WWV_FLOW.PROCESS`, um sie zu verarbeiten.

Die gesamte Verarbeitung einer Seite inklusive des Kopierens des Sessionstatus in die Zieltabellen wird innerhalb einer einzigen Datenbanktransaktion durchgeführt. Am Ende der Verarbeitung sorgt APEX für die Beendigung der Transaktion, sodass es weder sinnvoll noch empfehlenswert ist, in selbst programmierten Packages in diese Transaktionskontrolle einzugreifen.

28.1.4 Session und Sessionstatus

Benutzer müssen sich im Regelfall an APEX anmelden. Da APEX als Webanwendung keinen nativen Verbindungsstatus besitzt, benötigt es eine Möglichkeit, den Benutzer wiederzuerkennen. Dies wird über eine Session-ID erreicht, die nicht nur durch den URL übergeben wird, sondern auch in einem Session-Cookie auf dem Clientrechner hinterlegt wird. Dieses Cookie enthält allerdings nicht die gleiche Session-ID, sondern einen Hash, der durch die Datenbank mit einem hinterlegten Hash-Code für diese Session-ID verglichen wird. Nur, wenn Session-ID und Hash-Code übereinstimmen, wird eine Session als gültig erkannt.

Die Gültigkeit einer Session ist zeitlich begrenzt, kann aber auch durch ein Abmelden des Benutzers zu jeder Zeit beendet werden. Die zeitliche Begrenzung einer Session ist erforderlich, weil Webanwendungen nicht wissen können, ob ein Benutzer noch an der Fortführung der Session interessiert ist oder nicht. Daher wird eine zeitliche Maximaldauer angesetzt. Diese Dauer kann für zwei unterschiedliche Zeitdauern getrennt geregelt werden, nämlich für die Gesamtdauer der Session und für die inaktive Zeit innerhalb dieser Session. Zudem wird innerhalb von APEX ein Job gestartet, der alle Sessions bereinigt, die älter als eine einstellbare Anzahl von Stunden sind, sodass es nicht möglich ist, eine Session über die dort eingestellte Zeit hinaus am Leben zu halten.

Für die maximale Sessiondauer können Vorgaben für die APEX-Installation durch den APEX-Administrator gesetzt werden oder aber für jeden Workspace bzw. für jede Anwendung. Wird der Browser komplett geschlossen, wird das Session-Cookie invalide und beendet auf diese Weise die Dauer der Session, obwohl dies innerhalb der Datenbank nicht bekannt ist, sondern erst zum Tragen kommt, wenn versucht wird, diese Session wiederzuverwenden. Aus gleichem Grund ist es auch nicht möglich, eine Session von einem Browser zu einem zweiten Browser auf dem gleichen Rechner zu transferieren, doch kann der APEX-Administrator dies unter gewissen Umständen auch zulassen, indem er erlaubt, dass man gültigen Sessions beitreten kann.

Ist eine Session vorhanden, können Seitenelementwerte innerhalb der Datenbank in einem Sessionstatus hinterlegt werden. APEX legt keine Benutzereingaben auf dem Clientrechner ab. Dies hat mehrere Vorteile: Sensitive Daten können nicht im Nachgang auf dem Clientrechner eingesehen werden, und weil die Daten innerhalb einer Tabelle hinterlegt sind, überleben die Eingaben des Benutzers auch einen Neustart der Datenbank, solange die maximal eingestellte Sessiondauer nicht überschritten wurde. Die Anzahl der Daten pro Session ist nicht limitiert, da die Tabelle für jedes Seitenelement eine Zeile der Tabelle anlegt. In einer solchen Zeile sind die Session-ID, die Seitenelement-ID und der Elementwert hinterlegt, analog existiert eine Tabelle für Collection-Daten. Diese Daten sind um den Namen der Collection erweitert.

Auf den Sessionstatus kann über die Methode `V` oder `APEX_UTIL.get_session_state` zugegriffen werden, APEX legt aber auch immer dann, wenn dynamisches SQL ausgeführt wird, also zum Beispiel beim Rendern oder Verarbeiten einer Seite, Bindevariablen für jedes Sessionelement an, sodass auf diese Daten über die Doppelpunktnotation (bei dynamischem PL/SQL) oder eine Ersetzungszeichenfolge (`&<Name>.`) zugegriffen werden kann. Dieser Zugriff ist allerdings nicht innerhalb eines Packages oder einer View in der Datenbank möglich, sondern nur im Rahmen der Seitenverarbeitung von APEX, also zum Beispiel als Teil der Metadaten der Anwendungsseite.

Alle Zugriffsmethoden sind durch die Interna der APEX-Programmierung so geschützt, dass über diese Methoden nur die Daten der aktuell gültigen Session eingesehen werden können, allerdings können innerhalb dieser Session beliebige Werte abgefragt werden, auch von anderen Anwendungsseiten als der aktuell bearbeiteten. Ein direkter Zugriff auf die Tabelle der Sessiondaten ist nicht möglich, es existiert auch (leider) keine veröffentlichte View mit diesen Daten, die einen Session-bezogenen Zugriff ermöglichen würde. Dies wäre schon deshalb von Vorteil, weil dadurch der Zugriff aus SQL optimiert und der Zugriff auf mehrere Sessionvariablen gleichzeitig möglich würde.

Die Bindevariablen sind derzeit noch nicht typsicher, sondern zeigen ihre Daten stets als Zeichenkettenwerte. Es existieren auch keine Methoden, APEX dazu zu bringen, diese Werte korrekt zu konvertieren, was schade ist, weil für eine korrekte Konvertierung das Wissen über die aktuell zu verwendenden Formatmasken erforderlich sein kann, die je nach Anwendungsseite (und eventuell nach ausgeführter Übersetzung der Anwendung) unterschiedlich sein kann. Zudem ist eine Schwäche, dass Bindevariablen, die nicht existieren, etwa weil man sich beim Namen verschrieben hat, nicht zu einer Fehlermeldung führen, sondern stillschweigend einen `NULL`-Wert liefern. Das ist als Fehlerfall nur schwer zu finden. Eine kleine Hilfe bietet hierbei der <APP-BUILDER> • UTILITYS • ADVISOR, der eine Reihe Plausibilitätsprüfungen vornimmt und auch falsch bezeichnete Bindevariablen findet. In der aktuellen Version ist der Advisor jedoch auf Grund zu vieler falsch positiv gemeldeter Probleme und Fehler eher weniger hilfreich bei der Fehlerüberwachung.

28.2 Administration von Sicherheitseinstellungen

Die Sicherheitseinstellungen von APEX können auf unterschiedlichen Ebenen administriert werden. Auf oberster Ebene steht die Administration der APEX-Installation als Ganzes durch den APEX-Administrator. Dann existieren Einstellungen auf der Ebene des Workspaces sowie auf Ebene der Anwendung, hinunter bis zu einzelnen Seitenelementen auf einer Anwendungsseite. Natürlich sind nicht alle Einstellungen für alle Entwickler zugänglich. Im Unternehmensumfeld wird man nur selten die Möglichkeit erhalten, APEX-weite Einstellungen direkt ändern zu können. Doch ist die Kenntnis der Möglichkeiten auch dann von Interesse, um bei Bedarf entsprechende Einstellungen anfordern zu können.

28.2.1 Grundlegende Entscheidungen bei der Installation

Eine erste grundlegende Entscheidung muss bezüglich der Installation von APEX getroffen werden. Hier besteht die Wahl zwischen einer Vollinstallation und einer reinen Laufzeitumgebung. Normalerweise wird ab der Testebene APEX nicht mehr vollständig installiert, sondern nur die Laufzeitumgebung, Installation von APEX-Anwendungen ist auf diesen Ebenen nur noch skriptgesteuert möglich.

Flankierend sollten die Datenbankbenutzer auf ein geändertes Passwort gesetzt werden, da ihnen während der Installation ein zwar zufälliges, aber identisches Passwort zugeteilt wird. Alternativ kann ab Version 19c der Datenbank die Authentifizierung auch auf `NO AUTHENTICATION` gestellt, das Passwort also vollständig entzogen werden.

Problematisch ist diesbezüglich nur der Benutzer `APEX_PUBLIC_USER`, weil APEX nicht mehr erreichbar ist, wenn das Passwort dieses Benutzers abläuft. Dieser Benutzer benötigt andererseits natürlich das `CREATE SESSION`-Recht, daher könnte eine Strategie darin bestehen, dieses Passwort regelmäßig zu ändern. Tut man dies, muss allerdings dieses Passwort auch in den Einstellungen des ORDS gepflegt werden. Andererseits hat dieser Benutzer kaum weitere Rechte, die durch eine Beschneidung der Grants an den Benutzer `PUBLIC` noch weiter eingeschränkt werden können. Es ist daher übliche Praxis, das Profil dieses Benutzers so zu ändern, dass das Passwort dieses Benutzers (und des analogen Benutzers `ORDS_PUBLIC_USER`) nicht abläuft.

28.2.2 Sicherheitseinstellungen im Bereich APEX-Administration

Neben allgemeinen Funktionen sind für die Sicherheit vor allem Funktionen des Bereichs INSTANZ VERWALTEN • SICHERHEIT von Interesse. Dieser Bereich bietet eine große Bandbreite an Sicherheitsoptionen, die jeweils auch sehr gut in den Hilfetexten dokumentiert sind.

Konfiguration der Features

Auf dieser Ebene kann der Administrator einschränken, welche Arbeiten innerhalb der Installation durchgeführt werden dürfen. Vorrangig ist hier, den SQL-Workshop zu deaktivieren, denn diese Option ermöglicht die freie Navigation durch alle Datenbankobjekte der Workspace-Schemata. Ebenso ist es aber auch möglich, das Editieren von PL/SQL-Programmeinheiten generell zu untersagen. Dies kann sinnvoll sein, doch ist die grundlegendere Option die, überhaupt keine Entwicklerwerkzeuge auf produktive Systeme zu installieren. Auf einer Entwicklungsmaschine können diese Optionen überraschenderweise ebenfalls sinnvoll sein, um die Entwickler zu einer eher skriptgesteuerten Arbeitsweise anzuhalten. Ein Zugriff auf den Code über den SQL Developer ist ja darüber hinaus immer möglich.

Ist eine vollständige Installation von APEX auf einer Produktivmaschine vorhanden, lässt sich für besonders schützenswerte Workspaces die Anmeldung an diese Workspaces deaktivieren. So kann sich weder ein Administrator noch ein Entwickler auf diese Workspaces aufschalten. Andere Workspaces wären jedoch nicht betroffen. Diese Einstellungen beschränken lediglich den Zugriff auf den Workspace als solchen, nicht jedoch auf die in dem Workspace installierten Anwendungen.

Eine weitere Option besteht darin, die Beispielanwendungen in neuen Schemata nicht installieren zu lassen. Zwar ist die Möglichkeit, über diese Wege nicht beabsichtigte Dinge zu tun, gering, doch könnten diese Beispielanwendungen einen Einstieg in die weiteren Daten des Schemas ermöglichen, weil diese Anwendungen über die APEX-Benutzer verwaltet werden und nicht über eventuell sicherere Zugänge, zum Beispiel über LDAP oder eine externe Single-Sign-on-Lösung.

Monitoring

In diesem Bereich liegt das Augenmerk weniger darauf, zu verhindern, dass ein unbefugter Zugriff erfolgt, als vielmehr auf der Beobachtung eventuell nicht erfolgreicher Anmeldeversuche, gesperrter Accounts und weiterer Informationen dieser Art. Zusätzlich bieten die Monitoring-Features die Möglichkeit, die Verwendung der APEX-Anwendung zu loggen. Dies kann, je nach Situation, sinnvoll sein, schützt aber natürlich nicht vor unberechtigtem Zugriff.

Monitoring bezieht sich aber auch auf die Nutzung und Ressourcenplanung der APEX-Installation, und zwar sowohl bezüglich der Anzahl der Seitenaufrufe als auch bezüglich des Speicherverbrauchs einzelner Workspaces. Grob in diesen Bereich fällt auch die Frage, ob ein Entwickler eigenständig neue Workspaces anlegen darf. Es versteht sich unter Sicherheitsaspekten beinahe von selbst, dass diese Möglichkeiten auf einer Produktivumgebung nicht vorhanden sein sollten. Workspaces auf Produktivumgebungen werden skriptgesteuert erstellt, und zwar durch den APEX-Administrator dieser Ebene. Je nach Strategie der Anwendungsentwicklung könnte eine solche Lösung für Entwicklungsmaschinen aber durchaus sinnvoll sein.

Sicherheitseinstellungen

Im Bereich der Sicherheitseinstellungen existieren weitergehende Möglichkeiten, um die APEX-Installation zu schützen. So ist die Speicherung eines Cookies mit dem Benutzernamen, die dazu führt, dass dieser Benutzername bei der nächsten Anmeldung bereits vorgeblendet wird, ebenso abschaltbar, wie es möglich ist, den Zugriff auf APEX nur über das Protokoll https zu erlauben oder gar nur über eine Whitelist erlaubter IP-Adressen. Falls nicht dringend benötigt, könnte auch der Zugriff über REST-Webservices generell deaktiviert werden. Dieser Zugriffspfad muss sorgfältig überwacht werden, da über diesen Weg, je nach Konfiguration, beliebige SQL-Anweisungen in die Datenbank gelangen können. In jedem Fall empfiehlt es sich, ein Schema für diesen Zugriff einzurichten und allen Zugriff nur über dieses Schema zu ermöglichen. Die benötigten Daten werden diesem Schema dann über weitere Objektprivilegien innerhalb der Datenbank freigeschaltet.

Generell sollten Sie eine maximale Sessiondauer vorgeben, ebenso wie eine maximale Spanne der Inaktivität. Gerade bei Anwendungen, die im Intranet verwendet werden, ist der Wunsch der Anwender, eine möglichst lange Phase der Inaktivität zu erlauben, verständlich, aber man muss bedenken, dass in diesen Fällen eine zufällig offengelassene Session auf einem Rechner auch noch längere Zeit später durch einen Kollegen verwendet werden kann.

Zum Zugriffsschutz existieren natürlich viele Optionen, beginnend bei einer Prozedur, mit der die Passwortkomplexität geprüft werden kann, über die Frage, wie oft ein Benutzer sich mit einem falschen Passwort anmelden darf, bevor der Account gesperrt wird (was bei einer *Denial of Service Attack*, bei der der Service lahmgelegt werden soll, ja vielleicht Sinn eines Angriffs sein könnte), bis hin zu der Frage, wie lange ein Benutzer warten muss, bevor er nach einer falschen Passworteingabe einen erneuten Versuch starten kann. Es ist zudem möglich, vorzugeben, in welchen Intervallen der Benutzer sein Passwort ändern muss.

[!]

Merke

Ich möchte hier noch einmal wiederholen, dass all diese Optionen nur sinnvoll sind, wenn die Authentifizierung durch die Datenbank geprüft werden soll, was ich – unter dem Stichwort des Tracens einzelner Sessions – als nicht sicher erachte, weil in diesen Fällen das Passwort im Klartext in den Tracedateien stehen kann.

Weitere Einfallstore für Daten in die Datenbank bestehen, wenn dem Anwender erlaubt ist, Dateien in den Workspace zu laden. Dies hat zwar keine unmittelbare Auswirkung auf die Sicherheit, doch sollte umgekehrt überlegt werden, ob die in diesen Dateien gespeicherten Daten länger als nötig in einem zentralen Schema (`WWV_FLOWS_FILES`) vorgehalten werden sollten oder ob diese Daten nicht besser zeitnah entfernt werden. In der Regel sollte es nicht erforderlich sein, Dateien in diesem Benutzer längere Zeit aufzubewahren, entweder handelt es sich nämlich um Installationsdateien, die nach der Installation nicht mehr erforderlich sind, oder um Nutzdaten, die nach dem Hochladen in die Zielschemata der jeweiligen APEX-Anwendung kopiert werden sollten.

Eine Bereinigung sollte auch bezüglich des Sessionstatus überlegt werden. Normalerweise wird ein stündlicher Job alle Sessions bereinigen, die älter als sechs Stunden sind, doch ist dies in kritischen Bereichen eventuell nicht häufig genug. Auch diese Einstellungen lassen sich für einen Workspace anders gestalten.

Eher ein Nebenthema auf dieser Ebene ist der Schutz von APEX gegen *Cross-Site-Scripting*-Attacken. Hierunter versteht man das Einschleusen von JavaScript-Schnipseln, um einen Schadcode auszuführen. Auf Workspace-Ebene sind hier die verschiedenen Nachrichten anfällig, weil dessen Texte nicht entsprechend codiert werden. Da in diesen Texten die Angabe von HTML möglich ist, würde eingeschleustes JavaScript hier einfach ausgeführt. Abstellen kann man diese Möglichkeit nicht, allerdings ist es möglich, den Zugriff auf diese Optionen zu kanalisieren.

Generell ist klar, dass der APEX-Administrator einen Zugriffsschutz benötigt, der dem des Benutzers `SYS` gleichkommt. Dies beginnt bei einer starken Passwortstrategie, führt über entsprechendes Auditieren dieses Benutzers und endet bei der Kontrolle des Zugriffs auf den Workspace `INTERNAL`.

28.2.3 Sicherheitseinstellungen auf Workspace-Ebene

Die Administration eines Workspaces hat viel weniger Einflussmöglichkeiten auf die Sicherheit als zunächst gedacht. Schwerpunkt der Administration von Workspaces ist die Verwaltung der APEX-Benutzer (Administrator, Entwickler und einfache Benutzer) sowie der Benutzergruppen, falls diese verwendet werden sollen. Zudem hat der Workspace-Administrator die Möglichkeit, Serviceanforderungen zu senden (wenn dies durch den APEX-Administrator nicht untersagt wurde). Bezüglich der Sicherheit ist demzufolge die Verwaltung der internen Workspace-Benutzer vorrangig, hier sind es insbesondere die verschiedenen Komponenten, die für einen Benutzer freigeschaltet werden können oder auch nicht. Einem Entwickler könnte zum Beispiel der Bereich SQL Workshop entzogen werden, um zu weitreichende Einblicke in das Datenmodell zu unterbinden oder zumindest zu erschweren, es könnte für den Workspace das Editieren von PL/SQL-Programmblöcken unterbunden werden und Vergleichbares mehr. Die (wenigen) Optionen dieses Komplexes finden sich im Bereich <Application Builder> • Administration • Service verwalten • Workspace-Voreinstellungen festlegen. Falls sich dort nicht alle Optionen finden, wurden diese bereits durch den APEX-Administrator für den gesamten Workspace deaktiviert.

Die restlichen Aufgaben beziehen sich auf das Monitoring der Auslastung des Workspaces, die Verwaltung der Workspace-Nachricht (die ebenfalls ein Cross-Site-Scripting-Risiko bereitstellt) und das Monitoring der Ressourcenverbräuche.

28.2.4 Sicherheit auf Anwendungsebene

Die feinste Kontrolle der Sicherheit ermöglicht die Anwendungsebene. Hier sind vielfältige Möglichkeiten gegeben, den Benutzer der Anwendung zu leiten und schützenswerte Informationen nur autorisierten Personen zuzuweisen.

Autorisierungsschemata

An vorderster Stelle stehen die Autorisierungsschemata. Diese Schemata sind als gemeinsame Komponenten überall verfügbar. Ein Autorisierungsschema ist eine Funktion, die beliebige Dinge prüft und entweder den Daumen hebt oder senkt. Das Besondere an diesem Schema ist ihre ubiquitäre Verfügbarkeit. Es gibt kein Seitenelement, keinen Listeneintrag, keine Schaltfläche, Region oder Seite, die nicht über ein Autorisierungsschema kontrolliert werden kann. Diese Möglichkeit ist zentral für die Sicherung einer Anwendung. Prinzipiell verstoßen APEX-Anwendungen stets gegen das Prinzip des *least possible privileges*, der geringstmöglichen Berechtigung, einfach deshalb, weil APEX so aufgebaut ist, wie es ist. Um sicherzustellen, dass keine Informationen, die für den angemeldeten Benutzer unsichtbar sein sollen, eingesehen werden können, gibt es die Autorisierungsschemata. Zwar kann die Datenbank immer noch die Daten, die gezeigt werden, vorfiltern, aber die Kontrolle darüber, ob eine Schaltfläche angezeigt wird oder eine Seite aufgerufen werden darf, obliegt immer APEX. Wichtig ist daher, ein schlüssiges Konzept der Autorisierungsschemata für seine Anwendung einzurichten und auch alle Komponenten mit diesem System auszustatten. Ein Beispiel: Es reicht nicht, einen Menüeintrag durch ein Autorisierungsschema für einen Benutzer zu sperren, wenn man durch einfache Angabe der Seitennummer in dem URL dennoch auf die Seite gelangen kann. Hier muss auch die Seite an das gleiche Autorisierungsschema gebunden sein. Der Advisor prüft solche Abhängigkeiten zu einem gewissen Maß, kann aber auch nicht alle Verstöße sicher erkennen. Daher ist es erforderlich, in einem engen Zeitraster die Vollständigkeit dieser Einschränkungen zu prüfen. Ich denke, dass Verstöße gegen diese Regel der Hauptgrund für unsichere Anwendungen in APEX sind.

Es empfiehlt sich, die Logik der Autorisierungsschemata in ein Package auszulagern, einfach deshalb, weil diese Logik in mehreren Anwendungen verwendet werden wird, aber auch, weil man so eine zentrale Stelle zur Änderung hat. Nehmen wir an, Sie möchten die Verwaltung des Zugriffs von APEX-Gruppen auf LDAP-Gruppen umstellen. In einem Package wäre die Logik hierfür an zentraler Stelle einfach zu ändern, in der APEX-Anwendung müsste jedes einzelne Autorisierungsschema angepasst werden.

Vermeidung dynamischen SQLs

Das zweite Einfallstor sind *SQL-Injection*-Angriffe. Diese Angriffe entstehen, wenn es dem Benutzer möglich ist, über ein Eingabefeld oder einen anderen Weg Text in die Anwendung zu bringen, der von der Anwendung als SQL-Anweisung interpretiert werden kann. Dies ist in APEX weitgehend ausgeschlossen, weil die Referenzierung der Eingabefelder über die Doppelpunktnotation eine solche Manipulation nicht zulässt. Dennoch können Sie diese Hürden durch schlecht geschriebenen Code umgehen, indem Sie zum Beispiel eine SQL-Anweisung aus Zeichenketten konkatenieren und dann dynamisch ausführen. So etwas sollte in APEX niemals nötig sein – und wenn doch, dann immer in einer kontrollierten Umgebung eines Packages oder einer Prozedur innerhalb der Datenbank.

Werden Ihnen über die Oberfläche Teilmengen dieser dynamischen SQL-Anweisung zugeliefert, zum Beispiel Namen von Tabellen oder Spalten oder gar `where`-Klauseln, ist unbedingte Vorsicht angeraten. Es biete sich an, die Eingaben über das Package `DBMS_ASSERT` prüfen zu lassen. Das Package umfasst Methoden, die einfache SQL-Bezeichner ebenso prüfen können wie vollqualifizierte Namen. Sehen wir uns die Verwendung an einem Beispiel an. Über die Oberfläche soll der Name einer Tabelle ausgewählt werden können. Ich habe ein schlichtes Gemüt, daher dachte ich immer, da die Namen der Tabelle nur über ein Einblendmenü auswählbar sind, sei eine Manipulation dieser Namen ausgeschlossen. Doch stimmt das nicht: Ein erfahrener Angreifer kann, bevor die Daten an den Server geschickt werden, diese manipulieren und den Tabellennamen durch ein eigenes Konstrukt ersetzen. Prüfen Sie daher stets die Eingabe des Benutzers. Zur Wahl stehen mehrere Methoden:

- `ENQUOTE_LITERAL`
  umschließt eine Zeichenkette durch umgebende doppelte Hochkommata
- `SIMPLE_SQL_NAME`
  überwacht die Einhaltung der Namensregeln von Oracle für einfache SQL-Bezeichner (erlaubte Zeichen, Berücksichtigung von Hochkommata). Leider prüft die Methode nicht die maximal erlaubte Länge.
- `SCHEMA_NAME`
  prüft, ob der übergebene Bezeichner ein existierendes Schema darstellt
- `SQL_OBJECT_NAME`
  ist die mächtigste Variante. Sie prüft, ob das angegebene Objekt innerhalb der Datenbank existiert. Die Prüfung ist nur erfolgreich, wenn der angemeldete Benutzer das Objekt sehen darf. Im Umfeld von APEX ist der »angemeldete Benutzer« das Schema, das dem Workspace zugeordnet ist bzw. auf das APEX Zugriff erhalten hat.

Zur Validierung des Tabellennamens verwenden wir also die Funktion `DBMS_ASSERT.SQL_OBJECT_NAME(<Tabellenname>)` und sind anschließend sicher, dass kein Schadcode über diesen Weg in die Datenbank gelangen kann. Zudem haben wir eine Prüfung, dass nur existierende Tabellen in der Liste der Tabellen stehen. Es wäre allerdings ein ungewöhnlicher Fehler, wenn das nicht so wäre, denn die Auswahlliste wird hoffentlich aus dem aktuellen Bestand der Tabellen erstellt worden sein.

Ist das erwartete Ergebnis eine `select`-Abfrage, hilft auch der billige »Trick« `select * from (<dynamische Abfrage>)`, der mit eingeschleustem SQL nicht funktioniert.

Cross-Site-Scripting-Attacken

Cross-Site-Scripting-Attacken (auch XSS-Attacken genannt) sind hinterhältiger, weil sie über mehr Eingabefelder möglich sind als SQL-Injection-Attacken. Beinahe jedes Eingabefeld ist für solche Manipulationen anfällig. Nehmen wir ein Beispiel.

In einem Dialog ist ein Nachname einzugeben. Der Wert, den Sie eingeben, lautet Miller<script>alert("Hallo Welt")</script>. Wird dieser Wert einfach in die Datenbank übernommen und später ausgelesen, würde durch die HTML-Seite dieses Skript direkt ausgeführt.

Um sich vor solchen Angriffen zu schützen, müssen die Eingaben des Benutzers geprüft und die Ausgaben der Datenbank bereinigt werden. Mit der Prüfung einer Eingabe ist vor allem gemeint, dass, je nach Eingabefeld, nur bestimmte Zeichenfolgen erlaubt werden können. Dies gelingt in APEX deklarativ über das Attribut SICHERHEIT • EINGESCHRÄNKTE ZEICHEN (siehe Abschnitt 28.1).

Diese Prüfung gilt als sehr sicher, weil sie nicht im Browser, sondern erst innerhalb der Datenbank durchgeführt wird. Die Optionen sind weitgehend selbsterklärend, wir haben entweder eine Liste erlaubter oder verbotener Zeichen. APEX hat in diesem Bereich aber stark aufgeholt und bietet mittlerweile das Package APEX_ESCAPE an, mit dessen Hilfe alle fragwürdigen JavaScript-Snippets, HTML-Attribute oder JSON-Dateninseln bei Bedarf so kodiert werden können, dass keine Möglichkeit, Schadcode auszuliefern, mehr besteht. Es ist unbedingt erforderlich, sich in die Denk- und Arbeitsweise dieses Packages einzuarbeiten, insbesondere wenn Sie zum Beispiel eigene Plugins entwickeln.

Mithilfe dieses Packages können vielfältige Maskierungsszenarien umgesetzt werden, wie eine Übersicht der verfügbaren Methoden zeigt:

- HTML
  Diese Funktion maskiert HTML-Steuerzeichen wie <, >, &, / und Anführungszeichen durch eine HTML-konforme Ersatzsequenz wie etwa > für >.
- HTML_ATTRIBUTE
  Analoge Funktion für HTML-Attribute. Hier werden alle Zeichen, die nicht alphanumerisch sind oder in der Liste ,._- enthalten sind, durch ihre hexadezimalen Zeichencodes ersetzt.
- HTML_TRUNC
  Zusätzlich zur Funktionalität der Funktion HTML wird hier noch die Länge auf einen Maximalwert (Standard: 4000) limitiert.
- HTML_WHITELIST
  Dies ist die Funktion, die für die eingebauten erlaubten Zeichenlisten verwendet wird. Mit dieser Funktion können Sie sich also eigene *Whitelists* erstellen.

- `JS_LITERAL`
  Diese Funktion bietet eine analoge Funktionalität wie HTML für JavaScript-Code. Diese Funktion wird verwendet, wenn dynamisch JavaScript-Code erstellt wird, zum Beispiel bei der Plugin-Programmierung.
- `JSON`
  Auch hier eine analoge Funktionalität für JSON-Zeichenketten. Über die Vermeidung von Schadcode hinaus ist diese Funktion aber auch deshalb von Interesse, weil sie unerlaubte Zeilenumbrüche entfernt und so bei berechnetem JSON die Übergabe an die Oberfläche stabilisiert.

Es stehen noch einige weitere Funktionen, wie zum Beispiel für LDAP oder zur Sicherung dynamischer regulärer Ausdrücke, zur Verfügung, die hier nicht von vorrangigem Interesse sind.

Abschließend möchte ich zu diesem Package noch einen Parameter besprechen, der vor der Verwendung der HTML-Funktionen gesetzt werden kann. Dieser Parameter wird über eine Prozedur gesetzt, die `APEX_ESCAPE.SET_HTML_ECAPING_MODE` heißt. Erlaubte Werte sind `B` (*Basic*) und `E` (*Extended*). Die erweiterte Version, die als Standard verwendet wird, maskiert zusätzliche Zeichen für erweiterten Schutz. Ohne guten Grund sollten Sie diese Voreinstellung nicht verändern. Müssen Sie dies dennoch tun, können Sie entweder diese Prozedur aufrufen oder die Einstellung im Attribut <ANWENDUNGSEIGENSCHAFTEN> • SICHERHEIT • BROWSERSICHERHEIT • HTML-ESCAPE-MODUS für die gesamte Anwendung ändern.

Einige Komponenten von APEX verfügen über die Möglichkeit, Sonderzeichen durch Escape-Sequenzen zu ersetzen. Diese Komponenten verfügen über das Attribut SICHERHEIT • ESCAPE BEI SONDERZEICHEN, etwa ein Formularfeld des Typs `Nur anzeigen`. Dies gilt auch für Berichtsspalten. Wenn Sie dieses Attribut abwählen, wird das im Element enthaltene HTML direkt als HTML dargestellt, was eventuelle Scripts unmittelbar ausführen würde. Diese Option zu wählen ist selten notwendig und wird im Gegenteil häufig unnützerweise gesetzt.

Ein Beispiel hierfür wäre eine Berichtsspalte, die ein Font-APEX-Icon anzeigen soll. Die Datenbank hat zum Beispiel ein Fehlerflag gesetzt, das nun auf der Oberfläche durch ein Kreuz symbolisiert werden soll. Daher steht in der `select`-Abfrage folgende `case`-Anweisung für diese Spalte:

```
case has_error_flag
when 'Y' then '<i class="fa fa-times"/>'
else '<i class="fa fa-check"/>' end has_error
```

Listing 28.2 Ausschnitt einer select-Anweisung für ein Fehlerflag

Um nun das Icon zu zeigen, muss das Attribut Sicherheit • Escape bei Sonderzeichen • Nein gesetzt werden. Dieser Ansatz erscheint zunächst alternativlos, doch ist er es nicht. Bei Formularelementen kann mit den Attributen Erweitert • Pre- bzw. Post-Text HTML-Code definiert werden, der vor bzw. nach dem Elementwert ausgegeben wird. Hier können die statischen HTML-Anteile eingefügt werden, also <i class="fa bzw. "/>. Anschließend muss durch die Spalte nur noch der Name des Icons hinzugefügt werden und die Notwendigkeit, die Maskierung von Sonderzeichen abzuschalten, entfällt. In Berichten ist der Ansatz leicht anders, im Endeffekt aber gleich:

- Standardberichte und interaktive Berichte (altes Format, nicht interaktive Grids) erlauben die Festlegung eines HTML-Ausdrucks im Attribut Spaltenformatierung • HTML-Ausdruck, in dem der Wert der Spalte über die Notation #SPALTEN_NAME# referenziert werden kann.
- Interaktive Grids sind hier intelligenter, sie erlauben diese Festlegung nur, wenn als Spaltentyp HTML-Ausdruck gewählt wird, in einem verpflichtenden Attribut Einstellungen • HTML-Ausdruck. Die Spaltenwerte werden hier über die Notation &SPALTEN_NAME. referenziert.

Wo immer möglich, sollten Sie von diesen Optionen Gebrauch machen, denn sie erleichtern das SQL und erhöhen die Sicherheit.

Sind diese deklarativen Möglichkeiten nicht vorhanden, gibt es noch das Package APEX_ESCAPE, um die Maskierung von Sonderzeichen manuell vorzunehmen.

Schutz des Sessionstatus

Die Kommunikation zwischen Client und Server kann durch weitere Maßnahmen geschützt werden. Diese Maßnahmen beziehen sich darauf, ob Seitenelemente durch die Anwendung verändert werden dürfen oder nicht, und schützen den URL durch eine Checksumme, die Manipulationen verhindert.

Zur Trennung dieser beiden Gebiete: Die Daten eines Formulars, inklusive aller versteckten Elemente, erfolgt nicht über den URL, sondern über einen POST-Vorgang. Wird also der URL geschützt, bedeutet dies nicht, dass hiermit alle Seitenelemente geschützt wären. Wenn ein URL durch eine Checksumme geschützt wird, meint dies, dass Anforderungen an eine Seite, die Sessionstatus-Elemente beinhaltet, geschützt werden. Ein Beispiel: Es soll der Mitarbeiter mit der Mitarbeiternummer 7639 dargestellt werden. Dies wird über einen URL wie folgt angefordert:


```
f?p=114:EMP_EDIT:9973998270427::NO:RP,4:P4_EMPNO:7639
  \u0026cs=3QsDG_FeutdqWmOMqw...GgyjaIwbL7taMQ
```

Listing 28.3 URL zur Darstellung eines Mitarbeiters

Die Checksumme, die ich zur besseren Darstellung in eine neue Zeile überführt habe, schützt den URL, weil beim Rendern der Seite geprüft wird, ob der eigentliche URL (bis zur Checksumme) genau die übermittelte Checksumme ergibt. Ändere ich die Mitarbeiter-ID, wird die Seite nicht gerendert, sondern wegen eines Verstoßes gegen die Checksumme abgelehnt.

Wird das Formular gerendert und durch den Benutzer verändert, kann dies der URL nicht schützen und nicht einmal sehen, denn die Checksumme müsste ja clientseitig neu berechnet werden (per JavaScript, was dann auch durch einen Hacker erfolgen könnte und demzufolge nutzlos ist), zudem sind die übermittelten Daten nicht Teil des URLs, sondern, wie gesagt, eines POST-Prozesses, der die Attribute separat vom URL überträgt.

Dennoch ist es möglich, einzelne Seitenelemente vor Veränderungen zu schützen. Dies ist oft sinnvoll bei versteckten Elementen, denn diese transportieren häufig Informationen, die durch den Endanwender nicht geändert werden sollen. Auf diese Elemente beziehen sich dann die Schutzvorkehrungen, die für einzelne Elemente festgelegt werden. Dass diese Elemente nicht generell unveränderlich sind, ist ebenfalls sinnvoll, denn viele versteckte Elemente werden durch JavaScript-Operationen geändert oder dienen als Zwischenspeicher für AJAX-Aufrufe, wie zum Beispiel beim Aktualisieren eines Berichts. Wären all diese Elemente vor Veränderung geschützt, ließe sich eine Formularseite, die ein solches geändertes, verstecktes Element besitzt, nicht mehr an die Datenbank schicken.

Die generellen Einstellungen können bei den einzelnen Seitenelementen außer Kraft gesetzt werden, wenn dies erforderlich ist. Die Attribute finden sich im Bereich SICHERHEIT. Das Attribut SICHERHEIT • SCHUTZ FÜR DEN SESSIONZUSTAND bietet die gleichen Optionen, die auch generell eingestellt werden können und die ich nachfolgend erläutern werde. Im Regelfall werden hier allerdings die Optionen aufgeweicht, um die Änderung eines Elements dennoch zu erlauben. Zudem ist es für ein konkretes Element möglich, den Wert des Elements im Sessionstatus verschlüsselt zu hinterlegen, um zu verhindern, dass die Werte durch einfache Abfragen durch Benutzer, die auf die Metadatentabellen von APEX zugreifen dürfen, im Klartext gelesen werden können.

[!]

Merke

Diese Option ändert nichts an dem Problem, das wir bezüglich der Authentifizierung besprochen hatten, dass nämlich irgendwo im Code der Wert als Klartext übergeben werden muss. Daher ist dieser Punkt beim Tracen einer Session auch im Klartext in den Tracedateien. Dieses Verhalten ist nicht von APEX zu beeinflussen und ändert sich erst, wenn es möglich sein wird, in PL/SQL geschützte Parameter zu definieren.

Sehen wir uns im Folgenden an, wie die verschiedenen Optionen verwaltet werden. Der Schutz der Session wird als Attribut der <ANWENDUNGSEIGENSCHAFTEN> verwaltet, konkreter unter <GEMEINSAME KOMPONENTEN> • SICHERHEIT • SCHUTZ FÜR DEN SESSIONZUSTAND. Diese Seite ist auch über die <ANWENDUNGSEIGENSCHAFTEN> zugänglich.

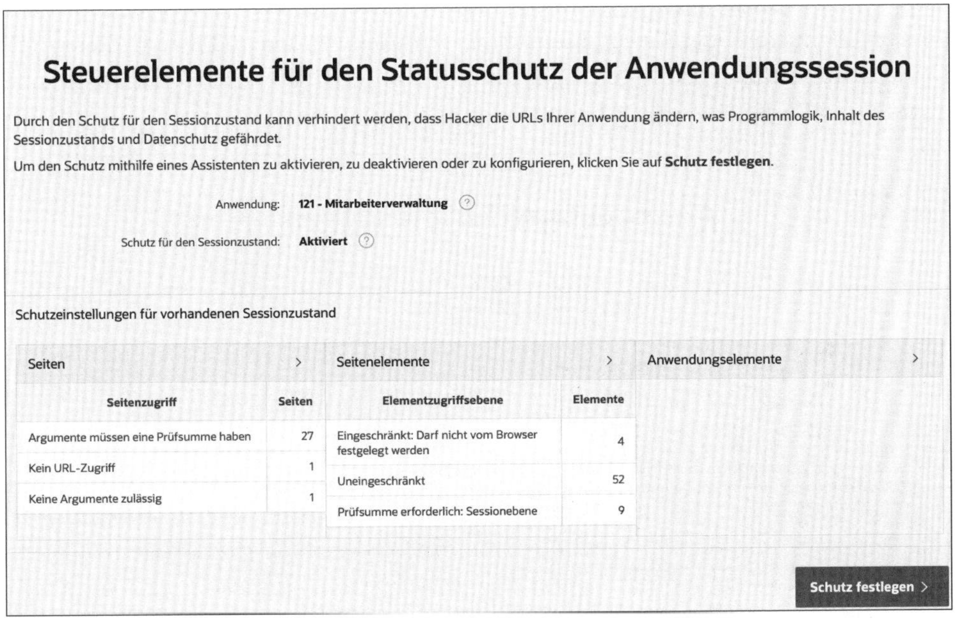

Steuerelemente für den Statusschutz der Anwendungssession

Durch den Schutz für den Sessionzustand kann verhindert werden, dass Hacker die URLs Ihrer Anwendung ändern, was Programmlogik, Inhalt des Sessionzustands und Datenschutz gefährdet.
Um den Schutz mithilfe eines Assistenten zu aktivieren, zu deaktivieren oder zu konfigurieren, klicken Sie auf **Schutz festlegen**.

Anwendung: **121 - Mitarbeiterverwaltung**

Schutz für den Sessionzustand: **Aktiviert**

Schutzeinstellungen für vorhandenen Sessionzustand

Seiten >

Seitenzugriff	Seiten
Argumente müssen eine Prüfsumme haben	27
Kein URL-Zugriff	1
Keine Argumente zulässig	1

Seitenelemente >

Elementzugriffsebene	Elemente
Eingeschränkt: Darf nicht vom Browser festgelegt werden	4
Uneingeschränkt	52
Prüfsumme erforderlich: Sessionebene	9

Anwendungselemente >

Schutz festlegen >

Abbildung 28.1 Einstellmöglichkeiten des Sessionschutzes

Soll dieser Schutz bearbeitet werden, ist hier ein Assistent vorhanden, der über die Schaltfläche SCHUTZ FESTLEGEN > aufgerufen werden kann. Auf der ersten Seite des Assistenten kann der Schutz deaktiviert oder konfiguriert werden. Interessant ist auch die Option `Konfigurieren`, die folgenden Auswahlmöglichkeiten bietet (siehe Abbildung 28.2).

Unter dem Attribut SCHUTZ FÜR DEN SEITENZUGRIFF werden die Optionen zum Schutz des URL zusammengefasst. Standardeinstellung ist `Argumente müssen eine Prüfsumme haben`, alternativ wäre es aber auch möglich, überhaupt keine Übergabe von Argumenten zu erlauben, einen URL-Zugriff vollständig zu untersagen oder keiner Einschränkung zu unterliegen. Witzig scheint die Option, keinen Zugriff über einen URL zu erlauben, zu sein, denn hier wäre es doch einfacher, die Seite wegzuwerfen, oder? Grund für diese Option ist, dass eine Seite dennoch über eine Verzweigung vom Typ `Verzweigung zu Seite` erreichbar ist, nicht aber über eine direkte Eingabe eines URL.

Die weiteren Optionen beziehen sich auf den Schutz von Seitenelementen. Das erste Attribut, SCHUTZ FÜR SEITEN-DATENEINTRAGSELEMENT hat einen etwas sperrigen

28

Namen, es handelt sich dabei um »normale« Formularelemente, die nicht schreibgeschützt oder versteckt sind. Diese Elemente können nur dann geschützt werden, wenn sie Teil eines URL sind. Hier wird aus Sicht des Empfängers eines URL geschaut: Das Formularelement lässt eine Änderung über einen URL nur zu, wenn eine Prüfsumme vorhanden ist. Alternativ kann dieser Schutz hier abgeschaltet werden. Die Prüfsumme kann, damit sie nicht immer wieder erneut gerechnet werden muss, auf Session-, Benutzer- oder Anwendungsebene ermittelt werden und wird in dieser Reihenfolge auch immer unzuverlässiger. Sprechen keine wirklichen Performanzgründe dagegen, sollte die Einstellung beim Standard belassen werden.

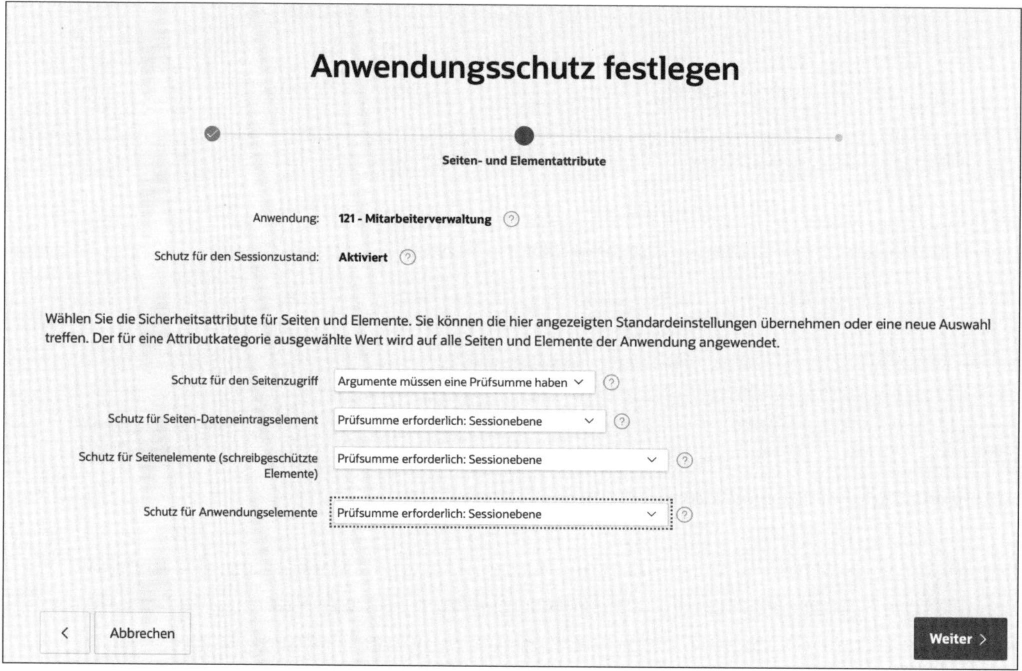

Abbildung 28.2 Optionen des Sessionschutzes

Das nächste Attribut hält gleiche Optionen für schreibgeschützte Elemente (`Versteckt` oder `Nur anzeigen`) bereit, ein drittes Attribut bezieht sich auf Anwendungselemente, die ja nicht einer konkreten Seite zugeordnet sind.

[!]

Merke

Eine Einstellung, die sich über diesen Assistenten nicht festlegen lässt, bezieht sich auf das Verfahren, das zur Erzeugung der Prüfsumme herangezogen wird. Die Sicherheit hat sich zwischen der Datenbankversion 11 und 12 verbessert, sodass in Version 12 standardmäßig das Verfahren SHA-2 mit 512 Bit verwendet wird. Möglicherweise haben Sie damit niemals Probleme. Falls doch, könnte dieses Problem so entstehen: Eine Anwendung wird auf einer Datenbank in Version 12 entwickelt und auf einer Datenbank in Version 11 betrieben. Diese Anwendung wird nicht starten, denn das Verschlüsselungsverfahren SHA-2 ist dort unbekannt. Mir sind nur zwei Auswege aus dieser Situation bekannt: Entweder editieren Sie die Exportdatei und stellen das Verfahren dort auf SHA-1 um, oder Sie gehen zu den Anwendungseigenschaften und schalten den Sessionschutz ab und anschließend wieder an. (Wichtig: Beide Einstellungen müssen gespeichert werden, damit dies funktioniert!) Anschließend verwendet die Anwendung dann das Verfahren, das auf der Datenbank vorhanden ist.

28.3 Weiterführende Optionen

Die Sicherheit lässt sich für APEX-Anwendungen, die innerhalb eines Firmennetzes ausgeführt werden, noch durch ein weiteres, überraschendes Mittel erhöhen: durch einen eigenen Browser. Damit ist nicht gemeint, dass Sie sich einen vollständigen Webbrowser selbst erstellen sollen, sondern ich meine eine kleine Anwendung, innerhalb derer eine HTML-Renderkomponente ausgeführt wird, die aber nicht über die üblichen Bedienelemente normaler Browser verfügt. So besitzt sie keine Adressleiste, und auch die Möglichkeit, sich den Quelltext der Seite anzusehen, entfällt. Basis einer solchen Anwendung könnte *CEF* (*Chromium Embedded Framework*, siehe *https://github.com/chromiumembedded*) sein, also die Render-Engine des Chrome-Browsers. Worin Sie dieses Framework laufen lassen, ist Ihnen überlassen, es könnte eine C++-, Java- oder auch C#-Anwendung sein. Alternativ hierzu können Sie auch die auf node.js angepasste Version *electron* oder *NW.js* (vormals *Node Webkit*) verwenden. Alle Optionen verwenden die gleiche Renderengine, und sie sind sich auch ansonsten recht ähnlich. Im Internet finden Sie einige Vergleiche bezüglich dieser Alternativen.

Warum sollte man dies machen? Die Haupteinfallstore für Hackerangriffe liegen in der offenen Struktur der Browser. Da jeder Endanwender den Quelltext der Anwendung einsehen und JavaScript-Code einfügen kann, ist dies der einfachste Weg, die Anwendung zu attackieren. Eine eigene Anwendung mit einer Renderkomponente verhindert dies wirksam, da diese Einfallstore einfach nicht existieren.

Weitere Vorteile solcher Anwendungen sind:

- Tests bezüglich der Darstellung müssen nur noch gegen einen Browser durchgeführt werden.
- Da die Anwendung als lokale Anwendung auf dem Clientrechner ausgeführt wird, ist es möglich, mit anderen Anwendungen des Clients zu interagieren. Wir nutzen in einem Projekt zum Beispiel ein Ausweislesegerät als Identifikation und zur digitalen Signierung von Dokumenten. Aus einem Browser wäre das nicht möglich.

- Die Anwendung wird als »richtige« Anwendung wahrgenommen, da sie separat ausgeliefert und direkt gestartet werden kann. Durch die Konfiguration wird stets nur der URL geöffnet, der für die APEX-Anwendung benötigt wird, andere Webadressen lassen sich nicht ansteuern.

Ich möchte es gern bei dieser Vorstellung der Idee belassen, weil die konkrete Umsetzung von zu vielen Rahmenbedingungen abhängig ist. So radikal diese Idee zunächst scheinen mag, so angenehm ist sie, wenn man ein solches System einmal installiert hat. Mittlerweile ist das nicht mehr ganz so wichtig, aber wir haben sehr davon profitiert, dass nur eine JavaScript- und eine CSS-Implementierung berücksichtigt und getestet werden mussten. Die unterschiedlichen Browser sind heute konsistenter, die Unterschiede daher nicht mehr ganz so groß.

28.4 Zusammenfassung

Die Sicherheit von Webanwendungen ist ein weites Feld. Glücklicherweise ist APEX von den Standardeinstellungen her so weit gehärtet, dass es nicht einfach ist, über eine APEX-Anwendung Schadcode einzubringen. Natürlich ist es nicht ausgeschlossen, doch der Aufwand, dies zu erreichen, ist recht hoch, wenn Sie die vom APEX-Team vorgeschlagenen Standardeinstellungen berücksichtigen.

Der Advisor weist Sie zudem auf Sicherheitsprobleme hin, sollten Sie eine Anwendungsseite zum Beispiel nicht durch ein Autorisierungsschema geschützt haben oder Ähnliches. Die Vermeidung von hartcodiertem HTML in SQL-Anweisungen tut ein Übriges, um Probleme vermeiden zu helfen. Wenn die Anforderungen an die Sicherheit andererseits besonders hoch sind und zu befürchten ist, dass der Hackerdruck intern wie extern erheblich sein kann, werden diese Standardmaßnahmen eventuell nicht ausreichen. Dann reicht aber auch die Darstellung in diesem Kapitel nicht aus. Weiterführende Literatur gibt es, und zwar aus berufenem Munde: Scott Spendolini hat in seinem Buch *Expert Oracle Application Express Security* (erschienen im Apress-Verlag) so ziemlich alles zusammengetragen, was es über dieses Thema zu wissen gibt, inklusive einer mehr oder minder offenen Eigenwerbung für ein Security-Tool für APEX, das seine Firma vertreibt. Beherzigen Sie auch die in diesem Buch gemachten Sicherheitshinweise und haben Sie ein ausreichend engmaschiges Qualitätssicherungssystem bezüglich der APEX-Anwendungen, sollten Sie Anwendungen erstellen können, die auch erhöhten Sicherheitsanforderungen Genüge zu tun wissen.

Kapitel 29
Internationalisierung

Zum Abschluss des Buches möchte ich Ihnen noch einige Hinweise zur Internationalisierung von Anwendungen geben. Dieses Thema steht nicht für alle im direkten Mittelpunkt, sollte aber im Hinterkopf mit geplant werden. Wer weiß, was morgen kommt?

Das Thema Internationalisierung ist erfahrungsgemäß so lange kein besonderes Thema, bis eine Anwendung mehrsprachig eingerichtet werden muss. Dann ist oftmals die Ernüchterung groß, wenn man feststellt, wie viele Stellen des Codes neu überdacht werden müssen. Eine bessere Planung von Beginn an hätte hier vorbeugen können. Die Entwicklungsumgebung macht es vor: APEX kann ohne Probleme mehrsprachig eingerichtet werden, die allermeisten Begriffe, Meldungen und Oberflächenelemente sind anschließend angepasst. Selbst eine Änderung der Schreibrichtung von rechts nach links verkraftet APEX. Voraussetzung ist lediglich, dass die verschiedenen Sprachversionen auch installiert sind.

29.1 Eine Anwendungssprache auswählen

Daher stellt sich die Frage, auf welche Weise ein Endanwender zu der Übersetzung kommt, die für ihn die passendste ist. Diese Entscheidung treffen Sie für eine Anwendung in den <GEMEINSAMEN KOMPONENTEN> • GLOBALIZATION • GLOBALIZATION-ATTRIBUTE.

In diesem Dialog (siehe Abbildung 29.1) werden einige Festlegungen zur Standardsprache getroffen, unter anderem auch zu der Frage, auf welche Weise die Sprache der Anwendung ausgewählt werden soll. Als Primärsprache für die Anwendung ist im Beispiel Deutsch festgelegt worden. Dies ist die Sprache, in der die gesamte Anwendung entwickelt wurde. Details hierzu folgen in Abschnitt 29.2, »Eine Anwendung übersetzen«, in dem wir diese Einstellung näher diskutieren.

Interessant ist das Attribut GLOBALIZATION • ANWENDUNGSSPRACHE ABGELEITET AUS. Dieses Attribut bietet eine Reihe von Optionen:

- `Kein NLS (Anwendung wird nicht übersetzt)` Das sollte sich von allein erklären.

- `Primärsprache für die Anwendung` In dieser Einstellung wird diejenige Sprachversion verwendet, die im Attribut GLOBALIZATION • PRIMÄRSPRACHE FÜR ANWENDUNG ausgewählt wurde.
- `Sprachspezifische Einstellung des Browsers` In dieser Einstellung wird die Sprache aus der Spracheinstellung des Browsers abgeleitet.
- `Sprachspezifische Einstellung der Anwendung (FSP_LANGUAGE_REFERENCE)` Eine sehr interessante Option: Hier wird die Spracheinstellung aus einer Preference-Einstellung für den Benutzer abgeleitet, die vorher durch einen Aufruf der Methode `APEX_UTIL.SET_PREFERENCE` gesetzt wurde. Der Präferenzwert hat in diesem Fall den Namen `FSP_LANGUAGE_REFERENCE`.
- `Elementeinstellungen` Diese Einstellung erlaubt die Sprachfestlegung durch ein Anwendungselement, das ebenfalls den Namen `FSP_LANGUAGE_REFERENCE` besitzen muss. Der Elementwert könnte zum Beispiel über eine Datenbankspalte gefüllt werden.
- `Session` Diese Einstellung übernimmt die Spracheinstellung der Datenbanksession. Die Datenbanksession kann über Sessionparameter verändert werden (`APEX_UTIL.SET_SESSION_LANG`) oder aber über einen Parameter des APEX-URL mit Namen `p_lang`, der dem URL angehängt wird: zum Beispiel `f?p=100:5:124356&p_lang=GERMAN`.

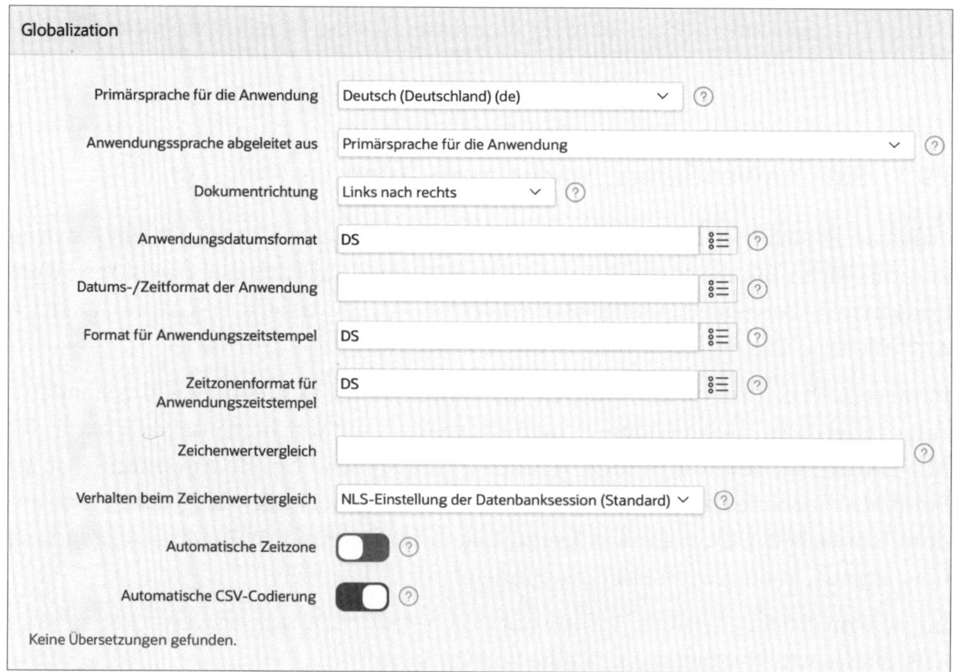

Abbildung 29.1 Einstellungen zum Wählen der Anwendungssprache

29.2 Eine Anwendung übersetzen

Am Beispiel der Entwicklungsumgebung kann man das Konzept von APEX ablesen, Anwendungen zu übersetzen, denn die übersetzten Anwendungen werden als zusätzliche Anwendungen in den Workspace installiert. Für die Anwendung `4000` legt APEX zum Beispiel für die deutsche Übersetzung eine Anwendung `4003` an, analog zu den anderen Anwendungen, aus denen die APEX-Entwicklungsumgebung besteht. Da diese Anwendungen aber Übersetzungen einer bestehenden Anwendung sind, ist es nicht möglich, diese direkt zu editieren. Im Gegenteil ist es so, dass die Hauptanwendung Änderungen an die übersetzten Anwendungen »durchreichen« muss, ähnlich einem globalen Publish & Subscribe-System, das wir ja auch für Themes, Plugins und viele andere Seitenelementtypen konfigurieren können. Wie dies geht, sehen wir uns im weiteren Verlauf an. Genauer betrachtet, werden die beiden Anwendungen durch eine `AUTHENTICATION_ID` zusammengehalten, die bei den Originalanwendungen einen Ganzzahlwert hat (im Beispiel der Anwendung `4000` ist das `532421019614096524`), der in der übersetzten Fassung als `532421019614096524.4003` gespeichert ist.

Dieses Konzept steht jedem Entwickler für die eigenen Anwendungen offen und wird durch APEX direkt und deklarativ unterstützt. Um eine Anwendung zu übersetzen, wird diese als Kopie gespeichert, und anschließend können alle Texte in die jeweilige Sprache übersetzt werden.

Bevor wir uns ansehen, wie dies genau geht, sollten wir uns klarmachen, dass aufgrund der Konzeption von APEX eine übersetzte Version nur angeboten wird, wenn sie, nun ja, vorhanden ist. Falls nicht, fällt die Anwendung auf die Sprache zurück, in der sie gebaut wurde. Und dieser Punkt ist für die Planung wichtig: Erstellen Sie eine Anwendung in Deutsch, und übersetzen Sie diese anschließend ins Englische, wird ein Franzose, der keine französische Variante findet, auf Deutsch zurückfallen, nicht auf Englisch. Ob das für Sie akzeptabel ist, müssen Sie selbst entscheiden, doch möchte ich auf diesen Punkt aufmerksam machen, damit es keine unliebsamen Überraschungen gibt. Entscheidend für den Fallback-Mechanismus sind dabei mehrere Punkte, doch für die APEX-Anwendung selbst gilt, dass, wenn eine angeforderte Übersetzung nicht vorhanden ist, die Basisanwendung gezeigt wird.

Ich möchte noch den Hinweis anfügen, dass es sinnvoll ist, die Entwicklungsumgebung in der Sprache zu betreiben, in der Sie die Anwendung betreiben möchten. Der Grund ist, dass durch diese Einstellung alle Schaltflächenbeschriftungen bereits in der korrekten Sprache vorgenommen werden, auch Hinweistexte werden in dieser Sprache angelegt. Dadurch entfällt eine ansonsten erforderliche manuelle Nachbearbeitung.

Eine Übersetzung anzulegen ist nicht sehr schwierig. Hierfür existiert ein eigener Assistent, den wir unter <GEMEINSAME KOMPONENTEN> • GLOBALIZATION • ANWENDUNG ÜBERSETZEN aufrufen können (auch ein schönes Beispiel für eine »denglische«

Anwendung ...). Die Seite enthält die verschiedenen Schritte, die erforderlich sind, um eine Anwendung zu übersetzen.

Abbildung 29.2 Schritte zur Übersetzung einer Anwendung

Der Hilfetext in der rechten Spalte skizziert das erforderliche Vorgehen und ist auch als Erinnerung hilfreich, wenn man nach längerer Zeit einmal wieder eine Anwendung übersetzen muss.

29.2.1 Bereich »Anwendungssprachen definieren«

Als Erstes wird die Sprache definiert, in die eine Anwendung übersetzt werden soll. Die Einstellungen sind weitgehend selbsterklärend.

Zunächst wird eine Anwendungs-ID für die übersetzte Anwendung festgelegt. Hier gibt es keine festen Regeln, ich habe mich hier für die nächste freie ID entschieden. Anschließend wird die Sprache festgelegt, in die wir übersetzen möchten. Die Einstellung DOKUMENTRICHTUNG legt die Schreibrichtung fest, wobei sowohl `Links nach rechts` als auch `Rechts nach links` gewählt werden kann. Dann besteht die Möglichkeit, ein abweichendes Bildverzeichnis zu vereinbaren. Dies führt uns bereits zu einem interessanten Punkt, denn wenn sich die Schreibrichtung umkehrt, müssen eventuell auch Pfeile in eine andere Richtung zeigen. Hierfür existieren dann unterschiedliche Bilddaten. Ein Kommentar rundet die Einstellungen ab, hat aber keine weitere Bewandtnis.

Anwendungs-Sprachzuordnung erstellen/bearbeiten

Um eine Übersetzung auszuführen, erstellen Sie eine eindeutige Anwendungs-ID für die übersetzte Anwendung. Auf dieser Seite können Sie eine vorhandene Anwendungs-ID einer Anwendungs-ID für die Übersetzung zuordnen. Wenn eine Anwendungszuordnung gelöscht wird, werden auch die entsprechenden übersetzten Anwendungen gelöscht.

Primäre Sprache der Anwendung: 121 Mitarbeiterverwaltung

* Übersetzungsanwendung: 122

* Sprache: Englisch (en)

Portugiesisch (Brasilien), Chinesisch (China), Chinesisch (Taiwan), Englisch, Französisch, Deutsch, Italienisch, Japanisch, Koreanisch, Spanisch

Dokumentrichtung: Links nach rechts

Bildverzeichnis

Kommentare

Abbildung 29.3 Bereich »Anwendungs-Sprachzuordnung erstellen/bearbeiten«

29.2.2 Bereich »Übersetzbaren Text vordefinieren«

Dies ist die zentrale Komponente für die Übersetzung einer Anwendung. In diesem Schritt werden alle übersetzbaren Elemente der Anwendung identifiziert und in ein Übersetzungstext-Repositorium geschrieben. Aus diesem Repositorium heraus kann die Anwendung dann als XLIFF-Datei exportiert und diese übersetzt werden.

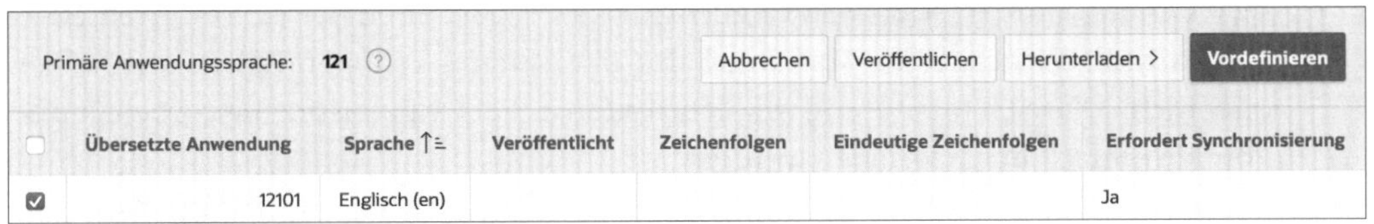

Abbildung 29.4 Bereich zum Vordefinieren einer Übersetzung

Der erste Schritt zu dieser Übersetzung erfolgt über die Schaltfläche VORDEFINIEREN. Stellen Sie sicher, dass Sie die Anwendungen, die Sie vordefinieren möchten, über das Kontrollkästchen ausgewählt haben, bevor Sie die Schaltfläche betätigen. Dieser Schritt dauert, insbesondere bei umfangreichen Anwendungen, einige Zeit und endet mit einer Aktualisierung des Berichts, in dem nun die Anzahl der (eindeutigen) Zeichenfolgen angegeben wird. Nun kann diese Datei heruntergeladen werden, indem auf die Schaltfläche HERUNTERLADEN > geklickt wird.

29.2.3 Bereich »XLIFF-Übersetzungsdateien herunterladen«

Im nun folgenden Dialog können Sie festlegen, wie umfangreich die entstehende XLIFF-Datei sein soll, zudem kann auch nur eine Anwendungsseite übersetzt werden.

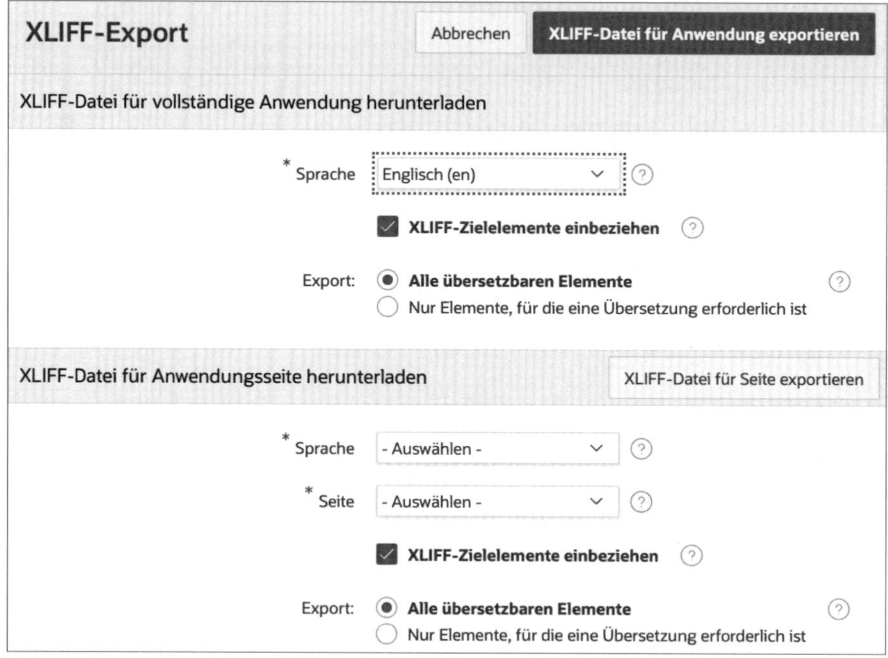

Abbildung 29.5 Optionen zum Herunterladen von XLIFF-Dateien

Das Attribut XLIFF-ZIELELEMENTE EINBEZIEHEN regelt, ob in der exportierten Datei bereits XML-Elemente zur Aufnahme des übersetzten Texts enthalten sein sollen oder nicht. Diese Elemente sind mit den Texten in der Originalsprache vorbelegt und können einfach überschrieben werden.

Als Anwendungsentwickler können Sie gezielt steuern, welche Elemente im Einzelnen in diese XLIFF-Datei hineingehen. Viele Attribute haben eine Einstellmöglichkeit, die regelt, ob ein Seitenelement übersetzbar ist oder nicht. Als Beispiel können Sie in einer beliebigen Region das <ALLGEMEINE REGIONSATTRIBUT> • ERWEITERT • ÜBERSCHRIFT AUS ÜBERSETZUNG AUSSCHLIESSEN verwenden.

[!]

Merke

XLIFF ist ein XML-Standard für CAT-Werkzeuge. Das steht für *Computer Assisted Translation* und fasst Editoren zusammen, die es ermöglichen, mithilfe verschiedener Werkzeuge Text zu übersetzen und als XLIFF-Datei zu speichern. Editoren gibt es in Hülle und Fülle, kommerziell und als Open-Source-Projekte. Beispiele sind *OmegaT*, *CafeTran Espresso*, *Weblate*, *MateCat* und viele andere.

Ich verwende hier das kostenlose *POEdit*.

Das ist manchmal sinnvoll, zum Beispiel, wenn gar keine Überschrift angezeigt werden soll oder wenn diese durch den Verweis auf den Inhalt eines Seitenelements dynamisch berechnet wird.

Das Attribut EXPORT legt den Umfang der zu exportierenden Elemente fest. NUR ELEMENTE, FÜR DIE EINE ÜBERSETZUNG ERFORDERLICH IST sind dabei diejenigen, für die noch keine Übersetzung vorliegt. Diese Option ist sinnvoll, wenn eine Anwendung über die Zeit weiterentwickelt wurde und die Änderungen in den Übersetzungen veröffentlicht wurden. Die neuen Elemente sind dann noch nicht übersetzt und können durch diese Option gezielt ausgewählt werden.

Ist die Zielsprache ausgewählt und sind die Optionen definiert, kann die XLIFF-Datei über die Schaltfläche XLIFF-DATEI … FÜR ANWENDUNG/SEITE HERUNTERLADEN auf den lokalen Rechner heruntergeladen werden.

Der Ausschnitt Listing 29.1 aus der XLIFF-Datei zeigt, wie das System insgesamt funktioniert.

```
<xliff version="1.0">
  <file original="f114_11401_de_en.xlf"
        source-language="de"
        target-language="en"
        datatype="html">
    <header></header>
    <body>
      <trans-unit id="S-5-0-114">
        <source>Globale Seite - Desktop</source>
        <target>Global Page - Desktop</target>
      </trans-unit>
      <trans-unit id="S-5-1-114">
        <source>Startseite</source>
        <target>Home</target>
      </trans-unit>
      <trans-unit id="S-5-2-114">
        <source>Mitarbeiterbericht</source>
```

29

```
        <target>Employee Report</target>
      </trans-unit>
      ...
    </body>
  </file>
</xliff>
```

Listing 29.1 Aufbau einer XLIFF-Datei

Leider lässt sich aus der ID nicht ableiten, wo genau die Verwendung dieser `trans_unit` ist, und das dürfte wiederum auch für einige »Schmankerl« der APEX-Übersetzung verantwortlich sein, denn es geht schnell der Bezug zur Verwendung verloren, und dadurch werden unpassende Übersetzungen möglich. Ob Sie nun, für kleinere Anwendungen, die XLIFF-Datei direkt editieren oder einen Editor einsetzen, das Ergebnis ist eine Datei mit Übersetzungen in eine Zielsprache.

29.2.4 Bereich »Text übersetzen«

Eine Lachnummer: Hier wird nicht etwa die Möglichkeit angeboten, Text in den Übersetzungstext-Repositorien direkt zu übersetzen, sondern es wird lediglich ein Infobildschirm angezeigt, der besagt, dass nun jemand die XLIFF-Dateien übersetzen sollte. Sehr nett ...

Sinnvoll wäre hier ein Verweis auf das Übersetzungs-Repository gewesen, das ich in Abschnitt 29.3.3 kurz vorstellen werde.

29.2.5 Bereich »XLIFF-Übersetzungsdateien anwenden«

Nun geht der Prozess rückwärts: Die editierte Übersetzungsdatei wird in APEX geladen und anschließend für die entsprechende Anwendung eingespielt. Dieser Prozess ist unspektakulär und entspricht weitgehend dem Exportieren, weshalb ich mir hier einen Screenshot erspare.

Durch das Einspielen der Übersetzungsdatei werden die angesprochenen Elemente (die technisch durch das XML-Attribut `id` des Elements `trans_unit` referenziert werden) geändert, sodass die Übersetzungen nun in den Seitenelementen der übersetzten Anwendung enthalten sind. Aus Datenmodellierungssicht ist das ein interessanter Ansatz, denn hier werden alle Metadaten schlicht dupliziert und anschließend lediglich die übersetzten Anteile aktualisiert. Dieser Ansatz wirkt ein bisschen nach brutaler Gewalt, doch ist er auch sehr clever, denn so müssen nicht alle Metadaten durch Joins auf ein Übersetzungstext-Repositorium gehen. Daher werden APEX-Anwendungen auch nicht langsamer, je mehr Übersetzungen vorliegen, zudem ist die Zahl der Metadaten-Zeilen in einer normalen Anwendung im Oracle-Maßstab vernachlässigbar klein, sodass der zusätzliche Speicherbedarf billigend in Kauf genommen wird.

29.2.6 Bereich »Übersetzte Anwendungen veröffentlichen«

Auch hier sieht der Dialog genauso aus wie vorher, und wenn Sie genau hingesehen haben, war eine Veröffentlichung der Anwendung auch schon in den anderen Assistentenseiten möglich. In diesem Fall ist die Schaltfläche zum Veröffentlichen allerdings hervorgehoben. Wichtiger als dieses Detail: Durch die Veröffentlichung wird die Sprachversion durch den Endbenutzer auswählbar.

Änderungen, die an der Anwendung durchgeführt werden, führen dazu, dass die Übersetzung eine Synchronisierung benötigt. Dies wird in den Berichten der hier besprochenen Bereiche jeweils angezeigt. Eine Synchronisierung erreichen Sie, indem Sie die Anwendung erneut vordefinieren, als XLIFF die erforderlichen Elemente herunterladen, übersetzen und anschließend einspielen. Durch die erneute Veröffentlichung der aktualisierten Anwendung wird Ihnen angezeigt, dass sie keine Synchronisierung mehr benötigt.

29.3 Weitere Werkzeuge zur Übersetzung

Zusätzlich zum Weg über eine XLIFF-Datei existieren noch weitere Utilitys, die im Zuge einer Übersetzung eingesetzt werden können.

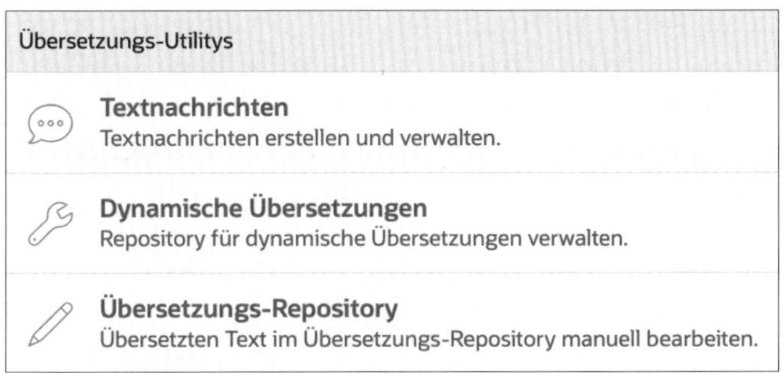

Abbildung 29.6 Übersetzungs-Utilitys

29

29.3.1 Bereich »Textnachrichten«

Textnachrichten sind Nachrichten, die innerhalb von APEX über eine Ersetzungszeichenfolge referenziert werden. Wir hatten die Meldung `DELETE_MSG` angelegt, um die Standardnachricht vor dem Löschen eines Datensatzes durch eine eigene Meldung zu überschreiben. Diese findet sich hier. Dieser Shortcut ist eine Textnachricht, allerdings erweitert um die Anforderung, den Text für JavaScript vorzubereiten. Dies bedeutet, dass Steuerzeichen für JavaScript durch entsprechende Escape-Sequenzen ersetzt werden, die von JavaScript verstanden werden. Diese Nachricht wird auf der Seite dadurch referenziert, dass ihr Name in doppelte Anführungszeichen und in Großbuchstaben referenziert wird, wie folgendes Beispiel zeigt:

```
var htmldb_delete_message='"DELETE_CONFIRM_MSG"';
```

Textnachrichten stellen Elemente dar, die durchaus sinnvoll sein können, denn wenn Sie eine Reihe von Benutzermeldungen verwalten möchten, ist die Referenzierung dieser Meldungen über eine Textnachricht immer der bessere Weg im Vergleich zu einer hartcodierten Meldung auf einer Anwendungsseite, denn diese wird mit Sicherheit nicht automatisiert übersetzt und auch nicht durch eine XLIFF-Datei erfasst.

Textnachrichten sind im Gegensatz dazu übersetzbar und stellen daher eine Möglichkeit dar, den Code etwas flexibler zu machen. Ich mache hiervon wenig Gebrauch, weil ich der Auffassung bin, dass diese Meldungen aus der Datenbank kommen und dort auch übersetzt werden sollten. Doch ist das selbstverständlich Auffassungssache. Möchten Sie die Textnachrichten verwenden, können Sie Ersetzungszeichenfolgen verwenden, um auf die Umgebung, in der die Textnachrichten eingesetzt werden, Bezug zu nehmen. Laut Dokumentation sind dies folgende Marken:

- `#CURRENT_FORM_ELEMENT#`
- `#CURRENT_ITEM_ID#`
- `#CURRENT_ITEM_NAME#`

Ich habe allerdings noch die Zeichenfolge `#LABEL#` gefunden, die wohl auch ersetzt wird. Zudem ist es möglich, auf Parameter zuzugreifen, die durch die Ersetzungszeichenfolgen `%0 .. %9` angesprochen werden können. Wenn Sie diese Attribute belegen möchten, greifen Sie auf die API `APEX_LANG` zurück. Die Methode `MESSAGE` dieses Packages wird verwendet, um eine Textnachricht zu übersetzen. Listing 29.2 zeigt die Spezifikation.

```
apex_lang.message (
  p_primary_text_string in varchar2 default null,
  p0 in varchar2 default null,
  p1 in varchar2 default null,
  p2 in varchar2 default null,
  ...
  p9 in varchar2 default null,
  p_lang in varchar2 default null,
  p_application_id in number default null)
  return varchar2;
```

Listing 29.2 Spezifikation der Methode APEX_LANG.LANG

Wie zu erwarten, werden die Parameter P0 .. P9 auf die Ersetzungszeichenfolgen %0 .. %9 abgebildet. Der optionale Parameter P_LANG wird nur benötigt, wenn eine von der aktuellen Spracheinstellung abweichende Sprache erforderlich ist, ebenso wie der Parameter P_APPLICATION_ID, der verwendet wird, wenn die Textnachricht in einer zentralen Anwendung vorgehalten und von dort referenziert werden muss. Ein anderer Einsatzzweck dieses Parameters ist die Referenzierung einer Nachricht außerhalb von APEX, zum Beispiel in einem Datenbankjob, der keine APEX-Session besitzt. Das Package beinhaltet im Übrigen noch mehr Methoden, die eine API für die gesamte Übersetzung einer Anwendung darstellen. Letztlich haben die hier besprochenen Seiten also die Aufgabe, diese API zu bedienen.

Wie auch immer – wenn Sie Textnachrichten verwenden möchten, können Sie diese entweder über den Bereich <Gemeinsame Komponenten> • Globalization • Textnachrichten erfassen und verwalten. Meldungen, die hier erstellt werden, sind normaler Bestandteil einer XLIFF-Übersetzungsdatei.

Eine spezielle Form der Textnachrichten sind Nachrichten, die durch das APEX-Team selbst in die Anwendung gebracht wurden. Sie werden in der Liste der Textnachrichten nicht aufgeführt, wohl aber in der Dokumentation *Oracle Application Express App Builder User's Guide*, Abschnitt 21.6.3, »Interactive Grid Messages Requiring Translation«, und Abschnitt 21.6.4.3, »Internal Messages Requiring Translation«. Diese internen Nachrichten werden normalerweise durch die verschiedenen Sprachversionen von APEX automatisch übersetzt, können allerdings auch von Ihnen übersetzt oder geändert werden. Dazu legen Sie eine gleichnamige Textnachricht an und geben einen neuen Text in der gewünschten Sprache an. Selbst wenn dies ebenfalls Deutsch wäre, würde die von Ihnen gewünschte »Übersetzung« verwendet, womit Sie in der Lage sind, die internen Meldungen von APEX zu überschreiben. Das ist genau das, was wir mit der überschriebenen Meldung DELETE_MSG getan haben.

29.3.2 Bereich »Dynamische Übersetzungen«

Eine ganz üble Gegend in APEX, wenn Sie mich fragen. Die Idee ist, dass Datenmodelle, die keine Übersetzung von Stammdaten vorhalten, hier insofern »gepimpt« werden können, als die Zeichenfolgen, die von der Datenbank zurückgeliefert werden, durch eine Liste von Werten auf eine Zielsprache abgebildet werden können. Es entsteht ein Sprachfilter für gewisse Begriffe, die automatisiert, also dynamisch, übersetzt werden. Was zunächst nach einer guten Idee klingt, ist bei weiterem Nachdenken nur noch halb so attraktiv: Hier werden Stammdaten von der Übersetzung getrennt, es ist nicht ausgeschlossen, dass Sinnverfälschungen eintreten, einfach deshalb, weil ein Begriff, der in einer Sprache durch ein Wort repräsentiert wird, in der Zielsprache je nach Zusammenhang mehre Begriffe erfordern würde, es entsteht ein Wartungsalbtraum, wenn permanent (und in allen APEX-Anwendungen!) nachgeschaut werden muss, ob die Liste noch aktuell ist und ob sie in allen geforderten Übersetzungen vorliegt.

Diese Option ist ein Notnagel, wenn es aus irgendwelchen Gründen unmöglich ist, das Datenmodell internationalisierbar zu halten. Muss eine Anwendung internationalisiert werden, erfordert dies, dass auch das Datenmodell internationalisierbar ist. Das betrifft durchaus nicht nur die Benennung von Stammdaten, sondern auch noch einige weitere Bereiche, die ich gern mit Ihnen in Abschnitt 29.4 besprechen möchte.

Die Arbeit mit den dynamischen Übersetzungen, um auf das Thema dieses Abschnitts zurückzukommen, ist inhaltlich trivial: Suchbegriff in der Basissprache der Datenbank eingeben, Übersetzung in der Zielsprache hinzufügen. Der Rest wird durch den Renderprozess der Anwendungsseite erledigt.

29.3.3 Bereich »Übersetzungs-Repository«

Wenn Sie nicht in der XLIFF-Datei arbeiten möchten, können Sie die Anwendung auch leichtgewichtiger direkt in einem tabellarischen Control editieren. Dieses Formular wird Ihnen über die Funktion ÜBERSETZUNGS-REPOSITORY zur Verfügung gestellt und wäre vielleicht ein schönes Ziel für die Funktion ÜBERSETZEN • TEXT ÜBERSETZEN aus Abschnitt 29.2.4, »Bereich ›Text übersetzen‹«, in dem nur ein einfacher Text angeboten wurde.

Im Kern handelt es sich um einen Bericht, der alle Ersetzungszeichenfolgen anzeigt, die im Übersetzungsrepositorium hinterlegt sind. Sie können hier gefiltert, gesucht und bei Bedarf direkt editiert werden, indem Sie im Bericht auf die Schaltfläche IM GRID EDITIEREN klicken. Der Vorteil dieser Darstellung ist, dass Ihnen APEX die Anwendungsseite und die Art der Übersetzung anzeigt, also, wofür die Zeichenkette genau verwendet wird. Durch die Filtermöglichkeit können so sehr gezielt die Zeichenketten einer Anwendungsseite oder nur die nicht leeren Elemente gefiltert werden. Zudem ist es möglich, bei mehreren Sprachversionen eine einzelne gezielt auszuwählen. Auch dies erweitert die Möglichkeiten dieses Dialogs.

29.4 Sonstige Herausforderungen der Internationalisierung

Mit der Übersetzung der Stammdaten der APEX-Anwendung ist es nicht getan. Es gibt eine Reihe weiterer Anforderungen an international einsetzbare Software. Dieser Abschnitt gibt eine Reihe von Beispielen.

29.4.1 Stammdaten der Datenbank

Das Datenmodell muss zumindest die Stammdaten international abbilden können. Die »einfache« Übung hierbei ist, dass die Begriffe übersetzt werden müssen. Wie heißt die Abteilung auf Französisch, wie ist die Berufsbezeichnung für einen Abteilungsleiter auf Spanisch. Schwieriger wird es, wenn unterschiedliche Konventionen abgebildet werden sollen, so etwa, wenn im Französischen von einer *Mademoiselle* gesprochen wird, deutsche Frauen sich in der Regel aber ein »Fräulein« verbitten werden.

Weitere Herausforderungen warten, wenn physikalische Messwerte oder Geld ins Spiel kommen. In einem Programm konnte ich meinen BMI berechnen. Das tue ich nicht besonders gern, weil er sich mittlerweile Richtung Panzerkreuzer entwickelt, nicht jedoch in dieser Software, dort war mein BMI 3. Das ist zwar meiner Kenntnis nach mit dem Leben nicht vereinbar, aber wahrscheinlich hätte ich ein passableres Ergebnis erhalten, wenn ich meine Größe in *Inches* und mein Gewicht in *Stone* eingegeben hätte.

Geld ist ein weiteres Problemfeld. Zwar lässt sich das aktuelle Währungszeichen aus den NLS-Einstellungen der Datenbank ableiten. Das ändert allerdings nichts an dem Problem, dass aus `100 €` nicht ohne Weiteres `$100` werden dürfen, bloß weil ich die Sessionparameter umgestellt habe. Ein Lösungsansatz für beide Probleme könnte darin bestehen, in der Datenbank einen intelligenten Datentyp `Money` bzw. `Physical Value` zu erstellen, der in der Lage ist, die Daten korrekt in verschiedene länderspezifische Einheiten umzurechnen. Doch ist die Implementierung solcher Typen nicht trivial, und die Anforderungen an den korrekten Umgang zum Beispiel mit Geld können extrem umfangreich sein. Wenn Sie mögen, hält mein PL/SQL-Buch eine Beispielimplementierung für Geld bereit.

29.4.2 Umgang mit Datum und Zeit

Ein weiteres Feld ist der Umgang mit Datum und Zeit. Ich habe in meinem SQL-Buch drei Kapitel allein diesem Thema gewidmet, denn es ist beliebig kompliziert. Wird eine Anwendung international eingesetzt, hat man es normalerweise auch mit der Verwaltung von Zeitzonen und den sich daraus ergebenden Herausforderungen zu tun. Einen ersten Vorgeschmack erhalten Sie, wenn Sie überlegen, welche Zeit Sie konkret speichern wollen. Ist es wichtig, zu erfahren, wie spät es am Eingabeort der Daten war, oder reicht es Ihnen, zu wissen, wann, absolut gesehen, eine Eingabe erfolgte? Im ersten Fall müssen Sie die Zeit mit Zeitzoneninformationen speichern und diese jeweils für die Anzeige in die Zeitzone umrechnen, die in der Session eingestellt sind, die auf die Daten zugreifen möchte. Im zweiten Fall reicht es, die Daten beim Speichern auf UTC zu normalisieren, allerdings wissen Sie dann eben nicht mehr, zu welcher Uhrzeit die Daten lokal erfasst wurden, es sei denn, Sie speichern mit den Daten, in welcher Zeitzone sie erfasst wurden.

Ein weiteres, zum Glück allerdings auch weitgehend gelöstes Problem ist, wie ein Datum dem Benutzer angezeigt werden soll. Hier können Sie lediglich dann in echte Schwierigkeiten geraten, wenn Sie in Ihrem Code hartcodiert von einem speziellen (zum Beispiel deutschen) Datumsformat ausgehen. Solche Dinge fallen eventuell erst sehr spät auf. Ich empfehle in jedem Fall ein Format, das ohne benannte Monats- oder Tagesbezeichnungen auskommt.

Leider ist eine Webanwendung nicht typsicher, daher werden die Eingaben der Benutzer als Zeichenkette geliefert und erst im Nachhinein als Datum interpretiert. Zugrunde gelegt wird eine Formatmaske, die für die verschiedenen Anwendungen und Übersetzungen angepasst werden muss. Warum dies derzeit so ist, kann ich Ihnen, ehrlich gesagt, nicht erklären, aber im Moment ist es meiner Recherche zufolge nicht möglich, in übersetzten Anwendungen die Einstellungen für diese Parameter zu ändern. Ich nehme an, dass die Probleme hiermit zu groß waren, denn eine Änderung dieses Formats hätte eine Folge für sehr viele Eingabefelder. Dies ist definitiv ein Bereich, der besondere Beachtung verdient.

29.4.3 Kulturelle und gesetzliche Unterschiede

Ein echtes Problem sind auch kulturelle Unterschiede, die sich oftmals in der Art der Meldungstexte erkennen lassen. Ich erinnere mich an eine Anwendung, die eine Empfehlung für Lebensstiländerungen aus einem Fragebogen ableitete. Die Software kam aus Amerika, und dort wurde mit einer gewissen Selbstverständlichkeit der Besuch eines Psychiaters empfohlen, was in Deutschland eher mit Befremden aufgenommen werden würde. Ähnliche Befindlichkeiten dürften in beinahe allen Ländern vermutet werden, in denen die Software eingesetzt wird. Natürlich ist das nicht in erster Linie ein APEX-Problem, doch muss man sich bewusst machen, dass die Akzeptanz einer Software mit diesen Aspekten stehen und fallen kann, daher ist es eventuell erforderlich, sogar Entscheidungsbäume in international ausgerichteter Software anpassen zu müssen.

Sicher gilt dies, wenn gesetzliche Rahmenbedingungen eine Rolle spielen. Hier müssen in jedem Fall Vorkehrungen getroffen werden, damit ein Regelwerk an die lokal geltenden Rechtsvorschriften angepasst werden kann. Dies ist insofern ein wichtiges Thema für eine APEX-Anwendung, als Sie an die Geschäftslogik der übersetzten Anwendung nicht herankommen werden, sie ist immer gleich der Ursprungsanwendung. Entweder haben Sie also alle Entscheidungslogik für alle Sprachen in der zentralen Anwendung, oder Sie befolgen die Best Practice, Geschäftslogik aus der APEX-Anwendung herauszuhalten und in die Datenbank zu integrieren. Hier ist schon deshalb der richtige Platz dafür, weil die entsprechenden Prozesse wahrscheinlich ohnehin nicht nur in einer APEX-Anwendung verwendet werden.

Generell kann ich nur empfehlen, zu überlegen, ob Geschäftslogik nicht weitgehend datengetrieben geschrieben werden kann. Damit meine ich, dass eine Logik den Entscheidungsbaum aus einer Tabelle einliest. Irgendwo müsste diese Entscheidungslogik ohnehin gespeichert werden, und eine `case`-Anweisung in einem PL/SQL-Package ist nicht der beste Ort dafür. Eine externe Entscheidungstabelle kann mit Sicherheit leichter an lokale Besonderheiten angepasst werden als ein hartcodierter Entscheidungsbaum in PL/SQL.

29.4.4 Icons und Schreibrichtung

Ein unterschätztes Problem ist die Verwendung von Icons in einer Anwendung. Nehmen wir als einfaches Beispiel das Problem, das eine Schaltfläche einen Pfeil enthält, der sich, aus Gründen der besseren Lesbarkeit, zum Beispiel rechts des Textes befindet. Nun aber ändert sich die Schreibrichtung, die Schaltfläche steht vielleicht auf der anderen Seite der Region. Eventuell müssen hier die Icons angepasst werden. Wie wir bereits gesehen haben, kann dies dadurch geschehen, dass ein eigenes Bildverzeichnis für diesen Fall vorbereitet wird. Doch hilft das nicht bei der Positionierung des Icons. In einigen Fällen kann ein Seitenelement anstatt nach `links` oder `rechts` zum `Start` oder `Ende` bewegt werden, was dann, abhängig von der Schreibrichtung, links oder rechts meinen kann. Diese Einstellmöglichkeit haben wir zum Beispiel im interaktiven Grid für die Ausrichtung von Spaltenwerten und -überschriften. Das ist aber in APEX nicht konsequent umgesetzt, sodass es nicht unwahrscheinlich ist, dass nicht alle Bildpositionen korrekt funktionieren.

Anhang

Anhang A
Installation von APEX

Die Möglichkeiten, APEX verfügbar zu machen, sind schier endlos. Vom einfachen Anfordern eines Workspaces auf einer von Oracle bereitgestellten Datenbank, über die Nutzung von Oracle als Cloud-Service, als vorgefertigte virtuelle Maschine bis hin zur lokalen Installation »on Premises«, basierend auf unterschiedlichsten Applikationsservern, über http oder https ...

Aufgrund der Vielzahl der Möglichkeiten verbietet sich eine umfassende Darstellung in diesem Buch. Stattdessen gebe ich Ihnen zwei mögliche Wege vor: der einfachste, um in Minuten einen Zugang zu APEX zu erhalten, und einen zweiten, der APEX auf Ihrem Rechner lokal verfügbar macht, ebenfalls auf möglichst einfache Art und Weise.

Die Option, Ihnen zu zeigen, wo Sie eine vorgefertigte virtuelle Maschine erhalten können, ist natürlich auch sehr verlockend, doch wird dieser Weg nicht ganz so intensiv gepflegt, sodass ich nicht sicher sagen kann, welche APEX-Version Sie auf einer solchen Maschine vorfinden werden (aktuell ist es Version 19.1). Zudem sind diese Maschinen nur für eine Konferenz oder Ähnliches eingerichtet worden und daher meist nur auf Englisch verfügbar – zu viele Einschränkungen für ein deutschsprachiges Fachbuch.

A.1 Online-Workspace

Das ist die schnellste und einfachste Möglichkeit, APEX einzurichten. Sie haben die Möglichkeit, einen Workspace kostenlos auf den Oracle-Servern einzurichten. Für das Erlernen von APEX ist das sicherlich eine gute Option, zumal Sie mit den Niederungen der Administration von APEX nichts zu tun haben, sondern einfach anfangen können zu arbeiten.

A.1.1 Anfordern und Einrichten eines Workspaces

Navigieren Sie zu *https://apex.oracle.com/de/learn/getting-started/*, und suchen Sie die Schaltfläche GRATIS-WORKSPACE ANFORDERN. Die folgenden Anmeldeseiten können Sie auch ohne meine Mithilfe ausfüllen, beantworten Sie einfach die Fragen.

Nennen Sie Ihren ersten Workspace `BUCH_NO_CODE`. Sie erhalten eine Bestätigungsmail, die Ihnen den Zugriff auf den Workspace erteilt.

Nun haben Sie einen Workspace, aber noch keine Tabellen mit Beispieldaten. Das ist jedoch kein Problem: Klicken Sie nach der Anwendung, bei der Sie ein Passwort für Ihren Account festlegen müssen, auf die Schaltfläche SQL Workshop, dann auf SQL-Skripts, um in einen Bereich zu gelangen, in dem Sie SQL-Skriptdateien hochladen und ausführen können. Sie finden die erforderlichen Skripte im Begleitmaterial zum Buch, für den ersten Einstieg im Ordner *NO_CODE/install.sql*. Laden Sie dieses Skript hoch, und führen es aus. Lassen Sie sich nicht verwirren, vor der Ausführung des Skripts werden einige Befehle als unbekannt dargestellt, das ist aber unproblematisch.

Das war es schon, Sie können nun beginnen.

A.1.2 Installation der mitgelieferten Beispielanwendung

Im Verzeichnis *Anwendungen* im Begleitmaterial zum Buch finden Sie den jeweils aktuellen Stand der Anwendung. Sie können diesen Stand einfach installieren, indem Sie im <App Builder> • Importieren klicken. Ziehen Sie nun die gewünschte Datei aus den Unterverzeichnissen in den Bereich zum Hochladen von Dateien, und klicken Sie auf die Schaltfläche Weiter.

Einige Anmerkungen zum Import des Beispielanwendungsstands im Zusammenhang mit dem Oracle-Workspace:

- Die Anwendungs-ID darf beim Import nicht übernommen werden, da diese mit Sicherheit in einem der anderen Workspaces auf diesem Server bereits verwendet wird. Belassen Sie beim Import die Standardoption Als Anwendung installieren: • `Neue Anwendungs-ID automatisch zuweisen` eingeschaltet. Die Anwendungs-ID wird im Buch nur nachrangig verwendet, daher ist es nicht schlimm, wenn Sie eine andere verwenden.
- Merken Sie sich die Anwendungs-ID, die Sie im ersten Spiegelstrich erhalten haben. Wenn Sie weitere Fassungen der gleichen Anwendung installieren möchten, wählen Sie die Option Anwendung installieren: • `Anwendungs-ID ändern`, und geben Sie Ihre Anwendungs-ID ein. Dadurch überschreiben Sie die bestehende Anwendung. Eine erneute Erfassung der Anwendungszugriffskontrolle, wie im nächsten Spiegelstrich beschrieben, benötigen Sie nicht.
- Sie müssen nach der Installation der Anwendung die Anwendungszugriffskontrolle einrichten, wie in Abschnitt 6.5.1, »Erstellung von Autorisierungsschemata«, besprochen, da diese beim Export einer Anwendung nicht mit exportiert wird.

A.1.3 Installation der Low-Code-Schemata

Da Sie von Oracle nur einen Workspace zur Verfügung gestellt bekommen, haben Sie keine Möglichkeit, sich beliebige Benutzer innerhalb der Datenbank anzulegen. Der zweite Teil des Buches, Low Code, basiert allerdings auf zwei Benutzern, einem Datenbenutzer und einem APEX-Anwendungsbenutzer. Sie können dies dennoch auch mit nur einem Datenbankbenutzer ausführen, installieren Sie hierzu beide Skripte des Verzeichnisses *LOW_CODE/*, *install_buch_lc_data.sql* und *install_buch_lc_apex.sql* nacheinander, in dieser Reihenfolge, in den gleichen Workspace. Dadurch haben wir zwar keine wirkliche Trennung der beiden Benutzer, der Code geht aber implizit von einer solchen Trennung aus.

A.2 Lokale Installation von APEX

Bei der lokalen Installation von APEX gibt es ebenfalls unzählige Varianten. Mindestens benötigen wir folgende Komponenten:

- eine Oracle-Datenbank, in die wir APEX installieren
- eine aktuelle APEX-Version
- einen Webserver, in den wir ORDS als Verbindungsschicht installieren können
- ORDS, die Komponente, die eine Web-URL auf die Datenbank zu APEX leitet

Damit wir uns nicht im Dickicht der Optionen verlieren, werde ich den einfachstmöglichen Weg beschreiben. Dieser besteht darin, als Datenbank die kostenfreie XE-Edition zu verwenden, die sich zudem schnell und unproblematisch installieren lässt. Als Webserver verwenden wir einen Apache Tomcat in Version 9 (ORDS läuft nicht auf Version 10, daher diese Entscheidung), den wir auf Windows als Service installieren sollten. Die beiden anderen Komponenten, ORDS und APEX, sind unabhängig von der gewählten Installationsart. Leider wurden mir Probleme bei der Installation auf Windows 11 mitgeteilt, die ich aber leider nicht nachvollziehen kann.

A.2.1 Installation der Datenbank

Wir verwenden die kostenfreie Edition XE in Version 21c. Auf einem Windows-System (64 Bit) kann die Datenbank direkt über ein Installationsprogramm installiert werden, das bis auf die Angabe eines Speicherorts für die Datenbank und die Passworte der Datenbankadministratoren keine weiteren Eingaben erfordert.

Möchten Sie auf Linux installieren, empfehle ich die Anleitung von Tim Hall auf *https://tinyurl.com/xeInstallationAufLinux*. Dort wird die Installation unter Oracle Linux 8 gezeigt, aber Sie können die Datenbank auch auf anderen Linux-Derivaten installieren.

Die Version 21c der XE-Edition ist eine Datenbank, die als Multitenant-Datenbank ausgelegt ist. Das bedeutet, dass innerhalb der Datenbank logische Datenbanken (sogenannte *Pluggable Databases, PDB*) angelegt werden können. Es existieren zwei PDBs in der Datenbank: Einerseits `PDB$SEED`, die als Kopiervorlage für weitere PDBs dient, sowie `XEPDB1`, die die eigentliche Datenbank darstellt, mit der wir im Folgenden arbeiten werden.

PDBs sind für APEX insofern von Bedeutung, als sie die Option bieten, APEX entweder innerhalb dieser PDB oder innerhalb des umgebenden Containers zu installieren. Wir verwenden hier die Option, APEX in die PDB zu installieren. Wenn Sie mögen, können Sie zu einem späteren Zeitpunkt einen weiteren PDB anlegen und dort eine zweite Version von APEX installieren. Wie das geht, ist allerdings außerhalb des Fokus dieser Installationsanleitung.

A.2.2 Installation von Tomcat

Die Installation von Tomcat in der aktuellen Version wird durchgeführt, wie es in der Dokumentation zum Programm beschrieben wird. Ich verwende für dieses Buch eine Version von Tomcat 9.0 auf einem Windows-64-Bit-System (ich hatte Schwierigkeiten mit Tomcat 10 in dieser Umgebung). Der Einfachheit halber installiere ich die für Windows lieferbare Version als Dienst (entsprechend einem Unix-Daemon). Die Installation setzt Java in Version 8 oder später voraus, das Sie eventuell separat installieren müssen. Da ORDS, welches wir später installieren, jedoch Java in Version 11 oder 17 erfordert, sollten Sie eine dieser Versionen installieren.

Für dieses Buch habe ich Tomcat so konfiguriert, dass er HTML-Anfragen auf Standardport 80 entgegennimmt, Sie können aber natürlich gern auch einen anderen Port verwenden, als Standardport wird bei Tomcat 8080 angeboten. Ansonsten ist die Installation unspektakulär, Sie folgen den Anweisungen des Installationsprogramms und stellen sicher, dass für die weiteren Schritte Tomcat nicht läuft, sondern der Dienst heruntergefahren ist. Dies ist erforderlich, weil ORDS, den wir als Nächstes installieren wollen, vor der Inbetriebnahme konfiguriert werden muss. Läuft Tomcat, würde ORDS direkt gestartet und ließe sich nicht ohne Probleme konfigurieren.

Bei der Installation von Tomcat auf Linux sind keine Besonderheiten zu beachten. Tomcat sollte idealerweise unter einem eigenen Benutzer installiert werden, zudem müssen die Dateien im *bin*-Verzeichnis ausführbar gemacht werden (`chmod +x *.sh`). Möchten Sie die Administrationsoberfläche von Tomcat benutzen, müssen Sie die Passworte beider Benutzer (`admin` und `robot`) in der Datei *tomcat-users.xml* setzen, ansonsten funktioniert es nicht.

Zur Vorbereitung der Installation von APEX legen Sie im Installationsverzeichnis von Tomcat unter *<Tomcat-Installation>/webapps* ein Verzeichnis mit dem Namen *i<APEX-Version>* an. Planen Sie, APEX in Version 22.1 zu laden, hieße dieser Ordner also zum Beispiel *i221*. In dieses Verzeichnis werden wir später die flankierenden Dateien von APEX installieren. Die Entscheidung, die APEX-Version in den Namen des Ordners aufzunehmen, hat den Charme, dass wir später parallel neuere Versionen von APEX installieren können.

A.2.3 Installation von ORDS

Haben Sie ein Verzeichnis für Tomcat gewählt, können Sie als Nächstes zur Installation von *Oracle REST Data Services (ORDS)*, der Verbindungssoftware zwischen Tomcat und der Datenbank, fortschreiten. Hierfür muss zunächst das Installationsprogramm für ORDS heruntergeladen werden. Die aktuelle Version finden Sie unter *https://tinyurl.com/ordsLatest*. Laden Sie die Installationsdaten, und extrahieren Sie die ZIP-Datei. Die einzige Datei, die wir aus diesem Verzeichnis letztlich benötigen, ist die Datei *ords.war*. Kopieren Sie die Datei in das Verzeichnis *webapps* der Tomcat-Installation. Sie dürfen die kopierte Datei gern umbenennen, zum Beispiel in *apex.war*. Der Name wird später für den URL zu APEX maßgeblich sein. Belassen Sie den Namen, wird der URL *http://localhost/ords* lauten, ansonsten wird der von Ihnen gewählte Name verwendet. Haben Sie bei der Installation von Tomcat einen anderen Port angegeben, muss dieser mit Doppelpunkt nach dem Server angegeben werden: *http://localhost:8080/ords*.

Bevor wir nun den Webserver starten, müssen wir ORDS konfigurieren. Wenn Sie eine aktuelle Version von ORDS benutzen (22.1 oder später), geschieht die Parametrierung über ein separates Skript *bin/ords*, das über Kommandozeilenparameter konfiguriert wird.

In Listing A.1 finden Sie ein Beispiel für die Konfiguration von ORDS unter Windows, das die Konfiguration im interaktiven Modus durchführt und alle relevanten Informationen erfragt, während in Listing A.3 eine Version für Linux gezeigt wird, die als »silent install« alle Optionen per Kommandozeilenparameter übergibt. Beide Wege sind auf beiden Betriebssystemen möglich.

```
ords --config C:\ords\config install --i
```

Listing A.1 Konfigurationsskript für ORDS unter Windows

Wird das Konfigurationsskript im interaktiven Modus ausgeführt, erfragt es die erforderlichen Parameter.

```
C:\temp\ords-latest\bin>ords --config C:\ords\config install --i

ORDS: Release 22.2 Produktion am So. Aug. 28 10:31:40 2022

Copyright (c) 2010, 2022, Oracle.
```

```
Konfiguration:
  /C:/ords/config/

Der Konfigurationsordner C:\ords\config enthält keine Konfigurationsdateien.

Oracle REST Data Services - Interaktive Installation

  Geben Sie eine Zahl zur Auswahl des Installationstyps ein
    [1] ORDS nur in der Datenbank installieren oder upgraden
    [2] Datenbankpool erstellen oder aktualisieren und ORDS in der Datenbank
        installieren/upgraden
    [3] Nur Datenbankpool erstellen oder aktualisieren
  Choose [2]: 2
  Geben Sie eine Zahl zur Auswahl des zu verwendenden Datenbankverbindungstyps
  ein
    [1] Basis (Hostname, Port, Servicename)
    [2] TNS (TNS-Alias, TNS-Verzeichnis)
    [3] Benutzerdefinierte Datenbank-URL
  Choose [1]: 1
  Geben Sie den Hostnamen der Datenbank ein [localhost]: localhost
  Listener-Port der Datenbank eingeben [1521]: 1521
  Datenbankservicename eingeben [orcl]: XEPDB1
  Geben Sie einen Datenbankbenutzernamen mit Administratorberechtigungen an.
    Geben Sie den Administratorbenutzernamen ein: sys
  Datenbankkennwort für SYS AS SYSDBA eingeben: ********

Verbindung zu Datenbankbenutzer: SYS AS SYSDBA URL: jdbc:oracle:thin:@//
localhost:1521/XEPDB1 wird hergestellt

Informationen werden abgerufen.
Verbindung zu Datenbankbenutzer: ORDS_PUBLIC_USER URL: jdbc:oracle:thin:@//
localhost:1521/XEPDB1 wird hergestellt
  Geben Sie eine Zahl ein, um zusätzliche Features zum Aktivieren auszuwählen:
    [1] Datenbankaktionen (aktiviert alle Features)
    [2] REST-fähige SQL und Datenbank-API
    [3] REST-fähige SQL
    [4] Datenbank-API
    [5] Kein Wert
  Choose [1]: 1
  Geben Sie eine Zahl zum Konfigurieren und Starten von ORDS im Standalone-
  Modus ein
```

```
    [1] ORDS im Standalone-Modus konfigurieren und starten
    [2] Überspringen
  Choose [1]: 2
```

Listing A.2 Beispiel für einen Aufruf des Konfigurationsskripts im interaktiven Modus

Im Regelfall können Sie die Standardvorgaben der Parameter belassen, müssen aber natürlich Passworte etc. entsprechend anpassen. Hiervon weichen wir nur beim letzten Parameter, nämlich der Frage, ob wir ORDS im Standalone-Modus betreiben möchten, ab, diese Option überspringen wir, da ORDS in Tomcat betrieben wird.

```
export ORDS_HOME=/u01/ords
export ORDS_CONFIG=/u01/config/ords
export PATH=${ORDS_HOME}/bin:${PATH}
export ORDS_LOGS=${ORDS_CONFIG}/logs
export DB_PORT=1521
export DB_SERVICE=XEPDB1
export SYSDBA_USER=SYS
export SYSDBA_PASSWORD=SysPassword1
export ORDS_PASSWORD=OraPassword1

ords --config ${ORDS_CONFIG} install \
     --log-folder ${ORDS_LOGS} \
     --db-pool pdb1 \
     --admin-user ${SYSDBA_USER} \
     --db-hostname ${HOSTNAME} \
     --db-port ${DB_PORT} \
     --db-servicename ${DB_SERVICE} \
     --feature-db-api true \
     --feature-rest-enabled-sql true \
     --feature-sdw true \
     --gateway-mode proxied \
     --gateway-user APEX_PUBLIC_USER \
     --proxy-user \
     --password-stdin <<EOF
${SYSDBA_PASSWORD}
${ORDS_PASSWORD}
EOF
```

Listing A.3 Konfigurationsskript für ORDS unter Linux

Wenn Sie nun in das Konfigurationsverzeichnis sehen, wurden dort die Verzeichnisse *databases* und *global* angelegt. Im Verzeichnis *databases/default* befinden sich die Daten zur Konfiguration der Datenbankverbindung, die Sie in der XML-Datei *pool.xml* einsehen können. In dieser Datei stehen die eingegebenen Optionen (und eine ganze Menge mehr). Die Passworte werden in einem Wallet (einer verschlüsselten Datei) namens *wallet\cwallet.cso* gespeichert.

A.2.4 Installation von APEX

Anschließend kann APEX installiert werden. Laden Sie also die entsprechende Version unter *https://tinyurl.com/apexLatest* herunter, und entpacken Sie die Datei in ein lokales Verzeichnis, in unserem Beispiel *C:\temp*. Es entsteht ein Verzeichnis *apex*. Sehen Sie sich in diesem Verzeichnis um. Zum einen erkennen Sie eine Reihe Verzeichnisse, eines davon heißt *images*. Es enthält alle CSS-, Bild- und JavaScript-Dateien, die von APEX verwendet werden. Dieses Verzeichnis (bzw. dessen Inhalt) muss später in das Webverzeichnis *i<APEX-Version>* kopiert werden. Das Verzeichnis *builder* enthält alle Exportdateien der mitgelieferten APEX-Anwendungen der IDE, und zwar jeweils in mehreren Sprachen. Ansonsten finden sich in *core* die Installationsskripte der APEX-Datenbankobjekte, die Themes und weitere Skripte, die APEX intern verwendet. Das Verzeichnis *utilities* enthält interessante Werkzeuge:

- *debug*

  Im Verzeichnis *debug* liegen Skripte, um Auszüge der APEX-Nutzung zu zeigen oder APEX zu debuggen.
- *oracle/apex*

  Dieses Verzeichnis enthält ein Java-Werkzeug, um APEX-Anwendungen über die Kommandozeile zu exportieren.
- *support*

  Im *support*-Verzeichnis liegt ein Skript, um die APEX-Installation zu prüfen.
- Ohne Verzeichnis

  Zudem existieren weitere Skripte zur Integration von APEX in eine bestehende SSO-Umgebung, zudem kann ein Bericht über die aktuelle Instanz ausgegeben sowie das intern verwendete Image-Prefix verwaltet werden.

Notwendige Vorarbeiten

Navigieren Sie in einer Kommandozeile zum Ordner, in den Sie APEX entpackt haben:

```
cd C:\temp\apex-latest\apex
```

Bevor Sie beginnen, ist es unbedingt erforderlich, die Umgebungsvariable `NLS_LANG` auf Unicode-Codierung festzulegen, um zu verhindern, dass bei der Installation der deutschsprachigen Fassung der IDE alle Umlaute verloren gehen. Sie setzen diese Variable wie folgt:

```
set nls_lang=GERMAN_GERMANY.AL32UTF8
```

oder auf Unix:

```
export NLS_LANG=GERMAN_GERMANY.AL32UTF8
```

Listing A.4 Setzen der Umgebungsvariablen »NLS_LANG«

Wichtig ist die Verwendung der Oracle-Bezeichner für Sprache, Territorium und Zeichensatzkodierung, damit alles funktioniert.

Vollständige Installation von APEX

Die Installation von APEX ist ein einfacher Prozess. Im Kern wird lediglich ein einziges Skript aufgerufen, nämlich *apexins.sql* (*APEX INStallation*). Dieses Skript erwartet die Angabe von vier Parametern:

- Position 1: Tablespace des APEX-Eigentümers (`APEX_220100`), normalerweise `SYSAUX`
- Position 2: Tablespace des APEX-Dateischemas (`FLOWS_FILES`), normalerweise ebenfalls `SYSAUX`
- Position 3: temporärer Tablespace, normalerweise `TEMP`
- Position 4: Name des Webverzeichnisses für die Bilddaten, normalerweise `/i/`, in unserem Beispiel `/i<APEX-Version/`, also zum Beispiel `/i221/`. Dieser Name muss dem Verzeichnisnamen in *<Tomcat>/webapps/i...* entsprechen.

Das Installationsskript selbst ist ein SQL-Skript, das innerhalb von SQL*Plus ausgeführt werden muss, und zwar als Benutzer `SYS`.

Ein üblicher Aufruf des Skripts sähe daher wie folgt aus:

```
sqlplus sys as sysdba @apexins.sql SYSAUX SYSAUX TEMP /i221/
```

Listing A.5 Beispielaufruf des Installationsskripts

Ist das Skript gestartet, können Sie sich erst einmal zurücklehnen und zu Kaffee oder Tee greifen. Manchmal scheint das Skript zu stocken, es arbeitet aber und installiert immer weiter. Der gesamte Prozess dauert etwa 15 Minuten. Zusätzlich zur Standardinstallation kann die IDE in deutscher Version installiert werden. Dies geht auf mehreren Wegen, am einfachsten jedoch durch den Aufruf des Skripts *load_trans.sql*. Dieses Skript erwartet als Parameter lediglich die Übergabe der gewünschten Sprache in Oracle-Bezeichnung, für Deutsch also `GERMAN`:

```
@load_trans.sql GERMAN
```

Die Installation der deutschen Sprachversion dauert ebenfalls einige Minuten, da alle Anwendungen der IDE-Anwendungen noch einmal in deutscher Version installiert werden müssen.

A.2.5 Nacharbeiten nach der Installation

Ist die eigentliche Installation durchgeführt, müssen noch einige Nacharbeiten ausgeführt werden.

Einrichtung von REST

Zunächst einmal muss das Skript *apex_rest_config.sql* aufgerufen werden. Dieses Skript dient dazu, die Ressourcen (insbesondere statische Dateien), die innerhalb der Datenbank vorgehalten werden, abrufen zu können.

Die Konfiguration des Benutzers `APEX_REST_PUBLIC_USER` ist der eigentliche Grund für das Ausführen des Skripts *apex_rest_config.sql*. Dieser Benutzer wird von APEX für den Zugriff auf Ressourcen innerhalb der Datenbank verwendet. Das Skript erzeugt allerdings noch einen zweiten Benutzer, `APEX_LISTENER`, der von REST-Services verwendet wird. Sie rufen das Skript als Benutzer `SYS` aus `SQL*Plus` auf:

```
sqlplus sys as sysdba @apex_rest_config
```

Das Skript erstellt einige Prozeduren und fordert dann zur Eingabe zweier Passworte für die Benutzer `APEX_LISTENER` und `APEX_REST_PUBLIC_USER` auf:

```
Enter a password for the APEX_LISTENER user [] ****
Enter a password for the APEX_REST_PUBLIC_USER user [] ****
```

Erstellung eines APEX-Administrators

Wie wir wissen, benötigen wir einen APEX-Administrator, mit dem wir die Workspaces von APEX administrieren können. Diesen Benutzer erstellen wir nun. Es handelt sich ebenfalls um ein Skript, und zwar um *apxchpwd.sql* (*APeX CHange PassWorD*). Das Skript ist so weit unkritisch, aber unfreundlich, denn das Passwort, das abschließend eingegeben werden muss, erfordert eine gewisse Komplexität (mindestens acht Zeichen, ein Sonderzeichen, Zahlen, Groß- und Kleinbuchstaben). Erfüllt das Passwort die Anforderungen nicht, steigt das Skript relativ unsanft aus und muss neu gestartet werden.

```
SQL> @apxchpwd.sql
================================================================
This script can be used to change the password of an Application Express
instance administrator. If the user does not yet exist,
a user record will be created.
```

```
========================================================================
Enter the administrator's username [ADMIN] ADMIN
User "ADMIN" does not yet exist and will be created.
Enter ADMIN's email [ADMIN] ***********
Enter ADMIN's password [] ****
Created instance administrator ADMIN.
```

Listing A.6 Installation des APEX-Administrators

Freischalten des Benutzers »APEX_PUBLIC_USER«

Nun sind die Skripte so weit abgeschlossen, jetzt müssen wir noch den Benutzer APEX_PUBLIC_USER in der Datenbank mit dem Passwort versehen, das Sie bei der Konfiguration von ORDS angegeben haben. Die Zuweisung eines neuen Passworts erfolgt ebenfalls als Benutzer SYS:

```
SQL> alter user apex_public_user identified by **** account unlock;
```

Sicherheitshalber habe ich oben den Benutzer-Account auch direkt entsperrt, falls dieser gesperrt gewesen sein sollte.

A.2.6 Installation der CSS-, JavaScript- und Bilddateien

Die Installation einer neuen APEX-Version erfordert immer auch die Aktualisierung der Bilddaten, die von APEX im Installationsordner im Verzeichnis *images* mitgeliefert werden. Für unsere Installation reicht es aus, alle Dateien dieses Verzeichnisses in das Verzeichnis *<Tomcat-Installation>/webapps/i<APEX-Version>* zu kopieren. Achten Sie darauf, dass der Inhalt des Verzeichnisses images in den Ordner i kopiert wird, es darf also kein Verzeichnis images innerhalb des Ordners i existieren.

A.3 Installation des APEX-Buch-Workspace

Um die Beispiele des Buches nachvollziehen zu können, ist es erforderlich, einen Workspace zu erzeugen. Dieser Workspace wird durch ein Datenbankskript erzeugt, setzt aber voraus, dass ein Benutzer in der Datenbank vorhanden ist, der die Daten dieses Workspaces aufnehmen kann. Daher werden wir hier zwei Skripte ausführen, die Sie jeweils im Verzeichnis *SQL_Skripte/Installation* finden.

A.3.1 Installation des Datenbankschemas

Das Buch bietet für die beiden Teile NO_CODE und LOW_CODE separate Workspaces und Datenbankbenutzer an. Da die Nutzung der Skripte auch auf einem Workspace von Oracle möglich sein soll, wo keine Datenbankbenutzer angelegt werden können, habe ich die Skripte zweigeteilt. In den jeweiligen Ordnern finden Sie ein Skript *create_user.sql*, das den oder die erforderlichen Benutzer anlegt und einen Eintrag erzeugt, mittels dessen der APEX-Benutzer auf das GitHub-Repository zugreifen kann, um Beispielanwendungen zu installieren. Dieses Skript wird als Benutzer `SYS` ausgeführt und startet anschließend die Skripte, um die Datenbankobjekte und Workspaces für die angelegten Benutzer zu erzeugen.

Das Skript erstellt nicht nur den Workspace, sondern auch die entsprechenden Workspace-Benutzer `BUCH_ADMIN` etc., die im Buch verwendet werden. Diese Benutzer sind keine Datenbankbenutzer und erhalten daher auch keinerlei Rechte an Datenbankobjekten, sind also aus Administrationssicht unerheblich. Kein APEX-Benutzer kann über die Workspace-Grenzen hinaus Daten sehen. Hiervon ausgenommen ist lediglich der APEX-Administrator `ADMIN`, der bei der Installation von APEX in der Datenbank angelegt wurde.

A.4 Installation meines APEX-Ökosystems

Im Laufe der Jahre habe ich für meine APEX-Projekte ein »Ökosystem« aus Logging-Werkzeugen und APEX-bezogenen Utilitys entwickelt. Einige der Anwendungen, die ich in diesem Buch vorstelle, benötigen dieses Ökosystem. Dies zurückzubauen, wäre sehr aufwendig und vielleicht auch nicht in Ihrem Interesse, denn die eingesetzten Werkzeuge können auch Ihnen eine Anregung sein, sich ein entsprechendes System zu etablieren. Sicherlich können Sie auch Ihr Logwerkzeug so erweitern, dass es Ideen von PIT für die Validierung von Benutzereingaben enthält, oder Sie bauen sich diese Funktion in ein eigenes Validierungspackage ein. Ebenso dürfte einiges aus dem Package `UTL_APEX` interessant sein.

Daher habe ich mich entschlossen, Ihnen die Installation dieses Ökosystems zu erläutern. Dies ist eine Voraussetzung, falls Sie die Benutzerverwaltung oder ADC bei sich installieren möchten. Alle Projekte, die ich nachfolgend vorstelle, stehen in der jeweils aktuellen Version auf meinem GitHub-Account `j-sieben` zur Verfügung. Die Installation ist jeweils durch eine Batch- oder Shellscript-Datei möglich, die erforderlichen Angaben werden im Dialog angefordert. Bei den einzelnen Werkzeugen werde ich anmerken, wie das Werkzeug zu installieren ist.

A.4.1 PIT

Grundlage für das Logging, Tracing, aber auch die Validierung von Benutzereingaben ist ein zentralisiertes Werkzeug, das keine Limitierungen bezüglich Internationalisierung, Skalierbarkeit und Funktionsvielfalt in das Projekt holt. *PIT* steht für *PL/SQL Instrumentation Toolkit* und ist die Basis meiner Entwicklungen. Das Konzept weist weit über vergleichbare Werkzeuge wie Logger oder Ähnliche hinaus, weil es nicht nur den

Fokus auf das Logging oder die Fehlerbehandlung legt, sondern architektonisch als vertikaler Dienst geplant ist, der unter anderem auch mit APEX zusammenarbeitet, dieses aber nicht voraussetzt. Für die unterschiedlichen Anforderungen an die Ausgabe der Logging-Informationen verwende ich Ausgabemodule, und eines dieser Module ist für die Kooperation mit APEX gedacht. Dieses Modul sorgt dafür, dass Meldungen in den Debug-Stack von APEX integriert werden, doch kann PIT auch durch entsprechende Zusicherungsmethoden (Assertionen) die Validierung von Benutzereingaben übernehmen. PIT bietet hierfür einen Sammelmodus, der zentral verwaltet werden kann, um die Validierung von Benutzereingaben so auszuführen, dass zunächst alle Prüfungen durchgeführt werden, bevor dann ein einzelner Fehler geworfen wird. Dieses Vorgehen erlaubt es, die Validierung im Umfeld von Batchläufen anders auszuführen als bei der Bearbeitung über eine GUI. Validierungen werden hierdurch wiederverwendbar und müssen nicht deklarativ nachgebaut werden.

PIT kann entweder als vertikaler Dienst oder lokal im APEX-Benutzer installiert werden. Starten Sie hierfür die Installationsdatei (Batch oder Shell), und folgen Sie den Anweisungen. Wenn Sie PIT als vertikalen Dienst installieren, muss es an die einzelnen Benutzer berechtigt werden. Dies gelingt über das Skript `install_client.bat/sh`. Verwenden Sie die drei Benutzer BUCH_LC_UTILS, BUCH_LC_DATA und BUCH_LC_APEX, wäre der erste der Eigentümer, und den beiden anderen würden durch einen entsprechenden Aufruf des Installationsskripts die Clientrechte zugestanden. Diese Lösung ist nur möglich, wenn Sie eine separate Datenbank besitzen. Haben Sie einen Cloud-Workspace, müssen Sie PIT direkt in das APEX-Schema installieren. Eine Client-Installation ist dann selbstverständlich nicht mehr erforderlich.

Zu PIT existiert eine APEX-Anwendung, mittels derer Parameter und Meldungen sowie übersetzbare Texte verwaltet, im- und exportiert sowie übersetzt werden können. Zudem können Sie PIT mit dieser Anwendung konfigurieren. Diese Anwendung setzt allerdings die weiter unten beschriebenen Werkzeuge voraus und kann erst nach deren Installation importiert werden.

A.4.2 UTL_TEXT

Ein sehr wichtiges Werkzeug ist UTL_TEXT, das ich vor allem als Codegenerator verwende. Es besitzt aber auch allgemein sinnvolle Text-Utilitys, zum Beispiel eine Möglichkeit, CLOB in BLOB umzuwandeln, oder die enorm praktische Funktion BULK_REPLACE, die es erlaubt, mehrere Ersetzungsanker auf einmal zu ersetzen.

Ein wesentlicher Typ, den dieses Package erstellt, ist CHAR_TABLE, eine Tabelle von bis zu 4000 Byte langen Zeichenketten. Dieser Typ wird in vielen weiteren Methoden verwendet, da er es gestattet, beliebig viele Parameter vom Typ VARCHAR2 an eine Prozedur zu übergeben.

Auch dieses Werkzeug ist als vertikaler Dienst konzipiert und wird daher analog zu PIT installiert.

A.4.3 UTL_APEX

Die letzte Voraussetzung für die Installation der Benutzerverwaltung ist das Package UTL_APEX, das direkt in das APEX-Schema installiert wird, da es eine Abhängigkeit von APEX besitzt. Idee dieses Packages ist die Kapselung der APEX-API durch ein eigenes Package. Das mag zunächst überflüssig wirken, doch lassen sich hier viele praktische Werkzeuge unterbringen. Zudem wird die API durch dieses Package etwas konsistenter.

Besonders praktisch ist ein zweites Package, das ich mit diesem Utility installiere: UTL_DEV_APEX. Dieses Package stellt Hilfsmittel bereit, um sich die ermüdende Arbeit der Übernahme von Benutzerdaten zu erleichtern. Nehmen wir an, Sie hätten eine Formularseite auf der Anwendungsseite EMP_EDIT angelegt. Das Formular haben Sie mit der statischen ID EMP_EDIT_FORM ausgestattet. Dann können Sie mithilfe dieses Packages die erforderlichen Methoden automatisiert erzeugen lassen. Listing A.7 zeigt einen beispielhaften Aufruf und das Ergebnis. Die Methoden dienen als Kopiervorlage und können direkt in das Package Ihrer Anwendung hineinkopiert und zu Ende programmiert werden.

```
select utl_dev_apex.get_form_methods(
         p_application_id => 121,
         p_page_id => 5,
         p_static_id => 'EMP_EDIT_FORM',
         p_check_method => 'bl_employee.validate_employee',
         p_insert_method => 'bl_employee.merge_employee',
         p_update_method => 'bl_employee.merge_employee',
         p_delete_method => 'bl_employee.delete_employee')
  from dual;

/** Methods to maintain page emp_edit    */
function emp_edit_validate
  return boolean;

procedure emp_edit_process;

-- BODY--

-- COPY_ROW method
  /**
    ...
```

```
  */
  function emp_edit_copy
    return
  as
    l_row emp_ui_emp_edit%rowtype;
  begin
    pit.enter_detailed('emp_edit_copy');

    l_row.emp_hire_date := utl_apex.get_date('emp_hire_date');
    l_row.emp_first_name := utl_apex.get_string('emp_first_name');
    l_row.emp_last_name := utl_apex.get_string('emp_last_name');
    ...
    l_row.emp_dep_id := utl_apex.get_number('emp_dep_id');

    pit.leave_detailed;
  end emp_edit_copy;

-- METHOD IMPELEMENTATON
  function emp_edit_validate
    return boolean
  as
    l_row emp_ui_emp_edit%rowtype;
  begin
    pit.enter_mandatory;

    l_row := emp_edit_copy;

    pit.start_message_collection;
    bl_employee.validate_employee(l_row);
    pit.stop_message_collection;

    pit.leave_mandatory;
    return true;
  exception
    when msg.PIT_BULK_ERROR_ERR or msg.PIT_BULK_FATAL_ERR then
      utl_apex.handle_bulk_error(char_table(
        'ERROR_CODE', 'ASSIGNED_ITEM'));
      return true;
  end emp_edit_validate;

  procedure emp_edit_process
  as
    l_row emp_ui_emp_edit%rowtype;
```

```
begin
  pit.enter_mandatory;

  l_row := emp_edit_copy;

  if utl_apex.inserting or utl_apex.updating then
    bl_employee.merge_employee(l_row);
  else
    bl_employee.delete_employee(l_row);
  end if;

  pit.leave_mandatory;
end emp_edit_process;
```

Listing A.7 Verwendung des Packages UTL_DEV_APEX

Wenn Ihnen das Ergebnis nicht gefällt, können Sie dieses einfach beeinflussen, indem Sie sich die Tabelle UTL_TEXT_TEMPLATES des Eigentümers von UTL_TEXT ansehen. Dort finden sich Templates, und zwar unter dem Eintrag APEX_FORM in Spalte UTTM_TYPE, die das Format steuern. Trauen Sie sich gern an diese Templates heran, und schauen Sie, wie eine Änderung das Ergebnis beeinflusst. Sollte nichts mehr funktionieren, führen Sie das Skript *UTL_APEX/UTL_APEX/scripts/TemplateGroup_APEX_FORM.sql* aus, um die mitgelieferten Templates erneut zu installieren.

Das Ergebnis zeigt im Übrigen auch, wofür ich die anderen Packages, namentlich PIT und UTL_APEX, benötige.

UTL_APEX setzt die Installation der beiden anderen Package voraus, kann dann aber durch eine einfache Installation im APEX-Schema installiert werden.

A.4.4 Reihenfolge der Installation

Beginnen Sie die Installation mit PIT. Wenn Sie hierfür einen eigenen Utility-Benutzer haben, starten Sie anschließend die Skripte, um PIT für die gewünschten weiteren Benutzer zu berechtigen.

Als Nächstes installieren Sie UTL_TEXT, für die das Gleiche gilt wie für PIT: Installation in einen Utility-Benutzer, anschließende Freigabe an die anderen Benutzer DATA und APEX.

Es folgt die Installation von UTL_APEX, das nur im APEX-Schema installiert wird und daher keine Freigabe an andere Benutzer erfordert.

Nun sind die Voraussetzungen geschaffen, um Anwendungen, die auf meinem Ökosystem basieren, zu installieren. Als Erstes möchten Sie eventuell die PIT-Anwendung installieren. Dies ist durch eine eigene Batch- oder Shellscript-Datei einfach möglich.

Nach diesen Vorarbeiten können auch ADC oder die Benutzerverwaltung einfach installiert werden.

Achten Sie jedoch darauf, dass Sie alle Parameter, die Sie mit PIT angelegt haben, verlieren werden, wenn Sie anschließend eine neue Version von PIT installieren möchten. Über die PIT-Oberfläche lassen sich daher alle Parametergruppen als Skript-Dateien exportieren. Nach einer Neuinstallation von PIT müssen diese Skriptdateien anschließend erneut eingespielt werden. Planen Sie daher umsichtig, wenn Sie diese zentralen Utilitys neu installieren. Sie dienen vielen Anwendungen als Grundlage, daher hat eine Änderung der Installation eine entsprechende Reichweite.

Anhang B
Liste der Navigationskürzel

Aktionen

Bezieht sich auf den interaktiven Bericht, an dem gerade gearbeitet wird. Starten Sie die Anwendung, navigieren Sie zu der Seite, die den interaktiven Bericht enthält. Im oberen Regionsbereich sehen Sie ein Einblendmenü mit dem Namen AKTIONEN. Wählen Sie dieses aus.

Sollte das Einblendmenü nicht angezeigt werden, stellen Sie sicher, dass in den <SPEZIELLEN REGIONSATTRIBUTEN> dieses Menü eingeschaltet ist, und versuchen es erneut.

Allgemeine Regionsattribute

Gehen Sie zur <ANWENDUNGSSEITE N>, und wählen Sie die Region, die gerade bearbeitet wird. Auf der rechten Bildschirmseite finden Sie die allgemeinen Regionsattribute.

Anwendungsseite »n«

Gehen Sie zum <APPLICATION BUILDER>, und wählen Sie die Schaltfläche BEARBEITEN bzw. das Stiftsymbol der Anwendung, die Sie bearbeiten möchten. Im folgenden Bericht wählen Sie die Anwendungsseite, deren Seitennummer dem angegebenen n entspricht und öffnen diese durch einen Klick auf das entsprechende Seitensymbol.

Alternativ klicken Sie auf die Schaltfläche EDIT PAGE N (Symbol Stiftsymbol mit Seitennummer) rechts unterhalb der Navigationsleiste, falls dort bereits die korrekte Seitennummer angezeigt wird. Dieser Weg empfiehlt sich, wenn Sie zum Beispiel <GEMEINSAME KOMPONENTEN> aus einer Anwendungsseite heraus aufgerufen haben und nun dorthin zurückkehren möchten.

Sollten Sie sich bereits auf einer Anwendungsseite befinden und nun zu einer anderen Anwendungsseite wechseln wollen, tragen Sie die neue Seitennummer in das Eingabefeld oberhalb der Seitenbearbeitungselemente ein und klicken dann auf die Schaltfläche LOS oder betätigen die Absatztaste.

APEX-Administration

Melden Sie sich als Workspace-Administrator an, und wählen Sie in der Schaltfläche ADMINISTRATION den ersten Eintrag ADMINISTRATION (Symbol Person mit Maulschlüssel). Diese Seite ist aus den meisten Anwendungsseiten der APEX-Oberfläche heraus jederzeit aufrufbar. Beachten Sie, dass die Optionen, die Sie hier vorfinden, von der Rolle abhängen, die Sie als Benutzer im Workspace besitzen.

Application Builder

- Sie sind nicht angemeldet:

  Melden Sie sich im Workspace an, und wählen Sie anschließend die Schaltfläche APP BUILDER.
- Sie sind bereits angemeldet:
  - Befinden Sie sich auf einer Bearbeitungsseite Ihrer Anwendung, wählen Sie den Breadcrumb-Eintrag APPLICATION BUILDER.
  - Ist kein Breadcrumb-Eintrag APPLICATION BUILDER zu sehen, klicken Sie auf den Breadcrumb-Eintrag HOME und anschließend auf die Schaltfläche APP BUILDER.
  - Alternativ klicken Sie auf das Anwendungsmenü APP BUILDER.
- Klicken Sie anschließend auf den Namen oder das Icon der Anwendung, an der wir gerade arbeiten.

Benutzeroberfläche

Navigieren Sie zu <GEMEINSAME KOMPONENTEN> • BENUTZEROBERFLÄCHE • BENUTZEROBERFLÄCHENATTRIBUTE • SCHALTFLÄCHE DESKTOP/MOBILGERÄT.

Alternativ gelangen Sie zur gleichen Seite über <APPLICATION BUILDER> • ANWENDUNGSEIGENSCHAFTEN BEARBEITEN • REITER BENUTZEROBERFLÄCHE • SCHALTFLÄCHE DESKTOP/MOBILGERÄT.

Benutzerverwaltung

Navigieren Sie zur <APEX-ADMINISTRATION>, und wählen Sie den Bereich BENUTZER UND GRUPPEN VERWALTEN.

Alternativ wählen Sie im Einblendmenü ADMINISTRATION den Eintrag BENUTZER UND GRUPPEN VERWALTEN.

Canvas

Der Canvas ist die vereinfachte Darstellung der Anwendungsseite mit einer vergröberten, optischen Repräsentation der aktuell entwickelten Anwendungsseite. Der Canvas dient nicht nur dem optischen Feedback der Anordnung von Regionen und Seitenelementen, sondern auch der vereinfachten Auswahl von Seitenkomponenten, die bearbeitet werden sollen. Zudem kann die Anordnung der Seitenkomponenten mit Drag & Drop beeinflusst werden.

Entwicklerleiste

Gehen Sie zum <Application Builder>, und starten Sie die Anwendung von dort. Im unteren Bereich der Seite sehen Sie die grau unterlegte Entwicklerleiste.

Ist die Entwicklerleiste nicht mehr zu sehen, ist Ihre Session im Application Builder abgelaufen. Melden Sie sich in diesem Fall erneut am Application Builder an, und wiederholen Sie den Start der Anwendung wie hier beschrieben, um sie wieder einzublenden.

Entwicklungswerkzeuge

Integrierte Entwicklungswerkzeuge rufen Sie wie folgt auf:

- Firefox
  - Menü Extras • Web-Entwickler • Werkzeuge ein-/ausblenden (Strg+⇧+I)
- Chrome
  - Einstellungsmenü (drei Punkte übereinander am rechten oberen Bildschirmrand) • Weitere Tools • Entwicklertools (Strg+⇧+I)
- Safari
  - Menü Entwickler • Webinformationen einblenden (cmd+I)

Gemeinsame Komponenten

Gehen Sie zum <Application Builder>, und wählen Sie den Reiter Gemeinsame Komponenten.

Alternativ wählen Sie die Schaltfläche Gemeinsame Komponenten (Symbol Kreis-Dreieck-Quadrat) in der Schaltflächenleiste rechts unterhalb der Navigationsleiste. Dieser Weg steht Ihnen aus allen Anwendungsseiten des Application Builders heraus offen.

Home

Gehen Sie zum <Application Builder>, und wählen Sie die erste Seite der Anwendung aus, normalerweise als Startseite oder Home bezeichnet. Diese Seite wird nach der Anmeldung automatisch angesprungen. Alternativ können Sie daher diese Seite auch erreichen, wenn Sie sich erneut an der Anwendung anmelden und in der Entwicklerleiste die aktuell angezeigte Anwendungseite bearbeiten.

Mitgelieferte Anwendungen

Gehen Sie zum <Application Builder>, und wählen Sie den Tab Mitgelieferte Anwendungen.

Plugin

Gehen Sie zu den <GEMEINSAMEN KOMPONENTEN> • WEITERE KOMPONENTEN • PLUG-INS, und wählen Sie anschließend das Plugin, das editiert werden soll.

Seitenattribute

Klicken Sie auf der <ANWENDUNGSSEITE N> auf das Wurzelelement des hierarchischen Menüs im Seitenbereich RENDER auf der linken Bildschirmseite. Auf der rechten Seite des Bildschirms werden im Seitenbereich SEITE die Seitenattribute angezeigt.

Spezielle Regionsattribute

Gehen Sie zur <ANWENDUNGSSEITE N>, und wählen Sie die Region, die gerade bearbeitet wird. Klicken Sie auf den Eintrag ATTRIBUTE unterhalb der Region, die Sie gewählt haben. Auf der rechten Bildschirmseite finden Sie die speziellen Regionsattribute.

SQL Workshop

Im obersten Bereich des Entwicklungsumgebung wird immer die Schaltfläche SQL WORKSHOP angezeigt, mit der Sie schnell zu diesem Bereich verzweigen können.

Team Development

- Sie sind nicht angemeldet:

  Melden Sie sich im Workspace an, und wählen Sie anschließend die Schaltfläche TEAM DEVELOPMENT.
- Sie sind bereits angemeldet:

  Klicken Sie auf den Reiter TEAM DEVELOPMENT am oberen Seitenrand.
- Sie führen eine Anwendung aus:

  Klicken Sie auf die Schaltfläche HOME in der Entwicklerleiste, und wählen Sie den Reiter TEAM DEVELOPMENT am oberen Seitenrand.

UI

Dies ist die mitgelieferte Standardanwendung `Universal Theme Sample Application`, die einen sehr guten Überblick über die Optionen des Universal Themes gibt. Installieren Sie das Programm unter <MITGELIEFERTE ANWENDUNGEN>, und starten Sie es.

Im Verlauf des Buches werde ich mich auf mehrere UI-Anwendungen mit ähnlichem Zweck beziehen, denn das APEX-Team hat in diesen Anwendungen einen guten Teil der Dokumentation untergebracht. Dies ist dann im Kapitel und im Ankerpunkt durch die Schreibweise kenntlich gemacht, zum Beispiel <UI-CHARTS> oder ähnlich. Welchen Ankerpunkt ich verwende, ist in den entsprechenden Kapiteln ebenfalls vermerkt.

Anhang C
Glossar

Access Control List (ACL) Eine ACL ist im Umfeld von APEX eine Liste, die steuert, welche Rechte ein Benutzer bezüglich einer APEX-Anwendung hat. Liste meint hier keine APEX-Liste, sondern eine Tabelle in der Datenbank. Auf den Eintragungen der ACL können *Autorisierungsschemata* begründet werden, die für die Prüfung der Benutzerrechte in der Anwendung eingesetzt werden.

Oracle verwendet ACL zur Steuerung von Zugriffsrechten auf Webressourcen, wie etwa entfernte Server oder Internetseiten.

Apache Tomcat Applikationsserver der Apache Software Foundation, der als Open Source-Projekt vertrieben wird. Apache Tomcat wird verwendet, um Java-Serverlets, also serverseitiges Java, auszuführen. Im APEX-Umfeld ist Tomcat wesentlich, um das Servlet *ORDS* zu betreiben, das verwendet wird, um einen URL an die Datenbank und damit an APEX weiterzuleiten.

APEX-Anwendung Sammlung von Anwendungsseiten, die untereinander durch Links verbunden sind und als Einheit verwaltet werden. Eine APEX-Anwendung enthält neben den Anwendungsseiten Festlegungen zum Aussehen der Anwendung, allgemeine Elemente, die auf mehreren Anwendungsseiten verwendet werden können, und weitere Elemente.

APEX Data Dictionary Tabellen im APEX-Schema, die speichern, welche Anwendungen existieren, welche Seiten diese Anwendungen enthalten etc. Die Bewegungsdaten der Anwendungen sind in diesen Tabellen nicht enthalten, sondern werden im Schema gespeichert, das mit dem entsprechenden Workspace und der APEX-Anwendung assoziiert ist.

APEX-Schema Datenbankschema, das alle Tabellen und PL/SQL-Packages enthält, die APEX zur Speicherung und Ausführung von APEX-Anwendungen benötigt.

APEX Tree Hierarchisches Control zur Darstellung von Baumstrukturen. Mächtige Eigenentwicklung von APEX, die über die JavaScript-Datei *i\libraries\apex\ widget.treeView.js* gesteuert wird. Dort findet sich auch eine grobe Dokumentation der Möglichkeiten dieses Controls.

Assistent Entwurfsmuster in APEX-Anwendungen, bei dem die Eingabe komplexer Formulare auf mehrere Anwendungsseiten aufgeteilt wird. Assistenten sind in der DIE allgegenwärtig und können auch in Ihren Anwendungen als Seitenfolge programmiert werden.

ATAF (APEX Test Automation Framework) APEX-Anwendung (Open Source) zum automatisierten Testen von APEX-Anwendungen. Über die APEX-Oberfläche werden Selenium-Skripte generiert, die dann im Browser ausgeführt werden können. Details dazu in Abschnitt 21.5.2, »Test von APEX-Weboberflächen«, oder unter *https://github.com/schuntl/ATAF*.

Authentifizierung Verfahren, um der Datenbank zweifelsfrei zu erläutern, wer der angemeldete Benutzer ist. Normalerweise werden Verfahren mit Benutzername und Passwort verwendet, es existieren jedoch auch andere Verfahren, wie etwa die externe Authentifizierung gegen LDAP bzw. Active Directory oder die Authentifizierung im Rahmen eines Single Sign-on.

Autorisierung Berechtigungsprüfung eines Benutzers. Ist der Benutzer authentifiziert, muss als Zweites geprüft werden, welche konkreten Rechte dem Benutzer eingeräumt werden sollen. Dies wird durch die Autorisierung übernommen.

Autorisierungsschema Ein Autorisierungsschema ist eine gemeinsame Komponente, die eine Prüfung durchführt und das Ergebnis als Wahrheitswert liefert. Es wird verwendet, um in der Anwendung Berechtigungen für Seitenelemente zu prüfen. Ziel der Prüfungen können zum Beispiel Seiten, aber auch Regionen, Seitenelemente oder Listeneinträge etc. sein.

Badge List Listentyp, der die Einträge in Zellen mit einem Badge zeigt. Ein *Badge* (*Emblem, Abzeichen*) ist die Bezeichnung für die Kreise, die in dieser Darstellung angezeigt werden und normalerweise prozentuale oder absolute Zahlenangaben enthalten. Typischerweise können Badges als Verweis genutzt werden.

Benutzeroberfläche Kategorie für Anwendungsseiten. Die Benutzeroberfläche steuert zum einen, welche CSS-Klassen und JavaScript-Dateien verwendet werden, um eine Anwendung darzustellen, und schränkt zum anderen die Anzahl und den Typ von Seiten-, Regions- und Elementtypen ein, die für eine Benutzeroberfläche verwendet werden können. So steht für die Benutzeroberfläche `Desktop` ein *interaktiver Bericht* zur Verfügung, nicht aber für die Benutzeroberfläche `Mobilgerät`, der dafür einen *Reflow Report* bereitstellt.

Berechnung Im APEX-Kontext stellen Berechnungen Prozesse in PL/SQL dar, die im Verlauf des Lebenszyklus einer Seite berechnet werden. Fokus der Berechnungen ist die Zuweisung von Werten zu Anwendungselementen, oft auf Basis von Datenbanktabellen oder aufwendiger Logik.

Best Practice Es existiert kein Komitee, das für APEX offizielle Codierungsstandards festlegt. So sind denn die Empfehlungen aus der Erfahrung vieler APEX-Projekte, aus den Arbeiten der Kollegen aus befreundeten Unternehmen und aus Hinweise in Blogs zusammengetragen. Best Practices sollen Ihnen ermöglichen, einen Pfad durch das Dickicht der Möglichkeiten zu schlagen und bekannte Fehler zu vermeiden. Sie sind kein Dogma.

Breadcrumb Navigationshilfe einer Webanwendung. Ein Breadcrumb kann in unterschiedlichsten Formen auftreten, normalerweise wird eine hierarchische Struktur der Anwendungsseiten bis zur Startseite der Anwendung gezeigt. Ein Breadcrumb befindet sich im Regelfall im oberen linken Seitenbereich, unter der Überschrift bzw. Logo und dem Menü, aber oberhalb des eigentlichen Seitenbereichs.

Collection-API Schnittstelle zum Sessionstatus für listenbasierte Sessionwerte. Wenn ein Sessionwert als Liste modelliert ist, müssen auch diese Werte im Sessionstatus vorgehalten werden. Dies wird über eine Collection erledigt. Die für die Collection erforderlichen PL/SQL-Methoden hat das APEX-Team im Package `apex_collection` zur Verfügung gestellt, sodass auch eigene Prozesse darauf basieren können. Die Verwendung wird in der Beispielanwendung Sample Collections beschrieben. Weitere Details in Kapitel 10, »Formulare«.

CSS *Cascading Style Sheet*. Mithilfe einer CSS-Datei wird festgelegt, auf welche Weise die Informationen einer Webseite dargestellt werden sollen. Der Schwerpunkt von CSS liegt auf der Festlegung von Zeichensätzen, Schriftgrößen, grafischen Elementen und Farben. Mithilfe der CSS wird also die Darstellung der Webseite gesteuert, HTML sollte sich möglichst nur um den Inhalt und die Struktur der Seite kümmern. Derzeit liegt CSS in Version 3 vor. Einige CSS-Elemente werden noch nicht flächendeckend von den verschiedenen Browsern unterstützt.

Cursor Ein Cursor ist eine Datenstruktur, die das Ergebnis einer SQL-Abfrage enthält. PL/SQL erlaubt die explizite Kontrolle über Cursor und gestattet, Cursor als Parameter von Prozeduren zu verwenden und somit potenziell riesige Datenmengen über einen Parameter auszutauschen. Im Zusammenhang mit APEX werden Cursor interessant, wenn sie als Rückgabewert von Prozeduren verwendet und zum Beispiel von Formularen, die auf Prozeduren basieren, verwendet werden.

Data Layer In diesem Buch wird der Data Layer als Schnittstelle zu Tabellen anderer Schemata innerhalb oder außerhalb unserer Datenbank verstanden, der die Daten, die in APEX-Anwendungen benötigt werden, bereitstellt. Die Daten werden im Data Layer durch Views mit dem Namensmuster `DL_<Name der Tabelle>` bereitgestellt. Der lokale Tabellenname kann vom referenzierten Tabellennamen abweichen, ebenso wie die Spaltenbezeichner, die in der View durch Aliase an die Namenskonvention von APEX angepasst wurden.

Im Regelfall enthalten die Views weder Joins noch `where`-Klauseln und sind als »einfache« Views durch SQL auch beschreibbar.

Data-Load-Definition Zusammenfassung verschiedener Einstellungen und Regeln, die in APEX zum Import von CSV-Dateien verwendet werden. Zugriff und Editiermöglichkeit erhalten Sie über <Gemeinsame Komponenten> • Datenreferenzen • Data Load-Definitionen auf bereits erstellte Definitionen, neu erstellt werden sie im Rahmen einer Data-Load-Seite, wie in Abschnitt 7.2.8, »Laden von Daten«, beschrieben.

Datepicker Seitenelement, das die einfache Auswahl eines Datums aus einem Kalender ermöglicht. Basiert, je nach Version von APEX, entweder auf jQuery, Oracle Jet oder auf einer Eigenentwicklung des APEX-Teams.

Debug »Entwanzen«, Fehlerbehebung von Code. Im Kontext von APEX wird hierunter vor allem ein Befehl der Entwicklerleiste verstanden, der die Aufbereitung oder Verarbeitung der Seite protokolliert und über den Browser zugänglich macht.

DOM-Baum (Document Object Model-Baum) Speicherstruktur der HTML-Elemente, die aktuell auf der Anwendungsseite gezeigt werden. Der DOM-Baum basiert auf dem HTML-Dokument, das durch den Browser dargestellt wird, kann aber durch JavaScript-Code geändert worden sein. Zudem enthält der DOM-Baum die referenzierten JavaScript- und CSS-Dateien sowie die Bilddaten.

Editierbares Grid → interaktives Grid

Escapen von HTML HTML verwendet Steuerzeichen, um Text formatiert darzustellen. Wichtig sind hier vor allem die Zeichen <, >, & sowie die Anführungszeichen. Damit diese Steuerzeichen nicht vom Browser als Anweisungen interpretiert werden, können diese Zeichen durch eine Ersatzzeichenfolge (zum Beispiel `>` für das Zeichen >) dargestellt werden. In diesem Fall wird das Zeichen > im Browser angezeigt und keine Funktion daran gekoppelt.

Facet-Suche Als Facet-Suche wird eine Darstellungsform in Webanwendungen bezeichnet, bei der in einem Seitenbereich verschiedene Facetten der Daten als Auswahlbereiche angeboten werden. Mit Hilfe dieser Auswahlbereiche können Berichtsdaten flexibel gefiltert werden.

Feature Vordefinierte Gruppe von Anwendungsseiten, die eine spezielle Funktion implementieren. Ein Feature kann bei der Anlage einer Anwendung, oder auch im weiteren Verlauf, einer Anwendung hinzugefügt werden und legt ein oder mehrere Anwendungsseiten mit der gewünschten Funktionalität an. Features können anschließend auch als Gruppe aus der Anwendung entfernt werden.

Font Awesome bzw. Font APEX Eigentlich eine Schriftart, die allerdings lediglich aus grafischen Zeichen besteht, ähnlich der Schriftart *Zapf Dingbats*. Die Ausgestaltung der Zeichen als Schriftart ist deshalb sinnvoll, weil dadurch die Zeichen beliebig vergrößert werden können. Zudem können sehr viele Zeichen in einer Schriftart codiert werden, wodurch vermieden werden kann, sehr viele Grafiken einzeln laden und verwalten zu müssen. In APEX wird seit Version 5.1 ein auf Font Awesome aufbauender *Font APEX* verwendet.

Details finden sich auf *http://fontawesome.com*.

FullCalendar Auf *jQuery* basierende Kalenderkomponente zur Darstellung komplexer Kalender in Webanwendungen. APEX hat das Framework in die IDE integriert und erlaubt die Verwendung der meisten Optionen durch deklarative Parametrierung.

Galerie Die Galerie ist ein Bereich in der Entwicklungsumgebung, in der unterschiedliche Elemente zum Einfügen auf die Seite oder zum Erstellen neuer Funktionalität aufgelistet werden. Im Regelfall dient die Galerie der optischen Auswahl von Funktionalität.

Gemeinsame Komponenten Anwendungsbausteine, die auf mehreren Seiten eingesetzt werden können, werden als gemeinsame Komponenten gestaltet. Sie liegen in verschiedenen Ausprägungen vor (als Navigationslisten, Wertelisten, Autorisierungsschemata etc.) und stellen ein wichtiges Mittel zur Reduktion der Komplexität der APEX-Anwendungen dar.

Globale Seite Anwendungsseite, die Regionen oder Elemente enthält, die auf allen Anwendungsseiten angezeigt werden (so denn bestimmte Anwendungsseiten dies nicht ausschließen). Globale Seiten wurden in früheren Versionen von APEX häufiger verwendet und sind heutzutage seltener erforderlich.

Grid Wörtlich: Raster. Im Kontext von APEX wird unter einem Grid ein Gestaltungsprinzip verstanden, bei dem die Anwendungsseite in gleich breite Spalten aufgeteilt wird. Alle Regionen und Elemente, aus denen die Seite besteht, werden an diesem Raster ausgerichtet, genauer die Rechtecke, die Regionen und Elemente umgeben. Ein Rechteck könnte also zum Beispiel von Spalte 3 bis Spalte 9 reichen. Bei APEX werden Grid Layouts mit zwölf Spalten verwendet. Innerhalb eines Rechtecks stehen wiederum zwölf Spalten zur Verfügung, die dann jeweils schmaler sind als die Spalten der Umgebung.

Hash-Code Ein Hash-Code ist das Ergebnis eines mathematischen Algorithmus, an den drei Anforderungen gestellt werden:

- Ein gegebener Wert wird immer zum gleichen Hash-Code umgerechnet.
- Aus dem Hash-Code kann der Ursprungswert nicht mehr ermittelt werden.
- Es existieren »hinreichend« viele unterschiedliche Hash-Codes für den gegebenen Zweck.

In APEX wird ein Hash-Code verwendet, um eine Zeile einer Tabelle auf einen einfacher zu vergleichenden Hash-Code abzubilden. Ändert sich ein Wert einer Spalte dieser Zeile, ist immer auch ein unterschiedlicher Hash-Code die Folge. Wird also der Hash-Code beim Lesen der Zeile ermittelt, kann einfach nachgeschaut werden, ob sich die Zeile bis zum anschließenden Ändern (das deutlich später stattfinden kann) geändert hat.

HTML *Hypertext Markup Language*. HTML bezeichnet eine Definition, die mit den Mitteln der Auszeichnungssprachen (genauer aus dem Urvater SGML) als Anwendung für die Auszeichnung von Webseiten entwickelt wurde. HTML liegt in Version 5 vor und definiert, auf welche Weise eine Information für das Internet aufbereitet werden muss, um sie vom Browser als Seite darstellen zu lassen. Eine Seite wird in den Header- und den Body-Bereich eingeteilt, wobei alle Elemente des Body-Bereichs angezeigt werden. Informationen des Headerbereichs dienen der Definition weiterer Ressourcen oder Metadaten, die für die Darstellung der Seite verwendet werden.

HTTP-Stream Ausgabekanal für HTML-Code in einen Browser. Ein HTTP-Stream stellt eine Netzwerkverbindung dar, die durch die Datenbank mit Daten beliefert wird. Am »anderen Ende« wartet der Browser und stellt die Informationen dar. Zum Schreiben wird in der Regel das Package `SYS.HTP` verwendet.

IDE *Integrated Development Environment* – integrierte Entwicklungsumgebung: Anwendung, mit deren Hilfe Software entwickelt werden kann. Im Fall von APEX werden typischerweise zwei Programme eingesetzt: der Application Builder, eine APEX-Anwendung, und der SQL Developer, eine Java-Anwendung zum komfortablen Erstellen von SQL- und PL/SQL-Anweisungen.

iframe HTML-Element zum Einbetten fremder Webseiten in eine Seite

IIFE (Immediately Invoked Function Expression) Entwurfsmuster in JavaScript, das eine Funktion deklariert und sofort aufruft. Im Prinzip entspricht ein IIFE damit einem anonymen Block in PL/SQL. Ein IIFE wird gebildet, indem die Funktion eingeklammert und mit einem abschließenden Klammerpaar, das auch Parameter enthalten kann, erstellt wird: `(my_iife(p){})(parameter);` Details dazu siehe Abschnitt 20.1.1, »Einführung in JavaScript« – IIFE-Entwurfsmuster.

Instead-of-Trigger Trigger, der auf eine View eingerichtet wird, falls diese als nichttriviale View nicht mehr durchschreibbar ist. Der Trigger implementiert die Logik, die Basistabellen der View zu aktualisieren.

Interaktives Grid Tabellarischer Bericht, der als Nachfolger des *interaktiven Berichts* über weitreichende JavaScript-Funktionalität verfügt, zudem aber auch erlaubt, alle Feldwerte direkt im Bericht zu editieren und in die Datenbank zu schreiben. Neu eingeführt in Version 5.1.

Interaktiver Bericht HTML-Tabelle, die durch massiven Einsatz von JavaScript zu einem multifunktionalen Berichtswerkzeug im Browser mutiert ist. Der interaktive Bericht erlaubt dem Anwender die eigene Konfiguration der Darstellung der Berichtswerte und das Abspeichern der so erzeugten Visualisierungen. Seit Version 5.1 wird der interaktive Bericht durch das *interaktive Grid* abgelöst.

JDWP (Java Debug Wire Protocol) Protokoll zum Debuggen von Programmen, speziell von Java-Programmen. Wird im APEX-Umfeld eingesetzt, um den SQL Developer zum Remote Debugging zu bewegen und damit APEX-Anwendungen schrittweise durchgehen zu können. Weitere Informationen in Abschnitt 21.2.4, »Remote Debugging mit SQL Developer«.

jQuery Framework, das eine JavaScript-Bibliothek anbietet, die browserübergreifend eingesetzt werden kann. Die Aufgabe von jQuery liegt darin, dynamische Effekte auf der Webseite im Browser zu ermöglichen, wie zum Beispiel das Ein- oder Ausblenden von Eingabefeldern, Animationseffekten, Validierung von Benutzereingaben etc.

jQuery UI Auf Basis von jQuery werden viele Plugins erzeugt, die von APEX verwendet werden, um eine reichere Oberflächengestaltung erzeugen zu können. jQuery UI ist der Ableger für mobile Geräte und unterstützt deren besondere Eingabe- und Darstellungsmöglichkeiten. Komponenten, die mit jQuery UI erzeugt wurden, werden als *Widgets* bezeichnet.

jQuery Mobile Library zur Anbindung von Webanwendungen an Mobilgeräte. Hier ist einerseits die Reaktion auf Ereignisse wie die Änderung der Bildschirmausrichtung (horizontal zu vertikal) interessant, aber auch Funktionen, die Webbrowser in Mobilgeräten zusätzlich kennen (Kamera, Bewegungssensor, Gesten etc.).

Komplexe View View, die aufgrund der Verwendung von Joins oder Gruppenfunktionen durch SQL nicht automatisch aktualisiert werden kann. Eine nicht komplexe View (einfache View) kann problemlos aktualisiert werden und reicht die Anweisung an die unterliegende Tabelle weiter. Komplexe Views können dies nicht und erfordern zum Beispiel einen *Instead-of-Trigger*, um bearbeitbar zu bleiben.

Legacy Wörtlich: Hinterlassenschaft, Erbe. Wird verwendet, um Elemente zu kennzeichnen, die aus Gründen der Kompatibilität zu früheren Anwendungsversionen noch vorhanden sind. Nach Möglichkeit sollten Legacy-Objekte in neuen Projekten nicht mehr verwendet und in Bestandsanwendungen im Rahmen der Produktpflege durch neue Objekte ersetzt werden.

LOV → Werteliste

Media Query CSS-Technik, mittels derer der Browser auf die Art des Anzeigegeräts reagieren kann. Einerseits zielen Media Queries auf die Art der Ausgabe (Sprachausgabe versus Bildschirm versus Print zum Beispiel), andererseits auf andere Attribute des Ausgabegeräts (Auflösung des Bildschirms, Ausrichtung, Anzahl darstellbarer Farben etc.). Siehe auch *Responsive Design*.

Modaler Dialog Benutzerdialog, der sich über die bestehende Anwendungsseite legt und den Benutzer zwingt, zunächst diesen Dialog zu bearbeiten, indem er ihm den Zugriff auf die unterliegende Seite entzieht. Der modale Dialog wird verwendet, wenn Eingaben erforderlich sind, ohne die der Fluss der Seiten nicht fortgesetzt werden kann.

Im Gegensatz hierzu gibt es nicht modale Dialoge, die sich dadurch unterscheiden, dass sie, wenn sie geöffnet wurden, zur Seite geschoben werden können, sodass auf der unterliegenden Seite weitergearbeitet werden kann.

Optimistisches Sperren Der Begriff bezeichnet eine Strategie, bei der vor der Aktualisierung eines Datensatzes geprüft wird, ob der Datensatz im Vergleich zum Zeitpunkt des Lesens nach wie vor unverändert ist. Hat sich der Datensatz in der Zwischenzeit verändert, wird keine Aktualisierung durchgeführt. Es existieren verschiedene Verfahren, zu erkennen, ob der Datensatz sich geändert hat. APEX verwendet einen Hash-Algorithmus, der alle Attributwerte in die Berechnung einfließen lässt.

Oracle JET (Oracle JavaScript Extension Toolkit) Framework zur Entwicklung webbasierter Anwendungen von Oracle. JET wird nicht nur in APEX verwendet, aber zunehmend vom APEX-Team zur Standardisierung gewisser Abläufe im Produkt verwendet. Sichtbar ist die Grafikkomponente von JET, aber auch Werkzeuge wie *require*, die in JET enthalten sind, werden zukünftig verstärkt in APEX Einzug halten. Details dazu unter *http://www.oracle.com/webfolder/technetwork/jet/index.html*.

ORDS (Oracle REST Data Services) Software, die eingesetzt wird, um einen Webservice mit APEX zu verbinden. Das Modul wird normalerweise als Serveranwendung auf dem Webserver eingerichtet und betrieben und routet Anfragen an den URL *.../ords/...* an APEX weiter. Mittlerweile ist die Anwendung nicht nur auf APEX angewiesen, sondern kann als Webservice-basierte Schnittstelle zur Datenbank generell eingesetzt werden. Verwendet wird hierbei das REST-Protokoll, eine leichtgewichtigere Alternative zum oft verwendeten Protokoll SOAP.

OWA (Oracle Web Agent) Sammlung von Packages, mit deren Hilfe Webanwendungen leichter programmiert werden können. Sie sind zum Teil älter als APEX und wurden auch in anderen webbasierten Anwendungsszenarien verwendet. APEX verwendet diese Packages allerdings ebenfalls zur Implementierung der Logik.

Pipelined Function PL/SQL-Funktion, die Teilergebnisse der Berechnung bereits zurückliefert, bevor die gesamte Funktion komplett berechnet wurde.

Plugin Erweiterung zu APEX. Plugins können für verschiedene Bausteintypen erstellt werden (Region, Seitenelement, dynamische Aktion etc.) und stellen eine Schnittstelle dar, mit deren Hilfe Entwickler neue Anwendungsbausteine erstellen können. Plugins werden mit der Anwendung exportiert und beinahe ununterscheidbar zu den mitgelieferten Anwendungsbausteinen in die IDE integriert.

Preferences Set von Voreinstellungen, die ein Benutzer in APEX hinterlegen kann. Die Preferences (ich verwende den englischen Begriff und nicht den oft in APEX genutzten Begriff *Voreinstellung*, um damit Missverständnissen vorzubeugen) werden für einen Benutzer in der Datenbank persisitiert und können beim Rendern einer Seite herangezogen werden, um die Seite an die Wünsche des Endanwenders anzupassen. Typisch sind hier Farbeinstellungen und Ähnliches.

Promise (Versprechen) JavaScript-Entwurfsmuster für die asynchrone Programmierung. Ein Promise stellt ein Objekt dar, das eine asynchrone Arbeit ausführt und je eine Methode für den Erfolgs- bzw. Fehlerfall anbietet. Details dazu siehe Abschnitt 20.1.1, »Einführung in JavaScript«.

Prozess Im APEX-Kontext stellt ein Prozess einen Verarbeitungsschritt innerhalb der Datenbank dar, der durch PL/SQL ausgeführt wird und im Regelfall dazu verwendet wird, Benutzereingaben zu verarbeiten und sie zum Beispiel in Zieltabellen zu kopieren.

Quick Picks Diese in der deutschen Übersetzung *Schnellauswahlen* genannten Eingabehilfen werden verwendet, um eine Reihe von Standardwerten unterhalb des Eingabeelements vorzuhalten. Die Quick Picks enthalten Werte und Beschriftungen, die häufig verwendete Eingaben der jeweiligen Felder anbieten.

Responsive Design Das Layout »antwortet« auf die Anforderungen des Browsers, das heißt, die CSS-Klassen erkennen, wann der verfügbare Platz im Browser die Darstellung der Seite im Design für einen Desktop-Rechner nicht mehr sinnvoll darstellen kann. Hierzu sind Auflösungsschwellen über *Media Queries* in CSS integriert. Unterschreitet die Bildschirmauflösung eine solche Schwelle, kommen andere CSS-Klassen zum Einsatz, die die Position der Regionen auf der Seite ändern.

Responsive Design Strategie zur Darstellung einer Anwendungsseite in Abhängigkeit von der Bildschirmgröße. Bei kleineren Bildschirmen finden Regionen eventuell nebeneinander keinen Platz mehr und werden dann untereinander dargestellt. Diese Reaktion auf die Bildschirmgröße wird durch Medienweichen erzielt, CSS-Anweisungen, die konditional auf die Bildschirmgröße reagieren können.

RESTful Service Bezeichnung für die Möglichkeit, eine Ressource oder Funktionalität über einen URL aufzurufen oder auszuführen. In APEX bezeichnet dieser Begriff eine Funktionalität des SQL Workshops, um die Metadaten für entsprechende Services zu verwalten.

Redirect Eine »Weiterleitung« der Seite. Bei einem Redirect wird direkt eine andere Seite aufgerufen, ohne weitere Aktivitäten auf der aktuellen Seite auszuführen. Siehe auch *Submit*.

Region Rechteckiger Bereich, der auf Anwendungsseiten platziert wird und Seitenelemente oder auch weitere Regionen enthalten kann. Ob und wie eine Region auf der Anwendungsseite sichtbar ist, wird durch das Regionstemplate (siehe *Template*) gesteuert.

Regionenselektor Regionstyp, der es erlaubt, schnell zwischen verschiedenen Regionen einer Seite zu navigieren, indem er alle anderen Regionen der Seite ausblendet und nur die gewählte Region zeigt. Wird in der IDE häufig verwendet, um umfangreiche Seiten zu kontrollieren.

Rendern Prozess der Aufbereitung einer HTML-Seite im Browser zur optischen Darstellung. Während des Renderns einer Seite werden die HTML-Anweisungen interpretiert und in eine Grafik umgerechnet, die dann durch den Browser angezeigt wird.

Row-ID Technische Speicheradresse einer Zeile einer Tabelle innerhalb der Datenbank. Die Row-ID kann über die Pseudospalte `ROWID` in einer `select`-Abfrage ermittelt werden. Sie dient der schnellen Identifikation einer konkreten Zeile und wird manchmal als Alternative zur Identifikation über einen Primärschlüssel genutzt. Ist ein Primärschlüssel vorhanden, sollte diesem der Vorzug vor einer Row-ID gegeben werden.

Sequenz Eine Sequenz ist ein Generator für numerische Primärschlüsselwerte. Wird dieses Konstrukt verwendet (mittlerweile gibt es auch Autowertspalten in Oracle), wird der neue Primärschlüsselwert über den Ausdruck `<Name der Sequenz>.nextval` erzeugt. In der Regel sollte dies innerhalb der Datenbank geschehen.

Schnellauswahlen → Quick Picks

Screen-Reader-Software Software, die es gestattet, den Inhalt einer HTML-Seite für Menschen mit Sehbehinderung vorzulesen. Das Problem ist, dass der Software erklärt werden muss, dass gewisse Elemente lediglich der Darstellung dienen und nicht vorgelesen werden müssen. Dies wird über Attribute gesteuert, die mit dem Präfix `aria-` benannt werden.

Show-Process Erster Teil des Lebenszyklus einer APEX-Anwendungsseite. Während dieser Phase werden die Metadaten zusammengetragen, die anschließend in HTML umgeformt und im Browser dargestellt werden. Die Phase ist abgeschlossen, wenn die Anwendungsseite vollständig im Browser angezeigt wird. Dieser Prozess wird auch *Render-Phase* genannt.

Seitenbereich In diesem Buch verstehe ich unter einem Seitenbereich eine Eigenheit der APEX-Entwicklungsoberfläche. Sehr viele Seiten haben untereinander angeordnete Regionen, die über einen Regionenselektor oberhalb der ersten Region angesteuert werden können. Wählen Sie einen Eintrag in diesem Regionenselektor, wird lediglich diese Region angezeigt. Eine solche Region nenne ich einen *Seitenbereich*.

Seitenelemente Formularelemente, aus denen die Seite erstellt wird. APEX stellt eine große Zahl verschiedener Seitenelementtypen zur Verfügung, eigene können über einen Plugin-Mechanismus erweitert werden. Die englische Bezeichnung *Item* oder *Page Item* ist ebenso geläufig. Ob und wie ein Seitenelement auf der Seite sichtbar ist, wird durch ein Template gesteuert (siehe *Template*).

Selenium Testframework zum automatisierten Testen von Weboberflächen. Nähere Informationen in Abschnitt 21.5.2, »Test von APEX-Weboberflächen«, oder unter *http://www.seleniumhq.org*.

Sequenz Eine Sequenz ist ein Datenbankobjekt, mit dessen Hilfe in Oracle eindeutige technische Schlüssel erzeugt werden. Aus einer Sequenz wird ein neuer Wert abgerufen, indem die Funktion `<Name der Sequenz>.nextval` aufgerufen wird.

Sequenzen waren bis Version 12c der Datenbank die einzige Möglichkeit, numerische Primärschlüssel durch die Datenbank erzeugen zu lassen. Ab Version 12c können Sequenzen auch deklarativ als Spalten vereinbart werden und entsprechen so grob den Autowertspalten anderer Datenbanken.

Session-ID Eindeutige Zahl, die von APEX zur Identifikation einer http-Session vergeben und als Teil der URL zwischen einzelnen Anfragen und Antworten zwischen Client und Server ausgetauscht wird.

Sessionkontext Tabelle im APEX-Schema, die für eine Session-ID den Wert eines Anwendungselements speichert. Durch den Sessionkontext werden zum Beispiel Warenkörbe oder Benutzereingaben zwischen Seitenaufrufen von APEX gespeichert und für die spätere Bearbeitung vorgehalten.

Shuttle Control Eingabemodul, das es ermöglicht, auf einfache Weise Werte einer *Werteliste* auszuwählen und optional sortiert der Datenbank zu übergeben. Bei einem Shuttle Control stehen zwei Listen nebeneinander: Links sind die verfügbaren, rechts die ausgewählten Werte zu sehen.

Shortcut Textbausteine, die in APEX für verschiedene Zwecke verwendet werden. Sie werden unter den <GEMEINSAMEN KOMPONENTEN> • SHORTCUTS angelegt und können später an einigen Stellen in APEX über die Schreibweise "NAME_DES SHORTCUTS" referenziert werden. Achten Sie darauf, doppelte Anführungszeichen und Großschreibung zu verwenden.

Single Sign-on Dienst, der es ermöglicht, sich an zentraler Stelle einmal anzumelden und von dort die Bestätigung seiner Identität (Authentifizierung) zu erhalten. Dienste dieser Art sind oft in Webservern oder Applikationsservern integriert (Apache, Oracle WebLogic etc.). Oft werden Single-Sign-on-Dienste mit Autorisierungssystemen kombiniert, um nicht nur entscheiden zu können, wer jemand ist, sondern auch, was dieser Benutzer darf (Autorisierung). Beispiel hierfür ist LDAP etc.

Submit Verarbeiten der Anwendungsseite. Bei einem Submit werden die Eingaben des Benutzers in Formularfeldern an den Server gesendet und dort ausgewertet. Im Gegensatz dazu steht ein *Redirect*.

Synonym Ein Synonym ist ein Datenbankobjekt, das einen Namen für ein anderes Datenbankobjekt vereinbart und dieses unter dem neuen Namen ansprechbar macht. Eingesetzt werden Synonyme vor allem, um Objekte, die in anderen Schemata liegen, mit einem lokalen Namen zu versehen und sich so die Formulierung `<Schema>.<Datenbankobjekt>` zu sparen.

Tabellenfunktion → Pipelined Function

Template HTML-Text mit Ersetzungszeichenfolgen, der in APEX verwendet wird, um aus Metadaten konkreten HTML-Code zu erzeugen, der anschließend auf der Anwendungsseite angezeigt wird. Ein Template wird für alle Bausteine definiert, aus denen sich eine APEX-Anwendungsseite zusammensetzt (Seite, Region, Seitenelement, Listen, Schaltflächen etc.). Sie bestehen aus statischem HTML-Code und Ersetzungsankern, in die durch die Datenbank dynamische Inhalte eingefügt werden. Diese Inhalte können Daten oder weitere Templates sein, die dann rekursiv weiter mit Daten oder Templates gefüllt werden, bis alle Ersetzungsanker bearbeitet wurden.

Theme Sammlung von CSS-Dateien und HTML-Templates, die im Zusammenspiel das Aussehen und das Verhalten einer APEX-Anwendung bestimmen. Moderne Themes nutzen alle Möglichkeiten von CSS3, sind »responsive«, reagieren also auf die Bildschirmgröße des Wiedergabegeräts, bieten Unterstützung für mobile Endgeräte und Screen Reader für einen barrierefreien Zugriff.

ThemeRoller Werkzeug, das über die Entwicklerleiste aufgerufen wird und auf einfache Weise die Änderung von Rahmenparametern für die verwendeten CSS-Klassen ermöglicht. Geänderte Farb- und Stileinstellungen können als Theme-Stil gespeichert und in der <BENUTZEROBERFLÄCHE> ausgewählt werden.

Tomcat → Apache Tomcat

Wallet Ein Wallet ist eine Datei, die in verschlüsselter Form Passwortangaben oder Zertifikate zu bestimmten Ressourcen enthält. Diese werden zum Beispiel benötigt, um sich an einen REST-Webservice zu authentifizieren oder eine https-Ressource aufzurufen. Die Datei wird durch Datenbankadministratoren angelegt und gepflegt.

Werteliste Eingabemöglichkeit von Werten aus einer Liste von Werten. Wertelisten können in APEX auf unterschiedliche Weise visualisiert werden: als Einblendmenü, als Options- oder Radio-Buttons oder als *Shuttle Control*.

Widget Seitenelement, das eine bestimmte Funktionalität bietet, etwa ein Datepicker zur Auswahl eines Datums. Das Seitenelement ist, was die HTML-Seite angeht, in jQuery entwickelt und entspricht den dortigen Codierrichtlinien, insbesondere der Widget Factory, einem Entwurfsmuster für Widgets. In APEX werden Widgets in der Plugin-Programmierung eingesetzt, aber auch vom APEX-Team für verschiedene Seitenelementtypen verwendet. Siehe auch *jQuery UI*.

Workspace Organisationseinheit innerhalb von APEX, um Zugriffsberechtigungen auf Datenbankschemata zu regulieren. Ein Workspace ist eine Umgebung, innerhalb derer APEX-Entwickler Anwendungen erstellen können. Diese Anwendung hat lediglich Zugriff auf die dem Workspace zugeteilten Datenbankschemata.

Validator JavaScript-Bibliothek, mit deren Hilfe auf einfache Weise Validierungen von Webformularen erstellt werden können. Validator kann jedoch nur Dinge prüfen, die nicht auf Stammdaten einer Datenbank angewiesen sind (hierfür muss ein Roundtrip zum Server erfolgen). Weitere Informationen auf *validatorjs.org*.

Validierung Im APEX-Kontext stellt eine Validierung einen Prozess in der Verarbeitung der Benutzereingaben dar, der im Regelfall dazu verwendet wird, die Benutzereingaben auf Plausibilität zu prüfen. Die Validierung wird bei der Seitenverarbeitung vor den *Prozessen* ausgeführt.

Voreinstellungen → Preferences

Workspace-Administrator APEX-Benutzer, der Administrationsrechte auf einen konkreten Workspace hat und innerhalb dieses Workspaces Benutzer verwalten und administrative Aufgaben durchführen kann.

Index

A

B

E

F

G

H

I

J

K

L

M

N

Q

R

S

T

U

V

W

X

Z

Unverzichtbar für jeden Oracle-Datenbankentwickler

Wenn Sie sich professionell mit Oracle beschäftigen, sind umfassende Kenntnisse des entsprechenden SQL-Dialekts unverzichtbar. Jürgen Sieben zeigt Ihnen in diesem Buch, wie Oracle und SQL zusammenspielen und welche Strategien Sie nutzen können, um Daten in der Datenbank zu speichern, zu analysieren oder auch zu löschen. Neu in der 3. Auflage: Änderungen in der Datenbankversion 12.2. sowie ein Abschnitt zu analytischen Views.

1.047 Seiten, gebunden, 69,90 Euro, ISBN 978-3-8362-6242-2

www.rheinwerk-verlag.de/4627

Alles zur Programmierung mit PL/SQL

In diesem Buch finden Sie alles, was Sie benötigen, um mit PL/SQL den maximalen Nutzen für Ihren Anwendungsfall zu finden. Dafür sorgen die gründliche Einführung in Aufbau und Syntax von PL/SQL, hilfreiche Anregungen zum Einsatz und der Verbesserung Ihres Codes sowie ausführliche Workshops mit Praxisbezug. Denn nur wenn Sie den Aufbau und die Arbeitsweise einer Datenbank kennen, können Sie sie richtig und gut programmieren.

1.060 Seiten, gebunden, 79,90 Euro, ISBN 978-3-8362-6073-2

www.rheinwerk-verlag.de/4571